KB151898

11TH EDITION

STRATEGIC MANAGEMENT

THEORY

CHARLES W. L. HILL

GARETH R. JONES

MELISSA A. SCHILLING

Strategic Management: Theory: An Integrated Approach, 11th Edition

Charles W. L. Hill
Gareth R. Jones
Melisa A. Schilling

ISBN-13: 978-89-6421-223-3

Cengage Learning Korea Ltd.
14F YTN Newsquare 76 Sangamsan-ro
Mapo-gu Seoul 03926 Korea
Tel: (82) 2 330 7000
Fax: (82) 2 330 7001

Cengage Learning is a leading provider of customized learning solutions
with office locations around the globe, including Singapore, the United Kingdom, Australia, Mexico, Brazil, and Japan. Locate your local office at: **www.cengage.com**

Cengage Learning products are represented in Canada by Nelson Education, Ltd.

To learn more about Cengage Learning Solutions, visit **www.cengageasia.com**

Printed in Korea
Print Number: 02   Print Year: 2018

11th Edition

Strategic Management Theory

경영전략

Charles W.L. Hill · Gareth R. Jones · Melissa A. Schilling
지음

김지대 · 류성민 · 박상언 · 박준병 · 신진교 · 오세진
옮김

CENGAGE 한티미디어

Andover · Melbourne · Mexico City · Stamford, CT · Toronto · Hong Kong · New Delhi · Seoul · Singapore · Tokyo

김지대 현 충북대학교 경영대학 교수
연세대 경영학 박사(Ph.D.)
한국생산관리학회 학술위원장 역임

류성민 현 경기대학교 경영학과 교수
서울대 경영학 박사(Ph.D.)
한국노동연구원(KLI) 부연구위원 역임

박상언 현 충북대학교 경영대학 교수
연세대 경영학 박사(Ph.D.)
한국인사조직학회 부회장 역임

박준병 현 한밭대학교 경영회계학과 교수
연세대 경영학 박사(Ph.D.)
대전테크노파크 원장 역임

신진교 현 계명대학교 경영학과 교수
연세대 경영학 박사(Ph.D.)
대구전략산업기획단장 역임

오세진 현 강남대학교 경영학부 교수
연세대 경영학박사 (Ph.D)
한국기업경영학회 부회장

경영전략

Strategic Management, 11판

발행일 2015년 3월 2일 초판 1쇄
2018년 1월 25일 초판 2쇄
지은이 Charles W.L. Hill, Gareth R. Jones, Melissa A. Schilling
옮긴이 김지대 · 류성민 · 박상언 · 박준병 · 신진교 · 오세진
펴낸이 김준호
펴낸곳 한티미디어 | **주 소** 서울시 마포구 연남동 570-20
등 록 제15-571호 2006년 5월 15일
전 화 02)332-7993~4 | **팩 스** 02)332-7995
ISBN 978-89-6421-223-3 93320
정 가 35,000원

마케팅 박재인 최상욱 김원국 | **관 리** 김지영
편 집 이소영 박새롬 김현경
홈페이지 www.hanteemedia.co.kr | **이메일** hantee@hanteemedia.co.kr

역자 서문

오늘날 많은 경영자들은 점점 증가하는 불확실한 기업환경에 노출되면서, 어떤 방향으로 기업의 자원을 투자할 것인지를 망설이고 있다. 삼성그룹의 어떤 사업팀장은 사업부의 향후 전략방향을 어떻게 수립해야 할지가 최대 고민이라고 한 것은 전혀 과장된 말이 아니다. 자원의 유무가 중요한 것이 아니라 올바른 전략적 방향 선택이 더욱 중요해지고 있기 때문이다.

경영전략은 올바른 전략방향을 선정하고 아울러 올바른 전략 실행이라는 주제를 다루고 있다. 이러한 이유로 경영전략은 국내 대부분의 경영대학에서 중요한 전공과목으로 자리매김하고 있다. 대학에서 뿐 아니라 현업에 종사하고 있는 사람들도 경영전략 교과서에 대한 수요가 다른 경영 교과서보다 더 큰 것으로 알려져 있다.

경영전략에 관한 좋은 교재가 갖추어야 할 조건은 다음과 같다고 볼 수 있다. (1) 경영전략에 대한 기존 핵심 이론을 빠짐없이 소개하면서, 어떤 누구도(타 전공자, 대학생, 현업 종사자 등) 쉽게 이해할 수 있어야 하고, (2) 풍부한 사례를 수록하여 이론이 실제 실무와 어떻게 연결되는지를 보여주며, (3) 경영전략에 대한 최신 이슈들(윤리적 문제, 최근 전략적 움직임 등)을 제시하여 독자들이 더욱 생각하도록 만들 수 있어야 한다. 미국 워싱턴대학교의 힐(Charles, W.L. Hill)교수와 뉴욕대학교의 존스(Gareth R. Jones) 교수와 쉴링(Melissa A. Schilling) 교수가 쓴 이번 11판 경영전략은 앞에서 지적한 좋은 교재가 갖추어야 할 조건을 모든 구비하고 있다. 이러한 연유 때문에, 이들 저자들이 집필한 책은 현재 미국에서 최고로 많이 판매되고 있는 경영전략 교과서로 명성을 쌓아 가고 있다. 대학에서 뿐 아니라 직장인들, 심지어 현업에서 전략수립 담당자들 등의 폭넓은 독자층이 형성되어 있다.

현재 대학 강단에서 경영전략 과목을 가르치고 있는 교수들인 6명의 역자들은 이 책이 경영전략에 관한 중요 메시지를 학생들에게 가장 잘 전달할 수 있는 교재라는 데 주저없이 동의하고 있다. 그동안 각자가 다양한 교재로 학생들을 가르친 경험이 있지만, 너무 이론에 치우쳐 있다거나 아니면 사례위주에 치우쳐 있어 아쉬움이 많았던 것이 사실이었다. 그러나 이 책은 이론과 실제가 스토리 형식으로 엮여져 있어, 배우는 학생 입장에서 경영전략의 본질을 쉽게 이해할 수 있도록 만들어진 점이 매우 인상적이다. 특히, 매 장마다 개념과 연계하여 첫머리 사례, 집중 분석, 전략 실행 사례, 윤리적 딜레마, 마무리 사례 등의 다양한 사례와 문제들을 제시하고 있는 것이 이 책의 가치를 높이고 있다. 이 책에서 다루고 있는 사례들이 어쩔 수 없이 주로 외국사례들이다. 그러나 대부분의 사례들이 월마트, 애플, 토요타 등과 같이 국내에 친숙한 기업사례들이라 전혀 생소하지 않기 때문에, 사례를 이해하는 데 별 문제가 없다고 생각된다.

이 책은 4개 Part로 구성되어 있다. Part 1은 경영전략 수립과정을 설명하고, Part 2는 경쟁우위의 개념과 형성과정을 설명하고 있으며, Part 3는 사업수준 및 기업수준의 다양한 전략들을 설명하고 있고, Part 4는 전략실행의 이슈들을 다루고 있다. 그리고 총 13장으로 구성되어 있어 한 학기 경영전략 수업을 진행하는 데 적격이라고 볼 수 있다.

이번에 6명의 역자들은 이 책을 매우 즐거운 마음으로 번역할 수 있었다. 그럴 수 있었던 이유는 번역자들 모두가 마음이 하나가 되어 희생과 배려, 그리고 좋은 번역을 위해 열의를 갖고 활발한 의사소통을 하였기 때문이다. 이러한 즐거운 마음이 번역을 시작한 때부터 최종 인쇄본이 나올 때까지 기간을 단축시키는 데 크게 기여하였다고 본다. 한편, 겉표지에 나와 있는 역자들의 순서는 가나다순이며, 이 책의 번역과정에 동일한 기여를 하였음을 밝혀 둔다.

한티미디어 김준호 사장님의 헌신과 격려가 우리 역자들의 번역 작업을 가볍게 하였다. 김준호 사장님께 감사의 마음을 전한다. 또한 번역서의 표지 디자인 및 기획을 담당한 한티미디어 이소영 팀장과 번역서 전체의 교정을 꼼꼼히 챙겨 준 한티미디어 안현희 선생의 노고에 감사드린다.

2015년 2월

역자 일동

저자 서문

금번 이 책의 열한 번째 개정판을 출판함에 있어 저자들은 우리 학생들이 지속적으로 현실 세계의 변화 속도에 따라갈 수 있도록 하는 것에 소명의식을 가지고 집필하였다. 그리고 기업의 전략 및 경영에서 일어나는 변화를 개정판에 충분히 반영하기 위해 노력하였으며 개정작업에 있어 다음과 같은 몇 가지 중요한 항목에 대하여 특히 관심을 가지고 변화를 시도하였다.

첫째, 멜리사 쉴링(Melissa Schilling)이 새로운 공저자로 개정판 작업에 참여하였다. 멜리사는 뉴욕대학교 경영대학 교수로 재직 중이며 전략경영, 기업전략, 그리고 기술 및 혁신경영의 과목을 강의하고 있다. 그녀는 세계 최고 수준의 학술지에 여러 논문을 게재하였으며, 하이테크산업 분야에서 혁신 및 전략에 관해 가장 뛰어난 전문가 중의 한 명으로 알려져 있다. 그녀와 함께 집필 작업을 하게 된 것을 매우 기쁘게 생각한다. 멜리사는 이 책의 여러 장의 내용을 개정하는 데 관여하였고, 우수기업 7개사의 사례를 개발하는 등 본 개정판을 출판하는 데 중요한 역할을 수행하였다. 이러한 그녀의 노력은 이 책을 더욱 가치 있게 만들었다고 믿는다.

둘째, 여러 장에 걸쳐서 광범위하게 개정작업이 이루어졌다. 사업수준의 전략을 다룬 5장은 거의 다시 저술하다시피 하였다. 포터(Porter)의 본원적 전략에 대해 다루는 것은 물론이거니와 김위찬 교수와 마보안(Mauborgne) 교수가 주장한 가치혁신과 블루오아시스 전략에 관한 토론도 이 장에서 함께 제시하고 있다. 사업수준의 전략과 산업환경에 대하여 공부하는 6장의 경우에도 역시 개정작업이 상당히 많이 이루어졌고, 개념을 좀 더 이해하기 쉽도록 하기 위하여 노력하였다. 새로운 많은 내용이 추가되었음에도 불구하고 5장과 6장은 이전 버전에 비해 오히려 분량이 줄어들었다. 다른 여러 장에서도 본질적인 변화가 이루어졌으며 그 장에서 설명하는 주제의 본질에서 벗어난 내용은 삭제하였다. 예컨대, 13장에서는 나라별로 전략을 실행하는 부분에 대해 완전히 새로 집필하고 최신 자료로 업데이트 하였다. 이 장 또한 분량이 상당히 줄어들었다.

셋째, 각 장에 포함된 예시와 기업사례를 수정하였다. 살아 있는 새로운 기업사례로 월마트 사례를 추가하였다. 그리고 매 장의 시작과 끝은 첫머리 사례(opening case)와 마무리 사례(closing case)를 구성하였고 실제로 실행되는 많은 실행사례를 포함하였다. 게다가 개념적인 내용을 좀 더 이해하기 쉽게 설명하기 위하여 간단한 사례를 함께 사용하고 기존 사례의 내용을 변경해서 학습효과를 높이고자 노력하였다.

앞에서 제시한 변화를 집필과정에 반영함에 있어 우리는 2010년대의 향후 10년 간 이 책으로 공부하게 될 학생을 위한 책을 만드는 것을 목표로 하였다.

모든 장의 마지막 부분에는 각 장에서 공부한 주제에 관한 윤리적인 문제를 생각하는 '윤리적 딜레마'가 제시되었고, 또한 각 장의 내용을 종합적으로 생각하게 하는 '마무리 사례'도 준비하였다.

- 윤리적 딜레마: 오늘날과 같은 비즈니스 환경하에서 윤리적 의사결정이 얼마나 중요한 것인가를 부각시키기 위하여 '윤리적 딜레마' 절이 개발되었다. 윤리적으로 의문시되는 의사결정 사례를 통하여 학생들이 윤리적으로 강한 리더가 되기 위해 필요한 무기로 무장할 수 있기를 기대한다.
- 마무리 사례: 간단한 마무리 사례는 그 장과 관련된 주제에 대하여 짧은 시간이 소요되는 교과 토론의 기회를 제공한다.

전략경영을 가르치는 데 있어 앞에서 언급한 윤리적 문제에 대한 토론과 마무리 사례와 같은 사례연구는 대화형 접근방법으로 학생들의 많은 흥미를 유발하고 학업 효과를 증대시킬 것이다.

감사의 글

이 책이 출판되기까지 많은 사람의 도움을 받았다. 제품 매니저인 Michele Rhoades와 Scott Person, 내용 개발자인 Mike Guendelsberger, 프로젝트 매니저 Cliff Kallemeyn, 그리고 마케팅 매니저 Emily Horowitz에게 감사의 마음을 전한다. 이들은 책을 출판하고 홍보하는 데 많은 도움을 주었으며, 또한 책 내용에 대한 교수와 전문가 의견을 저자들에게 신속하게 제공해 줘서 고객의 요구에 부응하는 책의 모습을 갖출 수 있게 되었다. 그리고 이 책에 사용된 사례를 제공해 준 사례 작가 분에게도 감사드린다. 워싱턴대학교와 뉴욕대학교 경영학과는 책의 집필 방향을 설정하는 데 많은 도움을 주었고, 이들 대학의 학생들은 우리들의 아이디어에 대하여 학생의 입장에서 느낀 바를 솔직하게 이야기해 주었다. 이들 대학과 학생에게도 고마움을 전한다. 그리고 이 책을 검토해 준 아래에 열거된 분들의 도움에 감사드리며, 초판이 발행된 이후 이전의 수많은 개정판에 사용된 자료들이 금번 열한 번째 개정판을 발행하는 데 매우 가치 있게 활용되었다는 것도 밝혀 둔다.

Andac Arikan, *Florida Atlantic University*
Ken Armstrong, *Anderson University*
Richard Babcock, *University of San Francisco*
Kunal Banerji, *West Virginia University*
Kevin Banning, *Auburn University- Montgomery*
Glenn Bassett, *University of Bridgeport*
Thomas H. Berliner, *The University of Texas at Dallas*
Bonnie Bollinger, *Ivy Technical Community College*
Richard G. Brandenburg, *University of Vermont*
Steven Braund, *University of Hull*
Philip Bromiley, *University of Minnesota*
Geoffrey Brooks, *Western Oregon State College*
Jill Brown, *Lehigh University*
Amanda Budde, *University of Hawaii*
Lowell Busenitz, *University of Houston*
Sam Cappel, *Southeastern Louisiana University*
Charles J. Capps III, *Sam Houston State University*

Don Caruth, *Texas A&M Commerce*

Gene R. Conaster, *Golden State University*

Steven W. Congden, *University of Hartford*

Catherine M. Daily, *Ohio State University*

Robert DeFillippi, *Suffolk University Sawyer School of Management*

Helen Deresky, *SUNY—Plattsburgh*

Fred J. Dorn, *University of Mississippi*

Gerald E. Evans, *The University of Montana*

John Fahy, *Trinity College, Dublin*

Patricia Feltes, *Southwest Missouri State University*

Bruce Fern, *New York University*

Mark Fiegener, *Oregon State University*

Chuck Foley, *Columbus State Community College*

Isaac Fox, *Washington State University*

Craig Galbraith, *University of North Carolina at Wilmington*

Scott R. Gallagher, *Rutgers University*

Eliezer Geisler, *Northeastern Illinois University*

Gretchen Gemeinhardt, *University of Houston*

Lynn Godkin, *Lamar University*

Sanjay Goel, *University of Minnesota—Duluth*

Robert L. Goldberg, *Northeastern University*

James Grinnell, *Merrimack College*

Russ Hagberg, *Northern Illinois University*

Allen Harmon, *University of Minnesota—Duluth*

Ramon Henson, *Rutgers University*

David Hoopes, *California State University—Dominguez Hills*

Todd Hostager, *University of Wisconsin—Eau Claire*

David Hover, *San Jose State University*

Graham L. Hubbard, *University of Minnesota*

Tammy G. Hunt, *University of North Carolina at Wilmington*

James Gaius Ibe, *Morris College*

W. Grahm Irwin, *Miami University*

Homer Johnson, *Loyola University—Chicago*

Jonathan L. Johnson, *University of Arkansas Walton College of Business Administration*

Marios Katsioloudes, *St. Joseph's University*

Robert Keating, *University of North Carolina at Wilmington*

Geoffrey King, *California State University—Fullerton*

Rico Lam, *University of Oregon*

Robert J. Litschert, *Virginia Polytechnic Institute and State University*

Franz T. Lohrke, *Louisiana State University*

Paul Mallette, *Colorado State University*

Daniel Marrone, *SUNY Farmingdale*

Lance A. Masters, *California State University—San Bernardino*

Robert N. McGrath, *Embry-Riddle Aeronautical University*

Charles Mercer, *Drury College*

Van Miller, *University of Dayton*

Tom Morris, *University of San Diego*

Joanna Mulholland, *West Chester University of Pennsylvania*

James Muraski, *Marquette University*

John Nebeck, *Viterbo University*

Jeryl L. Nelson, *Wayne State College*

Louise Nemanich, *Arizona State University*

Francine Newth, *Providence College*

Don Okhomina, *Fayetteville State University*

Phaedon P. Papadopoulos, *Houston Baptist University*

John Pappalardo, *Keen State College*

Paul R. Reed, *Sam Houston State University*

Rhonda K. Reger, *Arizona State University*

Malika Richards, *Indiana University*

Simon Rodan, *San Jose State*

Stuart Rosenberg, *Dowling College*

Douglas Ross, *Towson University*

Ronald Sanchez, *University of Illinois*

Joseph A. Schenk, *University of Dayton*

Brian Shaffer, *University of Kentucky*

Leonard Sholtis, *Eastern Michigan University*

Pradip K. Shukla, *Chapman University*

Mel Sillmon, *University of Michigan—Dearborn*

Dennis L. Smart, *University of Nebraska at Omaha*

Barbara Spencer, *Clemson University*

Lawrence Steenberg, *University of Evansville*

Kim A. Stewart, *University of Denver*

Ted Takamura, *Warner Pacific College*

Scott Taylor, *Florida Metropolitan University*

Thuhang Tran, *Middle Tennessee University*

Bobby Vaught, *Southwest Missouri State*

Robert P. Vichas, *Florida Atlantic University*

John Vitton, *University of North Dakota*
Edward Ward, *St. Cloud State University*
Kenneth Wendeln, *Indiana University*
Daniel L. White, *Drexel University*
Edgar L. Williams, Jr., *Norfolk State University*
Jun Zhao, *Governors State University*

Charles W. L. Hill
Gareth R. Jones
Melissa A. Schilling

나의 아이들인 Elizabeth, Charlotte, 그리고 Michelle에게 이 책을 드립니다.
– Charles W.L.Hill

Nicholas와 Julia, Morgan 그리고 Nia에게 이 책을 드립니다.
– Gareth R.Jones

나의 아이들, Julia와 Conor에게 이 책을 드립니다.
– Melissa A.Schilling

간추린 목차

목차

PART 2 경쟁우위의 본질

PART 3 전략

Chapter 5 사업수준 전략 ·········· 171

PART 4   전략 실행

Chapter 11   기업성과, 지배구조, 경영윤리 429

전략적 리더십: 경쟁우위를 위한 전략결정과정의 관리

첫머리 사례 *Opening Case*

© iStockPhoto.com/shaunl

월마트의 경쟁우위

월마트(Wal-Mart)는 기업경영의 역사상 가장 성공한 기업 중 하나다. 샘 월튼(Sam Walton)이 1962년에 창업한 월마트는 세계에서 가장 큰 기업으로 성장하였다. '매일 싼 가격으로(everyday low prices)'라는 슬로건 하에 월마트는 2012년에 4,400억 달러를 매출하였고, 27개국에 1만개 매장을 열었으며, 220만 명의 종업원을 가진 회사로 성장하였다. 미국 전체 도매 매출의 8%가 월마트에서 판매되었다. 월마트는 규모가 클 뿐만 아니라 수익성도 뛰어나다. [그림 1.1]에서 보는 바와 같이 2003년에서 2012년 사이 10년간 경쟁자인 코스트코(Costco)와 타겟(Target)의 평균투자수익률이 각각 10.74%와 9.60%로 양호하였지만, 월마트는 12.96%의 평균투자수익률로 이들 경쟁기업을 능가하였다.

월마트가 지속적으로 탁월한 수익성을 낼 수 있었던 이유는 다양한 전략에 기반한 경쟁우위를 가지고 있었기 때문이었다. 1962년을 회상해 보면, 월마트는 잡화점 체인에서 개발한 셀프서비스 비즈니스모델을 실행한 최초의 기업 중의 하나이다. 경쟁자인 K-마트와 타겟이 대도시 및 도시 근교에 매장을 열어 사업을 집중하였으나, 월마트는 경쟁기업들이 관심을 가지지 않는 중소도시에 집중하였다. 월마트는 지역의 소매상보다 더 싼 가격에 제품을 판매하여 급속히 성장하였다. 경쟁자가 중소도시의 잠재력을 인식하게 될 무렵 월마트는 이미 그 시장을 선점하고 있었다. 중소도시의 경우 수요규모가 크지 않아 할인점 하나로 충분하여 경쟁자가 진입할 여지가 없었으며 월마트에게는 안정적인 수익 기반이 되었다.

월마트는 정보시스템, 물류, 직원훈련에

학습 목표

이 장의 학습 목표는 다음과 같다.

- "경쟁우위"가 무엇을 의미하는지 설명한다.
- 경영자의 전략적 역할을 조직 계층의 수준별로 토의한다.
- 전략적 계획수립과정의 주요 단계가 어떻게 구성되는지 알아본다.
- 계획수립의 일반적 어려움을 파악하고 어떻게 해결할 수 있는지 살펴본다.
- 잘못된 전략적 의사결정을 야기시킬 수 있는 인지적 오류를 살펴보고, 이들 오류를 어떻게 극복할 것인지 설명한다.
- 전략결정과정에서 전략적 리더의 역할이 무엇인지 토의한다.

있어서도 혁신적이었다. 이러한 전략으로 경쟁기업보다 높은 생산성과 낮은 원가를 달성했고, 이를 통해 월마트는 낮은 가격에 제품을 판매함에도 불구하고 수익을 높일 수 있었다. 월마트는 바코드기술과 체크아웃 스캐너를 사용하는 복합적 제품추적시스템을 개발하고 실행하는 데 있어서도 미국 소매업자 중에서 선도적 위치를 구축하였다. 월마트는 정보기술을 활용하여 판매 내용을 추적하고 각 매장의 제품재고와 지역별 수요를 연계하고 재고를 조정할 수 있었다. 그 결과 과잉재고를 보유하지 않아 재고처리를 위해 주기적으로 시행하던 할인판매를 할 필요도 없게 되었다. 시간이 지남에 따라 월마트는 이러한 정보시스템을 국가 전체를 하나로 잇는 물류센터망과 연결하였다. 이들 물류센터는 점포에 보유하고 있는 재고를 400마일 내의 매장에 당일 공급할 수 있었다. 물류센터와 정보센터를 연결함으로써 매장의 재고를 상당 수준 줄일 수 있게 되었고, 이로 인해 재고유지 공간을 매장으로 활용하여 더 많은 가치를 창출하였고, 재고에 묶여 있던 자금도 줄게 되었다.

창업자 샘 월튼(Sam Walton)은 인적자원관리에서도 새로운 분위기를 조성하였다. 그는 종업원이 존경받아야 하며, 회사의 수익이 개선되면 이들을 보상하여야 한다고 강하게 믿고 있었다. 이러한 신념 하에서 월튼은 종업원을 '동료(associates)'라고 불렀다. 그는 모든 종업원과 이익을 공유하는 체계를 구축하였으며, 1970년에 회사가 상장한 이후에는 종업원이 월마트 주식을 시장가격보다 할인하여 살 수 있는 프로그램을 운영하였다. 월마트의 이러한 종업원 사랑 노력은 운영비를 줄이고 수익성을 향상시키는 종업원들의 생산성향상으로 되돌아왔다.

월마트의 규모가 커짐에 따라 회사는 대단위 구매와 구매력을 이용하여 공급업체에게서 싸게 구매할 수 있었다. 그리고 할인된 부분을 싼 가격으로 고객에게 제품을 공급함으로써 혜택을 돌려주었고, 그 결과 월마트의 시장점유율이 증가하여 가격을 더욱 낮출 수 있는 힘이 되었다. 저가격에 대한 지속적인 수요에 부응하기 위하여 월마트는 매일 공급업체와 매출정보를 공유하였으며, 이로 인해 공급업체는 월마트에 공급할 제품의 생산일정계획을 효율적으로 수립할 수 있게 되었다.

1990년대 들어 월마트는 이미 미국에서 잡화의 최대 판매기업이 되어 있었다. 지속적인 성장을 위하여 식료품 부문도 추가하였다. 한 지붕 아래에서 잡화와 식료품을 함께 판매하기 위하여 20만제곱피트의 대

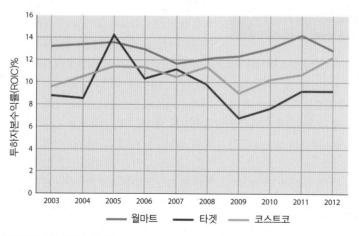

그림 1.1　월마트와 경쟁기업의 수익성, 2003–2012

자료: Morningstar 자료를 이용하여 저자가 계산함.

형 점포를 오픈하고, 샘스클럽(Sam's Club)을 설립하여 회원제 할인매장 사업에도 진출하였다. 1991년 멕시코에 매장을 오픈하여 국제적으로 사업을 확대하기 시작하였다.

그러나 이러한 성공에도 불구하고 월마트는 이제 수익성장의 실질적인 한계에 직면하고 있다. 미국 시장은 포화되었고 해외 사업은 회사의 기대만큼 그렇게 쉽지가 않았다. 독일과 한국에서 적자로 사업을 철수하였고 여러 다른 선진국에서도 어려움에 직면하였다. 더구나 경쟁자인 타겟과 코스트코의 성과는 지속적으로 증가하였고, 코스트코는 월마트를 거의 따라 잡았다.

자료: "How Big Can It Grow?" *The Economist* (April 17, 2004): 74-78; "Trial by Checkout," *The Economist* (June 26, 2004): 74-76; Wal-Mart 10-K, 200, information at Wal-Mart's website, www.walmartstores.com; Robert Slater, *The Wal-Mart Triumph* (New York: Portfolio Trade Books, 2004); and "The Bulldozer from Bentonville Slows; Wal-Mart," *The Economist* (February 17, 2007): 70.

개관

어떤 기업은 성공하는데 왜 다른 기업은 실패할까? 성공적으로 기업활동을 영위하는 경쟁기업보다 월마트가 지속적으로 더 많은 성과를 내고 있는데 그 이유가 무엇일까? 항공산업에서 유나이티드항공사와 같은 경쟁기업들이 파산을 막기 위해 안간힘을 쓸 때, 사우스웨스트항공사는 사업 환경이 좋을 때나 그렇지 않을 때에도 지속적으로 매출과 수익을 증가시키고 있는데 왜 그럴까? 현재 미국에서 가장 규모가 큰 철강회사인 뉴코제철(Nucor Steel)은 한때 더 규모가 컸던 많은 철강회사가 파산으로 사라지는 동안에도 지속적으로 성장과 수익을 실현할 수 있었는데 이를 무엇으로 설명할 수 있는가?

이 책에서 저자들은 경쟁기업 간에 성과차이에 발생하는 이유 중에서 경영자가 추구하는 전략이 상당한 영향을 준다고 강조하고 있다. 전략(strategy)이란 경영자가 기업의 성과를 증가시키기 위하여 행하는 일련의 활동을 말한다.

경쟁자보다 탁월한 성과를 달성하는 기업은 매우 도전적이며, 전략을 통하여 탁월한 성과가 달성된다면 경쟁우위를 가지고 있다고 말한다. 월마트는 전략을 통하여 2003년부터 2012년까지 탁월한 성과를 달성했다. 그 결과 월마트는 경쟁기업에 비하여 경쟁우위를 누릴 수 있었다. 어떻게 월마트가 이러한 경쟁우위를 확보할 수 있었을까? 첫머리 사례에서 이미 언급한 바와 같이 창업자인 샘 월튼을 포함하여 월마트의 경영자들이 일련의 전략을 성공적으로 추진하였기 때문이다. 이러한 전략을 통하여 경쟁기업보다 원가 구조가 개선되고 가격인하, 시장점유율 증가, 그리고 수익성이 훨씬 개선되었다.(이 책의 많은 부분에서 월마트의 예를 다시 사용하게 될 것이다. 이는 향후 전개될 특성을 설명할 때 월마트의 전략 및 성과의 다양한 측면이 유용하기 때문이다.)

이 책은 경영자가 탁월한 성과를 달성하고 기업이 경쟁우위를 가질 수 있게 하는 전

전략
경영자가 기업의 성과를 증가시키기 위하여 행하는 일련의 활동

략을 제시하고 설명한다. 이 책의 주된 목적 중의 하나는 당신이 전략을 수립하고 성공적으로 실행하는 데 필요한 분석적 기법과 기술을 철저하게 이해시키는 데 있다. 이러한 목적을 달성하기 위한 첫 번째 단계는 탁월한 성과와 경쟁우위가 의미하는 것이 무엇인지 좀 더 세부적으로 언급하고, 전략결정과정을 경영자가 주도할 때 수행하는 중심적 역할에 대해 설명하는 것이다.

전략적 리더십(Strategic Leadership)이란 기업이 경쟁우위를 창출하기 위하여 전략결정과정을 가장 효과적으로 관리하는 것을 말한다. 전략결정과정(strategy-making process)이란 경영자가 경쟁우위를 확보할 목적으로 일련의 전략을 선정하고 실행하는 과정을 말한다. 전략수립(Strategy Formulation)은 전략을 선정하는 업무를 말하고, 전략 실행(strategy implementation)은 선정된 전략을 행동으로 옮기는 업무로써 제품을 설계하고, 공급하고 지원하는 활동과, 생산의 효율성과 효과성을 향상시키는 활동, 그리고 기업의 조직구조, 통제시스템 및 문화를 설계하는 활동 등을 포함한다.

이 장을 마치게 될 때, 전략을 수립하고 실행하는 과정인 전략결정과정을 전략적 리더가 어떻게 관리하여 기업의 경쟁우위를 확보하며 탁월한 성과를 달성할 수 있는지, 전략결정과정이 어떠한 이유로 인하여 잘못되는지, 어떠한 유형의 경영자가 이 과정을 더욱 효과적으로 발전시킬 수 있는지 알게 될 것이다.

전략적 리더십
전략결정과정을 효과적으로 관리해서 기업이 경쟁우위를 창출할 수 있도록 하는 것

전략수립
조직의 외부환경과 내부환경을 분석한 후 전략을 선정하는 것

전략 실행
전략을 행동으로 옮기는 것

전략적 리더십, 경쟁우위, 그리고 탁월한 성과

전략적 리더십이란 기업의 성과를 향상시키기 위하여 전략결정과정을 효과적으로 관리하는 것을 말하며, 결국 이를 통해 기업주와 주주의 기업 가치를 높여 주게 된다. [그림 1.2]에서 보여주는 바와 같이 경영자는 전략을 효과적으로 수행하여 기업의 수익성을 향상시키고, 궁극적으로 주주의 가치를 증대시키게 된다 (세부적인 내용은 이 장의 부록 참조). 그러기 위해서 기업은 경쟁자를 능가하여야 하며 경쟁우위를 가져야만 한다.

탁월한 성과(superior performance)

주주가치를 극대화하는 것은 수익을 창출하는 기업의 궁극적 목표이다. 이는 두 가지 이유 때문이다. 첫째, 주주는 경영자가 제품과 서비스를 생산하고 판매하는 데 필요한 자원을 구매하는 데 필요한 위험자본을 기업에 제공한다. 여기서 모험자본(Risk capital)이란 기업이 실패하여 파산했을 때 되돌려 받을 수 없는 자본을 말한다. 예컨대, 월마트의 주주들은 샘 월튼이 설립한 기업에 자본을 투자하였고, 이 돈은 매장과 물류센터를 건설하고 고객에게 판매할 재고를 구매하는 데 사용되었다. 만약 월마트가 망한다면 주주들은 주

모험자본
주주가 자신의 투자 원금을 돌려받거나 혹은 고수익을 결코 보장받을 수 없는 자기자본을 말함

그림 1.2	주주가치의 결정 요인

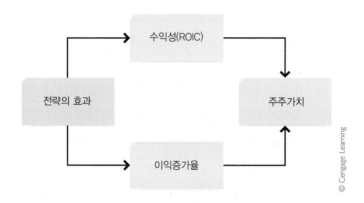

© Cengage Learning

식가치가 없어져 투자한 돈을 잃게 될 것이다. 그러므로 자신들의 투자에 대하여 상당한 수익을 되돌려 주기 위하여 전략을 추진하는 데 경영자가 집중한다고 믿지 못한다면 이들은 위험자본을 제공하지 않을 것이다. 둘째, 주주는 보유주식만큼 회사의 법적인 주인이므로 수익이 발생할 경우 회사에 수익을 요구할 권리를 가진다. 그러므로 경영자는 주주가치를 극대화하기 위하여 벌어들인 수익을 투자해야 할 의무를 가지게 된다. 물론 이 책의 후반부에 설명된 것과 같이 경영자는 주주가치를 극대화하는 과정에 법적, 윤리적, 사회적 책임을 지는 자세로 행동해야 한다.

주주가치(shareholder value)란 주주가 회사 주식을 구매해서 받게 되는 대가를 말하며 두 가지 원천이 있다. 회사 주식의 자본가치상승과 배당금이다.

예를 들어, 2012년 1월 2일부터 12월 31일까지 월마트의 주당 가치는 60.33달러에서 68.90달러로 증가하여 8.57달러만큼 자본 가치가 상승하였다. 또한 월마트는 2012년 1년간 주당 1.59달러의 배당금을 지불하였다. 만약 투자자가 월마트 주식 한 주를 1월 2일에 사서 연말까지 보유했다면 10.16달러(8.57달러+1.59달러)를 보상받게 된다. 즉 투하자본수익률이 16.8%이다. 월마트 주주가 2012년에 주식을 사서 보유한 이유는 장기적으로 기업의 수익성을 높이고 미래에도 더 많은 수익을 창출하기 위하여 경영자가 전략을 수립하여 추진한다고 이들이 믿기 때문이다.

기업의 수익성(profitability)을 측정하는 한 가지 방법은 기업에 투자된 자본으로 얼마나 많은 이익을 창출하는지 측정하는 것이다.[1] 투하자본수익률(ROIC)은 기업에 투자된 자본 대비 순이익(이익/투자자본)의 비율로 정의된다. 여기서 순이익은 세금을 낸 후의 세후순이익을 말한다. 자본은 회사에 투자된 자금의 합을 말한다. 즉 주주의 지분과 부채는 채권자에게 빚을 지고 있는 것이다. 수익성은 경영자가 고객의 욕구를 만족시키기 위

주주가치
주주가 기업의 주식을 구매함으로 인해 얻게 되는 대가

수익성
기업에 투자된 자본으로 창출된 이익

하여 제품과 서비스 생산에 자본을 얼마나 효율적이고 효과적으로 사용하는가에 따른 결과이다. 자본을 효율적이고 효과적으로 사용하는 회사는 '+' 투하자본수익률을 달성한다.

기업의 이익증가율(profit growth)은 특정기간의 순이익증가로 측정할 수 있다. 급속히 성장하는 시장에서 제품을 판매하고, 경쟁자의 시장점유율을 빼앗고, 기존 고객을 대상으로 판매량을 증가시키고, 수출이 확대되고, 신규사업라인으로 인하여 수익이 다 변화된다면 기업의 수익은 증가하게 된다. 예를 들어, 1994년과 2012년 기간 동안 월마트의 순이익은 26.8억 달러에서 157억 달러로 증가하였다. 이러한 순이익의 증가는 (a) 경쟁자의 시장점유율을 빼앗고 (b) 27개 국가에 매장을 신설하여 2012년까지 총 1,250억 달러를 판매하였고, (c) 식료품 사업에 진출하였기 때문이다. 순이익의 증가로 인하여 월마트의 주당순이익이 0.59달러에서 4.52달러로 증가하였고, 주식 한 주의 가치가 증가하여 결국 월마트의 주식가치를 상승시키게 되었다.

> **이익증가율**
> 특정기간의 순이익 증가

수익성과 이익증가율은 주주가치를 증가시키는 가장 기본이 되는 두 축이다. *수익성과 이익증가율 모두를 지속적으로 증가시키려면 경쟁자보다 비교우위를 가질 수 있도록 전략을 수립하고 실행하는 경영자의 노력이 필수적이다.* 월마트의 경우 전략을 수립해서 높은 수준의 수익성을 지속적으로 유지할 수 있었을 뿐만 아니라 동시에 이익도 유지할 수 있었다. 결과적으로 볼 때, 1994년 1월에 월마트 주식을 11불에 구매한 투자자가 2012년 12월까지 주식을 보유하고 있었다면 620% 이상의 수익을 얻었을 것이다. 월마트의 경영자는 높은 수익성과 이익증가율을 지속적으로 유지할 수 있는 전략을 세워 실행해서 회사에 투자한 투자자에게 보답하였다.

경영자는 수익성을 높이면서 이익을 증가시켜야 하는 핵심적인 도전에 직면하게 된다. 수익성은 높으나 이익이 증가하지 않는 기업은 주주들에게 수익성이 높고 이익증가율이 높은 회사와 같이 높은 가치를 부여받지 못한다. 마찬가지로 기업 이익은 증가하나 수익성이 감소한다면 주주들에게서 제대로 평가받지 못할 것이라는 사실을 경영자는 알아야 한다. 주주들이 진정으로 원하는 것, 그리고 경영자가 전략적 리더십을 발휘하여 제공하여야 하는 것은 수익성과 성장성을 모두 갖춘 *내실성장(profitable growth)*을 이루는 것이다. 다시 말해, 높은 수익성과 지속적인 이익증가율을 실현하는 것이다. 이것을 실현하는 것이 쉬운 일은 아니지만 같은 시대를 살아가는 여러 기업 – 애플, 구글, 월마트 같은 기업 – 이 성공적으로 실행하였다.

경쟁우위와 기업의 비즈니스모델

경쟁이 없는 상황에서 경영자는 전략적 의사결정을 할 수 없다. 자신의 기업이 동일한 고객을 두고 다른 기업들과 경쟁을 하고 있는 것이다. 경쟁은 가장 효율적이고 효과적인 기업만이 승리할 수 있는 무모한 과정이다. 이 과정은 끝이 없는 경주와 같다. 주주의 가치를 극대화하기 위하여 경영자는 전략을 만들고 실행하여 경쟁자를 이길 수 있는 경쟁우위를 만들어야 한다. 동일한 고객을 대상으로 경쟁하고 있는 다른 기업의 평균수익성과 이익증가율보다 높은 수익성을 달성할 수 있을 때 경쟁자에 대하여 경쟁우위(competitive advantage)를 가지고 있다고 말한다.

경쟁자보다 수익성이 상대적으로 높을 때 경쟁우위는 크다. 특정 기업이 여러 해 동안 경쟁자의 평균수익성을 초과하는 수익성을 유지하는 전략을 실행하고 있을 때 지속적 경쟁우위(sustained competitive advantage)를 가지게 된다. 첫머리 사례에서 토론한 바와 같이 월마트는 20년 동안이나 타겟, 코스트코, K-마트와 같은 경쟁자에 대하여 지속적 경쟁우위를 유지하였다.

경영자가 일정기간 동안 경쟁자와 다른 전략을 추구하여 기업의 독자적 위상을 구축하거나 경쟁자와 차별화시킬 수 있는 활동을 수행하고 이를 통해 지속적으로 경쟁자보다 우수한 성과를 확보할 수 있는 이유가 무엇인지 파악하면 경쟁우위를 쉽게 이해할 수 있다. 비즈니스모델(business model)이란 기업이 추구하는 여러 전략을 조화롭게 실행하여 경쟁우위를 유지하면서 탁월한 수익성과 이익증가율을 실현할 수 있도록 하는 경영자의 구상을 말한다. 원래 비즈니스모델이란 기업의 여러 전략과 기업의 자본투자를 조화롭게 결합하여 평균 이상의 수익성과 이익증가율을 창출하는 일종의 관념적인 모형 혹은 형태를 말한다.

비즈니스모델은 아래 항목을 종합적으로 포함한다.

- 고객을 선정한다.
- 제품을 정의하고 차별화한다.
- 자신의 고객에 대한 가치를 창출한다.
- 고객을 확보하고 유지한다.
- 제품과 서비스를 생산한다.
- 원가를 절감한다.
- 제품과 서비스를 시장에 제공한다.
- 기업 내의 활동들을 결합한다.
- 필요한 자원을 구체화한다.
- 높은 수익성을 달성하고 유지한다.
- 비즈니스를 지속적으로 성장시킨다.

예를 들어, 월마트와 같은 할인점의 경우에는 모든 서비스를 제공하는 기존의 소매상 형태의 판매 방법을 고객의 셀프서비스 형태로 바꾸고, 자체 가구와 집기를 최소화하여

경쟁우위
기업의 수익성이 산업 내 평균수익성보다 클 때 경장자에 대해 갖는 우위

지속적 경쟁우위
여러 해에 걸쳐서 산업 내 평균 이상의 수익성을 유지할 수 있게 만드는 기업의 전략

비즈니스모델
기업이 경쟁우위를 가질 수 있도록 여러 전략을 어떻게 하면 조화롭게 상호작용하도록 만들 것인가 하는 구상

매장을 넓게 사용하여 다양한 많은 제품을 구비해서 원가를 절감하는 아이디어에 기반하여 비즈니스모델을 구성하였다. 이와 같이 절감된 원가로 인하여 고객에게 낮은 가격으로 제품을 제공할 수 있었으며, 이로 인하여 다시 매출이 증가하고 규모의 경제가 발생하여 원가절감이 더욱 가속화되었다. 시간이 지남에 따라 이 비즈니스모델은 모든 서비스를 제공하는 소규모 가족경영 점포의 비즈니스모델과 시어스(Sears)백화점과 같이 전통적인 고급 서비스를 제공하는 비즈니스모델보다 탁월하다는 것이 입증되었다. 셀프서비스 슈퍼마켓 비즈니스모델로 알려진 이러한 비즈니스모델은 1950년대에 식료품 소매점에서 처음 개발되었으며 나중에 월마트와 같은 잡화점에 의하여 구체화되고 개선되었으며, 최근에는 장난감 매장에 적용되었고(Toys "R"Us), 문구(Staples, Office Depot), 가정용집기(Home Depot and Lowes)에도 적용되었다.

월마트는 동일한 비즈니스모델을 채택한 경쟁자인 K-마트보다 성과가 탁월하였다. 왜냐하면 전략에 있어서 핵심적인 차이가 있었으며, 또한 월마트가 비즈니스모델을 훨씬 효과적으로 수행하였기 때문이다. 그 결과 시간이 지남에 따라 월마트는 독자적인 활동을 만들었고 이것이 경쟁우위의 기초가 되었다. 예컨대, 월마트는 전략적으로 물류센터와 정보시스템에 투자한 최초의 소매점 중의 하나가 되어 재고관리비용을 절감하였다(첫머리 사례 참조). 이러한 활동으로 인하여 월마트는 재고관리를 잘못하여 원가가 증가한 K-마트와 같은 경쟁자에 비해 경쟁우위를 가지게 되었다. 월마트와 K-마트가 비록 비슷한 비즈니스모델을 채택하였다 할지라도 같지는 않다. 어떠한 전략을 선택하는가? 얼마나 효과적으로 실행하는가? 하는 중요한 차이는 경쟁우위를 가지고 성공하는 조직과 경쟁열위를 가지고 종말을 맞이하는 두 가지 유형의 조직을 탄생시키게 된다.

성과의 산업별 차이

기업의 성과는 비즈니스모델 및 관련된 전략에 의하여 영향을 받을 뿐 아니라, 기업이 경쟁하고 있는 산업의 특성에 의해서도 결정된다는 사실을 인식하는 것이 중요하다. 산업이 다르면 경쟁조건도 다르다. 어떤 산업은 수요가 급격히 증가하는데 비하여 다른 사업은 수요가 급감한다. 어떤 산업은 초과공급과 지속적 가격경쟁으로 몸살을 앓는데 비하여, 다른 산업은 구매력이 높아 가격이 증가하기도 한다. 어떤 산업은 기술 변화가 경쟁의 구조를 바꿔 놓음에 비하여 다른 산업은 안정된 기술로 특징되기도 한다. 어떤 산업에서는 기존기업의 높은 수익성으로 인하여 신규기업을 유인하게 되며, 이러한 신규진입자는 지속적으로 가격을 인하시켜 이익을 감소시킨다. 다른 산업에서는 신규진입자가 어려움을 겪을지 몰라 진입을 하지 않아 높은 수익성이 유지되는 기간이 상당 기간 지속될 수도 있다. 그러므로 산업에 따라 다른 경쟁조건은 수익성과 이익증가율에 있어서 차이를 나타내게 된다. 예를 들면, 경쟁조건이 산업에 따라 상이하기 때문에 어떤 산업에서

| 그림 1.3 | 산업별 투하자본수익률(ROIC)의 추이, 2002-2011 |

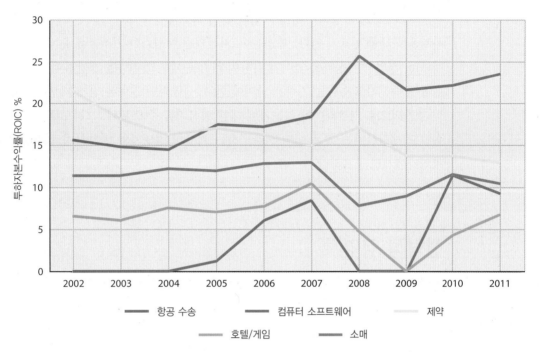

자료: Value Line Investment Survey

는 평균수익성이 높고 다른 산업에서는 낮을 수도 있다.

[그림 1.3]은 2002년에서 2011년 기간 동안의 투하자본수익률(ROIC)로 측정된 여러 산업의 평균수익성을 나타내고 있다. 컴퓨터 소프트웨어 산업의 경우 소프트웨어 수요가 많고 경쟁도 치열한 가격경쟁 상황이 아닌 유리한 산업환경에 놓여 있다. 그 반면 수송산업의 경우는 가격경쟁이 매우 치열하다. 산업이 어떻게 다른지 2장에서 세부적으로 토의하게 될 것이다. 여기서는 기업의 수익성과 이익증가율이 두 가지 주요 요인ー산업 내의 상대적인 성공과 다른 산업에 비교한 상대적인 산업의 전반적인 성과ー에 의해서 결정된다는 것을 기억하는 것이 중요하다.[2]

비영리 기관의 성과

정부, 대학, 자선단체와 같은 비영리 기관은 수익을 창출하기 위하여 사업을 하지는 않는다. 그럼에도 불구하고 이들 비영리 기관은 보유 자원을 효율적으로 사용하고 효과적으로 운영하도록 요구받고, 경영자는 기관의 성과를 측정하기 위하여 목표를 설정한다. 경영대학의 성과목표는 프로그램 평가에서 전국에서 최고 순위를 받는 것일지도 모른다.

자선단체의 성과목표는 후진국 어린이들이 병에 걸리지 않게 하는 것일지도 모른다. 정부당국의 성과목표는 예산을 증가시키지 않고 서비스를 개선하는 것일지도 모른다. 비영리 기관의 경영자는 이러한 목표를 실행하기 위하여 전략을 수립하여야 할 필요가 있다. 그들은 또한 비영리 기관도 기업과 같이 희소자원에 대하여 다른 기관과 경쟁한다는 사실을 이해할 필요가 있다. 예를 들어, 자선기관은 희소한 기부금을 유치하기 위하여 경쟁하며, 경영자는 성과를 높이기 위하여 계획을 세우고 전략을 개발하여야 하고, 성과목표를 충족시키고 있다는 기록을 남겨야 한다. 성공적인 전략은 잠재 기부자에게 왜 그들이 추가적으로 기부하여야 하는가에 대한 메시지를 주게 된다. 그러므로 전략적으로 계획하고 생각한다는 것은 이익을 추구하는 기업의 경영자와 마찬가지로 비영리 기관의 경영자에게도 중요하다.

전략적 경영자

경영자는 전략결정과정에 있어서 핵심적인 중심 인물이다. 경쟁우위를 확보하기 위하여 전략을 수립하고 실행할 책임을 지는 사람이 개별 경영자이며, 이들이 전략결정과정을 리드해야 한다. 월마트를 성공할 수 있게 만든 전략은 "기업"이라는 추상적인 실체가 선택한 것이 아니고 월마트의 설립자인 샘 월튼과 그가 채용한 경영자가 선택한 것이다. 월마트의 경영자가 전략적 역할을 얼마나 잘 수행하였는가에 따라 월마트의 성공이 영향을 받게 된다. 이 절에서 우리는 다양한 경영자들의 전략적 역할을 살펴보고자 한다. 이 장의 마지막 부문에서 우리는 전략적 리더십, 즉 경영자가 전략결정과정을 얼마나 효과적으로 리드하는가에 대하여 토의할 것이다.

대부분의 기업에는 총괄경영자와 기능경영자라는 두 가지 경영자 유형이 있다. 총괄경영자(general managers)는 기업의 전반적인 성과에 대하여 책임을 지거나 혹은 독자적으로 운영되는 중요한 사업부나 조직의 전반적인 성과를 책임지는 경영자를 말하며, 기능경영자(functional managers)는 특정 기능을 관리하는 즉 회계, 마케팅, 연구개발, 정보기술 혹은 물류 등과 같은 기능의 과업, 활동, 운영을 책임지는 경영자를 말한다. 달리 말하면 총괄경영자는 제품, 사업 혹은 기업 전체의 이익과 손실에 대하여 책임을 가진다.

기업은 특정 제품이나 서비스를 시장에 공급하기 위하여 함께 일하는 여러 기능이나 혹은 여러 부서의 집합체이다. 만약 기업이 여러 다른 종류의 제품이나 서비스를 공급한다면, 각각의 다른 제품이나 서비스를 관리하기 위하여 독자적으로 운영되는 사업부(각 사업부는 독자적으로 기능들을 보유하고 있음)를 만들기도 한다. 이러한 사업부의 총괄경영자는 자신의 특정 제품라인에 대해서만 책임지게 되므로 그의 가장 중요한 관심사

총괄경영자
기업의 전반적인 성과에 대하여 책임을 지거나 혹은 독자적으로 운영되는 중요한 사업부나 조직의 전반적인 성과를 책임지는 경영자

기능경영자
특정 기능을 관리하는 즉 회계, 마케팅, 연구개발, 정보기술 혹은 물류 등과 같은 기능의 과업, 활동, 운영을 책임지는 경영자

는 기업의 성공 혹은 자신의 책임 하에 있는 사업부의 성공이다. 그들은 자신의 통제하에 있는 자원과 자본을 가지고 어떻게 하면 경쟁우위를 창출하고, 높은 수익성을 달성할 수 있는지 의사결정해야 하는 책임을 지게 된다. [그림 1.4]는 복수사업부 기업의 조직을 설명하고 있다. **복수사업부 기업**이란 여러 다른 사업에서 경쟁하며, 각각의 사업을 관리할 독자적인 사업부를 만들어서 운영하는 기업을 말한다. 그림에서 보는 바와 같이 주요 경영 수준은 기업수준, 사업수준, 기능수준 세 가지가 있다. 총괄경영자는 처음 두 수준에서 발견된다. 그러나 그들의 전략적 역할은 자신들의 책임영역에 따라서 다르다.

> **복수사업부 기업**
> 여러 가지 사업에서 경쟁하기 때문에, 각각의 사업을 관리할 독자적인 사업부를 만들어서 운영하는 기업

기업수준 경영자

기업수준 경영자는 CEO, 이사, 그리고 스태프로 구성된다. 이들은 조직 내에서 의사결정의 최고점에 있다. CEO는 주요 총괄경영자이다. 기업수준 경영자의 역할은 다른 이사들과 상의하면서 전체 조직에 대한 전략개발 과정을 감독하는 것이다. 이들의 역할은 조직의 목표를 설정하고, 무슨 사업에 진입하여야 하는지 결정하고, 여러 사업을 대상으로 자원을 배분하고, 전략을 수립하고 실행하며, 전체 조직을 대상으로 리더십을 발휘하는 것이다.

GE의 경우를 예로 들어보자. GE는 조명 설비, 주요 가전, 모터, 수송설비, 터빈발전기, 건설 및 엔지니어링 서비스, 산업용 전자기기, 의료시스템, 항공우주산업, 항공기 엔진, 그리고 금융 서비스를 포함한 광범위한 사업에 활발하게 참여하고 있다. 이 기업

그림 1.4   **전략적 경영의 수준**

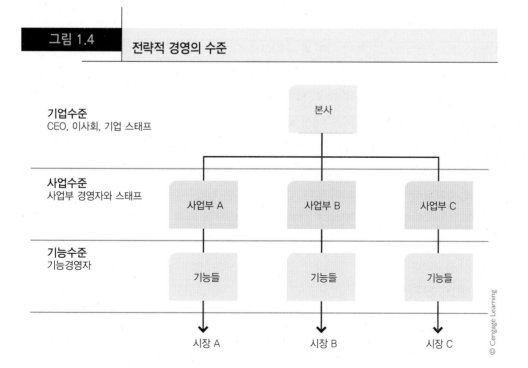

© Cengage Learning

CEO인 제프리 이멜트(Jeffrey Immelt)의 주된 전략적 책임은 전반적인 전략목표를 설정하고, 여러 사업 분야에 자원을 배분하고, 기업이 철수해야 할 사업을 결정하고, 새롭게 진입해야 할 사업을 선정하는 것이다. 달리 말해, 개별 사업의 범위를 정하는 전략을 개발하는 것은 전적으로 이멜트의 결정에 달려 있다. 그의 관심은 기업의 수익성을 최대로 하기 위하여 기업 비즈니스 포트폴리오를 구성하고 관리하는 것이다.

금융 서비스 사업과 같은 개별 사업 분야에서 경쟁하기 위하여 전략을 개발하는 것은 CEO(이멜트)의 특별한 책임이다. 개별 사업부의 전략을 개발하는 것은 해당 사업 분야의 총괄경영자, 혹은 사업수준 경영자의 책임이다. 그러나 사업수준 경영자가 GE의 장기 수익성을 극대화하기 위하여 강한 비즈니스모델과 전략을 추진하고 있다는 것을 확신하기 위하여 사업수준 경영자의 전략적 생각을 철처히 조사하는 것은 이멜트의 책임이다. 또한 그는 사업수준 경영자를 코치하고 동기부여하여야 하며, 그들이 목표를 설정하고 목표를 달성할 때는 보상해 주고, 성과가 나쁠 경우에는 이들에게 책임을 묻는다. 이러한 모든 일들이 이멜트의 책임이다.

기업수준 경영자는 또한 기업의 전략개발을 감독하는 사람과 그 기업의 소유주(주주)를 연결시킨다. 기업수준 경영자, 특히 CEO는 주주의 대리인처럼 보일 수 있다.[3] 기업이 추진하는 기업전략과 사업전략이 지속적으로 수익성과 이익증가율을 극대화하기 위하여 일관되게 움직이고 있다는 사실을 주주에게 확신시키는 것도 그들의 책임이다. 만약 그렇게 하지 않으면 주주들은 CEO에게 책임을 묻게 될 것이다.

사업수준 경영자

사업단위(business unit)란 특정 시장에 제품이나 서비스를 공급하는 독자적으로 운영되는 사업부(독자적 기능들을 갖춤-예컨대, 재무, 구매, 생산 그리고 마케팅부서)를 말한다. 사업수준에서 주요 총괄경영자, 혹은 사업수준 경영자는 사업부의 책임자이다. 이러한 경영자의 전략적 역할은 기업수준에서 내려오는 총괄적인 방향이나 내용을 개별 사업의 구체적인 전략으로 변경하는 것이다. 기업수준의 총괄경영자가 어떠한 사업을 할 것인지 개별사업의 범위를 결정하는 전략과 관련이 있다면, 사업수준의 총괄경영자는 특정 사업에 특화된 전략과 관련되어 있다. GE의 주요한 기업목표는 경쟁하는 모든 사업에서 1위 혹은 2위 기업이 되는 것이다. 그러면 각 사업부의 총괄경영자는 기업 목적과 일관되게 자기 사업부에 대한 비즈니스모델의 세부 사항을 수행한다.

> **사업단위**
> 특정 시장에 제품이나 서비스를 공급하는 독자적으로 운영되는 사업부

기능수준 경영자

기능수준 경영자는 기업을 구성하는 기능이나 운영활동(인적자원, 구매, 제품개발, 고객서비스 등) 혹은 개별 사업부를 구성하는 기능이나 운영활동 중 특정한 기능이나 운영활

동에 대하여 책임을 진다. 따라서 기능경영자의 책임영역은 일반적으로 개별 조직의 활동에 국한되는데 반해, 총괄경영자는 기업 전체의 운영을 감독하거나 개별 사업부의 운영을 감독한다. 조직의 전반적인 성과에는 책임을 지지 않지만 그럼에도 불구하고 기능경영자는 주요한 전략적 역할, 즉 사업수준 경영자와 기업수준 경영자에 의해 정해진 전략적 목적을 충족시키기 위하여 자신의 기능 영역에서 기능적 전략을 개발하는 역할을 하게 된다.

예컨대, GE의 항공우주산업의 경우 생산경영자는 기업 목적에 맞게 생산전략을 개발할 책임을 가지게 된다. 게다가 기능경영자는 사업수준, 기업수준 총괄경영자가 실질적이며 수용 가능한 전략을 수립할 수 있도록 많은 정보를 제공한다. 사실 기능경영자가 총괄경영자에 비하여 고객에 더욱 가까이 다가가 있기 때문에 기능경영자는 중요한 아이디어를 스스로 찾아내게 되며 이는 기업의 중요한 전략이 된다. 총괄경영자는 기능경영자의 아이디어에 귀 기울여야 한다. 운영 수준에서 경영자에게 부여되는 책임은 전략을 실행하는 것이다. 즉 기업수준, 사업수준 계획을 실행하는 것이다.

전략결정과정

이제 경영자가 전략을 수립하고 실행하는 프로세스에 대해 살펴보고자 한다. 많은 저자들은 전략이란 공식적 계획수립과정의 결과물이며, 최고경영자가 이 과정에서 가장 중요한 역할을 수행한다고 강조하였다.[4] 이러한 견해가 실제로 어느 정도 기본이 될지라도 전체는 아니다. 이 장의 후반부에서 알게 되겠지만 가끔 가치 있는 전략이 사전 계획수립과정 없이 조직 내의 깊은 곳에서 나타나기도 한다. 그럼에도 불구하고 공식적, 합리적 계획수립과정을 검토하는 것이 전략이라는 세계를 여행하는 데 있어서 유용한 출발점이다. 결국 우리는 전략을 결정하기 위하여 무엇이 전형적으로 공식적인 전략적 계획수립 모형으로 묘사되는지 고려하여야 한다.

전략적 계획수립과정 모형

공식적인 전략적 계획수립과정은 다섯 단계를 밟게 된다.

1. 기업의 미션과 기업의 주요 목표를 선정한다.
2. 외부환경의 기회와 위협을 파악하기 위하여 조직의 외부 경쟁 환경을 분석한다.
3. 조직의 강점과 약점을 파악하기 위해 조직의 내부 운영 환경을 분석한다.
4. 외부환경의 기회를 이용하고 위협요인에 대항하기 위하여 조직의 강점을 강화하

고 약점을 보완하는 전략을 선정한다. 이러한 전략은 조직의 미션과 주요 목표와 일관성을 가져야 한다. 전략은 적합해야 하며, 실행 가능한 비즈니스모델을 구성하여야 한다.

5. 전략을 실행한다.

전략수립은 조직의 외부환경과 내부환경을 분석하고 적합한 전략을 선정하는 과업을 통하여 이루어진다. 전략 실행은 수립된 전략(또는 계획)을 실행에 옮기는 것을 말하며 다음과 같은 일들을 포함한다. 기업수준, 사업수준, 기능수준에서 기업이 선택한 전략들과 일관되게 실행; 경영자 사이에 역할과 책임을 할당(조직구조설계를 통하여); 자원을 배분(자본과 현금 포함); 단기적 목적을 설정; 조직의 통제 및 보상시스템을 설계. 이러한 단계는 [그림 1.5]에 설명하고 있다.

[그림 1.5]는 전략적 계획수립과정의 순차적인 단계로 구성되어 있다. 전략적 계획수립과정은 기업이 추구하는 미션과 주요 목표에서부터 시작된다. 그리고 미션문 다음에는 외부환경분석, 내부환경분석, 전략적 선택과 같은 전략적 사고의 기반이 자리 잡는다. 전략결정과정은 조직이 선택한 전략을 실행하는 데 필요한 조직구조, 조직문화, 통제시스템을 설계하는 것으로 마무리 된다. 이 장에서는 기업의 미션과 주요 목표가 어떻게 선정되는지 토론하고 전략적 계획수립의 나머지 과정은 [그림 1.5]에 제시되어 있는 것처럼 이후 장에서 다루게 된다.

어떤 조직은 매년 전략적 계획수립과정의 주기를 새롭게 시작한다. 이것은 경영자가 매년 새로운 전략을 선택한다는 것을 의미하지는 않는다. 여러 사례에서 보면 이러한 과정은 결과적으로 기존의 전략이나 구조를 단순히 수정하거나, 재확인하는 수준에 머문다. 계획수립과정을 거쳐서 만든 전략적 계획은 일반적으로 1년에서 5년 기간을 대상으로 계획되며 그 계획은 매년 업데이트되거나 혹은 수정없이 진행된다. 대부분의 조직에서 전략적 계획수립을 조직 내의 자원배분에 활용하므로, 연간 전략적 계획수립과정의 결과는 차년도 예산편 성 과정에 투입자료로써 사용된다.

미션문

전략적 계획수립과정의 첫 번째 구성요소는 조직의 미션문(mission statement)을 만드는 것이다. 전략수립은 미션문의 토대 혹은 배경하에서 이루어지게 된다. 미션문은 다음 네 가지의 요소로 구성되어 있다. 기업 혹은 조직의 존재 이유 설명(일반적으로 미션이라고 말함); 갈망하는 미래의 상태 설명(비전이라고 말함); 조직이 몰입하게 되는 핵심 가치의 설명; 주요 목표의 언급 등이 있다.

미션 미션(mission)이란 기업이 무엇을 할 것인가에 대하여 설명한다. 예를 들면, 구글의

미션
기업의 목적, 혹은 기업이 무엇을 하려고 노력하는지 언급하는 것

그림 1.5   전략적 계획수립과정의 주요 구성요소

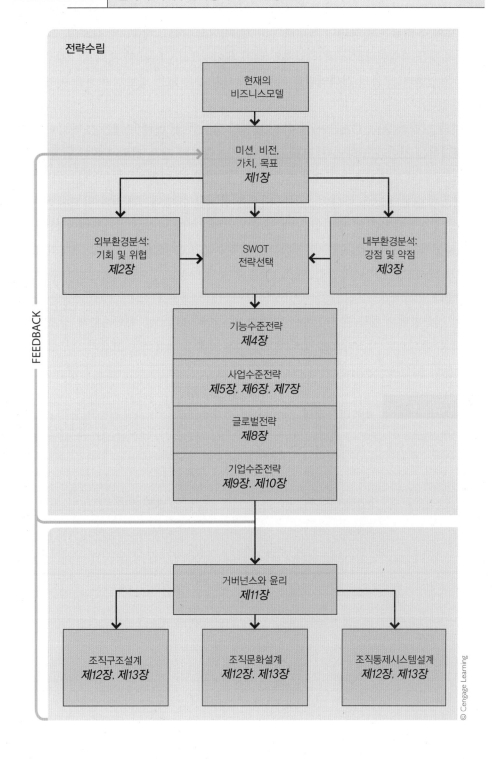

© Cengage Learning

미션은 *세계의 모든 정보를 체계적으로 정리하여 전 세계 어디서나 인터넷에 접속하여 사용할 수 있게 만드는 것이다.*[5] 구글의 검색엔진은 세계의 정보를 체계적으로 정리하여 접근가능하게 하고 유용하게 활용할 수 있도록 하는 방법이다. 여기서 정보란 단지 웹 사이트에 올려놓은 문장만이 아니라 이미지, 비디오, 지도, 제품, 책, 블로그, 그리고 그 이상의 것을 지칭한다고 구글 창업자인 래리 페이지(Larry Page)와 세르게이 브린(Sergey Brin)은 말한다. 구글의 검색엔진을 이용하면 이와 같은 모든 정보의 원천을 통하여 검색할 수 있다.

피터 드러커(Peter Drucker)는 미션 설정의 중요한 첫 번째 단계는 조직의 비즈니스를 정의하는 것이라고 하였다. 본래 정의를 보면 다음과 같은 질문에 대한 답을 구할 수 있다: "우리의 비즈니스가 무엇인가? 어떻게 될 것인가? 어떻게 되어야 하는가?"[6] 이러한 질문에 대한 응답을 통하여 우리는 미션을 설정할 수 있다. "우리의 비즈니스가 무엇인가?"에 대답하기 위하여 기업은 세 가지 차원에서 비스니스를 정의하여야 한다: 누가 만족하는가?(고객집단), 무엇이 만족되어야 하는가?(고객요구), 그리고 고객의 요구를 어떻게 만족시킬 것인가?(방법, 지식, 혹은 독자적 역량).[7] [그림 1.6]은 이러한 차원을 보여준다.

이 접근방법은 제품중심이 아닌 고객중심으로 비즈니스를 정의하도록 강조하고 있다. 제품 중심으로 비즈니스를 정의한다는 것은 제품을 사용하는 고객의 요구에 기초하

그림 1.6 비즈니스 정의

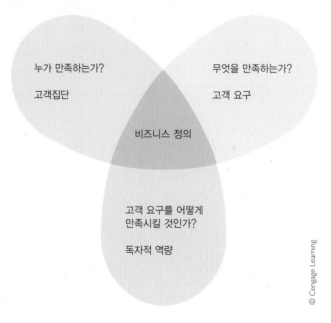

누가 만족하는가?
고객집단

무엇을 만족하는가?
고객 요구

비즈니스 정의

고객 요구를 어떻게
만족시킬 것인가?
독자적 역량

© Cengage Learning

지 않고 판매되는 제품의 특성에 초점을 맞추는 것을 말하며, 이러한 접근은 기업의 미션을 모호하게 만든다. 왜냐하면 제품이란 특정한 고객집단에 대한 특정한 요구를 만족시키기 위하여 어떤 특정한 기술을 사용하여 단지 물리적으로 구현한 것이기 때문이다. 실제로 그러한 고객의 요구는 다양한 다른 방법으로 충족될지도 모른다. 그리고 폭넓은 고객 중심 비즈니스 정의를 통하여 이러한 방법을 규정해서 기업이 수요의 변화를 인식하지 못하게 하는 우를 방지할 수 있다.

구글의 미션문은 고객중심적이다. 구글의 제품은 검색하는 것이다. 이 회사의 생산기술은 복잡한 검색 알고리즘 개발과 함께 정보를 보관할 대형 데이터베이스를 개발하는 것을 포함한다. 그러나 구글은 검색엔진 기업으로 자기 회사를 정의하지 않는다. 오히려 고객이 검색엔진을 접속하고 사용하게 하기 위하여 정보를 결합하는 기업으로 자신을 이해했다.

기업의 비즈니스는 고객 중심적 관점을 취해야 한다는 필요성이 가끔 무시되어 왔다. 한때는 거대 기업이었지만 비즈니스를 정의하지 않았거나 혹은 잘못 정의하여 결국 쇠퇴하고 만 기업들은 역사적으로 비판받았다. 1950년대와 1960년대에 스미스 코로나(Smith Corona)와 언더우드(Underwood)와 같은 많은 사무용 설비 기업들은 타자기를 생산하는 것을 자신들의 비즈니스로 정의하였다. 이와 같이 제품 중심으로 비즈니스를 정의해서 이들은 자신들이 실제로는 고객의 정보처리 요구를 만족시키는 비즈니스를 하고 있다는 사실을 무시하였다. 정보처리에 대한 고객의 요구를 더 잘 만족시키는 새로운 형태의 기술인 컴퓨터가 출현하였을 때 불행하게도 이들 기업의 타자기 수요는 급감하였다. 타자기 기업이었던 스미스 코로나는 컴퓨터 워드프로세서 기술 성공의 희생양이 되어 파산하였다.

대조적으로 IBM은 향후 비즈니스가 어떻게 전개될 것인가에 대하여 정확하게 내다보았다. IBM은 1950년대에 타자기와 천공카드 기술을 사용한 기계식 도표작성 장치를 생산하는 선도 기업이었다. 그러나 다른 경쟁자들과는 달리 IBM은 자신의 비즈니스를 단지 기계식 도표작성 장치와 타자기를 공급하는 것이 아니라, 정보처리 및 저장을 위한 수단을 제공하는 것이라고 정의하였다.[8] 이렇게 비즈니스를 정의하였기 때문에 컴퓨터, 소프트웨어 시스템, 오피스 시스템, 프린터로 기업이 연속적으로 이동하는 것이 논리적인 것으로 이해되었다.

비전 기업의 비전(vision)은 소망하는 미래의 상태를 말하며, 기업이 향후 달성하고 싶어하는 것을 나타낸다. 마이크로소프트(Microsoft)는 창업 초기에 모든 사무실 책상과 가정에 컴퓨터를 보급한다는 매우 강한 비전을 가지고 기업을 운영하였다. 이 비전을 실제로 실현하기 위하여 마이크로소프트는 사업가와 소비자에게 값싸고 유용한 컴퓨터소프트

비전
기업이 소망하는 성과와 바라는 미래 상태를 표현한 것

웨어를 생산하는 데 집중하였다. 다음으로 윈도와 오피스와 같은 강력하고 저렴한 소프트웨어를 개발하여 개인용 컴퓨터가 가정과 사무실에 급속하게 파급될 수 있게 도왔다.

가치 기업의 가치(values)는 미션을 달성하기 위하여 경영자와 종업원이 어떻게 행동을 하여야 하며, 그들이 어떻게 비즈니스를 해야 하고, 그리고 어떠한 종류의 조직을 만들어야 하는지 설명한다. 가치가 조직 내의 행동을 이끌고 행동 형성을 돕고 있는 한, 가치는 일반적으로 기업 조직문화의 근본원리—종업원이 조직의 미션과 목표를 달성하기 위하여 어떻게 일해야 하는지 관리하는 일련의 가치, 규범, 표준—로 이해된다. 조직의 문화는 일반적으로 기업에 있어서 경쟁우위의 중요한 원천으로 간주된다.[9] 조직문화에 대해서는 제 12장에서 깊이 있게 논의할 것이다. 예컨대, 뉴코스틸(Nucor Steel)은 세계에서 가장 생산성과 수익성이 높은 철강 기업 중의 하나이다. 이 기업이 경쟁우위를 유지할 수 있었던 이유는 부분적으로 작업자의 높은 생산성 때문이기도 하지만 근본적인 이유는 종업원의 처우를 결정짓게 되는 조직의 문화적 가치에 기인한다. 이러한 가치는 다음과 같다.

가치
기업의 미션을 달성하기 위하여 종업원이 어떻게 행동하고 어떻게 사업을 수행해야 하는지 기술한 것

- "기업의 생산성이 증대되어야 종업원이 돈을 더 많이 벌수 있는 기회가 생긴다는 철학으로 경영자는 뉴코를 경영할 의무를 가진다."
- "종업원이 그들에게 주어진 현재 업무를 잘 수행해야 내일도 일할 수 있다는 확신을 느낄 수 있어야 한다."
- "종업원은 합리적으로 처우를 받을 권리를 가지며 미래에도 그럴 것이라고 믿어야 한다."
- "종업원이 비합리적으로 처우 받고 있다고 믿게 될 때 항의할 수 있는 통로가 있어야 한다."[10]

종업원에 대한 성과보상, 직장 안정성, 그리고 공정한 처우를 보장하는 것을 강조하는 뉴코사의 기업 가치는 종업원의 높은 생산성을 견일할 수 있는 조직 내의 분위기를 조성하는 데 도움이 되었고, 그 결과 동종업계에서 가장 낮은 원가구조를 가진 기업으로, 가격경쟁이 치열한 사업 분야에서 수익성을 높일 수 있었다.

조직의 가치를 연구한 한 연구에서, 연구자는 종업원들의 노력으로 높은 재무적 성과를 달성할 수 있도록 역할을 한 탁월한 성과조직의 가치에 대하여 설명하였다.[11] 여기에 포함된 가치들은 주주, 채권자, 종업원, 고객, 지역사회, 일반 대중과 같은 중요한 이해관계자의 관심에 고마움을 표했다.[12] 고객, 종업원, 공급자, 그리고 주주에 대한 고마움이 클수록 성과가 높음을 이 연구는 발견하였다. 중간 경영자와 하위 경영자의 리더십, 기업가적 행동을 격려하는 것, 조직 내에서 노력을 지원하려는 의지 등이 높은 기업성과에 기

여하는 것으로 나타났다. 그러한 가치를 조직 차원에서 지속적으로 강조한 기업으로는 휴렛패커드(Hewlett-Packard), 월마트, 그리고 펩시콜라를 들 수 있다. 같은 연구에서 성과가 나쁜 기업의 가치에 대해서도 연구하였는데, 예상한 바와 같이, 이들 기업의 가치는 기업의 미션문과 연계되어 있지 않았다. (1) 거만함, 특히 기업 외부에서 온 아이디어에 대한. (2) 주요 이해관계자에 대한 존경심 부족 (3) 변화의 노력을 반대하고 뛰어난 리더십을 보이는 중간경영자 및 하위경영자를 처벌하는 역사. GM이 이러한 조직 부류의 예로 간주된다.

주요 목표

미션, 비전, 그리고 핵심 가치에 대하여 살펴보았으므로 전략적 경영자는 다음 단계인 주요 목표(major goals)를 설정하는 단계를 수행한다. 목표란 정확하고 측정 가능하여야 하며, 미래에 기업이 달성하고자 하는 상태를 말한다. 목표를 설정하는 목적은 기업이 미션과 비전을 달성했을 때 달성하게 되는 것이 무엇인지 정확하고 구체적으로 나타내는 것이다.

잘 설정된 목표는 다음과 같은 네 가지 주요 특성을 가지고 있다.[13]

- 목표는 정확하고 측정 가능하다. 측정 가능한 목표는 경영자가 성과를 판단할 수 있는 기준이나 표준을 제공한다.
- 목표는 결정적인 이슈를 담아야 한다. 경영자는 초점을 맞춰 기업의 성과를 평가하기 위하여 제한된 수의 주요 목표를 선택하여야 하며, 선택된 목표는 결정적이고 중요한 것이어야 한다.
- 목표는 도전적, 현실적이어야 한다. 목표는 모든 종업원이 조직 운영상의 개선 방법을 찾게 하기 위하여 인센티브를 제공한다. 만약 목표가 도전하기에 비현실적이라면 종업원들은 포기할 것이고, 목표가 너무 쉽다면 경영자와 다른 종업원을 동기부여하는 데 실패하고 말 것이다.[14]
- 목표가 타당하다면 목표달성 기간을 구체화한다. 기간제한은 주어진 기간 내에 목표를 달성해야 성공이라는 사실을 종업원에게 일깨워 주며, 목표를 달성하는 데 긴장감을 더할 수 있다. 그러나 모든 목표에 기간제한이 필요한 것은 아니다.

잘 만들어진 목표는 또한 경영자의 성과를 평가하는 수단이 되기도 한다.

앞에서 언급한 바와 같이 대다수의 기업이 다양한 목표를 사용하지만 가장 주된 목표는 주주의 이익을 극대화하는 것이다. 이를 위해 대다수의 기업은 수익성을 높이고 이익

증가율을 지속적으로 유지하는 것에 목표를 둔다. 그러나 최고경영자가 현재의 수익성만을 너무 강조하여 장기적인 수익성과 이익증가율에 손해를 끼치게 되는 실수를 하지 않는 것이 중요하다.[15] 단기 투하자본수익률(ROIC)을 극대화하기 위하여 현재의 수익성을 높이는데 집중하게 되면, 연구개발비, 마케팅비, 신규자본투자와 같이 단기적으로 시급하지 않는 비용을 삭감해 버리는 잘못된 경영 행위를 부추기게 된다. 현재 시급하지 않는 비용을 삭감하게 되면 현재의 수익성을 높일 수는 있지만 투자축소, 혁신 활동 감소, 그리고 마케팅 축소로 인하여 장기적으로 볼 때 수익성과 이익증가율을 위태롭게 할 수 있다.

단기적 의사결정의 문제를 해결하려면, 경영자는 기업의 장기적인 성과와 경쟁력을 증가시킬 수 있는 목표를 채택하고 있다는 것을 확신할 필요가 있다. 장기적인 목표는 제품개발, 고객만족, 그리고 효율성 문제와 관련되어 있으며, 이들 목표는 종업원과 자본 생산성, 제품품질, 혁신, 고객만족, 고객 서비스와 같은 세부 내용에 대한 구체적인 목적이나 타겟을 강조한다.

외부환경분석

전략적 계획수립과정의 두 번째 구성요소는 조직의 외부 운영 환경을 분석하는 것이다. 외부환경을 분석하는 본질적인 목적은 기업의 미션을 달성하기 위하여 사업의 기회와 위협을 파악하는 것이다. 외부환경에서 사업기회와 위협을 분석한 후 전략의 변화가 어떻게 일어나는지 [전략 실행 사례 1.1]의 타임사(Time Inc.)사례를 통하여 살펴본다.

외부환경을 분석할 때는 상호 연관된 세 가지 환경－기업이 사업을 하는 산업환경, 국가 환경, 그리고 더 광범위한 사회경제적 혹은 거시적 환경－을 검토하여야 한다. 산업환경을 분석하려면 기업의 경쟁 포지션과 주요 경쟁자를 포함하여 기업이 속한 산업의 경쟁구조를 평가하여야 한다. 또한 산업의 성격, 단계, 역동성, 그리고 산업의 역사도 분석하여야 한다. 대다수의 시장이 이제는 글로벌 시장이기 때문에 산업환경을 분석할 때도 글로벌화가 산업 내 경쟁에 미치는 영향을 평가하여야 한다. 이러한 분석을 통해 생산 시설 중 일부를 다른 나라로 옮겨야 한다는 사실을 알게 되고, 중국과 같은 신규 시장에는 공격적으로 시장을 확장해야 하고, 신흥 국가의 신규 경쟁자를 조심해야 한다는 사실을 알게 된다. 거시적 환경 분석은 기업과 산업에 영향을 주는 거시경제 요인, 사회적 요인, 정부 요인, 법적 요인, 국제화 요인, 기술적 요인 등을 검토하는 것으로 구성된다. 외부환경분석에 대해 2장에서 살펴보겠다.

내부환경분석

전략적 계획수립과정의 세 번째 구성요소인 내부환경분석은 기업이 보유하고 있는 자원, 능력, 역량을 검토하는 것에 초점을 맞춘다. 내부환경분석의 목적은 기업의 강점과 약점을 파악하는 데 있다. 예컨대, [전략 실행 사례 1.1]에 설명된 바와 같이 타임사의 내부환경분석에서는 이 기업이 포춘(*Fortune*), 머니(*Money*), 스포츠 일러스트레이티드(*Sports Illustrated*), 피플(*People*)과 같이 잘 알려진 강한 브랜드를 가지고 있고(강점), 그리고 강한 보도 능력(또 다른 강점)을 가지고 있었다고 하더라도 이 기업은 온라인 출판의 편집 분야가 부족하여 어려움을 겪었다(약점). 우리는 3장에서 내부환경분석을 공부한다.

SWOT 분석과 비즈니스모델

전략적 사고의 다음 구성요소는 기업의 내부 강점과 약점, 외부 사업기회와 위협이 파악된 상황에서 일련의 전략적 대안을 만들고, 추진할 미래 전략을 선택하는 것이다. 강점(strengths), 약점(weaknesses), 기회(opportunities), 위협(threats)을 비교하는 것을 보통 SWOT 분석이라고 한다.[16] 이 분석의 주된 목적은 외부 사업기회를 이용하고, 위협에 대항하고, 기업의 강점을 구축하고 강점을 보호하고 약점은 제거하는 것이다.

독자층이 웹으로 이동하는 현상을 타임사의 경영진은 자신들이 이용해야 할 사업기회로 인식하였지만, 인쇄 잡지인 타임지의 입장에서 볼 때는 오히려 위협으로 다가왔다. 타임사의 잘 알려진 브랜드와 강한 보도 능력은 온라인 상에서도 통하는 강점으로 경영진은 알고 있다. 그러나 온라인 출판을 방치한 편집 문화는 고쳐야 할 약점으로 파악되었다. 타임사의 경영진이 제안한 전략은 오프라인과 온라인 뉴스룸을 하나로 합하여 그들 간의 차이를 제거하는 것과 온라인 사이트에 상당한 재정적 투자를 하는 것, 그리고 이미 온라인의 강점을 가지고 있는 CNN방송과 파트너십 관계를 체결하는 것이었다.

일반적으로 SWOT 분석을 하는 목적은 고객의 수요에 기업의 자원과 역량을 가장 잘 연계시킬 수 있는 기업고유의 비즈니스모델을 만드는 데 있다. 경영자는 경쟁우위를 창출하고 유지하기 위하여 다양한 대안적인 전략을 상호 비교하고 전략을 수립하게 된다. 이러한 전략은 네 가지 범주로 나눌 수 있다.

> **SWOT 분석**
> 강점, 약점, 기회 및 위협을 비교

- *기능수준전략(Functional-level strategies)*은 생산, 마케팅, 자재 관리, 제품개발, 그리고 고객 서비스 등 기업 내의 기능을 운영함에 있어서 효과를 향상시키는 것을 목표로 하는 전략이다. 기능수준전략은 4장에서 다루게 된다.
- *사업수준전략(Business-level strategies)*은 사업의 전반적인 경쟁 주제, 경쟁우위를 확보하기 위하여 시장에서 포지션하는 방법, 그리고 여러 산업에서 사용될 수 있는 다양한 포지셔닝 전략을 다루게 된다. 예컨대, 원가우위, 차별화, 산업의 특정 틈새시장 혹은 세분시장에 대한 초점화, 혹은 이들의 결합형 전략이 있다. 사업수

전략 실행 사례 1.1

타임사의 전략분석

© iStockPhoto.com/Tom Nulens

미디어 재벌인 타임 워너(Time Warner)의 잡지 출판 분야 기업인 타임사(Time Inc.)는 타임, 포춘, 스포츠 일러스트레이티드, 피플과 같이 각 영역에서 오랜 기간 리더의 자리를 유지하면서 잘나가는 브랜드의 잡지를 가지고 있다. 그러나 2000년대 중반까지 타임사는 구독률 감소라는 어려움에 직면하였다.

외부환경분석 결과 그 상황을 파악할 수 있었다. 타임 잡지의 독자층은 나이가 많았고, 젊은 독자들은 자신들이 원하는 것을 웹에서 얻고 있었다. 웹 영역이 강하지 못한 타임사에게는 이러한 현실이 위협으로 다가왔지만, 제대로 갖추기만 하면 독자들을 다시 끌어들일 수 있다는 사업기회가 되기도 했다. 또한 타임사는 광고물량이 급속하게 웹으로 이동해 간다는 사실도 알게 되었다. 그리고 현재의 점유율을 지속적으로 유지하려면 인쇄 매체의 내용을 웹을 통해서도 제공해야 했다.

내부환경분석을 통하여 왜 타임사가 웹의 출현으로 제공된 시장 기회를 이용하는 데 실패했는지 알 수 있었다. 비록 타임사가 저명한 브랜드와 강한 보도력을 포함하여 대단한 강점을 가지고 있었지만, 웹출판을 촌스런 것으로 생각하는 편집 문화가 치명적인 약점으로 작용하여 웹 서비스의 채택을 방해하였다. 예를 들면, 피플지의 편집이사인 마르타 넬슨(Martha Nelson)에 따르면 그들은 온라인 업무를 '멀리 있는 달과 같은' 존재로 취급하곤 했고, 타임사의 경영자는 웹 서비스가 인쇄 서비스를 잠식하여 궁극적으로 잡지의 구독률을 급격하게 감소시켜 심각한 재정 문제를 야기할 것이라고 걱정했다. 이러한 내부 문화의 결과로 인하여 웹출판에 진입하려는 노력은 예산 지원을 받지 못하거나, 경영자의 관심과 노력의 부족으로 인하여 어려운 상황에 빠졌다.

타임사가 처음으로 이 분야에 적극적인 자세를 취하게 된 것은 마르타 넬슨에 의해서다. 타임사의 약점을 극복하고 웹 시장의 기회를 이용하고자 하는 그녀의 전략은 2003년에 시작되었다. 그녀는 피플지의 오프라인과 온라인 뉴스룸을 통합하고 이 둘의 차이를 제거하였다. 그리고 잡지의 온라인 사이트를 출범시키고, 웹 인쇄를 위한 주요 편집위원회를 구성하였다. 그리고 처음 올라오는 기사 등 내용은 웹에서 볼 수 있게 하고 사이트의 정보소통량과 광고수입 창출의 중요성을 강조하였다. 2년이 지난 후 피플지의 페이지뷰가 5배 증가하였다.

타임지의 CEO인 앤 무어(Ann Moore)는 2005년에 이러한 전략을 공식화하였다. 모든 인쇄물 내용은 피플닷컴(People.com)의 지시에 따르도록 하였고, 오프라인과 온라인 뉴스룸을 통합하고 웹출판에 많은 자원을 투입하도록 지시하였다. 그리고 온라인 출판을 위하여 여러 명의 저명한 블로그 운영자도 채용하였다. 무어가 추구하는 전략의 목표는 과거 타임사의 온라인 노력을 방해한 문화적인 약점을 보완하고 자원을 웹출판으로 다시 돌리는 것이었다.

2006년, 타임지는 웹과 관련된 사업기회를 활용하기 위하여 또 다른 전략적 추진 하였다. CNN과 함께 소유한 CNN머니닷컴에 모든 재무관련 잡지를 통합하면서 24시간 뉴스채널인 CNN과의 전략적 동반자 관계가 시작되었다. 이 사이트는 고객이 포춘, 머니, 비즈니스2.0 잡지의 자료를 무료로 볼 수 있게 하였으며, 온라인 재무 웹 사이트에서 야후 파이넌스(Yahoo Finance)와 MSN에 이어 3위가 되었다. 그리고 아이패드(iPods)와 이동전화기로 비디오를 다운로드 할 수 있게 한 스포츠 일러스트레이티드의 웹 사이트를 재설계하였다.

웹 중심의 출판사업으로 전환하기 위하여 2007년에 타임지는 전략에 있어서 다른 변화를 발표하였다. 즉, 웹상에서 많은 관심을 끌지 못하는 18개 잡지 타이틀에 대하여—비록 이중에는 좋은 성과를 내고 있는 곳도 있었지만—매각하는 것이었다.

2007년, 앤 무어는 회사가 성장하기 위하여 규모가 크고, 가장 수익이 많은 브랜드, 즉 대규모 독자층을 디지털 형태로 전환시킬 수 있는 능력이 입증된 브랜드에 회사의 에너지, 자원, 그리고 투자를 집중하겠다고 선언하였다. 그 이후 타임사는 안드로이드 운영체계를 사용하는 가장 잘 알려진 애플사의 아이패드와 태블릿컴퓨터용 잡지앱을 개발하는데 전력하였다. 2012년 초에 이르러 타임사는 모든 주요 태블릿플랫폼에 자사 잡지의 카탈로그를 가지게 되었다.

자료: A. Van Duyn, "Time Inc. Revamp to Include Sale of 18 Titles," *Financial Times* (September 13, 2006): 24; M. Karnitsching, "Time Inc. Makes New Bid to Be Big Web Player," *Wall Street Journal* (March 29, 2006): B1; M. Flamm, "Time Tries the Web Again," *Crain's New York Business* (January 16, 2006): 3; and Tim Carmody, "Time Warner Bringing Digital Magazines, HBO to More Platforms," *Wired* (July 3, 2011).

준전략은 5장, 6장, 7장에서 다루게 된다.

- 글로벌전략(Global strategy)은 글로벌 수준에서 경쟁우위가 결정되는 세계에서 자국의 경계를 벗어나서 어떻게 기업활동을 확장하면 성장과 번영을 이룰 수 있는지 다루게 된다. 글로벌전략은 8장에서 다룬다.

- 기업수준전략(Corporate-level strategies)은 다음 기본적인 질문의 답을 통해서 이해할 수 있다. 장기적으로 조직의 수익성과 이익증가율을 극대화하기 위하여 어떠한 사업에 참여해야 하는가? 경쟁우위를 확보하기 위하여 이러한 사업에 어떻게 진입하며, 어떻게 존재감을 부각시킬 것인가? 이러한 내용은 9장과 10장에서 다룬다.

SWOT 분석을 통하여 결정된 전략들은 서로 조화를 이루어야 한다. 기능수준전략은 사업수준전략 및 글로벌전략과 일관성을 가져야 하고, 또한 이들 전략을 지원하여야 하며, 기업수준전략은 사업수준전략을 지원하여야 한다. 기업이 추구하는 다양한 전략이 연계되어 실행 가능한 비즈니스모델이 완성된다. 원래, SWOT 분석은 경영자가 경합하는 여러 비즈니스모델 중에서 하나를 선택하고 세부 조정하기 위한 방법이다. 예컨대, 마이크로소프트가 게임기인 엑스박스(Xbox)를 가지고 비디오게임 시장에 진입했을 때, 이 시장에서 경쟁하기 위하여 최고의 비즈니스모델을 만들어야 했다. 마이크로소프트는 대안을 비교분석하기 위하여 SWOT 분석을하여 "면도기와 면도날(razor and razor blades)"이라 불리는 비즈니스모델을 정착시켰다. 엑스박스게임기는 원가에 판매하고(면도기), 반면에 엑스박스에 사용되는 게임 프로그램에서 주로 수익을 창출하였다(면도날).

전략 실행

경쟁우위를 확보하여 성과를 향상시킬 수 있는 적합한 전략이 선정되면, 경영자는 그 전략을 실행한다. 전략적 계획을 추진하기 위해 기능수준, 사업수준, 그리고 기업수준에서 전략이 실행된다. 예컨대, 품질개선 프로그램을 작동시키고, 제품설계 방법을 변경하고, 시장에서 제품을 다르게 포지셔닝하며, 시장세분화를 시행하여 고객집단에 따라 다른 제품버전을 판매하고, 가격을 인상하거나 인하하며, 흡수합병을 통해 규모를 확대하거나 기업의 일부를 폐쇄 혹은 매각하여 규모를 축소하는 등과 같은 활동이 전략 실행의 실례가 된다. 이와 관련하여 세부적인 내용은 4장에서 10장에 걸쳐서 상세히 토의하고자 한다.

전략 실행을 통하여 최상의 조직구조와 최고의 문화, 그리고 통제시스템이 설계되며, 이를 통해 선정된 전략이 작동하게 한다. 그리고 고위경영자는 모든 조직원과 함께 수익성과 이익성장률을 극대화하기 위한 태도를 공유하고, 법률적, 윤리적으로 일관된 행동을 수행하도록 하기 위해 거버넌스 시스템을 작동시킨다. 이 책 11장에서 거버넌스와 윤리에 대한 주제를 만나게 된다. 사업수준전략에 필요한 조직구조, 문화, 통제시스템에 대해서 12장에서 토의하고, 기업수준전략을 실행하는 데 요구되는 구조, 문화, 통제시스템에 대해서는12장에서 토의한다.

피드백 루프

[그림 1.5]에 제시된 피드백 루프는 전략적 계획수립과정이 끝없이 반복된다는 사실을 말해준다. 일단 전략이 실행되면 전략적 목표와 목적이 실제로 얼마나 달성되었는지, 어느 정도 경쟁우위가 창출되고 유지되고 있는지 파악하기 위해 실행한 내용이 모니터되어야 한다. 이러한 정보와 지식은 피드백 루프를 따라서 기업수준으로 다시 전달되어 다음 단계의 전략을 수립하고 실행하기 위한 투입자료로 활용된다. 그러면 최고경영자는 현재의 비즈니스모델과 전략 및 목표를 유지할 것인지 바꿀 것인지 의사결정한다. 예컨대, 전략목표가 너무 낙관적으로 설정 되었다면 다음에는 다소 보수적인 목표를 설정해야 할 것이다. 혹은 피드백상에 비즈니스모델이 작동하지 않아 많은 경영자가 그것을 변화시킬 방법을 찾고 있을지도 모른다. 사실 타임사의 사례가 이러한 상황이다([전략 실행 사례 1.1] 참조).

창발적 과정으로써 전략

계획수립모형에 따르면 기업의 전략은 계획의 결과이다. 전략적 계획수립과정은 합리적이며 매우 구조화되어 있고, 최고경영자는 계획수립과정을 조정한다. 그러나 일부 학자들은 형식적인 계획수립 모형에 대하여 다음과 같은 세 가지 이유를 들어 비판한다. 실제 세계는 예측하기 어렵다는 사실과 최고경영자뿐 아니라 하위수준 경영자도 전략경영 과정에서 역할을 수행한다는 사실, 그리고 실제로 성공한 많은 전략이 합리적인 전략과정을 거친 결과라기보다는 우연적인 상황의 결과라는 사실이다. 이들 학자들은 전략결정의 대안적 견해를 지지하고 있다.[44], [17]

예측하기 힘든 세계의 전략결정

형식적인 계획수립시스템을 비판하는 사람들은 우리가 불확실하고, 복잡하고, 모호한 세상에 살고 있기 때문에 그 속에서 일어나는 조그만 사건이 성과에는 상당한 영향을 줄 수 있으며, 이 또한 예측하기 힘들다고 주장한다.[18] 그러한 환경에서는 매우 주의깊게, 그리고 용의주도하게 전략계획을 세워도 의외의 빠른 변화에 의하여 쓸모없는 것으로 간주되기가 쉽다. 예측하기 힘든 세계에서는 변화하는 환경에 신속하게 대응하는 것과 거기에 맞춰 조직의 전략을 바꾸는 것이 가장 중요하다. 예를 들면, 구글은 검색 결과와 연계된 광고 링크수에서 수익을 창출하는 비즈니스모델 [클릭(조회)당 요금제 비즈니스모델(pay-per-click)]로 극적인 성장을 이루었으며 이 모델로 인하여 온라인 광고로 수익을 창출하는 비즈니스모델을 사용하던 많은 기업이 붕괴되었다. 누구도 이러한 비즈니스모델 개발 계획에 대하여 예상하지 못했지만 이들 기업들은 신속하게 상황에 대응하였다. 야후닷컴과 마이크로소프트의 MSN네트워크와 같이 온라인 광고에 깊이 참여한 기업들은 구글의 위협을 받아들여 신속하게 그들의 전략을 변화시켰다. 특히 이들 회사는 자체 검색엔진을 개발하고 구글의 클릭당 요금제 비즈니스모델을 복사하였다. 형식적인 시스템에 대한 비판에 따르면, 전략결정에 있어서 조직의 전략을 연간 전략적 계획수립 차원에서 검토한다는 함축적인 가정에 기반한 전통적인 전략적 계획수립과정의 틀 안에서는 그와 같이 유연한 접근방법은 가능하지 않다.

자율적 행동: 하위수준 경영자에 의한 전략결정

전략의 합리적 계획수립모형에 대한 또 다른 비판은 최고경영자, 특히 CEO의 역할을 너무 중요하게 강조하고 있다는 것이다.[19] 하지만 조직 업무에 대해 실제로 깊이 관여하고 있는 경영자도 기업의 전략방향 설정에 영향을 미치게 된다.[20] 스탠포드대학 교수인 로버트 버겔만(Robert Burgelman)과 인텔의 전 CEO인 앤디 그로브(Aady Grove)는 함께 기고한 글에서 인텔사의 중요한 전략적 의사결정 중 상당수가 최고경영자에 의해 시작된 것이 아니고 인텔을 잘 알고 있는 하위수준 경영자에 의해 자율적으로 이루어졌다고 말했다. 이들 경영자는 새로운 전략을 수립하고 전략적 우선순위를 바꾸기 위하여 최고경영자를 설득하는 작업을 하였다.[21] 최고경영자의 전략적 방향에 반해 이들 하위수준 경영자에 의해 추진된 인텔의 전략적 의사결정의 사례로는 주요 시장에서 철수하는 의사결정(DRAM 메모리칩 시장)과 특정 마이크로프로세서를 개발하는 의사결정(RISE기반의 마이크로프로세서)을 예로 들 수 있다. [전략 실행 사례 1.2]는 하위수준 경영자에 의한 자율적 활동의 사례로 스타벅스의 뮤직 비즈니스사업을 다루고 있다.

산업의 기존 패러다임을 바꿀 정도의 급격한 신기술 도입으로 인해 불확실성이 높아질 경우, 기업이 환경변화에 대처하는데 이들 하위수준 경영자의 자율적인 행동은 중요한 역할을 하게 된다.[22] 최고경영자는 보통 기업의 현행 전략을 성공적으로 실행하는 데 관심을 가지고 자신의 능력을 발휘하려고 노력하기 때문에 현실에 집착하는 보수적인 성향을 지니게 되며 이로 인해 상황을 다른 관점에서 보지 못하는 우를 범하게 된다. 그러나 하위수준 경영자는 상대적으로 현실에 덜 집착하고, 신기술과 전략을 활용하여 더 많은 수익을 얻으려고 노력하며, 새로운 전략적 사업기회를 인식하고 전략변화를 위하

전략 실행 사례 1.2

스타벅스의 뮤직 비즈니스

© iStockPhoto.com/Tom Nulens

스타벅스(Starbucks)에 가는 사람은 누구나 스타벅스에는 다양한 커피, 음식과 함께 뮤직 CD도 판매한다는 것을 알게 된다. 대다수 스타벅스 매장에는 계산대 오른쪽에 CD를 5장에서 20장까지 진열할 수 있는 진열대가 있다. 당신은 스타벅스 뮤직 CD를 웹 사이트에서도 살 수 있고, 기업의 브랜드인 히어 뮤직(Hear Music) 상표로 출판된 음악을 아이튠즈(iTunes)를 통해 다운로드할 수도 있다. 스타벅스가 뮤직 소매 및 출판업에 진입한 것은 흥미롭게도 형식적인 계획수립 과정을 통해서 이루어진 의사결정의 결과물이 아니라는 사실이다. 1980년대 후반, 시애틀의 대학가에 있는 스타벅스 매장의 경영자인 팀 존스(Tim Jones)가 자신이 편집한 뮤직 테이프를 매장에서 듣기 위하여 가지고 온 것이 스타벅스가 뮤

직사업에 진입한 시발점이 되었다. 고객들은 존스에게 테이프 복사를 요청했고, 그는 스타벅스 CEO인 하워드 슐츠(Howard Schultz)에게 이 사실을 말하고 편집된 뮤직 테이프 판매를 제안하였다. 슐츠는 이 사업에 회의적이었으나 존스의 반복적인 설득으로 그의 제안을 받아 들였다. 1990년대 후반에 스타벅스는 소형 출판회사인 히어 뮤직을 인수하면서 자신의 뮤직 테이프를 판매하게 되었다. 현재 스타벅스 뮤직 비즈니스는 규모가 적으나 제품 포트폴리오에서 우량한 분야이고, 일부 음악가에게 중요한 소득원이 되고 있다. 타이틀을 주기적으로 바꾸었지만 6주간의 CD 매출액은 앨범 전체 매출의 5%에서 10%에 해당한다.

자료: S. Gray and E. Smith, "Coffee and Music Create a Potent Mix at Starbucks," *Wall Street Journal*(July 19, 2005): A1; and J. Leeds, "Starbucks Stumbles into Music," *New York Times*(March 17, 2008).

여 필요한 역할을 수행한다. [전략 실행 사례 1.3]은 1990년대에 웹의 출현에 적응해야만 했던 저가 증권중개회사인 찰스 슈왑(Charles Schwab)의 사례이다.

뜻밖의 발견과 전략

비즈니스 역사를 보면, 수익을 창출하기 위하여 기업을 새로운 방향으로 유인하는 우발적인 일들이 수없이 많다. 이러한 사례를 볼 때 실제로 성공한 수많은 전략이 잘 설계된 계획의 결과라기보다 예상치 못한 뜻밖의 발견의 산물이다. 1960년대에 3M에서 일어난 사례를 살펴보자. 그 당시 3M은 에어콘 냉매로 판매되던 탄화플루오르를 생산하였다. 어느 날 3M 연구실에서 탄화플루오르를 가지고 연구하던 한 연구원이 그녀의 신발 위에 이 액체를 엎질렀다. 그날 오후 그녀가 신발 위에 다시 커피를 엎지르게 되었을 때 그녀는 흥미로운 현상을 보았다. 즉 신발에 흐른 커피는 작은 액체 방울이 되어 어떠한 자국도 남기지 않고 신발에서 굴러 내렸다. 이 현상을 보고 그녀는 탄화플루오르 기반의 액체는 다른 액체의 얼룩에서 직물을 보호하는 데 유용하다는 것을 알게 되었다. 그 결과로 소파 및 의류의 방수와 더럼 방지용 탄화플루오르 스프레이인 스카치가드가 개발되었고, 3M의 가장 수익이 높은 제품이 되었으며, 이전에는 전혀 계획에 없었던 사업 분야인

전략 실행 사례 1.3

챨스 슈왑의 전략적 이동

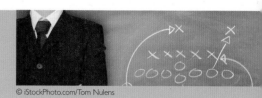
© iStockPhoto.com/Tom Nulens

1990년대 중반에 챨스 슈왑(Charles Schwab)은 전 세계에서 가장 성공적으로 저가형 금융중개 서비스를 제공하였다. 챨스 슈왑은 지난 20년 동안 주식거래에 있어 다른 금융 중개업체들보다 확연히 싼 수수료를 받는 서비스를 경쟁력으로 삼아 메릴린치(Merrill Lynch)와 같이 완전중개 서비스를 제공하는 금융중개 시장을 잠식하며 성장하여 왔다. 챨스 슈왑도 다른 금융중개 기관과 같이 전국적인 지점을 보유하고 있지만 챨스 슈왑 고객의 대부분은 텔레브로커(TeleBroker)로 불리는 전화주문 시스템을 통하여 주식거래를 하였다. 슈왑사의 고객들은 텔레브로커 이외에도 슈왑사에게서 구매하여 사용하는 스트리트 스마트(Street Smart)라고 하는 온라인 전용 소프트웨어를 통해 거래하였다. 온라인 금융거래 비즈니스모델은 성공적이었으며, 이후에 이트레이드(E*Trade)와 같은 경쟁업체의 등장을 불러왔다.

물리학자이자 발명가인 빌 포터(Bill Porter)는 1994년에 www(world wide web)의 빠른 성장으로 가능해진 온라인 금융 서비스 시장의 기회를 포착하여 저가형 금융중개사인 이트레이드를 설립하였다. 이트레이드는 온라인 주식거래에 있어 최초로 전용 웹 사이트를 개설하였다: 이트레이드는 주문을 받기 위한 지점이나 중개상을 두지 않고 전화주문 시스템도 운용하지 않아 매우 저렴한 원가 구조를 유지할 수 있었다. 이러한 저렴한 원가구조를 통해 이트레이드는 주식거래에 슈왑사의 평균 고정 수수료인 $65를 훨씬 밑도는 $14.95의 고정 수수료로 사업을 유지할 수 있었다. 이처럼 저렴한 수수료로 서비스를 제공하는 이트레이드와 이를 뒤따라 곧 설립된 아메리트레이드(Ameritrade)와 같은 온라인 저가 금융중개사의 등장은 슈왑사에게 직접적인 시장의 위협이 되었다. 이들 온라인 전용 저가 금융중개사들이 가져온 위협은 슈왑사보다 저렴한 원가구조와 낮은 수수료율만이 아이었다. 웹을 통한 쉽고, 빠르고, 유연한 주식거래에 비해 슈왑사의 스트리트 스마트거래 소프트웨어가 상대적으로 제한적이며, 전화주문 시스템이 후진적인 시스템으로 치부되는 것 또한 슈왑이 처한 위협이었다.

슈왑사의 스트리트 스마트 개발에 관여했던 소프트웨어 전문가인 윌리엄 피어슨(William Pearson)은 바로 웹의 변화무상한 힘을 인지하였고 슈왑사가 자신만의 웹기반의 소프트웨어를 즉각적으로 개발해야 한다고 생각하였다. 그러나 피어슨의 이러한 노력에도 불구하고 자신의 감독자의 관심을 얻지 못하였고, 다른 여러 경영진들의 관심도 얻기 위해 노력하였지만 여전히 자신의 믿음을 설득하는 것이 쉽지 않았다. 피어슨은 마침내 슈왑사의 전 매니저이자 현 컨설턴트로 일하는 앤 헤니거(Anne Henneger)를 만나게 되었고 슈왑사에서 틀에 박힌 사고의 틀을 가지고 있지 않다고 평가받는 부사장인 톰 세입(Tom Seip)을 만나볼 것을 제안 받았다. 헤니거는 먼저 피어슨을 대신하여 세입 부사장을 접촉하여 그의 긍정적인 반응을 얻어내 피어슨과의 만남을 요청받기에 이르렀다. 헤니거와 피어슨은 회의 미팅에서 세입을 만날 수 있을 것으로 기대했는데 놀랍게도 회의에는 챨스 슈왑과 그의 최고 운영 담당자(chief operating officer) 데이비드 포트럭(David Pottruck), 그리고 전략기획 부회장과 전자 중개 담당 부회장이 참석하였다.

이들 이사진 그룹은 웹기반 시스템(Web-based system)이 무엇인지 그리고 어떻게 작동하는지에 대한 구체적인 피어슨의 발표를 듣고 난 후, 상당히 고무되었다. 회의에 참석한 모든 사람들은 실시간 정보를 활용하여 상호작용적으로 고객화, 개인 서비스화가 가능한 웹 기반 시스템을 통해 슈왑사가 추구하여온 고객의 자율성 증진에 진일보 된 발전을 이룰 수 있을 것이라 확신하였다. 회의 말미에 이르러 피어슨은 새로운 프로젝트에 착수할 수 있을 것이라는 희망을 가지게 되었다. 1년 후에 슈왑사는 자신들만의 인터넷 기반 사업인 이슈왑(eSchwab)을 설립하였고, 이를 통해 슈왑사의 고객들은 매우 저렴한 고정 중개수수료율로 주식을 거래할 수 있게 되었다. 이슈왑은 이내 이트레이드와 같은 저가 금융중개사의 저가 공격을 압도할 수 있는 슈왑사의 핵심 사업으로 성장하게 되었다.

자료: John kador, *Charles Schwab: How one Company Beat Wall Street and Reinvested the Brokerage Industry*(New York: john Wiley & Sons, 2002); and Erick Schonfeld, "Schwab Puts It all Online," *Fortune*(December 7, 1998): 94–99

직물 보호 사업에 진출하게 된 계기가 되었다.[23]

　　뜻밖의 발견과 사건으로 인하여 수익성 있는 다양한 유형의 사업기회가 기업에게 펼쳐질 수 있다. 그러나 어떤 기업은 이러한 뜻밖의 발견이나 사건이 자신들이 이전에 계획한 전략의 개념과 일관성이 없다고 포기함으로써 수익 창출의 기회를 상실한 경우도 있다. 이러한 고전적인 사례로는 1세기 전 전신 기계회사인 웨스턴 유니온(Western Union)은 알렉산더 그라함 벨(Alexander Graham Bell)이 발명한 발명품의 권리를 구매할 수 있는 기회를 포기하였다. 그 발명품은 결과적으로 전신 기계를 유명무실하게 만든 기술인 전화기였다.

의도된 전략과 창발적 전략

핸리 민츠버그(Henry Minzberg)의 전략개발 모형은 전략이 무엇인가에 대한 포괄적인 견해를 제시하고 있다. [그림 1.7]에 설명된 내용을 보면, 기업의 실현된 전략(realized strategy)은 계획된 전략(planned strategy)이 실제로 작동되는 모습(의도된 전략, deliberate strategy)을 거쳐 나타나는 결과이며, 또한 계획되지 않은 창발적 전략(emergent strategy)의 결과이기도 하다. 민츠버그의 견해에 의하면 수많은 계획된 전략 중에 상당수 전략이 예측하기 힘든 환경의 변화로 인하여 실행되지 못한다(이들은 실현되지 못함). 창발적 전략이란 예측하기 힘든 환경에서 만들어지는 계획되지 않은 전략으로 조직을

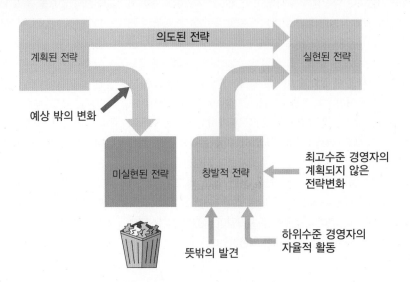

그림 1.7　창발적 전략과 의도된 전략

자료: H. Minzberg and A. McGugh, *Administrative Science Quarterly* 30:2 (June 1985) 에서 인용

잘 아는 개별 경영자의 자율적 활동에 의해 만들어지기도 하고, 뜻밖의 발견과 사건으로 부터 만들어지기도 하며, 혹은 변화된 환경에 대응하기 위하여 최고경영자가 계획에 기초하지 않고 기존 전략을 변경할 경우에 만들어지기도 한다.

창발적 전략이 오히려 의도된 전략보다 성공적이고 더욱 적절한 전략일 수 있다고 민츠버그는 주장한다. 리차드 파스칼(Richard Pascale)은 혼다자동차가 미국 오토바이 시장에 진입하는 사례로 이러한 상황의 예를 설명하고 있다.[24] 혼다의 경영진이 미국영업을 시작하기 위하여 1959년 로스엔젤레스에 도착하였을 때, 이들의 원래 목적(의도된 전략)은 일본에서 대 히트한 제품인 50cc 혼다 컵스(Honda Cubs)보다는 오토바이 마니아에게 250cc와 350cc를 판매하는 데 주력하는 것이었다. 이들은 미국 시장은 일본보다 크고 사치스럽다고 생각하여 50cc는 이 시장에 적합하지 않다고 단정지었다.

그러나 250cc와 350cc 제품의 판매는 부진하였고 기계적인 실패로 두 손을 들었다. 마치 혼다의 전략이 실패한 것처럼 보였다. 그 무렵 로스엔젤레스에서 업무용으로 일본 경영자가 타고 다니던 혼다 50s 제품은 주위의 많은 관심을 받았다. 하루는 미국의 백화점 체인인 시어스 로벅(Sears, Roebuck and Co.) 구매 팀에서 전화가 왔다. 이들은 50cc 오토바이를 마니아가 아닌 일반인을 대상으로 미국 전역에서 판매하기를 원했다. 혼다 경영진은 혼다가 소형 제품을 판매하면 마니아들에게 혼다제품이 나약하다는 이미지를 주어 이들과 멀어질까 두려워 판매를 주저하였고, 결국 250cc와 350cc 제품이 시장에서 실패하고 나서야 추진하였다.

혼다는 오토바이를 전혀 소유하지 않은 미국 내의 일반인을 대상으로 이전에 전혀 접해 보지 못한 거대한 세분시장에 진입하게 되었고, 또한 오토바이 전문매장이 아닌 일반 소매상을 통한 유통채널도 활용하였다. 그 결과 1964년까지 미국에서 판매된 오토바이 두 대중 한 대가 혼다 제품이 되었다.

혼다의 성공을 전통적인 시각에서 설명해 볼 때, 혼다가 미국 오토바이 산업을 의도된 전략으로 재정의했다고 할 수 있겠지만, 사실 혼다의 의도된 전략은 거의 재앙 수준이었다. 실제로 50cc로 새로운 시장에 대응한 창발적 전략은 계획에 의해 만들어진 것이 아니라 예측할 수 없던 환경에 대응하는 계획되지 않은 활동을 통하여 생겨난 것이다. 그럼에도 불구하고 모든 공로는 창발적 전략의 힘을 인식하고 의욕적으로 추진한 일본 경영진에게 돌아갔다.

혼다의 사례에서 드러난 중요한 점은 조직 내에서 종종 사전 계획 없이도 성공적인 전략이 출현할 수 있으며 예측하지 못한 환경에 대응한다는 것이다. 민츠버그가 말한 바와 같이 조직원이 학습 능력이 있고, 그 능력을 지원할 자원을 가지고 있는 곳이면 어디든 전략은 뿌리 내릴 수 있다.

실제로 대다수 조직에서 전략은 의도된 전략과 창발적 전략의 결합으로 이루어진다.

경영자는 이러한 전략의 창발 과정을 인정하고, 창발적 전략 중에서 나쁜 것은 단념하고 잠재적으로 좋은 전략은 키워 나가기 위하여 개입할 필요가 있다.[25] 그러한 의사결정을 하기 위하여 경영자는 창발적 전략의 가치를 판단할 수 있어야 하며, 또한 전략적으로 생각할 수 있어야 한다. 창발적 전략이 [그림 1.5]에서 설명한 전략수립 단계를 거치지 않고 사전 계획 없이 조직 내에서 생겨났지만 최고경영자는 창발적 전략을 평가해야 한다. 평가는 창발된 각 전략과 조직의 목표, 외부환경 기회와 위협, 내부 강점과 약점을 비교하는 것을 포함한다. 평가의 목적은 창발적 전략이 기업의 요구와 능력과 잘 어울리는지 파악하는 것이다. 그리고 조직이 창발적 전략을 만드는 능력은 조직구조 및 통제시스템을 조장하는 조직문화의 종류에 달려 있다고 민츠버그는 강조한다. 달리 말하면, 의도된 전략의 관점에서 전략경영과정의 구성요소가 중요하듯이 창발적 전략의 관점에서도 이들 전략경영과정의 구성요소가 중요하다.

전략적 계획수립의 실행

공식적인 계획수립 시스템의 한계에 대한 비판에도 불구하고 경영자가 더 나은 계획수립 시스템이 전략적 결정을 하는 데 도움을 준다고 연구 결과 드러났다. 기존 연구 26개의 결과를 종합적으로 분석한 연구에서는 전략적 계획수립이 기업성과에 긍정적 영향을 준다는 결론에 도달했다.[26] 656개 기업을 대상으로 연구한 또 다른 연구에서는 공식적인 계획수립 방법과 창발적 전략 모두가 특히 불안정한 환경하에서 전략수립 과정의 일부로 역할을 잘 수행하는 것으로 나타났다.[27] 전략적 계획수립과정에서 최고경영자에게 특히 중요한 것은 경쟁 환경의 현재 구도뿐 아니라 미래 구도에 대해서도 충분히 분석, 검토하고 계획을 수립하는 것이다. 미래에 일어날 수 있는 다양한 경쟁 환경을 예측하기 위하여 경영자는 시나리오 계획수립 기법을 사용할 수 있다.

시나리오 계획수립

상대적으로 먼 미래의 기간을 대상으로 한 전략적 계획수립이 실패하게 될 경우, 그 이유는 전략적 경영자가 계획을 수립하는 기법에만 너무 얽매여 있어 미래의 상황을 완전히 예측하기가 힘든다는 사실을 망각하기 때문이다. 심지어 잘 준비된 계획이라도 예상 밖의 우발 상황이 발생하게 되면 현실과 동떨어진 계획이 되고 만다. 로열 더치 쉘(Royal Dutch Shell)의 계획수립 담당자는 미래를 정확하게 예측하는 것이 미래의 불확실성으로 인해 매우 어렵다고 인식하고 계획수립에 시나리오 접근방법을 처음으로 사용하였다.[28] 시나리오 계획수립(Scenario Planning)이란 미래에 대한 가정적 시나리오에 기초하여

시나리오 계획수립
미래에 대한 가정적 시나리오에 기초하여 계획을 수립하는 것

계획을 수립하는 것을 말한다. 시나리오 계획수립을 수행한 전형적인 모습을 보면 일부 시나리오는 미래 상황에 대하여 낙관적이고 일부는 비관적이다. 경영진은 각 시나리오에 대응할 세부 전략을 개발하도록 요청받는다. 흐름을 관찰하고 특정한 시나리오가 일어날 가능성을 파악하기 위한 단서로 여러 가지 지표를 선택한다. 경영자는 우선 복잡하고 동태적인 경영 환경의 성격을 이해한 후, 전략적으로 문제에 대하여 고민을 하고, 서로 다른 환경하에서 추진해야 할 일련의 전략적 옵션을 도출하게 된다.[29] 계획수립을 위하여 시나리오 접근방법은 주로 규모가 큰 기업에서 확산되었다. 포춘500 기업 중 50% 이상이 시나리오 계획수립 방법을 사용하고 있는 것으로 한 조사에서 나타났다.[30]

정유회사인 로열 더치 쉘은 시나리오 계획수립의 개념을 선도하기 위하여 노력하였고 경험을 통하여 이 방법의 힘을 보여주었다.[31] 쉘은 1980년대 이래로 시나리오 계획수립 방법을 사용하고 있으며, 최근에는 석유의 미래 수요를 예상하고 전략적 계획을 조정하기 위하여 두 가지 주된 시나리오를 사용하고 있다. 첫 번째 시나리오는 향후 세계의 에너지 환경이 석유와 같은 탄소연료에서 천연가스를 거쳐서 궁극적으로 재생 에너지로 점진적으로 이동할 것이라는 시나리오이고, 두 번째 시나리오는 세계의 에너지 환경이 기술 진화로 인해 새로운 에너지원으로 급속하게 이동할 것이라는 가능성을 제시하는 시나리오이다.[32] 쉘은 어떠한 시나리오가 현실화되던지 관계없이 기업에 수익을 보장할 수 있는 투자를 진행하고 있으며, 시간이 경과함에 따라 어느 시나리오가 더 현실화될 것인지 파악하기 위하여 조심스럽게 기술적 흐름과 시장 흐름을 관찰하고 있다.

계획수립에 시나리오 방법을 사용하게 되면 경영자는 문제 상황을 다른 관점에서 생각할 수 있으며, 또한 다른 상황하에서 자신들이 무엇을 해야 하는지 예측하게 된다. 그리고 경영자는 글로벌 환경이 복잡하고 예측하기 어렵다는 것을 인식하게 될 뿐 아니라, 미래에 대한 가정을 근거로 변경할 수 없는 계획을 세우는 것보다는 유연하게 계획을 세우는 것이 중요하다는 사실을 깨닫게 된다. 시나리오 계획수립 결과, 조직은 가능성이 가장 높은 것으로 판단되는 시나리오에 대하여 지배적인 하나의 전략을 추진하게 되지만 다른 시나리오가 전개되었을 때도 성과를 올릴 수 있는 일정분의 투자도 병행하게 된다([그림 1.8] 참조). 쉘의 경우, 첫 번째 시나리오, 즉 세계의 에너지 환경이 탄소연료에서 점진적으로 변화한다는 가정에 기초하여 현재의 전략을 수립하지만, 두 번째 시나리오가 대두되었을 경우를 대비하여 새로운 에너지 기술에 투자하고, 적절한 전략을 검토해보는 등 위험에 대비하고 있다.

분산된 계획수립(decentralized planning)

전략적 계획수립과정을 구축하면서 일부 기업에서 자주하는 실수는 계획수립을 전적으로 최고경영자의 책임으로 간주한다는 것이다. 이와 같은 "상아탑"적인 접근방법은 결국 최고경영자로 하여금 속이 텅 빈 전략적 계획을 수립하게 만들게 한다. 왜냐하면 현실적인 운영의 실상을 잘 알지도, 잘 이해하지도 못하는 최고경영자가 계획을 수립하기 때문이다. 결과적으로 최고경영자는 유해무익인 전략을 수립하게 될지도 모른다. 예컨대, 인구통계학적 데이터상에서 가구 수와 가족 수가 줄고 있다고 지적했을 때, GE사의 가전제품그룹의 계획입안자는 미래에는 가전제품이 소형화될 것이라고 결론지었다. 이들은 건축업자 및 소매상을 만나 이야기를 들어 보지도 않았고, 부엌과 화장실은 가족 수와 무관하게 줄어들지 않는 집의 공간이라는 사실도 알지 못했다. 맞벌이 부부 2인 가정에서는 슈퍼마켓에 가는 횟수를 줄이기 위하여 오히려 더 큰 냉장고를 원하였다. 결국 GE는 소형 전자기기를 설계하는 데 시간만 많이 낭비한 꼴이 되었다.

상아탑적 접근방법으로 계획을 수립하게 되면 기업수준 경영자, 사업수준 경영자, 기능수준 경영자 간에 계층 간 균열이 생기게 된다. GE 가전제품그룹의 경험에 따르면, 계획수립에 참여하는 기업수준 경영자는 컨설팅회사 혹은 최고대학의 MBA 출신이다. 대부분의 기능수준 경영자는 이와 같은 출신 배경의 기업수준 경영자들이 자신들을 전략적 문제를 스스로 고민할 만큼 똑똑하지 못하다고 생각하고 있으며, 그래서 자신들은 의사결정 과정에서 배제되어 있고 이러한 상황이 공정하지 못하다고 믿고 있다. 절차적 정의가 부족하다는 이러한 인식으로 인하여 '우리와 그들'이라는 이질적 관계가 형성되고 결국 적개심이 급속히 조성된다. 그 결과 계획입안자가 올바를 경우에도 운영경영자는 귀 기울이지 않게 된다. 예컨대, 가전제품 시장이 글로벌화되고 일본기업의 위협이 증가하고 있다는 사실의 중요성을 계획입안자가 제대로 인식하고 있어도, 시어스 로벅 백화점을 경쟁자로 인식하고 있는 운영경영자들은 그러한 사실에 전혀 유의하지 않는다. 계획수립의 상아탑 접근방법은 결국 하위수준 경영자가 자율적으로 수행하는 전략적 역할이나 뜻 밖의 발견이나 사건의 중요성을 인식하지 못하고 무시하게 된다.

계획수립의 상아탑 접근방법의 문제를 해결하려면 기업의 모든 수준의 경영자를 포용할 때 전략적 계획수립이 성공할 수 있다는 사실을 인식하는 것이다. 실제로 사업수준 경영자와 기능수준 경영자가 동일사안에 대하여 하나가 되어 함께 계획을 수립하였을 때, 달리 표현하면 역할이 분산 되었을 때 최고의 계획이 만들어졌다. 기업수준 계획입안자는 사업수준 경영자와 기능수준 경영자에게 조직의 전략적 목표를 제시하고, 제시된 목표를 수행하는 데 필요한 전략을 결정하기 위해 소요되는 자원을 제공해 줘서 이들이 계획을 수립할 수 있게 도와주는 촉진자로서 역할을 수행하여야 한다.

전략적 의사결정

가장 잘 설계된 전략적 계획수립 시스템이라도 만약 경영자가 자신들이 관리할 수 있는 정보를 효과적으로 사용하지 못하면 원하는 결과를 만들어 내는 데 실패하고 만다. 결과

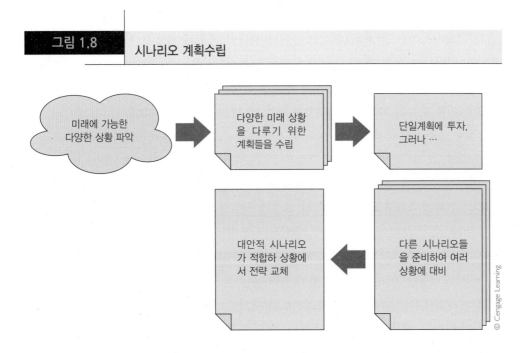

그림 1.8 시나리오 계획수립

적으로 전략적 경영자가 자신들이 보유하고 있는 정보를 더 잘 활용하는 방법을 배우고, 왜 자신들이 가끔씩 잘못된 의사결정을 하는지 이해하는 것이 중요하다. 경영자가 지식이나 정보를 더 잘 활용하는 중요한 방법은 흔히 있는 인지적 오류가 어떻게 잘못된 의사결정의 결과를 초래할 수 있는지 이해하는 것이다.[33]

인지적 오류와 전략적 의사결정

의사결정이 합리적으로 이뤄졌는가는 경험적 지식에 기초한 개인의 능력에 의해 결정된다.[34] 인간은 슈퍼컴퓨터가 아니기 때문에 대규모 정보를 받아들여서 효과적으로 처리 한다는 것이 어려운 일이다. 그러므로 복잡하고 불확실한 세계에서 벗어나서 의미를 찾기 위하여 우리는 의사결정을 할 때 경험에 의한 방법이나 탐색적 방법에 의존하는 경향이 있다.[35] 그러나 이러한 방법을 사용할 경우 가끔 의사결정 과정에서 심각한 계통오차(systematic errors)가 생긴다. 계통오차란 반복적으로 나타나는 오차를 말한다. 이러한 오차는 인간이 정보를 처리하고 의사결정에 도달하는 과정에서 발생하는 인지적 오류(cognitive biases)에 의하여 발생한다. 인지적 오류로 인하여 많은 경영자가 잘못된 전략적 결정을 하는지도 모른다.

　　실험 설계를 통하여 다양한 인지적 오류가 반복적으로 확인되었다. 그래서 우리는 오류가 존재한다는 사실과 모든 사람들이 오류를 행하기 쉽다는 사실을 이성적으로 확신할 수 있다.[36] 인지적 오류 중, 사전적 가설 오류(the prior hypothesis bias)는 두 개의 변수

인지적 오류
인간이 의사결정을 할 때 정보를 처리하는 과정에서 발생하는 계통오차

사전적 가설 오류
강한 사전적 믿음을 가진 의사결정자는 비록 자신의 믿음이 틀렸다는 증거가 있어도 자신의 사전적 믿음을 기초로 의사결정하는 경향이 있으며, 이때 발생하는 인지적 오류

몰입상승
이미 특정 프로젝트에 상당한 자원을 사용한 의사결정자가 그 프로젝트가 실패라는 사실을 피드백 받았음에도 불구하고 자원투입을 확대할 때 일어나는 인지적 오류

유추에 의한 추리
복잡한 문제 상황을 이해하기 위하여 문제 상황을 단순하게 유추하는 것

대표성 오류
소규모 표본으로, 심지어 하나의 사건을 가지고 일반화시키려는 경향에 의한 오류

통제력 환상
사건을 내 마음대로 통제할 수 있다는 개인의 능력을 과대평가하는 경향의 오류

간의 관계에 대해 사전적으로 강한 믿음을 가지고 있는 의사결정자는 믿음이 틀렸다는 증거를 제시하여도, 이전에 가지고 있던 자신들의 믿음에 기초하여 의사결정을 하려는 경향이 있다는 사실을 말한다. 더구나 그들은 자신들의 사전적 믿음에 반하는 정보는 무시하는 반면 사전적 믿음과 일치하는 정보를 찾아서 사용하려는 경향이 있다. 전략적 구도에 이러한 오류가 자리 잡게 되면, 특정한 전략이 의미있다고 강한 사전적 믿음을 가진 CEO는 그 전략이 부적절하며 실패할 것이라는 증거에도 불구하고 지속적으로 추진하려고 한다.

인지적 오류 중 잘 알려진 또 다른 오류는 몰입상승(escalating commitment)이다. 몰입상승이란 특정사안에 대하여 잘못된 의사결정인 줄 알면서도 그대로 밀어 붙이는 행동으로 이미 특정 프로젝트에 상당한 자원을 사용한 의사결정자가 그 프로젝트가 실패라는 사실을 피드백 받았음에도 불구하고 자원 투입을 확대하는 것을 말한다.[37]

이러한 행동은 합리적이지 못하다. 만약 논리적으로 반응하였다면 투자를 확대하지 않고 손해를 줄이기 위하여 그 프로젝트를 포기하여야 한다. 의사결정자는 프로젝트에 대한 개인적인 책임감 때문에 잘못되고 있다는 증거가 있음에도 불구하고 프로젝트를 고집하게 된다는 것이다.

세 번째 오류인 유추에 의한 추리(reasoning by analogy)는 복잡한 문제 상황을 이해하기 위하여 문제 상황을 단순하게 유추하는 것을 말한다. 이 탐색적 방법이 지니는 문제점은 유추가 타당하지 않을 수 있다는 것이다. 네 번째 오류인 대표성 오류(representativeness)는 소규모 표본으로, 심지어 하나의 사건을 가지고 일반화시키려는 경향의 오류를 말한다. 이 오류는 대규모 수에 의한 통계적 규칙을 깨고 있다. 이 규칙은 단일 사건은 물론, 소규모 표본으로 일반화시키는 것도 부적절하다고 지적하고 있다. 1990년대 후반의 닷컴(.com) 붐은 여러 관점에서 볼 때, 유추에 의한 추리와 대표성 오류에 근거하고 있다. 진취적인 기업가들에게 아마존(Amazon)과 야후(Yahoo)와 같은 초기의 일부 닷컴 기업은 자신들의 측정 기준에 따라 판단할 때 매우 성공한 것으로 인식했다. 매우 적은 표본에 근거하여 유추하였지만 그들은 어떠한 닷컴 기업도 이와 같이 성공할 것이라고 가정하였고, 많은 투자자들도 비슷한 결론에 도달했다. 그 결과 사업기회를 이용하여 돈을 벌기 위하여 인터넷 공간에 몰려드는 수많은 창업기업의 물결이 일어났다. 이들 기업 대다수는 곧이어 파산하였고, 이는 유추가 틀린 것이며 초기진입자의 소규모 표본에 의한 성공이 모든 닷컴 기업의 성공을 보장하지는 못한다는 사실을 입증하였다.

다섯 번째 인지적 오류는 통제력 환상(illusion of control) 또는 사건을 내 마음대로 통제할 수 있다는 개인의 능력을 과대평가하는 경향이다. 총괄경영자나 최고경영자는 특히 이 오류에 빠지기 쉽다. 조직의 최상부에 있게 되면 그들은 성공하기 위하여 자신들의 능력을 과신하게 된다.[38] 리차드 롤(Richard Roll)은 이러한 최고경영자의 과신을 교만가설

(hubris hypothesis of takeovers)이라 칭하며, 최고경영자가 다른 기업을 인수한 후 자신의 가치창출 능력을 과신하는 경향이 있다고 그는 말한다. 그 결과 기업을 인수하는 데 너무나 많은 돈을 지불하게 되어, 기업인수를 잘못한 것으로 끝을 맺기도 한다. 기업인수로 인하여 지게 되는 재정적인 빚에 대한 이자를 갚아야 하므로 기업인수로 인하여 돈을 번다는 것은 거의 불가능하다.

가용성 오류(availability error)는 또 다른 보통의 오류이다. 가용성 오류는 결과를 쉽게 상상할 수 있는 정도에 따라 그 결과의 확률을 추정하려는 성향 때문에 발생한다. 예컨대, 사람들은 자동차 사고보다 항공기 추락을 더 두려워한다. 통계적으로 볼 때 특정인이 항공기 추락으로 사망할 확률보다 공항 가는 도중에 차에서 사망할 가능성이 더 높다. 항공기 추락의 결과는 자동차 사고보다 훨씬 상상하기 쉽고, 사고 시 소수의 사람에게 만 영향을 주는 자동차 충돌보다 항공기 추락이 더 강렬한 사건이기 때문에 항공기 추락의 가능성을 높게 생각하게 된다. 가용성 오류의 결과로 경영자는 높은 수익을 가져다 줄 프로젝트보다는 결과를 쉽게 상상할 수 있는 프로젝트에 자원을 배정할지도 모른다.

> **가용성 오류**
> 결과를 쉽게 상상할 수 있는 정도에 따라 그 결과의 확률을 추정하려는 성향의 오류

의사결정을 개선하는 기법

인지적 오류로 인하여 다음과 같은 의문이 생긴다. 기업의 전략적 결정이 현실적이고, 철저한 평가에 근거하려면 의사결정 메커니즘에 비판적인 정보가 영향을 주어야 하는데 그 방법은 무엇일까? 전략적 사고를 강화하고 인지적 오류를 없애는 두 가지 기법—악마의 주장(Devil's advocacy)과 반대 질의법(Dialectic inquiry)—이 있다.[39]

악마의 주장은 계획을 만들고 그 계획을 비판적으로 분석할 것을 요구한다. 의사결정그룹 구성원 중 한 명은 제안이 받아들여지지 못하도록 모든 이유를 들어 강조하면서 악마의 대변인처럼 행동한다. 이렇게 하게 되면 의사결정자는 제안된 일련의 절차상에서 개연성 있는 위험을 인식할 수 있게 된다.

반대 질의법은 그럴듯하지만 절차상에서 서로 대립하는 계획(정)과 상반된 계획(반)을 만들 것을 요구한다.[40] 전략적 경영자는 계획을 주장하는 사람과 상반된 계획을 주장하는 사람 간의 토론을 듣고 어느 계획이 더 많은 성과를 올릴 것인지 의사결정하게 된다. 토론의 목적은 두 가지 계획에 대한 정의, 제안된 일련의 절차, 그리고 가정상의 문제를 노출시키는 데 있다. 이러한 훈련의 결과, 전략적 경영자는 문제를 더욱 새롭고 포괄적으로 개념화할 수 있고 결국 이것이 최종 계획(합)이 된다. 반대 질의법은 전략적 사고를 촉진시킬 수 있다.

인지적 오류에 줄일 수 있는 또 다른 기법은 노벨상 수상자인 다니엘 카네만과 그의 동료에 의하여 강조 되어온 바깥에서 살펴보기(outside view)이다.[41] 바깥에서 살펴보기는 비슷한 과거의 전략적 계획을 가진 참조 집단을 정하고, 그들의 계획이 성공했는지 혹은

> **악마의 주장**
> 의사결정그룹 구성원 중 한 명은 제안이 받아들여지지 못하도록 모든 이유를 들어 강조하면서 악마의 대변인처럼 행동하는 기법
>
> **반대 질의법**
> 그럴듯하지만 절차상에서 서로 대립하는 계획(정)과 상반된 계획(반)을 만들 것
>
> **바깥에서 살펴보기**
> 과거에 성공하거나 혹은 실패한 전략적 계획을 찾아서 현재의 프로젝트에 도움이 될 것인지 결정하는 것

실패했는지 확인하고, 그리고 이전의 계획과 비교하여 현재의 프로젝트를 평가하도록 계획입안자에게 요구한다. 이 기법은 특히 인지적 오류 중에서 통제력 환상, 유추에 의한 추리, 그리고 대표성 오류와 같은 오류를 줄이는 데 유용하다고 카네만은 말한다. 예컨대, 잠재적으로 기업 합병을 검토하고 있을 때, 계획입안자는 다른 기업(참조 집단)에서 행한 기업합병의 기록을 살펴보고, 합병에 성공했는지 실패했는지 확인하고, 그리고 참조 집단과 비교하여 객관적으로 자신의 잠재적 기업 합병을 평가하여야 한다. 지난 사건의 많은 표본으로 실질적인 검토를 하게 되면 계획입안자의 타고난 낙관주의를 억제하기 쉽고 그리고 훨씬 실질적인 평가와 계획을 수립할 수 있다.

전략적 리더십

총괄경영자와 기능경영자의 주요한 전략적 역할 중의 하나는 부하 직원들을 위하여 전략적 리더십을 발휘하고, 성과가 높은 조직을 개발하는 데 자신들의 지식, 에너지, 열정을 이용하는 것이다. 몇몇 저자는 높은 성과를 창출하는 훌륭한 전략적 리더의 핵심적 특성을 파악하였으며 다음과 같다. (1) 비전, 설득력, 일관성, (2) 비즈니스모델의 설정, (3) 몰입, (4) 정보에 정통함, (5) 위임과 권한부여 의지, (6) 통찰력있는 권한의 사용, (7) 감성 지능 등이다.[42]

비전, 설득력, 일관성

리더십의 주요한 과업 중의 하나는 조직이 나아갈 방향을 제시하는 것이다. 강력한 리더는 조직이 나아갈 방향에 대해 주의를 끌 수 있는 명확한 비전을 가지며, 조직원에게 비전을 전달하여 활력을 불어넣을 수 있도록 설득력을 겸비하여야 하고, 비전이 조직문화의 일부로 정착될 수 있을 때까지 지속적으로 노력하여야 한다.[43]

정치 분야에서는 존 에프 케네디(John F. Kennedy), 윈스턴 처칠(Winston Churchill), 마르틴 루터 킹(Martin Luther King, Jr.) 그리고 마가레트 대처(Margaret Thatcher) 같은 사람들이 비전을 제시한 리더로서 간주되어 왔다. 이들이 한 말의 영향력을 생각해 보자. 케네디는 "국가가 당신을 위하여 무엇을 해줄 것인가를 묻지 말고, 당신이 국가를 위해 무엇을 할 수 있는가를 물어 보십시오."라고 하였고, 킹은 "나는 꿈을 가지고 있습니다." 라는 연설을 하였으며, 처칠은 "우리는 결코 굴복하지 않을 것입니다."라고 하였다. 케네디와 처칠은 자신들의 비전과 일관된 정부의 정책을 추진하기 위하여 정치적 조직을 이용할 수 있었다. 처칠의 연설은 국민의 마음을 움직여 반대파를 굴복시켰고, 킹은 정부를 압박하여 사회를 변화시켰다.

강력한 비즈니스 리더로는 마이크로소프트사의 빌 게이츠, GE의 전CEO였던 잭 웰치, 월마트 설립자인 샘 월튼 같은 사람을 들 수 있다. '책상 위에 윈도우 기반의 PC가 있는 세상'이라는 빌 게이츠의 비전은 수년 동안 마이크로소프트사의 강력한 추진 동력이었다. 최근에는 PC와 서버에서 부터 비디오게임 콘솔(Xbox), 핸드폰, 그리고 휴대용 컴퓨터에 이르기까지 모든 기기에서 윈도우 기반의 소프트웨어를 사용하는 세상을 구현하는 것으로 비전이 진화되었다. 잭 웰치는 경쟁하는 모든 사업에서 1등 혹은 2등을 하여야 하며, 그렇지 않으면 시장에서 철수한다는 단순하면서도 강력한 GE의 비전을 설정하였다. 이와 유사하게 월마트 설립자인 샘 월튼은 월마트 성공의 핵심인 비전, 즉 공급자로부터 원가를 절감하고 운영효율을 통해 고객에게는 매일 저가로 제품을 공급한다는 비전을 설정하였다.

비즈니스모델의 설정

우수한 전략적 리더의 또 다른 주요 특징은 기업이 비전을 실현하기 위하여 사용할 비즈니스모델을 설정하는 능력을 가지는 것이다. 비즈니스모델이란 기업이 추구하는 다양한 전략을 어떻게 하면 하나의 통합된 개념(a congruent whole)으로 연계시킬 것인가 고민하는 경영자의 구상을 말한다. 예컨대, 델(Dell)사의 마이클 델(Michael Dell)은 기업의 기본적인 비즈니스모델인 '직접판매(direct sales) 비즈니스모델'을 설정하였다. 델사가 수년 동안 추진해 온 다양한 전략은 이러한 기본적인 비즈니스모델에 조율되어 효율적이고 효과적인 강한 하나의 구심축이 만들어졌다. 비록 모든 전략이 개별적으로는 조직 내의 서로 다른 영역의 업무와 관련되어 있다고 하여도, 또한 전략결정이 최고경영자 이외의 다른 경영자에 의해서도 이뤄질 수 있다고 하여도, 오직 전략적 리더만이 다양한 전략을 하나의 통합된 개념으로 연결하여 비즈니스모델을 만든다. 만약 전략적 리더가 비즈니스모델에 대한 명확한 구상을 가지고 있지 않으면, 기업이 추구하는 모든 전략은 연계성을 가질 수 없고, 결국은 구심점을 잃게 되어 성과가 낮아질 것이다.

몰입

강력한 리더는 자신들이 비전과 비즈니스모델에 몰입하고 있다는 사실을 드러내기 위하여 행동과 말, 그리고 가끔 선례를 이용한다. 뉴코(Nucor)사의 전직 CEO인 캔 아이버슨(Ken Iverson)의 경우를 생각해 보자. 뉴코사는 철강산업에서 가장 낮은 원가구조를 가진 매우 효율적인 철강기업이다. 대다수의 다른 기업이 원가 최소화에 집착하여 금전적 손실을 보았음에도 불구하고 이 회사는 30년간 지속적으로 수익을 창출하였다. CEO로 재직하는 기간 동안 아이버슨은 선례를 만들었다. 그는 직접 전화를 받고, 한 명의 비서만 고용하고, 낡은 차를 손수 운전하고, 항공기는 이코노미석을 이용하고, 자신의 임금이 포춘500 CEO 중 가장 적다는 것에 자부심을 느꼈다. 이러한 그의 몰입은 종업원들에게 CEO가 원가를 절감하기 위하여 가능한 모든 노력을 하고 있다는 강한 인상을 주었다. 종업원들은 그를 존경하게 되었고 일을 더욱 열심히 하였다. 아이버슨이 은퇴한 이후에도 뉴코사에 구축된 원가를 중시하는 조직문화는 그의 유산으로 유지되고 있으며, 다른 위대한 리더와 마찬가지로 그의 재직여부와 관계없이 그의 영향은 지속되고 있다.

정보에 정통함

효과적인 전략적 리더는 기업에서 어떠한 일이 일어나는지 자신들에게 알려주는 공식적인 정보망과 비공식적인 정보망을 구축하고 있다. 예컨대, 스타벅스의 전직 CEO였던 짐 도널드(Jim Donald)는 매일 아침 5개에서 10개 매장에 전화를 하여 경영자 및 종업원과 대화를 나누고 이들 매장이 어떻게 성과를 내고 있는지 감을 잡고 있다. 또한 그는 출근 길에 모닝커피를 사기 위하여 매일 아침 지역의 스타벅스 매장에 들른다. 이러한 과정을 통하여 개별 직원을 매우 잘 알게 되었다. 도널드는 이러한 비공식적인 접촉이 기업이 어떻게 운영되는지 알 수 있는 매우 유용한 정보의 원천이라는 사실을 알게 되었다.[44]

사우스웨스트 항공사의 설립자인 허브 켈러허(Herb Kelleher)는 항공기 정비시설에 사전 통보없이 방문하고, 작업자의 과업을 도와주면서 기업의 건강 상태를 직접 측정할 수 있었다. 또한 그는 사우스웨스트 항공기의 승무원을 돕기도 하고, 기내식을 배급하기도 하고 그리고 고객과 대화를 나누기도 하였다. 자주 사우스웨스트 항공기를 이용하는 한 승객은 10년간 켈러허 옆자리에 3번씩이나 앉았다고 말한다. 켈러허는 추세와 비일관성을 파악하기 위하여 매번 자신에게(그리고 부근의 다른 사람에게) 사우스웨스트 항공사가 여러 지역에서 어떻게 운영되고 있는지 물었다.[45]

정보를 얻기 위하여 비공식 방법과 비전통적인 방법을 사용하는 것이 현명하다. 왜냐하면 공식적인 채널은 조직 내의 특정 이해관계자나 게이트키퍼-업무 상황을 리더에게 부정확하게 보고하는 경영자-에게 파악될 수 있기 때문이다. 조직 내 모든 계층의 종업원과 지속적으로 소통하는 도널드와 켈러허와 같은 사람은 자신의 문을 닫고 하위수준 종업원과 전혀 소통하지 않는 리더보다 비공식 정보망을 구축하기가 훨씬 쉽다.

위임과 권한부여 의지

높은 성과를 내는 리더는 업무를 위임하는 데 숙련되어 있다. 만약 효과적으로 위임하는 방법을 알지 못하면 자신들이 책임져야 할 일이 많아져서 지나치게 부담이 된다는 것을 이들은 잘 알고 있다. 또한 부하 직원에게 의사결정의 권한을 부여하는 것이 훌륭한 동기부여 수단이 된다는 것도 잘 알고 있으며 가끔 업무를 수행하는 담당자가 의사결정을 하기도 한다. 동시에 통찰력 있는 리더는 중요한 의사결정에 대해서는 통제할 필요가 있다는 것도 알고 있다. 따라서 하위수준 종업원에게 많은 중요한 의사결정을 위임한다고 할지라도, 기업의 비전과 비즈니스모델을 설정하는 것과 같이 조직의 미래 성공에 매우 중요한 의사결정은 위임하지 않을 것이다.

통찰력 있는 권한의 사용

에드워드 랩(Edward Wrapp)은 리더십 논문에서 '효과적인 리더는 자신의 권한을 사용할 때 매우 신중하고 통찰력을 가지게 된다'로 언급하였다.[46] 또한 전략적 리더는 자신의 생각을 권위를 통하여 강압적으로 전달하기보다 가끔 파워게임을 기술적으로 수행함으로써 공감대를 형성하려고 시도하여야 하며, 그리고 함께 제휴한 조직의 일원으로서 행동하거나, 독재자가 아닌 민주적 리더로서 행동하여야 한다고 주장하였다. 제프리 페퍼(Jeffery Pfeffer)는 조직에서 권한을 재치 있게 사용하여 일을 수행하는 정치적으로 통찰력있는 경영자의 비전을 언급하였다.[47] 페퍼의 견해에 따르면 권력은 예산, 자본, 지위, 정보, 그리고 지식과 같이 조직이 가진 중요한 자원을 통제할 때 생기게 된다. 정치적으로 볼 때 통찰력 있는 경영자는 또 다른 핵심적인 자원을 확보하기 위하여 이러한 자원을 활용한다. 즉 전략적 목적을 달성하는 데 도움을 줄 수 있는 중요한 위치에 있는 사람을 아군으로 끌어들이기 위하여 자원을 이용한다. 페퍼는 조직에서 권한을 모으기 위해 CEO가 될 필요는 없다고 강조한다. 왜냐하면 중간 기능경영자도 종종 놀랄 정도로 권한 기반을 구축하고 조직 성과에 영향을 주기 위하여 이 권한을 사용할 수 있기 때문이다.

감성지능

감성지능(Emotional intelligence)은 다니엘 골레만(Daniel Goleman)이 만든 용어로 강력하고 효과적인 리더가 나타내는 '심리학적 특성'을 말한다.[48]

- 자기 인식(Self-awareness) − 자기 자신의 기분, 감정, 충동을 이해하고 다른 사람에게 미치는 영향도 함께 이해하는 능력.
- 자기 통제(Self-regulation) − 행동하기 전에 좀 더 생각을 하여 파괴적인 충동이나 기분을 사전에 통제하거나 방향을 재설정하게 하는 능력.
- 동기부여(Motivation) − 금전이나 신분 이상의 목적으로 일을 하고자 하는 열정과 에너지와 인내를 가지고 목표를 달성하려는 성향.
- 공감(Empathy) − 부하직원의 감정과 견해를 이해하고 의사결정에 이들을 반영하려는 능력.
- 사회적 기술(Social skills) − 목적을 지닌 호의.

골레만에 따르면, 감성지능 특성을 지닌 -높은 정도의 감성지능을 보이는- 리더는 이러한 특성이 부족한 사람보다 더욱 효과적이다. 리더의 자기 인식과 자기 통제 능력은 부하직원의 믿음과 신뢰를 끌어내는 데 도움을 준다. 사람들은 자기 인식 능력이 있어 자신의 한계를 인식하는 리더를 존경하며, 자기 통제 능력이 있어 의사결정을 신중하게 검토하는 리더를 존경하게 된다고 골레만은 견해를 밝히고 있다. 그리고 자기 인식 능력과 자기 통제 능력을 지닌 개인은 더욱 자신감을 가지게 되고, 이로 인하여 모호한 상황에 대처하고 변화에도 더욱 개방적이 된다고 주장한다. 일에 대한 열정으로 나타나는 강한 동기부여는 또한 전염성이 있어 다른 사람들에게 공통적인 목표와 조직의 미션을 달성하기 위하여 함께 참여해 주도록 설득하는 데 도움이 된다. 강한 공감과 사회적 기술은 부하직원이 리더에게 충성하게 하도록 도움을 준다. 공감력이 있고 사회적 기술을 지닌 리더는 경영자들 간에 이뤄지는 개선 방법에 대한 논쟁에서 능력을 발휘하며, 다양한 고객층의 공통된 화제와 목표를 쉽게 발견할 수 있고, 이러한 특성이 부족한 리더와 비교할 때 사람들을 바람직한 방향으로 끌어 들이는 능력이 앞선다. 간략히 정리하면, 골레만은 리더의 심리적인 기질이 문제가 된다고 주장한다.

요약 *Summary of Chapter*

1. 경영자가 기업의 성과목표를 증가시키기 위하여 취하는 일련의 행동을 전략이라 한다.

2. 기업의 주요 목표는 주식을 보유한 주주가 받는 이익을 극대화하는 것이다. 주주의 가치를 극대화하기 위하여 경영자는 전략을 추진하며 그 결과 높은 수익성과 이익증가율을 달성하고 유지하게 된다.

3. 기업의 수익성은 기업에 투자된 자본으로 창출한 이익 크기로 측정되며, 기업의 이익증가율은 주당 이익의 증가분으로 측정된다. 수익성과 이익증가율은 경영자가 선택하는 전략에 의해 결정된다.

4. 동일한 산업 내의 모든 기업의 평균보다 높은 수익성을 실현할 때 기업은 경쟁자에 대하여 경쟁우위를 가지게 된다. 그리고 수년간 평균 이상의 수익성을 유지할 수 있을 때 지속적 경쟁우위를 가진다고 말한다. 일반적으로 경쟁우위를 가진 기업은 경쟁자보다 이익이 더욱 급속히 증가하게 된다.

5. 총괄경영자는 기업의 전반적인 성과에 대하여 책임을 지거나 혹은 독자적으로 운영되는 중요한 사업부나 조직의 전반적인 성과를 책임진다. 그들의 가장 중요한 전략적 관심사는 자신들의 지시 하에 있는 전체 조직이 얼마나 건강한가 하는 것이다.

6. 기능경영자는 특정한 사업 기능이나 운영에 책임을 가진다. 비록 총괄경영 책임은 부족하지만 그들은 매우 중요한 전략적 역할을 수행한다.

7. 조직의 전략은 합리적 계획수립과정의 결과라는 사실을 공식적인 전략적 계획수립모형은 강조한다.

8. 전략적 경영과정의 주요한 구성요소는 조직의 미션, 비전, 그리고 주요 목표를 정의하는 것, 조직의 외부환경과 내부환경을 분석하는 것, 조직의 강점과 약점을 외부환경의 기회 및 위협과 연계하여 비즈니스모델과 전략을 선택하는 것, 그리고 조직이 선택한 전략을 실행하기 위하여 조직구조와 통제시스템을 선택하는 것 등이다.

9. 전략은 하위수준 경영자가 불확실한 상황에 대응하듯이 공식적인 계획이 없는 조직 깊은 곳에서 나타나기도 한다.

10. 전략적 계획수립은 종종 실패하기도 한다. 왜냐하면 경영자가 불확실성을 계획에 반영하지 못하기 때문이며, 또한 상위계급 의식에 빠진 계획입안자가 실제적인 운영의 모습을 보지 않고 계획을 수립하기 때문이다.

11. 체계적으로 계획을 수립함에도 불구하고 만약 인지적 오류가 의사결정 과정에 개입될 여지가 존재한다면 부실한 전략이 수립될 수도 있다.

12. 악마의 주장, 반대 질의법, 바깥에서 살펴보기는 전략적 의사결정의 효과를 높이게 하는 기법이다.

13. 전략결정과정의 훌륭한 리더는 다음과 같은 주요한 특성을 가진다. 비전, 설득력, 일관성, 비즈니스모델을 정교하게 만드는 능력, 몰입, 정보에 정통함, 위임과 권한부여 의지, 정치적인 통찰력, 감성지능.

토론 과제

1. 전략이란 무엇인가? 비즈니스모델은 전략과 어떻게 다른가?

2. 높은 수익성을 지속적으로 유지할 수 있는 원천이 무엇인가?

3. 공식적인 전략적 계획수립의 강점은 무엇이며, 약점은 무엇인가?

4. 인지적 오류가 금융 시장을 위축시킨 2008-2009 글로벌 금융위기 발생에 일정 부분 기여했을지도 모른다는 생각에 대하여 당신은 어떻게 생각합니까?

5. 다음에 서술된 내용의 정확성을 논하시오. "공식적인 전략적 계획수립 시스템은 첨단 기술 산업에서 경쟁하는 기업과는 무관하다. 왜냐하면 변화의 속도가 너무나 빨라서 예측할 수 없는 상황에 의해 계획은 곧 시대에 뒤진 것이 되기 때문이다."

6. 현재 혹은 과거의 미국 대통령 한 명을 선택하고 본문에서 설명한 리더십의 특성에 대한 그의 성과를 평가하시오. 평가 내용에 기초할 때 그 대통령이 훌륭한 전략적 리더라고 생각합니까? 왜 그렇게 생각하는지, 그렇게 생각하지 않는지 그 이유를 설명하시오.

윤리적 딜레마

© iStockPhoto.com/P_Wei

당신은 대형 종합 금융 서비스기업에서 주택담보대출 사업의 총괄경영자이다. 기업의 미션문에는, 항상 청렴하게 행동하는 것이 중요함을 강조하는 기업 가치가 담겨 있다. 당신이 CEO에게 이것이 무엇을 의미하는지 질문했을 때, 그녀는 당신에게 "올바른 일을 하시오. 그리고 모든 일을 올바르게 하려고 노력하지 마시오." 라고 말하였다. 또한 그녀는 당신이 차년도에 달성해야 할 도전적인 수익성과 성장 목표를 제시하고 이 목표는 교섭의 대상이 아님을 강조하였다. 만약 당신이 그러한 목표를 만족시키게 되면 상당한 보너스를 받고 승진을 할지도 모른다. 그러나 목표달성에 실패하게 되면 기업 내에서 당신의 경력에 부정적인 영향을 주게 될 것이다. 그러나 목표를 달성하려면 대출 기준을 낮춰야 한다는 것을 당신은 잘 알고 있으며, 당신 부서에서 담보지불 능력이 의심되는 일부 대출자에게 돈을 대출해 줄 때 목표달성이 가능하다. 만약 사람들이 대출금에 대하여 채무불이행을 하게 되면 당신 회사는 그들의 집을 압류하고 되팔아 위험을 줄이게 된다. 이러한 상황에서 당신은 무엇을 하여야 합니까?

GE의 에코메지네이션 전략(ecomagination strategy)

2004년, GE의 최고경영진은 연간 전략적 계획수립 내용을 검토하고 있었다. 왜냐하면 GE의 핵심 사업 중 여섯 가지 사업이 환경 및 에너지와 깊이 관련된 프로젝트라는 사실이 경영팀에 의하여 현안으로 문제제기 되었기 때문이다. 가정용기기 사업은 에너지 보존에 대하여 연구하고 있었고, 플라스틱 사업에서는 한때 산업용 소재로써 널리 사용되었으나 인간의 건강과 환경에 나쁜 영향을 준다는 사실이 알려진 PCB를 대체할 소재를 찾고 있었다. 에너지 사업은 풍력, 태양광, 원자력을 포함하여 화석 연료를 대체할 에너지원을 찾고 있었으며, 배기가스를 줄이고 에너지를 더욱 효율적으로 사용할 수 있는 방법을 찾기 위하여 또 다른 사업에서 노력하고 있었다. 충격적인 것은 GE는 이러한 문제에 대한 고객의 요구가 있을 경우에만 관련 프로젝트를 시작하고 있다는 사실이었다.

이러한 공통의 관심사가 다양한 사업 영역에서 표면화되었을 때, 상황을 이해하기 위하여 좀 더 깊이 있는 노력이 필요하다는 공감대가 형성되었다. 그들은 관련 자료를 확보하기 시작했고, 온실가스 배출량을 포함하여 에너지와 환경문제 이면의 과학을 이해하기 위하여 자체적으로 과학을 교육시키는 노력도 경주하였다. CEO인 제프 이멜트(Jeff Immelt)는 "우리는 에너지와 환경문제에 대하여 실질적으로 이해하고, 과학에 기반한 우리 자신의 견해에 도달하기 위한 과정을 진행하였다."고 설명하였다. 기후변화는 기술적인 문제라고 그는 확신하였다. GE 수뇌부는 고객사인 에너지기업 및 중공업기업 CEO의 관심사와 요구사항을 파악하기 위하여 이들과 함께 "꿈의 회의(dreaming sessions)"라는 모임을 만들어 고객의 소리를 들었다. 그 결과 고객이 원하는 기대 목록을 도출하였다. 이 목록에는 더욱 깨끗하게 석탄을 태우는 방법, 더욱 효율적으로 폐수를 처리하는 시설, 더 우수한 수소연료전지 등과 같은 것이 포함되어 있었다. 동시에 GE는 공공 정책이 어떠한 방향으로 가야 하는가에 대하여 공감대를 만들기 위하여 정부관료 및 정부의 규제담당자와 대화하였다.

외부환경에 대한 이러한 검토 과정을 통하여 향후 개도국의 에너지 소비가 증가하고, 에너지 효율 관련 제품에 대한 신규 수요가 형성되어 에너지 가격이 증가할 것이라는 결론에 도달하였다. 그리고 온실가스 배출량 상한선을 포함하여 환경 규제가 불가피하게 더욱 강화될 것이라는 것도 알게 되었다. 이와 동시에 팀구성원들은 GE 내부로 눈을 돌렸다. 이미 에너지 효율 및 환경 관련 수많은 프로젝트를 회사가 진행하고 있었지만, 기술적 역량이 아직 못 미친다는 사실과 프로젝트 수행 이전에 선행되었어야 할 전략이 미비되었다는 점을 알게 되었다.

그후 노력을 통하여 고객사의 에너지 효율성을 증대시키고, 환경문제에 대해서도 고객사가 높은 성과를 달성할 수 있게 도와주었으며, 그 결과 이들 고객사를 대상으로 한 GE의 사업은 한층 활성화되었다. 이후 이멜트는 "green is green."라는 말을 즐겨 사용한다. 이렇게 하여 GE의 '에코메지네이션 전략'이 탄생되었다.

이 전략이 2005년 처음으로 시행되었을 때 에코메지네이션 전략을 사업에 우선하여 추진하였다. 이멜트는 유능한 젊은 리더 중 한 명에게 그 프로그램을 책임 지웠고, GE는 청정 기술에 매년 두 배씩 투자를 하여 2010년까지 연간 투자액을 15억불에 이르게 하겠다는 목표를 설정하였다. 그리고 환경제품 판매수익을 2004년 100억불에서 시작하여 수익증가율을 두 배 수준인 200억불 달성을 목표로 하였다. 그리고 GE는 자체적으로 온실가스 배출량을 2010년까지 각 제품별로 30% 줄이고, 절대 배출량을 1% 줄이는 계획을 발표하였다(사업 성장으로 인해 40% 증가한다는 예측치와 상반된 것으로써). 이러한 기업목표는 각 사업부의 세부 목표로 할당되어 관련 사업부에 전달되었다. 목표달성 여부는 주기적으로 파악하고, 경영진에 대한 보상은 이러한 목표를 충족시키는 능력과 연계하여 설계되었다.

이러한 노력은 곧 결실을 보기 시작하였다. 이러한

결실로는 에너지 효율형 가정용기기, 고효율의 백열등과 LED등, 10% 연료 절감형의 신형 제트엔진, 3% 연료 절감 및 40% 이산화탄소 감소형 하이브리드 기관차, 자동차 철강 대체형 경량 플라스틱 등의 신제품개발과 터빈의 배기구에서 이산화탄소를 분리하는 동안 전기터빈을 작동하기 위하여 석탄을 가스로 대체하는 기술 개발 등을 들 수 있다.

처음 5개년 계획 기간이 마무리될 시점에, 2008년 몰아친 글로벌 금융위기에도 불구하고, GE는 최초 설정한 목표를 달성하거나 초과달성하였다. 2010년 한 해에 환경제품을 200억불 이상 판매하였고, 이러한 제품은 GE 제품군에서 가장 수익성이 높은 제품에 속했다. GE 보고에 의하면, 에코메지네이션 제품 포트폴리오에는 140개 이상의 제품과 솔루션이 포함되었으며 이들 제품이 2011년에 벌어들인 수익은 1,050억불이었다. 이 회사에서 가장 성공한 성장 스토리 중의 하나는 2002년 엔론사(Enron)에서 인수한 풍력발전용 터빈사업이다. 인

수 당시 2억불 정도 판매하였으나, 2008년에는 10,000대를 판매하여 60억불 매출수익을 올렸고, 2012년에는 전 세계에 20,000대를 판매하였으며 개도국의 주문이 쇄도하고 있었다. 브라질의 경우만 하여도 향후 10년 동안 연간 10억불의 매출이 예상되었다. 예측컨대, GE는 2015년까지 청정기술 연구개발비를 두 배 수준인 100억불로 늘릴 계획이며, 또한 제품의 에너지 집적도를 50%로 줄이고 온실가스 배출량을 25% 감축하며 사용되는 물의 량도 25% 줄여서 회사 전체의 수익률에 비하여 에코노베이션 제품군에서 두 배의 수익률을 달성할 계획이다.

자료: D. Fisher, "GE Turns Green," *Forbes* (August 8, 2005): 80–85; R. Kauffeld, A. Malhotra, and S. Higgins, "Green Is a Strategy," *Strategy +Business* (December 21, 2009); J. L. Bower, H. B. Leonard, and L. S. Paine, "Jeffrey Immelt and the Reinvention of GE," *Reuters* (October 14, 2011); and General Electric, "Progress: Ecomagination Report 2011," http://files.gecompany.com/ecomagination/progress/GE_ecomagination_2011Annual Report.pdf.

사례 토의 문제

1. GE의 에코메지네이션 전략에 대한 추진력이 근본적으로 어디에서 온다고 생각합니까? 그리고 이러한 사실이 전략결정과 관련하여 당신에게 어떠한 의미를 줍니까?

2. GE가 에코메지네이션 전략을 수립할 때 전통적인 SWOT 분석 모형을 어느 정도 따랐다고 생각합니까?

3. GE의 CEO인 제프 이멜트는 종종 "green is green"라고 말하곤 했다. 그의 말은 어떠한 의미를 지니고 있는가? GE 주주들이 가진 최고의 관심사가 에코메지네이션 전략인가?

4. 대부분의 보고서에 따를 때, GE의 에코메지네이션 전략은 성공적으로 실행되었다. 당신은 왜 성공했다고 생각하는가? 핵심적인 교훈은 무엇인가?

5. 만약 GE가 에코메지네이션 전략을 추진하지 않았다면, 현재와 10년 후의 GE의 모습은 어떠할 것이라고 생각합니까?

핵심 용어 *Key Terms*

전략(Strategy) 3
전략적 리더십(Strategic leadership) 4

전략수립(Strategy formulation) 4
전략 실행(Strategy implementation) 4

위험자본(Risk capital) 4
주주가치(Shareholder value) 5
수익성(Profitability) 5

참고문헌 *Notes*

1 수익성을 측정하는 비율은 투하자본수익률, 총자산이익률, 자기자본이익률 등과 같이 다양한 비율이 있다. 이러한 비율 간에 높은 상관관계가 있지만 재무이론가들은 투하자본이익률이 가장 정확한 비율이라고 주장한다. 다음 논문을 참조할 것. See Tom Copeland, Tim Koller, and Jack Murrin, *Valuation: Measuring and Managing the Value of Companies* (New York: Wiley, 1996).

2 산업효과와 기업전략이 기업수익성에 미치는 상대적인 중요성을 추정하려는 노력은 지난 10년간 전략 분야의 가장 중요한 연구분야였다. 다음 논문을 참조할 것. Y. E. Spanos and S. Lioukas, "An Examination of the Causal Logic of Rent Generation," *Strategic Management* 22:10 (October 2001): 907–934; and R. P. Rumelt, "How Much Does Industry Matter?" *Strategic Management* 12 (1991): 167–185. A. J. Mauri and M. P. Michaels, "Firm and Industry Effects Within Strategic Management: An Empirical Examination," *Strategic Management* 19 (1998): 211–219.

3 이러한 견해는 '대리인이론'으로 알려졌으며, 다음 논문을 참조할 것. M. C. Jensen and W. H. Meckling, "Theory of the Firm: Managerial Behavior, Agency Costs and Ownership Structure," *Journal of Financial Economics* 3 (1976): 305–360; and E. F. Fama, "Agency Problems and the Theory of the Firm," *Journal of Political Economy* 88 (1980): 375–390.

4 K. R. Andrews, *The Concept of Corporate Strategy* (Homewood, Ill.: Dow Jones Irwin, 1971); H. I. Ansoff, *Corporate Strategy* (New York: McGraw-Hill, 1965); and C. W. Hofer and D. Schendel, *Strategy Formulation: Analytical Concepts* (St. Paul, Minn.: West, 1978). See also P. J. Brews and M. R. Hunt, "Learning to Plan and Planning to Learn," *Strategic Management* 20 (1999): 889–913; and R. W. Grant, "Planning in a Turbulent Environment," *Strategic Management* 24 (2003): 491–517.

5. 구글 웹사이트에서 가져옴. www .google.com/about/company/.

6 P. F. Drucker, *Management—Tasks, Responsibilities, Practices* (New York: Harper & Row, 1974), pp. 74–94.

7 Derek F. Abell, *Defining the Business: The Starting Point of Strategic Planning* (Englewood Cliffs, N.J.: Prentice-Hall, 1980).

8 P. A. Kidwell and P. E. Ceruzzi, *Landmarks in Digital Computing* (Washington, D.C.: Smithsonian Institute, 1994).

9 J. C. Collins and J. I. Porras, "Building Your Company's Vision," *Harvard Business Review* (September–October 1996): 65–77.

10 www.nucor.com. 참조

11 J. P. Kotter and J. L. Heskett, *Corporate Culture and Performance* (New York: Free Press, 1992). For similar work, see Collins and Porras, "Building Your Company's Vision." 참조할 것.

12 E. Freeman, *Strategic Management: A Stakeholder Approach*

(Boston: Pitman Press, 1984).

13 M. D. Richards, *Setting Strategic Goals and Objectives* (St. Paul, Minn.: West, 1986).

14 E. A. Locke, G. P. Latham, and M. Erez, "The Determinants of Goal Commitment," *Academy of Management Review* 13 (1988): 23–39.

15 R. E. Hoskisson, M. A. Hitt, and C. W. L. Hill, "Managerial Incentives and Investment in R&D in Large Multiproduct Firms," *Organization Science* 3 (1993): 325–341.

16 Andrews, *Concept of Corporate Strategy;* Ansoff, *Corporate Strategy;* and Hofer and Schendel, *Strategy Formulation.*

17 세부적인 내용은 다음 논문을 참조할 것. R. A. Burgelman, "Intraorganizational Ecology of Strategy Making and Organizational Adaptation: Theory and Field Research," *Organization Science* 2 (1991): 239–262; H. Mintzberg, "Patterns in Strategy Formulation," *Management Science* 24 (1978): 934–948; S. L. Hart, "An Integrative Framework for Strategy Making Processes," *Academy of Management Review* 17 (1992): 327–351; G. Hamel, "Strategy as Revolution," *Harvard Business Review* 74 (July–August 1996): 69–83; and R. W. Grant, "Planning in a Turbulent Environment," *Strategic Management Journal* 24 (2003): 491–517. See also G. Gavetti, D. Levinthal, and J. W. Rivkin, "Strategy Making in Novel and Complex Worlds: The Power of Analogy," *Strategic Management Journal* 26 (2005): 691–712.

18 이것이 복잡성과 혼란이론이 전략경영에 적용되어야 한다고 주장하는 사람들의 전제이다. 다음 논문을 참조할 것. S. Brown and K. M. Eisenhardt, "The Art of Continuous Change: Linking Complexity Theory and Time Based Evolution in Relentlessly Shifting Organizations," *Administrative Science Quarterly* 29 (1997): 1–34; and R. Stacey and D. Parker, *Chaos, Management and Economics* (London: Institute for Economic Affairs, 1994). See also H. Courtney, J. Kirkland, and P. Viguerie, "Strategy Under Uncertainty," *Harvard Business Review* 75 (November–December 1997): 66–79.

19 Hart, "Integrative Framework"; and Hamel, "Strategy as Revolution."

20 Burgelman, "Intraorganizational Ecology"; and Mintzberg, "Patterns in Strategy Formulation." 참조할 것.

21 R. A. Burgelman and A. S. Grove, "Strategic Dissonance," *California Management Review* (Winter 1996): 8–28.

22 C. W. L. Hill and F. T. Rothaermel, "The Performance of Incumbent Firms in the Face of Radical Technological Innovation," *Academy of Management Review* 28 (2003): 257–274.

23 이 이야기는 3M의 연구부문 수장이었던 조지 라쓰만 (George Rathmann)으로부터 저자가 들은 내용임.

24 Richard T. Pascale, "Perspectives on Strategy: The Real Story Behind Honda's Success," *California Management Review* 26 (1984): 47–72.

25 이 견해는 다음 책에서 강조됨. Burgelman and Grove, "Strategic Dissonance."

26 C. C. Miller and L. B. Cardinal, "Strategic Planning and Firm Performance: A Synthesis of More Than Two Decades of Research," *Academy of Management Journal* 37 (1994): 1649–1665. Also see P. R. Rogers, A. Miller, and W. Q. Judge, "Using Information Processing Theory to Understand Planning/Performance Relationships in the Context of Strategy," *Strategic Management* 20 (1999): 567–577.

27 P. J. Brews and M. R. Hunt, "Learning to Plan and Planning to Learn," *Strategic Management Journal* 20 (1999): 889–913.

28 P. Cornelius, A. Van de Putte, and M. Romani, "Three Decades of Scenario Planning at Shell," *California Management Review* 48 (2005): 92–110.

29 H. Courtney, J. Kirkland, and P. Viguerie, "Strategy Under Uncertainty," *Harvard Business Review*, 75, (November–December 1997): 66–79.

30 P. J. H. Schoemaker, "Multiple Scenario Development: Its Conceptual and Behavioral Foundation," *Strategic Management Journal* 14 (1993): 193–213.

31 P. Schoemaker, P. J. H. van der Heijden, and A. J. M. Cornelius, "Integrating Scenarios into Strategic Planning at Royal Dutch Shell," *Planning Review* 20:3 (1992): 41–47; and I. Wylie, "There Is No Alternative to ⋯ " *Fast Company* (July 2002): 106–111.

32 "The Next Big Surprise: Scenario Planning," *The Economist* (October 13, 2001): 71.

33 C. R. Schwenk, "Cognitive Simplification Processes in Strategic Decision Making," *Strategic Management* 5 (1984): 111–128; and K. M. Eisenhardt and M. Zbaracki, "Strategic Decision Making," *Strategic*

Management 13 (Special Issue, 1992): 17–37.

34 H. Simon, *Administrative Behavior* (New York: McGraw-Hill, 1957).

35 이러한 현상에 대하여 다음 논문에서 처음 언급함. A. Tversky and D. Kahneman, "Judgment Under Uncertainty: Heuristics and Biases," *Science* 185 (1974): 1124–1131. See also D. Lovallo and D. Kahneman, "Delusions of Success: How Optimism Undermines Executives' Decisions," *Harvard Business Review* 81 (July 2003): 56–67; and J. S. Hammond, R. L. Keeny, and H. Raiffa, "The Hidden Traps in Decision Making," *Harvard Business Review* 76 (September–October 1998): 25–34.

36 Schwenk, "Cognitive Simplification Processes," pp. 111–128.

37 B. M. Staw, "The Escalation of Commitment to a Course of Action," *Academy of Management Review* 6 (1981): 577–587.

38 R. Roll, "The Hubris Hypotheses of Corporate Takeovers," *Journal of Business* 59 (1986): 197–216.

39 R. O. Mason, "A Dialectic Approach to Strategic Planning," *Management Science* 13 (1969): 403–414; R. A. Cosier and J. C. Aplin, "A Critical View of Dialectic Inquiry in Strategic Planning," *Strategic Management* 1 (1980): 343–356; and I. I. Mintroff and R. O. Mason, "Structuring III–Structured Policy Issues: Further Explorations in a Methodology for Messy Problems," *Strategic Management* 1 (1980): 331–342.

40 Mason, "A Dialectic Approach," pp. 403–414.

41 Lovallo and Kahneman, "Delusions of Success."

42 전략적 리더십에 관한 연구의 요약은 다음 논문들을 참조할 것. D. C. Hambrick, "Putting Top Managers Back into the Picture," *Strategic Management* 10 (Special Issue, 1989): 5–15. also D. Goldman, "What Makes a Leader?" *Harvard Business Review* (November–December 1998): 92–105; H. Mintzberg, "Covert Leadership," *Harvard Business Review* (November–December 1998): 140–148; and R. S. Tedlow, "What Titans Can Teach Us," *Harvard Business Review* (December 2001): 70–79.

43 N. M. Tichy and D. O. Ulrich, "The Leadership Challenge: A Call for the Transformational Leader," *Sloan Management Review* (Fall 1984): 59–68; and F. Westley and H. Mintzberg, "Visionary Leadership and Strategic Management," *Strategic Management* 10 (Special Issue, 1989): 17–32.

44 Jim Donald가 워싱턴대학교 MBA 학생들에게 프리젠테이션한 내용임.

45 B. McConnell and J. Huba. *Creating Customer Evangelists* (Chicago: Dearborn Trade Publishing, 2003).

46 E. Wrapp, "Good Managers Don't Make Policy Decisions," *Harvard Business Review* (September–October 1967): 91–99.

47 J. Pfeffer, *Managing with Power* (Boston: Harvard Business School Press, 1992).

48 D. Goleman, "What Makes a Leader?" *Harvard Business Review* (November–December 1998): 92–105.

외부환경분석:
사업기회와 위협의 인식

첫머리 사례 *Opening Case*

© mirounga/ShutterStock.com

상업용 대형 제트항공기 시장

보잉(Boeing) 및 에어버스(Airbus) 두 기업이 오랫동안 상업용 대형 제트항공기 판매시장을 지배하여 왔다. 2012년 초, 세계 상업용 제트항공기 시장의 50%를 보잉이, 에어버스가 31%를 차지하였으며 나머지 시장을 여러 중소 항공기제조사가 나눠 가졌다. 브라질 엠브레어(Embraer)와 캐나다 봄바디어(Bombardier) 두 기업은 각각 7%를 차지하였다. 그러나 엠브레어와 봄바디어는 100석 이하의 항공기를 제조하였으며 주로 지

역중심의 제트항공기 시장에 주력하였다. 100석 이상의 항공기 시장은 거의 보잉과 에어버스가 차지하였다.

규모가 큰 제트항공기 시장은 지속적으로 성장하였고, 보잉은 2011년 한 해 동안 477대를 판매하여 330억 달러의 매출을 올렸으며, 에어버스는 534대를 판매하여 320억 달러의 매출을 실현했다. 1980년 이래로 매년 5%씩 성장하고 있는 항공여행 수요는 항공기 신규 수요를 창출하는 주된 원천이었다. 보잉은 2011년부터 2031년 사이에 세계경제는 매년 3.2%씩 성장할 것이라고 예측하였고, 이러한 성장 때문에 더 많은 사람들이 비즈니스와 여행을 위하여 비행기를 이용하게 되고 항공교통이 매년 5%씩 증가할 것으로 예측하였다. 수요가 예상대로 성장한다는 전제 하에, 보잉은 전 세계 항공사의 항공기 신규 수요가 2012년과 2031년 사이에 34,000대 발생하며 현가로 4.5조 달러의 시장 가치를 가지게 된다고 믿었다.

이러한 규모의 미래 수요는 분명히 주력기업인 보잉과 에어버스에게 막대한 수익 창출의 기회를 제공할 것이다. 이와 같은 환경 하에서도 과연 신규진입자가 출현할지 많은

학습 목표

이 장의 학습 목표는 다음과 같다.

- 산업환경에서 경쟁 상황을 분석하는 데 사용되는 주된 기법인 산업구조분석모형(the Five Forces model)에 대해 설명한다.
- 전략군(strategic groups)의 개념을 조사하고 산업분석에 있어서 전략군의 함축적 의미를 살펴본다.
- 시간이 흐름에 따라 산업이 어떻게 진화하는지 산업수명주기 모형(industry life-cycle model)을 기초로 토론한다.
- 거시적 환경의 흐름 속에서 산업 내 경쟁의 성격이 어떻게 형성되는지 설명한다.

사람들은 의문을 가졌다. 역사적으로 볼 때, 상업용 제트비행기를 새로 도입하려면 많은 개발비가 소요되므로 이를 보전하기 위해 규모의 경제를 추구하게 되며, 이로 인하여 신규진입자의 진입을 효과적으로 막게 된다고 생각하여 왔다. 예컨대, 보잉의 경우 최신 모델인 보잉787을 개발하는 데 180억 달러에서 200억 달러 소요되었으며, 향후 손익분기점에 도달하려면 1,100대를 판매하여야 하고, 10년이 소요되는 것으로 추정되었다. 이러한 비용, 위험, 소요 기간을 생각할 때, 보잉과 에어버스만이 신규 대형 상업용 제트항공기를 개발할 여력이 있다고 주장할 수 있다.

그러나 최근 몇 년간 신규로 세 기업이 진입하였다. 이들 세 기업은 좌석수가 100석에서 190석인 중형 제트항공기를 판매하였다. 이 시장은 현재 보잉737과 에어버스320이 지배하고 있는 시장이다. 중국 항공기 제작사인 코맥(Comac)은 2016년 출시를 목표로 170석–190석의 동종 항공기를 준비하고 있으며, 현재까지 항공기 380대의 주문을 수주하였고, 이들 대부분은 중국 국내 항공사의 주문이었다. 봄바디어는 처음으로 보잉 및 에어버스와 직접 경쟁하기 위

하여 100석–150석 규모의 항공기를 개발하고, 2014년 말 인도할 예정으로 352대 주문을 받아 생산에 돌입하였다. 엠브레어 역시 중형 항공기 시장에서 경쟁하기 위하여 108석–125석 비행기를 개발 중이었다. 이들 세 기업은 중형 항공기의 시장수요가 보잉과 에어버스의 공급 능력을 훨씬 초과할 정도로 커졌다고 확신하고 신규로 시장에 진입하였다. 봄바디어와 엠브레어는 지역적 수요 기반의 제트비행기를 생산하면서 개발한 노하우를 활용하여 고급품 시장으로 진입할 수 있었다. 코맥은 중국 항공사의 주문에 의존하였고 암묵적으로 중국 정부도 이 기업이 도약할 수 있도록 지원하였다.

이와 같은 경쟁적 위협에 대응하여, 보잉과 에어버스는 자신들의 경쟁제품인 737과 A320보다 더 새롭고, 연료 효율이 높은 버전인 신형 제품을 개발하고 있었다. 이들은 신제품으로 신규진입자를 저지하기를 원했지만, 한 가지 명확한 사실은 중형 항공기 시장에 두 기업이 경쟁하는 것보다 다섯 개 기업이 경쟁하면 경쟁이 치열해져 결국 두 대형사의 가격과 수익을 끌어내리는 효과가 있다는 것이다.

자료: R. Marowits, "Bombardier's CSeries Drought Ends," *The Montreal Gazette*, December 20, 2012; D. Gates, "Boeing Projects Break-Even on 787 Manufacturing in 10 Years," *Seattle Times*, October 26, 2011; and Boeing Corporation, "Current Market Outlook 2012–2031," www.boeing.com/commercial/cmo/.

기회
기업이 더 많은 이익을 얻기 위하여 전략을 수립하고 이를 실행하는 데 이용할 수 있는 기업이 속한 산업환경의 요소와 여건

위협
기업의 비즈니스 모습과 수익성에 악영향을 미치거나 위험에 빠뜨리게 하는 외부환경의 요소

개관

전략수립은 기업이 속해 있는 산업의 경쟁을 결정짓는 세력을 분석함으로써 시작된다. 세력을 분석하는 목적은 경쟁기업보다 더 많은 성과를 얻기 위한 전략을 결정할 때 기업이 직면한 사업의 기회와 위협요인을 파악하고 이를 활용하려는 데 있다. 기회(Opportunities)는 기업이 전략을 수립하고 실행하여 이익을 창출할 수 있는 여건이 산업환경 내에 형성될 때 생기게 된다. 예컨대, 첫머리 사례에서 설명한 바와 같이 항공여행의 수요증가는 보잉과 에어버스에게 막대한 이익창출의 기회를 제공하였다. 특히 이들 기업은 장거리용 항공기의 증가하는 수요에 대응하여 250석-350석 규모의 신형 대형항공기인 보잉787과 에어버스A350을 개발하였다. 위협(Threats)은 외부환경 여건이 기업의 비즈니스 모습과 수익성에 악영향을 미치거나 위험에 빠뜨릴 때 발생한다. 보잉과 에

어버스가 직면한 가장 큰 위협은 대형 상업용 항공기 사업에 중형항공기로 신규진입한 중국 기업인 코맥과 지역에서 성공한 항공제조사인 봄바디어와 엠브레어의 도전이었다. 이러한 위협에 대응하여 보잉과 에어버스 양사는 자신들의 중형항공기 모델인 보잉737과 에어버스A320의 차세대 모델을 개발하고 있다(첫머리 사례 참조). 합성재료를 광범위하게 사용하고 연료 효율형의 신형 제트엔진을 탑재한 차세대 모델로 신규진입을 막을 수 있을 것이라고 양사는 희망하고 있다. 달리 말하면 보잉과 에어버스의 제품개발전략은 외부산업환경에서 직면하는 기회와 위협을 평가함으로써 도출되었다.

이 장은 외부산업환경의 분석으로 시작된다. 먼저, 산업의 경쟁구조를 분석하고 산업의 기회와 위협요인을 파악하기 위한 개념과 수단을 검토한다. 둘째, 산업 내의 기업들이 비슷한 경쟁전략을 추구하거나 혹은 상이한 경쟁전략을 추구하게 될 때 발생하는 전략적인 영향을 분석한다. 셋째, 시간이 지남에 따라 산업이 어떠한 방향으로 진화할 것인지 조사하고 경쟁 상황에서 발생할 변화에 대해서도 알아본다. 넷째, 거시환경의 요인들이 산업구조에 어떠한 영향을 주는지, 기회와 위협요인에 주는 영향이 무엇인지 주시한다. 이장을 마치게 될 때 다음과 같은 사실을 알게 될 것이다. 즉, 기업은 사업을 영위하는 외부환경에 맞춰 전략을 선정하거나, 혹은 성공하기 위하여 선택한 전략을 통하여 회사에 유리하도록 환경을 변화시킬 수 있어야 한다.

산업의 정의

산업(industry)이란 상호 대체할 수 있는 제품 혹은 서비스, 달리 말하면 '동일한 기본 고객 니즈(same basic customer needs)'를 만족시키는 제품 혹은 서비스를 공급하는 기업 집단이라고 정의할 수 있다. 그리고 동일한 기본 고객니즈를 대상으로 비즈니스를 하는 기업을 경쟁자라고 한다. 예컨대 탄산음료, 과일쥬스, 생수는 상호 대체할 수 있는 제품으로 볼 수 있다. 왜냐하면 이들 제품은 상쾌하고 시원하며 알콜이 없는 음료를 원하는 동일한 기본 고객니즈를 만족시키는 것을 목적으로 하기 때문이다. 따라서 우리는 코카콜라, 펩시콜라, 캐드베리 슈엡스(Cadbury Schweppes)가 주요 경쟁자인 청량음료 산업에 대하여 대화할 수 있다. 데스크톱 컴퓨터와 노트북 컴퓨터도 동일한 기본 고객니즈를 만족시킨다. 즉, 이들 제품은 컴퓨터 하드웨어를 이용하여 개인별 소프트웨어를 작동시키고, 인터넷을 검색하고, 이메일을 보내고, 게임을 하고, 디지털 이미지를 저장·디스플레이·조작하는 등 동일한 기본 고객니즈를 만족시키기 때문이다. 따라서 델(Dell), 휴렛패커드(Hewlett-Packard), 레노보(Lenovo, IBM의 PC사업부를 매입한 중국기업), 애플(Apple)이 주요 경쟁자인 PC산업에 대하여 말할 수 있다.

산업
상호 대체할 수 있는 제품이나 서비스를 공급하는 기업 집단

외부환경분석은 경쟁하고 있는 산업을 결정함으로써 시작된다. 이를 위하여 경영자는 자기 회사가 만족시키고자 하는 기본 고객니즈를 먼저 살펴보아야 한다. 즉, 제품지향적 관점보다는 자기 사업에 대한 고객지향적 관점을 가져야 한다(1장 참조). 산업은 시장의 공급 측면이며 산업 내의 기업은 공급자이다. 그리고 고객은 시장의 수요 측면이고 산업에서 공급하는 제품의 수요자이다. 산업의 경계는 시장에서 만족시키고자 하는 기본 고객니즈에 의해 정의된다. 경영자가 이러한 사실을 인식하는 것이 매우 중요하다. 왜냐하면 경영자가 산업의 경계를 잘못 정의하면, 동일한 기본 고객니즈를 공략하지만 다른 제품을 제공하는 경쟁자의 출현에 방심할지도 모르기 때문이다. 예컨대, 코카콜라는 오랫동안 탄산음료산업에서 기업의 존재를 인식하였으나, 실제로는 무탄산음료를 포함하는 청량음료산업의 일원이었다. 1990년대 중반에 생수와 과일음료의 수요증가로 인하여 탄산음료의 수요가 감소하기 시작했을 때 코카콜라는 놀랐다. 코카콜라는 신속히 이러한 위협에 대응하여 자사 브랜드 생수인 다사니(Dasani)를 출시하고 미닛 메이드(Minute Maid)와 글라소(Glaceau, 비타민워터 브랜드의 소유주)를 포함한 여러 음료회사도 인수하였다. 산업의 경계를 너무 좁게 정의하였기 때문에 코카콜라는 청량음료 시장에서 무탄산 청량음료의 급증에 대응하지 못하였다.

산업과 업종

산업과 업종 간의 차이를 보면, 업종(sector)은 밀접하게 관련이 있는 산업들의 그룹이다. [그림 2.1]에 예시된 바와 같이 컴퓨터업종은 여러 관련된 산업을 포함한다. 관련 산업으로는 컴퓨터 부품 산업(예, 디스크드라이브 산업, 반도체 산업, 컴퓨터 디스플레이 산업), 컴퓨터 하드웨어 산업(예, PC 산업, 휴대용 컴퓨터 산업-애플 아이폰과 같은 스마트폰과 애플 아이패드와 같은 슬레이트, 대형컴퓨터 산업), 그리고 컴퓨터 소프트웨어 산업이 있다. 같은 업종 내에 있는 산업 간에는 서로 다른 여러 면에 관련되어 있다. 컴퓨터 부품 산업의 기업은 컴퓨터 하드웨어 산업에 속한 기업의 공급자가 된다. 컴퓨터 소프트웨어 산업의 기업은 고객이 하드웨어를 작동하는 데 필요한 소프트웨어 프로그램을 공급함으로써 하드웨어 산업에 중요한 보완재를 제공한다. PC산업, 휴대용 컴퓨터 산업, 대형컴퓨터 산업은 간접적으로 상호 간에 경쟁을 한다. 왜냐하면 이들 각 산업은 어느 정도는 서로 대체 가능한 제품을 공급하기 때문이다. 그래서 2012년에 PC의 매출이 급감한 이유는 주로 대체 제품인 태블릿 컴퓨터 수요가 급증하였기 때문이다.

산업과 세분시장

산업과 세분시장의 차이를 인식하는 것이 또한 중요하다. 세분시장(market segments)이란 고객들의 개인적인 속성이나 수요의 특수성에 있어서 시장 내의 다른 고객과 차별화

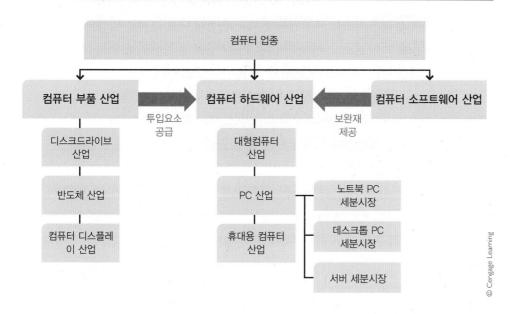

그림 2.1 컴퓨터 업종: 산업과 세분시장

되어 명확하게 구분되는 고객의 집단을 말한다. 예를 들어 맥주산업의 경우에는 오래된 대량시장의 브랜드(예, 버드와이저)를 마시는 고객집단, 포만감이 적은 저칼로리의 대량시장 브랜드(예, 쿠어스 라이트)를 마시는 체중을 의식하는 고객집단, 소형 양조장과 다수의 수입상에 의해 공급되는 프리미엄 가격의 수제맥주를 마시는 고객집단과 같이 세개의 세분시장이 존재한다. 이와 유사하게 PC산업에 있어서도 데스트탑 기기를 좋아하는 고객집단과 가벼운 휴대용 기기를 선호하는 고객집단 그리고 PC 네트워크의 중심인 서버를 선호하는 고객집단과 같이 다른 세분시장이 존재한다([그림 2.1] 참조). PC제조업체는 이러한 여러 세분시장의 존재를 인식하고 각 세분시장의 고객에게 적합한 다양한 제품을 생산하여야 한다. 그러나 이러한 모든 세분시장의 고객은 기기에서 개별 소프트웨어를 사용하기 위한 공통된 욕구를 공유하고 있다.

산업 경계의 변화

산업의 경계는 고객의 니즈가 시간이 경과함에 따라 발전하기 때문에 변화할 수 있다. 또한 새로운 기술의 출현으로 인하여 관련이 없던 산업에 속한 기업도 새로운 방식으로 기존 고객의 니즈를 만족시키게 되어 산업의 경계가 바뀌게 된다. 앞에서 설명한 바와 같이 1990년대에 청량음료 고객이 생수와 무탄산 과일음료에 대한 새로운 맛을 개발함에 따라 코카콜라는 자기 회사가 생수와 무탄산 과일음료 생산업체와 직접적인 경쟁관계에 있으며 또한 같은 산업에 속해 있다는 사실을 알게 되었다.

기술 변화가 어떻게 산업의 경계를 변화시키는지 살펴볼 수 있는 사례로는 현재 컴퓨터 산업과 통신산업 간에 일어나고 있는 산업 간 융합의 경우를 들 수 있다. 역사적으로 볼 때 통신장비 산업은 컴퓨터 하드웨어 산업과 완전히 다른 실체로 인식되어 왔다. 그러나 사용하는 기술이 아날로그 기술에서 디지털 기술로 이동하면서 이들 통신장비는 점차 컴퓨터와 닮아갔다. 그 결과 서로 다른 산업 사이의 경계가 이제는 흐려지고 있다. 예컨대, 애플의 아이폰과 같은 디지털 무선 스마트폰은 무선연결과 전화 기능을 가진 소형 휴대용 컴퓨터와 다를 바 없다. 따라서 무선전화기를 생산하는 삼성과 노키아가 이제는 애플과 같은 전통적인 컴퓨터 기업과 직접 경쟁하는 자신의 모습을 보게 된다.

산업 경쟁 분석은 세분시장에 앞서 기업이 경쟁하는 전체 산업을 대상으로 이뤄져야 하며 또한 업종의 이슈가 검토되는 업종 내 모든 산업에 초점을 맞춰 실시되어야 한다. 경영자가 산업분석을 위하여 사용할 수 있는 수단은 산업구조분석모형, 전략군 분석, 그리고 산업수명주기 분석 등이 있으며 다음에 설명하고자 한다.

산업구조분석모형

산업의 경계가 정해지면 경영자는 사업기회와 위협요인을 파악하기 위하여 산업환경 내의 경쟁세력에 대하여 분석하는 과업에 직면하게 된다. 마이클 포터(Michael E. Porter) 교수의 잘 알려진 산업구조분석모형(the Five Forces model)은 경영자들이 이러한 분석을 수행하는 데 도움을 준다.[1] [그림 2.2]는 이 모형을 확장하여 산업 내의 경쟁의 모습을 설명하는 여섯 가지 세력에 대하여 설명하고 있다. (1) 잠재경쟁자의 진입 위험, (2) 산업 내 기존기업 간의 경쟁 정도, (3) 구매자의 교섭력, (4) 공급자의 교섭력, (5) 산업의 제품에 대한 대체재의 출현, (6) 보완자의 힘(포터는 여섯 번째 세력을 인식하지 못함) 등이다.

이들 각 세력의 힘이 커질수록, 가격을 인상하고 더 많은 수익을 창출하려는 기존기업의 역량이 제한받게 된다. 이러한 경쟁 구도 속에서 강한 경쟁세력은 수익을 감소시키기 때문에 위협으로 간주될 수 있으며, 반면에 약한 경쟁세력은 기존기업이 더 많은 수익을 창출할 수 있게 하기 때문에 기회로 볼 수 있다. 시간이 경과함에 따라 산업의 여건이 바뀌기 때문에 여섯 가지 세력의 힘도 변하게 된다. 이들 세력의 변화가 어떻게 새로운 기회와 위협을 만들어 내는지 경영자는 알고 있어야 하며 또한 경영자는 이러한 상황 변화에 적절하게 전략적 대응 방안을 수립하는 과업도 수행해야 한다. 또한 기업은 전략의 선택을 통하여 자사에 유리하도록 한 개 혹은 그 이상의 세력의 힘을 바꿔 놓을 수도 있다. 이 내용은 다음 장에서 다룰 것이다.

| 그림 2.2 | 산업구조분석모형–경쟁세력(competitive forces) |

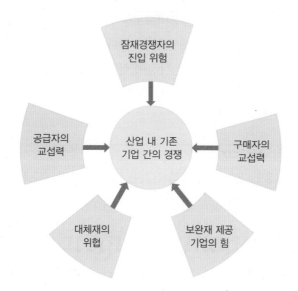

자료: Based on How Competitive Forces Shape Strategy, by Michael E. Porter, Harvard Business Review, March/April 1979.

잠재경쟁자의 진입 위험

잠재경쟁자(Potential competitors)란 산업 내에서 현재는 경쟁하고 있지 않지만 그들의 선택 여하에 따라서 경쟁할 수 있는 역량을 가지고 있는 기업을 말한다. 예를 들면, 지난 10년의 과정을 거쳐서 유선방송회사가 최근 전통적인 전화회사의 잠재경쟁자로서 등장하였다. 유선방송회사가 새로운 디지털 기술을 사용하여 텔레비전 쇼를 전송하는 동일한 케이블을 이용하여 전화 및 인터넷 '서비스를 제공할 수 있기 때문이다.

    산업 내에서 이미 영업 활동을 하고 있는 기존기업은 종종 잠재경쟁자가 산업에 진입하는 것을 막기 위하여 노력한다. 왜냐하면 더 많은 기업이 산업에 진입하게 되면 기존기업의 입장에서는 시장점유율을 방어하고 수익을 창출하는 것이 더욱 힘들어 지기 때문이다. 잠재경쟁자의 높은 진입 위험은 기존기업의 수익성에 위협으로 나타나게 된다. 첫머리 사례에서 토론하였듯이 상업용 대형 제트항공기 시장에는 신규진입의 위험이 높다. 신규진입이 이뤄지면 아마 산업에서 가격이 인하되고 수익이 감소되는 결과가 초래될 것이지만, 신규진입의 위험이 낮아지게 되면 기존기업들은 이러한 기회를 이용하여 가격을 올리고 더 많은 수익을 얻게 된다.

    잠재경쟁자에 의한 진입 위험의 크기는 산업에 진입하려는 기업에게 비용을 발생시

잠재경쟁자
산업 내에서 현재는 경쟁하고 있지 않지만 그들의 선택 여하에 따라서 경쟁할 수 있는 역량을 가지고 있는 기업

키는 요인인 진입장벽의 높이에 달려 있다. 산업에 신규진입하려는 잠재경쟁자가 감수해야 하는 비용이 많을수록 진입장벽은 높아지고 진입하려는 경쟁세력은 불리하게 된다. 비록 산업의 수익성이 높아 잠재경쟁자가 진입을 원해도 진입장벽이 높으면 산업 내에 진입하기 어렵게 된다. 중요한 진입장벽으로는 규모의 경제, 브랜드 충성도, 절대원가우위, 고객 교체비용, 그리고 정부규제를 들 수 있다.[2] 기존기업의 경우에는 진입장벽을 구축하는 것이 중요한 전략이며 새로운 시장에 신규진입하려는 기업의 입장에서는 그러한 장벽을 우회하는 방법을 발견하는 것이 중요한 전략이다. 진입장벽에 대하여 좀 더 세부적으로 살펴보자.

규모의 경제
대량생산으로 인한 단위 원가의 감소

규모의 경제 규모의 경제(economies of scale)란 기업이 생산량을 증가시킴에 따라 단위원가가 감소할 때 발생한다. 규모경제의 원천은 다음과 같다. (1) 표준화된 제품을 대량생산하여 얻게 되는 원가절감; (2) 투입원재료 및 부품을 대규모로 구매할 때의 구매 할인; (3) 대량생산을 통하여 고정생산비를 분산시켜 생기는 우위; (4) 대량생산으로 인한 물류, 마케팅, 광고비의 절감. 기존기업이 규모의 경제를 통해 원가우위를 실현하게 된다면, 산업에 신규로 진입하여 소량 생산하는 진입기업은 기존기업에 비하여 상대적으로 심각한 원가 열위에 놓여 어려움을 겪게 된다. 만약 신규기업이 규모의 경제를 실현하기 위하여 대규모 생산시설을 갖추고자 한다면 상당한 투자를 해야 하기 때문에 쉽게 자본위험에 노출되며, 또한 제품의 공급증가로 인하여 가격이 인하되고 결국은 기존기업의 강력한 저항에 부딪히게 되어 대규모 진입으로 인해 추가적인 위험을 초래하게 된다. 이러한 이유로 인해 기존기업이 규모의 경제를 이루면 신규진입의 위험은 자연히 감소하게 된다.

브랜드 충성도
기존기업의 제품에 대한 소비자의 선호도

브랜드 충성도 브랜드 충성도(brand loyalty)는 소비자가 기존기업의 제품을 선호할 때 생긴다. 브랜드 충성도는 기업이 지속적으로 자사 브랜드—제품명 및 기업명, 제품의 특허방어, 자체 연구개발 프로그램으로 개발된 제품 혁신, 고품질 제품의 강조, 차별화된 애프터서비스—를 홍보할 때 만들어질 수 있다. 브랜드 충성도가 높으면 신규진입자가 기존기업의 시장점유율을 쉽게 잠식할 수 없으며, 소비자의 강한 선호도에도 불구하고 시장에 진입하려면 상당한 비용이 소요된다는 것을 알게 되어 결국 잠재경쟁자의 진입 위험이 줄어들게 된다. 예컨대 스마트폰 사업의 경우, 애플이 아이폰과 관련 제품으로 매우 강한 브랜드 충성도를 구축하였기 때문에 마이크로소프트는 애플에서 고객을 분리시켜 2011년 말에 출시한 신형 윈도8폰의 수요층을 확보한다는 것이 매우 어렵다는 사실을 받아들였다. 마이크로소프트의 재정적 역량에도 불구하고 윈도8폰을 출시한 지 일년이 지난후에도 마이크로소프트의 미국 내 시장점유율이 2.7%에 머물렀고, 반면에 애플은 53% 점유율로 시장을 선도하였다.[3]

절대원가우위 기존기업은 가끔 잠재 진입자에 대하여 절대원가우위(absolute cost advantages)를 가지게 된다. 이는 기존기업의 낮은 원가구조에 진입기업이 맞설 수 없다는 것을 의미한다. 절대원가우위가 발생하는 세 가지 주된 이유는 다음과 같다. (1) 축적된 경험, 특허, 혹은 거래 비밀을 가지고 있기 때문에 생산 활동과 프로세스가 수월함, (2) 자사의 공급자가 제한적으로 가지고 있는 특정한 투입요소—예컨대, 노동력, 원료, 설비, 혹은 경영 기술—를 통제할 수 있음, (3) 신규진입자에 비해 기존기업의 위험 정도가 낮기 때문에 좀 더 싼 자금을 조달할 수 있음. 만약 기존기업이 절대원가우위를 가지고 있다면 경쟁세력으로서 진입자의 위협은 더욱 낮아진다.

고객 교체비용 교체비용(customer Switching costs)은 고객이 기존기업에서 공급받던 제품을 신규진입기업의 제품으로 교체하기 위해 시간, 에너지, 그리고 돈을 투자할 때 발생한다. 교체비용이 높으면 신규진입기업이 더 좋은 제품을 제공하여도 고객은 기존기업에서 공급받던 제품을 그대로 사용하게 된다.[4] 교체비용에 대한 친숙한 예로는 현재 사용하는 컴퓨터 운영시스템을 다른 운영시스템으로 교체하는 데 소요되는 비용에 관한 것이다. 현재 마이크로소프트의 윈도우 운영시스템을 사용하고 있으며 이와 관련된 응용소프트웨어와 파일을 가지고 있는 사용자가 다른 운영시스템으로 교체할 경우 많은 비용이 발생하게 된다. 교체로 인한 효과를 최대화하기 위하여 그는 일련의 응용소프트웨어도 새로 구입하여야 하며 새로운 시스템의 형식에 맞게 기존의 모든 문서파일도 변화시켜야 할지도 모른다. 비용과 시간이 소요되는 이러한 상황에 직면하기 때문에 대다수의 사람들은 경쟁관계의 운영시스템이 본질적으로 성과를 한 단계 도약시키지 않는다면 구태여 교체하려고 하지 않는다. 결국 교체비용이 많이 소요될수록 신규로 컴퓨터 운영시스템을 판매하려는 회사의 경우 진입장벽이 더욱 높아진다.

정부규제 역사적으로 볼 때 정부의 규제는 여러 산업에 있어서 주요한 진입장벽으로 작용하여 왔다. 예를 들면, 1990년대 중반까지 미국 정부는 장거리 전화 서비스를 제공하는 기업이 지역 전화 서비스사업에 참여하지 못하도록 규제하였다. 반대의 경우도 마찬가지였다. 타임 워너(Time Warner)와 컴캐스트(Comcast)(이들 기업은 자신의 캐이블을 TV신호 전송뿐 아니라 전화통화에도 사용함)와 같이 전화 서비스를 제공하는 다른 잠재 사업자도 또한 시장에 진입하지 못하도록 제한하였다. 이러한 진입에 대한 규제장벽으로 인하여 지역 전화 서비스 시장과 장거리 전화서비스 시장 모두 경쟁 수준이 상당히 줄어들었으며, 전화회사는 높은 이익을 실현할 수 있었다. 이러한 상황은 정부가 1996년 산업의 규제를 상당 수준 완화하면서 달라졌다. 정책 폐지 후 몇 개월 내에 장거리 전화 서비스회사, 지역 전화 서비스회사, 케이블TV회사 모두 다른 시장에 진입할 의향을 밝혔으며 실제로 여러 신규 경쟁자가 시장에 진입하였다. 산업구조분석모형으로 예측해

절대원가우위
산업 내의 기존기업이 누리고 있는 원가우위로써 신규진입자는 대항하기 어려운 원가우위

교체비용
기존기업에서 공급받던 제품을 신규진입기업의 제품으로 교체할 경우 고객이 감수해야 하는 비용

전략 실행 사례 2.1

청량음료 시장에서 진입장벽의 우회전략

© iStockPhoto.com/Tom Nulens

탄산음료 산업은 코카콜라와 펩시 두 기업이 오랫동안 시장을 지배해 왔다. 이들 두 기업은 광고 및 홍보에 엄청난 비용을 쏟아 부어 강한 브랜드 충성도를 구축하였다. 브랜드 충성도로 인해 신규 경쟁자가 산업에 진입하여 시장점유율을 놓고 두 기업과 함께 경쟁하는 것이 매우 어려웠다. 또한 신규 경쟁자가 시장에 진입하려고 하면 두 기업은 동시에 가격을 인하하여 신규진입자가 시장 확대 계획을 포기하도록 압박하였다.

그러나 캐나다의 중소 보틀링기업(bottling company)인 코트(Cott Corporation)는 1990년대 초에 탄산음료 시장에 진입하려는 전략을 수립하고 실행에 옮겼다. 코트의 전략은 믿을 수 없을 정도로 단순하였다. 초기에는 콜라 세분시장에 집중하였다. 코트는 콜라 농축액에 대한 글로벌 배타적 권리를 확보하기 위하여 로열 크라운 콜라(Royal Crown Cola)와 협상을 시작하였다. RC콜라는 미국 콜라 시장에서 중소기업이었으며, 이 회사의 제품은 품질이 우수한 것으로 정평이 나 있었다. 하지만 코카콜라와 펩시콜라에게 효과적으로 도전할 수가 없었다. 코트는 다음 단계로 캐나다에서 가장 큰 식품도매회사인 로브로(Loblaw)와 로브로자사브랜드 콜라를 공급하는 계약을 체결하였다. "대통령의 선택(President's Choice)"으로 알려진 로브로의 자사브랜드는 저가로 매우 성공하였으며 코카콜라와 펩시의 시장점유율을 잠식하였다.

시장진입의 성공에 고무된 코트는 다른 도매회사에게도 자사브랜드콜라를 도입하게 하겠다고 결정하였다. 도매회사에게 제시한 가치제안은 매우 간단하였다. 왜냐하면 주요 경쟁자와 달리 코트는 광고와 홍보에 거의 비용을 지출하지 않았기 때문에 원가를 절감할 수 있었고 이러한 이유로 도매회사에게 저가로 공급할 수 있었기 때문이다. 도매회사는 자신들이 코카콜라와 펩시콜라보다 훨씬 저가로 콜라를 판매할 수 있으며 브랜드콜라보다 자사브랜드 제품의 수익마진이 더 좋다는 것을 알게 되었다.

이러한 강력한 가치제안에도 불구하고 일부 도매회사는 코카콜라와 펩시 제품이 매장의 핵심 제품이어서 자사브랜드 도입으로 이들 회사를 소원하게 하는 것이 두려워 자사브랜드 콜라의 도입을 꺼려 했다. 코트는 1990년대에 도매 시장의 거인인 월마트에게 "샘의 선택(Sam's Choice)"(월마트 창업자 샘 월튼의 이름을 따서 지음)이라고 불리는 자사브랜드 콜라를 공급하기로 계약하면서 돌파구를 찾았다. 코트에게 월마트는 완벽한 유통망이었다. 도매의 개념이 당시에 식료품에서도 도입되기 시작하였고 월마트에 오는 고객은 브랜드 제품을 구매하러 오는 것이 아니라 저가 제품을 사기 위하여 방문하였다. 월마트의 식품사업이 성장함에 따라서 코트의 매출도 증가하였다. 코트는 콜라에 이어 세븐업 및 스프라이트와 경쟁할 레몬네이드 소다와 같이 다른 맛의 음료를 추가하였다. 또한 1990년대 말에는 월마트의 영향을 받아 미국 내 다른 식료품업체도 자사브랜드 소다를 도입하기 시작하였으며 가끔 코트에게 자신들이 필요한 것을 공급해 달라고 요청해 왔다.

2011년까지 코드의 자사브랜드 고객은 월마트, 크로거(Kroger), 코스트코, 세이프웨이(Safeway) 등이 었다.

코트는 23.3억 달러의 수익을 올렸으며, 미국 내 탄산음료 자사브랜드 제품의 60%를 공급했고, 핵심 유통망인 식료품 매장에 공급되는 탄산음료 전체 매출의 6~7%를 담당하였다. 코카콜라와 펩시가 시장을 지배하고 있지만 코드와 코트의 전략을 답습하는 다른 기업에게 시장을 점진적으로 잠식당하고 있다.

자료: A. Kaplan, "Cott Corporation," *Beverage World*, June 15, 2004, p.32; J. Popp, "2004 Soft Drink Report," *Beverage Industry*, March 2004, pp.13–18; L, Sparks, "From Coca-Colonization to Copy Catting: The Cott Corporation and Retailers Brand Soft Drinks in the UK and US," *Agribusiness* 13:2 (March 1997): 153–167; E. Cherney, "After Flat Sales, Cott Challenges Pepsi, Coca-Cola," *Wall Street Journal*, January 8, 2003, pp.B1,B8, "Cott Corporation: Company Profile," *Just Drinks*, August 2006, pp.19–22; and Cott Corp. 2011 Annual Report, www.cott.com

보면, 정부규제완화로 인하여 진입장벽이 낮아지게 되면 결국 많은 신규기업이 진입하고, 산업의 경쟁강도가 세지고, 산업 수익률이 감소하게 된다.

요약하면, 기존기업이 자사 제품에 대한 브랜드 충성도를 구축하고, 잠재경쟁자보다 절대원가우위를 확보하고, 상당한 수준의 규모의 경제를 실현하고, 높은 교체비용의 수혜기업이 되고, 정부의 규제보호를 즐길 수 있다면, 잠재경쟁자의 진입 위험이 상당히 줄어든다. 결국 기존기업은 높은 가격을 부과하고 이로 인해 산업의 수익이 증가하게 된다. 진입장벽의 높이가 산업의 수익률을 결정하는 가장 중요한 요인들 중의 하나라는 사실은 학문적 연구를 통하여 입증되었다.[5] 기존기업의 관심사는 자사의 이익을 지키기 위하여 진입장벽을 높일 수 있는 전략을 지속적으로 추진하는 것이고, 잠재 신규 진입기업의 경우는 진입장벽을 우회할 수 있는 전략을 발견하는 것이 관심사이다.

기존기업 간의 경쟁

두 번째 경쟁세력은 산업 내에 있는 기존기업 간의 경쟁강도(intensity of rivalry)이다. 경쟁이란 동일한 산업 내에 있는 기업들이 상대방의 시장점유율을 빼앗아 오기 위하여 경쟁적으로 노력하는 것을 말하며, 가격, 제품설계, 광고 및 홍보 지출, 직접판매 노력, 애프터서비스 및 지원과 같은 수단을 사용하여 경쟁하게 된다. 산업 내의 경쟁강도가 높으면 가격을 인하하거나 비가격경쟁 전략에 많은 비용을 지출하게 된다. 또는 두 가지 모두를 수반한다. 경쟁강도가 높으면 가격이 인하되고 원가가 증가하여 산업의 이익이 감소하므로 기존기업의 수익성에 심각한 위협요인이 된다. 반대로 경쟁강도가 낮으면 기업은 가격을 인상하고 비가격경쟁전략에 대한 지출을 줄일 수 있어 산업의 수익을 높은 수준으로 유지하므로 기존기업에게 기회요인이 된다. 산업 내에 있는 기존기업 간의 경쟁강도에 주로 영향을 주는 네 가지 요인은 (1) 산업경쟁구조, (2) 수요 여건, (3) 원가 여건, 그리고 (4) 산업 내 퇴출장벽의 높이이다.

산업경쟁구조 산업의 경쟁구조(Industry Competitive Structure)란 산업 내에 있는 기업의 수와 규모를 말하며 전략경영자가 산업분석을 시작하려면 결정해야 한다. 산업 구조는 변화한다. 이때 산업 구조가 변하면 경쟁강도의 함축적 의미가 달라진다. 분할된 산업(fragmented industry)은 수많은 중소기업으로 구성되어 있어 그 누구도 산업 내에서 가격을 결정할 수 있는 위치에 있지 않은 산업으로 농업, 드라이크리닝, 헬스클럽, 부동산 중개사 등을 예로 들 수 있다. 통합된 산업(consolidated industry)은 몇몇 대기업에 의하여 지배되거나(과점) 혹은 극단적인 경우에는 한 기업에 의해(독점) 지배되며, 종종 이들 기업이 산업의 가격을 결정하는 위치에 있기도 한다. 통합된 산업의 예로는 항공, 청량음료, 무선통신 서비스, 소형화물 택배산업을 들 수 있다. 택배산업의 경우 유피에스(UPS)

와 페덱스(FedEx)가 미국 시장의 80%를 차지하고 있다.

분할된 산업의 경우는 대체로 진입장벽이 낮으며 또한 차별화하기 어려운 생활필수품이 많다. 진입장벽이 낮은 생활필수품의 경우는 산업 이익이 급속하게 증가하고 감소함에 따라서 호경기와 불경기 주기를 초래하는 경향이 있다. 수요가 많고 수익이 높은 호경기에 진입장벽이 낮으면 신규진입자는 수익을 기대하며 시장에 넘쳐난다. 1980년대와 1990년대에 걸쳐 비디오가게와 헬스 클럽의 수가 폭발적으로 증가한 것이 이러한 상황을 설명하는 좋은 예이다.

호경기에 신규진입자가 넘쳐 나게 되면 종종 분할된 산업은 초과공급이 발생하여 잉여 생산능력을 이용하기 위하여 가격을 낮추기 시작한다. 경쟁 제품과 자사의 제품을 차별화하려고 노력할 때 직면하는 어려움은 이런 경향을 더욱 악화시킬 수 있다. 그 결과 가격전쟁이 일어나서, 결국 산업 이익이 줄어들고, 일부 기업은 사업을 중단하고, 잠재적으로 신규진입을 중지시키게 된다. 예컨대, 10년간의 산업 확대 및 호경기로 수익을 얻은 이후 많은 헬스클럽이 회원제를 유지하기 위하여 대규모 가격할인을 시행해야만 하는 상황에 직면하였다. 일반적으로 산업의 제품이 생활필수품일수록 가격전쟁은 더욱 잔인하다. 불경기는 전체 산업의 생산능력이 기업의 파산 등을 통하여 수요와 같은 수준에 이르게 되고 가격이 다신 안정될 때까지 지속된다.

분할된 산업구조는 기회를 제공하기보다 위협요인으로 작용한다. 분할된 산업에 있어 경제적 호경기는 짧게 끝나는 경향이 있다. 왜냐하면 신규진입이 쉬워 곧 초과공급 상황에 진입하고 이로 인해 치열한 가격경쟁이 진행되고 효율적이니 못한 기업은 실패하기 때문이다. 이러한 산업에서 제품을 차별화하는 것이 어렵기 때문에 호경기에 수익을 얻고 불경기에는 생존하기 위하여 원가를 최소화하려는 노력이 최선의 전략이다. 또 다른 전략적 대안으로 기업들은 분할된 산업의 구조를 지속적으로 수익을 창출할 수 있는 통합된 산업으로 바꾸는 전략을 채택하려고 할지도 모른다(어떻게 구조를 변화시킬 수 있는지 이후의 장에서 다루게 된다).

통합된 산업의 경우, 기업들은 상호의존적이다. 왜냐하면 한 기업의 경쟁적 활동(가격, 품질 등의 변화)이 경쟁자의 시장점유율과 수익성에 직접적으로 영향을 주기 때문이다. 한 기업의 움직임은 곧 경쟁자의 반응을 초래하고 이러한 경쟁적 상호의존성의 결과로 인해 경쟁적 소용돌이의 위험에 빠질 수 있다. 경쟁은 상호 간의 가격인하로 진행되거나 고객에게 제공되는 자사 제품의 가치를 높임으로써 그 과정에 산업 수익 감소가 진행된다.

통합된 산업 내의 기업은 종종 산업의 지배기업이 설정한 가격을 따라감으로써 이러한 위협요인을 감소하려고 노력한다.[6] 그러나 가격담합이 불법이기 때문에 조심하여야 한다. (직접적이고 의도된 대화없이 암묵적이고 간접적으로 이뤄지는 합의는 합법임.) 대신에 기업들은 상호 간에 전략을 관찰하고, 해석하고, 기대하고, 반응함으로써 가격을 설정한다. 그러나 암묵적으로 가격 선도를 합의하게 되면 가끔 상반된 경제 상황이 전개될 때 깨지게 된다. 이러한 예는 [전략 실행 사례 2.2]의 아침식사 시리얼산업에서 볼 수 있다.

산업 수요 산업 수요(Industry Demend)의 수준은 기존기업 간의 경쟁강도를 결정하는 또 다른 요소다. 신규고객의 수요증가나 기존 고객의 추가 구매는 기업이 고객을 두고 경쟁할 수 있는 범위를 넓혀 주기 때문에 경쟁을 완화시키는 경향이 있다. 수요증가는 경쟁자의 시장점유율을 빼앗지 않고도 모든 기업이 더 많이 판매할 수 있기 때문에 경쟁을 감소시킨다. 그 결과 산업 전체의 수익이 많아진다. 역으로 수요감소는 기업들이 시장점유율과 수익(아침식사 시리얼 사례와 같이)을 유지하기 위하여 다투기 때문에 경쟁을 증가시키게 된다. 고객이 시장을 등지거나 혹은 시장에서 구매를 줄이게 되면 수요는 감소한다. 이 경우 경쟁자의 시장점유율을 빼앗아야만 성장할 수 있다. 그와 같이 수요감소는 기존기업 간의 경쟁을 증가시키기 때문에 중요한 위협요인으로 작용한다.

원가 여건 산업 내 기업의 원가 여건(Cost Conditions)은 경쟁의 세 번째 결정요소이다. 고정비가 높은 산업의 수익성은 매출규모에 크게 좌우되는 경향이 있어 기업들은 매출규모를 늘리기 위하여 경쟁강도를 높이게 된다. 고정비란 기업이 제품을 판매하기 이전에 지불해야 하는 비용이다. 예컨대, 케이블TV회사는 서비스를 제공하기 이전에 땅 속에 케이블을 깔아야 하는데 이러한 비용이 고정비이다. 마찬가지로 페덱스(FedEx) 같은 회사는 특급배송 서비스를 제공하기 위하여 먼저 항공기와 포장 및 분류 시설, 그리고 배송트럭에 먼저 투자하여야 한다. 이와 같은 용도의 자본투자는 고정비이다. 고정생산비가 높은 산업의 경우에 매출규모가 적으면 고정비를 보전할 수 없어 수익이 나지 않는다. 그러므로 고정비를 보전하기 위해 매출규모를 늘려야 하므로 기업은 가격을 인하하거나 홍보비를 증가하게 된다. 수요가 급속히 증가하지 않은 상황에서 많은 기업이 동시에 같은 행동을 하면 경쟁이 강화되고 수익이 낮아지는 결과가 초래된다. 한 연구에 따르면 산업 내에서 가장 취약한 기업이 가끔 자신의 고정비를 보전하기 위하여 그러한 행동을 시작한다. [7]

퇴출장벽 퇴출장벽(Exit Barriers)이란 기업이 산업을 떠날 수 없도록 만드는 경제적, 전략적, 감성적 요인을 말한다. [8] 만약 퇴출장벽이 높으면 기업은 수요가 정체되어 있거나 혹은 수요가 감소하는 수익성이 낮은 산업이라도 머물러야 한다. 그 결과 초과생산능력이 발생하여 가격이 인하하고 이로 인해 가격경쟁 및 경쟁강도가 더욱 높아진다. 그리고 여유 생산시설을 활용하고 고정비를 보전하기 위하여 고객주문을 확보하려고 노력한

전략 실행 사례 2.2

아침식사 시리얼산업의 가격전쟁

© iStockPhoto.com/Tom Nulens

아침식사 시리얼산업은 수십 년간 미국에서 가장 수익성있는 산업 중의 하나였다. 그 산업은 켈로그(Kellogg), 제너럴 밀(General Mills), 크래프트 푸드(Kraft Foods)가 지배하는 통합된 구조였다. 이들 기업은 슈퍼마켓 선반 공간을 나누어 점거하고 또한 강력한 브랜드 충성도를 가지고 있어서 신규진입자의 가능성을 막고 있었으며, 매년 3%씩 지속적으로 수요가 증가하여 산업의 수익은 커지고 있었다. 시장점유율 40%이상을 가진 켈로그는 그 산업의 가격 선도자로 역할을 하였다. 켈로그는 매년 시리얼의 가격을 올렸고 경쟁자도 뒤를 따라 산업 수익은 매우 높았다.

1990년대 들어 미국인의 아침 식사로써 라떼와 베이글 혹은 머핀이 시리얼을 대체하면서 수요증가가 둔화되고 침체되어 그간의 상호우호적이던 산업구조가 변화하기 시작하였다. 그리고 월마트(1994년에 식료품산업에 진입)와 같은 힘있는 할인점이 출현하여 자신들의 시리얼 브랜드를 공격적으로 홍보하기 시작하였고 기존 브랜드의 시리얼보다 싼 가격으로 판매하였다. 이후 10년간 크로거(Kroger)와 같은 다른 식료품 체인이 같은 경로를 밟았고, 월마트에서 2.5달러에 판매하는 밀플레이크와 켈로그의 3.5달러 옥수수플레이크의 맛이 같다는 것을 고객들이 인식하게 되면서 산업 내의 브랜드 충성도는 감소하였다. 훨씬 값싼 매장브랜드 시리얼의 매출이 급증하면서 슈퍼마켓은 이제 브랜드명에 연연하지 않게 되었고 브랜드 시리얼 제조업체에 가격인하를 요구하기 시작하였다.

브랜드 시리얼 제조업체는 수년간 이러한 분위기에 대해 버텨 왔으나 1990년 중반에 댐이 붕괴되었다. 1996년, 크래프트(당시 필립 모리스가 소유)는 시장점유율을 회복하기 위하여 포스드 브랜드에 대해 공격적으로 가격을 20% 할인하였다. 켈로그도 뒤따라서 자사 브랜드 중 2/3에 해당하는 제품의 가격을 19% 인하하였으며, 제너럴 밀도 신속히 인하하였다. 수십 년간 유지되어온 암묵적 가격이 공식적으로 붕괴되었다.

만약 가격인하가 수요를 자극할 것이라는 희망은 아침식사 시리얼 기업이 가졌다면 그것은 잘못된 것이었다. 가격인하로 수요는 변화하지 않았지만 수입과 이익은 감소하였고, 특히 켈로그의 영업 이익률이 1995년 18%에서 1996년 10.2%로 급감하였고 이러한 현상은 다른 브랜드 시리얼 제조업자도 마찬가지였다.

2000년까지 여건은 악화되었다. 할인점의 자사브랜드 판매가 시작되어 시장의 10%를 차지하였고, 더구나 아침식사 시리얼 매출이 매년 1%씩 줄어들었다. 공격적인 제너럴 밀은 시장 선도자의 점유율을 빼앗기 위하여 비싼 캠페인을 실시하여 2001년 31% 시장점유율로 30%인 켈로그를 앞섰다. 켈로그는 시장점유율 하락으로 1906년 이래로 유지해 온 선두 기업의 자리를 내놓았으며, 지속적인 가격인하로 인하여 3대 제조업체의 수익도 취약해졌다.

제너럴 밀은 마침내 2001년 중반에 원가 인상분을 고려하여 가격을 2% 인상하였고, 10여년 간의 가격전쟁 이후 가격결정 규칙이 새롭게 만들어지기라도 한 듯이 경쟁자들도 뒤를 따라 가격을 인상하였다. 켈로그와 제너럴 밀은 베리를 함유한 스페셜 케이(Special K)와 치리어스(Cheerios)의 다양한 신제품과 같은 브랜드 확장에 치중하고 가격경쟁은 하지 않으려고 노력하였다. 스페셜 케이로 인한 노력으로 켈로그는 제너럴 밀로부터 시장 선두자리를 다시 탈환하였고, 더욱 중요한 것은 비가격경쟁을 강조함으로서 가격전쟁이 중단되었다.

그러나 상대적 평화가 10년간 지속된 이후 2010년 이 산업에는 다시 가격전쟁이 발생했다. 아침식사 시리얼 대신에 지역 커피숍에서 간단히 식사를 해결하는 등 대체제의 소비 때문에 수요가 줄어들어 선도기업인 켈로그의 2010년 3분기 가격이 3.6%, 판매량이 3.4% 감소하였다. 제너럴 밀과 켈로그는 수요를 진작하고 가격을 인상하기 위하여 2011년에 신제품 도입 계획을 발표하였다.

자료: G. Morgenson, "Demial in Battle Creek," *Forbes*, October 7, 1996, p.44; J. Muller, "Thinking out of the Cereal Box," *Business Week*, January 15, 2001, p.54; A. Merrill, "General Mills Increases Prices," *Star Tribune*, June 5, 2001, p.1D; S. Reyes, "Big G, Kellogg's Attempt to Berry Each Other," *Brandweek*, October 7, 2002, p.8; and M. Andrejczak, "Kellogg's Profit Hurt by Cereal Price War," *Market Watch*, November 2, 2010.

다.[9] 일반적인 퇴출장벽은 다음과 같다.

- 다른 용도로 사용될 가치가 없거나 혹은 나중에도 매각할 수 없는 특수기계, 설비, 혹은 운영 시설과 같은 자산에 대한 투자. 산업을 빠져나오려면 이러한 자산의 장부 가치를 탕감해야 한다.
- 기업이 사업을 중단할 때 해고할 작업자에게 지급해야 하는 퇴직수당, 의료보험, 연금과 같이 높은 퇴출 고정비용.
- 기업의 소유주나 혹은 종업원이 산업에 대한 애정과 프라이드가 많아 산업을 떠나지 않으려고 하는 것과 같은 산업에 대한 감정적 애착
- 기업의 모든 수입 혹은 이익을 하나의 산업에 의존하기 때문에 산업에 대해 가지게 되는 경제적 의존
- 산업에 효과적으로 참여하기 위하여 최소한도로 값비싼 자산을 유지해야 할 필요성
- 파산 규정. 미국 연방파산법 제11장에서 파산 위기에 직면한 기업이 계속 영업을 하고 조직을 재설계할 수 있게 규정하고 있다. 이러한 규정으로 인해 수익성도 없는 자산이 산업에 그대로 유지하게 되고, 결국 이로 인해 초과생산이 지속되고 수요 대응 시간이 지연된다.

퇴출장벽의 실례로 소포속달우편 서비스와 소포택배회사를 생각해 보자. 이 산업의 주요 경쟁자인 페덱스와 유피에스 같은 회사는 택배사업이 기업의 모든 수입원이다. 이들 기업은 고객들에게 미국의 모든 주요 도시에 소포를 배달할 수 있다고 보장할 수 있어야 하므로 이 목적을 위하여 투자를 많이 하였다. 배달을 보장하기 위해 이들 기업은 국가 전역을 항공과 육상으로 연결할 수 있는 연계망과 관련 시설을 구축해야 했다. 만약 산업의 택배 능력이 수요를 초과하게 될 경우에도 초과분을 줄일 수 없다. 예컨대, 마이애미주의 페덱스 택배 수요가 공급 능력에 훨씬 못미쳐도 항공과 육상의 택배를 중지하여 초과 능력을 축소할 수 없다. 이 경우 택배를 중지하게 되면 이 회사는 더 이상 고객에게 소포가 미국 내 모든 주요 도시에 배달될 수 있다는 것을 보장할 수 없게 되므로 고객은 다른 택배회사로 거래선을 교체하게 된다. 그러므로 국가 전역의 연계망을 유지해야 하는 것 자체가 퇴출장벽이 되며, 이로 인하여 수요가 부족한 기간 동안에도 초과공급 능력을 지속적으로 유지해야만 하는 결과가 초래된다.

구매자의 교섭력

세 번째 경쟁세력은 구매자의 교섭력(bargaining power of buyers)이다. 산업 내의 구매자는 최종소비자로서 제품을 사용하는 개인 고객이거나 혹은 도매업자와 소매업자에

게 제품을 공급하는 기업일 수도 있다. 예를 들면, P&G(Procter & Gamble)와 유니레버 (Unilever)에서 생산된 가루비누의 최종 소비자는 개인일지라도 가루비누의 주요 구매자는 소비자에게 재판매하는 슈퍼마켓체인과 할인점이다. 구매자의 교섭력이란 산업 내 기업이 책정한 가격을 교섭을 통하여 인하토록 하거나 혹은 제품의 품질과 서비스를 향상시키도록 요구함으로써 기업의 원가상승으로 이어지게 하는 구매자의 역량을 말한다. 힘있는 구매자는 가격인하와 원가상승을 주도하여 산업 내 기업의 이익 폭을 줄이게 할수 있다. 그러므로 힘있는 구매자는 기업에게 위협요인으로 검토되어야 한다. 반대로 구매자의 교섭력이 낮을 경우, 산업 내의 기업은 제품의 가격을 인상하고 제품의 품질과 서비스수준을 낮춰 원가를 절감하여 산업 내 기업의 이익 폭을 증가시킬 수 있다. 구매자는 다음과 같은 환경 하에서 높은 교섭력을 가지게 된다.

- 구매자가 공급자를 선택할 수 있을 때. 만약 산업이 독점 하에 있으면 구매자는 선택의 여지가 없으나, 산업 내에 두 개 이상의 기업이 있을 경우 구매자는 선택할 수 있다.
- 구매자가 대량 구매를 할 때. 이 경우에 구매자는 자신의 구매력을 이용하여 가격인하를 요구할 수 있다.
- 몇몇 구매자가 산업에서 공급하는 제품에 대한 전체 주문량의 상당 부분을 구매할 때.
- 거래선의 교체비용이 낮고, 구매자가 공급기업 간에 가격인하 경쟁을 하도록 유도할 수 있을 때.
- 구매자가 산업 내 기업 간의 경쟁을 유발하기 위하여 투입요소를 여러 기업에서 동시에 구입할 수 있을 정도로 경제적인 자금여력이 있을 때.
- 구매자가 산업에 신규진입하고, 제품을 자체 생산하여 필요한 구매량을 충족하겠다고 산업 내 기업을 전술적으로 위협하여 가격인하를 강요할 수 있을 때.

구매자가 GM, 포드, 토요타와 같은 대형 자동차 제조업체인 자동차 부품 공급 산업은 구매자가 강한 교섭력을 가지고 있어서 경쟁적 위협이 되는 산업의 좋은 예이다. 왜냐하면 자동차 부품 공급자는 많고 대체로 영세한 반면 구매자인 자동차 제조업체는 규모가 크고 수도 적기 때문이다. 게다가 부품 가격을 인하하기 위하여 역사적으로 포드와 GM은 부품을 다른 자동차 부품 공급업체에서 구매하기보다 자체 생산하겠다고 위협하였다. 자동차 제조업체는 자신들의 강력한 입지를 활용하여 공급업체가 서로서로 부품 가격을 인하하고 품질을 개선하도록 공급업체 간의 경쟁을 유도하였다. 만약 한 부품공급업체가 마음에 들지 않으면 자동차 제조업체는 교섭 수단으로 거래선을 교체하겠다고 위협할 수 있다.

공급자의 교섭력

네 번째 경쟁세력은 공급자의 교섭력(bargaining power of suppliers)이다. 공급자는 원료, 서비스, 노동력과 같은 투입요소를 산업에 공급하는 조직을 말한다. 공급자의 교섭력이란 투입요소의 가격을 인상하거나 혹은 다른 방법으로, 예컨대 낮은 수준의 품질 및 서비스를 제공함으로써 산업의 비용을 증가시킬 수 있는 공급자의 역량을 말한다. 힘있는 공급자는 기업의 원가를 증가시켜 산업의 이익을 줄이게 하므로 기업에게 위협요인이다. 역으로 공급자가 취약하게 되면 산업 내의 기업은 공급자의 투입요소 가격을 인하하도록 강요하고 투입요소의 품질(더욱 생산성이 높은 노동력과 같은)을 개선하도록 요구한다. 구매자의 경우와 같이 기업의 수요를 창출하는 공급자의 역량은 기업에 대항하는 자신들의 역량에 달려 있다. 공급자는 다음의 상황에서 가장 힘을 가진다.

- 공급자가 판매하는 제품의 대체재가 없으며 구매 기업에게 중요한 제품일 때.
- 공급자의 수익성이 특정 산업의 기업 구매에 의해 심각하게 좌우되지 않을 때, 달리 말해 산업이 공급자에게 중요한 고객이 아닐 때.
- 산업 내의 구매 기업이 특정 공급자의 독특하고 차별화된 제품을 구매하기 위해 공급자를 교체하여 막대한 교체비용으로 어려움을 겪은 경험이 있을 때. 이러한 경우에 기업은 특정 공급자에게 의존하게 되고 공급 가격을 인하하기 위하여 공급자간의 경쟁을 유발하지 않는다.
- 공급자가 자신의 투입요소를 사용하여 직접 제품을 생산하고 생산된 제품을 고객에게 판매하겠다고 위협할 수 있을 때.
- 산업 내에 있는 기업이 공급자의 산업에 진입하겠다고 위협할 수 없고 또한 전술적으로 공급자의 투입요소의 가격을 인하하기 위하여 자체 생산하겠다고 위협할 수 없을 때.

구매 기업이 힘있는 공급자에게 의존하고 있는 산업으로 PC산업을 들 수 있다. PC제조업체는 PC용 마이크로프로세서의 세계 최대 공급업체인 인텔(Intel)에 매우 의존적이다. 인텔의 마이크로프로세서 칩은 PC산업의 표준이기 때문에 인텔의 경쟁자인 AMD(Advanced Micro Devices)는 인텔 표준과 호환이 가능한 칩을 개발하여 공급해야 한다. AMD가 경쟁 칩을 개발했다고 할지라도 시장의 대량수요에 대응할 수 있는 생산능력을 진 기업이 인텔 밖에 없기 때문에 PC에 사용되는 칩 시장의 85% 가량을 여전히 인텔이 공급하고 있다. AMD와 같은 경쟁자가 인텔 생산시스템의 규모와 효율성에 대항한다는 것은 경쟁자의 재정적 범위를 넘어서는 것이다. 이것이 의미하는 바는, PC제조업체가 잘 알려진 인텔의 경쟁자인 AMD에게서 마이크로프로세서 일부를 구입하여도 나머지 필요 분은 인텔에서 구매하여야 한다는 것이다. 인텔이 강력한 교섭력을 가지고 있기 때문에 마이크로프로세서의 제품 가격을 높이 책정할 수 있다.

대체재

포터 모형에서 마지막 세력은 타 사업 및 산업의 제품으로써 고객의 요구를 대체로 만족

© iStockPhoto.com/caracterdesign

집중 분석: 월마트

월마트의 공급자에 대한 교섭력

월마트와 다른 할인매장이 1960년에 사업을 시작할 당시 구매력이 없는 소규모 사업체였다. 이들은 매출을 늘리기 위해 주로 P&G와 러버메이드(Rubbermaid)와 같이 전국적으로 잘 알려진 브랜드 제품을 매장에 충분히 보유하였다. 이당시 할인매장의 매출규모가 크지 않았기 때문에 브랜드제품 공급자가 가격을 결정하였다. 따라서 할인매장은 가격을 인하할 다른 방법을 모색해야만 했다. 이들이 모색한 방법은 땅값이 싼 교외에 매장을 두고 비용절감을 위해 불필요한 것을 모두 제거하고, 셀프서비스를 강조함으로써 가격을 인하하였다(1960년대 할인매장의 주 경쟁자인 시어스(Sears)와 같은 백화점은 도시 중심상권에 위치하고 풀서비스를 제공함).

K마트와 같은 할인매장은 도매상으로 부터 필요한 제품을 구매하였다. 도매상은 직접 방문하여 주문을 받았고 상품이 도착하면 매장에 와서 진열 선반에 자기 상품을 정리하였기 때문에 할인매장은 인건비를 절감할 수 있었다. 그러나 월마트는 알칸사스의 중소도시에 매장을 가지고 있었기 때문에 거리가 멀어 도매상은 월마트 매장에 제품을 공급하는 것에 관심이 없었고, 월마트는 더 높은 가격을 지불해야만 제품을 공급받을 수 있었다.

월마트의 창업자인 샘 월튼은 더 높은 가격지불을 거절하였다. 대신에 그는 기업을 공개하고 증자한 자본을 사용하여 상품저장을 위한 물류센터를 건설하였다. 물류센터는 직경 300마일 이내의 모든 월마트 매장을 대상으로 매일 트럭을 이용하여 저장한 제품을 공급하였다. 물류센터가 모든 매장

에 필요한 제품을 모아 일괄 주문하였기 때문에 대규모 주문이 가능하게 되어 월튼은 도매상보다 생산자와 직거래를 하였다. 도매상에 지불하던 유통마진이 줄어들어 고객에게 싼 가격에 제품을 공급할 수 있었고 이로 인해 월마트는 지속적으로 성장하였다. 월마트는 이러한 성장으로 구매력이 커져 생산자에게 더 많은 가격할인을 요구할 수 있게 되었다.

오늘날 월마트는 구매 프로세스를 좀 더 세련되게 바꾸었다. 미국 내에서 매출의 8%에 해당하는 제품을 월마트 브랜드로 바꾸었기 때문에 자사의 공급자에게 상대한 교섭력을 가지게 되었다. P&G와 같이 잘 알려진 브랜드 제품을 공급하던 공급자도 이젠 더 이상 높은 가격을 요구할 수 없게 되었으며, 오히려 월마트가 P&G에게 매우 중요한 고객이 되어 더 많은 할인을 요구할 수 있게 되었다. 더구나 월마트의 브랜드가 제조업체 브랜드보다 더욱 영향력 있는 브랜드가 되었다. 사람들이 월마트에 브랜드 제품을 사러가는 것이 아니라 싼 제품을 사러 간다는 사실이 월마트가 낮은 구매 가격을 요구하게 하는 힘이 되었고 원가인하의 효과를 고객에게 돌려주어 항상 저가로 제공할 수 있었다.

1990년대 초 이래로 월마트는 공급자에게 매장 보유 품목 리스트를 통하여 매장 판매에 관한 실시간 정보를 제공하고 있으며 공급자는 월마트 수요에 맞춰 생산 수준을 최적화할 수 있다. 이러한 정보 제공으로 인해 생산자가 효율적으로 생산할 수 있고 그 결과 월마트에 싼 가격으로 제품을 제공하며 이러한 가격인하 효과가 결국 고객에게 돌아가게 된다.

자료: "How Big Can It Grow?—Wal-Mart," *Economist*, April 17, 2004, pp.74–76; "The Most Underrated CEO Ever," *Fortune*, April 5, 2004, pp.242–247; and K. Schaffner, "Psst! Want to Sell to Wal-Mart?," *Apparel Industry Magazine*, August 1996, pp.18–20.

시킬 수 있는 제품인 대체재(substitute products)의 위협이다. 예컨대, 커피산업에 속한 기업은 차와 청량음료 산업의 기업과 간접적으로 경쟁하게 된다. 왜냐하면 이들 셋 모두 무알콜성 음료에 대한 고객 요구를 충족시키기 때문이다. 대체재가 존재한다는 것은 산업 내에서 기업이 제품 가격을 정할 수 있는 여지를 제한하며, 이로 인해 산업의 수익성이 제한받게 되므로 상당한 경쟁 위협이 된다. 만약 커피 가격이 차나 청량음료보다 상대적으로 많이 오르게 되면 커피 수요자는 차와 청량음료로 교체하게 될지도 모른다.

어떤 산업의 제품에 대한 대체재가 없거나 대체재의 경쟁세력을 취약하게 만들면, 그 산업 내 기업은 가격인상과 추가적 이익창출의 기회를 갖게 된다. 마이크로프로세서의 경우 유사한 대체재가 없어 인텔과 AMD는 높은 가격을 부여 할 수 있는 능력을 지니게 된다.

보완자

인텔의 전직 CEO인 앤드류 그로브(Andrew Grove)는 포터가 제시한 다섯가지 경쟁세력으로 구성되는 산업구조분석모형은 여섯 번째 경쟁세력인 보완자(Complementors)의 힘, 열정, 역량을 무시하였다고 주장하였다.[10] 보완자는 산업 내의 기업제품에 보완적으로 가치를 증가시킬 수 있는, 즉 제품과 함께 구매하여 사용할 경우 고객의 수요를 더 만족시킬 수 있는 보완제품을 판매하는 기업을 말한다. 예를 들면, PC산업의 보완자는 컴퓨터에서 사용할 소프트웨어 애플리케이션을 만드는 기업이다. PC에 사용할 고품질의 소프트웨어 애플리케이션이 많을수록 고객에게 PC의 가치는 높아지고, PC의 수요가 증가하고, PC산업의 수익성이 더욱 높아지게 된다.

그로브의 주장은 대체재와 보완재가 산업 내 수요에 영향을 준다고 오랫동안 주장해온 경제이론에 그 바탕을 두고 있다.[11] 그로브가 발전에 기여한 컴퓨터 산업과 같은 첨단산업의 수요 및 수익성을 결정하는 데 보완재가 매우 중요한 역할을 한다고 한 연구는 강조하고 있다.[12] 보완재가 산업 내에서 제품 수요의 중요한 결정 요인이 될 때, 산업의 수익은 적합한 보완제품의 공급에 영향을 받게 된다. 보완자의 수가 증가하고 좋은 보완제품이 생산될 때 수요는 증가하고 산업 내의 수익은 가치창출의 새로운 기회를 제공하게 된다. 역으로 보완자가 취약하여 좋은 보완제품을 생산하지 못하면 산업의 성장이 둔화되고 수익성이 제한되어 위협요인이 될 수 있다.

산업에 보완재를 제공함으로써 보안자는 산업 내 기업에게 돌아갈 수익을 빼앗을 정도의 힘을 갖는 것도 가능하며 이 경우 기존기업에게 경쟁 위협이 되기도 한다. 예컨대, 비디오게임 산업에서 닌텐도, 마이크로소프트(Xbox), 소니(PlayStation)와 같은 게임기 제조업체는 오랫동안 그 산업에서 많은 돈을 벌었다. 이들 기업은 게임기에서 이뤄지는 게임을 판매하는 게임 개발업체(보완재 제공업체)에게 게임기 사용료를 부과함으로써 수익을 올렸다. 예를 들면, 닌텐도는 게임을 개발 공급하는 외부 전문기업이 닌텐도 게임기용으로 개발하여 판매한 모든 게임에 대하여 20%의 사용료를 부과하곤 했다. 그러나 지난 10년간 두 가지가 변화가 일어났다. 첫째, 게임 개발자가 선택권을 가지게 되었다. 예컨대 게임 개발자가 마이크로소프트의 엑스박스용 게임을 먼저 만들고 일 년 후에 소니의 플레이스테이션용 게임을 개발하려고 결정할 수도 있다. 둘째, 일부 게임의 체인점이 일반화되어 고객은 게임의 가장 최신 버전이 동작하면 어떠한 플랫폼이라도 구매한다. 예를 들어, 일렉트로닉 아트(Electronic Arts)가 만든 매든 NFL(Madden NFL)의 경우 새로운 버전을 구매할 약 5백만 명에서 7백만 명에 이르는 팬을 확보하고 있다. 그 게임은 수요가 많아 마이크로소프트와 소니를 상대로 일렉트로닉 아트는 자신의 게임이 사용될 게임기 사용료 인하를 위해 교섭할 수 있다. 달리 말하면 일렉트로닉 아트는 게임기 제조업체에 대하여 교섭력을 가지고 있으며, 이 교섭력을 사용하여 게임기 제조업체에게 그 동안 지불하던 사용료를 인하함으로써 게임기 산업의 이익을 빼앗게 된다. 게임기 제조업체는 자사의 게임기 플랫폼만을 사용하는 강력한 자사 체인점을 개발하여 대응하려고 하였다. 닌텐도는 장수하고 있는 슈퍼마리오(Super Mario) 시리즈로 성공하였고, 마이크로소프트는 할로(Halo) 시리즈로 주요 체인점에서 히트하였다.

요약: 왜 산업분석을 하는가?

산업구조분석모형을 사용하여 산업환경의 경쟁세력을 분석하는 것은 경영자로 하여금 전략적 사고를 하도록 도와주는 강력한 수단이다. 하나의 경쟁세력이 다른 경쟁세력에게 영향을 주기도 한다는 사실을 인식하는 것이 중요하며, 산업분석을 할 때는 모든 세력을 고려할 필요가 있다. 예컨대, 진입장벽이 낮아 신규진입자가 진입하게 되면, 산업 내의 경쟁은 증가하고 가격과 수익률은 낮아지게 된다. 구매자가 힘이 있으면, 신규 공급자의 진입으로 구매자의 선택권이 생긴 것을 이용하여 가격을 인하하도록 교섭을 촉진한다. 이때 신규진입자로 인해 공급자 간의 경쟁이 심화되고 산업 내의 적절한 이익을 확보하는 것도 어렵게 된다. 그러므로 하나의 세력이 다른 세력에 어떠한 영향을 주는 지 이해하는 것이 중요하다.

산업분석은 전략적 선택에 대해 경영자가 체계적으로 사고할 수 있도록 이끈다. 예컨대, 진입장벽이 낮다면 경영자는 스스로에게 다음과 같이 질문하여야 한다. "산업 내의 진입장벽을 높여 신규진입자로 인한 경쟁 위협을 감소시키려면 어떻게 해야 하는가?" 이 질문에 대한 해답은 신규진입자가 불리하도록 하고 산업에서 자리를 잡기가 어렵게 만들기 위하여 규모의 경제를 이루고, 브랜드 충성도를 구축하고, 교체비용을 높이는 등의 노력이 포함된다. 아니면 "어떻게 하면 산업 내의 경쟁강도를 조정할 수 있을까?"에 대해 질문해야 할지도 모른다. 이들은 자신의 제품을 차별화시키기 위하여 브랜드 충성도를 강조하거나 또한 산업 내의 구매자 힘을 감소시키기 위해 교체비용을 높일 수도 있다. 예컨대, 무선 서비스 제공자는 고객이 핸드폰 기기를 최신 모델로 바꾸기 위하여 기존 계약을 조기 종료함으로써 물어야 하는 수백 달러의 위약금을 회사가 부담하면서까지 새롭게 2년 계약을 체결하도록 요구한다. 이러한 행동은 다른 무선 서비스 제공자로 이동하는 교체비용을 효과적으로 증가시키게 되고, 신규진입자가 산업에 진입하는 것도 어렵게 만든다. 교체비용이 증가하면 서비스 가격을 낮추기 위하여 고객이 서비스 제공자를 교체하는 것을 어렵게 하므로 산업 내의 경쟁강도가 약화된다.

코카콜라가 2000년대 초에 산업환경을 검토하면서 고객이 무탄산청량음료로 이동함에 따라 탄산음료의 1인당 소비량이 감소하기 시작하는 불안한 추세를 감지하였다. 대체재가 위협요인이 되어 코카콜라는 전략의 변화를 추진했다. 회사는 무탄산청량음료를 개발하여 판매함으로써 위협을 효과적으로 전략적 기회로 반전시켰다. 비슷한 사례로, 2000년대 들어 사람들이 웹에서 새로운 뉴스를 접하는 빈도가 증가하였고 이로 인하여 전통적인 신문의 수요가 감소하였다. 즉, 대체재의 위협이 증가한 것이다. 여러 신문사는 자사의 웹기반 컨텐츠를 신속하게 개발함으로써 대응하였다.

이러한 모든 예에서 볼 때, 산업 내의 기회와 위협을 분석하게 되면 바로 전략의 변화가 수반된다. 이점이 중요하다. 즉, 기회와 위협을 파악하기 위하여 산업환경을 분석하면 기회를 이용하고 위협에 대응하기 위하여 어떠한 전략을 채택해야 하는지 논리적인 토론의 장이 마련된다. 기업이 사업수준에서 다양한 전략을 검토하는 문제와 산업환경의 상황에 어떻게 전략적으로 대응하는가 하는 것에 대해서는 5장, 6장, 7장에서 다루게 될 것이다.

산업의 전략군

같은 산업 내의 기업이라도 시장에서 자신들의 제품을 전략적으로 포지션하는 방법에 있어서 매우 상이하다. 유통망, 세분시장, 제품의 품질, 기술력, 고객 서비스, 가격정책, 광고정책 그리고 홍보활동 등에 따라 제품의 포지션이 영향을 받게 된다. 대다수의 산업에서 이러한 요소의 차이로 인하여 서로 다른 기업군이 형성되는 것을 볼 수 있다. 이때 동일한 기업군의 기업들은 유사한 전략을 추구하게 되며, 다른 기업군의 기업이 추구하는 전략과 다르다. 이와 같이 전략적 성격을 같이하는 기업군을 전략군(strategic groups)이라고 한다.[13]

첫머리 사례에서 살펴본 바와 같이 상업용 항공기 산업은 전통적으로 지역 시장을 중심으로 중형항공기를 생산하는 지역 제트항공기 제조업체군과 대형 상업용 제트항공기 제조업체군으로 전략군이 양분되어 있었다([그림 2.3] 참조). 봄바디어와 엠브레어는 지역 제트항공기 산업에서 뛰어난 기업이며, 보잉과 에어버스는 대형 상업용 제트항공기 시장을 지배하고 있었다. 지역 제트항공기는 100석 이내의 좌석을 가지고 있으며 항공기 기체의 범위가 좁은 반면, 대형 제트항공기는 100석 이상 550석까지 좌석을 가지고 있으며 일부 기종은 대서양을 횡단하였다. 대형 제트항공기는 대형항공사에 판매되었고 지역 제트항공기는 지역의 소형항공사에 판매되었다. 역사적으로 지역 제트항공기 전략군에 있는 기업은 전략군 내의 기업 간에 경쟁하였고 보잉과 에어버스에 대항하여 경쟁하지 않았다(반대의 경우도 마찬가지 였음).

일반적으로 전략군을 달리하는 기업들이 사용하는 전략 간의 기본적인 차이는 비교적 몇몇 요인에 의하여 파악될 수 있다. 상업용 항공기의 경우에 전략군 간의 차이는 주로 제품 특성(좌석 수와 범위), 고객층(대형항공사와 중소지역항공사)에 따라 나타난다. 또 다른 사례를 제약산업에서 살펴보면, 이 산업에는 두 개의 대표적인 전략군이 있다.[14] 한 전략군에는 머크(Merck), 엘리 릴리(Eli Lilly), 화이자(Pfizer)와 같은 기업이 포함되며, 이 전략군은 높은 연구개발비와 지식특허의 블록버스터 신약을 개발하는 비즈니스모델을 그 특징으로 하고 있다. 기초 약품개발이 어렵고 많은 비용이 소요되기 때문에 이 전략군의 기업은 고위험, 고수익(high-risk, high-return) 전략을 추구하게 된다. 신약이 개발되어 시장에 출시되기까지 연구개발비로 약 8억 달러 들며, 연구 및 임상의 과정을 거

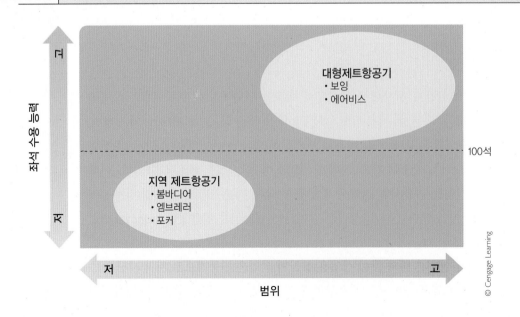

그림 2.3 상업용 항공기 산업의 전략군

치는 데 10년 정도 소요된다. 신약 개발은 실패율이 매우 높기 때문에 위험도 크다. 임상 단계에 진입한 신약 5개 중에서 1개만 미국 식약청(FDA)의 승인을 받는다. 그러나 이 전략은 고수익의 잠재력을 가지고 있다. 왜냐하면 성공한 신약을 특허 등록하면 등록된 특허는 20년간 유효하며 개발자에게 신약의 생산 및 판매의 독점권을 보장해 주기 때문이다. 이들 기업은 신약의 가격을 높이 책정하여 특허 기간 동안에 엄청난 수익을 창출할 수 있다.

두 번째 전략군은 복제약품(generic-drug) 전략군으로 특징된다. 이 전략군의 기업은 포리스트 랩스(Forest Labs), 밀란(Mylan), 왓슨 파머수티컬(Watson Pharmaceuticals)과 같은 회사가 포함되며, 복제약품을 생산하는 기업으로 지식특허 전략군에서 개발한 약 중에서 현재 특허 기간이 소멸한 저가의 복제약품을 취급한다. 이 전략군의 비즈니스모델의 특징으로는 낮은 연구개발비, 생산 효율성, 저가격을 들 수 있으며, 저위험, 저수익 전략을 추진한다. 이들 기업이 연구개발활동에 별로 투자하지 않기 때문에 위험이 낮고, 자신의 제품 가격을 높게 책정하지 않기 때문에 수익도 낮다.

전략군의 함축적 의미

전략군의 개념은 산업 내의 기회와 위협을 결정하기 위한 다양한 함축적 의미를 지니고 있다. 첫째, 전략군의 모든 기업이 비슷한 전략을 추구하기 때문에 이들 기업의 제품에 대하여 고객은 서로 대체할 수 있는 대체재라고 받아들이는 경향이 있다. 그러므로 가장 가까이에 있는 경쟁자는 같은 전략군에 속해 있는 기업들이고, 기업의 수익성에 대한 가장 직접적인 위협도 전략군 내의 경쟁자에 의해 주어진다. 예컨대, 소매산업에는 할인점으로 특징되는 기업군이 있으며, 월마트, K-마트, 타겟, 그리고 프레드 메이어(Fred Meyer)가 이 그룹에 속한다. 이들 기업은 노드스트롬(Nordstrom) 또는 갭(The Gap)이 속한 다른 소매업체 기업군의 기업과 경쟁하기보다는 같은 그룹 내의 기업과 치열하게 경쟁하였으며 그 결과 K-마트는 2000년대 초반에 파산하였다. 이 기업은 노드스트롬과 갭에게 사업을 넘겨 준 것이 아니고 같은 할인점 기업군의 월마트와 타겟이 더 우수한 할인 비즈니스모델 전략을 실행하여 시장점유율을 확장하였기 때문이다.

두 번째 함축적 의미는 전략군이 다르면 경쟁세력 각각에 대한 관계도 달라질 수 있다는 것이다. 그러므로 각 전략군은 서로 다른 사업기회와 위협에 직면하게 된다. 다음과 같은 경쟁세력—잠재적 경쟁자에 의한 신규진입의 위험; 전략군 내에서 기업 간의 경쟁 정도; 구매자의 교섭력; 공급자의 교섭력; 대체재와 보완재의 경쟁세력—은 산업 내에서 전략군이 채택하는 경쟁 포지셔닝에 따라서 상대적으로 강한 경쟁세력이 될 수도 있고 혹은 약한 경쟁세력이 될 수도 있다. 예컨대, 제약산업에 있어서 지식특허 전략군의 기업은 역사적으로 볼때 특허 등록된 제품을 가지고 있고 대체재가 없기 때문에 구매자와의 관계에서 매우 강한 입지를 구축해 왔다. 또한 전략군 안에서 가격경쟁을 하는 경쟁자도 별로 없었다. 왜냐하면 산업 내의 경쟁은 누가 먼저 신약을 특허 등록하는가 하는 특허 경쟁이었지 약품의 가격경쟁이 아니었기 때문이다. 따라서 전략군 내의 기업은 높은 가격을 설정하여 높은 수익을 얻을 수 있었다. 이와는 대조적으로 복제약품 전략군의 기업은 특허 효력이 상실된 후 동일한 복제약품의 다양한 형태를 생산하였기 때문에 훨씬 취약한 포지션에 놓여 있었다. 전략군 내의 제품은 거의 대체관계에 있고, 경쟁은 치열하였다. 그리고 가격경쟁으로 인하여 지식특허 전략군의 기업에 비하여 수익이 더 낮아졌다.

이동장벽의 역할

어떤 전략군은 경쟁세력과의 관계에서 다른 전략군보다 더 많은 기회를 제공받고 더 적은 위험에 직면하기도 한다. 경영자는 자신의 산업을 분석한 후 경쟁세력이 더 약하고 더 높은 수익을 얻을 수 있는 전략군을 설정하려고 노력한다. 사업기회를 감지하게 되면 경영자는 전략변화를 눈여겨 보다가 그 전략군에서 경쟁하기 위하여 움직이게 된다. 그러나 이러한 기회를 이용하는 것이 전략군 간의 이동장벽으로 인해 어렵게 될 수도 있다.

이동장벽(mobility barriers)이란 산업 내에서 전략군 간의 기업 이동을 방해하는 요인이다. 이동장벽은 전략군에 진입하려는 것을 막는 진입장벽과 기존 전략군에서 기업이 퇴출하는 것을 못하게 하는 퇴출장벽을 포함한다. 예컨대, 높은 소득에 대한 기대에 매료되어 포리스트 랩은 제약산업의 지식특허 전략군에 진입하고 싶어 하였다. 그러나 요구되는 연구개발 역량이 부족하였고 기술력을 갖추기에도 너무나 많은 비용이 소요되기 때문에 진입하는 것이 매우 어렵다는 것을 알게 되었다. 시간이 경과하면서 다른 전략군에 속한 기업은 다른 원가구조, 기술, 역량을 개발하게 되고 이로 인해 결국 다른 가격정책을 선택하게 된다. 다른 전략군에 진입하려고 준비하는 기업은 해당 전략군에 있는 잠재경쟁자를 모방하거나 넘어설 수 있는 능력을 가지고 있는지 평가하여야 한다. 경영자는 전략군을 바꾸는 것이 가치있는 것인지 결정하기 전에 이동장벽을 극복할 만큼 원가가 효과적인지 결정해야 한다.

동시에 산업 내의 다른 전략군에 있는 기업이 이동장벽을 극복하게 된다면 바로 직접적인 경쟁자가 될 수도 있다는 것을 경영자는 알고 있어야 한다. 이러한 상황이 지금 상업용 항공기 산업에서 일어나고 있다. 지역 제트항공기 제조업체인 봄바디어와 엠브레어는 100석에서 150석의 범위에 해당하는 본체가 좁은 항공기를 개발함으로써 대형 상업용 제트항공기 사업으로 이동하기 시작하였다(첫머리 사례 참조). 이것이 의미하는 것은 보잉과 에어버스가 조만간 더욱 치열한 경쟁을 전개할 것이라는 사실과 경영자들은 이러한 상황에 대비하여 준비해야 한다는 것이다.

산업수명주기 분석

시간이 경과함에 따라 산업에서 일어나는 변화는 산업 내 경쟁세력의 강점을 결정하고 기회 및 위협의 성격을 결정짓는 중요한 요인이다. 같은 산업 내 기업 간의 유사성과 차별성은 시간이 흐름에 따라 더욱 확연해지기도 하며, 전략군의 구조도 자주 바뀐다. 그리고 경쟁세력의 강점과 성격도 또한 산업이 발달함에 따라 변화하며, 특히 잠재경쟁자에 의한 진입 위험과 기존 경쟁자 간의 경쟁정도가 변하게 된다.[15]

산업의 발달이 경쟁세력에 미치는 영향을 분석하는 유용한 수단은 산업수명주기 모형(industry life-cycle model)이다. 이 모형은 산업의 발전 단계를 환경적 특성을 달리하는 다섯 단계─배아기, 성장기, 조정기, 성숙기, 쇠퇴기([그림 2.4] 참조)─로 규정하고 있다. 산업환경이 발전함에 따라 경쟁세력의 강점이 어떻게 변하는지 예측하고 새롭게 형성되는 기회를 이용하고 가시화되는 위협에 대응하기 위하여 전략을 수립하는 것은 경영자의 몫이다.

배아기 산업

배아기 산업(embryonic industries)이란 새롭게 개발되기 시작하는 산업을 말한다. 예를 들면, 1970년대의 PC와 생명공학 기술, 1980년대의 무선통신, 1990년대에는 인터넷거래, 그리고 오늘날의 나노 기술을 예로 들 수 있다. 이 단계의 성장은 느리다. 왜냐하면,

---

그림 2.4   **산업수명주기의 단계**

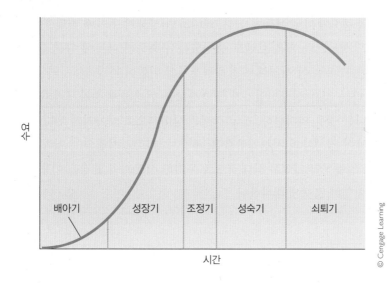

© Cengage Learning

산업의 제품에 대하여 구매자들은 잘 모르고 있으며, 아직 규모의 경제가 구현될 수 없어 제품 가격이 높고, 유통망도 제대로 형성되어 있지 않기 때문이다. 이 단계의 진입장벽은 원가 및 브랜드 충성도보다는 핵심 기술의 노하우에 접근하기 어렵다는 데 있다. 만약 산업 내에서 경쟁하는 데 필요한 핵심 노하우가 복잡하고 파악하기 어려우면, 진입장벽이 상당히 높아 기존기업은 잠재경쟁자로부터 보호 받을 수 있게 된다. 배아기 산업에서 경쟁은 가격에 의한 경쟁이 아니고, 고객을 교육시키고, 유통망을 구축하고, 제품설계의 완성도를 높이는 경쟁이다. 디자인 문제를 먼저 해결한 기업이 중요한 시장 위상을 구축하게 되는 기회를 잡기도 한다. 개별 기업의 혁신적 노력으로 만들어진 결과물이 배아기 산업을 형성하기도 한다. 마이크로프로세서(인텔), 진공청소기(후버), 사진복사기(제록스), 소형소포배달(페덱스), 그리고 인터넷 검색엔진(구글)이 대표적인 예이다. 이러한 환경 하에서 발전하는 기업은 경쟁이 없고 시장에서 강력한 입지를 구축하여 돈을 벌 수 있는 중요한 기회를 가지게 된다.

성장기 산업

산업의 제품에 대한 수요가 증가하기 시작하면 산업은 성장기로 진입하게 된다. 성장기 산업(growth industry)에서는 수많은 신규고객이 시장에 진입함에 따라 수요가 급속히 늘어나게 된다. 일반적으로 고객이 제품에 대해 잘 알고, 규모의 경제로 인해 가격이 인하되고 유통망이 구축될 때 산업은 성장하게 된다. 미국의 무선전화산업은 1990년대에 성장기를 맞았다. 1990년에 5백만 명이던 고객이 1997년 5천만 명으로 늘었다. 그리고 2012년에는 3억 2천만 명으로 증가하여 국민 한 명당 한 대꼴로 보유하게 되어 시장은 포화상태가 되었고 산업은 성숙기에 놓이게 되었다.

산업이 성장 단계로 진입하게 되면 그간 진입장벽으로 중요하게 생각하고 통제해 왔던 기술지식의 중요성이 줄어들게 된다. 왜냐하면 성장기 초기에 몇몇 기업이 상당한 규모의 경제를 달성하거나 혹은 브랜드 충성도를 구축하기 때문에 다른 진입장벽은 상대적으로 낮아진다. 바로 이 시점에서 잠재경쟁자의 위협이 가장 높다. 역설적으로 표현하면 성장이 높다는 것은 신규진입자가 경쟁강도를 현저하게 증가시키지 않고도 산업에 진입할 수 있다는 것을 의미한다. 결국 경쟁은 상대적으로 낮아지게 된다. 수요의 급속한 성장으로 인하여 경쟁사의 시장점유율을 빼앗지 않고도 기업의 수입과 이익을 확대할 수 있게 된다. 전략적인 기업은 상대적으로 유리한 성장기의 환경을 이용하여 다가올 산업 조정기의 치열한 경쟁에 대비한다.

산업 조정기

폭발적인 성장이 무한히 지속되지는 않는다. 얼마가지 않아 성장률은 둔화되고 산업은 조정기(shakeout stage)에 진입하게 된다. 조정기가 되면 수요는 포화수준이 되고 잠재적인 신규고객이 감소하기 때문에 대부분의 수요는 대체수요에 한정된다.

산업이 조정기에 진입하면 기업 간의 경쟁은 치열해진다. 고속 성장에 익숙해져 있는 기업들은 급속한 성장속도에 맞춰 생산능력을 늘게 된다. 그러나 수요가 과거와 같이 더 이상 급속하게 증가하지 않게 되면, 그 결과 초과공급의 위험 상황에 직면하게 된다. [그림 2.5]는 이러한 상황을 설명하고 있다. 그림에서 굵은 실선은 수요의 성장을 나타내고, 점선은 생산능력의 성장을 나타낸다. 그림에서 보는 바와 같이 과거 t_1시점에서 산업이 성숙단계에 진입함에 따라서 수요의 성장은 둔화되나, 생산능력은 t_2시점까지 지속적으로 증가한다. 이때 실선과 점선의 간격은 초과생산능력을 의미한다. 이와 같은 생산능력을 활용하려고 기업은 가격을 인하하며, 그 결과 가격전쟁이 발생하게 되고 이때 효율성이 낮은 기업은 파산하며 신규진입이 멈추게 된다.

성숙기 산업

산업이 성숙기에 들어가게 되면 조정기는 끝이 난다. 시장은 완전히 포화상태가 되고, 수요는 대체수요만이 존재하고, 성장률은 낮거나 제로가 된다. 이 경우 성장의 여지는 인구가 증가될 경우에만 가능하며, 이때 신규고객이 시장에 진입하거나 대체수요가 증가하게 된다.

| 그림 2.5 | 수요과 생산능력의 성장 |

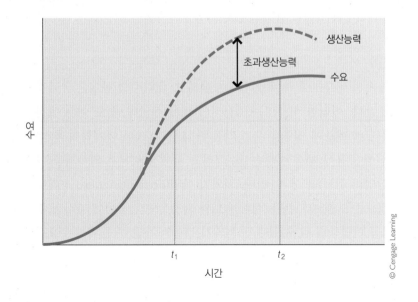

산업이 성숙기에 진입하면 진입장벽이 증가하고 잠재경쟁자가 진입하게 될 진입 위험은 감소한다. 산업 조정기에 성장이 둔화되기 때문에 시장점유율을 유지한다고 해서 과거와 같은 성장률을 기대하기 힘들다. 시장점유율 경쟁이 진행되면 가격이 인하되며, 가끔 항공산업과 PC산업과 같은 가격전쟁도 발생한다. 산업 조정기에 기업이 살아 남으려면 원가를 최소화하고 브랜드 충성도를 구축해야 한다. 예컨대, 항공사는 비노조원을 고용하여 운영비를 줄이고 운항 횟수를 늘려 브랜드 충성도를 구축하였다. PC기업은 브랜드 충성도를 구축하기 위하여 우수한 애프터서비스를 제공하고 원가 구조를 낮추기 위하여 노력하였다. 산업이 성숙기에 진입할 때까지 생존하는 기업은 브랜드 충성도를 가진 기업과 저가에 효율적으로 운영하는 기업이다. 이러한 요소들이 진입장벽을 구성하기 때문에 잠재경쟁자의 진입위협은 급격히 감소한다. 성숙기 산업에서 항상 일어나는 일은 아니지만, 높은 진입장벽은 가격을 인상하고 수익을 증가할 수 있는 기회를 제공한다.

산업 조정기를 거치면서 대다수의 산업은 통합되거나 소수 과점 상태로 성숙기에 진입한다. 맥주산업, 아침식사 시리얼산업, 무선 서비스산업을 예로 들 수 있다. 성숙기 산업에서 기업들은 서로가 의지하여야 한다는 것을 알게 되고 가격전쟁을 피하려고 노력한다. 수요가 안정되면 이들 기업들은 암묵적으로 몇몇 기업이 가격을 결정하는 가격선도협약(price-leadership agreements)의 기회를 가지게 된다. 이러한 협약은 기존기업들 간에 치열한 경쟁의 위협을 줄여 수익성을 높이려는 순 효과가 있다. 그럼에도 불구하고 가격전쟁의 가능성은 성숙기 산업의 안정성을 항상 위협한다. 경제 불황이 지속되면 수요는 감소하고 이런 상황에서 기업은 수익을 유지하기 위하여 가격선도협약을 파기하게 되고 결국 경쟁이 심화되면서 가격과 수익이 감소하게 된다. 항공산업에서 주기적으로 발생하는 가격전쟁은 이러한 형태로 진행된다.

쇠퇴기 산업

성장은 여러 가지 이유로 인하여 한계에 도달하고, 대다수의 산업은 궁극적으로 쇠퇴기로 접어들게 된다. 이러한 이유로는 기술적인 대체(예컨대, 철도 여행 대신 항공 여행), 사회적 변화(담배 매출에 영향을 주는 건강 관심 증가), 인구통계학적 특성(출생률의 감소로 인한 신생아 유아 제품 시장손실), 그리고 국제경쟁(저가 외국제품 경쟁으로 인하 미국 철강 산업의 쇠퇴)을 들 수 있다. 쇠퇴기 산업(declining industry) 내에서 기존기업 간의 경쟁 정도는 보통 증가한다. 쇠퇴 속도와 퇴출장벽의 높이에 따라서 경쟁압력은 조정기 단계만큼 치열하게 될 수 있다.[16] 쇠퇴기 산업의 가장 큰 문제는 수요감소로 인하여 초과생산능력이 초래되는 것이다. 초과생산능력을 활용하기 위해 기업은 가격인하를 시행하게 되고 가격전쟁을 야기시킨다. 미국 철강산업은 1980년대와 1990년대에 철강 수요의 감소에도 불구하고 자신들의 초과생산능력을 활용하려고 노력하였기 때문에 이러한 문제를 경험했다. 1990-1992년 기간 동안 항공산업에서도 동일한 문제가 발생했고, 2008-2009년 기간에는 승객을 반만 태운 항공기를 운항하지 않으려고 가격인하를 단행하였다. 퇴출장벽은 초과공급능력을 조정하는 데 일익을 담당하였다. 퇴출장벽이 높을수록 기업은 공급 능력을 줄이기 어려웠고, 가격경쟁의 위협은 더욱 커졌다.

요약

요약하면 산업분석의 세 번째 과제는 효과적인 전략을 개발하기 위하여 다양한 유형의 산업환경을 특징짓는 기회와 위협을 파악하는 것이다. 경영자는 변화하는 산업 여건에 전략을 맞춰야 한다. 또한 경영자는 산업 발전의 중요한 포인트를 인식할 수 있도록 역량을 키워 산업의 조정기가 시작되는 시점, 혹은 산업이 쇠퇴기로 진입하는 시점을 예측할 수 있어야 한다. 이것은 전략군의 수준에서도 마찬가지이다. 새로운 배아기 동안에 고객 요구와 취향이 변하기 때문에 전략군이 생기고, 기술 변화로 인하여 일부 전략군은 급속히 성장할 수 있으며, 나머지 전략군은 자신들의 고객이 소멸되기 때문에 쇠퇴하게 될 것이다.

산업분석을 위한 모형의 한계

산업구조분석모형, 전략군모형, 수명주기모형은 산업 내에서 새로운 기회와 위협요인을 파악하기 위하여 경쟁의 성격을 살펴보고 분석하는 데 유용한 방법을 제공한다. 그러나 이들 각 모형은 그 나름의 한계를 가지고 있어 경영자는 각 모형이 지니는 단점에 대하여 알고 있어야 한다.

수명주기 이슈

수명주기모형은 일반화된 모형이라는 사실을 명심하여야 한다. 실제로 산업주명주기는 항상 [그림 2.4]에 설명된 패턴과 같이 진행되지는 않는다. 어떤 경우는 산업의 배아기없이 바로 성장기로 신속히 진행되기도 하고, 다른 경우는 배아기를 통과하지 못하고 산업이 실패하기도 한다. 혁신과 사회 변화를 통하여 장기간의 쇠퇴기 이후에 다시 산업 성장기가 활성화될 수도 있다. 예컨대, 건강 붐으로 인하여 자전거산업이 장기간의 쇠퇴기 이후에 다시 활성화되었고, 무선통신 서비스업은 정상적인 과정을 거쳐 성숙기에 접어들었음에도 불구하고 스마트폰의 도입으로 인하여 데이터 서비스 수입이 급증하였고 이로 인해 무선통신 서비스사업자의 수입이 급증하고 있다. 2007년과 2012년 사이에 미국 내

의 무선통신데이터 서비스 수입은 190억 달러에서 680억 달러로 증가하였다.[17]

수명주기 모형의 각 단계별 간격도 산업에 따라서 매우 다를 수 있다. 자동차 산업과 같이 기본 필수품 적인 성격을 가진 산업에서는 성숙기에 상당 기간 머물게 되는 반면, 진공관 산업의 경우처럼 성숙기를 건너뛰고 바로 쇠퇴기로 진입하기도 한다. 진공관 산업이 아직 성장단계에 있음에도 불구하고 전자제품의 핵심 부품이 진공관에서 트랜지스터로 대체되었다. 정보통신산업에서 현재 일어나고 있듯이, 어떤 산업은 완전히 성숙기로 진입하기도 전에 침체를 경험하게 된다.

혁신과 변화

여러 산업에서 경쟁은 일정기간 동안 혁신이 일어나는 과정으로 인식된다.[18] 혁신은 산업을 발전시키는 주요한 요인이며, 산업에 속한 기업이 산업수명주기를 따라 이동하게 만드는 원인을 제공한다. 혁신을 통하여 신제품, 신공정 혹은 전략을 선도하는 기업이 많은 수익을 얻을 수 있기 때문에 혁신은 관심의 대상이 된다. 토이저러스(Toys "R" Us), 델(Dell), 그리고 월마트의 폭발적인 성장을 생각해 보자. 이들 기업은 각자 방법은 다르지만 혁신기업이다. 토이저러스는 대형할인창고형 매장을 통하여 장난감을 판매하는 새로운 방법의 선구자이며, 델은 전화와 인터넷을 통해 PC를 직접판매하는 완전히 새로운 방법의 선구자이고, 월마트는 저가격대형할인점의 개념을 시도한 선구자이다.

성공적인 혁신은 산업경쟁의 성격을 바꿔 놓는다. 최근 수십 년간 혁신의 결과 중 하나로 인해 생산의 고정비가 절감되어 진입장벽이 낮아졌고, 이로 인해 기존의 대기업과 경쟁하기 위하여 신규기업, 중소기업이 진입할 수 있게 되었다. 예컨대, 이십 년 전 유에스스틸(U.S.Steel), 엘티브이(LTV), 베들레헴스틸(Bethlehem Steel)과 같은 대형 일관제철소는 철강산업을 지배하고 있었다. 철강산업은 전형적인 과점 상태였고, 몇몇 대형제조업체는 암묵적으로 가격을 담합하며 시장을 지배하였다. 이 당시 새로운 기술인 전기로를 사용하여 효율적으로 생산하는 뉴코(Nucor)와 채퍼럴스틸(Chaparral Steel)과 같은 소형 철강업체가 출현하였다. 지난 이십 년간 이들 업체는 산업의 구조를 바꿔 놓았다. 한때는 하나로 통합된 산업이 이제는 훨씬 분화되었고 가격경쟁도 심해졌다. 1960년대 중반에 55%의 시장을 가지고 있던 유에스스틸은 이제 시장점유율이 12%에 지나지 않는다. 반대로, 소형 철강업체는 20년 전에 5%에서 현재 40%의 시장을 점유하고 있다.[19] 이와 같이 소형 철강업체의 혁신이 철강산업의 경쟁성격을 바꿔 놓았다.[20] 1970년에 산업에 적용된 산업구조분석모형과 2012년에 적용되는 산업구조분석모형은 매우 다를 것이다.

마이클 포터 교수는 혁신을 산업구조를 '녹이는 것' 그리고 '다시 만드는 것'이라고 설명하고 있다. 혁신에 의해 야기된 소용돌이 기간 이후, 산업구조는 일단 상당히 안정된 형태로 자리 잡으며, 이러한 상태에서 산업구조분석모형과 전략군 개념이 잘 적용될 수 있다고 그는 말한다.[21] 산업 구조 발전에 대한 이 견해를 "단속균형(punctuated equilibrium)"이라고 말한다.[22] 단속균형 견해는 산업구조가 안정되어 있을 때 유지되던 장기적 균형상태가 혁신으로 인해 산업 구조가 진화할 때 급속한 변화로 인해 균형이 단속되어 깨진다는 것을 말한다.

[그림 2.6]은 산업구조의 중요한 차원 중의 하나인 경쟁구조에서 단속균형이 어떠한 모습으로 진행되는지 보여주고 있다. t_0시점에서 t_1시점까지 산업의 경쟁구조는 안정적인 과점상태를 유지하고 있으며 몇몇 기업이 시장을 점유하고 있다. t_1시점에서 기존기업이나 신규진입자에 의해 주요한 혁신이 일어나면, t_1과 t_2 기간 사이에서 경쟁구조의 소용돌이가 발생한다. 그 이후에 산업이 다시 새로운 균형 상태에 이르게 되나 경쟁구조는 훨씬 더 분화된다. 반대의 상황이 발생하게 되면 산업은 몇몇 기업의 협력적인 관계로 경쟁구조가 진행되지만 이러한 경우는 매우 드물다. 일반적으로 혁신은 진입장벽을 낮춰 더 많은 기업이 산업에 진입할 수 있게 허용하며, 그 결과 경쟁구조는 협력(consolidation)보다는 분화(fragmentation)된다.

혁신이 일어나 산업이 진화하고 경쟁구조가 급속히 변화하는 동안 새로운 포지셔닝 전략에 기반한 비즈니스모델로 가치가 이동하게 된다.[23] 증권중개산업의 경우, 풀 서비스 중개 모형에서 온라인거래모형으로 가치가 이동하였어도, 철강산업에서는 전기로 기술의 도입으로 인하여 가치가 대형 일관제철소에서 소형 제철소(mini-mills)로 옮겨졌다.

그림 2.6   **단속균형과 경쟁구조**

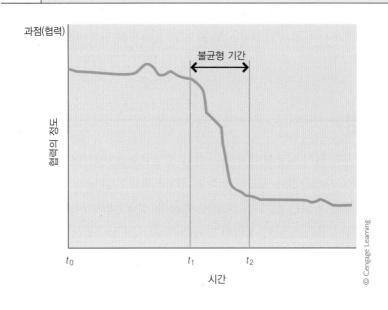

과점(협력)

불균형 기간

협력의 정도

t_0 t_1 t_2

시간

© Cengage Learning

도서판매 산업에서는 가치가 재래식 소형서점에서 반스앤노블(Barnes & Noble)과 같은 대형 서점체인으로 이동하였으며, 최근에는 아마존닷컴(Amazon.com)과 같은 온라인 서점으로 이동하였다. 산업구조분석모형과 전략군모형은 정적인 성격이 강해 가치가 이동할 때 산업환경에서 일어나는 변화의 속도를 따라잡기 어렵다.

기업 차이

산업모형의 또 다른 비판은 이 모형들이 기업성과의 결정요소로 산업 구조의 중요성을 과장하고, 산업 내의 기업 간, 혹은 전략군 내의 기업 간 차이가 얼마나 중요한가에 대해서는 과소평가한다는 것이다.[24] 다음 장에서 설명하겠지만 산업 내에 있는 각 개별 기업들의 수익률은 기업에 따라 상당히 차이가 난다. 리차드 루멜트(Richard Rumelt) 연구팀의 연구에 따르면 기업 간에 발생하는 수익률의 차이 중 산업구조로 설명할 수 있는 부분은 약 10% 정도라고 설명하고 있다.[25] 이것은 개별기업 간의 차이가 다른 여러 요인에 기인한다는 것을 의미한다. 또 다른 연구에서는 20% 정도 설명하는 것으로 추정했지만 아직도 그렇게 비중이 크지는 않다.[26] 마찬가지로 전략군모형이 강한 연계성을 강조하고 있지만 다른 많은 연구에서 전략군과 기업 수익률을 연결하기에 근거가 빈약한 것으로 파악되었다.[27] 종합해 보면, 각 기업이 속해 있는 산업이나 전략군보다 각 개별 기업이 가진 자원과 역량이 수익성을 결정하는 데 더욱 중요한 결정 요인이라는 것을 알 수 있다. 달리 말해, 산업 평균수익성이 낮은(예, 철강산업의 뉴코) 어려운 산업에는 강한 기업이 있고, 산업 평균수익성이 높은 산업에는 약한 기업이 있다.

이러한 연구 결과가 산업구조분석모형과 전략군 모형을 무의미하게 만들지는 못하지만 이들 모형이 기업의 수익성을 설명하기에는 부족하다는 것을 의미한다. 기업이 매력적인 산업이나 전략군에 속해 있기 때문에 수익성이 있는 것은 아니다. 이후 장에서 다루겠지만 수익성을 설명하기 위하여 훨씬 많은 요인들이 필요하다.

거시환경

전략적 경영자의 의사결정과 행동이 산업의 경쟁구조를 변화시킬 수 있듯이, 기업과 산업이 속해 있는 거시환경에서도 산업의 여건이나 세력이 바뀔 수 있다. [그림 2.7]에서 보듯이 거시환경은 폭넓은 경제적, 글로벌, 기술적, 인구통계학적, 사회적, 정치적 구도를 말한다. 거시환경을 구성하는 세력의 변화는 바로 포터 모형을 구성하는 세력의 일부 혹은 전부에 영향을 주며, 이로 인해 산업의 매력뿐 아니라 이들 세력의 상대적인 강점이 바뀌게 된다.

그림 2.7	거시환경의 역할

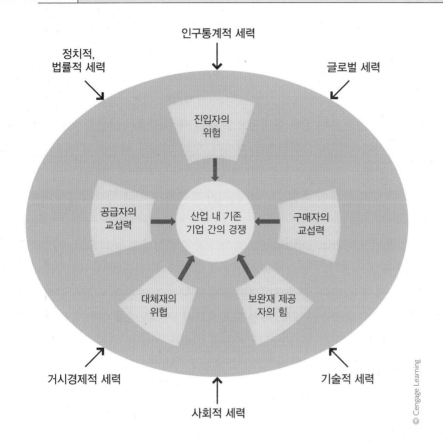

거시경제적 세력

거시경제적 세력(Macroeconomic forces)은 한 나라의 건강과 복지에 영향을 주거나 지역 경제에 영향을 주며, 이러한 영향은 다시 기업과 산업이 적절한 수익률을 창출하도록 하는 능력에 영향을 준다. 가장 중요한 네 가지 거시경제적 세력은 경제성장률, 이자율, 환율, 그리고 인플레이션율(혹은 디플레이션율)이다. 경제성장률(economic growth)은 고객 소비를 늘리기 때문에 산업 내에서 경쟁압력이 되기 쉬우며, 또한 소비 증가로 기업의 매출이 증가하여 높은 수익을 얻을 수 있어 기업에게 기회를 제공해 준다. 경제적 침체(불경기)는 고객 소비를 감소시키기 때문에 경쟁압력을 증가시며, 종종 성숙기 산업에서 가격전쟁을 야기하기도 한다.

이자율(Interest rates)은 제품의 수요를 결정한다. 제품을 구매하기 위해 고객이 돈을 빌리게 될 경우 이자율은 중요하다. 가장 명확한 예로 주택 시장을 들 수 있다. 주택 시장에서 주택담보대출금리는 바로 주택 수요에 영향을 준다. 이자율은 또한 자동차, 가전제품, 자본재 설비와 같은 제품의 판매에도 영향을 준다. 이러한 산업에서 이자율 상승은 기업에게 위협이 되며, 이자율 하락은 기회가 된다. 이자율은 또한 기업의 자본비용에 영향을 주고, 기업이 자금을 조달하고 신규 자산에 투자하는 능력에도 영향을 주기 때문에 중요하다. 이자율이 낮을수록 기업의 자본비용은 낮아지고, 투자는 증가한다.

환율(Currency exchange rates)은 다른 나라 통화와 비교한 비교 가치로 정의된다. 환율의 움직임은 글로벌 시장에서 기업 제품의 경쟁력에 직접적인 영향을 준다. 예컨대, 달러의 가치가 다른 통화에 비해 상대적으로 낮을 때 미국에서 생산된 제품은 비교적 싸고 해외에서 생산된 제품은 상대적으로 비싸다. 달러 가치가 하락하면 미국의 입장에서는 해외수출의 기회가 증가하고 외국 경쟁자의 위협이 줄어든다. 2004년에서 2008년 기간 동안에 다른 주요 통화에 대한 달러의 가치가 하락하여 미국 철강기업의 경쟁력이 증가되었다.

가격인플레이션(Price inflation)이 발생하면 경제성장은 둔화되고, 이자율이 상승하고, 통화 움직임이 불안하여 경제를 불안정하게 만든다. 인플레이션이 지속되면 투자 계획이 위험하게 될 것이다. 인플레이션의 핵심적 특징은 미래를 예측할 수 없게 만든다는 것이다. 인플레이션 환경하에서, 특정 프로젝트의 5년 후 예상 수익에 대한 실질 가치를 정확하게 예측하는 것이 불가능하기 때문에 기업은 이러한 불확실성으로 인해 투자를 꺼리게 되고, 그 결과 경제 활동이 위축되어 결국 경제는 불황의 늪으로 빠지게 된다. 따라서 높은 인플레이션은 기업에게 위협요인이다.

가격디플레이션(Price deflation) 또한 경제 활동을 불안정하게 만든다. 물가가 하락하면 고정지불금의 실질가격이 상승하여 많은 부채를 가지고 매달 고정지불금을 지출하는 기업과 개인에게 상당한 부담을 주게 된다. 디플레이션 환경하에서, 부채의 실제 가치가 증가하여 가계 및 기업은 더 많은 현금을 지출해야 하고, 이로 인해 다른 구매 활동이 줄어 들어 결국 전반적인 경제 활동이 위축된다. 1930년대 이래로 심각한 디플레이션이 관찰되지는 않았지만, 1990년대 일본에서 디플레이션이 시작되었으며 2008-2009년에 미국이 깊은 경기침체에 빠지면서 디플레이션에 대한 관심이 대두되었다.

글로벌 세력

지난 반세기에 걸쳐 세계 경제시스템에는 엄청난 변화가 있었다. 이러한 변화에 대해서는 8장 글로벌전략에서 좀 더 깊이 있게 다루게 될 것이다. 여기서 관심을 가져야 하는 중요한 점은 국제교역 및 투자에 대한 장벽이 무너졌고 훨씬 많은 국가가 경제성장을 유지하고 있다는 사실이다. 브라질, 중국, 인도와 같은 국가의 경제성장으로 대규모 신규 시장이 열려 이들 시장에 진입하는 기업에게 높은 수익 창출의 기회를 제공하고 있다. 국제 교역 및 투자에 대한 장벽이 낮아져 다른 국가 시장에 진입하는 것이 훨씬 용이해졌다. 예컨대, 20년 전에는 서구 국가가 중국에서 기업활동을 하는 것이 불가능했다. 그러나 오늘날 서구 국가와 일본 기업들이 연간 1천억 달러에 이르는 규모를 중국에 투자하고 있다. 같은 맥락에서 국제교역 및 투자에 대한 장벽이 낮아져서 외국기업이 국내 시장에 진입하는 것도 더욱 용이해졌으며, 그 결과 경쟁강도가 높아지고 수익성이 낮아지게 되었다. 이러한 변화 때문에 과거에는 분리되었던 많은 국가의 국내 시장이 훨씬 규모가 크고 더욱 경쟁적인 글로벌 시장으로 편입되어 일부가 되었으며, 이로 인해 기업에게 새로운 위협과 기회가 생겨나게 되었다.

기술적 세력

지난 몇십 년간 기술 변화의 속도는 엄청나게 빨랐다.[28] 이러한 기술 변화는 "창조적 파괴의 끊임없는 광풍(perennial gale of creative destruction)"이라고 불리는 과정을 촉발시켰다.[29] 기술 변화는 기존 제품을 하룻밤 사이에 진부하게 만들고, 동시에 일련의 신제품의 가능성을 열기도 한다. 그러므로 기술 변화는 창조적이며 또한 파괴적이기 때문에 기업에게는 기회가 되기도 하고 위협이 되기도 한다.

기술 변화의 가장 중요한 영향은 진입장벽의 높이에 영향을 주어 산업구조를 급진적으로 바꿔 놓는 것이다. 예컨대, 인터넷은 뉴스 산업의 진입장벽을 낮추었다. 금융뉴스 제공 기업은 이제 광고수입 및 고객유치를 위하여 신생 인터넷 기반 미디어 조직과 경쟁해야 한다. 이들은 1990년대와 2000년대에 설립되었으며 더스트리트닷컴(TheStreet.com), 더모틀리풀(The Motley Fool), 야후의 금융 부문, 그리고 최근에는 구글뉴스(Google news)가 대표적이다. 광고주는 이제 더 많은 선택 대안을 가지게 되었다. 광고 시장의 경쟁이 치열해져서 광고주가 미디어 기업에게 지불해야 할 광고 가격을 인하하기 위한 교섭이 가능해졌기 때문이다.

인구통계적 세력

인구통계적 세력(Demographic forces)은 나이, 성별, 민족적 기원, 인종, 성적 성향, 그리고 사회 계층과 같은 인구 특성이 변하기 때문에 생기는 결과다. 환경의 다른 세력과 마찬가지로 인구통계적 세력도 경영자에게 기회와 위협을 제시하며 주요한 함축적 의미를 제공한다. 인구 연령 분포의 변화는 인구통계적 세력의 한 예로써 경영자와 조직에 영향을 준다. 선진국 대부분은 현재 출생률과 사망률이 감소하고 베이비부머 세대가 노령화됨에 따라 인구 노령화를 경험하고 있다. 인구가 노령화되면 가정의료 서비스 및 레크레이션산업과 같이 노령층의 수요에 기반한 조직의 기회가 증가한다. 1950년대 후반에서 1960년대 전반에 태어난 베이비부머 세대가 노령화되면서 많은 기회와 위협요인이 생겨났다. 1980년대에는 이들 베이비부머가 결혼하였고, 이 당시 일반적으로 신혼부부가 구입하던 가전제품의 수요가 급증하였다. 월풀(Whirlpool)과 GE와 같은 기업은 세탁기, 식기세척기, 건조기 등의 수요가 급증하여 많은 돈을 벌었다. 1990년대에는 이들 베이비 부머가 퇴직을 대비하여 수입을 뮤추얼펀드에 투자하면서 뮤추얼펀드 산업 붐이 일어났다. 향후 20년 이내에 이들 베이비부머의 상당수가 은퇴하기 때문에 은퇴자 커뮤니티의 붐이 일어날 것이다.

사회적 세력

사회적 세력(Social Forces)은 산업에 영향을 주는 사회 관습이나 사회 가치의 변화 형태를 말한다. 다른 거시환경의 세력과 같이 사회 변화 또한 기업에게 기회와 위협을 제공한다. 최근 10년간 일어난 중요한 사회변화 추세 중의 하나는 건강에 대한 관심이 높아졌다는 것이다. 이러한 변화의 영향은 엄청나며 그 기회를 일찍 파악한 기업은 상당한 수익을 올릴 수 있었다. 예컨대, 필립모리스(Philip Morris)는 맥주회사인 밀러(Miller Brewing Company)를 인수하면서 건강에 대한 관심이 증가하는 추세를 인식하였다. 그리고 저칼로리 맥주(Miller Lite)를 도입하여 맥주산업의 경쟁을 재정의하였다. 마찬가지로 펩시콜라도 다이어트콜라와 과일청량음료를 먼저 출시하여 경쟁자인 콜라콜라의 시장점유율을 빼앗아 올 수 있었다. 동시에 많은 산업에서는 건강에 대한 이러한 추세가 오히려 산업에 위협이 되기도 하였다. 예컨대, 담배가 건강에 미치는 악영향으로 인하여 담배산업이 침체 상황에 빠지게 되었다.

정치적, 법적 세력

정치적, 법적 세력(Political and legal forces)은 법과 규제가 변하면서 생겨난 산물로 경영자와 기업에 심각한 영향을 미친다. 정치적 프로세스로 사회의 법률이 제정되고, 이 법률이 조직의 운영과 경영자를 제한하며 이로 인해 기회와 위협이 생기게 된다.[30] 예컨대, 산업화된 세계에서는 산업에 대한 정부의 규제를 완화해야 한다는 요구가 강하며, 국가가 소유한 기업을 민영화하려는 경향도 강하다. 미국에서 1979년에 단행한 항공산업의 규제완화로 1979년에서 1993년 기간 동안 29개의 신규기업이 산업에 진입했다. 규제완화 이후에 승객수송능력이 증가하여 많은 항공노선에서 초과공급이 발생했고 이로 인해 경쟁이 심화되고 항공료 전쟁이 일어났다. 이러한 경쟁 환경에 대응하기 위해 각 항공사는 운영비를 절감할 수 있는 방법을 강구해야 했다. 허브 앤 스포크(hub-and-spoke) 시스템의 개발, 무노조 항공사 탄생, 저가항공서비스의 도입과 같은 것이 경쟁 환경에 대응하여 운영비를 절감하기 위한 방법이었다. 이러한 혁신에도 불구하고 항공산업은 아직도 항공료 전쟁을 치르고 있으며, 그 결과 수익이 감소되어 많은 항공사가 부도났다. 글로벌통신 서비스 산업도 미국 등지에서 산업 규제완화에 따른 동일한 혼란의 시기를 경험하고 있다.

요약 *Summary of Chapter*

1. 산업이란 상호 대체할 수 있는 제품 혹은 서비스, 달리 말하면 '동일한 기본 고객니즈를 만족시키는 제품 혹은 서비스를 공급하는 기업 집단이라고 정의할 수 있다.

2. 산업환경에서 경쟁을 분석하는데 사용되는 주된 기법은 산업구조분석모형(the five forces model)이다. 이 모형에서 여섯 가지 세력은 (1) 잠재경쟁자의 진입 위험, (2) 산업 내 기존기업 간의 경쟁정도, (3) 구매자의 교섭력, (4) 공급자의 교섭력, (5) 대체재의 위협, (6) 보완자의 힘이다. 각 세력이 강해질수록 산업은 더욱 경쟁적이 되고 이익률은 감소하게 된다.

3. 잠재경쟁자의 진입 위험은 진입장벽 높이의 함수이다. 진입장벽이 높을수록 진입 위험은 낮고 산업 내에서 벌 수 있는 수익은 커지게 된다.

4. 산업 내에 있는 기존기업 간의 경쟁강도는 산업경쟁구조, 수요 여건, 원가 여건, 그리고 산업 내 퇴출장벽의 높이, 이 들 네 가지 변수의 함수이다. 수요 여건이 강하면 기존기업 간의 경쟁은 누그러지고 시장 확대의 기회가 창출하게 된다. 반면, 수요가 취약할 때는 경쟁이 치열하며, 특히 퇴출장벽이 높은 과점 상태의 산업이 더욱 심하다.

5. 구매자는 기업이 자신에게 사업을 의존하고 있지만, 자신은 그 기업에게 의존하고 있지 않을 때 가장 영향력이 있다. 이러한 환경에서 구매자는 위협요인이 된다.

6. 공급자는 기업이 자신에게 사업을 의존하고 있지만, 자신은 그 기업에게 의존하고 있지 않을 때 가장 영향력이 있다. 이러한 환경에서 공급자는 위협요인이 된다.

7. 대체재란 분석하고자 하는 산업의 고객니즈와 유사한 고객니즈를 충족시키는 제품을 말한다. 대체재가 기존 제품과 서로 매우 비슷할 때, 기업은 대체재에게 고객을 빼앗기지 않고도 가격을 인하할 수 있다.

8. 보완자의 힘, 열정, 역량은 여섯 번째 경쟁세력이다. 힘있고 열정있는 보완자는 산업 내에서 수요에 강한 긍정적인 영향을 주게 된다.

9. 대다수의 산업은 동일하거나 유사한 전략을 추구하는 기업의 집단인 전략군으로 구성된다. 전략군을 달리하는 기업은 다른 전략을 추구한다.

10. 같은 전략군에 속한 기업들은 서로 직접적인 경쟁자가 된다. 전략군에 따라서 기회와 위협이 다르기 때문에 기업은 전략군을 교체하여 성과를 개선할 수도 있다. 그렇게 할 실현 가능성은 이동장벽 높이의 함수이다.

11. 산업은 잘 정의된 수명주기를 따라서 배아기, 성장기, 조정기, 성숙기 그리고 궁극적으로 쇠퇴기로 진행된다. 각 단계는 산업의 경쟁구조에 대하여 다른 함축적 의미를 가지고 있으며, 각 단계마다 일련의 기회와 위협이 발생한다.

12. 산업구조분석모형, 전략군 모형, 산업주명주기모형은 한계를 가지고 있다. 산업구조분석모형과 전략군모형은 혁신의 역할을 간과한 안정적인 경쟁의 모습을 제시하고 있다. 그러나 혁신은 산업구조를 바꾸고 다양한 경쟁세력의 강점을 완전히 변화시킬 수 있다. 산업구조분석모형과 전략군 모형은 개별기업의 차이의 중요성을 간과하고 있어 비판받아 왔다. 기업이 매력적인 산업 혹은 전략군에 속해 있기 때문에 수익이 발생하지는 않는다. 수익이 발생하는 이유는 다양하다. 산업수명주기모형은 일반화되어 있어 항상 그 패턴대로 변하지는 않는다. 특히 혁신이 산업을 진화시킬 경우는 더욱 그러하다.

13. 거시환경은 산업 내의 경쟁강도에 영향을 준다. 거시환경에 포함된 것은 거시경제환경, 글로벌환경, 기술적환경, 인구통계적 환경, 사회적환경, 그리고 정치적 법적환경이다.

토론 과제

1. 산업 내에서 가장 빈번한 가격전쟁은 어떠한 환경조건 하에서 일어나는가? 기업에게 가격전쟁은 어떠한 함축적 의미를 가지는가? 가격전쟁의 위협을 뚫고 나가려면 기업은 어떻게 하여야 하는가?

2. 상업용 제트항공기의 글로벌 시장에 대하여 당신이 알고 있는 내용을 중심으로 산업구조분석모형을 논하시오 (첫머리 사례를 참조할 것). 이 산업의 경쟁수준에 대하여 이 모형은 어떠한 내용을 당신에게 말하고 있는가?

3. 성장기 산업, 성숙기 산업, 쇠퇴기 산업을 설명하시오.

각 산업에 대하여 다음 내용을 구체화하시오. (a) 기업의 수와 규모 분포, (b) 진입장벽의 성격, (c) 진입장벽의 높이, (d) 제품의 차별화 정도. 이러한 요소로 각 산업의 어떠한 경쟁 성격을 알 수 있는가? 기업에게 기회와 위협의 관점에서 어떠한 함축적 의미를 제공하는가?

4. 향후 10년간 환경적 요인이 당신 대학의 등록률에 미칠 영향을 평가하시오. 당신 교수의 직업 안전성과 급여 수준을 놓고 볼 때 이러한 요소는 어떠한 함축적 의미를 가지나?

윤리적 딜레마

© iStockPhoto.com/P_Wei

당신은 성공한 호텔의 전략분석가로 풍부한 현금흐름을 창출하는데 기여해 왔다. CEO가 당신에게 기존 사업과 밀접하게 연관된 산업으로써 현재의 현금 유보액으로 지속 가능한 입지를 구축할 수 있는 신규로 진입할 산업의 경쟁구조를 분석하도록 지시하였다. 산업구조분석모형을 사용하여 분석한 후 당신은 가장 높은 수익 기회가 도박 산업에 있다는 것을 알게되었다. 비용을 줄여 이 산업에 진입하려면 기존의 여러 호텔에 카지노를 설치하면 된다는 것을 당신은 알고 있다. 그러나 당신은 개인적으로 도박에 대하여 강한 도덕적 반대의견을 가지고 있다. 당신의 개인적인 믿음이 CEO에게 당신이 제안할 내용에 영향을 주어야 하는가?

마무리 사례 *Closing Case*

미국 항공산업

미국 항공산업은 오랜 기간 동안 수익을 창출하기 위하여 노력해 왔다. 1990년대, 투자자 워렌 버핏(Warren Buffet)은 만약 라이트 형제(Wright Brothers)가 처음으로 비행에 성공한 도시인 키티 호크(Kitty Hawk)에서 추락했더라면 항공산업에 투자하는 투자자에게는 다행이었을 것이라고 빈정거렸다. 버핏이 지적한 내용의 핵심은 항공산업이 항상 누적 적자 상태에 있다는 것이다. 버핏이 US 에어웨이(US Airways)와 관련이 있을 때 항공산업에 투자하는 실수를 한 적이 있었다. 몇 년 후, 그

는 투자액의 75% 손해를 보고 주식을 판매하였고, 자기회사 주주에게 앞으로 어떠한 항공회사에도 투자하지 않을 것이라고 선언하였다.

2000년대에도 상황이 마찬가지였다. 항공산업은 2001년과 2006년 사이에 350억 달러 손실을 보았고, 2006년과 2007년에 약간의 수익이 발생했으나 2008년 연료 가격이 급등하면서 다시 240억 달러의 손실을 보았다. 2009년에는 유가 하락으로 수혜를 입었으나 글로벌 금융위기로 인하여 불황이 깊어지면서 항공 여행객

이 급감하여 결국 47억 달러의 손실이 발생하였다. 항공산업은 2010-2012년 기간에 다시 수익이 발생하였고, 2012년에는 1,405억 달러 매출에 130억 달러의 순이익이 발생하였다.

애널리스트들은 사업을 어렵게 만든 다양한 요인을 지적하였다. 유나이티드(United), 델타(Delta), 아메리칸(American)과 같은 대형 항공사는 수년간 산업에 진입한 저가항공사—사우스웨스트항공, 제트 블루(Jet Blue), 에어트랜 에어웨이(AirTran Airways), 버진 어메리카(Virgin America)— 의 공격을 받아왔다. 이들 신규진입자는 비노조원을 채용하고, 종종 단일 기종을 취항시켜 유지 관리비를 절감하였고, 수익성이 좋은 항로에 집중하였고, 대도시만 연결하던 기존 항공사와 달리 수요가 있는 구간을 운항하였고, 저가 항공료로 경쟁하였다. 신규진입자는 산업의 초과공급 상황을 초래하였고, 기존 항공사의 시장점유율을 잠식하였다.

기존 항공사는 신규진입자에 대하여 가격인하에 반응하는 것 외에는 할 수 있는 것이 없었고 그 결과 가격전쟁이 장기화되었다. 상황을 더 복잡하게 만든 것은 익스피디아(Expedia), 트레블로씨티(Travelocity), 오비츠(Orbitz)와 같은 인터넷 여행 사이트의 등장으로 이들은 소비자가 항공사 서비스와 가격을 쉽게 비교할 수 있게 하였으며 항공료를 인하하는데 일조하였다.

2001년 초, 유가 상승이 또한 상황을 복잡하게 만들었다. 2011년 총수입의 32%가 연료비였다(인건비가 26%로 연료비와 인건비가 주된 변동비항목이 였음). 1985년부터 2001년까지 유가는 배럴당 15달러에서 25달러 사이에서 거래되었다. 그러나 중국과 인도와 같은 개도국의 강한 수요증가로 인해 유가가 2008년 중반에 배럴당 147달러까지 고공행진하였다. 2001년 12월에 갤런당 0.57달러였던 제트항공기 연료 가격이 2008년 6월에는 갤런당 3.7달러로 급상승하였으며 이로 인해 산업에는 빨간불이 켜졌다. 이후 유가와 연료 가격이 지속적으로 하락하였지만 과거 수준보다 훨씬 높게 형성되었다. 2012년 말, 제트항공기 연료는 갤런당 3달러 부근에서 맴돌았다.

2000년대에 델타, 노스웨스트, 유나이티드, US에어웨이 등 많은 항공사가 파산하였다. 미연방 파산법 11장에 따르면 대형 항공사일수록 더 오래 버틸 수 있는 구조여서 산업전반에 걸쳐 초과공급능력은 한동안 지속되었다. 그후 이들 기업은 싼 인건비를 이용하여 파산에서 벗어날 수 있었으나 수익을 창출하기에는 아직 많은 난제가 남아 있었다.

2000년대 말, 2010년대 초에 산업은 합병의 파고를 겪었다. 2008년, 델타와 노스웨스트가 합병했고, 2010년에 유나이티드와 컨티넨탈이, 그리고 2012년 말에 사우스웨스트항공은 에어트랜을 합병할 계획이 있음을 발표하였다. 2012년, 아메리칸항공은 미연방 파산법 11장에 위해 파산보호 절차에 놓였다. 뒤이어 US에어웨이는 2013년 초에 교섭 중이던 아메리칸항공과 합병계약을 추진했다. 이러한 합병의 추진은 초과공급 능력을 줄이고 중복을 제거하여 원가를 낮추고자하는 열망에서 시작되었다. 결국 안정된 가격정책 환경은 합병이 얼마나 성공하는가에 달려 있으며 향후 두고 볼 일이다.

자료: J. Corridore, "Standard & Poors Industry Surveys: Airlines," June 28, 2012; B. Kowitt, "High Anxiety," *Fortune*, April27, 2009, p.14; and "Shredding Money," *The Economist*, September 20, 2008.

사례 토의 문제

1. 미국 항공산업을 산업구조분석모형을 적용하여 설명하시오. 이 분석 결과로 볼 때 항공산업의 낮은 수익성의 원인이 무엇입니까?

2. 미국 항공산업에는 어떠한 전략군이 있다고 생각합니까? 전략군이 있다면, 어떠한 전략군인지 설명하고 전략군에 따라 경쟁의 성격이 어떻게 변하는지 설명하시오.

3. 항공산업의 경제적 성과는 주기성을 가지고 있는 듯 합니다. 당신은 왜 그렇다고 생각합니까?

4. 당신의 분석 결과를 놓고 볼 때, 지속적으로 수익을 올리기 위하여 항공사는 어떠한 전략을 채택해야 한다고 생각합니까?

핵심 용어 *Key Terms*

기회(Opportunities) 48

위협(Threats) 48

산업(Industry) 49

업종(Sector) 50

잠재경쟁자(Potential competitors) 53

규모의 경제(Economies of scale) 54

브랜드 충성도(Brand loyalty) 54

절대원가우위(Absolute cost advantage) 55

교체비용(Switching costs) 55

참고문헌 *Notes*

1 M. E. Porter, *Competitive Strategy* (New York: Free Press, 1980).

2 J. E. Bain, *Barriers to New Competition* (Cambridge, Mass.: Harvard University Press, 1956). 진입장벽에 대한 문헌 검토는 다음 논문을 참조할 것. R. J. Gilbert, "Mobility Barriers and the Value of Incumbency," in R. Schmalensee and R. D. Willig (eds.), *Handbook of Industrial Organization,* vol. 1 (Amsterdam: North-Holland, 1989). R. P. McAfee, H. M. Mialon, and M. A. Williams, "What Is a Barrier to Entry?" *American Economic Review* 94 (May 2004): 461–468.

3 J. Koetsier, "Old Phones and New Users Are Key Reasons Apple Topped 53% of U.S. Smart Phone Market Share," *Venture Beat,* January 4, 2013.

4 교체비용에 관한 세부적인 토론은 다음 논문을 참조할 것. C. Shapiro and H. R. Varian, *Information Rules: A Strategic Guide to the Network Economy* (Boston: Harvard Business School Press, 1999).

5 진입장벽에 관한 이러한 모든 정보는 산업조직경제학 문헌에서 발견할 수 있다. 다음 논문을 검토할 것. Bain, *Barriers to New Competition;* M. Mann, "Seller Concentration, Barriers to Entry and Rates of Return in 30 Industries," *Review of Economics and Statistics* 48 (1966): 296–307; W. S. Comanor and T. A. Wilson, "Advertising, Market Structure and Performance," *Review of Economics and Statistics* 49 (1967): 423–440; Gilbert, "Mobility Barriers"; and K. Cool, L.-H. Roller, and B. Leleux, "The Relative Impact of Actual and Potential Rivalry on Firm Profitability in the Pharmaceutical Industry," *Strategic Management Journal* 20 (1999): 1–14.

6 암묵적 협정에 대한 토론에 관해 다음 논문을 참조할 것. T. C. Schelling, *The Strategy of Conflict* (Cambridge, Mass.: Harvard University Press, 1960).

7 M. Busse, "Firm Financial Condition and Airline Price Wars," *Rand Journal of Economics* 33 (2002): 298–318.

8 검토를 위해 다음 논문을 참조할 것. F. Karakaya, "Market Exit and Barriers to Exit: Theory and Practice," *Psychology and Marketing* 17 (2000): 651–668.

9 P. Ghemawat, *Commitment: The Dynamics of Strategy* (Boston: Harvard Business School Press, 1991).

10 A. S. Grove, *Only the Paranoid Survive* (New York: Doubleday, 1996).

11 표준 미시경제이론에서 대체재와 보완재의 강점을 평가하기 위해 사용한 개념은 수요교차탄력성이다.

12 좀더 세부적인 내용은 다음 논문을 참조할 것. Charles W. L. Hill, "Establishing a Standard: Competitive Strategy and Technology Standards in Winner Take All Industries," *Academy of Management Executive* 11 (1997): 7–25; and Shapiro and Varian, *Information Rules.*

13 전략군이론의 개발은 전략연구에서 중요한 주제였다. 다음 논문들이 이 분야연구에서 중요한 공헌을 하였다. R. E. Caves and Michael E. Porter, "From Entry Barriers to Mobility Barriers," *Quarterly Journal of Economics* (May 1977): 241–262; K. R. Harrigan, "An Application of Clustering for Strategic Group Analysis," *Strategic Management Journal* 6 (1985): 55–73; K. J. Hatten and D. E. Schendel, "Heterogeneity Within an Industry: Firm Conduct in the U.S. Brewing Industry, 1952–71," *Journal of Industrial Economics* 26 (1977): 97–113; Michael E. Porter, "The Structure Within Industries and Companies' Performance," *Review of Economics and*

Statistics 61 (1979): 214–227. See also K. Cool and D. Schendel, "Performance Differences Among Strategic Group Members," *Strategic Management Journal* 9 (1988): 207–233; A. Nair and S. Kotha, "Does Group Membership Matter? Evidence from the Japanese Steel Industry," *Strategic Management Journal* 20 (2001): 221–235; and G. McNamara, D. L. Deephouse, and R. A. Luce, "Competitive Positioning Within and Across a Strategic Group Structure," *Strategic Management Journal* 24 (2003): 161–180.

14 제약산업에서 전략군 구조에 관한 세부내용은 다음 논문을 참조할 것. K. Cool and I. Dierickx, "Rivalry, Strategic Groups, and Firm Profitability," *Strategic Management Journal* 14 (1993): 47–59.

15 Charles W. Hofer는 산업전략수립 시 가장 중요한 것을 수명주기와 관련된 것이라고 주장하였으며, 다음 논문을 참조할 것. Hofer, "Towards a Contingency Theory of Business Strategy," *Academy of Management Journal* 18 (1975): 784–810. 이러한 견해를 뒷받침할 실증적 증거에 대하여 다음 논문을 참조할 것. C. R. Anderson and C. P. Zeithaml, "Stages of the Product Life Cycle, Business Strategy, and Business Performance," *Academy of Management Journal* 27 (1984): 5–24; and D. C. Hambrick and D. Lei, "Towards an Empirical Prioritization of Contingency Variables for Business Strategy," *Academy of Management Journal* 28 (1985): 763–788. See also G. Miles, C. C. Snow, and M. P. Sharfman, "Industry Variety and Performance," *Strategic Management Journal* 14 (1993): 163–177; G. K. Deans, F. Kroeger, and S. Zeisel, "The Consolidation Curve," *Harvard Business Review* 80 (December 2002): 2–3.

16 쇠퇴기산업의 특성은 다음 논문에 요약됨. K. R. Harrigan, "Strategy Formulation in Declining Industries," *Academy of Management Review* 5 (1980): 599–604. See also J. Anand and H. Singh, "Asset Redeployment, Acquisitions and Corporate Strategy in Declining Industries," *Strategic Management Journal* 18 (1997): 99–118.

17 Data from CTIA, a wireless industry association, www.ctia.org/ advocacy/research/index.cfm/aid/10323.

18 This perspective is associated with the Austrian school of economics, which goes back to Schumpeter. For a summary of this school and its implications for strategy, see R. Jacobson, "The Austrian School of Strategy," *Academy of Management Review* 17 (1992): 782–807;

and C. W. L. Hill and D. Deeds, "The Importance of Industry Structure for the Determination of Industry Profitability: A Neo-Austrian Approach," *Journal of Management Studies* 33 (1996): 429–451.

19 "A Tricky Business," *Economist,* June 30, 2001, pp. 55–56.

20 D. F. Barnett and R. W. Crandall, *Up from the Ashes* (Washington, D.C.: Brookings Institution, 1986).

21 M. E. Porter, *The Competitive Advantage of Nations* (New York: Free Press, 1990).

22 단속균형의 용어는 진화생물에서 가져온 용어이며 세부적 개념은 다음 논문을 참조할 것. M. L. Tushman, W. H. Newman, and E. Romanelli, "Convergence and Upheaval: Managing the Unsteady Pace of Organizational Evolution," *California Management Review* 29:1 (1985): 29–44; C. J. G. Gersick, "Revolutionary Change Theories: A Multilevel Exploration of the Punctuated Equilibrium Paradigm," *Academy of Management Review* 16 (1991): 10–36; and R. Adner and D. A. Levinthal, "The Emergence of Emerging Technologies," *California Management Review* 45 (Fall 2002): 50–65.

23 A. J. Slywotzky, *Value Migration: How to Think Several Moves Ahead of the Competition* (Boston: Harvard Business School Press, 1996).

24 Hill and Deeds, "Importance of Industry Structure."

25 R. P. Rumelt, "How Much Does Industry Matter?" *Strategic Management Journal* 12 (1991): 167–185. See also A. J. Mauri and M. P. Michaels, "Firm and Industry Effects Within Strategic Management: An Empirical Examination," *Strategic Management Journal* 19 (1998): 211–219.

26 See R. Schmalensee, "Inter-Industry Studies of Structure and Performance," in Schmalensee and Willig (eds.), *Handbook of Industrial Organization.* Similar results were found by A. N. McGahan and M. E. Porter, "How Much Does Industry Matter, Really?" *Strategic Management Journal* 18 (1997): 15–30.

27 For example, see K. Cool and D. Schendel, "Strategic Group Formation and Performance: The Case of the U.S. Pharmaceutical Industry, 1932–1992," *Management Science* (September 1987): 1102–1124.

28 See M. Gort and J. Klepper, "Time Paths in the Diffusion of Product Innovations," *Economic Journal* (September 1982): 630–653. Looking at the history of

46 products, Gort and Klepper found that the length of time before other companies entered the markets created by a few inventive companies declined from an average of 14.4 years for products introduced before 1930 to 4.9 years for those introduced after 1949.

29 The phrase was originally coined by J. Schumpeter, *Capitalism, Socialism and Democracy* (London: Macmillan, 1950), p. 68.

30 For a detailed discussion of the importance of the structure of law as a factor explaining economic change and growth, see D. C. North, *Institutions, Institutional Change, and Economic Performance* (Cambridge: Cambridge University Press, 1990)

내부분석: 독보적 역량, 경쟁우위, 수익성

첫머리 사례 _Opening Case_

Spencer Platt/Getty Images

버라이즌 와이어리스

버라이즌 와이어리스(Verizon Wireless)는 2000년 버라이즌 커뮤니케이션스(Verizon Communications)와 영국 보다폰(Vodafone)의 합작투자로 설립되었으며, 지난 12년간 치열하게 경쟁하는 미국의 무선서비스 시장에서 가장 크고 지속적으로 수익을 창출하는 회사로 성장하였다. 지금은 1억명 이상의 가입자와 35%의 시장점유율을 확보하고 있다.

버라이즌의 고객이탈률(customer churn rate)이 산업 내에서 가장 낮다는 것은 매우 의미있는 사실이다. 고객이탈률은 일정기간동안 자사 서비스를 포기하는 가입자의 숫자를 의미한다. 고객 한명을 유치하는데 400~600달러의 비용이 소요되고 이를 위해 상당한 금액의 단말기 보조금을 설정하기 때문에 고객이탈률은 중요한 지표라고 할 수 있다. 고객 확보를 위한 고정비를 회수하는데 수개월이 소요될 수 있다. 고객들이 서비스 가입 상태를 일정기간 유지해야 서비스제공 회사는 수익을 창출할 수 있으나 만일 고객이탈률이 높다면 서비스를 포기한 고객을 유치하기 위한 비용이 발생하기 때문에 수익성이 악화된다.

미국에서는 2003년 11월부터 연방통신위원회(Federal Commucations Commission; FCC)가 무선통신 가입자들에게 새로운 통신사로 전환할 때 번호를 선택할 수 있도록 승인함으로써 고객이탈에 의한 위험이 더욱 커졌다. 그후 몇 년이 지나면서 버라이즌 와이어리스는 고객이탈률을 막아 보려는 기업간 전쟁에서 승리자로 부각되었다. 2006년 중반까지 버라이즌의 고객이탈률은 월평균 0.87%, 연간 10.4%를 기록하였으며, 이

학습 목표

이 장의 학습 목표는 다음과 같다.

- 경쟁우위의 원천에 대해 논의한다.
- 경쟁우위를 구축하고 유지하는 데 있어서 효율성, 품질, 혁신, 고객 대응성의 역할을 규명하고 탐색한다.
- 가치사슬의 개념에 대해 설명한다.
- 경쟁우위와 수익성과의 연계성을 이해한다.
- 경쟁우위의 지속성에 영향을 미치는 요인을 설명한다.

수치는 경쟁자들에 비하여 낮은 수준이었다. 버라이즌은 2012년까지 고객이탈률에서의 경쟁우위를 유지했으며, 2012년 고객이탈률이 월평균 0.84%를 기록하여 에이티엔티(AT&T)의 0.97%, 스프린트(Sprint)의 1.69%, 티모바일(T-Mobile)의 2.10%에 비해 낮은 수준을 유지하였다. 버라이즌은 낮은 고객이탈률로 인하여 경쟁자들보다 빠르게 가입자를 증가시킬 수 있었고, 대규모의 고객을 기반으로 규모의 경제를 달성함으로써 무선 네트워크 구축에 투자된 고정비를 분산시킬 수 있었다.

버라이즌이 낮은 고객이탈률을 달성한 것은 여러 가지 성공요인에서 비롯된 것이다. 첫째로 미국의 95% 지역을 포함할 정도로 가장 광범위한 네트워크를 구축하고 있다는 점이다. 이것은 경쟁사에 비해 콜드롭(call drop, 통신중 절단율)이나 사각지대가 적다는 것을 의미한다. 버라이즌은 여러 해 동안 "테스트맨(Test Man)" 광고를 통해 고객들에게 유효도달 범위와 품질상의 우위를 전달해 왔다. 이 광고에서 유니폼을 입고 뿔테 안경을 쓴 버라이즌 테스트맨이 외딴 지역을 돌아다니면서 자신의 버라이즌 휴대전화로 "지금 제 말이 잘 들리십니까?"라고 통화를 한다. 테스트맨은 50명의 버라이즌 직원 중에 한사람을 실제로 의인화하였으며, 각자 버라이즌 네트워크의 신뢰성을 검사하기 위해 특별한 장비를 갖춘 차량을 타고 연간 10만 마일을 이동한다.

둘째, 이 회사는 스마트폰에 빠르게 다운로드할 수 있는 3G와 4G LTE를 포함하는 초고속 무선네트워크에 공격적으로 투자를 해왔다. 이것을 충족하기 위해 휴대폰 기지국 사이에 데이터를 전송하기 위한 초고속 섬유광학 기간망을 가지고 있다. 버라이즌은 2000년부터 무선과 광섬유네트워크에 대략 700억 달러를 투자해 왔다. 이것은 고객의 입장에서 볼 때 스마트폰에서 비디오 동영상을 실시간 전송하듯이 데이터 접속할 때 고품질의 경험을 의미하는 것이다. 이러한 경쟁우위를 다지기 위해서 2011년에는 이미 서비스를 제공하고 있는 모든 안드로이드 스마트폰뿐만 아니라 애플(Apple)의 아이폰(iPhone)도 제공하기 시작했다(아이폰은 본래 AT&T와 독점적인 계약을 맺고 있었다).

버라이즌은 고객이탈을 줄이기 위해 고객 지원 기능에 많은 투자를 해왔다. 자동화된 소프트웨어 프로그램을 이용하여 개별 고객들의 통화습관을 분석하고, 이 정보를 바탕으로 고객과 접촉하여 고객의 요구에 더 적합한 대안을 제안한다. 예를 들어 고객과 접촉하여 "우리는 당신이 데이터 사용량이 많기 때문에 통신료를 절감할 수 있는 좀더 합리적인 대안이 필요하다고 생각합니다."라고 말한다. 고객들이 주도권을 갖고 다른 통신사로 이동하기 보다는 고객의 요구를 미리 파악하고 적극적으로 그들을 만족시키는 것이 목적이다.

제이디파워(J.D.Power)의 조사결과는 버라이즌의 경쟁우위를 여러 차례 확인해주고 있다. 2012년 8월, 제이디파워의 조사결과에서 버라이즌은 산업 내에서 전체 네트워크 성과가 가장 높은 순위를 차지했다. 이러한 순위는 통신중 절단율(콜드롭), 문자메시지 알림 지연, 웹 접속 오류, 다운로드 지연 등과 같은 여러 가지 요인들을 반영하여 결정된 것이다. 제이디파워의 다른 조사결과에서는 전화, 판매점 방문, 온라인 등 세가지 고객접촉 채널에서 이루어지는 고객 지원을 조사하였다. 이 조사결과에서도 버라이즌은 더 빠른 서비스와 더 큰 고객만족을 효율적으로 제공함으로써 산업 내에서 최고의 점수를 기록하였다.

자료: R. Blackden, "Telecom's Giant Verizon Is Conquering America," *The Telegraph*, January 6, 2013; S. Woolley, "Do You Fear Me Now?", *Forbes*, November 10, 2003, pp.78-80; A. Z. Cuneo, "Call Verizon Victorious," *Advertising Age*, March 24, 2004, pp.3-5; M. Alleven, "Wheels of Churn," *Wireless Week*, September 1, 2006; J.D. Power, "2012 U.S. Wireless Customer Care Full-Service Performance Study," July 7, 2012; and J.D. Power, "2012 U.S. Wireless Network Quality Performance Study," August 23, 2012.

개관

특정 산업이나 시장에서 몇몇 회사들은 왜 다른 회사들에 비해 보다 좋은 성과를 달성하는가? 그들의 지속적 경쟁우위의 토대는 무엇인가? 첫머리 사례에서 예시한 버라이즌의 사례가 몇 가지 실마리를 제공한다.

버라이즌은 경영 활동에서 네트워크 범위와 다운로드 속도로 측정되는 최고의 고품질 서비스를 구축하는 데 상당히 역점을 둬 왔다. 또한 경쟁자들보다 앞서서 가장 기술적으로 선진화된 4G LTE 네트워크를 출시함으로써 혁신가(innovator) 역할을 해왔으며, 고객 대응성(customer responsiveness)을 성공적으로 보여주었다. 제이디파워의 조사결과에 따르면 버라이즌은 산업 내에서 최고의 고객 지원 기능을 갖고 있다. 뛰어난 고객 대응성과 연계된 고품질 서비스는 고객이탈률을 낮추고, 결과적으로 보다 효율적으로 서비스를 제공함으로써 회사의 비용을 절감할 수 있었다. 따라서 효율성, 고객 대응성, 품질, 혁신은 경쟁우위의 기본적인 구성요소(building block)라고 할 수 있다.

이 장에서는 기업의 강점과 약점을 규명하는 데 필요한 내부분석(Internal analysis)에 초점을 맞춘다. 내부분석은 기업의 외부환경분석과 연계하여 경영자에게 지속적인 경쟁우위를 획득할 수 있도록 전략과 비즈니스모델을 선택할 수 있는 정보를 제공한다. 내부분석은 3단계의 과정으로 이루어진다. 첫째, 경영자는 회사가 고객을 위해 가치를 창출하고 회사를 위해 수익을 창출하는 과정을 이해해야 한다. 또한 경영자는 이러한 과정에서 자원, 관리능력, 독보적 역량의 역할을 이해해야 한다. 둘째, 경영자는 가치를 창출하고 높은 수익을 산출할 때 탁월한 효율성, 혁신, 품질, 고객 대응성에 대한 중요성을 이해할 필요가 있다. 셋째, 무엇이 회사의 수익을 발생시키고 어디에 발전의 기회가 있는지를 확인하기 위하여 경영자는 자사의 경쟁우위의 원천을 분석할 수 있어야 한다. 즉, 경영자들은 회사의 강점이 어떻게 수익성을 끌어올리고 약점이 어떻게 낮은 수익성을 초래하는지를 규명할 수 있어야 한다.

내부 분석에 있어서 고려해야 할 세 가지 핵심적인 과제는 다음과 같다. 첫째, 경쟁우위의 지속성에 영향을 미치는 요인은 무엇인가? 둘째, 왜 성공적인 기업들도 때로는 그들의 경쟁우위를 상실할 수 있는가? 셋째, 어떻게 경쟁상의 실패를 피하고 계속해서 경쟁우위를 지속시킬 수 있는가?

이 장에서는 경쟁우위의 본질을 이해하고, 탁월한 성과와 수익성을 얻기 위해 내부분석이 필요한 이유를 설명하고자 한다.

경쟁우위의 원천

수익성(profitability)이 산업 내의 평균 수익률보다 클 때 그 회사는 다른 경쟁사들에 비해 *경쟁우위(competitive advantage)*를 갖고 있는 것이다. 소매유통업의 월마트(Wal-Mart)와 무선 서비스 산업의 버라이즌과 같이 오랜 기간 동안 평균 수익률 이상을 유지할 수 있을 때 그 회사는 *지속적 경쟁우위*를 갖게 되는 것이다. 전략의 기본적인 목적은 탁월한 수익성과 이익 증가를 창출할 수 있는 지속적 경쟁우위를 확보하는 것이다. 경쟁우위의 원천은 무엇일까? 전략, 경쟁우위 및 수익성은 어떻게 연계되어 있을까?

독보적 역량

독보적 역량
경쟁자와 차별화된 제품을 제공할 수 있거나, 또는 경쟁자에 비해 확실하게 더 낮은 비용을 달성할 수 있는 기업특유의 강점

경쟁우위는 독보적 역량에 기초하고 있다. 독보적 역량(Distinctive competence)은 경쟁자와 차별화된 제품을 제공할 수 있거나, 또는 경쟁자에 비해 확실하게 더 낮은 비용을 달성할 수 있는 기업특유의 강점이다. 예를 들어 버라이즌은 고객지원 분야에서 독보적인 역량을 갖고 있어서 고객가치를 창출하고 고객이탈률을 낮출 수 있었다. 그리고 자동차 산업에서 오랜 기간 뛰어난 성과를 보여주고 있는 토요타(Toyota)는 생산 프로세스의 개발과 운영에 있어서 독보적 역량을 갖고 있다. 토요타는 JIT(just-in-time) 재고시스템, 자율관리팀, 복합 설비의 셋업타임(setup time) 감소 등과 같이 전체 생산 활동을 관리할 수 있는 제조기법을 개척하였다. 이러한 역량은 "토요타 린생산시스템"으로 알려져 있으며, 이 경쟁우위를 기초로 세계 자동차산업에서 탁월한 효율성과 제품품질을 달성할 수 있었다.[1] 독보적 역량은 자원과 관리능력이라는 두 개의 상호보완적인 원천에서 발생한다.[2]

자원
기업의 자산

유형자원
토지, 건물, 제조공장, 설비, 재고, 화폐 등과 같은 물질적인 실물자산

무형자원
브랜드명, 회사의 명성, 종업원들이 경험을 통해 취득한 지식, 회사의 지적재산권(특허권·저작권·상표권) 등과 같은 무형의 자산을 의미

자원 자원(Resources)은 기업의 자산을 의미한다. 기업의 자원은 유형 자원과 무형 자원으로 분류할 수 있다. 유형자원(Tangible resource)은 토지, 건물, 제조공장, 설비, 재고, 화폐 등과 같은 물질적인 실물자산이다. 버라이즌의 경우 광범위한 초고속 무선 네트워크는 유형자산이라고 할 수 있다. 무형자원(Intangible resource)은 브랜드명, 회사의 명성, 종업원들이 경험을 통해 취득한 지식, 회사의 지적재산권(특허권·저작권·상표권) 등과 같은 무형의 자산을 의미한다.

자원은 자사의 제품에 대해 강력한 수요를 발생시키거나 낮은 비용을 달성할 수 있을 때 특히 *가치*가 있다. 토요타의 가치있는 *유형자원*은 린생산시스템과 관련된 생산 설비라고 할 수 있는데 이 설비는 자신들의 공장에서만 사용할 수 있도록 스스로 특별하게 설계한 것이다. 이러한 가치있는 유형 자원에 의해 경쟁사들에 비해 낮은 비용을 달성할 수 있었다. 이와 마찬가지로 마이크로소프트(Microsoft)는 브랜드명이나 윈도우 운영체

계를 구성하는 소프트웨어 코드와 같은 수많은 가치있는 무형 *자원*을 갖고 있다. 이러한 가치있는 자원들 때문에 오랫동안 마이크로소프트사가 경쟁사들에 비해 더 많은 제품을 판매할 수 있었다.

가치있는 자원(Valuable resources)은 희귀할수록 경쟁자가 소유하거나 모방할 수 없기 때문에 *모방장벽(barriers to imitation)*에 의해 지속적 경쟁우위가 될 가능성이 커진다. 예를 들어 윈도우의 기초가 되는 소프트웨어 코드는 마이크로소프트사만 접근할 수 있기 때문에 희귀한 자원이다. 이 코드는 모방하기 어려울 뿐만 아니라 저작권법으로 보호받기 때문에 경쟁사들이 단순히 복제하거나 재포장해서 판매할 수 없다.

관리능력 관리능력(Capabilities)은 자원을 조정할 수 있는 기량과 생산적인 활용을 의미한다. 이러한 기량(skill)은 조직의 규칙, 관행, 절차에 담겨 있어서 조직의 목적 달성을 위한 내부 프로세스를 관리하고 의사결정이 이루어지는 스타일이나 태도로 나타난다.[3] 보다 일반적인 관점에서 볼 때 기업의 관리능력은 조직구조, 프로세스, 통제시스템, 고용전략의 산출물이다. 그것은 회사에서 의사결정이 어디에서 어떻게 이루어지는지를 보여주고, 보상체계나 문화적 규범과 가치를 나타내기도 한다. 관리능력은 무형적이며, 구성원 개개인보다는 서로 상호작용하고 협력하고 의사결정이 이루어지는 방식에 존재하는 것이다.[4]

관리능력은 자원과 마찬가지로 자사의 제품에 대해 강력한 수요를 발생시키거나 낮은 비용을 달성할 수 있을 때 특히 가치가 있다. 사우스웨스트 항공사(Southwest Airlines)의 경쟁우위는 높은 종업원 생산성과 낮은 비용을 달성할 수 있도록 종업원을 선발하고 동기부여하고 관리하는 능력에 주로 기초하고 있다. 자원과 마찬가지로 가치있는 관리능력(valuable capabilities)은 *희귀할수록* 그리고 *모방장벽*에 의해 복제가 금지되었다면 지속적 경쟁우위의 가능성이 높아진다.

자원, 관리능력, 그리고 역량 자원과 관리능력을 구별하는 것은 독보적 역량이 무엇인지를 이해하는 데 있어서 중요하다. 회사가 기업특유의 가치있는 자원을 보유하더라도 그 자원들을 효과적으로 활용하지 못한다면 독보적 역량을 창출할 수 없을 것이다. 더구나 다른 경쟁자들이 갖고 있지 않은 관리능력을 보유하고 있다면 독보적 역량을 설정하기 위한 기업특유의 가치있는 자원이 불필요할 수도 있다. 예를 들어 뉴코(Nucor)는 미국에서 가장 비용 효율적인 철강회사로 널리 알려져 있다. 낮은 비용으로 철강을 생산할 수 있는 이 회사의 독보적인 역량은 기업특유의 가치있는 자원에서 발생된 것이 아니다. 뉴코는 공장, 설비, 숙련공, 노하우 등에서 다른 경쟁사들과 동일한 자원을 보유하고 있다. 뉴코를 차별화시킨 것은 매우 생산적인 방법으로 자원을 관리할 수 있는 고유한 능력을 갖고 있기 때문이다. 특히 뉴코의 조직구조, 통제시스템, 조직문화가 회사 내의 모

> 관리능력
> 자원을 조정할 수 있는 기량과 생산적인 활용

든 계층에서 효율성을 촉진시킨다.

요약하면 독보적 역량을 갖고 있는 기업은 적어도 (1)기업특유의 자원과 이 자원을 잘 활용할 수 있는 관리능력을 보유하거나, 또는 (2)뉴코사와 같이 자원을 관리할 수 있는 기업특유의 능력을 갖고 있어야 한다. 기업의 독보적 역량은 기업특유의 가치있는 자원과 그 자원을 관리할 수 있는 기업특유의 능력을 모두 갖고 있을 때 가장 강력하게 나타난다.

전략의 역할   [그림 3.1]은 기업의 전략과 독보적 역량, 그리고 경쟁우위의 관계를 보여주고 있다. 독보적 역량은 기업이 추구하는 전략을 구체적으로 형성함으로써 경쟁우위와 수익성 향상을 이끌어 낸다. 회사가 채택하는 전략은 새로운 자원과 관리능력을 구축할 수 있고, 또는 기존의 자원과 관리능력을 강화시킴으로써 독보적 역량을 향상시킬 수 있다. 따라서 독보적 역량과 전략의 관계는 단순히 직선적인 관계가 아니라 독보적 역량이 전략을 형성하고 전략이 독보적 역량을 구축하거나 창출할 수 있는 상호작용하는 관계라고 할 수 있다.[5]

월트디즈니(Walt Disney Company)의 역사를 보면 이러한 과정을 잘 나타난다. 1980년대 초 초라한 경영실적으로 어려움을 겪다가 1984년 절정에 이르면서 마이클 아이스너(Michael Eisner)가 대표이사로 선정되고 대대적인 경영개혁이 추진되었다. 4년 후 디즈니사의 매출은 10.6억 달러에서 37.5억 달러로 증가하였고, 순이익은 0.98억 달러에서 5.70억 달러로, 주식시장의 가치는 10억 달러에서 103억 달러로 증가하였다. 이러한 변화를 가져온 것은 디즈니사의 거대한 영화 도서관, 브랜드명, 영화제작 및 애니메이션 기술 등과 같은 자원과 관리능력을 보다 적극적으로 활용하기 위한 회사의 계획적인 도전

그림 3.1   전략, 자원, 관리능력, 역량의 관계

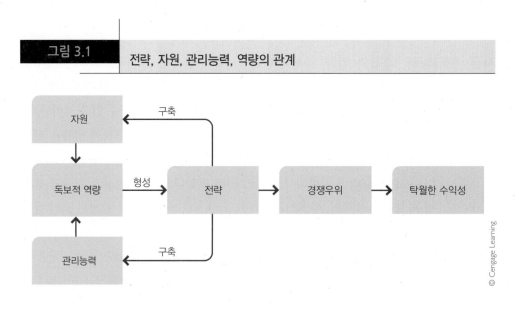

© Cengage Learning

이라고 할 수 있다. 아이스너의 지휘 아래 수많은 기존의 디즈니 고전작품들을 처음에는 영화 상영관에서, 나중에는 비디오를 통하여 재공개되었으며, 이러한 과정에서 많은 수익을 올릴 수 있었다. 아이스너는 디즈니사를 유명하게 만들었던 원작 그대로의 만화영화 특선작을 다시 소개하였다. 디즈니사는 브랜드명과 내부의 애니메이션 능력을 결합하여 *인어공주*, *미녀와 야수*, *알라딘*, *포카혼타스*, *라이온킹* 등과 대량의 흥행작을 만들수 있었다. 또한 디즈니사는 케이블 TV방송인 디즈니 채널을 시작하면서 이러한 시리즈를 활용하고 회사의 브랜드명을 이용하였다. 다시 말해서 기존의 자원과 관리능력이 그들의 전략을 실현한 것이다.

아이스너는 전략적 선택을 통하여 다른 사업 영역에서 새로운 역량을 개발하였다. 예를 들어 그는 영화제작 기술을 활용하여 터치스톤 라벨(Touchstone Label)의 새로운 저비용 영화 담당부서를 설치하고 수많은 저예산 영화의 흥행작을 만들었다. 컴퓨터 애니메이션 영화에 대한 역량을 개발하기 위하여 컴퓨터 애니메이션 회사인 픽사(Pixar)와 장기계약을 맺었다. 이러한 전략적 협력으로 *토이스토리*와 *몬스터* 같은 흥행작을 만들게 되었다(2004년에는 디즈니사가 픽사를 인수하였다). 요약하면 디즈니사의 변혁은 기존의 자원과 관리능력을 유리하게 이용하기 위한 전략에 기초할 뿐만 아니라 컴퓨터 애니메이션 영화에서의 역량과 같은 새로운 자원과 관리능력을 구축하기 위한 전략에서 비롯된 것이다.

경쟁우위, 가치창출, 그리고 수익성

경쟁우위는 탁월한 수익성을 발생시킨다. 기업의 수익성은 가장 기본적인 수준에서 세가지 요인에 의해 좌우된다. 즉, (1)고객이 제품에 부여하는 가치, (2)기업이 제품에 부과하는 가격, (3)그 제품을 생산하기 위한 비용 등이다. 고객이 제품에 부여하는 가치 (value)는 고객이 제품에서 얻게 되는 효용*(utility)* 또는 제품을 취득하고 소비함으로써 얻게 되는 행복이나 만족감을 반영한다. 가치는 가격과 구별되어야 한다. 가치는 고객이 제품에서 얻게 되는 것이고, 제품성능, 디자인, 품질, 애프터서비스 등과 같은 제품속성들의 작용이라고 할 수 있다. 예를 들어 대부분의 고객들은 기아자동차의 저렴한 소형차보다 토요타자동차의 최고가 렉서스 모델에 대해 높은 가치를 부여할 수 있는데 이는 렉서스가 더 좋은 성능과 탁월한 디자인, 품질, 서비스를 갖고 있기 때문이다. 고객의 관점에서 제품의 가치를 높이기 위해서는 가격선택의 폭을 넓혀야 한다. 즉, 가치를 반영하여 가격을 올리거나 또는 많은 고객들이 제품을 구매할 수 있도록 가격을 낮추고 판매량을 늘릴 수 있다.

기업이 선택할 수 있는 가격결정 옵션에 관계없이 가격은 일반적으로 고객들이 제품이나 서비스에 부여하는 가치보다 낮은 수준이다. 이것은 고객들이 *소비자잉어*

(*consumer surplus*)의 형태로 그 효용의 일부를 획득하기 때문이다.[6] 제품의 가치에 대한 각각의 개인적인 평가를 반영하여 가격을 책정할 수 있을 정도로 시장을 세분화하는 것이 보통은 불가능하기 때문에 고객은 소비자유보가격(consumer's reservation price)을 선택할 수 있다. 더구나 기업들은 고객을 대상으로 경쟁자들과 경쟁하기 때문에 독점적인 공급자보다는 낮은 가격을 책정할 수 밖에 없다. 이러한 이유 때문에 판매 시점 가격은 대부분의 고객들이 제품에 부여하는 가치보다 낮은 경향이 있다. 하지만 기억해야 할 기본적인 사실은 소비자가 제품과 서비스에서 얻는 가치가 클수록 가격결정 옵션은 더 많을 수 있다는 것이다.

이러한 개념은 [그림 3-2]에서 도식적으로 보여주고 있다. 여기에서 V는 고객에 대한 제품 단위당 평균 가치, P는 회사가 제품에 부과하려고 결정한 단위당 평균 가격, C는 (실제 생산원가와 생산시스템에 대한 자본투자비용을 포함한) 제품생산을 위한 평균 단위 원가를 의미한다. 기업의 단위당 평균 이윤은 $P-C$이고, 소비자잉여는 $V-P$와 같다. 다시 말해서 $V-P$는 고객이 얻을 수 있는 가치에 대한 척도이고, $P-C$는 회사가 획득해야 할 가치에 대한 척도이다. 기업은 P가 C보다 크다면 이익을 얻을 수 있고, P에 비해 C가 낮을수록 수익성은 더 커질 것이다. V와 P의 차이는 부분적으로 시장에서의 경쟁압력이 치열한 정도에 따라 결정될 수 있으며, 경쟁압력의 강도가 낮을수록 V에 비해 가격이 높아질 것이다. 그러나 V와 P의 차이는 기업의 가격결정 선택에 의해서도 결정될 수 있다.[7] 기업은 낮은 가격으로 더 많은 제품을 판매할 수 있고 규모의 경제를 획득하여 P에 비해 C를 낮춤으로써 이윤을 높일 수 있기 때문에 생산량에 비례해서 가격을 낮추는 방법을 선택할 수 있다.

그림 3.2   **단위당 가치창출**

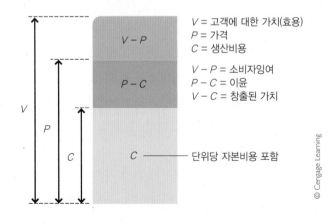

V = 고객에 대한 가치(효용)
P = 가격
C = 생산비용

$V-P$ = 소비자잉여
$P-C$ = 이윤
$V-C$ = 창출된 가치

C ——— 단위당 자본비용 포함

© Cengage Learning

그리고 기업에 의해 창출된 가치는 소비자가 제품으로부터 얻는 가치(V)와 생산비용(C)의 차이($V-C$)로 측정할 수 있다. 기업은 생산요소를 비용C를 들여서 고객이 가치V를 얻고자 하는 제품으로 전환함으로써 가치를 창출한다. 기업은 비용C를 낮춤으로써 더 많은 가치를 창출할 수 있고, 탁월한 디자인, 성능, 품질, 서비스, 기타요인들에 의해 제품을 더 매력적으로 만들 수 있다. 고객이 제품에 더 큰 가치를 부여한다면(V의 증가) 기꺼이 더 높은 가격을 지불하고자(P의 증가) 할 것이다. 이것은 기업이 경쟁자에 비해 더 큰 고객가치를 창출한다면 경쟁우위와 높은 수익성을 얻을 수 있음을 의미하는 것이다.[8]

기업의 가격결정옵션은 [그림 3-3]에서 보여주고 있다. 현재의 가격결정옵션이 [그림 3-3]의 가운데에 위치하고 있을 때 수익성을 높이기 위해 V에서 V^*로 제품의 효용을 증가시키는 전략을 추구한다고 가정해 보자. 가치를 높이기 위해서는 제품성능, 품질, 서비스 등을 향상시키기 위한 자금지출이 발생하기 때문에 초기에는 생산비용이 증가한다. 기업이 선택할 수 있는 두 개의 가격결정옵션을 고려해 볼 수 있다. 옵션1은 높은 가치를 반영하여 가격을 올리는 것이다. 비용증가보다 더 많이 가격을 올리고, 따라서 단위당 이윤($P-C$)는 증가한다. 옵션2는 전혀 다른 선택으로서 생산량을 확대하기 위해 낮은 가격을 선택하는 것이다. 일반적으로 고객들은 가치에 비해 가격이 낮기 때문에 좋은 거래를 한 것으로 인식하고(소비자잉여의 증가), 따라서 더 많은 구매에 매진하게 된다(수요증가). 수요증가에 따라 생산량이 증가하면 규모의 경제를 실현하고 평균단위 원가를 줄

그림 3.3　가치창출과 가격결정 옵션

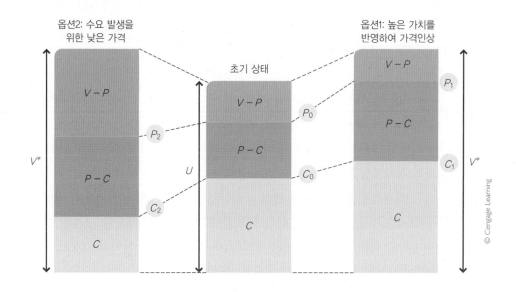

© Cengage Learning

일 수 있다. 추가적인 가치를 창출하기 위해 초기에 비용이 발생하고 공격적인 가격결정으로 이윤이 축소될 수 있지만 생산량이 증가하고 규모의 경제가 실현되면서 단위당 평균 생산비용이 낮아지기 때문에 결과적으로 이윤은 확대될 것이다.

경쟁우위와 수익성을 극대화할 수 있는 의사결정을 하기 위해서는 가치, 가격결정, 수요, 비용 사이에 존재하는 역동적인 관계를 이해해야 한다. 예를 들어 만일 낮은 가격만큼 수요가 빠르게 증가하지 않거나 생산량의 증가만큼 규모의 경제가 실현되지 않는다면 [그림 3-3]에서 옵션2는 실행할 수 없는 전략이다. 경영자는 가치창출과 가격결정이 수요에 어떻게 영향을 줄 수 있는지, 그리고 생산량 증가에 따라 단위당 비용이 어떻게 변화하는지를 이해해야 한다. 즉, 경영자는 수익성을 극대화하기 위한 의사결정을 위해서는 제품에 대한 수요와 산출량 변화에 따른 비용구조를 잘 이해하고 있어야 한다.

자동차산업에 대한 2008년 올리버와이만(Oliver Wyman)의 연구조사에 따르면 토요타는 2007년 북미에서 생산된 모든 자동차에 대해서 922달러의 이윤을 발생시켰다.[9] 반면에 GM(General Motors)은 729달러의 손실이 발생했다. 이러한 차이를 무엇으로 설명할 수 있을까? 첫째, 토요타는 자동차산업에서 최고의 명성을 갖고 있었다. 제이디파워(J. D. Power)의 연차 서베이에 따르면 토요타는 지속적으로 품질면에서 최고 순위를 차지한 반면 GM의 자동차는 중간 수준이었다. 높은 품질이 높은 가치를 발생함으로써 토요타가 GM의 동일 수준의 차량에 비해 5~10% 높은 가격을 책정할 수 있었던 것이다. 둘째, 토요타는 탁월한 노동생산성 때문에 GM에 비해 더 낮은 비용을 달성하였다. 예를 들어 토요타의 북미공장에서는 차량 한 대를 조립하는 데 근로시간이 평균 30.37 시간이 소요되었지만 GM의 북미공장에서는 동일 수준의 차량에 대해 32.29 시간이 소요되었다. 이러한 1.92 시간의 생산성우위는 총 인건비를 낮추는 효과가 있었고 결과적으로 전체 비용구조를 낮출 수 있었다. [그림 3-4]에 요약된 것처럼 GM에 대한 토요타의 우위는 높은 가격(P)을 책정하고 비용구조(C)를 낮추고 결과적으로 수익성을 높임으로써 더 높은 가치(V)를 창출했기 때문이다.

토요타의 가격결정은 효용, 가격, 수요, 비용 사이의 관계에 대한 경영자들의 이해를 바탕으로 이루어진 것이다. 제품에 대해 더 많은 효용을 구축할 수 있는 능력이 있다면 토요타는 [그림 3-4]에 제시된 것보다 더 높은 가격을 부여할 수 있다. 하지만 이 경우에는 판매량이 감소하고 규모의 경제가 줄어들고 단위 원가가 높아지고 이윤이 낮아질 수 있다. 토요타의 경영자들은 제품 수요와 비용구조에 대한 평가를 통해 회사의 수익을 극대화할 수 있는 가격결정 옵션을 찾기 위해 노력하였다. 따라서 탁월한 가치를 창출하기 위해 산업 내의 최저비용구조에 매달리거나 고객의 눈높이에서 최고의 가치가 있는 제품을 만들어야 하는 것은 아니다. 인지된 가치(V)와 생산비용(C) 사이의 격차는 경쟁자들이 달성하는 격차보다 크다는 사실이 중요한 것이다.

그림 3.4	토요타와 GM의 비교

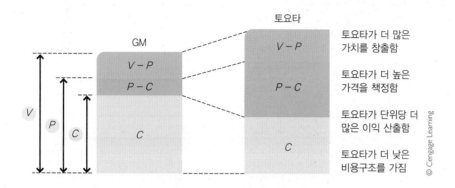

토요타는 탁월한 품질을 바탕으로 GM과 차별화됨으로써 높은 가격을 책정할 수 있었고, 탁월한 생산성으로 비용구조를 낮출 수 있었다. 따라서 토요타의 GM에 대한 경쟁우위는 차별화와 낮은 비용을 달성할 수 있는 독보적 역량을 이끌어 내는 전략의 결과라고 할 수 있다.

독보적 역량을 창출하기 위한 적합한 전략을 선택하는 것이 기업 비즈니스모델의 핵심이라고 할 수 있으며, 이러한 독보적 역량은 (1)고객들이 더 많은 가치를 얻을 수 있도록 제품을 차별화하고 (2)더 낮은 비용구조를 달성하여 가격결정의 선택 폭을 높일 수 있어야 한다.[10] 탁월한 수익성과 지속적 경쟁우위를 달성하기 위해서는 차별화와 가격결정, 그리고 산출량에 따른 비용구조를 통하여 나타나는 효용에 대한 올바른 선택이 필요하다.

가치사슬

생산, 마케팅, 제품개발, 서비스, 정보시스템, 자재 관리, 인적자원 등과 같은 기업의 모든 기능들은 비용구조를 낮추고 차별화를 통해 인지된 제품의 가치를 높이는 데 있어서 각자의 역할을 갖고 있다. 이러한 개념을 살펴보기 위한 첫번째 단계는 [그림 3-5]에 제시된 가치사슬을 검토하는 것이다.[11] 가치사슬(value chain)은 '기업은 투입물을 고객 가치가 있는 산출물로 변환하기 위한 연쇄적인 활동이다'라는 개념에 근거하고 있다. 변환과정(transformation process)은 제품에 가치를 부가하기 위한 주활동과 지원활동으로 이루어진다.

가치사슬
기업은 투입물을 고객 가치가 있는 산출물로 변환하기 위한 연쇄적인 활동

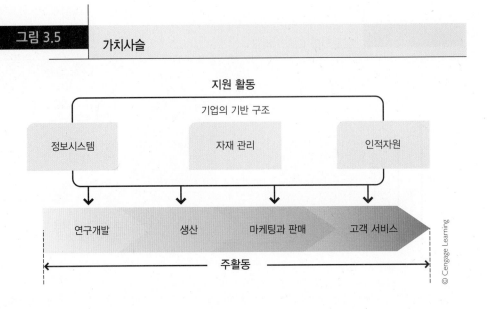

주활동

주활동
제품의 설계 · 발명 ·
납품, 제품 마케팅, 고
객지원과 애프터서비
스 등을 포함

주활동(Primary activities)은 제품의 설계 · 발명 · 납품, 제품 마케팅, 고객지원과 애프터서비스 등을 포함한다. [그림 3-5]에 제시된 가치사슬에서 주활동은 네 가지 기능 즉 연구개발, 생산, 마케팅, 고객 서비스로 나누어진다.

연구개발 연구개발(R&D)은 제품과 생산 프로세스의 설계를 의미한다. 연구개발은 제조기업에서 실제 제품과 생산공정을 설계하는 것으로 생각할 수 있지만 많은 서비스 기업에서도 연구개발이 이루어진다. 예를 들어 은행은 새로운 금융상품을 개발하거나 그들의 상품을 고객에게 전달하기 위한 새로운 방법을 개발하면서 서로 경쟁을 한다. 온라인 뱅킹과 스마트 직불카드는 금융업계의 신제품개발 노력으로 결실을 맺은 두 가지 사례라고 할 수 있다. 금융업에서의 초기 혁신 사례는 ATM 기기, 신용카드, 직불카드라고 할 수 있다.

연구개발은 탁월한 제품디자인을 창출함으로써 제품의 기능성을 향상시키고, 고객에게 더 매력적으로 보이면서 가치를 부가할 수 있는 것이다. 그렇지 않으면 연구개발의 노력으로 보다 효율적인 생산 프로세스를 설계해서 생산비용을 낮출 수 있다. 어떠한 방법이든 연구개발기능은 비용을 낮추거나 제품의 효용을 높여서 높은 가격을 책정할 수 있도록 도와준다. 인텔(Intel)의 경우 연구개발을 통해 더욱 강력한 마이크로프로세서(microprocessors)를 개발하고, 설비공급자들과 연대하여 보다 효율적인 제조공정을 개척함으로써 가치를 창출할 수 있었다.

연구개발은 단순히 제품의 특징이나 기능을 향상시키는 것이 아니라 소비자의 마음에 탁월한 가치의 이미지를 인상깊게 심어 줄 수 있는 우아한 제품설계를 의미한다. 애플(Apple)의 아이폰(iPhone)은 일종의 전자 기기를 패션 액세서리로 전환시킬 정도로 우아하고 호소력있는 설계를 함으로써 성공할 수 있었다. [전략 실행 사례 3.1]은 고급패션 의류점 버버리(Burberry)의 가치창출에 대해 논의하면서 우아한 설계가 어떻게 가치를 창출할 수 있는지를 보여주고 있다.

전략 실행 사례 3.1

버버리의 가치창출

© iStockPhoto.com/Tom Nulens

삭스피프스애비뉴(Saks Fifth Avenue)에서 촉망받던 로즈마리에 브라보(Rose Marie Bravo) 사장이 1997년 어려움을 겪고 있던 영국 패션의류회사인 버버리(Burberry)의 사장으로 자리를 옮긴다고 발표했을 때 사람들은 그녀가 미쳤다고 생각했다. 체크무늬 안감을 트레이드마크로 사용하는 레인코트의 디자이너로 잘 알려져 있었던 버버리는 패션 특징이 거의 제로에 가까울 정도로 구식이고 시대에 뒤쳐진 경영으로 묘사되고 있었다. 하지만 브라보가 2006년 퇴임할 때에는 그녀는 영국과 미국에서 세계에서 가장 뛰어난 경영자 중의 하나로 보도되었다. 그녀는 버버리에서의 재임 기간 동안 괄목할 만한 조직개혁과 경영혁신을 추진함으로써 버버리를 고부가가치 패션브랜드로 변환시켰다. 이 브랜드는 레인코트와 비키니에서부터 핸드백과 여행가방에 이르기까지 모든 제품에 체크무늬를 하고 있으며, 분홍에서부터 청색과 자주색에 이르기까지 갖가지 색상을 사용하였다. 10년이 지나기도 전에 버버리는 세상에서 가장 가치있고 값비싼 패션 브랜드 중의 하나가 되었다.

브라보에게 이러한 변화를 어떻게 달성하였는지를 질문했을 때 그녀는 브랜드에 숨겨진 가치를 발견하고 끊임없는 창의 성과 혁신으로 그 가치를 표출시켰다고 설명하였다. 그녀는 세계적인 디자이너를 고용하고 버버리의 진부한 패션라인을 재설계하였고, 디자인팀을 이끌기 위해 당대 최고 중의 한 명인 크리스토퍼 베일리(Christopher Bailey)를 영입하였다. 마케팅부서는 보다 젊고 돈이 많은 사람들에게 호소할 수 있는 광고를 개발하기 위해 광고회사와 긴밀하게 협력하였다. 그 광고에 수퍼모델 케이트 모스(Kate Moss)를 출연시키고 최고의 패션 사진작가를 고용하였다. 버버리는 유통에 대해 엄격하게 관리하면서 버버리의 브랜드 이미지와 일치하지 않는 매장에서 제품을 철수하고 자신들의 체인점인 버버리 매장을 확장하였다.

그리고 브라보는 "창의성은 디자이너에게서만 나오는 것이 아니다. 아이디어는 매장 현장이나 마케팅부서, 심지어 회계사에게서 나올 수 있다. 자신들이 일하는 위치에 관계없이 각자의 관점을 가질 수 있고 귀담아 들을 만한 가치가 있는 내용도 있을 것이다."라고 설명하였다. 그녀는 팀워크의 중요성을 강조하였다. "사람들이 간과하는 것 중의 하나는 팀의 품질입니다. 그것은 한 사람도 아니고 두 사람도 아닙니다. 목표를 향해 단결해서 일할 수 있는 팀, 바로 무엇인가를 이룰 수 있는 전체 구성원을 의미합니다." 그녀는 팀을 구축하고 "그들이 순조롭게 일하고 비전을 따를 수 있도록" 그 팀에 동기를 부여하는 것이 자신의 역할이라고 강조한다.

자료: S. Beatly, "Bass Talk: Plotting Plaid's Future," *Wall Street Journal*, September 9, 2004, p.81; C.M. Moore and G. Birtistle, "The Burberry Business Model," *International Journal of Retail and Distribution Management* 32 (2004): 412–422; M. Dickson, "Bravo's Legacy in Transformation Burberry," *Financial Times*, October 6, 2005, p.22.

생산 생산(Production)은 제품이나 서비스를 산출하는 프로세스를 의미한다. 실제 제품의 경우 생산은 일반적으로 제조를 의미하지만 은행이나 소매점과 같은 서비스운영에서는 은행이 고객에게 대출을 할 때처럼 서비스가 고객에게 전달되면서 발생하게 된다. 기업의 생산 활동이 효율적으로 실행된다면 비용구조를 낮출 수 있다. 예를 들어 혼다와 토요타는 효율적인 생산 활동을 통하여 GM과 같은 경쟁자들보다 더 높은 수익성을 달성할 수 있었다. 생산기능은 높은 제품품질과 관련된 활동을 실행함으로써 차별화(높은 가치)와 낮은 비용을 달성할 수 있다.

마케팅과 판매 기업의 마케팅과 판매 기능을 통하여 가치를 창출할 수 있는 몇가지 방법이 있다. 마케팅기능은 브랜드 포지셔닝과 광고를 통하여 고객이 제품에 담겨 있을 것으로 인지하는 가치를 증가시킬 수 있다. 고객의 마음에 제품에 대한 호의적인 인상을 만들어 줌으로써 효용을 증가시킨다. 예를 들어 프랑스 회사인 페리에(Perrier)는 탄산수를 모으고 담고 유통하는 데 한병에 0.5달러의 비용이 들었지만 이를 기준으로 가격을 책정하지 않고 가벼운 탄산수가 한병에 1.5달러의 가치가 있다고 설득하였다. 페리에의 마케팅기능은 고객이 제품에서 발견하는 가치에 대한 인식을 증가시켰다. [전략 실행 사례 3.1]에서 보듯이 버버리의 마케팅부서는 회사와 제품에 대한 브랜드 이미지를 새롭게 함으로써 가치창출을 지원하였다. 그리고 마케팅과 판매기능은 고객의 요구를 발견하고 그 요구에 부합하는 제품을 설계할 수 있도록 연구개발부서와 소통함으로써 가치를 창출할 수 있다.

고객 서비스 기업의 서비스 기능은 애프터서비스와 고객을 지원하는 역할이다. 이 기능은 제품판매가 이루어진 후에 고객의 문제점을 해결하고 고객지원을 함으로써 탁월한 효용을 창출할 수 있다. 예를 들어 미국의 정지용 중 장비 제조업체인 캐터필러(Caterpillar)는 자사 제품의 기능불량으로 인한 고장시간을 최소화할 수 있도록 세계 어느 곳이든 24 시간 이내에 수리용 부품을 수송할 수 있다. 이것은 고장시간으로 인하여 비용이 크게 발생하는 산업에서 매우 가치있는 고객지원 능력이다. 고객지원을 확대함으로써 캐터필러 고객의 효용을 증가시키고 캐터필러 제품에 대한 가격책정도 높일 수 있었던 것이다.

지원활동
주활동이 이루어지도록 투입요소를 제공하는 것

지원활동

가치사슬에서의 지원활동(support activities)은 주활동이 이루어지도록 투입요소를 제공하는 것이다. [그림 3-5]에 제시된 것처럼 지원활동은 네가지 기능, 즉 자재 관리(또는 물류 관리), 인적자원, 정보시스템, 기업의 기반구조로 나눌 수 있다.

자재관리(물류관리) 자재관리(materials management) 기능은 조달과 생산을 거쳐 유통에 이르기까지 가치사슬을 통하여 실물 자재의 전달 과정을 관리한다. 자재 관리가 효율적으로 실행된다면 상당히 비용을 낮출 수 있고 결과적으로 더 많은 이윤을 창출할 수 있다. 델(Dell)사는 매우 효율적인 자재 관리 프로세스를 갖고 있다. 델사는 부품 공급자로터 조립공장까지, 또한 소비자의 손에 들어갈 때까지, 부품의 흐름을 엄격하게 관리함으로써 재고유지 비용을 획기적으로 줄일 수 있었다. 재고를 줄일수록 비용이 낮아지고 수익성이 높아졌다. [전략 실행 사례 3.2]에 제시된 것처럼 스페인 패션회사인 자라(Zara)

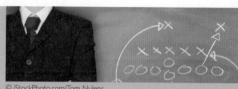
© iStockPhoto.com/Tom Nulens

전략 실행 사례 3.2

자라의 경쟁우위

자라(Zara)는 패션 소매업자로서 스페인에서 가장 빠르게 성장하고 가장 성공적인 회사 중의 하나이며, 100억달러의 매출과 64개국에 2,800개의 매장을 갖고 있다. 자라의 경쟁우위는 속도(speed)에 집중되어 있다. 대부분의 패션 의류점들이 디자인에서부터 상품으로 매장에 전달되기 까지 6~9개월이 소요되지만 자라는 단 5주만에 모든 과정을 완성할 수 있다. 신속한 대응 시간 덕분에 자라는 패션 트랜드의 변화에 빠르게 대응할 수 있었다.

자라는 패션업계의 기존 운영방식을 대부분 깨뜨리면서 빠른 대응 시간을 달성할 수 있었다. 대부분의 패션 의류점들이 생산 활동을 아웃소싱하고 있었지만 자라는 자신의 공장을 갖고 있었고 생산품의 절반 정도를 자체 생산하였다. 그리고 자체의 디자이너와 매장도 갖고 있었다. 디자이너들은 매장과 계속 접촉을 하면서 실시간으로 무엇이 판매되는지를 추적하고 매주 매장 관리자로부터 반응이 좋았던 것에 대한 의견을 들었다. 패션쇼와 같은 방법으로도 보충적인 정보와 자료를 수집하였다.

이러한 정보를 활용하여 자라의 디자이너들은 일년에 대략 40,000개의 새로운 디자인을 하였고 그중 10,000개가 선택되어 생산되었다. 자라는 글로벌 공급자로부터 기본 옷감을 구매하고 자신의 공장에서 자본집약적인 생산 활동을 한다. 공장에서는 옷감을 재단하기 위해 컴퓨터로 자동화된 기계를 이용한다. 규모의 경제를 달성하기 위해 대량으로 생산하지는 않으며, 대신에 소량으로 생산한다. 바느질과 같은 노동집약적인 활동은 공장 인근에 있는 하청업자에게 맡겨진다. 자라는 필요 이상으로 많은 생산능력을 보유하면서 새로운 패션 트랜드가 나타나면 신속하게 의상을 디자인하고 생산량을 늘린다.

의류가 완성되면 자라의 보관창고에 전달되고, 그 다음에 매주 한차례씩 자사 매장으로 운송된다. 자라는 의도적으로 제품생산을 줄이고, 새로운 패션 트랜드로 이동하기 전에 반응이 좋은 수요에 대해 신속하게 소량의 제품을 공급한다. 종종 그런 제품들은 빠르게 매진되곤 한다. 자라 매장의 빈 선반들은 수요를 발생시킬 수 있는 희소성 가치를 창출한다. 고객은 자신이 좋아하는 제품이 곧 품절될 것이고 다시는 만들어지지 않을 것으로 알고 있기 때문에 빠르게 잡아채듯이 구매하게 된다.

자라는 디자인, 정보시스템, 물류관리에서의 역량을 기반으로 한 전략을 추진함으로써 경쟁자들보다 더 적은 재고를 유지할 수 있다(자라의 재고는 매출액 대비 10% 수준이며, 경쟁 매장인 갭과 베네통은 15% 수준이다). 이것은 팔리지 않는 제품에 대한 가격할인 을 줄이고 더 높은 이윤을 얻을 수 있음을 의미한다.

자료: "Shining Examples," *The Economist: A Survey of Logistics*, June 17, 2006, pp.4–6; K. Capell et al., "Fashion Conquistador," *Business Week*, September 4, 2006, pp.38–39; and K. Ferdows et al., "Rapid Fire Fulfillment," *Harvard Business Review* 82(November 2004): 101–107.

도 효율적인 자재 관리로부터 많은 이익을 볼 수 있었다.

인적자원 기업이 인적자원(human resources) 기능을 통하여 더 많은 가치를 창출할 수 있는 방법은 수없이 많다. 기업이 가치창출 활동을 효과적으로 실행하기 위해 숙련된 종업원을 올바르게 배치하는 것이 인적자원기능이다. 가치창출 과업을 실행하기 위해 구성원들을 적절하게 훈련하고 동기부여하고 보상하는 것도 인적자원기능이다. 인적자원기능이 잘 이루어진다면 종업원 생산성이 높아지고(비용이 낮아지고) 고객 서비스가 향상되고(효용이 증가하고) 결국 더 많은 가치를 창출하게 된다.

정보시스템 정보시스템(information systems)은 기본적으로 재고관리, 매출 추적, 제품 가격결정, 제품 판매, 고객 서비스 요청처리 등과 같은 활동들을 관리하기 위한 전자시스템이다. 정보시스템은 인터넷의 커뮤니케이션 특징과 결합하여 다른 가치창출활동들을 관리하는 데 있어서 효율성과 효과성을 향상시킬 수 있다. 델(Dell)사는 글로벌 물류 네트워크를 효율적으로 관리하고 재고회전율을 높이기 위하여 웹 기반의 정보시스템을 이용한다. 세계적인 수준의 정보시스템은 [전략 실행 사례 3.2]에서 논의한 자라의 경쟁우위에서도 찾아볼 수 있다.

기업의 기반구조 기업의 기반구조(Company infrastructure)는 조직구조, 통제시스템, 기업문화 등과 같이 모든 가치창출활동이 이루어지는 전사적인 배경(companywide context)이다. 최고경영자는 이러한 기반구조를 형성하는 데 상당한 영향을 미칠 수 있기 때문에 기반구조의 일부로 보아야 한다. 실제로 최고경영자는 강력한 리더십을 발휘하여 회사의 기반구조를 형성할 수 있고, 이를 통해 모든 가치창출활동의 성과를 결정할 수 있다. 앞에서 제시한 [전략 실행 사례 3.1]은 이러한 과정에 대한 좋은 사례라고 할 수 있다.

경쟁우위의 구성요소

탁월한(superior) 효율성, 품질, 혁신, 고객 대응성 등 네 가지 요인들은 기업이 경쟁우위를 구축하는 데 도움을 준다. 이들 요인들은 각각 기업이 보유한 독보적 역량의 산출물이며, 실제 의미로는 "본원적인(generic)" 독보적 역량이라고 할 수 있다. [그림 3.6]에서 보여주듯이 이러한 본원적인 역량은 (1)제품을 차별화하여 고객에게 더 많은 가치를 제공하고 (2) 비용구조를 낮출 수 있게 한다. 이러한 요인들은 특정 산업이나 생산 제품에 관계없이 어떤 기업이든 추구할 수 있기 때문에 본원적인 독보적 역량(generic distinctive

---

그림 3.6	경쟁우위의 구성요소

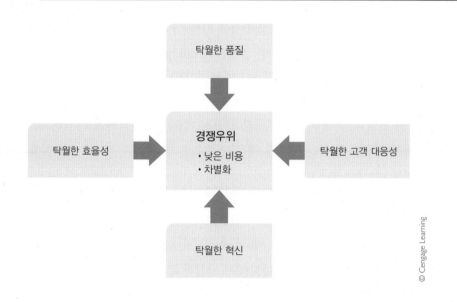

© Cengage Learning

competencies)이라고 할 수 있다. 이들 요인들은 서로 밀접하게 연관되어 있고 상호 간에 중요한 영향을 줄 수 있다. 예를 들어 탁월한 품질은 효율성을 높일 수 있고, 혁신은 효율성과 품질과 고객 대응성을 향상시킬 수 있다.

효율성

비즈니스(business)는 어떤 의미에서 순순하게 투입물을 산출물로 변환하기 위한 장치이다. 투입물(input)은 노동, 토지, 자본, 기술적 노하우와 같이 생산을 위한 기본적인 요소이다. 산출물(output)은 기업이 생산하는 제품과 서비스다. 가장 간단한 효율성 척도는 주어진 산출물을 생산하는 데 소요된 투입물의 양, 즉 효율성=산출물/투입물 공식으로 측정된다. 기업이 효율적일수록 특정 산출물을 생산하는 데 필요한 투입물이 적어지고 비용은 낮아질 것이다.

종업원 생산성은 가장 일반적인 효율성 지표라고 할 수 있다. 종업원 생산성(Employee productivity)은 종업원 1인당 생산된 산출량을 의미한다. 예를 들어 GM이 차량 1대를 조립하는 데 종업원 근로시간으로 30 시간 소요되고 포드(Ford)사가 25 시간이라면 포드사가 GM보다 종업원 생산성이 높고 더 효율적인 것이다. 임금률과 같은 다른 요인들이 동일하다면 포드사는 GM보다 낮은 비용구조를 갖고 있는 것으로 예상할 수 있다. 따라서 종업원 생산성은 비용구조를 낮춰서 경쟁우위를 획득하게 할 수 있다.

종업원 생산성
종업원 1인당 생산된 산출량

우수성과 신뢰성으로서의 품질

제품은 여러 가지 속성(attributes)들이 결합된 집합체로 생각할 수 있다.[12] 대부분 제품의 속성들은 형태, 특징, 성능, 내구성, 신뢰성, 스타일, 그리고 디자인을 포함하고 있다.[13] 이러한 속성들이 경쟁사의 제품속성에 비해 더 높은 효용을 제공하는 것으로 고객들이 인식하게 되면 그 제품은 탁월한 품질(superior quality)을 가졌다고 말한다. 예를 들어 롤렉스 시계(Rolex watch)는 고객들이 다른 시계에 비해 탁월하다고 인식하는 디자인, 스타일, 성능, 신뢰성과 같은 속성들을 갖고 있다. 롤렉스는 이러한 속성들에 의해 시계를 차별화해 왔으며, 이에 따라 롤렉스를 고품질 제품으로 인식하게 된 것이다.

고객들이 제품의 품질을 평가할 때 일반적으로 두 개의 속성, 즉 *우수성(excellence) 품질*과 *신뢰성(reliability) 품질*을 고려하게 된다. 우수성 품질은 제품의 디자인과 스타일, 미적 감각, 주요 특징과 기능, 서비스수준과 같은 속성들이 중요하다. 예를 들어 월마트에서 가죽부츠 모조품을 20달러에 구입하거나 노드스트롬(Nordstrom)에서 부드러운 가죽부츠 수제화를 500달러에 구입할 수 있다. 노드스트롬에서 구입한 부츠는 스타일이 매우 우수하고 더 편안하고, 월마트에서 구입한 부츠보다 더 좋게 보일 것이다. 고객이 노드스트롬 부츠에서 얻은 가치가 월마트 부츠에서 얻은 가치보다 항상 더 클 것이고, 이에 대해 더 많은 값을 지불하게 될 것이다. 우수성이 제품에 구현되면 소비자가 그것을 소유하거나 소비하기 위해 더 많은 값을 지불해야 한다는 점이 중요하다.

품질을 신뢰성으로 본다면 설계된 기능이 일관성있게 잘 작동할 때 그 제품은 신뢰성이 있다고 한다. 우수성과 마찬가지로 신뢰성도 소비자가 제품에서 얻는 가치를 증가시키고, 제품에 대한 가격과 수요도 높일 수 있다.

신뢰성과 우수성을 기준으로 제품의 위치를 분석하면 [그림 3.7]과 같이 좌표를 표시할 수 있다. 예를 들어 버라이즌은 무선 서비스 산업에서 가장 신뢰할 만한 네트워크를 갖고 있으며, 수신 가능범위, 콜드롭, 사각지대 등으로 신뢰성을 측정할 수 있다. 그리고 다운로드 속도와 고객지원으로 측정할 수 있는 우수성에서도 최고의 수준을 달성하였다. 제이디파워(J.D.Power)의 조사결과에 의하면 티모바일은 신뢰성과 우수성의 측면에서 최악의 위치를 차지하고 있다.

품질의 개념은 토요타자동차, 자라의 디자인과 의류, 버라이즌의 무선 서비스, 씨티은행의 고객 서비스, 항공사의 정시 도착 능력 등에 적용할 수 있다. 품질은 제품과 마찬가지로 서비스에서도 동일하게 적용될 수 있다.[14] 고품질 제품이 경쟁우위에 미치는 영향은 두가지로 살펴볼 수 있다.[15] 첫째, 고품질 제품은 고객에게 제공하는 가치(효용)을 증가시키고, 제품 가격을 높일 수 있는 옵션을 제공한다. 예를 들어 자동차산업에서 토요타는 제품의 높은 품질수준 때문에 더 높은 가격을 책정할 수 있었다.

| 그림 3.7 | 무선 서비스의 품질 지도 |

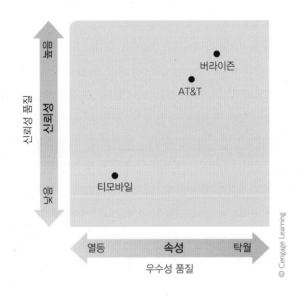

둘째, 고품질의 신뢰성 제품과 연관된 높은 효율성과 낮은 단위 원가는 경쟁우위에 영향을 미친다. 신뢰성 있는 제품이라면 불량제품을 생산하거나 수준 이하의 서비스를 제공해서 낭비될 수 있는 근로시간을 줄일 수 있고, 실수를 바로잡기 위해 소비되는 시간도 줄어들게 되며, 이것은 종업원 생산성을 높이고 단위 원가를 낮추게 된다. 따라서 높은 품질은 경쟁자의 제품과 차별화시킬 뿐만 아니라 신뢰성을 통해 비용도 낮출 수 있다.

경쟁우위를 구축하는 데 있어서 신뢰성의 중요성이 지난 20여 년 동안 획기적으로 증가했다. 많은 기업들이 신뢰성을 강조하고 있으며, 높은 신뢰성을 획득하는 것이 너무 중요해져서 더 이상 경쟁우위를 확보하기 위한 하나의 수단으로만 볼 수 없을 정도이다. 대부분의 산업에서 신뢰성은 기업 생존을 위해 필요한 절대적인 의무사항이 되었다.

혁신

혁신(Innovation)은 새로운 제품이나 프로세스를 창조하는 행위이다. 혁신은 제품 혁신과 프로세스 혁신으로 나눌 수 있다. 제품혁신(Product innovation)은 새로운 제품을 개발하거나 기존 제품보다 탁월한 속성을 갖고 있는 제품개발을 의미한다. 예를 들어 1970년대 초 인텔의 마이크로프로세스 개발, 1980년대 중반 인터넷으로 자료를 전송하기 위한 시스코(Cisco)의 라우터 개발, 2000년대 애플의 아이팟, 아이폰, 아이패드의 개발 등이 제품 혁신이다. 프로세스 혁신(Process innovation)은 제품생산을 위해 새로운 생산공정을 개

제품혁신
새로운 제품을 개발하거나 기존 제품보다 탁월한 속성을 갖고 있는 제품개발

프로세스 혁신
제품생산을 위해 새로운 생산공정을 개발하거나 제품을 고객에게 전달하는 새로운 프로세스의 개발

발하거나 제품을 고객에게 전달하는 새로운 프로세스의 개발을 의미한다. 예를 들어 토요타는 자동차 생산에 있어서 JIT(just-in-time)재고시스템, 자율관리팀, 복합설비의 셋업타임 단축 등과 같은 "토요타 린생산시스템"이라는 종합적이고 새로운 생산기법을 개발하였다.

제품혁신은 신제품을 만들거나 기존 제품을 향상시켜서 가치를 창출하고, 고객들이 더 많은 가치를 인식하게 되면서 기업은 가격결정 옵션을 높이게 된다. 프로세스 혁신은 생산비용을 낮춤으로써 더 큰 가치를 제공한다. 예를 들어 토요타의 린생산시스템은 종업원 생산성을 높임으로써 비용 측면에서의 경쟁우위를 제공하였다.[16] 스테이플스(Staples)사는 슈퍼마켓 영업방식을 소매점에 적용하여 사무용품 판매 비용을 획기적으로 줄일 수 있었다. 스테이플스사는 가격을 낮춤으로써 비용절감 혜택의 일부를 고객들에게 이전하였고, 그 결과 이 회사의 시장점유율이 빠르게 성장할 수 있었다.

장기적인 관점에서 볼 때 제품과 프로세스 혁신은 가장 중요한 경쟁우위의 구성요소라고 할 수 있다.[17] 경쟁은 혁신에 의해 촉발되는 과정으로 볼 수 있다. 모든 혁신이 성공적인 것은 아니지만 경쟁자가 갖지 못한 유일한 것을 제공하기 때문에 경쟁우위의 주요 원천이라고 할 수 있다. 유일함(Uniqueness)은 경쟁자와의 차별화를 통하여 프리미엄 가격(premium price)을 가능케 하고, 프로세스 혁신의 경우에는 경쟁자에 비해 단위 원가를 훨씬 낮출 수 있는 것이다.

고객 대응성

기업이 탁월한 고객 대응성(superior customer responsiveness)을 획득하기 위해서는 고객의 요구를 확인하고 만족시키는 일들을 경쟁기업보다 더 잘해야 한다. 차별화를 바탕으로 한 경쟁우위를 창출함으로써 고객이 그 제품에 대해 더 많은 가치를 부여하게 된다. 제품의 품질을 향상시키는 것은 대응성을 획득하는 것과 일치하며, 기존 제품에 없는 특징을 갖도록 신제품을 개발하는 것도 고객 대응성을 달성하는 것이다. 즉, 탁월한 품질과 혁신을 달성하는 것은 탁월한 고객 대응성을 달성하는 데 필수불가결한 것이다.

고객에 대한 대응성을 설명하는 데 있어서 또 다른 중요한 요소는 개별 고객들의 고유한 수요에 대해 제품과 서비스를 고객화하는 것이다. 예를 들어 청량음료와 맥주의 확산은 이러한 추세에 대한 대응으로 볼 수 있다.

점점 관심이 높아지고 있는 고객 대응성의 일면은 고객 대응 시간이다. 고객 대응시간(customer response time)은 제품이 전달되는 데 소요되는 시간 또는 서비스가 제공되는 데 소요되는 시간이다.[18] 기계류 제조업자에게는 대응 시간이 고객 주문을 충족시키는 시간이다. 은행에서는 대출이 이루어지는 시간 또는 고객이 줄을 서서 기다리는 시간을 의미한다. 패션 매장에서는 디자인을 시작해서 소매점 매장에 진열하기까지 신제품을

고객 대응시간
제품이 전달되는 데 소요되는 시간 또는 서비스가 제공되는 데 소요되는 시간

출시하는 데 소요되는 시간이다([전략 실행 사례 3.2]에서 스페인 패션 의류회사인 자라가 대응 시간을 어떻게 최소화하였는지를 보여주고 있다). 고객 여론조사가 이루어질 때마다 대응 시간이 느리면 고객 불만족의 주요 원인이 된다는 것을 보여준다.[19]

　고객에 대한 대응성을 높일 수 있는 또 다른 요인들은 탁월한 디자인, 탁월한 서비스, 그리고 탁월한 애프터서비스와 고객 지원이다. 이러한 요인들은 고객 대응성을 높이고, 대응이 느린 경쟁자들에 비해 기업을 차별화시킬 수 있다. 이런 차별화는 기업에 대한 브랜드 충성도를 구축하고 제품에 대한 프리미엄 가격을 부여할 수 있다. 3~4일 걸리는 배송에 비해 바로 다음 날 배송되는 속달우편에 대해 얼마나 많은 사람들이 값을 흔쾌히 지불하려는지 생각해 보자. 2012년 미국에서 2쪽 분량의 편지가 속달우편으로 하룻밤 사이에 배달되는 데 10달러가 소요되었지만 일반우편은 0.48달러였다. 즉, 대응시간 축소에 따른 속달우편의 가격프리미엄은 9.52달러이고 정상 가격에 비해 1983%의 프리미엄에 해당된다.

비즈니스모델, 가치사슬, 그리고 본원적인 독보적 역량

비즈니스모델(business model)은 경쟁우위를 획득하기 위해 기업이 추구하는 여러 가지 전략들을 어떻게 전체적으로 통합해 나갈 것인지에 대한 경영자의 신념이나 형태(gestalt)를 의미한다. 좀 더 구체적으로 표현하면 비즈니스모델은 경영자들이 전략의 선택을 통하여 기업을 가치사슬을 형성하는 방법을 나타낸다. 비즈니스모델을 통해 가치사슬의 형태를 유지하기 위한 투자가 이루어지고, 효율성, 품질, 혁신, 고객 대응성을 달성하는데 필요한 독보적 역량을 구축할 수 있다. 효율성, 품질, 혁신, 고객 대응성은 기업의 저비용이나 차별화된 위치를 지원하는 데 필요하고, 결과적으로 [그림 3.8]에서 보여주는 것처럼 경쟁우위를 획득하고 탁월한 수익성을 발생시키게 된다.

　예를 들어 월마트(Wal-Mart)의 기본적인 전략적 목표는 소매업계에서 가장 낮은 비용으로 다양한 잡화 상품들을 제공하는 것이다. 월마트의 비즈니스모델은 셀프서비스 슈퍼마켓 형태로 상품을 진열하고 판매하는 것이다. 월마트의 전략들은 이러한 비즈니스모델을 더 구체화하고 전략적 목표를 달성하도록 지원한다. 월마트는 비용을 줄이기 위해 매장의 내부 시설과 비품에 대한 투자를 제한한다. 이러한 환경에서 수요를 유발하고 비용을 줄일 수 있는 핵심 요인은 물류와 정보시스템에 대한 전략적 투자로 획득한 빠른 재고회전율이다. 월마트는 정보와 물류시스템의 효과성을 높이기 위해 프로세스 혁신에 많은 투자를 하였고, 그 결과 저가격제품에 대한 고객 수요에 매우 효율적인 방법으로 대응할 수 있었다.

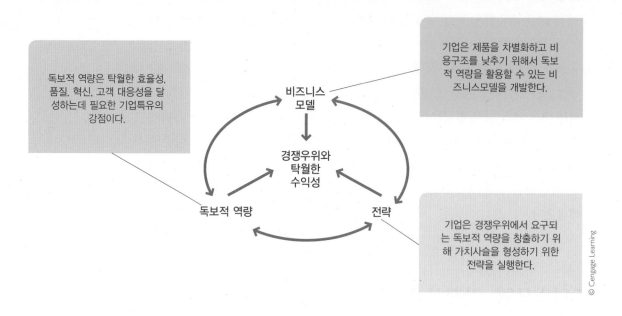

그림 3.8   경쟁우위와 가치창출 사이클

월마트의 비즈니스모델은 노드스트롬 같은 다른 소매업자와는 매우 다르다. 노드스트롬(Nordstrom)의 비즈니스모델은 세련된 분위기와 완전한 서비스로 고품질 고가의 의류를 제공하는 것이다. 이것은 가치사슬을 형성하는 방법에서 차이가 있음을 의미하는 것이다. 노드스트롬은 월마트보다 매장 내의 고객 서비스에 심혈을 기울였고, 이를 위해 판매원에 대해 많은 투자를 하였다. 더구나 노드스트롬은 창고형 분위기의 월마트에 비해 매장의 가구와 비품에 많은 투자를 하였다. 이러한 투자 비용은 고품질 상품에 대한 고가의 가격책정으로 되찾게 된다. 두 회사 모두 의류를 판매하지만 시장에서의 비즈니스모델은 전혀 다른 위치를 갖고 있으며, 가치사슬 활동과 투자도 매우 다른 형태를 보이고 있다.

경쟁우위와 수익성 분석

경영자들이 기업의 내부 분석을 잘 하려면 그들의 전략이 수익성에 어떻게 기여하는지를 확인하고 재무성과(financial performance)를 분석할 수 있어야 한다. 강점과 약점을 효과적으로 확인하기 위해서는 과거의 성과를 분석하고 경쟁자의 성과와 비교분석하거나 벤치마킹할 수 있어야 한다. 이것은 경쟁자에 비해 수익이 높은지 낮은지, 성과가 시간이 지날수록 향상되고 있는지 악화되고 있는지, 회사의 전략이 가치창출을 극대화하고 있는지, 비용구조가 경쟁자에 비해 정합성에서 벗어나 있는지, 회사의 자원을 가장 효과적으로 활용하고 있는지를 결정하는 데 도움이 된다.

재무성과의 핵심적인 측정지표는 수익성(profitability)이고, 수익성은 투자를 통해 발생하는 이익을 획득하는 것이다. 수익성을 측정하는 지표는 자산수익률(ROA: return on assets)이나 자기자본이익률(ROE: return on equity) 같은 지표들이 많지만 전문가들은 투하자본수익률(ROIC: return on invested capital)이 기업의 실제 운영 성과에 초점을 맞추기 때문에 가장 좋은 측정지표라고 말한다.[20] (그러나 투하자본수익률의 산출공식은 자산수익률 공식과 매우 유사하다.)

ROIC는 투하된 자본에 대한 순이익율, 즉 (ROIC = 순이익 ÷ 투하자본)으로 정의된다. 순이익은 총수익에서 총비용을 차감해서 계산한다(총수익-총비용). 순이익은 정부에 세금을 납부한 후에 남는 금액이다. *투하자본*은 소유재산, 공장, 설비, 재고및 기타 자산과 같이 회사의 운영에 투자된 금액이다. 투하자본은 두가지 방법, 즉 이자가 지급되는 부채와 주주들의 자기자본에서 나올 수 있다. 이자지급 부채는 은행이나 채권을 구입하는 사람에게서 빌려오는 돈이다. 주주의 자기자본은 주식을 공모함으로써 증가되는 돈과(현재 투자가 가능한) 전년도에 유보된 수익을 합친 금액이다. ROIC는 투자가 가능한 설비자금을 어떻게 사용하는지에 대한 효과성을 측정한다. 따라서 이것은 기업이 창출하는 가치에 대한 훌륭한 측정지표로 볼 수 있다.[21]

ROIC는 수학적으로 두 개의 구성요소, 즉 매출이익률(return on sales)과 자본회전율(capital turnover)로 나눌 수 있다.[22] 즉,

$$투하자본수익률 = 순이익 ÷ 투하자본$$
$$= (순이익 ÷ 총 수입) \times (총 수입 ÷ 투하자본)$$

이 공식에서(순이익 ÷ 총수입)은 매출이익률이고, (수입 ÷ 투하자본)은 자본회전율이다. 매출이익률은 기업이 총수입(revenues)을 얼마나 효과적으로 이익으로 전환하는지를 측정한다. 자본회전율은 투하자본이 총수입을 발생시키는 데 얼마나 효과적으로 사용되는지를 측정한다. 이 두 가지 비율은 [그림 3.9]와 [표 3.1]에 제시된 것처럼 보다 세분화된 기본적인 회계 비율로 나누어질 수 있다.[23]

[그림 3.9]에서 알 수 있듯이 경영자들은 매출이익률을 증가시키는 전략을 추구함으로써 투하자본수익률을 높일 수 있다. 매출이익률을 높이기 위해서는 판매수입이 일정하다면 매출원가를 줄이거나 판매관리비의 지출을 줄이거나 연구개발비를 줄이는 전략을 추구할 수 있다. 또한 매출원가, 판매관리비, 연구개발비와 같은 사업비의 증가보다 판매수입을 더 늘리는 전략을 추구함으로써 매출이익률을 증가시킬 수 있다. 즉, 비용을

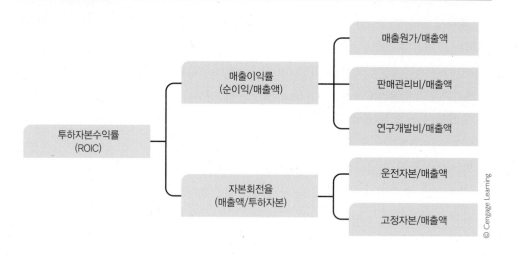

그림 3.9   수익성 유발요인

© Cengage Learning

표 3.1   기초적인 회계 용어의 정의

용어	정의	출처
매출원가(COGS)	제품을 생산하는 데 소요된 총 비용	손익계산서
판매관리비(SG&A)	제품의 판매와 관리에 관한 비용	손익계산서
연구개발비(R&D)	연구개발 지출	손익계산서
운전자본	단기적으로 운용해야 할 금액: 유동자산—유동부채	대차대조표
고정자본	제품을 생산하고 판매하는 데 사용하는 공장, 설비, 재산에 대한 투자 가치	대차대조표
매출이익률(return on sales)	매출액의 비율로 나타나는 순이익; 수입이 얼마나 효과적으로 이익으로 전환되는지를 측정	비율
자본회전율(capital turnover)	수입을 투하자본으로 나눈 값; 자본이 얼마나 효과적으로 수입을 발생시켰는지를 측정	비율
투하자본수익률(ROIC)	순이익을 투하자본으로 나눈 값	비율
순이익	총수입에서 총비용을 뺀 값(납세전)	손익계산서
투하자본	이자지급 부채와 주주의 자기자본을 합한 값	대차대조표

낮추거나 차별화에 의해 가치를 높이고 원가보다 높은 가격을 책정하는 전략을 추구함으로써 매출이익률을 증가시킬 수 있다.

[그림 3.9]에서 보듯이 경영자들은 투하자본에서 더 큰 판매수입을 달성함으로써, 즉 자본회전율을 높임으로써 수익성을 증대시킬 수 있다. 이를 위해 경영자들은 매출 수준을 유지하면서 재고자산 투자와 같은 운전자본을 줄이는 전략을 취하거나 매출 수준을 유지하면서 공장이나 설비에 투자하는 고정자본을 줄이는 전략을 취할 수 있다. 즉, 매출을 발생시키는 자본비용을 줄이는 전략을 추구한다. 자본비용은 [그림 3.2]에서 보았듯이 비용구조의 일부를 구성하고 있으며, 따라서 자본회전율을 증가시키는 전략은 비용구조를 낮출 수 있다.

기업에서 이루어지는 일들을 이해하고 강점과 약점을 확인하는 데 있어서 수익성 유발 요인들이 어떻게 도움이 되는지를 파악하기 위해 월마트와 타겟(Target)의 재무성과를 비교해 본다. 이것은 다음과 같이 집중 분석 사례에서 보여주고 있다.

집중 분석: 월마트

월마트와 타겟

© iStockPhoto.com/caracterdesign

2012년 1월 회계연도말에 월마트(Wal-Mart)는 13.61%의 투하자본수익률을 달성하였고, 타겟(Target)도 상당한 수준인 10.01%를 달성하였다. 월마트의 탁월한 성과는 [그림 3.9]에 제시된 여러 가지 비율에 대한 전략의 결과라고 할 수 있으며, 이를 요약하면 [그림 3.10]과 같이 나타난다.

우선 월마트는 타겟보다 매출이익률이 낮다는 사실에 주목해보자. 이에 대한 주된 원인은 월마트의 매출원가가 타겟보다 높기 때문이다(69.1% 대비 75%). 소매업에서의 매출원가는 월마트가 상품 공급업자에게 지불하는 가격을 반영한다. 매출액 대비 매출원가의 비율이 낮은 것은 월마트가 타겟만큼 가격을 설정하지 않는 것이며, 판매제품의 이윤이 낮다는 의미이다. 월마트는 장기적인 전략목표에 따라 공급자로부터 고객에 이르기까지 낮은 가격을 고수하고 있다. 월마트의 매출액 대비 매출원가 비율이 높은 것은 최저 가격판매전략을 반영하는 것이다.

반면에 월마트는 타겟에 비해 매출액 대비 판매관리비의 지출이 적은데(22.24% 대비 19.1%) 여기에는 세 가지 이유가 있다. 첫째, 월마트의 초기 전략은 단 한 개의 할인점만 유지할 수 있는 소도시에 집중하는 것이었다. 소도시에서는 다른 할인점과의 경쟁이 없기 때문에 치열하게 광고할 필요가 없다. 둘째, 월마트는 도시 근교에 입점할 때에도 경쟁자처럼 치열하게 광고할 필요가 없을 정도로 강력한 브랜드가 되었다. 셋째, 월마트는 저가격철학을 고수하고 재고관리를 잘하기 때문에 항상 과잉재고의 문제가 발생하지 않는다. 따라서 정기세일을 할 필요가 없고, 지역신문에 광고와 할인권을 보내는 것처럼 판매촉진을 위한 비용을 감수할 필요가 없는 것이다. 판매촉진을 위한 비용을 줄임으로써 매출액 대비 판매관리비의 비율이 감소하는 것이다.

그리고 월마트는 본사와 매장 관리자 사이에 관리 계층이 거의 없는 수평적인 조직구조를 운영한다(지역별 본부도 없다). 이것은 관리비를 줄임으로써 매출액 대비 판매관리비의 비율을 감소시킨다. 회사의 최고경영자들이 조직 계층에 의존하기 보다는 정보시스템을 이용하여 개별 매장들을 모니터링하고 관리할 수 있기 때문에 수평적인 조직구조를 운영할 수 있는 것이다.

정보시스템과 물류관리에 대한 월마트의 경쟁우위는 투하

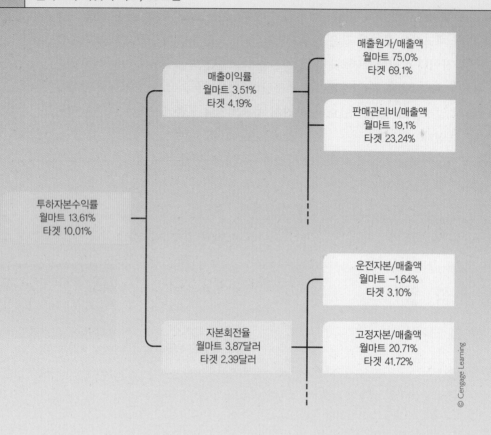

그림 3.10 월마트와 타겟의 비교, 2012년

투하자본수익률
월마트 13.61%
타겟 10.01%

매출이익률
월마트 3.51%
타겟 4.19%

매출원가/매출액
월마트 75.0%
타겟 69.1%

판매관리비/매출액
월마트 19.1%
타겟 23.24%

자본회전율
월마트 3.87달러
타겟 2.39달러

운전자본/매출액
월마트 −1.64%
타겟 3.10%

고정자본/매출액
월마트 20.71%
타겟 41.72%

© Cengage Learning

자본수익률 공식의 자본회전율 측면에서 찾아볼 수 있다. 월마트는 경영에 투자된 자본의 1달러당 3.87달러를 산출한 반면에 타겟은 2.39달러를 산출하였다. 월마트가 타겟에 비해 자본의 활용 측면에서 훨씬 더 효율적인데, 왜 그럴까?

월마트가 매출액 대비 운전자본의 비율이 타겟보다 낮기 때문이다. 사실 월마트는 −1.64%로 마이너스 비율이지만 타겟은 3.10%이다. 운전자본 비율이 마이너스인 것은 일상적인 경영 활동을 위해서 자본조달이 필요없다는 의미이다. 실제로는 공급자들의 자본을 이용하고 있는데 이것은 매우 이례적인 것이지만 두 가지 이유 때문에 가능하다. 첫째, 월마트는 매우 강력하기 때문에 공급자들에게서 매우 유리한 대금결제방식을 요구할 수 있어서 상품이 납품된 다음 60일 동안 상품대금을 지불할 필요가 없다. 둘째, 월마트는 일 년에 8회 정도로 재고를 빠르게 회전시켜서 대금지급 이전에 상품

을 판매한다. 따라서 공급자들이 월마트의 재고와 단기자본에 대한 재정을 지원하는 것이다. 월마트의 높은 재고회전율은 정보시스템과 물류에 대한 전략적 투자의 결과라고 할 수 있다. 이러한 가치사슬 활동들이 월마트의 경쟁우위를 잘 묘사하고 있다.

마지막으로 월마트는 타겟에 비해 매출액 대비 고정자본 비율이 매우 낮다(41.72% 대비 20.72%). 여기에는 몇 가지 이유가 있다. 첫째, 대부분의 월마트 매장은 여전히 땅값이 저렴한 소도시에 위치하고 있지만 타겟은 땅값이 비싼 도시인근에 자리잡고 있다. 따라서 평균적으로 월마트는 타겟에 비해 매장에 대한 지출을 줄일 수 있으며, 이러한 전략이 재무성과에 영향을 미친다. 둘째, 월마트는 재고를 빠르게 회전시키기 때문에 매장 안에 재고를 보관하기 위한 공간이 많을 필요가 없다. 이것은 더 많은 매장 면적을 상품판매에 충

당할 수 있다는 것을 의미한다. 만일 동일한 효과를 거두기 위해 다른 방법을 사용한다면 매출액 대비 고정자본 비율이 높아질 것이다. 마찬가지로 효율적인 재고관리로 인하여 매장을 지원하기 위한 유통센터의 공간도 적게 사용하게 되고, 공장과 설비에 사용되는 총자본의 지출도 줄일 수 있다. 셋째, 매출액 대비 고정자본의 비율이 높은 것은 월마트의 브랜드가 강력하고 저가격정책을 강력하게 실천함으로써 매장 내 고객흐름이 타겟같은 할인점들보다 높다는 것을 반영하는 것이다.

요약하면 월마트의 높은 수익성은 전략의 함수이고, 수년간 정보시스템과 물류와 같은 전략적 투자로 구축된 독보적 역량이다. 월마트의 사례에서 설명한 방법론은 왜 그리고 어떻게 기업이 경쟁우위를 획득하고 유지해야 하는지를 분석할 수 있는 매우 유용한 도구라고 할 수 있다. 이것은 어디에서 개선의 여지가 있는지, 어디에서 탁월해질 수 있는지를 보여줌으로써 기업의 강점과 약점을 부각시킨다. 또한 그것은 전략의 형성을 유도할 수 있다. 더구나 동일한 방법론으로 경쟁자의 성과를 분석할 수 있고, 그들의 강점과 약점 및 전략에 대해 더 많이 이해할 수 있다.

경쟁우위의 지속성

경쟁우위가 창출된 다음 얼마나 오래 지속될 수 있는가에 대한 문제를 고려해야 한다. 다른 기업들도 경쟁우위를 갖기 위해 독보적 역량을 개발하려고 노력하는 상황에서 경쟁우위의 지속성은 무엇을 의미하는가? 이에 대한 해답은 세 가지 요인, 즉 모방장벽, 경쟁자의 능력, 산업환경의 전반적인 역동성에 달려 있다.

모방장벽

경쟁우위를 갖고 있는 기업은 평균 이익보다 많이 벌 것이다. 이러한 이익은 경쟁자에게 탁월한 가치를 창출할 수 있는 가치있고 독보적인 역량을 보유하고 있음을 알려 주게 된다. 당연히 경쟁자들은 그 역량을 확인하고 모방하려고 노력할 것이다. 그들이 모방에 성공한다면 궁극적으로 그들의 성공이 증가하는 만큼 회사의 탁월한 이익을 조금씩 깎아 내리게 될 것이다.[24]

경쟁자가 회사의 독보적 역량을 얼마나 빠르게 모방할 것인가의 문제는 매우 중요하다. 왜냐하면 모방의 속도는 경쟁우위의 지속성과 관계가 있기 때문이다. 경쟁자가 독보적 역량을 빠르게 모방할수록 경쟁우위의 지속성은 낮아지게 되고, 모방자보다 한발 더 앞설 수 있도록 역량을 향상시키는 노력이 더 중요해진다. 경쟁자가 어떠한 독보적 역량이라도 거의 대부분 모방할 수 있다는 것을 처음부터 염두에 둘 필요가 있다. 중요한 문제는 시간이다. 경쟁자가 독보적 역량을 모방하는 데 많은 시간이 걸릴수록 강력한 시장지위와 명성을 구축할 수 있는 기회가 증가하고 경쟁자들의 공격은 더 어려워진다. 더구나 모방하는 데 시간이 오래 걸리면 모방 당한 기업에게는 역량을 향상시키고 다른 역량을 구축할 수 있는 기회가 늘어나면서 경쟁에서 한발 앞서 나가게 된다.

모방장벽
모방장벽은 경쟁자가
회사의 독보적 역량
을 모방하기 어렵게
만드는 요인

모방장벽(barriers to imitation)은 모방 속도에 대한 기본적인 결정 요인이다. 모방장벽은 경쟁자가 회사의 독보적 역량을 모방하기 어렵게 만드는 요인이며, 모방장벽이 클수록 경쟁우위의 지속성은 증가한다.[25] 모방장벽은 경쟁자가 자원이나 관리능력을 모방하기 위해 노력하는 정도에 따라 다르다.

자원의 모방 일반적으로 장래의 경쟁자들이 모방하기 가장 쉬운 독보적 역량은 건물, 생산공장, 설비와 같은 기업특유의 가치있는 유형 자원을 소유하는 것일 것이다. 이러한 자원들은 경쟁자의 눈에 보이게 되고 공개된 시장에서 구매가 이루어질 수도 있다. 예를 들어 기업의 경쟁우위가 효율적인 규모의 제조시설을 소유한 것에만 의존하고 있다면 경쟁자들은 매우 빠르게 유사한 시설들을 설치할 것이다. 포드자동차가 1920년대에 자동차를 생산하는 조립라인 생산기술을 처음 도입하여 GM보다 경쟁우위를 얻었지만 GM은 빠르게 그 혁신을 모방하였고, 프로세스에서 포드의 독보적 역량과 경쟁하게 되었다. 이와 유사하게 오늘날 자동차산업에서는 자동차 경쟁사들이 토요타의 유명한 생산시스템을 모방하려고 노력하는 현상이 발생하고 있다.

무형자원을 모방하는 것이 더 어렵다. 특히 브랜드명(brand names)의 경우에 해당되는데 브랜드명은 기업의 명성을 상징적으로 나타내기 때문에 중요하다. 예를 들어 중장비 건설 기계산업에서 캐터필러 브랜드명은 고품질 및 탁월한 애프터서비스와 고객지원과 같은 뜻으로 인식된다. 영국의 최대 의류 판매회사인 막스앤스펜서(Marks & Spencer)가 사용하는 세인트마이클 브랜드(St. Michael's brand)는 고품질이면서 합리적인 가격의 옷을 상징한다. 브랜드명이 고품질에 대한 중요한 보증서이기 때문에 고객들은 그 회사의 제품을 선호하게 된다. 비록 경쟁자가 잘 설정된 브랜드명을 모방하더라도 법률이 그러한 행위를 금지하고 있다.

마케팅과 기술적 노하우도 중요한 무형자원이고, 비교적 모방하기 쉬울 수 있다. 숙련된 마케팅 인력의 기업 간 이동이 마케팅 노하우의 전체적인 확산을 촉진시킬 수 있다. 좀더 일반적으로 말하면 성공적인 마케팅전략은 경쟁자들의 눈에 보이기 때문에 비교적 쉽게 모방될 수 있다. 코카콜라(Coca-Cola)는 펩시콜라(Pepsi)의 다이어트 브랜드를 빠르게 모방하여 자신의 브랜드인 다이어트 코크를 출시하였다.

이론적으로는 특허제도를 통해 기술적 노하우가 모방의 영향을 받지 않도록 해야 한다. 특허권은 신제품개발자에게 20년 동안의 독점적인 생산협약을 제공한다. 하지만 이것이 항상 적용되는 것은 아니다. 예를 들어 전자와 컴퓨터 공학에서는 종종 특허 프로세스를 발명하고 공개하는 것, 즉 기능적으로는 동일하지만 특허기술을 사용하지 않는 제품을 생산하는 것이 가능하다. 한 연구결과에 의하면 특허받은 혁신의 60%가 대략 4년 내에 성공적으로 발명되었다.[26] 이것은 일반적으로 기술적 노하우에 기초한 독보적 역량은 비교적 단기적일 수 있다는 것을 시사하는 것이다.

관리능력의 모방 기업의 관리능력(capabilities)을 모방하는 것은 유형 자원과 무형 자원을 모방하는 것보다 더 어려운 경향이 있다. 왜냐하면 관리능력은 의사결정이 이루어지는 방법에 기초하고 있으며 그 프로세스는 기업 내부의 깊숙한 곳에서 관리되기 때문이다. 외부인이 관리능력을 식별하는 것은 어려운 일이다.

관리능력은 눈에 보이지 않기 때문에 모방을 중지시키는 것이 어려운데, 이것은 경쟁자들이 그 회사를 떠난 인력을 고용함으로써 기업경영에 대한 통찰력을 계속해서 얻을 수 있기 때문이다. 하지만 기업의 관리능력이 한명의 개인에게 존재할 가능성은 거의 없다. 오히려 관리능력은 수많은 개개인들이 고유의 조직환경에서 어떻게 서로 상호작용하는가를 보여주는 산출물이라고 할 수 있다.[27] 기업 내에서 한 명의 개인이 기업 내부의 관행과 운영절차를 모두 친숙하게 접하는 것은 불가능하다. 따라서 성공적인 기업 출신의 인력을 고용하는 것은 핵심적인 관리능력을 모방하는 데 있어서 별로 도움이 되지 않는다.

경쟁자의 능력

판카즈 게마왓(Pankaj Ghemawat)의 저서에 의하면 경쟁우위를 빠르게 모방할 수 있는 경쟁자의 능력을 결정하는 요인은 경쟁자들이 갖고 있는 기존의 전략적 몰입(prior strategic commitments)의 본질이라고 할 수 있다.[28] *전략적 몰입(strategic commitment)*은 경영활동을 수행하는 특별한 방법, 즉 특별한 자원과 관리능력을 개발하는 것을 의미한다. 기업이 전략적 몰입을 하는 데 있어서 만일 이를 깨뜨리는 상황이 요구된다면 새로운 경쟁에 대응하는 것은 어려울 것이다. 따라서 경쟁자들이 특별한 경영활동방법에 대해 오랫동안 설정된 전략적 몰입을 갖고 있다면 혁신적인 기업의 경쟁우위를 천천히 모방할 것이다. 그 결과 혁신기업의 경쟁우위는 비교적 오래 지속될 것이다.

미국의 자동차산업은 1945년부터 1975년까지 GM, 포드, 크라이슬러가 안정적인 소수의 독과점을 형성하고 있었고, 이들 3사는 당시에 미국 소비자들이 필요로 하는 대형 승용차 생산을 위한 생산운영활동에 전념하였다. 1970년대 후반 대형승용차에서 연비가 좋은 소형승용차로 시장환경이 변했을 때 미국 기업들은 소형차를 만드는 데 필요한 자원과 관리능력이 부족했다. 그들의 기존의 전략적 몰입이 새로운 환경에 대해 잘못된 능력을 구축한 것이다. 결과적으로 일본과 같은 외국의 생산자들이 연비가 좋고 고품질 저가격의 소형차를 공급하면서 시장진입을 시작하였다. 미국 자동차 제조사들은 일본 자동차회사의 독보적 역량에 신속하게 대응하지 못했고, 결과적으로 그들에게 따라잡을 수 없는 강력한 시장지위와 브랜드 충성도를 구축할 수 있는 시간을 제공하였다.

경쟁우위에 대응하기 위해 경쟁자의 능력을 결정하는 또 다른 요인은 경쟁자의 흡수능력이다.[29] 흡수능력(Absorptive capacity)은 새로운 지식을 확인하고, 가치부여하고, 받아들이고, 활용하는 능력을 의미한다. 예를 들어 1960년대, 1970년대, 1980년대에 토요타는 린생산시스템의 혁신을 기반으로 경쟁우위를 개발했다. GM같은 경쟁자들은 흡수능력이 부족했기 때문에 이 혁신을 모방하는 데 느렸다. 그 당시 GM은 관료적이고 내향적인 조직이었기 때문에 린생산시스템에 깔려 있는 지식을 확인하고 가치 부여하고 받아들이고 활용하기 어려웠다. GM이 린생산시스템의 중요성을 확인하고 이해한 다음 오랜 시간이 지났지만 아직도 이 새로운 지식을 받아들이고 활용하기 위해 노력하고 있다. 달리 말하면 내부의 관성(inertia) 때문에 신제품이나 프로세스, 즉 혁신에 기초한 경쟁우위가 있는 경쟁자들에게 대응하기 어렵다.

> **흡수능력**
> 새로운 지식을 확인하고, 가치 부여하고, 받아들이고, 활용하는 능력

기존의 전략적 몰입과 낮은 흡수능력과 같은 요인들은 경쟁자의 경쟁우위를 모방할 수 있는 능력을 제한한다. 특히 경쟁자의 경쟁우위가 혁신적인 제품이나 프로세스에 기초하고 있을 때 모방하기 어렵다. 이것은 가치가 기존 경쟁자들에게서 벗어나서 혁신이 산업의 경쟁방식을 재구성할 때 새로운 비즈니스모델로 운영하는 새로운 기업으로 가치가 이동하는 이유이다.

산업의 역동성

역동적인 산업환경은 빠르게 변화한다. 외부환경을 다뤘던 2장에서 경쟁의 역동성(dynamism)과 강도를 결정하는 몇몇 요인들에 대해 살펴보았다. 매우 역동적인 산업은 전자산업, 컴퓨터산업, 전기통신산업과 같이 제품혁신의 비율이 높은 경향이 있다. 역동적인 산업에서 혁신이 빠르게 진행되는 것은 제품의 수명주기가 짧고 경쟁우위가 빨리 지나가기 때문이다. 지금 경쟁우위를 갖고 있는 기업은 앞으로 경쟁자의 혁신에 의해 시장지위가 흔들릴 수 있다.

퍼스널 컴퓨터 산업에서 지난 30년간 연산력(computing power)이 빠르게 향상되면서 혁신이 증가하고 환경은 격변해 왔다. 애플은 컴퓨터 혁신을 고집하면서 1970년대말과 1980년대 초에 산업전반에 걸쳐 혁신을 기반으로 한 경쟁우위를 갖고 있었다. 1981년 IBM이 퍼스널 컴퓨터를 처음 소개하면서 경쟁우위를 포착하였다. 1980년대 중반 IBM은 인텔의 386 칩에 기초한 컴퓨터 도입 경쟁에서 IBM을 공격했던 컴팩(Compaq)과 같은 강력한 복제품 제조업자들에게 경쟁우위를 상실하였다. 이어서 1990년대에는 컴팩이 델(Dell)에게 경쟁우위를 상실하였으며, 델은 인터넷을 이용한 직접판매방식으로 컴퓨터를 배달할 수 있는 새로운 저비용방식을 개척하였다. 최근 들어 애플은 혁신적인 제품설계와 성공적인 차별화전략으로 주도권을 다시 확보하고 있다.

요약

경쟁우위의 지속성은 모방장벽의 높이, 혁신을 모방할 수 있는 경쟁자의 능력, 산업환경의 전반적인 역동성 수준에 따라 결정된다. 모방장벽이 낮으면 능력있는 경쟁자가 많아지고, 역동적인 환경에서 혁신은 빠르게 개발되면서 경쟁우위는 무의미하게 된다. 하지만 이러한 산업에서도 기업이 모방장벽을 구축하기 위한 투자를 할 수 있다면 보다 지속적인 경쟁우위를 구축할 수 있다.

실패 방지와 경쟁우위의 지속

어떻게 실패를 방지하고, 성공적이었던 많은 기업들이 빠졌던 함정에서 어떻게 벗어날 수 있을까? 경영자는 지속적 경쟁우위를 어떻게 구축할 수 있을까? 이러한 질문에 대해 살펴보고 앞으로의 논의 주제에 대한 요점들을 정리해 본다.

왜 기업이 실패하는가

기업이 경쟁우위를 잃게 되면 수익성은 떨어진다. 기업이 반드시 실패하는 것이 아니라 평균 또는 그 이하의 수익성을 갖게 되고, 비록 자원과 자산이 위축되더라도 상당한 시간 동안 이 상태로 남아 있을 수 있다. 실패는 보다 더 획기적인 것을 의미한다. 실패하는 기업은 수익성이 경쟁자의 평균수익성보다 실질적으로 낮아지고, 자원과 이윤을 산출하는 능력을 잃게 되면서 투하자본은 빠르게 축소된다.

기업은 왜 경쟁우위를 잃고 실패할까? 이러한 질문이 특히 적절한 것은 지난 반세기 동안 가장 성공적인 기업 중에서 일부는 그들의 경쟁우위가 한두번씩은 악화되는 경험을 했기 때문이다. 경영 능력의 우수성을 보여주었던 IBM, GM, 아메리칸 익스프레스, 시어즈(Sears)는 경쟁우위가 현저하게 부족한 기간 동안 초라한 재무성과를 경험하였다. 실패의 원인은 세 가지 요인, 즉 관성, 기존의 전략적 몰입, 이카루스 역설로 설명할 수 있다.

관성 관성(inertia)에 대한 논쟁에서 기업들은 변화하는 경쟁환경에 맞춰 전략과 조직구조를 변화시키는 것이 어렵다고 강조한다.[30] 이러한 문제에서 IBM은 고전적인 사례이다. IBM은 30년 동안 세계에서 가장 성공적인 컴퓨터회사로 알려져 있었다. 그리고 나서 몇 년만에 그 성공은 재앙으로 변했는데 1992년 50억 달러의 손실이 나고 10만 명 이상의 종업원을 해고했다. 이런 어려움의 근본적인 원인은 마이크로프로세서의 혁신으로 인하여 연산력의 비용이 획기적으로 낮아졌기 때문이다. 강력한 저비용 마이크로프로세서가 출현하면서 컴퓨터 시장의 중심이 대형 컴퓨터에서 저가격소형 퍼스널 컴퓨터로 이동하였고, IBM의 거대한 대형 컴퓨터 운영은 줄어든 시장으로 남게 되었다. IBM이 PC 시장에서 중요한 존재였지만 대형 컴퓨터에서 퍼스널 컴퓨터로 노력의 초점을 이동시키는 데 실패하였다. 이러한 실패는 20세기 가장 성공적인 기업 중의 하나가 심각한 어려움을 겪었다는 것을 의미한다(IBM은 지금 정보기술 기반구조와 솔루션을 제공하는 기업으로 시장지위를 바꾸면서 성공적인 방향전환을 시도하고 있다.)

새로운 환경에 적응하기 어려운 것은 관성을 유발하는 관리능력의 역할 때문이다. 의사결정과 프로세스를 관리하는 조직상의 능력(Organizational capabilities)은 경쟁우위의 원천이 될 수 있지만 종종 변화가 어렵다. IBM은 항상 운영 단위 간 긴밀한 조정을 강조하였고, 다음 의사결정의 선행조건으로서 상호의존적인 운영단위들 간의 합의에 역점을 두는 의사결정 프로세스를 선호했다.[31] 이러한 관리능력은 1970년대 경쟁우위의 원천이었는데 이 시기는 복잡한 대형 컴퓨터를 개발하고 생산하고 판매하기 위해 전 세계 운영 단위들 간의 조정이 필요한 때였다. 그러나 이로 인해 점점 관료화가 진행되면서 빠른 시장 변화에 적응이 필요했던 1990년대에는 실패의 원천이 되었다.

권한과 영향력의 분포가 조직의 기존 의사결정과 관리 프로세스 안에 새겨져 있기 때문에 관리능력은 변화하기 어렵다. 의사결정 과정에서 중요한 역할을 하는 사람은 더 많은 권한을 갖는다. 조직에서 기존의 관리능력을 변화시키는 것은 기존의 권한과 영향력 분포에 대한 변화를 의미한다. 권한과 영향력이 줄어드는 사람들은 변화에 저항하고, 변화를 위한 제안은 심각한 전투를 유발하게 된다. 조직의 의사결정과 관리 프로세스의 운영 방법을 변경하려고 노력하면 권한 다툼과 계층 간의 저항이 발생한다. 즉 관리능력의 변화에 노력하는 것은 관성을 야기한다. 기업이 변화할 수 없다는 의미가 아니다. 변화에 위협을 느끼는 사람들이 종종 저항을 하고, 대부분의 경우 변화는 위기에서 비롯된다. 그 때가 되면 IBM의 사례에서 보듯이 기업은 이미 실패가 진행 중일 수도 있다.

기존의 전략적 몰입 앞서서 진행된 기존의 전략적 몰입(prior strategic commitments)이 경쟁자를 모방하는 능력을 제한하기도 하고 경쟁열위(competitive disadvantage)의 원인이 되기도 한다.[32] 예를 들어 IBM은 대형컴퓨터사업에 중요한 투자를 하였는데, 시장이 변했을 때에도 중요 자원들이 특정 사업에만 고정되어 있었다. 즉, 주로 대형컴퓨터를 생산하는 제조시설에 집중하였고, 연구조직과 판매원들도 비슷하게 전문화되었다. 이러한 자원들이 새롭게 부각되는 퍼스널 컴퓨터 사업에 적합하지 않았기 때문에 1990년대 초 IBM의 어려움은 어느 정도 불가피했다. 기존의 전략적 몰입 때문에 위축되는 사업에 갇혀 버렸다. 이러한 자원들을 불가피하게 버리면서 조직의 모든 이해관계자들에게 어려움을 초래하였다

이카루스 역설 대니밀러(Danny Miller)는 경쟁 실패의 근원은 "이카루스 역설(Icarus

paradox)"에서 찾을 수 있다고 설명하고 있다.[33] 이카루스는 감옥에 갇혀 있던 섬에서 날개를 이용하여 탈출하려는 그리스 신화에 나오는 인물이다. 그는 매우 잘 날 수 있어서 태양의 근처까지 높이 높이 올랐고, 그때 태양열이 그의 날개를 붙여 주었던 왁스를 녹여 버리면서 그는 에게해에 떨어져 죽었다. 이 역설은 그의 위대한 자산인 날 수 있는 능력이 그의 사망을 초래했다는 점이다. 밀러는 이와 동일한 역설이 대부분의 성공적인 기업에게도 적용될 수 있다고 주장한다. 밀러의 주장에 의하면 많은 기업들이 초기의 성공에 현혹되면서 미래의 성공을 위해서도 동일한 형태의 노력이 추가되어야 한다고 믿는다는 것이다. 결과적으로 그들은 너무 한정적이고 근시안적이 되면서 시장의 실체를 파악하는 안목과 경쟁우위를 획득하기 위한 근본적인 필요 조건을 잃게 되고, 조만간 실패로 이어지게 된다. 예를 들어 텍사스 인스트루먼트(Texas Instrument)와 DEC(Digital Equipment Corporation)는 초기에는 기술적 우수성에 의해 성공할 수 있었다. 그러나 공학 기술의 세부사항에만 사로잡혀서 시장의 실체를 파악하는 안목을 잃게 되었다([전략 실행 사례 3.3]에서 DEC의 종말에 대한 내용을 설명하고 있다).

실패를 방지하는 단계

많은 함정들이 기다리고 있다면 이것을 피하기 위해 전략경영자들은 어떻게 내부분석을 활용할 수 있을까? 경영자들이 실패를 피할 수 있는 몇가지 단계들을 살펴본다.

경쟁우위의 구성요소에 집중한다 경쟁우위를 유지하기 위해서는 효율성, 품질, 혁신, 고객 대응성 등 경쟁우위의 네 가지 본원적인 구성요소에 지속적으로 집중해야 하고, 이들 분야에서 탁월한 성과에 기여할 수 있는 독보적 역량을 개발해야 한다. 밀러의 이카루스 역설은 많은 성공적인 기업들이 독보적 역량을 추구하는 데 있어서 불균형적이었다는 교훈을 부각시킨다. 예를 들어 DEC는 고객 대응성과 같은 그밖의 거의 모든 것들을 희생하면서 설계품질에만 집중하였다.

지속적인 개선과 학습을 실시한다 변화는 항구적이고 불가피하다. 현재의 경쟁우위 원천은 능력있는 경쟁자들에게 곧 빠르게 모방되거나 경쟁자의 혁신에 의해 진부화될 수 있다. 역동적이 빠르게 변하는 환경에서 경쟁우위를 계속 유지할 수 있는 유일한 방법은 효율성, 품질, 혁신, 고객 대응성을 끊임없이 향상시키는 것이다. 이를 실행하기 위한 방법은 조직 내에서 학습의 중요성을 인식하는 것이다.[34] 가장 성공적인 기업은 이미 얻은 명예에 만족하면서 제자리에 서 있는 기업이 아니다. 생산 운영활동을 개선하고 독보적 역량의 가치를 향상시키거나 새로운 역량을 창출하기 위해 항상 노력하는 기업이 가장 성공적이다. 예를 들어 제너럴일렉트릭(General Electric)과 토요타는 학습조직에 관한 명성을 갖고 있다. 그들은 효율성, 품질, 혁신, 고객 대응성의 기초가 되는 프로세스를

전략 실행 사례 3.3

DEC의 파멸의 길

© iStockPhoto.com/Tom Nulens

DEC는 1970년대와 1980년대에 최고 컴퓨터 회사 중 하나였다. DEC의 초기 성공은 미니컴퓨터를 기반으로 이루어졌다. 미니컴퓨터(minicimputer)는 저렴하면서 대형컴퓨터보다 유연한 형태라고 할 수 있으며, 켄올슨(Ken Olson)과 그의 뛰어난 설계팀이 1960년대에 발명하였다. 그들은 초기의 미니컴퓨터를 개선하여 품질과 신뢰성을 통제할 수 없을 때까지 개선하였다. 1970년대에 미니컴퓨터의 VAX 시리즈는 그동안 생산된 컴퓨터 중에서 가장 신뢰할 만한 시리즈로 널리 주목을 받았으며, 그 결과 높은 수익율과 빠른 성장율로 보상을 받았다. 1990년에는 미국의 포춘지 선정 상위 500대 기업 리스트에서 27위에 올랐다.

DEC는 그 성공에 들떠서 엔지니어링 단일경작에만 집중하였고, 엔지니어들은 우상이 되었지만 마케팅과 회계담당 직원들은 간신히 버틸 정도였다. 부품명세서와 설계표준이 고위경영자가 이해하는 모든 것이었다. 기술적인 미세조정에 대해 강박관념이 되면서 작고 경제적이고 사용하기 편리한 컴퓨터를 원하는 고객의 요구는 무시되었다. 예를 들어 DEC의 퍼스널 컴퓨터는 고객의 요구에 맞지 않았기 때문에 인기

가 없었다. 이 회사는 워크스테이션과 클라이언트 서버 아키텍처의 출현으로 나타난 핵심 시장에서의 위협에 대응하지 못했다. 켄올슨은 그러한 신제품을 멀리한 것으로 알려졌다. 그는 한때 "우리는 고객이 항상 옳다고 말하지만 그들이 항상 옳은 것은 아니라"라고 말했다. 아마도 그럴 수도 있다. 그러나 초기의 성공에 눈먼 DEC는 고객과 시장환경변화에 대응하면서 살아남는 데 실패했다. 다른 유명한 일화에서 올슨은 1980년대 초 퍼스널 컴퓨터에 대한 질문을 받고 "나는 왜 사람들이 컴퓨터가 책상 위에 있기를 원하는지에 대한 이유를 알 수 없다"라고 말했다.

1990년 초에 DEC는 큰 위기에 빠졌다. 1992년 7월에 올슨은 강제 사직하였고 회사는 1992년과 1995년 사이에 수십억 달러의 손실을 입었다. 올슨이 멀리했던 분야를 충족시키기 위해 회사를 새로운 방향으로 목표를 설정하였고 그러한 방향전환 전략이 성공하면서 1996년에 수익성을 회복하였다. 1998년 컴팩이 DEC를 매입하면서(나중에는 휴렛패커드가 매입하였다), DEC는 독립법인으로써의 사업영역에서 사라졌다.

자료: D. Miller, *The Icarus Paradox*(New York: HarperBusiness, 1990); P. D. Llosa, "We Must Know What We Are Doing," *Fortune*, November 14, 1994, p.68.

끊임없이 분석한다. 과거의 실수에서 배우고 계속해서 프로세스를 향상시키는 방법을 찾아내는 것이 기본적인 목적이다. 토요타는 이러한 접근방법으로 종업원 생산성과 제품품질을 지속적으로 향상시키고 모방자들보다 한발 앞설 수 있었다.

산업의 최고 실행 방법을 추적하고 벤치마킹을 활용한다 산업 최고의 실행 방법(best industrial practice)을 확인하고 채택하는 것은 탁월한 효율성, 품질, 혁신, 고객 대응성에 기여하는 독보적 역량을 개발할 수 있는 가장 좋은 방법 중의 하나이다. 이러한 방법으로 기업은 효율성, 품질, 혁신, 고객 대응성에서의 우수성을 지원하는 자원과 능력을 구축하고 유지할 것이다(무엇이 산업 최고의 실행방법을 구성하는지에 대해 4장에서 보다 자세하게 논의할 것이다). 다른 기업들의 실행방법을 추적하는 것이 필요하고, 아마도 가장 효율적인 글로벌 경쟁자들의 제품, 실행방법, 서비스와 비교하여 측정할 수 있는

벤치마킹이 가장 좋은 방법이다.

관성을 극복한다 조직 내의 변화에 대한 장벽인 내력(internal forces)을 극복하는 것은 경쟁우위를 유지하기 핵심적인 필요조건이라고 할 수 있다. 변화장벽(barriers to change)을 확인하는 것은 중요한 첫 번째 단계이다. 장벽이 확인되면 장벽 극복을 위한 변화를 실행할 수 있도록 훌륭한 리더십, 현명한 권한 사용, 그리고 이어서 조직구조와 통제시스템의 적절한 변화가 필요하다.

행운의 역할 어떤 학자들은 경쟁의 성공과 실패를 결정하는 데 있어서 행운이 중요한 역할을 한다고 주장한다.[35] 가장 극단적인 경우에 행운논쟁은 전략의 중요성을 평가절하하고, 대신에 불확실성에 직면했을 때 어떤 기업은 우연히 올바른 전략을 선택한다고 주장한다.

특별한 경우에 행운이 기업 성공의 이유가 될지라도 계속적인 성공에 대해서는 설득력이 없다. 경쟁우위의 본원적인 구성요소는 탁월한 효율성, 품질, 혁신, 고객 대응성이고, 경쟁은 기업들이 높은 효율성, 탁월한 품질, 뛰어난 혁신, 빠른 고객 대응성을 획득하기 위하여 끊임없이 노력하는 프로세스이다. 운이 좋아서 이들 요인들 중 한두 가지의 우수성을 획득할 수 있는 자원을 가질 수 있다고 상상할 수 있다. 하지만 전략과 같은 의식적인 노력 없이 어떻게 지속적인 우수성이 산출될 수 있는지를 상상하는 것은 어렵다. 행운이 실제로 성공에서 중요한 역할을 할 수도 있고, 경영자는 행운을 개척해야 한다. 그러나 성공이 전적으로 행운의 문제라는 주장은 신빙성을 억지로 강요하는 것이다. 20세기의 저명한 은행가인 모건(J.P.Morgan)은 "내가 열심히 일할수록 점점 더 행운이 따르는 것 같다"라고 말했다. 경쟁우위를 이끌어 낼 수 있는 전략을 수립하고 실행하려고 노력하는 경영자들은 행운이 있을 가능성이 크다.

요약 *Summary of Chapter*

1. 독보적 역량은 기업특유의 강점이다. 가치있는 독보적 역량은 기업으로 하여금 산업 평균보다 큰 이익률을 달성할 수 있게 한다.

2. 조직의 독보적 역량은 자원(재무적, 물질적, 인적, 기술적, 조직적 자산)과 관리능력(자원을 조정하고 생산적으로 활용하는 기량)에서 발생한다.

3. 경쟁우위를 획득하기 위하여 기존의 자원과 관리능력을 기반으로 한 전략을 추구하면서 추가적인 자원과 관리능력(새로운 역량 개발)을 구축할 수 있는 전략을 수립할 필요가 있다.

4. 경쟁우위의 원천은 탁월한 가치창출이다.

5. 탁월한 가치(효용)를 창출하기 위하여 기업은 비용을 낮추거나 제품을 차별화해야 하고, 그래서 더 많은 가치를 창출하고 높은 가격을 책정할 수 있어야 한다.

6. 경영자는 가치창출과 가격결정이 수요에 어떻게 영향을 미치는지, 그리고 생산량의 변화에 따라 비용이 어

떻게 변하는지를 이해해야 한다. 경영자는 기업의 수익성을 극대화할 수 있는 의사결정을 하기 위해서 시장에서의 수요 조건과 산출량 수준에 따른 비용구조를 제대로 파악해야 한다.

7. 경쟁우위의 네 가지 구성요소는 효율성, 품질, 혁신, 고객 대응성이다. 이것은 본원적인 독보적 역량이다. 탁월한 효율성은 비용을 낮출 수 있고, 탁월한 품질은 높은 가격을 책정하고 비용을 낮출 수 있으며, 탁월한 고객 서비스는 높은 가격을 책정할 수 있게 한다. 탁월한 혁신, 특히 제품혁신은 보다 높은 가격을 유도할 수 있고, 프로세스 혁신의 경우에는 단위 원가를 낮출 수 있다.

8. 경영자가 효과적인 내부 분석을 하기 위해서는 수익성

과 관련된 전략을 확인하고 투하자본수익률 측정과 같은 재무성과를 분석할 필요가 있다.

9. 경쟁우위의 지속성은 모방장벽의 높이, 경쟁자의 능력, 환경의 역동성에 달려 있다.

10. 실패하는 기업은 일반적으로 수익이 낮거나 손실을 입는다. 실패에 영향을 미치는 세가지 요인은 환경변화에 직면한 조직의 관성, 기존의 전략적 몰입의 본성, 그리고 이카루스 역설이다.

11. 실패를 방지하기 위해서는 지속적 개선, 산업 최고의 실행 방법 확인 및 채택, 관성의 극복과 같은 경쟁우위의 기본적인 구성요소에 항상 집중하는 것이 요구된다.

토론 과제

1. 전략수립을 위해 이 장에서 논의했던 내용들의 기본적인 시사점은 무엇인가?
2. 기업의 경쟁우위는 언제 오래도록 지속될 수 있는가?
3. 기업이 최소의 비용으로 생산하면서 동시에 최고의 고객 가치를 산출할 수 있는가?

4. 투하자본수익률로 측정되는 수익성 유발요인들을 이해하는 것이 왜 중요한가?
5. 기업의 성공과 실패를 설명하는 데 있어서 전략을 세우는 것과 행운 중에서 어느 것이 더 중요한가?

윤리적 딜레마

© iStockPhoto.com/P_Wei

당신의 친구는 탁월한 수익성의 이력을 갖고 있는 소매점을 운영하고 있다. 그녀는 경쟁우위의 기본적인 원천 중의 하나가 낮은 인건비라고 믿고 있다. 낮은 인건비는 그녀가 최저임금 근로자를 고용하기 때문이며, 그들에게 건강 혜택과 같은 다른 혜택들은 제공하지 않고 있으며, 시종일관 노동조합 설립에 반대하고 있다(작업자들은 노조 가입이 이루어지지 않았다). 이러한 접근방법이 종업원들의 이직률을 높이고 있지

만 그녀는 작업의 숙련도가 낮아서 대체 인력을 쉽게 구할 수 있다고 항변하고 있다. 사업을 경영하는 데 있어서 당신 친구의 접근방법은 윤리적인가? 최저임금 근로자를 고용하지 않고도 낮은 인건비를 달성할 수 있는 방법은 있는가? 당신의 친구에게 대안적인 접근방법을 사용하도록 조언할 수 있는가?

스타벅스의 경쟁우위

스타벅스(Starbucks)의 성장은 전설적인 비즈니스 작품이라고 할 수 있다. 1980년대에 단지 소수의 매장을 갖고 있었던 당시에 마케팅 책임자인 하워드 슐츠(Howard Schultz)는 이태리 출장에서 이태리식 커피점 경험에 매료되어 돌아왔다. 슐츠는 나중에 그 회사를 매입하고 CEO가 되었다. 그는 주주들에게 커피점의 형태에 대한 실험을 하도록 설득하였고, 그 결과 스타벅스 경험(Starbucks experience)이 탄생하였다. 회사에서 볶아낸 프리미엄 커피와 신선하게 만들어진 에스프레소 스타일의 커피 음료를 판매하는 것이 전략이었다. 그리고 멋지게 설계된 커피점 환경에서 여러 형태의 구워서 만든 과자, 커피 엑세서리, 기타 제품들도 덧붙여 판매하였다. 아이디어는 커피를 사서 마시는 행동을 사회적 경험으로 변환시키는 것이었다. 매장은 사람들이 만나고 대화하고 휴식을 취하고 독서를 할 수 있는 제3의 장소가 되었다. 회사는 탁월한 고객 서비스를 제공하는 데 집중하였다. 스타벅스의 경영자들은 종업원 동기부여가 최고의 고객 서비스를 제공할 것으로 판단하고 종업원 고용과 훈련 프로그램에 많은 노력을 기울였으며, 상근 및 비상근 종업원에 대한 스톡옵션 부여와 의료혜택을 제공하는 전향적인 보상 정책에도 노력하였다.

이러한 방식은 스타벅스 경쟁우위의 기반이 되었다. 스타벅스는 10년 내에 무명에서 미국 최고의 브랜드 중 하나가 되었다. 스타벅스는 1995년과 2005년 사이에 연간 27%의 비율로 미국 매장을 늘렸으며 거의 총 12,000개 지역에 도달하였다. 또한 국제적으로도 공격적인 확장을 하였다. 슐츠 자신은 2000년에 CEO 자리에서 은퇴하고 회장으로 남았다.

그러나 2008년에 회사는 역풍을 맞았다. 작은 부티크 커피점에서부터 타리즈와 피트 커피 같은 체인점에 이르기까지, 그리고 맥도날드까지 포함한 경쟁자들은 스타벅스의 경쟁우위를 잠식하기 시작하였다. 회사는 여전히 빠른 속도로 매장을 늘려 나갔지만 매장의 매출은 떨어지기 시작했다. 2008년 투하자본수익률(ROIC)

로 측정한 수익성은 21%에서 8.6%로 뚝 떨어졌다. 주가는 크게 폭락하였다.

이 시점에서 슐츠는 CEO를 해고하고 다시 그 자리에 복귀하였다. 그의 전략은 스타벅스를 기본으로 되돌아가는 것이었다. 그는 탁월한 고객 경험을 통한 가치창출을 재강조하고, 이것을 가능한한 효율적으로 실행하기를 원했다. 그는 하루동안 모든 매장을 휴업하고 커피 만드는 기술에 대해 바리스타(baristas)를 재교육하였다. 그 밖의 다른 많은 변화들이 뒤를 이었다. 회사는 대부분의 매장들을 최신의 느낌이 나도록 재설계하였다. 슐츠는 냄새가 프리미엄 커피 경험을 손상시킨다고 생각했기 때문에 아침 샌드위치 판매를 중단하였다. 하루 동안의 커피 분량을 충분히 갈아 놓는 대신에 새로 끓여진 커피의 향기가 발생하도록 새 커피 포트가 끓을 때마다 커피를 갈도록 지시하였다. 그는 매장 관리자들에게 수공예품 전시와 같이 매장별 특성을 살릴 수 있도록 더 많은 자율권을 주었다. 스타벅스는 또한 공정무역 정책을 획기적으로 확대하였고, 환경친화적인 정책에 부합하는 재배자에게서 커피 원두를 구매하고 소비자들에게 이것을 판촉하였다.

슐츠는 비용을 절감하기 위해 기대치를 밑도는 600개의 미국 매장을 폐점한다고 발표했다. 매장 임대계약을 낮춰서 재교섭하기 위해 가능한한 매장 폐점의 위협을 이용하였다. 과자류 공급자의 수를 줄이고 수량 할인을 협상하였다. 린사고 팀(lean thinking team)이 만들어지고 바리스타가 더 효율적으로 일할 수 있도록 종업원 생산성을 향상시키는 업무가 주어졌다. 일반적으로 주문되는 시럽향료를 음료가 만들어지는 장소 근처에 배치하였으며, 이처럼 간단한 변화가 이루어지면서 음료를 만드는 데 걸리는 시간을 단축할 수 있었고 종업원들로 하여금 고객들과의 소통에 더 많은 시간을 사용할 수 있었다. 보다 빠른 고객 서비스는 보다 높은 고객만족을 의미했다.

결과는 인상적이었다. 거의 구식 브랜드로 전락했

던 것이 다시 활기를 띠게 되었다. 2008년과 2012년 사이에 스타벅스의 수익은 경기침체에도 불구하고 104억 달러에서 133억 달러로 증가하였고, 투하자본수익률은 8.6%에서 26.13%로 급등했다.

자료: J. Jargon, "Latest Starbucks Buzzword: Lean Japanese Techniques," *Wall Street Journal*, August 4, 2009, p.A1; J. Adamy, "Starbucks Moves to Cut Costs, Retain Customers," *Wall Street Journal*, December 5, 2008, p.B3; "Coffee Wars," *The Economist*, December 1, 2008, pp.57–59; and R. Lowenstein, "What Latte Lost Its Luster," *Wall Street Journal*, March 29, 2001, p.A17.

사례 토의 문제

1. 스타벅스가 고객을 위해 창출한 가치는 무엇인가? 기업은 이 가치를 어떻게 창출하는가?
2. 스타벅스의 경쟁 위치에서 혁신, 효율성, 품질, 고객 대응성은 얼마나 중요한가?
3. 스타벅스는 어떤 독보적 역량을 갖고 있는가? 그렇다면 그것들이 어떻게 비즈니스에 영향을 미치는가?
4. 스타벅스의 성과가 2005년 이후 왜 떨어지기 시작했는가? 슐츠는 2008년 이후 실시한 변화와 관련하여 무엇을 하려고 노력했는가?

핵심 용어 *Key Terms*

독보적 역량(Distinctive competencies) 92
자원(Resources) 92
유형자원(Tangible resources) 92
무형자원(Intangible resources) 92
관리능력(Capabilities) 93

가치사슬(Value chain) 99
주활동(Primary activities) 100
지원활동(Support activities) 102
종업원 생산성(Employee productivity) 105
제품혁신(Product innovation) 107

프로세스 혁신(Process innovation) 107
고객대응 시간(Customer response time) 108
모방장벽(Barriers to imitation) 116
흡수 능력(Absorptive capacity) 118

참고문헌 *Notes*

1 M. Cusumano, *The Japanese Automobile Industry* (Cambridge, Mass.: Harvard University Press, 1989); S. Spear and H. K. Bowen, "Decoding the DNA of the Toyota Production System," *Harvard Business Review* (September-October 1999): 96-108.

2 이 장의 내용은 기업의 자원 기반 관점에 기초하고 있으며, 이 관점에 대한 개요는 다음 문헌을 참고한다. J. B. Barney, "Company Resources and Sustained Competitive Advantage," *Journal of Management* 17 (1991): 99-120; J. T. Mahoney and J. R. Pandian, "The Resource-Based View Within the Conversation of Strategic management," *Strategic Management Journal* 13 (1992): 63-380; R. Amit and P. J. H. Schoemaker, "Strategic Assets and Organizational Rent," *Strategic Management Journal* 14 (1993): 33-46; M. A. Peteraf, "The Cornerstones of Competitive Advantage: A Resource-Based View." *Strategic Management Journal* 14 (1993): 179-191; B. Wernerfelt, "A Resource Based View of the Company," *Strategic Management Journal* 15 (1994): 171-180; and K. M. Eisenhardt and J. A.

Martin, "Dynamic Capabilities: What re They?" *Strategic Management Journal 21* (2000):1105-1121.

4 조직의 능력에 관한 논의는 다음 문헌을 참조한다. R. R. Nelson and S. Winter, *An Evolutionary Theory of Economic Change* (Cambridge, Mass,: Belknap Press, 1982).

5 W. Chan Kim and R. Mauborgne, "Value Innovation: The Strategic Logic of High Growth," *Harvard business Review*, January-February 1997, pp.102-115.

6 소비자잉여의 개념은 경제학에서 중요한 개념이다. 보다 상세한 설명은 다음 문헌을 참조한다. D. Besanko, D. Dranove, and M. Shanley, *Economics of Strategy* (New York: Wiley, 1996).

7 그러나 $P = U$ 는 기업이 완전 독점적일 때처럼 특별한 경우에만 해당되며, 고객의 제품 효용을 반영하여 각 소비자들에게 유일한 가격을 부여한다(즉, 완벽한 가격차별화가 가능하다). 보다 일반적으로는 완전한 가격차별화와 같은 특별한 경우를 제외하면 독점기업 조차도 대부분의 소비자들이 제품 효용의 일부를 소비자잉여 형태로 획득하는 것을 알게 된다.

8 이 점이 마이클 포터(Michael Porter) 저서의 핵심이며, 다음 저서를 참조한다. M. E. Porter, *Competitive Advantage* (New York: Free Press, 1991), chap. 4.

9 Oliver Wyman, "The harbor Report," 2008, www.oliverwyman,com/ow/automotive.htm.

10 Poter, *Competitive Advange.*

11 Ibid.

12 이 접근법은 랑카스터(K. Lancaster)의 선구적인 저서에 기초한다. K. Lancaster, *Consumer Demand, a New Approach* (New York: 1971).

13 D. Garvin, "Competing on the Eight Dimensions of Quality," *harvard Business Review*, November-December 1987, pp. 101-119; P. Kotler, *Marketing Management* (Millennium ed.) (Upper Saddle River, N. J.: Prentice Hall, 2000).

14 C. K. Prahalad and M. S. Krishnan, "The New Meaning of Quality in the Information Age." *Harvard Business Review,* September-October 1999, pp. 109-118.

15 D. Garvin, "What Does Product Quality Really Mean,?" *Sloan Management Review 26* (Fall 1984): 25-44; P. B. Crosby, *Quality Is Free* (New York: Mentor, 1980); and A. Gabor, *The Man Who Discovered Quality* (New York: Times books, 1990).

16 M. Cusumano, *The Japanese Automobile Industry* (Cambridge, Mass,: Harvard University Press, 1989);

and S. Spear and H. K. Bowen, "Decoding the DNA of the Toyota Production System," *Harvard Business Review,* Sepember-October 1999, pp. 96-108.

17 Kim and Mauborgne, "Value Innovation."

18 G. Stalk and T. M. Hout, *Competing Against Time* (New York: Free Press, 1990)

19 Ibid.

20 Tom Copeland, Tim Koller, and Jack Murrin, *Valuation: Measuring and Managing the value of Companies* (New York: Wiley, 1996). See also S. F. Jablonsky and N. P. Barsky, *The Manager's Guide to Financial Statement Analysis* (New York: Wiley, 2001).

21 Copeland, Koller, and Murrin, *Valuation.*

22 순이익 π, 투하자본 K, 수익 R 이라면 투하자본수익률 ROIC = π/K 이다. 여기에 수익 R 을 곱하면 이 공식은 $R \times (K) = (\pi \times R)/(K \times R)$ 이 된다. 즉, $\pi/R \times R/K$ 로 나누어지고, 여기에서 π/R 은 매출이익률, R/K 는 자본회전율이다.

23 [그림 3.9]는 간단한 형태이며 계산에 포함될 수 있는 다른 중요 항목들, 즉 감가상각비 대 매출액 비율(매출이익률 결정요소)과 자산 대 매출액 비율(자본회전율 결정요소)를 제외하였다.

24 이것은 경쟁적 프로세스의 본질이다. 더 자세한 사항은 다음 문헌을 참고한다. C. W. L. Hill and D. Deeds, "The Importance of Industry Structure for the Determination of Company Profitability: A Neo-austrian Perspective," *Journal of Manegement Studies 33* (1996): 429-451.

25 자원과 관리능력에 관련하여 모방장벽은 기업의 자원 기반 관점에 근거를 두고 있다. 자세한 내용은 다음 문헌을 참고한다. R. Reed and R. J. DeFillippi, "Causal Ambiguity, Barriers to Imitaion, and Sustainable Competitive Advantage," *Academy of management Review 15* (1990): 88-102

26 E. Mansfield, "How Economists See R&D," *Harvard Business Review,* November-December 1981, pp. 98-106.

27 S. L. Berman, J. Down, and C. W. L. Hill, "Tacit Knowledge as a Source of Competitive Advantage in the National Basketball Association," *Academy of Management Journal 45*:1 (2000): 13-33.

28 P. Ghemawat, *Commitment: The Dynamic of Strategy* (New York: Free Press, 1991).

29 W. M. Cohen and D. A. Levinthal, "Absorptive Capacity: A New Perspective on Learning and Innovation," *Administrative science Quarterly 35* (1990):

128-152.

30 M. T. Hannah and J. Freeman, "Structural Inertia and Organizational Change," *American Sociological review* 49 (1984): 149-164.

31 "IBM Corporation," Harvard Business School case #180-034.

32 Ghemawat, *Commitment.*

33 D. Miller, *The Icarus paradox* (New York: Harper Business, 1990).

34 P. M. Senge, *The Fifth Discipline: The Art and Practice of the Learning Organization* (New York: Doubleday, 1990).

35 이 관점에 대한 고전적인 주장은 알체인(A.A.Alchain)에 의해 이루어졌다. A. A. Alchain, "Uncertainty, Evolution, and Economic Theory," *Journal of Political Economy* 84 (1950): 488-500.

기능전략을 통한 경쟁우위 구축

제프 베조스(Jeff Bezos)가 1995년 아마존닷컴을 시작했을 때 온라인 소매업은 단지 책 판매에만 집중하고 있었다. 곧바로 음반과 비디오가 추가되었다. 요즘에는 다양한 미디어 제품과 일반 상품을 아마존에서 구입할 수 있으며, 아마존은 연간 600억달러 이상의 매출을 기록하는 오늘날 세계에서 가장 큰 온라인 판매회사가 되었다. 베조스에 의하면 아마존의 성공은 세 가지 주요요인, 즉 고객가치 전달에 대한 끊임없는 집중, 운영효율성, 기꺼이 혁신하려는 의지에 기초하고 있다.

아마존은 고객들이 실제 매장에서 찾을 수 있는 것 보다 훨씬 폭넓은 상품 선택을 제공한다. 온라인 쇼핑과 구매는 사용자 중심의 인터페이스, 제품 추천, 고객 희망목록, 반복 구매고객을 위한 원클릭 구매옵션이 가능하기 때문에 쉽게 진행될 수 있다. 아마존이 구글과 같은 검색엔진에서 얻게 되는 정보량의 비율이 지난 몇 년 동안 낮아지고 있는 반면에 다른 온라인 판매회사는 제3자 검색엔진에 점점 더 의존하고 있다. 이것은 아마존이 더욱더 온라인 구매의 출발점이 되고 있음을 의미하는 것이다.

아마존은 고객에게 빠르고 정확한 제품 전달을 위해 유통센터의 네트워크 구축에 많은 투자를 해왔다. 미국에만 현재 40개 이상의 센터를 갖고 있다. 정교한 소프트웨어가 고객의 구매패턴을 분석하고 무엇을 주문할 것인지, 어느 유통센터에서 보관해야 하는지, 얼마나 요금을 청구해야 하는지, 그것을 처분하기 위해 언제 가격할인을 해야 하는지를 알려준다. 항상 재고를 보유하고 있기 때문에 재고유지 비용을 줄이는 것이 목적이다. 유통센터의 네트워크가 점점 더 밀집해지면서 고객에 대한 제품 배달 시간이 줄어들고 배달비용이 줄어들게 되었다. 아마존은 성장을 하면서 밀집된 유통 네트워크를 유지할 수 있었고, 고객의 주문을 더 빨리 낮은 비용으로 이행할 수 있었으며, 이로 인해 소규모 경쟁자들에 비해 경쟁우위를 확고히 다질 수 있었다.

아마존은 유통센터를 효율적으로 운영하기 위해 자동화를 도입하였다. 최근까지 유통센터에서 제품의 피킹(picking)과 포장은

학습 목표

이 장의 학습 목표는 다음과 같다.

- 효율성을 높이기 위하여 기능전략을 어떻게 활용하는지를 설명한다.
- 품질을 높이기 위하여 기능전략을 어떻게 활용하는지를 설명한다.
- 혁신을 높이기 위하여 기능전략을 어떻게 활용하는지를 설명한다.
- 고객 대응성을 높이기 위하여 기능전략을 어떻게 활용하는지를 설명한다.

수작업으로 이루어졌으며, 종업원들은 선반 위의 상품을 선택해서 포장부서에 전달하기 위해 하루에 20마일 정도를 걸어다녔다. 하루에 20마일 정도의 걷기는 종업원의 육체적인 건강에는 유익할 수 있으나 많은 시간이 소요되고 생산성을 떨어뜨리게 된다. 아마존은 2012년에 창고용 로봇의 선두 제조업자인 키바(Kiva)를 인수하였다. 키바는 향후 2~3년 동안 어떠한 외부 주문도 받지 않고 대신에 아마존 유통센터의 자동화에만 집중하겠다고 발표했다. 키바의 로봇은 제품을 선반에서 피킹하여 포장부서로 이동시킨다. 이것은 유통센터에 필요한 종업원 수를 30~40% 감축하였고 그만큼 생산성을 향상시켰다.

아마존은 혁신에 앞장서서 미디어의 디지털화를 추구하는 리더가 되었다. 킨들 디지털 리더(Kindle digital reader)의 발명, 그리고 킨들 단말기에서든 아이패드 같은 범용 단말기든 그 리더기를 사용할 수 있는 고객의 능력은 도서의 전자유통을 가속화시켰고, 아마존은 이 시장에서 확실한 리더가 되었다. 책을 디지털화하면서 기존의 도서판매 산업은 흔들리고 이 분야에서 아마존의 경쟁우위는 강화되었다. 도서에서 영화와 음악에 이르기까지 디지털 미디어를 보관하기 위하여, 그리고 고객의 다운로드를 빠르게 하기 위해 아마존은 방대한 서버팜(server farms)을 구축하였다. 클라우드 기반 구조에 대한 초기 투자는 아마존을 이 분야의 리더로 만들었다. 지금은 다른 비즈니스를 구축하기 위하여 전문적 기술과 기반 구조를 레버리지(leveraging)하고 있다. 아마존 웹 서비스(Amazon Web Services: AWS)로 알려져 있듯이 다른 기업을 위한 웹 사이트, 데이터, 관련 소프트웨어의 호스트가 될 것이다. 이 새로운 사업은 2012년 21억 달러의 수익을 창출하였으며, 떠오르는 클라우드 컴퓨팅 분야에서 초기 리더 중의 하나가 되었다. 분석전문가들은 2015년까지 아마존 웹 서비스(AWS)가 150억 달러 사업이 될 것으로 예상하고 있다. 제프 베조스는 아마존 웹 서비스가 궁극적으로 아마존의 온라인 매출규모와 맞먹을 것으로 믿고 있다.

자료: "Amazon to Add 18 New Distribution Centers," *Supply Chain Digest*, August 7, 2012; Adam Lashinsky, "Jeff Bezos: The Ultimate Disrupter," *Fortune*, December 3, 2012, pp.34–41; S. Babker, "The New Amazon Distribution Model," *Logistics Viewpoints*, August 6, 2012; and G. A. Fowler, "Holiday Hiring Call: People Vs Robots," *Wall Street Journal*, December 10, 2010, p.B1.

개관

기능전략
기업운영의 효과성을 향상시키고 탁월한 효율성, 품질, 혁신, 고객 대응성을 획득할 수 있는 능력을 높이는 데 목적을 두는 전략

이 장에서는 기능전략에 대해 자세히 살펴본다. 기능전략(Functional-level strategies)은 기업운영의 효과성을 향상시키고 탁월한 효율성, 품질, 혁신, 고객 대응성을 획득할 수 있는 능력을 높이는 데 목적을 두고 있다.

[그림 4.1]에 제시된 것처럼 기능전략, 독보적 역량, 차별화, 낮은 비용, 가치창출, 수익성 사이의 관계를 파악하는 것이 중요하다. 독보적 역량은 기업이 추구할 수 있는 기능전략을 형성한다. 경영자들은 기능전략에 관련된 선택을 통하여 기업의 독보적 역량을 높일 수 있는 자원과 관리능력을 구축할 수 있다. 또한 탁월한 효율성, 품질, 혁신, 고객 대응성을 획득할 수 있는 능력은 제품이 경쟁자와 차별화되는지, 그리고 낮은 비용구조를 가질 수 있는지를 결정한다. 소비자가 차별화된 제품에서 얻게 되는 가치(효용)를 증가시키는 동시에 비용구조(cost structure)를 낮추는 기업은 경쟁자보다 더 많은 가치를 창출할 수 있고, 이것이 경쟁우위, 탁월한 수익성, 이익 증가로 이어진다.

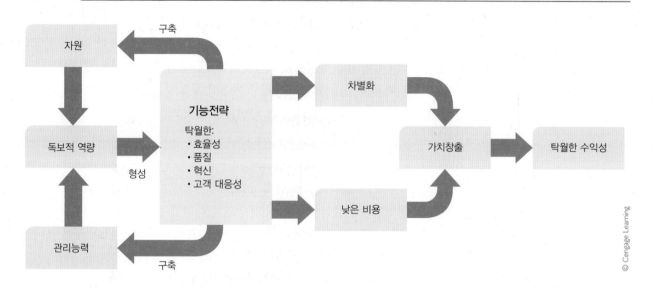

그림 4.1 | 경쟁우위의 근원

첫머리 사례에서 이러한 관계를 보여주고 있다. 아마존은 항상 고객 대응성에 집중해 왔다. 폭 넓은 제품 선택, 낮은 가격, 신속한 주문이행, 고객중심 인터페이스, 제품 추천, 고객 희망목록, 원클릭 구매옵션은 모두 고객 대응성의 특징이다. 이러한 요인들이 합쳐져서 온라인과 오프라인 소매업에서 아마존을 경쟁자와 *차별화*하였다. 그리고 시간이 지날수록 아마존은 재고관리와 유통센터 네트워크 운영에서 더욱 효율적이고 효과적이었다. 더 많은 유통센터를 개통하고 유통네트워크의 밀집도가 증가하면서 아마존은 고객에게 제품을 더 빠르게 배송할 수 있고(고객만족 향상), 또한 낮은 비용으로 실행할 수 있다. 유통센터 작업의 상당 부분을 자동화하는 최근 전략은 앞으로 종업원 생산성을 향상시킬 것이다. 이 모든 것들이 아마존을 낮은 *비용*의 위치를 달성하도록 도운 것이다. 그리고 또한 기업이 혁신적이기 때문에 새로운 제품(킨들 리더, 책의 디지털 다운로드)과 서비스(아마존 웹 서비스)를 개발하여 경쟁우위를 더욱 확고히 할 수 있었다.

이 장에서는 아마존닷컴의 사례에서 보여준 것처럼 경쟁 위치를 향상시킬 수 있는 기능부서 수준의 기본 전략을 살펴보는 데 많은 부분을 할애하고 있다. 이 장의 끝 무렵에서 기능전략이 어떻게 지속적 경쟁우위를 구축할 수 있는지를 이해하게 될 것이다.

탁월한 효율성 달성

기업은 투입물(노동, 토지, 자본, 경영, 기술적 노하우)을 산출물(제품과 서비스)로 변환시키는 장치라고 할 수 있다. 가장 간단한 효율성 측정지표는 산출물을 만드는 데 소요된 투입물의 양, 즉 (효율성 = 산출물/투입물) 이다. 기업이 효율적일수록 산출물을 만드는 데 필요한 투입물이 적어지고 비용구조가 줄어든다. 즉, 효율적인 기업은 경쟁자보다 생산성이 높고 낮은 비용을 달성한다. 여기에서 기업이 효율성을 높이고 비용구조를 낮추기 위하여 기능부서 수준에서 취할 수 있는 방법들을 살펴본다.

효율성과 규모의 경제

규모의 경제(Economies of scale)는 산출량의 규모가 증가할수록 단위 원가(unit cost)가 감소하는 것이다. 경영자가 산출물에 따라 비용구조가 어떻게 변할 수 있는지를 이해하는 것은 중요한데, 왜냐하면 이러한 이해가 전략추진에 도움이 되기 때문이다. 예를 들어 산출물이 증가함에 따라 단위 원가가 상당히 감소한다면, 즉 규모의 경제가 발생한다면 기업은 가격을 낮추고 생산량을 늘리면서 이득을 볼 수 있다.

규모의 경제가 발생하는 원천 중 하나는 고정비를 대규모의 생산량에 분산시키는 능력이다. 고정비(Fixed costs)는 산출물의 수량에 관계없이 제품을 생산할 때 발생하는 비용이다. 즉 기계 구입, 개별적인 생산 작업을 위한 기계류 설치, 건물 시설, 광고, 연구개발에 관련된 비용이다. 예를 들어 마이크로소프트(Microsoft)는 윈도즈 운영체제의 최신 버전(윈도즈8)을 개발하기 위해 대략 50억 달러를 지출했다. 새로운 운영체제를 개발하는데 소요된 고정비를 막대한 판매량에 분산시킴으로써 실질적인 규모의 경제를 실현할 수 있다(전 세계 16억명의 퍼스널 컴퓨터 사용자 중에서 90% 이상이 윈도즈 운영체제를 사용할 것으로 예상된다). 윈도즈8의 제품이 추가로 생산되어도 실제 비용증가는 매우 미세하기 때문에 이러한 규모의 경제는 뚜렷하게 나타난다. 예를 들어 마스터카피(master copy)가 만들어지면 윈도즈8의 추가적인 생산은 주문자상표부착방식(OEM: original equipment manufacturing)에 의해 0의 한계 비용으로 이루어질 수 있다. 마이크로소프트사의 효율성과 수익성의 핵심은 고정비를 대규모 생산량에 분산시키고 실질적인 규모의 경제를 실현할 수 있도록 매출을 빠르고 충분하게 증가시키는 것이다.

규모의 경제의 또 다른 원천은 분업과 전문화를 획득하기 위하여 대량생산을 할 수 있는 기업의 능력이다. 전문화(Specialization)는 종업원들이 특정한 과업을 수행하는 데 매우 숙련되어 있기 때문에 생산성에 좋은 영향을 미친다. 이러한 경제에 대한 고전적인 사례는 포드(Ford)의 모델T 자동차이다. 포드의 모델T는 1923년에 소개되었고, 세계에서 처음 대량생산된 자동차였다. 포드는 1923년까지 값비싼 수작업 생산방식으로 자동

규모의 경제
산출량의 규모가 증가할수록 단위 원가(unit cost)가 감소하는 것

고정비
산출물의 수량에 관계없이 제품을 생산할 때 발생하는 비용

차를 만들고 있었다. 대량생산기법의 도입으로 더 많은 분업(작고 반복적인 과업으로 조립공정을 분할)과 전문화를 달성할 수 있었고, 이로 인해 종업원 생산성이 향상되었다. 포드는 또한 자동차를 개발하고 생산 기계를 설치하기 위한 고정비를 대규모의 생산량에 분산시킬 수 있었다. 이러한 경제적 효과의 결과로 자동차 한 대당 제조비용이 1958년 기준으로 3,000달러에서 900달러 이하로 떨어졌다.

규모의 경제에 대한 개념은 [그림 4.2]에서 보여주듯이 산출량이 증가하면서 단위 원가는 감소하는 것이다. 이러한 과정은 산출량 Q1에서 끝나게 되고 모든 규모의 경제는 고갈된다. 실제로 Q1보다 많은 산출량을 생산할 경우 대규모의 산출량과 관련된 단위 원가가 증가하게 되는 규모의 비경제(diseconomies of scale)에 직면하게 된다. 규모의 비경제는 근본적으로 기업 규모의 증가로 인한 관료주의 증가와 그로 인한 경영상의 비효율성 때문에 발생한다.[1] 대규모 기업은 역 기능적인 정치적 행태가 만연하는 경영 계층을 확대시키는 경향이 있다. 경영상의 문제에 대한 정보는 최고경영자에게 도달할 때까지 수많은 경영 계층을 돌아다니면서 뜻하지 않게 그리고 고의적으로 왜곡될 수 있다. 그 결과 잘못된 의사결정이 이루어진다. 따라서 [그림 4.2]에서의 Q1과 같은 특정 시점을 지나치면 성장에 따른 비효율성이 나타나고 규모의 경제에 의한 추가적인 이득보다 비효율성이 크게 된다.

경영자는 규모의 경제의 한계를 알아야 하고, 규모의 비경제가 어디에서 발생하는지를 알아야 한다. 예를 들어 뉴코철강(Nucor Steel)은 규모의 비경제가 존재하는 것을 깨

> 규모의 비경제
> 대규모의 산출량과 관련된 단위 원가가 증가

그림 4.2   규모의 경제와 규모의 비경제

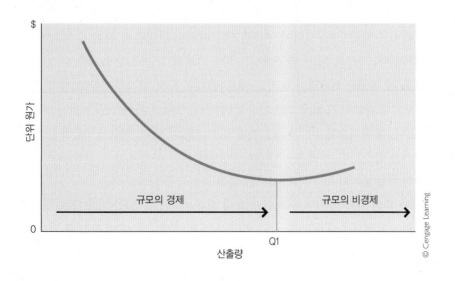

© Cengage Learning

닫고 종업원 300인 이하의 공장을 구축하는 의사결정을 하였다. 즉, 600명을 고용하는 하나의 공장보다는 300명씩 고용하는 두 개의 공장을 건설하는 것이 더 효율적이라고 믿는 것이다. 이론적으로는 더 큰 공장이 더 많은 규모의 경제를 달성할 수 있지만 뉴코의 경영자들은 큰 공장은 대규모 조직에 의한 규모의 비경제로 고통받을 수 있다고 믿고 있다.

효율성과 학습효과

학습효과(Learning effect)는 실행을 통한 학습에서 비롯되는 비용절감이다. 예를 들어 근로자들은 반복 작업을 통하여 과업을 실행할 수 있는 최선의 방법을 학습한다. 개개인들이 특정 과업을 수행할 가장 효율적인 방법을 학습함에 따라 노동생산성은 시간이 지날수록 증가하고 단위 원가는 감소한다. 이와 마찬가지로 새로운 생산시설에 대한 경영 관리도 시간이 지날수록 새로운 생산운영활동을 위한 최선의 방법을 학습한다. 따라서 노동생산성과 경영관리 효율성의 증가로 인하여 생산비용은 감소한다. 토요타와 같은 일본기업은 운영철학의 핵심 부분을 학습하는 것으로 주목받고 있다.

학습효과는 기술적으로 복잡한 과업이 반복될 때 더 많은 학습이 이루어지기 때문에 더욱 중요하다. 따라서 100개의 간단한 단계를 갖고 있는 생산공정보다는 1,000개의 복잡한 단계를 갖고 있는 조립공정에서 학습효과는 더 중요할 것이다. 학습효과가 일반적으로는 생산공정과 관련되어 있지만 서비스산업에서 마찬가지로 중요하다는 증거들이 많다. 의료보건산업에서 학습에 관한 유명한 한 연구결과를 보면 의료종사자들의 경험이 많을수록 일반적인 수술절차에서의 사망률이 상당히 낮았다는 것을 발견하였으며, 이것은 학습효과가 수술 분야에서도 나타나는 것을 제시하는 것이다.[2] 이 연구의 저자들은 고도의 전문의료 서비스를 제공하기 위한 지역 진료의뢰협력센터(regional referral centers) 설치를 위하여 이 증거를 이용하였다. 이 센터들은 심장수술과 같은 특별한 수술절차를 많이 수행했으며, 경험이 부족하거나 어쩌면 사망률이 높을 수 있는 지역 시설들을 대체하였다. 최근의 다른 연구에서는 금융기관의 학습효과에 관한 강력한 증거를 발견하였다. 이 연구는 100명의 멤버로 새로 설치된 문서 처리부서를 조사하였고, 시간이 지날수록 담당자들이 프로세스를 학습함에 따라 서류의 처리속도가 빨라진다는 사실을 발견하였다. 종합적으로 이 연구는 처리되는 서류의 누적 갯수가 2배씩 증가할 때마다 단위 원가가 감소한다는 결론을 내렸다.[3] [전략 실행 사례 4.1]은 심장수술 병원의 사례를 통하여 학습효과의 차이를 결정하는 결정 요인들을 살펴본다.

기업의 단위 원가 곡선애서 보면 규모의 경제는 곡선을 따라 이동하는 것을 의미한다(즉, [그림 4.3]에서 A에서 B로 이동). 학습효과를 실현하게 되면 노동과 경영 관리가 시간이 지날수록 산출량의 모든 부분에서 더 효율적으로 수행되기 때문에 전체 곡선이 아

전략 실행 사례 4.1

심장수술(cardiac surgery)에서의 학습효과

© iStockPhoto.com/Tom Nulens

하버드 경영대학원의 연구자들에 의해 진행된 연구에서는 연 방법에 의해 승인된 최소 절개 심장수술(minimally invasive heart surgery)을 위한 특별한 신기술 사례에서 학습효과의 중요성을 판단하려고 노력하였다. 연구자들은 16개 병원을 조사하고 660명의 환자에 대한 수술자료를 확보하였다. 그들은 수술에 소요되는 시간이 누적경험에 따라 어떻게 변화하는지를 조사하였다. 16개 병원 전체에서 신기술에 의한 첫 번째 수술 시간이 280분 소요되었으나 50회 수술이 이루어진 다음에는 220분으로 평균 시간이 감소한 것을 발견하였다(모든 병원이 50회의 수술을 실행한 것은 아니고 데이터를 기초로 외삽법으로 추정하였다).

다음에는 병원 간의 차이를 조사하였으며, 학습효과에서 큰 차이가 있다는 증거를 발견하였다. 특히 "M병원"이라고 부르는 한 병원이 뛰어났다. 이 병원은 첫 번째 환자의 경우 수술 시간이 500분에서 50번째 환자의 경우에는 132분으로 감소하였다. 이 병원은 50번째 환자에 대해 평균 시간보다 88분의 시간적우위를 가졌으며, 이것은 환자 1인당 대략 2,250달러의 비용절감 효과를 의미하고 외과의사에게 보다 큰 수익을 창출할 수 있는 수술방법을 제공하는 것이다.

연구자들은 M병원이 왜 더 탁월한가를 밝히려고 노력하였다. 모든 병원들은 비슷한 최첨단 수술실을 갖추고, 미국식품의약국(FDA)이 승인한 장치를 사용하였으며, 채용된 외과의사들은 동일한 훈련 과정을 이수하였고 모두 매우 유명한 병원의 수련의 출신이었다. 그러나 추가적인 면담을 실시한 결과 M병원은 새로운 절차를 실행하는 방법이 달랐다. 수술 집도의가 수술을 실행할 팀을 자기 형편에 맞게 선택했다. 팀의 구성원들은 이전에 함께 일했던 경험을 갖고 있었고, 그것이 구성원 선발의 주요 기준이었으며 그 팀은 새로운 수술을 실행할 수 있는 훈련을 함께 받았다. 하나의 수술절차가 실시되기 전에 절차를 의논하기 위해 전체 팀이 수술실 간호사와 마취과 의사와 함께 회의를 하였다. 추가적으로 수술 집도의는 수술팀과 수술절차가 조기에 안정될 것을 요구했다. 초기 수술팀은 새로운 멤버가 추가되거나 대체되기 전에 15번의 수술을 완료하였고, 수술절차가 수정되기 전에 20번의 수술을 완료하였다. 그리고 수술 집도의는 처음 10번의 수술에 대해서는 매번 진행되기 전에 팀 미팅을 실시하고, 처음 20번의 수술이 완료된 다음에는 수술 내용에 대해 보고를 하도록 지시했다.

핵심적인 팀이 선발되고 학습에 의해 이익을 극대화하도록 관리되는 것이 나타난 특징이라고 할 수 있다. 팀 구성원과 절차가 일관적이지 않고 보고와 학습에 동일하게 주의를 기울이지 않은 다른 병원들과는 달리 M병원의 외과의사들은 더 빨리 학습하였고 결과적으로 다른 병원의 동료들보다 더 높은 생산성을 달성하였다. 확실하게 새로운 수술절차를 실행하는 데 있어서 차이가 매우 의미있게 나타났다.

자료: G.P. Pisano, R.M.J. Bohmer, and A.C. Edmondson, "Orpanizational Differencs in Rates of Learning: Evidence from the Adoption of Minimally Invasive Cardiac Surgery," *Management Science* 47 (2001): 752-768

래로 이동하게 된다(즉, [그림 4.3]에서 B에서 C로 이동). 회계적 측면에서 볼 때 생산 분야의 학습효과는 총 수입의 일정 비율인 매출원가를 줄일 것이며, 이로 인해 기업은 더 높은 매출이익률과 투하자본수익률을 얻게 될 것이다.

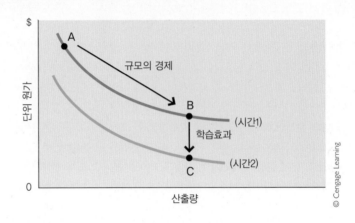

그림 4.3 | 학습과 규모의 경제가 단위 원가에 미치는 영향

그러나 과업이 아무리 복잡해도 일반적으로 학습효과는 일정기간이 지나면 감소하게 된다. 실제로 학습효과는 새로운 생산공정의 초기 시작기간 동안이 가장 중요하고 2~3년 후부터는 미약해지는 것으로 알려져 있다.[4] 새로운 정보기술의 도입 결과로 인하여 생산시스템에 새로운 변화가 발생하면 학습 프로세스가 다시 시작되어야 한다.

효율성과 경험곡선

경험곡선
비용구조를 체계적으로 낮추고 그 결과로 인해 제품수명주기에 걸쳐 나타나는 단위 원가의 감소

경험곡선(experience curve)은 비용구조를 체계적으로 낮추고 그 결과로 인해 제품수명주기에 걸쳐 나타나는 단위 원가의 감소를 의미한다.[5] 경험곡선의 개념에 의하면 제품의 단위당 생산비용은 일반적으로 누적산출량이 두 배씩 증가할 때마다 일정 비율로 감소한다(누적산출량은 처음 시작부터 누적된 제품의 총 산출량이다). 이러한 현상은 항공기 산업에서 처음 관찰되었고, 기체(airframe)의 누적산출량이 두 배씩 증가할 때마다 전 단계보다 단위 원가가 80%씩 감소하는 것으로 나타났다.[6] 따라서 일반적으로 4번째 기체는 2번째 기체 생산의 80% 비용이 들었고, 8번째 기체는 4번째 기체의 80%, 16번째 기체는 8번째 기체의 80% 비용이 소요되었다. 이러한 성과는 단위생산원가와 누적산출량의 관계가 [그림 4.4]에 제시된 곡선과 같이 나타나기 때문이다. 규모의 경제와 학습효과는 경험곡선 현상의 기초가 된다. 기업이 시간이 지나면서 누적산출량을 증가시키게 되면 규모의 경제(생산량이 증가함에 따라)와 학습효과를 둘 다 실현할 수 있다. 결과적으로 단위 원가와 비용구조는 누적산출량의 증가와 함께 낮아지게 된다.

기업의 제품생산량과 시장점유율의 증가는 경쟁자에 비해 비용구조를 낮출 수 있다는 점에서 경험곡선의 전략적 중요성은 명확하다. [그림 4.4]에서 B사는 A사에 비해 낮

그림 4.4	경험곡선

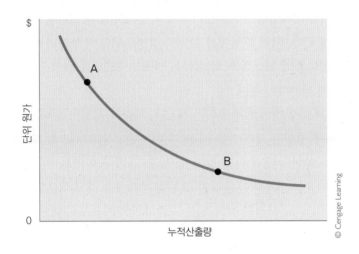

은 비용구조 때문에, 그리고 경험곡선이 더 아래쪽으로 이동했기 때문에 비용우위를 갖고 있다. 이 개념은 반도체칩 생산과 같이 표준화된 제품을 대량생산하는 산업에서 매우 중요하다. 더 효율적이고 더 낮은 비용구조를 가지려는 기업은 경험곡선에서 가능하면 빠르게 아래로 이동해야 한다. 이것은 효율적인 규모의 생산시설을 구축하고(제품에 대한 수요가 발생하기 이전이라도) 학습효과를 통해 적극적으로 비용절감을 추구해야 하는 것을 의미한다. 또한 가능하면 빠르게 수요와 판매량을 촉진시키기 위해 파격적인 가격할인, 과감한 판매촉진, 광범위한 광고와 같은 적극적인 마케팅전략을 채택할 수도 있다. 기업이 경험곡선에서 아래로 이동한다면 탁월한 효율성 때문에 경쟁자에 비해 상당한 비용우위를 가질 수 있다. 예를 들어 마이크로프로세서(microprocessor) 시장에서 인텔(Intel)은 경험곡선에서 우하향하는 전술을 이용하여 경쟁자에 비해 경쟁우위를 획득할 수 있었다.[7]

이것은 제조 활동의 범위 밖에서도 마찬가지로 중요한 개념이다. 예를 들어 온라인 판매회사인 아마존이 유통 네트워크에 투자함으로써 규모의 경제를 실현하고(유통센터의 고정비를 대규모 판매량에 분산시킴), 유통 센터에서 재고관리와 주문이행 프로세스의 효율성을 향상시키기 위해 노력하였다(학습효과). 이 두 가지의 비용절감 원천을 토대로 아마존은 학습곡선에서 경쟁자보다 먼저 아래로 이동할 수 있었고, 이에 따라 경쟁자보다 낮은 가격에도 불구하고 더 많은 이익을 얻을 수 있는 낮은 비용위치를 확보할 수 있었다(자세한 내용은 첫머리 사례 참조).

경영자는 경험효과로 나타나는 효율성 기반의 비용우위에 대해 만족해서는 안 된다.

첫째, 학습효과와 규모의 경제는 영원히 지속되지 않기 때문에 경험곡선은 어떤 시점에서는 끝나게 된다. 이런 현상이 나타나면 학습효과와 규모의 경제에 의한 단위 원가 감소가 더 이상 이루어지기 어려울 것이다. 시간이 지나면서 다른 기업들이 비용구조를 낮추고 비용 선도기업을 따라잡을 수 있다. 이렇게 되면 대부분의 저비용 기업들은 서로가 비용 동등성을 갖게 된다. 이런 환경에서 지속적 경쟁우위를 확보하기 위해서는 기존 기술을 사용하는 생산비용의 최소화 이외의 다른 전략적 요인, 즉 탁월한 고객 대응성, 제품 품질, 또는 혁신에 의존해야 한다.

둘째, 경험효과로 얻어진 비용우위는 새로운 기술의 개발로 인해 쓸모없게 될 수 있다. 예를 들어 대형 서점인 보더스(Borders)와 반즈앤노블(Barnes & Noble)은 규모의 경제와 학습효과로 인한 비용우위를 갖고 있었다. 그러나 이러한 비용우위는 아마존이 1994년부터 웹 기술을 이용하여 온라인 서점을 시작했을 때 줄어들었다. 아마존은 온라인으로 판매하면서 실제 서점을 갖고 있는 기존의 경쟁자들보다 더 낮은 비용으로 더 많은 품목을 제공할 수 있었다. 2007년 아마존이 킨들 디지털 북리더(Kindle digital book reader)를 소개했을 때, 그리고 책을 디지털 형태로 판매하기 시작했을 때, 보더스와 반즈앤노블이 갖고 있던 경험 기반의 우위를 매우 효과적으로 무력화시키면서 경쟁의 기초를 변화시켰다. 2012년에 보더스는 파산하였고 반즈앤노블은 재정적 어려움을 겪으면서 서점을 폐쇄하고 있으며, 그동안 아마존은 더욱더 강해지고 있다.

효율성, 유연생산시스템, 그리고 대량고객화

표준화된 산출물을 대량생산함으로써 낮은 비용구조가 높은 효율성을 획득할 수 있는 최선의 방법이라는 생각이 규모의 경제의 핵심적인 개념이다. 이 개념에는 단위 원가와 제품 다양성(product variety) 사이의 상충 관계가 내재되어 있다. 한 공장에서 제품 다양성이 큰 생산을 하면 생산가동 시간이 짧아지고, 이것은 규모의 경제 실현을 어렵게 하고 비용을 증가시킨다. 즉, 제품 다양성이 클수록 기업이 생산 효율성을 높이고 단위 원가를 줄이는 것을 어렵게 한다. 이러한 논리에 따르면 효율성을 높이고 낮은 비용구조를 달성하기 위한 방법은 [그림 4.5a]와 같이 제품 다양성을 제한하고 표준화된 제품을 대량으로 생산하는 것이다.

이러한 생산 효율성에 관한 견해는 유연생산기술의 출현에 의해 도전을 받고 있다. 유연생산기술(Flexible production technology)은 복합 설비의 셋업타임(setup times)을 줄이고, 개선된 일정계획으로 개별 기계들의 활용도를 높이고, 생산공정상의 모든 단계에서 품질 관리를 향상시킬 수 있도록 설계된 일련의 기술들을 포함하는 개념이다.[8] 유연생산기술은 [그림 4.5b]와 같이 표준제품을 대량생산하여 얻을 수 있는 단위 원가를 그대로 유지하면서 더 다양한 제품을 생산할 수 있도록 도와준다. 유연생산기술을 채택함으로써 표

유연생산기술
복합 설비의 셋업타임을 줄이고, 개선된 일정계획으로 개별 기계들의 활용도를 높이고, 생산공정상의 모든 단계에서 품질 관리를 향상시킬 수 있도록 설계된 일련의 기술들

그림 4.5	비용과 제품 다양성의 상충 관계

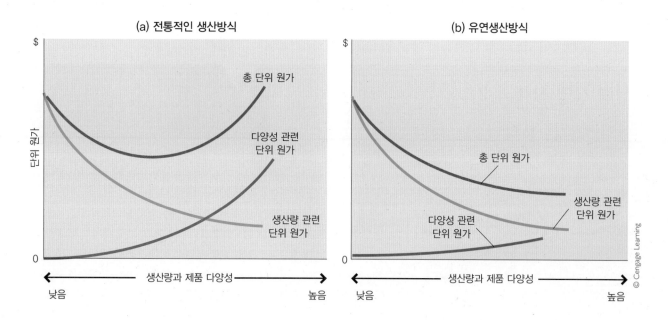

준제품 대량생산에 비해 효율성을 높이고 단위 원가를 낮출 수 있으며, 동시에 더 다양한 제품을 제공하여 고객화를 달성할 수 있다. 대량고객화(mass customization)는 낮은 비용과 제품 고객화를 통한 차별화라는 양립할 수 없는 두가지 목적을 일치시킬 수 있도록 유연생산기술을 이용할 수 있는 기업의 능력을 설명하기 위해 만들어진 개념이다.[9)]

델(Dell) 컴퓨터는 고객들이 자기 자신의 컴퓨터를 온라인에서 조립하도록 함으로써 대량고객화 전략을 추구하고 있다. 델사는 여러 가지 메모리 용량, 하드 드라이브 크기, 비디오 카드, 마이크로프로세서 등과 같은 제한된 옵션 메뉴에 따라 고객들이 선택할 수 있도록 유도하여 비용과 가격을 통제하고 있다. 결과적으로 소매 대리점을 통해 제한적인 PC 모델을 판매하는 경쟁자보다 더 많은 가치를 고객을 위해 창출할 수 있다. 이와 비슷하게 마즈(Mars)는 고객들이 자신의 "개인적인" 엠앤엠(M&M)을 웹상에서 디자인할 수 있도록 서비스를 제공한다. 이것을 '나의 M&M'이라고 하는데 고객이 다른 색깔을 선택할 수 있고 M&M에 메시지나 그림을 넣을 수 있다. 대량고객화의 또 다른 사례는 [전략 실행 사례 4.2]에서 논의된 인터넷 라디오 서비스 판도라(Pandora)이다.

유연생산기술의 설치가 기업의 비용구조에 미치는 효과는 극적으로 나타날 수 있다. 지난 10년 동안 포드자동차는 전 세계의 자동차공장에 유연생산기술을 도입해 왔다. 이러한 기술들은 포드자동차에게 동일한 라인에서 다양한 모델들을 생산할 수 있게 하였

대량고객화
낮은 비용과 제품 고객화를 통한 차별화라는 양립할 수 없는 두 가지 목적을 일치시킬 수 있도록 유연생산기술을 이용

고, 과거보다 빠르게 하나의 모델에서 다른 모델로 생산을 전환할 수 있게 하였다. 포드 사는 유연 생산을 통하여 2006년부터 2010년 사이에 비용구조에서 20억 달러를 제거하 였으며 더 많이 줄이려고 노력하고 있다.[10]

전략 실행 사례 4.2

인터넷라디오를 대량고객화한 판도라

© iStockPhoto.com/Tom Nulens

판도라 미디어(Pandora Media)는 음악을 PC와 휴대전화기 에 전송한다. 고객은 듣고 싶은 음악을 타이프하여 삽입함으 로써 시작한다. 판도라는 100,000명 이상의 가수에 대한 데 이터베이스를 갖고 있기 때문에 고객을 위해 무언가를 제공 할 수 있는 좋은 기회를 갖게 되지만 고객의 취향을 흐리게 할 수 있다. 그리고 나서 고객은 판도라가 제공한 음악을 평 가할 수 있다(동의 또는 거부). 판도라는 이러한 피드백을 받 아서 고객에게 전송하는 음악을 개선한다. 그리고 미래예측 을 위한 정교한 통계적 분석(이 노래를 좋아하는 다른 고객들 은 무엇을 청취하는가?)과 개별 청취자들의 경험을 더 고객 화하기 위한 제품 분석(노래를 분석하고 유사한 노래를 분류 하는 뮤직게놈)을 이용한다. 뮤직게놈(Music Genome)은 청 취자들에게 그들의 청취습관 분석을 토대로 새로운 노래를 소개해 주는 추가적인 혜택을 갖고 있다. 그 결과 개별적인

고유의 청취 선호도에 맞춰진 유일한 라디오 방송국이 된다. 이것이 가장 순수한 의미의 대량고객화이다.

2000년에 시작해서 2012년 후반까지 판도라의 연간 수익 률은 5억 달러 정도였다. 175백만 명의 정규 사용자, 63백만 명의 활성 사용자를 기록하면서 미국 온라인 라디오 시장의 75%를 점유하였다. 프리미엄 가입자가 매년 36달러를 지불 하고 광고없는 음악을 이용하지만 판도라의 수입은 기본적으 로 광고에서 발생한다.

판도라는 대량고객화의 가치에 대한 증거인 가파른 성장 에도 불구하고 문제점을 갖고 있다. 판도라는 수입의 절반 이 상을 음반 출판인들에게 저작권 사용료(royalty)를 지불한다. 그에 비해 위성방송사 시리우스(Sirius-XM)는 수입의 7.5%만 저작권 사용료로 지불하고 유선방송사는 15%만 지불한다. 저 작권 사용료의 차이는 미국 의회도서관의 저작권로열티보드 (Copyright Royalty Board)에 소속된 3명의 심판관들이 라디 오 방송에 대한 저작권 사용료를 결정한다는 신기한 법규 때 문에 발생한 것이다. 이러한 저작권 사용료 결정 방식은 법 개정 노력에도 불구하고 판도라에게 불리하게 작용하였다. 그리고 주문에 따라 만들 수 있는 음악 스트리밍 서비스를 제 공하는 스포티파이(Spotify)와 알디오(Rdio)로부터 점점 치열 한 경쟁에 직면하고 있다. 또한 애플사가 곧 주문에 따라 만 들 수 있는 음악 스트리밍 서비스를 제공할 것이라는 보도가 나오고 있다. 그러나 장기적으로 판도라에게 무슨 일이 발생 할지 모르지만 인터넷 라디오의 대량고객화는 현재와 같이 지속될 것으로 보인다.

자료: A. Fixmer, "Pandora Is Boxed in by High Royalty Fees," *Bloomberg Businessweek*, December 24, 2012; E. Smith and J. Letzing, "At Pandora Each Sales Drives up Losses," *Wall Street Journal*, December 6, 2012; and E. Savitz, "Pandora Swoons on Weak Outlook," *Forbes.com*, December 5, 2012.

마케팅과 효율성

기업이 채택하고 있는 마케팅전략은 효율성과 비용구조에 중대한 영향을 미칠 수 있다. 마케팅전략(Marketing strategy)은 시장세분화, 가격결정, 판매촉진, 광고, 제품설계, 유통 등과 관련하여 기업이 취하고 있는 위치를 나타낸다. 효율성을 높이기 위한 어떤 방법들은 매우 명확하다. 예를 들어 비용구조를 낮추기 위해 경험곡선 아래로 이동하는 것은 적극적인 가격결정, 판매촉진, 광고에 의해 촉진될 수 있으며, 이것은 모두 마케팅기능의 업무이다. 마케팅전략의 다른 측면에서는 효율성에 대해 중대한 영향을 미치지만 보다 명확하게 드러나지 않는다. 한 가지 중요한 측면은 고객이탈률, 비용구조, 단위 원가 사이의 관계이다.[11]

고객이탈률(customer defection or churn rates)은 매년 경쟁사로 이탈하는 고객의 비율이다. 이탈률은 고객충성도(customer loyalty)에 의해 결정되며, 고객충성도는 고객을 만족시킬 수 있는 기업의 능력에 따라 영향을 받는다. 새로운 고객을 획득하는 것은 일회성 고정비를 수반하기 때문에 이탈률과 비용 사이에는 직접적인 관계가 있다. 예를 들어 무선서비스 회사가 신규가입자를 등록할 때 새로운 계정을 개설하기 위한 관리비용과 단말기 제조업자에게 지급하는 보조금 비용을 부담해야 한다. 또한 신규가입자를 끌어들이기 위해 설계된 광고와 판매촉진 비용도 발생한다. 기업이 고객을 오래 유지할수록 이러한 고정비를 회수할 수 있는 단위 판매량이 증가하고 각각의 매출에 대한 평균 단위 원가가 낮아진다. 따라서 고객이탈률을 낮추는 것은 기업의 비용구조를 낮출 수 있게 한다.

[그림 4.6]은 이탈률-비용 관계의 중요성을 보여주고 있다. 신규고객을 확보하는 데

마케팅전략
시장세분화, 가격결정, 판매촉진, 광고, 제품설계, 유통 등과 관련하여 기업이 취하고 있는 위치

고객이탈률
매년 경쟁사로 이탈하는 고객의 비율

그림 4.6	고객충성도와 고객당 이익 사이의 관계

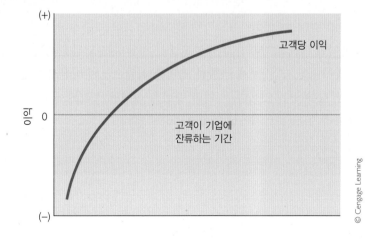

© Cengage Learning

비교적 높은 고정비가 발생하기 때문에 경쟁사로 이동하기 전에 잠시 머무르는 고객에게 서비스를 제공하는 것은 그 고객을 얻기 위해 투자한 것에 대한 손실로 이어진다. 고객이 오래 머무를수록 그 고객을 얻기 위해 투자한 고정비가 반복된 구매에 따라 더 많이 분배될 수 있고 고객당 이익이 증가하게 된다. 따라서 기업이 고객을 유지하는 기간과 고객당 이익 사이에는 긍정적인 상관 관계를 갖고 있다. 기업이 고객이탈률을 줄일 수 있다면 고객을 확보하는 데 있어서 더 많은 투하자본수익률을 올릴 수 있고 그로 인해 수익성을 높일 수 있다.

예를 들어 신용카드 사업의 경우 대부분의 신용카드 회사들은 모집과 신규 계좌 개설을 위해 고객당 평균 50달러의 비용을 지출한다.[12] 이러한 비용은 신규고객을 유인하기 위한 광고, 고객에 대한 신용확인, 계좌를 개설하고 카드를 발급하는 기계적인 업무에서 발생한다. 이러한 일회성 고정비는 고객이 적어도 2년 동안 회사에 잔류한다면 되찾을 수 있다. 더구나 고객은 가입한 지 2년째가 되면 신용카드의 사용이 증가하는 경향이 있으며, 이것이 각각의 고객으로 발생하는 수익을 시간이 지나면서 높이게 된다. 결과적으로 신용카드사는 첫 번째 연도에 고객당 50달러의 손실이 발생하지만 3차 연도에는 44달러, 6차 연도에는 55달러의 이익이 발생한다.

장기 고객의 충성도에 의한 또 다른 경제적 혜택은 고객들이 기업을 위해 제공하는 무료 광고이다. 단골고객은 위탁을 통하여 사업 규모를 획기적으로 증가시킬 수 있다. 눈에 띄는 사례는 영국의 대규모 의류와 식품 판매회사인 막스앤스펜서(Marks & Spencer)인데, 이 회사는 고품질 제품을 합리적인 가격으로 제공함으로써 좋은 명성을 구축하고 성공하였다. 막스앤스펜서는 영국에서 광고가 필요하지 않는 고객충성도를 발생시켰고 그것이 비용절감의 주요 원천이 되었다.

고객이탈률을 줄이고 고객충성도를 구축하는 것은 비용구조를 낮추는 주요 원천이 될 수 있다. 어떤 연구에서는 고객이탈률을 5% 줄일 경우 평균 잔류 기간 동안 고객당 이익은 신용카드 사업에서는 75%, 보험중개업에서는 50%, 산업용 세탁업에서는 45%, 컴퓨터 소프트웨어산업에서는 35% 정도까지 증가하는 것으로 추정하고 있다.[13]

이탈률을 줄이기 위한 전략개발의 핵심 요소는 이탈하는 고객을 확인하고, 그들이 왜 이탈하는지를 찾아내고, 그 정보에 적합한 조치를 취함으로써 다른 고객들이 비슷한 이유로 이탈하지 않도록 하는 것이다. 이러한 방법을 실행하기 위해서 마케팅기능은 고객이탈률을 추적할 수 있는 정보시스템을 보유해야만 한다.

자재관리, JIT시스템, 그리고 효율성

기업의 효율성을 높이는 데 있어서 자재 관리의 기여도는 생산과 마케팅의 기여도와 마찬가지로 획기적이라고 할 수 있다. 자재관리(materials management)는 생산 프로세스를 통하여, 그리고 유통시스템을 통하여 최종 사용자에게 이르기까지 투입요소와 부품을 생산시설로 가져가는 데 필요한 활동을 포함한다(투입물을 구매하는 비용 포함).[14] 이 과정에서 비용 발생의 수많은 원천이 존재하기 때문에 보다 효율적인 자재 관리 전략을 통하여 비용을 줄일 수 있는 잠재력은 매우 크다. 일반적인 제조기업의 경우 자재와 운송비용은 수익에서 50~70%를 차지하기 때문에 이 비용 중에서 조금만 줄일 수 있어도 수익성에 상당한 효과를 거둘 수 있다. 예를 들어 1백만 달러의 수입을 올리고 있는 기업의 경우에 매출수입 중에서 투하자본수익률 5%, 구매비를 포함한 자재 관리비 50%가 발생한다면 총 수익을 15,000달러 증가하기 위해서는 매출수입을 30% 증가시키던지 또는 자재비를 3% 감소시켜야 한다.[15] 일반적인 경쟁시장에서 자재비를 3% 줄이는 것은 매출수입을 30% 증가시키는 것보다 항상 훨씬 쉽다.

자재관리 기능의 효율성을 향상시키는 것은 일반적으로 JIT재고시스템의 채택을 필요로 한다. JIT재고시스템(just-in-time inventory system)은 제조공장에 도착하는 부품들을 생산공정에 적시에 투입할 수 있도록 일정계획을 수립하여 재고유지 비용을 절약하거나 또는 소매점에서 재고가 거의 소진되었을 때 상품을 보충함으로써 재고유지 비용을 줄일 수 있도록 설계된 시스템이다. 주요 비용절감은 재고회전율의 증가를 통하여 달성할 수 있는데, 이는 보관 및 저장비용과 같은 재고유지비를 줄이고 기업의 운전자본의 필요성을 감소시키기 때문이다. 예를 들어 월마트(Wal-Mart)는 효율적인 물류 관리를 통하여 적어도 일주일에 두 번씩 매장 내 재고를 보충하였으며, 대부분의 매장들은 필요하다면 매일 납품을 받는다. 일반적으로 경쟁기업들이 2주에 한번씩 재고를 보충하는데 이로 인해 더 많은 재고를 유지해야 하고 매출액 대비 더 많은 운전자본이 필요하게 된다. 월마트는 경쟁기업과 비교하여 낮은 재고자산 투자에도 불구하고 동일한 서비스수준을 유지할 수 있으며, 이것이 낮은 비용구조의 주요 원천이 된다. 따라서 월마트는 소매업에서 더 빠른 재고회전율을 통하여 효율성 기반의 경쟁우위를 획득할 수 있었다.[16]

보다 일반적으로 3장에서 살펴본 수익성 모델의 관점에서 보면 JIT재고시스템은 운전자본의 필요성을 줄이고(자금조달이 필요한 재고가 적기 때문에), 창고보관에 투자할 고정자본의 필요성을 줄이며(저장할 양이 줄기 때문에), 이로 인해 자본의 필요성을 줄이고 자본회전율을 높이고 더 나아가 투하자본수익률을 증가시킬 수 있다.

JIT시스템의 단점은 완충재고(buffer stock)를 남겨 놓지 않는다는 점이다. 주요 공급자의 노사분규와 같이 공급기업의 혼란으로 인해 투입요소의 부족이 발생할 경우, 완충

> **JIT재고시스템**
> 제조공장에 도착하는 부품들을 생산공정에 적시에 투입할 수 있도록 일정계획을 수립하여 재고유지 비용을 절약하거나 또는 소매점에서 재고가 거의 소진되었을 때 상품을 보충함으로써 재고유지 비용을 줄일 수 있도록 설계된 시스템

재고의 보관비가 비싸더라도 완충재고를 보유한 기업은 이에 대비할 수 있고 수요증가에 신속하게 대응할 수 있다. 그러나 이러한 한계를 극복할 방법이 있다. 예를 들어 중요한 투입요소에 대해 단 하나의 공급업체에 의존하는 위험을 감소시키기 위해 복수의 공급업체에게서 투입요소를 공급받을 수 있다.

최근들어 효율적인 자재와 재고관리는 공급사슬관리로 재구성되고 있다. 공급사슬관리(supply chain management)는 공급업체로부터 생산공정에 이르기까지 재고유지를 최소화하고 재고회전율을 극대화하기 위해 투입요소와 부품의 흐름을 관리하는 기능이다. 델(Dell)사는 재고를 정보로 대체하는 수준까지 공급사슬을 능률적으로 만드는 목표를 가졌고, 이것이 공급사슬관리의 모범적인 사례라고 할 수 있다.

> **공급사슬관리**
> 공급업체에게서 생산공정에 이르기까지 재고유지를 최소화하고 재고회전율을 극대화하기 위해 투입요소와 부품의 흐름을 관리하는 기능

연구개발 전략과 효율성

효율성을 높이고 비용구조를 낮추는 데 있어서 탁월한 연구개발의 역할은 두 가지로 볼 수 있다. 첫째, 연구개발(R&D) 기능은 제조하기 쉽도록 제품을 설계함으로써 효율성을 높일 수 있다. 연구개발을 통해 제품을 구성하는 부품의 수를 줄임으로써 소요되는 조립 시간을 획기적으로 줄일 수 있고, 결과적으로 종업원 생산성이 높아지고 낮은 비용과 높은 수익성을 얻을 수 있다. 예를 들어 텍사스 인스트루먼트사(Texas Instruments)는 미국 국방부(Pentagon)에 공급하는 적외선탐지장치를 재설계하였으며, 이로 인해 부품 수는 47개에서 12개, 조립 단계는 56에서 13 단계, 금속가공 시간은 단위당 757분에서 219분, 단위당 조립 시간이 129분에서 20분으로 줄었다. 결과적으로 생산비용이 상당히 감소하였다. 제조를 위한 설계는 생산과 연구개발 기능 사이에 긴밀한 조정이 필요하다. 이를 위해서는 생산과 연구개발 부서의 인력이 함께 일할 수 있도록 이들이 포함된 다 기능팀(Cross-functional team)을 구성하는 것이 좋은 방법이다.

연구개발 기능으로 낮은 비용구조를 달성하기 위한 두 번째 방법은 프로세스 혁신(process innovation)을 개척하는 것이다. 프로세스 혁신은 생산공정이 효율성 향상을 위하여 운용할 수 있는 새롭고 유일한 방식이다. 프로세스 혁신은 종종 경쟁우위의 주요 원천이 되기도 한다. 토요타의 경쟁우위는 셋업타임(setup time)을 획기적으로 단축시킨 새로운 유연 생산공정(flexible manufacturing processes)의 발명에서 일부 비롯된 것이다. 이 프로세스 혁신을 통하여 토요타는 경쟁기업보다 몇 년 앞서서 효율성 성과를 달성할 수 있었다.

인적자원 전략과 효율성

종업원 생산성(Employee productivity)은 기업의 효율성, 비용구조, 수익성을 결정하는 핵심 요인 중의 하나이다.[17] 생산적인 공장직원들은 매출원가를 낮출 수 있고, 생산적인

판매원은 주어진 비용 수준에서 판매수입을 높일 수 있으며, 생산적인 연구개발 직원들은 주어진 연구개발비 수준에서 신제품에서 발생하는 수입 비중을 증가시킬 수 있다. 따라서 생산적인 종업원들은 소득 발생에 필요한 비용을 낮추고, 매출이익률을 높이며, 더 나아가 투하자본수익률을 향상시킨다. 기업에서 인적자원 기능의 도전과제는 종업원 생산성을 향상시킬 수 있는 방법을 고안하는 것이다. 선택할 수 있는 대안으로는 고용전략, 종업원 훈련, 자율관리팀 구성, 성과에 대한 보상이 있다.

고용전략   생산적인 직원들을 보유한 것으로 잘 알려진 많은 기업들은 고용전략(hiring strategy)에 상당한 노력을 집중한다. 사우스웨스트 항공사(Southwest Airlines)는 긍정적인 태도를 가진 사람은 열심히 일하고 고객들과 잘 소통해서 고객충성도를 창출할 수 있다고 믿기 때문에 긍정적인 태도와 팀워크를 가진 사람을 고용한다. 뉴코(Nucor)는 자립적이고 목표지향적인 사람을 고용하는데, 자율관리팀에서 일하는 직원들은 좋은 성과를 내기 위해 이러한 능력이 필요하기 때문이다. 이와 같이 기업의 고용전략은 내부 조직, 문화, 전략적 우선순위와 일관성이 있어야 한다. 기업이 고용하는 사람은 기업의 전략적 목적과 일치하는 특성을 갖고 있어야 한다.

종업원 훈련   종업원은 생산공정에 들어가는 주요 투입요소이다. 매우 숙련된 사람들은 작업을 더 빨리 더 정확하게 실행할 수 있고, 숙련도가 낮은 직원들보다 현대적인 생산기법에 의한 복잡한 작업들도 잘 배울 수 있다. 훈련을 통하여 종업원의 숙련도 수준을 높일 수 있고, 학습과 실험을 통해 생산성과 관련된 효율성 증가를 달성할 수 있다.[18]

자율관리팀   자율관리팀의 활용이 빠르게 확산되고 있다. 자율관리팀(self-managing teams)은 구성원들이 자신의 활동을 조정하고, 자신의 고용, 훈련, 작업, 보상을 결정하는 팀이다. 팀은 일반적으로 전체의 제품생산과정이나 전체의 과업을 실행할 수 있는 5~15명의 종업원으로 구성된다. 팀 구성원들은 팀 과업을 모두 학습하고 직무순환을 실시한다. 보다 유연한 작업 인력이 되기 때문에 팀 구성원들은 부재중인 공동작업자를 대신해서 채울 수 있고, 작업 및 휴가 일정계획수립, 자재주문, 새로운 멤버 고용 등의 관리적인 임무를 맡을 수 있다. 더 큰 책임을 팀 구성원들에게 떠맡길 수 있고, 권한위임(empowerment)이 동기 요인으로 제시될 수 있다(권한위임은 하위 계층의 종업원에게 의사결정권을 제공하는 프로세스이다). 직원들은 종종 더 큰 자율성과 책임감이 주어질 때 잘 반응한다. 팀의 생산과 품질 목표에 연계된 성과 상여금은 추가적인 동기 요인으로 작용한다.

　자율관리팀을 도입함으로써 30% 이상의 생산성 증가와 실질적인 제품품질향상의 효과가 나타나는 것으로 보고되고 있다. 더 나아가 관리감독을 제거하고 수평적

> **자율관리팀**
> 구성원들이 자신의 활동을 조정하고, 자신의 고용, 훈련, 작업, 보상을 결정하는 팀

인 조직구조를 구축함으로써 비용절감이 발생하고 기업의 비용구조를 줄일 수 있다. 제조기업의 경우 비용구조를 줄이는 가장 유력한 방법은 자율관리팀과 유연 생산셀 (flexible manufacturing cells)을 결합하는 것이다. 예를 들어 노스캐롤라이나주 솔즈베리 (Salisbury, North Carolina)에 있는 제너럴 일렉트릭(General Electric) 공장은 유연생산기술과 자율관리팀에 의한 작업방식을 도입한 후 동일 제품을 4년 먼저 생산한 다른 GE 공장과 비교하여 생산성이 250%까지 증가하였다.[19]

그러나 팀이 만병통치약은 아니다. 제조기업에서 자율관리팀이 유연생산기술과 결합되지 않는다면 그들의 잠재력을 발휘하는데 실패할 수 있다. 팀에서는 구성원들에게 수많은 관리적 책임을 부여하는데, 이러한 책임에 대응할 수 있도록 실질적인 훈련을 제공해야 한다. 많은 기업들이 비용절감을 서두르다가 팀 구성원들에 대한 훈련을 잊는 경우가 발생하며, 성급함이 계획된 만큼 제 역할을 못하는 팀을 초래할 수 있다.[20]

성과에 대한 보상 성과에 따라 보상을 연계함으로써 종업원 생산성을 증가시킬 수 있다는 사실은 당연하지만 인센티브 보상시스템을 도입하는 것처럼 문제가 단순한 것은 아니다. 또한 어떤 종류의 직무 성과가 어떻게 보상받아야 하는지를 정의하는 것이 중요하다. 세계에서 가장 효율적인 기업 중에서 몇몇 기업들은 종업원 간의 협력이 생산성향상을 실현하는 데 필요하고 개인보다는 팀 성과에 대한 보상을 연계하는 것이 중요하다는 사실을 잊지 않는다. 뉴코철강은 작업 인력을 대략 30명 정도로 구성된 팀으로 나누고, 기본급은 30%로 설정하고 생산성과 품질 목표를 달성하는 팀의 능력에 따라 상여금을 지급하였다. 이러한 보상 체계가 팀 목표를 추구하기 위하여 개인들이 서로 협력할 수 있도록 강력한 동기 유발, 즉 팀워크를 촉진하였다.

정보시스템과 효율성

컴퓨터 사용의 빠른 확산, 인터넷과 기업 인트라넷의 폭발적인 성장, 대역폭 광섬유와 디지털 무선 기술의 확산에 따라 운영 효율성과 낮은 비용구조를 추구할 목적으로 정보시스템 기능이 무대 중심으로 이동하였다.[21] 정보시스템이 생산성에 미치는 효과는 광범위하고 기업의 모든 활동 분야에 잠재적으로 영향을 미친다. 예를 들어 시스코시스템스(Cisco Systems)는 주문과 고객 서비스 기능을 온라인으로 전환하면서 상당한 비용절감을 할 수 있었다. 회사는 모든 고객계좌를 취급하는 300개의 서비스 에이전트와 거래할 수 있다는 것을 알게 되었는데, 이것은 만일 판매가 온라인에서 이루어지지 않는다면 900개 에이전트를 상대해야 한다는 것과 비교되었다. 이 차이는 매년 2천만 달러를 절감하는 효과로 나타났다. 더구나 자동화된 고객 서비스 기능이 없었다면 적어도 1천 명의 서비스 기술자가 필요하고, 이는 대략 7,500만달러의 비용을 발생시켰을 것으로 추정하

집중 분석: 월마트

월마트의 인적자원 전략과 생산성

© iStockPhoto.com/caracterdesign

월마트(Wal-Mart)는 소매기업 중에서 가장 생산적인 작업자를 보유하고 있다. 월마트의 높은 생산성의 뿌리는 창업 초기와 창업자 샘 월튼(Sam Walton)의 경영철학으로 거슬러 올라간다. 월튼은 JC페니(J.C. Penney)에서 관리업무의 수습직원으로 그의 경력을 시작했다. 그는 모든 종업원들이 동료로 불리는 것에 주목했으며, 더구나 그들을 존중해서 대우하면 높은 종업원 생산성의 형태로 이익배당을 수확할 수 있을 것으로 생각했다.

그가 월마트를 설립했을 때 모든 종업원들을 회사에서 중요하다는 의미를 상징하기 위해 "동료(associates)"라고 부르도록 결정하였다. 그는 월마트에서 "우리 직원들이 차이를 만든다"라고 강조하면서 이것을 강화하였다. 이것을 단순히 형식적으로 언급하던 경영자들과 달리 월튼은 그것을 믿었고 그것을 실행에 옮겼다. 그는 직원들을 잘 대우하면 열심히 일해서 보상을 줄 것이고, 권한위임을 하면 서로 협력해서 일반 직원들이 특별한 것을 달성할 수 있다고 믿었다. 이러한 믿음은 문호개방정책(open-door policy)과 오픈북(open books)으로 운영되는 분권화된 조직을 형성하는 데 기초가 되었다. 이것은 동료들에게 그들 매장과 회사가 어떻게 운영되고 있는지를 볼 수 있도록 만들었다.

월튼은 시종일관 문호개방 정책을 따르면서 경영자들은 동료들과 그의 아이디어에 대해 경청해야 한다고 지속적으로 강조하였다. "실제 고객들과 대화를 나누는 최일선의 직원들이 현장에서 무엇이 일어나고 있는지를 확실하게 알고 있는 유일한 사람이다. 그들이 알고 있는 것을 찾아내는 것이 좋을 것이다. 이것이 실제로 종합적 품질의 모든 것이라고 할 수 있다. 책임감을 하위조직까지 확산하고 그 안에서 좋은 아이디어들이 솟아나게 하려면 동료들이 무엇을 말하려고 하는지를 경청해야 한다"라고 그의 견해를 밝혔다.

그러나 월튼은 권한위임에 대한 그의 믿음에도 불구하고 보상에 대해 인색하다고 알려졌다. 그는 노동조합 결성을 반대했는데, 그것이 높은 임금을 야기하고 생산성을 약화시킬 수 있는 제한적인 근무규칙을 체결할 것이라고 걱정했기 때문이다. 월마트는 직원들이 열심히 일하도록 격려하는 문화를 갖고 있다. 월튼이 애용하는 훈계 중 하나는 "선다운룰(sundown rule)"이었는데 이것은 오늘 할 수 있는 일을 내일까지 절대 남겨 놓아서는 안된다는 내용이다. 이 선다운룰은 월튼을 포함하여 고위경영자들에 의해 지키도록 요구받았는데, 그들은 예고없이 매장을 방문하여 매장 관리자와 종업원들에게 질문을 퍼붓기도 하고, 동시에 일을 잘하면 칭찬하고 이 룰을 마음에 새기고 내일 할 일을 오늘 해치운 "영웅(heroes)"으로 치켜세웠다.

종업원들의 엄청난 노력을 이끌어 내는 핵심은 빈약한 봉급을 주는 반면에 이익배분제도(profit-sharing plans)와 우리사주계획(stock-ownership schemes)에 따라 보상을 하는 것이었다. 이러한 제도가 미국 경영에서 유행하기 오래 전부터 월튼은 월마트 이익의 상당한 부분을 동료들을 위한 이익배분제도에 배정하였으며, 회사는 우리사주제도를 위해 매칭펀드를 투자하였다. 아이디어는 간단하다. 동료들에게 회사와의 이해 관계를 부여함으로써 보상을 해준다는 것이다. 즉, 종업원들은 이익배분과 주가 상승에 따라 보상을 받기 때문에 낮은 임금에도 열심히 일을 하는 것이다.

이런 방식이 오랫동안 잘 운영되었지만 월마트의 성공에도 문제가 발생하고 있다는 징후가 나타나고 있다. 회사가 2012년에 220만 명의 어마어마한 직원을 보유하고 있어서 세계에서 가장 큰 규모의 민간고용을 하고 있었다. 회사가 성장하면서 전통적으로 신뢰하는 사람, 즉 이익배분과 우리사주에 따라 승진과 보상을 보장하면서 낮은 임금으로 장시간 기꺼이 근무하려는 사람을 고용하는 것이 점점 어려워졌다. 회사는 직원들에게 낮은 임금을 지급하고 초과근무수당 없이 장시간 근로를 요구하는 것에 대해 공격을 받아왔다. 노동조합은 매장을 노조화하려는 협약을 시도했지만 성공적이지 않았고, 회사 자체는 성차별을 주장하는 종업원들에게서 소송의 대상이 되고 있다. 월마트는 부정적인 여론은 잘못된 데이터에 근거하고 있다고 주장하는데, 이것이 사실일지라도 월튼의 원칙을 실행할 수 없을 정도로 규모가 커진다면 영광스러운 날도 끝날지 모른다.

자료: Sam Walton, *Made in America* (New York: Bantam, 1992), S. Maich, "Wal-Mart's Mid-Life Crisis," *Maclean's*, August 23, 2004, p.45; "The People Make It All Happen," *Discount Store News*, October 1999, pp.103-106; and www.walmartstores.com.

고 있다.[22]

시스코와 같이 많은 기업들은 기업과 고객과 공급자 사이의 조정에서 발생하는 비용을 절감하기 위하여 웹 기반의 정보시스템을 이용하고 있다. 고객과 공급자와의 상호작용을 자동화하는 웹 기반 프로그램을 사용함으로써 기업은 이런 접점을 관리하는 데 필요한 인력을 실질적으로 줄이고 비용을 절감할 수 있다. 이런 추세는 첨단 기술 분야의 기업을 넘어서 확대되고 있다. 은행과 금융 서비스 기업은 고객 계좌와 지원 기능을 온라인으로 전환하면서 실질적으로 비용을 절감할 있다는 것을 발견하고 있다. 이러한 전환은 고객 서비스 대리인, 은행 출납직원, 증권 중개인, 보험 대리점에 대한 필요성을 감소시킨다. 예를 들어 은행에서 계좌 간 자금이체와 같은 거래를 실행하면 평균 1.07달러의 비용이 발생하지만 인터넷에서 동일한 거래를 실행하면 0.01달러의 비용이 발생한다.[23]

마찬가지로 아마존닷컴과 같은 인터넷 기반 소매기업을 뒷받침하는 이론은 실제 매장과 지원 인력을 온라인 가상매장과 자동화된 주문·결제 과정으로 대체함으로써 상당한 비용절감을 달성할 수 있다는 것이다. 비용상환부터 복리후생제도와 고용 절차에 이르기까지 기업 내부의 많은 활동들을 자동화하는 웹 기반 정보시스템을 사용함으로써 비용절감을 실현할 수 있고, 내부의 지원 인력에 대한 필요성을 줄일 수 있다.

기반 구조와 효율성

조직구조, 문화, 전략적 리더십 스타일, 관리시스템과 같은 기업의 기반구조(infrastructure)는 다른 모든 가치창출 활동이 발생하는 상황을 결정한다. 기업은 기반 구조를 개선함으로써 효율성을 증가시키고 비용구조를 낮출 수 있다. 무엇보다도 적합한 기반 구조가 효율성에 대한 전사적인 몰입을 불러일으키고, 효율성 목표를 추구하는데 있어서 기능부서 간 협력을 증진시킬 수 있다. 이러한 내용은 12장과 13장에서 상세하게 기술하고 있다.

효율성에 대한 전사적 몰입을 확립하기 위해서는 전략적 리더십이 특히 중요하다는 사실에 주목할 필요가 있다. 리더십 역할은 효율성 향상에 집중하기 위해 모든 기능부서의 역할을 인식할 수 있도록 비전(vision)을 명확하게 표현하는 것이다. 생산이나 마케팅이나 연구개발에서의 효율성을 개별적으로 향상시키는 것은 충분하지 않다. 탁월한 효율성을 획득하기 위해서는 총괄경영자와 기능부서 경영자가 제시하는 이러한 목표에 대해 전사적인 몰입을 필요로 한다. 리더십의 추가적인 역할은 탁월한 효율성을 획득하는 데 필요한 기능부서간 협력을 촉진시키는 것이다. 예를 들어 제조가 용이하도록 제품을 설계하기 위해서 생산과 연구개발 인력 간의 의사소통이 필요하고, JIT시스템과 생산일정계획을 통합하기 위해서 자재관리와 생산기능 사이의 밀접한 의사소통이 필요하며, 생산 과업을 수행하도록 자율관리팀을 설계하기 위해서는 인적자원과 생산부서 사이의 긴밀한 협력이 필요하다.

요약

탁월한 효율성을 획득하는 데 있어서 여러 기능부서들의 기본적인 역할을 [표 4.1]에서 요약하여 제시하고 있다. 탁월한 효율성을 획득하는 것은 각자 기능부서 단위로 매달려서 해결될 일이 아니라는 것을 명심해야 한다. 기능부서 사이의 긴밀한 협력이 이루어질 수 있는 조직 전체의 몰입과 능력이 필요하다. 최고경영자는 리더십을 발휘하고 기반 구조에 영향을 미치면서 이러한 과정에서 중요한 역할을 수행한다.

탁월한 품질 달성

품질은 두 가지 측면, 즉 *신뢰성 품질*과 *우수성 품질*로 정의할 수 있다고 3장에서 설명하였다. 고품질 제품은 신뢰성이 있고 설계된 대로 기능을 잘 수행하고 고객들이 탁월한 속성을 갖고 있는 것으로 인식한다. 탁월한 품질은 두가지 장점을 제공한다. 첫째, 품질에

표 4.1	탁월한 효율성을 획득하기 위한 가치창출 기능의 주요역할
가치창출 기능	**주요 역할**
기반구조(리더십)	1. 효율성에 대한 전사적인 몰입을 지원한다 2. 기능부서 간 협력을 촉진한다
생산	1. 적합한 곳에서 규모의 경제와 학습효과를 추구한다. 2. 유연생산시스템을 실행한다.
마케팅	1. 적합한 곳에서 경험곡선 아래로 이동할 수 있도록 공격적인 마케팅을 실시한다. 2. 브랜드 충성도를 구축하여 고객이탈률을 억제한다.
자재관리	1. JIT시스템을 실행한다. 2. 공급사슬 조정을 실행한다.
연구개발	1. 제조가 용이하도록 제품을 설계한다. 2. 프로세스 혁신을 추구한다.
정보시스템	1. 프로세스를 자동화하도록 정보시스템을 이용한다. 2. 조정 비용을 줄이기 위해 정보시스템을 이용한다.
인적자원	1. 숙련도를 높이기 위해 훈련 프로그램을 설치한다. 2. 자율관리팀을 실행한다. 3. 성과에 따른 보상을 실시한다.

대한 강력한 명성은 경쟁사에 비해 제품을 차별화하고, 그로 인해 고객의 관점에 더 많은 가치를 창출하고 프리미엄 가격을 책정할 수 있는 옵션을 제공한다. 둘째, 생산공정상의 결점이나 오류를 제거함으로써 효율성을 높이고 비용구조를 낮추고 수익성을 증가시킨다. 예를 들어 생산공정에서 결점수를 줄임으로써 매출원가를 낮추고 매출이익률과 투하자본수익률을 높이게 될 것이다. 여기에서 제품에 대한 신뢰성과 여러 속성들을 향상시킬 수 있는 방법들을 살펴본다.

탁월한 신뢰성 달성

대부분의 경영자들이 제품의 신뢰성(reliability)을 높이기 위해 사용하는 기본적인 도구는 6시그마 품질향상 방법론이다. 종합적 품질경영은 1980년대와 1990년대 초반에 일본기업을 시작으로 미국기업에까지 널리 확산되었는데 6시그마 방법론은 이러한 종합적 품질경영 철학에서 직접적으로 파생된 것이다.[24] 종합적 품질경영(total quality management: TQM)은 제품의 신뢰성을 향상시켜서 제품이 설계된 대로 고장없이 시종일관 제 기능을 수행하도록 만드는 것이다. TQM 개념은 에드워드 데밍(W. Edward Deming), 조셉 주란(Joseph Juran), 파이겐바움(A. V. Feigenbaum)과 같은 수많은 미국의 경영 컨설턴트들에 의해 개발되었다.[25]

> **종합적 품질경영**
> 제품의 신뢰성을 향상시켜서 제품이 설계된 대로 고장없이 시종일관 제기능을 수행하도록 만드는 것

처음에는 이들 컨설턴트들은 미국에서 거의 주목을 받지 못했다. 그러나 일본의 경영자들은 그들의 아이디어를 열성적으로 수용하였으며, 심지어는 데밍의 이름을 붙여서 매년 생산 우수성에 대한 시상제도를 실시하고 있다. TQM의 기본철학은 데밍이 명확하게 제시하였듯이 다음 5 단계의 연쇄적인 반응에 기초하고 있다.

1. 품질향상은 재작업을 줄이고 실수가 줄고 지체가 적어지고 시간과 자재를 더 잘 사용하기 때문에 비용 감소를 의미한다.
2. 결과적으로 생산성이 향상된다.
3. 더 좋은 품질은 시장점유율을 높이고 가격을 인상할 수 있다.
4. 더 높은 가격은 수익성을 증가시키고 영업을 계속할 수 있게 한다.
5. 따라서 기업은 더 많은 일자리를 창출한다.[26]

데밍은 품질향상 프로그램을 위해 많은 단계들을 규명하였다.

1. 경영자는 실수, 결점, 빈약한 자재가 수용되지 않고 제거되어야 한다는 철학을 받아들여야 한다.
2. 감독자가 종업원들과 함께 일하는 시간을 더 많이 배정하고 종업원들에게 직무에 적합한 기술을 제공할 수 있도록 감독의 품질을 개선해야 한다.

3. 경영자는 종업원들이 문제점을 보고하거나 개선방안을 제안하는 것에 대해 거부감을 갖지 않는 환경을 조성해야 한다.

4. 작업 표준은 숫자나 할당량으로 정의하고 무결점 생산을 촉진시킬 수 있는 품질의 개념을 포함시켜야 한다.

5. 경영자는 종업원들이 작업환경의 변화를 따라갈 수 있도록 새로운 기술에 대한 종업원 훈련을 책임져야 한다.

6. 더 좋은 품질을 획득하는 것은 모든 구성원들의 몰입을 요구한다.

서구식 경영에서는 일본이 1980년대에 경제력의 최고 순위에 오를 때까지 TQM 개념의 중요성을 무시해 왔다. 그때부터 품질향상 프로그램은 서구의 산업에서 빠르게 확산되었다. [전략 실행 사례 4.3]은 품질향상 프로세스의 가장 성공적인 실행 사례라고 할 수 있는 제너럴 일렉트릭(General Electric)의 6시그마 프로그램이다.

신뢰성 향상 방법론 실행

품질향상 방법론을 성공적으로 채택하는 기업들은 어떤 규칙이 두드러지게 나타난다. 제품신뢰성을 향상시키는 것은 다기능 프로세스라는 것을 강조할 필요가 있다. 품질향상의 목표를 추구하는 데 있어서 실행 과정은 모든 기능부서 간의 긴밀한 협력, 즉 기능부서 간에 작업이 이루어지는 프로세스를 필요로 한다. 신뢰성 향상 방법론(reliability improvement methodologies)을 실행하는 데 있어서 기능부서들의 역할들은 [표 4.2]와 같이 요약할 수 있다.

첫째, 고위경영자들이 품질향상 프로그램에 동의하고 그 중요성을 조직에 전달하는 것이 중요하다. 둘째, 품질향상 프로그램이 성공하기 위해서는 프로그램을 이끌어 갈 직원들이 확인되어야 한다. 6시그마 방법론에서는 특별한 직원들이 확인되고 6시그마 방법론에 대한 블랙벨트(black belts) 훈련과정을 이수한다. 블랙벨트는 자신의 정규업무 역할을 면제받고 앞으로 2년 동안 오직 6시그마 프로젝트에 관한 작업이 할당된다. 사실상 블랙벨트는 내부의 컨설턴트이자 프로젝트 리더이다. 블랙벨트들은 6시그마에 전념하기 때문에 일상적인 운영 책임에 때문에 진행중인 과업에서 다른 곳으로 벗어나지 않는다. 블랙벨트의 업무를 매력적으로 만들기 위해서 많은 기업들은 경력 과정에서 그 프로그램을 승진할 수 있는 것으로 승인하고 있다. 성공적인 블랙벨트는 2년 후에 자신의 예전 자리로 복귀하지 않고 대신에 승진해서 더 많은 책임을 맡을 수 있다.

셋째, 품질향상 방법론은 생산공정에서 발생한 불량품을 확인하고 그 근원을 추적하고 불량이 발생한 원인을 파악하고 개선조치를 취함으로써 문제가 반복되지 않도록 그 필요성을 전파한다. 생산과 자재관리는 기본적으로 이 과업에 대한 책임이 있다. 품질향

전략 실행 사례 4.3

제너럴 일렉트릭의 6시그마 품질향상 프로세스

© iStockPhoto.com/Tom Nulens

식스시그마(six sigma)는 회사 전반에 걸쳐 불량 감소, 생산성향상, 낭비 제거, 비용절감을 목표로 하고 있으며, 모토롤라(Motorola), 제너럴 일렉트릭(General Electric: GE), 얼라이드시그널(AlliedSignal)과 같은 많은 주요 기업들이 채택하고 있는 품질과 효율성 프로그램이다. "시그마(sigma)"는 통계학자들이 평균에 대한 표준편차를 표현하기 위해 사용하는 그리스 문자에서 나온 것이며, 시그마의 숫자가 클수록 오차의 숫자는 적어진다. 생산공정은 6시그마일 경우 100만개당 3.4개의 불량품이 발생하여 99.99966%의 정확성을 갖는다. 기업이 이와 같은 완전무결함을 획득하는 것이 거의 불가능해 보일지라도 몇몇 기업들은 그 목표를 향해서 노력하고 있다.

제너럴 일렉트릭(GE)은 아마도 6시그마 프로그램을 도입한 것으로 가장 잘 알려진 기업이다. 오랫동안 CEO로 근무한 잭웰치(Jack Welch)의 지휘 아래 GE는 모든 부서를 6시그마 방법으로 변환시키는 데 거의 10억 달러를 지출하였다.

6시그마 프로세스를 이용하여 설계한 첫 번째 제품 중 하나는 인체를 빠르게 3차원 영상으로 촬영하는 125만 달러짜리 진단용 CT스캐너(computer tomography scanner)인 광속VCT(LightSpeed VCT)였다. 새로운 스캐너는 여러 영상을 동시에 포착하였고 몸 전체를 스캔하는 데 단 20초가 소요되었는데, 이는 예전에는 3분이 소요되었고 무엇보다도 환자가 촬영 중에는 움직이지 않아야 하기 때문에 중요한 문제였다. GE는 새로운 스캐너의 신뢰성을 향상시키고 제조비용을 낮추기 위해 250회의 6시그마 분석을 추진하면서 5천만 달러를 지출하였다. 이러한 노력은 광속VCT의 고객들이 기계의 신뢰성에 대한 증거로써 기계가 고장없이 가동된다는 것을 인식하면서부터 보상받을 수 있었다.

이러한 신뢰성을 획득하는 것은 막대한 노력을 요구한다.

GE의 기술자들은 스캐너를 기본적인 구성요소로 분해하고 세밀한 단계별 분석을 통해 각 구성부품의 신뢰성을 향상시키기 위해 노력하였다. 예를 들어 CT 스캐너의 가장 중요한 부품은 X선파의 초점을 맞추는 진공관이다. GE가 이전 스캐너에서 사용하던 진공관은 개당 60,000달러의 비용이 들었고 낮은 신뢰성 때문에 어려움을 겪었다. 병원에서는 적어도 6개월 동안 하루에 12 시간 정도 가동되는 진공관을 원했으나 일반적으로 그 기간의 절반 정도만 가동되었다. 더구나 GE는 출하 전에 실시한 성능검사에서 실패하기 때문에 진공관에서 매년 2천만 달러를 폐기하였고, 많은 불량 진공관들은 지나간 검사를 놓치면서 도착 즉시 기능장애로 판명되었다.

6시그마 팀은 신뢰성 문제를 해결하기 위해서 진공관을 분리하였다. 양극을 격리시켜서(양전하를 갖고 있는) 단기회로가 음전기를 띤 음극으로 변하지 않도록 방지하기 위하여 진공관에 사용하는 석유기름이 하나의 문제점이라는 것을 알게 되었다. 기름은 몇 달 사용하면 악화되었고 이것이 단기회로로 이어졌는데 팀은 그 원인을 알지 못했다. 연구자들은 진공관의 모든 부품에 대해 통계적인 "what–if" 시나리오("what–if" scenarios) 분석을 실시하고, 진공관 내부의 납 성분 페인트가 기름을 오염시킨다는 것을 알게 되었다. 이러한 정보를 바탕으로 진공관을 보존하고 기름을 보호하기 위한 페인트를 개발하였다.

6시그마 팀은 이와 같은 개선활동들을 추구함으로써 CT 스캐너에 있는 진공관의 평균 수명을 3개월에서 1년 이상으로 확대할 수 있었다. 진공관의 개선에 따라 비용이 60,000 달러에서 85,000달러로 증가되었지만 증가된 비용보다 교체비의 감소가 더 컸고, 이것이 고객들에게는 매력적인 제안이 되었다.

자료: C. H. Deutsch, "Six Sigma Enlightenment," *New York Times*, December 7, 1989, p.1; J. J. Barshay, "The Six Sigma Story," *Star Tribune*, June 14, 1999, p.1; D. D. Bak, "Rethinking Industrial Drives," *Electrical/Electronics Technology*, November 30, 1998, p.58.

표 4.2	신뢰성 향상 방법론 실행을 위한 역할
기반구조(리더십)	1. 품질에 대한 리더십과 몰입을 제공한다. 2. 품질을 측정하기 위한 방법을 발견한다. 3. 목표를 세우고 동기를 유발한다. 4. 종업원들의 참여를 요청한다. 5. 기능부서 간 협력을 촉진한다.
생산	1. 생산 소요시간을 줄인다. 2. 불량품을 근원까지 추적한다.
마케팅	1. 고객에게 집중한다. 2. 품질에 고객의 피드백을 반영한다.
자재 관리	1. 공급자들을 체계화한다. 2. 공급자들이 품질향상 방법론을 실행하도록 지원한다. 3. 불량품을 공급자까지 추적한다.
연구개발	1. 제조가 용이하도록 제품을 설계한다.
정보시스템	1. 불량률을 모니터하기 위해 정보시스템을 이용한다.
인적자원	1. 품질향상 훈련 프로그램을 설치한다. 2. "블랙벨트(black belts)"를 확인하고 훈련한다. 3. 종업원들을 품질 팀으로 조직화한다.

상 방법론은 결점을 밝히기 위해 제품이나 서비스의 변동을 찾아낼 수 있는 통계적인 절차를 이용한다. 변동이 확인되면 각각의 원인을 추적해서 제거해야 한다.

결점을 근원까지 추적하는 데 매우 도움이 되는 방법은 생산되는 제품의 로트크기(lot sizes)를 줄이는 것이다. 생산 흐름이 짧아지면 결점이 즉시 드러나게 된다. 결과적으로 결점의 근원이 밝혀지고 문제점이 제시될 수 있다. 그리고 로트크기를 줄이는 것은 불량품이 생산되었을 때 많은 생산이 이루어지기 전에 낭비를 줄일 수 있다는 것을 의미한다. 유연 생산기법은 비용증가 없이 로트크기를 줄이는 데 사용될 수 있다. JIT재고시스템도 역할을 할 수 있다. JIT시스템에서 불량부품은 직접적으로 생산공정에 투입되고 사용되기 전에 몇 달동안 보관되지 않는다. 그래서 불량 투입물은 빠르게 발견될 수 있다. 곧바로 문제점이 공급원천까지 추적되고 더 많은 불량부품이 생산되기 전에 잘못을 고칠 수 있다. 전통적인 시스템에서는 몇 달동안 부품을 보관하는 관행 때문에 부품이 생산공정에 투입되기 이전에 공급자들이 많은 불량품을 생산할 가능성이 있는 것이다.

넷째, 품질향상 프로그램은 품질을 측정하는 데 이용할 수 있는 측정 기준을 만든다. 제조기업에서 품질은 백만 개당 결점수로 측정될 수 있다. 서비스기업에서는 약간 창의적으로 적절한 측정 기준을 고안할 수 있다. 예를 들어 플로리다 전력회사(Florida Power & Light)는 품질을 측정하기 위해 매월 검침오류(meter-reading errors)를 이용하였다.

다섯째, 측정기준이 설계되면 다음 단계는 도전적인 품질 목표를 설정하고 목표달성을 위한 동기를 유발하는 것이다. 6시그마 프로그램에서는 백만 개당 3.4개의 결점이 목표이다. 이러한 목표를 달성하기 위한 동기부여 방법은 성과급 지급 및 승진기회와 같은 보상제도를 목표와 연계시키는 것이다.

여섯째, 현장 종업원들은 제품품질을 향상시키기 위한 아이디어의 주요 원천이라고 할 수 있다. 따라서 이들 종업원들은 품질향상 프로그램에 참여하고 통합되어야 한다.

일곱째, 완제품의 품질이 빈약한 주요 원인은 구성부품의 품질이 나쁘기 때문이다. 제품결함을 줄이기 위하여 공급업체가 공급하는 부품의 품질을 향상시킬 수 있도록 그들과 함께 협력해야 한다.

여덟째, 제품생산을 위한 조립 단계가 많을수록 실수할 수 있는 기회가 증가한다. 따라서 필요한 부품의 수가 줄어들도록 제품을 설계하는 것은 품질향상 프로그램의 주요 요소가 될 수 있다.

마지막으로 품질향상 방법론을 실행하는 것은 조직 전체의 몰입과 기능부서 간 실질적인 협력을 필요로 한다. 연구개발은 제조가 용이하도록 제품을 설계하기 위해 생산부서와 협력해야 하고, 마케팅부서는 마케팅 활동에서 확인된 고객 문제점이 개선되도록 생산과 연구개발부서와 협력해야 한다. 그리고 인적자원관리는 적합한 품질훈련 프로그램을 설계하기 위하여 기업 내 다른 기능부서들과 협력해야 한다.

우수성 품질의 향상

제품은 여러 가지 속성(attributes)들로 구성되어 있고, 신뢰성은 그중 하나의 중요한 속성이다. 제품은 제품 우수성(product excellence)을 나타내는 속성에 의해 차별화될 수 있다. 이러한 속성들은 제품의 형태, 특징, 성능, 내구성, 스타일을 포함한다. 또한 기업은 주문의 용이성, 신속한 납품, 쉬운 설치, 고객 훈련 및 컨설팅 유효성, 정비 서비스와 같이 제품에 연관된 서비스의 속성들을 강조함으로써 품질의 우수성을 창출할 수 있다. 예를 들어 델(Dell)사는 주문 용이성, 신속한 납기, 쉬운 설치, 고객지원과 정비 서비스의 유효성을 차별화하였다. 차별화는 제품을 판매할 때 고객들과 상호작용하는 조직구성원의 속성, 즉 역량, 예의, 진실성, 대응성, 의사소통에 따라 결정될 수 있다. 싱가포르항공(Singapore Airlines)은 서비스 품질의 우수성에 대한 명성을 갖고 있고 있는데 이는 승객들이 그들의 요구에 대해 승무원들의 역량, 예의, 대응능력을 우수하다고 인식하기 때문이다. 기업이 공급하는 제품과 관련하여 제품속성, 서비스 속성, 조직구성원 속성을 [표 4.3]과 같이 요약할 수 있다.

표 4.3	제품 제공과 관련된 속성

제품속성	서비스 속성	조직구성원 속성
형태	용이한 주문	역량
특징	납기	예의
성능	설치	진실성
내구성	고객 훈련	신뢰성
신뢰성	고객 컨설팅	대응성
스타일	유지보수 및 수리	커뮤니케이션

기업이 제공하는 제품이 우수성 차원에서 높게 인식되려면 경쟁기업의 제품보다 우수하게 보여야 한다. 어떤 속성에 대해 높은 품질로 인식되기 위해서는 경영자가 취해야 할 특별한 활동들이 필요하다. 첫째, 경영자가 이러한 속성 중에서 고객에게 가장 중요한 것이 무엇인지를 나타내는 마케팅정보(marketing intelligence)를 수집하는 것이 중요하다. 예를 들어 퍼스널 컴퓨터(PC) 소비자들은 3년 내에 기술발전에 의해 자신의 PC가 노후화되기 때문에 내구성에 역점을 두기보다는 특징과 성능에 더 많이 중요성을 둘 것이다. 마찬가지로 주문 용이성과 적시 납품은 온라인 서점의 고객들에게 매우 중요한 속성이며(실제로 아마존닷컴의 고객들이 그랬던 것처럼), 반면에 공급자 관리를 위한 복잡한 기업용 소프트웨어를 구매하는 고객들은 고객 훈련과 컨설팅이 매우 중요한 속성이다.

둘째, 기업이 고객에게 중요한 속성들을 확인했다면 그러한 속성들이 제품에 구현될 수 있도록 제품과 서비스를 설계하는 것이 필요하다. 설계가 만들어지는 동안 올바른 속성들이 강조될 수 있도록 회사의 직원들을 적절하게 훈련하는 것이 필요하다. 여기에는 마케팅과 제품개발부서의 긴밀한 협력이 필요하고 종업원 선발 및 훈련에 있어서 인적자원관리 기능의 참여가 필요하다.

셋째, 기업은 중요한 속성 중에서 어느 것을 촉진시킬 것인지, 소비자의 마음 속에 그것들을 어떻게 최고의 위치에 올려놓을 것인지 즉, 고객의 마음 속에 견실한 이미지를 각인시킬 수 있도록 마케팅 메시지를 어떻게 만들 것인지를 결정해야 한다.[27] 이 시점에서 만일 제품이 여섯 가지 속성에서 차별화되어 있더라도 회사의 커뮤니케이션 메시지에 이들 속성 모두를 포함시키는 것은 방향성이 부족한 메시지가 될 수 있다는 점을 인식해야 한다. 많은 마케팅전문가들은 하나 또는 두 개의 핵심속성만 고객에게 홍보할 것을 권장한다. 예를 들어 볼보(Volvo)는 모든 마케팅 메시지에서 차량의 안전성과 내구성을 지속적으로 강조하면서 소비자의 마음 속에 볼보 차는 안전하고 내구성이 있다는 인식을 만들고 있다. 볼보 차는 매우 신뢰성있고 높은 성능을 갖고 있지만 마케팅 메시지에서 이러한 속성은 강조하지 않는다. 그에 반해서 포르쉐(Porsche)는 모든 마케팅 메시지에서 성능과 스타일을 강조하고, 소비자의 마음 속에 볼보와는 다르게 위치하고 있다. 두 회사 모두 탁월한 속성을 보유하기 때문에 고품질 제품으로 인식되고 있으나 두 회사가 선택한 속성은 매우 다르고 서로 다른 방법으로 일반적인 다른 차들과 차별화되어 있다.

마지막으로 경쟁은 멈춰 있지 않으며, 대신에 끊임없이 제품속성을 향상시키고 때로는 신제품속성을 개발한다는 점을 인식해야 한다. 이것은 몇 년전에 최첨단이던 제품속성이 지금은 노후화되어 버리는 빠르게 변화하는 첨단산업에서 명확하게 나타나며, 또한 보다 안정적인 산업에서도 이러한 과정이 나타난다. 예를 들어 1980년대에 전자레인지(microwave ovens)의 빠른 확산으로 인하여 식품회사들은 냉동식품에 새로운 속성을 구현할 필요가 있었는데, 전자레인지에서 조리되는 동안 질감과 농도가 유지되어야 하고, 그렇지 못하면 좋은 품질로 간주되지 않았다. 이것은 제품속성의 품질을 끊임없이 향상시키기 위하여 마케팅과 생산부서와 함께 일할 수 있는 강력한 연구개발 기능을 보유하는 것이 중요하다는 것을 의미한다.

탁월한 혁신 달성

여러 가지 면에서 혁신은 경쟁우위의 가장 중요한 원천이다. 왜냐하면 혁신은 고객의 요구를 더 잘 만족시키는 신제품을 개발하고 기존 제품의 품질(속성)을 향상시킬 수 있으며, 고객이 원하는 제품을 만드는 데 소용되는 비용을 줄일 수 있기 때문이다. 혁신적인 신제품이나 프로세스를 개발하는 능력은 기업에게 중요한 경쟁우위, 즉 (1)제품을 차별화하여 프리미엄 가격을 책정하거나 (2)비용구조를 경쟁기업에 비해 낮출 수 있는 경쟁우위를 제공한다. 그러나 경쟁자들은 성공적인 혁신을 모방하려고 노력하고 종종 성공하기도 한다. 따라서 경쟁우위를 유지하기 위해서는 혁신에 대한 지속적인 몰입이 필요하다.

성공적인 신제품출시는 탁월한 수익성을 달성하기 위한 주요 유발요인이다. 로버트 쿠퍼(Robert Cooper)는 200개 이상의 신제품에 대해 분석한 결과 성공적인 신제품의 50%는 33% 이상의 투하자본수익률을 달성하였고, 그중 절반은 회수 기간이 2년 이내였고, 절반은 35% 이상의 시장점유율을 달성하였다.[28] 많은 기업들이 성공적인 혁신에 대한 실적(track record)을 확립하고 있다. 그들 중에 애플(Apple)이 있는데 그 성공에는 아이팟(iPod), 아이폰(iPhone), 아이패드(iPad)가 포함되고, 제약회사인 화이자(Pfizer)는 1990년대와 2000년대 초반에 크게 히트한 8개의 신약을 생산했고, 3M은 테이프와 접착제에서의 핵심 역량을 다양한 신제품을 개발하는 데 적용하였으며, 인텔(Intel)은 혁신적인 PC용 마이크로프로세서 신제품개발을 지속적으로 선도하고 있고, 시스코 시스템스(Cisco Systems)는 통신장비에서의 혁신을 통해 인터넷의 빠른 성장이 가능하도록 길을 닦았다.

혁신의 높은 실패율

혁신을 촉진하는 것이 경쟁우위의 원천이 될 수 있지만 혁신적인 신제품의 실패율은 높은 편이다. 연구결과에 의하면 주요 연구개발 프로젝트의 10~20%정도만 상업적 제품으로 성공한다고 한다.[29] 잘 알려진 제품실패 사례에는 초기의 핸드헬드(handheld) 컴퓨터인 애플사의 뉴튼(Apple's Newton), 비디오카세트레코더(videocassette recoder: VCR) 분야에서 소니의 베타맥스(Sony's Betamax) 방식, 세가의 드림캐스트(Sega's Dreamcast) 비디오게임 콘솔, 초기 스마트폰 운영체제인 마이크로소프트사의 윈도우모바일(Windows Mobile) 등이 포함된다. 수많은 신제품들이 왜 경제적 이익을 발생시키는 데 실패하는가에 대한 이유가 많이 제시되고 있지만 다음과 같이 5가지 실패 요인이 반복적으로 제시되고 있다.[30]

첫째, 혁신에 대한 요구가 본질적으로 불확실하기 때문에 수많은 신제품들이 실패한다. 신제품이 미충족된 고객요구를 채워 줄 수 있을지, 그리고 제품생산을 위한 충분한 시장수요가 존재하는지에 대해서 신제품을 시장에 소개하기 이전에 아는 것은 불가능하다. 훌륭한 시장조사를 통하여 새로운 기술에 대한 미래 수요의 불확실성을 줄일 수 있지만 그 불확실성이 완전히 사라지는 것은 아니며, 어느 정도의 실패율이 예상될 수 밖에 없다.

둘째, 기술이 불완전하게 상품화되기 때문에 신제품이 실패할 수 있다. 이것은 신제품에 대한 고객의 요구가 명확하지만 빈약한 설계나 낮은 품질과 같이 고객의 요구를 제품에 잘 반영하지 못했을 때 발생한다. 예를 들어 마이크로소프트사가 윈도우모바일 운영체제를 사용하는 전화기를 애플사의 아이폰보다 4년 앞서 2003년 시장에 출시했지만 스마트폰 시장에서의 지배적인 지위를 지속적으로 확립하는 데 실패하였는데, 이는 빈약한 설계에서 원인을 찾을 수 있다. 윈도우모바일 전화기는 실제 키보드를 장착하고 있었고 작동하기 어려운 작고 복잡한 화면을 갖고 있어서 많은 소비자들에게 매력적이지 못했다. 반면에 아이폰의 큰 터치스크린과 키보드는 많은 소비자들에게 매력적이었으며 그들은 이 제품을 사기 위해 떼지어 몰려들었다.

셋째, 신제품은 잘못된 포지셔닝전략 때문에 실패할 수 있다. 포지셔닝전략(Positioning

포지셔닝전략
4개의 주요 마케팅차원(즉, 가격, 유통, 판촉 및 광고, 제품특징)에 기초하여 제품에 대해 기업이 채택하는 특유의 선택 영역

strategy)은 4개의 주요 마케팅차원(즉 가격, 유통, 판촉 및 광고, 제품 특징)에 기초하여 제품에 대해 기업이 채택하는 특유의 선택 영역이라고 할 수 있다. 윈도우모바일 전화기가 실패한 것은 빈약한 설계 이외에도 잘못된 포지셔닝전략 때문이었다. 그들은 영업용 사용자를 목표로 하였지만 애플은 아이폰을 소매고객 대상으로 목표를 설정하여 대량판매 시장을 개척하였다.

넷째, 기업이 충분한 수요가 없는 기술을 시장에 내보내는 실수를 범하기 때문에 많은 신제품 도입이 실패한다. 기업은 신기술의 마법에 걸려 눈이 멀 수 있고, 제품에 대한 고객 수요가 충분하게 존재하는지에 대한 결정에서 실패할 수 있다. 이에 대한 고전적인 사례는 세그웨이(Segway) 이륜 개인용 스쿠터이다. 회전식 제어가 매우 정교함에도 불구하고, 그리고 매스미디어의 흥분 속에 제품소개가 이루어졌지만 대부분의 소비자들이 그런 장치에 대한 욕구를 갖고 있지 않다는 것이 드러나면서 판매는 기대치 이하로 떨어졌다.

마지막으로 기업은 제품이 시장에서 천천히 거래될 때 실패한다. 초기 개발에서 최종 마케팅까지 사이에 소요되는 시간이 오래 걸릴수록 즉, "사이클타임(cycle time)"이 느릴수록 경쟁기업이 시장을 선점하고 최초진입자 우위를 획득할 가능성이 커진다.[31] 자동차산업에서 제너럴모터스(GM)는 느린 혁신 때문에 오랫동안 어려움을 겪어 왔다. 보통 제품개발주기가 5년 정도 소요되었는데 이는 혼다, 토요타, 마즈다의 경우 2~3년, 포드의 경우 3~4년에 비교하면 느린 것이었다. GM의 제품공급이 5년이 지난 기술과 디자인 개념을 기초로 이루어지기 때문에 시장에 출시했을 때는 이미 시대에 뒤떨어진 것이다.

혁신 실패의 감소

혁신과 관련하여 높은 실패율을 줄이기 위해 경영자가 할 수 있는 중요한 역할은 연구개발, 생산, 마케팅기능 사이의 견고한 통합을 확실하게 달성하는 것이다.[32] 기능부서 간 견고한 통합을 달성하면 다음과 같은 특징이 나타난다.

1. 제품개발 프로젝트는 고객 요구에 의해 촉진된다.
2. 신제품은 제조가 용이하도록 설계된다.
3. 개발비가 통제범위를 벗어나 상승하지 않는다.
4. 제품을 개발하고 시장에 출시하는 데 소요되는 시간이 최소화된다.
5. 연구개발과 마케팅 사이의 긴밀한 통합은 제품개발 프로젝트가 고객 요구에 의해 추진된다는 것을 확신함으로써 달성된다.

고객들이 신제품 아이디어의 기본적인 원천이 될 수 있다. 고객의 요구, 특히 충족되지 않은 요구를 확인함으로써 성공적인 제품 혁신이 발생할 수 있는 상황을 설정할 수 있다. 고객과의 접점에서 마케팅기능은 가치있는 정보를 제공할 수 있다. 더구나 연구개발과 마케팅의 통합은 신제품이 상품화되는 데 있어서 중요하며, 그렇지 않으면 수요가 없거나 거의 없는 제품을 개발하는 위험을 겪게 된다.

연구개발과 생산기능을 통합함으로써 제조상의 요구사항을 고려하여 제품을 설계한다는 확신을 가질 수 있다. 제조를 위한 설계는 생산비를 낮추고 실수할 가능성을 줄이며, 따라서 원가를 낮추고 제품품질을 향상시킬 수 있다. 연구개발과 생산의 통합은 개발비를 낮추고 제품을 시장에 빠르게 출시할 수 있다. 만일 신제품이 제조 능력을 고려하지 않고 설계되었다면 기존의 제조기술을 가지고 조립하기에는 너무 어려울 수 있다. 이러한 경우 제품을 다시 설계해야 할 필요성이 제기되고, 전체 개발비와 시장판매의 시기가 심각하게 증가할 수 있다. 제품 계획 기간 중에 설계를 변경하면 총 개발비가 50%까지 증가하고 시장에 출시하는 데 소요되는 시간이 25% 추가될 수 있다.[33]

기능부서 간 통합을 달성하기 위해 가장 좋은 방법 중 하나는 연구개발, 마케팅, 생산부서의 대표들로 구성된 다기능 제품개발팀(cross-functional product development team)을 설치하는 것이다. 이 팀의 목적은 초기 개념개발부터 시장출시까지 제품개발 프로젝트를 감독하는 것이다. 제품개발팀이 효과적으로 역할을 하고 모든 개발 단계의 성과를 달성하기 위해 다음과 같은 특별한 속성들이 중요하게 나타난다.[34]

첫째, 조직에서 높은 지위에 있으면서 팀의 성공을 위해 필요한 재정적, 인적자원을 책임질 수 있는 영향력과 권한을 갖고 있는 프로젝트 관리자가 팀을 이끌어야 하며 근본적으로 프로젝트에 전념해야 한다. 리더는 프로젝트의 챔피언(champion)으로서 프로젝트를 신뢰해야 하며, 여러 기능부서의 관점을 통합하고 다른 기능부서의 사람들과 공동의 목표를 위해 함께 일하도록 도와줄 수 있는 전문가가 되어야 한다. 리더는 또한 고위 경영자들에게 팀의 대변인 역할을 해야 한다.

둘째, 팀은 핵심 부서나 지위에서 적어도 한 명씩은 차출되어 구성되어야 한다. 개별적인 팀 구성원들은 기능 분야의 전문성에 기여할 수 있는 능력, 해당 기능 분야에서의 높은 신분, 팀 성과에 대한 책임을 공유하려는 의지, 기능에 치우친 주장을 제외시키는 능력을 포함해서 수많은 속성들을 갖고 있어야 한다. 일반적으로 팀의 핵심 멤버들은 프로젝트의 추진 기간 중에는 프로젝트에 100% 전념하는 것이 바람직하다. 이것은 진행 중이던 개인적인 작업이 아니라 프로젝트에 확실히 집중해야 하는 것을 의미한다.

셋째, 팀 구성원들은 동지애를 유발하고 의사소통을 촉진하기 위해 물리적으로 동일한 장소에 배치되어야 한다. 넷째, 팀은 명확한 계획과 명확한 목표를 갖고 있어야 하며, 특히 중요한 개발 단계와 개발예산에 대하여 계획과 목표가 있어야 한다. 예를 들어 주요 개발 단계가 달성되었을 때 상여금을 지급하는 것처럼 팀은 이러한 목표를 달성하기 위한 인센티브를 갖고 있어야 한다. 다섯째, 각 팀은 갈등해소뿐만 아니라 의사소통을 위한 자신만의 프로세스를 개발할 필요가 있다. 예를 들어 캘리포니아에 소재하는 PC용 디스크 드라이브 제조업체인 퀀텀(Quantum)의 경우 어떤 한 제품개발팀에서는 매주 월요일 오후에 개최되는 회의에서 모든 중요한 의사결정이 이루어지고 갈등을 해소하도록 권한을 위임하였다. 이러한 간단한 규칙이 개발 목표를 달성하도록 팀을 도와주었다.[35]

   마지막으로 혁신에 대한 역량을 개발하기 위하여 경영자들이 솔선수범하여 제품개발에 관한 경험을 학습하고 과거의 성공과 실패에 대한 교훈을 미래의 새로운 제품개발 프로세스에 반영할 필요가 있다.[36] 이것은 실행보다는 말하는 것이 쉽다. 경영자들은 학습하기 위하여 제품개발 프로젝트가 완성된 후에 객관적인 평가 프로세스를 착수할 필요가 있으며, 이를 통해 핵심 성공요인과 실패의 근본 원인을 확인하고 실패를 회복하기 위해 자원을 배분한다. 리더는 또한 자신들이 잘못한 일들을 다른 팀의 구성원들이 책임지고 확인할 수 있도록 자신의 실패를 받아들여야 한다. [전략 실행 사례 4.4]는 코닝(Corning)이 잠재적으로 유망한 신제품을 개발하기 위하여 이전의 실수에서 어떻게 배웠는가를 보여준다.

   탁월한 혁신을 달성하기 위하여 여러 기능부서들이 해야 할 기본적인 역할은 [표 4.4]에서 요약하여 제시하고 있다. 표에서 두 가지 문제를 명확하게 제시된다. 첫째, 최고경영자는 전체 개발 프로세스를 감독하는 데 있어서 근본적인 책임을 맡아야 한다. 이것은 개발 프로세스를 관리하고 기능부서간의 협력을 촉진하는 역할을 수반한다. 둘째, 신제품과 프로세스를 개발하는 데 있어서 연구개발의 효과성은 마케팅 및 생산기능과 협력하는 능력에 달려 있다.

표 4.4 탁월한 혁신을 달성하기 위한 기능부서 역할

가치창출 기능	주요 역할
기반구조 (리더십)	1. 전체 프로젝트를 관리한다(예를 들어 개발기능을 관리하는 것). 2. 기능부서 간 협력을 촉진한다
생산	1. 제조가 용이한 제품을 설계하도록 연구개발부서와 협력한다. 2. 프로세스 혁신을 개발하기 위해 연구개발과 함께 작업한다.
마케팅	1. 마케팅정보를 연구개발에 제공한다. 2. 신제품을 개발하기 위해 연구개발과 함께 직업한다.
자재관리	기본적인 책임이 없다
연구개발	1. 신제품과 프로세스를 개발한다. 2. 개발 프로세스에서 다른 기능부서, 특히 마케팅과 생산부서와 협력한다.
정보시스템	1. 기능부서 간 그리고 기업간 제품개발 작업을 조정하기 위해 정보시스템을 이용한다.
인적자원	1. 능력있는 과학자와 기술자를 고용한다.

전략 실행 사례 4.4

코닝—혁신 실패에서의 학습

© iStockPhoto.com/Tom Nulens

세계에서 가장 큰 광섬유 케이블 공급업체인 코닝(Corning)은 1998년 DNA 마이크로어레이(DNA microarrays; DNA chips)를 다양화하고 개발 및 생산한다고 결정하였다. DNA 칩은 유전자의 기능을 분석하는 데 이용되며, 의약품개발 과정에서 사용하는 중요한 연구도구이다. 코닝사는 28,000명의 유전자를 한 세트의 슬라이드에 프린트할 수 있는 DNA칩 개발에 노력하였다. 코닝은 2000년까지 이 프로젝트에 1억 달러 이상을 투자하였으며, 첫 번째 칩이 시장에 출시되었으나 프로젝트는 실패하였고 2001년에 프로젝트를 철수하였다.

무엇이 잘못되었을까? 코닝은 시장출시가 늦었는데 이것이 결정적인 실수였다. 1990년대 초부터 사업을 해오던 애피메트릭스(Affymetrix)가 시장을 지배하고 있었다. 2000년까지 애피메트릭스의 DNA칩은 지배적 디자인(dorninant design)이었으며, 연구자들이 그 칩과 친숙했고 성능이 좋았으며 입증되지 않은 경쟁기업의 칩으로 전환하려는 의도가 거의 없었다. 코닝은 장기적으로 설정된 혁신 프로세스에 집착했기 때문에 지체되었고, 그것은 생명과학 분야에 전혀 적합하지 않았다. 특히 코닝 내부의 자연과학 전문가들은 고객과 생명과학자들이 필요 이상으로 높게 느끼고 있는 엄격한 품질 기준을 지키려고 고집을 부렸다. 이러한 품질 기준은 달성하기 매우 어려운 것으로 입증되었고, 결과적으로 제품출시가 지체되면서 애피메트릭스가 시장을 지킬 수 있는 시간을 제공

하였다. 추가로 코닝은 잠재적인 고객들이 칩의 원형을 세밀하게 관찰할 수 있도록 고려하지 못했고, 결과적으로 고객이 원하는 중요한 특성들을 반영하는데 실패하였다.

코닝은 이러한 실패를 재검토한 후에 앞으로의 개발 프로세스 초기부터 고객을 참여시킬 필요가 있다고 결정하였다. 또한 역량이 부족한 영역으로 다양화하기 위해서 추가적인 외부 전문가를 고용하고 이들 전문가들을 개발 프로세스에서 광범위하게 투입될 수 있도록 허용할 필요가 있었다.

그러나 코닝은 활기차고 성장하는 시장, 즉 신약 개발 시장을 발견했기 때문에 프로젝트가 완전히 실패한 것은 아니었다. 신약 개발에서 학습한 것을 다른 실패한 사업인 빛으로 데이터를 다루는 포토닉스(photonics)에 결합함으로써 "에픽(Epic)"이라는 신제품을 발명하였다. 에픽은 약품검사를 위해 널리 쓰이는 산업 관행인 형광염료 대신에 광파(light waves)를 이용하는 혁명적인 기술이다. 에픽은 장래의 약품에 대한 검사 프로세스를 빠르게 처리하고 제약회사의 귀중한 연구개발비를 절약할 수 있도록 보장한다. 코닝은 DNA 마이크로어레이 프로젝트와는 다르게 개발을 완료하기 이전에 18개 제약회사로 하여금 에픽을 테스트하도록 하였다. 코닝은 이 피드백을 이용하여 에픽을 개선하였다. 이 제품은 지금 회사가 제공하는 중요한 제품이 되었다.

자료: V. Govindarajan and C. Trimble, "How Forgetting Leads to Innovation," *Chief Executive*, March 2006, pp.46–59; and J. McGregor, "How Failure Breeds Success," *Business Week*, July 10, 2006, pp.42–52.

탁월한 고객 대응성 달성

기업은 고객에 대해 탁월한 대응성을 달성하기 위해 고객이 원하는 것을, 그들이 원하는 시간에, 이 과정에서 장기적인 수익성이 손상되지 않는 한 그들이 지불하려는 가격으로 제공해야 한다. 고객 대응성(customer responsiveness)은 브랜드 충성도를 구축하는 데 도움이 될 수 있는 중요한 차별적인 속성이다. 강력한 제품 차별화와 브랜드 충성도는 더

많은 가격결정 옵션을 회사에 제공하는데, 제품에 대한 프리미엄 가격을 책정하거나 더 많은 제품과 서비스를 판매하기 위해 가격을 낮게 유지할 수 있다. 가격을 높이든 또는 낮추든 고객의 요구에 가장 잘 대응하는 기업이 경쟁우위를 갖게 될 것이다.

고객에 대해 탁월한 대응성을 달성하는 것은 고객에게 금전적인 가치를 제공하는 것을 의미하고, 생산공정의 효율성과 제품의 품질을 향상시키기 위한 단계들은 이러한 목적과 일치해야 한다. 또한 고객이 원하는 것을 제공하기 위해서 새로운 특징을 갖는 신제품개발이 필요할 수 있다. 다시 말해서 탁월한 효율성, 품질, 혁신을 달성하는 것은 모두 탁월한 고객 대응성을 달성하기 위한 것이다. 이러한 목표를 달성하기 위하여 두 가지 선행 조건이 있다. 첫째, 기업은 고객의 소리에 경청하고 고객에게 집중하고 그들의 요구를 조사하고 확인할 수 있는 역량을 개발해야 한다. 둘째, 고객의 요구를 만족시키기 위해 끊임없이 더 좋은 방법을 찾아야 한다.

고객집중

고객이 원하는 것을 모른다면 기업은 고객의 요구에 대응할 수 없다. 따라서 탁월한 고객 대응성을 구축하기 위한 첫 번째 단계는 전사적으로 고객에게 집중할 수 있도록 유도하는 것이다. 이러한 목적을 달성하기 위해 리더십을 발휘하고 종업원 태도를 설정하고 고객의 요구를 회사 내에 잘 확산시킬 수 있는 메커니즘을 활용해야 한다.

리더십 발휘 고객집중은 조직의 최고경영자에서부터 시작되어야 한다. 탁월한 고객 대응성에 몰입함으로써 강력한 리더십을 통해서만 구축될 수 있는 전사적인 태도상의 변화가 나타난다. 고객을 최우선시하는 미션문(mission statement)은 종업원들에게 고객집중에 관한 명확한 메시지를 보내는 방법 중 하나이다. 다른 수단은 최고경영자 자신의 행동이다. 예를 들어 도미노피자(Domino's pizza) 창업주 톰 모나한(Tom Monaghan)은 규칙적으로 도미노피자를 먹으면서 고객 근처에 머물렀으며, 가능하면 매주 많은 매장들을 방문하고 스스로 배달을 하기도 하고 다른 고위경영자들에게도 똑같이 할 것을 강조하였다.[37]

종업원 태도 형성 리더십 하나만으로는 탁월한 고객집중을 달성하는 데 충분하지 않다. 마케팅, 생산, 연구개발, 회계부서에 관계없이 모든 종업원들이 활동을 집중해야 할 대상으로 고객을 인식해야 한다. 고객의 입장에서 종업원 스스로 고객처럼 생각하도록 만드는 것이 목적이다. 이러한 관점에 의해 종업원들은 회사에 대한 고객의 경험을 향상시킬 수 있는 더 좋은 방법을 찾을 수 있다.

이러한 사고방식을 강화하기 위하여 종업원들에게 고객을 만족시키는 것에 대해 보상을 해주는 인센티브 제도를 갖추어야 한다. 예를 들어 포시즌스호텔(Four Seasons hotel chain)의 고위경영자들은 그들 스스로 고객집중에 대해 자부심을 갖고 있고 있으며, 떠나는 고객의 가방을 택시에 싣지 못했던 토론토의 도어맨(doorman)인 로이 다이먼트(Roy Dyment)의 이야기를 말하고 싶어 한다. 도어맨은 그 고객이 워싱턴(Washington, D.C.)에 있는 변호사였으며 아침 회의에 그 가방이 절대적으로 필요하다는 것을 알게 되었다. 다이먼트는 사장의 확실한 허락도 받지 않고 비행기를 타고 워싱턴으로 한걸음에 달려가서 가방을 돌려주었다. 포시즌스는 다이먼트의 실수에 대해 그리고 워싱톤으로 가기 전에 경영자에게 확인을 하지 않은 것에 대해 처벌을 하기보다는 올해의 최우수 직원 다이먼트(Dyment Employee of the Year)라는 명칭으로 보상하였다.[38] 이러한 조치는 포시즌스의 직원들에게 고객만족의 중요성을 강조하는 강력한 메시지로 전달되었다.

고객요구 파악 "고객을 이해하는 것"은 탁월한 고객 대응성을 달성하기 위한 핵심 중의 하나이다. 고객을 이해하기 위해서는 종업원들이 고객처럼 생각하고 고객의 의견을 경청해야 한다. 여기에는 회사의 제품과 서비스에 대한 고객의 피드백을 요청함으로써, 그리고 피드백을 담당 직원에게 전달할 수 있는 정보시스템을 구축함으로써 고객의 의견을 받아들이는 것이 포함되어야 한다.

　　직접판매방식의 의류판매회사인 랜즈엔드(Lands' End)는 카탈로그나 인터넷과 고객 서비스 전화를 통하여 의류의 품질과 희망상품에 관한 고객의 견해를 적극적으로 요청한다. 실제로 회사가 처음 의류 시장 진출을 시도한 것은 고객의 주장 때문이었다. 랜즈엔드는 예전에 우편주문 카탈로그를 통해 요트 장비를 공급했었다. 그러나 회사는 고객들로부터 아웃도어 의류를 제공해 달라는 많은 요청을 받아들였고, 이러한 요구를 충족시키기 위해 카탈로그를 확대함으로써 응답하였다. 머지않아 의류는 회사의 주요 사업이 되었고 요트 장비의 판매를 중단하였다. 오늘날에도 지속적으로 고객의 요청에 세심하게 주의를 기울이고 있다. 매달 고객의 요청이나 의견에 관한 데이터는 경영자에게 보고된다. 이러한 피드백은 판매하는 상품들을 조정하는 데 도움을 주며, 고객의 요청에 대한 대응으로 새로운 상품 종류가 빈번하게 소개되었다.

고객요구의 만족

고객집중이 기업의 필수적인 요소라면 다음 필요조건은 확인된 고객의 요구를 만족시키는 것이다. 이미 강조한 바와 같이 효율성, 품질, 혁신은 기업이 고객을 만족시키는 데 도움을 줄 수 있는 중요한 역량이다. 그 이상으로 기업은 자신들의 제품을 차별화함으로써 더 높은 수준의 만족을 제공할 수 있으며, 차별화는 (1)개별적인 고객들의 요구사항에 따라 가능한 분야에서 제품을 고객화하고, (2)고객요구에 대응하거나 만족시키는 데 소요되는 시간을 줄임으로써 달성할 수 있다.

고객화 고객화(Customization)는 고객의 독특한 요구나 취향에 맞춰 제품이나 서비스의 특징을 다양화하는 것이다. 비록 광범위한 고객화가 비용을 증가시킬 수 있지만 유연생산기술의 발달로 인하여 10~15년 전보다 더 광범위하게 제품을 고객화하는 것이 비용구조상의 값비싼 증가를 경험하지 않고도 가능해졌다(특히 유연생산기술이 웹 기반의 정보시스템과 연결되어 있을 때). 예를 들어 아마존닷컴과 같은 온라인 판매기업은 웹 기반 기술을 이용하여 각각의 개별적인 이용자들을 위해 고객화된 홈페이지를 개발해왔다. 고객이 아마존닷컴에 접속하면 과거 구매기록의 분석에 근거하여 구입하려는 권장도서와 음악의 목록이 제공되며, 이것이 아마존닷컴에게 경쟁우위를 제공하는 강력한 역량이다.

고객화 추세는 많은 시장, 특히 고객 시장을 아주 작은 틈새시장으로 분할하고 있다. 이러한 세분화는 혼다(Honda)가 모터사이클 시장을 지배하던 1980년대초 일본에서 발생했다. 두번째 서열의 야마하가 혼다의 선두자리를 뛰어넘기로 결정하였다. 야마하(Yamaha)는 신규 공장의 개통을 발표하였고, 공장이 완전 가동된다면 세계 최대의 모터사이클 제조기업이 될 수 있었다. 혼다는 제품라인을 확산시키고 신제품 도입율을 증가시켜서 대응하였다. 이것은 "모터사이클 전쟁"으로 잘 알려졌는데 처음에 혼다는 제품라인에 60개 모델의 모터사이클을 갖고 있었지만 18개월 후에는 더 작은 틈새시장까지 고객화하여 113개 모델까지 범위가 빠르게 확대되었다. 혼다는 유연생산의 역량을 갖고 있었기 때문에 값비싼 비용대가를 치르지 않고도 이것을 달성할 수 있었다. 혼다의 고객화된 모델이 넘쳐나면서 야마하는 대부분의 시장에서 밀려났고, 혼다를 추월하려는 시도를 효과적으로 방지할 수 있었다.[39]

대응 시간 기업은 경쟁우위를 달성하기 위하여 고객의 수요에 매우 빠르게 대응해야 하며, 예를 들어 가구 제조업체에서의 주문제품의 납품거래, 은행의 대출신청 처리, 고장난 자동차를 위한 자동차 제조업체의 예비 부품 공급, 또는 슈퍼마켓계산대에서 대기하는 시간과 같은 고객의 수요에 신속하게 대응해야 한다. 우리는 시간이 가치있는 상품인 빠른 속도의 사회에서 살고 있다. 고객의 요구에 빠르게 반응하여 만족시키는 기업은 브랜드 충성도를 구축하고 제품을 차별화하고 제품에 대해 높은 가격을 책정할 수 있다.

속도가 증가하면 우편배달산업에서 보여주듯이 프리미엄 가격을 책정할 수 있는 옵션을 선택할 수 있다. 우편배달산업 중 항공수송 틈새시장은 고객들이 기꺼이 보통우편 보다 당일 속달우편에 대해 확실히 많은 돈을 지불할 의향이 있다는 생각에 근거하고 있다. 신속한 대응의 가치를 보여주는 다른 사례는 정지용 중 장비 제조업체인 캐

| 표 4.5 | 탁월한 고객 대응성을 달성하기 위한 기능부서의 주요 역할 |

가치창출 기능	주요 역할
기반구조(리더십)	• 모범적인 리더십을 통하여 고객 대응성에 대한 전사적인 몰입을 구축한다.
생산	• 유연생산을 실행하여 고객화를 달성한다. • 유연생산을 통하여 신속한 대응성을 달성한다.
마케팅	• 고객을 이해한다. • 고객 피드백을 적합한 부서에 전달한다.
자재관리	• 예기치 않은 고객 수요에 빠르게 대응할 수 있는 물류시스템을 개발한다.
연구개발	• 제품개발 프로세스에 고객을 참여시킨다.
정보시스템	• 고객에 대한 대응성을 높이기 위하여 웹 기반 정보시스템을 이용한다.
인적자원	• 종업원들이 스스로 고객처럼 생각할 수 있도록 만드는 훈련 프로그램을 개발한다.

터필러(Caterpillar)인데, 그 회사는 예비부품을 세계 어느 지역이든지 24 시간 내에 배달할 수 있다. 건설중장비가 고장나면 비용이 많이 들기 때문에 장비 고장에 대한 캐터필러의 신속한 대응은 고객들에게 가장 중요한 것이다. 결과적으로 많은 고객들은 일본 코마츠(Komatsu)의 공격적인 저가경쟁에도 불구하고 캐터필러에 대한 충성도를 유지하였다.

일반적으로 대응 시간을 줄이기 위하여 (1)고객의 요구를 생산부서에 신속하게 전달할 수 있는 마케팅기능, (2)예기치 않은 고객의 수요에 대응하여 신속하게 생산 일정을 조정할 수 있는 생산과 자재 관리 기능, (3)이러한 프로세스에서 생산과 마케팅을 도울 수 있는 정보시스템 등이 필요하다.

탁월한 고객 대응성을 달성하기 위하여 기업이 실행해야 할 주요 역할들은 [표 4.5]와 같이 요약할 수 있다. 이러한 목표를 달성하기 위하여 마케팅이 중요한 역할을 수행할 수 있지만(근본적으로 고객과의 접점에 있기 때문에) 다른 기능부서들도 또한 중요한 역할이 있다는 것을 표에서 보여주고 있다. 고객에 대한 탁월한 대응성을 달성하기 위하여 최고경영자가 회사 내에 고객지향성을 구축하는 데 앞장 설 필요가 있다

요약 *Summary of Chapter*

1. 기업은 여러 가지 방법으로 효율성을 증가시킬 수 있다. 규모의 경제와 학습효과를 개발하고, 유연생산기술을 채택하고, 고객이탈률을 줄이고, JIT시스템을 실행하고, 제조가 용이한 제품을 설계하도록 연구개발 기능을 운영하고, 훈련을 통하여 종업원들의 숙련도를 향상시키기고, 자율관리팀을 도입하고, 성과에 따른 보상을 연계하고, 강력한 리더십을 통해 효율성에 대한 전사적인 몰입을 구축하고, 효율성 목표를 추구하기 위하여 여러 기능부서들간의 협력을 촉진할 수 있는 조직구조를 설계한다.

2. 탁월한 품질은 기업이 비용을 낮추고 제품을 차별화하고 프리미엄 가격을 책정하는 데 도움을 줄 수 있다.

3. 탁월한 품질을 달성하기 위해서는 품질에 대한 조직 전체의 몰입과 고객에 대한 확실한 집중을 요구한다. 또한 품질 목표를 측정할 수 있는 평가 방법과 품질을 강조하는 인센티브가 필요하다. 즉, 품질이 향상될 수 있는 방법에 관하여 종업원들이 제공하는 투입정보, 결점을 근원까지 추적하고 문제점을 수정할 수 있는 방법론, 기업의 공급기반의 합리화, 종합적 품질경영 프로그램을 실행하기 위한 공급기업들과의 협력, 제조가 용이

하도록 설계된 제품, 그리고 기능부서들 간의 실질적인 협력 등이 필요하다.

4. 불확실성, 불충분한 상품화, 어설픈 포지셔닝전략, 느린 사이클타임, 기술적 근시안과 같은 요인들 때문에 신제품 도입의 실패율이 높다.

5. 기업은 탁월한 혁신을 달성하기 위하여 기초연구와 응용연구에서 전문성을 구축해야 한다. 즉, 개발 프로젝트를 관리하기 위한 좋은 프로세스를 설계하고, 다기능 제품개발팀과 부분적인 병행 개발 프로세스를 채택함으로써 다른 기능부서들과의 긴밀한 통합을 달성해야 한다.

6. 탁월한 고객 대응성을 달성하기 위하여 탁월한 효율성, 품질, 혁신을 달성하는 것이 필요하다.

7. 탁월한 고객 대응성을 달성하기 위하여 고객들에게 그들이 원하는 것을 원하는 시간에 제공해야 한다. 그것은 강력한 고객집중을 확실하게 해야 하고, 리더십을 통한 고객집중을 강조함으로써 달성될 수 있다. 즉, 종업원을 고객처럼 생각하도록 훈련하고, 탁월한 마케팅조사를 통하여 고객을 회사로 이끌어오고, 개별 고객이나 고객집단의 독특한 요구에 따라 제품을 고객화하고, 고객 수요에 신속하게 대응한다.

토론 과제

1. 경쟁우위의 네 가지 본원적인 구성요소는 서로 어떻게 연관되어 있는가?

2. 최고경영자는 탁월한 효율성, 품질, 혁신, 고객 대응성을 달성하기 위하여 어떤 역할을 할 수 있는가?

3. 식스시그마 품질향상 프로세스의 채택은 시간이 지나

면서 기업에 경쟁우위를 제공할 것인지, 아니면 단지 경쟁기업과 동등한 위치를 확보하는데 필요한 것인가?

4. 혁신이 "경쟁우위의 가장 중요한 단 하나의 구성요소"라고 말할 수 있는 것은 무슨 관점인가?

윤리적 딜레마

© iStockPhoto.com/P_Wei

월마트가 종업원들에게 매우 열심히 일을 시키는 상황에서 그들에게 최소임금을 지급하고 노동조합 설립을 반대

하는 것이 윤리적인가? 하위 계층 종업원들에 대한 월마트의 고용과 보상 제도는 윤리적인가?

버지니아 메이슨(Virginia Mason)의 린생산(lean production)

시애틀의 버지니아 메이슨 병원(Seattle's Virginia Mason Hospital)은 2000년대초 기대했던 것만큼 잘 운영되지 않았다. 재정적인 수익은 낮았고, 환자 만족도는 표준 이하였으며, 환자 치료 중에 너무 많은 실수가 발생하고 직원의 사기는 상처를 받았다. CEO 개리 캐플란(Gary Kaplan)은 보잉사의 린사고 책임자였던 이안 블랙(Ian Black)과의 우연한 만남이 이루어졌을 때 이 문제에 대해 무엇을 할 것인가에 대해 고민하고 있었다. 보잉사는 항공기 조립 생산에서 토요타의 유명한 린생산시스템을 실행하였으며 긍정적인 결과를 발견하였다고 블랙은 캐플란에게 말했다. 캐플란은 곧바로 토요타가 낮은 비용으로 더 신뢰성있는 자동차를 만들 수 있었던 동일한 시스템을 보건의료 분야에 적용하여 더 낮은 비용으로 환자의 결과를 향상시킬 수 있다고 확신하였다.

캐플란과 경영진은 2002년에 토요타 생산시스템을 배우기 위해 일본으로 연간여행을 시작했다. 그들은 "린(lean)"이 불필요한 것 없이도 실행하는 것을 의미한다는 것을 배웠으며, 과업을 더 효율적으로 실행하기 위해서 과정의 불필요한 단계를 제거하는 것을 의미한다는 것을 알았다. 그것은 가치를 증가시키지 못하는 요소와 낭비를 제거하는 것을 의미했다. 토요타의 시스템을 보건의료 분야에 적용하는 것은 치료 과정에서의 실수를 줄이고 더 신속한 치료를 함으로써 환자의 결과를 향상시키는 것을 의미했다.

캐플란과 그의 팀은 린생산의 가치를 믿고서 일본에서 돌아왔다. 그들은 신속하게 그들이 배웠던 것을 버지니아 메이슨에 적용하는 것을 착수하였다. 버지니아 메이슨에서 "신속한 프로세스 개선 워크숍"이라고 부르는 분야에서 개별적인 프로세스를 분석하는 팀이 만들어졌다. 팀은 의사와 다른 직원들로 구성되었으며, 5일 간의 정규 근무를 면제받았다. 그들은 린생산의 방법을 학습하고, 시스템과 프로세스를 분석하고, 제안된 변화를 검증하였으며, 그리고 선택된 변화를 다음 주에 실행할 수 있는 권한이 부여되었다.

병원에 비효율성이 많았다는 사실을 반영하듯이 이익이 빠르게 나타났다. 첫 번째 변화 중 하나는 의사 진찰 후 전문의에게 보내진 환자와 그 환자가 전문의에게 처음 진찰받는 사이의 지연 시간에서 나타났다. 이 과정을 조사하여 전문의에게 보낼 환자를 조정하는 역할을 하는 비서가 불필요하다는 사실을 발견하였다. 대신에 의사는 전문의 진료가 필요한가를 결정하자마자 자문의사에게 문자메시지를 보냈다. 그리고 나서 전문의는 메시지 도착을 확인하고 10분 이내에 대응할 필요가 있었다. 이러한 간단한 변화의 결과로 인하여 의뢰에서부터 진료까지 지체된 시간이 68%까지 하락하였고 환자의 만족도가 향상되었다.

2012년 버지니아 메이슨은 린생산이 병원을 치료 중 의료 실수가 상당히 감소하여 더 효율적이고 고객지향적인 병원으로 변화시켰다고 주장하였다. 다른 이득을 보면 린 프로세스는 연간 재고비를 1백만달러 이상 감소시켰고, 환자에게 실험실 시험을 보고하는데 걸리는 시간을 85% 이상 줄이고, 보다 효율적인 프로세스를 통하여 77명의 정규직원에 맞먹는 자리를 해소하였고, 직원의 이동거리를 하루에 60마일까지 감소시키고 의사와 간호사가 환자와 보내는 시간을 더 많이 갖도록 하였다. 이것은 다른 많은 유사한 변화와 마찬가지로 비용을 낮추고, 조직의 고객 대응성을 향상시키고, 환자의 결과를 개선하고, 병원의 재무성과를 증가시킨다.

자료: C. Black, "To Build a Better Hospital, Virginia Mason Takes Lessons from Toyota Plants," *Seattle PI*, March 14, 2008; P.Neurath, "Toyota Gives Virginia Mason Docs a Lesson in Lean," *Puget Sound Business Journal*, September 14, 2003; and K. Boyer and R. Verma, *Operations and Supply Chain Management for the 21st Century* (New York: Cengage, 2009).

사례 토의 문제

1. 버지니아 메이슨 병원이 2000년대 초에 직면한 성과 문제의 근본 원인이 무엇이라고 생각하는가?
2. 린생산기법이 버지니아 메이슨을 향상시킬 수 있었던 것은 경쟁우위의 네 가지 구성요소 중에서 어느 것인가?
3. 버지니아 메이슨에서 린생산기법을 명확하게 성공적으로 실행할 수 있었던 핵심 요인은 무엇이라고 생각하는가?
4. 린생산은 제조기업인 토요타에서 개발되었지만 이 사례에서는 병원에 적용되고 있다. 이것이 성과 향상을 위한 린생산 철학의 본질에 관해 무엇을 말하고 있는가?

핵심 용어 *Key Terms*

참고문헌 *Notes*

1 G. J. Miller, *Managerial Dilemmas: The Political Economy of Hierarchy* (Cambridge: Cambridge University Press, 1992).

2 H. Luft, J. Bunker, and A, Enthoven, "Should Operations be Regionalized?" *New England Journal of Medicine* 301 (1979): 1364-1369.

3 S. Chambers nd R. Johnston, "Experience Curves in Services," *International Journal of Operations and Production Management* 20 (2000): 842-860.

4 G. Hall and S. Howell, "The Experience Curve from an Economist's Perspective," *Strategic Management Journal* 6 (1985): 197-212; M. Lieberman, "The Learning Curve and Pricing in the Chemical processing Industries," *RAND Journal of Economics* 15 (1984): 213-228; and R. A. Thornton and P. Thompson, "Learning from Experience and Learning from Others," *American Economic Review* 91 (2001): 1350-1369.

5 Boston Consulting Group, *Perspectives on Experience* (Boston: Boston Consulting Group, 1972); Hall and Howell, "The Experience curve," pp. 197-212; and W. B. Hirschmann, "profit from the Learning Curve," *Harvard business Review* (January-February 1964): 125-139.

6 A. A. Alchian, "Reliabiliry of Progress Curves in Airframe Production," *Econometria* 31 (1963): 679-693.

7 M. Borrus, L. A. Tyson, and J. Zysman, "Creating Advantage: How Government Policies Create Trade in

the Semi-Conductor Industry," in P. R. Krugman (ed.), *Strategic Trade Policy and the New International Economics* (Cambridge, Mass,: MIT Press, 1986); and S. Ghoshal and C. A. Bartlett, "Matsushita Electrical Industrial (MEI) in 1987," Harvard Business School Case #388-144 (1988).

8 P. Nemetz and L. Fry, "Flexible Manufacturing Organizations: Implications for Strategy Formulation," *Academy of Management Review* 13 (1988): 627-638; N. Greenwood, *Implementing Flexible Manufacturing Systems* (New York: Halstead press, 1986); J. P. Womack, D. T. Jones, and D. Roos, *The Machine That Changed the World* (New York: Rawson Associates, 1990); and R. Parthasarthy and S. P. Seith, "The Impact of Flexible Automation on Business Strategy and Organizational Structure," *Academy of Management Review* 17 (1992):86-111.

9 B. J. Pine, *Mass customization: The New Frontier in Business Competition* (Boston: Harvard Business School Press, 1993); S. Kotha, "Mass Customization: Implementing the Emerging Paradigm for Competitive Advantage," *Strategic Management Journal* 16 (1995): 21-42; and J. H. Gilmore and B. J. Pine II, "The Four Faces of Mass Customization," *Harvard Business Review* (January-February 1997): 91-101.

10 P. Waurzyniak, "Ford's Flexible Push," *Manufacturing Engineering,* September 1, 2003, [[. 47-50.

11 F. F. Reichheld and W. E. Sasser, "Zero Defections: Quality Comes to Service," *Harvard Business Review,* September-October 1990, pp. 105-111.

12 Ibid.

13 Ibid.

14 R. Narasimhan and J. R. Carter, "Organization, Communication and Coordination of International Sourcing," *International Marketing Review* 7 (1990): 6-20.

15 H. F. Busch, "Integrated Materials Management," *IJDP & MM* 18 (1990): 28-39.

16 G. Stalk and T. M. Hout, *Competing Against Time* (New York: Free Press, 1990).

17 Peter Bamberger and Ilan Meshoulam, *Human Resource Strategy: Formulation, Implementation, and Impact* (Thousand Oaks, Calif,: Sage, 2000); and P. M. Wright and S. Snell, "Towards a Unifying Framework for Exploring fit and Flexibility in Human resource

Management," *Academy of Management Review*23 (October 1998): 756-772.

18 A. Sorge and M. Warner, "Manpower Training, Manufacturing organization, and Work Place Relations in Great Britain and West Germany," *British Journal of Industrial Relations* 18 (1980): 318-333; and R. Jaikumar, "Postindustrial Manufacturing," *Harvard Business Review,* November-December 1986, pp. 72-83.

19 J. Hoerr, "The Payoff from Teamwork," *Business Week,* July 10, 1989, pp.56-62.

20 "The Trouble with Teams," *Economist,* January 14, 1995, p. 61.

21 T. C. Powell and A. DentMicallef, "Information Technology as Competitive Advantage: the Role of Human, Business, and Technology Resource," *Strategic Management Journal* 18 (1997): 375-405; and B. Gates, *Business @ the Speed of Thought* (New York: Warner Books, 1999).

22 "Cisco@speed," *Economist,* June 26, 1999, p. 12; S. Tully, "How Cisco Mastered the Net," *Fortune,* August 17, 1997, pp. 207-210; and C. Kano, "The Real King of the Internet," *Fortune,* september 7, 1998, pp. 82-93.

23 Gates, *Business @ the Speed of Thought.*

24 다음 *Academy of Management Review on Total Quality Management* 19:3 (1994) 의 특집호에 게재된 논문을 참조한다. 다음 논문은 학술적 관점을 포함한 많은 주제에 대해 좋은 개요를 제공한다: J. W. Dean and D. E. Bowen, "Management Theory and Total Quality," *Academy of Management Review* 19 (1994): 392-418; T. C. powell, "Total Quality Management as Competitive Advantage," *strategic Management Journal* 16 (1995):15-37.

25 일반적인 배경 정보에 대해서 다음 문헌을 참조한다. "How to Build Quality," *Economist,* September 23, 1989, pp. 91-92; A. Gabor, *The Man Who Discovered Quality* (New York: Penguin, 1990); and P. B. Crosby, *Quality Is Free* (New York: Mentor,1980).

26 W. E. Deming, "Improvement of Quality and Productivity Through Action by Management," *National Productivity Review* 1 (winter 1981-1982): 12-22.

27 A. Ries and J. Trout, *Positioning: The Battle for Your Mind* (New York: Warner Books, 1982).

28 R. G. Cooper, *Product Leadership* (Reading, Mass,: Perseus Books, 1999).

29 Cooper, *Product Leadership*; A. L. Page "PDMA's New

Product Development Practices Survey: Performance and Best Practices," presentation at PDMA 15th Annual International Conference, Boston, MA, October 16, 1991; and E. Mansfield, "How Economist See R&D," *Harvard Business Review*, November-December 1981, pp. 98-106.

30 S. L. Brown and K. M. Eisenhardt, "Product Development: past Research, Present Findings, and Future Directions," *Academy of Management Review* 20 (1995): 343-378; M. B. Lieberman and D. B. Montgomery, "First Mover Advantages," *Strategic Management Journal* 9 (Special Issue, Summer 1998): 41-58; D. J. Teece, "Profiting from Technological Innovation: Implications for Integration, Collaboration, Licensing and Public Policy," *Research Policy* 15 (1987): 285-305; G. J. tellis and P. N. Golder, "First to Market, First to Fail?" *Sloan Management Review,* Winter 1996, pp. 65-75; and G. A. Stevens and J. Burley, "Piloting the Rocket of Radical Innovation," *Research Technology Management* 46 (2003): 16-26.

31 G. Stalk and T. M. Hout, *Competing Against Time* (New York: Free Press, 1990).

32 K. B. Clark and S. C. Wheelwright, *Managing New Product and Process Development* (New York: Free Press,

1993); and M. A. Schilling and C. W. L. Hill, "Managing the New Product Development Process," *Academy of Management Executive* 12:3 (August 1998): 67-81.

33 O. Port, "Moving Past the Assembly Line," *Business Week* (Special Issue, Reinventing America, 1992): 177-180.

34 K. B. Clark and T. Fujimoto, "The Power of Product Integrity," *Harvard Business Review*, November-December 1990, pp. 107-118; Clark and Wheelwright, *Managing New Product and Process Development;* Brown and Eisenhardt, "Product Development'; and Stalk and Hout, *Competing Against Time.*

35 C. Christensen, "Quantum Corporation-Business and Product Teams," Harvard Business School Case, #9-692-023.

36 H. Petroski, *Success Through Failure: The Paradox of Design* (princeton, NJ: Princeton University Press, 2006). A. C. Edmondson, "Learning from Mistakes Is Easier Said Than Done," *Journal of Applied behavioral Science* 40 (2004): 66-91.

37 S. Caminiti, "A Mail Order Romance: Lands' End Courts Unseen Customers," *Fortune,* March 13, 1989, pp. 43-44.

38 Seller, "Getting Customers to Love You."

39 Stalk and hout, *Competing Against Time.*

사업수준 전략

5

첫머리 사례 *Opening Case*

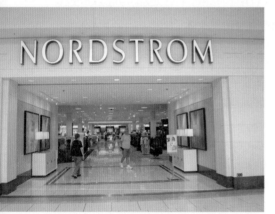

nick barounis/Alamy

노드스트롬

1901년 스웨덴 이민자 출신인 존 노드스트롬(John Nordstrom)이 미국 서부 시애틀(Seattle)에서 첫 신발가게를 개장함으로써 시작된 노드스트롬(Nordstrom)사는 미국에서 가장 성공한 패션 백화점이다. 사업 초기부터 노드스트롬사는 탁월한 고객 서비스와 신중한 인력 선발, 그리고 제품의 품질과 가치를 최우선적인 정책으로 추구해 왔고, 이러한 사업 철학은 지금도 여전히 노드스트롬(John Nordstrom)의 전형적인 특징으로

간주되고 있다.

오늘날의 노드스트롬은 미국 31개 주에 걸쳐 240개가 넘는 매장을 가진 패션 전문 체인으로 우뚝 섰다. 2012년만 하더라도 거의 120억 달러에 달하는 매출을 기록했으며, 투자자본에 대해 업계 평균 이상의 수익률을 꾸준히 올리고 있다. 2006년 이래, 이 회사의 투자자본 대비 회수율(Return On Invested Capital, ROIC)은 해마다 30%를 초과해 왔으며, 2012년에는 36%를 기록함으로써 패션 판매업계로서는 놀라운 수익률을 기록했다. 비근한 예로, 월마트(Wal-Mart)만 하더라도 이 기간의 ROIC가 12-14%에 지나지 않을 때였다.

노드스트롬은 틈새(niche)시장을 추구하는 회사이다. 이 회사의 경우, 지나치게 사치스럽지는 않지만, 자신이 경제적으로 충분히 감당할 수 있는 수준의 고급스러움을 추구하는 고객들을 주타겟으로 한다. 그래서 이회사의 매장은 주로 번화가에 위치하고, 어느 정도 고급스러운 인상을 주는 실내 장식을 구비하고 있다. 또 매장은 누구나 환영받는 느낌을 주고, 돌아보기 쉽도록 디자인되어 있다. 그랜드 피아노로 라이브 음악이 연

학습 목표

이 장의 학습 목표는 다음과 같다.

- 저비용전략과 차별화전략의 차이에 대해 설명한다.
- 차별화된 위치나 혹은 저비용위치의 획득이 해당 기업에게 어떻게 경쟁우위를 가져다 주는 지에 대해 명료하게 이해한다.
- 기업이 기능수준의 전략과 조직기구들을 통해 사업수준의 전략을 어떻게 실행해 가는지에 대해 설명한다.
- "가치혁신"이라는 용어가 무엇을 의미하는지에 대해 기술한다.
- 블루오션(blue ocean) 전략의 개념에 대해 토론한다. 또 사업수준의 전략적 혁신이 산업의 경쟁 게임을 어떻게 변화시키며, 그 결과 혁신자에게 어떻게 지속적인 경쟁우위를 가져다 주는지에 대해 설명한다.

주되는 매장은 바로 이처럼 품격이 있는 실내 분위기를 대변하기도 한다. 상품의 구색은 주로 고품질의, 유행을 선도하는 것들로 구성되어 있다. 그렇지만 다른 많은 경쟁사들과 이 회사를 차별화시키는 진짜 중요한 요인은, 바로 노드스트롬만의 탁월한 고객 서비스에 있다.

노드스트롬의 판매원들은 단정한 용모에, 친절하고 공손하며, 특히 섬세한 배려로 널리 알려져 있다. 이들은 무엇보다 고객과 긍정적으로 상호작용할 수 있는 능력에 기반하여 선발된다. 신입사원의 선발 인터뷰 과정에서 후보자들에게 던져지는 가장 중요한 질문 중의 하나는, 이들이 고객 서비스에 대해 어떻게 생각하고 있는가이다. 또한 감사 카드 제도, 고객 집으로의 배송, 고객에 대한 개인적인 도우미 제도 등은 노드스트롬사에서는 기본에 속한다. 이 밖에도, 이 회사에서는 영수증 없이도 무조건적인 환불 제도가 시행된다. 왜냐하면, 노드스트롬사는 '고객은 언제나 옳다'는 기본 철학을 갖고 있기 때문이다. 이 회사의 판매원들 또한 부서에 따라 매출액의 6.75−10%에 이르는 판매수당을 받는 등, 좋은 대우를 받고 있다. 그래서 노드스트롬의 최고 판매원은 판매수당만으로도 한해에 10만불 이상을 받기도 한다.

이처럼, 고객 서비스를 지향하는 가치와 철학은 노드스트롬의 문화와 조직에 언제나 핵심을 차지해왔다. 이러한 철학을 반영하듯, 이 회사의 조직도에는 일선 판매원들이 최고의 위치에, 그리고 회사의 CEO는 맨 아래에 위치한 역피라미드형으로 그려져 있다. CEO인 블레이크 노드스트롬(Blake Nordstrom)에 따르면, "나는 판매원들을 위해 일하고, 내 직무는 그들이 가능한 한 성공하도록 돕는 것이기 때문에" 이는 너무나 당연한 것이다. 노드스트롬사의 경영진들은 기회 있을 때 마다 고객 서비스가 최우선적으로 고려되도록 여러 가지 일화들을 들려줌으로써 이러한 조직문화를 강화해 가기 위해 노력한다. 그중에 유명한 한 이야기는 알래스카의 페어뱅크스(Fairbanks)에 사는 한 고객에 관한 스토리다. 이 고객은 같은 지역의 다른 가게에서 구매한 두 개의 타이어를 반납하고 환불받기를 요구했는데(사실, 노드스트롬에서는 타이어를 판매하지 않는다), 노드스트롬의 판매원은 구매 가격을 확인한 후 이 고객에게 실제로 환불을 해주었던 것이다!

이와 같이 품질과 고급스러움을 강조하면서도, 노드스트롬은 다른 한편으로 운영의 효율성에 대해서도 결코 도외시하지 않아 왔다. 이를테면, 개방적인 스타일의 대형 매장을 갖추고 있으면서도, 이 회사의 1평방피트당 매출액이 4백 달러에 달하며, 또 연간 재고 회전율은 5회가 넘는다. 이는 십년 전의 3.5회에 비하면 지속적으로 개선된 것일 뿐만 아니라, 이들 지표는 고급지향의 백화점으로써는 상당히 우수한 실적을 대변한다고 볼 수 있다. 이처럼, 이 회사의 경영진은 항상 효율성과 고객 서비스를 개선하기 위해 지속적으로 노력해 왔다. 최근에는 5천 명이 넘는 자사의 판매원들 손에 일일이 모바일 결재 단말기를 보급하기 시작했는데, 이는 고객들로 하여금 결재를 위해 굳이 길게 줄을 설 필요가 없도록 만들어 주고 있다.

자료: A. Martinez, "Tale of Lost Diamond Adds Glitter to Nordstrom's Customer Service," *Seattle Times*, May 11, 2011; C. Conte, "Nordstrom Built on Customer Service," *Jacksonville Business Journal*, September 7, 2012; W. S. Goffe, "How Working as a Stock Girl at Nordstrom Prepared Me for Being a Lawyer," *Forbes*, December 3, 2012; and P. Swinand, "Nordstrom Inc.," *Morningstar*, February 22, 2013.

개관

이 장에서는 사업수준전략(business-level strategy)이 어떻게 수립되는지에 대해 살펴본다. 이미 1장에서 살펴보았듯이, 사업수준의 전략이란 주어진 시장에서 해당 회사가 추구해 가는 전반적인 경쟁 테마(혹은 주제)를 일컫는다. 가장 기본적인 차원에서 달리 표현하자면, 사업수준의 전략이란, 기업이 목표로 하는 고객(또는 세분화된 고객층)이 누구이고, 해당 기업이 만족시키려 하는 고객의 *니즈(needs)*나 *원하는 바*가 무엇이며, 또 그러한 니즈나 원하는 바를 해당 기업은 *어떻게* 충족시킬 수 있는가에 대해 결정해 가는 것이다.[1] 만일 지금 이 일련의 표현들이 독자들에게 조금이라도 친숙하게 들렸다면, 그것은 기업의 사명서(a mission statement) 작성과 관련하여 논의했던 1장에서 이미 이에 대해 약간 논의한 바가 있기 때문일 것이다.

사업수준전략
사업부가 추구하는 전반적인 경쟁 테마(혹은 주제)를 의미. 즉 기업이 특정 시장에서 경쟁우위를 획득하기 위해 자신을 포지셔닝(positioning)시키는 방식은 물론, 상이한 여러 산업 세팅에서 활용될 수 있는 다양한 포지셔닝(positioning) 전략들을 의미

고급을 지향하는 백화점인 노드스트롬(Nordstrom)사는 이러한 전략이 실제로 어떻게 작동되는가에 대해 잘 보여준다. 앞서 도입부 사례에서 논의한 바 있듯이, 노드스트롬은 중상층 이상의 소득을 가진 고객들을 타겟으로 하여, 그들이 원하는 고급 품질의 패션상품에 초점을 맞춘 전략을 구사하였다. 또한 노드스트롬은 이 세분화된 고객층이 원하는 바를 단순히 그에 맞는 상품만이 아니라 고객 서비스 면에서의 탁월성을 통해 만족시키려 했던 것이다. 따라서 이러한 전략이 효과적으로 성공한 만큼, 노드스트롬은 해당 시장 영역에서 자신과 경쟁사들을 *차별화*해 나갈 수가 있었다. 다시 말하면, 노드스트롬은 고객 서비스 면에서의 독보적 역량(distinctive competence)에 기반한, *집중화된 차별화(focused differentiation)*라는 사업수준전략을 구사한 셈이다. 노드스트롬은 이러한 전략을 아주 성공적으로 추구해 나간 결과, ROIC로 측정되는 높은 수익성을 달성해 갈 수 있었을 뿐만 아니라, 판매수익과 순운영 이익 면에서 모두 높은 성장을 구가해 갈 수 있었다. 결국 노드스트롬은 자신이 선택한 사업수준전략의 성공적인 실행을 통해 지속 가능한 경쟁우위를 달성해 갔던 것이다.

이 장에서는, 기업의 경영자들이 어떤 내용의 사업수준전략을 추진해 갈지를 어떤 식으로 결정해 가며, 또 지속 가능한 경쟁우위를 획득하기 위해 그러한 전략을 구체적으로 어떻게 실행해 가는지에 대해 학습해 볼 것이다. 이를 위해, 기업이 주어진 시장에서 어떻게 경쟁해 갈 것인지를 선택하는 두 가지 기본적인 방식에 대해 먼저 살펴볼 것인데, 이는 다름 아닌 자신의 상품이나 서비스를 경쟁자보다 더 낮은 *원가(lowering costs)*로 공급하던가 아니면 이를 *차별화(differentiating)*시켜 좀 더 많은 가치를 창출해 가는 방법이라 할 수 있다. 그 다음 이 장에서는 *고객의 선택(customer choice)*과 *시장세분화(market segmentation)* 이슈를 살펴보고, 경영자들이 회사의 시장세분화 전략을 구사하려 할 때 직면하게 되는 여러 가지 선택의 문제들에 대해 토론해 볼 것이다. 그런 다음 이 모든 논의를 종합하는 의미로, 기업이 채택할 수 있는 다양한 사업수준전략들에 대해 논의하면서, 이러한 전략을 성공적으로 실행해 가기 위한 과제들에 대해 살펴볼 것이다. 아울러, 기업에게 시장에서 독특하고 방어 가능한 포지셔닝(positioning)을 제공해 주는 혁신적인 사업수준전략을 수립하기 위해 경영자들이 어떠한 사고를 해가야 하는지에 대해서도 함께 논의해 볼 것이다.

저원가와 차별화

전략이란 경쟁우위의 탐색을 의미한다. 이미 3장에서 살펴보았듯이, 기업이 경쟁사보다 더 낮은 원가로 제품을 공급을 하거나 차별화된 제품을 제공할 수 있는 경쟁우위에 있다면, 더욱 많은 가치를 창출할 수 있을 것이다. 이 장에서는 먼저 저원가에 대해 이해를 하고, 차별화에 대해 살펴보려 한다.[2]

저원가의 실현

산업 내 기업들이 가격을 제외한 모든 부분에서 유사한 제품을 출시하고, 기업들마다 전체 시장수요에서 차지하는 점유율이 미미하여 전반적인 시장가격(prevailing price)에 영향을 미치지 못한다고 상상해 보자. 이러한 상황은 정유, 밀, 알루미늄, 철강 시장처럼 주위에서 쉽게 찾아볼 수 있다. 이를테면 전 세계 정유 시장의 가격은 수요와 공급의 상호작용에 의해 형성되는데, 세계 제일의 정유사인 엑슨 모빌(Exxon Mobile)조차도 전체 정유 생산량의 3.5%정도만을 차지할 뿐이며 시장가격에는 어떠한 영향도 미치지 못하고 있다.

일반적으로 상품 시장에서 가장 낮은 원가를 실현하는 기업은 경쟁우위를 가지게 된다. 또 이러한 저원가는 심지어 경쟁사들이 적자를 내는 가격에서도 수익을 발생시킬 수 있게 만들어 준다. 뿐만 아니라 저원가는 경쟁사에 대해 낮은 보복 가격을 실현해 갈 수 있게 해줘, 시장점유율을 추가 획득하거나 이윤을 유지 혹은 증대시켜 갈 수 있도록 만들어 준다. 이처럼 산업에서 저원가 주자가 되는 것은 경쟁에서 매우 유리한 위치를 선점하는 길이 된다.

비록 경쟁사들보다 더 낮은 가격을 실현하는 것이 순수한 제품 산업에서 하나의 강력한 전략이 될 수 있지만, 다른 상황에서도 이는 대단히 유용할 수 있다. 일례로 일반 유통산업은 전통적인 상품 제조 비즈니스가 아니다. 그럼에도 불구하고 미국에서 월마트(Wal-Mart)는 강력한 경쟁우위를 구축한 저원가 기업이다. 월마트의 원가는 매우 낮았기 때문에 판매가격을 인하할 수 있었고, 이로 인해 시장점유율을 높일 수 있었으며, 경쟁사들이 적자를 내는 가격에서도 이익을 발생시킬 수 있었다. 항공산업에서 사우스웨스트 항공사(Southwest Airlines)도 마찬가지로 저원가의 우위를 누리고 있다. 사우스웨스트는 효율적인 운영으로 수익 창출이 가능했고, 많은 경쟁사들을 파산에 직면하게 만들었던 운임료 할인 전쟁에서 지속적으로 승리할 수 있었다. [전략 실행 사례 5.1]에는 사우스웨스트가 이러한 저원가 위치를 성취할 수 있었던 활동들에 대해 설명하였다.

차별화 지금부터는 차별화의 측면에 대해 살펴보도록 하자. 차별화는 동등하지 않은 무엇인가를 제공함으로써 자신과 경쟁자를 구분하는 것을 의미한다. 첫머리 사례에서 다

전략 실행 사례 5.1

사우스웨스트 항공사의 저원가

© iStockPhoto.com/Tom Nulens

사우스웨스트 항공사(Southwest Airlines)는 오랫동안 미국 항공산업에서 두드러진 성과를 달성해 왔다. 사우스웨스트의 낮은 운임료는 경쟁사들보다 30%정도 저렴한 것으로 유명하며, 2008년부터 2009년까지 항공산업의 극심한 침체기에도 독보적인 수익을 기록할 수 있을 정도로, 저비용구조 면에서도 안정적이었다.

사우스웨스트가 구축한 저비용구조의 주요 원천으로는 무엇보다 사원들의 높은 생산성을 들 수 있다. 항공사의 종업원 생산성을 측정하는 한 가지 방법은 사원 한 명당 응대하는 승객 수의 비율을 측정하는 것이다. 사우스웨스트의 2012년도 10K 보고서에 의하면, 종업원 한 명당 승객 응대율은 1,999명으로 업계 최고치를 기록한 반면에, 우수하다고 평가받는 델타(Delta)의 종업원 한 명당 승객 응대율은 1,500명으로 보고되었다. 이러한 수치는, 회사의 규모를 일정하게 통제했을 때, 사우스웨스트사가 경쟁사보다 훨씬 더 적은 인력들로 운영되고 있음을 나타내 준다. 어떻게 이것이 가능할까?

첫째, 사우스웨스트의 관리자들은 종업원을 고용할 때, 상당한 관심과 노력을 기울이며, 면접자 중 연간 고용되는 사람은 평균적으로 3%에 지나지 않는다. 사우스웨스트의 관리자들은 기술은 가르칠 수 있지만, 긍정적인 태도와 기꺼이 협력하는 마음은 가르칠 수 없다고 믿고 있기에, 이 회사에 고용된 신입사원들에게 팀워크와 긍정적인 태도를 특히 강조한다.

한편, 사우스웨스트는 고된 일을 하는 사원들을 위한 여러 가지 인센티브 대책도 시행하고 있다. 모든 사원들은 이익분배 제도(profit-sharing plan)의 혜택을 받으며, 적어도 25%의 사원들은 사우스웨스트의 주식에 투자하고 있다. 이것은 '사원들이 열심히 일할수록 사우스웨스트의 수익은 증대되고, 또 사원들도 부유해진다'는 간단한 공식을 만들었고, 그 결과는 뚜렷하게 나타났다. 다른 항공사들의 조종사들은 승객들을 살피는 데 전혀 관여하지 않지만, 사우스웨스트의 조종사들과 승무원들은 기내 청결과 승객의 탑승수속을 도와주는 것으로 유명하다. 이러한 행위들은 가능한 한 빨리 비행기를 재운항할 수 있도록 만들어 주었는데, 이 회사의 모든 사원들은 비행기가 착륙해 있을 때는 수익이 발생하지 않는다는 사실을 너무나 잘 알고 있기 때문이다.

또한, 사우스웨스트는 운영을 가능한 한 단순하게 유지함으로써 비용을 절감했다. 오직 한 기종(보잉 737)만을 운항함으로써, 교육 훈련비, 유지비, 재고비를 감소할 수 있었고, 승무원 및 운행계획의 효율성이 향상될 수 있었다. 티켓이 거의 필요하지 않는 운영으로 비용은 절감되었고, 후선부서는 회계업무를 담당했다. 좌석은 별도로 배정하지 않아서 관련 비용은 또 다시 감소할 수 있었다. 기내식과 영화도 제공하지 않았으며, 다른 항공기로 수하물을 이송시키지도 않았다. 따라서 수하물 담당자는 필요하지 않았으며, 비용은 절감되었다. 사우스웨스트와 다른 대부분의 항공사 간의 주요 차이점은, 다른 항공사들처럼 번잡한 거점 허브공항으로 운항하지 않고, 사우스웨스트는 주로 지선 중심으로 운항하였다는 것이다. 결과적으로 수많은 탑승구가 필요치 않게 되었고, 2시간 이내에 탑승수속을 마쳐야 하는 수많은 승객들을 응대하기 위한 수천 명의 종업원들도 필요하지 않게 되었다.

자료: M. Brelis, "Simple Strategy Makes Southwest a Model for Success," *Boston Globe*, November 5, 2000, p. Fl; M. Trottman, "At Southwest, New CEO Sits in the Hot seat," *Wall Street Journal*, July 19, 2004, p. B1; J. Helyar, "Southwest Finds Trouble in the Air," *Fortune*, August 9, 2004, p. 38; J. Reingold, "Southwest's Herb Kelleher: Still Crazy After All These ears," *Fortune*, January 14, 2013; and Southwest Airlines 10K201 2.

루었듯이, 노드스트롬은 고객 서비스 부문에서 다양한 방식으로 경쟁사보다 탁월한 차별화를 지니고 있었다. 일반적으로 기업이 경쟁사에게서 자신을 차별화할 수 있는 다양한 방법이 있을 수 있다. 한 제품이 (쉽게 파손되지 않는 등) 높은 신뢰성과 더 나은 디자인을 가지거나, 혹은 우수한 기능과 특징, 훌륭한 매장 서비스, 그리고 빼어난 A/S 및 사

후지원 등을 통해 다른 제품과 차별화될 수 있다. 롤렉스(Rolex) 시계는 우수한 디자인과 재질, 그리고 높은 신뢰성을 바탕으로 타이맥스(Timex)시계와는 다른 차별화를 갖고 있다. 토요타(Toyota) 자동차는 높은 신뢰성(역사적으로 볼 때, 토요타의 신차는 GM의 신차보다 결함이 적었다)으로 GM(General Motors)자동차와는 차별적이다. 애플(Apple)의 아이폰(iPhone)은 우수한 제품 디자인, 손쉬운 사용법, 애플 스토어의 훌륭한 고객 서비스, 그리고 컴퓨터(computer), 태블릿(tablet), 아이튠(iTune), 아이클라우드(iCloud)와 같은 애플의 다른 기기와의 용이한 동기화를 제공함으로써 경쟁사와 차별화된다.

차별화는 기업에게 두 가지 이점을 제공해 준다. 첫째, 차별화는 기업에게 좋은 상품이나 서비스에 대해 프리미엄 가격(premium price)을 책정할 수 있도록 만들어 준다. 둘째, 차별화는 기업이 전체 수요를 증대키시고, 경쟁사의 시장점유율을 뺏어오는 데 일조할 수 있다. 애플사는 아이폰(iPhone)의 성공적인 차별화 전략을 통해 이 두 가지 이점 모두를 누릴 수 있었다. 애플의 아이폰은 경쟁사의 스마트폰보다도 높은 가격이 책정되었지만, 매력적이면서 차별화된 이 제품으로 강력한 수요의 증가를 불러왔다.

차별화는 (반드시 그런 것은 아니지만) 대개 기업의 비용구조를 높여 가격을 인상시킨다는 점은 주의해야 한다. 노드스트롬은 고객들이 편안하고 럭셔리한(luxurious) 쇼핑을 경험할 수 있는 환경을 조성하는 데 많은 비용을 지출하였다. 노드스트롬의 매장은 부동산 가격이 가장 비싼 지역에 위치하였으며, 최고급의 자재를 사용하였다. 판매되는 상품들도 역시 고가였으며, 때때로 월마트에서 판매되는 저가의 옷들보다 매출이 훨씬 적었다. 종업원의 고용과 교육, 그리고 최우수 판매사원에 대한 보상과 관련된 비용들도 노드스트롬의 가격을 상승시킬 수 있다. 비용이 적게 소요되는 곳은 단 한곳도 없었으며, 그 결과 필연적으로 노드스트롬의 가격은 최종 소매점보다 훨씬 더 인상되었다.

한편 본원적 수요(primary demand)의 증가로 인해 원가가 더욱 인하될 수 있는 성공적인 차별화 상황들도 존재하는데, 애플의 아이폰이 좋은 예라고 할 수 있다. 애플의 아이폰은 액정화면으로 고릴라 글래스(gorilla glass), 케이스(case)로 브러시트 알루미늄(brushed aluminum)을 채택하는 등 매우 고가의 자재를 사용한다. 물론 값싼 플라스틱을 사용할 수도 있지만, 플라스틱은 미관상 좋지도 않고, 긁히기도 쉽다. 고가의 자재 사용은 기본적으로 아이폰의 가격을 인상시켰지만, 사실 아이폰의 엄청난 판매고로 인해 애플은 규모의 경제효과를 누리고 있어서 고가 제품에 대한 할인을 효과적으로 할 수 있게 되었다. 아이폰의 성공적인 차별화의 결과, 애플은 프리미엄 가격(premium price)을 책정할 수 있었다. 이와 더불어 규모의 경제 달성을 통해 원가를 낮출 수 있는 지점에서 수요가 증대되었고, 이익률도 증가하였다. 이것이 2012년도 전 세계 스마트폰 사업 수익의 75%를 애플이 점유할 수 있었던 이유이다.

이러한 애플의 사례는, 경영자들이 성공적인 차별화를 통해 여러 선택권을 가질 수 있음을 시사해 주고 있다. 경영자들이 가질 수 있는 선택권 중 하나는 제품 본연의 차별성을 반영하고, 제품에 비용 상승분을 포함시켜 가격을 올리는 것이다([그림 5.1] 참조). 이러한 선택권은 실제로 흔히 추구되며, 원가를 초과하여 가격을 인상시키는 동안 수익성이 증대될 수 있다. 예를 들어, 포시즌(Four Seasons)사는 매우 호화스러운 호텔이다. 포시즌은 고객에게 이러한 호화스러움을 제공하는 데 많은 비용을 지출하고 있는 것은 사실이지만, 숙박료를 매우 높게 책정하여 결과적으로 수익을 내고 있다. 노드스트롬도 마찬가지로 동일한 전략을 구사한다.

그러나 앞서 애플의 사례에서 언급하였듯이, 수익성과 이윤의 증대는 성공적인 차별화와 관련된 수요의 증가를 불러올 수도 있는데, 성공적인 차별화로 기업은 자산을 효과적으로 활용하고 규모의 경제에서 저원가를 실현할 수 있다. 이것이 바로 또 하나의 선택권이다. 성공적인 차별화 전략을 구사하는 기업은 일정한 가격을 고수하거나, 적절하게 가격을 인상하여 판매를 증가시키며, 규모의 경제 달성을 통해 수익성의 신장을 도모할 수 있다([그림 5.1] 참조).[3]

또 다른 사례로 스타벅스(Starbucks)를 들 수 있는데, 스타벅스는 튤리스(Tully's) 같은 경쟁사들과 확연히 구분되는 성공적인 차별화 전략을 갖고 있다. 스타벅스는 매우 우수한 질의 커피 및 음료를 신속하고 효율적으로 제공하며, 바리스타(barista)들은 고객들에게 친절한 서비스를 제공한다. 또한 매장의 실내는 안락한 분위기를 조성하도록 설계되어졌으며, 강력한 브랜드(brand) 이미지를 바탕으로 경쟁사들과 차별화되는 상품을 제공하고 있다. 이러한 차별화로 스타벅스의 매장마다 손님들의 방문량이 증가하였고, 그로 인해 매장들마다 종업원들의 생산성이 향상되었으며, 매장에 투자된 자본 생산성이 증대되었다. 그 결과, 각 매장은 규모의 경제를 실현하였고, 매장들의 평균적인 단위 원가는 더욱 낮아졌다. 스타벅스를 운영하는 매장의 수는 12,000개로 확대되었고, 잠재적으로 더 높은 수익성으로 이어지는 상당한 비용의 절감이 이루어졌다. 스타벅스는 매장마다 판매를 증가시키는 동시에, 신규로 개장하는 매장의 수를 더욱 늘릴 수 있도록 만들어 주었던 성공적인 차별화를 통해, 수요의 증대와 함께 이윤의 성장을 가속화시켜 갔던 것이다.

차별화와 저원가 간의 상충 관계(Tradeoff) 지금까지의 논지를 요약하자면, 저원가와 차별화의 위치를 획득하는 것은 기업이 경쟁우위를 달성하는 두 가지 상이한 방식이라는 것이다. 가장 낮은 원가를 추구하는 회사는 생산적이면서 비용구조를 낮출 수 있는 모든 조치들을 시행하고 있는 반면, 차별화를 추구하는 회사는 차별화를 달성하기 위해 필연적인 원가의 상승을 감내하고 있는 셈이다. 이를 다시 간단히 표현하자면 월마트(Wall-mart)는 노드스트롬(Nordstom)이 될 수 없고, 포르쉐(Porsche)는 기아(Kia)가 될

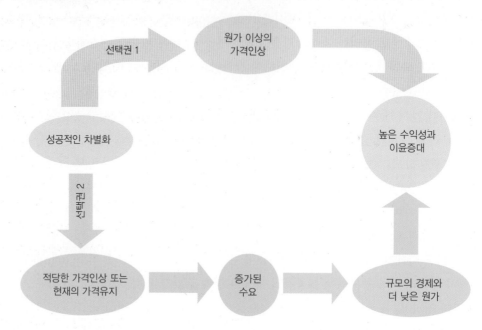

그림 5.1   차별화 활용을 위한 여러 선택권들

자료: Charles W. L. Hill(2013)

수 없으며, 그리고 롤렉스(Rolex)는 타이맥스(Timex)가 될 수 없다는 것이다. 경쟁우위의 달성을 위해 경영자들은 이 기본적인 두 가지 전략 중에서 한 가지를 선택해야만 한다.

그러나 차별화와 저원가 간에 존재하는 선택권을 이처럼 배타적 상충 관계로 표현하는 것은, 독자들의 이해를 돕기 위해 일정 부분 단순화시킨 결과라 할 수 있다. 앞서 언급하였듯이 성공적인 차별화로 인해 상당한 수요의 증가와 규모의 경제를 유도할 수 있다면, 차후에 비용이 절감될 수도 있다. 그렇지만 저원가와 차별화의 관계는 사실 이보다 더욱 미묘한 것이다. 실제로 전략이란 둘 중 어느 한 가지를 선택하는 것이 아니라, 저원가와 차별화 사이의 적정한 균형을 결정하는 것일 수 있다. 이러한 문제를 이해하기 위해서 [그림 5.2]를 살펴보자. [그림 5.2]의 볼록한 곡선은 *효율성곡선(efficiency frontier)*로 알려진 (또한 경제학에서는 생산 가능 곡선으로 알려짐)[4] 곡선을 나타내고 있다. 효율성 곡선은 기업이 차별화와 저원가에 관해 채택 가능한 모든 다양한 위치를 나타내며, 내부 기능(internal function) 및 조직구조(organizational arrangement)들은 특정한 위치를 지원하기 위해 효과적으로 구성되었다고 *가정한다*([그림 5.2]에서 가로축은 반대로 측정되었기 때문에, 축에서 오른쪽으로 이동할수록 원가가 낮아진다는 것을 의미한다). 효율성 곡선은 수확체감(diminishing returns)으로 인해 볼록한 모양을 하고 있다. 기업이 제공하는 제품 속에는 이미 상당한 차별화 요소가 포함되어 있기 때문에, 수확체감이 발생한다는 것은 상대적으로 적은 추가적 차별화를 위해서도 많은 추가 비용이 필요하다는 것을 시사한다. 그 반대도 마찬가지이다. 즉 기업이 이미 상당히 낮은 원가구조를 갖고 있을 경우, 추가적인 원가절감을 위해서는 그 제품구성에 있어서 상대적으로 많은 차별화를 포기해야만 한다.

　[그림 5.2]의 효율성곡선은 미국 의류소매사업의 경우를 보여주고 있다(월마트는 실제 의류만 판매하는 것은 아니지만, 여기서는 그것이 큰 문제가 되지 않는다). 그림에서 볼 수 있듯이, 노드스트롬과 월마트는 이 효율성곡선 위에 위치하기 때문에, 두 기업 모두 내부 기능과 조직이 효율적으로 운영되고 있음을 나타내 주고 있다. 그러나 두 기업은 상당히 다른 위치를 점하고 있다. 노드스트롬은 높은 차별화와 높은 원가를 보이는 반면, 월마트는 낮은 원가와 낮은 차별화를 보이고 있다. 월마트와 노드스트롬만이 곡선 상에 위치한 것은 아니며, 갭(Gap)사 역시 마찬가지로 곡선 위에 위치하고 있다. 갭 역시 월마트보다 더욱 시선을 사로잡는 매장에서 고품질의 의류상품을 판매를 하고 있지만, 노드스트롬이 제공하는 차별화와는 다소 거리가 있다. 갭은 월마트와 노드스트롬 사이의 중간에 위치하며, 월마트보다 좀 더 높은 가격에서 중간 정도의 차별화를 제공하고 있는 셈이다. 그 이유는 의류 시장에서 이처럼 중간 정도의 상품을 수요하는 고객들이 충분히 존

그림 5.2　　차별화와 저원가 간의 상충 관계

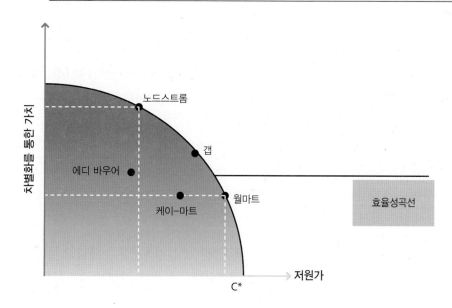

자료: Charles W.L. Hill © Copyright 2013

재하고 있기 때문이다. 고객들은 월마트에서 구입한 저가의 의류처럼 보이지 않기를 원하면서도, 노드스트롬의 의류보다는 가격적으로 조금 더 저렴한 최신 유행의 평상복을 원할 수 있는 것이다.

여기에서 강조해야 할 사항은, 앞서 그림에서 보았듯이 *차별화와 저원가 간의 상충관계를 나타내는 연속선 상에서 기업의 입장에서 충분한 제품 수요가 있어 효과적인 운영을 해갈 수 있는 선택 지점들이 다수 존재한다는 사실이다.* 따라서 경영자가 행해야 할 중요 임무는, 해당 산업 내에서 자신의 기업에 적합한 이러한 위치와 지점을 잘 확인한 뒤, 조직의 기능과 구조들을 잘 구성하여 기업이 이 효율성곡선 위에서 경영을 해나갈 수 있도록 만들어야 한다는 것이다. 물론 모든 기업이 다 이렇게 할 수 있는 것은 아니고, 곡선 위에 도달할 수 있는 기업들만이 경쟁우위를 누릴 수 있게 된다. 곡선 위에 이르기 위해서는 무엇보다 전략 실행의 탁월성이 필요하다. 이 장에서 이미 언급하였듯이, 사업수준의 전략은 기능과 조직을 통해서 실행이 된다. 그러므로 *사업수준의 전략을 성공적으로 실행해 갈 뿐만 아니라, 기업이 효율성곡선 위에 도달하기 위해서는, 해당 기업은 적절한 기능수준(functional-level)의 전략들을 추구해야 하며 또 적절하게 조직화되어야 한다. 즉 사업수준의 전략, 기능적수준의 전략, 그리고 조직의 구조가 서로 적합하게 정렬될 필요가 있는 것이다.*

그렇지만 특정 산업의 효율성곡선 위의 모든 위치들이 동일하게 매력적이지 않을 수 있음을 주목할 필요가 있다. 어떤 위치들은 제품에 대한 충분한 수요가 없을지도 모른다. 다른 위치들에서는 너무 많은 경쟁자들이 동일한 위치를 두고 서로 경쟁해 갈 수도 있는데, 이로 인해 경쟁 공간은 너무나 붐비게 되고, 경쟁의 결과로 가격할인은 감당할 수 없는 수준까지 진행될 수 있다.

[그림 5.2]에서 케이-마트(K-mart)는 곡선의 안쪽에 위치해 있다. 케이-마트는 월마트와 동일한 기본 곡선 위에 도달하려 노력하지만, 이 회사의 내부 운영은 그리 효율적이지 않았다(2000년대 초반 이 회사는 채무이행 조정 신청 상태로 운영되었고, 현재는 결국 파산하고 말았다).

또한 [그림 5.2]에는 시애틀에 기반한 의류 소매업체인 에디 바우어(Eddie Bauer)사도 나타나 있는데, 이 에디 바우어는 스피겔(Spiegel)이 소유하고 있다. 케이-마트처럼 에디 바우어도 경쟁사들에 비해 상대적으로 효율적인 운영이 이루어지지 못했으며, 모회사인 스피겔은 최근 20년 동안에 세 번이나 채무이행 조정신청을 하였다.

가치혁신: 저원가와 더 큰 차별화를 동시에! 효율성곡선은 고정되어 있지 않고, 혁신을 통해 기업의 성과를 향상시키려는 경영자들의 노력에 의해서 끊임없이 바깥으로 곡선이 확대되고 있다. 예를 들면, 1990년 중반 개인용 컴퓨터(PC) 산업 분야에서 델

(Dell)사는 효율성곡선을 외부로 확장시켰다([그림 5.3] 참조). 델은 온라인 PC판매의 선구자였으며, 온라인을 통해 고객이 사양을 조합할 수 있게 하였고, 조립 주문 제작 방식을 통해서 효율적으로 가치를 창출하였다. 다시 말해서, 온라인을 통해 컴퓨터를 판매하는 전략은 소매점을 통해 판매하던 기존 경쟁사들과는 다른 *차별화*를 가능토록 하였다. 이와 동시에, 델은 온라인 주문서를 웹상에서 제출하도록 하여 전 세계의 공급사슬을 효율적으로 조정하고 관리할 수 있었으며, 공정상의 제품원가를 절감시킬 수 있었다. 최종적으로 델은 경쟁사보다 더 낮은 원가에서, 더 나은 가치(탁월한 차별화를 통해)를 제공할 수 있었고, 공정의 혁신을 통해 산업 내에서 효율성곡선의 가능한 범위를 재정립했던 것이다.

가치혁신(value Innovation)이란 용어는 혁신을 통해 한 산업 내 효율성곡선이 더 바깥 방향으로 이동됨으로써, 이전보다 더 낮은 원가와 더욱 탁월한 차별화를 통해 예전에 가능하리라 생각했던 것보다 더 큰 가치를 제공해 가는 것을 의미한다.[5] 기업이 가치혁신을 불러오는 선도적인 공정 혁신을 이루어 낼 때, 산업 내 게임의 규칙을 효율적으로 변화시키고, 경쟁사들을 장기간 동안 능가할 수 있게 된다. 실제로 델사는 바로 이와 같은

> **가치혁신**
> 혁신을 통해 한 산업 내 효율성곡선이 더 바깥 방향으로 이동됨으로써, 이전보다 더 낮은 원가와 더욱 탁월한 차별화를 통해 예전에 가능하리라 생각했던 것보다 더 큰 가치를 제공해 가는 것

그림 5.3 **PC산업에서의 가치혁신**

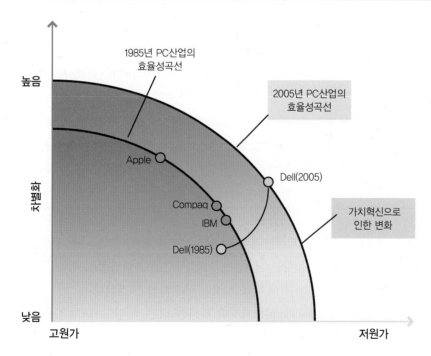

자료: Charles W.L, Hill © Copyright 2013

일을 이뤄 냈다. 인터넷의 힘을 활용하여 PC를 온라인으로 판매하고, 전 세계의 공급사슬을 조정한 이후로, 업계 선두주자를 차지하기 위한 수십 년간의 전쟁에서 경쟁사들을 앞질러 왔던 것이다.

토요타(Toyota)는 가치혁신으로 수혜를 받은 또 다른 기업이라 할 수 있다. 앞서 3장과 4장에서 논의하였듯이, 토요타의 선도적인 린생산시스템(lean production system)은 자동차의 품질을 향상시킴과 동시에, 원가의 절감을 가져왔다. 토요타는 *자동차산업에서 가능한 것이 무엇인지를 재정립하였고*, 효과적으로 효율성곡선을 확대시켰으며, 경쟁사들이 따라올 수 없는 가격수준에서 더욱 차별화된 제품을 공급할 수 있었다. 그 결과 경쟁우위는 20년간 지속되었다.

누가 우리의 고객인가? 시장세분화

이 장의 첫머리에서 논의하였듯이, 사업수준전략은 고객과 함께 시작된다. 즉, 기업이 목표로 하는 고객이 누구이고, 해당 기업이 만족시키려 하는 고객의 *니즈(needs)*나 *원하는 바*가 무엇이며, 또 그러한 니즈나 원하는 바를 해당 기업은 *어떻게* 충족시킬 수 있는가를 결정하는 것에서 시작된다. 시장에서 고객은 모두 동일하지 않기에, 그러한 질문에 답하는 것은 간단하지만은 않다. 고객들은 보통 기본적인 상황이나 조건 면에서 차이가 있다. 어떤 사람들은 부유할 것이며, 어떤 사람들은 그렇지 못하다. 어떤 사람들은 나이가 들었고, 어떤 사람들은 젊다. 여성도 있고, 남성도 있다. 어떤 사람들은 대중 문화에 영향을 받고, 어떤 사람들은 TV를 전혀 시청하지 않기도 한다. 어떤 사람들은 도시에 살고, 어떤 사람들은 교외에 산다. 어떤 사람들은 지위 상징에 대해 깊은 신경을 쓰는 반면에, 다른 사람들은 그렇지 않다. 어떤 사람들은 사치품들에 높은 가치를 부여하는 반면, 다른 사람들은 돈에 가치를 둔다. 어떤 사람들은 매일 열심히 운동을 하며, 어떤 사람들은 전혀 운동을 하지 않는다. 어떤 사람들은 대부분의 시간을 영어로 대화하고, 다른 사람들에게는 스페인어가 모국어이다. 이 밖에도 많은 차이가 존재한다.

기업들이 접하게 되는 가장 기본적인 질문들 중 하나는, "다양한 고객들의 차이를 어떻게 식별할 수 있는가? 만일 고객들의 그러한 차이를 식별할 수 있다면, 다양한 고객들의 요구들을 어떻게 부합시킬 것인가?"이다. 이러한 질문에 대답하기 위한 첫걸음은, 구매자의 인구통계, 니즈, 바라는 것에 따라 시장을 세분화하는 것이다.

시장세분화(Market segmentation)는 시장을 유사한 니즈, 바람, 그리고 요구 특성을 지닌 고객집단들로 명확히 식별 가능하도록 분할하는 과정과 관련이 있다. 세분화된 고객들은 비교적 동질적인 반면에, 시장의 다른 세분화된 고객들과는 중요한 면에서 차이가

시장세분화
혁신을 통해 한 산업 내 효율성곡선이 더 바깥 방향으로 이동됨으로써, 이전보다 더 낮은 원가와 더욱 탁월한 차별화를 통해 예전에 가능하리라 생각했던 것보다 더 큰 가치를 제공해 가는 것

있다. 예를 들어, 나이키(Nike)는 스포츠(런닝화, 농구화, 축구화, 트레이닝화)와 성별(남성화, 여성화)에 따라 운동화 시장을 세분화하였다. 나이키는 다양한 운동을 즐기는 사람들마다 운동화에 대한 다양한 요구가 존재하며(런닝을 위해 제작된 신발은 농구를 하기에 적합하지 않음), 성별에 따라서 운동화의 구성과 스타일에 관해 다양한 요구(대부분의 남성은 핑크색 신발을 착용하기를 원하지 않음)들이 있다고 믿기에 고객을 이렇게 세분화한 것이다. 유사한 사례로, 콜라 시장에서 코카콜라(Coca-Cola)는 고객의 니즈에 따라 일반 고객들을 위한 일반 콜라와 몸무게에 관심을 갖는 고객들을 위한 다이어트 콜라로 시장을 세분화하였다. 다이어트 콜라는 성별에 의거하여, 여성을 대상으로 한 다이어트 콜라(Diet Coke)와 남성을 대상으로 한 코크제로(Coke Zero)로 다시 세분화하였다.

시장세분화를 위한 세 가지 접근법 기업이 시장세분화를 추진하기 위해 채택할 수 방법은 기본적으로 세 가지가 존재한다. 첫 번째는 다양한 세분화에 맞춰 다양한 상품을 제공하지 않는 대신에, 일반 고객들을 대상으로 표준화된 제품을 생산하고 판매하는 것이다. 이것은 다이어트 콜라와, 다양한 향이 첨가된 체리 콜라 같은 제품을 출시하기 이전인, 1980년대 초반까지 코카콜라가 채택한 방법이다. 그 당시 콜라는 모든 사람들을 위한 음료였다. 미국을 상징하는 음료이자 진정한 음료로써 포지션(position)된 생활 광고를 통해 경쟁사들, 그중에서도 특히 펩시콜라(Pepsi Cola)가 제공하는 콜라와 차별화가 되었다. 오늘날 일부 공중파 뉴스 프로그램들도 이러한 방식을 채택하고 있다. 예를 들어, ABC 뉴스가 제공하는 범위도 일반적인 미국인을 대상으로 하고 있다. 코카콜라와 목표가 다르긴 하지만, 거대 소매상인 월마트도 시장에서 일반 고객을 대상으로 삼고 있으며, 월마트의 목표는 고객이 낮은 가격에 지불할 수 있도록 가격의 할인을 유도하고, 고객들에게 가격에 대한 합당한 가치를 부여하여 지속적인 이윤을 획득하는 것이다.

두 번째 방법은 세분화된 고객집단 간의 차이를 인지하고, 세분화된 고객군마다 차별적인 제품을 제공하는 것이다. 이 방법은 1980년 이후부터 코카콜라가 채택한 방식이다. 1982년, 다이어트 콜라는 체중과 건강에 관심이 많은 고객들을 대상으로 출시되었다. 2007년도에는 같은 다이어트 콜라지만 남성을 수요대상으로 한 코크제로가 출시되었다. 코카콜라의 연구조사에서 남성들은 다이어트 콜라를 여성의 음료로 연관시키는 경향이 있음을 발견하였고, 그러한 이유로 남성을 대상으로 삼은 코크제로를 출시하였다. 2007년 이후부터, 다이어트 콜라는 여성의 다이어트 음료로 재포지션(reposition) 되었다. 이와 유사하게, 자동차 산업에서 토요타는 시장의 전체 수요층을 커버할 수 있는 다양한 브랜드(brand)를 가지고 있다. 이를테면, 사이언(Scion)은 대개 예산 제약이 있기 마련인 젊은 연령대의 첫 구매자들을 대상으로 한 브랜드이고, 토요타(Toyota)는 중간 시장을 대상으로 하며, 렉서스(Lexus)는 최고급시장을 대상으로 삼고 있다. 각각의 세분화된 시장마다 토요타는 서로 다른 전략을 추구하고 있으며, 높은 신뢰성과 고품질의 제품을 통해 세분화된 시장에서 경쟁사들과 차별화되기 위해 노력하고 있다.

세 번째 방법은 한정된 수의 세분화시장이나 혹은 유일한 하나의 세분시장만을 대상으로 하여, 이 특정한 세분시장의 요구를 가장 잘 대변할 수 있는 제품을 제공하는 것이다. 예를 들면, 자동차 시장에서 포르쉐(Porsche)는 고급시장 중에서도 가장 고급시장에만 집중하고 있으며, 스포츠카와 관련된 공학 기술의 탁월성, 속도, 출력에 대한 열정을 가진 부유한 중년층을 대상으로 하고 있다. 포르쉐는 토요타와는 다른 차별화의 유형을 강조하고 있으며, 이러한 특화된 고급시장에서 확연하게 차별된 전략을 추구하고 있다. 반대로 자동차산업에서 한국의 기아자동차는 저원가 주자에 해당하며, 중산층 및 저소득 계층의 가치-중심적인(value-conscious) 구매자를 대상으로 자동차를 판매하고 있다. 네트워크 뉴스 방송 사업에서, 폭스 뉴스(Fox News)와 MSNBC도 이 세 번째 방법을 채택하고 있다. 폭스는 정치 스펙트럼(spectrum)상 보수 지향적인 사람들을 대상으로 한 프로그램을 주로 내보내고 있는 반면, MSNBC는 이보다 훨씬 진보지향적인 경향이 있다.

경영자들이 서로 다른 세분화를 고려하지 않고, 일반 고객들을 대상으로 표준화된 제품을 생산하기로 결정할 때, 표준화 전략(standardization strategy)을 추구한다고 말한다. 반면, 경영자들이 다수의 세분시장이나 전체 시장에 다양한 제품을 생산하여 제공하기로 결정할 때, 세분화 전략(segmentation strategy)을 추구한다고 말한다. 이에 비해, 기업이 한정된 소수의 세분시장이나 혹은 단 하나의 세분시장만을 대상으로 제품을 제공하기로 결정하는 것은 집중화 전략(focus strategy)을 추구한다고 말한다.

시장세분화, 원가, 그리고 수익

서로 다른 세분화 전략들이 기업의 원가와 수익에 대해 서로 다른 영향을 미치고 있음을 이해하는 것은 중요한 일이다. 먼저 표준화 전략과 세분화 전략 간을 비교하여 살펴보도록 하자.

일반적으로 표준화 전략은 세분화 전략보다 저원가와 관련이 있다. 표준화 전략에는 기본적으로 단일한 제품을 생산하며, 대량판매를 통해서 규모의 경제를 달성하기 위한 기업의 노력이 포함된다. 예를 들어, 표준화 전략을 추구하고 있는 월마트는 구매에서 거대한 규모의 경제의 달성을 도모하며, 제품의 판매원가의 절감을 유도하고 있다.

이와는 대조적으로, 세분화 전략은 각기 다른 세분시장에 그에 적합한 상이한 맞춤형의 제품을 제공할 필요가 있다. 그렇지만 맞춤형의 제품구성 및 제작은 두 가지 이유로 원가를 인상시킬 수 있다. 첫째, 각각의 제품마다 판매량이 적을 수도 있고, 규모의 경제 달성은 더욱 쉽지 않게 된다. 둘째, 시장의 고소득자를 대상으로 하는 제품은 다양한 특징과 기능이 요구되며, 이는 제품의 원가와 운송비를 상승시킬 수 있다.

세분화 전략
기업이 상이한 시장 세분화를 고려하지 않고, 일반 고객들을 대상으로 표준화된 제품을 생산

표준화 전략
기업이 다수의 세분시장이나 혹은 시장 전체를 대상으로, 각 세분시장마다 상이한 제품을 생산하여 제공하기로 결정하는 것

집중화 전략
기업이 한정된 소수의 세분시장이나 혹은 단 하나의 세분시장만을 대상으로 제품을 제공하기로 결정하는 것

그러나 그간의 생산기술의 발전, 특히 린생산시스템은 *대량맞춤생산(mass customization)*을 가능하게 했다는 사실을 간과하지 않아야 한다. 즉 다양한 제품의 생산에도 불구하고, 그에 상응하는 비용상의 불이익(cost penalty)이 없게 된 것이다(자세한 내용은 4장을 참조). 더욱이, 공통의 부품들을 공유하는 제품들을 설계함으로써, 각기 다른 세분시장을 대상으로 다양한 최종제품을 생산하는 동안에도 기업은 부품 생산에서 상당한 규모의 경제를 달성할 수 있게 되었다. 이러한 방법은 광범위한 모델들에서 공통의 부품과 플랫폼(platform)을 활용하기를 도모하는 거대 자동차 회사들에 의해서 주로 채택이 되었다. 이처럼 대량맞춤생산과 공유 가능한 부품이 점차 확대됨에 따라, 기업이 시장세분화 전략을 추구할 때 일반적으로 겪어 왔던 비용 불이익은 이제 상당히 제한적으로만 나타나고 있다.

비록 표준화 전략보다 세분화 전략에서 더욱 많은 원가가 소요될지라도, 세분화 전략에는 큰 장점 하나가 존재한다. 서로 다른 소비자 집단의 니즈를 충족시킬 수 있는 고객맞춤을 통해 기업은 점진적으로 수익을 실현해 갈 수 있게 되며, 그로 인해 전체적으로 판매량의 증가도 기대해 볼 수 있다. 일반 고객을 대상으로 표준화 전략을 추구하는 기업은, 더욱 다양한 기능과 특징을 기대하면서 그에 대해 기꺼이 가격을 추가 지불할 의사가 있는 고객들을 외면함으로써 판매가 감소할 수도 있다. 또한 표준화 전략을 추구하는 기업은 이러한 일반적인 제품조차 구매할 여력이 없는 낮은 소득층의 소비자들에게서도 판매가 감소할 수도 있다.

이러한 사실은 시간을 거슬러 올라가 1920년대 자동차산업에서 처음으로 알려졌다. 자동차 산업의 초기 선두주자는 최초의 대량생산 승용차인 모델 T(Model T)를 제공하였던 포드(Ford)였다. 헨리 포드(Henry Ford)는, 소비자들이 "검정색을 원하는 한" 그들은 모델 T를 가질 수 있다는 말을 해서 유명해지기도 했다. 이처럼, 포드는 기본적으로 표준화 전략을 추구했지만, 1920년대에 세분화 전략을 추구하며 다양한 고객집단을 대상으로 제품을 제공했던, 제너럴 모터스(General Motors)에게 급속히 시장점유율을 넘겨 주어야만 했다.

집중화 전략에서는 원가와 수익에 미치는 영향을 감지하기가 쉽지 않다. 시장에서 고소득이나 고부가 가치에 초점을 맞춘 기업들은 두 가지 이유에서 더욱 높은 비용구조를 가지는 경향이 있다. 첫째, 고소득 소비자를 매료시키기 위해 제품에 다양한 특성과 기능을 추가하여야 하고, 이로 인해 원가는 상승하기 쉽다. 일례로, 노드스트롬의 매장은 부동산 가격이 매우 높은 곳에 위치했고, 실내는 값비싼 가구와 원자재로 이루어졌으며, 많은 매장들을 돌아다닐 수 있도록 충분히 넓게 설계되었다. 물품들 또한 매우 고가였으며, 월마트에서 판매되는 일반적인 의류와 신발만큼 빠른 판매가 이루어지지 않았다. 둘째, 상대적으로 한정적이거나 혹은 하나의 세분시장만을 공략하는 이 전략의 특성상, 집중화 전략을 추구하는 경우 규모의 경제를 달성하기가 더욱 어렵다. 그렇지만 시장의 고소득층을 겨냥한 고객맞춤(customization)과 독보적인 고급화(exclusivity) 전략을 추구함으로 인해, 일반적으로 집중화 전략을 추구하는 기업들은 표준화 전략이나 세분화 전략을 추구하는 기업보다 상당히 더 비싼 가격을 책정할 수 있다.

저가 시장의 저소득층이나 가격대비 가치(value for money)를 중시하는 세분시장에 집중한 기업들은 다른계산법(calculus)을 작동한다. 첫째, 이들 기업은 상대적으로 생산비와 운송비가 저렴한 가장 기초적인 제품을 생산하는 경향이 있다. 이러한 경향은 기업의 비용구조를 낮추는 데 도움을 줄 수 있다. 예를 들어, 소매점인 코스트코(Costco)는 가격대비 가치를 희구하고, 브랜드보다는 가격을 중시하는 고객들을 대상으로 하고 있다. 코스트코는 거대한 창고형태의 매장에서 제한적인 물품들만을 판매하고 있는데, 평균적으로 월마트의 매장들이 142,000개의 재고관리 코드(SKUs)를 보유하고 있는 것에 비해, 코스트코는 3,750개의 재고관리 코드만 보유하고 있다. 제품들은 실용적인 철제 선반 위 팔레트(pallets)에 차곡차곡 적재되어 있다. 또한 코스트코는 벌크(bulk) 포장된 아침식사용 시리얼(cereal), 개 사료, 화장지와 같은 기초 상품들을 다른 곳보다 더 저렴한 가격으로 소비자들에게 제공하고 있다. 일반적으로 재고상품은 공급자들에게 물품대금을 지불하기 전에 신속하게 판매되고, 그로 인해 필요한 운전자본은 감소되고 있다. 이처럼 타겟으로 하는 세분시장의 니즈에 맞춘 사업을 전개하면서, 코스트코는 비용구조를 낮추는 한편, 비록 제품 조달과 구매 면에서 월마트와 같이 큰 규모의 경제를 달성하지 않고서도 낮은 판매가격의 달성을 실현시키고 있다. 물론 월마트에서 구매할 수 있는 제품들과 유사한 상품들을 코스트코에서는 취급하지 않기 때문에, 한곳에서 원스톱 쇼핑을 원하는 소비자들에게 있어서 월마트는 항상 최고의 매장이 되고 있다.

사업수준전략의 여러 선택들

본원적인 사업수준 전략
경쟁자와의 관계에서 평균 이상의 이윤을 창출할 수 있도록, 기업에게 특정 형태의 경쟁적 지위와 경쟁우위를 가져다 주는 전략

지금까지 우리는 기업이 선택하는 기본적인 사업수준의 전략들을 규명하고, 정리해 볼 수 있을 만큼 충분한 정보를 논의해 온 셈이다. 이러한 사업수준의 전략에 대한 선택들은 때때로 본원적인 사업수준전략(generic business-level strategy)이라고 부르며, 이와 관련된 다양한 선택들은 [그림 5.4]에 자세히 나타나 있다. 표준화 전략이나 세분화 전략시장을 추구하는 기업들은 모두 넓은 시장 전체를 대상으로 삼고 있다. 그렇지만 세분화 전략을 추구하는 기업들은 각기 세분화된 시장 고객들의 요구에 맞춘 제품들을 내놓고 있는 반면, 표준화 전략을 추구하는 기업들은 단순히 일반 고객을 대상으로 제품을 제공하고 있다. 이처럼 넓은 전체 시장을 겨냥한 기업들 가운데는, 저원가에 기반하여 낮은 가격제시

| 그림 5.4 | 본원적인 사업수준전략 |

를 통해 지속적인 이윤을 창출해 가는 전략을 구사해 가는 경우, 이를 전반적인 저원가 전략(broad low-cost strategy)을 추구한다고 말한다. 또 전체 시장을 대상으로 하더라도 기업은 어떤 면에서 제품의 차별화를 도모할 수 있으며, 이러한 경우에는 전반적인 차별화 전략(broad differentiation strategy)을 추구한다고 말한다. 다양한 시장세분화의 필요성을 인식하고, 각기 다른 세분시장에 각기 다른 제품을 제공하는 기업들은 전반적인 차별화 전략을 기본 전략으로 하고 있는 셈이다. 그러나 1980년대 코카콜라가 그랬던듯이, 다양한 세분시장을 인식하지 못하고서도 차별화 전략을 추구하는 것은 가능하다. 오늘날, 월마트는 전반적인 저원가 전략을 추구하는 반면, 토요타와 코카콜라는 전반적인 차별화 전략을 추구하고 있다고 볼 수 있다.

단일 세분시장이나 혹은 소수의 한정된 세분시장을 목표로 하는 기업들은 집중화 전략이나 틈새 전략을 추구한다. 기업들은 코스트코가 그랬던 것처럼 틈새시장에서 저원가 주자가 되려고 노력할 수 있고, 이러한 경우에 집중화된 저원가 전략(focus low-cost strategy)을 추구한다고 말한다. 또한 노드스트롬이 그랬듯이, 제품의 특성과 기능의 추가를 통해 특정한 세분시장 고객들의 니즈를 충족시키는 맞춤화된 제품 제공을 시도할 수 있는데, 이 경우에는 집중화된 차별화 전략(focus differentiation strategy)을 추구한다고 말한다.

산업에서 한 가지 유일한 최선의 경쟁 방법만이 존재하는 것은 아니라는 사실을 이해하는 것이 중요하다. 서로 다른 전략들은 동등하게 유효할 수 있다. 월마트, 코스트코, 그리고 노드스트롬은 모두 소매 산업에 속해 있었고, 이들 세 기업 모두 다른 방식으로 경쟁했으며, 그러면서도 모두 재무적으로 탄탄한 경영을 구가해 왔다. 경영자들이 자신의 사업부 수준 전략이 무엇인지를 잘 이해하고, 그러한 전략을 추구하기 위한 명확한 논리

전반적인 저원가 전략
기업이 저원가에 기반하여, 가격을 낮추고도 지속적인 이윤을 창출하는 것

전반적인 차별화 전략
기업이 상이한 여러 세분화된 시장을 인식하고, 각기 다른 세분화된 시장에 서로 다른 제품을 제공함으로써 자신의 제품을 차별화시키는 것

집중화된 저원가 전략
기업이 특정한 한 세분시장이나 틈새시장을 목표로 하여, 그 틈새시장에서 저원가 주자가 되려고 노력하는 것

집중화된 차별화 전략
기업이 특정한 한 세분시장이나 틈새시장을 목표로 하여, 제품의 기능과 특성의 추가를 통해 그 특정 세분시장 고객들의 니즈에 맞춤화된 제품을 제공하는 것

를 가지며, 자신의 전략에 부합된 제품을 제공하고, 또 그러한 전략이 잘 실행되어지도록 기업의 기능적 활동과 조직배치를 정렬시켜 가는 것은 매우 중요한 일이다.

본원적인 사업부 수준 전략의 개념을 처음 주창했던 마이클 포터(Michael Porter)는, 기업들이 [그림 5.4]에서 제시된 서로 다른 선택권들 중에서 분명한 선택을 하여야만 한다고 주장하였다.[6] 만일 그렇지 않을 경우, "*어중간한 상태(stuck in the middle)에 함몰*" 될 수 있으며, 결국 별 볼 일없는 실적을 경험하게 될 것이라고 주장하였다. 포터의 주된 이론에 의하면, 기업이 차별화와 저원가 모두를 함께 추구하는 것은 불가능하다는 것이다. 포터의 주장에 따르면, 차별화로 인해 원가는 매우 자연스럽게 상승하기 마련이고, 따라서 산업 내에서 저원가 위치를 획득하는 것은 현실적으로 불가능하다. 같은 이유로 만일 저원가 위치를 달성하기를 원한다면, 기업은 제품 차별화를 위해서는 극히 제한된 여력밖에 가질 수 없는 것이다.

비록 제한적이긴 하지만, 이러한 관점에도 분명히 고려할 만한 가치가 있다. 앞서 언급하였듯이 노드스트롬과 월마트, 타이맥스와 롤렉스, 포르쉐와 기아는 같을 수 없다. 저원가와 차별화는 매우 다른 경쟁의 방법이며, 두 방법은 서로 다른 기능적 전략과 조직배치를 요구한다. 때문에 두 방법을 동시에 사용하는 것은 현실적으로 어려운 일일 수 있다. 그렇지만 이 주장에는 주의해야 할 몇 가지 사항이 존재한다.

첫째, 가치혁신을 논의할 때 살펴보았듯이, 제품과 공정의 개선을 통해 기업은 효율성곡선을 외부로 확장시킬 수 있고, 무엇이 가능한지를 재정립해 갈 수 있으며, 경쟁사보다 더욱 낮은 원가에서 더욱 차별화시킬 수도 있다. 그러한 상황에서 기업은 산업의 차별화 주자이면서도 저원가 위치 모두에 존재하는 유리한 지점을 찾을 수 있다. 그렇지만 궁극적으로는 경쟁사들이 이 지점을 따라올 수 있을 것이고, 이러한 경우 기업은 저원가와 차별화 간의 전략적 선택을 해야만 할지도 모른다. 그러나 앞서 살펴보았던 델과 토요타의 역사적 사례처럼, 가치혁신을 이룬 기업들은 비록 수십 년은 아니더라도 수년 간 지속되는 경쟁우위를 구가해 갈 수 있다(가치혁신을 이룬 또 다른 기업사례로, [전략 실행 사례 5.2]에는 마이크로소프트 오피스(Micosoft Office)의 역사가 소개되어 있다).

둘째, 차별화된 기업들이 효율성 목표를 외면할 수 없음을 인지하는 것은 중요하다. 마찬가지로 저원가 기업들 역시 제품의 차별화가 가지는 장점을 무시할 수 없다. 차별화 전략을 추구하는 기업들이 직면한 과제는, 주어진 전략의 선택 범위 내에서 가능한 한 효율적이어야 한다는 것이다. 차별화된 기업들은 경쟁사들 제품과의 차별성이 훼손될 수 있을 정도로 원가절감을 추구해서는 안 된다. 그렇다고 가격을 통제하지 않고 제멋대로 내버려 둘 수도 없다. 일례로 노드스트롬은 전략위치를 매우 효율적으로 선택하였다. 어떤 의미에서 노드스트롬은 저원가 기업은 아니지만, 주어진 경쟁 선택에서 가능한 한 효율적으로 운영하였다. 마찬가지로 저원가 기업이라 할지라도 산업 내에서 핵심적인 차별화 요소(key differentiator)들을 전적으로 무시할 수는 없다. 월마트는 노드스트롬에서 발견할 수 있는 고객 서비스수준에 미치지 못하는 서비스를 제공하였지만, 그렇다고 고객 서비스를 완전히 무시하지도 않았다. 비록 월마트가 셀프서비스 모델을 갖고 있기는 하지만, 매장에는 여전히 고객의 요구에 도움을 줄 수 있는 직원이 상존하고 있다. 월마트와 같은 저원가 기업들의 과제는, 이러한 핵심 차별화 요소에 관해서 "이만하면 충분해"라고 고객들이 느끼게 만드는 것이다. 또 다른 사례로, 사무용 소프트웨어 시장에서 구글과 마이크로소프트의 경쟁을 다룬 [전략 실행 사례 5.2]를 살펴보도록 하자.

전략 실행 사례 5.2

마이크로소프트 vs. 구글 앱스

© iStockPhoto.com/Tom Nulens

마이크로소프트(Microsoft)사는 오랫동안 워드프로세서(word processor), 스프레드쉬트(spreadsheet), 프리젠테이션 소프트웨어(presentation software), 이메일 클라이언트(e-mail client) 등이 포함된 오피스(Office) 제품으로 사무용 생산성 소프트웨어 시장을 주도해 오고 있다. 이러한 마이크로소트의 시장점유율의 상승은 사실 중요한 혁신에 기인하였다. 1989년도에 마이크로소프트는 상호 정보공유가 가능한 워드프로세스와 스프레드쉬트, 그리고 프리젠테이션 소프트웨어를 한 제품에 담아 번들용으로 판매한 최초의 기업이었다. 그 당시만 해도, 시장에서 워드프로세서 프로그램의 선두주자는 워드 퍼펙트(Word Perfect)였고, 스프레드쉬트 시장의 선두주자는 로터스(Lotus)였으며, 프리젠테이션 프로그램은 하버드 그래픽스(Harvard Graphics)가 가장 많이 사용되고 있다. 마이크로소프트는 이들 각각의 시장에서 2인자였다. 그러나 소비자들이 이들 프로그램을 각기 낱개로 구매하는 것보다 더 낮은 가격으로 번들용 프로그램을 구매할 수 있도록 함으로써, 각각의 제품을 따로 판매하던 이들 경쟁자들에게서 일정한 시장점유율을 뺏어올 수 있었다. 사실상, 마이크로소프트는 경쟁사보다 낮은 가격에 더 나은 가치(상호 정보공유의 가능)를 소비자들에게 제공한 셈이었다.

오피스(Office) 제품에 대한 수요가 점차 증대하자, 마이크로소프트는 경쟁사보다 훨씬 더 큰 규모에서 제품개발의 고정비를 배분하고, 단위 원가를 낮출 수 있었으며, 차별화된

제품의 제공과 저원가 위치라는 이중의 수혜를 누리게 되었다. 그 결과, 마이크로소프트는 사무 생산성 소프트웨어시장에서 독점적인 위치를 구축하였고, 지난 20년의 세월 동안 특별한 고수익을 올렸다.

하지만 상황은 2006년도부터 달라지기 시작하는데, 이 시기에 구글(Google)사는 마이크로소프트의 수익성 있는 오피스 독점권을 정면으로 겨냥한 온라인 사무용 프로그램 패키지인, 구글 앱스(Google Apps)를 출시하였던 것이다. 그 당시, 구글 앱스는 오피스 제품과는 달리 온라인 기반의 제품을 제공하였다. 기본적인 프로그램들은 클라우드(cloud)에 존재했고, 문서들은 이 클라우드에 저장되었다. 초기의 구글 제품은 풀세트 프로그램으로는 부족한 면이 많았고 또 구동 속도도 느렸지만, 구글 앱스를 채택한 2010년부터 속도가 빨라지기 시작했다. 오늘날 구글 앱스는 오피스와 마찬가지로 동일한 기본 프로그램(워드프로세스, 스프레드쉬트, 프리젠테이션 소프트웨어, 이메일 클라이언트)을 구비하고 있지만, 오피스의 기능들과는 다소 차이가 있다. 구글의 처리방법은 오피스의 기능과 호환되지 않지만, 다수의 사용자들에게 충분한 만족을 주고 있다. 이러한 점은 제품개발비의 절감에 도움을 주고 있다. 구글은 구글 앱스 제품을 오직 인터넷을 통해 매우 낮은 원가로 유통시키는 반면 오피스는 여전히 상당수의 실물 소매 유통경로가 존재하며, 이로 인해 원가가 상승되고 있다.

다시 말해서 구글은 구글 앱스와 관련하여 저원가 전략을

추구하고 있다. 이와 일관되게, 구글은 오피스보다 상당히 가격이 저렴하다. 구글은 구글 앱스를 이용하는 개인에게 1년에 50달러를 부과하는 반면, 마이크로소프트의 오피스는 기업 사용자들을 위해(비록 일반적으로 상당한 할인이 이루어지긴 하지만) 컴퓨터 1대당 400달러를 부과하고 있다. 초기에 구글 앱스는 소기업과 창업기업을 대상으로 하였지만, 최근에는 마이크로소프트의 핵심 시장인 대기업 영역에서도 일부분 구동되고 있는 것처럼 보인다. 2012년도에 구글은 자신의 패키지를 사용할 80,000명의 종업원이 있는 스위스 제약회사인 호프만 라로쉐(Hoffman LoRoche)와, 90,000명의 공무원이 있는 미국 내무부(Interior Department)의 계약을 포함하여, 일련의 인상적인 승전보를 기록하였다. 2012년을 통틀어 구글 앱스는 약 10억 달러에 가까운 수익을 올렸고, 요금을 지불하는 이용자는 약 3,000만 명 이상으로 추정되고 있다. 전 세계적으로 10억대 이상의 컴퓨터에 오피스 제품이 설치되었고, 2012년도에는 약 240억 달러의 수익을 올린 것과 같이, 여전히 오피스 제품이 이 사업에서 가장 수익성이 큰

것에 비하면 아직도 작은 규모이지만, 마이크로소프트는 이제 이 구글 앱스를 무시할 수 없게 되었다.

사실 마이크로소프트사는 이제 더 이상 가만히 앉아 있을 수가 없게 되었다. 2012년에는 마이크로소프트사도 클라우드 기반의 제품인 오피스 365(Office 365)를 출시하였다. 오피스 365는 이용자 한 명당 1년에 정가 72달러에 판매되기 시작되었고, 더욱 다양한 기능과 소프트웨어 개발 역량을 제공한 새 버전의 출시로 이용료는 이제 240달러까지 올라갔다. 마이크로소프트의 대변인에 따르면, 오피스 365에 대한 수요 기반은 이제 강력해지고 있으며, 또 마이크로소프트가 제공하고 있는 "프라이버시, 데이터 취급과 보안 같은 영역에서 축적된 기업의 우수함"은 구글이 필적할 수 없다고 주장한다. 마이크로소프트가 던지는 메시지는 명확하다. 즉 오피스 제품은 여전히 우수하며, 특히 제품의 특성, 기능, 프라이버시, 데이터 취급 및 보안 등에서 확실히 차별화되었다고 보는 것이다. 과연 앞으로 오피스 365가 구글 앱스를 저지할 수 있을지, 아닌지를 지켜보는 것은 상당히 흥미로운 일이 될 것이다.

자료: 이 책의 저자는 마이크로소프트(Microsoft)와 구글(Google)사에서 직접 인터뷰를 수행하였음. 그 외에 다음의 문헌들을 참조하였음. Quentin Hardy, "Google Apps Moving onto Microsoft's Business Turf," *New York Times*, December 26, 2012; and A. R. Hickey, "Google Apps: A $1 Billion Business?" *CRN*, February 3, 2012.

사업수준전략, 산업, 그리고 경쟁우위

잘 선택되고 또 잘 다듬어져 올바르게 실행된, 사업부 수준의 전략은 기업에게 현재의 경쟁사들과 잠재적 경쟁사들을 뛰어넘는 경쟁우위를 구가하게 만들어 줄 수 있다. 자세히 말하자면, 2장에서 다루었던 경쟁력들 중에서 특히 진입의 위협, 구매자와 공급자의 교섭력, 대체 상품이나 서비스에 노출된 위협, 산업 내 경쟁기업의 강력한 위협과 관련된 우위를 기업이 선점할 수 있게 만들어준다.

첫 번째로 저원가 기업을 살펴보자. 정의에 의하면, 저원가 기업은 경쟁사들이 도저히 이익을 실현할 수 없는 가격대에서 이익을 창출할 수 있다. 이러한 점은 경쟁사들이 시장에 진입하는 것을 더욱 어렵게 만들 수 있다. 즉 저원가 기업은 시장의 진입장벽을 세울 수 있고, 사실상 더 높은 원가를 지닌 경쟁사들이 진입해 들어올 수 없는 경제적 해자(economic moat)를 사업 영역 주위에 구축할 수 있는 셈이다. 이것이 바로 온라인 소매 사업에서 아마존(Amazon)이 해왔던 일이다. 규모의 경제와 효율적인 운영을 통해, 아마존은 사업 영역에서 높은 진입장벽을 효과적으로 세울 수 있는 매우 낮은 비용구조를 갖

추었다. 아마존보다 적은 시장점유율과 규모의 경제를 지닌 경쟁사들은 적자를 내지 않고서는 아마존이 제시하는 가격을 맞출 수가 없었고, 따라서 경쟁사들에게 이 시장에의 진입은 결코 매력적인 대안이 되지 못했다.

저원가 위치와 낮은 가격책정, 그리고 지속적인 이윤창출 능력도 대체 상품이나 대체 서비스에서 기업을 보호해 준다. 저원가는 강력한 공급자들에 의해 흔히 전가될 수 있는 가격상승 요인을 완화시키는 데 도움을 줄 수 있는 동시에, 강력한 교섭력을 가진 구매자의 상당한 가격할인 요구에 대응할 수 있게 해주며, 또 지속적으로 수익을 발생시킬 수 있게 만들어 준다. 저원가 기업은 일반적으로 산업 내 가격경합에서 살아남을 수 있는 최적의 위치를 보장해 준다. 게다가 저원가 기업은 시장의 규모를 키우기 위한 가격전쟁을 의도적으로 시작할 수 있고, 또 경쟁력이 약한 경쟁사들을 산업 밖으로 몰아낼 수도 있다. 이것은 2000년대 초반 델의 전성기 동안, 델이 해왔었던 일이다. 즉 델은 시장의 점유율을 끌어올리고, 미미한 경쟁자들을 사업에서 퇴출시키기 위해 지속적으로 가격을 인하했던 것이다. 이처럼 2000년대 중반까지 델사는 저원가 전략을 추진하여 세계 제일의 컴퓨터 회사가 될 수 있었다.

이제 차별화된 기업을 살펴보자. 2장에서 논의하였듯이, 성공적인 차별화 요소 역시 각각의 경쟁력에 맞서 기업을 보호해 줄 수 있다. 브랜드 충성도와 관련된 차별화는 상당한 진입장벽을 구축할 수 있으며, 시장의 잠재적 경쟁자에게서 기업을 보호해 줄 수 있다. 일례로 스마트폰 사업에서 애플(Apple)이 누렸던 브랜드 충성도는 매우 높은 진입장벽을 구축해 주었고, 이 진입장벽은 상당히 효과적으로 작동하였다. 또한 성공적인 차별화 요소는 흔히 디자인이나 고객 서비스 같은 비가격적인 요소들로 구현되기 때문에, 강력한 교섭력을 가진 구매자들부터 흔히 제기되는 가격압박도 적을 수 있다. 그 반대도 가능할 수 있다. 즉 설령 구매자들에게서 어느 정도 저항이 있다하더라도, 기업은 성공적인 차별화 요소들에 기반하여 많은 구매저항 없이 가격상승을 단행할 수 있다. 차별화된 기업들은 강력한 교섭력을 가진 공급자들로부터 가격상승의 압박을 상당히 손쉽게 완화할 수 있고, 또 시장점유율을 크게 상실하지 않으면서도 높은 가격대의 제품을 시장에 출시할 수 있다. 또한 차별화된 기업들이 누리는 브랜드 충성도는 대체상품이나 대체 서비스로부터 기업을 일정하게 보호해 줄 수 있다.

고객들에게 비가격적인 요인들이 중요할 수 있다는 점과 브랜드 충성도로 인해, 차별화된 기업들은 산업 내 격렬한 가격경쟁으로부터 일정하게 보호받을 수 있다. 이와 동시에, 비록 차별화된 기업들은 마케팅 캠페인이나 고가의 제품개발 노력, 차별화된 브랜드 형성 등을 위한 비가격경쟁을 위해 상당한 노력과 자원들을 투자를 해야 하지만, 만일 성공할 경우 이러한 앞선 투자로부터 상당한 혜택을 누릴 수 있다.

그럼에도 집중화된 기업들은 흔히 그들이 경쟁하는 세분화된 시장이나 틈새시장에서 전체 시장을 커버하는 경쟁자들보다 더 유리할 수 있음을 주지해야 한다. 일례로 월마트와 코스트코 모두 저원가를 추구하는 기업이지만, 코스트코는 그들이 제공하는 세분시장에서 월마트를 넘어서는 비용우위를 가지고 있다. 이러한 비용우위는 주로 코스트코가 보유한 상대적으로 적은 재고관리 코드와 벌크제품의 판매에서 비롯된다. 그러나 만일 코스트코가 월마트에 대적하여 보다 넓은 광역시장에 제품을 제공하려고 노력한다면, 더욱 다양한 제품의 보유가 필요할 것이며(월마트는 140,000개의 재고관리 코드를 보유), 이는 결국 비용우위의 상실을 가져오게 될 것이다.

이러한 점은 차별화된 기업에서도 마찬가지로 적용될 수 있다. 틈새시장과 세분시장의 고객맞춤화에 집중한 차별화된 기업들은 일반적으로 시장 전체를 타겟으로 한 차별화된 경쟁사보다 더 효과적인 매출을 올릴 수 있다. 포르쉐는 틈새시장 이외에는 판매를 하지 않기 때문에, 토요타나 지엠 모터스와 같이 시장 전체를 타겟으로 하는 기업들보다 고급 스포츠카 틈새시장에서 더욱 많은 매출을 올릴 수 있다. 이렇게 하여 포르쉐는 특정 고객층을 매료시키는 독보적 이미지를 생성하였다. 그러나 포르쉐가 만일 저가 시장으로 사업 영역을 확대하기 시작한다면, 이러한 독보적인 고급스러움이라는 매력은 상실될 것이고, 결국 시장 전체를 대상으로 하는 또 하나의 차별화 기업에 지나지 않게 될 것이다.

사업수준전략의 실행

앞서 이 장에서 언급한 바 있듯이, 기업의 사업수준전략이 경쟁우위로 전환되기 위해서는 해당 전략이 잘 실행되어야만 한다. 기능적 수준에서 이루어진 여러 조치들이 사업수준전략을 지원해야 하는 것처럼, 기업의 조직배치 역시 사업수준의 전략을 뒷받침해야만 한다. 다시 말해서 사업수준의 전략, 기능 전략(functional strategy), 그리고 조직 간에는 *정렬(alignment)*과 *적합성(fit)*이 존재해야 하는 것이다([그림 5.5] 참조). 기능 전략에 대한 논의는 이미 4장에서 이루어졌으며, 조직배치에 관한 자세한 논의는 12장에서 이루어질 것이다. 다만 여기에서는 저원가와 차별화의 사업수준의 전략 실행에 필요한, 기능 전략과 조직배치에 관하여 기본적으로 간단히 살펴볼 것이다.

기능 전략과 조직을 통한 저원가의 실현 어떻게 기업이 저원가 위치를 달성하는가? 이는 대개 *탁월한 효율성(superior efficiency)*과 높은 *제품신뢰성(superior product reliability)*을 가져오는 기능적 수준의 전략추구를 통해서 주로 이루어지는데, 이에 대해서는 이미 4장에서 기능적 수준의 전략과 경쟁우위의 구성요소를 살펴볼 때 자세히 논의되었다. 4장의 내용을 다시 떠올려 보면 알 수 있듯이, 다음의 내용이 매우 중요하다.

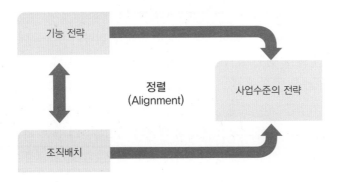

그림 5.5   전략은 기능과 조직을 통해 실행된다.

- 규모의 경제와 학습효과의 획득
- 린생산방식과 유연생산 기술의 채택
- 기업이 신뢰성있는 상품이나 서비스를 제공하고 있다는 확신을 주기 위해, 여러 가지 품질향상 방법들을 실행해야 한다. 그래서 폐기되거나 혹은 흠집 등으로 인해 재작업 또는 재생산되어야 하는 형편없는 품질의 제품을 만들거나 전달하는 데 시간과 노력, 그리고 자원들이 낭비되지 않도록 해야 한다.
- 불필요한 단계들을 제거하기 위한 생산과정의 간소화 과정
- 업무 처리 자동화를 위한 정보시스템의 활용
- 적시(JIT) 재고 통제 시스템의 실행
- 가능한 한 낮은 원가로 생산되고 배송될 수 있는 제품설계
- 고객유지율을 증가시키고, 고객이탈을 감소시키기 위한 조치들의 시행

그 외에도 저원가 기업은 해당 기업의 구조, 관리시스템, 인센티브시스템, 그리고 기업의 문화 모두가 사원들의 행동과 활동이 생산성과 효율성을 강조하는 방식과 일치되고 또 실제 그러한 생산성과 효율성으로 이어지도록 *조직화(organizied)*되어야 한다. 12장에서 보다 자세히 살펴보겠지만, 경영층의 수가 적은 편평한 조직, 일선의 명확한 책임과 통제, 생산성과 비용억제에 초점을 맞춘 측정과 통제시스템, 사원들이 가능한 한 생산적인 자세로 근무하도록 고무시키며, 이들로 하여금 주도적으로 생산성 증진을 위한 제안과 활동을 해나가도록 격려하는 인센티브시스템, 원가관리의 필요성을 강조하는 검소한 문화 등은 이러한 조건과 부합하는 조직배치의 내용들이라 할 수 있다. 아마존과 월마트는 바로 이런 종류의 조직배치들을 시행한 기업들이라 할 수 있다.

기능수준전략과 조직을 통한 차별화 저원가와 마찬가지로, 훌륭하게 차별화해 가는 기업은 기능적 수준에서 적절한 조치들을 추구해 가야 하며, 또 스스로 적절히 조직화 되어야 한다. 기업으로 하여금 신뢰성과 우수성 측면에서 *탁월한 품질(superior quality)* 의 달성을 가능토록 해주며, 또 *혁신(innovation)*의 강조와 높은 수준의 *고객 대응성 (customer responsiveness)*도 가능하도록 기능적 수준의 전략이 추구되어야 한다. 3장과 4 장을 떠올려 보면 알 수 있듯이, 탁월한 품질, 혁신, 그리고 고객 대응성은 네 가지 경쟁우 위의 핵심 구성요소들 가운데 세 가지 구성요소들이며, 나머지 하나는 *효율성(efficiency)* 이다. 차별화된 기업들 역시 효율성을 무시할 수 없음을 명심해야 한다. 비록 전략적 선 택으로 인해, 차별화된 기업들은 산업 내의 저원가 기업들보다 높은 비용구조를 지닐 수 밖에 없더라도 말이다. 차별화를 증진시키기 위한 기능수준의 전략의 구체적인 내용은 다음과 같다.

- 상이한 세분시장에 대응하기 위한 고객맞춤식 제품구성과 마케팅 믹스(marketing mix)
- 기능, 특성, 성능 면에서 고품질로 지각될 뿐만 아니라 신뢰를 주는 제품의 설계
- 고객들의 질의와 문제에 대응하고 신속히 대처하기 위해 개발된 고객관리 기능
- 브랜드의 구축과 경쟁사와의 지각된 차별화를 위한 마케팅 노력
- 기업이 세상에 각인시키기 위해 노력하는 이미지와 일치되는 방식으로 사원들이 행동하게끔 유인하는 고용 및 인적자원개발 전략

첫머리 사례에서 보았듯이, 노드스트롬의 성공적인 차별화는 고객 대응성의 요소인 탁월한 고객 서비스에 기인한다. 노드스트롬은 사원들의 고용에 세심한 주의를 기울였 고, 판매사원들이 노드스트롬의 고객 서비스 가치와 일치하는 방식으로 행동하도록 교 육을 시키고 있다. 애플도 마찬가지이다. 즉 잘 훈련된 사원들이 고객들의 문의와 문제에 언제든 도움을 줄 수 있으며, 고객들이 구매 과정에서 최상의 가치를 얻을 수 있도록 고 객들에게 개별적인 사용지침을 설명하며 도와주는 탁월한 고객관리 기능을 갖추고 있는 데, 이는 주로 매장 내 "지니어스 바(genius bar)" 코너를 통해 수행된다. 애플은 또한 마 이크로소프트사처럼 경쟁사와 차별화되는 브랜드를 매우 성공적으로 구축하고 있기도 하다(예를 들어, 오랫동안 TV광고에서 "MAC"은 매우 젊은 "힙가이(hip-guy)로 상징되 는 반면, "PC"는 중후한 쉐비 그레이색 정장을 입은 과체중의 남성의 특징과 연상되고 있다).

조직화와 관련해서는 적정한 구조, 통제, 인센티브, 그리고 문화를 형성하는 것 모두 가 해당 기업이 경쟁사와 차별화하는 데 도움을 줄 수 있다. 차별화된 기업이 안게 되는 한 가지 핵심 과제는 마케팅, 제품디자인, 고객 서비스, 그리고 고객관리 기능 모두가 핵

심 역할을 하도록 만드는 것이다. 다시 애플사를 살펴보도록 하자. 1997년 스티브 잡스 (Steve Jobs)가 복귀한 이후, 그는 산업 디자인 그룹이 모든 신제품개발을 주도하도록 기업을 재조직화하였다. 이러한 배치 하에서, 조니 아이브(Johnny Ive) 디자인 수석부사장이 이끄는 산업 디자인 부문은 잡스에게 직접적으로 보고하였고, 엔지니어링 부문의 사람들은 제품개발을 위한 목적에서 산업 디자인 부문에 보고해야 했다. 이것은 엔지니어보다 디자이너가 신제품개발 과정에서 제품개발의 모든 면을 주도해 간다는 것을 의미하며, 엔지니어들은 이 디자인 그룹에 의해 제안된 조건에 따라 설계하여야 한다는 것을 의미한다. 이러한 점은 컴퓨터와 스마트폰 사업에서 엔지니어가 전형적으로 신제품개발을 주도하는, 다른 대부분의 회사들과 대조를 보이는 부분이다. 잡스에 의하면 애플이 생산하는 아름다운 제품들이 기능적으로 잘 작동할 뿐만 아니라, 품격이 느껴지는 제품임을 보장하는 데 있어서 이러한 조직배치가 필수적이라고 느꼈다. 잡스의 경영체제에서 애플은 디자인으로 차별화되었기 때문에, 디자인은 조직에서 중심적인 위치를 차지했던 것이다.[7]

또한 차별화된 기업들에서는 통제시스템과 인센티브시스템, 그리고 조직의 문화가 전략적 의도에 맞춰 확실하게 조정되는 것이 매우 중요하다. 그런 연유로, 노드스트롬의 대표는 핵심 가치를 내면화한 전사적 문화를 형성하기 위해, 꾸준하게 고객 서비스의 중요성을 강조하였다. 판매사원을 위해 일하는 CEO와 고객을 위해 일하는 판매사원을 보여주는 역피라미드 조직도(inverted organization chart)는 물론, 단순한 고객 봉사 수준의 의무를 넘어 진정성있는 서비스를 제공하였던 종업원들을 칭찬하는 여러 일화들은 바로 이러한 점을 예증하는 것이다. 이러한 주제들에 대해서는 우리가 12장에서 보다 자세히 다룰 것이다.

다르게 경쟁하기: 블루오션(BLUE OCEAN)의 탐색

우리는 이 장에서 기업이 경쟁사보다 더 낮은 원가와 차별화를 통해 고객에게 더 나은 가치를 제공할 수 있는 방안을 찾음으로써, 종종 산업 내 게임의 규칙을 근본적으로 변화시킬 수 있는 가능성에 대해 논한 바 있다. 이것은 흔히 *가치혁신(value innovation)*이라고 일컬어지는데, 이 용어는 김위찬(W. Chan Kim)과 르네 마보안(Renée Mauborgne) 교수에 의해 처음으로 만들어졌다.[8] 김위찬과 마보안은 그들의 베스트셀러 저서인 *블루오션전략(Blue Ocean Strategy)*에서 이러한 생각을 발전시켰다.[9] 그들의 기본적인 주장에 따르면, 많은 성공적인 기업들은 가치혁신을 통해 제품의 구성을 재정립하고 또 궁극적으로는 새로운 시장 공간을 창출함으로써 경쟁우위를 구축해 왔다는 것이다. 이들은 기업이 새로운 길을 만들어 가는 열린 시장 공간, 즉 '블루오션'을 창출해 가는 과정을 바로 이 가치혁신의 개념을 통해 설명하였다.

블루오션을 발견한 대표적인 기업 중 하나는 사우스웨스트 항공사(Southwest Airlines)를 들 수 있다(사우스웨스트 항공사에 대한 자세한 설명은 [전략 실행 사례 5.1] 참조). 사우스웨스트는 미국 항공산업 내의 다른 경쟁사들과는 다른 방식으로 경쟁하였는데, 가장 중요한 사실은 사우스웨스트의 주요 경쟁자가 산업 내 다른 항공사가 아니라, 일반적으로 자가운전을 하거나 버스를 타고 여행을 즐기는 사람들이었다는 것이다. 사우스웨스트의 목표는 이들 고객의 여행시간을 단축시키고, 매우 저렴하면서 믿음이 가고, 편리하기까지 하여, 육로를 이용한 교통편보다도 항공편을 더 선호하게 만드는 것이었다.

사우스웨스트의 첫 번째 항로는 바로 휴스턴(Houston)과 댈러스(Dallas) 간을 운행하는 노선이었다. 총 여행시간을 단축시키기 위해서, 각각의 도시에서 한 시간정도 멀리 떨어진 대형 국제공항이 아니라, 두 도시의 도심에 위치한 소형 공항인, 휴스턴의 하비공항(Hobby in Houston)과 댈러스의 러브필드 공항(Love Field in Dallas)을 운항하기로 결정하였다. 여행을 시작하기도 전에 도시 외곽의 대형공항까지 가는 데 소요되는 불필요한 시간을 제거함으로써, 총 여행시간을 단축시키는 것이 바로 사우스웨스트의 목표였다. 그 이후에 사우스웨스트는 고객들에게 편의를 제공하기 위해 일일 출항 횟수를 가능한 한 늘렸고, 운영비를 절감할 수 있는 모든 조치들을 시행하여 낮은 비용을 책정하고서도 지속적인 이윤을 얻을 수 있었다.

사우스웨스트는 나중에 기업이 성장하고 더 많은 노선이 확대되었어도, 동일한 기본 전략을 고수하였다. 즉 항상 도시 간 지선 운행을 위주로 하였고, 거점공항을 경유하여 승객을 탑승시키지 않았다. 만일 기상 악화 등의 이유로 인해 항공사 네트워크 어느 지점에서 출발 지체나 도착 지연 같은 불운한 사고가 발생하여 항공편이 거점공항에서 늦게 이륙하거나 혹은 착륙한다면, 거점공항으로 비행을 변경하는 것은 대개 총 여행시간을 증가시키고 또 정시 출발과 정시 도착으로 평가되는 항공사 신뢰성에 심각한 손상을 줄 수 있다. 한편 사우스웨스트는 기내식을 제공하지 않았고, 오직 일반석만 존재하며, 비즈니스 클래스 승객들을 위한 공항 라운지도 마련하지 않았다. 또한 표준화된 보잉 737편 한 기종만을 보유하고 있으며, 이 모든 것들이 비행 운항의 신뢰성을 높이는데 일조하도록 하고 있다. [전략 실행 사례 5.1]에서 보았듯이, 사우스웨스트는 사원들의 생산성을 증대시키기 위한 많은 조치도 병행하고 있다. 이러한 제반 노력들의 최종 순결과로서, 사우스웨스트는 경쟁사보다 더 낮은 원가에서 더 나은 가치를 고객들에게 안겨 주었고, 경쟁사보다 낮은 가격에서도 지속적인 이윤을 창출해 가고 있다. 바로 사우스웨스트사야 말로 가치혁신자(value innovator)였던 것이다.

김위찬과 마보안 교수는 가치혁신자들이 경쟁사들과 어떻게 차별화되는지를 상세히 나타내기 위해, *전략캔버스(strategy canvas)*의 개념을 활용하였다. [그림 5.6]에는 사우스웨스트의 전략캔버스가 나타나 있다. 이 그림에는 사우스웨스트가 책정한 저렴한 가격, 기내식사와 공항라운지, 그리고 비즈니스 클래스석을 제공하지 않는 것, 거점공항을 통하지 않은 연결 편 등이 나타나 있다. 또한 친절하며 신속한, 그리고 편의성을 제공하면서 신뢰로운 저원가 서비스의 제공이 함께 나타나 있는데, *바로 이 요인들이 사우트웨스트를 선호하는 고객군들이 이 회사에 대해 부여하고 있는 가치들이라 할 수 있다.*

이처럼 사우스웨스트사의 예는 물론, 그 밖에 김위찬과 마보안 교수가 다루고 있는 다른 성공 기업사례들이 공통적으로 시사하고 있는 핵심 요점은, 소위 성공한 기업들이 그렇지 않은 경쟁기업들보다 얼마나 다르게 경쟁하고 있는 지를 잘 보여준다는 것이다. 즉 이른바 성공한 기업들은 가치혁신을 통해 스스로 독자적인 시장 영역을 개척해 갔다는 점이다. 김위찬과 마보안 교수는 기업이 시장을 재정립하고, 새로운 사업수준전략의 수립을 고려할 때, 경영자들 스스로 다음의 문제들에 대해 자문해 보기를 권고하고 있다.

| 그림 5.6 | 사우스웨스트 항공사의 전략캔버스 |

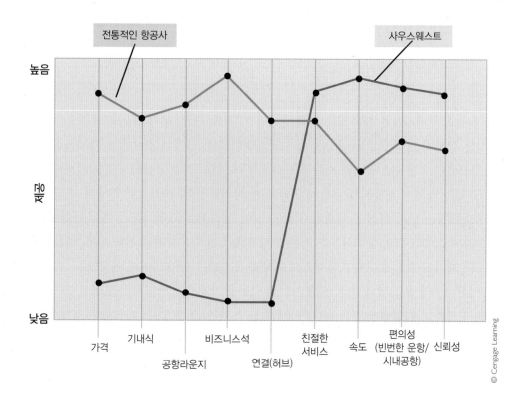

1. 제거: 경쟁사들이 산업에서 당연시 여기는 요인들 중, 어떤 요인들이 제거될 수 있으며, 또 그로 인해 원가가 절감될 것인가?

2. 감소: 어떤 요인들이 산업 내 표준 미만으로 감소되어져야 하며, 또 그로 인해 원가가 낮아질 것인가?

3. 증가: 어떤 요인들이 산업 내 표준 이상으로 증가되어져야 하며, 또 그로 인해 가치가 증가할 것인가?

4. 창조: 경쟁사들이 미처 제공하지 못하는 것을 우리가 창조할 수 있게 만들어 주는 요인들은 무엇이며, 또 그로 인해 가치가 증가할 것인가?

예를 들어 사우스웨스트는 공항라운지와 비즈니스석, 그리고 기내식을 *제거*하였다. 또 산업의 표준 미만으로 기내의 음료 및 다과의 제공을 *감소*시켜 나갔지만, 지선 중심의 운항으로 인해 속도(여행시간의 감소)와 편의성, 그리고 신뢰성을 *증가*시켰다. 아울러 사우스웨스트는 다른 항공사들이 일반적으로 하지 않았던 소도시의 공항 사이의 운항을 가능할 때마다 시행함으로써 고객들에게 더 나은 가치를 *창조*하였던 것이다.

이것은 매우 유용한 사고의 틀(framework)이며, 또 독보적인 제품과 전략위치를 창출하기 위해서 경영자들이 경쟁사와는 다르게 사고할 필요성을 느끼게 만들어 준다. 만일 이러한 노력들이 성공한다면, 기업이 지속적인 경쟁우위를 구축하는 데 큰 도움을 줄 수 있을 것이다.

성공적인 가치혁신의 가장 큰 이점 중 하나는 경쟁사들이 예상하지 못한 허를 찌를 수 있고, 경쟁사들의 추격을 어렵게 만들 수 있다는 것이다. 예를 들어 델 컴퓨터가 인터넷을 통해 소비자에게 직접판매되기 시작하였을 때, 경쟁사들은 다른 방식(실물 소매 유통경로를 통한 판매)에 이미 투자를 하고 있었기 때문에 이에 대응하기가 매우 어려웠다. 델사의 경쟁사들은 결과적으로 적자를 낼 가능성이 있는 유통경로와 거리를 두지 않고서는 델사의 모델(Dell model)을 쉽사리 채택할 수가 없었던 것이다. 경쟁사들이 이전에 실시했던 유통경로에 대한 전략적 투자로 인해, 델의 혁신에 대해 시기적절하게 대응할 수 있는 능력이 제한적일 수밖에 없었으며, 이러한 조직 관성으로 인하여 그 당시 경쟁사들에게는 델의 혁신을 채택하지 않는 것이 합리적으로 여겨졌다. 항공산업에서도 마찬가지로, 전통적인 항공사들은 기존에 시행했던 전략적 투자로 인해 사우스웨스트사로부터 제기된 위험에 대해 효과적으로 대응하기가 매우 힘이 들 수밖에 없었다.

이상의 내용을 요약하자면, 경쟁 기반의 이동을 가져오는 가치혁신은 여러 면에서 혁신을 주도하는 기업에게 지속적인 경쟁우위를 가져다 줄 수 있다. 왜냐하면 경쟁사들은 상대적인 조직 관성과 더불어, 이전에 시행한 전략적 투자를 파기하지 않고서는 이러한 새로운 변화에 대해 시의 적절하게 대응하기가 현실적으로 쉽지 않기 때문이다.

요약 *Summary of Chapter*

1. 사업수준전략이란, 주어진 시장에서 한 기업이 추구해 가는 중요한 경쟁 테마를 말한다.
2. 가장 기본적인 수준에서 보자면, 기업은 경쟁사보다 상대적으로 낮은 원가와 차별화된 제품을 제공할 수 있을 때 경쟁우위를 가질 수 있다.
3. 저원가 위치를 획득하는 기업은 경쟁사들이 손해를 보는 가격에서도 수익을 창출할 수 있다.
4. 차별화된 기업은 제품에 높은 가격을 부과할 수 있고, 또 수요의 증대를 창출하기 위해 탁월한 제품 가치를 활용해 갈 수 있다.
5. 차별화와 저원가의 연속선상에는 기업이 시장에서 효과적으로 운용해 갈 수 있는 여러 선택 지점들이 있다.
6. 가치혁신은 기업이 경쟁사보다 낮은 원가에서 차별화를 통해 더 큰 가치를 제공할 수 있는 신제품이나 공정 또는 전략을 개발할 때 발생한다.
7. 사업수준전략의 수립은 기업이 목표로 하는 고객이 누구이고, 해당 기업이 만족시키려 하는 고객의 *니즈 (needs)*나 *원하는 바*가 무엇이며, 또 그러한 니즈나 원하는 바를 해당 기업이 *어떻게* 충족시킬 수 있는가를 결정하는 것에서 시작된다.
8. 시장세분화란, 시장을 유사한 니즈, 유사한 바람, 그리고 유사한 요구 특성을 가진 고객집단들로 명확히 구분하는 과정이다.
9. 이 시장세분화에 대해 기업이 어떻게 접근하는가는 사업수준전략의 중요한 한 측면이다.
10. 네 가지의 본원적인 사업수준전략이 존재한다. 즉 전반적인 저원가 전략, 전반적인 차별화 전략, 집중화된 저원가 전략, 집중화된 차별화 전략이 그것들이다.
11. 사업수준전략은 기능적 수준에서 취해진 여러 조치들과 조직배치를 통해 실행되어 진다.
12. 성공한 많은 기업들은 가치혁신과 새로운 시장 공간의 창출을 통해 제품구성을 재정립함으로써 경쟁우위를 구축했다. 가치혁신을 통한 사고의 과정은, 기업이 새로운 길을 열어 가는 열린 시장 공간, 즉 '블루오션'을 창출해 가는 과정으로 설명된다.

토론 과제

1. 저원가 전략과 차별화 전략 간의 주요 차이점은 무엇인가?
2. 사업수준전략의 수립 과정에서 시장세분화가 매우 중요한 단계인 이유는 무엇인가?
3. (a)저원가와 (b)차별화라는 두 사업수준전략은, 해당 기업이 속한 산업 내 여러 경쟁적인 세력들에게서 이 기업을 어떻게 일정 부분을 보호해 줄 수 있을 것인가?
4. 사업수준전략의 아이디어를 실제 실현시키기 위해 무엇이 필요할 것인가?
5. 가치혁신이라는 용어는 무엇을 의미하는가? 교재에서 논의되지 않았지만, 가치혁신을 통해 강력한 경쟁우위를 구축해 온 기업사례를 추가로 발굴할 수 있는가?

윤리적 딜레마

© iStockPhoto.com/P_Wei

코스트코(Costco)는 저원가 전략을 추구해 온 유통기업이다. 그간 상품 공급업체들에게 납품 단가를 낮추도록 압력을 가해 온 결과, 많은 공급업체들이 중국과 같은 저임금 국가들에서 제조 물품들을 아웃소싱해 왔다. 결국 이러한 관행은 미국 내 제조업 기반을 공동화시키는 데 일조를 기해 왔다고 볼 수 있다. 코스트코의 이러한 전략은 과연 윤리적인가?

룰루레몬

1998년 자칭 스노우보드와 서핑보드 매니아인 칩 윌슨(Chip Wilson)은 처음으로 요가(yoga) 강좌를 접해 보게 된다. 밴쿠버(Vancouver) 토박이인 윌슨은 이 요가를 좋아했으나, 당시 이 운동을 면 소재의 옷을 입고 하는 관행에 대해서는 못마땅하게 생각했다. 스포츠웨어 업계에서 이미 오랫동안 일해 왔었고, 또 첨단 운동복 소재에 대해 일가견을 갖고 있던 그로서는 요가처럼 땀이 많이 나고 스트레칭을 많이 해야 하는 운동을 면 소재의 운동복을 입고 하는 것은 한마디로 넌센스인 것처럼 보였다. 바로 이러한 이유로, 룰루레몬(Lululemon)에 관한 아이디어가 탄생하게 되었다.

윌슨의 사업 비전은, 첨단 소재를 이용하여 요가를 위시한 고품질의 스포츠웨어를 만드는 것이었다. 그는 디자인팀을 꾸려 스타일리쉬(stylish)한 제품을 직접 디자인했지만, 실제 제품생산은 주로 동남아시아 등 저원가 의류제조업체에 아웃소싱을 맡겼다. 그리고 기존의 의류판매 매장들에 의존하지 않고, 독자적인 판매 스토어를 개장하였다. 기본적인 취지는, 이러한 독자 매장에 운동에 대해 나름의 열정을 가진 사원들을 직접 고용해서, 이들이 요가는 물론 달리기나 싸이클링 같은 다른 스포츠 활동을 통해 건한 삶을 전파하는 일종의 전도사 역할을 하도록 만드는 것이었다.

첫 번째 매장은 2000년 캐나다의 밴쿠버에 개장되었다. 그 후 빠른 성장을 거듭하여, 속속 다른 매장들이 들어섰고, 2007년에는 주식을 상장시켜 이러한 확장 계획을 가속화해 갔다. 그래서 2013년도에는 북미 지역을 중심으로 룰루레몬의 매장이 무려 210개에 이르렀으며, 매출은 14억 달러가 넘었고, 증시를 통해 조달한 자본은 90억 달러에 달했다. 이 회사의 1평방피트당 매출은 약 1,800달러로 추산되는데, 이는 고급 백화점인 노드스트롬(Nordstom)사의 네 배에 달하는 수치여서, 룰루레몬은 이 사업 분야에서 최고 수준의 성과를 자랑하게 되었다. 이러한 성장기간을 거치면서 칩 윌슨은 이사회 의장으로 자리를 옮기는 대신, 2008년에 크리스틴 데이(Christine Day)를 새로운 CEO로 영입하게 되는데, 데이는 그 이전 스타벅스(Starbucks)사에서 북미와 전 세계 지역의 매장 운영관리를 관장했던 인물이었다.

회사가 점차 커져 가면서, 룰루레몬의 사업 전략은 몇 가지 핵심 이슈에 초점을 맞춰 갔다. 무엇보다 제대로 된 옷을 만드는 것은 이 회사 전략의 핵심을 구성하는 내용이었다. 이를테면, 이 회사의 요가풍의 운동복들은 스타일리쉬하게 디자인되고, 착용감이 탁월하며, 최첨단의 기술이 적용된 소재를 사용해 만들어졌다. 이 회사 전략을 구성하는 또 다른 핵심 내용은 제품에 대해 한정적인 양만큼의 재고를 유지해 간다는 것이다. 예를 들어, 새로운 컬러의 제품이나 계절적인 아이템들은 최소 3주에서 최대 12주 정도의 라이프 싸이클을 갖도록 관리되었는데, 이는 이 회사의 제품출시가 늘 새롭게 느껴지도록 만들어 주는 이유가 되었다. 또한 이 회사가 추구해 간 목표 중의 하나는 제품에 대해 할인 없이 늘 제 값을 받을 수 있도록 가격정책을 해가는 것이었고, 또 눈에 띄는 제품에 대해 고객들이 바로 구매하지 않으면, 언제든 품절될 수 있도록 만들어 가는 것이었다. 아울러 이 회사의 경우, 고객이 입어본 적이 없고 또 가격표가 제대로 붙어 있는 제품에 한하여 반품될 수 있도록 하는 환불 정책을 고수해 갔다. 이에 대해 이 회사 CEO인 데이는 "우리는 노드스트롬이 아니랍니다."라고 이야기한 적이 있는데, 이는 자사의 관련 정책을 고객에게 이유를 묻지 않고 무조건 환불을 시행하는 노드스트롬사의 그것에 빗댄 표현이었다.

이처럼 제품의 희소성을 추구하는 이 회사의 전략(scarcity strategy)은 시장에 잘 먹혀들었다. 그리하여 룰루레몬의 판매량은 계속 신장되었고, 제품은 프리미엄 가격에도 잘 팔렸다. 한 예를 들자면, 이 회사의 요가 운동복 하의는 78-128달러로 책정되었는데 비해, 상대적으로 저가를 추구해 온 경쟁사 갭(Gap)의 애틀레타(Athleta) 브랜드는 비슷한 요가복 하의를 자신의 웹 사이트에서 25-50달러에 판매하고 있었다.

룰루레몬은 운동이나 몸만들기에 남다른 열정을 가진 사람들을 채용하는 정책을 계속 견지하였다. 그리하여 이 회사의 채용 과정에는 지원자들에게 직접 요가나 혹은 몸회전을 시켜 보는 절차가 포함되기도 하였다. 매장 관리자의 약 70%는 내부에서 승진되었고, 이들은 대부분 매장 내 일선 판매원으로 출발하여, 회사의 이러한 분위기 속에서 자연스럽게 경력을 쌓아 갔다. 매장 관리자들에게는 일 년에 두 번씩 자신의 매장 실내 페인트를 교체하는 데 300달러가 지급된다. 그렇지만 각 매장의 실내 인테리어 디자인은 해당 매장 관리자에게 전권이 주어져 이들이 원하는 대로 설계될 수 있다. 또한 각 지역 매장의 사원들이 원하는 자선단체나 행사에 쓰여 지도록 각 매장에 대해 매해 2,700달러가 지원되는데, 워싱턴 D.C.의 한 매장 관리자는 2010년 회사의 지원 자금을 이용해 지역 관계자들과 함께 글로벌 요가 이벤트를 기획하였다. 그 결과, 'Salutation Nation'이라 불리며 해마다 개최되는 이 이벤트에는 각 지역의 70개가 넘는 룰루레몬 매장이 참가하여, 다양한 수준의 무료 요가 시범 행사가 벌어지고 있다.

이 회사에서는 또 사원들로 하여금 고객의 소리를 '엿듣는' 훈련을 시행하고 있다. 옷을 가지런히 개켜 접는 테이블을 매장의 후면이 아니라 손님이 옷을 갈아입는 피팅룸 근처에 만들어서, 사원들로 하여금 자연스럽게 고객의 불평을 직접 들을 수 있도록 하였다. 또 근처에는 큰 화이트보드가 만들어져 고객이 쇼핑 중 자유롭게 제안이나 불만을 표시해서 이러한 의견들이 본사로 피드백될 수 있도록 조치해 갔고, 이러한 피드백은 곧바로 제품설계 과정에 반영되었다.

이 회사의 CEO인 크리스틴 데이는 고객의 구매 행동이나 과정을 분석하는데 결코 '빅 데이터'(big data)를 선호하는 사람이 아니었다. 그녀는 빅 데이터처럼 소프트웨어적으로 만들어진 자료는 회사에게 고객에 대한 잘못된 인식을 제공할 수 있다고 보았다. 대신, 그녀는 매주 몇 시간 정도를 꼭 매장에 나와 고객의 쇼핑을 직접 관찰하고, 그들의 불만을 직접 듣고, 이러한 고객의 피드백을 제품개발에 바로 반영해 가는 노력을 기울였다. 한번은 캐나다의 브리티쉬 콜럼비아(British

Columbia)주, 휘슬러(Whistler)에 있는 한 매장에 들른 데이가 스웨터를 입어 보던 한 여성 고객이 소매가 너무 좁아 불편해 하는 모습을 관찰하였다. 그러자 그녀는 매장의 직원에게 이 제품과 관련해서 이와 비슷한 불만을 들은 적이 있는지를 확인한 후, 해당 제품의 모든 주문을 취소시킨 일화도 있다.

이처럼 고품질을 지향하는 룰루레몬의 전략에도 불구하고, 모든 게 다 잘 이루어져 온 것만은 아니었다. 2010년 윌슨은 자신의 주도로 출시된 토트 백(tote bags) 상품으로 인해 큰 홍역을 치른 적도 있다. 당시 이 가방에는 1957년에 출간된 에인 랜드(Ayn Rand)의 소설 *Atlas Shrugged*의 첫 줄에 등장하는 "누가 존 갤트(John Galt)인가?"라는 문장이 장식으로 새겨져 있었다. *Atlas Shrugged*는 사실 자유주의자들의 바이블과 같은 소설이었고, 따라서 토트 백 제품에 새겨진 글은 곧 룰루레몬이 소설가 랜드의 '규제되지 않은, 탐욕스런 자본주의'를 지지하는 듯한 인상을 주게 되었던 것이다. 결국 이 상품에 대한 고객의 여러 부정적인 피드백에 접한 회사는 매장에서 신속히 이 제품을 철수시켰고, 윌슨 자신은 비록 이사회 의장직은 유지했지만 2012년 1월 이래로 회사의 일상적인 의사결정에 더 이상 관여하지 않고 물러나게 되었다.

또 2013년 초에는 룰루레몬사가 요가 운동복 상품과 관련하여 또 다른 파문에 휩싸이게 되었다. 당시 이 회사의 검정색 요가 하의는 너무 얇은 소재를 사용했기 때문에, 별도의 내피가 없는 요가 하의의 특성상 스트레칭을 하게 되면 속이 훤히 비치는 문제점이 있어 반품을 받아주도록 결정이 내려졌다. 그렇지만 이 제품에 대한 고객의 불만에 더하여, 일부 고객들의 경우 매장의 직원들로부터 부적절하게 응대를 받음으로써 문제는 설상가상으로 불거졌다. 즉 매장의 일부 직원들이 해당 제품이 반품을 받아줄 정도로 문제가 있는지 확인하겠다면서, 고객들로 하여금 이 제품을 입고 직접 허리를 구부려 보도록 요구함으로써 고객들로부터 큰 항의를 받게 된 것이다! 그렇지만 이러한 여러 악재에도 불구하고, 언론과 금융권의 여러 관계자들은 이 회사가 몇몇 현안들을 잘 극복하고 향후 성장세를 지속해 갈 것이라고 전망하고 있다.

자료: Dana Mattoili, "Lululemon's Secret Sauce," *Wall Street Journal*, March 22, 2012; C. Leahey, "Lululemon CEO: How to Build Trust Inside Your Company," *CNN Money*, March 16, 2012; Tiffany Hsu

"Panysgate to Hurt Lululemon Profit: Customer Told to Bend Over," latimes.com, March 21, 2013; and C. O'Commor, "Billionaire Founder Chip Wilson out at Yoga Giant Lululemon," *Forbes*, January 9, 2012.

사례 토의 문제

1. 룰루레몬의 시장세분화 전략에 대해 기술해 보라. 이 회사의 핵심 고객층은 누구라고 생각하는가?

2. 룰루레몬은 어떤 본원적 사업수준전략을 추구하고 있는가? 이 회사의 전략은 스포츠웨어 시장에서 경쟁사에 비해 경쟁우위를 가져다 주고 있는가? 만일 그렇다면, 어떻게 이러한 경쟁우위가 창출되고 있는지 설명해 보라.

3. 룰루레몬은 자신의 사업수준전략을 성공적으로 실행해 나가기 위해, 기능수준에서는 어떠한 일을 할 필요가 있는가? 또 이 회사는 실제로 이러한 일들을 잘해 나가고 있는가?

4. 사례에서 언급된 마케팅 및 제품 관련 실수들이 룰루레몬의 사업수준전략의 실행 능력에 어떠한 영향을 미쳤는가? 또 룰루레몬이 향후 비슷한 실수를 범하지 않기 위해서는 어떻게 해 나가야 하는가?

핵심 용어 *Key Terms*

사업수준전략(Business-level strategy) 172
가치혁신(Value innovation) 181
시장세분화(Market segmentation) 182
표준화 전략(Standardization strategy) 184

세분화 전략(Segmentation strategy) 184
집중화 전략(Focus strategy) 184
본원적 사업수준전략(Generic business-level strategy) 186
전반적인 저원가 전략(Broad low-cost strategy) 187

전반적인 차별화 전략(Broad differentiation strategy) 187
집중화된 저원가 전략(Focus low-cost strategy) 187
집중화된 차별화 전략(Focus differentiation strategy) 187

참고문헌 *Notes*

1 Derek F. Abell, *Defining the Business: The Starting Point of Strategic Planning* (Englewood Cliffs NJ: Prenitice-Hall, 1980).

2 M. E. Porter, *Competitive Advantage* (New York: Free Press, 1985); and M. E. Porter, Competitive Strategy (New York, Free Press, 1980)

3 C. W. L. Hill, "Differentiation Versus Low Cost or Differentiation and Low Cost: A Contingency Framework," *Academy of Management Review* 13 (1988): 401-412.

4 M. E. Porter, "What Is Strategy?" *Harvard Business Review*, On-point Enhanced Edition Article, February 1, 2000.

5 W. C. Kim and R. Mauborgne, "Value Innovation: The Strategic Logic of High Growth," *Harvard Business Review*, January-February 1997.

6 Porter, *Competitive Advantage*; and, *Competitive Strategy*.

7 The story was told to the author, Charles Hill, by an executive at Apple.

8 Kim and Mauborgne, "Value Innovation: The Strategic Logic of High Growth."

9 W.C. Kim and R. Mauborgne, Blue Ocean Strategy (Boston, Mass: Harvard Business School Press, 2005).

사업수준전략과
산업환경

첫머리 사례 *Opening Case*

© iStockPhoto.com/shaunl

신문 광고로 수익을 내는 방법

미국의 신문사업은 이제 쇠퇴하고 있는 산업이다. 1990년 이후부터 신문의 판매부수가 급감하기 시작하여, 현재까지도 침체의 속도는 빨라지고 있다. 미국 내 신문협회에 따르면, 1990년의 일간지의 판매부수는 6,230만부에서, 2014년도에 이르러 4,440부로 급락했다. 광고수익은 더욱 가파르게 감소하고 있는데, 2000년에 487억 달러로 정점을 찍은 이후, 2011년에는 겨우 207억 달러의 수익만을 올릴 정도로 급감하고

있다. 판매부수와 광고수익이 감소한 원인은 쉽게 찾을 수 있다. 전반적인 디지털화(digitalization)가 이 산업을 붕괴시켰고, 신문의 구독자들이 인터넷으로 이동하면서 광고도 뒤따라 감소하였다.

이처럼 종이신문에 대한 수요감소로 인해, 이미 이 산업에서 확고히 자리 잡은 일부 신문사들만이 살아남았다. 유에스에이투데이(USA Today)지와 그밖에 지역의 주요 신문을 발행하고 있던 가네트사(Gannett Co.)의 2012년도 수익은 53억 달러로써, 2008년도 67억7천만 달러에서 14억 달러이상 감소하였다. 유서 깊은 뉴욕 *타임즈* (New York Times)지도 같은 기간 동안, 수익이 29억 달러에서 19억9천만 달러로 감소한 것이 확인되었다. 상당수의 지역 신문들을 포함한 신문 산업은 뉴스편집실을 감축(downsizing)하고, 수익성 없는 종이신문의 발행을 중단하며, 가능한 한 신속히 웹 기반의 뉴스 특성을 확대함으로써 상황을 타개하려 하였지만, 그것이 결코 쉬운 일만은 아니었음이 판명되었다. 예전에는 종이로 된 일간지를 기꺼이 구독했던 구독자들이, 상당한 정보를 손쉽게 "무료"로 접근할 수 있는

학습 목표

이 장의 학습 목표는 다음과 같다.

- 세밀하게 파편화된 산업에서 경영자들이 수익성을 향상시키기 위해 개발해 갈 수 있는 여러 전략적 대안들을 규명한다.
- 신생산업 및 성장산업에 존재하는 특별한 문제들과, 기업들이 효과적으로 경쟁하기 위해 어떻게 전략을 개발해 갈 수 있는지에 대해 논의한다.
- 성숙산업에서의 일어나는 여러 경쟁 동학(competitive dynamics)을 이해하고, 경영자들이 경쟁이 극심한 시기에도 수익성을 증대시키기 위해 개발할 수 있는 전략들에 대해 논의한다.
- 쇠퇴하는 산업에서, 기업들이 비즈니스모델과 수익성을 유지하기 위해 활용할 수 있는 상이한 전략들에 대해 논의한다.

웹 기반의 전자신문에 대해 돈을 지불하는 것을 몹시 싫어하였다.

이러한 어려운 환경 속에서도, 마치 파도를 거슬러 수영해 가듯 이러한 조류에 맞서 오히려 수익을 낸 지역의 한 신문사가 있었다. 이 신문사는 바로 커뮤니티 임팩트 신문(Community Impact Newspaper)사로서, 오스틴(Austin)과 휴스턴(Houston), 그리고 달러스(Dallas) 지역의 855,000여 가구에 매달 13개 지역판 신문을 무료로 배포해 왔다. 이 신문은 오스틴 비즈니스 저널(Austin Business Journal)지에서 광고 책임자를 역임한 존 가렛(John Garrett)의 생각에서 비롯되었다. 2005년도에 가렛은 막대한 발행 부수를 자랑하는 텍사스(Texas)의 지역신문사들이, 유료도로의 건설이나 엑슨 모빌(Exxon Mobil)의 신규 기업캠퍼스의 영향 등과 같이 지역 및 이웃사회와 밀접한 관계가 있는 뉴스를 다루지 않는 점에 주목하였다. 이러한 프로젝트와 관련된 뉴스들은 인터넷을 통해서도 접할 수 없었기에, 주민들은 자신에게 영향을 줄 수 있는 지역의 프로젝트나 사건들에 대한 소식에 여전히 굶주려 있다고 가렛은 믿고 있었다. 그리하여 가렛은 낮은 이율의 신용카드 대출로 40,000 달러를 확보하여 2005년 9월에 임팩트지를 처음으로 발행하였다.

현재 이 신문은 전체 직원의 35%를 차지하는 30명의 저널리스트들이 종사하고 있으며, 독자적인 탐사 보도 없이, 사실 위주의 보도에만 치중하고 있다.

비록 임팩트사도 논란거리가 되는 이슈나 현안에 대해 심층 기사를 게재하기는 하지만, 그 경우에도 어느 한쪽 입장을 거들지 않으려 하였다. "그처럼 한쪽 입장의 손을 들어주는 것은 이 사업을 망칠수도 있다"고 가렛은 말한다. 각 신문의 절반은 지역광고로 할애되고, 여기에서 임팩트사의 수익이 발생한다. 광고를 게재하는 광고주들은 비교적 만족해하는 것으로 보인다. 휴스턴의 캣피쉬 스테이션(Catfish Station)이라는 레스토랑의 광고비로 매달 수백 달러를 지출하는 리처드 헌터(Richard Hunter)는 "구글 광고(Google Ads)부터 그루폰(Groupon)까지 모두 광고해 보았지만, 이 신문이 가장 효과적입니다."라고 말한다. 토이 타임(Toy Time)이라는 장난감 상점을 운영하는 또 다른 광고주인 로브 사이즈(Rob Sides)는 90,000세대의 지역고객을 확보하기 위해 자신의 광고비의 80%에 해당하는 광고비를 이 임팩트지에 지출하고 있다.

포브스(Forbes)지의 분석에 의하면, 40페이지의 신문 한 부당 약 2.5달러의 광고수익이 발생된다고 추정되고 있다. 이 광고수익에서 50센트는 우편료와 유통경비로, 80센트는 급여지불로, 또 다른 80센트는 인쇄비와 간접비로, 그리고 마지막 40센트는 이 기업을 소유하고 있는 가렛 부부에게 돌아간다. 만일 이 분석이 정확하다면, 임팩트사는 대부분의 신문사들이 생존을 위해 허덕이는 이 산업에서 꽤 쏠쏠한 수익을 올리고 있는 셈이다.

자료: C. Helman, "Breaking: A Local Newspaper Chain That's Actually Making Good Money," *Forbes*, January 21, 2013; News Paper Association of America, "Trends and Numbers," www.naa.org/Trends-and-Numbers/Research.aspx; and J. Agnese, "Publishing and Advertising," S&P netAdvantage, April 12, 2012, http://eresources.library.nd.edu/databases/netadvantage.

개관

2장에서 살펴보았듯이 산업은 수명주기(life cycle)를 가진다. 일부 산업들은 아직 젊고 역동적이어서, 수요가 급격히 증대해 갈 수 있다. 다른 산업들은 성숙기에 접어들어 상대적으로 안정적일 수 있고, 또 첫머리 사례의 신문산업처럼 어떤 산업들은 쇠퇴기에 들어선 경우도 있다.

이 장에서는 산업의 상이한 수명주기 단계에서, 기업들이 각기 경쟁적 위치를 강화하기 위해 추구할 수 있는 서로 다른 전략들을 살펴볼 것이다. 또한 산업 성장의 각 단계마다 기업들은 상당히 흥미로운 도전들에 직면한다는 사실을 이해하게 될 것이다. 따라서 경영자들은 이러한 도전들에 대처할 수 있는 적절한 전략들을 선택해 가야만 한다.

예를 들어 첫머리 사례에서 설명하였듯이, 종이신문사업은 사양길에 접어든 쇠퇴산업이다. 디지털의 대체로 인해 종이신문의 판매부수와 광고수익은 수년 동안 감소하고 있다. 따라서 신문사들은 전통적인 인쇄 운영 부문을 감축하는 한편, 온라인상에서 자신의 존재감을 끌어올리기 위해 노력하고 있다. 그러나 역설적이게도 경영자들이 올바른 전략을 수립할 수만 있다면, 종종 쇠퇴하고 있는 산업에서도 지속적인 수익을 창출할 수 있다. 강력한 수요가 남아 있는 세분화시장에 집중한 틈새 전략은, 쇠퇴기에 접어든 산업에서도 기업이 수익을 얻을 수 있는 고전적인 방법 중의 한 가지이다. 이 전략은 첫머리 사례에서 개략적으로 소개되었듯이, 여러 지역판을 내는 종이신문 체인 사업을 하고 있는, 커뮤니티 임팩트 신문사(Community Impact Newspaper)에 의해서 정확하게 추진되었다.

산업의 수명주기를 구성하는 각 단계를 살펴보기 전에, 우선 세밀하게 쪼개져 파편화된 산업에서 시행될 수 있는 여러 전략들에 대해 자세히 다루어 보려고 한다. 그 이유는 세밀하게 파편화된 산업은 전략을 추진하는 기업들에게 결과적으로 그러한 산업들을 통합시키는 특별한 기회를 제공할 수 있으며, 이런 기회를 살려 해당 산업을 통합시킨 기업과 그 소유주들은 때로 상당한 부를 창출해 갈 수 있기 때문이다.

파편화된 산업에서의 전략

파편화된 산업(fragmented industry)은 상당수의 소규모 및 중간 규모의 기업들로 구성된 산업 중 하나이다. 예를 들어 이처럼 세밀히 파편화된 산업들에는 드라이클리닝(dry-cleaning), 미용실, 레스토랑, 헬스클럽, 마사지, 그리고 법률 서비스 산업 등이 포함된다. 여러 가지 이유들로 인해 소수의 대기업이 아닌, 다수의 중소규모기업들로 산업이 구성될 수 있다.[1]

파편화된 산업
많은 수의 중소규모기업들로 구성된 산업

파편화의 이유

첫째, 규모의 경제가 크게 나타나지 않는다는 것은 대규모성에 따른 원가상의 이득이 설령 존재한다 해도 그리 크지 않다는 것을 의미한다. 이를테면, 조경이나 마사지 서비스 같은 사업 분야에 규모의 경제가 딱히 구현되기 어려운 것은, 이들 산업이 왜 세밀하게 파편화된 모습으로 나타나는지를 잘 설명해 준다. 일부 산업들에서는 고객의 니즈가 너무나 특수하여 오직 소량의 제품만이 필요하고, 이런 이유로 시장을 만족시키기 위해 대량생산운영을 할 여지는 별로 없을 수 있다. 이런 성격을 가지는 대표적인 사업으로는 주문제작 보석류(Custom-made jewelry)나 케이터링(catering)을 들 수 있다. 일부 산업들은 심지어 규모의 비경제가 발생할 수도 있다. 예를 들면 레스토랑 사업의 고객들은 보통 전국적인 체인점의 표준화된 음식보다는, 유명한 지역 레스토랑의 독특하고 스타일(style) 있는 음식을 더욱 선호한다. 이런 규모의 비경제(diseconomy of scale) 특성은, 대형 레스토랑 체인 기업이 시장을 맘대로 지배하지 못하게 하는 한 이유가 된다.

둘째, 산업에서 브랜드 충성도는 지역 기반적인 특성을 가질 수 있다. 특정 지역이나 특정 종교를 뛰어넘는 일반적인 차별화를 통해서 자사의 독자 브랜드를 구축하는 것은 현실적으로 쉽지 않은 일일 수 있다. 일례로 많은 주택구입자들은 전국적인 부동산 체인점이 아니라, 해당 지역을 잘 알고 있다고 생각되는 지역의 부동산 중개인과 거래하는 것을 더 선호한다. 유사한 사례로 마사지 서비스 산업의 차별화와 브랜드 충성도는 주로 마사지사 개개인의 능력과 기술에 의해 주도되기 때문에, 이 사업 분야에 대형 체인점들은 존재하기 어렵다.

셋째, 규모의 경제가 부족하다는 것과 전국적인 브랜드 충성도를 구축하기 어렵다는 것은, 곧 그만큼 진입장벽이 낮다는 것을 의미한다. 이런 경우, 신규진입자의 지속적인 유입과 움직임은 산업을 파편화된 상태로 유지시킬 수 있다. 마사지 서비스 산업이 전형적인 한 예라고 할 수 있다. 규모의 요구가 존재하지 않기 때문에, 마사지 서비스 사업의 개업 비용은 한 명의 사업가가 부담할 수 있을 정도로 적게 소요된다. 마찬가지로 조경 서비스 사업도 이처럼 세밀하게 파편화된 상태로 산업이 유지되어 있다.

앞서 설명한 특성들을 지닌 산업에서는 집중화 전략들이 가장 잘 작동하는 경향이 있다. 기업들은 특정 고객집단, 고객니즈, 또는 지리적 권역에 기반해 전문화될 수 있으며, 상당수의 전문 소기업들은 지역 또는 권역별 시장에서 사업을 할 수 있다. 가구, 의류, 모자, 부츠(boots), 주택 등 모든 유형의 특화된 상품이나 주문 제작 상품들과 더불어, 드라이클리닝, 조경 서비스, 미용실, 마사지 서비스를 포함하여 개별화된 고객니즈에 맞춰 제공되는 모든 작은 서비스 사업들이 이 범주에 포함된다.

가치혁신을 통해 파편화된 산업을 통합하기

기업경영의 역사 속에는, 전례 없는 전국적 브랜드의 구축과 상당한 규모의 경제를 창출하기 위한 전략을 성공적으로 추구했던 선구적인 기업사례들이 많다. 한때 세밀하게 쪼개져 파편화된 산업들을 통합시킴으로써, 거대한 이익을 창출했던 선구적 기업들이 얼마든지 존재하는 것이다.

　　예를 들면, 1980년대까지 사무용품 사업은 지역 시장에 제품을 공급하는 상당수의 소규모 "부부 경영(mom-and-pop)" 기업들로 이루어진 고도로 파편화된 산업이었다. 그 시기의 전형적인 사무용품 기업들은 한정된 제품을 구비하고 있었으며, 재고회전율도 낮았다. 또한 영업시간도 짧았으며, 지역 사업자에게 초점을 맞춘 개별적인 서비스를 제공했었다. 이처럼 개별적인 고객 서비스에는, 적은 수의 판매인력이 점포에 머무르며 주문을 받고, 또 여러 대의 트럭에 물품을 실어 많은 고객들에게 배달하는 일이 포함된다. 그때 스테이플즈(Staples)사가 등장했고, 식료품 및 잡화 사업을 경험한 경영진들에 의해 새로이 사업이 시작되었다. 이 회사의 경영진들은 긴 영업시간에, 다양한 상품들을 구비한 셀프서비스 모델로 사업을 개시하였다. 그들은 제품 판매를 추적하기 위해 컴퓨터 정보시스템을 도입하여 실행하였고, 재고가 소진되기 전에 보충하여 재고회전율을 빠르게 끌어올렸다. 스테이플즈는 소기업들에게 초점을 맞춰 판매를 하고, 대기업들이 제공하지 않는 긴 영업시간과 저렴한 가격, 항상 재고를 갖춘 다양한 제품 선택권의 가치를 제공한다. 사실 스테이플즈는 기존기업들이 제공하는 것과 같은 개인 수준의 맞춤형 서비스를 애당초 제공하지 않았다. 그러나 경영자들은 소기업 고객들은 개별적인 서비스보다 다양한 상품의 선택권과 긴 영업시간, 그리고 저렴한 가격에 더욱 관심을 갖고 있다고 예측했고, 결국 결과는 그들의 생각이 옳았다는 것을 보여주었다! 달리 표현하면 스테이플즈의 경영자들은 고객군들에게 중요한 것이 무엇인지에 관하여 기존기업과는 다른 생각을 갖고 있었던 것이다. 오늘날 이러한 사무용품 사업은 스테이플즈, 오피스 디포(Office Depot), 오피스 맥스(Office Max) 등이 장악하고 있고, 경쟁력이 약한 대부분의 경쟁사들은 시장에서 퇴출되고 말았다.

　　사실 이 스테이플즈사의 사례는 우리가 지난 장에서 논의했던 주제, 즉 스테이플즈는 바로 '*가치혁신자(value innovator)*'라는 주제와 연관되어 있다.[2] 이 회사의 설립자들은 고객군에게 더 큰 가치를 제공하는 방법을 알아내고, 더 저렴한 가격으로 더 큰 가치를 제공했던 셈이다. 사실 스테이플즈사만 홀로 가치혁신을 행한 것은 아니다. 소매 부문을 예를 들면, 월마트(Wal-Mart)와 타겟(Target)은 종합소매업에서 이와 유사한 가치혁신을 수행했고, 로위스(Lowes)와 홈 디포(Home Depot)사는 건축자재와 주택개조사업에서 동일한 마술을 부렸으며, 도서소매업에서 반스 앤 노블(Barbes and Noble) 역시도 마찬가지라 볼 수 있다. 레스토랑 부문에서, 맥도날드(MacDonald's), 타코 벨(Taco Bell), 켄터키 후라이드 치킨(Kentucky Fried Chicken), 그리고 최근에는 스타벅스(Starbucks)도 이와 유사한 가치혁신을 해오고 있다. 각각의 사례 기업들은 한때 파편화된 산업들을 성공적으로 통합시켰던 것이다.

　　이들 사례가 주는 교훈은 명확하다. 파편화된 산업들은 열린 시장 공간인 일종의 '블루오션'이며, 기업가정신이 투철한 사람들의 새로운 가치혁신 추구를 통해 얼마든지 전환될 수 있는 것이다. 이러한 전환과정을 이해하는 데 가장 중요한 것은, 이들 사례에서 각각의 가치혁신기업은 모두 기존기업들과는 다르게 가치를 규정했고, 규모의 경제의 창출을 통해 보다 낮은 가격에서 이러한 가치를 제공하는 방식을 발견해 갔다는 사실을 주지하는 것이다. 일례로 패스트푸드 산업에서, 맥도날드는 저렴한 가격에, 믿을 수 있고, 신속하며, 편리한 패스트푸드를 제공하였다. 저렴한 가격은 두 가지의 원천으로 인해 가능했는데, 첫 번째는 종업원의 생산성을 신장시키는 점포들의 표준화 과정이며, 두 번째는 맥도날드의 상당한 구매력에서 비롯된 투입측면에서의 규모의 경제 달성이다(사실, 이러한 측면은 맥도날드가 점차 성장함에 따라 더욱더 커져갔다). 그 당시 맥도날드사 역시 하나의 가치혁신자였고, 전략적 선택을 통해 레스토랑 산업의 한 부문인 패스트푸드 사업 부문을 통합시켜 나가는 데 크게 일조하였던 셈이다.

체인화와 프랜차이즈화(Chaining and Franchising)

많은 파편화된 산업들은 가치혁신을 통해서, 그리고 단일 지역이나 혹은 소수의 지역들에서 출발한 기업들의 변환을 통해서 통합되어 왔다. 스테이플즈사도 보스톤의 한 지역에서 출발하였고, 스타벅스도 하워드 슐츠(Howard Shultz)가 인수하여 기업을 변화시키기 시작하였을 당시에는 고작 세 군데의 점포만 보유하고 있었다. 여기에서 핵심은 최초의 한정된 지역에서 올바른 전략을 마련한 후에, 가능한 한 신속하게 전국적인 브랜드를 형성하여 경쟁자들이 시장에 진입하기 전에 규모의 경제를 실현하는 것이다. 만일 이러한 과정이 올바르게 진행된다면, 가치혁신자는 강력한 브랜드 충성도의 형성과 함께, 대규모로부터 발생되는 규모의 경제(보통 규모의 경제는 강력한 구매력과 관련이 있다)를 향유함으로써 가공할 만한 신규진입장벽을 세울 수 있다.

기업이 이전에 제공했던 사업을 *자기복제적으로 제공하기(replicate)* 위해 활용하는 전략에는 두 가지가 있는데, 체인화와 프랜차이즈화가 바로 그것이다.[3]

체인화(Chaining)는 *해당 기업의 소유한 사업의 기본 방식을 동일하게 고수하는 지점*들을 다른 지역에 개설하는 것을 의미한다. 그러므로 스테이플즈사가 처음 사업을 시작했던 보스턴 지역에서 해당 사업의 기본 방식을 완성하고 난 뒤, 신속하게 타 지역에 추가 매장을 늘려 갔던 것은 바로 이 체인화 전략의 구사였다고 볼 수 있다. 오늘날 약 2,000개가 넘는 스테이플즈의 매장들이 전 세계에서 운영되고 있다. 스타벅스 역시 신규 오픈하는 모든 매장에 동일한 기본 사업 방식을 제공하는 체인화 전략을 추진하고 있으며, 약 60여 개의 국가에서 18,000개가 넘는 매장이 운영되고 있다. 월마트, 반스 앤 노블, 그리고 홈 디포도 마찬가지로 체인화 전략을 추구하고 있다.

체인화를 통해 매장의 수가 확대되면서, 가치혁신자는 재빠르게 전국적인 브랜드를 형성할 수 있다. 이러한 체인화는 오늘날과 같은 모바일 사회에서, 그리고 특히 미국처럼

체인화
정보기술을 통해 상호 연결된 구매 및 물류 네트워크를 구축하여, 마치 하나의 대기업처럼 기능하게 됨으로써 원가우위의 이점을 누릴 수 있도록 디자인된 전략

사람들이 빈번히 이동하고 여행하며, 뉴타운이나 신도시에서도 사람들이 동일한 제품을 기대하는 경우, 상당할 가치를 지닐 수 있다. 또한 타 지역에서 재빨리 개업을 하고, 훌륭한 정보시스템을 통해 그러한 지역들을 밀접하게 결합시킴으로써, 가치혁신자는 대규모성에서 비롯되는 원가우위들을 상당수 실현해 갈 수 있다. 예를 들면, 월마트는 점포들의 재고흐름을 엄격히 통제함으로써(원가절감의 주요 원천인) 신속한 재고회전율을 실현해 왔다. 게다가 월마트가 점차 성장함에 따라 점점 더 큰 구매 교섭력을 발휘할 수 있게 되었고, 이를 바탕으로 매장에서 재판매되는 상품들에 대한 가격인하를 유도할 수 있었다.(월마트에 관한 세부 이야기는 이 장의 집중 분석 사례를 참조).

프랜차이즈화(Franchising)는 설립회사인 프랜차이저(franchisor)가 다른 회사인 프랜차이지(franchisee) 회사에게 수수료를 대가로, 새로운 지역에서 개업하고 영업할 수 있는 권리를 라이센싱해 준다는 점을 제외한다면, 많은 측면에서 체인화와 유사하다. 이 경우 프랜차이지 회사는 대개 동일한 기본 비즈니스모델의 적용은 물론 정해진 방식으로 사업이 운영되도록 요구받는 등, 프랜차이저 회사의 엄격한 기준을 준수하여야만 한다. 그러기에, 맥도날드 회사의 프랜차이지는 시스템 내에 속해 있는 다른 지점들과 마찬가지로 동일한 기본 외관, 느낌, 제품, 가격, 그리고 비즈니스 프로세스(business process)를 가져야만 하며, 또 정기적으로 맥도날드 회사에게 표준화된 재무 정보를 보고하여야 한다.

프랜차이즈화 전략을 활용하는 것에는 몇 가지 장점이 존재한다. 첫째, 프랜차이지 회사는 대개 자신의 사업 운영을 위해 자본의 일부나 전체를 적립해야 한다. 이것은 이 시스템의 성장을 위한 자금줄 역할을 하게 되어, 프랜차이즈화된 시스템의 더욱 빠른 확대를 불러올 수 있다. 둘째, 프랜차이지는 보통 자기 사업체의 독자적인 소유주이며 또 대개는 일정 자본을 적립해야 하기 때문에, 사업 운영을 가능한 한 효율적이면서 효과적으로 운영하려는 강력한 인센티브를 가지게 되는데, 이러한 유인은 프랜차이저 회사 입장에서도 여러모로 유익할 수 있다.

셋째, 프랜차이지 회사들도 자신의 사업체를 소유한 기업가이기 때문에, 새로운 제품이나 프로세스를 개발함으로써 자신의 사업체를 효율적이면서 효과적으로 개선하려는 동기를 지니고 있다. 그렇기 때문에, 일반적으로 프랜차이저 회사는 이를 위해 기본적인 비즈니스모델에서 크게 벗어나지 않는 한, 이에 대해 일정 부분의 재량권을 부여한다. 이런 식으로 발전된 아이디어들은 차후에 시스템의 다른 곳으로 이전될 수 있고, 전체 시스템의 성과를 증진시키는 데 기여할 수도 있다. 일례로, 최근 맥도날드는 프랑스의 프랜차이즈가 선도적으로 고안한 아이디어를 바탕으로, 미국 전역의 점포의 메뉴와 디자인을 변경하고 있다.

그렇지만 프랜차이즈화 전략에는 세 가지의 결점들이 존재한다. 첫째, 프랜차이즈화 전략은 일정 부분의 권한을 프랜차이지 회사에게 위임한다는 의미를 지니기 때문에, 이

> **프랜차이즈화**
> 프랜차이저(franchisor)가 프랜차이지(franchisee)에게 해당 기업의 이름과 명성, 그리고 비즈니스모델의 사용권을 대여해주고, 그 반대급부로 프랜차이즈 수수료나 또는 수익의 일정비율을 돌려받는 전략

전략은 체인화 전략처럼 모든 매장을 동일한 기준으로 엄격하게 통제할 수 없다. 일례로 스타벅스의 소유주인 하워드 슐츠(Howard Schultz)는 프랜차이즈화 전략으로는 각 매장에서 고객 서비스에 대해 필요한 통제를 제대로 하지 못할 것이라 판단했기에, 체인화 전략을 통해 사업을 확장시키기로 결심하였다. 둘째, 체인화 전략에서는 모든 수익이 전적으로 해당 기업에게 회수되는 반면에, 프랜차이즈화시스템에서는 성공적으로 운영한 프랜차이지 회사에게 일정 부분의 경제적 수익이 돌아간다. 셋째, 프랜차이지 회사들은 설립 기업, 즉 프랜차이저에 비해 상대적으로 영세하기 때문에 높은 자본비용에 직면할 수 있고, 그 결과 프랜차이즈화시스템의 운영 비용과 이익을 낮출 수 있다. 이처럼 체인화 전략과 프랜차이즈화 전략에는 저마다 다양한 장단점이 있기 때문에, 이 두 전략 중 어느 것을 선택하는가 하는 문제는, 결국 설립 기업이 직면한 여건을 잘 숙고해서 해당 경영자가 최선이라 생각되는 전략을 선택하는 것에 달려 있다고 할 수 있다.

수평적 합병(Horizontal Mergers)

파편화 산업을 통합하는 또 다른 방법은, 규모의 경제를 실현할 수 있고 또 강력한 전국적 브랜드를 형성할 수 있도록 하나의 큰 기업 안으로 경쟁자들을 합병하거나 인수해 합치는 것이다. 이를테면, 항공우주와 방위 계약 사업에는 보잉의 제트기나 군용기 같은 대형 제품에 들어가는 부품을 생산하는 수많은 소규모 틈새(niche) 생산자들이 존재한다. 벨뷰(Bellevue)와 워싱턴(Washington)지역에 기반을 둔 이스터라인(Esterline)사는 이러한 생산 기업들을 통합시키기 위해 수평적 합병과 인수를 추진해왔다. 사실 이스터라인도 처음에는 작은 공급자로 시작하였다. 지난 수십 년 동안 이스터라인은 30여 개의 틈새 기업들을 인수하여, 지금은 대략 20억 달러의 판매고를 올리는 큰 기업으로 성장했다. 이스터라인은 보잉(Boeing)이나 록히드(Lockheed)같은 회사에게 부품을 판매하기에는 방위관련 및 항공우주 부품들을 망라하여 제조할 수 있는 큰 기업일 때가 훨씬 더 유리할 수 있다고 믿었으며, 아울러 이처럼 덩치를 키움으로 인해 규모의 경제를 실현하고 또 자본비용을 낮출 수 있게 된다고 생각했던 것이다.

수평적 합병 및 기업인수와 관련된 혜택, 비용, 그리고 위험에 대해서는 9장과 10장에서 기업수준의 전략을 다룰 때 더욱 자세히 살펴보게 될 것이다. 우선은 합병과 기업인수 전략이 이처럼 파편화된 산업을 통합시키는 데는 일정한 도움을 줄 수 있다고 하더라도, 성공의 여정까지는 많은 실패들이 있어 왔다는 사실을 주지할 필요가 있다. 일부 기업들은 기업인수에 너무 많은 금액을 지불하기도 하고, 다른 기업들은 기업인수 전에 생각했던 것과는 달리, 결코 효율적이지 못한 "레몬(lemon)" 기업을 구매했음을 인수 후에서야 비로소 깨닫기도 한다. 뿐만 아니라 일부 기업들은 인수 기업과 피인수 기업 간의 문화 충돌로 인해 처음 예상되는 이익을 실현시키기가 실제로 매우 어렵다는 사실을 뒤

늦게 발견하기도 한다. 우리는 이러한 모든 이슈와 문제들은 물론, 그것들을 예방해 갈 수 있는 방법에 대해 9장과 10장에서 더 자세히 논의해 볼 것이다.

집중 분석: 월마트

월마트의 가치혁신: 파편화된 시장의 통합

© iStockPhoto.com/caracterdesign

1967년 샘 월튼(Sam Walton)이 처음 월마트를 개업하였을 당시에는 대규모 종합 유통 매장이 존재하지 않았다. 이 산업은 한마디로 매우 파편화되어 있었던 것이다. 일반 유통 매장들은 남부의 작은 도시 지역에서 대개 "부부가 경영하는 상점" 형태로 존재했다. 이러한 상점들은 매장의 종업원들이 소비자가 원하는 제품을 직접 찾아 가져다 주는 서비스를 제공하면서, 대개는 한정적인 상품들만을 갖추고 판매하였다. 영업시간도 짧았고(오전 10시부터 저녁 6시까지가 일반적인 영업시간이었다), 1주일에 1~2일은 휴업을 하였다. 상점의 주인들은 제품의 공급자들에게 높은 가격을 지불하여야만 했고, 그로 인해 판매가격도 당연히 높아질 수밖에 없었다. 재고회전율은 일반적으로 낮았으며, 제품 재고가 수시로 보충되지 않아, 특정 물품이 일시적으로 품절되는 경우도 많았다. 만일 고객들이 상점에 구비되어 있는 제품 이외에 특별한 제품을 주문한다면, 배송되기 전까지 수일 또는 수주를 기다려야 하거나, 아니면 3시간 정도 소요되는 가장 가까운 도시로 직접 차를 몰고 가서 물품을 구매해야만 했다.

샘 월튼의 비전은 간단했다. 즉 고객에게 다양하고 광범위한 상품의 선택권을 제공하고, 1주일 내내 오랜 시간 동안 영업을 하는 것이다. 또 상품의 가격인하를 유도하기 위해 벌크제품을 구매하여 판매하고, 그러한 비용절감은 저렴한 가격으로 고객들에게 돌려준다. 고객에게 제품을 직접 찾아서 가져다 주는 서비스 방식에서 셀프서비스 방식(self-service format)으로 전환함으로써 비용은 더욱더 절감된다. 매장에서 판매되는 상품을 추적하는 상품 정보시스템을 활용하여, 원하는 물품들의 재고가 소진되는 일이 없도록 한다. 물류센터

(distribution center)를 중심으로 추가 점포들을 밀집되게 신규 개장하는 등 체인화(chaining) 방식으로 더 나은 효율성을 획득한다. 대규모로 제품을 구매하고, 또 수량 할인을 위해 공급자들과 협상을 한다. 상품은 물류센터에서 배송되고, 물류센터에서 점포까지 재고가 적시(just in time)에 도착할 수 있게 출하된다. 그로 인해 재고회전율은 높아지고, 필요한 운전자본은 감소하게 된다.

이러한 비전은 아주 성공적으로 실현되었다. 그 당시만 해도 존재하지 않았던, 매장의 판매 및 재고회전율을 추적하는 최첨단 기술의 정보시스템은 물론, 물류센터에서 매장까지 재고의 흐름을 최적화하는 물류 시스템 등, 필수적인 여러 기술의 발전이 이루어졌다. 월마트가 점차 성장하고 또 이들 시스템이 구축되면서, 당시 고객들이 중요하게 여겼던 여러 사항들, 즉 광범위한 제품 선택, 항상 구비된 재고, 연장된 영업시간의 편의 등, 이전에는 미처 제공하지 못했던 더 큰 가치(more value)를 고객에게 제공할 수 있게 되었다. 이와 동시에, 월마트는 당시 고객들이 별로 중요하게 여기지 않았던 가치인, 물건을 찾아서 가져다 주는 서비스 방식을 중단하고 셀프서비스로 대체하였다. 이러한 제반 노력으로 회사의 비용구조가 점차 개선됨에 따라, 월마트는 작은 규모의 경쟁사들보다 훨씬 낮은 가격에 이 모든 가치를 제공할 수 있게 되었으며, 그 결과 해당 사업 분야에서 경쟁사들을 효과적으로 퇴출시킬 수 있었다. 이러한 가치혁신을 통해서, 월마트는 한때 파편화된 시장을 성공적으로 통합할 수 있었고, 광범위한 상품 선택권과 상시 최저가(everyday low price)의 개념으로 강력한 전국적 브랜드를 공고히 다져나갈 수 있었던 것이다.

신생산업과 성장산업에서의 전략

2장에서 이미 논의하였듯이, 신생산업은 이제 막 개발되기 시작하는 산업이며, 성장산업
은 상당수의 신규고객들이 시장에 진입하면서 초기의 수요가 빠르게 확대되고 있는 산
업이다. 다양한 니즈를 지닌 신규고객집단들의 시장진입이 시작되기 때문에, 그러한 산
업환경에서 성공하기 위해 필요한 전략을 선택하는 것은 여러 가지 면에서 중요할 수밖
에 없다. 경영자들은 미래의 효과적인 경쟁을 위해 수시로 자신의 사업을 재정립하고, 새
로운 유형의 경쟁력을 개발하고 발전시켜 가야 하기 때문에, 이러한 신생산업과 성장산
업에서의 경쟁을 좌우하는 여러 요인들과 그 변화 방식에 대해 잘 숙지하고 있어야만 하
는 것이다.

대부분의 신생산업들은 새로운 기술 혁신이 신제품의 개발 기회를 창출할 때 대개 출
현하기 마련이다. 이를테면, 개인용 컴퓨터산업은 인텔(Intel)사가 1975년 마이크로프로
세서(microprocessor)를 개발하여 기업들이 세계 최초의 PC를 만들 수 있게 됨에 따라 탄
생하게 되었다. 또한 그 뒤를 이어, 마이크로소프트사가 IBM용 운영체제를 개발한 이후,
PC 소프트웨어 산업의 성장이 이어졌다.[4]

신생산업의 제품에 대한 고객수요는 여러 가지 원인들로 인해 제한적일 수 있다. 이
처럼 초기에 시장수요가 느리게 성장하는 원인으로는, (1) 초기 제품들의 낮은 품질과 성
능의 한계, (2) 신제품의 활용에 대한 고객의 생소함, (3) 제품 구매를 어렵게 하는 열악한
유통경로, (4) 제품의 가치를 향상시킬 수 있는 보완제품들의 부족, (5) 소규모 생산으로
인한 높은 생산비용 등을 들 수 있다.

일례로 초기 자동차에 대한 고객의 수요는 자동차 제품의 형편없는 성능으로 인해 한
계가 있었고(자동차는 말보다 느렸으며, 소음이 심하고, 잦은 고장이 발생), 보완제품들
이 부족했으며(가령, 포장된 도로망과 주유소), 높은 생산비는 자동차를 매우 값비싼 사
치품으로 만들었다(포드가 조립라인을 개발하기 전까지 자동차는 수공업 기반 제조환경
에서, 사람들이 직접 손으로 조립해 만들어졌다). 마찬가지로 초창기 PC제품의 수요도
구매자들이 컴퓨터 프로그램의 사용법을 알아야만 사용할 수 있었기 때문에 한정적일
수밖에 없었다. 또한 초기의 PC들에 구동시킬 수 있는 소프트웨어 프로그램들이 별로
존재하지 않았다. 이러한 여러 문제들로 인해, 신생산업에서 제품에 대한 초기 수요는 기
본적으로 신제품의 불완전성을 기꺼이 용인하고 견디며, 심지어 제품의 그러한 불완전
성을 즐길 수 있는 소수의 기술적 지식을 갖춘 고객들에게서 시작된다.

특정 제품에 대한 대중적인 대량시장(mass maket)이 형성되어 그 제품을 발전시키기
시작할 때, 산업은 이제 초기 신생산업 단계에서 성장 단계로 이동하게 된다(대량시장은
상당히 많은 수의 고객들이 진입하는 시장이다). 대량시장은 다음의 세 가지가 발생할

> **대량시장**
> 상당히 많은 수의 고
> 객들이 진입한 시장

때 형성된다. (1) 지속적인 기술적 진전이 제품의 사용을 더욱 쉽게 만들고, 일반 고객을 위한 가치를 증진시킨다. (2) 보완적인 제품들의 발전이 해당 제품의 가치를 더욱 향상시킨다. (3) 산업 내의 기업들이 해당 제품의 생산비용을 절감하는 방법을 개발하여, 제품의 가격을 인하하고 수요를 활성화시켜 나간다.[5] 예를 들어, 자동차에 대한 대량시장은 (1) 기술의 발전이 자동차의 성능을 향상시켰을 때, (2) 포장된 도로망과 주요소들이 확고히 자리 잡았을 때, (3) 헨리포드(Henry Ford)가 조립라인을 이용하여 자동차를 대량생산하기 시작함으로써, 생산비용이 극적으로 절감되어 자동차 가격을 인하할 수 있게 되고, 그 결과 대중적인 고객 수요층이 형성되기 시작하면서 형성될 수 있었다. 이와 유사하게, PC제품의 대량시장 역시 기술적 진보로 컴퓨터의 사용이 더욱 손쉬워졌으며, 보완적인 소프트웨어 제품의 공급이 늘어나고(예를 들어, 스프레드쉬트와 워드프로세싱 프로그램 등), 산업 내 여러 기업들이(예를 들어, 델) 낮은 원가에서 대량생산 방식을 통해 컴퓨터를 제조하기 시작하였을 때 발생되었다.

시장수요가 변화하는 이유

고객의 니즈 변화가 제품 수요에 어떻게 영향을 미치는가를 잘 이해하는 경영자들은, 낮은 생산비용이나 신속한 제품개발로 경쟁력을 구축해 가는 등 자신의 경쟁적 위치를 보호하고 강화시키기 위한 차원의 여러 새로운 전략수립에 집중해 갈 수 있다. 대부분의 제품 시장에서, 고객의 니즈 변화는 [그림 6.1]에 나타난 S자 형태의 성장곡선으로 이어지게 된다. 이 그림은 서로 다른 니즈를 지닌 고객집단들이 세월이 지나면서 어떻게 시장에 진입하는지를 보여주고 있다. 초기 신생시장에서 성숙시장의 단계로 이동하면서, 시장 수요는 초반에 가파르게 상승하다가 포화점(saturation point)에 도달하게 된 이후부터는 수요가 감소하기 때문에 곡선은 S자 모양을 하게 된다. 여기에서 포화점은, 대부분의 고객들이 이미 그 제품을 처음 구매하였고, 그리하여 수요는 이제 대체수요로 제한되어지는 지점을 말한다. 이 S자 곡선은 기업의 차별화, 원가, 그리고 가격결정에 중요한 영향을 미칠 수 있다.

최초로 시장에 진입한 고객집단을 *혁신자(innovators)*라고 부른다. 혁신자들은 신제품이 비록 다소 불완전하고 고가일지라도, 이 신기술의 제품을 실험하고 또 최초로 구매해 사용해 보는 것을 즐기는 "테크노크라트(technocrats)"나 "기기광(gadget geeks)"들이다. 혁신자들은 흔히 기술적인 차원의 재능과 흥미를 지니고 있고, 이러한 재능과 흥미는 "자신만의 것"을 원하게 만들며, 그것이 새로운 것이라는 이유만으로 해당 제품기술의 발전에 기여해 간다. PC시장에서 PC를 최초로 구매한 고객들은 가정에서 컴퓨터 코드(code)를 작성하기 원하는, 소프트웨어 엔지니어들과 컴퓨터를 취미로 여기는 사람(computer hobbyist)들이었다.[6]

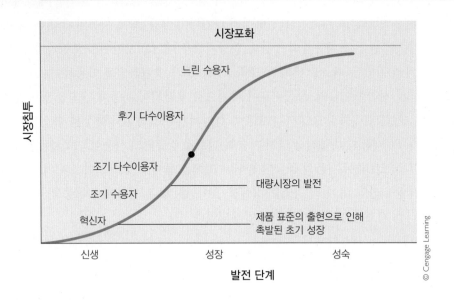

그림 6.1 시장의 발전과 고객집단

시장포화

시장침투 (세로축)

느린 수용자

후기 다수이용자

조기 다수이용자

조기 수용자 ——— 대량시장의 발전

혁신자 ——— 제품 표준의 출현으로 인해 촉발된 초기 성장

신생   성장   성숙

발전 단계

© Cengage Learning

　*조기 수용자(Early adopters)*는 시장에 두 번째로 진입하는 고객집단이다. 조기 수용자는 향후 해당 제품에 적용된 기술이 매우 중요한 응용성을 가질 수 있음을 인식하고, 자신이 그 기술의 새로운 용도를 개척해 갈 수 있는지를 확인해 보기 위해 기꺼이 해당 제품을 확인하고 실험해 보려 한다. 조기 수용자는 보통 특정 신기술이 향후에 어떻게 사용될지를 마음속으로 그리는 사람들이며, 그 신기술을 사용하여 가장 먼저 여러 혜택을 누리기를 희망하는 사람들이다. 아마존닷컴(Amazon.com)의 설립자인 제프 베조스(Jeff Bezos)는 웹 기술의 조기 수용자였고, 1994년도에 누구보다 먼저, 도서판매에 이 웹(web)을 활용한 혁신적인 방식이 적용될 수 있을 것으로 보았다.

　혁신자들과 조기 수용자들 모두는 산업의 초기 신생 단계에서 시장에 진입한다. 다음의 고객집단인 *조기 다수이용자(early majority)*는 대량시장의 선도적 물결(leading wave)이나 선봉 지점에서 형성된다. 그래서 조기 다수이용자의 시장진입은 곧 시장의 성장 단계의 시작을 의미한다. 이 조기 다수이용자에 해당하는 고객들은 대개 실용적이며, 신기술의 가치를 일반적 차원에서 이해하고 있다. 또한 가격대비 신기술의 이득을 먼저 따져 보고, 이득이라는 확신이 있기 전까지는 시장에 진입하지 않고 대기한다. 그렇기 때문에, 조기 다수이용자가 시장진입을 결정했을 때는, 다수의 신규 구매자가 형성된다. 이와 같은 상황은 1981년 IBM사가 PC를 처음 출시한 이후 PC시장에서 나타났다. IBM사가 PC시장에 진입했다는 소식은, 조기 다수이용자들에게 이 신기술이 적용된 새로운 PC제품이 비용 대비 더 큰 혜택을 줄 수 있으며, 또 PC의 사용법을 새로 배우는 데 투자

그림 6.2	상이한 고객집단의 시장점유율

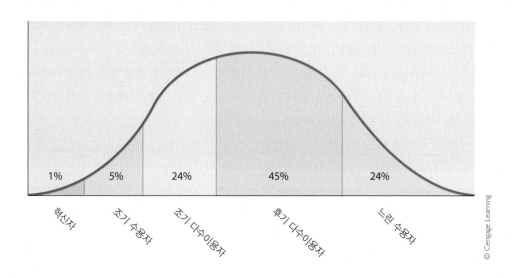

되는 시간을 충분히 상쇄하고 남을 만큼의 가치를 줄 수 있다는 일종의 신호(signal)로 받아들여졌다. PC시장의 성장은, 새로운 스프레드쉬트(spreadsheet)와 워드프로세싱(word processing) 프로그램처럼, PC에 새로운 가치를 불어넣는 응용 프로그램의 발전으로 더욱더 강화되었다. 응용 프로그램들은 PC를 취미생활자의 장난감에서 기업의 생산도구로 탈바꿈시켰다. 스마트폰 시장에서도 2007년 애플(Apple)이 아이폰(iPhone)을 출시한 이후 동일한 과정이 전개되었다. 조기 다수이용자들은 스마트폰이 지니는 가치를 단번에 알아봤고, 또 이들은 이 제품에 적용된 신기술을 편안하게 받아들였기 때문에, 이들은 아이폰이 출시되자 바로 시장에 진입하였다.

시장의 잠재고객 중 약 30%에 해당하는 고객이 이 시장에 침투하게 되어 대량시장의 고객 수가 결정적인 다수(critical mass)에 이르게 되면, 다음 차례의 고객집단이 시장에 진입하게 된다. 이 집단은 *후기 다수이용자(late majority)*인데, 이 고객집단은 신기술의 유용성이 확실하다고 생각되고, 안정적으로 자리 잡았다고 생각되는 신제품만을 구매하는 고객들이다. 일반적으로 후기 다수이용자 고객집단은 대개 "고령자" 집단이고, 행위 차원에서도 다소 보수적이다. 후기 다수이용자 고객들이 젊었을 때는 당시 기술에 어느 정도 친숙하기도 했지만, 대개 새로운 기술의 이점에 대해 생소하게 여기는 경우가 많다. 따라서 후기 다수이용자는 신기술이 적용된 제품을 구매하는 데 다소 불안해할 수도 있지만, 많은 사람들이 신기술을 수용하고 또 신제품이 지닌 가치들이 점점 더 드러나고 확인되는 것을 목격하게 되면 드디어 제품을 구매하게 된다. 이를테면, 이 후기 다수이용자는 1990년대 중반까지도 PC 시장에 진입하지 않았고, 스마트폰이 상당한 유용성을 갖추고 자리 잡기 시작한 2012년에야 비로소 스마트폰 시장에 진입하기 시작하였다. 비록 상당수의 후기 다수이용자들이 신기술의 수용에 주저하기는 하였지만, 주위의 많은 사람들이 신기술을 수용하는 것을 목격하고, 또 주위 사람들과 똑같이 행동하지 않으면 소외될지도 모른다는 것을 느꼈을 때, 이들 후기수용자 역시 해당 제품을 수용하게 된다. 이를테면, 나이가 있는 많은 고령자들은 주위 사람들이 이메일을 주고받는 것을 목격하고, 또 인터넷으로 정보를 검색하는 등의 기술들이 자리 잡아 그것이 새로운 가치를 준다는 것을 확인했을 때 비로소 PC를 구매하기 시작하였다.

시장에 마지막으로 진입하는 고객집단인 느린 수용자(laggard)는 기본적으로 보수적이며, 신기술의 진가를 인정하지 않는 사람들이다. 느린 수용자들은 흔히 신기술의 혜택들이 분명하더라도 그 수용을 거부하는 경향이 있고, 강제적으로 수용할 수밖에 없는 상황(예를 들어, 업무 관련 이유들로 발생된 상황)이 아닌 한 수용을 거부한다. 아직도 컴퓨터로 편지나 책을 쓰지 않고, 타자기를 고집하는 사람이 바로 느린 수용자의 전형적인 한 예라고 할 수 있다. 미국 내 스마트폰 수용률이 빠르게 증가하는 현재의 상황을 감안한다면, 느린 수용자가 스마트폰을 사용하지 않은 마지막 유일한 고객집단이 되기까지는 그리 시간이 오래 걸리지 않을 것이다. 이들은 지속적으로 기본적인 무선전화기만 사용하거나, 혹은 심지어 무선전화기조차 갖지 않으면서 시대에 뒤떨어진 구식 유선전화기에 계속 의존하기도 한다.

[그림 6.2]의 종 모양의 곡선은 전체 시장을 나타내고, 곡선의 경계선들은 각각의 고객집단으로 나누어진 구매자들의 평균 비율을 보여주고 있다. 시장에서 조기 수용자가 차지하는 비율은 매우 낮은 반면, 조기 다수이용자와 후기 다수이용자 집단이 시장에 진입하였을 때 가장 높은 시장수요와 산업 이익이 발생되었다는 산업 내 경쟁 동학에 주목할 필요가 있다. 아울러 지금까지의 연구에 의하면, 초기의 선도적인 기업들이 혁신자와 조기 수용자의 마음을 사로잡는데 비록 성공하였더라도, 이들 기업이 시장의 상당 부분을 차지하는 조기 다수이용자와 후기 다수이용자 집단의 마음을 얻지 못할 경우 결국 이들 중 많은 기업들이 파산하고 말았다는 것을 보여주었다.[7]

전략적 함의: 캐즘 뛰어넘기(Crossing the Chasm)

왜 초기 신생 시장의 선도적인 기업들이 오랜 시간 동안 지속 가능한 성공을 거두면서 시장을 주도해 나갈 수 있는 비즈니스모델을 창조해 가는데 실패하는 것일까? *혁신자와 조기 수용자는 조기 다수이용자와는 너무나 다른 고객니즈를 갖고 있기 때문이다.* 제프리 무어(Geoffrey Moore)는 그의 저명한 저서에서, 고객집단 간의 이러한 니즈 차이로 인해, 성장하는 대량시장에서 성공하기 위해 필요한 사업수준전략들과 초기 신생 시장에서 성공하기 위한 사업수준전략들이 너무나 다르다고 주장한 바 있다.[8] 그러므로 신생 시장에 적합한 비즈니스모델을 추진하는 데 사용된 전략을 그대로 고수해 가는 선도적인 기업들은, 그 이후 조기 다수이용자와 후기 다수이용자의 니즈를 가장 잘 만족시킬 수 있는 새로운 전략을 실행하는 기업들에게 결국 경쟁우위를 상실하게 되고 말게 된다. 시간의 흐름에 따라 시장이 성장하면서, 회사의 비즈니스모델을 강화시켜 나갈 새로운 전략들이 필요해지는데, 그 이유는 다음과 같다.

- 혁신자들과 조기 수용자들은 제품의 한계점들을 기꺼이 용인해 갈 수 있는, 기술적으로 수준 높은 고객들이지만, 조기 다수이용자는 대개 사용의 편의성과 신뢰성을 무엇보다 중요하게 여긴다. 초기 신생 시장에서 경쟁하는 기업들은 일반적으로 사용의 편의성과 신뢰성보다는 제품의 성능 향상에 더욱 관심을 쏟고 있다. 이에 비해, 대량시장에서 경쟁하는 기업들은 제품의 신뢰성과 사용의 편의성을 확신시켜줄 필요성이 있다. 이러한 이유로 시간의 흐름에 따라 시장이 성장하면서, 성공에 필수적인 제품개발 전략들에 차이가 나게 된다.
- 혁신자들과 조기 수용자들은 기본적으로 특별한 유통경로를 통해 도달하게 되고, 제품들은 보통 입소문을 통해 판매가 된다. 이에 비해, 조기 다수이용자들에게는 이와는 다른 마케팅과 판매 전략들이 필요한 대량시장(mass-market)의 유통경로와 대중매체의 광고 및 캠페인이 요구된다.
- 상대적으로 수가 적은 혁신자와 조기 수용자들은 가격에 특별히 민감하지 않기 때문에, 기업들은 일반적으로 집중화 모델(focus model)을 추구하여, 높은 생산비용이 소요되는 제품을 소량으로 제공한다. 그렇지만 급성장하는 대량시장에서는, 고품질의 제품들이 저렴한 가격대에서 신뢰롭게 생산될 수 있음을 보장해 주는 대규모 생산이 매우 긴요하다.

요약하자면 조기 수용자들과 혁신자들이 주요 고객인 초기 신생 시장에서 경쟁에 필요한 비즈니스모델과 전략들은, 조기 다수이용자들이 핵심 고객인 고성장 대량시장에서의 그것들과 상당한 차이가 있다는 것이다. 그 결과, 초기 신생 시장과 대량시장 사이의 이행은 생각보다 순조롭지 않을 수 있으며, 간극이 아주 클 수 있다. 오히려 그것은 기업이 반드시 뛰어넘어야 하는 *경쟁적 캐즘(competitive chasm)*이나 균열일 수 있다. 무어의 주장에 따르면 바로 이런 이유로 인해, 많은 기업들이 올바른 비즈니스모델을 개발하지 못하고 있다. 그 결과 캐즘(chasm), 즉 간극에 빠져서 시장에서 사라지고 만다. 또한 이런 이유 때문에, 일반적으로 초기 신생 시장들에는 많은 수의 소기업들이 서로 경쟁하지만, 일단 대량시장이 발전하기 시작하면 경쟁하는 기업의 수는 대개 급감하기 마련이다.[9] 이러한 전개 과정을 자세히 설명한 사례로 [전략 실행 사례 6.1]을 참조하기 바란다. 다음

전략 실행 사례 6.1

스마트폰 시장에서 캐즘 뛰어넘기

© iStockPhoto.com/Tom Nulens

스마트폰이 처음으로 등장하기 시작한 것은 2000년도 초반부터였다. 초기 시장을 선도한 기업들 중에는 블랙베리(Blackberry) 계열의 스마트폰을 출시한 리서치 인 모션(RIM)사와, 모토롤라(Motorola)와 같은 기업들이 만든 초기 스마트폰들에 윈도우 모바일 운영체제를 제공했던 마이크로소프트(Microsoft)사가 포함된다. 이들 회사의 스마트폰들은 주로 비즈니스 유저(business user)들에게 판매가 되었고, 기업의 생산성을 올리는 도구로써 광고되었다. 이들 회사의 스마트폰은 상대적으로 작은 액정화면과 함께, 작은 크기의 폰임에도 불구하고 실제 키보드를 장착하고 있었다. 비록 이 폰들이 이메일을 주고받을 수 있고 또 인터넷을 통한 정보 검색 기능 등을 갖추고 있더라도, 독자적인 애플리케이션 시장이 존재하지 않았기 때문에 폰의 유용성은 매우 제한적일 수밖에 없었다. 또한 이 폰들이 항상 사용하기 편한 것도 아니었다. 시스템 관리자 프로그램들은 보통 기업 이메일 엑세스(e-mail access)와 같은 기본 기능들을 설정하도록 요구하였다. 그 당시의 고객들은 주로 혁신자들과 조기 수용자들이었는데, 이들 폰은 확실히 소비자 친화적인 기기들이 아니었다.

2007년 아이폰이 출시된 이후부터 시장은 극적으로 변화하기 시작하였다([그림 6.3]참조). 첫째, 아이폰은 파워 비즈니스 유저(power business user)가 아닌, 일반 소비자들을 대상으로 출시되었다. 둘째, 아이폰은 대화면 터치스크린에, 사용하지 않을 때 사라지는 가상 키보드를 갖췄으며, 사용하기 편리했다. 셋째, 이 폰은 스타일리쉬(stylishly)하게 디자인되었고, 많은 소비자들을 매료시키는 디자인상의 우아함도 함께 지니고 있었다. 넷째, 애플은 독립적인 개발자들이 폰에서 운영될 수 있는 애플리케이션을 작성하기 매우 쉽게 만들었고, 독립 개발자들이 개발한 앱(app)들을 출시하기 쉽도록 앱스토어(App store)를 마련하였다. 이에 따라, 폰의 가치를 높여주는 애플리케이션이 매우 빠르게 만들어지기 시작하였고, 매핑 애플리케이션(mapping application), 뉴스 공급 체제(news feeds), 주식정보, 다수의 게임이 포함된 수많은 애플리케이션들이 곧바로 대성공을 거두었다. 의심할 여지없이, 아이폰은 비즈니스 유저가 아닌 일반 소비자를 대상으로 하는 기기였던 것이다. 아이폰의 유용성과 사용의 편리성은 조기 다수이용자를 시장으로 끌어 들였고, 판매는 급등하기 시

그림 6.3   스마트폰 사업에서의 캐즘

애플의 아이폰과 안드로이드 계열폰

초기 윈도우 폰과 블랙베리 폰

캐즘

조기 수용자
비즈니스 고객

조기 다수이용자
일반 소비자

© Cengage Learning

작하였다. 이와는 반면에, 블랙베리(Blackberry) 기기들과 윈도우 모바일폰(Windows Mobile phone)들의 판매는 급락하기 시작하였다.

　마이크로소프트와 블랙베리 양사는 결국 기존의 전화기 플랫폼(platform)과 전략들을 모두 포기할 수밖에 없었고, 사업의 방향을 새롭게 재조정해야만 했다. 즉 두 기업 모두 아이폰과 유사한 터치스크린을 개발하였고, 앱스토어를 시작하였으며, 주요 타겟을 일반 소비자로 조정하였던 것이다. 그렇지만 이들 두 회사의 대처는 너무 늦은 것일 수도 있었다. 2013년도 초반, 과거에 시장을 이끌었던 이들 두 기업의 시장점유율은 이제 한 자리 숫자에 불과한 반면, 애플은 시장의 45%를 장악하고 있다. 나머지 시장점유율은 구글(Google)의 안드로이드(Android)를 운영체제로 사용하는 스마트폰들이 차지하고 있다. 아이폰 출시에서 약 1년이 지난 이후, 안드로이드 계열의 스마트폰들은 아이폰과 동일한 특징들을 많이 공유하였다. 안드로이드 역시 앱스토어를 지원하였으며, 삼성과 같이 안드로이드 운영체제를 사용하여 스마트폰을 제조하는 회사들은 이제 시장의 조기 다수이용자와 후기 다수이용자로 간주될 수 있는 소비자들을 타겟으로 자신의 스마트폰을 출시해 가고 있다.

[전략 실행 사례 6.1]은 스마트폰 시장에서 마이크로소프트(Microsoft)와 리서치 인 모션(Research In Motion) 두 기업이 어떻게 이러한 캐즘에 빠지게 되었으며, 반면 애플은 조기 다수이용자를 위해 디자인된 아이폰으로 이 캐즘을 어떻게 뛰어넘을 수 있었는지를 설명해 주고 있다.

　이 사례가 주는 교훈은 명확하다. 이러한 캐즘을 현명하게 뛰어넘기 위해서는, 대중적인 대량시장의 시작을 알리는 조기 다수이용자들의 니즈를 정확하게 파악해야만 하는 것이다. 그런 다음 경영자들은 이 조기 다수이용자의 니즈를 충족시키기 위해, 제품을 재설계하고, 새로운 유통경로와 마케팅 캠페인을 실시하는 등, 새롭게 전략을 개발함으로써 비즈니스모델을 조정해 가야 한다. 이들 조기 다수이용자들이 시장에 진입해 들어오기 시작할 때, 경영자들은 합리적인 가격에서 구입 가능한 적합한 제품을 시장에 내놓아야 한다. 이와 동시에 산업을 이끌어갈 선도 기업들은 혁신자와 조기 수용자의 니즈에 초점을 맞춘 이전의 집중화된 비즈니스모델을 적절히 포기하여야만 한다. 구식의 모델에 집중하는 것은 경영자들로 하여금 조기 다수이용자들의 니즈에 둔감하게 만들 수 있으며, 또한 산업을 주도해 가는 경쟁자로 살아남기 위해 차별화나 혹은 원가우위 비즈니스모델을 추구해 가기 위한 전략개발 요구도 함께 무시될 가능성이 많다.

시장성장률의 차이가 시사해 주는 전략적 함의

경영자들은 초기 신생산업 및 성장산업과 관련한 마지막 중요 쟁점, 즉 시장들마다 성장하는 속도가 다르다는 사실을 잘 이해하고 있어야 한다. 시장의 성장속도는 해당 시장의 성장률, 즉 시장에서 해당 산업에 속하는 제품을 소비자가 구매하는 비율로 측정될 수 있다. 무수히 많은 요인들이 서로 다른 제품들의 시장성장률을 변화시키는 원인이 되며, 이러한 많은 요인들에 의해 특정한 시장의 성장속도도 변하게 된다. 그러므로 경영자들은 시장의 성장속도를 변화시키는 원천들을 잘 숙지할 필요가 있는데, 그 이유는 경영자들이 어떠한 전략을 선택하는가에 따라 시장성장률이 가파르게 상승하거나 혹은 그 반대로 지체될 수도 있기 때문이다.[10]

고객 수요의 확대를 가속화시키는 첫 번째 요인은, 이전의 제품보다 신제품이 고객의 니즈를 더욱 잘 충족시켜 준다고 인식되는 정도라고 할 수 있는, *상대적 이점(relative advantage)*이다. 이를테면, 휴대폰의 초기 수요는 여러 가지 경제적 혜택들로 인해 비롯되었다. 많은 선행연구에 따르면, 휴대폰을 항상 휴대하고 다니는 비즈니스 고객들은 자신의 시간을 낭비하지 않고, 절약하여 잘 활용하고 있었다는 사실이 확인되었다. 일례로, 휴대폰 덕택에 비즈니스 고객은 시간이 임박할 때까지 사람이 나타나지 않아 결국 임박해서 회의가 취소되는 상황 등을 효과적으로 예방할 수 있었고, 이로 인해 일주일에 약 2시간 정도를 낭비하지 않고 아낄 수 있었다. 조기 수용자들이라 할 수 있는 기업의 경영진들은, 휴대폰 구매에 지출한 비용 이상으로 생산성이 향상되는 이득을 누렸던 것이다. 또한 여러 사회적 이유들로 인해, 그중에서도 특히 휴대폰은 사용자에게 화려함(glamour)이나 혹은 사회적 위신을 세워 주기 때문에 급속도로 확산되었다(오늘날, 가장 최신 유행의 스마트폰들이 새로운 수요를 불러일으키는 것도 이와 비슷한 이유라고 할 수 있다)

대단히 중요성이 큰 두 번째 요인은 *복잡성(complexity)*이다. 소비자들이 사용하기 어렵거나 혹은 복잡하다고 여겨지는 제품들은 익숙하게 다루기 쉬운 제품보다 확산이 더디게 진행된다. 초기 PC의 보급이 느렸던 이유는, 많은 사람들이 PC를 구동시키기 위해 명령창에 명령을 직접 입력해야 하는, 매우 복잡하고 두려움을 주는 제품으로 여겼기 때문이다. 이후 화면에 아이콘을 지닌 그래픽 유저 인터페이스(graphical user interface)가 광범위하게 확산되어, 사용자들이 마우스로 방향을 이동하고 클릭을 통해 프로그램 및 기능들을 실행하기 시작한 이후에야, PC는 대량 판매 시장의 제품이 될 수 있었다. 이와는 대조적으로, 초기의 휴대폰은 사용하기도 쉬웠고 그로 인해 빠르게 수용되었다.

수요의 성장을 가져오는 다른 요인은, 신제품이 잠재적 수용자가 가진 니즈나 현존 가치에 얼마나 잘 부합한다고 지각되는지를 나타내는 *호환성(compatibility)*이다. 휴대폰에 대한 수요는, 기존에 전통적인 유선전화를 사용했던 잠재적 수용자들의 전화기 사용 경험과 새로운 휴대폰 기기의 사용 경험 간에 일정한 호환성이 존재했기 때문에 급속히 증가하였다. 네 번째 요인은 잠재적 고객들이 시험적인 사용 기간 동안 신제품을 시용할 수 있는 정도를 나타내는 *시용 가능성(trialability)*이다. 많은 사람들은 처음 휴대폰을 사용할 때 주위의 친구들에게 빌려서 전화를 걸었고, 그때 발생한 긍정적인 경험이 성장률을 가속화시키는 데 일조했다. 이와는 대조적으로 초기의 PC는 사용자가 드물었으며, 매우 고가였고, 또 컴퓨터를 사용하기 위해서는 일정한 교육이 필요했기 때문에 잠재적 고객들이 PC를 경험하기가 더욱 어려웠다. 이러한 여러 가지 복잡한 문제들로 인해 PC의 성장은 더딜 수밖에 없었다. 마지막 요소는 신제품을 사용하고 향유한 결과를 다른 사람들이 관찰하고 인식할 수 있는 정도를 나타내는, *관찰 가능성(observability)*이다. 처음 아이폰과 안드로이드 계열의 스마트폰들은, 사용자들이 여러 가지 다양한 용도로 스마트폰을 활용하는 모습을 쉽게 관찰할 수 있었기에 순식간에 확산이 되었다.

따라서 경영자들은 만일 수요 확대를 원한다면, 고객들에게 신제품의 가치를 일깨워 주는 데 도움을 줄 수 있는 다양한 전략들을 반드시 고안해 내어야만 하다. 또한 그다지 복잡하지 않으면서, 사용하기도 어렵지 않은 손쉬운 제품을 만들어야 하며, 이전의 기술을 능가하는 상대적 이점들을 소개함으로써 제품의 수용에 방해가 되는 장벽들을 극복할 수 있도록 제품을 설계할 필요가 있다. 애플은 이와 같은 일들을 아이폰을 출시하면서 정확하게 해냈고, 이로 인해 스마트폰은 2007년 아이폰이 출시되고 난 뒤 급속히 확산될 수 있었다.

시장이 빠르게 성장할 때, 신제품의 인기는 마치 *바이러스 전염 모델(viral model of infection)*과 유사한 방식으로 증가하거나 혹은 퍼져 나가는데, 이러한 확산 방식은 현재 전략분야의 한 이슈가 되고 있기도 하다. 시장의 주도적인 수용자들(즉 제품을 구매한 첫 번째 고객들)은 제품에 "전염(infected)"되거나 혹은 아이폰의 사용자들처럼 해당 제품에 열광하게 된다. 그 이후 주도적인 수용자들은 제품의 장점들을 다른 사람들에게 말해 주면서 다른 사람들을 전염시킨다. 제품의 이점들을 관찰하고 나서, 다른 사람들도 마찬가지로 제품을 수용하고 사용하게 된다. 신제품을 홍보하는 기업들은 고객들에게 존중을 받는 시장의 의견 선도자(opinion leader)를 찾아내어, 공격적으로 이들의 환심을 사기 위해 노력함으로써 이러한 바이러스적인 전염의 이점을 누릴 수 있다. 이를테면, 자기공명영상장치(MRI)와 같은 첨단 신기술의 의료기기를 제조업체들이 판매하기 시작할 때는, 유명한 의사들을 주요한 연구조사에 참여시키고, 대학병원에서 맨 먼저 제품을 사용하게 만들려고 노력한다. 기업들은 연구 목적을 위해 의견 선도자들(즉 의사들)에게 무료로 기기를 사용할 수 있게 허용하며, 의사들과 긴밀히 협력하여 기술을 더욱 발전시킨다. 일단 이들 의견 선도자들이 제품에 몰입하고 제품에 대한 승인도장을 찍어주면, 다른 병원의 의사들은 보통 이들을 뒤따라 사용하게 된다.

요약하면, 초기 신생산업과 성장산업에서 나타나는 경쟁역학(competitive dynamic)들에 대한 이해는 주요한 전략적 이슈라고 할 수 있다. 상이한 고객집단이 출현하는 방식과, 고객의 니즈가 변화해 가는 방식을 잘 이해하는 것은, 오랫동안 성공적으로 비즈니스 모델을 추진해 가는 데 필요한 중요한 전략의 결정 요인들이다. 이와 마찬가지로 시장성장률에 영향을 미치는 여러 요소들에 대한 이해 역시, 변화하는 산업환경에서 경영자들이 자신의 비즈니스모델을 적절히 조정해 갈 수 있게 만들어 준다는 점에서 매우 중요할

수 있다(하이테크산업에서의 경쟁에 대한 더 많은 논의는 다음 장에서 더 자세히 이루어
질 것이다).

성숙산업에서의 전략

성숙산업은 보통 소수의 대기업에 의해 주도된다. 비록 상당수의 전문화된 중견기업들
과 소기업들이 성숙산업에 포함되어 있을지라도, 대기업은 보통 산업 내 경쟁의 본질에
영향을 미치는 다음 여섯 가지 요인들에 대해 상당한 영향을 미칠 수 있기 때문에 성숙
산업을 주도하기 쉽다. 또한 이러한 대기업들은 대개 산업 내에서 가장 성공적인 비즈
니스모델과 전략들을 개발한 장본인이기 때문에 해당 산업에서 주도적인 위치를 견지
하게 된다.

변동이 심한 과도적 단계의(shakeout stage)의 끝 무렵에 이르면, 기업들은 서로의 비
즈니스모델들과 전략들을 분석하는 것이 얼마나 중요한지를 깨닫게 된다. 또한 만약 기
업이 전략을 변경하게 되면, 산업 내 경쟁자를 자극시켜 그들이 더욱 경쟁적으로 반응할
수 있다는 사실도 잘 알고 있다. 일례로 원가 효율이 더욱 높은 기술들을 적용하게 됨으
로써 가격을 인하하기 시작한 차별화전략추진기업(differentiator)은, 다른 차별화 기업들
뿐만 아니라, 그러한 전략변경이 자신의 전통적인 경쟁우위 기반을 약화시키는 것으로
인식한 원가우위전략기업(cost leader)을 위협하게 되는 결과를 초래할 수도 있다. 이런
이유로, 라이프 사이클의 성숙 단계에 이르러, 기업들은 경쟁적 상호 의존성의 의미를 비
로소 깨닫기 시작할 수 있다.

그 결과 성숙산업에서 사업수준전략은 기업과 산업 모두의 수익성을 유지하기 위해,
기존기업들이 어떻게 *집합적으로(collectively)* 산업의 경쟁을 완화해 가려 하는지를 이해
하는 것이 핵심이 된다. 상호의존 관계에 있는 기업들은, 첫째로 산업 내 진입을 억제하
고, 둘째로 산업 내 경쟁수준을 낮추기 위한 전략과 전술을 채택함으로써, 자신의 경쟁우
위와 수익성을 보존해 가려 할 수 있다.

진입억제를 위한 여러 전략들

성숙산업에서 성공적인 기업들은 일반적으로 상당한 규모의 경제를 달성해 왔고, 강력
한 브랜드 충성도를 구축해 온 기업들이다. 앞서 2장에서 살펴보았듯이, 규모의 경제와
브랜드 충성도는 그 자체가 산업 내 신규진입을 억제하기 위한 강력한 장벽 구실을 한
다. 그러나 상당한 규모의 경제를 달성했고 또 강력한 브랜드 충성도를 구축했다 하더라
도, 신규기업의 진입을 저지하기에는 충분치 않을 수 있다. 이러한 상황에서 기업들이 신

규진입을 감소시키기 위해 추구할 수 있는 다른 전략들이 있다. 이러한 전략들에는 제품증식(product proliferation), 한계가격설정(limit pricing), 그리고 전략적 몰입(strategic commitment) 등이 포함된다.[11]

제품증식 기업이 성숙산업에 신규진입하기 위해 시도하는 방법 중 하나는, 기존기업들이 소홀히 여기는 세분시장이나 틈새시장을 찾는 것이다. 진입전략은 먼저 세분화된 시장에 진입하여 경험을 쌓고, 규모를 갖추고 브랜드를 형성한 뒤, 점차 시장을 확대해 가는 것이다. 1970년대 말부터 1980년대 초반까지, 일본의 자동차회사들은 이러한 방식으로 미국 시장에 진입하였다. 일본의 자동차회사들은 시장의 하부 끝단인, 고연비의 저가 소형차 시장을 대상으로 삼았다. 이러한 세분시장에는 포드(Ford)와 지엠(GM)같은 미국의 대형 자동차 회사들이 아직 제품을 공급하지 않고 있었다. 토요타(Toyota)와 혼다(Honda)같은 일본 기업들은 이러한 세분시장에 진입하여 확고한 위치를 구축하자마자 더 큰 자동차를 출시하여 고급품 시장으로 진출하기 시작하였고, 결국 나중에는 역사적으로 미국 자동차회사의 가장 큰 수입원 중의 하나인 소형 픽업 트럭과 SUV 시장에까지 진출하였다.

제품증식 전략(product proliferation strategy)은 성숙시장의 기존기업들이 모든(every) 틈새시장이나 세분시장에 제품을 확실하게 잘 제공함으로써, 신규기업의 진입을 미연에 방지하는 노력과 관련이 있다. 만일 1970년대 후반부터 1980년대 초반까지 미국의 자동차 회사들이 제품증식 전략을 추구해 고연비의 소형차 제품라인을 생산하였더라면, 일본 기업들이 미국 시장에 진입하는 것은 더욱 어려웠을 수 있었다. 또 다른 사례로는, 제품증식 전략을 잘 추진하는 것으로 유명했던, 아침 식사용 시리얼 제품(breakfast cereal) 회사들을 들 수 있다. 기본적으로 시리얼(곡물 가공식품) 제조 회사들은 모든 소비자의 니즈에 부응할 수 있도록 다양한 유형의 시리얼 제품을 생산한다. 그 결과 결국 세 개의 대형 시리얼 제조 회사인 제너럴 밀스(General Mills), 포스트(Post), 그리고 켈로그(Kellogg)사가 판매 매장의 슈퍼마켓 선반을 사실상 거의 점유하게 되었고, 신규진입자들에게는 시장의 매우 작은 공간만이 남겨지게 되었다. 뿐만 아니라, 소형 회사들의 그래놀라(granola)와 유기농 시리얼 등과 같은 제품으로 신규진입을 시도하게 되면, 이들 세 개의 대형 회사들은 그래놀라와 유기농 버전의 제품을 신속히 출시하여 효과적으로 신규진입을 방해하였다. 그러므로 제품증식 전략은 신규진입자들로 하여금 산업 내 미점유된 틈새시장을 찾는 기회를 거의 허락지 않기 때문에, 이들 신규기업의 시장진입을 효과적으로 억제하는 한 방법이 되고 있다.

제품증식 전략
경쟁자들의 시장진입을 억제하기 위해, "틈새시장을 채우거나" 혹은 모든 세분시장의 고객니즈를 충족시키고자 하는 전략

한계가격설정 한계가격설정 전략은 기존기업들이 비록 일정한 규모의 경제를 누리고는 있지만, 현재의 원가우위 수준이 잠재적 경쟁자들을 시장에서 쫓아낼 정도로 충분치

한계가격설정 전략
잠재적 진입자의 비용구조보다 우위에 있는 기존기업들이, 단기적으로 이윤을 극대화할 수 있는 수준보다는 낮지만, 잠재 진입자의 원가 구조보다 더 낮은 가격을 책정하여 이들로 하여금 시장에 진입하려는 유인을 갖지 못하도록 가격을 설정하는 것

못할 때, 진입억제책으로 사용될 수 있다. 이러한 한계가격설정 전략(limit price strategy)에는, 잠재적 진입자의 비용구조보다 우위에 있는 기존기업들이 단기적으로 이윤을 극대화할 수 있는 수준보다는 낮은 가격이지만, 잠재적 진입기업의 원가 구조보다 더 낮은 가격을 책정하는 것을 포함한다.

이해를 돕기 위해 [그림 6.4]를 살펴보도록 하자. 이 그림에서 기존기업들의 단위 원가 구조는 신규진입자의 그것보다 훨씬 낮게 나타나 있다. 그러나 만일 기존기업들이 책정한 가격수준이 신규진입자들의 단위 원가 구조보다 더 높은 수준이라면, 결국 신규기업들의 진입이 허용되어 기존기업들이 설정한 가격우산(pricing umbrella) 아래서 신규기업은 약간의 이윤을 지속적으로 얻을 수 있게 된다. 따라서 이러한 상황에서 기존기업들의 최선의 선택은 자신의 비용구조보다는 더 높지만, 잠재적 진입자의 비용구조 바로 아래 수준에서 가격을 책정하는 것이다[그림 6.4b]. 그렇게 되면, 이제 잠재적 진입자들은 이 "한계" 가격수준으로는 더 이상 수익을 얻을 수 없기 때문에, 시장에 진입해 들어올 인센티브를 잃게 된다. 이처럼 한계가격설정으로 신규기업의 진입을 억제할 수 있기 때문에, 이 가격이 장기적인 차원에서는 기존기업들의 이윤을 극대화시켜 주는 가격으로 간주될 수 있다.

전략적 몰입 기존기업들은 잠재적 신규진입자들에게 이 시장에의 진입이 어려울 것이라는 신호를 보내는 전략적 몰입을 시행함으로써 진입을 억제할 수 있다. 전략적 몰입

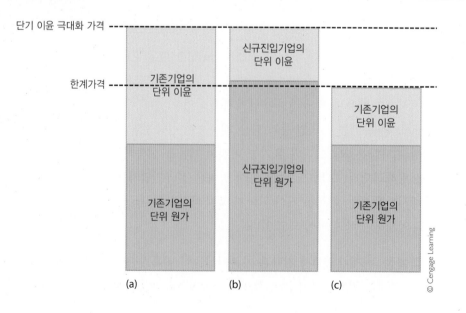

그림 6.4   한계가격설정

(Strategic commitments)이란, 한 시장이나 혹은 그 시장에 속한 한 세분화된 시장에 대해 기존기업이 장기적인 몰입을 해나갈 것을 의미하고 시사해 주는 투자를 의미한다.[12] 다른 진입억제 전략처럼, 이 전략적 몰입 역시 시장의 지각된 진입비용을 상승시킴으로써 신규진입의 가능성을 감소시킨다. 이러한 조치들이 성공할 경우, 전략적 몰입은 산업의 보호에 일조할 수 있고, 해당 산업에 속한 기존기업들에게 장기적으로 큰 수익성을 가져다 줄 수 있다.

전략적 몰입의 한 예는 기존기업들이 초과생산능력에 투자할 때 발생한다. 이러한 투자는, 만일 잠재적 진입자들이 신규로 시장에 진입하려 한다면, 기존기업들은 생산량을 증대시키고 또 가격할인을 시행할 수 있는 능력을 보유하고 있다. 따라서 설령 잠재적 진입자들이 시장에 진입하더라도 이들에게 그다지 큰 수익성이 보장되지 않을 것이라는 신호를 보내게 된다. 예를 들어, 화학회사들은 특정 시장에 대한 몰입을 알리는 방법으로 생산능력에 과도한 투자를 할 수 있고, 이것은 곧 신규진입자들이 이 시장에서 경쟁하기가 쉽지 않을 것이라는 것을 사실을 시사해 주게 된다.[13]

시장진입을 억제할 수 있는 전략적 몰입의 다른 예로는, 기초 연구와 제품개발에 상당한 투자를 하거나, 혹은 기존 경쟁자들에 대해 경쟁우위를 유지하는데 필요한 정도를 능가하는 수준으로 광고를 시행하는 것을 들 수 있다.[14] 이 모든 상황에서 그러한 조치들이 진입억제의 효과를 제대로 거두기 위해서는, 잠재적 경쟁자들이 기존기업들의 이러한 활동에 대해 알아야 하며, 또 그러한 투자가 진입을 억제하기에 충분한 수준이어야 한다.

또한 과거에 가격인하나 신제품개발의 가속화, 그리고 광고비의 지출 확대 등을 통해 기존기업이 신규진입자에게 공격적인 대응을 시행한 역사가 있다면, 이러한 요인들도 진입억제에 일정한 효과를 가질 수 있다. 이를테면, 1990년대에 경쟁자가 새로운 소프트웨어 제품을 출시하였을 때, 마이크로소프트(Microsoft)사는 윈도우(Windows) 환경에서 더 잘 구동되는 유사한 기능의 프로그램을 개발 중임을 시장에 발표하거나 혹은 암시하여 경쟁 제품의 진입을 더욱 어렵게 만들었다(이 경우, 고객들은 조만간 출시될 마이크로소프트사의 제품을 기다리는 것이 더 낳다는 일종의 신호를 받게 된다). "베이퍼웨어(vaporware)"라는 용어는 당시 그러한 공격적인 제품출시 예고를 지칭할 때 흔히 사용된 것이었고, 실제로 이를 지켜본 많은 사람들은 이러한 관행이나 조치가 시장진입을 미연에 방지하는 데 나름 효과적이었던 것으로 믿고 있다.[15]

이러한 일련의 조치들은 잠재적 경쟁자들에 시장진입이 결코 쉽지 않을 것이고, 또 기존기업들은 자신의 영역을 침해하는 어떠한 행위에도 강력하게 대응할 것이라는 강력한 신호를 내보내게 된다. 기존기업들이 자신의 과거 활동들을 통해 잠재적 경쟁자들에게 이러한 신호를 보내는 것에 성공했을 때, 우리는 이들이 새로운 진입에 대응할 수 있

전략적 몰입
잠재적 진입자의 비용구조보다 우위에 있는 기존기업들이, 단기적으로 이윤을 극대화할 수 있는 수준보다는 낮지만, 잠재 진입자의 원가 구조보다 더 낮은 가격을 책정하여 이들로 하여금 시장에 진입하려는 유인을 갖지 못하도록 가격을 설정하는 것

는 *믿을 만한 몰입*(credible commitment)을 확립했다고 말한다.

이처럼 전략적 몰입을 시행할 때 주의해야 할 한 가지 사항은, 독점금지법을 위배하지 않도록 조심해야 한다는 것이다. 예를 들어, 약탈적 가격설정(predatory pricing)이나 혹은 시장을 독점하고 경쟁자를 파산시킬 의도가 담긴 생산비 이하의 상품 및 서비스 가격설정은 불법적인 행위이다. 1990년대 말, 마이크로소프트사가 PC 조립 기업들이 자사의 윈도우 운영체제의 라이선스(license)를 원한다면, 이들이 생산하는 데스크톱 PC에 인터넷 익스플로러(Internet Explorer)를 탑재해야 한다고 강제했을 때, 이러한 조치는 독점금지법과 충돌하였다. 그 당시에 윈도우(Windows)는 사실상 유일하게 실행 가능한 운영체제였기 때문에, 이러한 요구는 기본적으로 PC를 조립, 제조하는 기업들에게는 상당히 고압적인 조치로 여겨졌다. 사실 이는, 마이크로소프트사가 다른 경쟁사들의 브라우저(browser), 그중에서도 특히 넷스케이프(Netscape)사가 제공하는 브라우저보다 자사의 인터넷 익스플로러에 경쟁적우위를 주기 위한 의도였던 것이다. 결국 미국 법무부는 마이크로소프트사의 이러한 조치를 약탈 행동으로 간주하는 판정을 내렸고, 그에 따라 마이크로소프트사에는 벌금 부과와 함께, 그릇된 경영 관행을 개선할 것을 명령하였다.

경쟁관계 관리를 위한 여러 전략들

진입억제를 추구하는 것 이외에도, 기업들은 경쟁적인 상호 의존성은 물론, 가격을 둘러싼 경쟁관계를 관리해 갈 수 있는 전략들도 개발하기를 원하고 있다. 무제한적인 가격경쟁을 하게 되면, 기업과 산업 모두의 수익성은 낮아진다. 이처럼 기업이 산업 내 경쟁관계를 관리하기 위해 몇 가지 전략들은 이용할 수 있는데, 그중에서 가격 신호(price signaling), 가격 선도(price leadership), 비가격경쟁(non-price competition), 그리고 생산능력 통제(capacity control)는 가장 중요한 전략적 대안들이라고 할 수 있다.

가격 신호 한 기업이 더 낳은 성과를 위해 가격옵션을 선택할 수 있는 정도는, 해당 제품에 대한 수요의 강도와 경쟁자들 간의 경쟁강도 등 여러 가지 요인들에 의해 결정된다. 가격 신호는 경쟁기업들 간의 경쟁관계를 통제하기 위해 기업이 활용할 수 있는 한 방법으로써, 해당 산업이 자신에게 가장 유리한 가격옵션을 선택을 해갈 수 있도록 만들어주는 방법이기도 하다. 가격 신호(price signaling)는, 기업이 제품 가격의 인상이나 할인을 통해 자신의 의도를 다른 기업에게 전달함으로써 산업 내 제품 가격에 영향을 미치는 과정이며, 또한 다른 기업들이 자신의 제품 가격을 설정해 가는 방식에도 일정한 영향을 미치는 방법을 의미한다. 곧 기업은 산업의 수익성을 향상시키기 위해 이 가격 신호를 활용해 갈 수 있다.

기업은 자신들을 위협하는 적대적인 경쟁 움직임들에 대해 단호히 대응해 갈 것이라

가격 신호
기업이 제품 가격의 인상이나 할인을 통해 자신의 의도를 다른 기업에게 전달함으로써 산업 내 제품 가격에 영향을 미치는 과정이며, 또 다른 기업들이 자신의 제품 가격을 설정해 가는 방식에도 일정한 영향을 미치는 과정

는 사실을 알리기 위해 이 가격 신호를 활용할 수 있다. 이를테면, 만일 어떤 기업이 공격적으로 가격할인을 시작한다면, 해당 기업도 동일하게 대응해 갈 것이라는 신호를 보낼 수 있다. 이른바 *보복 전략*(tit-for-tat strategy)은 경쟁자의 행동을 기업이 정확하게 되받아치겠다는 가격 신호 책략으로 유명하다. 즉 만일 경쟁자가 가격할인 을 하면 기업도 뒤따라 가격할인을 하고, 만일 경쟁자가 가격을 올리면 기업도 뒤따라 가격을 올리는 것이다. 기업은 이러한 전략을 오랫동안 지속적으로 추구하면서, 경쟁사들에게 어떠한 가격움직임에도 동일하게 반응해 갈 것이라는 분명한 신호를 내보낼 수 있다. 그러면 머지않아 경쟁자들도 그 기업이 항상 보복 전략을 추진할 것이라는 사실을 깨닫게 된다. 그래서 경쟁기업들이 가격할인을 시도하게 되면, 이 기업도 같은 전략을 쓰면서 대적하게 될 것이고, 결국 가격할인은 기업들의 이익만 감소시킬 뿐이라는 사실을 깨닫게 되어, 해당 산업에서 가격할인 시도는 점차 줄어들게 되는 것이다. 뿐만 아니라 이러한 보복 전략은, 경쟁기업들이 이익을 증가시키려는 목적으로 가격을 인상하게 되면, 다른 기업들도 이를 모방하여 가격을 인상할 것이라는 신호도 동일하게 보낼 수 있다. 이런 의미로, 보복 전략은 산업 내에서 경쟁자들의 가격행동을 형성하는 매우 유용한 한 방법일 수 있는 것이다.[16]

항공산업은 고객수요의 상태에 따라 가격이 등락할 때, 가격 신호 전략이 강력한 힘을 발휘하는 좋은 예라고 할 수 있다. 만일, 어느 항공사가 가격인하 의사를 신호로 내보내면, 다른 항공사들은 그 항공사의 신호를 뒤따라 모방하게 됨으로써 가격전쟁은 빈번히 발생한다. 만일 어느 항공사가 수요가 상당히 많다고 느낀다면, 가격인상의 의도를 알려서 상황을 살펴볼 수 있고, 이때 가격 신호는 모든 항공사가 일제히 가격인상을 도모하기 위한 좋은 전략이 된다. 항공사들이 사실상 가격인상을 도모하는 한 수단이었던, 환불이 불가능한 승차권의 발행이나 혹은 두 번째 수하물부터 요금을 부과하는 전략은, 어느 한 항공사가 시장에 보낸 신호를 산업 내의 모든 다른 항공사들이 신속하게 모방함으로써 비롯되었다(이처럼, 추가 수하물에 대한 요금부과로 인해 항공사들의 수익은 연간 약 10억 달러 이상 증가한 것으로 추정된다). 항공사들은 이처럼 취소 불가능한 승차권을 구매하는데 수반되는 위험을 소비자에게 전가시킬 경우, 고객의 돈으로 이자 수익을 발생시키는 한편, 항공사의 수익은 상대적으로 더 안정될 수 있다는 사실을 깨닫고 이러한 전략을 구사하는 것이다. 본질적으로 가격 신호 전략은 기업들로 하여금 다른 기업의 경쟁 제품이나 시장 전략을 이해할 수 있도록 일종의 정보를 제공하는 것이고, 그래서 서로 간의 가격경쟁 움직임을 조정해 가는 수단이 되는 셈이다.

가격 선도 어느 한 기업이 산업의 수익성을 극대화시키는 가격옵션 설정에 대한 책임을 떠맡게 될 때, 그 기업은 가격 선도자로서의 위치를 떠맡게 되는 셈이며, 이러한 가

가격 선도
한 기업이 산업의 수익성을 극대화시키는 가격전략결정의 책임을 떠맡는 것

격 선도는 성숙시장에서 기업 간 가격을 둘러싼 경쟁관계를 조정해 가는 두 번째 전술이 된다. 사실, 공식적인 가격 선도 역할을 자임하는 것이나 혹은 몇몇 기업들이 함께 가격을 담합하여 설정해 가는 것은 독점금지법하에서는 불법이기 때문에, 가격 선도(price leadership)의 과정은 일반적으로 매우 교묘하게 이루어진다. 일례로 자동차산업에서 가격은 다른 기업의 가격을 모방함으로써 설정된다. 경쟁력이 가장 약한 기업, 즉 비용구조가 가장 높은 기업의 가격은 흔히 경쟁자들이 가격을 결정하는 기초로 활용되어 왔다. 이러한 이유로, 과거 일본의 자동차 제조사들은 미국의 자동차 회사들이 가격을 설정하고 나서야 이러한 미국 차 가격에 반응하여 자신의 제품 가격을 책정하였다. 일본의 자동차 회사들은 이러한 가격결정 방식을 내심 선호했는데, 왜냐하면 일본 기업들은 미국 회사들보다 더 낮은 원가구조를 갖고 있었고, 따라서 별다른 가격경쟁 없이 미국 기업들이 설정하는 가격을 그냥 따라가기만 해도 상당한 수익을 남길 수 있었기 때문이다. 또한 가격은 세분화된 시장에 의해서도 결정이 된다. 특정 가격대에 설정된 상이한 모델의 자동차 가격들은, 기업이 타겟으로 하고 있는 세분화된 고객 범주를 나타내는 것이며, 그러한 가격대는 해당 세분시장 고객들이 용인 가능하다고 믿는 가격대인 것이다. 각 자동차 제조사들은 경쟁사의 제조원가를 참고하는 것이 아니라, 대개 그 경쟁자들이 설정하는 가격대를 참고하여 특정 세분시장에 속한 모델의 가격을 책정해 간다. 가격 선도는 특히 차별화 전략을 추구하는 기업들이 프리미엄 가격을 책정할 수 있게 해주는 한 수단이기도 하다.

비록 가격 선도가 직접적인 경쟁을 방지하고, 산업 내 수익성의 수준을 상승시킴으로써 산업 관계를 안정화시킬 수 있더라도, 사실 이에는 여러 가지 위험 요인이 내재되어 있다. 가격 선도는 높은 비용구조를 가진 기업들이 더욱 효율적인 생산을 시행해 가도록 유인하지 못하고, 그냥 생존해 갈 수 있도록 방치하는 결과를 낳을 수도 있다. 그렇지만 그러한 선택은 이들 기업이 장기적으로 새로운 저원가 기술을 보유하고 낮은 원가를 시현한 신규진입자들에게 오히려 더 취약하도록 만드는 원인이 되기도 한다. 미국 자동차 시장에서도 이와 같은 일이 발생했다. 수십 년간의 암묵적인 가격담합을 해 온 결과, 가격 선도 기업인 지엠(GM)과 미국의 자동차 제조사들은 해외의 성장하고 있는 저원가 경쟁업체들에게서 이제 생존의 위협을 받고 있다. 결국 2009년, 미국 정부는 금융위기 이후 파산 위기에 직면한 지엠과 크라이슬러(Chrysler)에 수십억 달러를 융자해 주는 구제 금융의 시행을 결정하는 대신, 이들 기업이 파산에서 다시 재기할 수 있는 기회를 제공하였다. 그 결과, 이러한 조치는 이들 기업의 원가구조를 극적으로 낮추는 결과를 가져왔고, 이들 기업이 현재처럼 더 경쟁력있는 회사로 거듭나도록 만들었다(비록 직접적인 파산을 면하긴 했지만, 당시 유사한 금융 혜택을 받았던 포드사 역시 이 조치로부터 많은 이득을 보았다고 할 수 있다).

비가격경쟁 산업 내 경쟁자를 관리하기 위해 활용되는 비가격경쟁(non-price competition)은, 성숙산업에서 제품 측면 및 시장 전략측면에서 세 번째로 중요한 전략적 수단이다. 비록 손해가 큰 가격할인 과 가격전쟁을 방지하기 위해 활용되는 여러 전략들이 있다 하더라도, 제품 차별화로 인해 생기는 경쟁을 완전히 배제하지는 못한다. 사실 많은 산업에서 제품 차별화를 추구하는 전략들은 기업이 잠재적 진입자들을 억제하고 또 산업 내 경쟁자들을 관리하기 위해 사용되는 주요한 수단이 된다.

제품 차별화는 프록터 앤드 갬블(Procter & Gamble; P&G), 콜게이트(Colgate), 그리고 유니레버(Unilever)처럼 색다른 마케팅 기법을 적용하거나, 혹은 에이엠디(AMD), 인텔(Intel), 그리고 엔비디아(NVIDIA)처럼 더 작지만, 강력하고, 더욱 정교한 컴퓨터 칩(chip)을 시장에 내놓는 것과 같이, 차별화된 제품이나 탁월한 기능을 제공함으로써 산업 내 경쟁자들이 시장점유율에 대한 경쟁을 해가는 것을 의미한다. [그림 6.5]의 제품과 시장세분화의 두 차원은 제품 차별화를 기반으로 한 네 가지 비가격경쟁전략, 즉 시장침투(market penetration), 제품개발(product development), 시장개발(market development), 제품증식(product proliferation) 등을 구분해 볼 수 있도록 만들어 준다(단, 이 모형은 신규 시장이 아닌, 신규 세분시장에 적용되는 모형이라는 사실에 유념할 것)

시장침투 기업이 기존의 제품 시장에서 시장점유율의 확대에 집중해 갈 때, 이들은 **시장침투**(market penetration) 전략을 구사하게 된다. 시장침투는 제품의 차별화를 촉진하기 위해 엄청난 광고를 시행하는 것을 포함한다. 일례로, 인텔은 "Intel Inside"라는 공격적인 마케팅 캠페인을 적용하면서 적극적으로 시장침투를 추진했다. 성숙시장에서 광고는 고객의 브랜드 선택과, 기업 및 제품에 대한 브랜드 평판에 영향을 미칠 목적으로 시행된다. 이런 방식으로 기업은 경쟁사의 고객에게 영향을 미치면서 시장점유율을 확대해 갈 수 있다. 브랜드가 널리 알려진 제품들은 보통 프리미엄 가격이 붙고, 또 이러한 상황에

그림 6.5　　네 가지의 비가격경쟁 전략들

서 시장점유율을 높이는 것은 회사의 수익성 제고에도 큰 도움이 된다.

예를 들어 비누, 세제, 일회용 기저귀, 양조업과 같은 특정 성숙산업에서 시장침투 전략은 이제 장기 전략이 되고 있다. 이들 산업에서 모든 기업들은 집중적인 광고와 시장점유율 전쟁에 참여하고 있다. 기업들은 광고를 하지 않으면, 광고를 시행하는 경쟁사들에게 시잠점유율을 빼앗기게 될 것이라고 두려워하고 있다. 그 결과, 비누와 세제산업에서 프록터 앤드 갬블은 시장점유율을 유지하고 또 어쩌면 시장점유율을 확대하기 위한 목적으로, 판매수익의 20% 이상을 광고비로 지출하고 있다. 이렇게 시행되는 엄청난 광고들은 그 자체가 장래의 경쟁자들에게 하나의 진입장벽이 되고 있다.

제품개발 제품개발(Product development)은 기존 제품을 대체하기 위해 신제품을 개발하거나 혹은 제품을 개선하는 것이다. 습식면도 산업의 향배는 고객 수요의 흐름을 성공적으로 창출할 수 있는 제품 교체를 어떻게 이뤄 내느냐에 달려 있고, 만일 성공할 경우 이는 해당 기업에게 커다란 새로운 수익 원천이 될 수 있다. 그렇기 때문에, 이를테면 질렛트(Gillette)사는 진동 면도날(이 제품에 대한 경쟁제품은 시크(Schick)사의 4중 면도날)과 같은 새롭고 개선된 면도기를 정기적으로 시장에 내놓으면서, 자사의 시장점유율을 신장시키려 노력해 왔다. 이와 유사하게 자동차 산업의 여러 회사들은 고객들이 구형 자동차를 교체하고, 신차의 구입을 장려하기 위해 3~5년 주기로 모델을 변경하고 있다.

제품개발은 제품의 차별화를 유지하고 시장점유율을 구축하는 데 결정적일 수 있다. 이를테면, 세탁용 세제 타이드(Tide)는 제품성능의 개선을 위해 지난 40년간 50번 이상의 성분 배합(formulation)을 실시해 왔다. 제품은 타이드로 항상 광고가 되었지만, 사실은 매년 다른 제품이었다. 비록 제품의 성능 증진과 개선을 추구하는 것이 성숙산업에서 현재의 비즈니스모델 개선 및 조정을 위한 주요한 전략이 되기도 하지만, 이런 유형의 경쟁은 비용이 너무나 많이 들기 때문에 가격전쟁만큼이나 위험할 수 있고, 또 해당 기업의 비용구조가 급격히 높아지는 결과를 초래할 수 있다. 극심한 경쟁으로 더 빨리, 더 강력한 칩을 생산해야 했던 컴퓨터칩 산업에서 이와 같은 일이 발생했었고, 시장의 주도기업인 인텔과 엔비디아는 급격히 비용구조가 높아질 수밖에 없었으며, 급기야 수익성은 가파르게 하락하고 말았다.

시장개발 시장개발(market development)은 기존 제품의 판매를 증진시키기 위해 기업이 새로운 세분시장을 탐색해 가는 것을 말한다. 이 전략을 추구하는 기업들은, 마치 마텔(Mattel)사와 나이키(Nike)사가 각각 장난감 시장과 운동화 시장의 세분시장에 진입해 갔던 것처럼, 기존 세분시장에서 개발된 브랜드명을 십분 활용하여 신규 세분시장에서 유리한 위치를 선점하기를 원하고 있다. 이러한 방식으로, 기업은 이미 구축된 브랜드 명성을 통한 제품 차별화의 우위를 이끌어 낼 수 있다. 일본의 자동차 제조회사들은 시장개발의 활용에 대한 흥미로운 사례를 제공해 주고 있다. 일본의 제조회사들이 미국 자동차 시장에 진입할 때, 토요타(Toyoa)의 코롤라(Corolla)나 혼다(Honda)의 어코드(Accord)처럼, 처음에는 시장의 경제성 추구 집단(economy segment)을 타겟으로 자동차를 출시했었다. 세월이 흐른 뒤, 이들 회사는 각각의 모델을 업그레이드해 갔고, 지금은 더욱 고가의 세분시장을 겨냥하고 있다. 혼다의 어코드는 중형급 세분시장의 선두 주자이며, 소형급의 세분시장은 토요타의 코롤라로 가득 채워지고 있다. 이처럼 제품라인을 재정립하고 추가함으로써, 일본의 자동차 회사들은 수익성 있게 세분시장을 추가 개발해 갔고 미국의 경쟁사들을 성공적으로 공략하여 이들 기업으로부터 많은 시장점유율을 빼앗아 올 수 있었다. 비록 일본의 자동차 회사들이 그간 주로 원가우위전략을 통해 경쟁해 왔다고 하더라도, 시장개발 전략은 그들로 하여금 차별화 전략을 구사해 갈 수 있는 기회도 제공하였다. 5장에서 이미 언급한 바 있듯이, 사실 토요타는 이 시장개발을 활용하여 전반적인 차별화를 추구해 갈 수 있었다. 토요타는 점차 승용차 시장의 거의 모든 세분시장마다 새로운 제품을 제공하면서 이 시장개발 전략을 활용해 왔던 셈인데, 이에 대해서는 [전략 실행 사례 6.2]에서 좀 더 자세히 논의해 보기로 한다.

제품증식 앞서 제품증식(Product Proliferation)이 산업 내 진입의 억제를 위해 어떻게 활용될 수 있는지에 관해 살펴본 바 있다. 이 전략은 산업 내 경쟁관계를 관리하는 데도 마찬가지로 활용될 수 있다. 앞서 언급하였듯이, 일반적으로 제품증식은 산업 내 한 큰 기업이 각 세분시장마다 모두 제품을 출시하는 것을 의미한다. 그렇지만 SUV나 전문 디자이너의 선글라스 제품, 그리고 신발 판매 웹 사이트와 같은 시장의 틈새(niche)가 새로이 개발된다면, 이 세분시장에 처음 진입한 선도 기업은 이른바 최초진입자 우위(first-mover advantage)를 누릴 수 있겠지만, 머지않아 이 세분시장에도 다른 기업들이 진입해 들어오기 마련이다. 그러면, 다시 경쟁은 안정되고, 산업 내 경쟁관계는 감소하게 된다. 그렇기 때문에, 제품증식은 결국 제품 차별화를 토대로 하여 안정적인 산업 경쟁 발전을 가능하게 해준다고 볼 수 있다. 즉, 가격이 아닌 신제품개발에 기반한 비가격경쟁으로 말이다. 제품증식이 이루어지면 이제 경쟁은 가격에 의해서가 아니라 제품의 지각된 독특함과 품질, 기능, 그리고 성능을 통해 이루어지게 된다. 우리는 [전략 실행 사례 6.3]에서 나이키사가 이러한 비가격경쟁을 통해서 자사를 경쟁기업과 어떻게 차별화시켜 나갔는지 그 역사를 살펴볼 수 있다.

생산능력 통제 비록 비가격경쟁이 성숙산업에서 기업과 산업의 수익성을 감소시키는 치열한 가격할인 전쟁을 예방하는 데 도움을 준다고 하더라도, 산업 내 초과생산능력이 존재할 때 가격경쟁은 주기적으로 발생하기 마련이다. 초과생산은 기업들이 집단적으로 너무 많은 생산 제품을을 출하할 때 발생하고, 이러한 생산 제품을 시장에서 소화하기 위

전략 실행 사례 6.2

글로벌 리더가 되기 위해 시장개발을 활용한 토요타

© iStockPhoto.com/Tom Nulens

자동차 산업은 거대한 매출 및 이익이 달려 있기 때문에, 전 세계에서 언제나 경쟁이 가장 치열한 산업 중 하나였다. 그렇기 때문에, 2000년대 말 침체된 경제 여건에서도, 특정 구매자 집단의 니즈를 더 잘 충족시키기 위해 글로벌 자동차 기업들이 부단히 신차 모델을 개발해 가는 등 자동차 산업의 전반적인 경쟁관계가 더욱 심화되어 간 양상은 결코 놀라운 일이 아니라 할 수 있다. 바로 이 경쟁의 중심에 서있던 한 기업이 바로 토요타(Toyota)사이다.

토요타는 약 40년 전 상자 모양의 못생겼지만 저렴한 자동차를 처음으로 생산했다. 자동차의 품질이 점점 더 좋아짐에 따라, 판매는 증가하였다. 그 이후 원가우위 확보에 경영의 초점을 맞췄던 토요타는 수익의 일부를 자동차의 스타일을 개선하는 데 재투자하였고, 지속적으로 생산원가를 낮추기 위해 노력하였다. 그 후 토요타는 자신의 비용구조상의 우위를 기반으로, 자동차 제품의 각 세분시장에 따라 합리적인 가격대의 제품을 계속 확대, 출시해 갔다. 초기 디자인을 설계한지 불과 2~3년 만에 생산 단계로 돌입해 갈 수 있는 토요타의 유연한 능력으로 말미암아, 경쟁자들보다 더욱 신속히 신형 모델을 출시할 수 있었으며, 또 신규 세분시장의 개발을 지속해 갈 수 있었다.

토요타는 자동차 시장 전체에서 구축한 선도적 위치를 십분 활용하여, 새로이 부상하는 신규 세분시장에 효과적으로 진입해 들어갔다. 이를테면, SUV 세분시장에서 토요타가 처음으로 출시한 차는 무려 35,000달러가 넘는 고가의 랜드크루저(land cruiser)였다. 그 다음에는 좀 더 낮은 가격대의 SUV에 대한 수요를 실현시키며, 평범한 SUV 고객들을 위해 설계된 4러너(4Runner)를 20,000달러의 가격에 출시했

다. 뒤이어, 20,000달러 미만의 가격대의 소형 SUV인 라브4(RAV4)가 잇달아 출시되었다. 그 이후에는 4러너보다 외형적으로 더욱 커졌으며, 또 더욱 강력해진 세콰이어(Sequoia)가 20,000달러 후반의 가격대에서 출시되었다. 마지막으로, 렉서스(Lexus) 사업부의 기술로 만들어진 고급스러운 하이랜더(Highlander) SUV가 30,000달러 초반의 가격대에서 출시되었다. 그리하여 오늘날 이 회사가 생산하는 총 6종류의 SUV 모델은 각기 상이한 가격, 크기, 스타일, 성능, 고급스러움을 가지고, SUV 세분시장 내 특정 고객집단을 타겟으로 출시되고 있다. 유사한 방식으로, 토요타는 자사의 세단, 즉 승용차들 역시 각기 다른 고객군의 니즈를 충족시키도록 위치시켰다. 일례로 캠리(Camry)는 약 25,000달러 정도를 지불할 여유가 되며, 또 고급스러움과 성능, 안전, 그리고 신뢰성 등이 일정하게 조화를 이루는 차를 원하는 중간층의 고객들을 타겟으로 하고 있다.

이처럼 토요타의 브랜드 차별화 비즈니스모델은, 상이한 고객집단들에게 각기 가치를 극대화시켜 줄 수 있도록 다양한 제품 구색을 갖추는 데 초점이 맞춰져 있다. 이와 동시에, 이 회사가 생산하는 다양한 모델의 차들은 회사 전체 입장에서 최대의 매출 및 이익을 발생시킬 수 있는 가격책정이 가능하도록, 엄격한 원가 통제가 이루어지면서 생산되고 있다. 현재 자동차 시장은 세분시장마다 경쟁이 극심하기 때문에, 모든 글로벌 자동차 회사들에게 있어서는 상이한 고객의 니즈를 충족시키기 위해 세분시장마다 다수의 모델을 출시하면서도, 이처럼 다양한 모델을 출시함으로 인해 원가 상승이 빚어지는 결과 간의 균형을 맞추는 것이 최대의 경영 과제가 되고 있다.

해 기업은 가격을 인하하게 된다. 이처럼 한 기업이 가격을 인하하기 시작할 때, 다른 기업들도 신속히 이 가격인하에 동참하게 되는데, 그 이유는 가격인하를 주도한 기업은 전체 재고물량을 소진시킬 수 있는 반면, 가격인하를 하지 않는 기업들은 원치 않는 재고가 쌓이는 것을 두려워하기 때문이다. 그 결과 가격전쟁은 확산된다.

전략 실행 사례 6.3

나이키사의 비가격경쟁

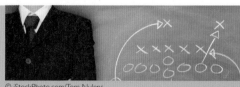
© iStockPhoto.com/Tom Nulens

차별화 전략을 강화하기 위해 여러 가지 비가격경쟁 전략을 사용했던 나이키(Nike)의 방식은 대단히 교훈적이다. 예전에 오리건 대학(University of Oregon)의 육상 코치였던 빌 보어먼(Bill Bowerman)과 기업가인 필 나이트(Phil Knight)는 수익성이 있는 사업기회를 찾아 나이키(Nike)사를 설립했고, 이 회사의 본사는 오리건 주의 비버턴(Beaverton)에 위치해 있다. 보어먼의 오랜 꿈은 달리기를 하는 경주자의 견인력과 속도를 향상시키는 새로운 유형의 고무 깔창을 만드는 것이었는데, 그는 집에서 와플을 만드는 철판을 연구하다가 결국 나이키의 저 유명한 "와플 깔창"을 고안하게 되었다. 보어먼과 필립은 이 깔창을 깔린 신발을 만들었고, 이들은 이 신발을 트럭에 실어 육상경기가 열리는 운동장 트랙에서 판매하기 시작하였다. 그 이후, 나이키는 이제 전 세계 운동화의 약 45%를 판매하며, 매년 500억 달러의 운동경기용 신발과 운동복을 판매하는 회사로 성장하였고, 2012년도에는 20억 달러 이상의 이익을 기록하였다.

나이키의 이 놀라운 성공은 언제나 차별화에 기반을 둔 비즈니스모델에서 비롯되었다. 나이키의 전략은 운동화를 최첨단 기술로 혁신시켜서, 이 신발의 장점이나 질을 극적인 "게릴라(guerrilla)" 마케팅을 통해서 널리 알려 가는 것이다. 나이키의 마케팅은, 고객에게 자사의 신발이 성능 면에서 탁월할 뿐만 아니라, 최신 패션을 표현하는 수단이기도 하고, 또 운동과 각종 체육 활동에 기반한 라이프 스타일의 필수적인 핵심 구성요소임을 강조해 가는데 주안점이 둬져 있다. 자사 제품의 독특함을 강조한 이러한 나이키의 전략은 시장점유율의 급증에서 알 수 있듯이 분명 성공적이었다. 그러나 1998년부터 판매가 갑자기 급락하기 시작하였고, 나이키는

타격을 입게 되었다. 비싼 가격에도 불구하고 그 이상의 가치가 있다고 고객이 느낄 수 있는 새로운 신발을 디자인하는 것이 점점 더 어려워지기 시작하였는데, 이는 곧 이 회사가 추구했던 시장침투와 제품개발 전략이 더 이상 잘 먹혀 들어가지 않는다는 의미이기도 했다. 급기야 필 나이트는 선도적인 소비재 기업들로부터 유능한 경영자들을 채용하여, 나이키의 전략을 보다 근본적으로 변화시키는 일을 지원하도록 조치했다.

과거에 나이키는 골프, 축구, 롤러블레이드 등의 스포츠는 꺼리고, 대부분의 노력을 육상화와 농구화의 세분시장에 집중했다. 그러나 판매가 감소하기 시작했을 때, 이 회사는 특정한 세분시장에서 판매를 증가시키기 위한 마케팅의 활용(즉 시장침투 전략)은 매출과 이익 증대에 상당히 한계가 있다는 사실을 깨닫게 되었다. 그래서 나이키는 기존의 디자인과 마케팅 경쟁력을 활용하여, 새로운 세분시장에 적합한 새로운 신발 제품라인을 구축하기로 결정하였다. 다시 말해서, 이 회사는 다른 비가격경쟁 전략만이 아니라, 시장개발과 제품증식 전략도 함께 추구하기 시작한 것이다.

일례로 나이키는 기존의 에어로빅 신발을 개선해 다시 출시했을 뿐만 아니라, 다양한 축구화 제품을 출시하기 시작하였고, 회사의 디자인 역량도 계속 개선해 갔다. 그 결과 2000년대 중반에 이르자, 최대의 라이벌인 아디다스(Adidas)사로부터 시장 선도 주자의 위치를 넘겨받기까지 했다. 나이키의 이러한 전략들은 이 회사가 추구해 온 차별화 비즈니스모델을 상당히 강화시켰고, 그 결과 나이키사의 시장점유율과 수익성은 지속적으로 상승했으며, 여러 경쟁자들의 부러움을 사게 만들고 있다.

초과생산능력은, 이를테면 불황기에 자동차에 대한 수요가 감소해 자동차 회사들이 고객에게 신차 구매에 대한 가격인센티브를 주는 경우와 같이, 수요의 감퇴에 의해 초래될 수 있다. 이러한 상황이라면 사실 기업이 할 수 있는 일은 별로 없고, 단지 시간이 흘러 상황이 나아질 때까지 기다릴 수밖에 없다. 그렇지만 대개 초과생산능력은 경기가 좋을

때 산업 내 기업들이 이에 대해 일제히 반응함으로 인해 비롯되는 수가 많다. 즉 조만간 수요의 급증이 예상되는 상황에서, 산업 내 기업들은 기회를 선점하기 위해 새로운 시설들에 일제히 투자하게 되는 것이다. 역설적이게도 다른 기업들을 능가하기 위한 기업들의 이러한 개별적 노력은, 결국 산업 내 모든 기업에게 악영향을 미치는 산업의 과잉 생산능력을 초래하게 된다. 그래서 비록 수요가 증가하더라도, 기업들마다 생산능력 증대를 결정한 결과로 인해 산업 내 생산량은 급등하게 되고, 이는 추후 가격의 경쟁적 인하를 불러오게 된다. 그러므로 여러모로 희생이 클 수밖에 없는 초과생산능력이 발생되는 것을 미연에 방지하기 위해 기업들은 생산을 적극적으로 통제하거나, 아니면 적어도 생산 확대 프로그램에서 혜택을 볼 수 있는 전략들을 고안해야만 한다. 하지만 이러한 전략들을 살펴보기 전에, 우선 초과생산능력을 야기하는 원인들에 대해 좀 더 자세히 고찰해볼 필요가 있다.[17)

초과생산능력을 야기하는 요인들 초과생산능력의 문제는 대개 기술의 발전에서 비롯된다. 때때로 새로운 저원가 기술이 개발되는 것은 문제를 야기할 수 있는데, 왜냐하면 이러한 기술에 뒤처지는 것을 피하기 위해 모든 기업들이 일제히 새로운 기술에 투자할 수 있기 때문이다. 이 경우 초과생산능력은 신기술이 구기술보다도 더 많은 생산을 가능하게 만들기 때문에 발생된다. 더욱이 많은 경우 신기술은 대규모 증분을 발생시킨다. 일례로 특정 비행노선에 좌석이 더 필요한 항공사는 추가 비행기를 투입하게 되는데, 그로 인해 50명 정도의 좌석 추가가 적정함에도 불구하고, 결과적으로 수백 명의 좌석이 추가되게 된다. 다른 사례를 소개하자면 새로운 화학공정은 하루에 1,000갤런(gallon)의 생산 비율로 가동되는 것이 효율적인 반면에, 이전의 공정은 하루에 500갤런의 생산 비율이 더 효율적인 경우도 있다. 이 경우, 만약 산업 내 모든 기업들이 새로운 공정 기술을 도입하게 된다면, 산업 생산은 두 배가 될 수 있고, 이에 따라 거대한 문제들이 초래될 수 있다.

초과생산능력은 산업 내 경쟁 요인들에 의해서도 야기될 수 있다. 산업 내로 여러 기업이 한꺼번에 진입해 들어오는 것이 한 이유가 된다. 최근의 경기침체는 철강 제품의 세계적인 생산과잉을 초래했고, 그에 따라 철강 가격의 급락이 이어졌다. 현재는 세계경제의 회복세와 함께 철강 가격이 다시 상승하고 있다. 때때로 기업이 보유한 물적 자산(physical asset)의 내구연한도 문제의 근원이 된다. 일례로, 객실의 가구 품질이 빠르게 진부화되는 호텔산업에서 고객들은 언제나 새로 건축된 호텔에 매료되기 마련이다. 신규 호텔 체인이 오래된 호텔 체인 옆에 나란히 건설될 때, 초과생산이 발생할 수 있다. 때때로 기업들은 단순히 산업의 추세를 따라가기 위해 일제히 경쟁적인 움직임을 보이지만, 이러한 움직임들은 흔히 극심한 경쟁(head-to-head competition)으로 이어지게 된다. 한 예로, 대부분의 패스트푸드 체인들은 특정 지역에 인구 증가가 나타날 때마다 이 지역에 신규 점포를 개설한다. 그러나 기업들은 흔히 다른 경쟁 체인들도 마찬가지로 동일한 인구 통계 자료를 바탕으로 의사결정을 해간다는 사실을 명확히 주지하지 못함으로써, 이들의 행동을 제대로 예측하지 못하는 실수를 범할 수 있다. 이렇게 하여, 적은 수의 패스트푸드 점포들이 존재했던 특정 지역에, 갑자기 수많은 신규 점포들이 동시에 개장될 수도 있게 되는 것이다. 물론 이 경우 모든 매장들의 생존할 수 있느냐의 여부는 해당 지역의 고객 수요가 얼마나 성장하느냐에 달린 문제이긴 하지만, 유감스럽게도 별로 인기를 끌지 못하는 매장은 대개 문을 닫고 마는 것이 현실이기도 하다.

생산능력 통제 전략의 선택 다양한 방식으로 생산이 확대될 수 있는 상황에서, 기업들은 이러한 생산능력 확대를 통제해 갈 수단들을 찾을 필요가 있다. 만일 기업이 항상 가격인하와 가격전쟁으로 골치를 썩고 있다면, 정작 자신의 본원적 전략을 위해 제대로 투자해 가긴 어려울 것이다. 생산과잉으로 야기된 산업 내 낮은 수익성은 기업을 약화시킬 뿐만 아니라, 때때로 시장의 강자 기업들까지 산업에서 퇴출시킨다. 일반적으로 기업들은 다음과 같은 두 가지 전략을 선택할 수 있다. (1) 각각의 기업들은 개별적으로 경쟁사보다 먼저 선점하고, 시장의 주도권을 장악하기 위해 노력해야만 한다. 그렇지 않다면 (2) 기업들은 자신의 선택과 행동이 상호간에 미칠 효과를 알 수 있도록, 서로 간에 조정을 해 갈 수 있는 간접적인 수단들을 모색해야만 한다.

먼저, 경쟁자보다 *선점*을 해가기 위해서는, 기업이 생산시장의 상당한 수요의 증가를 사전에 예측하고, 예상된 수요를 충족시킬 수 있는 대규모 생산 및 운용 능력을 재빠르게 확립해 가야만 한다. 그리하여, 최초진입자 우위(first-mover advantage)를 누리게 됨으로써 기업은 시장에 진입하려는 다른 기업들을 효과적으로 억제할 수 있다. 왜냐하면, 이러한 우위를 누리는 선도 기업은 보통 경험곡선을 따라 생산비용을 줄여감으로써 원가를 감소시킬 수 있고, 그에 따라 가격 역시 내릴 수 있는 여지가 커지기 때문이다. 아울러, 이런 기업은 필요할 경우 가격전쟁을 위협수단으로 활용해 갈 수도 있다.

그러나 이 전략은 여러 면에서 위험할 수 있는데, 왜냐하면 미래 시장의 규모와 수익성이 명확해지기 전에 상당한 자원을 투자해 가야 하기 때문이다. 또한 이러한 선점 전략은 경쟁기업의 시장진입을 억제하지 못하고 이들이 시장진입을 결정하게 될 경우 상당한 위험을 초래할 수 있다. 즉 만일 경쟁자들이 더욱 강력한 본원적 전략을 개발할 수 있다. 혹은 이들이 구글이나 마이크로소프트사처럼 많은 자원을 보유한 기업일 경우, 이들 기업은 선점 기업을 매우 괴롭힐 수도 있다. 그러므로 이 선점 전략이 성공하기 위해서는, 선점 기업이 추후 발생할지도 모르는 광고나 가격전쟁을 견뎌 낼 수 있을 정도로 충분한 자원을 보유한, 신뢰로운 기업이어야만 한다.

다음으로 생산능력 통제 전략의 일환으로 경쟁기업들과 조정을 해가기 위해서는, 무엇보다 신규기업의 시장진입 시점에 기존기업들이 공모를 해가는 것은 현행 독점금지법(antitrust law) 하에서 불법이기 때문에 신중할 필요가 있다. 그러나 암묵적인 차원의 협력은 기업들이 서로의 경쟁적인 활동들을 예상하고 이해하기 위한 시도처럼, 많은 산업에서 실제로 실행되어 왔다. 일반적으로 기업들은 조정을 획득해 가기 위해 시장의 신호를 활용한다. 기업들은 업계 저널이나 혹은 일반 신문에 향후의 투자결정에 관해 수시로 발표를 한다. 그밖에도 기업들은 산업 내 수요와 공급의 균형을 맞추기 위해 자사의 생산수준과 산업 내 수요예측 정보를 서로 간에 공유해 가기도 한다. 이런 점에서, 조정 전략(coordination strategy)은 산업 내 투자와 관련된 위험을 감소시킬 수 있다. 신규 생산투자에 흔히 수억 달러의 비용이 필요한 화학 산업과 정유 사업에서는 이러한 일이 사실 매우 흔하게 빚어진다.

쇠퇴산업에서의 전략

많은 산업들은 시간이 흐름에 따라 전체 시장 규모가 감소하는 쇠퇴 단계에 진입하게 된다. 철도 산업, 담배 산업, 철강 산업, 신문 산업(첫머리 사례 참조) 등이 바로 대표적인 쇠퇴산업이라 할 수 있다. 산업들은 기술적 변화, 사회적 추세, 인구통계학적 변화를 포함한 수많은 이유들로 쇠퇴하기 시작한다. 철도와 철강 산업은 기술적 변화로 인해 해당 산업 내 기존 제품들의 대체가 실현 가능해지자 쇠퇴하기 시작하였다. 즉 내연기관(internal combustion engine)의 출현은 철도 산업을 쇠퇴의 길로 이끌었고, 플라스틱(plastic)과 복합소재(composite material)들이 증가함에 따라 철강산업도 쇠퇴하게 되었다. 첫머리 사례에서 언급하였듯이, 전통적인 종이신문 산업도 인터넷상의 각종 뉴스 사이트가 증가함에 따라 점차 쇠퇴하고 있다. 담배 산업은 흡연이 건강에 미치는 영향에 대한 관심이 커지면서 흡연에 관한 사회적 태도가 부정적으로 바뀌자 점차 쇠퇴되고 있다.

쇠퇴의 강도

전체 시장의 규모가 줄어들기 시작할 때, 쇠퇴산업에서의 경쟁은 극심해지고, 수익률은 하락하는 경향이 있다. 쇠퇴산업에서 경쟁의 강도는 [그림 6.6]에 나타난 네 가지의 핵심 요소들에 달려 있다. 첫째, 경쟁의 강도는 빠르게 쇠퇴하는 산업에서 더욱 강하게 나타나는데, 담배 산업은 상대적으로 쇠퇴의 속도가 느리고 점진적인 편이다.

둘째, 경쟁의 강도는 철수 장벽(exit barriers)이 높은 쇠퇴산업에서 더욱 강하다. 2장에서 논한 바 있듯이, 수요가 감소할 때에도 높은 철수 장벽은 해당 산업에서 기업이 쉽

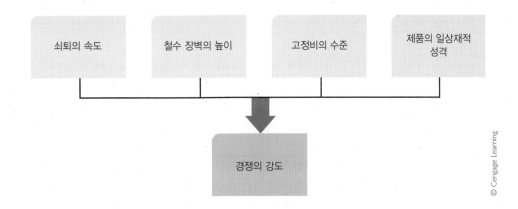

그림 6.6   쇠퇴산업에서 경쟁의 강도를 결정하는 요인들

게 움직이지 못하도록 고착시키게 만들 수 있다. 그 결과, 초과생산능력이 발생하고, 이로 인해 극심한 가격경쟁이 일어날 확률은 높아진다.

셋째, 경쟁의 강도는 고정비가 높은 쇠퇴산업(이를테면, 철강 산업)에서 더욱 강한데, 이는 앞서 언급한 내용과도 관련이 있다. 그 이유는, 기업들이 생산능력을 유지하기 위한 비용과 같은 고정비를 보전하기 위해 무리하게 가격을 인하해서라도 유휴 생산 설비를 가동시켜 나가려는 유인이 강해지기 때문인데, 이는 결국 산업 내 가격전쟁을 촉발시키기 쉽다.

마지막으로 경쟁의 강도는 일반적으로 제품이 일상재로 인식되는 쇠퇴산업에서 더욱 강하게 나타난다. 그렇지만 이와는 대조적으로, 같은 쇠퇴산업이지만 최근까지의 담배산업처럼 제품 차별화로 상당한 브랜드 충성도가 형성되어 있는 쇠퇴산업에서는 상대적으로 약할 수 있다.

일반적으로 산업 내 모든 세분시장이 동일한 비율로 쇠퇴하는 것은 아니다. 다른 세분시장에서 쇠퇴가 진행되고 있음에도 불구하고, 일부 세분시장들에서는 수요가 상당히 강하게 남아 있을 수도 있다. 철강 산업이 이와 같은 상황을 잘 보여준다. 박강판(sheet steel)같은 벌크 강철 제품들은 일반적으로 수요가 감퇴되고 있지만, 고속의 공작 기계에 사용되는 특수강 제품들은 오히려 수요가 증가하고 있다. 또 다른 사례로는 진공관(vacuum tube)을 들 수 있다. 트랜지스터(transistor)가 많은 전자 제품의 핵심 요소로써 진공관을 대체하였을 때 진공관에 대한 수요는 붕괴되었지만, 그 후에도 진공관은 상당한 기간 동안 제한적으로나마 레이더 장비에 계속 적용되어 갔다. 그 결과, 일반적인 진공관에 대한 수요는 분명 급감하였음에도 불구하고, 특정 진공관 세분시장의 수요는 여전히 강하게 남아 있었다. 여기서의 요점은, 산업 내 특정한 수요지가 있는 제품의 경우,

이들 제품에 대한 수요감소 추세는 산업 전체보다 훨씬 느리거나, 혹은 아예 수요가 전혀 감소하지 않을 수도 있다는 것이다. 이 경우, 특정 수요지를 충족시키는 제품생산 기업들 간의 경쟁은 산업 전체의 경쟁보다 훨씬 덜 치열할 수 있다.

전략의 선택

기업이 쇠퇴산업에서 대처하기 위해 채택할 수 있는 주된 전략에는 다음 네 가지가 있다. (1) 쇠퇴산업에서 지배적 행위자(dominant player)가 되기 위해 기업이 추구하는 리더십 전략(leadership strategy), (2) 산업 전체보다 쇠퇴가 느리게 진행되는 수요지에 초점을 맞춘 틈새 전략(niche strategy), (3) 현금흐름을 최적화하는 수확 전략(harvest strategy), (4) 기업이 사업체를 다른 기업에게 매각하는 철수 전략(divestment strategy).[18] 다음 [그림 6.7]에는 이러한 전략적 선택을 설명하기 위한 간단한 기본 틀이 제시되어 있다. 세로축에는 쇠퇴산업에서 경쟁의 강도가 측정되었고, 가로축에는 남아 있는 수요지와 관련한 기업의 강점들이 측정되었다.

리더십 전략 리더십 전략은 쇠퇴산업에서 철수하는 기업의 시장점유율을 인수함으로써, 해당 쇠퇴산업에서 일정하게 성장해 나가는 것을 목표로 하는 전략이다. 이 리더십

그림 6.7 쇠퇴산업에서의 전략선택

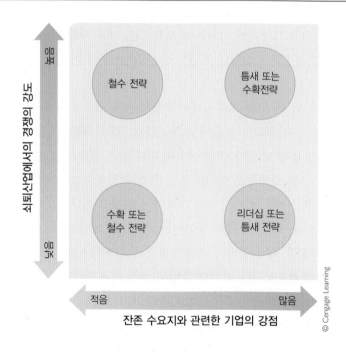

세로축: 쇠퇴산업에서의 경쟁의 강도 (높음 / 낮음)

- 철수 전략
- 틈새 또는 수확전략
- 수확 또는 철수 전략
- 리더십 또는 틈새 전략

가로축: 잔존 수요지와 관련한 기업의 강점 (적음 — 많음)

© Cengage Learning

전략은, (1) 기업이 쇠퇴산업에서도 기업이 시장점유율을 확보할 수 있는 독특한 강점을 지니고 있을 때, 그리고 (2) 해당 쇠퇴산업에서 산업이 쇠퇴되는 속도와 경쟁의 강도가 비교적 적당할 때 적합한 전략일 수 있다. 필립 모리스(Philip Morris)사는 담배산업에서 이 리더십 전략을 적용했다. 강력한 마케팅을 통해 이 회사는 시장점유율을 크게 신장시켰고, 그 과정에서 상당한 수익을 획득하였다.

이처럼 시장 내 리더십 위치(leadership position)를 획득하기 위해 기업이 활용할 수 있는 전술적 차원의 여러 조치들은, 공격적인 가격정책과 시장점유율 확대를 위한 마케팅, 산업의 통합을 위한 경쟁기업들의 인수, 그리고 이를테면 생산능력 확보를 위한 신규투자 등을 통해 경쟁기업들보다 우월한 위치를 선점해 가는 것이다. 이러한 경쟁적 전술들을 시행하게 되면, 해당 기업이 이 쇠퇴산업에서 계속 머물 것이며, 또 향후 적극적으로 경쟁해 가겠다는 신호를 다른 기업에게 보내는 역할을 한다. 따라서 이러한 신호들은 다른 기업들이 산업에서 철수하도록 유인할 수 있으며, 그 결과 해당 기업은 산업 내 선두 주자(industry leader)로서의 경쟁적 위치를 더욱 강화시켜 갈 수 있다.

틈새 전략 틈새 전략은 수요가 비교적 안정적이거나, 혹은 산업 전체보다 쇠퇴 속도가 느린 특정 수요지에 초점을 맞추는 전략이다. 이러한 틈새 전략은 아직 수요가 상대적으로 강하게 남아 있는 틈새 수요지에서 해당 기업이 독특한 강점을 지니고 있을 때 유효할 수 있다. 일례로 포경작살(그리고 고래를 잡기 위한 소형 포경포)을 제조하여 나름 충분한 수익을 창출해 온 네이벌(Naval)사를 생각해 보자. 현재 전 세계적으로 포경업이 법으로 금지되고 있는 형편이기 때문에, 포경작살이나 포경포를 제조하여 수익을 얻었다는 말이 좀 이상하게 들릴 수도 있다. 그러나 네이벌사는 매우 제한적인 숫자이긴 하지만 포경이 허용되는 사람들 즉, 북미의 이뉴이트(North American Inuit)족에 초점을 맞춘 전략으로 사양길에 들어선 이 작살 산업에서 살아남았다. 이뉴이트인들은 영리추구의 목적이 아닌, 식량해결을 위한 목적으로 북극 고래를 사냥하는 것이 허용된다. 네이벌사는 이 이뉴이트족에게 소형 포경포를 공급하는 유일한 공급자이며, 이러한 독점적인 위치는 기업이 이 작은 시장에서되 비교적 건실한 수익을 올릴 수 있게 만들어 주었다. 첫머리 사례에서 소개하였던 커뮤니티 임팩트 신문(Community Impact Newspaper)은, 쇠퇴산업 중에서도 수요가 상대적으로 강한 틈새시장, 즉 여러 지역을 포괄하는 지역판 신문에 집중하여 수익을 발생시킨 또 다른 사례라고 할 수 있다.

수확 전략 앞서 언급하였듯이, 수확 전략은 기업이 쇠퇴산업에서 철수하기를 희망하며 또 그러한 과정에서 현금흐름을 극대화하기를 희망할 때 가장 좋은 선택 대안이 될 수 있다. 수확 전략은 향후 가파른 속도의 산업 쇠퇴와 그에 따른 기업들의 극심한 경쟁이 예견되거나, 혹은 남아 있는 수요지에서 해당 기업이 가진 강점이 그다지 크지 않을 때 적합할 수 있다. 이 수확 전략을 시행하고자 하는 기업은 자본 설비, 광고, 연구개발(R&D) 등의 모든 투자에 대한 중단이 필요하다. 그렇게 되면 당연히 해당 기업의 시장점유율을 줄어들게 될 것이지만, 해당 사업에 더 이상 투자를 하지 않기 때문에 초기에는 현금흐름이 긍정적으로 증가하게 된다. 그러므로 이 전략을 쓴다는 것은, 기본적으로 기업이 시장점유율 대신에 현금흐름을 받아들이는 것으로 볼 수 있다. 그렇지만 결국에는 현금흐름이 감소하기 시작할 것이고, 이때가 바로 해당 기업이 사업을 청산할 시기인 것이다. 비록 수확 전략이 이론적으로 매우 매력적이지만, 실행에 옮기기에는 다소 어려움이 따를 수 있다. 쇠퇴하는 사업 분야에서 사원들의 사기는 저하될 것이고, 더욱이 고객들이 해당 기업의 청산 의도를 알아채기라도 한다면, 고객들은 그 기업을 재빠르게 외면할 수 있다. 그렇게 되면 시장점유율은 해당 기업이 예상했던 것보다 훨씬 더 빨리 감소하게 될 수 있다.

철수 전략 　 철수 전략은 산업이 급격하게 쇠퇴하기 전에, 기업이 부진한 사업을 조기에 매각함으로써 사업에 대한 투자의 상당 부분을 회수하고자 하는 전략이다. 이 철수 전략은 남은 수요지에 대한 해당 기업의 강점이 적고, 또 쇠퇴산업 내 기업 간 경쟁이 극심할 가능성이 있을 때 적절하다. 이 경우 가장 좋은 선택은, 해당 산업에서 리더십 전략을 추구하고 있는 기업에게 사업을 매각하는 것일 수 있다. 철수 전략을 시행하고자 할 때 가장 중요한 점은, 너무 실기하기 전에 산업의 쇠퇴 추세를 잘 포착하는 것과 함께 자사의 자산이 다른 기업들에게 여전히 가치가 있다고 여겨지는 적정한 시점에서 자산을 매각하는 것이라 할 수 있다.

윤리적 딜레마

© iStockPhoto.com/P_Wei

시장에서 확실하게 차별화된 소비재를 판매하고 있는 대기업의 마케팅 관리자들은, 회사의 최고경영자들에게서 제품의 수익성 향상을 위해 새로운 전략개발에 관한 지시를 받아 왔다. 한 가지 아이디어, 제품의 질을 떨어뜨릴 수 있는 낮은 원가의 부품을 사용하는 것이다. 또 다른 아이디어는, 포장지의 크기는 유지한 채 제품 내용물의 크기를 줄이는 것이다. 세 번째 아이디어는, 기존 제품을 조금만 변경한 "새로운" 프리미엄 브랜드(premium brand)로 출시하여 가격을 올려 판매하는 것이다.

이러한 전략들을 추구하고, 경영진들에게 이러한 전략들을 제시하는 것이 과연 윤리적이라고 생각하는가? 이러한 전략들은 해당 기업에게 어떤 식으로 역효과를 불러올 수 있으며 또 심각한 손해를 끼칠 수 있는가?

요약 *Summary of Chapter*

1. 많은 수의 소규모 및 중간 규모 기업들로 구성된 파편화된 산업에서, 경쟁 전략의 주요 형태는 체인화, 프랜차이즈화, 그리고 수평적 합병이다.

2. 신생 및 성장산업에서, 전략은 시장수요에 의해 부분적으로 결정되어 진다. 혁신자와 조기 수용자는 시장의 조기 다수이용자와 후기 다수이용자들과는 다른 니즈를 가지고 있고, 기업은 캐즘을 극복하고 생존하기 위해 적절한 전략을 실행해 가야 한다. 또한 경영자들은 시장성장률에 영향을 미치는 요인들에 대해 잘 숙지하고 있어야 하며, 그리하여 변화하는 산업환경에 자신의 비즈니스모델을 잘 적합시켜 나가야 한다.

3. 성숙산업은 대개 소수의 대기업들로 구성되는데, 이들의 선택과 행동은 매우 상호 영향 관계적이어서, 한 기업이 시행하는 전략의 성공은 다른 경쟁사의 반응에 의해 좌우되는 경우가 많다.

4. 성숙산업에서 타 기업의 시장진입을 억제하기 위해 활용되어지는 주요 전략들에는, 제품증식, 가격할인, 초과생산능력의 유지가 있다.

5. 성숙산업에서 경쟁관계를 관리하기 위해 기업이 활용할 수 있는 주요 전략들에는, 가격 신호, 가격 선도, 비가격경쟁, 그리고 생산능력 통제가 있다.

6. 쇠퇴산업에서 시장수요는 대개 정체하거나 혹은 감소하기 마련이고, 따라서 기업은 이러한 새로운 경쟁 환경에 맞춰 자신의 가격및 비가격전략들을 효과적으로 적응시켜 나가야 한다. 또한 기업들은 초과생산 문제의 발생을 미연에 방지하기 위해 산업의 생산능력을 잘 관리해 갈 필요가 있다.

7. 시장의 수요가 감퇴할 때, 기업은 리더십 전략, 틈새 전략, 수확 전략, 그리고 철수 전략 등 네 가지 전략을 추구할 수 있다. 어떤 전략을 선택할 것인가의 문제는 남아 있는 수요지와 관련된 해당 기업의 강점과 산업의 쇠퇴 강도에 의해 주로 결정된다.

토론 과제

1. 산업이 파편화되는 이유는 무엇인가? 기업이 이 파편화된 산업을 통합된 산업으로 전환할 수 있는 주요한 방법은 무엇인가?

2. 신생 및 성장산업환경에서 경쟁우위를 유지하기 위해 고려해야 할 핵심 문제는 무엇인가? 산업에서 선도기업과 관련된 위험은 무엇인가?

3. 라이프 사이클을 통해 기업의 성장을 관리해 가면서, (a) 강력한 경쟁 위치에 있는 차별화 기업과, (b) 불리한 경쟁 위치에 있는 차별화 기업은, 각기 어떠한 투자전략들을 실행해 가야 하는가?

4. 기업이 경쟁관계를 관리하고 또 산업의 수익성을 향상시키기 위해, (a) 제품 차별화와 (b) 생산능력 통제를 어떻게 활용해 갈 수 있는지에 대해 토론해 보라.

5. (a) 혼잡한 대학 시장에서 작은 피자집을 운영하는 경우와, (b) 이미 확립된 시장에서 세제를 만드는 기업이 신제품의 출시를 추구하는 경우, 자신의 비즈니스모델을 강화하기 위해 어떠한 유형의 전략들이 활용될 수 있겠는가?

드라이클리닝 산업의 통합

미국의 드라이클리닝 산업은 어떤 대기업도 주도하지 못하고 있다. 약 30,000개의 개별적인 사업체에 165,000명에 이르는 종업원이 이 산업에 종사하고 있으며, 대부분의 사업체들은 매우 영세하다. 이 산업의 상위 50위 기업들은 산업 전체 수익의 40% 정도를 차지하고 있는 것으로 추정된다. 드라이클리닝 & 세탁 연구소(Dry-cleaning & Laundry Institute)에 따르면, 드라이클리닝 업자들의 평균적인 연매출액은 250,000달러 미만이다. 이 산업은 자본요구가 크지 않아, 이에 매료되었던 많은 이민자들에게 자신의 사업 출발점으로 각광을 받았다. 산업 수익의 80% 이상은 개인적인 소매 고객의 세탁 수요에서 비롯되었고, 그중 절반 정도는 병원, 호텔, 레스토랑 등에 의존하고 있다. 반면 산업 내에서 규모가 큰 세탁 기업들은 주로 병원과 호텔처럼 더 큰 시설에 집중하는 경향이 있다.

산업 전체의 수익은 약 90억 달러 정도로 추정이 되며, 2007년부터 2012년까지 해마다 수요의 2.5%정도가 계속 감소되어 왔다. 지속적으로 높은 실업률을 낳은 전반적인 경제의 침체와 함께, 많은 기업들에서 "평상 근무복(business casual)"을 입는 규범이 증가하였고, 또 드라이클리닝과 다림질이 필요하지 않는 새로운 의류소재의 개발 등이 이 산업의 수요감소를 가져온 원인들로 지목되고 있다.

사실 드라이클리닝 서비스에 대한 수요는 매우 지역적이다. 대부분의 드라이클리닝 업자들이 자동차로 불과 10분 이내의 거리에 위치해 있어서, 이들은 대개 서로 간에 직접적인 경쟁자들로 간주된다. 또 고객들은 주로 편의성에 기반하여 자신이 마음에 드는 드라이클리닝업체를 선정한다. 이처럼, 드라이클리닝은 전통적으로 소비자들의 주목을 별로 끌지 못하는 산업으로 알려져 왔다.

그간 이 드라이클리닝 산업을 통합시키기 위한 노력은 모두 수포로 돌아갔다. 미국에서 가장 큰 전국적인 드라이클리닝 체인은 마티나이징(Martinizing)사이다. 60년 전에 이 사업을 시작한 마티나이징사는, 2012년 현재 456개 이상의 점포를 운영하는 160여개의 프랜차이지를 거느리고 있다. 그러나 2001년도까지 이 회사의 프랜차이지들은 약 800여 개의 점포를 운영하고 있었기 때문에, 지난 10여 년간 이 회사의 사업 역시 점진적으로 축소되어 온 것으로 보인다.

1990년대 말, 사무용품 슈퍼스토아업체인 스테이플즈(Staples)사의 창업자들은 보스톤 지역을 기반으로 이 드라이클리닝 산업에 진출하기로 결정하고, 주츠(Zoots)로 잘 알려진 체인을 설립하였다. 4,000만 달러에 달하는 자본금으로, 이 창업자들은(예전에 사무용품 산업에서 그들이 했던 것처럼) 드라이클리닝 산업을 탈바꿈시키고, 파편화된 산업을 통합하며, 그러한 과정에서 거대한 경제적 가치를 창출하려는 비전을 지니고 있었다. 그들은 중앙 클리닝 허브 주위에, 7~10개의 모여 있는 점포들을 조성했다. 각각의 점포들은 손님들이 차를 탄 상태에서 드라이브 쓰루 창문(a drive through window)을 통해 셀프서비스 보관함을 이용하여 옷을 맡기고 또 찾아갈 수 있도록 하였으며, 점포마다 한두 명의 직원들이 고객들을 도와주기 위해 일하는 형태를 취했다. 반면, 중앙 클리닝 허브에는 약 40명의 종업원들이 세탁 작업에 임하고 있었다. 주츠는 옷이 상하지 않도록 정확하게 드라이클리닝을 시행하고, 신뢰롭고 편리하게, 그리고 합리적인 가격으로 세탁 서비스를 제공할 것을 약속했다. 그렇지만 이 드라이클리닝의 사업은 서비스 집약적인 성격이 강하며, 또 옷들이 저마다 다양하기 때문에 작업 과정을 완전히 표준화시키는 것이 현실적으로 거의 불가능하다는 사실을 주츠(Zoots)는 뒤늦게 깨닫기 시작하였다. 원가는 처음 예상했던 것보다 엄청나게 높아졌고, 품질은 경영자들이 기대했던 것만큼 좋지 않았으며, 사원들의 이직율도 높았을 뿐만 아니라, 수요 역시 기대 이하 수준이었다. 오늘날 주츠의 점포는 보스턴 지역에만 불과 40개 미만으로 남아 있다. 창업자들은 이제 더 이상 이 사업에 관여하지 않으며, 분명 이들은 이 산업을 통합시키는 실패하였다.

자료: IBIS World, "Dry Cleaners in the US: Market Research Report,"

October 2012; Myra M. Hart and Sharon Peyus, "Zoots: The Cleaner Cleaner, "Harvard Business School, September 20, 2000; and Fulcrum Inquiry, "Valuation Guide: Dry Cleaners," www.fulcrum.com/ drycleaning_appraisal.htm.

사례 토의 문제

1. 드라이클리닝 산업이 파편화된 구조를 지녔다고 생각하는 이유는 무엇인가?
2. 이 산업에서 규모가 큰 기업들은 호텔과 병원처럼 표준화된 니즈를 지닌 대규모 고객들을 상대로 서비스를 제공하고 있는 것으로 보인다. 왜 이런 현상이 생겼다고 생각하는가?
3. 스테이플즈사가 가진 충분한 자금과 관리적 능력에도 불구하고, 주츠가 드라이클리닝 산업을 통합할 수 없었던 이유는 무엇이라고 생각하는가?
4. 만일 드라이클리닝 산업을 통합하려고 한다면, 여러분은 어떠한 전략을 추구할 것이며, 또 그 전략을 추구하려는 이유는 무엇인가?

핵심 용어 *Key Terms*

파편화된 산업(Fragmented industry) 207
체인화(Chaining) 210
프랜차이즈화(Franchising) 211
대량시장(Mass market) 214
제품증식 전략(Product proliferation strategy) 225
한계가격설정 전략(Limit price

strategy) 226
전략적 몰입(Strategic commitments) 226
가격 신호(Price signaling) 228
가격 선도(Price leadership) 230
비가격경쟁(Non-price competition) 231
제품개발(Product development)

232
시장개발(Market development) 232
리더십 전략(Leadership strategy) 240
틈새 전략(Niche strategy) 240
수확 전략(Harvest strategy) 240
철수 전략(Divestment strategy) 240

참고문헌 *Notes*

1 M. E. Porter, *Competitive Strategy: Techniques for Analyzing Industries and Competitors* (New York: Free Press, 1980), pp.191-200
2 W. C. Kim and R. Mauborgne, "Value Innovation: The Strategic Logic of High Growth," *Harvard Business Review*, January-February 1997.
3 S. A. Shane. "Hybrid Organizational Arrangements and Their Implications 1 for Firm Growth and Survival: A

Study of New Franchisors," *Academy of Management Journal* 1 (1996): 216-234.
4 Microsoft is often accused of not being an innovator, but the fact is that Gates and Allen wrote the first commercial software program for the first commercially available personal computer. Microsoft was the first mover in its industry. See P. Freiberger and M. Swaine, *Fire in the Valley* (New York: McGraw-Hill, 2000).

5   J. M. Utterback, *Mastering the Dynamics of Innovation* (Boston: Harvard Business School Press, 1994).

6   See Freiberger and Swaine, *Fire in the Valley.*

7   Utterback, *Mastering the Dynamics of Innovation.*

8   G. A. Moore, *Crossing the Chasm* (New York: HarperCollins, 1991).

9   Utterback, *Mastering the Dynamics of Innovation.*

10 E. Rogers, *Diffusion of Innovations* (New York: Free Press, 1995).

11 R. J. Gilbert, "Mobility Barriers and the Value of Incumbency," in R. Schmalensee and R. D. Willig (eds.), *Handbook of Industrial Organization* (Elsevier Science Publishers, 1989).

12 P. Ghemawat, *Commitment: The Dynamic of Strategy* (Harvard Business School Press,1991).

13 M. B. Lieberman, "Excess Capacity as a Barrier to Entry: An Empirical Appraisal," *Journal of Industrial Economics* 35 (1987): 607-627.

14 R. Lukach, P. M. Kort, and J. Plasmans, "Optimal R&D Investment Strategies Under the Threat of New Technology Entry," *International Journal of Industrial Organization* 25 (February 2007): 103-119.

15 R. Lukach, P. M. Kort, and J. Plasmans, "Optimal R&D Investment Strategies Under the Threat of New Technology Entry," *International Journal of Industrial Organization* 25 (February 2007): 103-119.

16 R. Axelrod, *The Evolution of Cooperation* (New York: Basic Books, 1984).

17 The next section draws heavily on Marvin B. Lieberman, "Strategies for Capacity Expansion," *Sloan Management Review* 8 (1987): 19-27; Porter, Competitive Strategy, 324-338.

18 K. R. Harrigan, "Strategy Formulation in Declining Industries," *Academy of Management Review* 5 (1980): 599-604

전략과 기술

7

첫머리 사례 *Opening Case*

모바일 결제 시장을 둘러싼 새로운 전쟁

2012년을 기준으로, 전 세계 약 75%의 인구가 휴대폰을 사용하고 있고, 그중 80%가 모바일 웹에 접속하고 있다. 따라서 모바일을 이용한 새로운 결제시스템은 휴대폰 사용자로 하여금 예전의 pc처럼 자신의 휴대폰을 이용해 금융거래를 할 수 있는 새로운 가능성을 열어 주고 있다. 그렇지만 2012년 현재, 시장 지배적인 모바일 결제시스템은 아직 등장하지 않고 있으며, 여러 경쟁적인 모바일 결제 메커니즘과 표준들 간의 치열한 전쟁이 전개되고 있다.

미국에서는 구글(Google)과 ISIS(AT&T, T-Mobile, Verizon Wireless사 간의 합작투자회사) 등이 최근 스마트폰에 많이 장착되고 있는 NFC(Near Field Communication) 기술에 기반한 결제시스템을 개발 중이다. NFC 칩은 이것이 장착된 모바일 기기와 매장의 POS(Point-of-Sale) 기기 간에 근접 통신을 가능하게 해준다. 구글이나 ISIS에 의해 개발되고 있는 이 시스템은 무선으로 전달되는 고객의 정보를 이용하여, 일반 은행 혹은 비자(Visa) 또는 마스터카드(MasterCard) 등과 같은 신용카드 회사의 시스템이 이 거래를 완결시키는 방식이다. 그러므로 이 시스템은 기존의 신용카드를 이용하는 방식과 유사하지만, 신용카드를 긁는 것과 같은 직접적인 접촉 없이도 구매와 결제를 가능하게 하는 방식이라 할 수 있다.

자회사인 스퀘어 월렛(Square Wallet)사와 함께 개발 중인 스퀘어(Square)사, 그리고 페이팔(PayPal)과 같은 다른 경쟁사들은, 고객의 정보를 전달하기 위해 NFC 칩을 장착한 스마트폰을 이용하는 대신, 내려받기를 한 애플리케이션과 웹(Web)을 이용하는 다른 결제 방식을 개발하고 있다. 스퀘어사는 스마트폰의 오디오 잭을 이용하여 소형 무료 신용카드 리더기를 개발하여 유명해진 회사이다. 이 회사가 개발한 리더기는 거리의 가판점처럼 그간 현금거래만 의존해 왔던 소형 매장에서 고객의 신용카드를 받아 결재를 할 수 있도록 만들어 주었다. 2012년 중반까지 많은 소매업자들이 이 스퀘어사의 리더기를 이용하게 되어, 지금은 연간 약 6십억 달러 이상의 거래가 이 기기를 이용해 이루어지고 있으며, 그 결과 스퀘어사는 실리콘 밸리(Silicon Valley)에서도 가장 빨리

학습 목표

이 장의 학습 목표는 다음과 같다.

- 하이테크 시장에서 흔히 발생되는 표준화의 경향에 대해 이해한다.
- 특정 시장에서 기업이 자신의 기술을 표준으로 확립해 갈 수 있는 전략에 대해 설명한다.
- 많은 하이테크 기업들이 직면하게 되는 비용 구조에 대해 설명하고, 그러한 비용구조가 가진 전략적 의미에 대해 명확히 설명한다.
- 기술 패러다임의 전환이 갖는 의미와 본질에 대해 설명하고, 그것이 기업에게 제기하는 전략적 의미에 대해 논의한다.

성장하는 신규 기술 벤처가 되었다. 하지만 고객 기반의 관점에서 볼 때, 이미 1억 개가 넘는 등록 고객 계정을 확보하고 있는 페이팔의 시스템은 좀 더 분명한 이점이 있다. 페이팔사의 결제시스템에 따르면, 고객은 간단히 자신의 전화번호와 핀(pin) 넘버를 입력하거나 혹은 자신의 페이팔 계정과 연결된 페이팔사의 마그네틱 카드를 활용하면 결재가 완료된다. 고객은 페이팔 계정을 자신의 신용카드와 연결시킬 수도 있고, 아니면 자신의 은행 계좌에 바로 연결시킬 수도 있다. 때문에, 지금까지 설명한 여러 대안들 가운데 페이팔사의 결제시스템은 유일하게 모바일 결제 과정에서 메이저 신용카드 회사(는 물론, 결재에 수반되는 어마어마한 수수료)를 배제시킬 수 있는 가능성까지 내포하고 있다.

한편, 지구의 다른 편에서는 모바일 뱅킹을 위한 몇몇 다른 대안들이 훨씬 더 빠른 속도로 확산되고 있다. 예를 들어, 지금도 인도와 아프리카에는 아예 은행 계좌가 전혀 없거나 혹은 매우 제한적으로만 은행 서비스를 이용하고 있는 사람들이 엄청나게 많이 존재한다. 또한 이 지역에는 휴대폰 가입자 비율이 일반 신용카드 이용자들 비율보다 훨씬 더 많은 게 현실이다. 그러므로 이들에게 휴대폰을 이용하여 보다 신속하고 저렴하게 타지로 돈을 송금할 수 있는 기회는 얼마든지 현실화되고 있었던 셈이었다. 바로 이 점에 착안하여, 인도에서는 NPCI(National Payments Corporation of India)가 은행 간 모바일 결제 서비스 시스템 개발을 주도하였다. NPCI는 인도 전역에 걸쳐 60개가 넘은 대형 은행을 연결시키는 자체 ATM 네트워크를 이용하여, 휴대폰을 이용하는 대인간 모바일 뱅킹 시스템을 개통했는데, 이 시스템은 각 개인 고객을 자신의 은행 계좌와 바로 연결시키는 고유 식별번호를 이용하는 방식이었다. 또 은행을 이용하지 않는 사람들의 비율이 이보다 훨씬 더 높은 아프리카 일부 지역에서는 M-Pesa('M'은 Mobile, 'pesa'는 스와힐리(kiswahili)말로 돈을 의미)라고 불리는 시스템이 보급되었다. 이것은 여권이나 혹은 해당 국가의 주민 ID 카드를 가진 사람들이라면 누구나 간단한 SMS(Short Message Service)를 이용하여 자신의 전화 계정에 돈을 불입하거나 다른 사람에게 돈을 이체할 수 있게 만들어주는 시스템이다. 2012년 중반 현재, 아프리카에서는 거의 1천 5백만 명에 이르는 사람들이 이 M-Pesa 시스템을 이용하고 있다.

2013년 초반에 이르러, 이러한 모바일 결제시스템은 이제 전자상거래와 스마트폰 이용, 그리고 각종 금융 서비스를 글로벌한 차원에서 이용할 수 있도록 새로운 기술 혁신을 이뤄가고 있다. 그렇지만 많은 모바일 결제시스템들 간의 기술적 호환성이 부족한 문제, 그리고 어떠한 유형의 모바일 결제시스템이 향후 지배적인 표준 위치를 차지할지를 둘러싼 여러 가지 불확실성들이 이 시스템의 확산에 중요한 걸림돌이 되고 있다.

자료: "Mobile Phone Access Reaches Three Quarters of Planets's Population", *The World Bank*, July 17, 2012; J. Kent "Dominant Mobile Payment Approaches and Leading Mobile Payment Solution Providers: A Review", *Journal of Payments Strategy & Systems* 6:4 (2012): 315–324; V. Govindarajan and M. Balakrishnan, "Developing Countries Are Revolutionizing Mobile Banking", *Harvard Business Review Blog Network*, April 30, 2012; and M. Helft, "The Death of Cash", *Fortune* 166:2 (2012): 118–128.

개관

모바일 결제 시장에 탄생되고 있는 중대한 전쟁은 이른바 '하이테크' 산업에서 발생되는 경쟁의 본질을 보여주는 전형적인 한 사례라고 할 수 있다(첫머리 사례 참조). 이처럼 표준과 호환성이 중요한 전략적 지렛대가 될 수밖에 없는 산업이라면, 초기에 특정 기업에게 경쟁적우위를 가져다 줄 수 있는 기술은 때때로 다른 기업들이 극복하기 힘든 경쟁적 위치를 보장해 줄 수 있다. 그 결과, 이러한 산업은 흔히 '승자독식(winner-take-all)' 시장이 된다. 이러한 산업에서 성공하기 위해서는 전통적인 산업과는 다른 전략이 요구될 수 있다. 기업은 표준을 둘러싼 전쟁에서 승리하기 위해(때로 자신의 제품을 무료로 제공하는 것을 포함하여) 자신의 기술을 채택하고 사용하는 것에 대해 엄청난 지원을 해갈 수도 있는 것이다.

이 장에서는 첨단 기술이 적용되는 산업에서의 경쟁과 전략의 본질에 대해 살펴볼 것이다. 기술은 일반적으로 재화와 서비스의 생산에 활용되는 일련의 과학적 지식들을 일컫는다. 따라서 첨단 하이테크산업이란 특정 산업에서 기업이 활용하는 과학적 지식 기반이 급속히 발전하고, 그 결과 그러한 기술을 응용하는 제품과 서비스의 속성 역시 빠르게 변화하는 산업을 의미한다. 컴퓨터 산업이 흔히 이러한 하이테크산업의 한 전형으로 간주되지만, 다른 예도 얼마든지 있다. 이를테면, 최근 무선통신과 인터넷 기반의 신기술이 엄청난 속도로 개발, 응용되고 있는 통신산업, HD DVD 플레이어에서 디지털 카메라에 이르기까지 디지털 기술 기반의 신제품들이 급속히 출시되고 있는 가전산업, 세포 생물학과 유전자 재조합, 그리고 게놈 연구(genomics)에 기반을 둔 신기술들이 신약 개발의 과정을 혁신하고 있는 제약산업, 연료전지와 열병합 발전에 기반한 신기술이 해당 산업의 경제성을 새롭게 바꿔 놓고 있는 중인 발전산업, 그리고 첨단 복합소재와 전자 기술, 그리고 보다 효율적인 제트 엔진의 개발 등이 결합하여 '보잉 787기'와 같은 초효율적인 상업 제트여객기를 출현시키고 있는 항공산업 등이 그 예라 할 수 있다.

이 장에서는 다음과 같은 여러 가지 이유로 첨단 하이테크산업에 초점을 둔다. 첫째, 오늘날의 경제 활동은 과거 그 어느 때보다도 더 많이 기술에 의존하고 있다. 예컨대, 지난 10년간 미국 국내 생산 제품 증가의 약 25%가 IT 산업에 의해 이루어진 것으로 추정되고 있다.[1] 사실 이러한 추정치는 경제에 미치는 기술의 영향을 제대로 반영해 주고 있다고 보기 어려운데, 왜냐하면 앞서 거론했던 다른 하이테크 영역들을 함께 고려한다면 기술의 영향은 이보다 훨씬 더 크게 나타날 것이기 때문이다. 더욱이 기술이 발전함에 따라 많은 기존 산업들이 점점 더 하이테크산업으로 변모해 간다. 예를 들어, 바이오 기술과 유전공학의 발전은 종자 곡물 생산을 혁신했고, 그 결과 오랫동안 전통산업으로 여겨졌던 이 분야가 첨단산업으로 바뀌어졌다. 유통산업 역시 또 다른 전통산업이었지만, 아마존(Amazon.com)과 같은 회사들이 주도한 온라인 유통 혁신은 이 산업 역시 하이테크산업으로 바뀌 놓았다. 뿐만 아니라 하이테크 제품들은 여러 기존 사업 분야를 혁신했는데, 이를테면 오늘날의 대부분 자동차들에는 예전 아폴로(Apollo) 우주선 프로그램에서 사용된 수백만 달러짜리 메인프레임 컴퓨터를 능가하는 전자계산 능력이 장착되어 있다. 또 월마트(Wal-Mart)와 같은 실물 유통 매장이 커다란 경쟁우위를 발휘하는 데에는 첨단 IT 기술의 활용이 바탕이 되고 있다. 이처럼 하이테크산업의 성장 여파는 매우 크고 확산적이어서, 관련 신기술은 심지어 하이테크로 간주되지 않던 기존 산업에 있어서까지 해당 제품과 생산시스템의 여러 측면들을 혁신적으로 변모시키고 있는 중이다.

이와 같이 하이테크산업에서 비록 매우 다양한 제품들이 생산될 수 있지만, 경쟁우위는 물론, 탁월한 성과와 성장을 이뤄 내기 위한 비즈니스모델과 전략을 개발하고자 할 때 이들 제품 시장에서는 매우 유사한 상황이 전개된다. 예를 들어, '승자독식'의 포맷 전쟁(format wars) 양상은 가전이나 컴퓨터 등 많은 하이테크산업에서 공통적으로 관찰될 수 있는 현상이다. 또 모바일 결제 시장에서는 새로운 결제시스템이 출현하여, 그동안 전 세계적으로 모든 결제거래를 분점해 왔던 비자(Visa)나 마스터카드(MasterCard), 그리고 아메리칸 익스프레스(American Express)와 같은 거대 회사들을 대체해 버리는 결과가 초래될 수도 있다. 그렇게 되면, 이렇게 새로운 표준을 통제하는 회사나 회사들이 엄청난 횡재를 누리게 되는 반면 기존의 비자나 마스터카드, 아메리칸 익스프레스사에게는 엄청난 재앙이 초래될 수도 있다. 따라서 이러한 기업들은 전략적인 제휴를 추구하거나 혹은 수십억 달러에 이르는 결제 수수료를 선점할 수 있도록 만들어줄 새로운 표준을 지원하는 등의 노력을 조심스럽게 전개하고 있다(첫머리 사례 참조). 이 장에서는 이러한 하이테크산업의 경쟁적 특징들에 대해 먼저 이해하고, 또 기업들이 탁월한 성과와 이윤 증대를 달성하도록 만들어 주는 새로운 비즈니스모델을 도입하는 전략에 대해 살펴보려고 한다. 그래서 이 장의 내용은 하이테크산업에서의 경쟁의 특성과 함께, 이러한 하이테크산업에서 기업이 성공을 추구해 가기 위한 전략들에 대해 심도 있는 이해를 더해 주게 될 것이다.

기술 표준과 포맷 전쟁

기술 표준
제품이나 혹은 그 부품을 생산하고자 할 때, 제품생산자들이 반드시 적용하고 준수해야 하는 기술적 명세나 내용

하이테크산업에서는 특별히 기술 표준(technical standards)--제품이나 혹은 그 부품을 생산하고자 할 때, 제품생산자들이 반드시 적용하고 준수해야 하는 기술적 명세나 내용-을 보유하는 것이 경쟁우위 확보의 중요한 원천이 될 수 있다.[2] 또한 많은 경우, 제품 차별화는 바로 이 기술 표준에 기반하여 이뤄지게 된다. 흔히 하이테크 시장에서는 하나의 표준만이 시장을 지배하게 되고, 그래서 하이테크산업 내에는 이러한 표준을 선점하기 위한 기업 간 경쟁이 치열하게 전개되어 진다. 한 예로, 지난 30여 년 동안 마이크로소프트(Microsoft)사는 퍼스널 컴퓨터 운영체제 제품에 있어서 때로는 점유율이 90%를 넘기도 하고, 또 2012년 말까지 대략 85%에 이르는 점유율을 기록할 정도로 이 제품 시장을 지배해 왔다. 그렇지만 주지하듯이, 마이크로소프트는 스마트폰과 태블릿 제품의 운영체제 시장에서는 매우 작은 점유율(2013년도의 경우 약 3%) 밖에 갖고 있지 못하기 때

문에, 이는 향후 이 회사에게 매우 돌발적인 변화가 초래될 가능성을 시사해 주고 있다 ([전략 실행 사례 7.1] 참조).

전략 실행 사례 7.1

이른바 "세그먼트 제로" 시장은 과연 마이크로소프트사에게 심각한 위협이 될 것인가?

© iStockPhoto.com/Tom Nulens

1980년부터 2012년까지, 마이크로소프트(Microsoft)사는 퍼스널 컴퓨터 운영체제의 지배적인 사업자로 군림하면서, 컴퓨터 하드웨어와 소프트웨어 산업의 여러 측면에서 강력한 영향력을 행사해 왔다. 비록 같은 기간 동안, 예를 들어, 유닉스(Unix), 지오웍스(Geoworks), 넥스텝(NeXSTEP), 리눅스(Linux), 그리고 맥 OS(the Mac OS) 등 여러 경쟁 운영체제들이 많이 개발되고 도입되었지만, 마이크로소프트는 해당 기간 동안 pc 운영체제에 있어서 대략 85%에 달할 정도의 안정적인 시장점유율을 기록해 왔다. 하지만 2013년에 이르러, 컴퓨터 운영체제에 있어서 마이크로소프트의 지배는 그 어느 때보다도 심각한 위협에 직면하게 되었다. 차세대 컴퓨터 시스템 시장의 지배를 위한 치열한 경쟁이 가속화되었고, 바로 이 시장에서 마이크로소프트사는 미처 경쟁의 전면에 나서지도 못한 형편이 되었기 때문이다.

"세그먼트 제로(Segment Zero)"

인텔(Intel)사의 전 CEO였던 앤디 그로브(Andy Grove)가 1998년에 이미 지적한 바 있듯이, 마이크로프로세서, 소프트웨어, 모터싸이클, 그리고 전기 자동차 등 여러 산업 분야에서 기술은 고객이 해당 기술과 관련하여 가지는 요구보다 더 빠르고 복잡하게 진보해 왔다. 즉 기업은 고객이 특정 제품에 대해 기대하고 적응해 가는 것보다 더 빠른 속도로 스피드나 파워 등 해당 제품의 성능과 특징을 개선해 간 것이다. 왜 기업은 이처럼 일반 고객이 원하는 것보다 더 높은 수준으로 고성능의 제품을 출시하는 것일까? 해답은 아마도 시장세분화와 기술 제공자의 가격정책 및 목표와 연관이 있어 보인다. 한 시장에서 경쟁이 치열해질수록, 일반적으로 제품의 가격과 마진은 점차 낮아지게 되는데, 이 경우 기업은 주 타겟 고객을 종종 시장의 상위 계층으로 옮겨가고자 한다. 그 이유는, 이 프리미엄 고객층의 경우 고성능 및 고사양 제품으로 보다 높은 가격과 마진을 획득하기 쉽기 때문이다. 고객들 역시 점차 시간이 갈수록 좀 더 낮은 성능의 제품을 기대하기 마련이지만, 새로운 제품 특성이나 사양을 익히고 또 자신이 생활 스타일을 그에 적응시켜 나가기 위한 필요성 때문에, 아무래도 그러한 성능 개선을 충분히 활용해 나가는 데는 시간이 걸릴 수밖에 없다. 따라서 성능 개선을 위한 기술 진보와 고객 요구의 궤적은 시간이 흐름에 따라 모두 상향 커브를 그리기 마련이지만, 바로 이러한 이유로 기술 진보의 궤적이 대개는 더 가파르게 나타나게 된다.

다음 [그림 7.1]에서 보듯이, 기술 궤적은 대개 대량시장(mass market)이 요구하는 성능 수준에 맞춰 시작된다. 그렇지만 시간이 흘러 기업이 시장의 고급 상위 계층을 주 타겟으로 함에 따라, 기술 궤적은 대량시장의 기대보다 훨씬 더 빠른 속도로 증가해 가게 된다. 성능 개선에 따라 제품에 반영된 기술의 가격이 점차 증가됨에 따라, 대량시장의 고객들은 자신이 굳이 원하지 않는 성능의 제품을 위해 과도한 가격을 지불하고 있다고 느낄 수도 있다. [그림 7.1]에서 보면, 시장의 하위 계층의 경우 이들이 원하는 제품을 제대로 공급받지 못하고 있음을 알 수 있다. 이들의 경우 굳이 원하지 않는 제품 사양과 기술을 위해 훨씬 더 높은 가격을 지불하던가, 아니면 그 기술의 향유를 포기해야만 한다. 일찍이 인텔사의 CEO였던 앤디 그로브가 '세그먼트 제로'라고 일컬었던 것이 바로 이 세분화시장을 의미한다.

당시 인텔사에게 있어서 세그먼트 제로는(대개 1천 달러 미만의) 저급 퍼스널 컴퓨터 시장이었다. 비록 이 세분화된 시장은 제품의 마진 면에서는 그리 매력적이지 않지만, 그것

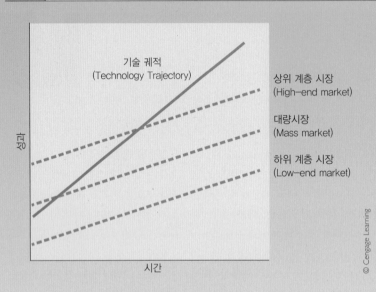

그림 7.1   기술 개선의 궤적과 소비자 요구

기술 궤적
(Technology Trajectory)

상위 계층 시장
(High-end market)

대량시장
(Mass market)

하위 계층 시장
(Low-end market)

성능

시간

© Cengage Learning

은 해당 기술의 낮은 버전을 이용하여 제품화하는 기업들에게는 좋은 성장의 기회가 될 수도 있다. 그로브가 지적한 바 있듯이, "흔히 간과되기 쉽고 또 이윤 면에서 결코 매력적이 않은 이 세분화된 시장이 커다란 경쟁 상황의 변화를 만들어 낼 수 있는 토대가 될 수 있는 것이다."

좀 더 단순한 기술을 이용해 하위 계층의 시장을 공략하던 회사도 자신의 기술 궤적을 따라 점차 제품의 성능을 높여 가게 되면, 이 기술 궤적의 기울기 역시 고객의 기대 궤적 기울기보다는 더 가파르기 때문에 언젠가 대량시장 고객의 요구를 충족시킬 수 있는 성능 수준에 다다르게 된다. 그렇지만 프리미엄 기술보다는 훨씬 더 낮은 가격에 이러한 성능을 제공할 수 있게 된다([그림 7.2] 참조). 이 지점에 이르게 되면, 프리미엄 기술을 제공하던 기업은 하위 시장을 자신과 전혀 다르게 인식하고 접근했던 산업 내 경쟁자들에게 갑자기 매출의 상당 부분을 빼앗기고 있는 현실에 처할 수 있다. 한 예로, 1998년에 이르면, 마이크로프로세서의 성능 개선과 가격의 하락이 결합되어 이제 1천 달러 미만의 퍼스널 컴퓨터 제품이 시장의 20%를 점하게 되는 변화가 초래되었다.

마이크로소프트사에 대한 위협

그렇다면 마이크로소프트사를 위협할 수 있는 '세그먼트 제로'는 어디에 있었을까? 2013년 애플(Apple)의 아이폰 운영체제(iOS)와 구글(Google)의 안드로이드는 전 세계 스마트폰 운영체제 시장에서 90% 이상을 장악하였고, 리서치 인 모션(Research in Motion)사의 블랙베리가 그 다음을 차지했다. 가트너(Gartner)사의 추정에 따르면, 마이크로소프트사의 점유율은 고작 3%에 불과하였다. iOS와 안드로이드 운영체제

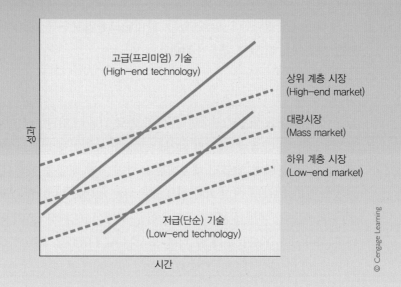

그림 7.2 대량시장 궤적과 만나는 저급(단순) 기술 궤적

가 제공하는 인터페이스는 아름다운 디자인과 함께 놀랄 만한 사용상의 편의성을 제공했다. 또 이러한 스마트폰들을 위해 운영되었던 애플리케이션 비즈니스모델은 응용 애플리케이션 프로그램 개발자들과 고객들에게 더 없이 매력적인 것으로 비춰졌고, 그 결과 엄청나게 다양한 애플리케이션들이 개발, 이용되게 되었다.

전통적인 경제학적 관점에 입각해서 보자면, 이러한 휴대폰 운영체제 시장은 마이크로소프트에게 결코 매력적인 것이 아니었다. 이를테면, 사람들은 이 애플리케이션 프로그램들에 그다지 많은 돈을 쓰려 하지 않았고 또 하드웨어인 스마트폰 기기 사업자들은 상대적으로 지나치게 큰 협상력을 보유하고 있었다. 그러나 스마트폰 운영체제는 곧 태블릿의 운영체제가 되었고, 태블릿 컴퓨터의 성능은 급속히 강력해져 점점 더 일반 컴퓨터에 근접해 가고 있었다. 이렇게 되자, 애플과 구글이 스마트폰 운영체제에서 획득했던 인지도가 갑자기 퍼스널 컴퓨터 운영체제의 인지도에도 변화를 야기하기 시작하였다. 기존 컴퓨터 산업에서 독보적이었던 마이크로소프트사의 명성과 위치에 점차 균열이 가기 시작했던 것이다. 그렇지만 결과는 여전히 많은 불확실성 속에 둘러 쌓여 있다. 2013년 마이크로소프트는 여전히 자본, 인력, 그리고 여러 관계 면에서 막강한 전력을 자랑하고 있지만, 이 회사는 사상 처음으로 다른 회사보다 열등한 위치에서 전투에 임해야 하는 입장에 놓이게 되었다.

자료: M. A. Schilling, "Segment Zero: A Serious Threat to Microsoft?", Conceptual Note, New York University, 2013; A. S. Grove, "Managing Segment Zero", *Leader to Leader*, 11(1999); and L. Dignan, "Android, Apple iOS Flip Consumer, Corporate Market Share", *Between the Lines*, February 13 (2013).

포맷 전쟁
차별화의 원천을 통
제하는 것은 물론, 그
러한 차별화가 고객
을 위해 창출하는 가
치를 선점하고자 하
는 싸움

시장에서 기술 표준을 주도하고 통제하기 위한 싸움을 흔히 포맷 전쟁(format wars)이라 일컫는다. 이는 곧 차별화의 원천을 통제하는 것은 물론, 그러한 차별화가 고객을 위해 창출하는 가치를 선점하고자 하는 전쟁이라 할 수 있다. 차별화된 제품은 흔히 프리미엄 가격을 요구할 수 있고 또 개발하는 데도 많은 비용이 든다는 점에서, 이러한 전쟁이 가진 의미는 엄청나다고 할 수 있다. 하이테크산업일수록 기업의 성과와 생존은 바로 이러한 싸움에 달려 있는 경우가 많다.

표준의 예

표준에 관한 대표적이고 친숙한 한 예가 바로 컴퓨터 자판 구성이다. 고객이 어떤 자판기를 구매하든지 간에, 자판기의 글자들은 모두 동일한 패턴으로 배열되어 있다.[3] 이유는 간단하다. 이를테면, 컴퓨터 메이커들이 각기 자판 배열을 전부 다르게 만들어서 판다고 가정해 보라. 그래서 어떤 회사 컴퓨터는 자판 배열의 첫 열이 QWERTY로 되어 있는 반면(주지하듯이, 이게 실제로 정해져 있는 포맷이고, 흔히 QWERTY 포맷으로 불린다), 다른 회사 것은 YUHGFD, 또 다른 회사는 ACFRDS로 되어 있다고 가정해 보자. 그럴 경우, 이미 한 자판 배열에 익숙해져 있는 사람이라면, 다른 자판 배열을 다시 익히는 것은 무척이나 성가신 일이 될 것이다. 그러므로 표준 자판 배열인 QWERTY 포맷은 사람들로 하여금 컴퓨터를 바꿔 사용하는 경우에도 컴퓨터 입력기기인 자판기의 사용을 편리하게 만들어 준다.

기술 표준의 또 다른 예는, 트럭이나 화물열차, 그리고 배에서 화물을 운송할 때 이용하는 컨테이너의 가로, 세로, 높이 규격에서 찾아볼 수 있다. 또 이들 컨테이너를 화물선 등 운송수단의 표면에 고정시키는 장치나 혹은 컨테이너 서로들 간에 고정시키는 장치 역시 모두 동일한 메커니즘을 가진 장치를 쓰도록 되어 있다. 이처럼 컨테이너 규격을 통일시키게 되면, 트럭이나 화물열차에서 화물선으로 옮겨 싣는 경우처럼, 컨테이너를 한 운송수단으로부터 다른 운송수단으로 옮겨 실을 때 상당한 편리함이 보장된다. 그렇지 않고, 컨테이너의 규격이나 고정 장치에 일정한 표준이 존재하지 않게 된다면, 전 세계 화물운송은 갑자기 큰 어려움에 직면하게 될 것이다. 운송업체들은 각기 자신의 화물운송선과 화물열차, 트럭 등에 맞는 컨테이너를 확보하여 전 세계적인 운송 스케줄에 맞추느라 진땀을 빼야 할 것이 불을 보듯 뻔하기 때문이다.

마지막으로, 우리가 흔히 쓰는 퍼스널 컴퓨터(PC)를 예로 들어보자. 일반적으로 PC 제품은, 인텔(Intel)이나 인텔사 제품과 호환되는 마이크로프로세서, RAM, 마이크로소프트(Microsoft)의 운영체제, DVD 및 내장 하드 드라이브, 자판기, 모니터, 마우스, 모뎀 등으로 이뤄지는 공통된 구성 특징이 있다. 이러한 구성 특징은 흔히 퍼스널 컴퓨터 제품의 '지배적인 디자인(dominant design)'으로 일컬어진다. 이러한 디자인에는 여러 기술

지배적인 디자인
제품의 공통된 구성
혹은 디자인 특징들

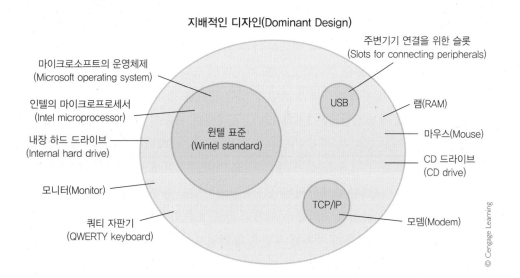

그림 7.3 퍼스널 컴퓨터의 기술 표준

지배적인 디자인(Dominant Design)

마이크로소프트의 운영체제
(Microsoft operating system)

인텔의 마이크로프로세서
(Intel microprocessor)

내장 하드 드라이브
(Internal hard drive)

모니터(Monitor)

쿼티 자판기
(QWERTY keyboard)

윈텔 표준
(Wintel standard)

주변기기 연결을 위한 슬롯
(Slots for connecting peripherals)

USB

램(RAM)

마우스(Mouse)

CD 드라이브
(CD drive)

TCP/IP

모뎀(Modem)

표준들이 내재되어 있다([그림 7.3] 참조). 예를 들어, 인텔의 마이크로프로세서와 마이크로소프트의 운영체제에 기반 한, 이른바 윈텔(Wintel) 기술 표준이 있다. 마이크로소프트와 인텔은 퍼스널 컴퓨터 제품의 핵심인 바로 이 표준을 '소유'하고 있는 것이다. 그렇기 때문에 응용소프트웨어와 부품 개발업체는 물론, 프린터 등과 같은 주변기기 제조업체들은, 자신의 제품이 윈텔 표준에 기반한 PC 제품에서 잘 구동되도록 만들려면 제품을 개발할 때 반드시 이 표준을 준수해야만 한다. PC를 주변기기들과 연결시켜 주는 USB(Universal Serial Bus) 역시 또 다른 기술 표준의 한 예인데, 이는 해당 산업 내 기술 표준 제정 위원회에서 만들어졌다. 이 경우, 기술 표준은 특정 기업이 소유하지 못하게 되고, 공공 영역(public domain)에 속하게 된다. 세 번째 기술 표준은 컴퓨터와 인터넷 간의 통신을 위한 기기인 모뎀과 관련이 있다. 소위 TCP/IP로 알려진 이 표준 역시 산업 내 기업 간 연합을 통해 만들어졌고, 따라서 이 기술 표준 역시 공공 영역에 속해 있다. 그러므로 다른 많은 제품들처럼, PC 역시 실제로 몇 가지 기술 표준에 기반 해서 만들어진다고 볼 수 있다. 또한 마이크로소프트와 인텔사가 윈텔 표준을 갖고 있듯이, 특정 회사가 특정 제품의 기술 표준을 보유하고 있을 경우, 그것은 경쟁우위와 고수익을 보장하는 원천이 될 수 있다는 사실을 명심할 필요가 있다.

표준의 이점

표준은 그것과 연관된 경제적 이점이 크기 때문에 출현한다. 첫째로, 기술 표준은 제품과 그 부품 간의 호환성을 보장해 준다. 예컨대, 컨테이너는 화물열차나 화물선, 그리고 트럭 등의 운송수단들과 함께 이용된다. 또 PC는 응용소프트웨어 제품과 함께 사용된다. 이 경우, 제품 간의 호환성은 특정 제품이 다른 제품과 잘 부합되어 작동되도록 만드는데 소요되는 여러 가지 비용을 줄여줌으로써, 가시적인 경제적 이득을 가져다 줄 수 있다.

둘째, 표준은 소비자의 마음에 발생될 수 있는 혼란을 줄여주는 역할을 한다. 수년 전, 가전산업 내 주요 경쟁기업들은 1세대 DVD 플레이어 제품의 출시를 앞두고 서로 치열한 개발 경쟁을 하고 있었다. 이들 기업은 각기 서로 다른 DVD 기술(결국, 상이한 표준)을 개발함으로써, 도시바(Toshiba)가 개발한 DVD 플레이어에서 작동되는 DVD 디스크는 소니(Sony)사가 개발한 플레이어에서는 작동되지 않는 등 서로 호환성이 없는 제품을 개발해 가게 되었다. 급기야 기업들은 이처럼 서로 호환되지 않는 DVD 기술을 개발해 제품화하는 것은 소비자들의 마음에 혼란을 불러일으켜 이들로 하여금 어떤 제품을 사야 할지 고민하게 만들고, 결국 시장을 지배할 기술이 나타날 때까지 제품 구매를 미루도록 만들지 않을까 우려하게 되었다. 제품에 대한 수요가 없이는 특정 제품 기술이 시장을 견인해 가기 어렵고, 결국 실패할 수밖에 없었던 것이다. 이러한 가능성을 피하기 위해, 당시 DVD 제품을 개발하던 기업들은 이 제품에 대한 기술 표준을 제정하기 위해 DVD 포럼(Forum)을 구성하였고, 결국 해당 산업 내 모든 기업이 준수해야 하는 DVD 플레이어와 DVD 디스크에 관한 기술 표준을 만들어 냈다. 그 결과, DVD 제품이 시장에 출시되었을 때는, 이 제품과 관련한 기술 표준이 존재하였기 때문에 소비자들의 마음에 혼란이 초래될 이유가 없었다. 이러한 노력은 시장에 DVD 플레이어 제품의 수요를 증폭시켰고, 결국 DVD 플레이어는 1990년대 후반과 2000년대 초반 가전 시장에서 가장 빠른 매출을 기록한 제품으로 기록되게 되었다.

셋째, 표준의 출현은 생산비용을 줄이는 데 도움을 준다. 일단 기술 표준이 제정되면, 이러한 표준 디자인에 기반해 만들어지는 제품은 대량생산이 가능해져 제품의 원가 구조를 떨어뜨릴 수 있게 해주고, 제조업체는 상당한 규모의 경제 효과를 실현해 갈 수 있게 된다. PC 제품에 대한 표준(즉 윈텔 표준)이 존재한다는 사실은 곧 그 PC 제품을 위한 여러 부품들의 대량생산이 가능해진다는 것을 의미한다. 그리하여, 예컨대 PC에 내장되는 하드 드라이브를 만드는 제조업체는 이 윈텔 PC 제품을 위한 드라이브를 대량생산할 수 있게 되고, 그에 따라 상당한 규모의 경제를 실현시킬 수 있게 된다. 그렇지 않고, 만일 서로 호환성이 없는 경쟁적인 표준들이 다수 존재한다면, 이 각각의 표준 제품들을 위한 드라이브를 별도 생산해야 하기 때문에, 개별 하드 드라이브 제품을 위한 생산 주기는 짧아질 수밖에 없고, 원가는 상승할 수밖에 없을 것이다.

넷째, 표준의 출현은 보완재의 공급과 연관된 위험을 줄여주고, 그래서 그러한 보완제품의 공급을 늘려 주는 효과가 있게 된다. 이를테면, PC에서 구동되는 응용소프트웨어 제품을 개발하는 데 수반되는 위험을 한번 생각해 보자. 이러한 소프트웨어 제품의 개발에는 대개 제품출시 전 상당한 투자와 노력이 소요되고, 따라서 사실은 상당한 위험이 수반되는 일이라 할 수 있다. 전 세계 PC 제품의 약 90%가 넘는 시장이 윈텔 표준을 준수하고 있는 현 실정과는 달리, 시장에 10개의 상이한 운영체제가 활용되고 있고, 이들 각 운영체제가 10%씩의 시장점유율을 갖고 있다고 가정해 보자. 만일 그렇다면, 응용소프트웨어 개발업체는 동일한 소프트웨어 제품에 대해서도 10개의 상이한 버전 제품을 각기 별도로 개발해야 할 필요성에 직면하게 될 것이고, 이 경우 각 제품이 타겟으로 하는 시장 역시 매우 작은 규모가 될 수밖에 없다. 이러한 사정은 소프트웨어 제품개발의 경제성을 크게 변화시키게 되고, 수반되는 위험은 커질 수밖에 없으며, 결국 잠재적인 수익성은 감소될 수밖에 없을 것이다. 더욱이, 높은 비용구조와 작은 수준의 규모의 경제 덕택에, 소프트웨어 제품의 가격은 결국 상승하게 될 수밖에 없다.

따라서 비록 많은 사람들이 PC 운영체제와 관련해 마이크로소프트사가 점하는 거의 독점적인 위치와 또 그것이 초래할 결과에 대해 우려하고 있지만, 이러한 독점 구조가 가지는 적어도 한 가지 좋은 효과가 있는데, 그것은 다름 아닌 보완재를 공급하는 제조업체가 직면할 위험과 함께, 보완재의 원가를 실질적으로 줄여 줄 수 있다는 것이다. 사실, 표준은 개별 기업 경쟁자에게 저원가와 차별화의 이점을 동시에 가져다 주고, 또 산업의 수익성을 전반적으로 높이는 데 기여할 수 있다.

표준의 확립

산업 내에서 표준은 대개 다음과 같은 세 가지 주요 방식을 통해 출현한다. 첫째, 표준을 확립하는 것이 여러모로 이득이 크다고 판단될 때, 산업 내 기업들은 정부에 대해 산업 표준 제정을 지시하도록 로비를 하는 등 영향력을 행사해 갈 수 있다. 예를 들어, 미국에서는 연방통신위원회(Federal Communication Commission, FCC)가 방송국 및 가전제품 제조업체들과의 긴밀한 토론 후 디지털 텔레비전 방송을 위한 하나의 기술 표준을 지시하였으며, 기존의 아날로그 방송은 2009년에 종료할 것을 요구하였다. FCC가 이러한 조치를 취한 이유는, 표준 제정과 관련한 정부의 개입 없이는 디지털 방송 개시가 지지부진해질 우려가 있었기 때문이다. 정부에 의해 표준이 정해지자, 가전업계는 디지털 TV 시장의 출현을 더욱 확신할 수 있게 되었고, 그 후 디지털 TV 제품개발은 박차를 가해 나가게 되었다.

둘째, 기술 표준은 때로 정부의 도움 없이 기업 간 협력에 의해 주도될 수도 있는데,

앞서 DVD 포럼의 예처럼 산업 내 기업 간 연합체나 협회를 매개로 추진되기도 한다. 기업이 이러한 방식으로 서로 협력해 가는 이유는, 표준을 주도하기 위한 경쟁이 소비자들에게 여러 가지 불확실성을 가중시키거나 혹은 제조업체나 유통업체들에게 불리한 위험이 초래될 우려가 있다고 판단하기 때문이다.

정부나 산업 내 협회 등이 표준 제정을 주도하게 되면, 이러한 표준은 공공 영역(public domain)에 속하게 되어 어떤 기업이든 자유롭게 그러한 표준이 기반하고 있는 지식이나 기술을 활용하고 제품을 개발할 수 있게 된다. 예를 들어, QWERTY 자판기 배열 포맷은 특정한 한 기업이나 개인이 그것을 사적으로 소유하고 있는 게 아니기 때문에, 누구도 혼자서 이 자판 배열을 이용해 이익을 독점할 수 없다. 이와 비슷하게, 웹(web)상에서 텍스트나 그래픽을 표현하는 기반 언어인 HTML(hypertext markup language) 역시 공공 영역에 속하는 것이어서, 누구든 이 언어를 무료로 사용할 수 있다. 데이터를 인터넷에 전송하기 위한 통신 표준인 TCP/IP 역시 마찬가지이다.

그렇지만 산업 표준은 때때로 시장의 고객이 보여주는 구매 패턴, 즉 시장수요에 의해 경쟁적으로 선택되기도 한다. 이 경우, 기술 표준을 주도해 가기 위해 기업이 적용해 가는 전략이나 비즈니스모델이 매우 중요해 진다. 왜냐하면 특허나 판권에 의해 보호되어 복제가 불허되는 산업 표준을 보유하는 것은 해당 기업에게 지속 가능한 경쟁우위와 탁월한 수익성을 가져다 주는 소중한 자산이 되기 때문이다. 예를 들어, 마이크로소프트나 인텔사가 누리는 경쟁우위는 바로 이들 기업이 소유한 특정 기술 표준이나 포맷에서 비롯된 바 크다. 앞서 언급한 바 있듯이, 포맷을 둘러싼 전쟁은 두 개 이상의 기업이 자신의 디자인을 산업의 표준으로 채택시키기 위해 서로 경쟁하는 가운데 발생된다. 따라서 표준이 중요한 하이테크산업에서는 포맷 전쟁이 흔하게 발생될 수밖에 없다. 마이크로소프트와 인텔이 애플(Apple)은 물론, 나중에 IBM의 OS/2 운영체제에 대항한 포맷 전쟁에서 이긴 이후에야 비로소 양사의 윈텔 표준은 PC 제품의 지배적인 표준으로 등극할 수 있었다. 앞서 살펴본 도입부 사례는 모바일 결제 시장에서 많은 기업들이 포맷 전쟁에 어떻게 몰두하고 있는 지를 잘 보여준다. 뿐만 아니라 [전략 실행 사례 7.1]에서 볼 수 있었듯이, 스마트폰 시장에서는 또 다른 포맷 전쟁이 현재 진행 중인데, 애플과 구글, 리서치 인 모션(Research in Motion), 그리고 마이크로소프트 등과 같은 회사들은 자신의 스마트폰 운영체제 및 기기가 산업 표준으로 채택되도록 만들기 위해 치열한 경쟁을 하고 있는 중이다.

네트워크 효과, 긍정적 피드백, 그리고 락아웃(Lockout)

표준이 각기 상이한 포맷을 주도하는 기업 간 경쟁을 통해 제정되는 경우, 이른바 네트워크 효과가 그러한 표준이 확립되는 데 주요한 영향을 미치는 한 요인이 될 수 있다.[4] 네트

공공 영역
정부나 혹은 산업 내 기업 연합체에 의해 주도된 표준이 존재하여, 어떤 기업이든 자사의 제품에 자유롭게 반영하고 활용해 갈 수 있는 표준화된 기술과 지식

워크 효과(Network effects)는 한 산업의 제품에 대한 수요가 그 제품과 보완 관계에 있는 제품들의 '네트워크' 크기에 의해 주로 결정되는 산업에서 흔히 관찰될 수 있다. 예컨대, 20세기 초에 자동차에 대한 수요는 포장된 도로와 주유소가 얼마나 존재하는지 그 네트워크에 의해 많이 좌우되었다. 이와 비슷하게, 전화에 대한 수요 역시 그 전화기에 의해 통화될 수 있는 다른 전화번호가 얼마나 존재하는가, 즉 전화기 연결망(말하자면, 전화기 연결망 자체가 바로 일종의 보완재인 셈이었다)에 의해 많이 결정되었다. 전화 서비스가 뉴욕(New York)에서 처음 도입되었을 때, 당시는 단 100개의 전화번호만이 이용 가능했다. 제한된 전화선과 교환 설비 때문에 전화기 네트워크는 매우 작았던 셈이고, 그 결과 전화기는 상대적으로 그리 소용이 크지 않은 제품에 불과했다. 그러나 점차 많은 사람들이 전화기를 갖게 되고, 또 전화선과 교환 설비가 점차 확장되면서 전화 연결망은 새로운 가치를 획득하기 시작하였다. 이러한 변화는 전화기 수요의 폭발적 증대를 야기하기 시작했으며, 이처럼 전화기의 보급 증대는 다시 전화기를 보유하는 것의 가치를 더 크게 증대시킴으로써, 이른바 긍정적인 피드백 순환(positive feedback loop)을 낳게 되었다.

　　표준의 확립에 있어 네트워크 효과가 왜 중요한지를 이해하기 위해, 포맷 전쟁에 관한 고전적인 한 예, 즉 VCR 제품의 시장 내 표준 기술의 위치를 놓고 벌어졌던 소니(Sony)와 마쓰시타(Matsushita) 간의 경쟁 사례를 생각해 보자. 당시 소니는 베타맥스(Betamax)라 알려진 기술을 이용한 VCR 제품을 시장에 처음 출시하였고, 이어 VHS 기술로 제작된 경쟁 제품을 JVC사가 내놓게 되었다. 이 두 회사는 VCR 리코더-플레이어 기기를 판매했고, 주요 영화배급사들은 이 VCR 테이프에 자신의 영화를 담아 소비자들에게 대여하였다. 처음에는 거의 모든 테이프가 소니사의 VCR 기기에서 구현되는 베타맥스 포맷으로 출시되었고, 소니사는 이 VCR 플레이어 기기의 모든 것을 자신이 직접 만들기 위해 다른 회사에 베타맥스 기술을 이전해 주지 않았다. 더욱이 일본의 통산성(Ministry of International Trade and Industry, MITI)이 소니사의 베타맥스 기술을 일본의 표준으로 선정하려는 움직임을 보이자, JVC사는 자신의 기술 포맷을 다른 회사에 자유롭게 이전할 것을 결정하였고, 이어 당시 일본의 최대 가전 메이커였던 마쓰시타(지금은 파나소닉, Panasonic)사에게 지원을 요청하게 되었다. JVC와 마쓰시타는 VHS 포맷의 VCR 제품이 소비자들에게 가치있게 다가가기 위해서는, 보다 많은 영화배급사들이 자신의 영화를 VHS 테이프에 담아 출시하도록 유인할 필요가 있다는 것을 깨달았다. 이것을 가능하게 하기 위해서는, VHS 기술의 VCR 제품을 가능한 한 신속하게 많이 보급하는 것이 필요했다. 시장에 VHS 방식의 VCR 플레이어가 많이 보급되어 있을수록, 영화배급사들은 자신의 영화를 VHS 포맷의 테이프에 담아 출시할 인센티브가 많이 생길 것이기 때문이다. 또한 이처럼 VHS 포맷의 영화 테이프가 시장에 대여용으로 많이 나와 있을수록, VHS 방식의 VCR 플레이어는 소비자들에게 더 많은 가치를 가져다 줄 수 있게 될 것이고, 그에 따라 VHS 방식의 플레이어에 대한 수요 역시 증가되게 될 것이었다([그림 7.4] 참조). 말하자면, JVC와 마쓰시타는 긍정적 피드백 순환이 이뤄지기를 기대했던 셈이었다.

이를 위하여, JVC와 마쓰시타는 어떤 가전회사들도 일정한 라이센스 계약 하에 자신의 VHS 포맷 플레이어를 제조할 수 있도록 허용하는 기술이전 전략을 추진하였고, 이 전략은 효과적으로 작동되었다. 수많은 기업들이 이 VHS 방식의 플레이어를 만들기 위해 라이센스 계약에 응하였고, 그 결과 VHS 방식의 VCR은 이제 전자제품 매장에서 베타맥스 방식의 플레이어보다 더 흔하게 만날 수 있게 되었다. 이처럼 VHS 방식의 플레이어 판매가 증가하기 시작하자, 영화배급사들 역시 VHS 포맷의 테이프에 더 많은 영화를 담아 출시하기 시작하였고, 이는 다시 VHS 플레이어에 대한 수요를 촉진하게 되었다. 그 결과, 이제 VCR 테이프 대여점에 가면, VHS 테이프에 담긴 영화는 많은 반면, 베타맥스 테이프에 담긴 영화는 점차 찾아보기 어렵게 되었다. 이러한 변화가 가속화되자, 긍정적인 피드백 순환이 강화되기 시작하였고, 마침내 소니사의 베타맥스 기술은 시장에서 점차 사라지게 되었다. 이렇듯, 이 두 진영 간의 주요한 차이를 만들어 낸 주요 요인은 바로 전략이었다. 즉 JVC와 마쓰시타는 자유로운 기술이전 전략을 택한 반면, 소니는 그렇지 않았다. 그 결과 JVC의 VHS 기술은 사실상 VCR 제품의 표준이 되었던 반면, 소니의 베타맥스 기술은 락아웃(lockout), 즉 퇴출되고 말았던 것이다.

이 사례에서 추출해 볼 수 있는 일반적 원칙은 다음과 같다. 즉, 두 개 이상의 기업들

그림 7.4 | **VCR 제품 시장에서의 긍정적 피드백**

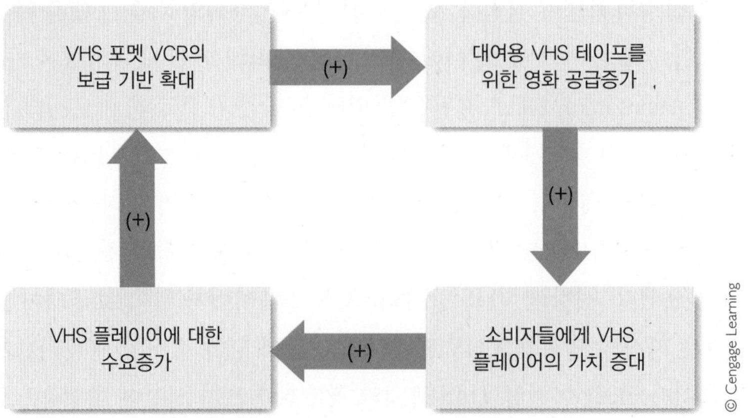

- VHS 포멧 VCR의 보급 기반 확대
- 대여용 VHS 테이프를 위한 영화 공급증가
- 소비자들에게 VHS 플레이어의 가치 증대
- VHS 플레이어에 대한 수요증가

(+)

© Cengage Learning

이 산업 내 기술 표준을 놓고 서로 경쟁하고 있을 때, 그리고 네트워크 효과와 긍정적 피드백 순환이 중요한 경우라면, *포맷 전쟁에서 승리하는 기업은 바로 긍정적 피드백 순환을 잘 활용할 수 있는 그러한 전략을 구사하는 회사라는 것이다.* 이러한 원칙은 컴퓨터 하드웨어와 소프트웨어, 통신, 그리고 가전산업 등 많은 하이테크산업에서 매우 중요할 수 있다. 마이크로소프트사는 바로 이 긍정적 피드백 순환을 잘 이용하였기에 오늘의 위치에 등극할 수 있었다. 돌비(Dolby) 역시 이러한 긍정적 피드백 순환을 효과적으로 이용한 회사의 또 다른 예라 할 수 있다. 레이 돌비(Ray Dolby)가 전문적인 테이프 녹음시 배경 잡음을 줄일 수 있는 신기술을 발명했을 때, 그는 결코 비싸지 않은 요금을 받고 이 기술을 이전해 주는 라이센스 사업 모델을 채택하였다. 그는 자신의 이 기술이 가치있는 것임을 잘 알고 있었지만, 또한 너무 비싼 기술이전료를 부과하게 되면 경쟁 제조업체들이 잡음 감소를 위한 대안적인 기술을 개발해 가게 된다는 것을 잘 이해하고 있었던 것이다. 그는 또 테이프 플레이어 기기에만 기술이전료를 부과하였을 뿐, 사전에 녹음되어 시중에 팔리는 테이프에는 자신의 기술이 무료로 적용될 수 있도록 허용하였는데, 그의 이러한 결정은 강력한 긍정적 피드백 순환을 불러일으켰다. 즉 시중에 돌비 기술이 적용된 음악 테이프 제품이 많아지자, 이 돌비 기술이 적용된 테이프 플레이어에 대한 수요가 증가하기 시작하였다. 또 돌비 기술이 장착된 플레이어가 많이 보급되자, 시중에 판매되는 음악 테이프 중 이 기술이 적용된 테이프가 점하는 비율이 획기적으로 증가하게 되었고, 이는 결국 돌비 기술이 적용된 플레이어에 대한 수요를 다시 촉진하는 결과를 낳았다. 그리하여 1970년대 중반에 이르면, 시중에 유통되는 거의 모든 음악 테이프에는 이 돌비 잡음제거 기술이 적용되게 되었다.

이처럼 시장에 하나의 표준이 정착되게 되면, 긍정적 피드백 과정이 야기하는 중요한 결과가 초래된다. 즉 고객들이 기존에 확립된 표준을 포기하고 새로운 표준을 채택하는 데 소요되는 전환 비용(switching costs)을 감당하기 어렵다고 느끼게 되면, 아무리 좋은 대안적 표준 기술을 개발한 기업이라 할지라도 시장에서 퇴출될 수밖에 없다는 것이다. 이 경우, 전환 비용이란 한 기술 표준이 적용된 제품으로부터 다른 기술 표준이 적용된 제품으로 갈아타기 위해 소비자가 기꺼이 부담해야 하는 비용을 의미한다.

한 예를 들어, 어떤 회사가 시장에서 현재 표준인 마이크로소프트의 윈도우(Windows)보다 더 빠르고 안정적인 PC 운영체제를 개발했다고 가정해 보자. 그러면, 이 회사는 마이크로소프트사로부터 상당한 시장점유율을 뺏어오는 것이 가능할까? 결코 쉽지만은 않을 것이다. 일반적으로 고객들은 운영체제 때문에 PC를 구매하는 것이 아니라, 그 운영체제에서 구동되는 여러 응용 프로그램 때문에 PC 제품을 선택한다. 새로운 운영체제는 시장에 아직 많이 보급되어 있지 않을 것이기 때문에, 응용소프트웨어 개발업체들은 이 새로운 운영체제에서 구동되는 새로운 워드프로세서, 스프레드쉬트

(spreadsheets), 게임, 그리고 다른 응용소프트웨어 프로그램들을 쉽게 개발할 수가 없다. 왜냐하면, 그러한 개발에는 상당한 모험과 위험이 수반되기 때문이다. 그래서 시장에는 아직 이 새로운 운영체제에 적합한 응용 프로그램들이 매우 적을 수밖에 없고, 그럼에도 불구하고 소비자가 새로 개발된 운영체제로 바꾸려 한다면 그는 자신이 기존에 쓰던 여러 응용 프로그램들을 포기하는 등 상당한 전환 비용을 치르고서야 비로소 이를 실행에 옮길 수 있게 되는데, 실제로 이를 기꺼이 부담하면서까지 운영체제를 전환해 갈 사람은 별로 없을 것이다. 심지어 이 새로운 운영체제에서 구동되는 여러 응용소프트웨어 프로그램들이 시장에 다양하게 구비되어 있다고 할지라도, 소비자들은 이 응용 프로그램들을 새로 구입하는 비용을 치러야 하는데, 이는 또 다른 형태의 전환 비용이라 할 수가 있다. 더욱이 소비자들은 새로 구입한 운영체제와 응용 프로그램들을 학습하고 이에 적응하는데 상당한 노력과 시간을 들여야 하는데, 이러한 수고 역시 또 다른 전환 비용으로 간주해 볼 수 있다. 그러므로 비록 새로운 운영체제가 기존의 윈도우보다 더 낳은 성능을 발휘한다 할지라도 소비자들은 제품을 전환하기가 쉽지 않을 것이고, 그 결과 새로운 운영체제를 개발한 회사는 시장에서 도태되기 쉽게 된다.

그렇지만 새로운 기술이 가져다 주는 여러 효익이 전환하는 데 소요되는 비용보다 확실히 더 클 경우에 소비자들은 이러한 전환 비용을 감당해 갈 수 있다. 예를 들어, 1980년대 후반과 1990년대 초반 경 많은 소비자들은 새로운 CD 플레이어 기기와 CD 음반을 구입하는 등 상당한 전환 비용에도 불구하고 기존의 아날로그 레코드 플레이어에서 새로운 디지털 CD 플레이어로 전환해 갔다. 왜냐하면, 많은 사람들에게 있어서 CD로 재생되는 훨씬 더 선명한 음질의 효익이 새로운 플레이어 기기로 옮겨 가는 데 필요한 전환 비용보다 훨씬 더 컸기 때문이다.

이러한 전환과정이 계속되자, 여기서도 긍정적 피드백 순환 과정이 작동되기 시작하였다. 즉 CD 플레이어 기기의 보급이 늘자, 이는 전통적인 레코드 음반에 비해 CD에 담긴 음악 음반의 출시 증가를 가져왔고, 이는 다시 CD 플레이어 기기의 매출을 증대시켰다. 급기야 CD 플레이어의 보급이 널리 확대되자, 메이저 음반사들은 이제 CD 음반만을 출시하는 경우가 많아졌다. 상황이 여기에 이르자, 심지어 새로운 기술로의 전환을 원치 않던 사람들마저도 새로운 음반을 즐기기 위해서는 할 수 없이 새로운 기기를 구입해야만 했다. 음반산업의 표준이 바뀌었던 것이다. 새로운 기술은 표준으로 정착된 반면, 예전 기술은 점차 도태되어 갔던 것이다.

지금까지 살펴본 여러 사례들에 기반해 보자면, 언젠가 경쟁 운영체제가 개발되어 어느 정도 충분한 수의 고객들이 새로운 운영체제로 갈아타는 데 소요되는 비용을 기꺼이 부담해 갈 수 있는 새로운 효익을 창출해 가게 된다면, 비록 현재로서는 여전히 시장 지배자이긴 하지만 PC 제품의 윈텔 표준 역시도 얼마든지 대체될 가능성이 있음을 짐작해

볼 수 있다. 바로 이런 취지에서, 현재 애플이 이 윈텔 표준의 지배에 조금씩 균열을 가져가는 현상을 눈여겨 볼 필요가 있다. 세련된 디자인과 편의성을 함께 제공하는 애플의 여러 기기들은, 사람들로 하여금 윈텔 컴퓨터에서 애플 머신(machine)으로 전환하는 비용을 기꺼이 부담하도록 만들어 가고 있기 때문이다.

포맷 전쟁에서 승리하기 위한 전략

네트워크 효과와 긍정적 피드백 순환이 작동되는 시장에서 새로운 기술적 표준을 주도해 가려는 회사의 입장에서는, "우리의 포맷을 시장의 지배적인 표준으로 확립해 가기 위해서는 과연 어떤 전략을 추구해 가야 할까?"하는 것이 가장 핵심적인 과제가 될 수 있다.

이러한 포맷 전쟁에서 승리해 가기 위해 회사가 취해야 할 다양한 전략들은, *네트워크 효과가 자신에게는 유리하게 작용되는 반면, 경쟁자들에게는 불리하게 작용될 수 있는 방법을 찾는 데* 그 초점이 둬야 한다. 기업이 포맷 전쟁에서 승리하기 위해서는, 자신의 기술이 시장의 표준으로 안착되도록 도와주는 제품 및 수요 기반을 가급적 빨리 확보해 감으로써 긍정적인 피드백 순환이 자신에게 유리하게 작용되도록 만들어 가야 하며, 소비자들로 하여금 제품의 전환 비용을 기꺼이 감내해 가도록 유도해서 결국 시장이 자신의 기술에 신속히 고착되도록 만들어 갈 필요가 있다. 즉 기업은 신제품을 출시한 초기에 매출을 가능한 한 빨리 증대시켜 자신의 기술 표준이나 포맷을 위한 수요 확산을 신속히 가속화시킴으로써, 이 기술이 산업의 표준으로써 가능한 한 빨리 확립되어 경쟁 포맷이 시장에서 퇴출되도록 상황을 조성해 갈 필요가 있는 것이다. 기업이 이러한 목적을 달성하기 위해 취할 수 있는 여러 핵심 전략과 전술들은 다음과 같다.[5]

보완재의 적절한 공급

기업은 자신의 제품뿐만 아니라, 그 제품에 대한 보완재가 시장에 적절히 공급될 수 있도록 만들어 가야 한다. 이를테면, 소니(Sony)의 플레이스테이션3(PlayStation 3) 제품의 경우, 이 게임기에서 작동되는 게임 프로그램의 공급이 원활치 않으면 누구도 이 게임기를 사지 않으려 할 것이다. 이처럼 기업이 보완재 공급을 적절히 보장해 가기 위해서는, 다음과 같은 두 가지 전형적인 조치를 강구해 갈 수 있다.

첫째, 기업이 직접 보완재를 생산하는 다각화를 시행함으로써, 자신의 포맷을 위한 초기 수요 진작에 기여해 갈 수 있다. 예컨대 소니사는 1990년대 초, 최초의 플레이스테이션 생산에 앞서 이 게임기를 위한 비디오게임을 제작하는 내부 부서를 별도로 운용한 바 있다. 그리하여 플레이스테이션을 처음 출시하였을 때, 소니사는 이 게임기에서 구현되는 16개의 게임을 동시에 출시하여 고객들로 하여금 보다 쉽게 이 게임기를 구입해 가도록 유인하였다. 둘째, 기업은 다른 독립된 기업들이 자신의 제품에 대한 보완재를 생산해 가도록 유인하거나 혹은 이러한 보완재 생산이 보다 용이하도록 상황을 조성해 갈 필요가 있다. 소니는 수많은 독립 게임 개발자들에게 플레이스테이션용 게임을 개발, 생산해 갈 수 있는 권리를 이전해 주었고, 또 이러한 개발자들에게 닌텐도(Nintendo)나 세가(Sega) 등 경쟁기업들보다 더 저렴한 로열티 수수료를 부과하였으며, 심지어 자신의 게임을 개발하는 데 필요한 소트프웨어 장비를 이들에게 대여해 주는 등의 조치를 취하였다(오늘날에는 애플사가 자신의 스마트폰과 관련하여 이와 유사한 조치를 취하고 있다). 이러한 노력의 결과로, 소니의 플레이스테이션이 출시될 당시 거의 30여 개의 게임이 동시에 출시될 수 있었고, 그 결과 이 게임기의 수요를 촉진하는 데 기여하게 되었다.

킬러 애플리케이션의 활용

킬러 애플리케이션(Killer applications)이란, 소비자들에게 상당히 인기가 있어서 이들로 하여금 새로운 포맷이나 기술을 적극 수용하도록 유인함으로써, 결과적으로 경쟁 포맷에 대한 수요를 잠재우는 역할을 하는 응용 프로그램이나 혹은 제품 및 기술의 응용 측면들을 뜻한다. 이러한 킬러 애플리케이션들은 흔히 새로운 표준에 대한 수요를 폭증시키는 데 기여한다. 예를 들어, 1990년대에 소비자들로 하여금 AOL과 같은 회사의 온라인 서비스에 가입하게 유인한 킬러 애플리케이션은 당시로서는 획기적이었던 이메일이나 채팅방, 그리고 웹(Web)을 탐색할 수 있는 기능이었다.

이상적으로는 새로운 기술 표준을 주도해 가고자 하는 기업이 일종의 보완제품으로서 이러한 킬러 애플리케이션도 자신이 직접 개발하여 보급해 갈 수 있다. 그렇지만 다른 기업들이 개발한 애플리케이션을 적극 활용해 가는 선택을 할 수도 있다. 예컨대, 1981년에 도입된 IBM PC의 초기 판매에는 당시 이 PC에서 매우 중요했던 VisiCalc(스프레드쉬트 프로그램)과 EasyWriter(워드프로세서 프로그램) 등 두 가지 응용소프트웨어 프로그램의 도입이 결정적인 역할을 하였는데, 이 두 프로그램들은 모두 다른 독립된 회사들이 개발한 것들이었다. 당시 IBM은 이러한 애플리케이션 프로그램들이, 이를테면 애플 II와 같은 경쟁 PC 제품의 급속한 수요 유발에 중요한 역할을 하는 것을 지켜본 바 있었다. 따라서 이러한 소프트웨어를 개발한 업체들과 발 빠른 제휴를 한 다음, 자신의 PC에서 구동되는 애플리케이션들을 적극 도입해 IBM PC의 보완재로 함께 판매해 갔었으며, 이러한 전략은 결국 상당한 성공으로 귀결되었다.

공격적인 가격정책과 마케팅

제품의 초기 수요를 급속히 늘리기 위해 흔히 채택되는 책략 중의 하나는 이른바 면도기 및 면도날 전략(razor and blade strategy)이 있다. 면도기 및 면도날 전략이란, 제품(예: 면도기)에 대한 수요를 촉진하고 초기 제품 보급을 신속히 증가시키기 위해 제품의 가격은 거의 원가로 책정하는 대신, 이 제품에 대한 보완재(예: 면도날)는 상대적으로 가격을 높게 책정하여 이들 제품의 판매에서 높은 수익을 구가해 가는 전략을 의미한다. 이 전략은, 자신의 면도기와 면도날을 판매할 때 바로 이러한 전략을 처음 구사했던 질레트(Gillette)사로부터 그 이름이 유래되었다. 하지만 다른 많은 기업들 역시 이러한 전략을 활용해 갔는데, 이를테면 휴렛패커드(Hewlett-Packard)사가 프린터는 아주 저렴하게 공급하면서, 프린터의 소모품인 잉크 카트리지의 판매로부터 오히려 더 많은 수익을 올리는 것도 그 한 예라고 볼 수 있다. 이 경우, 프린터는 바로 '면도기'에 해당하는 제품으로써, 제품의 수요를 촉진하고 또 소비자들이 기존에 쓰던 프린터에서 자사의 프린터로 보다 쉽게 전환하도록 유인하기 위해 일부러 가격을 낮게 책정한다. 반면, 잉크 카트리지는 '면도날'에 해당하는 제품으로써, 비교적 높은 가격을 책정해 바로 이 제품들에서 높은 수익을 창출해 가는 것이다. HP사가 판매하는 잉크젯 프린터는 전용성(專用性)이 높은 기술 포맷의 전형적인 한 예라고 볼 수 있다. 왜냐하면 HP사의 잉크 카트리지는 오로지 HP사의 프린터에만 사용할 수 있을 뿐, 이를테면 캐논(Canon)과 같은 경쟁사의 프린터에 사용하도록 만들어진 카트리지는 HP의 프린터에는 사용이 불가하기 때문이다. 이와 비슷한 전략은 비디오게임 산업에서도 흔히 활용된다. 비디오게임기 제조사는 소비자들로 하여금 자신의 기술을 적극 수용하도록 만들기 위해 하드웨어 기기인 비디오게임 콘솔 기기의 가격은 거의 원가에 책정한다. 그렇지만 이들 기업 역시 수익은 그 게임 기기에서 구현되는 게임 프로그램의 판매에서 대부분 실현해 가고 있다.

또한 공격적인 마케팅도 제품의 보급 기반을 신속히 확충해 가기 위한 목적으로 초기 제품 수요를 촉진하고자 할 때 흔히 활용되는 전략이다. 제품의 초기 수용자들(early adopters)이 새로운 기술 포맷을 받아들이는 데 필요한 전환 비용들을 보다 손쉽게 부담해 갈 수 있도록 유인하기 위해, 적극적이고 실질적인 여러 판매촉진책들이 현장에서 실행될 수 있다. 이러한 노력들이 만일 성공한다면, 그것은 긍정적 피드백 순환을 야기하는 데 크게 기여할 수 있다. 이러한 맥락에서, 소니사의 플레이스테이션은 다시 한 번 좋은 사례를 제공한다. 소니는 플레이스테이션을 처음 출시할 때, 주요 고객층인 18세에서 34세의 사람들에게 초점을 맞춘 전국적인 TV 광고를 때맞춰 개시하는 한편, 많은 잠재고객들이 이 게임 기기를 이용해 직접 게임을 시현해 볼 수 있는 체험 매장들을 전국적으로 동시에 개장하는 마케팅 전략을 구사한 바 있다.

> **면도기 및 면도날 전략**
> 제품의 수요 촉진을 위해 해당 제품 가격은 낮게 책정하는 대신, 그 제품에 대한 보완재의 가격은 높게 책정하는 가격정책

경쟁기업들과의 협력

기업들은 그간 서로 호환되지 않는 기술 표준들을 경쟁적으로 도입하려 한 적이 많았다. 그 가운데 좋은 한 예가 바로 CD의 개발 사례이다. 처음에는 소니, 필립스(Philips), JVC, 그리고 텔레푼켄(Telefunken) 등 4개 회사가 레이저(laser) 기술을 기반으로 하여 각기 상이한 버전의 CD 플레이어를 개발하고 있었다. 그래서 만일 이러한 상황이 지속된다면, 이 기업들은 시장에 서로 호환성이 없는 기술을 내놓게 되어, 이를테면 필립스의 CD 플레이어에서 작동되도록 출시된 CD가 소니사의 플레이어에서는 돌아가지 않는 결과를 초래할 수밖에 없었다. 이처럼, 호환성이 없는 기술을 기업들이 거의 동시에 도입하는 것은 시장의 소비자들에게 큰 혼란을 야기할 수밖에 없어 소비자들로 하여금 제품 구입을 지연시키게 만들 수 있음을 깨닫고, 결국 소니와 필립스는 서로 힘을 합해 CD 관련 기술 개발에 협력하기로 결정하였다. 즉 소니사는 자신의 에러 교정(error correction) 기술을, 그리고 필립스는 자신의 레이저 관련 기술을 제공하는 등 서로 제휴하여 제품을 개발해 갔던 것이다. 양사 간의 이러한 협력은 이 산업 내 이해 관계를 가진 다른 기업들이 모두 소니-필립스 제휴 진영으로 기울어지게 만드는 동인을 제공하였고, 그 결과 JVC나 텔레푼켄사는 다른 기업들의 지원을 받지 못하고 고립되게 되었다. 가장 결정적으로는 여러 음반 제작회사들이 소니-필립스 포맷을 지지하겠다고 나서자, 결국 JVC와 텔레푼켄은 자신이 개발하던 CD 기술을 포기할 수밖에 없게 되었다. 소니와 필립스 간의 협력 사례는, 기업간 협력을 통하여 산업 내 혼란을 제거하고, 하나의 포맷이 시장을 주도할 수 있는 환경을 조성함으로써 표준 기술의 수용을 가속화시켜 갔다는 점에서 의미있는 전례라고 할 수 있다. 즉 이 두 회사 간의 협력은 경쟁사들을 제거하고, 표준 포맷의 성공을 공유할 수 있도록 해줌으로써, 필립스와 소니 양사 모두에게 윈-윈(win-win) 상황을 제공해 주었던 것이다.

포맷의 라이센싱

자신의 포맷을 다른 기업에게 라이센싱(licensing)해 줌으로써, 다른 기업들이 이 포맷에 기반한 제품을 만들 수 있도록 허용하는 것은 흔히 활용되는 또 다른 전략이다. 포맷을 공여해 주는 기업은 기술이전료도 획득할 수 있고 또 해당 제품의 보급을 신속히 확대해 갈 수 있어서, 결과적으로 제품 수요를 촉진하고, 시장에서 해당 제품이 표준적 위치를 획득하도록 상황을 조성해 갈 수 있다. 이것이 바로 VCR 제품의 VHS 포맷에 대해 JVC와 마쓰시타 진영이 취한 전략이었다. 앞서 설명한 바 있듯이, JVC는 마쓰시타사로 하여금 오사카의 마쓰시타 공장에서 자신이 개발한 VCR 제품을 생산할 수 있도록 허용하는 것은 물론, 많은 다른 기업들이 일정한 라이센스 계약 아래 동일한 VHS 포맷의 플레이어를 생산할 수 있도록 허용함으로써 이 VHS 플레이어 기기가 보다 광범하게 보급되도록 조치해 갔다(반면, 소니사는 자신의 대항 포맷인 베타맥스 기술을 다른 기업에게 이전하지 않고, 이 베타맥스 포맷의 플레이어를 자신이 혼자 생산했다).

기업은 산업 내 경쟁 여건과 경쟁사가 취할 전략 등을 충분히 감안하여, 이러한 여러 전략 및 전술들 가운데 자사에게 가장 적절해 보이는 대안을 추구해 가야 한다. 비록 어느 상황에서나 적용될 수 있는 유일한 전략이 존재할 수는 없지만, 전략적 대안을 추구할 때는 무엇보다 자신의 표준 기술이 적용된 제품의 보급과 확산이 신속히 이루어질 수 있도록 만드는 것이 최우선적인 목표가 되어야 한다. 이처럼 자신의 포맷에 대한 초기 수요를 신속히 늘여감으로써, 기업은 소비자들로 하여금 자신의 기술을 수용하는 데 소요되는 전환 비용을 기꺼이 감내해 가도록 유인해 갈 수 있고, 또 후속적으로 야기되는 긍정적 피드백 과정을 적극 활용해 갈 수 있게 된다. 아울러, 반대 효과를 산출할 수 있는 전략은 절대 추구하지 않는 것이 중요하다. 예를 들어, 특정 제품에 대한 초기 수용자들(early adopters)이 일반적으로 후발 구매자들보다 가격에 덜 민감하다고 해서, 처음 출시한 제품들에 대해 높은 가격을 책정함으로써 이들 초기 수용자들을 대상으로 이익을 올리고자 하는 전략을 채택해서는 곤란하다. 이러한 전략은 오히려 해당 제품에 대한 수요증가를 더디게 만들기 쉽고, 또 공격적인 경쟁자들이 이익을 공유하고, 나아가 자신의 포맷을 산업 표준으로 확립해 갈 수 있는 기회를 제공하는 불행한 효과를 낳을 수 있다.

하이테크산업에서의 비용구조

하이테크산업의 경우, 제품을 처음 개발할 때 소요되는 비용은 매우 큰 데 비해, 그 제품을 추가 생산할 때 드는 비용은 매우 작은 경우가 많다. 가장 전형적인 한 예가 바로 소프트웨어 제품의 경우이다. 예컨대, 마이크로소프트사가 윈도우 비스타(Windows Vista) 제품을 개발할 때는 거의 50억 달러가 소요되었지만, 이 윈도우 비스타 제품을 추가적으로 복제 생산하는 데는 거의 비용이 들지 않는다. 일단 윈도우 비스타 프로그램이 완성되었을 때, 마이크로소프트사는 이 원본 프로그램의 복사본을 델(Dell) 컴퓨터사와 같은 PC 조립업체에게 보내게 되고, 그러면 델은 이를 이용해 자신이 판매하는 모든 개별 PC에 이 프로그램을 복사해 깔게 된다. 그러면 마이크로소프사로서는 사실상 추가 제조 비용이 거의 제로에 가깝지만, 개별 PC 제품에 복제되어 설치되는 윈도우 비스타 제품 복사본 하나하나에 대해 라이센싱 수수료를 받게 된다.[6] 비록 이 윈도우 비스타를 개발할 때 든 고정비용이 거의 50억 달러에 이르렀지만, 마이크로소프트로서는 윈도우 비스타의 추가 복제 제품생산에 든 한계 생산비용이 거의 제로에 가까웠던 것이다.

다른 많은 하이테크 제품의 경우도 이와 비슷한 비용 경제구조를 가진다. 즉 고정비는 매우 높은데 비해, 한계 생산비용은 매우 낮은 것이다. 비록 소프트웨어 제품이 매장을 통해 판매된다면 제품의 포장과 유통에 드는 비용이 제품의 한계 생산비용을 다소 높이게 되고, 또 판매원을 통해 판매될 경우 이 역시 약간의 한계 비용을 더하겠지만, 대부분의 소프트웨어 제품은 원가 면에서 이와 유사한 특징을 공유하게 된다. 많은 가전제품들 역시 기본적으로 동일한 비용구조를 가진다. DVD 플레이어나 비디오게임 콘솔 기기 등을 처음 개발하는 데 소요되는 고정비용은 막대하지만, 이들 제품을 추가적으로 생산하는데 드는 비용은 매우 낮기 마련이다. 이와 비슷하게, 신약을 처음 개발하는데 소요되는 고정비 역시 8억 달러를 상회할 정도로 매우 높지만, 이 알약을 추가적으로 생산하는데 소요되는 한계 생산비용은 기껏해야 몇 센트에 불과하다.

산업 간 비용구조의 비교

하이테크산업에서 이러한 비용구조가 갖는 전략적 중요성을 제대로 이해하기 위해서는, 다른 많은 산업의 경우 기업이 생산량을 증대시키려 할 때 한계 생산비용이 증가한다는 사실을 기억할 필요가 있다(경제학에서는 이를 *수확체감의 법칙*이라 부른다). 특정 재화를 더 많이 생산하기 위해서는, 일반적으로 기업이 더 많은 인력을 고용하고 또 공장과 설비에도 더 많이 투자해야 한다. 이때 추가 생산을 위해 활용되는 추가적인 자원들은 처음보다 더 생산적으로 활용되지 못하기 마련이고, 그 결과 한계 생산비용은 점차 증가하게 된다. 그렇지만 이러한 수확체감의 법칙이 소프트웨어 제품을 생산하거나 혹은 디지털 통신 네트워크를 통해 디지털 데이터를 전송할 때처럼 많은 하이테크산업에서는 적용되지 않는다.

이를테면, α와 β 두 기업이 있다고 치자([그림 7.5 참조]). α 기업은 전통적인 산업에 속한 생산자이고, 따라서 수확체감 현상을 겪을 수밖에 없어서, 생산량을 증대시킬 때 한계 생산비용이 증가하게 된다. 이에 비해, β 기업은 하이테크 생산자여서, 생산량이 증가해도 한계 생산비용이 전혀 증가하지 않는다. [그림 7.5]를 보면, β 기업의 한계 생산비용 곡선은 수평축에 가까운 위치에서 직선으로 나타나 있다. 이는 이 기업의 한계 생산비용 수준이 거의 제로에 가까우며 또 생산량의 변동에도 불구하고 전혀 변화가 없음을 의미한다. 이에 비해, α 기업의 한계 생산비용은 생산량이 증가함에 따라 같이 증가하여, 수확체감이 이루어짐을 보여주고 있다. β 기업은 낮고 일직선의 한계 생산비용 곡선 때문에, 생산량이 증가함에 따라 고정비가 분산되어, 모든 생산량 범위에서 공히 평균 생산비용 곡선이 하락하는 결과가 초래된다. 반면, α 기업은 한계 생산비용이 계속 증가함에 따라, 전통적인 산업을 전제로 한 경제학 분석에서 흔히 볼 수 있듯이, 평균 생산비용 곡선은 U자 형태를 띠게 된다. 이제 간단한 예를 위해, 이 두 기업이 동일한 가격, Pm

에서 제품을 판매하며, 또한 동일한 생산량, 0-Q1을 판매하고 있다고 가정해 보자. 그러면 Q1의 판매량 수준에서 β 기업은 평균 생산비용이 α 기업보다 훨씬 낮기 때문에, 결과적으로 훨씬 더 큰 이익을 창출할 수가 있게 된다(두 기업이 창출하는 이익은 [그림 7.5]에서 음영이 들어간 영역에 해당한다).

전략적 중요성

만일 한계 생산비용이 증가하는 비용구조에서 고정비는 다소 높을 수 있지만 한계 생산비용이 매우 낮은 비용구조로 전환할 수 있다면, 그 기업의 이익률은 크게 증가할 수 있을 것이다. 가전 산업에 있어서는 그러한 전환이 지난 20여 년 동안 발생되어 왔다. 음반 산업의 경우([그림 7.5]의 α 기업과 같이) 수확체감 현상으로 인해, 산출량이 증가함에 따라 한계 생산비용이 증가했던 아날로그 기술에 기반하고 있었다. 하지만 1980년대와 1990년대에 이르러, CD 플레이어와 같은 디지털 시스템들이 기존의 아날로그 시스템을 대체하기 시작하였다. 디지털 시스템은 기본적으로 소프트웨어에 기반하고 있어서, 이를테면 음반 한 장을 복제해 생산하는 데 훨씬 낮은 생산비용이 소요되었다. 그 결과, 음반회사들은 제품의 가격을 낮추고, 수요를 확대해, 이익을 증대해 갈 수 있었다(음반 산업의 생산시스템은 [그림 7.5]의 β 기업과 공통점이 많다).

그림 7.5	하이테크산업에서의 비용구조

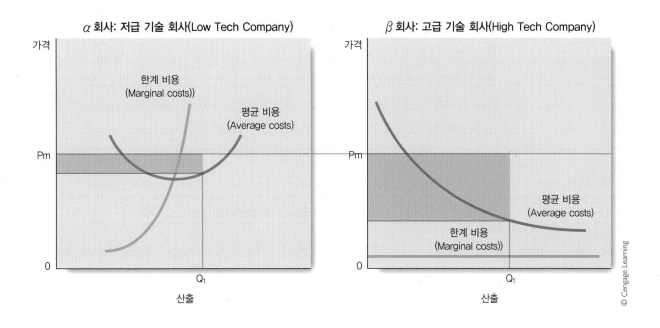

© Cengage Learning

그렇지만 이러한 전환과정은 아직도 진행 중이라 할 수 있다. 음악 음원을 복제하는 가장 최근의 기술은 이제 인터넷을 통한 유통(이를테면, iPod 같은 기기로 곡을 다운로드 받는 것)에 기반하고 있다. 이러한 새로운 방식은 음악 한 곡을 복사하는 데 드는 한계 비용을 훨씬 더 낮춰 거의 제로에 가깝게 만들 뿐만 아니라, 산출량의 증가에 따라 그 비용이 증가하지도 않게 만들어 주었다. 단 한 가지 문제는, 음원에 대한 낮은 복제 및 유통비용으로 인해 불법적인 음원 공유와 내려받기 등이 광범하게 확산되어 음반 산업의 전반적인 수익이 크게 낮아지는 결과가 초래된 것이었다. 국제 음반 산업 협회(International Federation of the Phonographic Industry)에 따르면, 전 세계적으로 CD와 일반 디스크음반, 카세트의 판매, 그리고 디지털 음원의 다운로드로 인한 총 수익은 2000년 369억 달러에서 2010년 159억 달러로 감소한 바 있다. 이 문제는 우리가 나중에 지적재산권에 관해 논의할 때, 이러한 카피라이트(copyright) 이슈에 대해 좀 더 자세히 다룰 기회가 있을 것이다. 이와 동일한 전환은 지금도 다른 산업에 많은 영향을 주고 있다. 또한 일부 기업들은 이러한 전환으로부터 새로운 사업 및 이윤창출의 기회를 찾기 위한 전략을 모색하고 있기도 하다. 예를 들어, [전략 실행 사례 7.2]는 이런 취지에서 소노사이트(SonoSite) 사의 경우를 예시하고 있다.

하이테크 기업이 높은 고정비용과 낮은 한계 생산비용 상황에 직면하게 될 경우, 이 회사가 추구해야 할 전략은 단 기간 내 산출량을 증대시키기 위해 가격을 낮춰 가는, '낮은 비용구조' 전략이어야 한다. 다시 한번 [그림 7.5]를 보게 되면, 하이테크 기업의 평균 생산비용은 산출량이 증대됨에 따라 급속히 줄어드는 것을 알 수 있다. 이것은, 수요를 자극하기 위해 가격을 낮춰 갈 수 있음을 시사해 주는 것인데, 가격하락이 이루어지는 것보다 평균 생산비용이 하락하는 것이 더 큰 한, 가격이 하락하는 동안 제품 판매에서 지속적인 이익이 실현되게 된다. 이것은 이 회사의 산출량 증가에도 불구하고 더 이상 증가하지 않은 낮은 수준의 한계 생산비용 때문에 가능해지는 결과라고 할 수 있다. 이처럼 생산량 및 판매량 증가를 도모하기 위해 제품의 가격을 낮게 책정해 감으로써 광범한 이익을 실현해 가는 전략은, 마이크로소프트와 같은 성공적인 하이테크 기업들이 흔히 활용하는 비즈니스모델의 핵심 내용이라고 할 수 있다.

최초진입자
특정 제품 카테고리나 혹은 제품 특성을 시장에 처음 도입, 제공함으로써, 시장에서 해당 제품 판매를 선도해 가는 기업

최초진입자 우위(First–Mover Advantages)의 획득

하이테크산업에서는 기업들이 혁신적인 신제품을 남보다 앞서 개발하기 위해 경쟁하는, 즉 최초진입자(first mover) 우위를 선점하기 위해 경쟁하는 모습을 흔히 볼 수 있다. 이론상, 혁신적인 신제품을 처음 만들어 낸 최초진입기업은 독점적 지위를 차지할 수 있게 된

전략 실행 사례 7.2

디지털 기술로 초음파 의료기기의 원가 낮추기

© iStockPhoto.com/Tom Nulens

초음파 의료기기는 병원에서 진단 장비의 하나로 중요한 구실을 해왔다. 초음파 기기는 인간의 신체 조직 이미지를 산출해 내기 위해 음파 물리학을 응용하는 기기이다. 초음파는 심지어 신체 기관이나 장기의 세밀한 삼차원 컬러 영상을 구현할 수 있을 뿐만 아니라, 조형 물질을 이용할 경우 장기를 통과해 흐르는 유체 흐름까지 투시해 볼 수 있다. 그래서 예를 들어, 심장 전문의들은 혈관 안에 조형제를 주사한 뒤, 이 초음파로 심장을 통해 흐르는 혈액의 흐름을 추적해 보기도 한다. 이처럼 초음파는 영상 진단에 있어서 뿐만 아니라, 일반적으로 외과 전문의들에게 매우 유용할 수 있는 각종 진단 정보를 그래프 등으로 이미지화해서 보여주기도 한다.

현대 초음파 기기는 매우 정교한 의료기기로써, 한 대에 약 25만 불에서 30만 불에 이르는 고가의 장비이다. 또 이 기기는 무게가 약 300파운드가 나가는 제법 큰 장비로써, 대개는 운반용 카트에 설치되어 병원 여기저기를 옮겨 다니면서 사용된다.

수년 전, 선도적인 초음파 기기 제조회사의 하나인 ATL사의 연구원들은 바로 이 장비의 크기와 원가를 획기적으로 줄일 수 있는 아이디어를 고안하였다. 그들은 이 장비 안에 내장되어 있는 고체 회로기의 약 80%까지를 소프트웨어로 대체하는 것이 가능하며, 또 이 과정에서 이 장비의 크기와 무게를 현저히 줄여 심지어 휴대용 초음파 기기를 생산할 수 있는 아이디어를 이론화하였다. 더욱이 (하드웨어를 소프트웨어로 대체하는 등) 초음파 기기의 상당 부분을 디지털화함으로써 이 제품을 추가 제작하는 데 드는 한계 생산비용을 상당히 감소시켜, 이전보다 훨씬 더 낮은 가격대에서도 더 많은 이익이 나도록 만들어 주는 것이었다.

또한 이 회사의 연구원들은 이처럼 휴대 가능하고 비싸지 않은 초음파 기기의 개발을 통해 시장에서 완전히 새로운 틈새(niche)와 사업기회를 찾을 수 있을 것이라고 보았다. 예를 들어 작고, 상대적으로 가격이 저렴한 초음파 기기는 앰뷸런스에 장착되거나 혹은 전쟁 시 위생병에 의해 휴대될 수도 있을 뿐더러, 동네 소규모 의원에서도 충분히 활용 가능한 것으로 여겨졌다. 비록 이처럼 작고 비싸지 않은 기기가 최신의 초음파 기기와 같은 정교한 이미지를 제공하고 또 정확한 진단을 가능하게 하려면, 아직 십여 년 이상의 상당한 개발 기간이 더 소요될 것이었다. 그렇지만 이 회사의 연구원들은 그간 초음파 기기의 방대한 크기와 높은 가격으로 인해, 이 장비를 생산하는 업체들에 의해서도 미처 생각되지 못한 새로운 사업기회와 틈새시장이 있을 수 있음을 예상할 수 있었던 것이다.

이들 연구원은 나중에 ATL 회사 내 제품개발 프로젝트 팀의 일원이 되었고, 마침내 이들은 소노사이트(SonoSite)라는 완전히 새로운 벤처기업을 탄생시켰다. 1999년 하반기에 이 소노사이트사는 무게가 불과 6파운드에, 가격이 25,000달러에 불과한 첫 휴대 제품을 개발해 출시하였다. 소노사이트사는 풀 사이즈(full-sized)의 초음파 기기로 미처 닿을 수 없는 틈새와 사업기회를 목표로 하여 이 제품을 출시한 것인데, 그것은 바로 구급차 용도와 함께, 고가의 장비를 구입하기 어려운 외국 시장이 주 타겟이었다. 2010년 이 회사는 이 제품으로 2억7천5백만 달러가 넘는 매출을 기록하였으며, 2011년 후지필름 홀딩스(Fujifilm Holdings)사는 이 소노사이트사를 9억9천5백만 달러에 매입하였는데, 이는 의료용 영상진단기 제품라인업을 확대하고 또 휴대용 초음파 기기의 최대 제조업체인 GE사를 따라잡기 위한 포석이기도 했다.

자료: Interviews by Charles W. L. Hill

다. 그리고 이 신제품이 그간 채워지지 못한 소비자의 욕구를 잘 충족시키고 또 수요가 많아지게 되면, 이 최초진입기업은 상당한 수익과 이윤을 획득해 갈 수 있게 된다. 그리고 최초진입기업이 누리는 이러한 높은 이익은 경쟁기업들에게 이 선도기업을 모방하게 되면 수익을 창출할 수 있을 것이라는 사실을 암시하게 된다. 따라서 이러한 모방을 어렵게 하는 별다른 장벽이 없을 경우, 모방기업들은 최초진입자가 창출해 낸 이 시장에 대거 진입해 들어오게 될 것이다. 그 결과, 최초진입기업이 그간 향유했던 독점적 이윤은 사라지고, 시장의 모든 참여 기업들이 훨씬 더 낮은 수준의 정상이윤만을 획득하게 될 수 있다. 다음 [그림 7.6]은 바로 이 경우를 시사해 주고 있다.

경쟁기업들의 이러한 모방에도 불구하고, 최초진입자 우위, 즉 신기술이나 신제품을 시장에 처음 출시함으로써 지속적인 경쟁우위를 구가해 가는 이득을 상당히 실질적으로 누리고 있는 기업이 있다. 인텔사는 1971년 세계 최초로 마이크로프로세서를 개발한 기업이었지만, 지금도 반도체 산업에서 이 마이크로프로세서 사업 부문을 지배해 가고 있다. 제록스(Xerox)는 세계 최초로 복사기를 시장에 도입한 기업으로써, 그 후 한동안 이 복사기 시장에서 주도적 기업으로 성장해 갔다. 시스코(Cisco)사는 1986년 처음으로 인터넷 프로토콜 네트워크 라우터를 개발한 기업인데, 이 설비 부문에서 지금도 시장을 주도하고 있다. 또한 마이크로소프트사는 1979년 세계 최초로 마이크로소프트 베이직(Microsoft BASIC)과 같은 퍼스널 컴퓨터의 응용소프트웨어를 상용화시킨 기업인데, 주지하듯이 이 회사는 PC 소프트웨어 부문에서 아직도 지배적인 한 기업으로 남아 있다.

이처럼 어떤 최초진입기업들은 시장을 주도함으로써 그 후에도 상당 기간 동안 경쟁우위를 구가해 가는 실질적 이득을 향유해 가는데, 이들 기업은 말하자면 경쟁기업의 모방을 제한하거나 혹은 그 모방 비율을 떨어뜨리는 데 성공한 경우라고 볼 수 있다.

그림 7.6   **최초진입자의 이윤에 대해 미치는 모방의 영향**

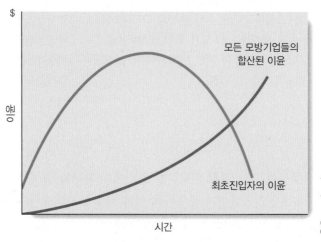

그렇지만 최초진입자 우위를 획득해 가기가 생각만큼 그리 쉽지 않을 수 있다는 것을 보여주는 많은 실 사례들이 존재하며, 나아가 최초진입기업과 연관된 여러 가지 경쟁적인 불이익, 즉 최초진입자 불이익(first-mover disadvantages)이 발생할 수도 있다. 예를 들어, 애플은 오래전 사람들이 손에 들고 다닐 수 있는 개념의 컴퓨터, 즉 애플 뉴턴(Apple Newton)을 시장에 도입한 최초의 기업이었지만, 이 제품은 금방 실패하고 말았다. 오히려 두 번째 진입자라 할 수 있는 팜(Palm)사는 애플이 실패한 바로 그 제품 시장에서 나름의 성공을 거둔 바 있다. 그렇지만 애플은 나중에 아이패드(iPad)를 출시함으로써, 사실상 최초의 태블릿 컴퓨터라 할 수 있는 이 제품 시장의 선도기업이 되어 크게 성공을 맛보기도 했다. 다른 예로는, 상업용 제트기 시장에서 디하빌랜드(DeHavilland)사는 코밋(Comet)기를 이용해 이 시장을 처음 개척한 바 있지만, 결국 나중에 이 시장을 지배한 것은 707 제트라이너(jetliner)기를 이용한 두 번째 진입자 보잉(Boeing)사였다.

이러한 여러 사례들이 시사해 주듯이, 분명 시장에 최초로 진입한 기업이라 해서 무조건 성공이 보장되는 것은 아니다. 나중에 설명하겠지만, 최초진입자 우위를 선점하는 혁신기업과, 반대로 최초진입자 불이익의 희생양이 되고 만 기업 간의 차이는 많은 경우 그 최초진입기업이 어떤 전략을 추구해 갔는가에 의해 결정된다. 그러한 전략적 이슈들을 본격적으로 논하기 전에, 먼저 최초진입자 우위와 불이익의 본질에 대해 잠깐 살펴볼 필요가 있다.[7]

최초진입자 불이익
시장에 제품을 처음으로 출시하여 최초진입기업이 되는 것과 연관된 여러 가지 불이익

최초진입자 우위

일반적으로 최초진입자 우위를 가져다주는 다섯 가지 주요 원천이 있다.[8] 첫째, 시장에 최초로 진입하는 기업은 네트워크 효과와 긍정적 피드백 순환을 활용해 갈 수 있는 기회를 가지게 된다. VCR 산업에서 소니사는 자신의 기술을 다른 기업에 라이센싱해 줌으로써 이 네트워크 효과를 활용해 갈 수 있는 입장에 있었다. 그렇지만 결국 이 회사는 자신의 누릴 수 있는 최초진입기업의 이점을 시장의 두 번째 진입자, 즉 마쓰시타에서 넘겨주고 말았던 것이다.

둘째, 최초진입자의 경우, 후발기업들이 깨뜨리기가 매우 힘든, 브랜드 충성도를 확립해 갈 수 있는 이점이 있다. 실제로 최초진입기업의 이러한 노력이 성공적으로 결실을 맺는 경우, 그 회사의 이름 자체가 특정 제품군 전체를 대변하는 이름이 되는 경우가 종종 발생한다. 이를테면, 복사를 의미하는 용어로 아직도 '제록싱(Xeroxing)'이라는 말이 흔히 쓰이고 있고, 사람들이 급배송을 보낼 때 특정 회사 이름에 연유한 '페덱싱(FedExing)'이라는 용어를 자주 쓰는 이유가 바로 여기에 있다.

셋째, 최초진입자는 경쟁기업들보다 앞서 매출을 증대시킬 수 있어서, 규모의 경제나 학습효과(4장 내용 참조)와 연관된 원가상 이점을 누릴 수 있다. 최초진입자가 일단 이러

한 원가상의 우위를 점하게 되면, 이 기업은 새로운 시장진입자에 대해 제품의 가격인하로 대응해 가기가 수월해지고 심지어 그러면서도 상당한 이윤을 실현해 갈 수 있게 된다.

넷째, 최초진입자는 고객에 대해 일정한 전환 비용을 생성시켜, 경쟁기업들이 시장에 진입해 최초진입기업으로부터 고객을 뺏어가기가 쉽지 않도록 만들어 갈 수 있다. 예컨대, 휴대폰 통신 사업자들은 새로운 고객들에게 '무료' 휴대폰 단말기를 지급하기도 하는데, 이때 고객들은 대개 1년 또는 2년으로 되어 있는 약정 기간 이전에 계약을 취소하게 되면 이 단말기 값을 고스란히 되갚아야 하는 경우가 많다. 이러한 휴대폰 단말기 값이 100-200달러 정도라 가정한다면, 바로 이 가격은 후발 기업이 극복해야 하는 일종의 중요한 전환 비용이 되는 셈이다.

마지막으로 최초진입기업은 고객의 욕구, 유통채널, 제품 기술, 생산기술 등과 관련된 가치있는 지식을 경쟁자보다 먼저 축적해 갈 수 있는데, 이렇게 축적된 지식들은 후발진입기업들이 나중에 획득하거나 따라잡는 데 상당한 노력과 비용이 수반되기 마련이어서, 최초진입자에게 상당한 이점으로 작용될 수 있다. 예를 들어, 샤프(Sharp)사는 랩탑 컴퓨터 등에 쓰이는 액정 디스플레이의 상용 생산에 있어서 최초진입자인데, 이 액정 디스플레이 제품생산 과정은 매우 까다롭기 때문에 일반적으로 불량률이 매우 높게 나타나는 특징이 있었다. 하지만 샤프사는 이러한 생산 과정에 대한 상당한 지식을 먼저 축적해 왔기 때문에 불량률을 낮출 수 있었고, 이러한 이점으로 인해 후발진입기업들은 제품의 질이나 원가 면에서 이를 따라잡기가 매우 어려웠던 전례가 있다.

최초진입자 불이익

이처럼 최초진입자가 누릴 수 있는 여러 이득에 못지않게, 이들 기업이 경험할 수 있는 불이익도 많이 존재한다.[9] 첫째, 최초진입기업은 후발진입기업들이 치르지 않아도 되는 상당한 시장개척 비용을 감내해야 한다. 일반적으로 최초진입자는 기술을 처음 개발하고, 유통채널도 새로 개척, 확보해야 하며 또 처음 출시하는 제품의 특성을 홍보하는 등 자신의 신제품을 소비자에게 적극 알려 나가야 한다. 그런데 이 모든 활동에는 다 비용이 들기 마련이고, 상당한 시간과 노력이 소요된다. 이와는 대조적으로, 후발진입기업은 최초진입자의 시장개척과 고객 확보를 위한 이러한 투자에 편승해 갈 수가 있다. 즉 이들 후발진입자는 최초진입자의 시장개척 비용을 굳이 부담하지 않아도 되는 것이다.

이와 관련하여, 신제품 시장에는 일반적으로 많은 불확실성이 도사리고 있어서, 최초진입자는 여러 가지 시행착오를 범하기 쉽다. 반면, 후발진입기업은 최초진입자의 이러한 시행착오에서 배우고, 제품이나 판매방식 등을 개선하거나 혹은 최초진입자의 제품에 추가적인 성능을 더하여, 최초진입자로부터 상당한 시장점유율을 뺏어올 수가 있다. 예를 들어, 애플사의 애플 뉴턴 제품이 실패했던 이유 중의 하나는, 이 휴대용 컴퓨터의 수기(手記) 소프트웨어가 사람들이 손으로 쓰는 글씨를 인식하는 데 많이 실패했기 때문이었다. 그렇지만 당시 시장에 두 번째로 진입했던 팜사는 애플의 이러한 시행착오에서 학습을 하게 된다. 그래서 팜사가 나중에 팜파일러트(PalmPilot)라는 제품을 시장에 도입했을 때, 이 회사는 '그래피티'(Graffiti)라고 칭해졌던 특별한 방식으로 쓰여진 글자를 인식하는 소프트웨어를 사용했고, 소비자들로 하여금 휴대용 컴퓨터에 이러한 방식으로 글자를 입력하는 방법을 배워 나갈 것을 적극 설득해 간 바 있다.

셋째, 최초진입기업은 대량시장(mass market)의 특징을 지니지 않은 특수한 고객층에 대개 초점을 두기 때문에, 자신의 자원과 능력을 잘못 운용해 갈 위험성도 존재한다. 이것은, 앞 장에서 논했던 소위 '시장의 균열 뛰어넘기(crossing the chasm)'의 문제라 할 수 있다. 이른바 혁신적인 고객이나 혹은 제품의 초기 수용자(early adopters)로 분류되는 시장의 초기 고객들은 다수의 대량시장 고객과는 다소 다른 특징을 보유하고 있기 마련이다. 따라서 초기진입자의 경우 자신의 자원이나 역량을 대개는 이 혁신 고객이나 초기 수용자들의 니즈(needs)에 초점을 맞춰 운용하게 되기 쉽기 때문에, 그 결과 이들에 이어서 시장에 다수의 대량시장 고객들이 들어올 때 적시에 목표 고객의 전환을 제대로 하지 못하게 되는 위험성이 있다. 그러므로 최초진입기업은 초기 시장과 대량시장을 분리시키는 시장의 균열, 즉 '캐즘(chasm)'에 함몰될 가능성이 늘 존재한다고 볼 수 있다.

끝으로, 최초진입자는 열등해지거나 혹은 쉽게 진부화되어 버릴 가능성이 있는 기술에 투자해 갈 위험성도 있다. 이러한 경우는 특히 급속히 진화해 가는 기반 기술에 의거해 해당 제품의 혁신이 이루어졌을 때 자주 발생한다. 초기진입기업은 특정 기술의 초기 버전에 기반하여 제품을 개발하게 됨으로써, 시간이 지남에 따라 해당 제품이 급속히 진부화될 가능성이 있다. 반면에, 후발진입기업은 보다 최신의 기반 기술에 입각하여 제품을 내놓음으로써, 초기진입자가 기반하고 있는 기술을 단번에 뛰어넘을 수가 있다. 이러한 경우는 1980년대에 프랑스에서 발생했다. 당시 정부의 강력한 권유로 인해, 프랑스 텔레콤(France Telecom)사는 세계 최초로 소비자 온라인 서비스 상품인 미니텔(Minitel)을 도입하였다. 이 회사는 고객들에게 초기 형태의 간단한 단말기를 무료로 공급하고, 이를 전화선에 연결하여 전화번호부를 검색하는 데 사용하도록 했다. 이어서 다른 간단한 온라인 서비스도 도입되었는데, 그 결과 그리 오래지 않아 프랑스 사람들은 이 단말기를 이용하여 간단한 쇼핑과 은행 업무도 볼 수 있게 되었고, 또 날씨와 뉴스도 온라인으로 검색 가능하게 되었다. 웹(Web)이 발명되기 수년 전에, 프랑스에서 이러한 온라인 서비스가 가능했다는 것은 사실 놀라운 일이 아닐 수 없었다. 하지만 현재의 웹 기준하에서 볼 때, 이 미니텔의 서비스는 상당히 조악하고 유연성이 결여된 것이라는 게 문제였고, 바로 이것 때문에 온라인 서비스 시장의 최초진입자라 할 수 있는 프랑스 텔레콤사는 그 후 더 큰 어려움을 겪게 되었다. 즉 바로 이 미니텔의 존재와 보급으로 인해, 프랑스 사람들은 그 후 퍼스널 컴퓨터와 인터넷 사용에 매우 더딘 행보를 보이게 된 것이다. 1998년 까지 프랑스 전 가구 수의 단 1/5만이 컴퓨터를 보유하였는데, 같은 시기 미국은 약 2/5 에 해당하는 가구 수가 이미 컴퓨터를 갖고 있었다. 또 당시 미국에서는 거의 30%나 되 는 가구들이 이미 인터넷을 사용하고 있었지만, 프랑스에서는 단 2%의 가구만이 인터넷 에 연결되어 있었다. 정부의 정책적 결정에 힘입어, 프랑스는 다소 원시적인 초기 버전의 기술에 투자한 최초진입자였지만, 또한 바로 그러한 이유로 인해 프랑스 텔레콤은 물론, 프랑스 국가 전체가 웹이라는 새로운 혁신적 온라인 매체를 받아들이는 데는 매우 소극 적이었던 것이다.[10)

최초진입자 우위의 활용 전략

최초진입기업은, 최초진입자 불이익과 연관된 여러 가지 위험을 회피해 가는 한편, 장기 적으로 지속 가능한 경쟁우위를 획득해 가기 위해, 이 최초진입자 우위를 어떻게 활용해 갈 것인지를 결정하고 또 이를 전략화해 가야 한다. 이와 관련해서는 세 가지 기본적인 전략을 생각해 볼 수 있다. 즉 (1) 혁신을 주도하고, 스스로 이 시장을 개척해 가는 것, (2) 전략적 제휴나 합작투자(joint venture)를 통해 다른 기업과 함께 혁신을 주도하고 시장을 개척해 가는 것, 그리고 (3) 다른 기업들에게 자신이 주도한 혁신을 라이센싱해 주고, 그 들로 하여금 시장을 개척해 가도록 허용해 주는 것이다.

이러한 전략들 가운데 과연 어떤 것이 최적의 선택일지는, 다음과 같은 세 가지 질문 에 견주어 결정해야 한다.

1. 혁신을 주도한 기업이 그러한 혁신을 활용해 최초진입자 우위를 획득해 가는데 필요한 보조자산을 충분히 확보하고 있는가?
2. 혁신을 모방하고자 하는 기업들이 회사의 혁신을 복제하기가 얼마나 어려운가? 다시 말하면, 모방을 어렵게 하는 장벽이 얼마나 크게 존재하는가?
3. 혁신을 재빨리 모방해 갈 수 있는 능력을 가진 경쟁자들이 존재하는가?

보조자산   보조자산이란, 기업이 새로운 혁신을 활용해 경쟁우위를 획득해 가는데 필 요한 자산을 의미한다.[11)] 여러 가지 보조자산들 가운데서도 가장 중요한 것은, 고품 질의 제품을 생산해 가면서도 고객 수요의 폭증에 효과적으로 대응해 갈 수 있는 경 쟁력있는 생산 설비와 능력을 갖추는 것이다. 최첨단의 생산 설비를 갖추는 것은, 최 초진입자로 하여금 제품의 품질 문제나 혹은 생산 과정에서 직면할 수 있는 병목현상 (bottlenecks)을 피하면서도 경험곡선 효과를 신속하게 향유할 수 있도록 도와줄 수 있 다. 그렇지 않고, 이러한 여러 문제들로 인해 고객의 수요를 제때에 적절히 충족시키지 못하게 된다면, 모방기업들이 해당 시장에 진입해 들어올 수 있는 기회를 가져다주게 된다. 예를 들어, 1998년 임뮤넥스(Immunex)사는 류머티스성 관절염에 효과적인 혁신적인 생약 처방안을 개발하였고, 엔브렐(Enbrel)이라 이름 붙여진 이 제품에 대한 판매는 2001년 7억5천만 달러에 이를 정도로 폭증하고 있었다. 그렇지만 당시 임뮤넥스사는 충분한 제조 설비를 확보하지 못하고 있었다. 2000년 중반에 이르러, 이 회사는 시장수요에 부응할 수 있을 만큼의 충분한 제조 능력을 당장 확보하고 있지 못하며, 추가적인 제조 설비는 적어도 2년 후에야 도입, 가동될 수 있을 것이라는 내용의 공식 발표를 하기에 이르렀다. 생산능력 면에서의 이러한 병목현상은 곧바로 이 제품 시장의 두 번째 진입자인 존슨 앤드 존슨(Johnson & Johnson)사에게 해당 제품의 판매를 늘려 갈 수 있는 절호의 기회를 제공하게 되었고, 급기야 2002년 초반에 이르면 엔브렐을 능가하는 매출을 기록하게 된다. 중요한 보조자산 중의 하나인, 시장수요를 충족시킬 수 있는 충분한 제조 능력이 부족함으로 인해, 임뮤넥스사의 최초진입자 우위는 경쟁기업에 의해 잠식당하게 된 것이다.

보조자산에는 회사의 마케팅 노하우(knowhow), 적절한 수준의 판매인력, 유통시스템의 활용가능성, 그리고 판매 후 애프터서비스나 지원 네트워크의 확보 등이 포함된다. 이러한 모든 보조자산들은 혁신기업으로 하여금 자신의 브랜드 충성도를 높이고, 시장침투를 신속히 이뤄 낼 수 있도록 도와줄 수 있다.[12] 또 이러한 보조자산들을 적절히 활용해 이뤄지는 제품 판매의 증가는 해당 기업으로 하여금 경험곡선 효과를 더욱 급속히 촉진시키고, 규모의 경제와 학습효과에 기반한 원가우위를 더욱 지속 가능하게 만들어 줄 수 있다. EMI사는 비록 CT 진단기를 처음 시장에 내놓은 최초진입자였지만, 그간 의료진단기 시장을 주도해 온 GE 메디컬 시스템(GE Medical Systems)과 같은 기업에게 결국 시장의 주도권을 빼앗기고 말았다. 그 이유는 세계에서 가장 큰 의료기기 시장인 미국에서 효과적으로 경쟁해 가는데 필요한 마케팅 노하우, 판매인력, 그리고 유통시스템 등이 부족했기 때문이었다.

보조자산을 확보하는 것은 매우 비용이 많이 소요되는 일이고, 실제로 기업은 이를 위해 대규모의 투자를 해야 한다. 바로 이것이, 다른 산업에서 이미 성공해 새로운 산업에의 진출을 신속히 이루어 낼 수 있는 여유 자원을 가진 대규모 기업에게 최초진입자가 흔히 시장의 주도권을 상실하게 되는 이유이기도 하다. 마이크로소프트와 3M 같은 기업들이 CD나 플로피 디스켓 등 다른 기업들이 열어 놓은 새로운 제품 시장에서 뒤늦게 성공을 거둔 것은 바로 이러한 것을 예증해 주는 사례이다. 또 비록 네스케이프(Netscape)사가 네스케이프 네비게이터(Netscape Navigator)로 인터넷 브라우저 시장을 처음 개척했었지만, 마이크로소프트의 인터넷 익스플로러가 결국 이 시장을 장악한 것도 또 다른 한 예라고 볼 수 있다.

모방을 어렵게 하는 높은 장벽 3장에서 우리는 모방장벽, 즉 경쟁기업들이 특정 회사의 고유한 역량이나 혁신을 모방하는 것을 어렵게 만드는 여러 요인들에 대해 학습한 바 있다. 비록 모든 혁신은 모방 가능하기 마련이지만, 그러한 장벽이 높을수록 경쟁자는 해당 혁신을 모방하는 데 시간이 많이 걸릴 수밖에 없고, 따라서 최초진입자는 지속 가능한 경쟁우위를 구축해 가는 데 필요한 시간을 벌 수가 있다.

모방을 어렵게 하는 장벽들은, 혁신기업으로 하여금 경쟁우위를 확립하고 또 새로운 시장에의 진입을 어렵게 하는 여러 진입장벽들을 구축하는데 필요한 시간을 벌어다 준다. 예컨대, 특허는 모방을 어렵게 만드는 가장 대표적인 장벽 중의 하나이다. 제록스(Xerox)사는 자신이 획득한 촘촘한 특허들로 복사 기술을 보호해서, 거의 17년간이나 자신의 제품이 쉽사리 타사에 의해 모방되지 않도록 만들어 간 바 있다. 하지만 특허도 흔히 쉽게 '우회'될 수 있다. 예를 들어 한 연구에 의하면, 비록 특허로 보호되는 혁신이라 할지라도 그중 60%는 결국 4년 내에 우회 기술에 의해 대체된다는 것이 밝혀졌다.[13] 따라서 만일 특허에 의한 보호가 상대적으로 약하다고 판단될 경우에는, 기업이 신제품이나 신공정의 개발을 극비리에 추진함으로써 경쟁기업의 모방을 더디게 만들 수도 있다. 이러한 접근을 취한 가장 유명한 예로는, 여러 세대 기간 동안이나 자신의 제품 원액 제조 공법을 비밀에 부친 코카콜라(Coca-Cola)사를 들 수 있다. 그렇지만 코카콜라사의 이러한 성공 사례도 사실 예외적인 것이라 할 수 있다. 100개의 회사들을 조사했던 다른 한 연구는, 특정 기업이 주요 신제품이나 신공정을 개발하기로 의사결정을 내린 지 12-18개월 뒤에는 대부분의 경쟁기업들이 이를 결국 알아차리게 된다고 추정하였다.[14]

능력있는 경쟁자 능력있는 경쟁자들은 선도적인 기업들을 재빨리 모방해 들어갈 수 있는 기업을 의미한다. 이처럼, 선도기업의 혁신을 모방해 갈 수 있는 경쟁기업의 능력은, (1) 연구개발 관련 기술과 (2) 보조자산의 확보 가능성 등 두 가지 요인들에 의해 주로 결정된다. 일반적으로 혁신을 모방해 가는 데 필요한 연구개발 기술 및 보조자산의 확보가 가능한 경쟁자들이 시장에 많이 존재할수록, 혁신에 대해 보다 신속한 모방이 이루어지기 쉽다.

이때 연구개발 기술이란, 선도기업의 혁신 제품을 분해하여 그 작동 메커니즘을 알아내고 또 이를 신속히 모방하여 다른 제품을 개발해 낼 수 있게끔, 혁신 제품을 역설계(reverse-engineer)해 갈 수 있는 능력을 의미한다. 이를테면, 앞서 예로 든 CT 스캐너 진단기를 생각해 보자. 당시 GE사는 EMI사에 의해 개발된 최초 CT 진단기를 구입하고, 이를 역설계, 즉 분해하고 모방했다. 그리하여 비록 이 제품이 기술적으로 복잡한 것이긴 했지만, GE사는 자신의 기술력을 바탕으로 다른 버전의 제품을 만들어 냈던 것이다. 이러한 모방 제품의 개발을 통해 GE사는 CT 진단기 시장에서 EMI를 대체하는 강력한 경쟁자로 부상할 수 있었다.

마케팅이나 판매 노하우, 제조 능력 등 보조자산의 확보 역시 경쟁기업이 혁신 제품을 모방해 가는 정도를 결정하는 핵심 요인 중의 하나이다. 만일 소위 모방기업들이 이러한 핵심 보조자산이 부족하다면, 이 기업들은 혁신 제품을 모방, 개발해 가야 할 뿐만 아니라, 앞선 혁신기업의 이러한 보조자산까지 모방해 가야 한다. 하지만 이것은 1984년 AT&T사가 퍼스널 컴퓨터 시장에 진입하려 했을 때처럼, 매우 비용이 많이 드는 선택일 수 있다. 당시 AT&T사는 퍼스널 컴퓨터 사업을 전개하기 위해 필요한 마케팅 관련 보조자산(판매인력과 유통시스템 등)이 매우 부족한 형편이었다. 이처럼 관련 보조자산이 충분하게 확보되어 있지 않았던 관계로, AT&T가 이러한 조건을 구비하는 데 거의 4년이란 시간과 약 25억 달러를 투자한 뒤 비로소 이 시장에 진입할 수 있었다. 그렇지만 이미 많은 시간이 흐른 뒤여서 AT&T는 이 시장에서 뚜렷한 경쟁자로 부상하지 못하였고, 끝내는 시장에서 철수하고 말았다.

세 가지 혁신 전략 지금까지 설명한 세 가지 요인들, 즉 '보조자산', '모방을 어렵게 하는 높은 장벽', 그리고 '능력있는 경쟁자의 존재 여부' 요인들이 혁신 전략의 선택에 영향을 미치게 되는 방식은 다음 [표 7.1]과 같이 요약해 볼 수 있다. 먼저 홀로 혁신을 주도하고, 스스로 이 시장을 개척해 가는 경쟁 전략은 다음과 같은 조건하에서 적합하다. 즉 (1) 혁신 추구 기업이 혁신을 주도해 가는데 필요한 보조자산을 확보하고 있고, (2) 새로운 혁신을 모방하기 어렵게 만드는 높은 장벽이 존재할 경우, 그리고 (3) 능력있는 경쟁자의 수가 극히 제한적일 것 등이다. 이 경우, 기업이 확보한 보조자산은 신속한 혁신 추진을 가능하게 해 줄 수 있다. 또 모방을 어렵게 하는 높은 장벽의 존재는, 혁신기업으로 하여금 경쟁우위를 확립해 가는 한편, 브랜드 충성도나 경험곡선 효과에 기반한 원가우위를 통해 오랫동안 지속 가능한 진입장벽을 구축해 가는 데 필요한 시간을 벌어다 줄 수 있다. 아울러 능력있는 경쟁자가 거의 없을수록, 이들 기업 중 누군가가 모방에의 장벽을

표 7.1	혁신을 성공적으로 추구해 가기 위한 전략들		
혁신 추구 전략	혁신 추구 기업이 필요한 보조자산을 확보하고 있는가?	혁신에 대한 장벽이 충분히 높은가?	능력있는 경쟁자들의 수는 얼마나 되는가?
나홀로 혁신 추구	예	높음	매우 적다
전략적 제휴 추구	아니오	높음	어느 정도 존재한다
라이센스 추구	아니오	낮음	많다

뛰어넘고 급속히 혁신을 모방하게 될 가능성이 그만큼 적다는 것을 의미한다.

다음으로 전략적 제휴나 합작투자(joint venture)를 통해 다른 기업과 함께 혁신을 주도하고 시장을 개척해 가는 경쟁 전략은 다음과 같은 조건에서 적합할 수 있다. 즉 (1) 혁신 추구 기업의 보조자산이 충분치 않은 대신, (2) 혁신에 대한 장벽은 높게 존재할 경우, 그리고 (3) 시장에 능력있는 경쟁자들이 어느 정도 존재하는 경우이다. 이런 조건하에서는, 이미 보조자산을 충분히 확보하고 있는 기업, 즉 능력을 갖춘 한 경쟁기업과 제휴를 통해 혁신을 추구하는 것이 바람직할 수 있다. 이론적으로 볼 때, 각 제휴 파트너 기업은 이러한 제휴를 통해 혼자서는 획득하기 어려운 높은 이익을 공유해 가는 등, 서로에게 유익한 결과를 가져올 수 있다. 더욱이 이러한 제휴 전략은 한 잠재적 경쟁기업을 자기 진영으로 포섭하는 효과도 가져올 수 있다. 이를테면, CT 스캐너 진단기 시장을 개척함에 있어서 당시 EMI사가 혼자 혁신을 추구하는 대신 GE 메디컬 시스템즈와 같은 강력한 경쟁자와 함께 제휴를 추구했더라면, 이 회사는 보다 지속 가능한 경쟁우위를 확보해 가는 것은 물론, 시장에서 강력한 라이벌 기업을 자기 진영으로 포섭해 가는 효과도 함께 거둘 수 있었을지 모른다.

다른 기업들에게 자신이 주도한 혁신을 라이센싱해 주는 세 번째 전략은 다음과 같은 조건에서 적합하다. 즉 (1) 혁신 추구 기업이 충분한 보조자산을 갖지 못하고 있을 경우, (2) 모방장벽도 낮은 경우, 그리고 (3) 시장에 능력있는 경쟁자가 다수 존재하는 경우이다. 이처럼 모방장벽이 낮고 또 다수의 능력있는 경쟁자가 존재한다는 것은 무엇보다 언제든 신속한 모방이 가능하다는 것을 시사한다. 뿐만 아니라 혁신기업이 충분한 보조자산을 갖지 못한 조건은, 모방기업이 머지않아 이 혁신기업의 경쟁우위를 충분히 잠식해 갈 수 있다는 것을 의미한다. 그러므로 이러한 제반 조건들을 감안할 때, 경쟁기업들의 모방으로 인해 조만간 혁신기업의 기술이 급격히 확산될 가능성이 크기 때문에, 혁신 추구 기업은 자신의 기술을 다른 기업들에게 미리 라이센싱해 줌으로써 이러한 기술 확산의 효과를 자신이 주도적으로 공유해 갈 수 있다.[15] 또한 혁신 추구 기업은 현실적으로 적정한 수준의 기술이전료를 책정해 부과함으로써, 여러 잠재적인 경쟁기업들이 고액의 기술이전료를 피하기 위해 자신만의 고유한 대체 기술을 개발해 갈 인센티브를 약화시켜 자신의 기술을 수용해 가도록 유인해 갈 수 있다. 앞서 설명한 바 있듯이, 과거 돌비(Dolby)사가 음반과 영화사업 분야에서 자신의 소음 감소 기술을 산업의 표준으로 확립해 갔던 전략이 바로 이러한 라이센싱 전략이었다.

기술 패러다임의 전환

새로운 기술들이 산업의 구조에 혁명적 변화를 가져오고, 경쟁의 본질에 급격한 변화를 야기하며, 산업 내 기업들로 하여금 생존을 위해 새로운 전략을 채택해 가도록 요구하게 될 때, 기술 패러다임의 전환(Technological paradigm shifts)이 일어난다. 이러한 기술 패러다임 전환의 좋은 예가 바로 화학적 과정에서 디지털 프린팅 과정으로 전환되어 갔던 사진 기술의 진화 과정이다. 지난 반세기가 넘는 기간 동안, 코닥(Kodak)이나 후지필름(Fujifilm)과 같이 사진 산업을 주도해 온 거대 기업들은 전통적인 할로겐화 은(silver halide) 기술을 이용한 필름의 판매와 현상 및 인화 과정을 통해 대부분의 수익을 올려 왔다. 이러한 그들의 비즈니스모델에 있어서 디지털 사진의 새로운 부상은 하나의 큰 파괴적 위협이 되어 왔다. 주지하듯이, 디지털 카메라는 코닥이나 후지사의 주 수익 원천인 필름을 사용하지 않는다. 뿐만 아니라, 이러한 디지털 카메라는 전통적인 카메라와는 달리 일종의 특화된 컴퓨터에 더 가까운 제품이었고, 코닥이나 후지사는 바로 이 제품이 기반하고 있는 제반 과학적 지식들에 상대적으로 취약하였다. 물론 코닥이나 후지사도 나중에는 이 디지털 카메라 제품의 개발을 위해 엄청나게 투자해 갔지만, 이들 회사는 그 과정에서 여러 경쟁사들에서 격렬한 견제와 경쟁에 직면하게 되었다. 우선 소니(Sony)와 캐논(Canon), 그리고 휴렛패커드(Hewlett-Packard) 등 디지털 카메라를 직접 개발했던 제조회사들에서 경쟁은 물론이려니와, 디지털 이미지의 조작과 처리를 위한 소프트웨어를 개발했던 어도비(Adobe)와 마이크로소프트 같은 회사들과도 경쟁해야 했다. 뿐만 아니라, 휴렛패커드와 캐논 등 소비자들이 자신의 집에서 고품질의 해상도를 가진 사진을 직접 인쇄할 수 있도록 만들어 주는 각종 프린터 제조업체들 역시 이들의 경쟁 상대였다. 이렇듯, 사진 산업에서 디지털 관련 기술이 점차 기존 기술을 대체해 가는 속도가 빨라지게 되자, 이 산업 내 전통적인 경쟁자들이 과연 이 기술적 패러다임의 전환을 이겨내고 생존해 갈 수 있을지 누구도 장담하기 어려워지게 되었다.

산업 내에서 발생된 기술적 패러다임 전환의 희생양이 된 회사는 비단 코닥이나 후지사만이 아니었다. 1980년대 초반, 컴퓨터 산업은 퍼스널 컴퓨터 기술의 도래에 의해 혁신적으로 변화되기 시작했는데, 그 결과 출현하기 시작한 다양한 클라이언트-서버(client-server) 네트워크들은 당시 비즈니스 용도로 많이 활용되었던 전통적인 메인프레임(대형) 컴퓨터와 미니컴퓨터를 대체해 갔다. 이에 따라, 메인프레임 컴퓨터 시절의 강자들, 즉 왕(Wang), 컨트롤 데이터(Control Data), 그리고 DEC와 같은 회사들은 결국 생존에 실패하고 사라져 갔고, 심지어 IBM같은 회사도 e비즈니스 솔루션 제공업체로 재탄생하기 전까지 십여 년간 엄청난 손실은 물론, 상당히 고통스런 변화를 감내해 가야만 했던 것이다.

> 기술 패러다임의 전환
> 산업의 구조에 혁명적 변화를 가져오고, 경쟁의 본질에 급격한 변화를 야기하며, 산업 내 기업들로 하여금 생존을 위해 새로운 전략을 채택해 가도록 요구하게 되는 새로운 기술들의 변환

오늘날, 많은 사람들은 클라우드 컴퓨팅(cloud computing)의 도래가 다시 한 번 컴퓨터 산업 내 패러다임의 전환을 이끌고 있다고 믿고 있다. 그렇게 되면, PC 소프트웨어 시장의 절대 강자인 마이크로소프트사는 이러한 변화에 매우 취약할 수밖에 없게 된다. 만일 컴퓨팅의 중심이 데이터와 응용소프트웨어가 저장되어 있는 가상 공간인 클라우드로 이동하게 된다면, 그리하여 데이터에 접근하고 응용소프트웨어를 구동하기 위해 단지 웹 브라우저만을 이용하면 충분한 상황이 전개된다면, 윈도우와 같은 PC 운영체계의 가치는 심각하게 감소하고 말 것이다. 물론 마이크로소프트 역시 이러한 상황을 누구보다 잘 이해하고 있어서, 현재 이 회사는 윈도우 애져(Windows Azure)와 같은 상품으로 이 클라우드 컴퓨팅 시장을 공격적으로 공략하고 있다.

이러한 제반 예들은 다음과 같은 네 가지 질문을 우리에게 제기해 준다.

1. 이러한 패러다임의 전환은 언제 발생되는가? 그리고 그 변화는 어떻게 전개되는가?
2. 왜 기존의 많은 기업들이 이 패러다임의 전환을 따라 쇠퇴해 가는가?
3. 산업 내 기존기업들이 이러한 패러다임의 전환에도 불구하고 생존해 갈 확률을 높이고, 또 신기술의 도래에 따라 발생되는 기존 시장의 퇴조 이면에서 새롭게 경쟁력있는 회사로 거듭나기 위해서는 어떤 전략을 취해 가야 하는가?
4. 이 패러다임 전환에서 새롭게 이윤을 창출해 가기 위해서 새로운 시장진입자들은 어떤 전략을 취해 가야 하는가?

이제 이 장의 마지막 부분에서 이러한 질문에 대한 해답을 추구해 보기로 하자.

패러다임의 전환과 기존기업들의 쇠퇴

패러다임 전환은 다음과 같은 조건들이 적어도 한 가지 이상 갖추어졌을 때 발생되기 쉽다.[16] 첫째, 산업 내 기존의 확립된 기술이 성숙기에 달했거나 혹은 '자연적 한계(natural limit)'에 가까워졌을 때 일어난다. 둘째, 새로운 '파괴적 기술(disruptive technology)'이 시장에 도입되어, 기존의 확립된 기술을 활용하는 기업들이 제대로 니즈를 충족시키지 못하는 틈새시장에 안착하게 될 때 발생된다.

기술의 자연적 한계 리처드 포스터(Richard Foster)는 기술이 발휘하는 성과와 시간 간의 관계를 '기술의 S자형 커브(technology S-curve)'로 공식화한 바 있다([그림 7.7] 참조).[17] 이 곡선은 주어진 한 기술에 대해 연구개발의 누적 투자액과 그 기술이 발휘하는 성과(혹은 기능성) 간의 관계를 시간의 흐름에 따라 도시화해 주고 있다. 일반적으로 신기술에 대한 연구개발 투자는, 해당 기술의 초기 진화 과정에서 그동안 해결되지 않고

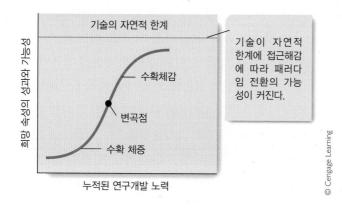

| 그림 7.7 | 기술의 S자형 커브 |

있던 기본적인 공학적 문제들이 이 기술을 이용해 대거 해결되어 감에 따라 그 성과가 급속히 증대되는 경향이 있다. 그렇지만 시간이 흐름에 따라, 연구개발에의 누적 투자에 대한 수확체감이 발생하면서 성과 증대는 서서히 완화되기 시작하고, 마침내 특정 기술은 더 이상의 발전이나 진화를 기대하기 어려운 자연적 한계에 접근해 간다. 예를 들어, 100여 년의 역사를 가진 상업적인 항공산업만 하더라도 라이트 형제들이 처음 비행에 성공한 직후부터 초기 50년간은 비약적인 성장과 발전을 거듭해 갔음에 비해, 후반 50여 년간은 처음만큼의 놀라운 진보를 해가지는 못했다고 주장하는 사람이 많다. 사실 저 유명한 보잉(Boeing) 747기만 하더라도 1960년대 개발된 디자인에 기반한 모델이었다. 그러므로 상업 항공산업과 그 관련 기술 역시 이제 수확체감이 작용하는 영역에 와 있으며, 해당 기술의 개선에 있어서 자연적 한계에 서서히 접근해 가고 있을지도 모를 일이다.

이와 유사하게, 실리콘에 기반한 반도체칩 개발 기술 역시 이제 그 기술의 자연적 한계에 접근해 가고 있다고 볼 수 있다. 반도체 제조 기업들은 하나의 작은 실리콘칩에 엄청나게 많은 트랜지스터들을 심을 수 있게 되어, 지난 20여 년간 반도체칩의 성능은 극적인 속도로 개선되어 왔다. 그 결과, 이러한 개발 과정은 컴퓨터의 성능을 놀랍게 개선하고, 그 제조 원가를 떨어뜨렸으며, 크기도 대폭 줄일 수 있게 만들어 주었다. 그렇지만 하나의 칩에 트랜지스터들을 심을 수 있는 라인의 폭을 줄이는 능력 면에서 이제 점차 한계에 봉착하고 있다는 것이 정설이 되고 있다. 이러한 한계는 사실 물리학의 자연스런 법칙에 비춰보면 당연한 것이라 할 수 있다. 실리콘칩에 라인을 식각(蝕刻)(etching)하는 데는 빛의 파동을 이용하는데, 이 빛의 파동 폭보다 더 작은 라인을 식각한다는 것은 물리적으로 불가능한 일이기 때문이다. 반도체산업의 여러 기업들은 반도체칩에 라인을 식각하기 위해 이미 극자외선 같이 파동 폭이 매우 작은 빛을 이용해 왔는데, 이러한 기술을 개선하는 데는 일정한 한계가 있을 수밖에 없고, 그래서 이제 십여 년 내에 이 기술도 그 한계에 도달하게 될 것이라 믿는 사람들이 점차 많아지고 있다. 그러면 이러한 사실은 더 이상 작고 빠르며, 저렴한 컴퓨터를 만들려는 사람들의 노력이 더 이상 불가능하다는 것을 의미하는 것일까? 아마도 그렇지는 않을 것이다. 그보다는 이 실리콘에 기반하는 컴퓨팅을 대체할 다른 기술이 개발되어, 다시 더 작고 빠르며, 저렴한 컴퓨터를 만드는 노력이 계속될 가능성이 더 커 보인다. 이미 실리콘 기반의 컴퓨팅을 대체할 수 있는 신종 경쟁 기술들이 몇 가지 개발되고 있는데, 이를테면 자기조직화하는 분자 컴퓨터, 삼차원 마이크로프로세서 기술, 퀀텀(quantum) 컴퓨팅 기술, 그리고 컴퓨터의 계산 기능 수행에 DNA를 이용하는 기술 등이 바로 그것들이다.[18]

이러한 제반 사례 내용들은 패러다임 전환과 무슨 관련이 있는 것일까? 포스터에 따르면, 한 기술이 자연적 한계에 접근하게 될 경우, 가능한 대안적 기술들에 대해 많은 연구 관심이 제기되기 시작하고, 그 결과 조만간 그 대안적 기술들 가운데 하나가 상업화되면서 기존 기술을 대체해 가게 된다. 말하자면, 패러다임 전환이 일어날 가능성이 증가하는 것이다. 그러므로 신종 컴퓨팅 기술이 실리콘에 기반한 기존 컴퓨팅 기술을 대체해 감에 따라, 앞으로 10년 내지 20여 년 뒤 언젠가는 컴퓨터 산업의 기반을 뒤흔들 또 다른 패러다임 전환이 일어날 가능성은 충분히 존재한다고 볼 수 있다. 지금까지의 역사가 그러했듯이, 실제로 이런 일이 발생된다면 오늘날 컴퓨터 산업의 많은 경쟁자들은 이제 역사의 뒤안길로 사라지게 될 것이며, 새로운 기업들이 다시 이 산업을 지배하게 될 것이다.

한편 포스터는 이러한 관점에서 한 발 더 나아가, 기술 개발의 초기 단계에서는 서로 경합하는 대안적 기술들이 특정 제품과 관련하여 소비자들이 수요로 하는 특성과 기능들을 기존 기술보다 더 효과적으로 제공하지 못할 수도 있다고 주장하였다. 예컨대, 20세기 초반에 자동차 제품은 이제 막 대량생산되기 시작하고 있었다. 당시 비록 자동차라는 제품이 사람들을 한 장소에서 다른 장소로 신속히 이동시키는 능력 때문에 각광을 받았지만, 사실(기존의 확립된 하나의 기술로써) 말이나 마차 역시 마찬가지로 이러한 기능을 담당하고 있었다. 처음 자동차가 등장했을 때, 말과 마차는 아직도 자동차보다 여러 면에서 결코 못하지 않은 수단이었다. 처음 시장에 등장한 자동차는 아직도 느리고, 소음도 심하며, 쉽게 고장이 나곤 했던 것이다. 더욱이 자동차는 포장된 도로는 물론, 많은 주유소가 설치되어 있어야 이용이 편리했는데, 그러한 기본 설비와 인프라는 당시 아직도 충분히 구축되지 않고 있었다. 그래서 대부분의 용도 면에서, 말과 마차는 여전히 사람들로부터 더 선호되는 수송수단이었고, 심지어 비용도 더 적게 들었다.

그렇지만, 이러한 비교는 20세기 초에 자동차 기술이 S 곡선 초기 단계에 있었지만 주요 엔지니어링상의 문제들이 해결되었을 때(포장도로와 주유소의 건립), 극적인 성과 향상을 이루었다는 사실을 무시하고 있다. 이와는 대조적으로 마차는 3,000년 동안의 지속적인 개선과 보완을 통해, 거의 기술적으로 S 곡선 마지막 단계에 도달하였다. 그 결과로, 신속하게 개선된 자동차는 곧이어 마차를 대체하여 선호되는 수송수단이 되었다. [그림 7.8]의 T_1시점에서 마차는 여전히 자동차보다 우월하였지만 T_2시점에서는 자동차가 마차를 추월하였다.

포스터(Foster)는 후속 기술이 초기에 기존 기술보다 덜 효율적이기 때문에, 기존기업들과 그들의 고객들은 종종 그 기술을 추방하려는 실수를 저지르고, 그 기술의 신속한 성과 개선에 놀라고 만다고 설명하였다. 여기서 마지막 요점은 종종 단 하나의 잠재적 후속 기술이 있는 것이 아니라 여러 개의 잠재적 후속 기술이 있고, 이 중에서 단 하나가 궁극적으로 전면에 나타나게 된다는 것이다([그림 7.9] 참조). 이것이 그렇다면, 기존기업들은 불리한 위치에 놓이게 된다. 비록 그들이 패러다임 전환이 임박하였다고 인지하고 있지만, 회사들은 모든 잠재적 대체 기술에 투자할 자원이 없을 수 있다. 만약 그들이 잘못된 기술(전체 개발 과정을 둘러싼 불확실성을 고려할 때, 쉽게 선택할 수 있는 어떤 기술)에 투자한다면, 그들의 후속 개발도 그 기술에 묶여 발목이 잡히게 될 것이다.

파괴적 기술 클레이톤 크리스텐센(Clayton Christensen)은 포스터의 통찰에 기반하여 연구해서, 하이테크 영역에서 매우 영향력을 발휘하게 될 파괴적 기술(Disruptive

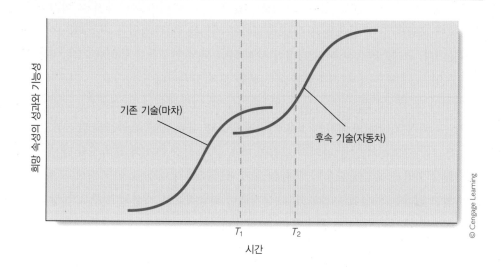

그림 7.8 **기존 기술과 후속 기술들**

기존 기술(마차)

후속 기술(자동차)

T_1 T_2

시간

© Cengage Learning

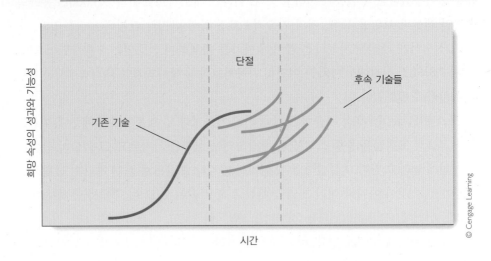

그림 7.9 　　후속 기술들

technology) 이론을 독자적으로 개발하였다.[19] 크리스텐센은 파괴적 기술이라는 용어를 사용하였다. 파괴적 기술이란 출발을 기존 주류 시장 밖에서 시작한 후, 시간이 경과함에 따라 기능이 개선되어 주요 시장을 침탈하는 기술을 의미한다. 이런 기술들은 산업 구조와 경쟁을 개혁시키고, 종종 기존 회사들의 쇠퇴가 야기되기 때문에 파괴적이다. 그들은 기술적 패러다임 전환을 야기시킨다.

크리스텐센의 가장 큰 통찰은 기존 회사들이 종종 신기술을 인지하지만 그들의 고객들이 이 기술을 원하지 않는다는 말만 듣고 그 기술에 투자하지 않는다는 사실이다. 물론 이러한 현상은 신기술이 개발 초기에 있고 단지 S 곡선 시작 단계에 있을 때 일어난다. 신기술의 성과가 향상되면 고객들은 그것을 원할 것이다. 그러나 그때까지 그 신기술을 대량시장에 도입하는 데 필요한 지식을 축적하는 기업은 (기존기업과 대조되는)신규진입 기업들이다. 크리스텐센은 여러 개의 역사적 사례 분석 연구들을 통하여 그의 이론을 증명하고 있다. [전략 실행 사례 7.3]은 이 사례들 중의 하나이다.

회사가 고객들의 말에 너무 깊게 귀담아듣는 것 이외에도, 크리스텐센은 기존기업이 새로운 파괴적 기술을 채택하는 것을 어렵게 만드는 다른 많은 요인들을 발견하였다. 그는 많은 기존기업들이 신규 파괴적 기술이 매우 작은 시장 틈새의 고객 요구만 충족시키기고 회사 수익과 이익에 도움이 되지 않을 것처럼 보이기 때문에, 이 기술에 투자하기를 꺼려 하고 있다는 사실에 주목하였다. 신기술이 기능적으로 개선되고 주요 시장을 공격하기 시작할 때, 이 신기술을 활용하는 데 필요한 새로운 비즈니스모델을 실행하기가 어려워 신기술 투자가 종종 힘들어진다.

전략 실행 사례 7.3

굴착기계의 파괴적 기술

© iStockPhoto.com/Tom Nulens

굴착기는 대형 빌딩의 기초, 하수도의 대형 파이프를 매설하기 위한 도랑, 그리고 주거지 건설과 농장을 위한 기초를 파는데 사용된다. 1940년 이전에, 굴착기계의 버킷(bucket)을 조작하기 위해 사용된 지배적 기술(dominant technology)은 케이블과 도르래로 구성된 시스템에 기반하고 있었다. 비록 이 기계시스템들은 대형 버킷들을 들어 올릴 수 있었지만, 굴착기 자체는 매우 컸고, 다루고 어렵고, 가격이 비쌌다. 그래서 이들 기계들은 주택 기초를 위한 조그만 도랑을 파고자 할 때, 혹은 농부를 위한 도랑 개간, 그리고 적은 규모의 공사에는 거의 사용되지 않았다. 대부분의 경우 이렇게 소규모 도랑 건설은 손으로 했다.

1940년대에, 수압 기술(hydraulics)이라는 신기술이 나타났다. 이론적으로 수압시스템은 기존의 케이블과 도르래를 이용한 시스템보다 확실한 장점이 있었다. 가장 중요한 장점은 이 기술의 에너지 효율성이 더 높다는 점이다. 동일한 크기의 버킷을 조작할 경우, 수압시스템에서는 더 적은 엔진이 일을 수행할 수 있었다. 그러나 초기의 수압시스템은 단점도 있었다. 수압 실린더 안에 있는 물이 고압에서 쉽게 새어 나가서, 들어 올릴 수 있는 버킷의 크기가 제한되었다. 이러한 단점에도 불구하고 수압시스템이 처음으로 등장하였을 때, 굴착기계 산업의 많은 기존기업들은 이 기술을 진지하게 받아드리고 그들의 주요 고객들에게 수압 응용 기계에 관심이 있는지를 물어 보았다. 기존기업들의 주요 고객들은 빌딩과 대규모 도랑의 기초를 굴착할 수 있는 대형 버킷들이 탑재된 굴착기를 필요하였기 때문에, 그들의 대답은 부정적이었다. 이들 고객집단들에게 1940년대의 수압시스템은 신뢰할 만하지 않고 충분한 파워도 없었다. 기존기업들은 고객의 의견을 청취한 후 수압시스템에 투자하지 않기로 결정하였다. 대신에 그들은 케이블과 도르래를 이용한 지배적 기술에 기초한 굴착 장비를 계속해서 생산하였다.

제이 아이 케이스(J.I. Case), 존 디르(John Deere), 제이 씨 뱀포드(J.C. Bamford), 그리고 캐터필러(Caterpillar)를 포함하는 수많은 신규진입기업들이 수압식 굴착 장비에 선두기업이 되었다. 물이 새어 버킷 사이즈가 제한되었기 때문에, 이들 신규기업들은 초기에 소형 버킷을 사용하는 시장(주택업자와 농부들)에 초점을 두었다. 시간이 지남에 따라, 이들 신규진입자들은 수압식 기계가 갖고 있는 빈약한 봉수 문제를 해결할 수 있었다. 그들이 이 문제를 해결하였을 때, 그들은 대형 버킷을 조작할 수 있는 굴착기를 생산하였다. 궁극적으로 그들은 기존기업들의 주력 시장(대형 빌딩, 하수도, 대규모 공사를 위해 기초를 파야 하는 사업자들)을 공략하였다. 이 시점에서, 제이 아이 케이스, 존 디르, 제이 씨 뱀포드 그리고 유사한 기업들이 산업을 지배하기 시작했다. 반면에 대다수 기존기업들은 시장점유율을 잃기 시작했다. 1930년대 말 미국에 있던 30개 정도의 케이블에 기반한 장비 제조업자들 중 단지 네 개 업체만 1950년대 말까지 존속하였다.

자료: Adapted from Christensen, *The Innovator's Dilemma*

이러한 두 가지 요점은 다른 또 하나의 예를 통해 예시될 수 있다. 1990년대에 인터넷이라는 신기술을 사용하여 개인 투자자들이 매우 낮은 수수료를 지불하고 주식을 거래할 수 있도록 한 아메리트레이드(Ameritrade)와 이트레이드(E*TRADE)와 같은 온라인 할인 주식중개기업들이 등장하였다. 한편 메릴 린치(Merrill Lynch)와 같이, 거래 수행에 대해 수수료를 받고 주문을 발주하였던 풀 서비스 주식 중개기업들은 쇠퇴하였다.

크리스텐센은 또한 새로운 공급자와 유통업자 네트워크가 전형적으로 신규진입자들과 함께 성장한다는 사실을 발견했다. 기존기업들은 초기에 파괴적 기술을 무시할 뿐 아니라 그들의 공급자와 유통업자들도 그 기술을 무시한다. 이것은 신규 공급자와 유통업자가 시장에 진출하여 신규진입자의 욕구를 충족시킬 기회를 만들어 준다. 신규진입자들이 성장함에 따라, 이와 연관된 네트워크도 성장한다. 궁극적으로 크리스텐센은 신규진입자들과 그들의 네트워크는 기존기업들뿐 아니라, 기존기업들과 연관된 전체 공급자와 유통업자 네트워크를 대체할지도 모른다고 주장하고 있다. 비록 논리적으로 극단적인 주장이지만, 이 견해는 파괴적 기술들이 산업에서 기존기업들과 관련된 전체 네트워크의 종말을 가져다줄지도 모른다는 점을 시사해 주고 있다.

산업에서 기술적 패러다임 전환에 갇혀 버린 기존기업들은 적응 능력을 제한하는 내부 무기력을 극복해야 한다. 그러나 신규진입기업들은 그럴 필요가 없기 때문에 우위를 갖는다. 신규진입기업들은 기존의 보수적 고객들을 만족시킬 필요가 없고 구식의 비즈니스모델을 사용할 필요가 없다. 대신에 그들은 신기술이 주요 시장을 공격하고 기존기업들에 도전할 때까지, 신기술을 최적화시키고 그 기술의 성능을 개선하고, 파괴적 기술의 파도를 신 시장 영역으로 몰고 가는 데 초점을 둬야 한다. 그때에 신규진입자들은 잘무장되어 기존기업을 능가하게 될 것이다.

기존기업에 위한 전략적 시사점

비록 크리스텐센은 중요한 경향을 발견하였지만, IBM과 메릴 린치에서 볼 수 있듯이, 모든 기존기업들이 파괴적 기술에 직면할 때 실패하게 될 운명에 처하지는 결코 아니다. 기존기업들은 파괴적 기술의 등장으로 유발되는 도전에 다음과 같이 대처해야 한다.[20]

첫째, 파괴적 기술이 어떻게 시장을 변혁시키는지에 대하여 지식을 쌓는 것이 중요한 전략적 자산이 된다. 많은 기존기업들은 크리스텐센이 조사한 바에 따르면, 다음의 이유 때문에 실패한다. 그들은 신기술에 대해 근시안적 시야를 갖고 있고 그들의 고객들에게 잘못된 질문을 한다. "당신은 이 신기술에 관심이 있나요"라고 질문하는 대신, 그들은 신기술이 시간이 지나면서 급격히 개선된다는 사실을 인식하고 다음과 같이 질문했어야 했다. "만약에 이 신기술이 시간이 지나 성능이 개선된다면 이 기술에 관심이 있나요? 만약 기존기업들이 이렇게 질문하였더라면, 그들은 매우 다른 전략 결정을 내렸을지 모른다.

둘째, 기존기업들이 궁극에 가서 파괴적 기술이 될지도 모를 새롭게 등장하는 기술에 투자하는 것이 중요하다. 회사들은 신기술에 양다리 걸치듯이 투자하여 위험을 분산시켜야 한다. 앞에서 언급하였듯이, 언제든지 신기술들이 떼를 지어 등장할지 모르며, 그들 중의 하나가 궁극적으로 파괴적 기술이 될 것이다. 많은 현금흐름을 벌고 있는 기존 대기업들은 이런 신기술에 투자하고 이를 개발하기 위해 중앙 R&D 시설을 설립하고 연구비를 지원할 수 있고, 때때로 그렇게 해야 한다. 추가로 그들은 잠재적으로 파괴적 기술 개발을 선도하는 신생 기업들을 인수하거나, 다른 기업과 제휴를 맺어 공동으로 그 기술을 개발할 수도 있다. 파괴적 잠재 기술을 개발하는 기업들을 인수하는 전략은 인터넷 네트워크 장비의 지배적 공급자인, 시스코 시스템즈(Cisco Systems)가 추구하는 잘 알려진 전략이다. 이 전략의 핵심은 기존기업의 경우, 회사의 판매 기반을 신규진입자에게 빼앗 기기 보다는 회사가 파괴적 기술을 개발한 후 제살깎기 식으로 기존의 매출을 감소시키는 것이 더 낫다는 사실 인식에 기반하고 있다.

그러나 크리스텐센은 매우 중요한 점을 지적하고 있다. 기존기업들이 심지어 파괴적 잠재 기술에 연구개발 투자를 하였음에도 불구하고, 그들은 종종 변화를 거부하는 내부 세력 때문에 그 기술들을 상용화하지 못한다는 사실이다. 예를 들어, 현재 한 사업 영역에서 많은 현금을 벌어들이고 있는 경영자들은 그들의 시장지위를 유지하기 위해 가장 많은 연구개발 투자가 필요하다고 주장하고, 최고경영자에게 로비를 하여 신기술에 대한 투자를 지연시킬 것이다. 신기술이 S 곡선상에 초기에 위치하여 장기 전망이 매우 불확실하기 때문에, 그들의 이런 주장은 매우 강력할 수 있다. 그러나 결과적으로 기업은 신기술에 대한 역량을 구축하지 못하여 많은 어려움을 겪게 될 것이다.

추가로 크리스텐센은 새로운 파괴적 기술의 상업화는 종종 새로운 비즈니스모델(완전히 다른 비용구조를 갖는 급진적으로 전혀 다른 가치사슬)을 필요로 하다고 주장하고 있다. 예를 들어, 전혀 다른 제조시스템과 유통시스템, 그리고 전혀 다른 가격옵션과 영업이익, 그리고 매출총이익이 수반되어야 할 것이다. 크리스텐센은 두 개의 서로 다른 비즈니스모델이 동일 조직에 공존하는 것이 불가능하다고 주장한다. 기업들이 두 모델들을 실행하고자 할 때, 이미 존재하였던 모델이 필연적으로 파괴적 기술과 연관된 비즈니스모델을 질식시킬 것이다.

이 문제에 대한 해결책은 그 파괴적 기술을 분리시켜서 오로지 이 신기술을 위한 독립 운영 부서를 만드는 것이다. 예를 들어 1980년대 초에, HP는 매우 성공적으로 레이저 제트 프린터 사업을 했다. 그때 잉크제트 기술이 발명되었다. HP의 몇몇 종업원들은 잉크제트 프린터가 레이저 제트 프린터의 판매를 갈아먹을 것이라고 생각하고, HP가 잉크제트 프린터를 생산하지 말아야 한다고 주장했다. HP에게는 다행히도, 회사 임원들은 잉크제트 기술이 잠재적으로 파괴적 기술이 될 수 있다고 믿었다. 잉크제트 기술에 투자하지 않기로 결정하는 대신, HP는 많은 연구개발 자금을 그 기술의 상용화를 위해 배정하였다. 더구나 그 기술이 시장 도입을 준비하고 있을 때, HP는 외딴 지역에 생산, 마케팅, 유통부서가 포함된 독립적인 잉크제트 사업부를 설립하였다. HP의 임원들은 잉크제트 사업부가 레이저 제트 사업부의 매출을 삭감할지도 모른다는 사실을 인정하였지만, 그 매출이 다른 경쟁자에 의해 감소되도록 하는 것보다는 HP의 다른 사업부에 의해 삭감되는 것이 더 나을 것이라고 결정했다. 다행히도, HP의 잉크제트는 레이저 제트 매출액을 약간만 삭감시키고, 레이저 제트와 잉크제트 프린터는 둘 다 수익성 있는 나름의 시장을 갖고 있다. 그러나 이러한 행운은 이 예화가 주는 메시지의 가치를 떨어뜨리지 않는다. 회사가 잠재적으로 파괴적 기술이 될 기술을 개발하고 있을 때, 그 기술 개발이 독립된 제품 사업부에서 자율적으로 추진된다면, 성공확률은 높아질 것이다.

신규진입자들을 위한 전략적 시사점

크리스텐센의 연구는 또한 신규진입자들에게 몇 가지 시사점을 제공한다. 신규진입자들 혹은 공격자들은 기존기업들보다 여러 면에서 유리하다. 기존의 구식 비즈니스모델을 계속하고자 하는 압박은 제품 제살 깎기 문제에 대해 걱정할 필요가 없는 신규진입자들에게는 적용되지 않는다. 그들은 기존 고객층 혹은 기존 공급자와 유통업자와의 관계에 대해 걱정할 필요가 없다. 대신에 그들은 그들의 모든 에너지를 이 새로운 파괴적 기술이 제공하는 기회에 초점을 둘 수 있다. 그리고 그들은 기술 개선에 관한 S 곡선을 따라 이동하여 재빨리 그 기술을 위한 시장과 함께 성장할 수 있다. 그러나 이것이 신규진입자들이 고민해야 할 문제가 없음을 의미하지는 않는다. 그들은 자본 부족으로 한계에 부딪칠 수 있으며, 급속한 성장 때문에 발생하는 조직 문제들을 관리해야 한다. 특히 그들의 기술이 소규모 시장에서만 적용 가능하지 않고 대량시장을 지배할 수 있도록 방법을 찾아야 한다.

아마도 신규진입자들이 직면하는 가장 중요한 이슈들 중의 하나는 기존기업과 협력을 할 것인지 아니면 혼자서 새로운 파괴적 기술을 개발하여 여기서 파생되는 이익을 독차지 할 것인가를 선택하는 것이다. 비록 신규진입자가 공격자로서 얻을 수 있는 모든 이점을 향유할 수 있지만, 그것들을 모두 획득할 수 있을 정도로 충분한 자원이 부족할 것이다. 이런 경우, 회사는 기존 대기업과 전략적 제휴를 맺어 그 필요 자원을 얻는 것을 고려할 수 있다. 여기서 주요 이슈들은 앞에서 기업이 최초 시장진입자의 이점을 얻기 위해 추구할 수 있는 세 가지 전략들(독자적 진입, 전략적 제휴, 기술 라이센싱)을 살펴볼 때 논의한 내용과 동일하다.

요약 *Summary of Chapter*

1. 기술적 표준들은 많은 하이테크산업에서 중요하다. 그것들은 호환성을 보장하고, 고객의 입장에서 혼란을 줄여주며, 대량생산과 저원가를 가능하게 하고, 보완제품 공급과 관련된 위험을 줄여준다.

2. 네트워크 효과와 긍정 피드백 루프는 종종 어떤 기술이 시장을 지배할지를 결정해 준다.

3. 표준을 소유하는 것은 지속적 경쟁우위의 원천이 될 수 있다.

4. 회사가 소유한 표준을 산업 표준으로 만들기 위해서, 회사는 호환이 안 되는 다른 표준과의 경쟁에서 승리하여야 한다. 이것을 실행하기 위한 전략은 보완 제품을 생산하고, 회사가 판매하고 있는 시장점유율이 높은 제품을 활용하며, 공격적인 가격과 마케팅, 기술 라이센싱, 그리고 경쟁자들과의 협력을 추진하는 것이다.

5. 많은 하이테크 제품들의 특징은 높은 제품개발 고정비용이 소요되지만 제품 한 단위를 추가 생산하기 위해 들어가는 비용이 매우 낮거나 제로라는 점이다. 이러한 원가 경제로 인해 기업들은 공격적 가격정책을 통해 판매수량을 증가시켜서 평균 총 비용을 낮추는 전략을 선호하고 있다.

6. 최초진입자 우위를 활용할 수 있는 전략을 개발하는 것이 매우 중요하다. 회사는 다음의 세 가지 전략들을 선택할 수 있다. (1) 기술 개발과 판매를 스스로 하는 전략, (2) 다른 기업과 공동으로 기술 개발과 판매를 하는 전략, (3) 기술을 기존기업에게 라이센스로 제공하는 전략. 선택은 최초진입자 우위를 얻는 데 필요한 보조자산, 모방을 어렵게 하는 장벽의 높이, 그리고 경쟁자의 능력을 고려하여 결정한다.

7. 기술패러다임의 전환은 산업의 구조를 변혁시키고, 극적으로 경쟁의 본질을 변경시키며, 기업들이 성공하기 위해 신전략을 채택할 것을 요구하는 새로운 기술들이 등장할 때 발생된다.

8. 기술패러다임의 전환은 기존 기술의 개선 진척도가 수익성 악화로 더디어 지고 새로운 파괴적 기술이 시장에서 자리를 잡았을 때 발생한다.

9. 기존기업들은 기술에 투자하거나 그 기술을 활용하기 위해 독립된 사업부를 설립하여 패러다임 전환에 대처할 수 있다.

토론 과제

1. 하이테크산업에서 무엇이 다른가? 모든 산업들은 한때 하이테크이었는가?

2. 왜 표준들이 하이테크산업에서 그렇게도 중요한가? 이것이 주는 경쟁상의 시사점은 무엇인가?

3. 당신의 직장은 태동하는 한 시장에서 선두 위치에 있는 소규모기업이다. 당신의 상사는 회사가 60%의 시장점유율을 차지하고 있고, 산업에서 가장 낮은 비용구조를 갖고 있으며, 가장 신뢰할 수 있고 가장 높은 가치의 제품을 판매하고 있기 때문에, 회사의 미래가 밝다고 믿고 있다. 당신은 당신의 상사에게 왜 이러한 가정들이 부정확할 수 있는지에 관해 작성한 메모를 전달해 주고자 한다. 메모의 내용은?

4. 당신은 마이크로소프트의 윈도우 운영시스템보다 더 빠르고 더 안전한 PC용 운영시스템을 개발하고 있는 소규모 회사에 근무하고 있다. 윈도우를 물리치고 회사의 운영시스템이 산업에서 지배적 기술 표준으로 자리를 잡기위해 회사는 어떠한 전략을 추구할 수 있는가?

5. 당신은 음악 레코드를 제작 판매하는 대기업의 경영자이다. 작년에 음악 판매는 10%하락하였다. 주된 이유는 CD에 대한 저작권 침해(해적판 판매 등) 비율이 높았기 때문이다. 당신의 상사는 당신에게 이 저작권 침해 비율을 낮출 수 있는 전략을 개발하라고 요구했다. 회사가 무엇을 해야 한다고 제안할 것인가?

6. 모바일 지불 방법에 대한 등장하고 있는 표준 경쟁을 다룬 앞의 첫머리 사례를 다시 읽어라. 당신이 생각하기에 어떤 모바일 지불 시스템이 지배적 시스템이 될 것으로 보는가?

윤리적 딜레마

© iStockPhoto.com/P_Wei

당신의 회사는 인터넷상에서 고선명 비디오가 연속으로 끊이지 않고 재생할 수 있는 새로운 기술 표준을 개발하는데, 두 개의 다른 회사들과 경쟁하고 있다. 세 가지 기술들은 서로 호환되지 않으며 전환 비용이 높은 것으로 추정된다. 당신은 당신의 기술이 경쟁자들이 개발 중인 기술들 보다 확실히 열등하다는 사실을 알고 있다. 그러나 당신은 당신의 기술이 먼저 시장에 먼저 나올 것이라고 강하게 믿고 있다. 더구나 당신은 당신의 회사가 이미 판매하고 있는 제품과 함께 당신의 신제품을 함께 묶어 판매(bundling)한다면, 초기 제품 수용이 클 것으로 확신하고 있다. 심지어 당신은 초기에 제품 가격을 무료로 하여 신속한 매출 증진을 이루어 경쟁자들이 개발 중인 더 나은 기술들을 차단하는 방안을 모색하고 있다. 당신은 당신의 기존 다른 제품들의 매출로 많은 돈을 갖고 있기 때문에 이것을 할 수 있다. 시장이 당신의 기술로 족쇄가 채워지면, 당신의 다음 전략으로 당신의 기술 응용 제품 가격을 상승시킬 것이다.

당신의 동료 중 한 명은 당신의 회사가 재무 자원과 제품 묶음판매를 사용하여 이런 식으로 더 나은 경쟁 기술이 진입하지 못하도록 막는 것이 윤리적이지 않다고 지적하였다. 당신은 왜 그가 이러한 주장을 한다고 생각하는가?

당신은 그의 주장에 동의하는가? 왜 그런가?

당신은 이 사례와 유사한 실제 상황을 생각할 수 있는가?

마무리 사례 *Closing Case*

클라우드 컴퓨팅의 등장

컴퓨팅 세계에서 패러다임 전환이 시작되고 있다. 다음 수십 년 동안, 증가하는 사업체들이 그들 소유의 컴퓨터 서버와 메인프레임 구입을 중단하고 대신에 그들의 응용 프로그램과 데이터를 클라우드(Cloud)에 저장하기 위해 그곳으로 이동시킬 것이다. 클라우드는 비유적으로 대용량 데이터 센터 혹은 서버 농장(수십만 대의 컴퓨터 서버들이 한곳에 모여 서로 연결되어 있는 서버들의 집합)을 의미한다. 기업들은 그들의 데이터와 응용 프로그램들을 클라우드 컴퓨팅 제공자들의 서버들에서 호출할 수 있을 것이다. 클라우드에 저장된 응용 프로그램을 작동하기 위해서, 사람이 필요한 것은 웹 브라우저와 인터넷이 연결된 컴퓨팅 기기가 전부이다.

클라우드로 데이터와 응용 프로그램들을 이동시키는 것은 현저한 원가우위를 제공한다. 기업들은 더 이상 급속도로 진부화되는 정보기술 하드웨어에 투자할 필요가 없을 것이다. 대신에 클라우드 제공자들은 서버와 하드웨어의 유지 보수 책임을 맡을 것이다. 또한, 기업들은 더 이상 많은 소프트웨어 프로그램들을 구입할 필요가 없을 것이다. 대신에 기업들은 그들이 사용한 응용 프로그램에 대해 사용당 가격지불방식을 활용할 것이다. 이것을 통해 원가절감이 확실히 달성될 수 있다(어떤 연구에서는 기업이 구매한 소프트웨어의 70%가 잘 사용되지 않거나 전혀 사용되지 않고 있는 것으로 보고하고 있다). 브루킹 연구소(Brookings Institute)는 기업들이 클라우드로의 이동을 통해 그들의 정보기술 비용을 50%씩이나 절감할 수 있을 것으로 추정하고 있다.

클라우드 컴퓨팅 서비스의 조기 수용자들 중에는 전세계 4,400개 호텔과 650,000개의 객실을 갖고 있는 인터콘티넨탈 호델 그룹(InterContinental Hotel Group, IHG)이 있다. IHG는 자사의 정보기술 하드웨어를 업그레이드하는 대신, 온라인 소매회사이면서 클라우드 컴퓨팅 시장의 초기 리더로 부상하고 있는 아마존 닷컴이 소유하고 있는 서버 농장에 자사의 중앙 예약시스템을 옮기기로 결정하였다. 유사하게 네트플릭스(Netflix)도 자사의 디지털 영화를 유통시키기 위해, 자사소유의 서버 농장에 투자하기보다는, 아마존의 클라우드 서비스를 활용하기로 결정하였다. 또 다른 초기 클라우드 서비스 사용자는 스타벅스(Starbucks)이다. 스타벅스는 회사의 이메일 시스템 전체를 통째로 자사 서버에서 마이크로소프트의 클라우드 컴퓨팅 시스템으로 옮겼다.

아마존과 마이크로소프트는 태동하는 클라우드 컴퓨팅 시장에서 초기 리더들 중의 두 회사이다. 다른 중요한 사업자는 구글(Google)이다. 이 세 회사는 모두 대형 서버 농장을 짓고 자사의 비즈니스 일부분을 운영하고 있다(아마존은 온라인 소매 비즈니스를, 구글과 마이크로소프트는 웹 검색 비즈니스를 운영한다). 이들 회사들이 다른 기업들에 자신들의 서버 농장을 빌려 줄 수 있다는 사실을 곧 깨달았을 때, 클라우드 컴퓨팅 개념이 탄생하였다. IBM과 휴렛패커드(Hewlett-Packard)는 클라우드 컴퓨팅 서비스 제공자로서 그 시장에 진출할 것을 발표하였다.

현재 클라우드의 규모는 작은 편이다. IDC는 전 세계적으로 2012년에 클라우드 서비스는 400억 달러 규모라고 발표하였다. 이는 2012년에 전 세계적으로 정보기술에 투자된 36,000억 달러의 1%를 조금 상회하는 수준이다. IDC는 클라우드 서비스 규모가 2016년에 1,000억 달러로 성장할 것으로 예상하고 있다. 그러나 클라우드 서비스 또한, 마이크로소프트와 구글과 같은 기업들이 관심을 기울이는 것을 보면, 누가 정보기술에서 수익을 획득할 것인지는 예전과 다를 것으로 보인다.

마이크로소프는 윈도우 애저(Windows Azure)라고 알려진 운영시스템을 개발하였다. 이 운영시스템은 서버 농장의 소프트웨어 프로그램들을 매우 효율적으로 구동시킬 수 있도록 설계되어, 수십만 개의 서버들 간의 부하를 균형 있게 할당할 수 있다. 마이크로소프트는 오피스와 SQL 서버와 같은 자사의 많은 응용 프로그램들을 리코딩하여, 애저에서 구동될 수 있도록 하고 있다. 마이크로소프트는 이것을 통해 기존 고객들이 그들의 데이터와 응용 프로그램들을 그들의 서버에서 클라우드로 옮기고, 따라서 그들을 고객으로 계속 유지할 수 있을 것으로 믿고 있다. 마이크로소프트는 또한 고객들이 스스로 클라우드에 맞게 자사의 응용 프로그램을 코딩할 수 있게 하는 도구들을 개발하였다. 마이크로소프트는 클라우드로의 이동이 기존 윈도우 독점에 위협이 된다고 보고, 최상의 전략이 클라우드상에서 지배적 기업이 되는 것임을 인식하였다.

마이크로소프트의 경쟁자들은 가만히 앉아서 바라보고 있지만 않았다. 예를 들어, 구글은 클라우드에 기반한 운영시스템인 구글 앱 엔진(Google App Engine)을 개발하였다. 이 운영시스템을 이용하여 고객들은 그들의 맞춤형 소프트웨어 응용 프로그램들을 클라우드에서 효율적으로 구동시킬 수 있다. 또한 마이크로소프트는 개인들이 크롬(Chrome) 전용 태블릿에서 사용할 수 있는 크롬 OS를 제공하고 있다. 아마존 역시 일라스틱 컴퓨트 클라우드(Elastic Compute Cloud) 혹은 "EC2"라고 알려진 독자적인 클라우드 기반 운영시스템을 갖고 있다. IBM과 브이 엠 웨어(VM Ware)와 같은 다른 회사들도 유사한 소프트웨어를 개발하고 있는 중이다. 어떤 클라우드 기반 운영시스템에서 구동되는 소프트웨어 프로그램들은 완전한 리코딩 없이는 다른 클라우드 운영시스템에서는 구동되지 않는다. 이것은 한 클라우드 사업자에서 다른 사업자로 응용 프로그램을 이동하고자 할 때 많은 전환 비용이 발생할 것이라는 점을 의미한다. 이것이 강력히 시사하는 바는 1990년대 초에, 데스크톱 컴퓨터를 지배하기 위해 마이크로소프트, IBM, 애플간의 포맷 전쟁(이 전쟁에서 마이크로소프트의 윈도우 운영시스템이 승리하였다)과 너무도 유사한 포맷 전쟁이 클라우드 컴퓨팅에서 시작되고 있음을 보여주고 있다. 만약 비즈니스 역사가 어떤 가이드를 제시한다면, 기껏해야 2-3개의 포맷들만이 생존할 것이고, 나머지들은 도태될 것이다.

자료: R. Harms and M. Yamartino, "The Economics of the Cloud," *Microsoft White Paper*, November 2011; A. Vance, "The Cloud: Battle of the Tech Titans," *Bloomberg Businessweek*, March 3, 2011; and K. D. Schwartz, "Cloud Computing Can Generate Massive Savings for Agencies," *Federal Computer Week*, January 2011.

사례 토의 문제

1. 개인들과 기업들이 클라우드 서비스를 이용하면 무슨 장점과 단점을 있겠는가?
2. 클라우드 서비스를 수용하는 것이 컴퓨터와 소프트웨어 시장의 수익에 어떻게 영향을 끼치는가? 만약 개인들과 사업체들이 계속해서 클라우드 서비스 사용으로 전환하다면 어떤 기업들이 승리하고 어떤 기업들이 낙오할 것인가?
3. 무슨 요인이 지배적 클라우드 기반 운영시스템의 등장에 영향을 끼칠 것인가?
4. 당신이 생각하기에, 마이크로소프트, 아마존, 구글 각각이 갖고 있는 그들의 클라우드 기반 운영시스템들의 장점은 무엇인가?

핵심 용어 *Key Terms*

기술 표준(Technical standards) 250
포맷 전쟁(Format wars) 254
지배적 디자인(Dominant design) 254
공공 영역(Public domain) 258
네트워크 효과(Network effects) 259
킬러 애플리케이션(Killer applications) 264
면도기 및 면도날 전략(Razor and blade strategy) 265
최초진입자(First mover) 270
최초진입자의 불이익(First-mover disadvantages) 273
기술 패러다임의 전환(Technological paradigm shift) 281

참고문헌 *Notes*

1 Data from Bureau of Economic Analysis, 2013, www.bea.gov.

2 J. M. Utterback, *Mastering the Dynamics of Innovation* (Boston: Harvard Business School Press, 1994); C. Shapiro & H. R. Varian, *Information Rules: A Strategic Guide to the Network Economy* (Boston: Harvard Business School Press, 1999).

3 일반적으로 널리 활용되어지는 컴퓨터 자판의 배열이 존재하긴 하지만, 전 세계적으로 반드시 통일된 것은 아니다. 예를 들어, 프랑스는 다소 상이한 자판 배열을 사용한다.

4 보다 자세한 논의를 위해서는 다음 문헌들을 참조할 것. Charles W. L. Hill, "Establishing a Standard: Competitive Strategy and Technological Standards in Winner Take All Industries", *Academy of Management Executive* 11 (1997): 7-25; Shapiro & Varian, *Information Rules*; B. Arthur, "Increasing Returns and the New World of Business", *Harvard Business Review*, July-August 1996, 100-109; G. Gowrisankaran & J. Stavins, "Network Externalities and Technology Adoption: Lessons from Electronic Payments", *Rand Journal of Economics* 35 (2004): 260-277; V. Shankar & B. L. Bayus, "Network

Effects and Competition: An Empirical Analysis of the Home Video Game Industry", *Strategic Management Journal* 24 (2003): 375-394; and R. Casadesus-Masanell and P. Ghemawat, "Dynamic Mixed Duopoly: A Model Motivated by Linux vs Windows", *Management Science*, 52 (2006): 1072-1085.

5 다음 문헌을 참조할 것. Shapiro & Varian, *Information Rules*; Hill, "Establishing a Standard", M. A. Schilling, "Technological Lockout: An Integrative Model of the Economic and Strategic Factors Driving Technology Success and Failure", *Academy of Management Review*, 23:2 (1998): 267-285.

6 마이크로소프트사는 이렇게 설치되는 제품 한 단위당 얼마의 라이센싱 수수료를 받는지 공개하지 않는다. 하지만 여러 언론 매체의 보고서들에 따르면, 복사본 하나당 약 50달러 가량을 받는 것으로 추정되고 있다.

7 이 부분과 관련한 설명은 다음 문헌에 주로 의존하였다. Charles W. L. Hill, Michael Heeley, and Jane Sakson, "Strategies for Profiting from Innovation". in *Advances in Global High Technology Management* 3 (Greenwich, CT: JAI Press, 1993), pp.79-95.

8 M. Lieberman and D. Montgomery, "First Mover Advantages", *Strategic Management Journal* 9 (Special Issue, Summer 1988): 41-58.

9 W. Boulding & M. Christen, "Sustainable Pioneering Advantage? Profit Implications of Market Entry Order?" *Marketing Science* 22 (2003): 371-386; C. Markides and P. Geroski, "Teaching Elephants to Dance and Other Silly Ideas", *Business Strategy Review* 13 (2003): 49-61.

10 J. Borzo, "Aging Gracefully", *Wall Street Journal*, October 15, 2001, p.R22.

11 보조자산의 중요성은 D. J. Teece의 다음 문헌에서 처음 강조되었다. D. J. Teece, "Profiting from Technological Innovation", in D. J. Teece (ed.), *The Competitive Challenge* (New York: Harper & Row, 1986), pp.26-54.

12 M. J. Chen & D. C. Hambrick, "Speed, Stealth, and Selective Attack: How Small Firms Differ from Large Firms in Competitive Behavior", *Academy of Management Journal*, 38 (1995): 453-482.

13 E. Mansfield, M. Schwartz, and S. Wagner, "Imitation Costs and Patents: An Empirical Study", *Economic Journal* 91 (1981): 907-918.

14 E. Mansfield, "How Rapidly Does New Industrial Technology Leak Out?", *Journal of Industrial Economics* 34 (1985): 217-223.

15 이러한 주장은 게임이론(game theory)을 다룬 연구들에서 주로 이루어졌다. 이와 관련해서는 다음 문헌을 볼 것. R. Caves, H. Cookell, and P. J. Killing, "The Imperfect Market for Technology Licenses", *Oxford Bulletin of Economics and Statistics* 45 (1983): 249-267. N. T. Gallini, "Deterrence by Market Sharing: A Strategic Incentive for Licensing", *American Economic Review* 74 (1984): 931-941; and C. Shapiro, "Patent Licensing and R&D Rivalry", *American Economic Review* 75 (1985): 25-30.

16 M. Christensen, *The Innovator's Dilemma* (Boston: Harvard Business School Press, 1997); R. N. Forster, *Innovation: The Attacker's Advantage* (New York: Summit Books, 1986).

17 Forster, *Innovation*.

18 Ray Kurzweil, *The Age of the Spiritual Machines* (New York: Penguin Books, 1999).

19 See Christensen, *The Innovator's Dilemma*; and C. M. Christensen and M. Overdorf, "Meeting the Challenge of Disruptive Change," *Harvard Business Review*, March–April 2000, pp. 66–77.

20 Charles W. L. Hill and Frank T. Rothaermel, "The Performance of Incumbent Firms in the Face of Radical Technological Innovation," *Academy of Management Review* 28 (2003): 257–274; and F. T. Rothaermel and Charles W. L. Hill, "Technological Discontinuities and Complementary Assets: A Longitudinal Study of Industry and Firm Performance," *Organization Science* 16:1(2005): 52–70.

글로벌 환경에서의 전략

8

포드의 글로벌전략

오랜 기간 동안 보잉(Boeing)에서 경력을 쌓고 2006년에 포드(Ford)의 CEO로 임명된 앨런 뮬랠리(Alan Mullay)는 소형차인 포드 포커스(Ford Focus)의 유럽 시장 모델과 미국 시장 모델이 완전히 다르다는 사실에 충격을 받았다. 그는 비유적으로 다음과 같이 말하였다. "유럽 시장을 위한 보잉 737과 미국 시장을 위한 보잉 737를 상상할 수 있습니까?" 이러한 제품 전략 때문에 포드는 공용부품을 구매할 수 없었으며, 개발 비용을 공유할 수 없었다. 그 결과 포드가 유럽에 있는 공장에서 포커스 모델을 생산하여도 이를 미국 시장에 판매할 수 없었다. 그 반대도 마찬가지였다. 규모의 경제가 중요시되는 비즈니스 환경에서 이러한 전략은 맞지 않았다. 포드가 직면하고 있는 문제는 비단 포드 포커스에만 국한한 것이 아니었다. 서로 다른 지역에 서로 다른 자동차를 설계하고 생산하는 전략은 포드에서 표준 전략으로 자리잡고 있었다.

포드가 오랫동안 지역별 자동차 모델을 선호하는 전략은 다음의 가정에 기초하고

© iStockPhoto.com/GYI NSEA

있었다. 상이한 지역별 고객들은 상이한 기호와 제품 선호를 갖고 있어 지역별 고객화가 필요하다는 것이다. 일 예로 미국인들은 트럭과 SUV를 선호하는 반면에 유럽인들은 소형의 연료 절감형 차량을 선호한다는 것

학습 목표

이 장의 학습 목표는 다음과 같다.

- 글로벌화 과정과 어떻게 이것이 기업전략에 영향을 끼치는지를 이해한다.
- 국제적으로 사업을 확장하고자 하는 기업의 동기를 토론한다.
- 기업이 글로벌 시장에서 경쟁하기 위해 활용하는 여러 가지 전략을 검토한다.
- 외국 시장에 진입하기 위한 여러 가지 방법의 장점과 단점을 살펴본다.

이다. 이러한 차이에도 불구하고, 뮬랠리는 여전히 여러 지역에서 판매되고 있는 포커스와 같은 소형 모델 차들 혹은 익스케이프(Escape) SUV 차량들이 왜 동일한 플랫폼을 이용하지 못하고, 공용 부품을 공유하지 못하는지를 이해할 수 없었다. 가장 오래된 다국적 기업인 포드는 상이한 지역별로 자율을 강조하는 오래된 역사를 갖고 있었는데, 이것이 현재의 포드의 제품전략과 깊은 관련이 있다.

글로벌 금융위기로 인해 2008-2009년 동안 세계 자동차산업도 휘청하고 있었다. 대공항 이래로 매출액이 급격하게 하락하였다. 이때 뮬랠리는 포드의 오랜 관행을 변화시켜 원가를 통제해야만 한다고 결심하였다. 그는 포드가 저원가 차량을 생산할 수 있는 글로벌 규모를 이용하지 못한다면 중국과 인도와 같은 큰 시장에서 효과적으로 경쟁할 수 없다는 사실을 깨달았다. 그 결과 뮬랠리의 원 포드(One Ford) 전략이 만들어졌다. 이것은 전 세계 어디서나 활용할 수 있는 소수의 자동차 플랫폼을 만드는 것을 목표로 하였다.

이 전략 하에, 2013년 모델인 피에스타(Fiesta), 포커스, 그리고 익스케이프와 같은 신차는 공동 플랫폼과 공용 부품을 사용하도록 설계되었으며, 전 세계 어느 포드공장에서도 생산될 예정이다. 궁극적으로 포드는 단지 5개의 플랫폼만을 사용하여 2016년까지 6백대의 자동차 판매를 달성하기를 희망하고 있다. 2006년에 포드는 15개의 플랫폼을 보유하고 있었으며, 이들을 통해 660만 대의 자동차 판매를 이룩한 바 있다. 이 전략을 추진함으로써 포드는 설계와 공구 비용을 분산하고, 부품 생산에 획기적인 규모 경제를 달성할 수 있었다. 포드는 이 전략이 약 3.3억 달러의 개발 비용을 절감하고 5백억 달러의 연간부품 예산을 절감할 것으로 예측하고 있다. 더구나 자동차를 생산하고 서로 다른 공장이 모든 면에서 동일하기 때문에 한 공장에서 경험을 통해 획득한 유용한 지식이 신속히 다른 공장들에게 전파될 수 있어 시스템 비용이 절감될 수 있다고 보고 있다.

포드는 이 전략이 원가를 충분히 떨어뜨려서 자사가 선진국 시장에서 커다란 영업이익을 얻게 해 주고, 현재 자사가 경쟁기업인 GM과 폭스바겐을 뒤쫓고 있는 세계 최대 시장인 중국에서도 저가격으로도 양호한 영업이익을 얻을 수 있기를 희망하고 있다. 사실 이 전략은 포드의 매출을 2010년 550만 대에서 2010년대 중반까지 800만 대까지 성장시키려는 뮬랠리의 핵심 전략이다.

자료: M. Ramsey, "Ford SUV Marks New World Car Strategy," *Wall Street Journal*, November 16, 2011; B. Vlasic, "Ford Strategy Will Call for Stepping up Expansion, Especially in Asia," *New York Times*, June 7, 2011; and "Global Manufacturing Strategy Gives Ford Competitive Advantage," Ford Motor Company, http://media.ford.com/article_display.cfm?article_id=13633.

개관

본 장에서는 먼저 글로벌 경쟁 환경에서 계속되고 있는 변화를 논의하고 경영자들이 상이한 국가 시장에서 경쟁을 분석하는 데 사용하는 모델들을 논의한다. 다음으로 이 장은 국제적 팽창을 통하여 기업의 수익률과 이익성장을 증가시키는 다양한 방법을 살펴볼 것이다. 그런 다음 글로벌 시장에서 회사가 경쟁우위를 얻기 위해 추구할 수 있는 서로 다른 전략들의 강점과 약점을 논의한다. 그런 다음 다음의 두 개의 전략 이슈를 논의한다. (1) 경영자들은 어떤 외국 시장을 진출하며, 언제 어느 규모로 진출할지를 어떻게 결정하는가? (2) 무슨 종류의 수단과 방법을 사용하여 기업들은 글로벌화를 추구하여 외국에 진출하는가?

앞의 사례에서 소개한 포드 자동차의 원 포드(One Ford)전략은 이 장에서 탐구하고자 하는 몇 가지 이슈들을 다루고 있다. 역사적으로 포드는 현지화 전략(localization strategy)을 추구하여, 자동차를 현지 사정에 맞게 설계하고 생산하고 판매해 왔다. 그래서 유럽지역과 북미지역마다 동일 자동차의 설계 내용이 상이했다. 비록 이 전략이 제품 공급을 지역별로 상이한 고객 취향과 선호에 맞게 고객화시킬 수 있는 장점을 갖고 있지만, 다른 한편으로 상당한 이중 중복과 고비용을 초래하는 것이었다. 2000년대 말 쯤에 포드의 CEO인 앨런 뮬랠리는 회사가 더 이상 이런 방식으로 고비용을 감당할 수 없다고 판단하고 그의 원 포드 전략을 강력히 밀어붙였다. 이 글로벌 표준화 전략은 전 세계 시장에서 동일한 자동차 모델들을 설계하고 판매하는 것을 목적으로 하고 있다. 이 전략의 아이디어는 설계 비용을 공유하고, 공동 플랫폼을 사용하며, 여러 모델에 적용 가능한 부품들을 공유하고, 전 세계에 흩어져 있는 포드의 공장들을 모두 동일하게 만들어 공구 비용을 절감할 수 있게 하여 괄목할 만한 원가절감을 달성하게 하는 것이다. 포드가 이 전략을 실행하게 되면, 포드는 가격을 낮춰도 여전히 이익을 얻을 수 있을 것이다. 이것은 이미 개발된 시장에서 시장점유율을 유지시켜줄 뿐 아니라 빠르게 성장하고 있는 인도와 중국과 같은 신흥 시장에서 시장점유율을 획득하게 해줄 것이다. 비록 이 전략이 현지 고객화에 약점을 갖고 있어 약간의 판매 감소를 가져다 줄 수 있는 위험이 있지만, 뮬랠리는 저원가와 더욱 경쟁적인 가격이 제공하는 혜택이 이 위험보다 분명히 월등할 것으로 믿고 있다. 그의 믿음이 맞는지는 시간이 지나봐야 알 것이다.

나중에 이 장에서 알게 되겠지만, 많은 기업들은 지난 20년 동안 유사한 전략 변화를 실시하였다. 기업들은 현지국의 경영자가 상대한 자율권을 갖고 생산과 마케팅을 통제하는 현지화 전략을 버리고, 본사가 생산, 마케팅, 제품개발에 관해 더 많은 영향력을 행사하는 글로벌전략을 추구하고 있다. 이러한 전략 변화 양상은 시장의 글로벌화에 대한 반작용으로 이해할 수 있다. 이 과정에 대해 이 장에서 자세히 살펴볼 것이다.

본 장의 내용을 모두 학습하게 되면, 경쟁우위와 더 나은 수익률을 얻기 위해 해외로 운영 범위를 확장하고자 하는 기업들이 직면하는 다양한 전략적 이슈들을 잘 이해할 수 있을 것이다.

글로벌화와 국가 환경

50년 전에는 대부분 국가 시장들은 국제 무역과 투자에 대한 엄청난 장벽으로 인해 서로 간 분리되어 있었다. 그 시절에 경영자들은 그들 회사가 경쟁하고 있는 국가 시장만 분석하면 되었다. 그들은 글로벌 경쟁자의 진입에 대해서 주의를 기울일 필요가 없었다. 왜냐하면 그런 경쟁자가 소수였을 뿐 아니라 이들의 진입도 어려웠기 때문이었다. 또한 그들은 외국 시장으로 진출하는 데에는 관심이 없었다. 그것은 매우 비싼 대가를 치러야 했기 때문이다. 그러나 이 모든 것이 지금 변하고 있다. 국제 무역과 투자에 대한 장벽은 무너지고 있고, 상품과 서비스에 대한 거대한 글로벌 시장이 형성되고 있으며, 유례를 찾아볼 수 없는 규모로 외국 국적 기업들이 서로의 모국 시장들에 진출하여 경쟁강도를 높이고 있다. 경쟁은 더 이상 한 국가의 영역 내에서만 일어나고 있지 않다. 지금의 경영자들은 글로벌화가 그들 기업의 경쟁 환경에 어떠한 영향을 주며, 어떤 전략을 추구하여 지금 펼쳐지고 있는 기회를 붙잡고 경쟁위협에 대응할 수 있는지를 고민해야 한다. 본 절에서는 국제 무역과 투자에 대한 장벽이 무너짐에 따라 초래되고 있는 변화를 살펴보고 상이한 국가에서 경쟁 상황을 분석하는 모델을 이해하고자 한다.

생산과 시장의 글로벌화

지난 반세기 동안 국제 무역 및 투자 장벽은 매우 극적으로 허물어졌다. 예를 들어 선진국들 간에 거래된 제조 상품에 부과한 평균 관세율은 과거 40%에서 4%대로 떨어졌다. 유사하게 외국 기업이 국내 시장으로의 진출과 생산 설비의 설립 혹은 국내 기업의 인수를 금지하고 있는 규제들도 철폐되고 있다. 그 결과 국제 무역의 규모와 해외직접 투자액이 크게 증가하고 있다. 세계 상품 무역의 규모는 1950년 이후로 세계경제규모보다 더 빠르게 성장하고 있다. 1970년과 2011년 사이에, 세계 상품 무역의 양은 30배 증가한 것에 비해, 세계경제규모는 10배 성장에 불과하였다. 심지어 2005-2011년과 같이 경제적으로 어려운 시기에도 세계 상품 무역은 연간 3.7% 성장하였지만, 세계경제규모는 연간 2.3%밖에 성장하지 않았다.[1] 해외직접투자의 경우, 1992-2011년 동안 모든 국가에서 실시한 해외직접투자의 규모는 500% 이상 증가하였다. 반면에 같은 기간 동안 세계 무역 금액은 대략 150%, 세계 산출은 약 40% 증가하는 데 그쳤다.[2] 이러한 추세는 생산과 시장의 글로벌화가 도래하였음을 보여 주고 있다.[3]

생산의 국제화는 증가하고 있는데, 그 이유는 기업에게 전 세계에 걸쳐 생산공정의 중요 부분을 분산시킴으로써 국제 무역과 투자 장벽을 낮출 수 있는 이점이 있기 때문이다. 생산의 국제화를 통하여 기업들은 노동, 에너지 토지, 자본과 같은 생산 요소들의 원가와 품질에 대한 국가 간 차이를 최대한 활용하여 그들의 비용구조를 낮추고 이익을 증진시킬 수 있다. 예를 들어 보잉(Boeing)사는 787 제트 여객기를 제작하는 데 있어 금액적으로 약 65%의 부품들을 외국기업에 맡기고 있다. 3개의 일본회사가 787 여객기 부품의 35%를 떠맡아 제작하고 있고 다른 20%을 이탈리아, 싱가포르, 그리고 영국에 소재해 있는 기업들이 제작하고 있다.[4] 보잉이 그렇게 많은 부품 제작을 외국 공급자에게서 아웃소싱하는 이유는 이들 공급자들이 세계 최고로 특정 활동을 잘 하고 있기 때문이다.

그러므로 외국기업들이 특정 부품을 제작하도록 하는 것은 결과적으로 보잉에게 더 나은 품질의 제품과 더 높은 이익률을 얻는데 도움이 되고 있다.

시장의 글로벌화와 관련하여, 지금 세계의 경제시스템은 과거 무역장벽과 거리, 시간, 문화 장벽으로 서로 분리되어 있던 개별 국가 시장에서 현재는 거대한 단일 글로벌 시장으로 변화되어 가고 있다. 점차적으로 전 세계 고객들은 동일한 기본 제품에 대한 수요가 크고 그것들을 사용하고 있다. 결과적으로 많은 산업에서 독일 시장, 미국 시장, 중국 시장을 이야기 하는 것은 더 이상 의미가 없게 되었다. 코가콜라, 씨티은행의 신용카드, 스타벅스, 맥도날드 햄버거, 삼성과 애플의 스마트폰, 이케아의 가구, 마이크로소프트의 윈도우 운영체계를 전 세계인이 사용하는 것은 시장의 글로벌화를 잘 보여 주고 있다.[5]

생산과 시장의 글로벌화 추세는 산업 내 경쟁에 대한 몇 가지 중요한 시사점을 제공해 주고 있다. 첫째, 산업 경계는 국가 경계와 일치하지 않는다는 점이다. 많은 산업들이 범위면에서 글로벌화 되었기 때문에 현 경쟁자들과 미래 잠재경쟁자들은 기업의 모국 시장에만 아니라 다른 국가 시장에도 존재한다. 만약 경영자들이 단지 모국 시장만 분석한다면 효율적인 외국 경쟁자의 진입에 무방비 상태에 놓이게 될 수 있다. 생산과 시장의 글로벌화는 전 세계 기업들이 자사의 모국 시장에서 외국 경쟁자들의 공격에 직면하고 있음을 시사해 준다. 예를 들어 제이 피 모건(J.P Morgan)과 같은 금융기업은 일본의 금융 서비스 시장에 진출하여 성공하고 있다. 미국에서는 한국의 삼성전자가 스마트폰 시장에서 애플과 겨루고 있다. 유럽연합에서는 한때 네덜란드의 소비전자 산업을 지배한 필립스(Phillips)가 일본의 파나소닉(Panasonic)과 소니(Sony), 그리고 한국의 삼성전자에게 시장점유율을 내 주고 있다.

둘째, 국가 시장에서 글로벌 시장으로의 전환은 많은 산업에서 경쟁도를 증가시키고 있다. 한때 3-4기업이 지배하고 외국기업과의 경쟁이 상대적으로 미미했던 과점 체제의 국가 시장들이 이제는 글로벌 시장의 작은 분할 영역으로 변모되어 가고 있다. 현재 글로벌 시장은 여러 지역으로 분화되어 있고 각 지역에서 수많은 기업들이 시장점유율을 차지하기 위해 서로 경쟁하고 있다. 이러한 경쟁은 기업의 수익률 저하를 위협하고 있기 때문에, 이제는 기업들이 효율성, 품질, 고객 대응, 혁신 능력을 극대화하는 것이 중요해졌다. 코닥(Kodak)과 같은 기업에서 뼈를 깎는 구조조정과 인원 감축이 행해지고 있는 것은 글로벌 경쟁의 강도가 증가하고 있기 때문에 어쩔 수 없다. 그러나 글로벌 시장이 모두가 분화되어 있지는 않다. 많은 경우 몇몇 기업이 전 세계 글로벌 시장을 과점하고 있다. 예를 들어 전 세계 비디오게임 시장에서, 미국의 마이크로소프트, 일본의 닌텐토와 소니는 글로벌 지배를 위해 서로 경쟁하고 있다. 전 세계 스마트폰 시장에서는 핀란드의 노키아, 미국의 애플, 한국의 삼성전자와 LG전자, 그리고 대만의 HTC가 과점 체제로

서로 경쟁하고 있다.

마지막으로 비록 글로벌화가 예전에 보호받았던 국가 시장에서 경쟁자의 진입 위협과 경쟁강도를 증가시키고 있지만, 이것은 또한 해외로 진출하고자 하는 기업들에게 막대한 기회를 제공해 주고 있다. 국가 간 무역과 투자 장벽이 무너짐으로써 해외 진출 기업들에게 새로운 국가 시장들이 개방되고 있다. 예를 들어 서유럽, 일본, 미국 기업들은 동유럽, 남미, 동남아시아 시장에 투자를 가속화하여 이들 지역에서 성장 기회를 최대한 활용하려고 노력하고 있다.

국가경쟁우위

생산과 시장의 글로벌화에도 불구하고, 특정산업에서 대부분의 많은 성공기업들은 소수의 몇 개 국가들 내에서 여전히 모여 있다. 예를 들면, 세계의 가장 성공한 바이오 기술과 컴퓨터 기업들 중 많은 기업들이 미국에 기반을 두고 있으며, 세계적으로 가장 성공한 많은 소비전자 기업들은 일본, 대만, 그리고 한국에 모여 있다. 독일에는 화학과 엔지니어링 분야에서 성공한 많은 기업들이 위치해 있다. 이러한 사실들은 한 기업이 기반하고 있는 국가의 일면들이 글로벌 시장에서 해당 기업의 경쟁 위치를 설명하는 데 중요한 관련이 있음을 제시해 주고 있다.

국가경쟁우위를 연구한 마이클 포터(Michael Porter)는 기업들의 글로벌 경쟁력에 중요한 영향을 끼치는 국가특유환경의 네 가지 요인을 발견하였다.[6]

- 요소부존(Factor endowments): 산업에서 경쟁하는 데 필요한 숙련 노동력 혹은 하부 구조와 같은 생산 요소 측면에서 국가의 부존 상태
- 지역 수요 조건(Local demand condition): 산업의 제품과 서비스에 대한 해당 지역 국가의 수요 특성
- 관련된 보조 산업(Related and supporting industry): 한 국가 안에서 국제적으로 경쟁력 있는 공급 산업 및 관련 산업의 존재 유무
- 기업전략, 구조, 그리고 경쟁(Firm strategy, structure, and rivalry): 국가 내에서 기업들이 생성되고 조직되고 관리되는 방식의 특성, 그리고 국내 경쟁의 특징

포터는 이 네 가지 요인이 다이아몬드를 구성한다고 말하고, 이들 속성들이 모두 양호한 산업 혹은 전략 집단을 갖추고 있는 국가에 기반하고 있는 기업은 성공할 가능성이 높다고 주장하고 있다[그림 8-1 참조]. 그는 또한 다이아몬드의 네 가지 속성들은 상호 강화하는 특성을 갖고 있어 한 가지 속성의 영향력은 다른 속성들의 상태에 의존하다고 주장하였다.

그림 8.1	국가경쟁우위

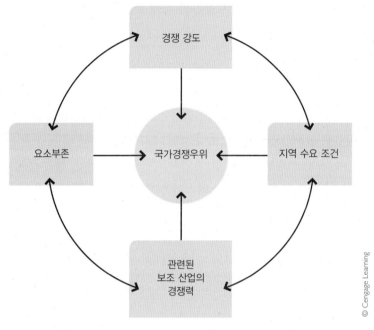

자료: Adapted from M. E. Porter, "The Competitive Advantage of Nations," *Harvard Business Review*, March-April 1990, p. 77.

요소부존 요소부존은 생산 요소의 비용과 품질을 의미한다. 요소부존은 어떤 국가가 어떤 산업에서 경쟁우위를 갖게 하는 결정 요인이다. 생산 요소는 토지, 노동, 자본, 원자재와 같은 기본 요소뿐 아니라 기술적 노하우, 경영상의 정교함, 시설 인프라(도로, 철도, 항만)와 같은 선진 요소들을 포함하고 있다. 미국이 바이오 기술에서 영유하고 있는 경쟁우위는 몇 가지 생산 요소 덕분으로 설명할 수 있다. 예를 들면, 미국은 바이오산업과 같은 산업에서 벤처기업에게 위험을 무릅 쓰고 자금을 저렴한 조건으로 공급할 수 있는 벤처자본과 기술적 노하우를 갖고 있기 때문이다.

지역 수요 조건 국내 수요는 경쟁우위를 한 단계 높이는 데 중요한 동력 역할을 한다. 기업들은 보통 인근 고객들의 욕구에 더 민감하다. 그래서 국내 수요의 특징은 국내에서 만든 제품의 속성을 결정하고 혁신과 품질개선에 대한 압력을 가하는 중요한 역할을 한다. 한 국가의 고객들이 까다롭고 요구사항이 많고 그 지역 기업들에게 높은 수준의 제품 품질개선을 요구하고 혁신 제품 모델을 개발하도록 압력을 가한다면, 그 국가의 기업들은 경쟁우위를 얻는다. 카메라에 대해 까다로울 정도로 정교하고 많은 지식을 갖은 일본 구매자들은 일본 카메라 산업이 제품품질을 개선하고 혁신 모델을 개발하도록 촉진시켰다. 유사한 사례가 휴대폰 장비 산업에서도 발견할 수 있다. 정교하고 요구사항이 많은 스칸디나비아 지역고객들은 핀란드의 노키아와 스웨덴의 에릭슨(Ericsson)이 다른 선진 국가에서 휴대폰에 대한 수요가 증가하기 오래 전에 휴대폰 장비에 투자하도록 만들었다. 그 결과, 노키아와 에릭슨은 모토롤라와 함께 글로벌 휴대폰 장비산업에서 선두기업이 되었다.

관련된 보조 산업의 경쟁력 한 산업에서 국가우위의 세 번째 원천은 국제적으로 경쟁력 있는 공급업자 혹은 관련 산업의 존재이다. 관련된 보조 산업에 의해 투자된 선진 생산 요소의 혜택은 어떤 산업에 흘러가게 되어, 그 산업은 국제적으로 강력한 경쟁 위치에 올라설 수 있도록 돕는다. 스웨덴이 조립 강철 제품(볼 베어링, 절단 공구 등)에서 경쟁력을 갖고 있는 이유는 스웨덴의 특수강 산업의 경쟁력 때문이다. 제약 분야에서 스위스의 성공은 이와 기술적으로 관련 있는 스위스의 염색 산업의 이전 성공과 밀접한 관련이 있다. 이러한 이유 때문에, 오늘날 한 국가 내의 성공적인 산업들이 관련 산업들의 클러스터들로 묶이고 있는 추세를 보이고 있다. 사실 이것은 포터교수의 연구 중 가장 중요한 발견이다. 그런 클러스터 중의 하나가 독일의 섬유 및 의류 클러스터이다. 이곳에서는 고품질의 양모, 합성섬유, 재단 기계, 바늘, 그리고 광범위한 섬유 기계를 생산하는 기업들이 모여 있다.

경쟁 강도 한 국가 내의 기업들 간의 경쟁강도는 포터의 모델에서 제시하고 있는 네 번째 국가경쟁우위의 원천이다. 포터는 여기서 두 가지 중요한 요점을 제시하고 있다. 첫째, 서로 다른 국가들은 서로 다른 경영이념을 갖는다는 점이다. 경영이념은 국가경쟁우위를 제공하기도 하고 그렇지 못할 수도 있다. 이것을 포터는 다음과 같은 예로 설명하고 있다. 독일과 일본 기업에서는 최고경영층에 엔지니어들의 비율이 매우 높은데, 이로 인해 이들 기업들은 제조공정과 제품 디자인을 개선하는 데 역점을 둔다. 반면에 많은 미국 기업들은 최고경영층에 재무 관리 배경을 갖은 인사들이 주류를 이루고 있기 때문에, 제조공정과 제품 디자인 개선에 관심을 소홀히 하고 있다. 포터는 재무출신자들이 최고경영층의 주류를 이루고 있는 회사는 단기적 재무성과의 극대화만을 지나치게 강조할 우려가 있다고 주장하였다. 포터에 따르면, 이러한 경영이념의 차이가 엔지니어 기반의 산업(자동차 산업처럼 제조공정과 제품디자인 모두가 중요한 산업)에서 미국의 경쟁력이 상대적으로 약화시키고 있다고 했다.

포터의 두 번째 요점은 국내의 활발한 경쟁과 한 산업의 경쟁우위의 창출과 지속성은 매우 밀접한 관련이 있다는 사실이다. 경쟁은 기업들이 효율성을 개선하는 방법을 찾도록 동기부여 시키고 그들이 국제적으로 경쟁력 있는 경쟁자가 될 수 있도록 해준다. 국내 시장에서 경쟁은 혁신, 품질개선, 원가절감, 선진 생산 요소의 개선을 조장해 주고, 이 모든 것이 세계일류 경쟁자를 만드는데 기여한다.

프레임워크의 활용 앞에서 기술한 프레임워크(framework)를 이용하여 경영자들은 그들의 가장 중요한 글로벌 경쟁자들의 경쟁력이 어디에서 왔는지를 파악할 수 있다. 예를 들어, 인도 방갈로에는 컴퓨터 서비스와 소프트웨어 기업들의 클러스터가 있는데, 여기어 세계에서 가장 빠르게 성장하고 있는 정보기술 기업들인 인포시스(Inforsys)와 위프로(Wipro)가 있다. 이 두 기업은 글로벌 시장에서 공격적인 경쟁자로 나타나서 최근에는 유럽연합과 미국에 사무실을 오픈하여 IBM, 휴렛패커드와 같은 서구 경쟁자들과 경쟁에서 앞서 나가고 글로벌 시장에서 시장점유율을 증가시키고 있다.

또한 경영자들은 프레임워크를 활용하여 어디에 그들의 생산 활동을 수행할 수 있는지를 결정할 수 있다. 미국의 바이오 기술 분야의 국가우위를 이용하고자, 많은 외국기업들은 샌디에고, 보스턴, 시애틀과 같이 미국 바이오 기술 기업들이 클러스터로 모여 있는 곳에 연구 시설을 세우고 있다. 유사하게 일본의 가전 분야의 이점을 활용하기 위해, 많은 미국의 전자산업 기업들은 일본에 독자적으로 혹은 일본 기업과 합작하여 연구와 생산 설비를 설립하고 있다.

마지막으로 이 프레임워크를 이용하여, 기업은 특정 국가 시장으로 진출하는 것이 얼마나 어려운지를 평가할 수 있다. 만약 어떤 국가가 특정 산업에 경쟁우위를 갖고 있다면 외국기업이 그 산업에 진출하는 것이 만만치 않을 것이다. 예를 들어, 미국은 소매 산업 분야에서 매우 높은 경쟁우위를 갖고 있어, 외국의 경쟁기업이 미국 시장에 진출하기는 어렵다. 영국의 테스코(Tesco)와 스웨덴의 이케아(IKEA)는 미국 소매산업이 세계에서 가장 경쟁력이 있었기 때문에 미국 시장에 진출할 때 많은 어려움을 겪은 바 있다.

글로벌 확장을 통한 수익률과 이익성장률의 증대

여기서는 글로벌 확장을 통해 기업이 수익률을 증가시키고 빠르게 성장시킬 수 있는 많은 방법들을 논의하고자 한다. 기본적으로 글로벌 확장을 통해 기업은 시장 규모를 증가시킬 수 있고, 이것은 차례로 이익성장을 가져다준다. 더구나 글로벌 확장은 기업의 비용구조를 감축시키거나 차별화를 통해 부가 가치를 증대시켜 이익률을 높여 줄 가능성이 크다.

시장 확장하기: 제품 활용

기업은 모국 시장에서 개발된 상품과 서비스를 가지고 그것들을 해외에 판매함으로써 매출 성장률을 증가시킬 수 있다. 거의 대부분의 다국적기업들은 이런 식으로 시작하였다. 프록터 앤 캠블(Procter & Gamble, P&G)은 모국에서 대부분의 베스트셀링 제품을 개발하고 나서 그들을 전 세계 전역에 판매하였다. 유사하게 마이크로소프트는 초기부터 항상 전 세계에 소프트를 판매할 것을 염두에 두고 국내에서 제품을 개발하였다. 포드, 폭스바겐, 토요타와 같은 자동차 기업들 또한 모국에서 제품을 개발하고 나서 그들을 국제 시장에 판매함으로써 성장하였다. 만약 기업이 진출하고자 하는 국가의 지역 기업들이 비교할 수 없을 정도로 형편없는 제품을 만들고 있다면, 이 전략의 효과는 더욱 클 것이다. 이런 이유로, 토요타는 북미와 유럽 시장에 진출하여 지역 기업들(포드와 GM)보다 월등한 품질과 신뢰성을 갖는 제품을 차별적으로 제공하여 꾸준히 이익을 성장시키고 있다.

다국적 기업
두 개 이상의 국가 시장에서 사업을 하는 기업

많은 다국적 기업(multinational company)들의 성공은 외국에 판매한 그들의 상품과 서비스뿐 아니라, 그 상품과 서비스의 생산과 판매의 기초가 되는 그들의 독보적 역량(distinctive competence)에도 기반하고 있다. 토요타의 성공은 자동차 생산에 관한 독보적 역량에 기반하고 있다. 국제적 확장은 토요타가 이 역량을 통해 더 많은 이익을 얻을 수 있게 하는 방편이 되었다고 볼 수 있다. 유사하게 P&G의 글로벌 성공의 원천은 다양한 포트폴리오로 구성된 소비 제품뿐 아니라 소비재를 대량 마케팅하는 역량에도 기반하고 있다. P&G는 1950년부터 1990년 사이에 국제 시장에서 빠르게 성장하였는데, 그 이유는 이 회사가 전 세계적으로 가장 탁월한 대량 마케팅 기업이기 때문이다. 그래서 P&G는 진출한 국가마다 지역 기업이 따라올 수 없는 마케팅 활동을 펼칠 수 있었다. 마케팅 분야에서 P&G의 독보적 역량은 글로벌 확장을 통하여 더욱 많은 수익률을 창출할 수 있게 하였다.

더구나 독보적 역량은 기업의 비즈니스모델에서 가장 중요한 측면이다. 따라서 토요타와 P&G와 같은 제조기업들이 글로벌 확장을 통한 성장을 위해서는 이 독보적 역량을 포함한 여러 비즈니스모델 요소들을 외국 시장에 이전시켜 적용하는 능력이 필요하다.

동일한 원리가 은행, 소매상, 레스토랑, 호텔과 같은 서비스 산업에 종사하고 있는 기업들에게도 적용될 수 있다. 그들의 서비스 시장을 확장하는 것은 종종 그들의 비즈니스모델을 외국에 똑같이 적용하는 것을 의미한다(물론 지역에 차이를 고려하여 약간의 수정이 필요하다. 여기에 대해서는 잠시 후에 논의할 예정이다). 예를 들어 스타벅스(Starbucks)는 미국에서 개발한 기본 비즈니스모델을, 다른 외국 시장에서 새 매장들을 설립할 때 마다 청사진으로 사용하고 있다. 다음의 월마트 사례에서 자세히 기술하였지만, 월마트도 스타벅스와 동일한 특징을 갖고 있다. 월마트는 1992년 이후로 27개국에 매장을 개점하였는데, 그때마다 미국에서 개발한 비즈니스모델을 모델로 삼았다.

집중 분석: 월마트

월마트의 글로벌 확장

© iStockPhoto.com/caracterdesign

1990년대 초에 월마트의 경영자들은 미국에서의 성장 기회가 더욱 감소하고 있음을 인지하였다. 1995년에 회사는 50개 주에서 활발히 영업을 하고 있었지만, 경영자들의 계산에 따르면 2000년대 초가 되면 국내 성장이 시장포화로 둔화될 것으로 예상되었다. 그래서 회사는 글로벌 확장을 결정하였지만, 여기에 대한 비판하는 사람도 많았다. 그들은 비록 회사의 비즈니스모델이 미국에서는 잘 맞았지만, 인프라가 다르고 고객의 취양과 선호가 다르며, 기존의 현지 소매상이 이미 시장을 지배하고 있는 다른 나라에서는 이 모델이 성공하지 못할 것이라고 주장했다.

1991년에 월마트는 주저없이 멕시코의 첫 번째 해외 점포를 오픈하기 시작하였다. 멕시코 점포는 현지의 최대 소매업체인 씨페라(Cifera)와 합작투자로 설립되었다. 초기에 월마트는 많은 실수를 하여, 비판자들의 비판이 맞는 것처럼 보였다. 월마트는 멕시코에서 회사의 효율적 배송시스템을 이식시키는 데 문제점을 갖고 있었다. 멕시코의 열악한 사회간접자본, 혼잡한 도로, 현지 공급자를 활용할 수 없는 문제들 때문에 직접적으로 월마트 점포들 혹은 배송센터에 물건이 배달될 수 없었다. 그 결과 재고문제가 발생하고 원가와 가격이 높아지게 되었다. 처음에 멕시코 현지의 월마트 상품의 가격은 미국 매장의 동일한 상품 가격보다 약 20% 비쌌다. 이로 인해 월마트가 시장점유율 확보는 제약을 받을 수밖에 없었다. 또한 진열할 상품의 선택에도 문제가 있었다. 멕시코의 많은 점포들은 미국에서 인기 있는 품목들을 진열하고 있었다. 예를 들면, 빙상 스케이트, 전동 잔디 깎기 기계, 낙엽 청소기, 낚시 도구와 같은 상품들이 진열되었다. 당연하게도 이러한 진열품목들은 멕시코에서 잘 팔리지 않았기 때문에, 경영자들은 가격을 후려쳐서 재고를 없애려고 했다. 그러나 회사의 자동 정보시스템은 이들 품목들이 고갈이 되면 즉각적으로 매장에 재고보충을 하였다.

그러나 1990년대 중반에 월마트는 초기의 실수를 통해 습득한 지식을 토대로 멕시코에서의 사업 운영을 현지 사정에 맞도록 조정하였다. 멕시코의 한 트럭회사와의 협력을 통해 배송시스템이 극적으로 개선되었고, 더욱 신중한 재고관리를 통해 멕시코 점포들에서 현지의 취향과 선호에 더욱 맞는 상품이 진열될 수가 있었다. 월마트 매장이 증가하자 많은 월마트의 공급업자들이 멕시코 배송센터 가까이에 그들의 공장을 세우고 더 나은 서비스를 제공하였다. 이것은 결과적으로 월마트의 재고비용과 물류 비용을 떨어뜨리는 데 도움이 되었다. 1998년에 월마트는 씨페라의 통제권을 획득하였다. 오늘날 멕시코는 월마트의 국제사업 운영에서 가장 으뜸이 되는 곳이다. 멕시코에서 월마트는 최대 경쟁자보다 규모가 두 배나 크다.

멕시코에서의 경험은 월마트가 미국 이외의 지역에서 경쟁할 수 있음을 증명해 주었다. 그 이후로 월마트는 27개국으로 진출하였다. 월마트가 캐나다, 영국, 독일, 일본에 진출할 때는 기존 현지 소매업자를 인수하고 회사의 정보시스템, 물류 및 경영 노하우를 이전시키는 방식으로 취하였다. 푸에르토리코, 브라질, 아르헨티나, 그리고 중국에 진출할 때, 월마트는 자사 소유의 점포를 설립하였다(중국 매장은 대규모 기업인수를 통해 2007년에 설립되었다). 이러한 행보의 결과로, 2013년에 월마트는 미국 이외의 지역에서 6천 개 이상의 점포를 소유하게 되었고, 80만 명의 외국 종업원을 거느리고 국제적으로 1250억 달러 이상의 수익을 창출하였다.

글로벌 확장을 통해 월마트는 커다란 성장 이외에도 다음의 두 가지 중요한 혜택을 얻게 되었다. 첫째, 월마트는 회사의 글로벌 구매력을 바탕으로 막대한 규모의 경제를 달성할 수 있게 되었다. 많은 월마트의 주요 공급업자들은 오랜 기간 동안 국제적인 기업들이었다. 예를 들어, GE(기구), 유니레버(식품), P&G(개인 치료제품)는 모두 월마트의 주요 공급업자들로서 오랫동안 그들도 글로벌 사업 운영을 수행하고 있다. 국제적 확장을 통하여 월마트는 회사의 거대 규모를 이용하여 글로벌 공급자들의 현지 사업체에게 더 많은 가격할인을 요구할 수 있었다. 이것은 결과적으로 월마트가 고객에게 가격을 낮추고, 시장점유율을 획득하고 더 많은 이익을 얻을 수 있는 능력을 제고시켰다. 둘째, 월마트는 다양한 국가들에서 획득한 아이디어들을 점포들끼리 교환하면 이득을 얻을 수 있음을 알게 되었다. 예를 들어, 월마트의 아르헨티나 팀은 월마트의 멕시코 경영자들과 협력하여 멕시코에서 처음 개발된 월마트 점포 포맷을 아르헨티나 현지에 구현시켰고, 멕시코에서 개발되었던 인적자원관리와 부동산 관리의 베스트프랙티스를 채용하였다. 아르헨티나 매장에서 선보인 와인 판매매장 배치 방법과 같은 아이디어는 현재 전 세계 매장에 활용되고 있다.

월마트는 만약 자사가 국제적으로 확장하지 않는다면, 다른 글로벌 소매업체의 공격을 받을 것이라는 사실을 깨달았다. 사실 월마트는 프랑스의 까르푸(Carrefour), 네덜란드의 어홀드(Ahold), 영국의 테스코(Tesco)와의 치열한 글로벌 경쟁에 직면해 있다. 세계 2위 소매기업카르푸는 아마도 가장 글로벌한 경쟁자일 것이다. 하이퍼마켓 개념의 선구자인 까르푸는 26개국에서 점포를 운영하고 있으며, 프랑스 이외의 지역에서 매출액의 50%를 창출하고 있다. 이것에 비교하면, 월마트는 뒤쳐져 있다. 월마트는 2012년에 단지 매출액의 28%만이 해외 점포들에서 창출되었다. 그러나 여전히 글로벌 확장을 할 수 있는 여지는 있다. 왜냐하면 글로벌 소매 시장이 매우 분화되어 지역적으로 나눠져 있기 때문이다.

월마트는 글로벌 확장을 성공적으로 진행하는 과정에서, 몇 번 낭패를 본 적이 있다. 2006년에 회사는 두 시장에서 철수하였다. (1) 한국(이 시장에서 월마트는 현지 고객의 쇼핑 습관을 잘못 이해하였다). (2) 독일(이 시장에서 월마트는 현지 할인점의 가격경쟁에서 패하였다). 월마트는 또한 일본에서 고군분투하고 있는데, 그 이유는 일본의 문화적 뉘앙스를 이해하지 못하고 있는데 연유하고 있다고 보인다. 예를 들면, 월마트는 일본의 명절날에 가격을 더 낮춘 선물과일을 판매하기로 결정하였지만 실패하였다. 왜냐하면 일본 고객들은 이러한 선물을 받는 사람이 모욕 받을 것이라고 생각하였기 때문이다. 재미있는 사실은 월마트가 고군분투하고 있는 해외 시장은 기업인수를 통해 진출하였던 이미 개발된 시장이었거나, 오랫동안 현지 시장에서 확고한 위치를 자리 잡고 있는 현지 경쟁자들이 존재하는 시장이거나, 쇼핑 습관이 미국과 전혀 다른 시장이라는 점이다. 반대로 월마트가 성공적으로 진출한 해외 시장은 멕시코, 브라질, 중국에서처럼 현지에 강력한 지역 경영자들이 없는 시장이었다.

자료: A. Lillo, "Wal-Mart Says Global Going Good," *Home Textiles Today*, September 15, 2003, pp. 12-13; A. de Rocha and L. A. Dib, "The Entry of Wal-Mart into Brazil," *International Journal of Retail and Distribution Management* 30 (2002): 61-73; "Wal-Mart: Mexico's Biggest Retailer," *Chain Store Age*, June 2001, pp. 52-54; M. Flagg, "In Asia, Going to the Grocery Increasingly Means Heading for a European Retail Chain," *Wall Street Journal*, April 24, 2001, p. A21; "A Long Way from Bentonville," *The Economist*, September 20, 2006, pp. 38-39; "How Wal-Mart Should Right Itself," *Wall Street Journal*, April 20, 2007, pp. C1, C5; and Wal-Mart website, www.walmart.com.

글로벌 판매수량에 기반한 규모의 경제 실현

기업은 국제적 확장을 통하여 매우 빠른 속도로 이익을 성장시킬 수 있을 뿐 아니라, 판매수량을 증대되어 원가절감도 실현시킬 수 있어 이익률을 크게 개선시킬 수 있다. 이러한 규모의 경제는 여러 원천에 연유된다. 첫째, 고정비용을 제품개발원가와 생산설비원가를 글로벌 판매수량에 배분함으로써 기업은 평균단위 원가를 낮출 수 있다. 이러한 원리에 의해, 마이크로소프트는 윈도우 8(Windows 8)을 위해 소요된 50-100억 달러의 개발 비용을 글로벌 판매수량에 분산시켜 규모의 경제를 달성할 수 있었다.

둘째, 글로벌 시장에서 사업을 하는 기업은 잠재적으로 생산 설비를 더욱 강도 있게 활용할 수 있어 결과적으로 높은 생산성, 낮은 원가, 높은 이익률을 얻게 된다. 예를 들어 만약 인텔(Intel)이 미국에서는 마이크로프로세서를 판매한다면, 단지 공장을 주 5일 운영에 매일 1교대로 운영하기만 하면 될 것이다. 그러나 인텔의 공장들이 글로벌 시장을 대상으로 운영하기 때문에, 주 7일 운영에 매일 2교대로 공장이 가동되고 있다. 다른 말로 표현하면, 인텔은 제품을 글로벌 시장에 판매함으로써 공장에 투자된 자본 (기계 및 설비)이 더욱 강도 높게 활용하여 높은 자본 생산성과 높은 투하자본수익률을 얻고 있다.

셋째, 글로벌 판매는 기업의 규모를 증가시키기 때문에, 공급자와의 교섭력도 커지게 되어 중요 투입요소의 원가를 교섭을 통해 인하시키고 이익률을 증가시켜 준다. 예를 들어, 월마트는 거대한 판매수량을 지렛대로 삼아 자사의 점포에 상품을 진열시키고자 하는 공급자들에게 가격인하를 압박하는 교섭력을 발휘할 수 있었다(집중 분석 참조).

규모의 경제를 통한 원가절감뿐 아니라, 학습효과를 통해 지역 시장이 아닌 글로벌 시장에서 제품을 판매하는 기업은 원가절감을 더 할 수 있다. 4장에서 학습효과를 설명한 바와 같이, 학습효과란 시간이 경과하여 기업의 누적산출량이 증가할 때, 종업원 생산성이 증가하는 현상을 의미한다(예를 들면, 보잉의 조립라인에서 10번째로 생산된 항공기보다 100번째에 생산된 항공기의 원가가 훨씬 저렴하다. 이유는 종업원들이 시간이 경과하면서 더욱 효율적으로 작업하는 방법을 습득하였기 때문이다). 글로벌 시장에서 제품을 판매하는 기업은 판매수량을 더욱 빠르게 증가하고 공장에서 누적 생산된 생산량도 증가될 것이다. 차례로 이것은 학습을 가속화시켜 더 높은 종업원 생산성과 경쟁자 (국내 시장에서만 제품을 판매하여 판매수량의 성장률이 낮은 경쟁자) 대비 원가우위를 해당 기업에 제공할 것이다.

입지경제의 실현

앞 장에서 논의한 바 있듯이, 나라마다 생산 요소의 원가와 품질이 서로 다르다. 이러한 차이점은 몇몇의 입지들이 어떤 상품과 서비스를 생산하는 데 더 적합하다는 것을 시사해 준다.[7] 입지경제(Location Economies)는 어떤 가치창출 활동은 최적의 입지에서 수행할 때 얻게 되는 경제적 혜택을 의미한다. 최적의 입지는 운송비용과 무역장벽을 감당할 수 있다면 세계 어느 곳이라도 될 수 있다. 만약 가장 탁월한 디자이너들이 프랑스에 살고 있다면, 기업들은 프랑스에 디자인 센터를 위치시킬 것이다. 또한 가장 생산적인 조립 생산 노동자들이 멕시코에 있다면, 조립 생산라인을 멕시코에 위치시켜야 한다. 만약 가장 훌륭한 영업인력이 미국에 있다면, 마케팅 전략을 미국에서 수립하여야 한다. 예를 들어, 애플은 아이폰(iPhone)과 관련 소프트웨어를 미국 캘리포니아에서 설계하고 있지만 최종 조립은 중국에서 하고 있다. 그 이유는 각각의 입지들이 전 세계적으로 특정 가치창출 활동들을 가장 잘 수행하는 장소이기 때문이다(9장의 첫머리 사례 참조).

최적의 입지에 특정 가치창출 활동을 수행하는 것은 다음의 둘 중에 적어도 하나의 효과가 있다. (1) 그것은 가치창출 비용을 떨어뜨려 기업이 저원가 경쟁력을 갖도록 해

입지경제
어떤 가치창출 활동이 최적의 입지에서 수행될 때 얻게 되는 경제적 혜택

준다. 혹은 (2) 그것은 기업이 제품 차별화를 할 수 있도록 하여 가격을 높일 수 있거나 가격을 저렴하게 유지하면서 동시에 제품 차별화를 실현시켜 판매수량을 증가시켜 준다. 따라서 입지경제를 실현시키는 노력은 저원가와 차별화를 추구하는 사업전략과 같은 맥락을 갖는다.

이론적으로 회사의 가치창출 활동들의 각각을 최적의 입지들에 분산시켜 수행하는 기업은 회사의 모든 가치창출 활동을 오직 한곳에 수행하는 기업보다 경쟁우위를 가질 것이다. 또한 그 기업은 한곳에만 운영을 하는 기업보다 더 차별적으로 제품을 판매하고 비용구조를 낮출 수 있을 것이다. 경쟁압력이 증가하고 있는 세계에서 이런 전략은 생존의 필수 전략이 되고 있다.

운송비용과 무역장벽을 고려하면, 입지경제를 실현시키는 과정은 복잡해 질 수 있다. 뉴질랜드는 비록 저원가 조립 생산에 경쟁 이점을 갖고 있지만 운송비용이 높아 글로벌 시장을 감당할 만큼 경제적인 입지가 되지 못하고 있다. 운송비용과 무역장벽을 원가 산출식에 끼어 넣어 고려한다면, 몇몇 미국기업들이 생산 기반을 아시아에서 멕시코로 이동하는 이유를 알 수 있다. 멕시코는 많은 아시아 국가들보다 다음의 세 가지 독보적우위를 갖고 있다. 저렴한 노무비, 운송비용을 낮추게 하는 대형 미국 시장과의 근접성, 그리고 멕시코, 미국, 캐나다간의 무역장벽을 제거한 북미 자유무역 협정(NAFTA, North American Free Trade Agreement)이다. 이러한 우위는 멕시코의 북미 시장의 생산기지 매력을 증가시키고 있다. 그러므로, 비록 가치창출의 상대적 비용이 중요하지만, 입지결정에 운송비용과 무역장벽을 고려해야 한다.

글로벌 지사의 지식과 기술 활용

초기 다국적 기업들은 모국에서 비즈니스모델의 근간이 되는 가치 있는 역량과 기술을 개발하고 난 후, 주로 이 역량에 기반한 제품과 서비스를 해외에 판매함으로써 국제적으로 확장한다. 그러나 이미 해외지사 네트워크를 구비한 더 오래된 다국적 기업들은 가치 있는 능력이 해외 지사에서도 개발될 수 있도록 하고 있다. 능력은 다국적 기업의 글로벌 운영 네트워크 어디서나 창출될 수 있다.[8] 능력 개발은 사람들에게 일하는 새로운 방법을 시도하게 하는 기회와 인센티브를 제공하는 곳이라면 어디서나 가능하다. 지식과 기술을 창조하여 생산원가를 낮추거나 인지된 가치를 증진시키거나 높은 제품 가격을 받게 하는 것은 본사만이 행하는 독점 과업이 아니다.

지사들이 만들어 낸 지식과 기술을, 기업의 글로벌 네트워크의 다른 사이트에 활용하면 가치가 창출될 수 있다. 예를 들어, 맥도날드는 해외 프랜차이즈 가맹점들이 귀중한 신규 아이디어의 원천임을 알고 있다. 프랑스에서 낮은 성장률 때문에 프랑스 현지의 맥도날드 가맹점들은 레스토랑의 배치와 테마뿐 아니라 음식 메뉴까지 실험을 시작했다.

매장 문 앞에 설치되었던 황금색의 아치를 철거하였고, 실용적으로 설계되었던 많은 의자와 책상, 그리고 전통적으로 맥도날드를 상징하는 플라스틱 장식물들을 뜯어냈다. 프랑스의 많은 맥도날드 레스토랑은 지금 딱딱한 나무 바닥과 벽돌로 지어진 벽, 그리고 심지어 팔걸이의자들로 꾸며져 있다. 프랑스에 있는 930개 레스토랑 중의 반이 리모델링을 하여 미국사람들도 알아볼 수 없을 정도로 높은 수준으로 개선되었다. 메뉴 또한 변화되어 피자 모양의 이탈리아 빵(focaccia) 위에 닭고기를 얹어 만든 고급 샌드위치는 새로운 메뉴에 포함되어 평균 햄버거 가격보다 30% 높게 판매되고 있다. 프랑스에서 이 전략이 효과가 있는 것처럼 보인다. 이러한 변화를 시도한 매장은 연간 매출액 성장률이 예전의 1%에서 3.4%로 증가하였다. 이러한 결과에 고무되어, 현재 맥도날드 경영진은 이와 유사한 변화를 미국을 포함하여 매출 성장이 둔화되어 가는 시장의 다른 맥도날드 레스토랑들에게 적용할 것을 고려하고 있다.[9]

다국적기업경영자들에게 이러한 현상은 다음의 중요하고 신선한 도전을 제시한다. 첫째, 경영자들은 가치 있는 지식과 기술이 단지 본사에서 뿐 아니라 기업의 글로벌 네트워크 내에 어디서나 생성될 수 있음을 겸손하게 인정해야 한다. 둘째, 인센티브시스템을 만들어 현지 종업들이 새로운 역량을 습득하도록 격려해야 한다. 이것은 듣는 것처럼 쉽지 않다. 신규 역량을 창조하는 일은 어느 정도 위험을 수반한다. 모든 지식과 기술이 부가 가치를 창출하지 않기 때문이다. 맥도날드의 해외지사가 만들어 낸 모든 가치 있는 아이디어들 중에는 실패하는 것들이 있다. 다국적기업의 경영진은 인센티브를 마련하여 종업원들이 필요한 위험을 감수하도록 격려해야 한다. 그리고 성공에 대해선 보상을 하고 어떤 종업원이 불필요하게 위험을 무릅쓰고 한 일이 성과가 없다 해도 그들을 제재해서는 안 된다. 셋째, 경영자들은 언제 가치 있는 신규 아이디어가 지사에서 만들어졌는지를 파악할 수 있는 프로세스를 마련해야 한다. 마지막으로, 경영자들은 촉진자로서의 역할을 담당하여 기업 내에 가치 있는 지식과 기술이 다른 곳으로 이전될 수 있도록 해야 한다.

원가절감 압력과 현지 적응 압력

글로벌 시장에서 경쟁하고 있는 기업들은 전형적으로 다음의 두 가지 경쟁압력에 직면하고 있다. 원가절감에 대한 압력과 현지 사정에 맞게 대응해야 하는 압력이다([그림 8.2] 참조).[10] 이 경쟁압력들은 기업에 상호 상충적인 과업 수행을 요구한다. 원가절감 압력에 대처하기 위해 기업은 단위당 원가를 최소화시킬 필요가 있다. 이런 목적을 달성하기 위해 기업은 생산 활동을, 전 세계 어느 곳이든 상관없이 가장 저원가에 유리한 입지에 위치시켜야 한다. 또는 글로벌 시장에 표준화된 제품을 공급하여 규모의 경제와 학습 효과를 통해 원가절감을 실현시켜야 한다. 한편, 현지 사정에 맞게 대응해야 하는 압력은, 기업에게 나라마다 제품 공급과 마케팅 전략을 차별화시켜, 고객 욕구와 선호, 경영 관행, 유통경로, 경쟁조건, 정부 정책의 나라별 차이 때문에 발생하는 다양한 요구사항에 대응하는 노력을 요구한다. 나라마다 차별화를 하게 되면, 많은 이중 중복과 제품 표준화 결여 때문에 원가가 증가할 것이다.

[그림 8.2]에서 회사 A와 같은 몇몇 기업은 원가절감에 대해 압력(Pressures for cost reduction)이 높지만 현지 적응 압력(Pressures for local responsiveness)이 낮은 경우에 처해 있다. 회사 B와 같은 기업의 경우 원가절감 압력이 낮은 반면 현지 적응 압력은 높다. 그러나 회사 C의 위치에 있는 기업들이 많다. 이들 기업은 원가절감과 현지 적응에 대한 압력 모두가 높은 경쟁 상황에 직면하고 있다. 이들 서로 상충적이고 상호모순적인 압력들을 다루는 과제는 전략적으로 어려운 도전이다. 주된 이유는 현지 적응을 하고자 하면 원가가 상승하는 경향이 있기 때문이다.

원가절감 압력

경쟁적 글로벌 시장에서 국제 비즈니스는 종종 원가절감 압력과 부딪치게 된다. 이러한

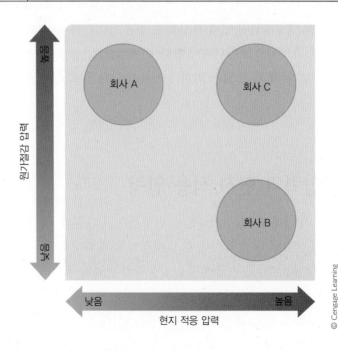

그림 8.2　원가절감과 현지 적응 압력

회사 A

회사 C

회사 B

원가절감 압력 (높음 ↑ 낮음 ↓)

현지 적응 압력 (낮음 ← → 높음)

© Cengage Learning

압력에 대처하기 위해 기업은 가치창출 원가를 낮추는데 힘써야 한다. 예를 들어 제조업자는 규모의 경제와 입지경제를 실현시킬 수 있는 최적의 입지를 세계에서 찾아, 그곳에서 표준화된 제품을 대량생산하여야 할 것이다. 반대로 어떤 기능은 저원가 외국 기업에 아웃소싱해서 원가절감에 노력해야 할 것이다. 많은 컴퓨터 기업들은 고객 전화응대 서비스를, 인도에서 미국에서보다 더 저렴한 임금을 주고 영어를 말할 줄 알고 충분한 자격을 갖춘 기술자들을 고용하여 아웃소싱하고 있다. 동일한 이유로 월마트와 같은 소매업자는 공급업자들(제조업자들임)을 압박하여 가격을 낮추도록 요구하고 있다(사실, 월마트가 공급업자에게 가격을 낮출 것을 요구하는 압력은 북미 제조업자들이 생산 기지를 중국으로 이동시키는 현 추세의 주된 원인이 되고 있다).[11] 은행과 같은 서비스 사업은 정보처리와 같이, 고객과 직접 접촉인 없는 몇몇 간접 기능들(back-office functions)을 더 낮은 임금을 주는 개발 도상 국가에 이동시키고 있다.

원가절감 압력은 특별히 일상재를 생산하는 산업에서 강하게 나타난다. 왜냐하면 이들 산업에서는 비가격요소에 대한 차별화가 어렵고 의미도 없으며, 가격이 주요 경쟁 무기가 된다. 이러한 경향은 보편적 요구를 충족시키는 제품들의 경우에 해당된다. 서로 다른 나라의 고객들의 기호와 선호가 석유, 화학물질, 강철, 설탕의 경우와 같이, 비록 완전히 동일하지는 않지만, 유사한 경우 보편적 욕구가 존재한다. 원가절감에 대한 압력은 많은 산업재 및 소비재 제품(예를 들면, 휴대용 전자계산기, 반도체칩, PC, LCD 화면)에서도 발견할 수 있다. 원가절감에 대한 강도 높은 압력은 주요 경쟁자들이 저원가 입지에 위치하고 있는 산업에서 발견할 수 있다. 또한, 산업 내 잉여 생산능력이 계속해서 넘쳐난 경우, 그리고 고객의 교섭력이 크고 고객이 지불해야 하는 전환 비용이 낮은 경우에도 원가절감에 대한 높은 압력이 존재한다. 많은 전문가들은 최근 수십 년 동안 치열한 국제 경쟁 때문에 세계무역과 투자 환경의 자유화가 더 촉진되어 자연스럽게 원가절감 압력을 증가시키고 있다고 주장하고 있다.[12]

현지 적응 압력

현지 사정에 신속한 대응 압력은 고객 기호와 선호, 인프라와 전통적 관행, 유통채널과 현지 국가 정책의 차이에 기인한다. 현지 사정에 신속히 대응하기 위해서 기업은 제품과 마케팅 전략을 나라마다 차별화시켜 나라마다 차이점을 수용해야 한다. 그러나 이것은 모두 기업의 비용구조를 악화시키는 경향이 있다.

고객 기호와 선호의 차이 현지 사정별로 서로 다르게 대응해야 하는 압박은, 고객 기호와 선호가 역사적 혹은 문화적 이유에 연유하여 나라마다 현격한 차이를 보일 때 강하게 된다. 이런 경우, 다국적기업은 제품과 마케팅 메시지를 현지 사정에 맞게 고객화시켜 현지 고객의 기호와 선호를 충족시켜야 한다. 그렇게 되면 회사는 생산과 마케팅 책임과 기능을 해외지사들에게 이전시켜야 하는 압력을 받게 된다.

예를 들어, 1980년대와 1990년대에 자동차 산업은 "월드 카" 개념에 관심을 집중하였다. GM, 포드, 토요타와 같은 글로벌 기업들은 동일한 기본 차량을 중앙생산 기지에서 생산하여 전 세계에 판매할 수 있을 것이라는 아이디어였다. 만약 이 전략이 성공하였다면, 자동차회사들은 글로벌 규모의 경제를 통해 엄청난 이득을 거둘 수 있었을 것이다. 그러나 이 전략은 빈번히 소비자 현실이라는 딱딱한 바위에 부딪치며 성공을 거두지 못했다. 서로 다른 자동차 시장의 소비자들은 역사적으로 상이한 기호와 선호를 갖고 있고, 상이한 유형의 차량을 요구하고 있다. 북미 소비자들은 픽업트럭에 대해 강한 선호를 보이고 있다. 특별히 미국 남부와 서부에서 많은 가정들은 픽업트럭을 둘째 혹은 셋째 자동차로 보유하고 있는 것이 사실이다. 그러나 유럽국가에서는 픽업트럭이 단순히 유틸리티 차량으로 간주되어 주로 개인들보다는 기업들이 구매하고 있다. 결과적으로 제품믹스와 마케팅 메시지는 북미와 유럽의 서로 다른 요구사항의 본질을 고려하여 변경되어야 할 필요가 있다.

어떤 전문가들은 현지 고객화에 대한 고객 욕구가 전 세계적으로 수그러지고 있다고 주장하고 있다.[13] 이들의 주장은, 현대 의사소통과 운송 기술이 나라마다 상이한 고객 기호와 선호를 하나로 융합시키는 여건을 만들고 있으며, 결과적으로 표준화된 소비 제품에 대한 거대한 글로벌 시장이 출현된다는 것이다. 맥도날드의 햄버거, 코카콜라, GAP 의류, 애플의 아이폰, 그리고 소니의 텔레비전 세트와 같이 모두 글로벌 시장에서 표준화된 제품이 잘 팔리고 있는 사례는 글로벌 시장이 점점 동질화되고 있다는 증거라고 종종 인용되고 있다.

그러나 이러한 주장은 많은 소비재 상품 시장에서는 맞지 않을 수 있다. 고객기호와 선호에 대한 현격한 차이는 여전히 나라마다 문화권마다 존재하고 있다. 국제 비즈니스에서 경영자들은 이러한 차이를 무시할 수 있는 호사를 아직 누릴 여유가 당장 없으며, 앞으로도 오랜 기간 동안 그러지 못할 것이다. 다음의 [전략 실행 사례 8.1]은 현지 적응 압력이 여전히 얼마나 중요한지를 이해하고 있는 엠티비 네트워크(MTV Networks) 사례를 기술하고 있다.

하부 구조와 관습의 차이   현지 적응 압력은 나라마다 사회 하부 구조와 관습에 차이 때문에 발생하기 때문에, 제품을 적절하게 고객화시킬 필요가 있다. 이러한 필요를 충족시키기 위해 기업들은 제조와 생산기능을 외국지사에 위임해야 할지 모른다. 예를 들어, 북미에서는 소비전력 시스템이 100볼트에 기반하고 있지만 몇몇 유럽국가들에서는 240볼트가 표준이다. 따라서 국내 전기제품들은 이러한 하부 구조의 차이점을 고려하여 고

전략 실행 사례 8.1

엠티비 네트워크의 현지 적응

© iStockPhoto.com/Tom Nulens

엠티비 네트워크(MTV Networks)는 굴로벌화의 상징이다. 1981년 미국에서 설립되어 시작된 이 TV 네트워크는 1987년에 엠티비 유럽(MTV Europe)을 오픈한 이래로 북미 기반을 확장해 왔다. 오늘날 엠티비 네트워크는 세계에서 2억 명(대다수가 미국 이외의 시청자임)이 매일 매초마다 엠티비를 시청하고 있다고 추산하고 있다. 이러한 국제적 성공에도 불구하고 엠티비의 글로벌 확장은 처음에는 형편없었다. 주요 상연 프로그램이 여전히 뮤직 비디오였던 1980년대에, 엠티비는 거의 대부분 영어로 말하는 VJ(Video Jockey)가 제작한 미국 프로그램들로 구성된 상연물(feed)을 유럽에도 똑같이 송출하였다. 단순하게 이 네트워크의 미국 경영자들은 유럽사람들도 미국 프로그램을 좋아할 것으로 생각하였다. 그러나 비록 유럽의 시청자들이 소수의 글로벌 슈퍼스타에 대해 공통된 관심을 공유하고 있지만, 그들의 기호는 놀랍게도 지역 특유한 것으로 판명되었다. 지역 경쟁자에게 시장점유율 경쟁에서 밀려난 후, 1990년대에 엠티비는 전략을 변경시켰다. 엠티비는 전국 혹은 지역 시장들의 특생을 반영하여 서비스를 제공하였다. 즉, 상연물들을 각각의 시장에 맞게 쪼개어서 송출하였다.

비록 엠티비는 서로 다른 상연물들에 대해 창의적인 통제를 발휘하고 있고, 모든 채널들이 미국에서 동일하게 친근하고 광란의 모습과 느낌을 갖고 있지만, 현재 프로그램 제작과 콘텐츠의 상당 부분이 지역 특색을 반영하고 있다.

오늘날, 프로그램 제작 초기 단계부터 지역 특색을 반영하는 경우가 점점 증가하고 있다. 비록 많은 프로그램 제작 아이디어가 여전히 미국에서 시작되고 있지만, 프로그램 제작 초기 단계 부터 지역 특색을 반영하는 빈도가 점점 증가하고 있다. 이탈리아에서 "엠티비 요리(MTV Kitchen)"는 음악 시작음과 함께 시작하고 있다. 브라질에서는 "에로티카(Erotica)"를 방영하고 젊은 남녀 패널들이 성과 관련하여 토론한다. 인도 채널은 21개의 현지에서 제작된 쇼를 방영하고 있다. 이 쇼에서는 인도 도시에서 사용하고 있는, 힌두어와 영어가 섞여 있는, 힌글리쉬(Hinglish)를 말하는 현지 VJ가 주관하고 있다. 많은 상연물은 여전히 뮤직비디오들이지만 현지 인기 사회자가 진행하고 있다. 이러한 현지화 전략으로 엠티비는 큰 성공을 거두었고, 현지 경쟁자에게 빼앗겼던 시장 점유율을 다시 차지할 수 있었다.

자료: M. Gunther, "MTV's Passage to India," *Fortune*, August 9, 2004, pp. 117–122; B. Pulley and A. Tanzer, "Sumner's Gemstone," *Forbes*, February 21, 2000, pp. 107–11; K. Hoffman, "Youth TV's Old Hand Prepares for the Digital Challenge," *Financial Times*, February 18, 2000, p. 8; presentation by Sumner M. Redstone, chairman and CEO, Viacom Inc., delivered to Salomon Smith Barney 11th Annual Global Entertainment Media, Telecommunications Conference, Scottsdale, AZ, January 8, 2001, archived at www.viacom.com; and Viacom 10K Statement, 2005.

객화되어야 한다. 전통적 사회 관습도 종종 국가마다 다르다. 영국에서는 사람들이 도로 왼쪽으로 운전하기 때문에 오른쪽에 운전대가 있는 차를 필요로 한다. 반면에 프랑스와 나머지 유럽에서는 사람들이 도로 오른쪽으로 운전하기 때문에 왼쪽에 핸들이 있는 자동차를 원한다.

비록 국가 간 하부 구조 차이가 역사에 뿌리를 두고 있지만, 어떤 것들은 최근에 만들어졌다. 무선 정보통신산업에서 기술 표준은 전 세계에서 다르다는 점을 발견할 수 있다. GSM으로 알려진 기술 표준은 유럽에서 통용되고 있지만, 또 다른 표준인 CDMA은 미국과 몇몇 아시아 국가에서 더 통용되고 있다. 이러한 표준의 차이는 GSM 전용 설비는

CDMA 네트워크에서는 작동되지 못하고, 반대 상황도 마찬가지라는 결과를 초래한다. 따라서 무선 휴대폰과 교환기와 같은 장비를 생산하는 회사들은 해당 국가에서 통용되는 기술 표준에 따라 그들의 제품 공급을 고객화시켜야 할 필요가 있다.

유통경로의 차이 회사의 마케팅 전략은 나라마다 상이한 유통경로에 대응해야 한다. 이를 위해 마케팅기능을 현지 지사에 위임시킬 필요가 있다. 제약산업에서, 영국과 일본의 유통시스템은 미국 시스템과 완전히 다르다. 영국과 일본 의사들은 미국 스타일의 고압력 영업사원들을 용납하지 못하거나 좋게 보지 않는다. 따라서 제약회사들은 미국과 비교하여 이러한 영국과 일본의 마케팅 방식 차이(부드러운 판매방식 vs. 딱딱한 판매방식)를 수용해야 한다.

유사하게 폴란드, 브라질, 러시아는 농산물 구매력을 기준으로 모두 일인당 구매액이 비슷하지만 이들 세 나라의 유통시스템에는 큰 차이가 있다. 브라질에서는 슈퍼마켓이 식품소매의 36%를 차지하고 있지만, 폴란드의 경우 18%를 차지하며 러시아에서는 1% 미만만 차지한다.[14] 이러한 유통경로의 차이 때문에 기업들은 그들의 유통과 판매 전략을 고객화시킬 필요가 있다.

현지 정부의 요구사항 마지막으로 현지 정부기관들이 요구하는 경제적, 정치적 요구사항들 때문에 현지 적용이 필요하다. 예를 들어 제약회사들은 현지 임사 테스트, 인허가 절차, 가격제한에 순응해야 하며, 신약의 생산과 판매를 현지의 사정에 맞춰야 한다. 더구나 대부분의 국가에서 정부들은 국가의 보건 예산 중 상당 부분을 통제하고 글로벌 기업들에게 현지 요구사항을 준수하도록 요구하고 있다. 일반적으로 보호주의의 위협, 경제적 국수주의, 현지 원산지 규칙(제품의 특정 비율이 현지에서 제작되어야 한다는 규칙)은 글로벌 기업들에게 생산을 현지에서 수행하도록 지시하고 있다.

글로벌전략의 선택

현지 적응 압력으로 기업은 규모의 경제와 입지경제를 통해 최대의 수익을 얻는 것이 가능하지 않을 수 있다. 규모의 경제를 달성하기 위해 단 하나의 저원가 입지에서 글로벌 표준 제품을 생산하여 전 세계에 마케팅하는 것은 가능하지 않을 수 있다. 실제로 이런 전략은 현지 사정에 맞게 제품 공급을 고객화해야 하는 필요 성과는 대치될 수 있다.

예를 들어, 자동차 회사들은 일본, 미국, 유럽 소비자들이 각기 다른 종류의 자동차를 요구하고 있고, 이로 인해 현지 시장에 고객화된 제품생산이 필요하다는 사실을 알고 있다. 이에 대한 반응으로 혼다, 포드, 토요타와 같은 기업들은 각각의 지역에서 위에서부터 밑바닥까지 자동차를 설계하고 생산 설비를 마련하여 지역의 요구를 더 잘 충족시키는 전략을 추구하고 있다. 비록 이러한 고객화가 이득을 가져다주지만, 이것은 또한 규모의 경제와 입지경제를 현격하게 실현시키려는 기업의 능력을 제한하기도 한다.

이에 덧붙여, 현지 적응에 대한 압력으로 인해 기업은 독보적 역량과 관련된 지식과 능력, 그리고 제품을 한 국가에서 다른 국가에 활용할 가능성이 줄어든다. 현지 사정에 따라 종종 이런 가능성을 포기해야 한다. 표준화된 글로벌 제품 확산의 상징으로 묘사되고 있는 맥도날드조차 국가별 기호와 선호의 차이를 고려하여 메뉴를 고객화시켜야 한다는 사실을 발견하였다.

기업의 비즈니스모델의 두 가지 측면인 원가와 차별화의 균형을 이루어야 한다는 전제 조건 하에서, 원가절감에 대한 압력과 현지 적응에 대한 압력 정도의 차이가 기업의 전략 선택에 어떠한 영향을 끼치는가? 기업들은 전형적으로 국제적으로 경쟁할 때 다음의 네 가지 주요 전략 태도를 선택한다. (1) 글로벌 표준화 전략(Global standardization strategy), (2) 현지화 전략(Localization strategy), (3) 초국가 전략(Transnational strategy), (4) 국제화 전략(International strategy)이다.[15] 각 전략의 적합성은 원가절감과 현지 적응에 대한 압력 정도에 따라 변화한다. [그림 8.3]은 각각의 전략이 가장 적합한 조건을 예시하고 있다.

그림 8.3	네 가지 기본 전략

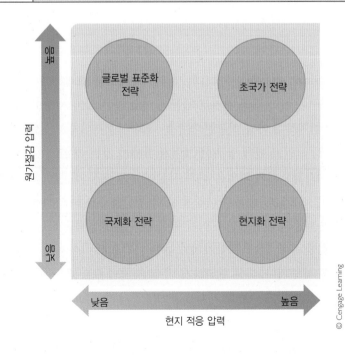

© Cengage Learning

글로벌 표준화 전략

글로벌 표준화 전략
저원가를 글로벌 규
모로 추구하는 전략
에 기반한 비즈니스
모델

글로벌 표준화 전략(global standardization strategy)을 추구하는 기업은 규모의 경제와 입지 경제를 통하여 원가절감을 달성하여 수익성을 증가시키는 데 초점을 둔다. 즉 그들의 비즈니스모델은 글로벌 규모의 저원가 전략을 추구하는 것에 기반하고 있다. 글로벌전략을 추구하는 기업들의 생산, 마케팅, 연구개발 활동은 소수의 유리한 장소에 집중되어 있다. 이들 기업은 현지 사정에 맞게 제품 공급과 마케팅 전략을 고객화하려고 애쓰지 않는다. 왜냐하면 생산 시간을 단축시켜야 하고 기능들이 이중 중복으로 수행해야 하는 고객화는 비용을 증가시킬 수 있기 때문이다. 이들 기업들은 전 세계적으로 표준화된 제품을 판매하는 것을 선호하는데, 그 목적은 규모의 경제를 통해 최대의 이득을 얻기 위해서다. 그들은 또한 원가우위를 이용하여 전 세계 시장에서 공격적인 가격정책을 지원하려 한다. 델은 이러한 전략을 추구하는 대표적인 기업이다.

이 전략은 원가절감에 대한 강력한 압력이 존재하고 현지화의 필요성이 적을 경우에 의미 있다. 점차적으로 이러한 조건은 제품이 종종 보편적 욕구를 충족시키는 많은 산업재 산업에서 확산되고 있다. 예를 들어 반도체 산업에서는, 글로벌 표준이 출현하여 표준화된 글로벌 제품에 대한 엄청난 수요를 창출하고 있다. 인텔, 텍사스 인스투르먼츠, 모토롤라와 같은 기업들은 모두 이런 글로벌전략을 추구하고 있다.

이러한 조건들은 현지화에 대한 욕구가 높은 많은 소비재 시장에서 항상 있는 것은 아니다. 그러나 어떤 소비재 기업조차도 원가를 낮추기 위해 글로벌 표준화 전략으로 전략을 이동시키고 있다. [전략 실행 사례 8.2]에서 기술하고 있는 P&G는 그런 기업 중의 하나이다.

현지화 전략

현지화 전략
기업의 상품과 서비
스를 고객화하여 수
익성을 증가시키는
데 초점을 두고, 제품
이 서로 다른 국가 시
장의 기호와 선호를
충족시키도록 하는
전략

현지화 전략(localization strategy)은 기업의 상품과 서비스를 고객화하여 수익성을 증가시키는 데 초점을 둔다. 이 전략의 결과로 제품은 서로 다른 국가 시장의 기호와 선호를 충족시킬 수 있다. 현지화가 가장 적합한 경우는 나라마다 소비자 기호와 선호가 현격하게 차이가 있는 경우, 그리고 원가 압력이 그렇게 강하지 않는 경우이다. 현지 수요에 맞게 제품 공급을 고객화함으로써 기업은 현지 시장에서 그 제품의 가치를 증가시킬 수 있다. 반대로 이 전략은 기능들의 중복과 다품종 소량 생산을 유발하기 때문에 글로벌 소비를 겨냥한 표준화된 제품의 대량생산과 이를 통한 원가절감 능력을 제한한다. 그러나 이 전략은 현지 고객화를 통해 얻는 부가 가치가 높은 가격으로 이어져서 기업이 높은 비용을 만회할 수 있도록 해주거나, 혹은 현격하게 더 많은 지역 수요를 창출하여 현지 시장에서 규모의 경제를 달성하게 해 주어 원가절감을 가능하게 해준다면 의미 있다.

엠티비는 현지화 전략을 추구해야 했던 좋은 기업사례이다. 만약 엠티비가 프로그램 제작을 상이한 국가의 시청자들의 수요에 맞게 현지화하지 않았더라면, 시장점유율을 현지 경쟁자에게 내 주고, 광고수입은 떨어져서 수익성이 악화되었을 것이다. 그러므로 비록 비용이 올라가더라도 현지화는 엠티비에서 필수불가결한 전략이 되었다.

동시에, 엠티비와 같은 기업은 여전히 원가를 자세히 모니터링해야 한다는 사실을 깨닫는 것도 중요하다. 현지화 전략을 추구하는 기업은 여전히 효율적일 필요가 있다. 가능하다면 언제나 글로벌 확장을 통해 약간의 규모 경제를 달성해야 한다. 앞에서 주목한 바와 같이 많은 자동차 회사들은, 미국 소비자에게는 큰 픽업 트럭을 공급하고 유럽 및 일본 소비자에게는 연비가 효율적인 차량을 공급함으로써 현지 시장수요에 맞게 제품 공급을 고객화시켜야 한다는 사실을 발견하고 있다. 동시에, 이들 회사들은 많은 상이한 모델별로 공용 차체 플랫폼과 공용 부품을 사용하고, 또한 최적의 생산입지에 위치해 있고 규모가 크고 효율적인 공장들에서 이들 플랫폼과 부품을 대량으로 글로벌 시장에 공급하여 약간의 규모의 경제라도 얻고자 노력하고 있다. 이런 식으로 그들의 제품을 디자인함으로써, 이들 기업들은 제품 공급을 고객화할 수 있는 동시에 약간의 규모의 경제를 획득하고 있다.

초국가 전략

글로벌 표준화 전략은 원가 압력이 강하고 현지 사정에 대응하는 필요성이 적을 때 의미가 있다. 거꾸로, 현지화 전략은 현지 사정에 대응해야 하는 필요성이 높으나 원가 압력은 보통이거나 낮은 수준일 때 타당한 전략이 된다. 그러나 기업이 동시에 강력한 원가 압력과 강력한 현지 적응 압력을 둘 다 직면하고 있다면, 무슨 일이 일어날 것인가? 어떻게 경영자들은 이런 경쟁적이고 불일치하는 요구사항들을 균형 있게 대처할 수 있는가? 몇몇 연구자들에 따르면, 초국가 전략을 추구하는 것이 해답이다.

두 명의 연구자들 – 크리스토퍼 바틀렛(Christopher Bartlett)과 수만트라 고샬(Sumantra Ghoshal) – 은 오늘날 글로벌 환경에서 경쟁조건이 매우 치열해져서 기업들이 생존하기 위해서는 원가절감과 현지화의 압력 둘 다를 대처하기 위해 할 수 있는 모든 것을 해야 한다고 주장하고 있다. 기업들은 글로벌 대량생산을 통해 규모의 경제와 입지경제를 실현시켜야 하며, 기업 내 독보적 역량과 기술을 이전시키고, 동시에 현지 사정에 대응해야 하는 압력에 주의를 기울여야 한다.[15]

무엇보다도 바틀렛과 고샬은 현대 다국적 기업들에서 독보적 역량과 기술이 단지 모기업 국가에서만 개발되지 않고, 전 세계 사업운영 지역 어디에서나 개발될 수 있다고 설명하고 있다. 그러므로 기업들은 지식과 기술, 그리고 제품공급이 단지 모기업에서 해외지사로 일방향으로 흘러가지 않도록 유의해야 한다. 오히려 이 흐름이 해외지사에서 모기업 국가로 흘러가게 하고, 해외지사들 사이에서도 흘러가도록 해야 한다. 초국가 기업들은 해외지사들이 보유한 지식과 기술을 활용하는데도 초점을 둬야 한다.

본질적으로 초국가 전략(transnational strategy)을 추구하는 기업들은 저원가를 달성하는 한편 동시에 지리적 시장별로 제품 공급을 차별화하고, 글로벌 사업 운영 네트워크 내의 서로 다른 지사들 간에 지식과 기술의 이동을 촉진하는 데 노력을 기울이고 있다. 이것이 매력적으로 들리지만, 이 전략은 쉽지는 않다. 왜냐하면 이 전략은 기업에 서로 상충되는 것을 요구하기 때문이다. 서로 다른 지역 시장별로 현지 수요에 맞게 제품을 차별화하는 것은 비용을 상승시켜서 비용 원가를 감소시키고자 하는 목표와는 정반대의 부작용을 일으킨다. 3M과 ABB(스위스에 기반하고 있는 다국적 엔지니어링 복합기업)과 같은 기업들은 초국가 전략을 수용하려고 노력하고 있지만 이것을 실제로 실행하는 것이 어렵다는 점을 발견하였다.

사실, 초국가 전략을 어떻게 가장 잘 실행할 것인가는 오늘날 대규모 글로벌 기업들이 갖고 있는 가장 복잡한 질문들 중의 하나이다. 있어도 매우 소수의 기업들만이 이 전략을 완벽히 실행하고 있을 것으로 예상된다. 그러나 많은 기업들의 사례를 살펴보면, 몇몇의 올바른 접근의 실마리가 도출될 수 있다. 예를 들어, 캐터필러(Caterpillar)의 사례를 보면 알 수 있다. 일본의 코마츠(Komatsu)와 같은 저원가 경쟁자와 경쟁에서 승리하기 위해 캐터필러는 더 큰 원가절감 방안을 찾았다. 그러나 나라마다 건축 관행과 정부규제에 큰 차이가 있어, 캐터필러는 또한 현지 사정의 욕구에 대응해야만 했다. 그러므로, 캐터필러는 심각한 원가절감과 현지 적응 압력 모두를 직면하고 있었다.

원가절감 압력에 대처하기 위해, 캐터필러는 제품들을 재설계하여 똑같은 부품들은 많이 활용하도록 하였고, 입지 조건이 양호한 몇몇 장소에 대규모 부품 생산시설들을 설립하여 글로벌 요구사항을 충족시키고 동시에 규모의 경제를 실현시킬 수 있었다. 동시에, 캐터필러는 중앙 부품 생산을 확대시키고 각각의 주요 글로벌 시장들에 있는 조립 공장들에 이 부품을 공급하고 있다. 이들 공장에서 캐터필러는 현지화된 제품 모델을 추가하여 현지의 욕구에 부합하도록 완제품을 공급하고 있다. 캐터필러는 국가 시장별로 제품을 차별화시켜 현지 적응 압력을 극복하면서 글로벌 생산의 이점을 실현시킬 수 있었다.[16] 캐터필러는 이 전략을 1980년대에 시작했는데, 2000년대에는 종업원 1인당 산출량을 두 배로 늘리는 데 성공하고 공정상에서 괄목할 만한 원가절감을 달성하였다. 한편, 일본의 중앙집권적 글로벌전략 스타일을 여전히 고수하고 있는 고마츄와 히타찌는 원가 우위가 사라지고 계속해서 캐터필러에게 시장점유율을 잃어버리게 되었다.

그러나 초국가 전략을 뒷받침할 수 있는 조직을 만드는 일은 복잡하고 도전적인 과제다. 사실 어떤 사람들은 이것이 너무 복잡하다고 말하고 있다. 왜냐하면, 이 전략을 관리하기 위해 실행 가능한 조직구조와 통제시스템을 만들어 내는 것은 매우 커다란 전략 실행 문제이기 때문이다. 이 이슈는 13장에서 다시 논의될 예정이다.

국제화 전략

때때로 원가절감 압력이 낮고 동시에 현지 적응 압력도 낮은 상황에 운 좋게 처해 있는 다국적기업을 발견할 수 있다. 전형적으로 이런 기업들은 보편적 욕구를 충족시키는 제품을 판매하고 있다. 그러나 그들은 주목할 만한 경쟁자들이 없기 때문에 그들의 비용구조를 절감해야 하는 압력은 받지 않는다. 제록스(Xerox)는 사진복사기를 발명하고 이를 상용화한 1960년대에 이러한 전략적 위치에 있었다. 수년 동안 제록스는 사진복사기 구성 기술에 관한 강력한 특허를 보호 받고 있어서 경쟁자가 없었다. 시장을 독점하였다. 제품이 대부분의 선진 국가들에서 높게 평가받았기 때문에, 제록스는 전 세계에 동일 기본 제품 모델을 판매할 수 있었고, 상대적으로 높은 가격을 받을 수 있었다. 동시에 직접적인 경쟁자가 없었기 때문에, 제록스는 원가를 최소화해야 하는 강력 압력에 대응할 필요가 없었다.

역사적으로 제록스와 같은 회사들은 국제화를 추진할 때 유사한 개발 방식을 따른다. 그들은 모국에서 R&D와 같은 제품개발 기능을 중앙에서 수행하는 경향이 있다. 그러나, 제조와 마케팅기능은 그들이 비즈니스를 하는 각각의 지리적 지역 혹은 중요 국가에서 수행되는 경향이 있다. 비록 제품 공급과 마케팅 전략이 현지 사정에 맞게 약간의 고객화가 이루어지지만, 그 범위는 제한적이다. 궁극적으로 대부분의 국제화 기업들에서 본사는 마케팅과 제품 전략에 대해 강력한 통제권을 보유하고 있다.

이 전략을 추구하는 기업으로 P&G가 있다. P&G는 역사적으로 항상 혁신적인 제품을 신시내티(Cincinnati)에서 개발하였으며 그 다음에 이 제품들을 대량으로 지역 시장에 공급하였다. 마이크로소프트도 이 전략과 유사한 전략을 추구한다. 마이크로소프트의 제품개발 대부분은 회사 본사가 있는 워싱턴주의 레드몬드(Redmond)에서 이루어진다. 비록 약간의 현지화 노력이 다른 지역에서도 이루어지지만, 오피스와 같이 대중적인 마이크로소프트 프로그램을 현지 외국어판으로 제작하는 경우에만 국한된다.

시간경과와 전략의 변화

국제화 전략의 아킬레스건은 시간이 경과함에 따라 경쟁자들이 불가피하게 출현하고, 경영자들이 원가절감을 위해 적극적인 행보를 하지 않는다면 그들의 기업이 효율적인 글로벌 경쟁자에 의해 빠르게 포위될 것이라는 점이다. 제록스에게 정확히 이러한 일이 일어났다. 캐논과 같은 일본 기업들은 제록스 특허를 침해하지 않는 독자적인 기술을 개발하고, 매우 효율적인 제조공장에서 독자모델의 사진복사기 장비를 생산하고, 제록스 제품보다 낮은 가격으로 기계를 공급하여 빠르게 제록스가 차지하였던 글로벌 시장점유율을 빼앗았다. 제록스의 종말은 단순히 경쟁자의 출현 때문이 아니었다. 왜냐하면 그것은 필연적으로 나타나는 현상이기 때문이다. 오히려 제록스의 실패는 효율적인 글로벌 경쟁자들이 나타나기 전에 미리 비용구조를 개선하여 적극적으로 원가절감을 하지 않는 데 기인하였다. 이 사례의 메시지는 국제화 전략이 장기적으로 생존 가능한 전략이 될 수 없으며, 기업이 생존하기 위해서는 국제화 전략에서 글로벌 표준화 전략, 혹은 초국가 전략으로의 변화를 경쟁자보다 먼저 시도해야 한다는 점이다([그림 8.4] 참조).

똑같은 메시지가 현지화 전략에도 적용될 수 있다. 현지화를 통해 기업은 경쟁력을 얻을 수 있다. 그러나 기업이 동시에 매우 공격적인 경쟁자를 만난다면, 원가절감이 필요하다. 이것을 실행할 수 있는 유일한 방법은 초국가 전략을 채택하는 것이다. 경쟁이 심화되어 가고 있기 때문에, 국제적 전략과 현지화 전략은 생존 가능성이 더 낮아지고 있다. 따라서 경영자들은 그들의 기업을 글로벌 표준화 전략 혹은 초국가 전략 방향 중의 하나로 이끌어 갈 필요가 있다. [전략 실행 사례 8.2]는 어떻게 이러한 과정이 코카콜라에서 일어났는지를 소개하고 있다.

그림 8.4	시간경과에 따른 변화

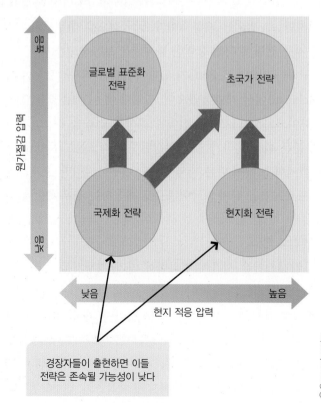

경쟁자들이 출현하면 이들 전략은 존속될 가능성이 낮다

© Cengage Learning

전략 실행 사례 8.2

코카콜라의 진화하는 전략

© iStockPhoto.com/Tom Nulens

미국 탄산수 제조업체의 상징인 코카콜라는 가장 국제화된 기업중의 하나로 오랫동안 자리매김하고 있다. 이 기업은 1902년에 처음으로 미국 이외의 지역인 쿠바로 진출하였고, 1929년에는 76개국에서 제품을 판매하였다. 세계 2차대전 시에 코크는 미군과 계약을 맺어 미군병사가 주둔하는 지역 어디에서나 코카콜라를 공급하였다. 이 기간 동안, 회사는 전 세계에서 63개의 병 제조 공장을 건설하였다. 미국 시장이 궁극적으로 성숙기에 도달하였다는 믿음과 거대한 성장 잠재력이 해외에 있다는 인식에 힘입어, 코카콜라의 글로벌 확장은 전쟁 이후에도 계속되었다. 2012년에 코카콜라는 200 국가 이상에서 사업을 하고 있었고 코크 판매의 80% 이상이 국제 시장에서 이루어졌다.

비록 1980년대 초까지만 해도 코크의 전략은 현지화라는 특징으로 잘 묘사될 수 있었다. 이 전략에서는 해외 운영에서 경영자들이 적합하다고 판단하면, 현지 운영에 매우 높은 수준의 독립성이 부여되었다. 1981년에 CEO가 된 유능한 쿠바 이민자 출신의 로베르토 고이주에타(Roberto Goizueta)는 1980년대와 1990년대 기간 동안 전략을 변경시켰다. 고이주에타는 코크의 대표 브랜드에 새로운 점을 강조하였다. 다이어트 코크, 체리 코크, 그리고 유사한 향음료가 이때 출시된 제품들이다. 그의 주된 신념은 미국과 국제 시장의 중요 차이점이 해외 시장의 코크 소비가 매우 낮다는 점이었다. 그 당시 해외에서 1인당 코크 소비량은 미국 수치의 10%에서 15%에 불과하였다. 고이주에타는 코크가 글로벌 기업이 될 수 있도록 상당량의 경영과 마케팅 활동을 애틀랜타 본사에 집중시켰고, 핵심 브랜드에 집중하였다. 또한 그는 해외 병 제조업체들이 소유하고 있는 주식 지분을 사드려서 그들에 대한 전략적 통제를 한 층 강화하였다. 이러한 한 가지 만능(one-size-fits-all) 전략은 표준화와 규모의 경제 실현(예를 들어, 전 세계적으로 동일한 광고 메시지를 활용)을 바탕으로 수립되었다.

고이주에타의 글로벌전략은 그의 후임인 더글라스 이베스터(Douglas Ivester)도 사용하였다. 그러나 1990년대 말에 이 한 가지 만능 전략의 동력은 고갈되어 가고 있었다. 규모가 작지만 현지 음료를 판매하는 매우 민첩한 현지 경쟁자들이 코크의 성장 엔진을 멈추게 한 것이었다. 코크가 한 세대 기간 동안 처음으로 재무 목표달성에 실패하기 시작했을 때인 2000년에 이베스터는 사임하고 그 자리에 더글라스 다프트(Douglas Daft)가 앉게 되었다. 다프트는 전략을 180도 바꾸었다. 다프트는 코크가 현지 국가의 경영자에게 더 많은 권한을 되돌려 줘야 한다고 믿었다. 그는 전략, 제품개발, 그리고 마케팅이 현지 소비자의 욕구에 맞게 설정되어야 한다고 생각했다. 그는 6천 명의 종업원을 해고하였는데, 해고자의 많은 수가 애틀랜타 본사 직원들이었다. 그리고 그는 현지 국가 경영자들에게 더 많은 자율을 주었다. 무엇보다도 마케팅 회사로 완전히 전환시키기 위해 그는 회사가 글로벌 광고를 중단한다고 발표했고, 광고 예산과 창조적인 광고 내용에 대한 통제권을 현지 국가의 경영자 손에 쥐어 주었다.

이베스터의 전략 이동은 회사의 두 번째로 이익이 많이 나는 일본에서의 경험이 부분적으로 영향을 끼친 것이었다. 일본에서 가장 잘 팔리는 코카콜라 제품은 탄산을 포함하고 있는 음료가 아니고 자동판매기에서 판매되는 차가운 캔 커피 음료인 조지아 커피(Georgia Coffee)이었다. 일본에서의 경험은 코카콜라의 제품들이 현지 기호와 선호에 맞게 고객화되어야 하며, 이를 위해 더 많은 의사결정권한을 현지 경영자들에게 위임해야 한다는 신호처럼 보여졌다.

그러나 현지화로의 전환은 기대한 바만큼의 성장을 달성시키지는 못했다. 2002년에는 오히려 다시 중앙 조정으로 회귀되어 애틀랜타 본사가 미국 이외의 다른 국가들에서 수행되는 마케팅과 제품개발을 감시하였다. 그러나 이번에는 고이주에타가 사용한 한 가지 만능 전략은 아니었다. 2004년 CEO에 자리에 오른 네빌 이스델(Neville Isdell)의 리더십 하에, 본사의 임원들은 지사 현지의 마케팅과 제품개발 활동을 검토하고 안내하는 도움을 주었다. 그러나 이스델은 가격책정, 제품 공급, 마케팅 메시지가 시장별로 현지 여건에 적합하도록 변화시켜야 한다고 믿었다. 이스델의 전략은 고이주에타의 전략과 다프트의 전략의 중간쯤에 위치해 있었다. 이스델은 좋은 아이디어(예를 들면 조지아 커피)가 모든 국가

시장에서 활용되는 것이 중요한다는 점을 강조하였다. 일본에서 조지아 커피 음료가 성공하는 것을 목격한 코크는 2007년에, 이탈리아의 고급 커피 메이커 중의 하나인 일리카페(Illycaffè)와 전략적 제휴를 맺고 캔 혹은 병에 들어 있는 차가운 커피 음료에 대한 글로벌 프랜차이즈를 설립했다. 유사하게, 2003년에 코크의 중국 지사가 개발한 저원가의 탄산이 함유되지 않는 오렌지 음료는 단 기간 내에 중국에서 가장 잘 팔리는 음료수 중의 하나가 되었다. 이 음료의 잠재력을 본 코크는 이것을 태국과 같은 다른 아시아 국가에도 판매하였고, 거기서 커다란 성공을 거두었다.

자료: "Orange Gold," *The Economist*, March 3, 2007, p. 68; P. Bettis, "Coke Aims to Give Pepsi a Routing in Cold Coffee War," *Financial Times*, October 17, 2007, p. 16; P. Ghemawat, *Redefining Global Strategy* (Boston, Mass: Harvard Business School Press, 2007); D. Foust, "Queen of Pop," *Business Week*, August 7, 2006, pp. 44–47; and W. J. Holstein, "How Coca-Cola Manages 90 Emerging Markets," *Strategy+Business*, November 7, 2011, www.strategy-business.com/article/00093?pg=0

해외진출 방식의 선택

다른 국가 시장에 진출을 고려하고 있는 기업들은 최적의 진입 방식을 결정해야 한다. 여기에 다섯 가지 진입 방식이 있다. 수출, 라이센싱, 프랜차이즈화, 현지국 기업과의 합작투자, 그리고 현지에 100%투자한 지사의 설립이다. 각각의 진입 방식은 장점과 단점이 있기 때문에, 경영자들은 이것을 주의 깊게 평가하여 어떤 방식으로 진입할지를 결정해야 한다.[17]

수출(Exporting)

많은 제조기업들은 수출기업으로 글로벌 확장을 시작하고 나중에 해외 시장에서 다른 형태의 진입 방식으로 전환한다. 수출은 두 가지 독특한 장점을 가고 있다. 이것은 수출 국가에서 제조공장을 설립하는 데 들어가는 많은 비용을 투자하지 않아도 되게 하고, 규모의 경제와 입지경제와도 일치한다. 중앙집권화된 공장에서 제품을 생산하고 그것을 다른 국가 시장에 수출함으로써, 기업은 글로벌 판매량을 통한 규모 경제를 실질적으로 실현시킬 수 있다. 이러한 방법으로 소니는 글로벌 텔레비전 시장을 장악하였고, 많은 일본 자동차 기업들이 미국 자동차 시장을 잠식해 들어갔으며, 삼성전자가 컴퓨터 메모리 칩 시장에서 시장점유율을 획득할 수 있었다.

수출은 다음의 몇 가지 단점을 갖고 있다. 첫째, 회사의 모국에서 생산된 제품을 수출하는 것은 그 제품을 해외에서 더 저렴하게 생산할 수 있는 곳이 있다면 적절하지 못할 수 있다. 특별히 글로벌 표준화 혹은 초국가 전략을 추구하는 기업의 경우, 가치창출 관점에서 생산 여건이 매우 양호한 곳에 제품을 생산한 후 다른 지역에 수출하는 것이 효과적일 것이다. 이것은 수출 자체보다는 기업의 모국에서 수출하는 것에 대한 대립적 입장을 보인다. 예를 들어, 미국 전자기업들은 그들의 생산 기지를 아시아로 이동시켰는데,

그곳에는 저원가뿐 아니라 매우 숙련된 노동자를 활용할 수 있기 때문이었다. 그들은 아시아에서 생산한 제품을 미국을 포함하여 다른 지역에 수출하고 있다(9장의 애플의 아이폰 사례 참조).

또 다른 단점은 규모가 큰 제품 수출의 경우처럼, 높은 운송비용 때문에 수출이 비경제적일 수 있다. 이런 문제를 완화시키는 한 가지 방법은 규모가 큰 제품은 지역 단위로 생산하여 운송비용을 제한하면서 한편으로 각 지역에서 대량생산을 통해 약간의 규모경제를 실현시키는 것이다. 많은 다국적 화학기업들은 지역 단위로 제품을 생산하여 각 지역의 몇 개 국가들을 한 생산시설이 담당하게 하고 있다.

관세장벽 또한 수출을 비경제적으로 만들 수 있고, 정부의 관제장벽 부과 위협은 이 전략을 위험하게 만들 수 있다. 사실 미국 의회가 미국에 수출되고 있는 일본 자동차에 관세를 부과할 수도 있다는 암묵적 위협은 직접적으로 많은 일본 자동차회사들이 미국 내에 제조 공장을 설립하도록 유도하였다.

마지막으로, 수출을 시작하는 기업들 사이에 통용되고 있는 관습 또한 위험을 불러일으킨다. 기업이 마케팅 활동을 각국의 현지 대리인에게 위임할 수 있으나, 그 대리인이 회사의 최대 이익을 위해 행동하리라는 보장이 없다. 종종 외국 판매 대리인들은 경쟁기업의 제품도 취급하여 수수료 원천을 다원화하고 있다. 결과적으로 판매 대리인들은 회사가 직접 마케팅 관리하는 경우만큼 잘 수행하지 못할 것이다. 이 문제를 해결하기 위한 한 가지 방법은 현지 마케팅 활동을 수행하는 100% 지분 소유의 지사를 현지국에 설립하는 것이다. 이렇게 함으로써, 기업은 단일 장소에서 제품을 생산하여 원가우위를 얻을 수 있고, 현지 국가에서 마케팅 전략을 엄격히 통제할 수 있을 것이다.

라이센싱

국제적 라이센싱(Licensing)은 외국 라이센스 사용자(Licensee)가 협상된 요금을 지불하고 라이센스 소유자 국가에서 어떤 라이센스 제공자(Licensor)의 제품을 생산하는 권리를 구매하는 협정을 의미한다(예를 들어, 판매된 제품 단위당 로열티 지급을 함). 라이센스 사용자는 해외 공장을 오픈하는 데 필요한 대부분의 자본을 제공한다.[18] 라이센싱의 장점은 기업이 해외 시장을 개척하는 데 수반되는 개발 비용과 위험을 떠안지 않아도 된다는 점이다. 그러므로 라이센싱은 해외 운영을 위해 소요되는 자본을 감당하지 못하는 기업들에게 매력적인 대안이 될 수 있다. 그것은 또한 정치적 위험이 특별히 높아 정치적으로 불안하고 익숙하지 않은 외국 시장에 많은 재무 자원을 투자하는 것을 꺼려 하는 기업들에게도 매력적인 대안이다.

그러나 라이센싱은 다음의 세 가지 심각한 단점을 갖고 있다. 첫째, 라이센싱은 기업에게 외국 시장 규모의 경제와 입지경제를 실현하기 위해 반드시 가져야 하는 생산, 마케팅, 전략 기능에 대한 엄격한 통제권을 주지 않는다(글로벌 표준과 초국가 전략을 추구하는 기업들은 이 통제권이 필요하다). 전형적으로 각각의 라이센스 사용자들은 제조 공장을 설립한다. 그러므로 라이센스 제공자는 중앙집권화 된 곳에서 제품을 생산함으로써 규모의 경제와 입지경제를 달성할 수 있는 기회가 별로 없게 된다. 이러한 규모의 경제와 입지경제가 중요하게 되는 경우에, 라이센싱은 해외 확장을 하는 데 최상의 방법이 아니다.

둘째, 글로벌 시장에서 경쟁하기 위해서 기업은 한 국가에서 획득한 이익이 다른 나라에서 경쟁적 공격을 뒷받침할 수 있도록 활용되기 위해 나라별로 전략적 움직임들을 조정할 필요가 있다. 라이센싱은 본질적으로 이런 방식으로 전략을 조정하는 기업의 능력을 제한한다. 다국적기업은 라이센스 사용자가 로열티 이상으로 이득을 얻도록 내버려 두지 않으며, 다국적기업들이 현지에서 얻은 이득을 전혀 다른 국가의 라이센스 사용자를 보조하는 데 사용하도록 가만 두지 않는다.

셋째, 외국 기업에 기술적 노하우에 대한 라이센스를 제공하는 것은 위험하다. 많은 다국적 기업들에게, 기술적 노하우는 그들의 경쟁우위의 근간이며, 그들은 이 경쟁우위를 어떻게 활용한 것인지에 대해 통제권을 유지하기 원한다. 그러나 기술을 라이센스로 제공하면, 기업은 급격히 이에 대한 통제권을 잃게 된다. 예를 들어, RCA는 한때 많은 일본 기업들에게 컬러 텔레비전 기술에 관한 라이센스를 제공한 바 있다. 이 일본기업들은 재빨리 RCA의 기술을 흡수하여 이것을 미국 시장에 진출하는 데 사용하였다. 지금 일본 기업들은 RCA보다 미국 시장에서 더 큰 시장점유율을 차지하고 있다.

이런 위험을 감소시키는 방법들이 존재한다. 한 가지 방법은 외국 기업과 상호 교차 라이센싱 협정을 맺어 해외에 진출하는 것이다. 교차 라이센싱(cross licensing) 계약을 통해 기업은 어떤 가치 있는 무형의 자산을 외국 파트너에게 제공하고, 로열티 지급을 통해 외국 파트너에게 그들의 가치 있는 노하우를 자신들에게 제공할 것을 요구할 수 있다. 이러한 계약은 기술 노하우에 대한 라이센싱과 관련된 위험을 감소시켜 준다. 왜냐하면, 만약 라이센스 사용자가 라이센싱 계약의 정신을 위반하여 획득한 지식을 라이센스 제공자와 경쟁하는데 사용한다면, 라이센스 제공자도 해당 파트너에게서 받은 라이센스에 대해 똑같은 행동을 할 수 있기 때문이다. 교차 라이센싱 계약을 통해 기업들은 서로를 인질로 삼아서 그들이 서로에게 기회주의적 행동을 할 가능성을 감소시킨다.[19] 이런 교차 라이센싱 계약은 점점 하이테크산업에서 보편화되고 있다. 예를 들어, 미국 바이오 기술 기업인 암젠(Amgen)은 중요 신약 중의 하나인 노이포겐(Neupogen)에 대해 일본 제약회사인 키린(Kirin)과 라이센싱 계약을 맺었다. 이 라이센싱 계약를 통해 키린은 노이포겐을 일본에서 판매할 수 있는 권리를 갖게 되었다. 그 대가로 암젠은 로열티를 받았으며 키린과의 라이센싱 계약을 통해 몇몇 키린의 제품들을 미국에 판매할 수 있는 권리를 획득하였다.

프랜차이즈화

비록 프랜차이즈화(Franchising)가 라이센싱보다 더 장기적 계약이지만, 프랜차이즈화와 라이센싱은 유사한 점이 많다. 프랜차이즈화는 기본적으로 라이센싱의 특별한 형태로써, 프랜차이즈 제공자(Franchiser)는 무형의 자산을 프랜차이즈 가맹자(Franchisee)에게 판매할 뿐 아니라 프랜차이즈 가맹자에게 사업 방식에 대한 엄격한 규칙을 준수하겠다고 동의할 것을 요구한다. 프랜차이즈 제공자는 종종 프랜차이즈 가맹자가 계속해서 사업을 할 수 있도록 지원한다. 라이센싱과 마찬가지로, 프랜차이즈 제공자는 전형적으로 프랜차이즈 가맹자 수익의 일정 부분을 로열티로 지급 받는다.

라이센싱은 제조기업들이 주로 추구하는 전략인 반면, 프랜차이즈화는 주로 서비스 기업에서 사용하고 있는 전략이다. 맥도날드 성공 사례는 프랜차이즈화 전략으로 기업이 성장할 수 있음을 보여주는 좋은 사례다. 맥도날드는 프랜차이즈 가맹점들이 어떻게 레스토랑을 운영하는지에 대한 엄격한 규칙으로 설정하고 가맹점들이 준수하도록 하였다. 프랜차이즈 가맹점들이 따라야 하는 규칙에는 메뉴, 조리 방법, 인력충원 정책, 레스토랑 디자인과 위치가 포함되어 있다. 맥도날드는 또한 프랜차이즈 가맹점들을 위한 공급사슬을 조직화하고 경영 훈련과 재무적 지원을 제공하고 있다.[20]

프랜차이즈화가 장점은 라이센싱의 장점과 유사하다. 특별히 프랜차이즈 제공자는 스스로 외국 시장을 오픈하기 위해 수반되는 개발 비용과 위험을 떠 앉을 필요가 없고, 프랜차이즈 가맹자가 이 비용과 위험을 감당하는 것이 보통이다. 프랜차이즈화 전략을 사용함으로써, 서비스 기업은 신속하고 저렴하게 글로벌 기업으로 도약할 수 있다.

프랜차이즈화의 단점은 라이센싱보다는 덜 알려져 있다. 서비스기업들은 종종 프랜차이즈화를 사용하기 때문에, 경험곡선과 입지경제를 달성하기 위해 생산을 조정할 필요가 없다. 그러나 프랜차이즈화는 기업이 어떤 국가에서 얻은 이익을 다른 나라에서 경쟁적 공격을 하는데 사용할 수 없도록 할 수 있다. 프랜차이즈의 중요한 단점은 품질 통제에 관한 것이다. 프랜차이즈 계약의 기초는 기업의 브랜드 이름이 소비자들에게 해당 기업의 제품품질에 대한 메시지를 전달해 준다는 사실이다. 홍콩의 포 시즌(Four Seasons) 호텔에 체크인을 하는 비즈니스 여행객은 이성적으로 뉴욕, 화하이, 캐나다의 온타리오에서 받을 수 있는 객실과 음식의 품질을 동일하게 기대할 수 있다. 포 시즌이라는 이름이 일관된 제품품질을 보장해 줄 것으로 믿는 것이다. 그러나 외국 프랜차이즈 가맹자가 그들에게 기대하는 만큼 품질에 대해 관심을 두지 않는다면 문제가 발생한다. 열악한 품질의 결과는 특정 외국 시장에서 매출을 잃어버리는 것을 넘어서 전 세계에 해당 기업의 명성을 떨어뜨리게 된다. 예를 들어 비즈니스 여행객이 홍콩의 포 시즌에서 나쁜 경험을 했다면, 그 여행자는 절대로 다른 포 시즌 호텔에 가지 않을 것이며, 동료들에게도 가지 말라고 말할 것이다. 기업과 프랜차이즈 가맹자 간의 지리적 거리로 인해 나쁜 품질을 발견하기가 어려울 수 있다. 추가로 프랜차이즈 가맹자들의 수(맥도날드의 경우 수만 개의 프랜차이즈 가맹기업이 있다)도 품질 통제를 어렵게 만든다. 이러한 요인들 때문에, 품질 문제는 해결되지 않을 것이다.

이 문제를 완화시키기 위해, 기업은 해외 영업을 하는 각각의 국가와 지역에 지사를 설립할 수 있다. 회사가 전체 지분을 소유하거나 외국 기업과의 합작투자로 현지에 설립한 지사는 특정 국가나 지역에서 프랜차이즈 가맹점들을 설립할 수 있는 권한과 의무를 가지게 된다. 지리적 근접 성과 감시해야 할 독립 프랜차이즈 가맹기업들의 수를 제한함으로써 품질 통제 문제를 누그러뜨릴 수 있다. 이외에도 지사가 최소한 회사에 부분적으로 소유되었기 때문에, 회사는 그들의 경영자를 지사에 파견시켜 원하는 수준의 품질이 달성되었는지를 감시할 수 있다. 이러한 조직 차원의 조치는 실제로 많이 유행하고 있다. 세 개 기업의 예를 들면, 맥도날드, KFC, 힐튼(Hilton Worldwide)은 국제적 운영을 확장하기 위해 이러한 조치를 사용하고 있다.

합작투자(Joint Ventures)

외국기업과 합작투자 회사를 설립하는 것은 오랜 기간 동안 신규 시장으로 진출하는 데 선호되어 왔던 방식이다. 가장 오랜 기간 동안 유지되었던 합작투자 중의 하나는 후지-제록스가 일본 시장에서 사진복사기를 생산하기 위해 체결한 합작투자이다. 가장 전형적인 합작투자의 형태는 50/50 비율의 합작투자로, 각각의 상대방은 50%의 소유권을 갖으며, 두 모기업에서 파견한 경영자들의 팀이 운영 통제를 함께 하는 것이다. 어떤 회사들은 과반수 이상의 지분(예를 들면, 51% 대 49% 지분을 소유)을 갖아서 더 엄격한 통제를 할 수 있는 합작투자를 선호한다.[21]

합작투자는 많은 장점을 갖고 있다. 첫째, 회사는 이를 통해 현지 국가의 경쟁 여건, 문화, 언어, 정치시스템, 그리고 비즈니스 시스템에 대해 현지 파트너가 보유하고 있는 지식을 활용할 수 있다. 둘째, 외국 시장을 개척하는 데 소요되는 개발 비용과 위험이 높은 경우, 회사는 이들 비용과 위험을 현지 파트너 기업과 공유하여 이득을 얻을 수 있다. 셋째, 어떤 국가에서는 정치적 이유 때문에 합작투자가 현실적으로 실행 가능한 유일한 진입 방식이 된다. 역사적으로 미국 회사들은 일본에 공장을 설립 허가를 얻기 위해서는 독자적으로 진출하려고 노력하기보다는 일본 파트너와 함께 공장을 설립하는 것이 훨씬 쉽다는 사실을 발견했다. 제록스도 이런 이유 때문에 처음부터 후지와 팀을 이루어 일본에서 사진복사기를 판매하였다.

이러한 장점에도 불구하고 합작투자도 중요한 단점을 갖고 있다. 첫째, 라이센싱의 경우와 마찬가지로, 합작투자로 외국 시장에 진출하는 기업은 파트너에게 기술 통제권을 주어야 한다는 위험을 감수해야 한다. 2002년에 보잉과 미쯔비시 중공업 간에 새로운 대형 제트기인 787를 만들기 위해 시도한 합작투자는 보잉이 일본 기업에게 상업용 항공기 기술을 부지중에 유출할 수 있다는 두려움을 불러일으켰다. 그러나, 합작투자 계약은 이 위험을 최소화하도록 작성될 수 있다. 한 가지 대안은 그 합작투자에 과반수 이상의 소유권을 확보하는 것이다. 이를 통해 지배권을 갖은 파트너는 기술에 대해 더 많은 통제권을 발휘할 수 있다. 그러나 과반수 이하의 지분을 수용하려는 외국 파트너를 찾는 것은 어려운 과제다. 또 다른 대안은 다른 기술들은 파트너와 공유를 하지만 기업의 핵심역량의 중심이 되는 기술은 파트너가 접근하지 못하게 하는 것이다.

두 번째 단점은 합작투자로 인해, 기업은 경험곡선 혹은 입지경제를 실현하는 데 필요한 지사에 대한 엄격한 통제를 할 수 없다. 또한 합작투자는 경쟁자에게 일관된 글로벌 공격을 실시하기 위해 필요한 외국 지사에 대한 엄격한 통제를 제한한다. 텍사스 인스투르먼트(TI, Texas Instruments)는 일본 반도체 시장에 진출하기 위해 현지에 반도체 공장을 설립하였을 때, 두 가지 목적이 있었다. 하나는 일본 제조업자들의 시장점유율을 검토하는 것이고 다른 하나는 글로벌 시장을 공격하기 위해 이용 가능한 현금 지출을 제안하기 위해서다. 텍사스 인스투르먼트는 글로벌전략 조정을 도모하고 있었다. 이 전략을 실행하기 위해, 텍사스 인스투르먼트의 일본 지사는 경쟁 전략에 관해 본사의 지시를 받을 준비가 되어 있어야 했다. 이 전략은 또한 일본 지사가 필요하다면 손해를 보는 것도 요구하였다. 어떤 잠재 합작투자 파트너도 이런 조건을 기꺼이 용납하는 경우는 거의 없을 것이다. 왜냐하면, 이 조건은 투하자본수익률이 마이너스가 되어도 기꺼이 수용할 것을 요구하는 것이기 때문이다. 사실 많은 합작투자 회사들은 자율성을 갖고 있어 전략 결정에 대해 이런 식의 직접 통제는 거의 불가능하다.[22] 그래서 이 전략을 실행하기 위해서, 텍사스 인스투르먼트는 일본에서 전액지분을 소유한 지사를 설립하였다.

전액지분 소유지사 설립(Wholly owned subsidiaries)

전액지분 소유지사는 모기업은 해당 지사의 주식을 100% 소유한 회사를 의미한다. 전액지분 소유의 지사를 해외 시장에서 설립하기 위해, 기업은 그 나라에서 완전히 새로운 회사를 설립하거나, 현지에 이미 설립된 회사를 인수할 수 있으며, 이것을 이용하여 현지 시장에서 제품 판매를 촉진시킬 수 있다.

전액지분 소유지사를 설립함으로써 세 가지 장점을 얻을 수 있다. 첫째, 회사의 경쟁우위가 기술적 역량의 통제에 기반하고 있는 경우, 전액지분 소유의 지사는 보통 선호되는 진입 방식일 것이다. 왜냐하면 그 지사 설립을 통해 이 통제를 회사가 잃어버릴 위험이 줄어들기 때문이다. 결과적으로 많은 하이테크회사들은 합작투지 혹은 라이센싱 계약보다 이 전액지분 소유회사를 선호한다. 전액지분 소유회사는 반도체, 컴퓨터, 전자, 제약산업에서 선호되는 해외진출 형태가 되고 있다.

둘째, 전액지분 소유회사를 통해 기업은 서로 다른 나라들의 해외 영업에 대해, 글로벌전략 통합(한 국가에서 얻은 이익을 다른 나라에서 공격적 경쟁을 위해 사용함)을 위해 필요한 엄격한 통제력을 발휘할 할 수 있다.

셋째, 회사가 단일 혹은 소수의 제조 공장에서 표준화된 제품을 생산하여 입지경제와 규모의 경제를 실현하기 원한다면, 전액지분 소유회사는 최상의 대안이 될 것이다. 원가에 대한 압력이 높을 때, 가치사슬의 각 단계별로 부가 가치를 극대화하는 방식으로 가치사슬을 꾸밀 때 기업성과를 증가시킬 수 있다. 따라서 한 국가의 지사는 단지 제품라인의 일부분인 최종제품의 어떤 부품을 제조하는 데 특화하여, 회사의 글로벌 시스템 내에 있는 다른 지사들에게 부품과 제품을 교환할 수 있을 것이다. 이러한 글로벌 생산시스템이 작동하기 위해서는 국가별 지사들의 운영에 대해 높은 통제력이 필요하다. 서로 다른 국가별 지사들은 중앙 본사에서 결정한 의사결정들, 예를 들면 생산 방법, 생산 수량, 지사간 이전되는 제품 및 부품의 가격에 관한 의사결정들을 수용할 준비가 되어 있어야 한다. 전액지분 소유회사는 이러한 결정들을 준수해야 할 것이다. 반면에 라이센스 사용자와 합작투자 파트너들은 대부분 이러한 복종하는 역할을 회피하려고 한다.

한편 전액지분 소유회사를 설립하는 것은 일반적으로 외국 시장의 고객 욕구를 충족시키는 데 있어 가장 비용이 많이 드는 방법이다. 모기업은 해외 운영을 설립 시 발생하는 모든 비용과 위험을 감수해야 한다(합작투자의 경우, 기업이 비용과 위험을 파트너와 공유하며, 라인센싱 계약에서는 라이센스 제공자가 전부는 아니지만 많은 비용과 위험을 부담한다). 그러나 만약 현지 국가에서 이미 설립된 기업을 인수한다면, 회사는 새로운 문화권에서 사업을 하기 위해 감수해야 하는 학습 위험을 감소시킬 수 있다. 그러나 기업인수는 이질적인 기업문화들을 수용하는 노력의 필요와 같은 규모가 큰 문제점들을 야기시킨다. 그리고 이러한 문제들로 인하여 기업인수의 이득이 희석될 수 있다(기업인수와 관련된 문제점들은 10장에서 논의한다).

진입 전략의 선택

여러 가지 진입 방식의 장점과 단점은 [표 8.1]에서 보는 바와 같이 요약할 수 있다. 불가피하게 한 가지 진입 방식은 다른 진입 방식과 상충 관계가 존재한다. 예를 들면, 현지에서 전국 규모로 성장하고 있는 기업들의 성장 궤적을 추적하면서 그 익숙하지 하는 국가로의 진출을 고려하는 경우, 회사는 현지 기업과 합작투자를 하는 것이 낫다. 이런 합작투자를 통해 현지 파트너는 회사가 익숙하지 않은 환경에서 운영과 영업을 할 수 있는 기반을 설립하고 현지에서 시장점유율을 확대하는 데 도움을 줄 것이다. 그러나 만약 회사

진입 방식	장점	단점
수출	• 입지와 규모에 기반한 경제 실현이 가능	• 높은 운송비용 • 무역장벽 • 현지 마케팅 대리인들 문제
라이센싱	• 낮은 개발 비용과 위험	• 입지와 규모에 기반한 경제 실현이 불가능 • 글로벌전략 조정을 수행하기 어려움 • 기술에 대한 통제 결여
프랜차이즈화	• 낮은 개발 비용과 위험	• 글로벌전략 조정을 수행하기 어려움 • 품질에 대한 통제 결여
합작투자	• 현지 파트너 지식에 접근 • 개발 비용과 위험을 공유 • 정치적 의존	• 글로벌전략 조정을 수행하기 어려움 • 입지와 규모에 기반한 경제 실현이 불가능 • 기술에 대한 통제 결여
전액지분 소유지사	• 기술 보호 • 글로벌전략 조정 수행이 가능 • 입지와 규모에 기반한 경제 실현이 가능	• 높은 비용과 위험

표 8.1 서로 다른 진입 방식들의 장점과 단점

의 독보적 역량이 독자적 기술에 기반하고 있다면, 합작투자를 통한 진입 전략은 합작투자 파트너에게 해당 기술에 대한 통제권을 넘겨주는 위험을 가져다줄지 모른다. 따라서 이 전략은 매력적이지 않을 수 있다. 이러한 위험에도 불구하고 진입 방식에 대한 최적의 선택에 대해 다음의 일반적인 지침들이 마련되어 있다.

독보적 역량과 진입 방식 기업들이 현지 경쟁자들의 제품 수준이 떨어지고 시장에서 그들의 차별화된 제품을 통하여 더 큰 수익을 얻기 위해 국제적으로 확장하고자 할 때, 국제적 전략을 추구한다. 이런 기업들을 위한 최적의 진입 방식은 어느 정도 그들의 독보적 역량의 본질에 달려 있다. 특별히 기술적 노하우 측면에서 독보적 역량을 갖춘 기업과 경영 노하우에서 독보적 역량을 보유한 기업들을 구분할 필요가 있다.

만약 기업의 경쟁우위(독보적 역량)의 원천이 독자 기술 노하우의 통제에 기초한다면, 가능한 한 그 기술의 통제를 잃어버릴 위험을 최소화하기 위해 라이센싱과 합작투자 계약을 회피해야 한다. 만약 하이테크기업이 기술적 노하우 측면의 독보적 역량을 통해 이익을 얻기 위하여 외국에서 공장을 운영하는 것을 고려한다면, 전액지분 소유회사를 설립하는 것이 아마도 나을 것이다.

그러나, 이것을 황금률로 여기면 안 된다. 예를 들면, 라이센싱 혹은 합작투자 계약은,

라이센스 사용자와 합작투자 파트너들이 회사의 기술적 노하우를 빼앗을지도 모를 위험을 감소시키는 방식으로 체결되어야 한다(전략적 제휴 이슈를 다루고 있는 장에서 이러한 종류의 계약을 더 자세히 다룰 것이다). 기업이 자사의 기술적우위가 짧은 기간만 지속될 것으로 믿고 있고, 경쟁자들이 자사의 핵심 기술을 빠른 속도로 모방할 것으로 예상하고 있는 상황을 생각해 보자. 이런 상황에서 기업은 가능한 한 빨리 외국 기업들에게 자사의 기술을 라이센싱을 제공하여 모방이 일어나기 전에 그 기술이 글로벌적으로 수용되기를 원할 것이다.[23] 이런 전략은 몇 가지 장점이 있다. 기술을 경쟁자에게 제공함으로써, 회사는 경쟁자들이 그들 소유의 더 나은 기술 개발을 단념하게 만들 수 있다. 또한 이 전략은 그 회사의 기술을 산업 내에 지배적 디자인으로 만들어 줘서, 지속적인 로열티 수입을 보장해 줄 수 있다. 그러나 이런 상황이 아니라면, 라이센싱은 기술 통제권을 잃게 할 위험이 더 크기 때문에 회피되어야 한다.

맥도날드, 힐튼과 같은 많은 서비스 회사들의 경쟁우위는 경영 노하우에 기반하고 있다. 이런 회사들에게서 프랜차이즈 가맹점들 혹은 합작투자 파트너들이 그들의 경영 지식과 노하우를 빼앗을 위험이 그렇게 높지 않다. 그 이유는 이런 회사들의 가치 있는 자산은 그들의 브랜드 이름인데, 브랜드 이름들은 일반적으로 상표권에 관한 국제법에 의해 잘 보호되고 있기 때문이다. 이러한 사실 때문에, 기술적 노하우와 관련된 많은 이슈들은 경영 노하우의 경우에는 발생하지 않는다. 그 결과, 많은 서비스 회사들은 특정 국가 혹은 지역에서 프랜차이즈 가맹점들을 통제하기 위해, 프랜차이즈와 지사를 결합한 형태를 활용하는 것이 좋다. 지사는 전액소유 혹은 합작투자의 지사이다. 그러나 대부분의 경우, 서비스 기업들은 국가 혹은 지역에서 한 지사를 설립하기 위해 현지 파트너와 합작투자로 진출하는 것이 가장 성과가 높다. 그 이유는 합작투자는 종종 정치적으로 더 매력적이며 현지 지식을 가장 많이 그 합작투자로 만들어진 지사로 끌어올 수 있기 때문이다.

원가절감의 압력과 진입 방식 원가절감에 대한 압력이 크면 클수록, 기업이 수출과 전액지분 소유지사를 적절히 혼용하여 해외 시장에 진입할 가능성이 더 높아진다. 요소조건이 최적의 입지에서 제품을 생산한 후 세계 나머지 국가로 수출함으로써, 회사는 실질적인 입지경제와 규모의 경제를 실현시킬 수 있다. 그 회사는 여러 나라에 위치해 있는 마케팅 지사들에게 완제품을 수출하기를 원할 것이다. 전형적으로 이들 지사들은 완전히 소유되어서 특정 국가에서 유통과 배송을 감독하는 책임을 떠맡는다. 전액지분 소유의 마케팅 지사들을 설립하는 것은 합작투자 지사 설립 혹은 외국 마케팅 대리인을 활용하는 것보다 더 나은 대안이다. 왜냐하면 그것을 통해 회사는 널리 흩어져 있는 글로벌 가치사슬를 조정하기 위해 필요한 마케팅 통제를 엄격히 할 수 있기 때문이다. 이에 덧붙여서 현지 운영에 대한 엄격한 통제를 통해, 회사는 한 시장에서 창출한 이익을 사용하여 다른 시장에서 경쟁적 위치를 개선시킬 수 있다. 그러므로 글로벌 혹은 초국가 전략을 추구하는 회사들은 전액지분 소유의 지사들을 설립하기를 선호한다.

글로벌전략적 제휴

글로벌전략적 제휴(Global strategic alliance)는 현재 혹은 잠재적 경쟁자들인 서로 다른 국적의 회사들 간의 협력적 계약을 의미한다. 전략적 제휴는 두 개 이상의 회사들이 동일한 지분을 갖는 공식적 합작투자에서부터 특정사안(예를 들면, 신제품개발)에 대해서 두 회사가 협력하기로 계약을 맺는 단기계약 협정까지 다양하다.

> 글로벌전략적 제휴
> 현재 혹은 잠재적 경쟁자들인 서로 다른 국적의 회사들 간의 협력적 계약

전략적 제휴의 장점

회사들은 경쟁자들과 전략적 제휴를 맺어 다음의 많은 전략적 목표들을 달성하고 있다.[24] 첫째, 전략적 제휴는 외국 시장으로의 진출을 촉진시킨다. 예를 들어, 많은 기업들은 중국 시장에 성공적으로 진입하기 위해서 중국의 비즈니스 여건을 이해하고, 좋은 네트워크를 갖춘 현지 파트너가 필요하다고 믿고 있다. 워너 브라더스(Warner Brothers)는 중국에서 영화를 제작하고 배급하기 위해 두 개의 중국 파너트들과 합작투자를 맺어 중국에 진출한 바 있다. 워너는 중국 시장에서 독자적으로 영화를 제작하기 원한다면 영화마다 매우 복잡한 인허가 과정을 거쳐야 한다는 사실을 알았다. 또한 영화를 배급하기 위해서는 현지 회사에게 맡겨야 하는데, 이것은 중국에서 비즈니스를 매우 어렵게 만들었다. 그러나 중국 영화사들이 같이 참여하게 되면, 합작투자 영화사들은 복잡한 인허가 과정을 따를 필요가 없을 것이다. 또한 그 합작투자 영화사는 스스로 제작한 영화를 배급할 수 있을 것이다. 더구나 그 합작투자 영화 회사는 중국 TV를 위하여 외국 영화사들에게 허락되지 않은 영화를 제작할 수 있을 것이다.[25]

둘째, 전략적 제휴를 통해 기업은 신제품 혹은 신공정을 개발하는데 소요된 고정비용과 관련 위험을 분산시킬 수 있다. 보잉과 수많은 일본 회사들이 보잉의 최신 상업용 제트기인 787를 제작하기 위해 체결한 제휴협정은 그 항공기를 개발하는 데 필요한 80억 달러로 추산된 비용을 공동 부담하기 위해 보잉이 추진한 협정이었다.

셋째, 제휴는 회사가 독자적으로 쉽게 개발할 수 없었던 보완 지식과 자산을 얻을 수 있게 하는 방편이 될 수 있다.[26] 예를 들어, 2011년에 마이크로소프트와 노키아는 마이크로소프트의 윈도우 8(Windows 8) 운영시스템을 사용하는 스마트폰의 개발과 판매를 위해 제휴협정을 맺었다. 마이크로소프는 스마트폰 용 윈도우 운영시스템 개발과 관련

된 소프트웨어 엔지니어링 지식과 기술을 제공하였고, 노키아는 스마트폰의 디자인과 엔지니어링, 그리고 마케팅 노하우를 제공하였다. 이러한 협력을 통해 첫 번째 스마트폰이 2012년 말에 시장에 출시되었다.

넷째, 산업에서 기술적 표준이 기업에 도움이 된다면, 그 표준을 만들기 위해 기업은 전략적 제휴를 사용할 수 있다. 이것은 또한 마이크로소프트와 노키아 간에 맺은 제휴의 목적이기도 하였다. 구체적으로 마이크로소프트와 노키아 간의 제휴목적은 윈도우 8(Windows 8)을 스마트폰용 표준 운영시스템으로 만드는 것이다. 2012년 당시에 윈도우 8(Windows 8)은 세계적으로 가장 널리 사용되고 있던 스마트폰 운영시스템인 구글의 안드로이드와 애플의 아이폰도 치열한 경쟁을 벌이고 있었다.

전략적 제휴의 단점

앞에서 언급한 전략적 제휴의 장점은 매우 의미 있을 수 있다. 그러나 이러한 장점에도 불구하고 몇몇 비평가들은 전략적 제휴가 경쟁자들에게 저렴하게 신기술과 신 시장에 접근할 수 있도록 한다고 비판하고 있다.[27] 예를 들어 몇 년 전에, 어떤 비평가들은 미국과 일본기업들 간에 맺었던 많은 제휴 협정들이 일본의 드러나지 않은 계산된 전략의 소산물이라고 주장했다. 일본 기업들의 전략은 이 제휴를 통하여 일본에서 고임금, 고부가가치 일자리들을 유지하는 한편 많은 미국 기업들이 장점으로 갖고 있는 프로젝트 엔지니어링과 생산공정 기술을 획득하기 위한 것이라는 주장이다.[28] 그들은 기계공구와 반도체산업에서 일본기업들이 성공한 이유가 이 전략적 제휴를 통해 획득한 미국 기술 때문이라고 주장하였다. 또한 그들은 미국 경영자들이 일본기업들과 전략적 제휴를 맺어 일본에 신규 발명 기술들이 흘러가도록 일조하였고, 제품의 판매를 위해 미국의 영업 및 유통 네트워크를 제공하는 데 일조하였다고 주장하였다. 비록 이러한 계약이 단기적 이익을 가져다 줄 수 있지만, 앞의 비판에서처럼 장기적으로 미국기업들을 빈껍데기로 만들어 미국기업들이 글로벌 시장에서 아무런 경쟁우위를 갖지 못하게 할 것이다.

이러한 비판은 전략적 제휴에도 위험이 있음을 지적하고 있다. 만약 기업이 신중하지 않으면, 얻는 것보다 잃는 것이 더 많을 수 있다. 그러나 미국과 일본기업들 간에 명백하게 성공한 제휴들도 많기 때문에 전략적 제휴에 대한 비판이 극단적 것으로 보일 수 있다. 마이크로소프트와 도시바의 전략적 제휴, 보잉과 미쯔비시 간의 787 여객기 개발을 위한 제휴, 혹은 후지와 제록스 간의 제휴 사례가 앞에서 지적한 비판과 얼마나 부합하는지를 알기는 어렵다. 이들 사례에서, 두 파트너들은 제휴를 통해 상호 이득을 얻은 것처럼 보인다. 어떤 제휴는 두 기업에게 이득이 되고, 어떤 제휴는 한쪽 기업에만 이득이 되는가? 다음에서 이 질문에 대답하고자 한다.

전략적 제휴를 통해 성과 얻기

국제 전략적 제휴의 실패율은 꽤 높다. 예를 들어, 49개의 국제 전략적 제휴를 분석한 연구에서 3분의 2가 제휴체결 후 2년 안에 심각한 경영상의 그리고 재정적인 문제를 겪는다는 결과가 나왔다. 그리고 비록 많은 문제점들이 궁극적으로 해결되지만, 33%는 실패로 끝났다.[29)] 제휴의 성공은 다음의 세 가지 요소에 달려 있는 것처럼 보인다. (1) 파트너 선택, (2) 제휴 구조, 그리고 (3) 제휴 관리 방식이 그것이다.

파트너 선택 전략적 제휴가 성공적으로 성과를 내기 위해서는 올바른 파트너를 선정하는 것이 중요하다. 좋은 파트너는 다음의 세 가지 특성을 가진다. 첫째, 좋은 파트너는 회사가 시장에 접근하고, 신제품개발 비용과 위험을 공유하고, 중요한 핵심 역량을 획득하고자 하는 전략적 목표를 달성하도록 돕는다. 다른 말로 말하면, 좋은 파트너는 회사가 소유하지 않는 가치 있는 능력을 보유하고 있어야 한다. 둘째, 좋은 파트너는 제휴 목적에 대해 회사의 비전을 공유한다. 만약 두 회사가 완연히 다른 목적을 갖고 제휴를 도모한다면, 그 관계에 불화가 발생하고 파트너십은 끝나게 될 것이다.

셋째, 좋은 파트너는 자신의 목적만을 위해(즉 상대방의 기술적 노하우를 빼앗으면서 그 대가로 주는 것은 거의 없음) 제휴를 기회주의적으로 이용하려 하지 않는다. 이러한 측면에서 공정 경쟁에 대한 평판이 좋은 기업들은 좋은 파트너들이다. 예를 들면, IBM은 많은 전략적 제휴들을 맺었기 때문에 특정 제휴 파트너들을 착취하여도 대가를 지불하지 않아도 될 수 있었을 것이다.[30)] 이것은 IBM의 좋은 동업자라는 명성을 손상시킬 수 있으며, 향후 IBM의 잠재적 제휴 파트너들이 제휴를 꺼려 하게 만들 수도 있다. IBM은 제휴에 중요한 의미를 부여하고 있기 때문에 비평가들이 강조하고 있는 기회주의적 행동을 하지 않을 가능성이 높다. 유사하게 타 국적의 기업들과 전략적 제휴를 맺은 바 있는 소니, 도시바, 후지와 같은 일본 기업들은 기회주의적으로 제휴 파트너를 이용할 가능성이 그들의 평판 때문에 낮을 것이다.

앞에서 언급한 세 가지 특성을 모두 갖춘 파트너를 선정하기 위해, 회사는 잠재적 제휴 후보들을 찾기 위해 광범위한 조사를 실시하여야 한다. 좋은 파트너를 선정할 확률을 제고시키기 위해, 회사는 가능한 한 잠재 동업자들에 대한 관련된 많은 공공 정보를 수집해야 하고, 이전에 잠재 파트너들과 제휴를 맺은 경험이 있는 기업들과 같은 3자업체, 투자 은행 그리고 잠재 파트너들의 이전 종업들에서 자료를 수집하여야 한다. 그리고 이 정보들을 활용하여 가능한 한 잘 잠재적 파트너들을 제휴가 시작되기 이전에 알아야 한다. 이 마지막 단계에서는 기업 임원진들과의 면담을 통해 제휴를 통한 두 회사의 화학적 결합이 타당한지를 평가해야 한다.

제휴 구조 파트너를 선정하였다면, 제휴는 회사 입장에서 파트너에게 너무 많은 것을 제공해 줄지 모르는 위험을 적정 수준으로 줄이도록 구조화되어야 한다. 첫째, 제휴는 기술이 실질적으로 이전되는 것이 어렵도록(비록 불가능하지 않지만) 설계되어야 한다. 특별히 제휴를 통해 제품의 설계, 생산, 서비스 제공 과정에서 민감한 기술들은 파트너가 접근하지 못하도록 하여 해당 기술의 유출을 방지하도록 제휴가 구조화되어야 한다. 제너럴 일렉트릭(General Electric)과 스넥마(Snecma)는 상업용 항공기 엔진를 제작하기 위해 제휴를 맺었는데, GE는 생산공정의 어떤 단계에서는 파트너가 접근하지 못하도록 하여 과도한 기술이전의 위험을 감소시켰다. 모듈화를 통해 GE는 효과적으로 중요 경쟁 기술이 스넥마에게 유출되지 않도록 하는 한편 스넥마에게 최종 조립 과정에는 접근하도록 허용하였다. 유사하게 787 여객기 제작을 위한 보잉과 일본기업들과의 전략적 제휴에서, 보잉은 일본 파트너들이 보잉의 경쟁우위 근간이 되는 마케팅, 연구개발, 디자인에 접근하지 못하도록 하는 한편, 일본 파트너들과 생산기술을 공유하는 데는 허용하였다. 또한 보잉은 787 생산과 관련이 없는 신기술은 파트너가 접근하지 못하도록 막았다.[31]

둘째, 파트너의 기회주의(opportunism) 위험에 대처하기 위해 제휴 계약서에 안전장치 계약내용을 명시할 수 있다. 예를 들어, TRW는 일본 자동차 부품 대기업들과 세 개의 전략적 제휴를 맺어 안전벨트, 엔진밸브와 조향기어를 생산하여 미국 내에 있는 일본기업 소유의 자동차 조립 공장에 판매하고 있다. TRW는 각각의 전략적 제휴 계약서에서 일본기업들이 미국 자동차 회사들에게 부품을 공급하여 TRW와 경쟁하는 것을 금지하는 내용을 명시하고 있다. 이렇게 함으로써, TRW는 일본기업들이 제휴를 북미 시장에서 접근하여 결과적으로 TRW와 경쟁하기 위한 수단으로 사용할 가능성을 배제시키고 있다.

셋째, 제휴에서 두 파트너들은 미리 상대방이 보유하고 있는 지식과 기술을 교환하는 협정을 맺어 동일한 이득을 보장받을 수 있다. 교차 라이센싱 계약은 이러한 목적을 달성할 수 있는 하나의 방편이다.

넷째, 제휴 파트너의 기회주의적 위험은, 만약 기업이 미리 파트너에게서 의미 있고 확실한 헌신을 이끌어 낼 수 있다면 감소될 수 있다. 제록스와 후지가 아시아 시장에서 사진복사기를 만들기 위해 유지한 장기 제휴는 아마도 이것을 가장 잘 예시해 주고 있다. 제록스는 후지필름이 처음에 원했던 비공식적 협정 혹은 라이센싱 계약보다는 후지와 50대 50의 합작투자 회사를 설립하여 일본과 동아시아에 진출하기를 고집하였다. 이 합작투자에 사람, 설비와 시설에 많은 금액이 투자되었으며, 후지필름은 초기부터 투하자본수익률을 얻기 위해 제휴가 성공하도록 많은 노력을 기울였다. 합작투자를 수용한 후지는 실질적으로 이 제휴에 확실한 헌신을 하였다. 이런 이유 때문에 제록스는 후지에 자

기회주의
종종 음흉한 계략을 통해 자신만의 이득을 추구하는 것

사의 사진복사기 기술을 이전하는 데 주저하지 않았다.

제휴 관리 파트너가 선정되고 적절한 제휴 구조가 체결되고 나면, 기업이 직면하게 되는 과제는 이 제휴를 통해 이득을 극대화하는 것이다. 성공의 중요한 요소 한 가지는 문화적 차이에 민감해하는 것이다. 경영스타일의 많은 차이는 문화적 차이에 연유되기 때문에, 경영자들은 파트너들과 같이 일을 할 때 이점을 수용하여야 한다. 이외에도 제휴 이득을 극대화하기 위해 파트너들 간의 신뢰 구축과 학습이 수반되어야 할 것이다.[32]

제휴를 성공적으로 만들기 위해서 기업경영자들 간의 대인 관계(때때로 이것을 관계 자본이라고 함)를 구축할 필요가 있다.[33] 이것은 포드(Ford)와 마쯔다(Mazda) 간의 전략적 제휴가 제시하고 있는 교훈이기도 하다. 포드와 마쯔다는 그들의 경영자들은 제휴와 관련된 문제를 토의할 뿐 아니라 서로서로를 더 잘 알 수 있는 시간을 갖도록 회의 방식을 마련하였다. 이러한 친밀함은 두 기업 간의 관계를 더욱 조화롭게 하고 신뢰를 구축하는데 도움을 줄 수 있을 것으로 믿었다. 또한 개인적 관계는 기업들 간의 비공식적 경영 네트워크를 만드는 데 일조할 수 있다. 이 네트워크는 더욱 공식적 상황(예를 들면, 두 기업들의 직원들 간의 합동 위원회 회의 상황)에서 발생하는 문제를 해결하는 데 유용하게 사용될 수 있다.

경영학자들은 제휴를 통해 기업이 얼마나 많이 지식을 획득할 것인지를 결정하는 요소는 해당 기업의 제휴 파트너에 대한 학습 능력이라고 주장하고 있다.[34] 예를 들어, 주요 다국적기업들 간에 체결된 15건의 전략적 제휴들을 분석한 연구에서, 게리 하멜(Gary Hamel), 이브스 도즈(Yves Doz), 그리고 프라할라드(C.K. Prahalad)는 일본 기업과 서구 파트너들간의 제휴에 초점을 맞추었다.[35] 일본 기업이 제휴를 통해 서구 파트너들보다 더욱 경쟁적인 기업으로 부상한 모든 전략적 제휴 사례에서, 일본기업들은 배우기 위해 더 많은 노력을 기울였던 것으로 나타났다. 서구 기업들은 거의가 그들의 일본 파트너들에게 배우기를 원지 않았다. 그들은 제휴를 단지 비용 공유 혹은 위험 공유 수단으로 간주하였으며, 잠재적 경쟁자가 어떻게 사업을 하는지를 학습하는 기회로 여기지 않았다.

쉐보레 노바(Chevrolet Nova)를 생산하기 위해 체결된 제너럴 모터와 토요타 간의 제휴는 학습에 관한 명백한 비대칭이 존재하는 제휴의 대표적 예이다. 이 제휴를 통해 공식적으로 NUMMI(New United Motor Manufacturing)라는 합작투자 회사가 설립되었는데, 양측이 똑같이 50%의 지분을 갖는 구조였다. 이 합작투자 회사는 캘리포니아주 프레몬트(Fremont)에서 자동차 공장을 설립하였다. 한 일본 경영자의 말에 따르면, 토요타는 이 제휴를 통해 대부분의 목적을 달성하였다고 한다. "우리는 미국의 공급과 수송 방법에 대해서 배웠습니다. 그리고 우리는 미국 근로자들을 관리하는 데 자신감을 얻었습니다." 이 모든 지식은 켄터키주 조지타운(Georgetown)에 신속히 이전되어, 거기서 토요타는 독자적으로 공장을 건립하여 오픈하였다. 대조적으로, 비록 GM은 쉐보레 노바라는 신제품을 얻었지만, 어떤 GM 경영자들은 그들의 신지식이 결코 GM 내부에서 활용되지 못하였다고 불평하였다. 그들은 GM 경영자들과 근로자들에게 일본 생산시스템을 교육시킬 수 있도록 당시 제휴에 참여하였던 경영자들이 팀으로 함께 유지되었어야 했다고 말하고 있다. 이와는 반대로, 그들은 서로 다른 GM의 지사들로 흩어져 배치되었다.[36]

제휴를 맺을 때, 회사는 제휴 파트너에게서 학습하고 배운 지식을 조직 내에 잘 활용하고 있는지 여부를 측정하는 측정 도구를 개발해야 한다. 한 가지 제안할 수 있는 방법은 모든 현장 종업원들에게 파트너의 강점과 약점을 교육시키고 그들에게 어떻게 특정 지식과 기술을 습득하는 것이 회사의 경쟁 위치를 강화시킬 수 있는지를 확실히 각인시키는 것이다. 이러한 학습이 가치가 있게 하기 위해서 제휴를 통해 획득한 지식이 조직 전체에 확산되도록 해야 한다. GM에서는 이것을 이루어지지 못했다. 이 지식을 확산시키기 위해, 제휴에 관련된 경영자들을, 제휴 파트너가 보유한 지식과 기술이 회사 내의 다른 종업원에게도 전파되도록 하는 유용한 도구로 사용해야 한다.

요약 *Summary of Chapter*

1. 어떤 회사들은 국제적 확장 방법으로 현지 경쟁자가 빈약한 지식과 기술을 갖고 있는 시장으로 그들이 독보적 역량에 기반한 지식과 제품 공급을 이전시켜서 더 많은 수익을 얻고 있다. 국제 무역장벽이 무너지면서, 산업들은 국가 경계를 뛰어넘어 확장하고 있으며 산업 경쟁과 기회는 증가하고 있다.

2. 국가 간 차이 때문에, 회사는 각각의 가치창출 활동을 해당 활동의 성과를 가장 많이 이끌어 내게 해주는 요소 조건이 풍부한 입지에 위치시키는 것이 도움이 된다. 이 전략은 입지경제를 얻는데 초점을 둔다.

3. 국제적 확장은 판매수량을 더욱 빨리 증가시키기 때문에, 이를 통해 기업은 규모의 경제와 학습효과를 실현시켜 원가우위를 확보할 수 있다.

4. 기업이 추구할 수 있는 최상의 전략은 아마도 해당 기업이 극복해야 하는 다양한 압력(원가절감 압력과 현지 적응 압력)이 좌지우지 될 것이다. 원가절감 압력은 일상재를 생산하는 산업에서 가장 크게 나타나며, 현지 적응 압력은 국가 간 하부 구조와 전통 관행, 유통채널, 정부 정책의 차이뿐 아니라 현지 소비자 기호와 선호

차이 때문에 발생한다.

5. 국제화 전략을 추구하는 기업은 독보적 역량에서 파생된 지식과 제품을 외국 시장에 이전시키는 한편 제한적으로 약간의 현지 고객화를 추구한다.

6. 현지화 전략을 추구하는 기업은 그들의 제품 공급, 마케팅 전략, 그리고 사업 전략을 국가 사정에 맞게 고객화시킨다.

7. 글로벌 표준화 전략을 추구하는 기업은 규모의 경제와 입지경제를 통해 원가절감을 실현하는데 초점을 둔다.

8. 많은 산업들은 치열한 경쟁 상황에 있기 때문에 기업들은 초국가 전략을 채택해야 한다. 이 전략은 원가절감과 동시에 기술과 제품을 현지 사정에 맞게 이전시키는 것에 초점을 둔다. 이런 전략을 실행하는 것은 쉽지만은 않다.

9. 외국 시장에 진출하는 다섯 가지 방식이 존재한다. (1) 수출, (2) 라이센싱, (3) 프랜차이즈화, (4) 합작투자, (5) 전액지분 소유지사의 설립. 이들 진입 방식 중에서 최적의 선택은 회사의 전략에 따라 달라진다.

10. 전략적 제휴는 현재 혹은 잠재적 경쟁자들간의 협력적

계약을 의미한다. 제휴의 장점은 이것이 외국 시장으로의 진출을 촉진시키고, 파트너들이 신제품과 신공정 개발에 소요되는 고정비용과 위험을 공동으로 부담할 수 있게 하며, 기업들 간에 보완지식과 기술의 이전을 촉진하고, 기업들이 기술 표준을 설정하는 데 도움이 된다는 점이다.

11. 전략적 제휴의 단점은 기업이 제휴 파트너에게 기술적 노하우를 빼앗기고 시장 접근을 허용하는 한편 그 대가로 받는 것이 매우 적을 수 있는 위험을 감수해야 하는 것이다.

12. 제휴의 단점을 감소시키기 위해 다음의 노력이 필요하다. 기업은 파트너 선정에 신중해야 한다. 잠재적 파트너들의 평판에 주의를 기울이고, 의도하지 않는 노하우의 이전을 방지하는 방향으로 제휴 조건을 설계해야 한다.

토론 과제

1. 그림 8.3위에 다음의 기업들의 위치를 표시하여라. 마이크로소프트, 구글, 코카콜라, 다우 케미컬, 화이자(Pfizer), 맥도날드 각각의 경우에 그 이유를 설명하여라.

2. 다음의 산업들은 글로벌 표준화가 더 중요한 산업인가 아니면 현지화가 더 중요한 산업인가? 대용량 화학, 제약, 브랜드 식품, 영화제작, 텔레비전 생산, 개인용 컴퓨터, 항공 여행, 패션잡화 소매.

3. 해외 운영에 대한 통제 필요성이 어떻게 기업의 전략과 독보적 역량에 따라 달라지는지를 토론하여라. 해외 시장진입 방식을 선택하는 데 있어 이 관계가 제공하는 시사점은 무엇인가?

4. 독자적 기술을 해외 경쟁자들에게 라이센스로 제공하는 것은 회사의 경쟁우위를 포기하는 가장 빠른 길이다. 왜 그런지 토의하여라.

5. 어떤 종류의 기업이 잠재적 경쟁자와의 전략적 제휴를 통하여 가장 큰 이득을 얻을 수 있는가? 그리고 그 이유는?

윤리적 딜레마

© iStockPhoto.com/P_Wei

당신의 회사는 중국 남부에 생산 공장을 설립하였다. 이 공장의 노무비는 당신의 모국 시장에서 보다 훨씬 저렴하다. 종업원들은 하루 10시간, 매주 6일 동안 근로하며, 의무적으로 잔업을 할 경우 때때로 하루 12시간 동안 작업을 한다. 그들은 현지의 최저임금을 받는다. 또한 그 공장은 당신의 모국에서는 당연히 지켜야 하는 환경 보호와 종업원 안전에 대한 동일한 기준을 준수하지 않아도 된다. 그 공장을 방문하면서 당신은 이러한 사실을 발견하고 그 공장 운영을 지휘하는 현지 주재 경영자에게 작업 조건과 환경 보호를 개선하는 뭔가를 조치해야 할 필요성에 대해 질문하였다. 그는 "로마에 있으면 로마의 법을 따라야 한다"고 말하고, 현재의 공장 상황은 중국에서는 정상적이며, 그는 중국 현지의 모든 규제와 법을 따르고 있다고 주장하고 있다. 더구나 그는 회사가 이 지사를 설립한 목적이 저렴하게 제품을 생산하기 위한 것이었음을 강조하고 있다. 작업 조건의 개선과 현지법을 넘어서는 환경 기준의 준수는 이 목적과 부합되지 않을지 모른다.

현지 주재 경영자의 입장은 올바른 것인가? 그것은 윤리적인가? 이런 식으로 계속 운영한다면 어떤 잠재적 부정적 결과가 있겠는가? 현지 규제가 명시하고 있는 수준 이상으로 환경 보호를 하고 작업 조건을 개선하는 것이 회사에게 무슨 혜택을 제공해 줄 수 있겠는가?

마무리 사례 *Closing Case*

아본 프로덕츠

1999년에 안드레아 융(Andrea Jung)은 직접판매방식으로 유명해진 화장품회사인 아본 프로덕츠(Avon Products)의 CEO가 된 이후로 6년 동안, 수입은 년 10% 이상으로 성장하였다. 이익은 세 배 성장하여 융은 월 스트리트에서 가장 선망의 대상이 되었다. 그러나 2005년에, 이 성공 스토리는 추악한 이야기로 변해 버리게 되었다. 대부분 개발 도상국인 해외 시장에서 수입의 70%를 차지하고 있는 아본의 글로벌 매출이 갑자기 감소하기 시작한 것이다. 중국에서 직접판매에 대한 금지로 인해 매출이 감소하기 시작했다(중국 정부는 피라마드 형태를 취하고 마치 신흥종교과 같은 유행을 만들어 나가고 있는 직접판매방식을 사용하는 기업들을 기소하고 있었다). 문제를 복잡하게 하는 것은, 예전에 아본이 성공하였던 동유럽, 러시아, 멕시코의 경제적 약세로 인해 그 곳에서의 매출 성장이 멈춰 버렸다. 이런 극적인 사건의 변화로 투자자들은 놀라게 되었다. 왜냐하면, 2005년 5월에 융은 투자자들에게 아본이 그 해에 월스트리트의 목표치들을 상회할 것으로 말했었기 때문이다. 그 해 9월에 그녀는 신속히 자신의 발언을 철회하였으며, 주가는 45% 하락하였다.

그녀는 전면에 나서서 아본의 글로벌전략을 재평가하기 시작했다. 그때까지 회사는 미국에서 적용했던 전략과 조직을 다른 나라들에서도 똑같이 적용하여 확장해 왔었다. 한 국가에 진출하였을 때, 회사는 현지 경영자들에게 상당한 자율권을 주었다. 모두가 회사의 상징이었던 직접판매 모델을 채택하였고 아본 브랜드 이름을 사용하였다. 그 결과로 전 세계의 500만 명의 아본 대리인들(모두가 독립적으로 계약한 자들임)이 회사의 피부보호 제품과 화장품을 판매하게 되었다. 그러나, 많은 현지 경영자들은 독자적으로 현지 생산 공장을 건립하고 공급사슬을 구축하여 현지 마케팅을 책임지고, 독자 고유 제품들을 개발하였다. 융의 말에 의하면, "그들은 모든 의사결정에서 왕 혹은 왕비였습니다." 이로 인해 국가별로 마케팅 전략의 일관성이 결여되었으며, 생산공장, 공급사슬, 신제품 공급 측면에서 광범위한 이중중복이 초래되어 수익성이 떨어졌다. 예를 들어, 멕시코에서, 판매 제품의 수가 13,000개나 되었다. 회사는 15단계의 경영층을 갖고 있어 명확한 책임 소재와 의사소통을 어렵게 만들었다. 또한 현지 경영자들이 조종 그들의 직관과 감각에 의존하여 의사결정을 내렸기 때문에 신제품 기회에 대한 자료 기반 분석이 결여되었다.

융의 변혁적 전략은 여러 가지 요소들을 포함하였다. 아본을 변혁시키기 위해, 그녀는 P&G, 유니레버와 같은 유명한 소비재 기업들 출신의 적절한 경영자들을 고용하였다. 그녀는 조직구조를 평편하게 하여 의사소통, 성과 가시화, 그리고 책임소재 파악을 개선하고자 했다. 회사의 경영층 수는 8개로 감소되었고 경영자들의 30%가 해고되었다. 제조 시설은 몇몇의 지역센터들로 통합되었고 공급사슬들은 합리적으로 재편되어 이중중복을 제거하고 일년에 10억달러 이상의 원가절감을 달성하였다. 철저한 투하자본수익률 기준이 도입되어 제품수익성을 평가하였다. 그 결과로 아본 제품의 25%가 판매중지되었다. 신제품 결정은 아본 본사에서 하였다. 또한 융은 제품개발을 중앙에서 수행하였다. 이것의 목적은 글로벌 브랜드로써 위치를 차지할 수 있는 블록버스터 급 신제품을 개발하고 출시하는 것이었다. 융은 회사가 모든 국가 시장에서 저가격의 고품질을 제공하는 가치 제안을 강조하도록 밀어 붙였다.

2007년에 이 전략은 효과를 보기 시작했다. 회사의 성과는 개선되었고, 성장이 시작되었다. 만다린어를 말하는 미국 국적의 중국사람인 융은 중국정부 당국이 직접판매 금지를 폐지하도록 설득하여 아본이 중국에서 400,000명의 대리인을 모집할 수 있었다. 2008년과 2009년에, 글로벌 금융위기가 왔다. 융은 이것을 아본이 비즈니스를 확장할 수 있는 기회라고 생각했다. 2009년에, 아본은 전 세계적으로 판매 대리인 모집광고를 내보냈다. 이 광고에서, 여성 판매 대리인들은 아본에서의 일을 다음과 같이 말하였다. "나는 해고될 수 없어요, 나는 해고 당하지 않아요." 전화가 불이 나도록 울렸고, 아본은 재빠르게 글로벌 영업인력 수를 확대할 수 있었다. 그녀는 또한 공격적인 가격전략을 만들었고, 비용의 추가 없이 더욱 우아하게 보이도록 포장을 재설계했다. 이것은 아본제품이 표방하고 있는 가격대비 높은 가치를 강조하기 위한 것이었다. 방송매체의 유명인들은 광고에 회사 제품을 홍보하였으며, 아본은 판매 대리인들에게 스스로를 홍보하기 위한 수단으로 온라인 소셜 네트워킹을 사용하도록 강요하였다.

이 모든 전략의 성과는 처음에 좋았다. 2008년과 2009년의 힘든 시기에, 아본의 글로벌 시장점유율은 증가하였고, 재무성과도 개선되었다. 그러나 회사는 2010년과 2011년에 또 다시 휘청거리기 시작했다. 이유는 복잡했다. 아본이 진출했던 많은 중요 시장에서, 회사는 P&G와 같은 현지 소매 시장에서 강력한 경쟁력을 구축한 경쟁자들에게 점점 수세로 몰리게 되었다. 한편, 선

진국들이 저성장 경제에 직면하여 그 곳 시장에서의 매출이 정체되었다. 또한 수많은 운영상의 실수들(예를 들면, 정보시스템 실행상의 문제)이 문제를 복잡하게 만들었다. 이러한 실수들은 회사의 비용을 증가시켰다. 아본은 또한 외국부패관습법령(Foreign Corrupt Practices Act)을 위배하였다는 비난을 받았을 때, 중국 내 어떤 임원이 지방 정부관료에게 뇌물을 제공하였다는 사실이 발각되었다. 투자자들의 압력으로 안드레아 융은, 비록 최소 2014년까지 회장직을 유지할 수 있었지만 2011년 12월에 CEO에서 물러났다.

자료: A. Chang, "Avon's Ultimate Makeover Artist," *MarketWatch*, December 3, 2009; N. Byrnes, "Avon: More Than Cosmetic Change," *Businessweek*, March 3, 2007, pp. 62–63; J. Hodson, "Avon 4Q Profit Jumps on Higher Overseas Sales," *Wall Street Journal* (online), February 4, 2010; and M. Boyle, "Avon Surges After Saying That Andrea Jung Will Step Down as CEO," Bloomberg Business Week, December 15, 2011.

사례 토의 문제

1. 2000년대 중반까지 아본이 추구한 전략은 무엇인가? 이 전략의 장점과 단점은 무엇인가?

2. 안드레 융은 2005년 이후로 아본의 전략에 어떤 변화를 일으켰는가? 이 변화의 성과는 무엇인가? 어떤 문제점은 없는가?

3. 이 장에 소개된 분석틀 관점에서, 2000년대 후반에 아본은 무순 전략을 추구하였는가?

4. 2010년과 2011년에 발생한 아본의 문제점들은 전략의 변화 때문이라고 생각하는가 아니면 다른 이유가 있다고 생각하는가?

핵심 용어 *Key Terms*

다국적 기업(Multinational company) 306
입지경제(Location economies) 309
글로벌 표준화 전략(Global

standardization strategy) 318
현지화 전략(Localization strategy) 318
초국가 전략(Transnationa strategy)

320
글로벌전략적 제휴(Global strategic alliances) 333
기회주의(Opportunism) 336

참고문헌 *Notes*

1 World Trade Organization (WTO), *International Trade Statistics 2012* (Geneva: WHO, 2012).

2 Ibid.; and United Nations, *World Investment Report, 2012* (New York and Geneva: United Nations, 2012).2

3 P. Dicken, *Global Shift* (New York: Guilford Press, 1992).

4 D. Pritchard, "Are Federal Tax Laws and State Subsidies for Boeing 7E7 Selling America Short?" *Aviation Week,* April 12, 2004, pp. 74–75.

5 T. Levitt, "The Globalization of Markets," *Harvard Business Review,* May–June 1983, pp. 92–102.

6 M. E. Porter, *The Competitive Advantage of Nations* (New York: Free Press, 1990). See also R. Grant, "Porter's Competitive Advantage of Nations: An Assessment," *Strategic Management Journal* 7 (1991): 535–548.

7 Porter, *Competitive Advantage of Nations.*

8 See J. Birkinshaw and N. Hood, "Multinational Subsidiary Evolution: Capability and Charter Change in Foreign Owned Subsidiary Companies," *Academy of Management Review* 23 (October 1998), pp. 773–795; A. K. Gupta and V. J. Govindarajan, "Knowledge Flows Within Multinational Corporations," *Strategic Management Journal* 21 (2000), pp. 473–496; V. J. Govindarajan and A. K. Gupta, *The Quest for Global Dominance* (San Francisco: Jossey-Bass, 2001); T. S. Frost, J. M. Birkinshaw, and P. C. Ensign, "Centers of Excellence in Multinational Corporations," *Strategic Management Journal* 23 (2002), pp. 997–1018; and U. Andersson, M. Forsgren, and U. Holm, "The Strategic Impact of External Networks," *Strategic Management Journal* 23 (2002), pp. 979–996.

9 S. Leung, "Armchairs, TVs and Espresso: Is It McDonald's?" *Wall Street Journal,* August 30, 2002, pp. A1, A6.

10 C. K. Prahalad and Yves L. Doz, *The Multinational Mission: Balancing Local Demands and Global Vision* (New York: Free Press, 1987). See also J. Birkinshaw, A. Morrison, and J. Hulland, "Structural and Competitive Determinants of a Global Integration Strategy," *Strategic Management Journal* 16 (1995): 637–655.

11 J. E. Garten, "Walmart Gives Globalization a Bad Name," *Business Week,* March 8, 2004, p. 24.

12 Prahalad and Doz, *Multinational Mission.* Prahalad andDoz actually talk about local responsivenessrather than local customization.

13 Levitt, "Globalization of Markets."

14 W.W. Lewis. *The Power of Productivity* (Chicago, University of Chicago Press, 2004).

15 Bartlett and Ghoshal, *Managing Across Borders.*

16 Ibid.

17 T. Hout, M. E. Porter, and E. Rudden, "How Global Companies Win Out," *Harvard Business Review,* September–October 1982, pp. 98–108.

18 여기에 관해 다음의 많은 연구들이 있다. C. W. L. Hill, P. Hwang, and W. C. Kim, "An Eclectic Theory of the Choice of International Entry Mode," *Strategic Management Journal* 11 (1990), pp. 117–28; C. W. L. Hill and W. C. Kim, "Searching for a Dynamic Theory of the Multinational Enterprise: A Transaction Cost Model," *Strategic Management Journal* 9 (Special Issue on Strategy Content, 1988), pp. 93–104; E. Anderson and H. Gatignon, "Modes of Foreign Entry: A Transaction Cost Analysis and Propositions," *Journal of International Business Studies* 17 (1986), pp. 1–26; F. R. Root, *Entry Strategies for International Markets* (Lexington, MA: D. C. Heath, 1980); A. Madhok, "Cost, Value and Foreign Market Entry: The Transaction and the Firm," *Strategic Management Journal* 18 (1997), pp. 39–61; K. D. Brouthers and L. B. Brouthers, "Acquisition or Greenfield Start-Up?" *Strategic Management Journal* 21:1 (2000): 89–97; X. Martin and R. Salmon, "Knowledge Transfer Capacity and Its Implications for the Theory of the Multinational Enterprise," *Journal of International Business Studies,* July 2003, p. 356; and A. Verbeke, "The Evolutionary View of the MNE and the Future of Internalization Theory," *Journal of International Business Studies,* November 2003, pp. 498–515.

19 F. J. Contractor, "The Role of Licensing in International Strategy," *Columbia Journal of World Business,* Winter 1982, pp. 73–83.

20 Andrew E. Serwer, "McDonald's Conquers the World," *Fortune,* October 17, 1994, pp. 103–116.

21 합작투자에 관한 훌륭한 기본이론 검토연구는 다음을

참조할 수 있다. B. Kogut, "Joint Ventures: Theoretical and Empirical Perspectives," *Strategic Management Journal* 9 (1988), pp. 319–32. More recent studies include T. Chi, "Option to Acquire or Divest a Joint Venture," *Strategic Management Journal* 21:6 (2000): 665–688; H. Merchant and D. Schendel, "How Do International Joint Ventures Create Shareholder Value?" *Strategic Management Journal* 21:7 (2000): 723–37; H. K. Steensma and M. A. Lyles, "Explaining IJV Survival in a Transitional Economy Through Social Exchange and Knowledge Based Perspectives," *Strategic Management Journal* 21:8 (2000): 831–851; and J. F. Hennart and M. Zeng, "Cross Cultural Differences and Joint Venture Longevity," *Journal of International Business Studies,* December 2002, pp. 699–717.

22 J. A. Robins, S. Tallman, and K. Fladmoe-Lindquist, "Autonomy and Dependence of International Cooperative Ventures," *Strategic Management Journal,* October 2002, pp. 881–902.

23 C. W. L. Hill, "Strategies for Exploiting Technological Innovations," *Organization Science* 3 (1992): 428–441.

24 See K. Ohmae, "The Global Logic of Strategic Alliances," *Harvard Business Review,* March–April 1989, pp. 143–154; G. Hamel, Y. L. Doz, and C. K. Prahalad, "Collaborate with Your Competitors and Win!" *Harvard Business Review,* January–February 1989, pp. 133–139; W. Burgers, C. W. L. Hill, and W. C. Kim, "Alliances in the Global Auto Industry," *Strategic Management Journal* 14 (1993): 419–432; and P. Kale, H. Singh, and H. Perlmutter, "Learning and Protection of Proprietary Assets in Strategic Alliances: Building Relational Capital," *Strategic Management Journal* 21 (2000): 217–237.

25 L. T. Chang, "China Eases Foreign Film Rules," *Wall Street Journal,* October 15, 2004, p. B2.

26 B. L. Simonin, "Transfer of Marketing Knowhow in International Strategic Alliances," *Journal of International Business Studies,* 1999, pp. 463–91, and J. W. Spencer, "Firms' Knowledge Sharing Strategies in the Global Innovation System," *Strategic Management Journal* 24 (2003): 217–233.

27 Kale et al., "Learning and Protection of Proprietary Assets."

28 R. B. Reich and E. D. Mankin, "Joint Ventures with Japan Give Away Our Future," *Harvard Business Review,* March–April 1986, pp. 78–90.

29 J. Bleeke and D. Ernst, "The Way to Win in Cross-Border Alliances," *Harvard Business Review,* November–December 1991, pp. 127–135.

30 E. Booker and C. Krol, "IBM Finds Strength in Alliances," *B to B,* February 10, 2003, pp. 3, 27.

31 W. Roehl and J. F. Truitt, "Stormy Open Marriages Are Better," *Columbia Journal of World Business,* Summer 1987, pp. 87–95.

32 See T. Khanna, R. Gulati, and N. Nohria, "The Dynamics of Learning Alliances: Competition, Cooperation, and Relative Scope," *Strategic Management Journal* 19 (1998): 193–210; Kale et al., "Learning and Protection of Proprietary Assets."

33 Kale, Singh, and Perlmutter, "Learning and Protection of Proprietary Assets."

34 Hamel et al., "Collaborate with Competitors"; Khanna et al., "The Dynamics of Learning Alliances"; and E. W. K. Tang, "Acquiring Knowledge by Foreign Partners from International Joint Ventures in a Transition Economy: Learning by Doing and Learning Myopia," *Strategic Management Journal* 23 (2002): 835–854.

34 Hamel et al., "Collaborate with Competitors."

36 B. Wysocki, "Cross Border Alliances Become Favorite Way to Crack New Markets," *Wall Street Journal,* March 4, 1990, p. A1.

9

기업수준전략: 수평적 통합, 수직적 통합과 전략적 아웃소싱

첫머리 사례 *Opening Case*

애플의 아웃소싱과 수직적 통합

2011년 2월에 실리콘 밸리의 저명인사들의 저녁 만찬에서, 미국 대통력 버락 오바마는 애플의 스티브 잡스에게 다음과 같이 질문했다. "미국에서 아이폰을 생산하기 위해 무엇이 필요합니까?" 스티브 잡스는 "그런 일은 다시 돌아오지 않습니다"라고 대답했다. 애플의 경영자들은 해외 공장들이 더 나은 규모, 더 나은 유연성과 열정, 그리고 우월한 산업 지식 접근을 제공한다고 결론을 내렸었다. 따라서 미국에서의 생산은 애플에게 더 이상 의미가 없었다. 중국 공장들이 애플의 요구에 기대 이상으로 신속히 반응하는 대표적인 예가 있다. 애플의 한 임원은 애플이 애플 스토어에 아이폰을 배달하기 몇 주 전에 아이폰 생산공정을 수정하기를 원했던 사건을 다음과 같이 설명하였다. 배달 직전까지 남은 마지막 시간에도, 애플은 스크린을 재설계했었고, 새로운 스크린들은 자정에 중국 공장에 도착하였다. 다행히도, 8,000명의 근로자들은 공장 기숙사에서 잠을 자고 있었는데, 그들이 잠에서 일어나자마자 30분 만에 과자 한 개와 차 한 잔을 먹

고 유리스크린을 아이폰 틀에 끼어 넣는 일을 시작하였다. 그 공장은 하루에 10,000개의 아이폰을 생산하고 있었다. 그 임원은 "이러한 속도와 유연성은 정말 놀라웠습니다. 이렇게 할 수 있는 미국 공장은 없습니다"라고 말했다.

아이폰을 조립하고 있는 복합 단지인 "폭스콘 시(Foxconn City)"에는 230,000명의 종업원이 근무하고 있으며, 이들 중의 많은 근로자들이 일주일에 6일 근무하고, 하루에 밤 12시까지 일을 하고 있다. 그 복합 단지는 아시아, 동유럽, 멕시코, 그리고 브라질에 수십 개의 공장을 갖고 있는 폭스콘 테크놀로지(Foxconn Technology)가 소유하고 있다. 폭스콘은 전 세계 소비 전자 제품의 40%를 조립하고 있는 것으로 추정된다. 폭스콘은 애플 이외에도 아마존, 델, 휴렛패커드, 모토롤라, 닌텐도, 노키아, 삼성, 소니를 고객 리스트로 갖고 있는 것을 자랑스러워하고 있다. 폭스콘은 수천 명의 엔지니어들을 하룻밤사이에 고용하여 회사 기숙사에 머물게 할 수 있다(미국 기업들은 엄두도 못 낼 일이다). 아이폰을 생산하는 데 필요한 200,000명의 조립라인 근로자들을 감

독하는데, 거의 8,700명의 산업 엔지니어들이 필요했다. 애플의 분석가들은 미국에서 자격 있는 많은 엔지니어들을 찾으려면 9개월이 소요될 것으로 추정했다. 그러나 중국에서는 단지 15일이 걸렸다. 더구나 중국은 조립뿐 아니라 전체 공급사슬상에서 장점을 갖고 있었다. 애플의 한 임원은 다음과 같이 말했다. "오늘날 중국에는 공급사슬의 처음부터 끝까지 모두를 갖추고 있습니다. 만약 수천 개의 고무 패킹이 필요하다면, 한 블록 떨어진 곳에서 그것들을 만드는 공장을 발견할 수 있습니다. 만약 당신에게 약간 다른 나사못이 필요하다면 3시간 만에 그것을 구할 수 있습니다." 애플의 64,000명의 종업원들 중의 거의 3분의 1은 미국 밖에 있다. 모국에서 고용 창출을 하지 못한다는 비판에 대해, 애플의 경영진들은 다음과 같이 대답했다. "우리는 아이폰을 100개 이상의 국가들에 판매하고 있습니다. 우리의 유일한 의무는 가장 좋은 제품을 만드는 것입니다."

비록 애플 사례는 전략적 아웃소싱이 제공하는 기회를 잘 요약해 주고 있지만, 애플은 역설적으로 대부분의 컴퓨터 혹은 스마트폰 기업들보다 더욱 수직적으로 통합되어 있다. 애플은 하드웨어와 소프트웨어를 독자적으로 생산하고 이들을 촘촘하게 결합시키고 애플의 직영 소매점에서 이들을 판매하기로 한 결정으로 유명하며, 이에 대해 많은 논란이 있었다. 그러나 수직적 통합은 거기서 끝나지 않았다. 애플은 또한 다른 사람들에 의해 가동될 신규 및 기존 아시아 공장을 준비하기 위해 사용할 생산 장비 구입에 수십억 달러를 투자하고 있다(유사 수직적 통합의 예임). 그리고 애플은 이들 공장들이 오로지 애플을 위해서만 헌신할 것을 요구하고 있다. 애플은 이러한 선행 투자를 통하여, 우월한 기술과 큰 규모에 투자하려는 공급자 위험의 대부분을 제거하고 있다. 수십 년 동안, 컴퓨터와 휴대폰 산업의 특징은 제품이 일상재화 되고 원가절감이 급속도로 진전된 것이다. 공급업자들은 경쟁입찰에서 수주를 획득하기 위해 원가를 절감하기 위해 열심히 일해야만 했다. 또한 표준화된 생산 설비들이 특수 설비들을 대체하였다. 그 이유는 이 표준화된 설비를 이용하여 공급자들이 복수의 구매자들에게 제품을 공급할 수 있어 불규칙한 주문량을 평준화시킬 수 있기 때문이었다. 이것은 컴퓨터와 휴대폰 산업의 대부분 공급자들이 비정상적으로 큰 하드웨어가 아닌 비용 효율적인 하드웨어를 생산할 수 있었음을 의미하였다. 기술과 능력 모든 측면에서 선행 투자 전략으로, 애플은 공급자들이 산업 표준과 동떨어진 기술에 특별한 투자를 하도록 유도하고, 신속한 생산이 가능하도록 여유 생산능력을 확보할 수 있었다. 이러한 전략의 효과로 애플은 경쟁자들이 도저히 따라올 수 없는 우월한 유연성과 기술적 정교함을 확보할 수 있었다.

제품 디자인과 생산을 통제하고자 하는 애플의 전략적 장점을 목격한 마이크로소프트는 2012년 8월에, 독자적으로 서페이스(Surface)라는 태블릿을 디자인하고 생산할 것이라고 발표하였다. 마이크로소프트는 또한 애플 스토어와 흡사하게 마이크로소프트가 직영하는 전용 소매점 체인을 오픈하였다. 그러나 이 전략의 성공은 확신할 수 없다. 비록 마이크로소프트가 애플의 개별 통합 전략들의 일부를 모방할 수 있지만, 마이크로소프트는 이 전략의 실행을 위해 촘촘하게 형성된 기업 생태계를 갖고 있지 않고, 이들 전략을 실행하는 데 필요한 수십 년 동안의 경험이 없다.

자료: C. Duhigg and K. Bradsher, "How the U.S. Lost Out on iPhone Work", *New York Times*, January 21, 2012, p. 1; and C. Guglielmo, "Apple's Secret Plan for Its Cash Stash," *Forbes*, May 7, 2012, pp. 116-120.

개관

경영자들의 최우선 목표는 주주들을 위하여 회사의 가치를 극대화하는 것이다. 애플의 아웃소싱과 수직적 통합 움직임에 관해 다룬 앞의 사례는 어떤 활동들을 내부에서 하고 어떤 활동들을 외부에 외주를 주어야 할 것인지에 관한 기업을 의사결정이 어떻게 회사의 수익성에 영향을 끼치는지를 보여주고 있다. 애플 사례에서, 전략적 아웃소싱은 애플이 더욱 비용 효율적이 되고, 시장수요에 신속히 대응하며, 규모면에서 더욱 유연성을 갖도록 기여하고 있다. 또한 수직적 통합은 애플에게 경쟁자들과 견줄 수 없을 정도의 기술적 우위를 제공해 주고 있다.

　일반적으로 전략적 경영자들은 기업수준전략으로 다음의 내용을 선택하여야 한다. (1) 회사가 어떤 사업과 산업에서 경쟁할지를 결정함, (2) 그 사업에서 어떠한 가치창출 활동을 수행할지를 선택함, (3) 장기 수익성을 극대화하기 위해 어떻게 산업 혹은 사업에 진출하고, 거기서 사업들을 통합하거나 철수하여야 하는지를 결정함. 전사적 차원의 전략을 수립할 때, 경영자들은 장기적 관점을 견지해서 산업, 제품, 기술, 고객, 경쟁자들에서 일어나는 변화가 그들 회사의 현재 비즈니스모델과 미래 전략에 어떠한 영향을 끼치는지를 생각해 보아야 한다. 그런 다음 그들은 기회와 위협을 고려하여 변화하는 산업환경에서 경쟁우위를 증대시키도록 회사의 비즈니스모델을 재정의 하는 특정 기업수준전략을 발견하고, 이 전략의 실행 방법을 결정해야 한다. 기업수준전략의 주요 목적은 회사가 현 사업(혹은 신규사업, 또는 진출하기로 선택한 산업)에서 경쟁우위와 수익성을 유지시키거나 혹은 증대시키도록 하는 것이다.

　본 책에서는 회사의 비즈니스모델을 재정의 하고 재구성하는 데 있어 기업수준전략의 역할을 기술하는 장이 두 개가 있는데, 이 장은 그중의 하나이다. 이 장에서는 회사의 현 비즈니스 혹은 산업에서 경쟁우위와 수익성을 개선하는 목적을 갖는 세 가지 기업수준전략들 – 수평적 통합, 수직적 통합, 전략적 아웃소싱 – 을 논의한다. 새로운 유형의 사업과 산업에 진출을 다루는 다각화는 다음 장에서 논의될 예정이다. 다음 장에서는 신규 사업과 산업에 진출하는 데 가장 이득이 되는 방법들을 논의할 것이다. 이 장과 다음 장을 읽고 나면, 상이한 수준의 전략들이 어떻게 성공적이고 이득이 되는 비즈니스모델 혹은 다중비즈니스(multibusiness)모델들을 만드는 데 기여하는지를 이해할 수 있을 것이다. 또한 회사의 장기 수익성을 극대화하기 위해 경영자들이 사용하는 여러 유형의 기업전략들의 차이를 이해할 수 있을 것이다.

기업수준전략과 다중비즈니스모델

기업수준전략들의 선택은 전략 수립 과정의 마지막 부분이다. 기업수준전략들은 오랜 기간 동안 회사의 비즈니스모델을 추진시킨다. 또한 이들은 장기 수익성을 극대화하기 위해 어떤 유형의 사업 혹은 기능수준전략을 경영자들이 선택해야 하는지에 대한 지침을 제공한다. 사업수준전략과 기능수준전략의 관계는 5장에서 논의되었다. 전략적 경영자들은 비즈니스모델을 개발하고, 그들 회사의 독보적 역량을 사용하여 원가 리더십 혹은 제품 차별화를 달성시킬 수 있는 전략들을 개발한다. 8장은 이러한 기본 원칙들을 확대 적용한 예가 글로벌전략임을 기술하고 있다.

이 장과 다음 장에서, 수익성을 증가시키기 위해 기업수준전략은 회사 혹은 복수의 사업부들이 가치사슬 상의 기능 활동들을 (1) 저렴하고, (2) 차별화를 증가시키는 방법으로 수행할 수 있도록 해야 한다는 점이 반복적으로 강조될 것이다. 회사가 적절한 기업수준전략들을 선택하기만 하면, 회사는 수익성을 극대화시켜 줄 가격옵션들(최저 가격, 평균 가격, 프리미엄 가격)을 선택할 수 있다. 추가로, 기업수준전략이 회사에 악영향을 끼치는 가격경쟁의 위협을 감소시켜 산업 경쟁도를 줄일 수 있게 한다면, 수익성이 올라갈 것이다. 요약하면 회사의 바람직한 기업수준전략은 사업수준전략이 지속 가능한 경쟁우위와 더 높은 수익성을 얻도록 도움을 주는 전략이며, 그러한 기업수준전략이 선택되어야 한다.

많은 회사들은 그들의 사업 활동을 하나의 시장 혹은 하나의 산업 이상으로 확장하고, 다른 시장과 산업에 진출하고자 한다. 회사가 새로운 산업으로 확장하기로 결정하였을 때, 다음의 두 가지 수준에서 회사의 비즈니스모델을 구축하여야 한다. 첫째, 회사는 경쟁하는 모든 산업에서 각각의 사업부별로 개별 비즈니스모델과 전략을 개발해야 한다. 둘째, 회사는 상이한 사업들과 산업들로의 진출을 정당화하는 더 높은 차원의 다중비즈니스모델을 개발해야 한다. 이 다중비즈니스모델은 새로운 산업으로의 진출을 통한 회사의 전체적 수익성 제고를 위해 회사가 기존 기능 역량과 사업 전략들을 어떻게 그리고 왜 활용하여야 하는지를 설명해 준다. 이 모델은 또한 회사가 하나의 사업 혹은 산업 이상에 진출하여 수익성을 증가시킬 수 있는 다른 방도들을 제시해 준다. 예를 들어, IBM은 자사의 온라인 컴퓨터 컨설팅, 데이터 저장과 클라우드 컴퓨팅으로의 진출이 고객에게 처음부터 끝까지 모든 컴퓨터 서비스 제공을 가능하게 하여, 경쟁자들인 HP, 오라클, 아마존 닷컴과의 경쟁에서 유리한 위치에 설 수 있게 되었다고 볼 수 있다. 애플도 디지털 음악과 오락으로의 진출로 자사가 소니 혹은 마이크로소프트와 같은 경쟁자들보다 우위의 자리에 오르게 되었다(마이크로소프트의 경우, 2011년 9월에 회사의 준 뮤직 플레이어(Zune music player) 판매가 중단되었다)고 말할 수 있다.

이 장은 먼저 수평적 통합을 추구하여 한 산업 내에 머무르는 것의 이점에 초점을 둔다.

그리고 나서 회사들이 왜 수직적 통합을 사용하여 새로운 산업들로 확장하는지를 살펴본다. 다음 장에서는 기업들이 수익성을 증가시키기 위해 새로운 산업 진출 시 사용하는 두 개의 주요 기업전략들―관련다각화와 비관련다각화―을 살펴본다. 그리고 기업들이 새로운 산업에 진출하고 거기서 경쟁하는 데 사용하는 다른 여러 전략들을 살펴볼 것이다.

수평적 통합: 단일 산업 기업전략

경영자들은 기업수준전략을 사용하여 그들 회사가 장기 수익성을 극대화하기 위해 어떤 산업에서 경쟁해야 하는지를 파악한다. 많은 기업들에게 수익의 성장과 확장은, 회사가 오랜 기간 동안 단일 시장 혹은 단일 산업에서 성공적으로 경쟁하는 법을 발견하였을 때, 종종 따라온다. 그래서 많은 회사들은 가치창출 활동을 단지 하나의 사업 혹은 하나의 산업에서만 국한시키고 있다. 이러한 단일 사업 회사들의 예로 글로벌 패스트 푸드 사업에 집중하고 있는 맥도날드, 그리고 글로벌 할인 소매사업에 집중하고 있는 월마트가 있다.

하나의 산업에만 집중함으로써, 회사는 경영, 재무, 기술, 그리고 다른 기능 자원과 능력을 집중시켜 하나의 영역에서 성공적으로 경쟁할 수 있다. 이것은 빠르게 성장하고 변화하는 산업에서 중요하다. 이들 산업에서는 더 많은 회사의 자원과 능력에 대한 수요가 크고, 동시에 경쟁우위의 구축을 통해 얻는 장기 이익도 매우 크다.

단일 산업에 집중하는 것이 제공하는 두 번째 이점은 회사가 자신의 일에만 집중할 수 있다는 점이다. 즉, 자신들이 잘 알고 잘 할 수 있는 것에 집중할 수 있게 한다. 단일 산업에 집중하는 회사는 기존 자원과 능력이 별다른 가치를 창출하지 못하고 산업의 새로운 경쟁세력(새로운 경쟁자, 공급자와 고객)이 예기치 않은 위협 요소로 다가오는 신규 산업에 진출하는 실수를 하지 않는다. 많은 다른 기업들처럼, 코카콜라는 과거에 이러한 전략적 실수를 범하였다. 코카콜라는 한때, 영화사업으로 진출할 것을 결정하고 콜롬비아 픽쳐스(Columbia Pictures)를 인수하였다. 그리고 코카콜라는 캘리포니아의 대형 와인주조업체를 인수하였다. 그러나 코카콜라는 곧 자사가 이 신규산업들에서 성공적으로 경쟁하는 데 필요한 역량이 부족하다는 사실을 발견하였다. 그리고 파라마운트(Paramount)와 같은 영화사들과 갤로(Gallo)와 같은 와인주조업체들이 강력한 경쟁세력으로 산업 내에 존재하고 있다는 사실을 예측하지 못했다. 코카콜라는 이러한 신규산업에 진출하는 것이 가치를 창출하기 보다는 가치를 감소시키고 수익성을 떨어뜨린다고 결론을 내렸다. 그래서 이들 신규사업들을 포기하고 많은 손해를 보고 매각하였다.

회사가 하나의 산업에만 사업을 하고 있을 때조차도, 오랜 기간 동안 성공적인 비즈니스모델을 계속 유지하는 것은 어려울 수 있다. 그 이유는 새로운 기술을 가지고 새로운 경쟁자가 시장에 진입하는 등의 환경변화 혹은 변화하는 고객 요구 때문이다. 20년 전에 통신사업자들이 직면한 전략적 이슈는 지역과 장거리 전화에 대한 고객 욕구를 가장 잘 충족시킬 수 있는 유선전화 서비스를 어떻게 구축할 것인가였다. 무선전화 서비스와 같은 새로운 종류의 제품이 등장하고 짧은 시간에 유행으로 자리 잡았을 때, 버라이존(Verizon)과 AT&T와 같은 유선 사업자들은 빨리 그들의 비즈니스모델을 변경하고, 유선 서비스 요금을 낮추고, 무선 사업자들을 흡수합병하며, 광대역 서비스를 제공하여 생존을 해야만 했다.

하나의 산업 내에서도, 전략적 경영자들은 나무들(단지 현재 제품들의 포지셔닝에 초점을 둠)위한 숲(새로운 제품과 시장 기회를 야기 시키는 변화하는 산업의 본질)을 보지 못하는 경우가 많다. 기업수준전략에 초점을 맞춤으로써, 경영자들은 미래의 추세를 예측하고, 변화하는 환경에서 성공적으로 경쟁하기 위해 그들의 회사들의 비즈니스모델 포지셔닝을 변경할 수 있다. 전략적 경영자들은 그들 회사의 기존 제품라인들의 개선에만 몰두하여 신제품의 기회와 위험을 인지하지 못하는 실수를 하지 말아야 한다. 애플은 디지털 엔터테인먼트가 제공하는 점점 증가하는 제품 기회들을 인지하였기 때문에 성공하였다. 회사 임원들의 업무는 어떻게 새롭게 부상하는 기술들이 그들의 비즈니스모델에 영향을 끼칠 것인지를 분석하고, 어떻게 그리고 왜 이러한 기술들이 고객 욕구와 미래의 고객집단을 변화시킬 것인지를 분석하며, 이러한 변화에 대응하기 위해 무슨 종류의 새로운 독보적 역량이 필요할 것인지를 분석하는 것이다.

수평적 통합(Horizontal integration)은 경영자들이 그들의 비즈니스모델을 강화하기 위해 널리 사용되는 기업수준의 전략이다. 이 장의 마무리 사례는 항공산업의 수평적 통합에 대해 논의한다. 수평적 통합은 운영의 규모와 범위를 크게 하여 얻는 경쟁적우위를 성취하기 위해 산업 경쟁자들을 인수하거나 합병하는 과정을 의미한다. 기업인수(Aquisition)는 한 회사가 다른 회사를 구매하기 위해 주식, 부채와 같은 자본 자원을 사용할 때 발생한다. 합병(Merger)은 두 회사가 그들의 운영을 병합하여 새로운 회사를 설립하는 협정을 의미한다.

합병과 기업인수는 모든 산업에서 공통적으로 볼 수 있다. 항공우주산업에서 보잉은 맥도넬 더글라스(McDonnell Douglass)를 흡수합병하여 세계 최대의 항공우주 기업이 되었다. 제약산업에서, 화이자(Pfizer)는 워너 램버트(Warner-Lambert)를 인수하여 가장 큰 제약업체가 되었고, 글로벌 항공사들은 목적지들 사이에 왕복하는 비행기 수를 합리화하고 그들의 시장 영향력을 증대시키기 위해 서로의 운영 업무들을 합병하는 추세이다(본 장의 마무리 사례에서 더 자세히 논의함). 합병과 기업인수는, 회사들이 경쟁자들보다 우월한 경쟁우위를 얻기 위해 노력하면서, 증가 추세에 있다. 이러한 현상의 원인은 수평적 통합이 종종 회사의 경쟁우위와 수익성을 매우 크게 개선시키기 때문이다. 수평

수평적 통합
운영의 규모와 범위를 크게 하여 얻는 경쟁적우위를 성취하기 위해 산업 경쟁자들을 인수하거나 합병하는 과정

기업인수
한 회사가 다른 회사를 구매하기 하기 위해 주식, 부채와 같은 자본 자원을 사용할 때 발생

합병
사업 혹은 산업에서 우월한 경쟁을 하기 위해, 두 회사가 그들의 자원과 운영을 병합하여 새로운 회사를 설립하는 협정

적 통합이 효과적인 회사들은 하나의 산업에 집중하고자 하고, 가장 효율적인 가치창출의 유지를 위해 회사의 경쟁적 위치를 관리하는 데 초점을 두는 회사들이다.

수평적 통합의 혜택

수평적 통합을 추구하는 데 있어, 경영자들은 그들 회사의 단일 비즈니스모델의 수익성을 증가시키기 위해 회사의 자본을 투자하여 산업 경쟁자들의 자산을 구매하기로 결정한다. 수평적 통합이 (1) 원가를 낮추게 하고, (2) 제품 차별화를 증대시키며, (3) 경쟁우위를 더욱 넓게 활용하고, (4) 산업 내 경쟁을 감소시키며, (5) 공급자와 구매자에 대한 교섭력을 증진시킬 때, 수익성은 증가한다.

낮은 비용구조 수평적 통합은 규모의 경제를 증대시키기 때문에, 회사의 원가를 낮출 수 있다. 다섯 개의 주요 경쟁자들이 존재하고, 각각은 미국의 어떤 지역에 제조공장을 운영하고 있으나, 어떤 공장도 최대의 가동률로 운영되지 않는다고 상상해 보라. 만약 한 경쟁자가 다른 경쟁자를 인수하고 그 공장을 폐쇄한다면, 그 경쟁자는 최대의 가동률로 자신의 공장을 운영하고 제조원가를 감소시킬 수 있다. 규모의 경제를 달성하는 것은 높은 고정비용구조를 갖는 산업에서 매우 중요하다. 그런 산업에서 대량생산은 기업들이 고정원가들을 대규모 수량에 분산시킬 수 있게 하며, 그 결과 평균 단위 원가를 낮추게 해 준다. 예를 들어 정보통신산업에서 엄청난 속도 증가를 제공하는 선진 4G와 LTE 광대역 네트워크를 구축하는 데 들어가는 고정 원가는 매우 크다. 이러한 투자가 수익성이 있게 하기 위해서는 많은 수의 고객 수가 필요하다. 따라서 AT&T와 버라이존은 다른 정보통신 기업들을 인수하여 인수 대상기업들의 고객들을 흡수하여 자신들의 고개 수를 확충하였고, 사용률을 증가시켰으며, 각각의 고객을 서비스하는 데 소요되는 원가를 감소시켰다. 2011년에, AT&T는 티 모바일(T-Mobile)을 인수하기로 계획을 세웠으나, 미국공정거래국(U.S. Department of Justice)과 연방 통신위원회(Federal Communications Commission)가 제기한 반독점 위반 문제로 그 협상을 포기하였다. 지난 수십 년 동안 제약산업에서도 이와 유사한 사례들을 많이 일어났다. 제약회사들은 연구개발과 판매, 그리고 마케팅에서 규모의 경제를 실현하기 위해, 기업들 간의 수백 개의 기업인수 사례들이 발생하였다. 전국 규모의 제약 영업인력을 구축하기 위한 고정 원가는 매우 크기 때문에, 화이자(Pfizer)와 머크(Merck)와 같은 제약회사들은 광범위하게 판매할 약의 종류들을 다양하게 구비하여 효과적으로 그들의 영업인력들을 활용해야 한다.

회사는 또한 수평적 통합으로 두 회사 간의 자원 중복을 감소시킬 수 있다면, 예를 들어 두 기업의 본사를 하나로 줄인다든지, 혹은 두 개의 영업팀을 하나로 줄여서 자원 중복을 방지할 수 있다면, 원가를 낮출 수 있다. 그러나 주목할 사항은 이러한 원가절감이 종종 과대평가되고 있다는 사실이다. 만약 두 기업이 예를 들어, 콜센터와 같은 부서를 운영하고 있고 양쪽의 각 센터가 효율적 규모로 운영되고 있다면, 이들 콜센터 운영을 합병함으로써 얻는 경제성은 거의 없을 것이다. 만약 각 센터가 이미 최적으로 활용되고 있다면, 합병된 콜센터는 두 콜센터가 이전에 필요로 하였던 서비스 인력, 컴퓨터, 전화선, 부동산만큼의 규모를 필요로 할 것이다. 유사하게 1990년대에 은행들이 합병하고 있었을 때, 이 합병의 정당성 중의 하나는 은행들이 합병을 통해 그들의 정보기술 자원을 병합하여 원가를 절감할 수 있다는 것이다. 그러나 궁극적으로 합병된 은행의 대부분은 이 병합의 잠재적 원가절감 효과가 기껏해야 미미하였고, 반면에 그들의 정보시스템들을 조정하고 융화하기 위해 소요된 비용이 높았다는 사실을 깨달았다. 그래서 합병된 은행들의 대부분은 각 은행들이 합병 전에 사용하였던 시스템을 따로따로 분리해서 계속 사용하였다.

증가된 제품 차별화 수평적 통합은 또한 제품 차별화를 증대시킨다. 예를 들면, 회사의 영업사원이 높은 가격으로 고객들에게 판매할 수 있는 혁신적 신제품들을 빈번히 출시하여, 수익성을 증가시킬 수 있다. 엘리 릴리(Eli Lilly)는 신약들이 그들의 제품으로 등록되어 팔릴 수 있도록, 경쟁업체인 브리스톨 마이어스 스큅(Bristol-Myers Squibb)보다 높은 입찰금액을 제시하여 임클론 시스템(ImClone System)에게 65억 달러를 지불하고 새로운 암 예방 약을 획득하였다. 구글도 자사의 사용자들에게 온라인 쿠폰을 제공하고 싶어서 그룹폰(Groupon)에게 6억 달러의 금액을 제시하여 구글의 온라인 광고 사업에서 다루지 않았던 온라인 쿠폰 시장을 선점하기를 원하였다. 구글의 목적은 이것을 통하여 차별적우위를 증가시키고 산업 경쟁도를 낮추는 것이었다.

수평적 통합은 또한 차별화를 증대시킨다. 기업은 수평적 통합을 통해 합병된 회사들이 보유한 제품라인들을 결합하여 고객들에게 광범위한 제품들을 함께 묶어서 제공할 수 있다. 제품 묶음판매(Product bundling)는 고객들이 단일 결합 가격으로 여러 종류의 제품들을 한꺼번에 구매할 수 있는 기회를 제공하는 것이다. 이것은 회사의 제품라인의 가치를 증가시킨다. 그 이유는 고객들이 종종 한 번에 여러 종류의 제품들을 구매할 때 가격할인을 받을 수 있고, 고객들이 오직 한 회사와 그 회사의 대리 판매원들과 거래하는 것이 익숙하기 때문이다. 기업은 증가된 제품 차별화를 통해 경쟁우위를 획득할 수 있다.

제품 차별화를 증가시키는 또 다른 방법은 교차판매(cross-selling)이다. 이것은 회사가 고객들에게 판매할 수 있는 제품라인 혹은 제품 범주들을 추가로 획득하기 위하여 고객과의 기존 관계를 활용하는 것이다. 이런 식으로 회사는 차별화를 증진시킬 수 있다. 왜냐하면 교차판매는 토탈 솔루션(total solution)을 제공해 주고 고객의 모든 특정 욕구를 충족시켜 줄 수 있기 때문이다. 교차판매를 하고 토탈 솔루션 제공자가 되는 것은 컴퓨터

제품 묶음판매
고객들이 단일 결합 가격으로 여러 종류의 제품들을 한꺼번에 구매할 수 있는 기회를 제공하는 것. 이것은 회사의 제품라인의 가치를 증가시키며, 그 이유는 고객들이 종종 한 번에 여러 종류의 제품들을 구매할 때 가격할인을 받을 수 있고, 고객들이 오직 한 회사와 그 회사의 대리 판매원들과 거래하는 것이 익숙하기 때문임

교차판매
이것은 회사가 고객들에게 판매할 수 있는 제품라인 혹은 제품 범주들을 추가로 획득하기 위하여 고객과의 기존 관계를 활용하는 것. 이런 식으로 회사는 차별화를 증진시킬 수 있다. 왜냐하면 교차 판매는 토탈 솔루션(total solution)을 제공해 주고 고객의 모든 특정 욕구를 충족시켜 줄 수 있기 때문임

집중 분석: 월마트

월마트의 다른 소매 형태로의 확장

© iStockPhoto.com/caracterdesign

2013년, 월마트는 매출액이 4,692억 달러, 10,000개 이상의 점포, 그리고 220만명의 종업원을 거느린 세계에서 가장 큰 기업이었다. 그러나 미국 할인 소매 시장이 성숙기에 접어들었을 때(월마트는 이 시장에서 매출의 70%를 획득하였음), 월마트는 회사의 특별한 소매업에서의 영향력과 전문 지식을 적용할 수 있는 다른 기회를 찾아 나섰다. 미국에서, 월마트는 수퍼센터(supercenter, 이곳에서 일반 상품과 식료품을 판매함)와 365일 저가격창고형 점포 형태인 샘스 클럽(Sam's club)로 확장하였었다. 두 곳에서 영업은 잘 되었다. 이들 점포들은 공급자들에 대한 월마트의 교섭력을 직접적으로 활용할 수 있었다(많은 일반 상품제조자들에게, 월마트는 이들의 매출에 70% 이상을 차지하는 대규모 구매자이었으며, 가격과 납기 조건에서 막강한 영향력을 행사하였다). 그리고 이들 점포들은 재고수송, 재고관리, 재고추적에 관해 월마트가 보유한 특별한 효율적 시스템을 사용하는 혜택을 받았다. 월마트는 상대적으로 일찍 첨단 정보기술에 투자하였었다. RFID(radio frequency identification)추적 기술에 경쟁자들보다 먼저 투자하였으며, 실시간으로 재고를 추적하는 인공위성을 활용하였다. 월마트는 재고의 각 품목들이 어디에 있는지를 항상 추적하는 법을 알고 있었고, 언제 판매하였을 때 각 점포의 재고유지 비용을 최소화하면서 동시에 다양한 재고를 보유하는 최적의 방법을 알고 있었다. 그 결과 월마트는 단위 면적당 매출액과 재고회전율이 타겟(Target) 혹은 케이마트(Kmart)보다 더 높았다. 월마트는 140개의 이상의 배송센터들로 구성된 대형 허브-앤-스포크(hub-and-spoke) 시스템을 통해 재고를 관리하였다. 각 배송센터들은 150마일 반경 내에 있는 150개 가량의 점포들을 지원하고 있었다. 그러나 수퍼 센터와 샘스 클럽은 정체기를 맞이하고 있었다. 그래서 성장이 점점 더 어려워졌다. 월마트는 더 작은 형태의 편의점과 국제 점포(이들 중 많은 점포들이 기존 체인망을 구입한 것들이다)로 확장해 나갔다. 그리고 유기농 식품과 패션 잡화 판매를 고려하고 있었다. 지리적으로 가까운 지역(예를 들어, 캐나다와 멕시코)으로 확장이 성공한 반면, 해외 확장의 결과는 얼룩졌다. 예를 들어 독일과 한국으로의 진출로 월마트는 많은 손실을 보았으며, 결국에는 그 시장에서 철수하였다. 월마트의 일본 진출 또한 기대한 만큼 성공적이지 못하였다. 많은 세월동안 적자를 보았고 큰 시장점유율을 얻지 못했다. 문제는 월마트가 진출할 당시 많은 시장들에 이미 강력한 경쟁자들이 존재하고 있었다는 점이다. 그들 시장은 초기에 미국에서 월마트가 성장할 당시처럼 미개척 시장이 아니었다. 더구나 월마트의 IT와 물류우위는 해외 시장에서 쉽게 활용될 수 없었다. 왜냐하면 이들 장점을 해외 시장에서 재현하기 위해서는 대규모 선행투자가 필요하였고, 이들 시장에서 대량판매가 없다면 이들 투자에 대한 손익분기점에 도달하는 것이 어렵기 때문이었다. 월마트의 어떠한 장점이 해외에서 활용될 수 있으며, 어떤 시장에서 활용될 수 있는가? 월마트는 북미지역에서 제품을 다양화함으로써 더 많은 실적을 얻을 수 있는가? 혹은 월마트는 아마도 성장 목표를 재수정해야 하는가?

자료: www.walmart.com

산업에서 수평적 통합의 동기이기도 하다. IT기업들은 기업 고객들의 하드웨어와 서비스에 관한 모든 요구를 충족시킴으로써 그들 제품의 가치를 증가시키고자 한다. 토탈 솔루션 제공은 고객들이 여러 공급자들과 거래할 필요를 제거해 주기 때문에, 고객의 시간과 돈을 절감해 준다. 토탈 솔루션 제공을 통하여 단일 영업팀은 고객 IT의 모든 요소들이 유기적으로 작동하고 있다고 확신할 수 있다. 수평적 통합이 회사 제품의 차별화와 가

치를 증가시킨다면, 토탈 솔루션 제공은 시장점유율을 증가시킨다. [전략 실행 사례 9.1] 에서 보는 바와 같이, 토탈 솔루션 제공은 오라클(Oracle)이 많은 IT 소프트웨어 기업들을 인수하였을 때 추구하였던 비즈니스모델이었다.

더욱 폭넓게 경쟁우위를 활용하기 복수의 시장과 지역에서 가치 있게 사용될 수 있는 자원과 능력을 보유한 기업들에게, 수평적 통합은 더욱 이익을 제공하는 기회를 제공할 수 있다. 예를 들어, 소매산업에서 월마트는 공급자에 대한 거대한 교섭력과 재고 및 물류 관리에서의독보적 효율성 덕분에, 샘스 클럽(Sam's Clubs)—365일 저가격창고형 점포—과 같은 다른 형태의 소매 할인 점포에서 경쟁적우위를 가질 수 있었다. 월마트는

전략 실행 사례 9.1

래리 엘리슨은 오라클이 가장 크고 가장 잘하는 기업이 되기를 원한다

© iStockPhoto.com/Tom Nulens

캘리포니아 레드우드 해안에 위치한 오라클(Oracle)은 세계최대의 데이터베이스 소프트웨어 업체이며, 마이크로소프트와 IBM 다음으로 가장 큰 클로벌 소프트웨어 회사이다. 그러나 이러한 선도적 위치에 대해, 기업용 응용소프트웨어 시장에서 글로벌 리더가 되기를 원하는 오라클은 만족하지 않고 있다. 이 기업용 응용소프트웨어 시장에서 독일의 SAP는 45%의 시장점유율을 차지하고 있는 인지도가 높은 선두기업이며, 그 뒤에 멀리 떨어져서 오라클은 25%의 시장점유율을 갖고 있는 2위 기업이다. 기업용 응용 프로그램은 빠르게 성장하고 높은 이익을 얻을 수 있는 시장이기 때문에, 오라클은 이 시장에 적극적으로 달려들고 있다. 오라클의 목표는 독보적 역량을 신속히 구축하여 기존 고객에 제공할 제품범위를 확대하고 신규 고객을 유인하여 SAP와의 경쟁에서 승리하는 것이다.

2000년대 중반에 오라클의 CEO가 된 래리 엘리슨(Larry Ellison)은 기업용 소프트웨어와 하드웨어를 공급하는 20개의 선두 공급자들을 인수하기 위해 290억 달러를 투자하였다. 인수 기업에는 상위 다섯 개에 속한 두 개 기업이 포함되었다. 여기에는 오라클이 100억 달러를 주고 인수한 인적자원관리 소프트웨어 선두업체인 피플소프트(PeolpeSoft)와 58억 달러를 주고 인수한 고객관계관리 분야의 선두업체인 시에벨

시스템즈(Siebel Systems)가 있었다.

오라클은 기업수준의 수평적 통합 전략의 일환인 기업인수를 통해 여러 가지 경쟁우위를 기대하고 있다. 첫째, 오라클은 현재 이들 인수 기업들이 보유한 최상의 응용소프트웨어들을 오라클이 보유한 일류 기업용 데이터베이스 소프트웨어 프로그램들과 함께 결합하여 새로운 통합된 소프트웨어 묶음을 만들 수 있다. 회사들은 이 통합 프로그램을 활용하여 회계, 마케팅, 영업, 인적자원관리, 고객관계관리, 공급사슬관리와 같은 회사의 모든 기능 활동들을 관리할 수 있을 것이다. 둘째, 이러한 기업인수를 통해 오라클은 새로운 수천의 고객들에게 접근할 수 있었다. 특별히 오라클은 인수 기업들의 소프트웨어를 사용하는 중소기업들에게 접근할 수 있었다. 이 모든 기업들은 잠재적으로 오라클의 다른 데이터베이스와 기업용 소프트웨어의 고객들이 될 수 있었다. 그 결과 2010년대에 오라클의 시장점유율은 점진적으로 증가하였다. 셋째, 오라클의 기업인수는 기업용 소프트웨어 산업을 통합하였다. 몇몇 최대 경쟁업체들을 인수함으로써, 오라클은 SAP다음으로 기업용 소프트웨어 분야의 2위 기업이 되었다. 결과적으로 2010년대에 오라클의 주식 가격은 SAP보자 더욱 빠른 속도로 증가하였다.

자료: www.oracle.com and www.sap.com.

또한 슈퍼마켓 비즈니스에 진출하고, 의류, 장난감, 전기제품들 뿐 아니라 식료품도 판매하는 월마트 수퍼센터의 전국 체인을 설립함으로써, 고객들에게 제공할 수 있는 제품 범주들을 확대하였다. 월마트는 또한 자사의 비즈니스모델을 글로벌 시장에서 반복 적용하였다. 그러나 이 비즈니스모델이 미국에서와 같이 해외에서도 항상 성공하지는 않았다. 그 이유는 월마트의 물류 효율성(예를 들어, 허브 앤 스포크 배송시스템 활용과 인공위성을 통한 재고추적)을 실현하기 위해서는 거대한 고정 자산 투자가 수반되어 그 효율성의 실현이 제한되기 때문이다(월마트 사례에 관한 집중 분석 참조).

감소하는 산업 경쟁 수평적 통합은 두 가지 방식으로 산업 경쟁도를 감소시킬 수 있다. 첫째, 경쟁자를 인수하거나 합병하는 것은 산업 내 잉여 생산능력을 제거하는 데 기여한다. 6장에서 살펴본 바 있듯이, 잉여 생산능력은 종종 가격전쟁을 야기시킨다. 수평적 통합은 산업 잉여 생산능력을 제거함으로써 더욱 풍요로운 환경을 조성하기 때문에 가격이 안정되거나 상승할 수 있다.

둘째, 수평적 통합은 산업 내 경쟁자 수를 감소시켜서, 경쟁자들 간에 명시적 의사소통 없이 암묵적 가격조정을 더욱 쉽게 실행시켜 주기도 한다(가격을 고정시키기 위한 명시적 의사소통은 모든 국가에서 불법이다). 일반적으로, 산업 내의 경쟁자 수가 많아질수록, 비공식적 가격협정(예, 지배기업이 주도하는 가격설정)을 맺는 것은 더욱 어려워진다. 그 결과로 가격전쟁이 일어날 수 있다. 수평적 통합은 산업 집중도를 증가시키고 과점 상태를 조성함으로써, 경쟁자들 간에 암묵적 조정을 더욱 쉽게 실행할 수 있게 한다.

이러한 두 가지 동기는 오라클의 많은 소프트웨어 기업인수 동기이기도 하다. 기업용 소프트웨어 산업에서는 과잉 잉여 생산능력이 있었고, 주요 경쟁자들은 고객에게 가격을 할인해 줘서 가격전쟁을 불러 일으켰으며 이익을 떨어뜨렸다. 오라클은 이러한 산업 내 잉여 생산능력을 제거하여 가격경쟁이 감소되기를 희망하였다. 2009년에 주요 기업용 소프트웨어 경쟁자들은 그들의 제품라인을 더욱 차별화시켜, 가격전쟁을 방지하고 주요 기업인수를 통해 경쟁우위를 구축하는 데 집중하고 있었다.

증가된 교섭력 마지막으로 어떤 기업들은 공급자들 혹은 구매자들에 대한 교섭력을 얻고, 공급자와 구매자들을 이용하여 수익성을 증가시키기 위해 수평적 통합을 사용하고 있다. 수평적 통합을 통해 산업을 합병함으로써, 기업들은 공급자들의 제품을 더 많은 구입하는 구매자가 되고 이것을 지렛대로 삼아 공급자들에게 공급 가격에 대한 교섭력을 발휘하여 원가를 절감하고 있다. 예를 들어, 월마트는 이러한 전략을 추구하는 기업으로 잘 알려져 있다. 이와 유사하게, 어떤 회사는 경쟁자들을 인수함으로써 한 산업의 제품과 산출물에 대해 더 큰 비율의 통제력을 얻고 있다. 모든 조건이 동일하다면, 고객들이 선택할 수 있는 공급자들이 별로 없어 제품 구입에 그 회사에 더 의존하기 때문에, 그 회사는 가격을 올릴 수 있는 힘을 갖게 되어 이익을 증가시킬 수 있다. 오라클과 SAP는 그들의 고객층을 유지하기 위해 이러한 전략을 추구하고 있다. 기업이 구매자들에게 가격을 올릴 수 있는 더 많은 능력을 갖게 되거나 공급자들에게 지불해야 할 가격을 낮출 수 있는 교섭력을 더 많이 갖게 되면, 그 기업의 시장 영향력은 증가된다.

수평적 통합의 문제

비록 수평적 통합이 여러 방면에서 기업의 비즈니스모델을 강화시켜 줄 수 있지만, 여기에도 문제가 있다. 이 기업수준의 전략을 추구하는 과정에서 위험과 제약 요소들이 있다. 수평적 통합전략을 실행하는 것은 경영자들에게 쉬운 과제가 아니다. 10장에서 살펴볼 예정이지만, 합병과 기업인수가 더 높은 수익률을 제공하지 못하게 하는 여러 가지 이유가 존재한다. 매우 상이한 기업문화가 발생시키는 문제들, 적대적 기업인수에서 인수된 기업경영진들의 높은 이직, 그리고 경영자들이 합병과 기업인수의 혜택을 과대평가하고 이와 관계된 문제를 과소평가하는 경향 때문에 합병과 기업인수의 성과가 낮을 수 있다.

기업이 지배적인 산업 경쟁자가 되고자 수평적 통합을 사용하고, 사업을 계속해서 성장시키고자 이 전략의 사용하고자 할 때, 그 기업은 연방거래위원회(FTC, Federal Trade Commission)라는 반 독점법의 강화를 책임지는 정부기관과 필연적으로 갈등을 겪게 된다. 반독점을 위한 정부기관들은 시장 영향력의 남용이 가져다주는 잠재 영향에 대해 관심을 갖고 있다. 일반적으로 더욱 경쟁적일수록 소비자들에게 더 났기 때문이다. FTC는 산업 내 소수 기업들이 기업인수를 시도하여 경쟁 상황에서 보다 더 높게 가격을 올려서 시장 영향력을 남용할 가능성이 있는 경우를 관심 있게 조사한다. FTC는 또한 지배적 기업이 시장 영향력을 행사하여 잠재적 경쟁자들을 파괴시키는 행위(예를 들면, 신규 경쟁자가 산업에 진출할 때 가격을 깎음으로써 그 경쟁자를 퇴출시키고 나면 다시 가격을 올리는 행위)를 하지 못하도록 방지하기를 원하고 있다.

이러한 관심 때문에, FTC가 합병 정도가 너무 심하고 미래에 시장 영향력을 남용할 가능성이 높다고 인식하는 어떤 합병과 기업인수도 반독점 명분하에서 불허되고 있다. 인공위성 라디오 분야에서 두 지배적 기업들인 시리우스(Sirius)와 XM간에 추진된 합병은 고객들이 고품질은 라디오 프로그램을 획득할 수 있는 다른 길이 있고(예를 들어, 고객들의 컴퓨터와 휴대폰을 통해), 그래서 실질적인 경쟁이 산업 내에 여전히 존재한다는 사실이 명확하게 되기 전까

지 수개월 동안 불허 되었다. 2011년에, AT&T가 티 모바일(T-Mobile)을 인수하고자 할 때 유사한 벽에 부딪히게 되었다. 그러나 이 장의 마무리 사례에서 논의하겠지만, 항공사들에게는 원가절감을 위해 합병이 허용된 바 있다.

수직적 통합: 핵심 비즈니스모델을 강화하기 위한 신생산업으로의 진출

자사의 비즈니스모델을 강화시키고 경쟁 위치를 개선하기 위해 수평적 통합을 사용하는 많은 기업들은 또한 동일한 목적으로 기업수준의 수직적 통합전략을 활용한다. 수직적 통합을 추구할 때, 기업은 자사의 핵심산업에서 사용되고 있는 비즈니스모델을 지원하기 위해 신산업에 진출할 것이다. 여기서 핵심산업이란 기업의 경쟁우위와 수익성의 주요 원천이 되는 산업을 의미한다. 그러므로 이 시점에서 기업은 수직적 통합을 사용하여 신산업에 진출하는 것이 어떻게 회사의 장기 수익성을 증진시킬 수 있을지에 관한 계획을 기술한 다중비즈니스모델을 수립해야 한다. 수직적 통합의 추구를 정당화해 주는 다중비즈니스모델은 회사의 핵심 제품에 부가 가치를 증진시키는 산업으로 진출하려는 기업에서 필요하다. 왜냐하면 이 모델은 제품 차별화, 원가절감, 혹은 둘 다를 증가시켜 이익에 기여하기 때문이다.

수직적 통합(vertical integration)전략을 추구하는 기업은 회사 제품의 투입요소를 생산하는 후방 산업으로 운영을 확장하거나(후방통합), 회사제품을 사용하고, 유통하고, 혹은 판매하는 전방 산업으로 운영을 확장한다(전방통합). 산업에 진출하기 위해, 기업은 회사 스스로 운영을 하고 그 산업에서 효과적으로 경쟁하기 위해 필요한 가치사슬을 구출할 것이다. 혹은 기업은 그 산업에 이미 존재하고 있는 기업을 인수할 수도 있을 것이다. 회사 소유의 철광석 광산에서 철광석을 공급하고 있는 철강회사는 후방통합의 예이

수직적 통합
회사 제품 투입요소를 생산하는 후방산업으로 운영을 확장하거나(후방통합), 회사 제품을 사용, 유통, 판매하는 전방산업으로 운영을 확장하는 것을 의미

| 그림 9.1 | 원자재에서부터 고객까지의 부가 가치사슬 단계 |

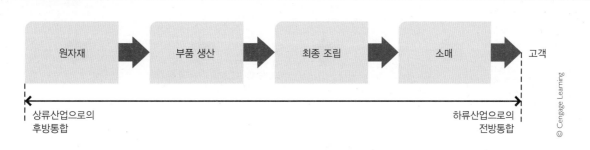

원자재 → 부품 생산 → 최종 조립 → 소매 → 고객

상류산업으로의
후방통합

하류산업으로의
전방통합

© Cengage Learning

다. 회사 소유의 소매상들을 통하여 노트북을 판매하는 PC 생산업자는 전방통합의 한 예이다. 예를 들어, 애플은 2001년에 소매산업으로 진출하였을 때, 애플 스토어 체인을 만들어 회사의 제품의 판매와 촉진, 그리고 서비스 제공을 결정하였다. IBM은 수직적 통합도가 매우 높은 기업이다. 이 회사는 칩과 메모리 디스크 산업으로 후방통합을 하여 회사의 메인프레임과 서버에 들어가 작동하는 부품들을 생산하였고, 컴퓨터 소프트웨어와 컨설팅 서비스 산업으로 전방통합을 하였다.

[그림 9.1]은 원자재에서부터 고객까지에 이르는 전형적인 부가 가치사슬상의 4 단계를 예시해 주고 있다. 최종 조립 단계에 기반하고 있는 기업에게, 후방통합은 부품 제조와 원자재 생산으로의 이동을 의미한다. 전방통합은 유통과 소매 판매를 의미한다. 가치사슬상의 각 단계에서 가치가 제품에 부가된다. 이것이 의미하는 바는 어떤 단계에 있는 기업은 이전 단계에서 생산된 제품을 가져다가 변형시켜 다음 단계의 가치사슬에 있는 기업과 궁극적으로 고객에게 더욱 값어치가 있는 제품이 되도록 한다는 것이다. 부가 가치사슬의 각 단계는 많은 서로 다른 경쟁자들이 경쟁하는 분리된 산업이라는 점에 주목할 필요가 있다. 각각의 산업에서 모든 기업들은 3장에서 논의하였던 가치창출 활동(R&D, 생산, 마케팅, 고객 서비스 등)으로 구성된 가치사슬을 갖고 있다. 다른 말로 표현하면, 여러 산업들을 가로지르는 산업들로 구성된 가치사슬이 있을 수 있고, 각 산업 내에서도 기업들로 구성된 가치사슬들이 존재한다.

부가 가치 개념의 예로, 하나의 PC를 생산하는 데 관여하는 각 산업의 기업들이 완성품에 어떻게 기여하는지를 생각해 볼 수 있다([그림 9.2] 참조). 가치사슬의 첫 단계에는 일본의 쿄세라(Kyocera)와 같은, 특수 세라믹, 화학물, 그리고 금속을 만드는 원자재 기업들이 위치해 있다. 쿄세라는 반도체를 위한 세라믹 회로기판을 생산하고 있는 기업이다. 가치사슬의 첫 단계 있는 기업들은 그들의 제품들을 인텔과 AMD와 같은 PC 부품 제조업자들에게 판매한다. 인텔과 AMD는 그들이 구입한 세라믹, 화학물, 그리고 금속을 변형시켜 마이크로프로세서, 디스크 드라이브, 그리고 메모리칩과 같은 PC 부품

그림 9.2   PC산업에서 원자재에서부터 고객까지의 부가 가치사슬

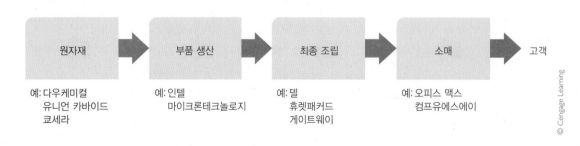

을 만든다. 이 과정에서 기업들은 그들이 구입한 원자재에 가치를 부가한다. 셋째 단계에서는 생산된 부품들이 애플, 델, HP와 같은 PC 제조업자들에게 판매되며, 이들 PC 제조업자들은 어떻게 부품을 구입하고 조립하여 최종 PC에 가치를 부가할지를 결정한다(그들은 스스로 조립할 수도 있고, 계약 제조업자에게 아웃소싱을 줄 수 있다). 네 번째 단계에서는 완성된 PC들이 직접 인터넷을 통해 최종 고객에게 판매되거나 베스트 바이(Best Buy)와 스테이플스(Staples)와 같은 소매업체들에게 판매된다. 소매업체들은 최종 고객들에게 완성 PC들을 유통시키고 판매한다. PC들을 유통시키고 판매하는 기업들도 제품이 고객들에게 접근하게 하고 고객 서비스와 지원을 제공하기 때문에 제품에 가치를 부가한다.

따라서 상이한 산업들의 기업들은 원자재에서부터 고객까지의 가치사슬 각 단계에 부가가치를 창출한다. 이런 식으로 본다면, 기업들은 수직적 통합 결정시, 원자재에서 고객에게 이르는 가치사슬 상에 있는 어떤 산업에서 운영하고 경쟁할 것인지를 선택하여야 한다. 이 선택은 가치사슬의 한 단계에서 운영이 얼마나 많이 제품 차별화 혹은 원가 절감을 실현시켜, 결과적으로 수익성을 증가시킬 것인지에 의해 결정된다. 이에 대해 다음 절에서 논의한다.

수직적 통합을 통한 수익성 증가

앞에서 살펴보았듯이, 기업은 자사의 독자적 혹은 핵심 비즈니스모델을 강화하고 경쟁 위치를 개선하기 위해 수직적 통합을 추구한다.[1] 수직적 통합은 다음의 조건에서 제품 차별화를 증가시키고 원가를 감소시키며 산업 경쟁도를 낮춘다. 수직적 통합이 (1) 효율성을 증가시키는 특수자산(specialized assets)에 투자를 촉진할 때, (2) 제품품질을 보호할 때, 그리고 (3) 수직적 통합을 통해 스케줄링이 개선될 때이다.

특수자산에 투자 촉진 특수자산이란 특정 업무를 수행하도록 설계된 자산이며 그 자산의 가치는 차선의 다른 용도로 사용될지라도 크게 감소된다.[2] 그 자산은 기업특유의 용도를 갖는 장비, 혹은 회사와 종업원들이 교육 훈련과 경험을 통해 획득한 노하우와 기술일 수 있다. 기업들이 특수자산에 투자하는 이유는 이 자산들을 이용하여 기업들이 원가를 낮추거나 제품을 더욱 차별화하여 높은 가격을 받을 수 있기 때문이다. 예를 들어, 토요타처럼 어떤 회사는 특수 장비에 투자하여 제조 원가를 낮출 수 있다. 혹은 어떤 회사는 애플이 한 것처럼, 첨단 기술에 투자하여 경쟁자보다 더 나은 고품질의 제품을 개발할 수 있다. 따라서 특수자산은 기업이 사업수준에서 경쟁우위를 달성하는 데 기여할 수 있다.

기업이 소속산업에서 경쟁우위를 구축하기 위해 특수자산들에 투자할 때, 공급자들도 해당 기업이 요구하는 투입물을 생산하기 위해 특수자산에 투자할 필요가 종종 있다.

공급자들은 이들 자산에 투자하여 차별적우위를 고객에게 제공하는 고품질의 투입물을 생산하거나, 고객들이 저가격으로 사업을 할 수 있도록 더 저렴한 가격으로 투입물을 생산할 수 있다. 그러나 원자재에서 고객까지의 부가 가치사슬에서 인접한 단계에 있는 기업들이 특수자산에 투자하도록 설득하는 것은 때때로 어려운 일이다. 이런 투자와 관련된 혜택을 실현시키기 위해 기업은 때때로 수직적 통합을 해서 인접 산업에 진출하고 스스로 자산에 투자해야 한다. 왜 이런 일이 일어나는가?

포드 자동차회사가 유일한 에너지절약형 전기 엔진 시스템을 개발하였다고 상상해 보자. 이 시스템은 극적으로 연료 효율을 증가시키고 포드의 자동차들이 경쟁자들의 자동차들과 차별화되도록 해주어 포드에게 현저한 경쟁우위를 줄 것이다. 포드는 그 시스템을 내부에서 생산(수직적 통합)할 것인지, 혹은 그 새로운 엔진 시스템을 생산하기 위해 전문 아웃소싱 제조업체와 계약을 맺을 지를 결정해야 한다. 이 신규 시스템을 제조하기 위해, 오직 이 목적으로만 사용될 수 있는 특수 장비에 많은 금액의 투자가 필요하다. 다른 말로 표현하면, 그 시스템의 희귀한 설계 때문에 이 시스템 제조를 위한 장비는 포드 혹은 다른 완성차 메이커들을 위한 다른 유형의 전기 엔진을 생산하는 데 사용될 수 없다. 따라서 이것은 특수자산에 대한 투자가 된다.

이러한 투자를 할 것인지 말 것인지를 결정해야 하는 공급자 관점에서 이 상황을 고려해 보자. 공급자들은 한 번 이것에 투자를 하였으면, *포드가 이 특수 장비가 만드는 전기 엔진을 구매할 수 있는 유일한 고객이기 때문에*, 자신들이 비즈니스를 위해 포드에게 의존될 것으로 생각할 것이다. 공급자들은 이것이 포드에게 강력한 교섭 위치를 제공하고, 그래서 포드가 이 구매력을 이용하여 엔진의 가격을 낮추도록 요구할 것이라고 깨닫게 된다. 이러한 위험이 고려되면 공급자들은 특수 장비에 투자하기를 거절한다.

이제 포드 입장을 생각해 보자. 포드는 만약 이 시스템의 생산을 어떤 외부 공급자에게 외주를 준다면, 자사가 중요한 투입물에 대해 그 공급자에게 너무 의존할지 모른다고 생각할 것이다. 특수 장비는 엔지 시스템을 생산하는데 필요하기 때문에, 포드는 발주처를 변경하여 주문을 다른 공급자들에게 발주할 수 없다. 포드는 이것이 그 공급자의 교섭력을 증가시킨다는 점을 깨닫게 된다. 그 공급자는 아마도 교섭력을 이용하여 높은 납품 가격을 요구할지 모르기 때문이다.

특수자산 투자가 만드는 *상호의존(mutual dependence)* 상황은 포드가 외부 공급자들에게 제품생산을 허가하는 것을 주저하게 만들며, 또한 이 상황은 공급자들이 그러한 위험성 높은 투자를 주저하게 만든다. 문제는 신뢰의 결핍이다. 포드나 공급자 누구도 이 상황에서 공정하게 운영할 만큼 상대방을 신뢰할 수 없다. 신뢰의 결핍은 홀드업(holdup)의 위험 때문에 발생한다. 홀드업은 특수자산에 투자를 한 후 거래 파트너에게 이용당하는 것을 의미한다.[3] 이 위험 때문에, 포드는 새로운 엔진 시스템을 저렴하게 만들 수 있

홀드업
이 위험은 어떤 회사가 거래 파트너의 욕구를 더욱 잘 충족시키기 위해 비싼 특수자산에 투자를 한 후 그 거래 파트너에게 이용당하는 것을 의미

는 유일한 효과적 방법은 특수자산에 투자하고 그 엔진을 내부에서 생산하는 것이라는 점을 알게 된다.

이러한 예를 일반화시키면 다음과 같다. 만약 어떤 회사가 경쟁우위를 달성하기 위해 특수자산에 투자하여 다른 기업과 거래하여야 한다면, 홀드업의 위험 때문에 그 투자는 방해 받고 발생되지 않을 수 있다. 결과적으로전문화를 통한 높은 수익성을 얻을 수 있는 가능성은 상실될 것이다. 이러한 손실을 예방하기 위해 기업들은 가치사슬의 인접 단계로 수직적 통합을 한다. 역사적으로 특수자산을 둘러싼 문제들 때문에, 자동차회사들은 후방통합을 실시하여 부품을 생산하였으며, 철강회사들은 후방통합을 통해 철을 생산하였고, 컴퓨터 회사들은 칩 생산을 위해 후방통합을 하였고, 알루미늄회사들은 보크사이트 광산 채광을 위해 후방통합을 하였다. 종종 이러한 기업들은 부분 통합(tapered integration)을 실행한다. 부분 통합이란 기업이 투입물의 일부는 자체 제작하는 한편 일부를 외부에서 구입하는 것을 의미한다. 기업은 투입물의 일부 혹은 대부분을 공급자들로부터 구매함으로써 시장의 장점(예, 품질개선 혹은 원가절감 경쟁을 하는 많은 공급자들 중에서 적합한 공급자를 선정할 수 있음)을 활용할 수 있다. 동시에 기업은 내부에서 투입물의 일부를 자체 생산함으로써 교섭력을 증가시켜 공급자가 가하는 홀드업의 위험을 줄일 수 있다. 투입물을 자체 생산하는 기업은 또한 해당 투입물을 공급하는 외부 공급자의 원가와 품질을 더 잘 평가할 수 있다.[4] [전략 실행 사례 9.2]는 글로벌 알루미늄 산업에서 어떻게 특수자산 이슈가 수직적 통합과 연결되는 지를 논의하고 있다.

제품품질의 향상 부가 가치사슬상의 다른 단계에 있는 산업에 진출함으로써, 회사는 종종 핵심 사업 제품들의 품질을 향상시키고 차별화우위를 강화시킬 수 있다. 예를 들어, 엔진과 변속 시스템과 같은 복잡한 구성품들의 신뢰성과 성과를 통제할 수 있는 능력은 고급 세단 시장에서 회사의 경쟁우위를 증가시키고, 높은 가격을 받을 수 있도록 해줄 것이다. 바나나 산업에서 여러 조건들은 제품품질을 유지하는데 있어 수직적 통합이 중요한다는 점을 예시해 주고 있다. 역사적으로 바나나를 수입하는 식품회사들이 직면하고 있는 문제는 배달된 바나나의 품질이 가변적이라는 점이다. 종종 미국 슈퍼마켓 선반 위로 바나나들이 너무 익었거나 혹은 설익은 것들이 도착한다. 이런 문제를 바로잡기 위해, 델 몬트(Del Monte)와 같은 미국의 주요 식료품회사들은 후방통합을 하였고, 지금은 자체적으로 바나나 농장을 소유하여 바나나 공급을 스스로 통제하고 있다. 그 결과, 그들은 고객을 더 잘 만족시키기 위해 표준 품질을 갖는 바나나를 최적기에 유통시키고 판매할 수 있다. 고객들이 이들 브랜드들의 품질을 신뢰할 수 있음을 알고 있기 때문에, 기꺼이 높은 가격을 지불할 의사를 갖고 있다. 따라서 농장소유로까지의 후방통합을 통해 바나나 회사들은 고객 신뢰를 구축하였고, 차례로 이것을 통해 그들은 높은 제품 가격을 받을

부분 통합
기업이 투입물의 일부는 자체 제작하는 한편(수직적 통합), 일부를 외부에서 구입(시장거래)하는 것을 의미. 예를 들어, 기업은 제한된 양의 반도체를 자체 생산하는 한편, 시장에서 반도체칩을 구매할 수 있음. 이렇게 함으로써 공급자의 홀드업 위협을 예방할 수 있으며(기업이 외부 공급자들에게 투입물 구매에 매달리지 않아도 되기 때문), 해당 투입물을 공급 하는 외부 공급자의 원가와 품질을 더 잘 평가할 수 있음

전략 실행 사례 9.2

알루미늄산업에서 특수자산과 수직적 통합

© iStockPhoto.com/Tom Nulens

알루미늄을 생산하기 위해 사용하는 보크사이트는 내용물인 금속과 화학 합성물이 매장물마다 다르기 때문에, 각각의 유형의 광석을 정제하기 위해 특수 정제 설비가 필요하다. 즉, 정제 설비는 특정 유형의 광석을 위해 설계되어야 한다. 어떤 보크사이트를 다른 유형의 보크사이트를 위해 설계된 정제 설비에서 정제할 경우, 생산원가가 20%에서 100%증가한다. 따라서 특수 알루미늄 정제 설비의 투자 가치와 그 장비에 의해 생산된 산출물의 원가는 그 장비에 적합한 보크사이트 광석에 달려 있다.

A라는 어떤 알루미늄회사가 어떤 유형의 광석을 정제하도록 설계된 알루미늄 정제 설비에 투자 여부를 결정해야 한다고 상상해 보자. 또한 그 광석은 단 한 개의 보크사이트 광산을 갖고 있는 B라는 보크사이트 공급자가 추출한 것이라고 가정해 보자. 다른 유형의 광석을 사용하는 것은 생산원가를 50% 증가할 것이다. 그러므로 A 알루미늄회사의 알루미늄 정제 설비 투자 가치는 보크사이트 구입 대가로 B 보크사이트 공급자에 지불해야 하는 가격에 달려 있게 된다. 이것을 알고 있으면서, A 알루미늄회사가 새로운 정제 설비에 투자하였다면, B 보크사이트 공급자가 가격을 올리지 못하게 하

는 방법은 무엇인가? A 알루미늄회사가 투자를 하였다면, B 보크사이트 공급자와의 관계에 꼼짝없이 갇히게 된다. B 보크사이트 공급자는 A 알루미늄회사의 총 생산원가의 증가가 50% 미만이기만 하면, A가 자사의 광석을 계속해서 구매할 것이라는 사실을 알고 있기 때문에 가격을 올릴 수 있다. 따라서, 한번 A 알루미늄회사가 여기에 투자를 하게 되면, B 보크사이트 공급자는 A 알루미늄회사에게 터무니 없는 가격을 요구하는 홀드업 행동을 할 수 있다.

A 알루미늄회사는 어떻게 이 홀드업의 위험을 감소시킬 수 있을까? 그 대답은 B 보크사이트 공급자를 인수하는 것이다. 만약 A 알루미늄회사가 B 보크사이트 공급자의 광산을 인수할 수 있다면, 알루미늄 정제 설비에 투자한 이후에도 보크사이트 가격이 올라갈 것을 더 이상 두려워할 필요가 없다. 다른 말로 표현하면, 수직적 통합은 이 홀드업의 위험을 제거해 줘서, 특수 장비 투자를 가치 있게 만들어 준다. 실무에서는 이러한 이유 때문에 알루미늄회사들이 수직적 통합을 추구하고 있다고 주장하고 있다. 한 연구에 따르면 보크사이트 총 생산량의 90% 이상이 수직적으로 통합된 알루미늄회사들 내부에서 사용되고 있다고 보고되고 있다.

자료: J .F. Hennart, "Upstream Vertical Integration in the Aluminum and Tin Industries," *Journal of Economic Behavior and Organization* 9 (1988): 281–299; and www.alcoa.com

수 있었다.

동일한 이유로 전방통합이 일어날 수 있다. 만약 복잡한 제품에 대한 표준 애프터서비스가 유지될 필요가 있다면, 소매 아울렛을 소유하는 것이 필요할 것이다. 예를 들어, 1920년대에 코닥(Kodak)은 소매점들을 소유하여 자사의 사진 기기들을 유통시켰다. 왜냐하면 코닥은 기존의 소매점들 중에 자사의 복잡한 기기를 판매하고 애프터서비스를 제공할 수 있는 필요 지식과 기술을 갖춘 소매점들이 거의 없다고 느꼈기 때문이다. 1930년대에, 새로운 소매업자들이 등장하여 코닥을 위해 만족할 만한 유통과 서비스를 제공할 수 있었다. 그래서 이때, 코닥은 소매산업을 떠났다.

맥도날드는 또한 수직적 통합을 활용하여 제품품질을 유지하고 효율성을 증가시켰

다. 1990년대 맥도날드는 수십 년 동안 빠르게 성장한 이후로, 패스트푸드 시장에 정체기가 시작하고 있다는 문제에 직면하였다. 맥도날드는 빠르게 해외로 확장하여 이 정체기에 대처하였다. 1980년에 맥도날드 체인의 신규 레스토랑 개점의 28%는 해외에서 이루어졌다. 1990년에 이 비율이 60%이었으며, 2000년에 70%가 되었다. 2011년에 110개 국가에 12,000개의 레스토랑이 미국 밖에서 운영되고 있었다.[5] 맥도날드는 자사의 가치창출 기술을 반복적으로 적용함으로써 글로벌 확장을 가속화시킬 수 있었다. 맥도날드의 미국에서의 성공은 공급자와의 밀접한 관계, 전국적 마케팅 능력, 그리고 점포 수준의 운영절차에 대한 엄격한 통제라는 공식에 기반하고 있었다.

맥도날드가 직면하였던 가장 큰 글로벌 문제는 자사의 미국 공급사슬을 다른 국가들에서도 재현시키는 것이다. 맥도날드의 국내 공급자들은 그들의 운명이 맥도날드의 성공에 밀접히 연관되어 있기 때문에 맥도날드에 열렬히 충성하고 있다. 맥도날드는 회사가 사용하는 모든 원재료들에 대해 매우 엄격한 세부 기준을 갖고 있다. 이것은 일관성과 품질 통제의 핵심이다. 그러나 미국 밖에서 맥도날드는 해외 공급자들이 자사의 세부 기준을 맞추기 위해 필요한 투자를 하려는 의지가 매우 낮다는 사실을 발견하였다. 예를 들어, 영국에서 맥도날드는 현지 제빵업자들이 고품질의 햄버거 번을 만들지 못한다는 문제에 봉착하였다. 현지의 두 제빵업자의 품질 문제를 경험하고 나서, 맥도날드는 후방통합을 하여 영국 점포들에 공급하기 위해 자체적으로 빵을 만들어야 했다. 맥도날드는 러시아에 진출하기로 결정하였을 때, 현지 공급자들이 회사가 요구하는 품질수준으로 식재료를 만드는 능력을 결핍하고 있음을 발견하였다. 그래서 맥도날드는 현지 식품산업에 대하여 큰 규모의 수직적 통합을 하지 않으면 안 되었다. 토마토 씨와 소의 정자를 수입하였고, 간접적으로 낙농 농장, 양 목축장, 그리고 채소밭을 관리하였다. 맥도날드는 또한 세계에서 가장 큰 식품가공 공장을 엄청난 돈을 들여 건설할 필요가 있었다. 남미에서 맥도날드는 또한 아르헨티나의 대형 목축장을 구입했다. 거기서 맥도날드는 자체적으로 양들을 사육하였다. 요약하면, 수직적 통합을 통해 맥도날드는 제품품질을 보증하고 글로벌 원가를 낮출 수 있었다.[6]

개선된 일정계획 수직적 통합이 부가 가치사슬상의 인접 단계들 사이에서 원자재 혹은 부품과 같은 제품의 이동에 관해 더욱 빠르고, 더욱 쉽고, 더욱 효율적으로 계획하고 조정하고 일정계획을 수립할 수 있도록 한다면, 때때로 중요한 전략적우위는 얻을 수 있다.[7] 기업이 적시(JIT, just-in-time) 재고관리의 이점을 실현하기 원할 때, 이러한 우위는 중요할 수 있다. 예를 들어, 1920년대에 포드는 후방통합을 통해 가능해진 촘촘한 조정과 일정계획으로 이익을 냈다. 포드는 철강 주조, 철광석 수송, 그리고 철광석 생산으로 후방통합을 하였다. 포드는 업퍼 미시간(Upper Michican)에 광산들을 소유하였다. 포드에서 이들 원자재들의 이동은 다음과 같이 잘 조정되어 있었다. 즉, 그레이트 레이크 (Great Lakes)에 있는 철강 주물공장에 내려진 철광석은 24시간 내에 엔진 구성품들로 주조될 수 있을 정도이다. 이것은 포드의 비용구조를 낮추었다.

수직적 통합의 문제점

수직적 통합은 종종 회사의 비즈니스모델을 강화시키는 데 사용되어 수익성을 증가시킬 수 있다. 그러나 수직적 통합이 (1) 비용구조를 상승시키고, (2) 기술이 빠르게 변하여 경쟁적으로 불리해질 경우, 그리고 (3) 수요가 예측할 수 없어 경쟁적으로 불리해질 경우, 반대의 상황이 발생할 수 있다. 때때로 이러한 불리함들은 매우 커서 수직적 통합이 오히려 수익성을 증가시키기보다는 실제로 수익성을 떨어뜨린다. 이런 경우에 기업은 수직적 해체(vertical disintegration)를 하여 산업 가치사슬상에서 자사 핵심산업에 인접한 산업들에서 빠져나온다. 예를 들어, 포드는 수직적 통합도가 매우 높았는데, 포드보다 더 효율적이고 전문화된 철강 제조회사들이 등장하여 더 낮은 가격으로 철강을 공급하였기 때문에 철광석을 채굴하고 철강을 제조하는 포드 소유의 회사들을 모두 매각하였다.

증가하는 비용구조 비록 수직적 통합은 종종 기업의 비용구조를 낮추기 위해 시도되지만, 만약 기업이 동일한 투입물을 저렴한 가격으로 공급할 수 있는 공급자들이 존재함에도 불구하고 계속해서 자체적으로 투입물을 생산하는 실수를 범한다면, 수직적 통합은 원가를 증가시킬 수 있다. 예를 들어, 수십 년 동안 GM 소유의 공급자들은 차량 부품의 60% 이상을 제조하였다. 이것은 GM이 원가가 높은 비효율적인 자동차회사가 된 이유이었다. 2000년대에 GM은 델히(Delhi)와 같은 회사 소유의 가장 규모가 큰 부품 공급자들을 매각하여 수직적으로 해체하였다. 그러므로 회사 소유의 공급자들의 비용구조가 독립 공급자들의 경우보다 더 높을 때, 수직적 통합이 현저하게 불리할 수 있다. 왜 회사 소유의 공급자가 그런 높은 비용구조를 갖게 되는가?

이 예에서, 회사 소유 혹은 회사 내부 공급자들은 항상 그들의 부품들을 회사의 자동차 제조 부서에 판매할 수 있다는 사실을 알고 있다. 그들은 포로나 다름이 없는 고객을 갖고 있는 것이다. 회사 소유의 공급자들은 독립적인 외부 공급자들과 주문 획득을 위해 경쟁할 필요가 없기 때문에, 운영비를 감소시키거나 부품 품질을 증가시키려고 새로운 방법을 찾기 위한 인센티브 요인이 훨씬 더 적다. 사실 내부 공급자들은 단순히 원가 상승분을 회사의 자동차 제조 부서로 높은 이전가격(transfer prices) 모양새로 이전시킨다. 이전가격이란 회사의 한 부서가 다른 부서에게 청구하는 제품 가격을 의미한다. 지속적으로 경쟁우위를 보호하기 위해 효율성을 증가시켜야 하는 독립적 공급자들과는 달리, 내부 공급자들은 그런 경쟁을 하지 않고, 그래서 결과적으로 상승하는 비용구조가 회사

수직적 해체
기업이 수익성을 증가시키기 위해 자사의 가치사슬상에 자사의 핵심산업에 인접한 후방 혹은 전방 산업들에서 퇴출하기로 결정하는 것을 의미

이전가격
회사의 한 부서가 자신들의 투입물을 활용하여 제품을 만들어야 하는 다른 부서에게, 해당 투입물에 대해 청구하는 가격을 의미

의 수익성을 떨어뜨린다.

관료적 원가(bureaucratic costs)는 차별화를 증가시키거나, 회사의 비용구조를 낮추기 위해 비즈니스 단위들 간에 교환을 관리할 필요성이 제기 되는 상황에서 경영의 비효율성으로 발생되는 거래상의 어려움을 해결하기 위해 투입되는 원가를 의미한다. 관료적 원가는 회사 비용구조상에 중요한 비중을 차지하는 요소가 된다. 왜냐하면 회사 소유의 공급자들이 효율성 혹은 혁신성을 증가시켜야 하는 인센티브가 사라질 때 나타나는 비효율성과 같은 경영 비효율성을 감소시키거나 제거하기 위해 상당한 경영상의 시간과 노력이 투입되어야 하기 때문이다.

기술적 변화 기술이 빠르게 변화하고 있을 때, 수직적 통합은 회사가 낡고 비효율적인 기술에 갇히게 하고 회사의 비즈니스모델을 견고하게 해줄 새로운 기술로 변화하지 못하게 방해할 수 있다.[8] 후방통합을 실행하여 현재는 시대에 뒤떨어졌지만, TV와 컴퓨터 모니터에 사용되는 CRTs(cathode ray tubes)의 선두 제조업체가 된 소니를 생각해 보자. 소니는 이 구식의 CRT 기술에 갇히게 되었기 때문에 미래의 화면은 평편한 LCD(liquid crystal display)화면임을 늦게 깨달아서 CRT사업에서 빠져나오지 못했다. 소니의 기술 변화에 대한 저항 때문에 소니는 자사의 브라비아(BRAVIA) TV에 사용되는 LCD 화면을 공급하기 위해 삼성과 전략적 제휴를 맺어야만 했다. 결과적으로 소니는 경쟁우위를 잃게 되었고, TV 시장점유율이 크게 하락하였다. 따라서 수직적 통합이 회사가 새로운 기술을 채택하지 못하게 하거나 변화하는 기술의 요구에 맞게 공급자 혹은 유통시스템을 변경하지 못하게 방해할 경우 수직적 통합은 심각한 불이익을 가져다 줄 수 있다.

수요의 예측불가능성 자동차 혹은 세탁기와 같은 회사의 핵심 제품의 수요가 예측가능하고, 회사는 얼마나 많은 단위들이 매월 혹은 매년에 필요한지를 알고 있다고 가정해 보자. 이런 상황에서 수직적 통합은 회사가 산업의 부각 가치사슬을 따라서 제품 흐름에 대해 효율적으로 일정계획을 세우고 조정할 수 있게 해주며, 많은 원가절감에 기여할 수 있다. 그러나 자동차 혹은 세탁기의 수요가 심하게 요동치고 예측이 불가능하다고 가정해 보자. 만약 자동차의 수요가 갑자가 곤두박질하고 있다면, 완성차 제조업자는 더 이상 필요하지 않은 부품들이 창고에 가득 차 있는 상황을 부담스러워 할 것이다. 그 재고들은 수익성을 심각하게 갈아먹는 것들이기 때문이다. 이러한 상황은 최근 경기불황기에 주요 완성차 제조회사들을 괴롭혔던 것이었다. 따라서 수직적 통합은 수요가 예측 불가능할 때 위험할 수 있다. 왜냐하면 이럴 경우 부가 가치사슬을 따라 제품의 양과 흐름을 관리하기가 어렵기 때문이다.

예를 들어 어떤 PC제조업체는 매월 필요한 칩의 수를 정확하게 만들기 위한 목적으로 후방통합을 하여 메모리칩 공급자를 인수할 수 있다. 그러나 모바일 컴퓨팅 기기의 대중화로 PC에 대한 수요가 하락한다면, 그 PC제조업자는 자신이 최대 생산 가동율로 생산하지 않고 비용구조가 상승하고 있기 때문에 현재 비효율적인 비즈니스에 갇혀 있음을 알게 된다. 일반적으로, 환경의 급속한 변화(예를 들어, 기술적 변화, 변화하는 고객 요구, 제도적 규범 혹은 경쟁 역학의 중요한 변화)는 수직적 통합에 대한 인센티브를 제공하지 못한다. 왜냐하면 기업의 자산 투자가 급속한 진부화 위험에 더욱 노출되기 때문이다.[9] 전략적 경영자들은 산업의 부가 가치사슬상에서 후방(상류) 혹은 전방(하류)으로 인접 산업들에 진출하여 회사의 경계를 확장하는 것의 장점과 단점을 신중하게 평가해야 한다. 더욱이 비록 중요한 부품을 생산하기 위해 새로운 산업으로 진출하기로 한 결정이 과거에 이익이 되었을지 모르지만, 오늘날에는 매우 많은 비용 효율적인 글로벌 부품 공급자들이 존재하여 회사와 경쟁하고 있기 때문에, 이러한 결정은 경제적으로 이치에 맞지 않을 수 있다. 수직적 통합 투자가 가져오는 위험과 수익을 계속해서 평가해야 하며, 회사는 자사의 핵심 비즈니스모델을 강화하기 위해 수직적 통합만큼 수직적 통합을 해체할 의지가 있어야 한다.

수직적 통합의 대안: 협력적 관계

수직적 통합과 관련된 문제와 원가를 해결하지 못한 채 이 전략이 제공하는 차별화와 원가절감우위를 획득하는 것이 가능한가? 다른 말로 표현하면, 다른 회사들이 상류와 하류 활동들을 수행하도록 하면서 수직적 통합의 장점을 얻기 위해 경영자들이 사용할 수 있는 또다른 기업수준의 전략이 존재하는가? 오늘날, 기업들은 유사 통합(quasi integration)으로 알려진 방법을 사용하여 수직적 통합과 관련된 많은 혜택을 실현시킬 수 있음을 발견하고 있다. 이 방법은 부가 가치사슬 위에 있는 산업들의 기업들과 장기적 협력 관계를 구축하는 것이다. 예를 들면, 이 방법으로는 생산 설비 혹은 재고투자 비용을 공동으로 부담하거나, 장기 공급 혹은 구매 보증계약을 맺는 것이 포함될 수 있다. 애플이 공급자들을 위해 생산 설비에 투자하기로 결정한 것은 대표적 예이다(본 장의 첫머리 사례 참조).

> **유사 통합**
> 공급사슬에서 후방 혹은 전방통합을 하여 운영들을 완전히 자체적으로 수행하는 대신 공급자 혹은 구매자가 정상적으로 수행하고 있는 활동들의 일부에 투자하여 이들과 장기 관계를 구축하는 것을 의미

단기계약과 경쟁입찰

많은 기업들은 1년 미만 기간 동안 공급자들에게서 원자재와 부품을 구매하거나 그들의 최종제품을 유통업자 혹은 소매상들에게 판매할 가격과 조건을 설정하는 단기계약을 활용한다. 이에 대한 고전적 예는 *경쟁입찰 전략(competitive bidding strategy)*을 사용하는 완성차 제조업체이다. 이 전략 하에서는 독립적인 부품 공급자들이 가장 낮은 가격으로

완성품 제조업체와 협의하여 수용한 제품 명세서대로 특수부품(예를 들면, 브레이크)을 만들어 이들에게 공급하는 공급자로 선정되기 위해 경쟁한다. 예를 들어, GM은 전형적으로 특정 부품을 생산하는 글로벌 공급자들에게서 입찰을 받고 가장 낮은 가격에 입찰서를 제출한 공급자에게 1년 계약을 수여하고 있다. 1년이 다 지난쯤에 다시 경쟁입찰에 의해 계약이 이루어지는데, 다시 한번 가장 저렴한 원가 공급자가 낙찰을 받게 된다.

GM에게 이 전략의 장점은 공급자들이 가격경쟁을 하게 되어 자사의 자동차 부품의 원가가 감축될 수 있다는 점이다. 그러나 GM은 외부 공급자들과 장기계약을 맺지 않는다. 이로 인해 공급자와의 교섭은 매우 경직되어 있다. 이러한 이유 때문에, 공급자들은 고품질의 잘 설계된 부품을 생산하는 데 필요한 특수자산에 비싼 장기 투자를 오랫동안 하려고 하지 않을 것이다. 추가로 공급자들은 JIT 재고관리시스템의 활용을 가능하게 하는 빡빡한 일정을 수긍하는 것을 주저할 것이다. 왜냐하면 이것은 GM이 원가를 낮추는데 도움이 되지만 공급자의 원가를 증가시켜 그들의 수익성을 떨어뜨릴 것이기 때문이다.

결과적으로 단기계약은 차별화와 원가우위를 실현하는 데 필요한 특수투자를 유인하지 못한다. *왜냐하면 단기계약은 회사가 공급자들에게 장기적 헌신이 부족하다는 신호를 보여주는 것이기 때문이다.* 물론 협력의 필요가 매우 적고, 특수자산이 일정계획을 개선하고 제품품질을 증진시키며 혹은 원가를 감소시키는 데 필요하지 않는 경우, 이것은 문제가 되지 않는다. 이런 경우 경쟁입찰이 최상의 방법이 될 것이다. 그러나 오늘날 점점 더 중요해지고 있는 협력에 대한 필요성이 존재할 때, 단기계약과 경쟁입찰은 심각한 문제를 가질 수 있다.

전략적 제휴와 장기계약

단기계약과는 달리, 구매자와 공급자 간의 전략적 제휴(strategic alliances)는 장기적이고 협력적인 관계이다. 전략적 제휴에서는 두 회사가 특수투자를 하기로 동의하고 함께 원가를 절감하고 제품품질을 찾기 위해 노력한다. 따라서 두 회사 모두가 이 관계에서 이득을 얻는다. 전략적 제휴는 수직적 통합의 대체안이 되고 있다. 왜냐하면, 전략적 제휴는 두 회사가 수직적 통합이 제공하는 동일한 종류의 혜택을 얻을 수 있도록 해주는, 상대적으로 안정되고 장기적 파트너십 관계를 만들어 주기 때문이다. 그러나 이것 또한 경영상의 비효율성이 초래하는 문제들(관료적 원가)을 피할 수 없다. 경영상의 비효율성은 회사 소유의 공급자가 있고, 이 공급자가 개선하고자 하는 인센티브가 결여되었을 때 발생되거나, 혹은 회사가 기술이 급격히 변하고 있음에도 불구하고 오래된 기술에 갇히게 되었을 때 발생한다.

종종 수십 년 전에 많은 일본 완성차 제조회사들이 그들의 부품 공급자들과 구축하였던 협력적 관계를 생각해 보자. 이 관계를 *게이레츄(keiretus)* 시스템이라고 한다. 일본 완

전략적 제휴
둘 이상의 회사들이 각자 모두에게 혜택을 제공하는 신제품 혹은 신공정을 공동으로 개발하기로 장기계약을 맺는 것을 의미

성차 제조업체들과 공급자들은 각자 가치사슬상에서 제 역할을 다하여, 그들이 얻을 수 있는 부가가치를 극대화하는 방법을 찾는 데 협력하고 있다. 예를 들어, 그들은 JIT재고 시스템을 공동으로 실행하거나 혹은 품질을 개선하고 조립 원가를 낮추기 위해 미래 부품 설계를 공유함으로써 이것을 실현하고 있다. 이 과정에서 공급자들은 특정 완성차 제조업자의 욕구를 더 잘 충족시켜 주기 위해 특수 장비에 많은 투자를 하고 있으며, 원가 절감 성과를 공유하고 있다. 따라서 일본 완성차 제조업자들은 부품산업에 진출할 필요 없이 수직적 통합의 많은 혜택을 수여 받을 수 있었다.

유사하게 부품 공급자들 또한 구매 기업들이 성장하면서 그들의 사업과 수익성이 성장하기 때문에 혜택을 받고 있다. 그래서 그들은 그들의 이익을 더욱 특수화된 자산에 투자할 수 있다.[10] 이것에 관해 재미있는 예는 NVIDIA, 에이서(Acer), 그리고 AMD와 같은 많은 기업들을 위하여 칩을 생산하는 컴퓨터 칩 아웃소싱 거대기업인 타이완 반도체 제조회사(Taiwan Semiconductor Manufacturing Company, TSMC)이다. 최신 칩 제조 공장을 건설하기 위해 필요한 기계 투자 비용은 100억 달러를 초과할 수 있다. TSMC는 컴퓨터 칩 파트너들과 협력적 장기 관계를 발전시켜 왔기 때문에 이렇게 엄청나고 위험한 투자를 할 수 있었다. 모든 당사자들은 이러한 아웃소싱 계약으로 혜택을 얻을 수 있다는 사실을 인식하고 있으며, 이러한 이유 때문에 TSMC와 칩 회사들 간에 어떤 교섭도 불가능하지 않다. 왜냐하면 모든 당사자들은 이익을 극대화하고 위험을 감소하기를 원하고 있기 때문이다. [전략 실행 사례 9.3]에서 보는 바와 같이, 어떻게 전략적 제휴가 어떻게 잘못 흘러가서 중요한 문제를 야기시켰는지에 관한 흥미로운 사례가 2011년에 발생하였다.

장기적 협력 관계 구축

기업이 다른 기업을 위해 특수투자를 하면 속임을 당하고 터무니없는 가격을 지불해야 하는 홀드업의 위협이 존재하고 있는 상황에서, 어떻게 기업이 다른 기업과 장기 전략적 제휴를 맺는가? GM과 닛산과 같은 기업들은 어떻게 공급자들과 이익이 되는 지속적인 관계를 개발하고 있는가?

장기 협력적 관계를 촉진시키고, 어떤 기업이 약속을 어기고 다른 기업을 속이려는 기회를 줄이기 위해 기업들이 사용할 수 있는 여러 가지 전략들이 있다. 한 전략은 회사가 특수자산에 투자하고 파트너에게 담보물을 요구하는 것이다. 다른 전략은 서로 간에 신뢰하고 장기 관계를 할 수 있는 두 회사 간의 *신뢰할 만한 헌신(credible commitment)*을 하는 것이다.[11]

담보물 잡기
각각의 파트너가 거래에서 자신의 몫을 유지할 수 있는 것을 보증하기 위해 귀중한 자원을 교환하는 방법을 의미

담보물 잡기 담보물 잡기(Hostage Taking)는 본질적으로 각 파트너가 교섭에서 자신의

전략 실행 사례 9.3

스마트폰 시장에서 애플, 삼성, 그리고 노키아의 전쟁

© iStockPhoto.com/Tom Nulens

여러 해 동안, 애플은 삼성과 전략적 제휴를 맺고 아이폰과 아이패드에 사용되는 독자적 칩을 생산하고 있었다. 이 칩은 스마트폰 칩 산업을 지배하고 있는 영국 칩 회사인 ARM 홀딩스가 설계한 것이었다. 삼성은 자체 스마트폰을 만들고 있기 때문에 애플의 경쟁자들 중의 하나였음에도 불구하고, 자사의 저원가 기술을 이용하여 애플의 새로운 칩을 만들었다. 2010년에, 삼성은 새로운 모델의 갤럭시 스마트폰과 태블릿 컴퓨터를 출시하였다. 이들은 애플과 동일한 칩을 사용하지 않지만 유사한 기능을 수행하고 애플 제품과 유사해 보이고, 글로벌 고객들에게 매우 인기 있는 제품이 되었다.

2011년 애플은 삼성과의 제휴가 삼성이 자사 스마트폰과 태블릿 컴퓨터의 설계를 모방할 수 있게 하였다고 판단하고, 삼성이 자사의 특허와 전문 지식을 침해하였다고 삼성에게 소송을 제기하였다. 삼성도 애플이 자사 소유의 특허로 보호된 설계를 침해하였다고 애플에게 맞고소를 하면서, 두 회사 간의 제휴는 급격히 해체되었다. 분석가들은 장래에 애플이 다른 회사에게 칩 생산을 맡길 것으로 예상하고 있다. 같은 시기에 지난 10년 동안 새로운 스마트폰 기술을 개발하기 위해 R&D에 600억 달러를 투자하였던 노키아는 애플에게 소송을 제기하고 있었다. 노키아는 애플이 자사의 특허를 위반하였고, 자사의 특허를 이용하여 매우 빠르게 아이폰을 개발하였다고 주장하였다 애플도 노키아에게 맞고소 하였다. 이유는 노키아가 자사의 특허, 특히 지금은 잘 알려진 터치스크린 기술에 대한 특허를 위반했다는 것이다. 그러나 2011년 6월에 애플은 노키아와 문제를 해결하기 위해 노키아 특허를 라이센싱하여 기술을 사용하는 권리를 갖는 대가로 수십억 달러를 노키아에게 지불하기로 했다. 그리고 나서 2011년 6월에 애플은 자사의 터치스크린 기술을 보호하는 특허를 수여받았다. 그리고 수익성 높고 성장하는 스마트폰 시장을 지배하기 위해 이들 스마트폰 기업들 간에 새로운 단계의 법정 소송이 시작될 것처럼 보인다.

자료: www.samsung.com, www.nokia.com, and www.apple.com.

몫을 챙길 수 있을 것을 보증하는 수단이다. 보잉(Boeing)과 노드롭 그루만(Northrop Grumman) 간의 협력적 관계는 이러한 유형의 상황을 예시해 주고 있다. 노드롭은 보잉의 여객기 사업부의 중요한 하청업체로서 항공기의 많은 부품들을 제공하고 있다. 보잉의 특별한 요구를 충족시키기 위해, 노드롭은 특수자산에 많은 투자를 했어야만 했다. 이론적으로, 이 투자 때문에 노드롭은 보잉에 의존하게 되었다. 보잉은 노드롭의 가격을 내리기 위한 방안으로 다른 공급자들에게 발주를 하겠다고 위협을 가할 수 있다. 실제로, 보잉은 공급자들을 변경할 가능성은 매우 희박하다. 왜냐하면 보잉은 노드롭의 방위 사업부의 주요 공급자로서 노드롭의 스텔스 전투기의 많은 부품을 제공하고 있기 때문이다. 그래서 보잉도 노드롭의 요구를 충족시키기 위해 특수자산에 많은 금액을 투자하였다. 따라서 이들 회사들은 상호의존적이다. 각자가 담보물—상대방이 수행한 특수자산 투자—을 잡고 있는 것이다. 따라서 보잉은 노드롭과의 어떤 가격협정 약속을 어기지 않을 것이다. 왜냐하면 보잉은 노드롭도 동일한 방식으로 대응할 것을 알기 때문이다.

신뢰할 만한 헌신 신뢰할 만한 헌신(Credible Commitment)은 회사들 간의 장기적 관계 개발을 지원하는 믿을 만한 약속 혹은 서약이다. GE와 IBM이 이러한 약속을 맺은 방식을 생각해 보자. GE는 IBM에게 첨단 반도체칩을 제공하는 주요 공급자들 중의 하나이다. 많은 칩들은 IBM의 요구에 따라 고객화되어 공급된다. IBM의 특별한 요구를 충족하기 위해 GE는 다른 용도로는 아무런 가치가 없는 특수자산에 많은 투자를 했어야 했다. 그 결과 GE는 IBM에 의존하고 있다. GE는 IBM이 이 의존성을 이용하여 더 낮은 가격을 요구할지도 모르는 위험에 직면하고 있다. 이론적으로 IBM은 다른 공급자로 공급처를 변경하겠다고 위협하여 이러한 저가격요구를 뒷받침할 수 있을 것이다. 그러나 GE는 IBM이 10년 동안 자사의 칩을 구매하기로 하는 계약을 맺도록 함으로써 이러한 위험을 감소시켰다. 추가로 IBM은 고객화된 칩을 개발하는 데 필요한 특수자산 투자 비용을 공유하기로 합의하여, GE의 투자와 관련된 위험을 감소시켰다. 따라서 IBM은 공식적으로 장기계약을 약속하고 칩 개발 과정에서 일정 금액을 투자함으로써 계속해서 GE의 칩을 구매할 것이라는 신뢰할 만한 헌신을 하였다. 회사가 파트너와의 신뢰할 만한 약속을 위반하고 있을 때, 그 결과는 극적일 수 있다. [전략 실행 사례 9.4]는 이것을 논의한다.

시장 규율의 유지 수직적 통합을 추구하는 기업이 회사 소유 공급자들이 비효율적으로 변화될지 모르는 문제를 직면하고 있는 것과 마찬가지로, 독립적인 부품 공급자와 전략적 제휴를 맺고 있는 기업은 제휴 파트너가 시간이 지나면서 비효율적으로 변화될지 모르는 위험에 처하게 된다. 외부 공급자는 구매 회사에게서 주문을 획득하기 위해 다른 공급자들과 경쟁할 필요가 없다는 것을 알기 때문에, 이러한 위험이 또한 발생된다. 결과적으로 상호 호혜적인 장기 전략적 제휴를 맺고자하는 기업은 자사가 파트너를 통제하기 위해 필요한 어떤 종류의 힘을 소유할 필요가 있고, 그 필요성은 증가할 것이다.

기업은 자사의 공급자 파트너에게 영향력을 행사할 수 있는 두 가지 강력한 카드를 갖고 있다. 첫째, 장기계약을 포함한 모든 계약들은 주기적으로 보통 3-5년 마다 재협상된다. 그러면 공급자는 만약 자신이 약속한 서약을 준수하지 못한다면, 구매 회사가 계약 갱신을 거절할지 모른다는 사실을 알게 된다. 둘째, 공급자들과 장기 관계를 맺고 있는 많은 기업들은 병행외주정책(parallel sourcing policies)을 사용한다. 이것은 기업들이 동일한 부품을 공급받기 위해 적어도 둘 이상의 공급자들과 장기계약을 맺는 것이다(이것은 토요타의 정책이다).[12] 이러한 조치는 비협조적인 태도를 보이는 공급자에게서 회사를 보호해 준다. 왜냐하면 그 공급자는 만약 계약 준수에 실패하면, 구매 회사가 파트너를 다른 공급자로 변경해서 모든 주문을 그 파트너에게 발주할 것이라는 사실을 알고 있기 때문이다. 회사와 공급자들 둘 다 병행외주정책이 간단한 통지로 공급자를 대체 한다는 사실을 인지하고 있을 때, 대부분의 공급자들은 이 정책이 그들의 관계에 시장 통제 역할

전략 실행 사례 9.4

공급자들에 대한 이베이의 약속 변화

© iStockPhoto.com/Tom Nulens

1995년에 설립된 이래로, 이베이(eBay)는 자사의 웹 사이트에서 자신들의 상품판매를 광고하는 수백만 명의 판매자들과 항상 좋은 관계를 계발해 왔다. 그러나 시간이 지나면서 이베이는 매출과 이익을 증가시키기 위해 판매자들이 그들의 제품을 사이트에 게시하고, 사진을 넣고, 페이팔(PayPal) 온라인 지불 서비스를 사용하고, 다른 부가 서비스 사용에 대해 수수료를 지속적으로 증가시켜 왔다. 비록 이것이 판매자들의 이익을 감소시켰기 때문에 판매자들 사이에 약간의 불평을 일으켰지만, 이베이는 값비싼 광고에 점점 더 몰두하여 수백 만 명 이상의 구매자들을 자사의 웹 사이트로 끌어들이고 있었다. 그래서 판매자들은 더 높은 가격을 받을 수 있었고, 또한 그들의 총 이익을 증가시킬 수 있었다. 결과적으로 판매자들은 이베이의 수수료 구조에 대체로 만족하고 있었다.

존 도나휴(John Donahue)가 이베이에서 오랫동안 CEO로 재직하면서 회사를 거대한 닷컴 기업으로 만들어 놓았던 맥 휘트먼(Meg Whitman)을 대신하여 새로운 CEO가 되었을 때, 이러한 정책들은 변경되었다. 2008년에 이베이의 이익은 투자한 만큼 가파르게 증가하지 않고 있었고, 회사의 주식 가격은 떨어졌다. 성과를 증가시키기 위해, 도나휴가 첫 번째로 실시한 조치 중의 하나는 이베이의 수수료 구조와 피드백 정책에 대한 대규모 조사를 발표한 것이었다. 새로운 수수료 구조는 판매자가 제품 목록을 게시하기 위한 선불 비용을 감소시키지만, 나중에 판매 완료된 매출과 지불에 대한 수수료를 증가시키는 것이었다. 이미 빈약한 이익을 내고 있는 소규모 판매자들은 이러한 수수료 인상을 고통스러워했다. 추가로 이베이는 장래에 판매자들이 구매자들에 대해 부정적인 피드백—예를 들면, 구매자들이 그들이 구매한 상품 대금을 지불하지 않았다거나 혹은 구매자들이 상품 대금을 지연하고 있다는 댓글—을 남겨놓지 못하도록 할 것이라고 공표하였다. 이베이가 최초에 개발하였던 이 피드백시스템은 이베이 성공의 중요한 원천이었다. 이 피드백시스템은 구매자들이 평판이 좋은 판매자들과 거래하고 있다고 확실하게 해주었다. 그 반대로 마찬가지였다. 모든 판매자들과 구매자들은 거래를 하는데 있어 평판이 좋고 혹은 나쁘다는 정보를 제공하는 피드백 점수를 갖는다. 이 점수들은 온라인거래와 관련된 위험을 감소시키는 데 기여하였다. 도나휴는 이러한 변화가 구매자의 경험을 개선하기 위해 실행되었다고 주장하였다. 왜냐하면 많은 구매자들은 만약 그들이 어떤 판매자에 대해 부정적 댓글을 남긴다면, 그 판매자는 그 구매자에게 부정적 댓글을 남겨 놓을 것이라고 불평하였기 때문이다.

그러나 2009년에 이러한 변화로 이베이와 수백만 명의 판매자들 사이에 갈등이 발생하였다. 판매자들은 이러한 변화가 자신들에게 피해를 주고 있다고 인식하고 있었다. 그들의 나쁜 감정은 반란으로 이어졌다. 인터넷상의 블로그나 포럼들은 이베이가 소규모 판매자들을 버렸고 그들을 퇴출시켰으며, 이베이에게 더 많은 이익을 가져다주는 힘센 대량판매자(powersellers)들만을 선호하고 있다고 글로 도배되어 있었다. 도나휴와 이베이는 수백만 개의 적대적 내용의 이메일을 받았으며, 판매자들은 이베이 시장에 침투해 들어가고자 노력하는 아마존과 야후에서 사업을 하겠다고 위협했다. 판매자들은 또한 그들의 실망과 분노를 표시하기 위해 일주일 동안 이베이에 어떤 상품 리스트도 게시하지 않겠다고 보이콧을 하였다. 많은 판매자들은 이베이에서 자신들의 온라인 매장을 폐쇄하고 아마존으로 가버렸다. 아마존은 자사의 사이트들이 2011년에 처음으로 월별 검색 건수에서 이베이를 추월했다고 주장하였다. 이베이와 판매자들 사이의 상호 헌신 수준은 급격히 떨어졌으며, 이베이가 실시하였던 변화로 발생한 악 감정 때문에 장차 이베이의 성과에 부정적 영향을 끼칠 수 있는 문제들이 증가할 것으로 보였다.

도나휴는 그가 실시한 변화가 역풍을 맞고 있었음을 깨닫고, 계획을 바꿔 이베이의 여러 가지 수수료 인상들을 철회하였으며, 피드백시스템도 수정하였다. 판매자들과 구매자들은 현재 공정한 방법으로 서로의 코멘트들에 응대할 수 있다. 이러한 변화들은 판매자들과 이베이 사이의 대립을 개선하고 관계를 순화시켰지만, 과거 초기에 이베이가 판매자들과 가졌던 공동체 관계는 대부분 사라져다. 이 예가 시사하는 것처럼, 협력적 관계를 유지하는 방법들 - 미리 테스트를 하여 판매자들에게 수수료와 피드백 변화에 대한 의견을 청취하는 것 등—을 찾았더라면 발생된 많은 문제들을 피할 수 있었을 것이다.

자료: www.ebay.com.

을 한다고 판단하고 행동할 것이다.

원가를 감소시키고 품질과 차별화를 증진시키는 방안으로 점점 더 중요해지고 있는 JIT재고시스템은 기업들에게 광범위한 산업들에서 전략적 제휴를 체결하도록 압력을 증가하고 있다. 매년 체결되는 전략적 제휴, 특히 글로벌전략적 제휴의 수는 증가하고 있고 수직적 통합의 유행은 점점 떨어지고 있다. 매우 많은 저원가 글로벌 공급자들이 말레이시아, 한국, 그리고 중국에 존재하고 있기 때문이다.

전략적 아웃소싱

수직적 통합과 전략적 제휴는 회사의 핵심 비즈니스모델을 강화하기 위해, 산업들을 횡단하는 가치사슬을 관리하는 두 가지 방법이다. 그러나 저원가로 부품을 공급하는 공급자들이 존재하는 것처럼, 회사가 수행하는 가치사슬 활동들 중 하나를 월등히 잘 수행하여 회사에게 차별화우위 혹은 원가우위를 제공하는 많은 전문 기업들이 오늘날 존재한다. 예를 들어, 첫머리 사례에서 언급하였듯이, 애플은 아이폰을 조립하기 위해 중국의 폭스콘 공장들을 활용함으로써 저원가 혜택뿐 아니라 훨씬 더 신속하게 설계 변경과 대량생산을 할 수 있음을 알게 되었다.

전략적 아웃소싱 회사의 가치사슬 활동들 혹은 기능들 중의 하나 이상을 독립된 전문 기업들이 수행하도록 하는 결정을 의미. 독립된 전문 기업들은 성과를 높이기 위해 그들의 모든 지식과 기술을 단지 한 가지 종류의 활동에만 집중함

전략적 아웃소싱(Strategic outsourcing)은 회사의 가치사슬 활동들 혹은 기능들 중의 하나 이상을 독립된 전문기업들이 수행하도록 하는 결정을 의미한다. 독립된 전문기업들은 그들의 모든 지식과 기술을 단지 한 가지 종류의 활동에만 집중한다. 아웃소싱 대상이 되는 활동은 제조 기능과 같이 전체 기능이거나, 혹은 어떤 기능부서가 수행하는 한 종류의 활동이 될 수 있다. 예를 들어, 많은 회사들은 그들의 연금시스템의 관리를 외부에 아웃소싱하고 있는 한편, 다른 인적자원관리(HRM) 활동은 내부에서 수행하고 있다. 회사가 어떤 가치사슬 활동을 아웃소싱하기로 선택한다면, 그것은 회사의 비즈니스모델을 튼튼하게 만들기 위해 더욱 적은 수의 가치창출 활동들에만 집중하기로 선택하는 것을 의미한다.

많은 기업들 사이에 아웃소싱에 관해 명확한 움직임이 있다. 경영자들은 회사의 독보적 역량 혹은 경쟁우위의 원천이 되지 않는 "비핵심" 혹은 "비전략적" 활동들을 아웃소싱하고 있는 것이다.[13] 오늘날 많은 회사들은 제조 활동 혹은 어떤 다른 가치사슬 활동을 국내 혹은 해외 기업들에게서 아웃소싱하고 있다. 글로벌 제품생산의 60% 이상이 원가절감 압력 때문에 제조 전문기업들로 부터 아웃소싱되고 있다고 추정하고 있다. 아웃소싱을 사용하고 있는 것으로 잘 알려진 기업에는 운동화를 만들지 않는 나이키(Nike), 청바지와 의류를 생산하지 않는 갭(Gap Inc.), 그리고 엑스박스(Xbox) 콘솔을 생산하지 않

는 마이크로소프트가 있다. 이들 기업의 제품들은 저원가 조립에 탁월한 계약 제조업체
와 계약하여 저렴하게 해외에서 생산되고 있다. 그러나 여기에 많은 문제점들이 있으며,
[전략 실행 사례 9.5]는 이에 대해 논의하고 있다.

전략 실행 사례 9.5

신제품과 제품생산 근로자들을 보호하려는 애플

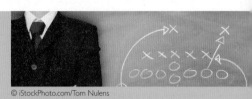

© iStockPhoto.com/Tom Nulens

애플의 PC와 모바일 컴퓨팅 기기들은 해외의 거대 아웃소싱 전문기업들, 특별히 대만의 최대 아웃소싱 기업인 혼 하이 정밀산업(Hon Hai Precision Industry)의 지사인 폭스콘(Foxconn)이 조립하고 있다. 수십 억 달러의 재산가인 테리 구우(Terry Gou)는 한해 정밀산업의 CEO로서 폭스콘을 통제하고 있다. 폭스콘은 중국 본토에서 규모가 큰 여러 공장들을 운영하고 있으며, 각각의 공장들은 수십 만 명의 근로자들을 고용하고 있다.

애플은 예전부터 비밀유지에 관심이 큰 것으로 유명하다. 애플은 2011년 9월에 아이폰 4S를 출시할 때처럼, 신제품과 개선된 제품들을 개발 중에도 비밀을 유지하고자 한다. 2011년 9월에 타계한 스티브 잡스(Steve Jobs)도 항상 애플의 비밀을 보호하는 데 관심이 많았다. 잡스의 보안에 대한 관심으로 애플은 자사의 향후 제품 명세를 보여주는 웹 사이트를 게시한 어떤 대학생에게 소송을 제기한 바 있다. 애플은 또한 자사 신제품에 대해 자세한 내용을 폭로한 많은 블로거들에게 법적 대응을 하였다. 심지어 미국의 제품 엔지니어링 부서에서도 애플은 엔지니어들이 타 부서의 엔지니어들과 자신들이 수행한 프로젝트들을 논의하지 못하도록 금지하여 엔지니어 부서들 간의 정보교환을 막고 제품비밀을 유지하고 있다.

애플은 또한 자사의 아웃소싱업체들이 제품비밀을 어떻게 유지해야 하는지를 규정한 타협하지 않는 규칙을 마련하였다. 애플과 사업을 계속하기 위해 폭스콘과 같은 아웃소싱업체들은 애플의 신제품 비밀 내용을 보호하기 위해 그들의 제조공장에서 애플의 규칙과 엄격한 보안 지침을 준수하려 최선을 다한다. 예를 들어, 애플은 최종제품의 출시 날짜를 정확히 맞추기 위해 가능한 한 늦게 제품조립을 할 것을 지시하고 있다. 그래서 근로자들은 부품의 조립 방법을 알고 있으면서도, 최종제품을 조립하기 위해 어떠한 부품들이 사용되

는지는 알지 못한다. 또한 폭스콘은 이러한 규칙을 더욱 쉽게 시행할 수 있도록 자사의 공장들을 엄격히 통제하고 있다. 예를 들어, 중국 롱후아(Longhua)에 있는 폭스콘의 대형 공장은 350,000명의 근로자들을 고용하고 있는데, 이들 근로자들에게 공장을 밖으로 나가는 것은 불편하게 느껴진다. 이 공장은 근로자들에게 매점, 기숙사, 여가 시설 등의 모든 서비스를 저렴하게 제공하고 있다. 만약 종업원들이 공장 밖으로 나가고자 한다면, 그들은 검색을 받고, 금속 탐지기가 그들이 부품을 가지고 외출하는지 여부를 탐지하며, 그들이 공장으로 들어올 때도 검색을 받는다. 공장으로 부품을 실어 나르는 트럭 운전사들도 검색을 받는다. 공장에 들어오는 어떤 누구도 검색을 받는다. 애플의 계약내용은 보안위배 사건이 발생하면 엄격한 페널티를 지불해야 한다는 비밀보장 조항을 포함하고 있다. 애플의 검사관들은 갑작스러운 공장 방문을 하여 아웃소싱업체들이 회사의 규칙을 준수하고 있는지를 확인하고 있다.

비록 애플은 아웃소싱업체들이 그들의 조립공장들 테두리에 비밀유지 장벽을 세울 것을 요구하고 있지만, 어떤 벽들은 애플이 이들 거대한 노동력 착취 공장에서 일하는 근로자들을 공정하고 평등하게 대우해야 한다는 애플의 널리 알려져 있는 공공 규칙이 시행되는 것을 더욱 어렵게 만들고 있다. 예를 들어, 2006년에 폭스콘이 종업원 대우에 관한 애플의 규정을 준수하고 있지 않고 있다는 보고가 있은 후에, 애플은 공장들을 감사하고 외부에 공개되지 않은 많은 위반 사례들을 발견하였다. 비록, 애플은 종업원들을 어떻게 대우해야 하는지에 관한 많은 규정을 시행하고 있다고 주장하였지만, 애플은 열악한 고용관행을 갖고 있는 공장에서 제품들이 생산되게 하고 있다는 비판을 받아왔다. 2010년에 애플은 새로운 감사에서 아동 노동착취가 아이패드와 다른 전자제품을 생

산하는 폭스콘과 다른 중국 공장들에서 이뤄졌다고 밝혔다. "세 개 공장들 각각에서, 우리는 미성년자들이 어떻게 고용되었는지를 밝히기 위해 철저한 고용 과정 분석뿐만 아니라 당해 연도의 모든 고용 기록들을 검토하였습니다." 또한 애플은 노동력 착취와 같은 열악한 조건들이 이들 공장 내부에서 존재하고 있었으며, 102개 공장들 중 최소 55개 공장들이 종업원은 일주일에 60시간 이상 작업을 해서는 안 된다는 규칙을 무시했다고 인정하였다. 애플은 또 다른 아웃소싱업체들이 그들의 기록 내용을 왜곡하여 아동노동착취 관행과 종업원의 장시간 근로시간을 은폐했다고 말했다. 애플은 그 업체와 모든 계약을 종료시켰다. "우리가 조사하였을 때, 기록을 살펴보고 근로자와 인터뷰를 한 결과 과도한 노동 시간과 7일 연속 노동이 발견되었습니다."

2010년에 센젠(Shenzhen)에서 애플의 아이폰을 조립하고 있는 폭스콘 최대 공장에서 12개월 동안 11명이 건물 위에서 뛰어내려 자살하였다는 소식이 외부로 공표되자, 애플의 윤리적 상태에 대한 강도 높은 정밀 조사가 수행되었다. 다시 한번 애플은 최고운영책임자(COO)를 포함한 검사관들을 파견하여 조사하였다. 그리고 몇 달 안에 폭스콘의 테리 구우는 근로자 임금을 거의 두 배가량 인상하고 작업 조건을 개선하여 종업원 사기를 제고시키겠다고 발표하였다. 이러한 환경은 다음의 질문들을 하게 해준다. 애플은 어떠한 규정을 개발하고 시행하기 위해 대부분의 시간과 노력을 투자했는가? 애플은 다음 중 어떤 규정을 가장 중요한 것으로 간주하고 있는가? 즉, 자사의 제품 비밀을 보호하는 규정인가 아니면 그 제품들을 만드는 근로자들의 권리를 보호하는 규정인가?

자료: www.apple.com.

비록 제조 활동은 앞에서 논의하였듯이 전략적 아웃소싱의 가장 보편적 대상이지만, 많은 다른 형태의 비핵심 활동들도 아웃소싱의 대상이 된다. 마이크로소프트는 오랜 기간 동안 회사 전체의 대 고객 기술 지원 운영활동을 델(Dell)처럼 독립된 업체에게 아웃소싱하였다. 두 회사는 인도에서 숙련된 근로자들로 충원된 규모가 큰 고객 지원 운영부서를 갖고 있는데, 그 근로자들은 미국 근로자들의 받는 임금보다 적은 일정액만 받고 있다. BP는 거의 모든 인적자원 기능을 이그절트(Exult)라는 샌안토니오 소재 기업에게 5년 동안 6억 달러 규모의 아웃소싱을 하였다. 몇 년 후에 이그절트는 10년 동안 11억 달러의 계약을 맺고 뱅크 오브 아메리카(Bank of America)의 150,000명의 종업원들을 위한 HRM 활동을 대신 관리해 주었다. 유사하게 아메리칸 익스프레스(American Express)는 IBM과 7년 동안 40억 달러 계약을 하고, 회사 전체의 IT 기능을 IBM에게 아웃소싱을 하였다. 2006년에, IBM은 년간 20억 달러를 절감하기 위해 회사의 구매 기능을 어떤 인도업체에게 아웃소싱을 하였다. 그 이후에도 IBM은 점차적으로 아웃소싱 사용을 증가시켰다. 예를 들어, 2009년에 IBM은 미국에서 5,000명의 IT 인력을 해고하고 그들의 일자리를 인도로 옮기겠다고 선언하였다.[14]

기업들은 그들의 비즈니스모델을 견고히 하고 수익성을 증가시키기 위해 전략적 아웃소싱을 사용한다. 전략적 아웃소싱의 과정은 전형적으로 전략적 경영자들이 회사의 경쟁우위의 기초가 되는 가치사슬 활동들을 파악하는 데서부터 시작된다. 이러한 활동들은 회사가 스스로 확실히 수행하고 경쟁자들이 모방하지 못하도록 해야 한다. 그리고 나서 경영자들은 비핵심 기능 활동들에 특화된 독립적 기업들이 자신들 보다 더욱 효과적이고 효율적으로 그 비핵심 기능을 수행할 수 있는지를 체계적으로 평가한다. 이들 기업들은 특정 활동들을 전문적으로 수행하고 있기 때문에, 그것들을 더욱 저렴하게 혹은 더욱 차별적으로 수행할 수 있다. 만약 경영자들이 거기에 차별화 혹은 원가우위가 있다고 판단하면, 이 활동들은 그 전문기업들에게 아웃소싱된다.

[그림 9.3]은 회사가 전략적 제휴를 추진하기 전과 후에, 주요 가치사슬 활동들과 회사의 영역을 보여주고 있다. 이 예에서, 회사는 생산과 고객 서비스 기능을 전문 기업에게 아웃소싱하고, 단지 R&D와 마케팅, 그리고 영업 기능은 회사 내에 남겨 두기로 결정했다. 일단 아웃소싱이 실행되면, 회사와 전문기업 간의 관계는 그때부터 종종 장기계약 관계로 굳히게 된다. 회사와 그 회사와 계약한 전문업체간에 많은 정보가 공유된다. 가상 기업(virtual corporation)이라는 용어는 전략적 제휴를 많이 추구하는 기업들을 묘사하고 있는 신조어이다.[15]

> **가상기업**
> 경쟁우위가 되는 핵심 가치창출 기능들만 스스로 수행하고, 나머지는 대부분 아웃소싱으로 공급받는 전략을 추구하는 기업

아웃소싱의 장점

전략적 아웃소싱은 여러 가지 장점이 있다. 이것은 (1) 회사의 비용구조를 낮춰주고, (2) 제품 차별화를 증가시키며,[16] (3) 회사의 장기적 경쟁우위와 수익성에 근간이 되는 독보적 역량에 기업이 집중할 수 있게 도와준다.

비용구조 낮추기 아웃소싱은 특정 가치사슬 활동을 수행하려 할 때, 전문 기업에게 그

그림 9.3 　주요 가치창출 기능들의 전략적 아웃소싱

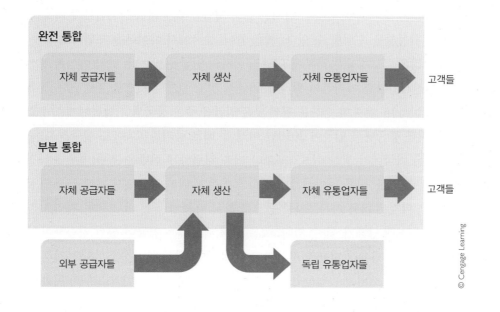

© Cengage Learning

활동을 맡기고 지불하여야 할 가격이 그 활동을 내부에서 회사 스스로 수행하였을 때 발생하는 원가보다 적을 때, 원가를 낮출 수 있다. 전문업체들은 종종 회사보다 더 저렴하게 어떤 활동을 수행할 수 있다. 예를 들어, 후생복지 및 임금 시스템을 관리하는 HRM 활동을 수행하기 위해서는 정교한 HRM IT에 많은 투자 금액이 필요하다. 이러한 IT 시스템을 구입하는 것은 회사 입장에서 막대한 고정비용 지출을 의미한다. 그러나 이그절트(Exult)와 페이첵스(Paychex)와 같은 회사들은 많은 개별 기업들이 갖고 있는 HRM IT에 대한 욕구들을 총합함으로써, IT에서 단일 기업이 감히 달성할 수 없는 엄청난 규모의 경제를 달성할 수 있다. 이러한 원감절감액 중 일부는 고객 회사들에게 저가격의 형태로 이전되어, 고객사들의 비용구조를 감소시킨다. 다시 한번, 폭스콘(Foxconn), 플레스트론닉스(Flextronics), 그리고 자빌 서킷(Jabil Circuit)과 같은 전문 제조기업들은 효율적인 규모의 제조 시설들을 건설하는 데 많은 자본을 투자한다. 그러나 그리고 나서 이들 자본비용들을 거대한 산출량에 분산시키고 단위당 원가를 감소시키고 있다. 그 결과 그들은 특정 제품 – 예를 들면 애플의 아이폰, 모토롤라의 수움(XOOM) – 을 해당 회사들보다 더 저렴하게 생산할 수 있다.

전문기업들은 또한 어떤 활동을 스스로 수행하는 기업들보다 더욱 신속하게 학습효과와 관련된 원가절감을 달성할 수 있다(4장에서 학습효과에 대해 자세히 살펴볼 수 있음). 예를 들어, 플렉스토론닉스(Flextronics)와 같은 회사는 여러 개의 기업들을 위해 유사한 제품들을 생산하고 있기 때문에, 그 회사는 생산량을 매우 빠르게 누적시킬 수 있어 생산공정을 어떤 고객사들보다 더욱 효율적으로 관리하고 운영하는 방법을 학습하고 있다. 이것은 전문기업들의 비용구조를 낮추게 하고, 또한 고객사들이 스스로 제품을 생산하였을 경우보다 더욱 저렴한 가격으로 지불하게 해준다.

전문기업들은 또한 종종 그들이 입지한 곳의 저임금 때문에 고객사들보다 더욱 저렴한 비용으로 활동들을 수행할 수 있다. 예를 들어, 중국에서 아이폰을 조립하고 있는 폭스콘 공장의 많은 근로자들은 하루에 17달러 이하의 임금을 받는다. 만약 아이폰 생산을 미국으로 이전시킨다면 아이폰의 원가가 65달러 정도 증가할 것으로 추정된다.[17] 유사하게 나이키(Nike)도 운동화 생산을 훨씬 낮은 임금을 주는 중국의 기업들에게 아웃소싱하고 있다. 비록 중국에서 임금이 2010년 이래 두 배로 증가하였음에도 불구하고, 중국의 전문기업은 미국에서 생산되는 경우보다 더욱 저렴하게 신발을 조립(매우 노동집약적 활동임)할 수 있다. 비록 나이키가 운동화를 만들기 위해 중국에서 자체 공장을 설립할 수 있지만, 이것은 많은 자본투자를 필요로 하고 나중에 훨씬 더 저렴한 지역으로 생산을 이전시키는 데 방해가 될 수 있다. 예를 들어 베트남은 임금이 훨씬 저렴하여 많은 기업들이 이곳으로 생산 기지를 이전시키고 있다. 생산 활동을 아웃소싱하는 것은 나이키와 대부분의 다른 소비재 기업들의 원가를 낮추게 해준다. 또한 만약 노무비 변화가 생산의 효율성을 결정하는 중요한 요인이라면, 생산 활동의 아웃소싱은 기업들에게 더욱 저렴한 지역으로 생산 기지를 이전할 수 있는 유연성을 제공한다.

향상된 차별화 회사는 또한 어떤 비핵심 활동들을 전문기업들에게 아웃소싱하여 최종 제품을 더 잘 차별화시킬 수 있다. 이러한 일이 발생하기 위해서, 회사가 동일한 활동을 자체적으로 수행하였을 경우보다 전문기업들이 수행한 활동의 품질이 더욱 커야 한다. 예를 들어 품질의 신뢰성 차원에서, 전문기업은 특정 활동을 수행하는 데 있어 실수할 확률이 더욱 낮을 것이다. 왜냐하면 그 기업은 오로지 이 활동에만 집중하고, 여기에 강력한 독보적 역량을 계발시켜 왔기 때문이다. 다시 한 번, 이것은 계약 생산업자가 당연히 갖는 이점이 된다. 플렉스토닉스와 같은 기업들은 식스시그마 방법론을 사용하여(4장 참조), 제품생산 시 발생하는 불량률을 크게 감소시켰다. 이것은 의미하는 바는 그들 기업이 더욱 신뢰성 높은 제품을 그들의 고객들에게 제공할 수 있으며, 따라서 우월한 품질 측면에서 그들은 지금 제품을 차별화할 수 있다는 것이다.

회사는 또한 품질 차원에서 탁월한 전문기업들에게 아웃소싱을 줌으로써 제품 차별화를 증진시킬 수 있다. 예를 들어, 델이 미국에서 탁월한 고객 서비스를 제공하는 것은 하나의 차별화 요소이다. 델은 자사의 PC 수선과 유지 보수 기능을 전문 기업들에게 아웃소싱하고 있다. 델의 제품을 구입한 고객은 제품에 문제가 있으면 전화상에서 탁월한 도움을 받을 수 있다. 만약 컴퓨터 부품에 결함이 있다면, 유지보수 담당자는 수일 내에 그 부품을 교환하러 파견될 것이다. 이와 같은 탁월한 서비스는 델의 제품을 차별화시켜 주고, 델 제품의 반복 구매를 확고히 해 준다. 이러한 이유 때문에, HP는 델 수준의 서비스 품질을 제공하기 위해 열심히 노력한 바 있다. 유사하게, 완성차 제조기업들은 종종 마이크로칩 혹은 헤드라이트와 같은 특정 자동차부품의 설계 활동들을 해당 활동 분야에서 탁월한 설계 능력 평판을 얻고 있었던 전문기업들에게 아웃소싱하고 있다.

핵심 사업에 집중 전략적 아웃소싱의 마지막 이점은 이것을 통해 경영자들이 그들의 에너지와 회사의 자원들을 가치와 경쟁우위 창출 잠재력이 가장 높은 핵심 활동에 초점을 두고 이에 집중적으로 수행할 수 있다는 점이다. 다른 말로 표현하면, 회사들은 그들의 핵심 역량을 증진할 수 있고, 가치 곡선을 더욱 확장시켜 고객들에게 더 많은 가치를 제공할 수 있다. 예를 들어, 시스코 시스템즈(Cisco Systems)는 컴퓨터 라우터(computer router) 산업에서 지배적 경쟁자이다. 이것은 시스코가 제품설계, 마케팅과 영업, 그리고 공급사슬관리에 회사의 역량을 집중하였기 때문에 가능한 것이었다. 산업에서 경쟁우위를 위해 반드시 필요한 핵심 활동들에 집중하는 회사들은 해당 활동들을 수행하는 데 소요되는 비용을 더 잘 줄일 수 있고, 그들의 최종제품들을 더 잘 차별화할 수 있다.

아웃소싱의 위험

비록 비핵심 활동들을 아웃소싱하는 것이 많은 장점이 있지만, 여기에도 위험이 있다. 어떤 활동을 아웃소싱하고 있을 때, 파트너가 터무니없이 높은 가격을 요구하고(holdup), 중요 정보를 간과할 수 있는 위험들이 도사리고 있다. 경영자들은 특정 활동을 아웃소싱하기로 결정하기 전에 이러한 위험들을 평가해야만 한다. 비록 이들 위험들이 적절한 단계를 밟는 다면 줄일 수 있어도(이에 대해 다음 장에서 논의할 예정임), 이 위험을 평가해야 한다.

홀드업 아웃소싱 상황에서, 홀드업(holdup)은 회사가 자사의 활동을 대신 수행하는 아웃소싱 전문업자에게 너무 많이 의존하게 되고 이 아웃소싱 전문업체가 이 사실을 이용하여 이전에 상호 협의 하에 결정된 가격이상으로 가격을 올릴지도 모르는 위험을 의미한다. 전략적 제휴 경우와 마찬가지로, 홀드업의 위험은 토요타와 시스코가 하고 있는 것처럼, 여러 공급자들에게 아웃소싱을 주는 병행 소싱(parallel sourcing) 정책을 추구함으로써 감소시킬 수 있다. 더구나 여러 상이한 공급자들 중의 어떤 다른 공급자도 특정 활동을 잘 수행할 수 있다면, 계약이 향후에 갱신되지 않을 것이라는 위협은 공급자가 구매회사에게 함부로 교섭력을 발휘하지 못하도록 해 준다. 예를 들어 비록 IBM이 매우 다양한 기업들에게 IT서비스를 제공하는 장기계약을 체결하고 있지만, 계약에 사인을 하고나서 서비스 가격을 인상하려는 시도는 권장할 만한 것은 아닐 것이다. IBM은 그러한 행동이 장차 계약이 갱신될 확률을 감소시킬 수 있다는 사실을 잘 알고 있다. 더구나 IBM은 IT서비스 사업에서 액센츄어(Accenture), 캡제미니(Capgemini), 그리고 HP와 같은 많은 강력한 경쟁자들과 경쟁하고 있기 때문에, IBM은 자사의 고객들에게 현저한 가치를 제공해야 하는 매우 강력한 동기부여 요인을 갖고 있다.

증가된 경쟁 기업들이 생산을 위해 계약 생산업자들(contract manufacturers)을 활용할 때, 그들은 산업의 진입장벽을 낮추는 데 필요한 산업 전반의 자원을 구축하도록 도와주는 역할을 한다. 효율적이고 품질수준이 높은 계약 생산업자들을 갖고 있는 산업에서, 대기업들은 그들의 규모가 더 이상 경쟁압력으로부터 그들을 보호해 주지 못한다는 사실을 발견할 것이다. 그들이 많은 금액을 들여 투자한 고정자산은 경쟁우위의 원천이 되기보다는 제약 요인이 될 수 있다.[18] 더욱이, 계약 생산을 활용하는 기업들은 본질적으로 그 계약 생산업자가 자신들의 학습곡선을 개선하는 데 돈을 지불하는 것이 된다. 시간이 경과하면서 계약 생산업자의 능력은 향상되어 고객사보다 훨씬 더 큰 제조우위를 갖게 해 준다. 많은 산업에서 계약 생산업자들은 시간이 지나면서 그들의 활동 범위와 서비스 범위를 더욱 넓혀 나간다(예를 들면, 부품 구매, 생산용이성을 고려한 재설계, 테스팅, 제품 포장, 애프터서비스 등으로 서비스 범위를 넓혀 나감). 궁극적으로 이들은 스스로 최종제품을 만들어서 고객사들과 경쟁할지도 모른다. 예를 들어, 미국과 유럽 전자제품 제조업체들을 대신하여 제품생산을 체결함으로써, 전자산업에서 공룡으로 성장한 기업들이 오늘날 일본과 한국에 존재한다.

정보의 상실과 사라져 버린 학습 기회 신중하지 못한 회사는 어떤 활동을 아웃소싱할 때, 중요한 경쟁 정보를 잃어버릴 수 있다. 예를 들어, 많은 컴퓨터 하드웨어 및 소프트웨어 회사들은 그들의 고객 기술 지원 기능을 전문기업들에게 아웃소싱해 왔다. 비록 이것이 원가와 차별화 관점에서 상식적으로 타당하지만, 이것은 또한 고객과의 중요한 접점과 중요한 피드백 원천을 상실하는 것을 의미할 수도 있다. 고객 불만은 유용한 정보이며 향후 제품설계에 귀중한 입력 자료가 될 수 있다. 그러나 만약 그 기술 지원 활동을 대신 수행하는 전문기업들이 회사에게 이러한 고객 불평불만 정보들이 명확히 전달하지 않고 있다면, 그 회사는 그 정보를 상실할 수 있다. 유사하게 스스로 제품을 생산하는 회사는 생산원가를 낮추거나 혹은 더욱 신뢰성 높은 제품을 생산하기 위해 제품설계를 개선시키는 방법에 관한 지식을 획득할 수 있다. 따라서 생산지식을 개발하지 못하는 회사는 의도적이진 않지만 제품설계 능력의 향상기회를 상실할 수 있다. 그 회사는 실속이 없게 된다.[19] 이것은 아웃소싱을 반대하는 주장이 아니다. 오히려 아웃소싱 전문업자들과 회사 간에 적절한 의사소통이 있어야 함을 주장하는 내용이다. 예를 들어, 델은 많은 주의를 기울여서 기술지원과 현장 유지 보수를 대신 수행하는 전문기업이 제품실패와 타 문제들에 관한 모든 관련 자료를 수집하여 델에게 반드시 전달하도록 하고 있다. 그 결과 델은 더 나은 제품을 설계할 수 있다.

윤리적 딜레마

© iStockPhoto.com/P_Wei

구글은 수평적 통합전략을 추구하여 수백 개의 작은 소프트웨어 기업들을 인수하여 온라인 광고 분야에 지배적 기업이 되었고, PC와 모바일 컴퓨팅 기기용 소프트웨어의 주요 공급자가 되었다. 구글은 이 독점적 위치를 이용하여 야후(Yahoo)와 그루폰(Groupon)과 같은 경쟁자들을 제압하고 약화시킨다는 비난을 받아왔다. 2011년에, 공정거래위원회(FTC, Fair Trade Commission)는 구글을 조사하였다. 구글의 경영자들은 자사의 검색엔진 기술이 고객들을 더 잘 찾아

주고 있기 때문에 온라인 광고 비용은 실제로 떨어졌다고 말했다. 추가로 구글은 크롬(Chrome) 웹 브라우저와 안드로이드 소프트웨어와 같은 많은 제품을 무료로 제공하였으며, 다른 온라인 서비스를 크게 개선하였다.

만약 당신이 공정거래위원회 회의에 참석하여 구글이 비윤리적인 방식으로 행동하였는지 여부를 결정해야 한다면, 어떤 종류의 기준을 사용하여 최종 결론을 내릴 것인가?

요약 *Summary of Chapter*

1. 기업전략은 회사 혹은 하나 이상의 사업단위가 하나 이상의 가치창출 기능을 저렴하게 혹은 높은 가격을 받을 수 있도록 차별되게 수행할 수 있도록 해 줄 수 있어야 한다.

2. 기업수준의 수평적 통합 전략은 다음의 방식으로 회사의 비즈니스모델의 수익성을 증가시키는 데 기여한다. (a) 원가절감, (b) 차별화를 통한 회사 가치의 증대, (c) 비즈니스모델의 복제, (d) 산업 내 가격전쟁 위험을 감소시키기 위해 경쟁을 관리함, (e) 공급자와 구매자에 대한 교섭력을 증가시킴.

3. 수평적 통합과 관련하여 두 가지 문제점들이 있다. (a) 기업 합병과 인수와 관련된 수많은 문제들과, (b) 이 전략으로 회사가 반독점 관리기관들과 직접적인 갈등을 하게 된다는 문제가 있다.

4. 기업수준의 수직적 통합 전략은 회사가 소속된 산업에서 회사의 핵심 비즈니스모델의 수익성을 증가시키는 데 기여한다. 수직적 통합을 통해 회사는 진입장벽을 세울 수 있고 특화된 자산에 투자를 가속화시키고, 제품품질을 보호하며 가치사슬상의 인접 단계들 사이의 일정계획을 개선시켜서 경쟁우위를 달성할 수 있다.

5. 수직적 통합의 단점은 다음과 같다. (i) 회사 소유 혹은 내부 공급자가 게으르고 비효율적이 되면 관료적 비용이 증가되고, (ii) 회사를 위해 가장 큰 가치를 창출하는 데 기여하는 자원과 능력에 집중하지 못하게 되며, (iii) 빠르게 변화하는 환경에 적응하는 유연성이 상실된다. 장기계약을 체결함으로써 회사는 관료적 비용을 부담할 필요 없이, 수직적 통합과 관련된 많은 혜택을 얻을 수 있다. 그러나 파트너에게 너무 많이 의존함으로써 초래되는 위험을 회피하기 위해, 파트너의 믿을 수 있는 약속을 이끌어 내거나 상호 간에 담보를 잡는 것이 필요하다.

6. 비핵심 가치창출 활동에 대한 전략적 아웃소싱을 통해 회사는 원가를 낮추고, 제품을 더욱 차별화시키며, 희소한 자원을 더 잘 사용할 수 있는 한편, 신속하게 변화하는 시장 여건에 대처할 수 있다. 그러나 만약 회사가 중요한 가치창출 활동들을 아웃소싱하거나 혹은 해당 활동들을 대신 수행하는 중요 공급자들에게 너무 많이 의존하게 된다면, 전략적 아웃소싱은 해가 될 수 있다.

토론 과제

1. 어떤 조건하에서 수평적 통합은 수익성을 극대화하는 목적과 대치될 수 있는가?

2. 회사의 내부 가치사슬과 산업의 가치사슬의 차이점은 무엇인가? 수직적 통합과 산업 가치사슬 간의 관계는 무엇인가?

3. GM과 포드는 왜 과거 부품 생산을 위한 후방통합을 통하여 이익을 얻을 수 있었는가? 그리고 현재 두 회사는 왜 외부 공급자들에게서 더 많은 부품을 구입하고 있는가?

4. 회사는 어떤 가치창출 활동을 독립적인 공급자들에게 아웃소싱 하여야 하는가? 이런 활동들을 아웃소싱하는 데 관련 위험은 무엇인가?

5. 회사가 공급자와 상호 호혜적 장기협력관계를 형성하기 위해, 당신은 무슨 접근들을 추천하겠는가?

미국 항공산업의 급속한 합병

2008년 7월에, 아메리칸 에어라인(American Airlines)은 세계 최대 항공사로서 당시 사우스웨스트(Southwest)와 제트블루(JetBlue)와 같은 신생 항공사뿐 아니라 다섯 개의 기존 미국항공사들과 경쟁하고 있었다. 그 당시에 항공사의 총 운영원가의 약 35%를 차지하고 있는 오일 가격이 상승하고 있었고, 최근의 금융 침체로 비즈니스 여행객(항공산업에서 가장 매력적인 수입의 원천이 비즈니스 여행객임) 수가 크게 감소하게 되었다. 이러한 환경으로 아메리칸 에어라인과 제트블루와 같은 대부분의 주요 미국 항공사들은 수십억 달러의 손실을 입었다. 그러나 사우스웨스트는 예외였다. 이 항공사는 항상 저원가 전략을 추구하였다. 그래서 항공티켓 가격의 하락과 상승하는 원가를 기존 오래된 항공사들보다 더 잘 견딜 수 있었다.

많은 주요 항공사들이 파산에 직면하자, 법무부(Justice Department)는 항공사들이 요구하고 있는 합병, 항공노선 확장, 원가절감에 대해 우호적으로 보기 시작했다. 여행객 입장에서 기업 합병과 수평적 통합은 다음과 같은 문제를 물론 갖고 있다. 만약 소수의 항공사들이 있고, 이들이 항공기 수와 서비스를 줄일 수 있다면, 그 결과로 항공권 가격이 상승한다. 예를 들어, 산업 합병은 항공사들이 두 번째 화물 수속 혹은 먼저 탑승할 수 있는 권리에 부과하는 요금 변경(이것은 항공사들에게 부가적 수입 원천이 된다) 발표를 쉽게 해준다.

그럼에도 불구하고, 2009년에 법무부는 델타(Delta)와 노스웨스트(Northwest) 항공사의 합병을 허락하였다. 이로 인해 탄생한 새로운 델타는 미국 최대의 항공사가 되었다. 2010년에 유나이티드(United)와 콘티넨탈(Continental) 항공사 간의 합병이 또한 허가되었고, 2011년에 새로 합병된 유나이티드-콘티넨탈 항공사는 미국 최대의 항공사가 되는 경쟁을 델타와 하게 되었다. 그 당시 아메리칸 에어라인은 글로벌 항공산업이 급속도로 합병되고 있었음에도 불구하고 영국항공(British Airways)과의 합병 제안이 반독점 이유로 인가되지 않

았기 때문에 3위에 있었다(지금은 최대의 글로벌 항공사이다).

2011년에, 미국 최대 항공사들은 원가절감 목표를 대부분 달성하였다. 그들은 운항하는 항공기 수를 줄였으며, 수백 대의 구형 비행기들을 처분했고, 수천 명의 종업원들을 해고하였으며, 식품, 짐 가방, 그리고 심지어 애완동물에 대해 할증요금을 제도화하였다. 2012년에, 델타와 US 항공은 적당한 이익을 기록했다(델타는 2.4%의 순이익과 2%의 자산 순이익을, US 항동은 4.6%의 순이익과 6.8%의 자산 순이익을 얻었다). 그러나 유나이티드-콘티넨탈과 아메리카 에어라인은 여전히 손실을 보고 있었다.

경쟁자들이 2000년이 시작하는 10년 동안 수십억 달러의 손실을 기록한 반면, 사우스웨스트는 연속적으로 매년 흑자를 얻은 성과를 자축하였다. 2011년에 사우스웨스트는 미국의 대부분의 주요 도시들을 운항하였으며, 경영자들 또한 시장점유율을 확장하면서 동시에 저가 경쟁자들 중의 한 항공사인 에어트란 항공(AirTran Airways, 소유주는 에어 트란 홀딩스임)을 인수하여 낮은 비용구조를 유지시킬 수 있는 기회를 발견하였다. 에어트란은 주로 미국과 캐리비안에 있는 약 70개 도시들에 저원가 여객 수송 서비스를 제공하고 있다. 사우스웨스트 항공과 마찬가지로 에어트란은 모두 보잉사 항공기로 운항하고 있기 때문에, 사우스웨스트와의 운영 합병이 촉진될 수 있었다(사우스웨스트가 오직 보잉의 737 기종만을 사용한다는 점이 효율성의 주요 원천이라고 회자되고 있다. 왜냐하면, 이것은 부품재고필요량을 감축시키고 항공기 조정사들의 유연성을 증가시키기 때문이다). 이들 두 회사의 결합으로 수입이 2012년에 171억 달러까지 증가하였는데, 이는 전 세계 최대 항공사 수입의 거의 절반 수준이었다.

많은 분석가들은 사우스웨스트가 계속해서 온라인 항공 요금을 변경시키는 것을 보고, 사우스웨스트도 다른 항공사들의 움직임에 대응해서 항공 요금을 증가시

키고 있음을 주목하고 있다. 비록 사우스웨스트는 꿋꿋하게 자사의 저원가 이미지를 훼손시키지 않기 위해 화물 항공료 부과를 거부하고 있지만, 기내에 애완동물을 탑승시키는 서비스에 요금을 부과하고 동반자가 없는 미성년에게 요금을 부과하기 시작했다.

사례 토의 문제

1. 합병이 어떻게 항공사들의 수입을 향상시키고 있는가? 그것이 어떻게 그들의 원가를 개선시킬 수 있는가?

2. 항공사 입장에서 합병의 어떤 단점이 있는가?

3. 당신은 왜 사우스웨스트 항공이 미국 항공사들 중에 가장 수익이 높은 항공사라고 생각하는가? 사우스웨스트 항공이 다른 항공사와 합병해야 하는가? 왜 그런가? 아니면 왜 아닌가?

핵심 용어 *Key Terms*

참고문헌 *Notes*

1 이것은 채들러 주장의 핵심이다. A. D. Chandler, *Strategy and Structure* (Cambridge: MIT Press, 1962). The same argument is also made by J. Pfeffer and G. R. Salancik, *The External Control of Organizations* (New York: Harper & Row, 1978). See also K. R. Harrigan, *Strategic Flexibility* (Lexington: Lexington Books, 1985); K. R. Harrigan, "Vertical Integration and Corporate Strategy," *Academy of Management Journal* 28 (1985): 397–425; and F. M. Scherer, *Industrial Market Structure and Economic Performance* (Chicago: Rand McNally, 1981).

2 O. E. Williamson, *The Economic Institutions of Capitalism* (New York: Free Press, 1985). 이 프레임워크를 사용한 최신실증연구는 다음을 참조할 수 있다. L. Poppo and T. Zenger, "Testing Alternative Theories of the Firm: Transaction Cost, Knowledge Based, and Measurement Explanations for Make or Buy Decisions in Information Services," *Strategic Management Journal* 19 (1998): 853–878.

3 Williamson, *Economic Institutions of Capitalism*.

4 J. M. deFigueiredo and B. S. Silverman, "Firm Survival and Industry Evolution in Vertically Related Populations," *Management Science* 58 (2012):1632–1650.

5 www.mcdonalds.com.

6 Ibid.

7 A. D. Chandler, *The Visible Hand* (Cambridge: Harvard University Press, 1977).

8 Harrigan, *Strategic Flexibility*, pp. 67–87. See also A. Afuah, "Dynamic Boundaries of the Firm: Are Firms Better Off Being Vertically Integrated in the Face of a Technological Change?" *Academy of Management Journal* 44 (2001): 1121–1228.

9 K. M. Gilley, J. E. McGee, and A. A. Rasheed, "Perceived Environmental Dynamism and Managerial Risk Aversion as Antecedents of Manufacturing Outsourcing: The Moderating Effects of Firm Maturity," *Journal of Small Business Management*, 42 (2004): 117–134; and M. A. Schilling and H. K. Steensma, "The Use of Modular Organizational Forms: An Industry-Level Analysis," *Academy of Management Journal*, 44(2001): 1149–1169.

10 X. Martin, W. Mitchell, and A. Swaminathan, "Recreating and Extending Japanese Automobile Buyer-Supplier Links in North America," *Strategic Management Journal* 16 (1995): 589–619; and C. W. L. Hill, "National Institutional Structures, Transaction Cost Economizing, and Competitive Advantage,"

Organization Science 6 (1995): 119–131.

11 Williamson, *Economic Institutions of Capitalism*. See also J. H. Dyer, "Effective Inter-Firm Collaboration: How Firms Minimize Transaction Costs and Maximize Transaction Value," *Strategic Management Journal* 18 (1997): 535–556.

12 Richardson, "Parallel Sourcing."

13 W. H. Davidow and M. S. Malone, *The Virtual Corporation* (New York: Harper & Row, 1992).

14 J. Krane, "American Express Hires IBM for $4 Billion," *Columbian*, February 26, 2002, p. E2; www .ibm.com.

15 Davidow and Malone, *The Virtual Corporation*.

16 Ibid.; H. W. Chesbrough and D. J. Teece, "When Is Virtual Virtuous? Organizing for Innovation," *Harvard Business Review*, January–February 1996, pp. 65–74; J. B. Quinn, "Strategic Outsourcing: Leveraging Knowledge Capabilities," *Sloan Management Review*, Summer 1999, pp. 9–21.

17 C. Duhigg and K. Bradsher, "How the U.S. Lost Out on iPhone Work," *New York Times*, January 21, 2012, p. 1.

18 Schilling and Steensma, "The Use of Modular Organizational Forms."

19 R. Venkatesan, "Strategic Sourcing: To Make or Not to Make. *Harvard Business Review*, November–December 1992, pp. 98–107.

기업수준전략: 관련 및 비관련다각화

© iStockPhoto.com/shaunl

첫머리 사례 *Opening Case*

씨티그룹: 다각화의 기회와 위험

2013년 씨티그룹(Citigroup)은 901억 달러의 자산 가치를 가진 세계적으로 잘 알려진 다각화된 금융 서비스사이다. 그러나 씨티그룹의 역사가 언제나 순탄하지만은 않았다. 1990년대 후반부터 2010년까지 진행된 다각화와 주택담보대출 사태로 인하여, 미국에서 가장 오래되고 가장 큰 은행도 살아남지 못할 수 있다는 두려움을 겪게 되었다.

씨티그룹의 역사는 미국의 퍼스트 뱅크

(퍼스트 뱅크의 연혁에는 경제중앙집권화가 가지는 위험성에 대한 토마스 제퍼슨의 주장에 기인하여 소멸되었음을 기록하고 있다)가 없어진 것에 대한 상인들의 대응으로 형성되었던 18212년으로 거슬러 올라간다. 퍼스트 뱅크가 제공했던 규모의 이점을 다시 충분히 살리기를 희망하며 알렉산더 해밀턴(Alexander Hamilton)의 주도로 1812년 뉴욕상인들은 뉴욕 씨티은행를 설립하였다. 이 은행은 미국이 전 세계적인 강국이 됨에 따라 핵심적인 역할을 담당하였는데, 1812년 전쟁에 무기를 구입하는 비용을 빌려 주거나 1800년대 중반 조합 간 전쟁에 자금을 조달하고 1900년대 초반 미국에 도움이 되는 외국환거래를 개척했던 활동들도 포함된다. 1929년까지 씨티은행은 세계에서 가장 큰 상업은행이었다.

씨티은행은 은행의 자본들과 신뢰할 수 있는 브랜드 이름을 통해 소비자 금융 서비스로도 성공적으로 다각화할 수 있었다. 예를 들면, 이 혁신적인 기업은 복리식 적립예금, 무담보 개인대출, 당좌예금, 그리고 24시간 ATM 등을 제일 먼저 도입하였다. 그

학습 목표

이 장의 학습 목표는 다음과 같다.

– 관련다각화와 비관련다각화에 기초하여 다중비즈니스모델 간 차이를 구분한다.

– 다각화가 기업수익성을 향상시킬 수 있는 다섯 가지 주요 방식에 대해 설명한다.

– 경영자들이 관련다각화 혹은 비관련다각화를 추구하는 상황에 대해 논의하고, 왜 어떤 기업들은 두 전략을 동시에 추구하는지에 대해 설명한다.

– 신규산업에 진입하는 세 가지 방법 – 사내신규벤처수립, 인수, 합작투자 – 에 대해 기술하고, 각각의 방법이 가진 장단점을 설명한다.

러나 사업은 대부분 전통적인 소매 금융 서비스에 머물러 있었다. 이것은 곧 "금융슈퍼마켓(financial supermarket)"이라는 새로운 개념의 탄생과 함께 변화하였다.

1990년대에 금융 산업이 극도의 호황기를 맞으면서 한 은행 내에서도 다양한 금융 서비스가 생겨났다. 왜 당신의 예금이 뉴저지에 있는지, 왜 당신의 주식거래자는 캘리포니아에 있고, 왜 당신의 보험 설계사는 메릴랜드에 있으며, 언제 당신은 모든 것을 한 곳에 담을 수 있을까? 그러한 서비스들을 한데 담는 것은 막대한 "교차판매(cross-selling)"의 기회를 열어주었다: 즉, 각 회사의 고객 정보를 토대로 그들에게 다른 금융상품들을 충분히 판매할 수 있게 된 것이다. 또한, 비용절감은 정보기술, 고객 서비스 등을 통합 운영할 때 달성될 수 있다. 1998년 트래블러스 인슈어런스(Travellers Insurance), 애트나(Aetma), 프리메리카(Primerica), 살로몬 브라더스(Salomon Brothers), 스미스 바니 홀딩스(Smith Barney Holdings)를 포함하는 금융슈퍼마켓을 만들기 시작한 샌포드 "샌디" 웨일(Sanford Sandy Weill)은 씨티그룹 회장이면서 최고경영자인 존 리드(John Reed)에게 두 회사가 합병해야 한다고 확신시켰다. 트래블

러스 그룹(Travellers Group)은 700억에 달하는 씨티사의 주식을 모두 매입했으며, 씨티사 지분의 2.5배에 해당하는 새로운 주식을 발행하였다. 각 기업의 기존 주주들은 새로운 기업의 절반 정도를 소유하게 된 것이다. 합병은 7000억 달러의 자산을 가진 1400억 가치의 기업을 탄생시켰다. 이 기업은 씨티그룹으로 재명명되었고 현재 세계에서 가장 큰 금융 서비스 조직이 되었다.

불행히도 거의 같은 시기에 인터넷은 기존의 오프라인 금융슈퍼마켓 서비스를 진부화시켰다: 즉, 금융상품에 대한 가장 좋은거래는 바로 웹을 통한 것이 되었다. 교차판매보다 상황이 더욱 나쁜 것은 씨티사와 트래블러스사의 다른 부서들 간에 세력 다툼이 벌어지기 시작한 것이었다. 통합된 비영업부서의 업무절감은 불완전하고도 실현하기 힘든 것으로 드러났다. 예를 들어, 각 회사의 정보기술시스템을 통합하는 것은 너무도 큰 비용이 들어 예전 시스템을 그냥 방치해 놓았다. 또한, 합병된 기업의 직원들은 만 명 정도임에도 중역들에게 "공동(co)" 타이틀을 붙여주어 어떤 사람들은 씨티사를 노아의 방주에 비교하기도 하였다. 씨티사의 대형은행 모델의 초기 비판자였던 은행 애널리스트인 메리디스 휘트니(Meredith

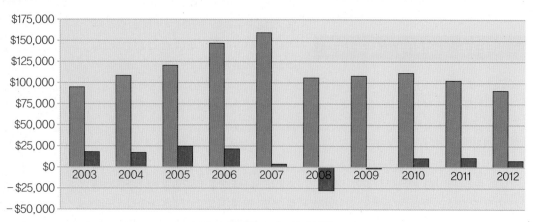

씨티그룹의 수익 및 순이익(백만달러), 2003~2012

■ 수익 ■ 순이익

자료: Hoovers.com

Whitney)에 따르면, 씨티사는 "절대 통합할 수 없는 이상한 회사가 되었다. 사업부들은 서로 의사소통하지 않는다. 수많은 정보시스템과 금융장부만이 존재할 뿐이다."

수익을 올리기 위하여, 씨티사는 부채담보채권(collateralized debt obligations: CDOs)으로 알려진 담보대출증권들을 통합하여 위험을 위장하는 서브프라임 대출에 투자하기 시작했다. 문제는 씨티사가 위험에 대해 대처를 하기 전에 커져 버렸다. 느슨한 대출 조건 정책은 대규모의 형편없는 담보대출과 변동금리 담보대출(예, 초기 금리가 매우 낮으나 시간이 지남에 따라 상승)을 양산했다. 이것은 집값 폭락과 결부되어 주택구입자들은 높아진 이자율을 갚을 수 없게 되었고, 그들의 집은 그들이 소유했을 때

보다 가치가 급격히 낮아졌다. 채무불이행과 압류는 급격히 늘어났고, 이는 이러한 담보들을 보유한 은행의 가치 역시 급격하게 감소함을 의미한다. 2006년 씨티사 주주들이 제기한 소송에서는 회사가 보기에는 건실한 자산을 가진 것 같이 보이지만 은행이 처한 진짜 위험을 감추기 위해 "부채담보채권이라는 사기"를 행했다고 회사를 고소하였다. 그러나 당시 씨티사의 최고경영자였던 찰스 오 프린스(Charles O. Orince Ⅲ)조차 회사가 담보 관련 자산에 얼마를 투자했는지 몰랐다. 프린스는 2007년 9월 회의에서 회사가 430억 달러의 담보 관련 자산을 갖고 있는 것을 알게 되었지만, 거래를 책임지고 있던 토마스 마헤라스(Thomas Maheras)는 모든 것이 괜찮다고 안심시켰다. 얼마 되지 않아 회사는 수십억 달러의 손실을

씨티그룹의 주가, 2004~2013

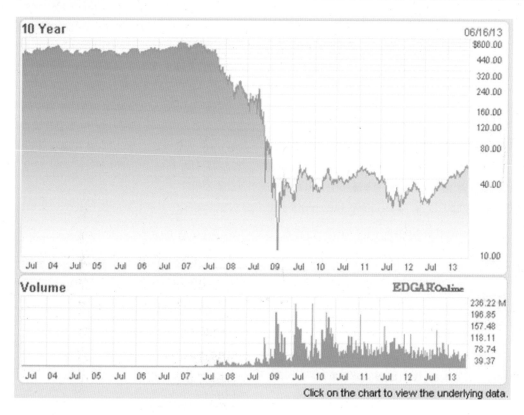

자료: NASDAQ.com

보고했고, 주가는 지난 10년 사이에 가장 낮아졌다(그래프 참조). 증권선물거래 전임수석회계사인 린 터너(Lynn Turner)는 씨티사의 위기가 그리 놀랄 만한 일은 아니었다고 말한다. 그는 씨티사가 너무 거대해져서 제대로 된 통제를 할 수 없고 기업을 대신하여 위험을 떠안아야 할 개인들의 책임감 또한 부족했다고 지적하면서 이 같은 문제는 피할 수 없었을 거라 말한다. 사업체 합병은 이해 관계에 있어 갈등을 불러일으키지만, 씨티사의 경영자들은 새로운 재무 기법들이 확산되면서 위험을 제대로 평가할 수 있는 능력이 부족했다. 문제가 드러나자 씨티사는 지독한 상황에 처해 있음을 알게 되었다. 담보자산으로 감가상각된 손실은 전체 기업을 파괴할 만큼 위협적이어서 수익을 내던 사업부조차 도산하게 만들었다.

미국 정부가 450억 달러의 긴급구제 자금을 지원하는 동안, 씨티그룹은 인력을 감축하고 매각 가능한 모든 것을 처분했으며, 금융슈퍼마켓은 해체되었다. 다음 2년 동안에는 회사 내 8만 개의 직무가 사라졌으며, 스미스 바니(Smith Barney), 파이브로(Phibro), 다이너스 클럽(Diner's Club), 프리메리카(Primerica) 등에 계열사를 매각하였다. 또한 자본을 늘리기 위하여 아부다비 투자사에 지분의 5%를 75억 달러에 팔았으며, 2008년 사우디아라비아의 알와리드 빈 달라 왕자(Prince Alwaleed Bin Tala)를 포함한 투자자들에게도 120억 달러의 주식을 팔았다. 씨티사는 자체적으로 소매 및 기관 고객 사업을 위한 씨티코프(Citicorp)와 중개 및 자산 관리를 하는 씨티홀딩스(Citi Holdings) 등 두 개 사업부에 대한 구조조정을 시행하였다. 이러한 재조직화는 보다 위험도가 높은 자산을 취급하는 이 부분을 기존 사업과 분리시켜 보다 잘 팔기를 원했기 때문이다.

2010년 씨티그룹은 마침내 이익을 낼 수 있었다. 미국 정부 대출을 갚았으며, 경영자들과 투자자들은 최악의 상황이 끝났다는 생각에 안도하였다. 2012년 씨티사는 710억 달러의 영업이익과 75억 달러의 순이익을 달성하였다(씨티사의 소비자와 기관 사업은 141억의 수입을 올렸으나 씨티홀딩스의 66억 달러의 손실이 이를 상쇄하였다). 현재, 대략 50%의 수익이 소비자사업부(소매금융, 신용카드, 담보대출, 중소기업을 위한 상업대출)에서 나오며, 나머지 50%는 기관 투자 고객들(기업, 정부, 기관, 고액자산가 등)에게서 생기며, 씨티홀딩스는 여전히 수익이 없거나 손해를 내고 있다.

비록 주택담보대출 사태하에서 기업의 다각화를 통해 얼마나 많은 이익을 얻거나 손해를 보았는지 정확히 평가하기 힘들지만, 씨티사의 사례는 금융슈퍼마켓 모델에 대한 투자자 집단의 믿음을 무너뜨렸다. 그러나 한 가지 분명한 것은 거대하고 복잡한 조직들은 회사를 충분히, 그리고 효과적으로 관리하기 힘들다는 것이다. 이것은 추적하기 전에 문제가 매우 커질 수 있음을 의미한다. 씨티사의 경영자들 역시 미래에 그들의 사업 선택들에 대해 보다 주의 깊게 고려해야 하며, 다른 사업들의 상호의존성을 어떻게 관리해 나가야 하는지에 대해 고민해야 한다는 점을 잘 알고는 있었을 것이다.

자료: R. Wile, "Dramatic Highlights from Citi's 200-Year History," *Business Insider*, April 4, 2012, www.businessinsider.com/presenting-a-history-of-citi-2012-4?op=1); "About Citi—Citibank, N.A.," www.citigroup.com; M. Martin, "Citicorp and Travelers Plan to Merge in Record $70 Billion Deal," *New York Times*, April 7, 1998, p. 1; A. Kessler, "The End of Citi's Financial Supermarket," *Wall Street Journal*, January 16, 2009, p. A11; "Fall Guy," *The Economist*, November 5, 1998; E. Dash and J. Creswell, "Citigroup Saw No Red Flags Even as It Made Bolder Bets," *New York Times*, November 22, 2008, p. 14; P. Hurtado and D. Griffin, "Citigroup Settles Investors' CDO Suit for $590 Million," Bloomberg.com, August 29, 2012; and D. Ellis, "Citi Plunges 26%—Lowest in 15 Years," CNNMoney.com, November 20, 2008.

개관

10장의 첫머리 사례는 다각화가 씨티은행(Citibank)의 평판, 브랜드, 전문성, 그리고 자본을 어떻게 창출하는지와 시너지(Synergy)에 대한 과대평가로 인해 회사가 고객소매금융에서의 핵심 강점에서 벗어나면서 어떻게 어려움을 맞게 되었는지를 잘 나타내고 있다. 이번 장에서 우리는 관련 및 비관련다각화라는 기업수준전략들에 의해 생겨나는 도전과 기회에 대해 계속 논의한다. 다각화전략은 기존의 독보적 역량과 비즈니스모델의 이점을 활용하여 한 가지 이상의 새로운 산업에 진입하는 기업의 결정에 기반을 둔다. 우리는 관련 및 비관련다각화가 기반하고 있는 다양한 종류의 다중비즈니스모델에 대해 살펴본다. 다음으로 우리는 기업들이 다각화 전략을 실행할 수 있는 세 가지 다른 방식들을 논의한다. 이번 장의 마지막 부분에서 다각화를 통해 새로운 시장과 산업에 진입하려는 전략적 경영자들의 결정과 관련된 장단점에 대해 이해할 수 있을 것이다.

다각화를 통한 수익성 향상

다각화(Diversification)는 새로운 산업들의 고객들에게 새로운 제품을 팔기 위하여 기업의 핵심 또는 기존 산업과 구분되는 새로운 산업에 진출하는 과정이다. 다각화에 기초한 다중비즈니스모델은 기업이 진입하는 새로운 산업들에서 고객들에 의해 매우 가치 있는 것으로 인식되는 제품을 만들어 내기 위해 기업이 현재의 전략과 독보적 역량을 이용하는 방안을 찾는 것을 목표로 한다. 다각화된 기업(diversified company)은 두 가지 이상의 다른 혹은 구분되는 산업들에서 제품을 만들고 판매하는 회사이다(산업들은 수직적 통합에서처럼 산업 가치사슬의 인접한 단계가 아님). 9장에서 논의한 기업전략의 사례에서처럼, 다각화 전략은 기업이나 개별 사업체가 다음의 한 가지 또는 그 이상의 가치사슬 기능을 수행하도록 해야 한다: (1) 보다 낮은 비용, (2) 차별화를 가능하게 하고 기업에 가격선택권을 주는 방식, 혹은 (3) 해당 기업이 수익성을 증대시키기 위하여 산업 내 경쟁자들을 보다 잘 관리할 수 있도록 도움을 주는 방법.

대부분 기업의 경영자들은 그들이 잉여현금흐름을 창출할 때 다각화를 자주 고려한다. 즉, 기업의 현 사업에 있어 새로운 투자를 모금하고 현존하는 채무이행 약속을 충족시키기 위해 요구되는 액수 이상의 현금, 다시 말해, 잉여 현금흐름은 기존 사업에 있어 새로운 투자를 수익성 있게 만들기 위해 필요한 것을 넘어서는 현금이다.[1] 한 기업의 성공적인 비즈니스모델이 잉여 현금흐름과 수익을 창출할 때, 경영자들은 보다 높은 배당금의 형태로 주주들에게 현금을 돌려줄 것이냐 또는 다각화를 위해 투자할 것인가에 대

다각화
새로운 산업들의 고객들에게 새로운 제품을 팔기 위하여 기업의 핵심산업 또는 기존산업과 구분되는 새로운 산업에 진입하는 과정

다각화된 기업
두 가지 이상의 다른, 혹은 구분되는 산업들에서 제품을 만들고 판매하는 회사

해 결정해야 한다. 이론적으로 어떠한 잉여 현금흐름은 기업의 소유자들인 주주들에게 귀속되어 있다. 따라서 다각화가 가치를 창출하기 위해서는 다각화 기회들을 추구하기 위해 기업이 잉여 현금흐름을 투자한 것에 대한 수익률, 즉 미래 투하자본수익률(ROIC)이 주주들이 그 돈을 현금으로 회수할 때 얻을 수 있는 가치를 상회하여야 한다. 기업이 주주들에게 잉여 현금흐름을 배당하지 않을 때, 주주들은 그러한 자금의 다음 번 최선의 용도와 동일한 기회 비용을 부담하게 된다(예, 유사한 위험에 유사한 수익을 얻을 수 있는 또 다른 투자, 고위험에 대한 고수익을 얻을 수 있는 투자, 또는 저수익이지만 위험도가 낮은 투자). 그러므로 다각화 전략은 "보다 나은(better off)" 시험을 통과해야 한다: 즉, 기업이 다각화 전보다 더 가치 있어져야 하고, 그 가치는 다각화 진행 비용에 의해 모두 투자되어서는 안 된다(예, 신사업에 대한 진입 비용은 다각화 진행에 의해 창출되는 가치를 평가할 때 고려되어야 한다). 그러므로 경영자들은 현재 다각화에 투자하기 위해 배당금 지급을 유예할 수 있지만, 그들이 미래에 더 많은 현금흐름(그리고 더 높은 배당금)을 창출해 낼 수 있을 것이라고 기대될 때에만 그렇게 해야 한다.

다각화에 기초한 다중비즈니스모델의 추구가 기업수익성을 향상시킬 수 있는 다섯 가지 주요 방식들이 있다. 전략적 경영자들이 (1) 다른 산업들에서 사업체들 간 역량을 이전시키고, (2) 신산업에서 사업체들을 만들어 내는 역량들을 레버리지하고, (3) 시너지가 나는 범위의 경제를 달성하기 위하여 사업체들 간 자원을 공유하며, (4) 제품 묶음 방식(bundling)을 이용하고, (5) 기업의 모든 사업체 성과를 향상시키는 일반적인 조직 역량을 활용할 때 다각화는 수익을 창출할 수 있다.

사업들 간 역량 이전하기

역량을 이전하는 것
한 산업의 사업단위에 의해서 개발된 독보적 역량을 획득하고, 다른 산업에서 운영하고 있는 사업단위에 이식하는 과정

역량을 이전하는 것(Transferring competencies)은 한 산업 내 사업부에 의해 개발된 독보적 역량을 가지고 다른 산업에서 사업 중인 사업부에 이전시키는 것을 의미한다. 두 번째 사업부는 종종 기업에서 인수한 것이다. 역량을 이전하는 데 기반을 둔 기업들은 인수된 사업체 또는 회사의 비즈니스모델을 두드러지게 강화하기 위하여 가치사슬 활동—예를 들면, 생산, 마케팅, 자재 관리, 또는 연구개발(R&D)—에 있어 한 가지 이상의 현재 가지고 있는 독보적 역량들을 이용하는 것을 그들의 다각화 전략의 목표로 한다. 예를 들어, 시간이 흐르면서 필립 모리스(Philip Morris)는 제품개발, 소비자 마케팅, 브랜드 포지셔닝에 있어서의 독보적 역량을 개발하여 담배산업에서 선두를 차지하였다. 수익성이 높은 기회를 감지하고 한때 양조산업에서 상대적으로 소규모 주자였던 밀러 양조를 인수하였다. 그리고 양조산업에서 가치 있는 신제품을 만들기 위해 필립 모리스는 최고의 마케팅전문가들을 밀러사에 보냈으며 이들은 필립 모리스에서 얻은 기술들을 밀러사의 활기 없는 양조사업을 호전시키기 위해 적용하였다([그림 10.1] 참조). 그 결과 첫 번째 "순

한(light)" 맥주인 밀러 라이트(Miller Light)가 새로 만들어졌으며, 마케팅 홍보들을 통해 밀러는 양조산업 내 시장점유율 6위에서 2위로 상승하였다.

역량을 이전시키는 것에 다각화 전략을 기반하고 있는 회사들은 기존 사업 활동과 관련된 새로운 사업을 획득하는 경향이 있는데, 이는 그들의 가치사슬 기능에서 한 가지 이상의 공통성(commonality) 때문이다. 공통성은 사업이 보다 효과적이고 효율적으로 수행되게 하고, 고객에게 보다 많은 가치를 창출하는 어떠한 기술이나 특성이 두 개 이상의 사업부에 의해 공유되거나 사용되는 것을 말한다.

예를 들어, 밀러 양조는 필립 모리스사의 담배사업과 관련이 있는데, 이는 중요한 마케팅 공통성을 창출하는 것이 가능하기 때문이다; 즉, 맥주와 담배 모두 브랜드 포지셔닝, 광고, 제품개발 기술이 성공적인 신제품 창출에 중요한 대중적인 시장의 소비 제품이다. 일반적으로 그러한 역량 이전은 (1) 한 가지 이상의 다각화된 기업 사업체들의 비용구조가 더 낮거나, (2) 한 가지 이상의 사업부가 제품을 보다 차별화시킬 수 있을 때 수익성을 낼 수 있다.

수익창출을 위한 역량 이전에 있어 이전되는 역량들은 미래에 해당 사업부의 경쟁우위의 중요한 원천이 되는 가치사슬 활동들을 포함해야 한다. 다시 말해, 이전되는 독보적 역량은 실질적인 전략적 가치를 가져야 한다. 그러나 대부분의 기업들에서는 가치사슬 간 어떠한 공통성이라는 가치를 창출하는 데 충분하다고 가정하고 있다. 이런 기업들에서는 역량이전을 시도할 때 기대한 혜택이 바로 실현되지 않는데, 이는 다양한 사업부들이 중요한 특성들을 공유하지 못하기 때문이다. 예를 들어, 코카콜라(Coca-Cola)는 글

> **공통성**
> 사업이 보다 효과적이고 효율적으로 수행되게 하고 고객에게 보다 많은 가치를 창출하는 어떤 종류의 기술이나 역량의 두 개 이상의 사업단위에 의해 공유되는 상황

그림 10.1   **필립 모리스(Philip Morris)사의 역량 이전**

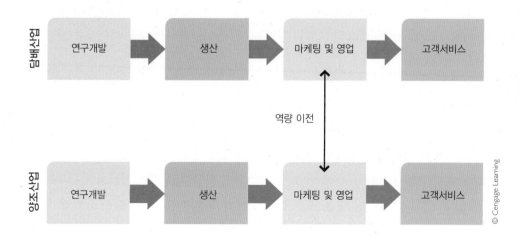

로벌 유통과 마케팅의 공통성을 활용하기 위하여 과즙제조업체인 미닛 메이드(Minute Maid)를 인수하였는데, 이러한 인수는 상당히 성공적인 것으로 드러났다. 반면 코카콜라는 한때 콜럼비아 영화사(Columbia Pictures)를 인수하였는데, 이는 블록버스터 영화를 만드는 데 그들의 마케팅 기량을 활용할 수 있다고 믿었기 때문이다. 이러한 인수는 코카콜라에 수십억 달러의 손실을 입히는 대재앙이 되었고, 콜럼비아 영화사는 성공적인 플레이스테이션 게임을 기반으로 한 소니(Sony)사에게 최종 매각되었고 이후 콜럼비아 스튜디오에서는 여러 편의 성공적인 영화를 만들어냈다.

새로운 사업을 창출하기 위해 역량을 레버리지하기

기업들은 다른 산업에서 새로운 사업을 개발하기 위해 그들의 역량들을 레버리지(leverage their competencies) 한다. 예를 들어, 애플(Apple)사는 스마트폰 산업에 진입하기 위해 PC 하드웨어와 소프트웨어에서의 역량들을 레버리지하였다. 다시 말하자면, 다중비즈니스 모델은 한 산업에서 기업의 경쟁우위 원천이 되는 일련의 독보적 역량들은 다른 산업에서 새로운 사업체나 사업부에 있어 차별화나 비용 기반 경쟁우위를 창출하는 데 적용할 수 있다는 명제에 기반하고 있다. 예를 들어, 캐논(Canon)사는 정밀 기계, 미세광학, 전자영상 시스템에서의 독보적 역량들을 신산업에서의 새로운 사업으로 레이저젯 프린터를 생산하는데 이용하였다. 이러한 역량들을 통해 캐논사는 고품질의(차별화되는) 레이저 프린터를 낮은 가격을 생산할 수 있었고, 이러한 경쟁우위는 프린트산업에서 캐논사를 업계 리더로 만들었다.

많은 기업들이 다른 산업에서 새로운 사업을 시작하는데 있어 그들의 핵심역량을 레버리지하는 다각화 전략에 기반하고 있다. 마이크로소프트(Microsoft)사는 컴퓨터 산업에서의 오랜 경험과 인맥, 소프트웨어 개발에 있어서의 기술, 그리고 네트워크 외부효과(network externality)에 의해 특성화된 산업 관리에 있어서의 전문성을 비디오게임(Xbox 게임기와 게임을 통해)과 온라인포털과 검색엔진들(예를 들어, MSN과 Bing), 태블릿 컴퓨터(tablet computers)(Surface의 도입과 함께) 같은 산업들에서 새로운 사업부를 만드는 데 레버리지하였다.

자원과 능력 공유하기

다른 산업들에서 운영되는 두 가지 이상의 사업부가 다각화된 기업의 수익성을 향상시킬 수 있는 세 번째 방법은 범위의 경제 또는 시너지를 가져오는 자원과 능력이 공유될 때이다.[2] 범위의 경제(Economies of scope)는 다각화된 기업의 한 가지 이상의 사업부들이 숙련된 인력, 장비, 생산시설, 유통채널, 광고 캠페인, R&D 연구소와 같은 값비싼 자원 또는 능력을 보다 효과적으로 공유하고 활용할 수 있기 때문에 비용절감이나 차별화 시

역량들을 레버리지
한 산업의 사업단위에서 개발된 독보적 역량을 확보하고, 다른 산업의 새로운 사업단위를 창출하는 데 활용하는 과정

범위의 경제
다각화된 기업의 한 가지 이상의 사업단위들이 숙련된 인력, 장비, 생산시설, 유통채널, 광고캠페인 등과 같은 값비싼 자원 또는 능력을 보다 효과적으로 공유하고 활용할 수 있기 때문에 비용절감이나 차별화 시너지를 실현할 수 있을 때 발생함

너지를 실현할 수 있을 때 발생한다. 만약 다양한 산업들에서의 사업부들이 공통된 자원이나 기능을 공유할 수 있다면, 그들은 비용구조를 전체적으로 낮출 수 있다. 즉, 창출된 가치의 관점에서 시너지 이면의 아이디어는 2+2가 4가 아닌 5가 되는 것이다.[3] 예를 들어, 지이(GE)사는 백열전구, 가전, 에어컨, 보일러와 같이 광범위한 제품군이 펼쳐져 있기 때문에 소비재 광고, 판매, 서비스 활동 등의 비용에 있어서 전체 제품라인의 비용상 절감을 가져온다. 이러한 비용절감에는 두 가지 주요 원천이 있다.

첫째, 회사가 사업체 전체에서 자원 또는 능력을 공유할 수 있을 때, 한 산업에서만 운영되는 다른 기업들에 비해 비용구조를 낮출 수 있으며 자원과 능력을 개발하는 전체 비용만 소요된다. 예를 들어, 피앤지(P&G)사는 일회용 기저귀, 화장실 휴지, 종이 타월을 만드는데, 이것들 모두는 훼손되지 않은 상태로 액체를 흡수하는 능력에 대해 소비자들이 가치를 두는 종이에 원료를 둔 제품들이다. 이러한 제품들은 공통된 특성인 흡수력을 필요로 하기 때문에, 피앤지사는 세 가지 구분되는 사업들에 걸쳐 흡수성 종이 제품들을 발전시키는 데 있어 개발이나 생산과 관련된 연구개발비용을 공유할 수 있다([그림 10.2]에서 보이는 두 가지). 유사하게, 이들 제품 모두는 소매자들에게 판매되며, 피앤지사는 모든 제품들을 파는데 동일한 판매력을 이용할 수 있다([그림 10.2] 참조). 이와는 반대로, 이러한 제품들 중 하나 혹은 두 가지만 만드는 피앤지사의 경쟁자들은 산업에 걸쳐 이러한 비용들을 공유할 수 없기 때문에 비용구조는 상승하게 된다. 그 결과, 피앤지사는 더 낮은 비용을 가질 수 있다. 즉, 이것은 더 나은 제품 차별화를 위한 마케팅기능을 활용할 수 있게 하며, 한 가지 또는 소수의 산업–사업체들 간 자원을 공유하거나 시너지

그림 10.2 프록터 앤 갬블(Proctor & Gamble)사의 자원 공유

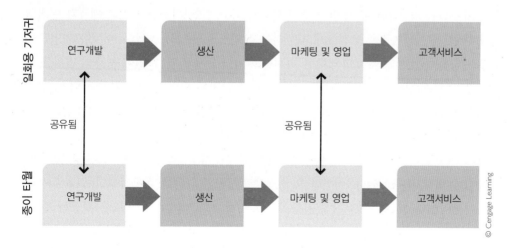

일회용 기저귀: 연구개발 → 생산 → 마케팅 및 영업 → 고객서비스

공유됨 · 공유됨

종이 타월: 연구개발 → 생산 → 마케팅 및 영업 → 고객서비스

© Cengage Learning

를 얻을 수 있는 능력으로부터 범위의 경제를 획득할 수 없는–에서 사업을 하는 회사들보다 더 높은 투하자본수익률(ROIC)을 달성할 수 있게 된다.

유사하게, 러닝슈즈의 제조사로 시작한 나이키(Nike)사는 브랜드 이미지와 운동선수들과 스포츠 이벤트의 관련성 등을 실현함으로써 운동경기용 신발, 운동복, 선글라스와 헤드폰과 같은 액세서리 등 다른 분야로 수익을 내며 레버리지하였다. 이러한 상품들은 나이키사 상표명으로 인해 보다 차별화가 되며, 운동선수와의 이벤트를 통해서 적절한 지원을 뒷받침함으로써 보다 잘 노출되고, 폭넓은 상품군 전체를 통해 브랜드 구축 활동 비용을 분할 상환할 수 있기 때문에 범위의 경제를 달성하게 된다.

반복하자면, 범위의 경제를 달성하기 위한 다각화는 수익성을 향상시키는 시너지를 낼 수 있는 기업 내 다른 사업체 또는 사업부에서 한 가지 이상의 가치사슬 기능 간에 중대한 공통성이 있을 때에만 가능하다.

뿐만 아니라, 경영자들은 기업 내에서 시너지 또는 범위의 경제를 달성하기 위해 필요한 조정 비용은 그러한 전략에 의해 창출될 수 있는 가치보다 때로는 높을 수 있다는 점을 인식해야 한다.[4] 첫머리 사례에서 기술한 것처럼, 씨티은행(Citibank)는 합병을 통해 연결운영으로부터의 대규모 비용절감과 교차판매로부터의 수익 향상 기회들을 예상했음에도 이러한 시너지들 중 몇 가지는 예상보다 적거나 회수가 매우 힘든 것들이었다. 돌이켜 생각해보면, 씨티사가 감당해야 했던 조정 비용(투자활동에 대한 부적절한 간과로 인한 대규모 손실의 형태로)은 아마도 시너지를 통해 얻을 수 있는 혜택을 상당히 넘어섰을 것이다. 결과적으로, 범위의 경제를 달성하기 위한 다각화는 역량의 공유가 해당 기업의 한 가지 이상의 새로운 혹은 기존 사업체들에게 경쟁우위를 달성하는 중대한 시너지들을 가져올 수 있을 때에만 추구되어야 한다.

제품 묶음(bundling) 이용하기

제품 차별화를 위한 새로운 방법을 찾기 위해 점점 더 많은 기업들이 기존 제품과 연결되거나 관련 있는 신제품을 고객에게 제공하는 산업으로 진입하고 있다. 이것은 기업들이 관련 제품들의 완결된 패키지에 대한 고객들의 욕구를 충족할 수 있어 제품의 범위를 확장시킬 수 있게 한다. 이러한 형태는 고객들이 유선전화 서비스, 무선전화 서비스, 고속 인터넷, 인터넷 프로토콜 음성전화 서비스(voice over Internet protocol: VOIP), 텔레비전 프로그래밍, 온라인 게임, 주문형 비디오 시스템(VOD: video-on-demand), 또는 이러한 서비스들의 또 다른 결합 등에 대한 패키지 가격제를 찾는 고객들이 증가하는 이동통신사에서 현재 벌어지고 있다. 이러한 욕구를 충족시키기 위하여 에이티앤티(AT&T)사나 버라이존(Verizon)사와 같은 거대 전화회사들은 한 가지 이상의 서비스를 제공할 수 있는 회사들을 인수하고 있으며, 컴캐스트(Comcast)사와 같은 케이블회사는 고객들에게 이러한 서비스 패키지를 제공할 수 있는 회사들을 인수하거나 전략적 제휴를 맺고 있다. 예를 들어, 2010년에 컴캐스트사는 콘텐츠 프로그래밍의 도서관 서비스 권한을 얻기 위해 지이(GE)사의 엔비시(NBC) 사업부를 인수하였다. 즉, 이들의 목표는 고객에게 낮은 가격으로 더 나은 서비스를 제공하기 위해 제품을 묶는 것이다.

제조회사들이 비용을 줄이고 품질을 향상시키기 위해 부품공급자들의 수를 낮추고자 노력하는 것처럼, 최종 소비자들은 관련 제품들의 묶음–구글(Google) 또는 마이크로소프트(Microsoft)의 클라우드 기반 광고, 사업지향 온라인 애플리케이션과 같은–을 통해 편리성과 가격할인을 얻고자 한다. 제품 묶음의 또 다른 예는 의료 장비산업을 들 수 있는데, 과거 수술실 장비, 초음파 기계, 자기이미지 또는 X-ray 장치와 같은 단일 제품을 만들던 회사들이 지금은 다른 기업에 인수되거나 회사들을 인수하여 전체 의료기기들을 병원에 공급하는 대규모로 다각화한 회사가 되었다. 이 산업 통합은 단일 공급업체와의 장기간거래 형성으로 편리성과 비용절감을 얻고자 하는 병원들과 건강 관리기관들(health maintenance organization: HMOs)에 의해 이루어졌다.

여기서 짚고 넘어가야 할 중요한 점은 제품 묶음이 공동 소유권(joint ownership)을 요구하지는 않는다는 것이다. 많은 예에서 보듯이, 묶음은 시장 계약을 통해서도 달성될 수 있다. 예를 들면, 맥도날드(McDonald)사는 해피밀(happy-meal)을 위해 장난감 회사가 될 필요는 없으며, 공급 계약을 통해 그것들을 구입하면 된다. 디즈니(Disney)사는 휴가와 관련된 패키지를 제공하기 위해 항공 서비스를 소유할 필요가 없으며, 전략적인 계약만으로도 가능하다. 다각화를 위한 정당화를 수행하는 제품 묶음을 위해서는 시장계약을 통해 극복할 수 없는 차별화된 제품의 생산자들 간에 조정에 대한 강력한 욕구가 있어야 한다.

일반적인 조직 역량 활용하기

일반적인 조직역량은 개별 기능 또는 사업부를 초월하여 다중비즈니스 기업의 최상위 혹은 기업수준에서 발견된다. 전형적으로 일반적 조직 역량(general organizational competencies)은 기업의 최고경영자들과 기능전문가들의 기술이 낳은 결과물이다. 이러한 일반적인 조직 역량이 존재할 때–많은 경우 그것들이 존재하지 않는다– 그것들은 개별적이거나 독립적으로 운영되는 회사보다 더 높은 수준에서 각 사업부들이 서로 도우며 업무를 수행할 수 있도록 도우며, 이것은 전체 기업의 수익성을 향상시킨다.[5] 일반적인 조직 역량의 세 가지 종류들은 기업의 성과와 수익을 증진시키는 데 도움이 된다. (1) 기업가적 능력, (2) 조직설계 능력, 그리고 (3) 전략적 능력이 그것이다.

기업가적 능력 막대한 추가 현금흐름을 창출하는 기업은 경영자들이 새로운 기회를 파악할 수 있고 신제품과 개선된 제품들을 만들어 내는 능력이 있을 때 그 이점을 활용

> **일반적 조직 역량**
> 개별적이거나 독립적으로 운영되는 회사에서 보다 더 높은 수준으로 회사 내 사업 단위들이 수행되도록 돕는 최고경영자들의 기술로부터 나타난 역량들

할 수 있다. 어떤 기업들은 다른 기업들보다 창의적인 방식으로 행동하도록 경영자들을 고무시키는 능력이 있다. 예를 들면, 애플(Apple)사, 쓰리엠(3M)사, 구글(Google)사, 삼성 등이 그러하다.[6]

이러한 회사들은 기업가정신을 북돋우는데, 이는 이들 기업들이 경영자들을 기업가적으로 행동하게 만드는 조직문화를 갖고 있기 때문이다. 그 결과, 이들은 다른 기업들에 비해 신속히 신규사업에서 수익을 창출할 수 있다. 이것은 다각화의 기회를 잘 활용할 수 있게 하는 것이다. 우리는 이번 장의 후반부에서 수익성이 있는 신규사업을 만들어 내기 위해 필요한 전략들 중 하나인 사내벤처(internal new venturing)에 대해 다룰 것이다. 중요한 것은 기업가적 정신을 고무시키기 위해 기업들은 (1) 경영자들로 하여금 위험을 과감하게 받아들이도록 고무시켜야 하고, (2) 경영자들이 새로운 아이디어를 실현할 수 있도록 시간과 자원을 주어야 하며, (3) 새로운 아이디어가 실패했을 때 경영자를 처벌하지 말아야 하고, (4) 기업의 유동자금이 너무 위험이 큰 신규사업이나 투자 대비 수익성이 낮은 사업에 허비되고 있지 않음을 인식시켜야 한다. 전략적 경영자들은 이러한 네 가지 목적들을 달성하기 위해 심각한 도전에 직면할 수 있다. 한편으로는 기업이 과감하게 위험을 감수하도록 고무해야 하지만, 다른 한편으로는 너무 위험한 사업들의 수가 많아지지 않도록 제한해야 한다.

강한 기업가적 능력을 보유한 기업들은 이러한 활동들을 균형적으로 달성한다. 예를 들어, 쓰리엠(3M)사는 과거 4년 간 출시한 상품들의 수익 40%를 경영자들이 신제품개발과 신규사업 진출에 집중할 수 있도록 사용한다. 쓰리엠사의 고객 불만 해결위원회 역시 고객에 초점을 둔 신제품에 대한 아이디어를 내는 데 기여한다. 이 회사에서는 새로운 사업에 성공한 직원들을 축하하는 행사를 통해 기업가정신과 위험감수라는 규범을 받아들이도록 한다. 유사하게 실패는 절대 벌하지 말고 학습해야 할 경험으로 보아야 한다는 규범 역시 회사에 존재한다.

조직 설계에 있어서의 능력 조직설계기술(Organizational design skills)은 직원들이 보다 상위의 목표를 달성하도록 동기부여하고 조직화하는 구조, 문화, 통제시스템 등을 만드는 경영자 능력의 결과물이다. 조직 설계는 회사의 기업가적 능력에 영향을 미치는 중대한 요소이다. 그것은 또한 회사가 기능적 역량을 창출하는 능력의 중요한 결정 요인이다. 전략적 경영자들이 조직 설계 결정을 내리는 것은 조직 위계상에서 얼마나 자율성을 줄 것인지, 기업가적 문화를 창조하기 위해서 어떠한 규범과 가치들이 필요한지, 본사 건물의 설계를 통해 어떻게 직원들의 자유로운 아이디어 흐름을 촉진시킬 것인지 등이 포함되는데, 이는 다각화된 기업이 다중비즈니스모델에서 이익을 얻을 수 있는지를 결정하는 중요한 요소이다. 효과적인 조직구조와 통제는 사업부 관리자들이 효

조직설계기술
종업원들이 보다 상위의 목표를 달성하도록 동기부여하고 조직화하는 구조, 문화, 통제시스템 등을 만드는 경영자의 능력

율성과 효과성을 최대한 달성할 수 있게 만든다. 또한, 훌륭한 조직 설계는 전략적 경영자들이 현재의 사업에서 경쟁우위를 지키는 데 급급한 나머지 새로운 사업에서 수익을 얻을 수 있는 기회를 놓치지 않도록 한다.

이 책의 마지막 두 장들에서는 조직설계에 대해 심도 있게 다룰 것이다. 기업수준의 다각화 전략을 통해 이익을 얻기 위해서 기업은 끊임없이 직원들을 상위의 목표로 동기부여하고 조직화할 수 있는 구조와 문화를 만들고 경쟁우위에 기반을 둔 자원과 역량을 개발하도록 해야 한다. 기업구조를 전략과 연계하는 것은 복잡하고, 끝나지 않는 업무이지만, 뛰어난 조직설계기술을 가진 최고경영자들만은 그것을 할 수 있다.

뛰어난 전략경영 능력 다각화를 통해 수익을 증진시키는 데 있어 기업의 최고경영자는 전략경영에서 뛰어난 능력을 가지고 있어야 한다. 그들은 상이한 사업부들을 관리하여 개별 기업인 경우보다 월등한 성과를 내는데 필요한 무형의 관리능력을 가지고 있다.[7] 이러한 지배 기술(governance skill)은 희소하고 가치 있는 능력이다. 그러나 어떤 최고경영자들은 그것들을 가지고 있다. 즉, 그들은 동시에 다양한 사업부들을 관리할 수 있으며 월등한 성과를 창출해 낸다. 이러한 월등한 전략경영 능력을 가진 유명한 최고경영자들로 지이(GE)사의 제프리 이멜트(Jeffrey Immelt), 애플(Apple)사의 스티브 잡스(Steve Jobs), 오라클(Oracle)사의 래리 엘리슨(Larry Ellison) 등을 들 수 있다.

다각화된 회사에서 특히 중요한 관리 기술은 실적이 낮은 사업부가 가진 문제의 근원을 진단하고 어떻게 이 문제를 해결할 것인지를 아는 능력이다. 기존 최고경영진에게 새로운 전략들을 제언하거나 새로운 경영진을 통해 문제를 해결할 수 있다. [전략 실행 사례 10.1]에서 살펴볼 유티씨(United Technology Corporation: UTC)사와 같이, 그러한 관리능력을 가진 최고경영자들은 정보를 잘 활용하여 전략적 문제를 해결한다.

전략적 경영기술과 관련된 다각화된 기업의 최고경영자 능력은 다른 산업에서 제대로 운영되지 못하여 실적이 저조한 회사들을 인수한 후 구조조정을 통해 성과를 개선함으로써 전체 기업의 수익성을 제고하는 것도 포함된다. 이것은 흔히 방향전환전략(turnaround strategy)이라고 알려져 있다.[8] 피인수된 기업의 실적을 개선하는 방법은 여러 가지가 있다. 첫째, 피인수된 기업의 최고경영자들을 보다 공격적인 최고경영진 팀으로 교체할 수 있다. 둘째, 새로운 경영진들은 수익성이 낮은 부서, 중역들을 위한 전용기, 화려한 기업본사 건물 등과 같이 값비싼 자산들을 처분할 수 있으며, 비용구조를 줄이기 위해 관리자들과 직원들을 해고할 수도 있다. 셋째, 새로운 경영진은 새로운 전략을 모색하여 효율성, 품질, 혁신, 고객 반응성 등을 개선하여 수익성 향상을 달성할 수 있다. 넷째, 피인수 기업의 새로운 경영진과 직원들을 동기부여하기 위하여 수익성과 연동된 전사 차원의 성과급 보너스 시스템을 도입할 수 있다. 다섯째, 인수 기업은 모든 수준의 직원

방향전환전략
다각화된 회사의 경영자들이 다른 산업들에서 제대로 운영되지 못하여 실적이 저조한 회사들을 파악하고 인수한 후 구조조정하여 성과를 개선함으로써 전체 기업의 수익을 제고하는 것

전략 실행 사례 10.1

유나이티드 테크놀로지사가 주머니에 "에이스 (ACE)"를 가지고 있다.

© iStockPhoto.com/Tom Nulens

코네티컷(Connecticut)주 하트포드(Hartford)에 기반을 두고 있는 유나이티드 테크놀로지 코퍼레이션(United Technology Corporation: UTC)은 많은 상이한 사업들을 다양한 산업들에서 수행하는 거대복합기업(conglomerate)이다. 유티씨(UTC)사는 우주항공과 빌딩시스템이라는 두 가지 주요 업종에서 사업체들을 가지고 있다. 항공우주그룹에는 시콜스키 우주선(Sikorsky Aircraft), 플랫앤휘트니 엔진(Pratt & Whitney Engines), 해밀턴 선스트랜드(Hamilton Sunstrand)와 굿리치(Goodrich)의 합병을 통해 탄생한 유티씨 우주항공시스템(UTC Aerospace systems) 등이 포함된다. 빌딩 시스템그룹에는 오티스 엘리베이터 앤 에스컬레이터(Otis elevators and escalating systems), 캐리어 앤 노레스코 연료 앤 에어컨 솔루션(Carrier and Noresco heating and air-conditioning solutions), 오토매티드로직(AutomatedLogic), 오니티(Onity), 레넬(Lenel), 유티이씨(UTEC)를 포함하는 빌딩자동화사업, 그리고 처브(Chubb), 키드(Kidde), 에드워즈(Edwards), 펜월(Fenwal), 매리오프(Marioff), 수프라(Supra), 인터로직스(Interlogix)를 포함하는 화재 탐지와 경비 사업이 속해 있다. 오늘날 투자자들은 유티씨사와 같이 광범위하게 상이한 산업에서 운영되는 기업들에 대해 탐탁지 않게 여긴다. 이는 기업이 독립적이거나 단일형태로 운영될 때 경영자들이 비즈니스모델을 더 잘 관리할 수 있다는 인식이 증가하고 있기 때문이다. 어떻게 하면 유티씨사처럼 복합기업으로 운영되는 여러 회사를 소유하는 것에 대해 정당화할 수 있을까? 지난 10년간 타이코(Tyco)사와 텍스트론(Textron)사와 같은 많은 거대복합기업들의 이사회와 최고경영자들은 다양한 기업들을 보유하는 것이 회사의 수익성을 향상시키는 것이 아니라 오히려 감소시킨다는 점을 깨달았다. 그 결과, 많은 거대복합기업들은 개별 기업으로 분리되고 분사되어 독립된 별개의 기업으로 운영되고 있다.

유티씨사의 최고경영자인 조지 데이비드(George David)는 그가 유티씨사의 다양한 사업들을 관통하여 가치를 증진할 수 있는 독특하고 정교한 다중비즈니스모델을 고안했다고 성

주장하였다. 데이비드는 1975년 최고경영자의 비서로 오티스 엘리베이터에 입사하였지만, 1년 만에 유티씨사가 오티스를 인수하였다. 1970년대는 "더 큰 것이 더 좋다"라는 인식이 미국 기업들에 퍼져 모든 종류의 인수합병이 이익창출을 위한 가장 좋은 방법으로 여겨졌다. 유티씨사는 데이비드를 남아메리카 사업부를 관리하도록 보냈으며 나중에는 일본 사업부에 대한 책임을 맡겼다. 오티스는 일본 시장 내 엘리베이터업체인 마쓰시타(Matsushita)사와 제휴를 맺고 일본 건물들에 광범위하게 설치된 "엘레보닉(Elevonic) 401"이라는 것을 만들었는데, 이것은 결국 재앙이 되었다. 그것은 다른 일본업체들이 만든 것보다 고장이 자주 나서 고객들은 이것의 신뢰성을 걱정하게 되었다.

마쓰시타사는 엘리베이터 실패로 재정적으로 엄청나게 곤란해졌으며, 데이비드는 왜 엘리베이터가 제대로 작동하지 않는지를 규명하기 위하여 전사품질 관리(TQM) 전문가인 유주루 이토(Yuzuru Ito)를 오티스 공학 팀의 수장으로 보냈다. 이토의 지시 아래 엘리베이터 생산에 관련된 관리자들, 디자이너들, 생산근로자들 모두가 엘리베이터의 결함에 대해 분석하였다. 이러한 집중적인 연구로 엘리베이터가 전체적으로 다시 구성되었으며, 새롭게 개선된 엘리베이터를 전 세계적으로 출시하였다. 전 세계 엘리베이터 시장에서 오티스의 점유율은 급격히 상승하였고, 데이비드는 1992년 유티씨사의 회장으로 임명된다. 그는 중요한 프랫앤휘트니 부문 포함하여 전사적으로 비용절감에 대한 책임을 부과하였고, 비용구조는 절감한 반면 투하자본수익률(ROIC)은 상승시킨 그의 성공으로 1994년 최고경영자로 지명되었다.

현재 유티씨사의 다양한 회사들을 책임지고 있는 데이비드는 유티씨사의 수익성을 향상시킬 최고의 방법은 유티씨사에 속하는 모든 기업들의 효율성과 품질을 개선하는 방안을 찾는 것이라고 생각하였다. 그는 이토를 하트포드로 데려와서 지금까지 오티스 부서를 변화시킨 것처럼 모든 부서의 개선 임무를 맡겼다. 이토는 유티씨사의 전사적 품질 관리시스템을 개발하기 시작하였고, 그것이 바로 "경쟁적 탁월함을 성

취하는 것(Achieving Competitive Excellence)" 또는 "에이스(ACE)"라고 알려진 것이다.

에이스는 신입사원부터 최고경영자까지 모든 직원들이 생산된 제품의 모든 측면을 분석할 수 있게 하는 직무와 절차의 집합체이다. 목표는 품질과 신뢰성을 향상시키고 제품을 만드는 비용은 줄일 수 있는 방법을 찾는 것이며, 특히 더 나은 후속제품을 만들어 내는(기술혁신을 촉진시킬) 방법을 고안하는 것이다. 데이비드는 모든 기능 및 모든 직급의 직원들이 최신의 혁신적이고 효율적인 제품으로 수익을 향상시키는 데 책임을 느끼도록 하였다.

데이비드는 이러한 기술을 "프로세스 규율(process disciplines)"이라고 명명하였고, 그는 모든 유티씨사 소속 회사들의 성과를 향상시키기 위해 이것을 활용하고 있다. 이러한 기술들을 통해 그는 다양한 사업들의 운영을 정당화하는 유티씨사 만의 가치를 만들어 냈다. 데이비드의 성공은 그가 지난 십 년간 관리한 이후 거두었던 기업의 성과에서 확인할 수 있다. 그는 주당순이익을 네 배 상승시켰고, 회사의 매출과 당기순이익은 급속히 증가했다. 유티씨사는 2000년대 내내 다우존스(Dow Jones) 산업 평균을 구성하는 기업들 중 상위

3위에 올랐으며, 또 다른 거대복합기업인 지이(GE)사보다 투자자 수익 측면에서 지속적으로 높은 성과를 거두고 있다.

데이비드와 다른 경영자들은 유티씨사의 프로세스 규율로 달성한 이익은 지속적일 것이라고 믿고 있는데, 이는 기업의 연구개발비(1년에 25억 달러 이상을 투자)가 모든 사업을 위한 제품혁신을 지속적으로 만들어 내기 때문이다. 프로세스 개선을 만들어 내는 능력은 제조회사에 특수하게 나타나는데, 이를 위해 유티씨사의 전략은 에이스 프로그램을 이용하여 이익을 얻을 수 있는 생산업체를 인수하는 것이었다. 이에 처브(Chubb)사가 인수되었다. 동시에 데이비드는 산업에서 선두를 유지할 수 있는 잠재력이 있는 기업들에만 투자하였다. 그의 인수는 유티씨사의 기존 사업 역량들을 강화시켰다. 예를 들면, 그는 썬스트랜드(Sundstrand)라는 선도 우주항공기업을 인수하여 유티씨사의 해밀턴 항공우주사업부와 통합시켜 보잉(Boeing)사의 주요 공급자인 해밀턴 썬스트랜드(Hamilton Sundstrand)를 만들었다. 2011년 10월 유티씨사는 항공기 사업부 강화를 위해 220억을 들여 비행기 부품 제조사인 굿리치(Goodrich)를 인수하였다.

자료: http://utc.com.

들에게 보다 도전적이며 달성이 힘든 "확장된(stretch)" 목표들을 부과하여 열심히 일하게 함으로써 회사의 효율성과 효과성을 향상시킬 수 있다. 마지막으로, 새로운 최고경영진의 구성원들은 일정 시간 내에 그들이 사업부 성과를 향상시키고 설정한 목표를 달성하는데 실패할 경우 물러나야 함을 명확히 이해해야 한다. 결국 인수 기업은 피인수 기업의 새로운 경영진들이 강력한 동기를 가지고 사업부 실적을 개선하도록 보상과 처벌 시스템을 운영해야 한다.

다각화의 두 가지 유형

앞 절에서는 기업들이 다른 산업에 자신들의 비즈니스모델과 전략들을 이전하여 장기간의 수익성을 달성하기 위하여 다각화를 이용할 수 있는 다섯 가지 주요방식에 대해 논의하였다. 관련다각화와 비관련다각화의 두 가지 기업전략들은 그것들이 이러한 다섯 가

지 수익을 향상시키는 다각화 이점을 어떻게 달성하느냐에 의해 구별할 수 있다.[9]

관련다각화

관련다각화
가치사슬 기능들 간 공통성 또는 연계를 통해 기업의 기존 사업체와 관련된 새로운 사업체를 설립하는 것을 목표로 하는 기업수준 전략

관련다각화(Related diversification)는 기존 사업부와 신규사업부의 가치사슬 기능들 간 공통성 또는 연계를 통해 기업의 기존 사업체와 관련된 새로운 사업체를 설립하는 것을 목표로 하는 기업전략이다. 예상하는 바와 같이 이 전략의 목표는 역량의 이전, 역량의 레버리지(leverage), 자원의 공유, 제품 묶음 등 앞서 언급한 것들로부터 이점을 얻기 위한 것이다.

관련다각화의 다중비즈니스모델은 한 가지 이상의 사업부의 경쟁우위를 향상시키기 위해 성공적으로 "비틀거나(tweaked)" 변경할 수 있는 신규사업부와 기존 사업부 간 기술, 생산, 마케팅, 판매 공통성의 이점을 활용하는 데 기반을 둔다. [그림 10.3]은 세 가지 다른 사업체 또는 사업부의 상이한 기능들 간 가능한 공통성 또는 연결에 대해 보여준다. 사업부 간 형성될 수 있는 연결 수가 많을수록 앞서 언급한 다섯 가지 이유들의 수익을 향상시키는 것이 달성될 가능성이 높아진다.

관련다각화의 또 다른 이점은 다른 사업부의 전반적인 성과를 창출할 수 있는 일반적 기업 역량을 기업이 활용할 수 있다는 것이다. 예를 들어, 전략적 경영자들은 구글(Google)사, 애플(Apple)사, 그리고 쓰리엠(3M)사 등이 했던 것처럼 사업부 전체에서 기업가정신을 고취시키는 구조와 문화를 만들어 내기 위해 노력한다. 즉, 일반적인 역량을 넘어 이러한 회사들에서는 지속적으로 개선을 위하여 노력을 멈추지 않는 독보적인 역량들이 다른 사업부 모두에서 공유된다.

그림 10.3 세 개의 사업단위 가치사슬 간 공통성들

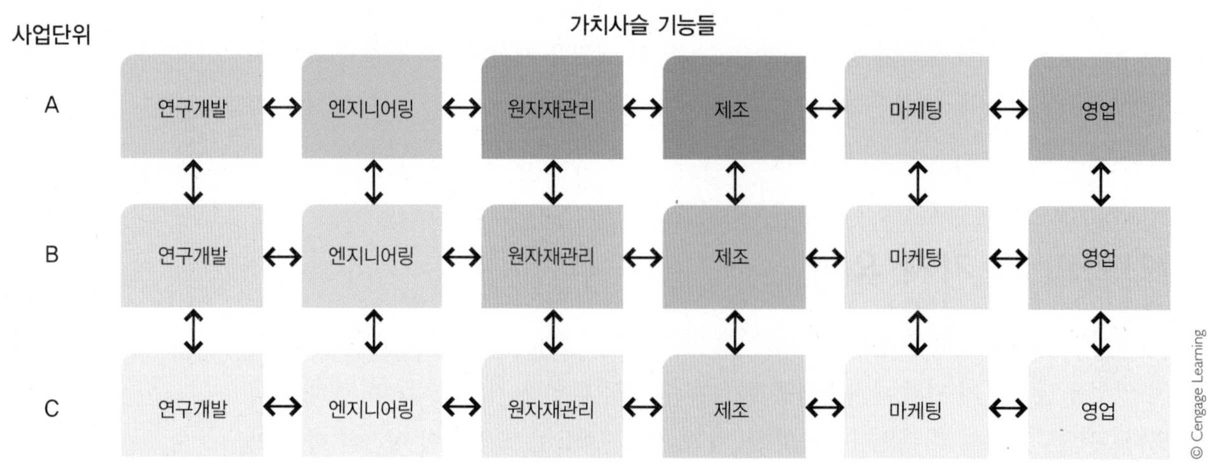

비관련다각화

비관련다각화(Unrelated diversification)는 기업이 비관련 사업들을 소유하고 내부자본시장과 일반적 조직 역량의 활용을 통해서 그들의 가치를 높이고자 시도하는 기업수준전략이다. 이러한 전략을 추구하는 기업들은 흔히 복합기업 혹은 재벌로 불리는데, 사업 조직들은 매우 다양한 산업들에서 운영된다. 내부자본시장(internal capital market)은 기업 본사에서 사업부의 성과를 평가하고 이들에게 돈을 할당하는 상황을 뜻한다. 사업의 수익성은 있지만 불충분한 투자 기회를 가진 경우, 교차로 보조하는 방식을 사용하여 현금이 필요하고 장기적인 수익성에 대한 강력한 전망을 지닌 사업단위에 활용된다. 크고 다양한 기업은 내부 사업들에서 창출된 잉여 현금을 가지고 있어서 외부 금융 시장을 통할 때보다 훨씬 저렴하게 자금을 확보할 수 있다. 예를 들어, 지이(GE)사는 막대한 자본 준비금과 우수한 신용등급을 통해 회사 내 첨단 기술산업들(예를 들어 태양열, 해저원유 생산장비, 항공전자공학, 광학 기술)에 자금을 제공할 수 있다. 그렇지 못하다면 이들 사업들은 내재된 불확실성으로 인해 자금을 확보하는 데 고비용을 부담해야 했을 것이다.

그러나 내부자본시장의 혜택은 외부자본시장(은행, 주주, 벤처캐피탈리스트, 엔젤 투자자 등)과 비교하여 제한적이다. 만약 외부자본시장이 완벽하게 효율적이라면 경영자들은 내부 현금을 교차 보조하는 사업에 의해 추가적인 가치를 창출할 수 없다. 본질적으로 내부자본시장은 경영자들이 외부자본시장이 작동하는 것보다 기업 내부에서 더 나은 투자결정을 함으로써 현금을 만들어 내는 일종의 차익거래 전략이다. 이것이 가능한 이유는 외부자본시장에 비해 경영자들이 정보를 훨씬 더 많이 갖고 있기 때문이다. 따라서 내부자본시장을 통해 창출되는 가치의 크기는 외부자본시장의 비효율성에 직접적으로 비례한다. 미국에서 자본 시장은 비교적 효율적인데, 이는 (1) 증권거래위원회(SEC)에 의해 의무화된 보고 규정, (2) 수많은 분석가들(analysts), (3) 거대하고 활성화된 투자 커뮤니티, (4) 강력한 의사소통시스템, (5) 강력한 계약법률 때문이다. 이에 내부자본시장을 통해 막대한 가치를 창출하는 기업을 발견하기는 어렵다. 그 결과, 거대복합기업들 중 생존하는 경우가 드물며, 그들 중 대부분은 할인된 가격으로 거래되어 살아남는다(예를 들어 동일한 산업에서 전문화된 기업에 비해 주식 가치가 떨어진다). 반면, 덜 효율적인 자본 시장을 가진 경우 거대복합기업들은 막대한 가치를 창출할 수 있다. 예를 들어, 타라(Tara)그룹은 인도에서 거대하고 매우 다양한 사업들을 보유하고 있다. 그것은 1800년대에 설립되어 인도발전에 중대한 프로젝트들을 수행하였다(예를 들어 철도 시스템 개발, 호텔, 전력 생산 등). 잘 발달된 투자 커뮤니티의 부재와 투자자와 은행을 보호하기에는 부족한 계약 법률은 자금이 인도의 기업가들에게 제공되지 않거나 매우 높은 비용으로만 접근할 수 있다는 것을 의미한다. 타라 그룹은 독립 사업체들보다 훨씬 낮은 비용으

비관련다각화
일반적 조직역량들을 활용하여 회사의 사업부 모두의 성과를 증대하기 위한 다중 비즈니스모델에 기반을 둔 기업수준 전략

내부자본시장
기업의 본부들이 사업단위들의 성과를 평가하고 사업단위 간 자금을 할당하는 기업수준전략 수익성이 있지만 사업 내에서 부족한 투자기회들을 가진 사업단위들에서 창출된 현금은 현금이 필요하고 장기적인 수익성에 대한 강력한 전망을 지닌 다른 사업단위에 활용됨

로 프로젝트 자금을 마련하기 위해 교차보조금을 이용하였다. 또한, 강력한 보증을 수반하는 기업의 명성은 강력한 계약법이 없는 상황에서 매우 중요한 약속을 이행하는 표식이 되었으며 정부와의 오래된 깊은 관계는 허가를 보증하고 용인하는 데 도움을 주었다.

비관련다각화 전략을 추구하는 기업들은 사업부 간 역량의 이전이나 레버리징, 현금을 제외한 자원 공유와 일반적 조직 역량을 활용할 이유가 없다. 만약 거대복합기업의 전략적 경영자가 다양한 산업에서 많은 기업을 관리하기 위해 필요한 특별한 기술을 가지고 있다면, 그 전략은 월등한 성과와 수익을 낼 수 있다. 그러나 이번 장의 마지막에 기술하겠지만 많은 경우 이러한 기술들을 갖고 있지 못하다. [전략 실행 사례 10.1]의 유티씨(UTC)사와 같은 기업들은 최고경영자가 그러한 기술을 보유한 경우이다.

다각화의 한계와 단점

쓰리엠(3M), 삼성, 유티씨(UTC), 시스코(Cisco)와 같은 많은 회사들이 앞서 논의한 두 가지 다각화 전략의 한 가지 또는 두 가지 모두를 추구하며 이익을 달성하였고, 오랜 시간 수익성을 유지하기 위해 노력하고 있다. 반면, 지엠(GM), 타이코(Tyco), 텍스트론(Textron), 필립스(Philips)와 같은 기업들은 다각화를 추구했지만 처참하게 실패하고 수익을 얻지 못했다. 다각화에 기반을 둔 비즈니스모델이 왜 경쟁우위의 상실을 가져오는지에 대해 세 가지 기본적인 설명이 가능하다. (1) 시간이 흐르면서 산업 내 또는 기업 내부에서 일어난 변화, (2) 잘못된 이유로 추구한 다각화, (3) 관리비용(bureaucratic costs)을 증가시키는 과도한 다각화가 그것이다.

산업 또는 기업의 변화

다각화는 복잡한 전략이다. 다각화를 추구하기 위해서는 최고경영진들이 신산업에 진입하기 위해 수익성 있는 기회들을 포착하고 다각화가 이익이 나기 위해 필요한 전략들을 실행하는 능력을 가져야 한다. 시간이 흐름에 따라, 기업의 최고경영팀은 종종 변화한다; 즉, 때때로 외부 회사에서 영입된 유능한 중역이 최고경영자가 되기도 하고, 때로는 성공한 최고경영자들이 은퇴하거나 그만두기도 한다. 정의하기 어려운 기술을 보유한 경영자들이 떠날 때, 때때로 그들의 비전 역시 그들과 함께 회사를 떠난다. 기업의 새로운 리더들은 성공적으로 다각화를 추구하기 위해 필요한 역량이나 헌신이 결여되어 있다; 이에 다각화된 기업의 비용구조는 상승하고 전략이 창출할 수 있는 수익은 사라진다.

이에 더하여, 시간이 지나면서 환경은 자주 급속히 변화하며 예측하기 힘들다. 새로운 기술이 산업 간 경계를 허물 때 기업의 경쟁우위 원천은 파괴될 수 있다. 예를 들어

2011년까지 애플(Apple)사의 아이폰과 아이패드는 닌텐도(Nintendo)사와 소니(Sony)사의 휴대용 게임기의 직접적인 경쟁자였다. 기업의 핵심 사업에서 중대한 기술적 변화가 일어날 때, 독보적 역량들을 이전하거나 레버리지 함으로써 이전에 달성한 이익들은 사라지게 된다. 새로운 기술에 기반을 두지 않은 기업은 개별 산업들 내에서 저성과자가 된 사업만을 짊어지게 되는데, 이는 소니(Sony)사에서 일어난 것이기도 하다. 그러므로 다각화와 관련된 주요 문제는 이러한 전략이 활용될 때 미래의 성공을 예측하기 힘들다는 것이다. 시간이 지나도 그러한 전략을 통해 이익을 얻는 회사가 되기 위해서는 경영자들이 사업부를 인수했던 것처럼 그것들을 기꺼이 처분할 수 있어야 한다. 그러나 연구들은 경영자가 그러한 행동을 잘 하지는 않는다고 보고한다.

잘못된 이유로 인한 다각화

앞서 논의했듯이, 경영자들이 다각화를 추구하기로 결정했을 때, 그들은 고객에게 보다 많은 가치를 제공할 수 있고 기업의 수익성을 향상시킬 수 있는 새로운 제품을 가지고 신사업에 어떻게 진입해야 하는지에 대해 명확한 비전을 가지고 있어야 한다. 그러나 시간이 지남에 따라 다각화 전략은 앞서 언급한 이유들로 인해 수익성을 내는데 실패할 수도 있지만, 경영자들은 자신들의 전략이 실패했음을 인정하기를 때때로 거부한다. 그들은 수익성이 없는 사업에서 철수해야 한다는 것을 알았음에도 불구하고, 경영자들은 왜 그들이 사업군을 유지해야 하는지에 대한 이유를 "만들어 낸다(make up)".

예를 들어, 과거에 다각화를 위해 가장 흔히 사용된(그리고 잘못된) 정당화는 기업이 이러한 전략을 통해 위험통합(risk pooling)의 이익을 얻을 수 있다는 것이었다. 위험통합 이면의 생각은 만약 다른 사업주기를 가진 다양한 산업들에서 운영 중인 회사들을 인수하고 운영한다면 기업이 수익과 이익이 급격하게 오르내리는 위험을 줄일 수 있다는 것이다. 사업주기(business cycle)는 고객 수요에 있어 "예측 가능한(predictable)" 변화 때문에 산업 내 기업의 수익과 이익이 시간이 흐르면서 오르거나 내리는 경향성이다. 예를 들어, 불경기라도 사람들은 여전히 먹어야 하므로 슈퍼마켓 체인들이 얻는 수익은 상대적으로 안정적일 것이다. 세이프웨이(Safeway), 크로거(Kroger), 그리고 1달러 이하의 염가판매점의 매출은 쇼핑객들이 낮은 가격으로 더 많은 가치를 얻고자 할수록 상승한다. 동시에, 불경기는 자동차나 명품에 대한 수요를 급격히 낮춘다. 많은 최고경영자들은 다른 사업부에서는 매출과 수익이 떨어지지만 어떤 사업부에서 매출과 수익이 오르기 때문에 다른 사업주기를 가진 산업들로 다각화해야 한다고 주장한다. 보다 안정적인 수익과 이익은 시간이 지나야 최종적인 결과가 나온다. 유에스 스틸(U.S. Steel)사는 철강업에서 주기적인 하락세의 부정적인 영향을 상쇄하기 위한 시도로 원유와 가스 산업으로 다각화를 한 바 있다.

이러한 주장들은 두 가지 중요한 사실을 간과하고 있다. 첫째, 주주들은 그들 자신의 포트폴리오를 다각화시킴으로써 개별 주식이 가지고 있는 내재적 위험을 제거할 수 있으며, 그들은 기업이 하는 것보다 훨씬 낮은 가격으로 그렇게 할 수 있다. 그러므로 다각화를 통해 위험을 통합하려는 시도는 자원의 비생산적 사용을 드러낸다. 대신, 이익은 상승한 배당금의 형태로 주주들에게 돌아가야 한다. 둘째, 연구들은 기업의 다각화가 위험을 통합하는 효과적인 방법이 아니라고 주장하는 데, 이는 다른 산업들의 사업주기들은 본질적으로 예측하기 힘들기 때문이다. 다각화된 기업들이 경제 불황이 모든 산업들에 동시에 영향을 준다는 것을 발견하게 된다면 그 기업의 수익은 곤두박질칠 것이다.[10]

기업의 핵심 사업이 어려움에 봉착할 때, 다각화에 대한 또 다른 잘못된 정당화는 신사업으로의 진출이 핵심 사업을 구하고 장기적인 성장과 수익을 가져올 것이라는 것이다. 이러한 실수를 한 기업의 예가 코닥(Kodak)사이다. 1980년대, 낮은 가격으로 무장한 후지(Fuji)사와 같은 일본 경쟁자들 간 격화된 경쟁은 디지털 혁명의 시작과 맞물려 곧 수익성의 정체로 나타났으며 곧 하락세로 접어들었다. 코닥사는 막대한 잉여 현금흐름을 가지고 헬스케어, 생명공학, 컴퓨터 하드웨어와 같은 신산업에 진입하기 위해 수십억 달러를 소비하면서 수익을 창출하기 위해 불행히도 잘못되었던 방법을 찾는 대신, 비용구조를 줄이기 위하여 그들이 할 수 있는 모든 것을 해야 했었다.

이것은 코닥사가 진출한 모든 산업이 쓰리엠(3M), 캐논(Canon), 제록스(Xerox)와 같은 강력한 기업들에 의해 선점되어 있었기 때문에 일어난 재앙이었다. 뿐만 아니라, 코닥사의 경영자들은 신사업 부서에 경쟁우위로 전달해 줘야 할 일반적인 조직 역량이 무엇인지를 몰랐다. 더구나 코닥사가 더 많은 산업에 진출할수록 기업이 직면하는 위협의 범위는 커졌으며, 경영자들은 이러한 위협에 대응하는 데 더 많은 시간을 할애하게 되었다. 그 결과, 그들은 하락세를 계속 보이는 핵심 필름사업의 성과를 개선하는 데 있어서는 매우 적은 시간을 소비할 수 밖에 없었다.

현실에서 코닥(Kodak)의 다각화는 성장 자체를 위한 것이지만, 성장은 주주들을 위한 가치를 창출하지는 않는다. 즉, 성장은 다각화 전략의 목표가 아니라 단지 부산물일 뿐이다. 그러나 절망적이게도 기업들은 훌륭하게 전략적 이점들을 얻기보다 성장 자체를 이유로 다각화를 진행한다.[11] 사실 많은 연구들은 과도한 다각화는 기업수익성을 개선하기 보다는 오히려 낮춘다고 보고한다. 즉, 많은 기업들이 추구하는 다각화 전략은 가치를 창출하는 대신 가치를 낮출 수 있다.

다각화의 관리(관료화) 비용

다각화가 왜 수익성을 증진시키는 데 실패하는가에 대한 주요 원인은 전략에 의해 창출되는 가치를 상회하는 다각화의 관리비용 때문이다(즉, 기업이 차별화된 다양한 제품들을 만들고 판매하거나 비용구조를 낮출 때 이익은 증가한다). 이전 장에서 언급한 것처럼, 관리비용(bureaucratic costs)은 기업이 역량을 이전하고, 공유하고, 레버리징하면서 사업부들 간, 사업부와 기업본사 간 발생하는 거래의 어려움을 해결하는 것과 관련된 비용이다. 그것들은 경영상의 비효율성과 기능상의 비효율성을 해결하기 위해 일반적인 조직 역량을 활용하는 것과 관련된 비용 또한 포함한다. 다각화된 조직에서 관리비용의 수준은 두 가지 요소의 함수이다. (1) 기업의 포트폴리오에서 사업부의 숫자와 (2) 다각화의 이점을 실현하기 위해서 상이한 사업부들 간 요구되는 조정의 정도가 그 요소이다.

사업부의 숫자 기업의 포트폴리오에서 사업부의 숫자가 많을수록, 기업경영자들이 각 산업의 복잡성에 대해 알고 있기는 더욱 힘들다. 경영자들은 단순히 각 사업단위 비즈니스모델을 평가하는 시간을 갖지 않는다. 이러한 문제는 성장에 굶주려 있던 최고경영자 레그 존스(Reg Jones)가 수많은 신사업들을 인수했던 1970년대 지이(GE)사에서 일어났다. 그는 다음과 같이 언급하였다,

> "나는 각 사업부의 개별계획에 대해 매우 상세하게 검토하려 노력했다. 이러한 노력은 기업 중역들에게 엄청난 시간과 부담을 지운다. 얼마 지나지 않아 나는 우리가 얼마나 열심히 일하든 40개의 상이한 사업부 계획을 심도 있게 이해하는 데 도달할 수 없다는 사실을 깨달았다."[14]

다양한 비즈니스모델의 통제를 유지하는 데 있어 과도하게 다각화된 기업 최고경영자들의 무능력함으로 인해 각 사업부의 경쟁우위를 표면적으로 분석한 것에만 근거하여 중요한 자원을 할당하게 된다. 예를 들어, 유망한 사업은 투자자금 부족에 시달리는 반면, 어떤 사업은 운영을 위해 재투자할 수 있는 금액을 훨씬 상회하는 현금을 받기도 한다. 또한, 그들은 일상의 업무 운영과는 떨어져 있기 때문에 기업경영자들은 사업부 관리자들이 자신들의 자리를 보존하기 위하여 형편없는 성과에 대한 정보를 숨기고 있는지 여부를 정확히 알기 어렵다. 예를 들어, 사업부 관리자들은 성공적인 비즈니스모델을 수행하지 못한 그들의 무능력이 원인임에도 불구하고 낮은 실적의 이유를 어려운 경쟁 상황 탓으로 돌린다. 그러한 조직 문제들이 증가하면서 최고경영자들은 더 많은 시간을 이러한 문제점들을 해결하기 위해 할애해야 한다. 이것은 관리비용을 증가시키고 다각화 전략의 이점을 상쇄시킨다.

사업 간 조정 역량의 이전, 공유, 레버리지를 기반으로 한 다각화 전략이 가치를 창출하기 위해 필요한 조정의 크기는 관리비용의 중요한 원천이다. 사업부 간 조정을 감독하고 관리하는 데 필요한 관리 메커니즘—복합 기능팀과 경영위원회 등—은 이러한 비용의 핵심이다. 관리비용의 두 번째 원천은 자원을 이전하거나 공유한 사업부의 성과를 정

관리비용
기업이 역량을 이전하고, 공유하고, 레버리징하면서 사업부들 간 사업부와 본사 간 발생하는 거래 어려움들을 해결하는 것과 관련된 비용

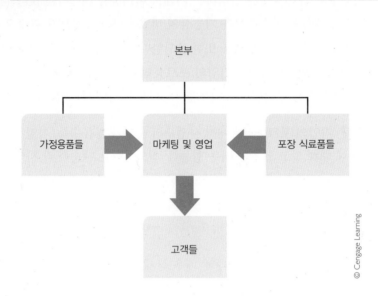

그림 10.4   관련 사업단위들 간 조정

확히 측정하고 이익의 기여분을 산정하는 데 드는 관리적 시간과 노력에 의해 발생한다. 두 개의 사업부를 가진 한 회사를 상정해 보자. 한곳은 가정용품(물비누, 세제 등)을 만들고 다른 곳은 포장음식을 만드는 곳이다. 두 개 사업부의 상품들은 모두 슈퍼마켓을 통해 판매된다. 비용구조를 낮추기 위해 모기업은 [그림 10.4]와 유사한 조직구조를 이용하여 각 사업부의 마케팅과 판매 부서를 통합하여 운영하기로 결정한다. 이에 그 회사는 세 가지 사업부인 가정용품부서, 식료품부서, 마케팅부서로 구성된다.

비록 이러한 배열이 운영비용을 많이 낮춰줄 수 있지만, 이것은 많은 관리 문제들을 발생시켜 관리비용을 증가시킬 수도 있다. 예를 들면, 만약 가정용품 사업부의 성과가 하락하기 시작하면 그 책임이 가정용품 부서 관리자에게 있는지 아니면 마케팅부서의 관리자에게 있는지 식별하기 힘들다. 사실 두 곳 모두 낮은 성과에 대한 책임이 있다. 이러한 종류의 문제들은 기업본사에서 각 부서를 심도 있게 감사한다면 해결할 수 있겠지만, 그로 인해 상승한 관리비용(경영자들의 시간과 노력)은 다각화를 통해 달성한 가치를 없앨 수 있다. 관리비용을 줄이고자 하는 필요성은 [전략 실행 사례 10.2]에서 논의할 화이자(Pfizer)의 경험에서도 볼 수 있다.

요약하자면, 비록 다각화는 매우 수익성이 높은 전략이기는 하지만, 복잡한 다중비즈니스모델을 바탕으로 하고 있기 때문에 관리하기 가장 복잡하고 어려운 전략일 수 있다. 기업이 과거 이러한 전략을 성공적으로 추구했다 하더라도 산업환경과 기업 내부 모두에서 일어나는 상황의 변화는 이러한 전략이 추구하는 수익 창출 이점을 재빨리 상쇄

전략 실행 사례 10.2

화이자에서 관리비용이 어떻게 상승했다가 떨어졌는가?

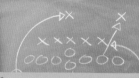

© iStockPhoto.com/Tom Nulens

화이자(Pfizer)는 2011년 매출이 500억 달러에 육박하는 세계 최고의 글로벌 제약회사이다. 이 회사의 연구자들은 최초의 콜레스테롤 억제제인 리피토(Lipitor)를 비롯하여 가장 성공적이고 수익성 높은 약들을 혁신적으로 만들어왔다. 그러나 2000년대 화이자는 리피토와 같은 기존 블록버스터(blockbuster) 약으로는 기존 고객을 잃을 수 있어서 혁신적인 새로운 블록버스터 약을 만들어야 한다는 문제점에 봉착했다. 리피토는 한때 1년 수익이 130억 달러였으나, 현재 판매가 빠르게 감소하고 있었다. 화이자는 제품개발 루트들을 만들어 낼 방법이 필사적으로 필요했고, 마틴 맥케이(Martin Mackay)라는 경영자는 그것을 어떻게 할지 알고 있었다.

화이자의 연구개발소장이 은퇴했을 때 부소장이었던 맥케이는 최고경영자인 제프리 킨들러(Jeffrey Kindler)에게 그가 그 직책을 원한다고 말했다. 킨들러는 이 문제를 해결할 수 있는 신선한 아이디어를 가진 새로운 인재를 활용해야 한다고 생각했다. 맥케이는 화이자의 과학자들이 신약 개발을 위해 일하는 방식을 바꿀 수 있는 계획들을 재빨리 고안했으며, 이로 인해 킨들러의 지지를 얻어 연구개발소장 자리를 얻게 되었다. 맥케이는 기업의 자원과 인재, 자금이 가장 잘 활용될 수 있도록 수천 명의 연구자들의 일하는 방식을 바꿀 세부 계획들을 만들기 시작했다. 킨들러는 그 계획을 검토한 후 감탄을 금치 못하며 맥케이를 연구개발 담당 임원으로 승진시켰다. 과연 맥케이의 계획은 무엇이었을까?

화이자가 워너 램벌트(Warner Lambert)사와 팔마시아(Pharmacia)사라는 거대 제약회사를 합병하면서 맥케이는 다른 부서들의 관리자들 간에 의사결정 문제와 갈등이 커졌다는 것을 알았다. 회사가 커지면서 화이자의 조직구조는 더 가팔라졌고 본사 직원들의 수는 늘어났다. 관리자 수와 기업의 위계 수준 증가는 위원회를 통한 활동 전반에 대한 통합의 필요성을 더욱더 증대시켰다.

그러나 이러한 모임들에서 서로 다른 그룹의 관리자들은 더 많은 이익을 얻을 수 있는 약을 개발하기 위해 서로 다투었으며, 신약 개발에 필요한 자원들을 확보하는 데 상호 간 갈등은 더 커졌다. 결과적으로 맥케이는 너무 많은 관리자들과 위원회들이 자신의 제품 이익을 위해서만 적극적으로 경영진에게 로비함으로써 많은 갈등을 양산했으며 이는 결국 기업 전체의 실적 저하로 이어졌다고 제시했다. 또한, 화이자의 성공이 혁신에 기반하고 있음에도 불구하고, 급증하는 갈등은 관료적 문화를 가져오게 되어 의사결정의 질을 낮추고 유망한 신약을 판별하기 어렵게 하여 관리비용을 증가시켰다.

갈등을 줄이고 관리비용을 낮추기 위한 맥케이의 과감한 계획은 최고경영자들과 과학자들 간 14단계였던 직급 수를 과감히 7 단계로 축소하는 것이었는데, 그 결과 수천 명의 관리자들이 해고되었다. 그는 또한 혁신적 아이디어를 블록버스터 신약으로 변환시키는 과정을 느리게 만든다고 생각하여 제품개발위원회를 없앴다. 위계를 간소화한 후 그는 과학자들이 따르고 있는 관료적 규제들의 수를 줄여 불필요한 갈등 발생을 애초에 제거하였다. 그와 그의 팀은 혁신 프로세스를 늦추는 모든 종류의 문서보고 역시 철폐하였다. 예를 들어, 과학자들은 개별 약의 프로세스를 최고경영자에게 설명하는 보고서를 분기와 월별로 제출해야 했지만, 맥케이는 그들이 원하는 보고 양식만 남기고 나머지는 다 없애라고 말했다.

상상할 수 있듯이, 맥케이의 노력은 회사에 대변동을 가져왔고 관리자들은 자신들의 자리를 보존하기 위해 싸웠고 과학자들은 그들이 개발하고 있는 약을 보호하기 위해 저항하였다. 그러나 맥케이는 화이자의 과학자들에게 보다 많은 권한을 주어 제품개발을 하도록 하고, 혁신과 기업가정신을 고무시키는 그의 노력을 옹호하는 최고경영자의 지지를 업고 그의 계획을 과감하게 실행하였다. 화이자의 과학자들은 새로운 업무 흐름에 대해 "해방된 것(liberated)" 같은 기분을 느낀다고 말하였다. 갈등의 수준은 낮아졌고 신약은 재빨리 만들어지게 되었다. 2011년까지 화이자는 식품의약품국(Food and Drug Administration: FDA)의 승인 후 새로운 항 박테리아 신약을 출시할 계획이며, 새로운 블록버스터 약들도 대거 개발 중에 있다고 맥케이는 밝혔다. 관리비용을 통제하고 줄이는 방법을 찾는 방법은 기업수준전략을 관리하는 중요한 요소이다.

자료: www.pfizer.com.

할 수 있다. 예를 들어, 그러한 변화들이 소니(Sony)사의 경우처럼 여러 사업부의 경쟁우위를 한꺼번에 잃게 만들 수 있다. 또는 이런 변화는 다각화와 관련된 관리비용을 급격히 상승시켜 혜택을 없애기도 한다. 그러므로 관리비용은 기업이 수익성을 내고 추구할 수 있는 다각화의 범위 내에서 존재해야 한다. 기업이 신사업에 많이 진출하여 사업부 수가 늘어나서 관리비용이 이러한 수익 창출 이점들을 넘어서지 않는 선까지만 기업은 다각화를 추구하는 것이 바람직하다.

전략 선정하기

관련 대 비관련다각화

관련다각화는 역량의 공유 정도가 크기 때문에 흔히 비관련다각화에 비해 수익을 창출할 수 있는 방법이 많아서, 보다 나은 다각화 전략으로 간주된다. 그러나 어떤 기업들은 비관련다각화를 통해 훨씬 많은 가치를 창출해 내기도 한다. 비관련다각화 회사들은 사업부 간 조정이 필요하지 않기 때문에 포트폴리오상에서 사업의 개수에서 발생되는 관리비용만 부담하면 된다. 반면, 관련다각화는 독보적 역량들을 활용하여 이익을 얻기 위해서는 사업체들 간 긴밀한 조정이 필요하다. 결국, 이 경우에는 포트폴리오 상에서의 사업부 숫자와 이들 간 조정비용 모두를 부담해야 하는 것이다. 이것은 관련다각화가 비관련다각화에 비해 더 많은 가치를 창출할 수 있는 반면, 그렇게 하기 위해 더 많은 비용을 감당해야 함을 뜻한다. 이러한 높은 비용은 높은 수익을 상쇄하여 비관련다각화보다 더 많은 수익을 내지 못하게 한다.

　　그렇다면 기업들은 어떻게 이들 전략 중 하나를 선택해야 할까? 선택은 전략을 추구할 때 발생하는 관리비용 대비 전략이 창출하는 수익을 비교하는 것에 달려 있다. 기업은 (1) 기업의 역량이 여러 산업전반에 통용되는 것이며, (2) 관리비용을 강력히 통제할 수 있는 전략적 능력–기업가적 정신을 조성하거나 가치를 창출할 수 있는 조직문화를 만드는 것–이 있을 때 관련다각화를 추구할 수 있다.

　　동일한 논리를 이용하여, 기업은 (1) 개별 사업부들의 기능적 역량들이 산업전반에 적용할 수 있는 부분이 거의 없지만, 기업의 최고경영자들이 형편없이 운영되어 온 사업체들의 수익을 반등시킬 기술을 갖고 있고, (2) 경영자들이 사업부의 경쟁우위를 높일 수 있고, 관리비용을 강력히 통제할 수 있는 경우 비관련다각화를 추구할 수 있다. [전략 실행 사례 10.1]에서 논의한 유티씨(UTC)와 같이 잘 관리된 기업들은 비관련다각화를 성공적으로 추진함으로써 그로 인한 보상을 거둘 수 있는 경영자들을 보유하고 있었다.

기업수준전략망(Web)

마지막으로, 어떤 기업들은 관련 혹은 비관련다각화 전략 하나만을 추구하지만, 두 가지 전략을 모두 취할 수도 있다. 기업수준전략의 목적은 장기적 수익성을 높이는 것이다. 기업은 전략적 기업가들이 이들 전략들의 장단점을 활용할 수 있는 한 모든 전략들을 활용해야 한다. [그림 10.5]는 어떻게 소니(Sony)사가 다양한 산업들에서 경쟁하기 위한 기업전략망을 발전시켜 왔는지를 보여준다(그러나 이것은 2000년대 들어 차별화 이점이 줄어들고 비용구조가 상승하는 실수임이 밝혀졌다).

첫째, 소니(Sony)사의 핵심 사업은 과거 가전제품이였으며, 이후 세계적인 혁신기업으로 알려지게 되었다. 전자제품의 질을 보호하기 위하여 소니(Sony)사는 텔레비전, DVD 플레이어, 그리고 다른 기기들에 필요한 부품들을 후방 수직적 통합을 통해 직접 생산하기로 결정하였다. 소니(Sony)사는 또한 전방 수직적 통합에도 관여했는데, 영화 및 엔터테이먼트 소프트웨어 산업에 진출하기 위해 콜럼비아(Columbia) 영화사와 엠지엠(MGM)을 인수하였고, 애플(Apple)과 경쟁하기 위해 쇼핑몰에 소니 매장을 열었다. 소니(Sony)사는 또한 컴퓨터와 스마트폰 사업을 운영하는 사업부들을 발전시키기 위하여 관련다각화 전략을 통해 독보적 역량들을 공유하고 이전하였다. 마지막으로, 홈 비디오게임 시장에 진출하여 닌텐도(Nintendo)와 경쟁하기 위해 플레이스테이션

| 그림 10.5 | 소니(Sony)사의 기업수준전략망 |

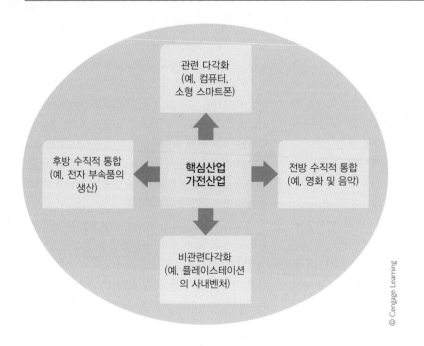

© Cengage Learning

(Playstation)을 개발하면서 비관련다각화 전략도 추구하였다. 2000년대 이들 사업부들은 핵심인 가전사업보다 소니(Sony)사의 이익창출에 더 많은 기여를 하였으나, [전략 실행 사례 10.3]에서 보듯이 이후 회사는 잘 운영되지 못하게 된다.

이처럼, 소니(Sony)사의 수익성은 급격히 하락하였는데, 이는 다중비즈니스모델이 너무도 많은 산업들에 다각화되어 있어 비용구조가 사업이 창출하는 수익들을 모두 집어 삼켰기 때문이다. 소니(Sony)사의 개별 사업부 전략은 또한 각 비즈니스모델들이 각자 개별적인 목표만을 추구하면서 관리비용이 상승하게 되었고 수익성은 바닥나게 되었다. 특히 다른 사업부들은 지식과 전문성을 공유하지 않았기 때문에 이러한 불일치는 스마트폰과 평면 LCD TV 제품에서 삼성과 같은 경쟁자들이 소니(Sony)사를 추월할 수 있게 만들었다.

전략 실행 사례 10.3

소니의 "가이진(Gaijin)" 최고경영자는 기업의 전략을 변경하고 있다.

© iStockPhoto.com/Tom Nulens

소니(Sony)사는 1990년대 공학적 기량을 이용하여 워크맨, 트리니트론 텔레비전(Trinitron TV), 플레이스테이션과 같은 크게 성공한 신제품들을 출시하면서 명성을 얻었다. 엔지니어들은 매일 평균 네 가지 새로운 제품 아이디어를 잇달아 냈으며, 이것은 제품개발팀 사이의 의사소통과 협업, 조화를 강조하는 "소니 웨이(Sony Way)"라고 명명되며 문화적 특성이라고 여겨졌다. 소니사의 엔지니어들은 그들의 아이디어를 실현할 수 있는 권한을 가졌으며, 다른 부서의 리더들과 수백 개의 제품팀은 얼마의 비용이 들더라도 각자의 혁신을 추구할 수 있었다. 이러한 접근은 히트 상품들이 연이어 등장할 때까지는 제대로 작동되었으나, 2000년대에 들어 대만, 한국, 미국의 경쟁업체들이 혁신적인 신기술을 통해 제품을 출시함으로써 더 이상 효과적이지 않게 되었다.

엘지, 삼성, 그리고 애플(Apple)과 같이 혁신적인 신기술 – 첨단 액체 크리스탈 디스플레이 평면스크린(advanced liquid crystal display(LCD) flatscreens), 플래쉬 메모리(flash memory), 터치스크린 명령(touch-screen commands), 모바일 디지털 음악과 비디오(mobile digital music and video), 글로벌 위치 시스템 기기(global positioning system(GPS) devices), 그리고 3D 디스플레이(3D display) – 을 가진 기업들은 소니의 기술들(트리니트론 TV와 워크맨)을 진부화시켰다. 예를 들면, 애플(Apple)사의 아이팟(iPod)과 아이폰(iPhone), 닌텐도(Nintendo)의 위(Wii) 게임기는 소니의 유행이 지난 값비싼 제품들보다 소비자의 니즈를 더 잘 충족시킨다. 왜 소니는 선두 자리를 내주게 되었는가?

한 가지 이유는 소니의 기업수준전략이 더 이상 효과적이지 않았다는 것이다. 다양한 제품부문들의 리더들은 자신의 부문 목표만을 추구하는 사업부 수준의 전략을 개발하였지만 전체 기업의 전략은 수립하지 못했다. 또한, 소니의 최고경영자들은 기술 변화 속도가 느릴 것으로 생각했고, 각 사업부들의 성과가 하락하면서 기업과 사업 관리자 간에 경쟁이 격화되었다. 그 결과 신제품개발에 필요한 자금을 확보하는 의사결정은 더 느려졌고 운영비용은 상승하였다.

2005년까지 소니는 큰 어려움을 겪었고, 기업 역사상 처음으로 최고 경영진들을 일본인이 아닌(gaijin) 사람으로 교체하였다. 회사의 결정은 비용을 절감하고 수익을 향상시킨 소니의 미국 사업부 총괄책임자인 엘시만 서 하워드 스트링거(Welshman Sir Howard Stringer)였다. 스트링거는 미국 최고

경영진의 모든 의사결정에 깊숙이 참여했지만, 그럼에도 그는 성공적인 전략을 개발할 권한을 여전히 최고경영진들에게 주었다.

2005년 그가 소니의 최고경영자가 되었을 때, 스트링거는 사업부 관리자들이 소니에서 최고 수준의 의사결정권한을 가짐에 따라 경쟁자에 비해 두 배 이상 드는 운영 비용을 줄이는 문제에 당장 직면했다. 스트링거는 소니의 다른 제품부문 관리자들 사이에 치열한 권력 다툼이 어떻게 회사에 해를 끼치게 되는지를 잘 알고 있었다. 그래서 그는 부문 간 제품개발을 위한 협력과 자원 공유를 강조하였으며 비용을 절감하기 위해 노력했다.

2008년까지 소니의 가장 중요한 사업부 리더들 중 대부분이 여전히 자신의 이익을 쫓고 있었다. 이에 스트링거는 그의 명령에 저항하는 사업부 리더들을 전부 교체하였다. 그런 후 그는 비대해진 본사 스텝 숫자를 축소하였고, 자신의 이익에 따라 전략을 추구하는 최고부서 관리자들을 교체하였다. 그는 부문을 위해 새로운 전략을 개발할 수 있고 그의 명령에 순응하여 회사의 다른 사업들 간 공통성 창출에 집중할 수 있는 젊은 관리자들을 대거 승진시켰다.

그러나 소니의 성과는 계속 하락했고, 2009년 스트링거는 부서가 사업수준전략에 대한 보다 많은 통제, 핵심 전자사업에 대한 책임, 차별화를 증대시키고 비용은 절감할 수 있는 재조직화와 간소화의 지속 등이 필요함을 역설하였다. 그는 또한 통제 불가능한 연구개발비용을 줄이기 위해 가장 성공 가능성이 높은 제품에 우선적으로 투자할 것임을 관리자들에게 전달했다. 2010년까지 소니의 재무성과는 스트링거의 시도가 마침내 성공했음을 보여주었다. 그의 비용절감 전략은 소니의 엄청난 손실을 줄여 주었고 새로운 디지털 제품들의 판매를 늘렸다.

2011년 1월 스트링거는 소니의 실적이 상승했으며, 2011년 하반기에는 보다 높은 수익을 낼 것으로 발표하였다. 그러던 와중에 소니의 플레이스테이션 웹 사이트가 해커의 공격을 받아 수백만 명의 이용자 개인 정보가 유출되었다. 소니는 수개월 동안 웹 사이트를 폐쇄해야 했으며 이용자들의 피해를 보상하면서 수백만 달러의 비용을 지출하게 되었다. 또한, 고객들은 소니의 비싼 3D 평면스크린 TV를 사지 않고 치열한 경쟁으로 인해 삼성과 같은 업체들이 제공하는 보다 낮은 가격의 상품들을 구매하였다. 스트링거는 2011년 손실을 발표하였고, 그의 방향전환 전략은 좌절되었다. 2012년 소니는 스트링거를 소니 컴퓨터 엔터테인먼트의 수장인 카주오 히라이(Kazuo Hirai)로 교체하였다. 히라이는 "하나의 소니"라는 전사적인 계획을 실행하였고, 디지털 이미징, 게임, 모바일이라는 세 가지 핵심 영역에만 집중하기로 하였다. 히라이는 부품, 유통, 운영 등에 있어 비용절감 프로그램을 실시하였다. 그는 많은 엔지니어 자원들을 일본에서 비용을 보다 절감할 수 있는 말레이시아로 옮겼다. 그는 소니의 화학 사업부를 매각했고, LCD 패널을 보다 좋은 가격에 구입하기 위해 삼성과의 합작투자를 중단하였다. 2012년 말 소니는 4년 연속 손실 이후 마침내 흑자를 기록했다.

자료: B. Gruley, "Kazuo Hirai on Where He's Taking Sony," *Bloomberg Businessweek*, August 9, 2012, www.businessweek.com/printer/articles/66252-kazuo-hirai-on-where-hes-taking-sony); and www.sony.com, 2011 press releases.

신규산업에 진출하기: 사내의 새로운 벤처

우리는 관련 및 비관련다각화(그리고 이러한 전략들이 안고 있는 도전과 위험들)의 기업수준전략들을 통해 경영자들이 추구하는 가치의 원천들을 논의하였다. 이제 우리는 새로운 시장에 진입하기 위해 경영자들이 활용할 수 있는 세 가지 주요 방법들인 사내의 새로운 벤처(Internal New Venturing), 인수, 합작투자 등에 대해 알아보려고 한다.

사내벤처를 설립하는 것의 매력

사내에 새로운 벤처를 설립하는 것은 기업이 핵심사업에서 신사업으로 레버리지하거나 재조합할 수 있는 한 가지 이상의 독보적 역량을 보유한 경우에 기업수준전략으로 일반적으로 활용된다. 사내에 새로운 벤처를 만드는 것은 신산업에서의 신규사업부를 만들거나 자원을 이전시키는 과정이다. **사내벤처**(Internal new venturing)는 기존 기술 또는 디자인 역량을 통해 신제품을 만들 수 있고 관련된 시장 또는 산업에 진출하는 비즈니스 모델을 가진 기업들에 의해 가장 흔히 사용된다. 그러므로 셀로판(cellophane), 나일론(nylon), 프레온(Freo), 테플론(Teflon)과 같은 제품을 통해 새로운 시장에 진입한 듀퐁(DuPont)사와 같이 관련다각화를 추구하는 기술 기반 기업들은 사내에서 벤처를 세우려는 경향이 있다. 쓰리엠(3M)사는 내부에서 제안된 아이디어에서 신제품 또는 개량된 제품들을 만들고, 신 사업부를 설립하여 새로운 시장을 선점하는 것으로 유명하다. 유사하게, 에이치피(HP)사는 사내벤처를 통해 컴퓨터와 프린터 산업에 진출하였다.

> **사내벤처**
> 새로운 종류의 제품들을 혁신하기 위해 신산업에서 신규 사업단위를 만들고 자원을 이전시키는 과정

기업들은 역량이나 비즈니스모델을 아직 개발하지 못하여 시장에 독보적인 위치를 가진 기업들이 없는 경우의 신흥 또는 신생 사업에 진출하기 위해 사내벤처를 활용하기도 한다. 1979년 몬산토(Monsanto)사는 이러한 상황에 있었는데, 그들이 제초제와 병충해에 강한 곡물 씨앗을 생산하기 위해 생명공학 분야에 진출을 고려한 바 있다. 생명공학 분야는 당시 새롭게 생겨나 생명공학 기술을 농업제품에 적용한 기업들이 없었다. 이에 몬산토(Monsanto)사는 새롭게 각광받고 있는 산업에 진출하기 위해 필요한 역량을 개발하고 강력한 경쟁 위치 확보를 위해 신규사업부를 사내벤처로 설립하였다.

신규벤처의 위험

사내벤처의 인기에도 불구하고, 실패에 대한 높은 위험은 여전히 존재한다. 기존 연구들은 신제품 중 33%에서 60% 정도는 적절한 경제적 이익을 창출하지 못하며, 그러한 제품들 중 대부분이 사내벤처의 결과물이라고 보고한다.[15] 사내벤처가 상대적으로 높은 실패율을 보이는 이유를 세 가지 이유로 설명할 수 있다: (1) 너무 소규모로 시장에 진입, (2) 신규벤처 제품의 형편없는 상업화, (3) 신규벤처사업부에 대한 기업 관리 부족.[16]

진입규모 연구들은 신규사업에 대한 대규모 진입이 새로운 벤처 선공에 중대한 선행 요인이라고 제시한다. 단기적 측면에서 이것은 막대한 자본투자가 대규모 진입을 지원해야 한다는 것을 의미하는데, 이 경우 벤처가 망하게 되면 큰 손실이 발생할 수 있는 위험이 있다. 그러나 장기적으로는(산업에 따라 차이는 있지만 대략 5년에서 12년 정도) 그러한 대규모 투자는 잠재적 손실을 줄이기 위해 투자를 제한하여 소규모로 진입한 기업들보다 훨씬 큰 성공을 거둘 수 있다.[17] 대규모 진입자들은 규모의 경제를 재빨리 달성할

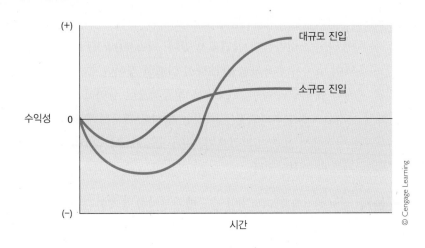

그림 10.6 진입규모와 수익성

수 있고, 브랜드 충성도를 구축하고, 신규사업에서 유통채널에 대한 접근을 따낼 수 있는데, 이러한 것들은 모두 신규벤처의 성공가능성을 높인다. 반면 소규모 진입자들은 규모의 경제 부재에서 오는 고비용을 감수해야 하고, 브랜드 충성도 구축이나 유통채널 확보 등에 있어서도 한계를 가진다. 이러한 규모 효과는 특히 규모의 경제, 브랜드 충성도, 유통채널 접근성을 이미 확보하고 있는 기업들이 존재하는 산업으로 진출 시 확연히 드러난다. 이런 경우 신규진입자는 막대한 투자를 해야만 성공할 수 있다.

[그림 10.6]은 성공적인 소규모와 대규모 벤처들의 진입규모와 수익성 간 관계를 시간의 변화에 따라 도식화한 것이다. 이 그림은 성공적인 소규모 진입자는 초기 손실 비용이 낮지만, 장기적으로는 대규모 진입자가 훨씬 많은 수익을 창출할 수 있음을 보여준다. 그러나 대규모 진입과 관련된 고비용과 고위험으로 인해 많은 기업들은 소규모 진입 전략을 선택하는 실수를 하게 되고, 이는 결과적으로 장기적인 성공에 필요한 시장점유율 확보를 실패하게 만든다.

상업화 많은 사내벤처들은 고객에게 더 나은 제품을 만들고 경쟁자들보다 더 높은 성과를 내기 위해 신기술을 이용하는 기회에 의해 생겨난다. 그러나 상업적으로 성공하려면 발전 단계에 있는 제품들은 소비자의 욕구를 충족시키도록 만들어져야 한다. 많은 사내벤처들이 시장에서의 고객 욕구를 간과하기 때문에 실패한다. 경영자들은 신제품의 기술적 가능성에만 초점을 둔 나머지 소비자가 어떤 것을 필요로 하는지에 대해서 망각하고 만다.[18] 그리하여, 신규벤처가 수요가 없는 기술 중심의 상품을 마케팅하거나 대상 고객들에게 제품을 제대로 차별화하지 못하고 시장에서 부적절하게 포지셔닝 될 때 실패할 수 있다.

예를 들어, 애플(Apple)사의 창립자인 스티브 잡스(Steve Jobs)에 의해 시작된 회사인 넥스트(NeXT)사가 광고했던 데스크 컴퓨터를 살펴보자. 넥스트(NeXT) 시스템은 소비자가 원치 않는 값비싼 기술들인 광학 디스크 드라이브, 고성능 사운드 등이 장착된 컴퓨터를 선보여 시장에서 실패하였다. 특히 광학 디스크 드라이브는 당시 플로피 드라이브가 달린 컴퓨터를 사용하던 소비자들의 외면을 받았다. 넥스트(NeXT)사는 창립자가 최첨단 기술에만 현혹되어 소비자의 욕구를 간과하여 실패한 것이다. 그러나 잡스는 MP3 플레이어 시장을 지배한 애플사의 아이팟(ipod)을 성공적으로 상업화시키며 2010년 포춘(Fortune)지에서 선정한 "세기의 최고경영자"라는 명성을 획득하게 된다. 또한 아이폰(iphone)은 스마트폰 시장에서 표준이 되었으며, 아이패드(ipad)는 2010년 출시 이후 태블릿 컴퓨터 시장을 재빨리 선점하였다.

부족한 실행 능력 신규벤처를 관리하거나 신규벤처부서를 통제하는 것은 경영상의 많은 어려움들을 낳는다.[19] 예를 들어, 기업들이 성공적인 제품을 출시할 기회를 높이고자 가장 흔히 하는 실수는 동시에 너무도 많은 상이한 벤처 부서들을 만든다는 것이다. 관리자들은 많은 부서들을 가짐으로써 실패의 위험을 분산시키려고 하지만, 이것은 기업의 현금흐름에 과도한 부담을 지우게 된다. 때때로 기업들은 전체 기업의 수익성 제고를 위해 각 부서의 자금을 줄여야 하는 상황을 맞게 되기도 하는데, 그 결과 대부분의 유망한 벤처들은 성공을 위해 필요한 현금이 부족한 상태를 맞게 된다.[20] 또 다른 흔한 실수는 기업경영자들이 새로운 벤처의 비즈니스모델을 안정화하기 위해 필요한 광범위한 계획들을 수립하는데 실패하는 것이다. 때때로 기업경영자들은 새로운 기술에 전문가인 과학자와 공학자들을 이 과정에 남겨 둔다. 새로운 기술에 초점을 두고 경영자들은 새로운 제품을 혁신시키기 위해 전략적 혹은 상업적 가치를 간과한다. 기업경영자들과 연구자들은 새로운 벤처가 어떻게 그리고 왜 경쟁우위를 가진 제품을 통해 달성할 수 있는 전략적 목표와 제품이 시장에 출시할 때까지 벤처를 관리하는 시간 스케줄을 함께 명확히 조정해야 한다.

새로운 벤처를 구성하는 과정에서 드는 시간과 비용에 대한 예측 실패는 더 큰 실수를 가져오게 된다. 많은 기업들이 시간 프레임과 관련된 비현실적 기대를 갖고 있으며 수익을 너무 성급하게 회수하고자 한다. 연구들은 일부 기업들이 벤처가 막대한 수익을 회수하는데 5년 이상 걸림에도 3년 안에 수익을 회수하지 못할 경우 해당 사업을 없애 버린다는 결과를 보고하고 있다.

성공적인 사내 신규벤처를 위한 가이드라인

이러한 위험들을 피하기 위하여 기업은 사내 신규벤처를 관리하기 위해 통합적이고 구조화된 접근을 채택해야 한다. 새로운 벤처는 연구개발에 기반을 둔다. 그것은 첨단기초과학과 기술에 필요한 탐험적인(exploratory) 연구를 시작한다는 것이며(연구개발에서의 "연구"), 새로운 기술의 상업적 적용들을 식별하고, 발전시키며, 완성하기 위한 개발 연구(연구개발에서의 "개발")에서 시작한다. 사내벤처의 성공에 대한 강력한 기록을 가진 기업들은 연구, 개발 모두에서 탁월하다. 즉, 그들은 기초과학을 발전시키는 데 노력하며 그것을 상업적으로 적용시키는 방법을 발견한다.[21] 기초과학을 발전시키기 위해 기업들은 신기술 발견에 기초가 되는 풍부한 과학적 지식을 가진 대학들과 긴밀히 연계되어 있다. 또한 "연구"와 "개발"의 중요성을 두루 이해하는 과학자들에 의해 연구 자금이 관리되는 것이 중요하다. 만약 "개발"이 부족하다면 해당 기업에서는 그것이 아무리 훌륭한 기초과학이라도 상업적인 성공을 거두기에는 힘들 것이다. 기업들은 훌륭한 과학이 궁극적으로 상업적으로도 적용 가능한 상품이 되게 하기 위하여 취해야 할 몇 가지 단계를 밟을 수 있다.

첫째, 많은 기업에서 세부 분야에 기술과 노하우를 가진 경영자들이 일련의 비즈니스를 검토하고 큰 성공을 거둘 가능성이 가장 높은 것들을 선정하여 연구 자금을 지원해야 한다. 둘째, 연구개발 역량의 효과적인 활용을 위하여 기업의 최고경영자는 비즈니스모델을 개발하고 개선하는데 지속적으로 연구개발 연구자들을 참여시켜야 하며, 모든 과학자와 공학자들이 성공을 하기 위해 그들이 해야만 하는 것들에 대한 전략적 측면들을 이해시켜야 한다.[22]

셋째, 기업은 신제품이 미래에 상업적 성공을 거둘 확률을 높이기 위해 연구개발과 마케팅 간 긴밀한 관계를 촉진시켜야 한다. 마케팅부서에서 가장 중요한 고객들이 요구하는 것들을 알아내 그것을 연구자들과 커뮤니케이션할 때, 연구 프로젝트가 의도한 고객들의 욕구를 충족시킬 수 있게 된다. 넷째, 기업은 제안한 신제품을 합리적인 비용에서 생산하기 위하여 연구개발과 생산 간 긴밀한 관계를 구축하도록 해야 한다. 많은 기업들은 아이디어 생성에서 시장 도입에 이르는 신제품개발을 감독하기 위하여 복합 기능 프로젝트팀(cross-functional project team)을 구성하여 상이한 기능들의 활동들을 성공적으로 통합한다. 이러한 접근은 신제품이 출시할 때까지의 시간 역시 줄여준다. 예를 들어, 연구개발 과정에서 디자인 작업을 하고, 생산에서 설비를 만들고, 마케팅에서 신제품이 고객들에게 얼마나 도움이 되는지를 보여주는 광고를 제작할 수 있다.

마지막으로, 대규모 진입은 주로 장기적인 이익을 가져다주기 때문에 기업에서는 "크게 생각(thinking big)"함으로써 사내벤처의 성공을 촉진할 수 있다. 기업은 효율적인 규모의 생산 설비를 구축해야 하고, 시장진입과 브랜드 충성도를 재빨리 확보할 수 있는 제품광고를 만들도록 대규모 예산을 할당해야 한다. 또한 기업경영자들은 소비자들이 신제품을 느리게 받아들여도 충격받지 말아야 한다. 즉, 경영자들이 시장점유율이 늘어나는 한 초기 손실은 불가피하다는 점을 받아들여야 제품이 궁극적으로 성공할 수 있다.

신규산업에 진출하기: 인수

9장에서 우리는 인수(Acquisitions)가 기업들이 수평적 통합 전략을 실행하는 주된 방법임을 설명하였다. 인수는 또한 회사가 수직적 통합과 다각화를 추구하여 신규사업에 진출하는 기본적인 방법이기도 하다. 이에 기업수준전략을 실행하기 위해 인수를 활용할 때 이와 관련된 혜택과 위험에 대해 이해할 필요가 있다.

기업인수의 매력

일반적으로 인수는 기업이 신규 시장에서 경쟁하기 위해 필요한 독보적 역량이 부족할 때 수직적 통합이나 다각화를 추구하기 위해 활용하는데, 재무 자원을 이용하여 이미 그러한 역량을 가지고 있는 기업을 매입하는 형태로 이뤄진다. 기업들은 주로 신생 혹은 성장산업에서 재빨리 우위를 선점하기 위하여 인수를 사용한다. 회사들은 사내벤처를 통해 시장에서의 리더십 확보를 위해 몇 년씩 기다리기보다는 몇 개월 만에 강한 경쟁우위를 가진 기업들을 사들인다. 그러므로 진입 속도가 특히 중요할 때 인수는 선호되는 진입 방식이 된다. 예를 들어, 인텔(Intel)사는 커뮤니케이션 칩 비즈니스를 하기 위해 인수를 이용하였는데, 이는 시장이 너무도 급속하게 성장하여 필요한 역량을 개발하기에는 시간이 너무 많이 소요될 것이라는 인식 때문이었다.

또한 인수는 시장 불확실성이 덜하기 때문에 사내벤처보다 위험도가 낮다고 인식된다. 사내벤처와 관련된 실패의 위험으로 인해서 미래의 성공과 수익을 예상하기 힘들다. 반면, 기업이 인수를 할 경우 인수된 기업은 이미 해당 시장에서 형성된 평판이 있기 때문에 그 기업의 시장점유율과 수익성의 크기를 알 수 있다.

마지막으로 인수는 진입장벽이 높은 산업에 진출하는 데 있어 효과적인 방법이다. 브랜드 충성도를 가져오는 제품 차별화와 규모의 경제를 가져오는 높은 시장점유율과 같은 요소들로 생겨나는 진입장벽을 논의한 2장을 떠올려 보자. 진입장벽이 높을 때 사내벤처를 통해 신규산업에 진입하고자 하는 기업은 대규모 생산설비를 구축해야 하고 브랜드 충성도 구축을 위해 막대한 광고비용을 지출해야 하는 어려움에 처하게 된다. 반대로, 이미 산업에 존재하는 기업(되도록 시장 선두기업)을 인수할 경우에는 이미 달성한 규모의 경제와 확보된 브랜드 충성도를 가지고 있기 때문에 대부분의 진입장벽을 피해갈 수 있다. 일반적으로, 진입장벽이 높을수록 인수가 산업진입의 방법으로 사용될 가능성이 커진다.

인수의 위험

이러한 이유로 인수는 기업이 다각화를 추구하는 데 가장 보편적인 방식이 되어 왔다. 그러나 앞서 언급한 바와 같이, 연구들은 많은 기업들이 인수를 통해 수익을 창출하는 데 실패하고 결국 손해를 보는 경우가 많았음을 보고한다. 예를 들어, 700개의 인수 사례에 대한 연구에 따르면, 30%는 이익을 얻었으나 31%는 손실을 보았고 나머지는 별다른 소득이 없었던 것으로 나타났다.[23] 다른 연구들에서는 많은 인수 기업들이 예상한 혜택을 얻는데 실패한다고 보고한다.[24] 피인수 기업의 합병 후 성과에 대한 한 연구는 피인수 기업의 수익성과 시장점유율이 오히려 떨어지는 것을 발견하면서, 많은 인수합병이 가치를 창출하기보다는 오히려 파괴할 수 있음을 지적한다.[25]

　　인수는 네 가지 이유에서 인수하는 기업의 성과를 향상시키는 데 실패할 수 있다: (1) 기업들은 서로 다른 기업의 조직과 문화를 통합하는 데 있어 경영상의 문제를 너무도 자주 경험한다; (2) 기업들은 인수를 통한 잠재적 경제 혜택을 과다계상한다; (3) 인수 비용이 너무 과도하여 미래 수익을 향상시키지 못한다; (4) 기업들은 인수 대상에 대한 심사를 자주 간과하여 비즈니스모델과 관련된 중대한 문제점들을 인식하지 못한다.

피인수 기업의 통합　일단 인수가 완료되면, 인수 기업은 피인수 기업을 통합하여 자신들의 조직구조 및 문화와 연계시켜야 한다. 통합은 공통된 경영과 재무적 통제시스템의 채택, 피인수 기업과 인수 기업 간 공동 운영, 정보와 인적자원 공유를 위한 관리메커니즘 확립, 공통 문화 창출을 위한 필요 등을 포함한다. 많은 경우 이러한 활동들을 통합하면서 수많은 문제점들이 발생한다.

　　인수 후 많은 피인수 기업들은 높은 이직률을 겪게 되는데, 이는 직원들이 인수 기업의 구조와 문화를 좋아하지 않기 때문이다.[26] 연구들은 인재들과 전문가의 유출, 사업 간 지속적인 긴장 관계로 인한 손실 등은 피인수된 사업체의 성과를 낮춘다고 제시한다.[27] 또한 기업들은 인수를 위한 자금을 확보하기 위해 과도한 부채를 떠안게 되는데, 피인수 기업의 비즈니스모델이 갖는 문제들(주로 약점)이 표면화되면 이러한 부채를 제대로 갚기가 힘들어진다.

경제적 혜택에 대한 고평가　기업들이 통합을 손쉽게 하더라도 기업들은 때때로 상이한 사업들을 연계하여 얼마만큼의 미래 수익을 향상시킬 수 있을 것인가를 과대계상하기도 한다. 경영자들은 인수를 통한 경쟁우위를 과도하게 높이 평가하여 피인수 기업의 실제 가치보다 더 많은 금액으로 매입하기도 한다. 한 가지 이유는 최고경영자들이 인수 후에 가치 있는 신제품을 만들어 낼 수 있다고 개인적인 역량에 대해 과도하게 높은 평가를 하기 때문이다. 왜 그런가? 그들은 회사 내에서 최고 위치에 오르면서 그들 자신의 역량에 대해 자만함으로써 중대한 전략적 의사결정을 왜곡시킨다.[28] 코카콜라(Coca-Cala)사가 중소형 와인제조업체들을 인수한 것이 그 예이다. 음료는 다 같은 음료라는 생각으로 코카콜라사의 최고경영자는 미국 와인산업을 선점하기 위한 전략 수립을 위하여 기업 내 우수한 마케팅 관리자들을 활용할 수 있다고 믿었다. 와인회사 세 곳을 인수한 후 마케팅 실패로 인해 7년 연속 근소한 이익만을 내고 나서야 와인과 청량음료는 어필하는 고객, 가격설정 시스템, 유통망 등에 있어 매우 다른 제품임을 알게 되었다. 코카콜라사는 막대한 손실을 감수하며 결국 조셉 시그람(Joseph E. Seagram)에게 와인사업부를 매각하였다.[29]

인수 비용 아마도 인수 실패에 대한 가장 중요한 이유는 상장 주식을 가진 기업을 인수하는 것이 매우 비싸서 인수 비용이 인수를 통해 기대한 미래 수익 가치를 상쇄해 버리기 때문이다. 피인수 기업의 최고경영자는 인수하는 기업이 현재 시장 가치를 넘는 막대한 프리미엄을 지불하지 않는다면 어떠한 인수합병도 반대하려 한다. 이러한 프리미엄은 기업의 일반 주식 가격에 30-50%를 상회한다. 유사하게, 인수 대상기업의 주주들은 인수 입찰 전에 시장 가치를 웃도는 프리미엄이 주어지지 않으면 그들이 가진 주식을 팔지 않으려 한다. 그러한 높은 프리미엄을 지급하기 위하여 인수 기업은 대상 기업의 높은 가격을 정당화시킬 만큼 미래의 수익을 창출할 수 있을 것이라는 확신을 해야 한다. 해당 산업환경이 얼마나 빨리 변하는지와 피인수 기업을 얼마나 빨리 통합할 수 있는지를 고려해야 하기 때문에 이러한 작업은 매우 힘든 일이다. 이것이 바로 인수하는 기업이 흔히 실적을 내지 못하는 주된 이유이다.

인수 기업이 높은 프리미엄을 지불해야 하는 이유는 인수합병 과정에서 투자자들이 막판 가격을 추정하면서 인수 대상기업의 주가가 급격히 상승하기 때문이다. 두 기업 이상이 대상 기업을 동시에 인수하려는 입찰 경쟁 시, 주가는 급격히 치솟는다. 또한 많은 인수합병이 특정 산업에서만 발생할 때, 투자자들은 인수되지 않은 다른 산업에 있는 계열사들의 주식이 미래 어느 시점에 상승할 것으로 예측한다. 이것은 주가를 빠르게 끌어올려 인수 비용을 상승시킨다. 이러한 일은 이동통신 부문에서 거대 기업들이 앞 다투어 인수 경쟁에 뛰어든 사례에서도 나타난다. 노텔(Nortel)사와 알카텔-루센트(Alcatel-Lucent)사는 새로운 이동통신장비 개발을 위해 작고 혁신적인 기업들을 구매하는 경쟁에 돌입하였다. 그 결과 이들 기업의 주가는 주주들에 의해 높아졌고, 결국 그들은 엄청나게 부풀려진 가격에 그 회사들을 매입하였다. 이동통신의 호황이 끝났을 때 인수에 참여한 기업들은 그들의 인수 비용이 과도하게 초과지급 되었고, 회계상 엄청난 감가상각을 해야 했다. 노텔사는 2011년에 파산선언을 하며 자산을 전부 매각했으며, 알카텔-루센트사의 주가는 90%까지 급락하여 회생 절차를 밟고 있다.

부적절한 사전 인수 심사 최고경영자들은 인수를 통해 얼마나 미래 수익을 향상시킬 수 있을 것인가를 평가하는 사전인수 심사를 제대로 하지 않는 경우가 많다. 연구들은 인수합병의 실패에 대한 중요한 한 가지 이유로 경영자들이 미래 수익과 비용에 대한 철저한 분석 없이 다른 기업을 인수할 결정을 내리는 것을 꼽았다.[30] 많은 경우, 인수 후에 기업들은 피인수된 조직이 강력한 비즈니스모델을 가지고 잘 운영된 기업이 아니라 문제 투성이였음을 알게 된다. 대상 기업의 최고경영자들은 기업의 재무 상태를 더 좋게 보이 도록 그들의 기업 정보나 대차대조표를 조작할 수도 있다. 인수하는 기업은 최대한 광범 위한 조사를 할 필요가 있다. 2009년 아이비엠(IBM)사는 칩을 만드는 썬 마이크로 시스 템즈(Sun Microsystems)사를 구입하고자 협상을 벌였다. 일주일을 검토한 후 아이비엠 사는 제안 가격의 10%를 감액했는데, 이는 그들이 예상했던 것만큼 고객층이 확고하지 못했음을 협상담당자들이 발견했기 때문이다. 썬 마이크로 시스템즈사는 결국 2010년 오라클(Oracle)에 매각되었고, 썬 마이크로 시스템즈사의 서버 매출이 2011년과 2012년 계속 하락하면서 현재까지 그 인수는 성공적이지 않은 것으로 나타났다.[31]

성공적 인수를 위한 가이드라인

이러한 위험을 피하고 성공적인 인수를 위하여, 기업들은 네 가지 주요 단계에 기반을 두 고 잠재적인 인수업체를 표적(targeting)하고 평가하는 접근법을 따라야 할 필요가 있다. (1) 대상 판별(identification)과 사전인수 심사(screening), (2) 입찰 전략, (3) 통합, (4) 경 험으로부터 학습이 그것이다.[32]

판별과 심사 사전 인수 심사를 통해 기업은 잠재적인 인수 대상에 대한 지식이 증가되 고 문제 기업을 인수하는 데 있어서의 위험을 감소시킨다. 이것은 특정 인수를 진행하는 데 관련된 문제들을 보다 현실적으로 평가하게 하여 기업이 새로운 사업을 통합하고 조 직구조와 문화를 융합할지에 대해 계획을 세울 수 있게 한다. 심사 과정은 인수를 위한 전략적 근거에 대한 상세한 평가, 이상적 인수 대상자가 될 기업의 유형에 대한 판별, 그 리고 다른 인수 가능한 타겟들과 비교하여 유망한 회사의 비즈니스모델의 강점과 약점 에 대한 집중적인 분석을 시작해야 한다.

사실 인수하는 기업은 최고의 가능한 인수 타겟군을 선정하여 각 기업들을 (1) 재 무 상태, (2) 독보적 역량과 경쟁우위, (3) 변화하는 산업 영역, (4) 경영 능력, (5) 기업문 화 측면에서 일련의 기준들을 이용하여 평가해야 한다. 이러한 평가는 인수하는 기업 이 인수하는 기업과 개별 타겟 기업 간 달성할 수 있는 잠재적 규모의 경제와 범위의 경 제를 측정하게 함으로써 최고의 타겟을 판별할 수 있도록 상세한 강점, 약점, 기회와 위 협(SWOT) 분석을 할 수 있게 한다. 이러한 분석은 또한 인수 기업과 피인수 기업 간 문 화를 통합할 때 잠재적인 통합 문제들을 드러내게 한다. 예를 들어, 전사적 자원 관리 (ERP) 소프트웨어의 세계적인 선도 기업들인 마이크로소프트(Microsoft)사와 에스에이 피(SAP)사의 경영자들이 마이크로소프트사에 의한 인수 건을 논의하려 만났다. 두 기업 모두 합병에 대한 전략적 근거–두 기업이 함께 거대 글로벌 회사들의 욕구를 충족함으로써 소프트웨어 컴퓨팅 시장을 장악하는 것—는 강했으나 극복해야 할 도전 과제들을 갖고 있었다. 전 세계 수십만 명의 직원들을 성공적으로 통합할 수 있는 조직구조를 만들고 서로 다른 두 조직의 문화를 융합하는 어려움은 극복하기 어려웠다.

일단 기업이 잠재적 인수 대상기업 리스트를 가장 유망한 한두 개로 줄였다면, 골드만 삭스(Goldman Sachs)사와 메릴 린치(Merrill Lynch)사와 같은 투자은행 회사 등을 포함하는 제 3의 전문가를 접촉할 필요가 있다. 이런 회사들의 비즈니스모델들은 잠재적 인수의 매력에 대해 가치 있는 통찰을 제공하고, 현 산업의 경쟁 상태를 평가하며, 인수와 관련된 다른 많은 이슈들 즉, 타겟 기업 주식의 확보를 위한 최적의 입찰전략을 택하는 방식, 가능한 낮은 가격으로 구매하는 것 등을 처리하는 것을 기반으로 한다.

입찰전략 입찰전략의 목적은 해당 기업이 타겟 기업에 지불해야 하는 가격을 낮추는 데 있다. 한 기업이 다른 기업을 인수하는 가장 효과적인 방법은 두 기업이 각 기업의 주주들과 최고경영자들의 욕구를 만족시키면서 원만한 방식으로 합병을 결정하는 것을 의미하는 우호적 기업인수 입찰을 만드는 것이다. 우호적 인수는 투기자들이 주가에 입찰하는 것을 막는다. 반면, 오라클(Oracle)사와 피플소프트(PeopleSoft)사, 마이크로소프트(Microsoft)사와 야후(Yahoo!)사와 같은 적대적 입찰 환경에서는 타겟 기업의 가격이 인수자에 의해 제시 가격이 오르기를 원하는 투자자들이나 더 높은 가격을 대안으로 제시하고 인수하려는 다른 기업들 때문에 입찰 가격이 오르게 된다.

좋은 입찰전략의 또 다른 중요 요소는 타이밍이다. 예를 들어, 비관련다각화를 추구한 가장 성공적인 기업들 중 하나인 한손(Hanson) PLC사는 사업 경기나 저성과부서에 의해 심각하게 성과가 타격 받는 등 단기적인 어려움에 봉착한 건전한 기업을 물색하였다. 그러한 회사들은 주식 시장에서 종종 저평가되어 있기 때문에 그들은 높은 주식 프리미엄을 지불하지 않고 인수할 수 있었다. 적절한 타이밍을 가지면 회사는 헐값에 구입할 수 있다.

통합 훌륭한 선별과 입찰에도 불구하고, 만약 인수한 기업이 피인수 기업을 운영하고 신속히 실행 가능한 다중비즈니스모델을 개발하는 데 필요한 핵심적 조직설계기술을 가지고 있지 않다면, 인수는 실패할 것이다. 통합은 예를 들면, 마케팅, 생산, 연구개발, 재무, 또는 경영 자원들을 공유하는 기회들과 같은 인수의 잠재적인 전략적 이점들의 원천에 있어 핵심이 된다. 통합은 설비나 기능의 어떤 중복을 제거하는 단계를 포함해야 한다. 또한 피인수 기업의 원치 않는 사업에서는 철수해야 한다.

경험으로부터 학습 연구들은 시간이 지나면서 많은 기업들이 이러한 과정에 있어 전문가가 되고 인수 과정의 경험에서 중대한 가치들을 창출해 낸다고 말한다.[33] 과거의 경험은 기업들이 효율적이고 효과적으로 인수를 진행하도록 따라야 할 일종의 "각본"을 개발시킨다. 가장 성공적인 회사 중 하나인 타이코 인터내셔널(Tyco International)사는 한 번도 적대적 인수를 한 적이 없는데, 이를 위해 회사는 대상 기업의 회계감사를 면밀히 하고, 피인수된 회사들이 산업 내 임계량에 도달할 수 있을 것인지를 파악하고, 인수 후에는 비용절감 달성을 위해 신속히 움직이고, 새로운 인수 기업을 맡은 경영자들은 1~2단계 승진시키고, 피인수 사업체에 이익 기반 성과급 보상시스템을 도입하였다.[34] 그러나 시간이 지남에 따라 타이코(Tyco)사는 너무도 거대해지고 다각화되어 투자자들과 경영자 모두에게 타이코사가 그만큼의 가치를 창출하지 못할 것이라는 의구심을 들게 하였다. 2007년 타이코사의 헬스케어와 전자부서는 분사되었고, 2012년에는 개별적인 주식을 소유한 세 부분-타이코 파이어 앤 시큐리티(Tyco Fire and Security), 주거 및 소규모기업 보안설치를 제공하는 에이디티(ADT), 액체 밸브와 제어장치를 파는 플로우 컨트롤(Flow Control)-으로 나뉘어졌다.[35]

신규산업에 진출하기: 합작투자

합작투자(Joint Ventures)는 둘 이상의 회사들이 신규사업을 창출하기 위하여 그들의 자원을 통합하는 것에 합의하는 것을 말하는데, 신생 혹은 성장산업에 진출할 때 가장 흔하게 활용된다. 한 기업이 신생산업에 새로운 합작부서를 만들기를 고려한다고 가정해 보자. 그러한 행보는 막대한 위험과 비용을 수반하는데, 이는 해당 기업이 신규산업에서 제품을 만들고 파는데 요구되는 일련의 가치사슬 활동들을 개발하기 위해 필요한 막대한 투자를 해야 하기 때문이다. 반면 인수는 신생산업에서 확고히 리드하는 기업이 없기 때문에 위험한 제안일 수 있으며, 심지어 회사를 구입하기에는 엄청나게 비쌀 수도 있다.

이러한 상황에서 합작투자는 기업이 신규산업에서 사업을 전개하는 데 관련된 위험과 비용을 다른 회사와 나눌 수 있기 때문에 신규산업 진출을 위한 가장 적합한 방식이다. 이것은 특히 기업들이 보완적 기술이나 독보적 역량을 가졌을 때 명확히 드러나는데, 이는 신규 합작의 성공가능성을 높이기 때문이다. 항공우주산업에서 플라스틱 기반 복합체를 만들기 위하여 유티씨(UTC)사와 다우 케미컬(Dow Chemical)사 간 만들어진 50대50 지분 합작투자를 살펴보자. 유티씨(UTC)사는 이미 항공우주산업에 속해 있었으며(Sikorsky 헬리콥터를 만들 때), 다우 케미컬(Dow Chemical)사는 플라스틱 기반 복합체를 개발하고 생산하는 기술을 갖고 있었다. 이러한 합작은 유티씨(UTC)사에게 고도의 항공우주 기술에 공헌하도록 하였으며, 다우 케미컬(Dow Chemical)사에게는 플라스틱 기반 복합체를 개발하고 생산하는 기술에 공헌하도록 요구하였다. 합작투자를 통해 두 기업은 신제품 시장에 진입할 수 있었다. 그들은 한 기업이 다른 기업에게 합병되는 과정이나 신제품을 개발하는 데 있어 비용과 위험을 단독으로 부담하지 않고 관련다각화와 연계된 이익을 실현할 수 있었다. 그러므로 두 기업 모두 관리비용의 증가 없이 신규시장에 진입하여 이익을 향상시키는 이점들을 향유하였다.

비록 합작투자가 파트너 기업들 모두에게 일반적으로 도움이 되지만, 어떠한 상황에서는 문제가 발생할 수 있다. 첫째, 비록 합작투자를 통해 기업들은 신규사업을 개발하는 위험과 비용을 공유할 수 있지만, 성공한 경우 수익 역시 공유할 것을 요구한다. 만약 한 기업의 기술이 다른 기업의 기술보다 중요하다면, 보다 가치 있는 기술을 가진 파트너사는 50대 50 합의로 인해 다른 회사에게 수익을 "거저 주어야" 한다. 이것은 시간이 지날수록 갈등을 증가시키며 업무 관계를 해치게 된다. 둘째, 합자투자 파트너들은 다른 비즈니스모델 혹은 상이한 투자 기간(time horizon)을 가질 수 있는데, 이러한 문제들은 만약 그들이 합작투자를 운영하는 방식에 대해 갈등이 생기기 시작할 때 발생할 수 있다. 이런 종류의 문제들은 사업을 해체시키고 결국 실패를 가져오게 된다. 셋째, 합작투자를 한 기업이 중요한 회사 특유의 지식을 다른 회사에 제공할 위험이 있는데, 이것은 미래에 다른 파트너와 경쟁하기 위해 새로운 지식을 이용할 수 있게 한다. 예를 들어, 플라스틱 기반 복합체에 있어 다우(Dow)사의 전문성에 대한 접근성을 가진다면, 유티씨(UTC)사는 연합을 해체하고 이 물질들을 스스로 생산할 수도 있다. 앞장에서 논의했듯이, 만약 다우(Dow)사가 유티씨(UTC)사로부터 믿을 만한 헌신을 얻는다면 그러한 위험은 최소화될 수 있으며, 다우(Dow)사는 그렇게 하였다. 유티씨(UTC)사는 합작투자가 형성되어 제품을 만드는 데 막대한 자산투자를 해야 했다.

구조조정

많은 기업들은 수익성 향상을 위해 신규산업으로 확장한다. 그러나 가끔 기업들은 수익성 향상을 위해 산업에서 철수하고 기존 사업들을 별개의 독립된 기업으로 나누기도 한다. 구조조정(Restructuring)은 기업의 핵심 사업에 집중하고 독보적 역량들을 재구축하기 위하여 사업체를 재조직하고 철수하는 과정이다.[36] 왜 수많은 기업들이 구조조정을 하고, 어떻게 그것들을 하는가?

왜 구조조정을 하는가?

최근 다각화된 기업들이 구조조정을 하는 주된 이유 중 하나는 주식 시장에서 다각화 할인을 통해 주식 가격이 결정되어 다각화가 많이 이루어진 기업들의 주식이 덜 다각화된 기업의 주식보다 낮게 평가되기 때문이다.[37] 투자자들은 크게 다각화되어 있는 기업들을 네 가지 이유에서 매력도가 떨어지는 투자대상으로 간주한다. 첫째, 앞서 논의한 것처럼 투자자들은 그러한 기업들이 다른 많은 산업에서 다중비즈니스모델로 참여할 만한

> **구조조정**
> 기업의 핵심 사업에 집중하고 독보적 역량들을 재구축하기 위하여 사업체를 재조직하고 철수하는 과정

정당성을 갖지 못하고 있다고 생각한다. 둘째, 크게 다각화된 기업들의 재무제표에서의 복잡성은 개별 사업단위의 성과를 숨기게 되어, 투자자들은 다중비즈니스모델들이 성공적인지를 판단하기가 어렵게 된다. 그 결과 투자자들은 경쟁우위와 재무 상태를 보다 쉽게 이해할 수 있는 한 산업에서 운영 중인 기업들에 비해 다각화된 기업들의 위험이 더 크다고 인식하게 된다. 이러한 상황에서 구조조정은 다중비즈니스회사를 개별적이고 독립적인 부분으로 분리함으로써 주주들의 이익을 증가시키려는 시도로 보여질 수 있다.

다각화 할인의 세 번째 이유로 많은 투자자들은 경영자들이 너무 많은 다각화를 추진하려는 경향을 갖고 있거나 잘못된 이유들인 수익성을 감소시키는 다각화를 한다는 점을 경험을 통해 배우고 있기 때문이다.[38] 예를 들어, 어떤 최고경영자들은 성장을 위해 다각화를 추구한다. 그들은 기업의 범위를 늘려 그들만의 제국을 건설하지만, 이는 다각화를 통해 창출되는 추가적 가치보다 관리비용을 급격히 상승시키게 된다. 그러므로 구조조정은 과도한 다각화가 가져온 재무성과 하락에 대한 반응일 수 있다.

구조조정을 하는 마지막 이유는 전략경영에서의 혁신들이 수직적 통합 또는 다각화의 이점을 감소시킨다는 것이다. 예를 들어, 몇십 년 전에는 기업과 공급업체들 간 장기협력 관계나 전략적 제휴가 수직적 통합에 대한 실현 가능한 대안이라는 생각이 거의 없었다. 대부분의 기업들은 수직적 통합이나 경쟁적 입찰과 같은 공급사슬을 관리하기 위해 두 가지 대안들만을 고려했다. 9장에서 다룬 것처럼, 많은 경우 장기협력관계는 관리비용이 발생하는 것을 피하거나 시장 규율을 고려하지 않아도 되기 때문에 특히 큰 가치를 창출해 낼 수 있다. 이러한 전략적 혁신들이 글로벌 비즈니스에 확산되면서 수직적 통합에 대한 상대적우위는 감소하게 되었다.

윤리적 딜레마

© iStockPhoto.com/P_Wei

최근 많은 최고경영자들이 기업의 재무제표를 불법적으로 변경하거나 주주들에게 낮은 실적을 숨기기 위해 거짓된 정보를 제공함으로써 기소되고 있다. 당신은 사업 성과를 보고할 때 관리자들이 윤리적이고 합법적으로 행동하도록 하기 위해 기업을 위한 통제시스템을 만들어야 하는 업무를 책임지고 있다. 통제시스템 개발을 위해 당신은 경영자들이 수익성을 향상시키기 위해 다각화의 다섯 가지 방법(역량 이전하기, 역량 레버리지하기, 자원 공유하기, 제품 묶기, 일반적인 관리 역량의 이용)을 명확히 제시한다. 이러한 다섯 가지 방법들이 비윤리적인 행동과 어떻게 결부될 수 있는가? 당신은 경영자들이 비윤리적으로 행동하지 못하도록 규율이나 절차를 결정할 수 있는가?

요약 *Summary of Chapter*

1. 전략적 경영자들은 기업의 잉여 현금흐름을 창출할 때, 즉 기업의 핵심산업에서 경쟁우위를 유지할 필요성이 없는 재무적 자원들을 수익성이 있는 새로운 사업에 활용하려 할 때 다각화를 추구한다.

2. 다각화된 기업은 (a) 기존 사업들 간의 역량 이전, (b) 새로운 사업을 창출하기 위해 역량을 레버리지, (c) 범위의 경제를 실현하기 위하여 자원을 공유, (d) 제품 묶음 이용, (e) 다각화된 기업들 내 모든 사업부의 성과를 향상시키는 일반적인 조직 능력의 활용, (f) 내부자본시장 이용을 통해 가치를 창출할 수 있다. 다각화의 관리 비용은 기업 내 독립적인 사업체 숫자와 관리자들이 사업체들 간 자원 이전을 어느 정도해야 하는가에 따라 증가한다.

3. 위험을 통합하거나 더 많은 성장을 달성하기 위한 욕구에 의해 촉발된 다각화는 빈번하게 수익성 하락이라는 결과를 가져온다.

4. 신규산업 진입방법에는 세 가지가 있는데, 그것들은 사내벤처, 인수, 합작투자이다.

5. 사내 신규벤처 설립은 기업이 신규사업이나 산업에 진입할 때 레버리지하거나 재조합할 수 있는 기존 사업에서의 가치 있는 역량들을 가지고 있을 때 사용된다.

6. 많은 사내벤처들이 실패하게 되는 이유로는 소규모로 진입, 부족한 상업화, 사내벤처 과정에 대한 경영 능력 부족 등이 있다. 실패하지 않기 위해서는 프로젝트 선정과 관리와 관련된 치밀한 계획을 통한 접근, 신제품의 상업적 성공가능성을 높이기 위한 연구개발과 마케팅의 통합, 경쟁우위 확보를 위한 대규모 진입 등이 포함된다.

7. 인수는 해당 기업이 신규산업에서 경쟁하기 위해 필요한 역량이 부족할 때 적절한 가격으로 그러한 역량을 이미 가지고 있는 기업을 매입함으로써 신규사업에 진출할 수 있는 가장 좋은 방법이다. 인수는 또한 진입장벽이 높고 사내벤처 설립 시 투자 기간, 개발비용, 위험 등을 수용하지 못할 때에도 신규산업 진출을 위한 방법으로 선택된다.

8. 전략적 경영자들이 (a) 피인수된 기업과의 통합과 관련된 문제들을 과소평가하고, (b) 인수를 통해 창출되는 이익을 과대계상하며, (c) 인수를 위해 너무 많은 비용을 지불하고, (d) 전체 기업의 수익성을 증가시킬 것이라는 확신으로 사전 인수 심사를 소홀히 할 때 인수를 통한 수익성은 낮아진다. 인수 시 실패하지 않기 위해서는 면밀한 인수 전 심사, 치밀하게 선정된 입찰전략, 피인수 기업의 운영을 전체 기업과 성공적으로 통합하는 효과적인 조직 설계, 그리고 과거 인수 경험을 통해 학습한 역량을 지닌 관리자들 등이 필요하다.

9. 합작투자는 (a) 신규사업부를 설립하는 데 관련된 위험과 비용이 한 회사가 하기에는 클 경우와, (b) 기업이 보완적 기술과 자산을 가진 다른 기업과 협업함으로써 성공적인 신규사업을 진행할 가능성이 높을 때 활용된다.

10. 구조조정은 (a) 더 이상 경쟁우위를 창출하지 못하는 비즈니스모델, (b) 재무제표에서 과도하게 다각화된 기업의 경쟁우위에 대해 투자자들의 낮은 접근성, (c) 수익이 아닌 성장을 목적으로 제국을 건설하려는 최고경영자의 욕망으로 인한 과도한 다각화, (d) 수직적 통합과 다각화의 이점을 줄이는 전략적 제휴와 아웃소싱과 같은 전략경영에서의 혁신들로 인해 발생한 문제들을 바로잡기 위해 필요하다.

토론 과제

1. 기업이 언제 (a) 관련다각화와 (b) 비관련다각화를 선택하는가?

2. 신규사업 진출의 방법으로 선호되는 (a) 인수, 또는 (b) 사내 신규벤처 설립에 영향을 미치는 요소들은 무엇인가?

3. 아이비엠(IBM)사가 온라인 클라우드 컴퓨팅 데이터서비스와 기업 및 개인을 위한 광대역 접근 서비스를 제공하기 위하여 이동통신사업으로의 다각화를 결정했다고

상상해 보자. 아이비엠사가 이 산업으로 진출하는 데 있어 당신은 어떠한 방식을 추천하겠는가?

4. 어떠한 조건 하에서 합작투자가 신규산업 진출에 유용한 방식인가?

5. 웹 사이트(www.honeywell.com)를 통해 허니웰 (Honeywell)사의 사업포트폴리오를 파악하시오. 얼마나 많은 산업에 진출해 있는가? 당신은 허니웰사를 관련다각화 기업으로 정의하겠는가? 아니면 비관련다각화 기업으로 정의하겠는가? 허니웰사의 다각화 전략은 시간이 지남에 따라 수익성을 향상시켰는가?

마무리 사례 *Closing Case*

VF사는 관련다각화로 인한 이익을 실현하기 위하여 팀벌랜드사를 인수한다.

2011년 6월, 미국에 기반을 둔 의류제조업체인 VF Corp사는 미국 기반의 세계적인 신발회사인 팀벌랜드(Timberland)사를 주가의 40% 프리미엄을 추가한 20억 달러에 인수한다고 발표했다. VF는 리(Lee)와 랭글러 진(Wrangler Jean), 노티카(Nautica), 쥬시(jucy), 7 폰 올 맨카인드(7 For All Mankind), 반스(Vans), 키플링(Kipling)과 같은 의류 브랜드와 노스 페이스(The North Face), 잔스포츠(JanSport), 이글 크릭(Eagle Creek)과 같은 아웃도어 의류 브랜드 제조사이다. 팀벌랜드사는 질긴 방수 가죽 신발업체로 유명하다. 또한 팀벌랜드라는 브랜드 이름으로 의류와 액세서리를 만드는 라이선스도 가지고 있다. 명백히 팀벌랜드사의 주주들은 투자액보다 40%의 프리미엄을 더 받아 황홀한 기분일 것이다. 그러나 다른 산업에서 주로 경쟁하는 의류업체가 신발회사를 왜 매입하였을까?

VF의 최고경영자인 에릭 와이즈만(Eric Wiseman)에 따르면, 그 이유는 팀벌랜드와의 계약이 VF에서 가장 빠르게 성장하고 있는 부서에 신발을 추가하는 "변혁적(transformative)" 인수이기 때문이다. 2010년 아웃도어 스포츠 사업은 14% 수익을 달성했으며, 77억 달러의 VF 전체 매출액 중 32억을 공헌하였다. 의류와 신발부서를 통합하여 적어도 15%의 전 세계 매출을 증가시킴으로써, 와이즈만은 VF가 팀벌랜드 수익의 두 배를 달성할 수 있다고 주장하였다. 동시에 팀벌랜드 브랜드의 추가는 노스 페이스와 같은 VF의 아웃도어 브랜드 매출을 약 10% 상승시킬 것이라고 제시하였다. 이러한 결과는 VF의 매출과 수익성을 크게 증가시키는 것이다. 이 인수에 대한 발표 후 다른 기업들은 주가가 하락하였으나, VF는 주가가 10% 상승했다!

왜 매우 다른 기업들의 합병이 가치를 급격히 향상시키는가? 첫 번째 이유는 회사가 의류, 신발, 백팩, 액세서리 등 아웃도어 상품군을 확장시킬 수 있어서, 모든 상품들을 한데 모아 소매자들에게 유통시키고 고객들에게 팔 수 있기 때문이다. 그 결과 구매, 유통, 마케팅 등에 있어 VF의 확장된 브랜드들이 이를 공유함으로써 관련 비용들이 상당히 절감된다. 또한, VF는 노스 페이스와 팀벌랜드 브랜드를 상품으로 차별화하여 옷을 구매하는 소비자들에게 팀벌랜드의 하이킹 부츠를 구입하게 할 수 있으며, VF의 다른 아웃도어 브랜드에 의해 제공되는 백팩 등의 액세서리를 사게 할 수도 있다.

이에 더하여, 비록 팀벌랜드사가 미국에서 유명한 브랜드이나 이익의 절반 이상이 전 세계 매출(특히 성장세가 큰 시장인 중국)을 통해 발생하고, 영국이나 일본과 같은 수많은 나라에 틈새시장들이 존재한다. 2011년 VF는 수익의 30%만을 글로벌 매출로 벌어들였다. 아웃도어 브랜드들 간에 공통성을 활용하여 VF는 팀벌랜드사 구입이 해외 시장 매출 증대와 브랜드 인지도 증가, 랭글러 진과 노티카와 같은 다른 브랜드의 매출 증대를 가져올 것이라고 주장했다. 예를 들어, 등산객들은 VF의 랭글러 또는 리 청바지를 입고 노스 페이스 의류를 입으며 동시에 팀벌랜드 하이킹 부츠를 신을 수 있다. 결국, 팀벌랜드가 가진 브랜드 특징과 두 회사의 아웃도어 라이프스타일 상품들 간 시너지는 어마어마한 새로운 가치창출을 가져올 것이다. 그러므로 인수를 통해 VF는 낮은 비용으로 세계적으로 차별화된 브랜드임을 효과적으로 알릴 수 있다. VF는 전 세계 전문 아웃소싱업체들과도 보다 나은 계약을 협상할 수 있으며, 규모의 경제를 통해 글로벌 운송과 유통비용을 절감할 수 있다.

애널리스트와의 전화회의에서 와이즈만은 "팀벌랜드사는 단 하나의 인수 고려 대상이었다. 아웃도어 스포츠 분야에서 강력한 두 기업이 만나 새로운 글로벌 주자가 되었다."라고 말했다.

인수 이후, 이들 회사는 VF 공동소매매장, 단일 브랜드매장 등을 합하여 1,225개 이상의 매장들을 보유하게 되었다. VF는 또한 미국에서만 다양한 상품을 판매하는 80개의 아울렛 매장을 운영 중이다. VF는 전문매장, 백화점, 전국 체인, 월마트(Walmart)와 같은 대규모 판매자(월마트는 2012년 VF의 전체 매출 중 8%를 차지했다)

에서도 판매되고 있다. 팀벌랜드사의 인수는 이러한 다양한 유통채널을 기반으로 비용절감과 시너지를 가져올 것이다. VF의 조직구조는 전체 조직의 비용절감을 위해 중앙집중식 구매, 유통, IT 방식을 활용하고 있다.

팀벌랜드사의 2010년 매출(인수 이전)은 14억 달러였고 순이익은 9천 6백만 달러였다(순이익의 폭이 7% 아래이다). 2010년 VF의 매출은 77억이며 순이익은 5억7천백만 달러여서 순이익 폭이 7.4%였다. 인수 이후, VF사는 94억과 100억 달러를 보고했고 이는 순이익 폭이 2011년과 2012년 각각 9.4%와 10.0%로 증가했음을 보여준다. 비록 이러한 이익 중 얼마가 팀벌랜드사 인수의 직접적인 효과인지 정확히 알기 어렵지만, VF의 관련다각화 전략은 충분히 성공한 것처럼 보인다!

핵심 용어 *Key Terms*

다각화(Diversification) 389

다각화된 기업(Diversified company) 389

역량을 이전하는 것(Transferring competencies) 390

공통성(Commonality) 391

역량들을 레버리지(Leveraging competencies) 392

범위의 경제(Economies of scope) 392

일반적 조직 역량(General organizational competencies) 395

조직설계기술(Organizational design skills) 396

방향전환 전략(Turnaround strategy) 397

관련다각화(Related diversification) 400

비관련다각화(Unrelated diversification) 401

내부자본시장(Internal capital market) 401

관리비용(Bureaucratic costs) 405

사내벤처(Internal new venturing) 412

구조조정(Restructuring) 422

참고문헌 *Notes*

1 This resource-based view of diversification can be traced to Edith Penrose's seminal book *The Theory of the Growth of the Firm* (Oxford: Oxford University Press, 1959).

2 D. J. Teece, "Economies of Scope and the Scope of the Enterprise," *Journal of Economic Behavior and Organization* 3 (1980): 223–247. For more recent empirical work on this topic, see C. H. St. John and J. S. Harrison, "Manufacturing Based Relatedness, Synergy

and Coordination," *Strategic Management Journal* 20 (1999): 129–145.

3 Teece, "Economies of Scope." For more recent empirical work on this topic, see St. John and Harrison, "Manufacturing Based Relatedness, Synergy and Coordination."

4 For a detailed discussion, see C. W. L. Hill and R. E. Hoskisson, "Strategy and Structure in the Multiproduct Firm," *Academy of Management Review* 12 (1987): 331–341.

5 See, for example, G. R. Jones and C. W. L. Hill, "A Transaction Cost Analysis of Strategy Structure Choice," *Strategic Management Journal* 2 (1988): 159–172; and O. E. Williamson, *Markets and Hierarchies, Analysis and Antitrust Implications* (New York: Free Press, 1975), pp. 132–175.

6 R. Buderi, *Engines of Tomorrow* (New York: Simon & Schuster, 2000).

7 See, for example, Jones and Hill, "A Transaction Cost Analysis"; and Williamson, *Markets and Hierarchies.*

8 C. A. Trahms, H. A. Ndofor, and D. G. Sirmon, "Organizational Decline and Turnaound: A Review and Agenda for Future Research," *Journal of Management*, 39 (2013): 1277–1307.

9 The distinction goes back to R. P. Rumelt, *Strategy, Structure and Economic Performance* (Cambridge: Harvard Business School Press, 1974).

10 For evidence, see C. W. L. Hill, "Conglomerate Performance over the Economic Cycle," *Journal of Industrial Economics* 32 (1983): 197–212; and D. T. C. Mueller, "The Effects of Conglomerate Mergers," *Journal of Banking and Finance* 1 (1977): 315–347.

11 For reviews of the evidence, see V. Ramanujam and P. Varadarajan, "Research on Corporate Diversification: A Synthesis," *Strategic Management Journal* 10 (1989): 523–551; G. Dess, J. F. Hennart, C. W. L. Hill, and A. Gupta, "Research Issues in Strategic Management," *Journal of Management* 21 (1995): 357–392; and D. C. Hyland and J. D. Diltz, "Why Companies Diversify: An Empirical Examination," *Financial Management* 31 (Spring 2002): 51–81.

12 M. E. Porter, "From Competitive Advantage to Corporate Strategy," *Harvard Business Review*, May–June 1987, pp. 43–59.

13 For reviews of the evidence, see Ramanujam and Varadarajan, "Research on Corporate Diversification"; Dess et al., "Research Issues in Strategic Management"; and Hyland and Diltz, "Why Companies Diversify."

14 C. R. Christensen et al., *Business Policy Text and Cases* (Homewood: Irwin, 1987), p. 778.

15 See Booz, Allen, and Hamilton, *New Products Management for the 1980s* (New York: Booz, Allen and Hamilton, 1982); A. L. Page, "PDMA's New Product Development Practices Survey: Performance and Best Practices" (presented at the PDMA 15th Annual International Conference, Boston, October 16, 1991); and E. Mansfield, "How Economists See R&D," *Harvard Business Review*, November–December 1981, pp. 98–106.

16 See R. Biggadike, "The Risky Business of Diversification," *Harvard Business Review*, May–June 1979, pp. 103–111; R. A. Burgelman, "A Process Model of Internal Corporate Venturing in the Diversified Major Firm," *Administrative Science Quarterly* 28 (1983): 223–244; and Z. Block and I. C. MacMillan, *Corporate Venturing* (Boston: Harvard Business School Press, 1993).

17 Biggadike, "The Risky Business of Diversification"; Block and Macmillan, *Corporate Venturing.*

18 Buderi, *Engines of Tomorrow.*

19 I. C. MacMillan and R. George, "Corporate Venturing: Challenges for Senior Managers," *Journal of Business Strategy* 5 (1985): 34–43.

20 See R. A. Burgelman, M. M. Maidique, and S. C. Wheelwright, *Strategic Management of Technology and Innovation* (Chicago: Irwin, 1996), 493–507. See also Buderi, *Engines of Tomorrow.*

21 Buderi, *Engines of Tomorrow.*

22 See Block and Macmillan, *Corporate Venturing*; Burgelman et al., *Strategic Management of Technology and Innovation*; and Buderi, *Engines of Tomorrow.*

23 For evidence on acquisitions and performance, see R. E. Caves, "Mergers, Takeovers, and Economic Efficiency," *International Journal of Industrial Organization* 7 (1989): 151–174; M. C. Jensen and R. S. Ruback, "The Market for Corporate Control: The Scientific Evidence," *Journal of Financial Economics* 11 (1983): 5–50; R. Roll, "Empirical

Evidence on Takeover Activity and Shareholder Wealth," in J. C. Coffee, L. Lowenstein, and S. Rose (eds.), *Knights, Raiders and Targets* (Oxford: Oxford University Press, 1989), pp. 112–127; A. Schleifer and R. W. Vishny, "Takeovers in the 60s and 80s: Evidence and Implications," *Strategic Management Journal* 12 (Special Issue, Winter 1991), pp. 51–60; T. H. Brush, "Predicted Changes in Operational Synergy and Post Acquisition Performance of Acquired Businesses," *Strategic Management Journal* 17 (1996): 1–24; and T. Loughran and A. M. Vijh, "Do Long Term Shareholders Benefit from Corporate Acquisitions?" *Journal of Finance* 5 (1997): 1765–1787.

24 Ibid.

25 D. J. Ravenscraft and F. M. Scherer, *Mergers, Sell-offs, and Economic Efficiency* (Washington: Brookings Institution, 1987).

26 See J. P. Walsh, "Top Management Turnover Following Mergers and Acquisitions," *Strategic Management Journal* 9 (1988): 173–183.

27 See A. A. Cannella and D. C. Hambrick, "Executive Departure and Acquisition Performance," *Strategic Management Journal* 14 (1993): 137–152.

28 R. Roll, "The Hubris Hypothesis of Corporate Takeovers," *Journal of Business* 59 (1986): 197–216.

29 "Coca-Cola: A Sobering Lesson from Its Journey into Wine," *Business Week,* June 3, 1985, pp. 96–98.

30 P. Haspeslagh and D. Jemison, *Managing Acquisitions* (New York: Free Press, 1991).

31 A. Ricadela, "Oracle Unveils Faster Servers to Combat Hardware Slump," Bloomberg.com, March 27, 2013.

32 For views on this issue, see L. L. Fray, D. H. Gaylin, and J. W. Down, "Successful Acquisition Planning," *Journal of Business Strategy* 5 (1984): 46–55; C. W. L. Hill, "Profile of a Conglomerate Takeover: BTR and Thomas Tilling," *Journal of General Management* 10 (1984): 34–50; D. R. Willensky, "Making It Happen: How to Execute an Acquisition," *Business Horizons*, March–April 1985, pp. 38–45; Haspeslagh and Jemison, *Managing Acquisitions*; and P. L. Anslinger and T. E. Copeland, "Growth Through Acquisition: A Fresh Look," *Harvard Business Review*, January–February 1996, pp. 126–135.

33 M. L. A. Hayward, "When Do Firms Learn from Their Acquisition Experience? Evidence from 1990–1995," *Strategic Management Journal* 23 (2002): 21–39; K. G. Ahuja, "Technological Acquisitions and the Innovation Performance of Acquiring Firms: A Longitudinal Study," *Strategic Management Journal* 23 (2001): 197–220; and H. G. Barkema and F. Vermeulen, "International Expansion Through Startup or Acquisition," *Academy of Management Journal* 41 (1998): 7–26.

34 Hayward, "When Do Firms Learn from Their Acquisition Experience?"

35 N. Zieminski, "Tyco Shareholders Approve Three-Way Break-Up," Reuters, September 17, 2012.

36 For a review of the evidence and some contrary empirical evidence, see D. E. Hatfield, J. P. Liebskind, and T. C. Opler, "The Effects of Corporate Restructuring on Aggregate Industry Specialization," *Strategic Management Journal* 17 (1996): 55–72.

37 A. Lamont and C. Polk, "The Diversification Discount: Cash Flows Versus Returns," *Journal of Finance* 56 (October 2001): 1693–1721; and R. Raju, H. Servaes, and L. Zingales, "The Cost of Diversity: The Diversification Discount and Inefficient Investment," *Journal of Finance* 55 (2000): 35–80.

38 For example, see Schleifer and Vishny, "Takeovers in the '60s and '80s."

11

기업성과, 지배구조, 경영윤리

학습 목표

이 장의 학습 목표는 다음과 같다.

- 이해관계자 관리와 기업 성과 간 관계를 이해한다.
- 많은 기업들에서 왜 주주의 이익을 극대화하는 것이 탁월한 목표로 간주되는가를 설명한다.
- 주주들과 경영자들의 이해 관계를 일치시키는 데 활용되는 다양한 지배구조 메커니즘들을 기술한다.
- 이런 지배구조 메커니즘들이 왜 언제나 의도한 대로 작동하지 않는지를 설명한다.
- 회사에서 발생하는 주요한 윤리적 이슈들과 비윤리적 행동의 원인들을 파악한다.
- 조직의 윤리적 분위기를 향상시키고 사업 의사결정이 훌륭한 윤리적 원칙들을 위반하지 않도록 하는 것을 보장하기 위하여 경영자들이 할 수 있는 것을 파악한다.

첫머리 사례 *Opening Case*

Imaginechina/Corbis

에이치피사의 재앙에 가까운 오토노미사 인수

2011년 에이치피(HP)사는 동시에 벌어진 많은 활동들로 인해서 혼란스러웠다. 먼저 태

블릿컴퓨터(tablet computer) 부문을 포기했고, 더불어 연간 400억 달러에 달하는 PC 사업에서 빠져나올 것인가에 대한 의사결정을 놓고 고심하고 있었다. 또한 신임 최고경영자(CEO)로 전 독일 소프트웨어 회사인 SAPAG를 이끌던 레오 아포데커(Leo Apotheker)를 임명했는데, 그는 에이치피사를 하드웨어 제조회사에서 고속 성장하는 소프트웨어 회사가 되도록 변화시킬 수 있는 중요한 인수(takeovr)를 달성하려는 목적을 지니고 있었다. 에이치피사는 또한 오라클사(Oracle)의 전 사장이자 소프트웨어 전문가인 레이 레인(Ray Lane)을 이사회의 새로운 회장으로 임명했다.

레오 아포데커는 두 개의 중견 소프트웨어 회사들을 매입하는 것을 제안했으나 모두 실패했다. 한 회사는 이사회의 재정 위원회에 의해서 거부당했고, 다른 한 회사는 협상 과정에서 너무 비싼 가격으로 인해서 실패하였다. 이러한 거듭된 좌절 기간 동안, 아포데커는 레인에게 "우리에게는 소프트웨어 회사가 부족해요"라고 불평했다.

2011년 여름에 이르러, 아포데커는 텍스트 파일, 비디오 파일, 그리고 기타 문서들에서 연관된 정보들을 찾아주는 소프트웨어를 개발한 영국 기업인 오토노미(Autonomy)사의 인수를 고려할 것을 제안하였고, 레인은 이러한 아포데커의 생각을 전폭적으로 지지하였다. 아포데커가 2011년 7월에 이사회 멤버들에게 오토노미사의 인수와 관련한 제안서를 제출했을 때, 이사회 멤버 중 절반은 PC사업에서의 퇴출여부에 대한 의사결정을 분석하느라 이미 분주했기 때문에 이사회 멤버 중 단지 절반만이 인수 제안서를 평가하였다. 이사회는 인수 가격으로 오토노미사의 시장가격에 50%의 프리미엄을 붙인 가격을 승인하기로 결정하였는데, 오토노미사의 시장가격은 이미 회사의 영업 이익(operating profit)보다 약 15배나 높은 것이었다. 2011년 8월 18일, 에이치피사는 오토노미사의 인수를 발표하였고, 같은 날 태블릿컴퓨터 사업의 포기와 PC산업에서의 철수에 대한 고려 역시 발표하였다. 오토노미사의 인수 가격은 약 110억 달러로 오토노미사 2010년 수익의 12.6배였다. 특히, 오라클(Oracle)사는 이미 오토노미사의 인수를 고려했으나 심지어 오토노미사가 제시한 가격을 액면가 그대로 수용한다 하더라도, 60억 달러에 회사를 살만한 가치는 없다고 결정하였었다. 에이치피사의 주식은 인수 발표 다음 날 20% 급락했다.

발표 이후, 에이치피사의 주식은 급락을 계속했고, 주주들과 투자가들에게서 반발이 강력하게 나타났다. 레이 레인은 에이치피사의 변호사들에게 인수 계약의 파기를 할 수 있는지 검토를 요청했는데, 영국의 계약 파기규정에 의하면 계약 파기는 오로지 오토노미사가 회계부정에 연루된 경우에만 가능하다는 답변을 받았다. 에이치피사는 계약을 파기할 방법을 바라며, 미친 듯이 오토노미사의 재무제표들을 검토하기 시작했다. 에이치피사의 대주주들과 다른 임원들로부터 맹렬한 불만 제기 속에서, 에이치피사는 임기를 시작한지 11개월만이며 인수를 발표한 후 채 한 달이 지나지 않은 2011년 9월 22일에 레오 아포데커를 해고하였다.

2012년 5월까지 오토노미사는 수익 목표에 미치지 못했고, 오토노미사의 창립자이자 인수 이후에도 계속 기업을 경영해 온 마이클 린치(Michael Lynch)는 해고되었다. 에이치피사는 인수 금액 중 88억 달러를 평가절하(상각: write-down)하였고, 오토노미사

가 지불 가격의 79%만큼도 안 되는 가치가 있을 뿐이라는 것이라는 것을 인정하였다. 다음으로 고소가 본격으로 시작되었다.

에이치피사는 평가절하(상각)의 50억 달러 이상의 책임은 "투자자들과 잠재적인 고객들을 호도하기 위하여 회사의 하부 재무매트릭스를 과대 포장한 오토노미사의 종업원들 절반의 자발적인 노력들로 인한 것이다. 이런 거짓 포장들과 사실 확인의 부족은 계약 시점에서 오토노미사의 가치를 공정하게 평가하는 데 필요한 관리능력을 심각하게 훼손했다."고 주장하였다.

마이클 린치는 이런 혐의들을 부인하면서, 오토노미사에서 범죄 행위가 없었던 것으로 알고 있고, 딜로이트(Deloitte)사로부터 받은 감사를 통해 재무제표들에 대하여 승인받았으며, 기업이 미국과는 다소 다른 방식인 영국의 회계기준을 따랐다고 주장하였다. 린치는 또한 에이치피사를 인수 과정에서의 관리부실로 고소하면서 "에이치피사가 진정으로 50억 달러의 평가절하 금액 중 일부도 인수 이후 오토노미사의 운영 및 재무측면에서 에이치피사의 관리부실에 책임이 없다고 말할 수 있는가? 왜 에이치피사의 임원진은 오토노미사와 관련된 실제 사건의 가능성에 대해 주주들에게 알리는 것을 분명히 6개월 미루었는가?"라고 하였다.

많은 주주들과 분석가들은 또한 계약이 놀라울 정도로 지나친 가격으로 이루어진 것에 대해서 에이치피사를 비난하였다. 번스타인(Bernstein)사의 분석가인 토니 사코나기(Tony Sacconaghi)는 "우리는 오토노미사를 구매하는 결정을 가치파괴로 간주하였다"라고 제시하였고, 니드햄 앤 컴퍼니(Needham & Company)사의 분석가인 리차드 쿠겔(Richard Kugele)은 "에이치피사는 회사에 대한 월스트리스트의 신뢰를 지속적으로 훼손해 왔다", 그리고 "오토노미사의 지극히 값비싼 인수까지도…"라고 언급하였다.

아포데커는 이런 비난에 다음과 같이 응답하였다. "우리는 에이치피사 내부에서 다른 모든 인수 과정에서 거쳤던 상당히 엄격한 절차를 그대로 진행하였다. 그리고 그것은 D.C.F 기반 모델이다. 우리는 오랜 기간동안 분석하였고, 아주 상세하게 분석하였으며, 우

리가 오토노미사에 대하여 매우 공정한 가격을 지불했다고 생각했다." 그러나 레이 레인이 질의했을 때, 아포데커는 인수 과정에서 벌어질 현금흐름 분석에 대해서는 잘 모르는 것처럼 보였다. 아포데커는 대신 오토노미사가 독특하고, 에이치피사의 전략적인 비전에 있어서 중요하기 때문에 인수가격이 공정한 것으로 믿는다고 주장하였다.

포춘지(Fortune)의 기사에 따르면, 에이치피사의 재무담당임원인 캐서린 레스약(Catherine A. Lesjak)은 인수 계약이 발표되기 전에 계약에 반대한다는 의사를 피력하였는데, 인수 계약이 주주에게 있어서 최선의 이익이 된다고 볼 수 없으므로 에이치피사가 수용하면 안 된다고 주장하였다. 뿐만 아니라, 오토노미사의 사외 감사들은 에이치피사에게 오토노미사의 한 임원이 부적절한 회계 처리 혐의를 받고 있다는 것을 분명하게 알렸으나, 평가에서는 이런 혐의에 대하여 근거가 없다고 간주했고, 이런 혐의가 있다는 소식을 에이치피사의 이사회나 최고경영자에게 전혀 전달하지 않았다.

2012년 3사분기에 이르러, 에이치피사는 69억 달러의 손실을 기록했는데, 이러한 손실의 대부분은 오토노미사 인수라는 실수에서 기인한 것이었다. 에이치피사의 주식은 13달러에 거래되어 오토노미사 인수가 발표되기 전 주가보다 거의 60%나 낮은 가격에 거래되었다. 2013년 4월 4일, 레이 레인은 이사회 회장 자리에서 내려왔다(이사회 멤버로는 남았다).

이 사례에서 오토노미사가 고의적으로 자신들의 재무매트릭스를 과장했는가? 아포데커와 레인의 "변혁적인 인수"에 대한 열망이 오토노미사의 가치에 대하여 부주의하게 만들었는가? 또는 오토노미사의 가치는 통합의 실패라기보다는 평범한 원인에 기인하여 사라졌는가? 재정법 조사자들은 이런 질문들에 대한 답을 찾기 위해 여전히 애쓰고 있다. 그러나 근본적인 원인과 관련 없이, 토니 사코나기는 에이치피사의 오토노미사 인수는 "미국 기업 역사상 가장 최악이며, 가장 가치파괴적인 계약으로 남게 될 것이다"라고 주장하였다.

자료: J. Bandler, "HP Should Have Listened to Its CFO," *Fortune*, November 20, 2012; J. B. Stewart, "From HP, a Blunder That Seems to Beat All," *New York Times*, November 30, 2012; M. G. De La Merced, "Autonomy's Ex-Chief Calls on HP to Defend Its Claims," *New York Times Dealbook*, November 27, 2012; and B. Worthen and J. Scheck, "Inside H-P's Missed Chance to Avoid a Disastrous Deal," *Wall Street Journal*, January 21, 2013, pp. A1–A16.

개관

앞머리 사례에서 다룬 에이치피사의 오토노미사 인수에 대한 사례는 우리가 이번 장에서 다룰 이슈를 잘 나타내고 있다. 에이치피사는 주주에 대한 주의와 고려보다는 열광주의에 의해서 몰려가듯이 인수 과정에 임하였다. 많은 주주들과 분석가들은 에이치피사가 오토노미사에 대해서 부주의하게 지나친 비용을 지불했으며, 결과적으로 수십억 달러의 손해를 본 것으로 믿고 있다고 나타난다. 에이치피사는 오토노미사가 재무제표들을 공정하게 제시하지 않고 의도적으로 에이치피사를 호도했다고 주장하면서 오토노미사를 비난했다. 오토노미사의 설립자는 에이치피사의 책임추궁에 대해서 부인하면서, 에이치피사의 인수 관리부실에 대해서 비난했다. 오토노미사 인수는 회사가 잘못된 의사결정을 할 수 있는 위험이 있을 때 진행되었다. 즉, 에이치피사에는 마침 대형의 변혁적인 인수를 통해 인상적인 성과를 창출할 기회를 찾고 있던 신임 최고경영자가 존재하였다. 또한 에이치피사에는 하드웨어보다 소프트웨어를 더 잘 이해하는 이사회의 신임 회장이 있었다. 그리고 태블릿 컴퓨터 및 잠재적으로 다른 PC사업을 포함한 회사의 하드웨어라인을 급격하게 감소시키는 의사결정 진행 과정이었다. 이러한 큰 실패에 대하여 법적으로 처벌받을 사람이 아무도 없다고 할지라도, 적어도 거래의 한쪽 당사자는(혹은 거래 당사자 모두) 비윤리적으로 행동한 것으로 보인다.

이번 장에서는 경영자들이 회사의 이익에 맞게 행동하고 주주가치를 극대화하는 전략을 추구하는 것을 보장하기 위하여 주주들이 실행하는 지배구조 메커니즘에 대해서 살펴본다. 또한 경영자들이 종업원, 공급자, 고객 같은 다른 이해관계자들에게도 관심을 갖는 것이 얼마나 필요한지에 대하여 논의한다. 다양한 이해관계자들의 요구를 균형 있게 다루는 것은 회사의 소유자인 주주들의 장기적인 이해 관계의 일환이다. 좋은 지배구조 메커니즘은 이 진실을 파악하게 해준다. 추가적으로, 이 장에서 전략적 의사결정의 윤리적인 함의점을 고찰할 것이고, 경영자들이 전략적 의사결정이 강력한 윤리적인 원칙 하에 수립된 것을 어떻게 확신할 수 있는지 논의할 것이다.

이해관계자와 기업성과

회사의 이해관계자(stakeholders)들은 회사, 회사가 수행한 것, 회사가 수행한 성과에 있어서 이해 관계, 요구사항, 지분을 지닌 개인 및 집단들을 말한다.[1] 이해관계자에는 주주, 채권자, 종업원, 고객, 회사가 사업 활동을 하는 지역사회 등과 일반 대중 등이 속한다. 이해관계자들은 크게 내부 이해관계자들과 외부 이해관계자들 등 두 개의 집단으로 나눌 수 있다[그림 11.1]. 내부 이해관계자(Internal stakeholders)들은 주주와 최고경영진, 다른 관리자, 이사회 구성원을 포함한 종업원들로 구성된다. 외부 이해관계자들은 회사에 어떤 형태로든 요구사항들을 지닌, 내부 이해관계자를 제외한 다른 모든 개인 및 집단들을 의미한다. 일반적으로 외부 이해관계자(External stakeholders) 집단들은 고객, 공급자, 채권자(은행 및 채권소유자), 정부, 노동조합, 지역사회, 일반 대중 등으로 구성된다.

모든 이해관계자들은 회사와 교환 관계를 가지고 있다. [그림 11.1]에 제시된 이해관계자 집단 각각은 조직에 중요한 자원들(혹은 기여들)을 제공하고, 교환적으로 자신의 이해 관계가 만족되기를 기대한다(보상에 의해서).[2] 주주들은 회사에 위험부담자본(risk capital)을 제공하고 교환적으로 경영진이 자신들의 투자수익을 극대화하기 위해 노력할 것이라 기대한다. 채권자들도 회사에 부채의 형태로 자본을 제공하는 대신, 제 시간에 자본이 이자와 함께 회수될 것을 기대한다. 종업원들은 노동력을 제공하는 대신, 적절한 소

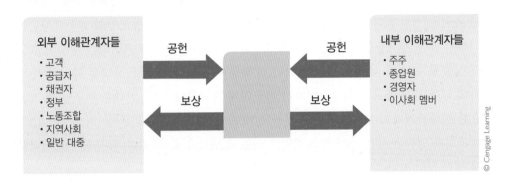

그림 11.1 이해관계자들과 기업

득, 직무만족, 고용보장, 좋은 업무환경 등을 기대한다. 고객들은 회사에 매출을 제공하는 대신, 지불한 돈의 가치에 적합한 고품질의 신뢰할 만한 제품을 원한다. 공급자들은 회사에 투입물을 제공하는 대신, 매출액과 의존할 만한 구매자를 원한다. 정부는 사업 관행들에 영향을 미치고 공정한 경쟁을 유지시키는 규칙과 규정들을 회사에 제공하고, 이런 규칙과 규정들을 회사들이 준수하기를 기대한다. 노동조합은 회사에 생산성 높은 종업원들을 제공하는 것을 돕는 대신, 회사에 공헌한 것에 비례하여 노조원들에게 혜택이 돌아가기를 원한다. 지역사회는 회사에게 지역의 기간 시설을 제공하는 대신, 지역주민들에게 책임을 다하는 회사를 원한다. 일반 대중들은 회사에 국가 기간 시설을 제공하는 대신, 회사가 존재함으로써 삶의 질이 향상될 것이라는 확신을 주기를 원한다.

　회사는 전략을 형성할 때, 이런 이해관례자들의 요구사항들을 고려해야만 한다. 그렇지 않으면, 이해관계자들이 회사에 제공하는 자신들의 지원을 철회할지도 모른다. 예를 들어, 주주들은 자신들이 보유한 회사의 주식을 팔 것이고, 채권자들은 새로운 채권에 대하여 더 높은 이익률을 요구할 것이며, 종업원들은 회사를 그만둘 것이고, 고객들은 다른 곳에서 구매할 것이다. 공급자들은 좀 더 신뢰할 만한 구매자를 찾을 것이고, 노동조합은 파괴적인 노동 분쟁을 일으킬 것이다. 정부는 회사에 대하여 소송을 제기하고, 최고경영자에게 벌금을 부가하거나 감옥에 보낼지도 모른다. 지역사회는 지역에 회사의 설비가 위치하는 것에 대하여 반대할 것이고, 일반 대중은 압력집단을 형성하고, 삶의 질을 훼손하는 회사에 반대하는 행동을 할 것이다. 이런 이해관계자들의 반응 중 어떤 것이라도 기업에게는 피해를 주는 것이 될 수 있다.

이해관계자 영향분석(Stakeholder Impact Analysis)

회사는 언제나 모든 이해관계자들의 요구사항들을 만족시킬 수는 없다. 다양한 집단들의 목적들은 상충될 수도 있고, 현실적으로 모든 이해관계자들을 만족시킬 만한 자원을 가진 조직은 거의 없다.[3] 예를 들어, 더 높은 임금을 요구하는 노동조합의 요구사항들은 합리적인 제품 가격을 요구하는 고객의 요구들 및 적절한 수익을 요구하는 주주의 요구들과 상충될 수 있다. 따라서 종종 회사는 선택을 해야 한다. 어려운 선택을 하기 위하여, 회사에 있어 가장 중요한 이해관계자가 누구인지 파악해야 하고, 전략을 추구할 때 가장 중요한 이해관계자의 요구들을 만족시키는 데 가장 높은 우선순위를 둘 필요성이 있다. 이해관계자 영향 분석은 우선 순위 파악을 하는데 도움을 줄 수 있다. 통상적으로 이해관계자 영향 분석은 다음의 단계들을 따른다.

1. 이해관계자들 파악하기
2. 이해관계자들의 이익 및 관심사 파악하기
3. 결과적으로 이해관계자들이 조직에 요구할 가능성이 높은 요청사항이 무엇인지 파악하기
4. 조직의 관점에서 볼 때 가장 중요한 이해관계자들이 누구인지 파악하기
5. 결과적인 전략적 도전들 파악하기[4]

이런 분석은 회사의 생존에 있어서 가장 중요한 이해관계자들이 누구인지 파악하게 해주고, 그런 이해관계자들의 요구에 대한 만족이 가장 중요하다는 것을 확신하게 해준다. 이 분석 과정을 빠르게 진행한 대부분의 회사들은, 생존하고 번영하기 위해서는 다음 세 집단의 이해관계자들이 다른 이해관계자들보다 우선적으로 만족되어야 한다는 결론에 도달하게 된다. 고객들, 종업원들, 주주들이 그 집단이다.

주주들의 독특한 역할

회사의 주주들은 일상적으로 다른 이해관계자 집단들과는 다른 계층에 위치한다. 주주들은 법적으로 회사의 소유주들이고, 위험부담자본(risk capital)의 제공자들이며, 회사가 사업 활동을 하도록 만들어주는 자본금의 주요한 원천이다. 주주가 회사에 제공하는 자본금은 적정 이익을 받거나 심지어 투자금을 되돌려 받는다는 보장도 없기 때문에 위험부담자본으로 간주된다.

> **위험부담자본**
> 회사가 실패하고 파산하면 회될 수 없는 자본

최근의 역사는 위험부담자본의 본질을 너무나 명백히 입증하고 있다. 예를 들어, 시애틀(Seattle)에 위치한 대형은행이자 주택자금 대여회사인 워싱턴 뮤츄얼(Washington Mutual)사의 주식을 구매한 많은 투자가들은 낮은 위험이 있는 투자를 선택한 것으로 믿

었다. 워싱턴 뮤츄얼사는 몇십 년 동안 발전해 왔고, 확실한 배당을 제공했으며, 매년 배당금이 오르기까지 했다. 또한 워싱턴 뮤츄얼사는 대규모의 지점망을 가지고 있었고, 보증금으로 수십억 달러를 보유하고 있었다. 그러나 2000년대 동안 워싱턴 뮤츄얼사는 또한 위험이 높은 담보대출을 늘려 왔으며, 제시간에 대여금을 상환할지에 대한 적절한 확인 없이 사람들에게 담보대출을 반복적으로 제공했다. 2008년까지 많은 대여자들이 대여금을 미상환하기 시작했고, 워싱턴 뮤츄얼은 대여금 포트폴리오의 가치에서 수십억 달러의 평가절하(write-down)를 겪었으며, 이러한 부분은 한때 강력했던 회사의 대차대조표를 효과적으로 망가뜨리기에 충분했다. 워싱턴 뮤츄얼의 손실은 은행에 예금했던 사람들이 안정성을 걱정할 정도로 매우 컸고, 2008년 11월에 거의 16억 달러에 이르는 예금이탈이 생겨났다. 워싱턴 뮤츄얼의 주식 가격은 2008년 연초 약 40달러에 이르던 것이 2달러 아래까지 급락했고, 은행은 붕괴 직전까지 비틀거렸으며, 연방정부가 개입하여 은행의 자산을 압류하고 제이피 모건(Jp Morgan)사에 매각을 의뢰하였다. 워싱턴 뮤츄얼사의 주주들은 무엇을 얻었는가? 아무것도 없었다. 그들은 완전히 지워졌다.

과거 몇십 년 동안 주주 이익을 극대화하는 것은 종업원이 종업원지주 제도(ESOP)를 통하여 회사의 주주가 되어 온 많은 사례만큼 큰 중요성을 지녀왔다. 예를 들어, 월마트에서는 1년 이상 근무한 모든 종업원들이 종업원지주제를 활용할 자격을 갖는다. 종업원지주 제도에서는 종업원들에게 회사의 주식을 구입할 수 있는 기회가 주어지고, 때로는 주식의 시장가치보다 낮은 금액으로 할인하여 살 수 있는 기회가 제공된다. 회사는 또한 종업원 지주제의 구입 가격의 일부 %를 지원할 수도 있다. 종업원들을 주주들로 만듦으로서, 종업원지주제는 이전부터 강조해 오던 주주가치 극대화라는 명제를 더욱 강화시키는 효과가 있다. 즉, 주주와 종업원이라는 두 개의 핵심 이해관계자 집단들을 동시에 만족시키는 것을 돕는 것이다.

수익성, 이익성장, 이해관계자들의 요구사항들

주주에게 배당된 독특한 지위 때문에, 경영자들은 규범적으로 회사의 주식을 소유한 주주들의 수익을 극대화하는 전략을 추구한다. 1장에서 다룬 것처럼, 주주들은 회사의 주식을 통하여 두 가지 방식, 즉 배당금과 주식의 시장가치에서 자본금의 상승(즉, 주식 가격 상승)이라는 투자수익을 받는다. 경영자들이 미래 배당금에 대한 자금을 창출하고, 주식 가격상승을 유지하는 최선의 방법은 회사의 장기적인 수익성을 극대화하는 전략을 추구하여(투하자본수익률로 측정될 수 있음), 계속 회사의 이익을 성장시키는 것이다.[5]

3장에서 살펴본 것처럼, 투하자본수익률(ROIC)은 회사 수익성의 훌륭한 측정치이다. 투하자본수익률은 경영자들이 이익을 창출하기 위하여 회사의 자본금(주주들에 의해서 제공된 위험자본을 포함하여)을 얼마나 효율적으로 활용하는가와 관련되는 것이다. 양의 방향으로 투하자본수익률을 창출하는 회사는 지속적인 비용 모두를 부담하고도 돈이 남았으므로, 주주의 지분을 더하고, 이로 인해 회사의 가치와 궁극적으로 회사의 주식가치를 향상시킨다. 회사가 계속 이익을 성장시킬 수 있다면 모든 주식들에 귀속되는 이익(즉, 회사의 주당순이익)이 증가할 것이기 때문에, 주식당 가치는 증가할 것이다. 본서에서 살펴본 것처럼, 이익을 성장시키기 위하여 회사들은 다음 사항 중 하나 혹은 그 이상을 수행해야만 한다. a) 성장하고 있는 시장에 진출하는 것, b) 경쟁자들에게서 시장 점유율을 뺏어오는 것, c) 수평적인 통합을 통하여 산업을 독점하는 것, d) 국제적인 확장, 수직적 통합, 또는 다각화 등을 통하여 새로운 시장을 개발하는 것 등이다.

경영자들이 주주가치를 극대화하려 한다면 이익성장을 위해 노력해야 한다할지라도, 미래의 이익성장을 달성하려면 현재의 수익률을 감소시키는 일정한 투자를 요구할 수 있다는 점에서 수익성과 이익성장 간 관계는 복잡하다. 경영자들의 과업은 수익성과 이익성장 간 올바른 균형을 발견하는 것이다.[6] 미래의 수익성과 이익성장의 비용이 되는 현재의 수익성에 대한 지나친 강조는 주주들에게 있어 기업의 매력을 줄이는 결과를 초래한다. 반대로 이익성장에 대한 지나친 강조는 기업의 현재 수익성을 감소시키기 때문에, 마찬가지로 주주들에게 같은 효과를 나타낼 수 있다. 미래를 알 수 없는 불확실한 세계에서 수익성과 이익성장 간 정확한 균형을 파악하는 것은 예술이 과학이 되는 것만큼 어려운 것이다. 그러나 경영자들이 달성하기 위하여 노력해야만 하는 것이기도 하다.

주주에 대한 수익을 극대화하는 것에 덧붙여, 회사의 수익성과 이익성장률을 향상시키는 것은 또한 주주 이외의 여러 중요한 이해관계자들의 요구사항을 만족시키는 것과 일치한다. 회사가 수익성이 좋고 이익이 지속적으로 성장하고 있을 때, 생산성이 높은 종업원들에게 더 높은 연봉을 지급할 수 있고 건강 보험 적용 범위 같은 복리후생을 늘릴 수 있다. 이런 모든 것들은 종업원들을 만족시키는 것을 돕는다. 덧붙여 수익성과 이익성장에 있어서 높은 수준을 달성하고 있는 회사는 채권자들에게 제공하는 부채충당을 하는데 문제가 전혀 없다. 좀 더 수익성이 높은 회사들은 또한 사회복지에 대한 투자를 실행하기가 보다 쉽고, 이러한 투자는 회사가 위치한 지역사회 및 일반 대중의 요구사항 중 일부를 만족시킬 수 있다. 따라서 회사의 장기적인 수익성과 이익성장을 극대화하는 전략을 추구하는 것은 일반적으로 다양한 이해관계자 집단들의 요구사항을 만족시키는 것과 일치한다.

이해관계자 관리는 기업의 관행들이 단기적으로는 이해관계자들의 협력에, 장기적으로는 이해관계자들의 신뢰와 지식공유 문화의 형성에, 미래에는 이해관계자들의 이해관계를 만족시킬 수 있을 기업의 수익성 및 성장에 얼마나 영향을 미치는지 등에 대한 고려를 필요로 하다.[7] 예를 들어, 현재 시점에서 종업원들에게 필요 이상으로 과다한 임금을 지급하는 회사는 단기적으로는 매우 기쁜 종업원들을 보유할지도 모르지만, 그러한 활동은 회사의 비용구조에 문제를 일으키고, 시장에서의 경쟁우위를 달성하는 능력을 제약하게 된다. 그때문에, 회사의 장기적인 수익성을 침체시키고, 미래의 임금향상능력을 훼손하게 될 것이다. 종업원에 관한한 많은 회사들이 이러한 상황을 해결하는 방식은 미래 임금상승을 노동생산성의 향상과 연결시키는 것이다. 노동생산성이 향상되면 수익에서 인건비가 차지하는 비중이 낮아지고 수익성이 향상될 것이기 때문에, 회사는 종업원에게 좀 더 많은 임금을 지불할 수 있고 더 좋은 복리후생을 제공할 수 있다.

물론 모든 이해관계자 집단들이 회사의 장기적인 수익성과 이익성장을 극대화하는 것을 원하지는 않는다. 공급자의 경우에는 현재 수익성이 좋은 회사에 제품과 서비스를 판매하는 것을 보다 선호하는데, 판매한 제품과 서비스에 대한 대금 지급을 보장받을 수 있기 때문이다. 유사하게, 고객들은 제품 판매 이후 서비스 및 지원을 장기간 제공할 수 있기 때문에 현재의 수익성이 좋은 회사에서 제품을 구매하기를 선호한다. 그러나 공급자와 고객 모두 비용 측면에서 수익성을 극대화하는 회사를 원하지는 않는다. 오히려 공급자의 경우 제품 및 서비스의 더 높은 가격을 통하여 회사에서 이익의 일부를 가져오기를 바라며, 고객의 경우 회사에서 구매하는 제품의 더 낮은 가격을 통해 이익의 일부를 가져오기를 바란다. 그리하여 2장에서 논의한 현상처럼, 회사는 이해관계자들의 일부와 협상 관계에 위치하게 된다.

더욱이 장기적인 수익성과 이익성장을 극대화하는 것이 여러 핵심이해관계자 집단들의 요구사항을 만족시키는 최선의 방법이라는 주장에도 불구하고, 회사는 사회적인 기대에 일치하는 방식과 법에 의하여 제약된 환경하에서 수익성과 이익을 추구할 수밖에 없다. 이익의 자유로운 추구는 정부의 규제에 의하여 불법으로 규정되고, 중요한 공공기관들이 반대하는, 즉 비윤리적인 행동을 초래할 수 있다. 정부들은 독점방지법률, 환경법률, 작업장의 위생안전법률 등을 포함하여 사업 활동에 영향을 미치는 광범위한 규정을 제정하고 있다. 경영자들은 회사가 전략을 추구할 때 이러한 법률을 수용하고 있다는 것을 보장할 의무가 있다.

불행하게도 경영자들이 더 큰 수익성과 이익성장을 추구하면서 합법과 불법을 넘나들도록 유혹될 수 있다는 많은 증거들이 있다. 예를 들어, 2003년 중반에 미국 공군은 보잉(Boeing)사가 경쟁사인 록히드마틴(Lockhed Martin)사로부터 수천 장의 기밀 정보를 얻었다는 것이 밝혀졌을 때, 인공위성 개발 착수계약에서 보잉사로부터 10억 달러를 회수하였다. 보잉사는 인공위성 계약 입찰에서 이 기기 위하여 록히드마틴사의 정보를 사용하였다. 이런 사건은 보잉의 재무담당임원(CFO)인 마이크 씨어스(Mike Sears)가 보잉사가 공군의 공중급유기를 제작하는 170억 달러를 수주하는 계약을 평가하는 데 관여한 정부 관계자인 대런 드륜(Darleen Druyun)에게 높은 임금을 지급받는 보잉사의 일자리를 제공한 것이 폭로되었기 때문이었다. 보잉사는 에어버스(Airbus)사와의 극심한 경쟁을 뚫고 계약을 했고, 보잉사는 드륜을 고용했다. 드륜에 대한 보잉사의 스카우트 제의가 공군의 의사결정에 영향을 미쳤을 가능성이 존재하는 것은 명백했다. 보잉사는 폭로 이후 드륜과 재무담당임원을 해고하였고, 보잉사의 최고경영자인 필 콘디트(Phil Condit)는 그가 임기로 있는 동안 보잉사에서 발생한 윤리적 침해에 대하여 제대로 책임지지 못했다는 묵시적인 인정과 함께 사임했다.[8] 다른 사례로, 세계에서 가장 큰 농산물 제품 제조업체 중 하나인 아처 다니엘스 미들랜드(Archer Daniels Midland)사의 최고경영자는 세계 시장에서 다른 제조업체들과 공모하여 라이신(Lysine)의 가격을 체계적으로 조직하려 했다는 연방수사국(FBI)의 수사 이후 감옥에 투옥되었다. 가격조작(price-fixing)의 다른 예로 소더비(Sotheby) 경매하우스의 76세 회장은 징역형을 선고받았고, 전 최고경영자는 6년간 경쟁 경매하우스와 가격담합을 한 혐의로 체포당했다(다음의 [전략 실행 사례 11.1] 참조).

이런 예들은 왜 경영자들이 그러한 위험한 행동들을 하게 되는가 하는 궁금함을 갖게 만든다. 대리인이론(agency theory)으로 알려진 학문적인 이론은 왜 경영자들이 불법적이거나 적어도 회사 주주들의 이익과 맞지 않는 의사결정을 하는가에 대한 설명을 제공한다.

전략 실행 사례 11.1

소더비사와 크리스티사의 가격조작(price-fixing)

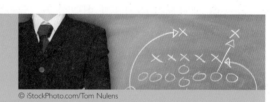

© iStockPhoto.com/Tom Nulens

소더비(Sotheby)사와 크리스티(Christie)사는 세계에서 가장 큰 순수미술 경매하우스 2곳이다. 1990년대 중반, 두 회사는 일 년에 약 40억 달러의 가치를 가진 순수미술 경매 시장 중 90%를 통제했다. 전통적으로 경매하우스들은 경매판매액에 부과하는 수수료로 이익을 창출한다. 좋았던 시절에는 어떤 경매품의 경우에는 수수료가 10%까지 높아졌었으나, 1990년대 초반에 경매사업은 미술품의 공급이 침체되면서 슬럼프에 빠졌다. 소더비사와 크리스티사가 속한 미술품 분야에서의 어려워진 상황에 따라서 미술품 판매자들은 경매를 할 때 두 개사를 경쟁시켰고, 판매수수료는 2%, 심지어 때로는 그 아래까지 떨어졌다.

이런 상황을 통제하기 위하여, 소더비사의 최고경영자인 데드 브룩스(Dede Brooks)는 크리스티사의 최고경영자인 크리스토퍼 다비지(Christopher Davidge)를 1993년에 시작한 자동차 주차장에서 개최되는 비밀스러운 만남에서 만났다. 브룩스는 소더비사의 회장이자 지배 주주인 알프레드 타우만(Alfred Tauman)의 대리인으로 왔다고 주장했다. 브룩스에 따르면 타우만은 크리스티사의 회장인 안소니 테넌트(Anthony Tennant)와 취약한 경매 시장에서 동반자로서 사업 활동을 하면서 가격경쟁을 제한하는 것에 동의하였다. 이런 만남에서 브룩스와 다비지는 고정되어 있고 협상 없는 수수료 구조를 형성하는 것에 동의하였다. 슬라이딩스케일 기법(sliding Scale)에 근거하여, 수수료 구조는 10만 달러 경매품에 대하여 10%부터 5백만 달러 경매품에 대하여 2%까지 설정하는 것으로 결정되었다. 실제로는 브룩스와 다비지는 두 회사 간의 가격경쟁을 없애서 결과적으로는 두 경매하우스가 좀 더 높은 이익을 보장받는 것에 동의하였다. 가격조작협정은 1993년에 시작되었고 연방조사관이 이런 관계를 밝혀내고 소더비사와 크리스티사에 벌금을 부과할 때까지 6년 동안 지속되었다.

이런 계약이 밝혀지자 변호사들은 소더비사와 크리스티사에 의해서 이익이 침해된 미술품판매자들을 대리하여 집단소송을 제기하였다. 궁극적으로 적어도 10만 명의 판매자들이 집단소송에 참가하였는데 경매하우스들은 이들에게 5억 1천 2백만 달러를 지급했다. 경매하우스들은 또한 가격조작에 대한 혐의로 기소되었고, 미국 독점금지위원회에 벌금으로 4천

5백만 달러를 납부했다. 핵심적인 책임자들 중 크리스티사의 회장은 영국 국적자였기에 미국에서 기소를 피할 수 있었다. 크리스티사의 최고경영자인 다비지는 검찰과 거래를 하였는데, 사면되는 조건으로 독점금지위원회에 회사의 부정을 입증할 수 있는 문서를 제출하였다. 브룩스도 연방조사관에 협력하였고 감옥에 가는 것은 면할 수 있었다(2002년 4월에 3년의 보호관찰기간 및 6개월의 연금조치, 1000 시간의 지역사회 봉사, 35만 달러의 벌금형을 선고받았다). 궁극적으로 모든 공모자들로부터 고립된 타우만만이 1년 징역형과 7백 50만 달러의 벌금형을 선고받았다.

자료: S. Tully, "A House Divided," *Fortune*, December 18, 2000, pp. 264–275; J. Chaffin, "Sotheby's Ex CEO Spared Jail Sentence," *Financial Times*, April 30, 2002, p. 10; and T. Thorncroft, "A Courtroom Battle of the Vanities," *Financial Times*, November 3, 2001, p. 3.

대리인이론

대리인이론(Agency Theory)은 한 사람이 다른 사람에게 의사결정권한을 위임할 때 사업관계에서 발생할 수 있는 문제들을 설명하는 것이다. 경영자들이 왜 언제나 이해관계자들의 최선의 이익에 따라 행동하지 않는지, 그리고 왜 경영자들이 때때로 비윤리적으로 혹은 불법적으로 행동하는지에 대한 이해방식을 제공한다.[9] 대리인이론은 애초에는 경영진과 주주 간의 관계를 설명하기 위하여 제시되었지만, 기본적인 원칙은 기업 내에서 경영진의 다양한 계층 간 관계뿐만 아니라 종업원 같은 다른 핵심적인 이해관계자들과의 관계를 설명하는데도 확장되어 왔다.[10] 이 절에서의 관심의 초점이 경영진과 주주 간의 관계에 있다 하더라도, 같은 설명이 부분적으로 다른 이해관계자들과 최고경영진, 최고경영진과 낮은 계층의 관리자들 간 관계에 적용될 수 있다.

주인-대리인관계들(Principal-Agent Relationships)

대리인이론의 기본적인 전제는 비교적 간단하다. 첫째, 대리인관계는 한 당사자가 의사결정권한, 혹은 자원에 대한 통제권을 다른 당사자에게 위임할 때마다 발생한다. 주인(principal)은 권한을 위임하는 사람이고, 대리인(agent)은 권한이 위임되는 사람이다. 주주들과 경영진 간 관계는 대리인관계의 고전적인 사례이다. 주인인 주주들은 위험부담자본을 회사에 제공하고, 주주들의 최선의 이익과 일치하도록 자본을 활용하리라 기대되는 대리인으로서의 경영진, 특히 최고경영자에게 자본의 통제권을 위임한다. 우리가

앞서 살펴본 것처럼, 이것은 회사의 장기적인 수익성과 이익성장률을 극대화하기 위하여 위험부담자본을 활용하는 것을 의미한다.

대리인관계는 회사 내에서 위계 아래로 연속적으로 이루어진다. 예를 들어, 대기업이고 복잡하면서 다양한 사업체를 지닌 회사에서 최고경영자들은 중요한 의사결정 모두를 수행할 수는 없다. 따라서 최고경영진들은 사업단위 혹은 부문관리자들에게 일부의 의사결정권한 및 자본통제권을 위임한다. 그리하여, 최고경영자와 같은 최고위층 경영진들이 주주들의 대리인인 것처럼, 사업단위 관리자들은 최고경영자의 대리인이 된다(이 상황에서는 최고경영자가 주인이 된다). 최고경영자는 사업단위 관리자들에게 사업단위의 성과를 극대화하기 위하여 가장 효과적인 방법으로 자원을 통제하여 활용하도록 위임한다. 이러한 위임은 최고경영자가 회사 전체의 성과를 극대화하는 데 집중하는 것을 돕는다. 일반적으로, 경영자들이 위계상 하위 관리자들에게 권한을 위임하고 자원을 통제하는 권리를 줄 때마다 대리인관계가 설정된다.

대리인문제(The Agency Problem)

대리인관계가 종종 잘 작동된다 할지라도, 대리인과 주인이 다른 목적을 갖고 있다면, 그리고 대리인이 주인의 최선의 이익이 아닌 방식으로 행동한다면 문제가 발생한다. 대리인은 주인과 대리인 간 정보비대칭성(information asymmetry)이 발생하기 때문에 이렇게 행동할지도 모른다: 대리인은 거의 언제나 주주보다 관리하고 있는 자원들에 대한 좀 더 많은 정보를 가지고 있다. 비양심적인 대리인들은 주인들을 호도하고 주인의 비용으로 자신들의 이익을 극대화하는 데 정보비대칭성의 우위를 활용할 수 있다.

주주들의 경우에 정보비대칭성은 주주들이 회사 내에서 지위상 회사의 운영에 대하여 주주들보다 훨씬 더 많이 알고 있을 가능성이 높은 최고경영자에게 의사결정권한을 위임하기 때문에 발생한다. 사실 어떤 정보의 경우에는 경쟁자를 도울 수 있기 때문에 최고경영자가 주주와 공유하기를 또한 꺼릴 수도 있다. 그러한 사례에서 주주에게 어떤 정보를 숨기는 것이 모두의 최선의 이익이 될 수도 있다. 좀 더 일반적으로 회사의 일상적인 경영을 담당하는 최고경영자는 주주보다 정보우위를 가질 수 있어야 한다. 이것은 또한 하위 관리자들이 자신들의 통제하에 있는 자원과 관련해서는 최고경영자보다 정보우위를 가질 수 있는 것과 같다.

주인과 대리인 간 정보비대칭성은 무조건 나쁜 건 아니다. 그러나 이런 정보비대칭성은 대리인이 얼마나 잘 수행하고 있는지 측정하는 것을 어렵게 만들어서, 대리인들이 위임된 자원을 얼마나 잘 활용할 것인가에 대하여 책임을 지는 것을 어렵게 만들 수 있다. 주인과 대리인 간 관계에서 본질적으로 존재하는 일정한 성과모호성이 있다: 주인들은 대리인들이 자신에게 있어서 최선의 이익에 맞게 행동할지 확신할 수 없다. 주인들은 대리인들이 부여된 자원을 가능한 효과적이고 효율적으로 활용할지 확신할 수 없다. 이런 모호성은 대리인이 주인과 다른 시점의 결과물을 산출하는 행동들에 몰두한다는 사실에 의해서 더욱 커지게 된다. 예를 들어, 연구 및 개발에 투자하는 것은 현재의 이익을 낮출 수 있지만, 미래에 기업의 수익성을 보장하는 것을 돕게 된다. 오로지 곧바로 산출되는 성과결과물만을 보상하는 주인들은 대리인의 입장에서는 근시안적인 행동을 할 유인을 준다. 그러므로 주주들은 올바른 것을 하고 있는 대리인을 신뢰해야만 한다.

물론 이러한 신뢰가 맹목적인 것은 아니다. 주인들은 대리인들을 감시하고, 성과를 평가하며, 필요하면 강제적인 행동을 가할 목적으로 다양한 메커니즘을 둔다. 곧 살펴볼 것처럼, 이사회는 그러한 메커니즘의 하나이다. 부분적으로 이사들은 주주를 대신하여 경영진을 감시하고 평가하기 위하여 존재한다. 독일에서 공동의사결정법률(codetermination law)은 2,000명이 넘는 종업원들을 고용하고 있는 기업들에서는 종업원들의 이익을 대표하는 이사회 구성원이 있어야 한다고 강제하고 있다. 실제로 기업의 감독위원회(supervisory board) 구성원들의 절반 이하는 근로자들을 대표해야 한다. 다른 메커니즘들도 유사한 목적을 수행한다. 미국에서 공기업들은 공인회계기준(GAAP)에 따라서 증권거래위원회(SEC)에 상세한 재무제표들을 일상적으로 기록하여 제출해야 한다. 이러한 필수요구사항들은 주주들이 맡긴 자본을 활용하여 얼마나 잘 경영하고 있는지에 대한 일관성 있고 상세한 정보를 제공하기 위하여 존재한다. 유사하게 회사의 내부통제시스템은 하급자들이 가능한 효과적이고 효율적으로 위임된 자원들을 활용하는 것을 최고경영자가 보장하는 것을 돕는다.

지배구조 메커니즘들과 종합적인 측정항목들, 통제시스템들의 존재에도 불구하고, 주인과 대리인 간 정보비대칭성의 일부분은 언제나 남게 마련이고, 그러므로 주인과 대리인 간 관계와 연관된 신뢰의 요소들이 존재한다. 불행하게도 모든 대리인들이 신뢰를 줄 만한 가치가 있지는 않다. 소수의 대리인들은 개인적인 이익을 위하여 고의적으로 주인들을 호도할 것이고, 때로는 비윤리적이거나 법을 어기는 행동을 할 것이다. 주인과 대리인의 이해 관계는 언제나 같지는 않다: 이해 관계는 분리되며, 일부 대리인들은 주인들이 결코 용서할 수 없는 행동을 하거나 주인의 비용으로 자신의 이익을 극대화하기 위하여 정보비대칭성의 이익을 취한다.

예를 들어, 일부 학자들은 많은 다른 사람들처럼 경영자들이 지위, 권력, 고용 안정, 수입에 대한 욕구로 동기부여 된다고 주장해 왔다.[11] 회사 내부적인 직위의 특징으로 인해서 최고경영자 등의 일부 경영자들은 주주들에게 지급할 이자 비용에서 자신들의 욕구들을 만족시키기 위하여 기업기금에 대한 권한과 통제권을 활용할 수 있다. 최고경영자는 주주 이익을 향상시키는 형태로 기금을 투자하기 보다는 자신의 직위를 활용하여 자신의 지위를 강화하는 다양한 겉멋스러움(전용 제트기, 호화스러운 사무실, 이국적인 곳으로의 비싼 여행 등)에 기금을 투자할지도 모른다. 경제학자들은 그러한 행동을 직업적 소비(on-the-job consumption)라고 정의하였다.[12]

직업적 소비에 몰두하는 것과는 별개로 다른 책임 경영자들과 함께 최고경영자들은 자신들의 영향력과 이사회에 대한 통제력을 활용하여 이사회의 보상위원회가 자신의 임금을 상승시키도록 설득함으로써 좀 더 큰 수입에 대한 욕구를 만족시킬지도 모른다. 미국 산업의 비평가들은 현재의 지나치게 높은 임금은 고질적인 문제가 되고 있고, 경영자들은 주주들과 다른 종업원들의 희생을 바탕으로 자신들을 부유하게 하고 있다고 주장하였다. 비평가들은 최고경영자의 임금이 평균적인 근로자들의 임금보다 훨씬 더 빠르게 증가하고 있는 중인데, 이러한 이유는 최고경영자가 성장하고 있는 주식 시장에서 막대한 임금보너스를 받아갈 수 있고, 심지어 회사가 시장과 경쟁자보다 낮은 성과를 냈다 할지라도 보너스를 받아갈 수 있는 매우 관대한 스톡옵션(stock option)의 부여 때문이라고 제시하였다.[13] 1980년대에 미국 500대기업의 최고경영자들에 대한 비즈니스위크(Business Week) 조사에서 평균적인 최고경영자는 평균적인 생산직 근로자의 임금보다 42배를 받는다고 제시되었다. 1990년대에는 이러한 상황이 85배까지 상승하였고, 2012년에 미국의 전국노동조합연맹인 AFL-CIO의 경영진 임금 조사 데이터베이스에 따르면 미국의 최고경영자들은 평균 근로자들의 임금보다 354배를 버는 것으로 나타났다.[14]

비평가들이 특히 문제가 있다고 제시하는 것은 일부 최고경영자 임금 꾸러미 규모 및 회사 성과와의 관련성 결핍이다.[15] 2010년에 그레이프 크리스탈(Graef Crystal)사에 의하여 수행된 연구에서는 최고경영자의 임금과 성과 간의 관계를 평가하여 실질적으로 관련성이 없다고 결론지었다. 예를 들어, 최고경영자들이 주주 이익에 따라 임금을 받는다면 2009년에 놀라운 4천 3백 2십만 달러를 받은 씨비에스(CBS)사의 최고경영자인 레슬리 문베스(Leslie Moonves)는 크리스탈사 연구에 따르게 되면 2천 8백만 달러는 삭감되었어야 한다.[16] 비평가들은 많은 최고경영자들에게 지급되는 임금 규모가 그들이 성취한 성과에 비해 부적절하다고 느끼는데, 이것이야말로 대리인문제의 확실한 예를 나타내는 것이라고 할 수 있다. 그러나 주주의 압력에 대응하여, 최근 들어 여러 회사들에서는 최고경영자의 임금을 성과에 좀 더 가깝게 연동하는 보상 제도들을 도입하고 있다. 예를 들어, 에어 프로덕트 앤 케미컬(Air Products & Chemicals)에서는 2012년 목표인 주당순이익 9% 상승을 달성하지 못하였을 때, 최고경영자인 존 맥글레이드(John McGlade)의 경우 본인의 연간보너스에서 65%가 삭감된 임금을 지급받았다. 존의 주식 부여(stock grant) 및 스톡옵션 역시 줄어들었고, 그의 전체 직접 보상금은 19%가 삭감되어 9백 십만 달러까지 줄어들었다.[17] 다른 고려사항은 최고경영자가 자신의 지위, 안정성, 권력, 수입을 만족시키려고 할 때, 제국건설에 몰두할지도 모른다는 것이다. 즉, 다각화를 통하여 회사의 규모를 증가시키려는 시도로써 많은 새로운 사업체를 구입할지도 모른다는 것이다.[18] 그러한 성장은 회사의 장기적인 수익성을 감소시켜서 주주의 이익을 줄이지만, 최고경영자의 지위, 권력, 안정성, 수입을 확장함으로써 최고경영자의 통제하의 제국 규모를 증가시킨다(회사 규모와 최고경영자 임금 간 강력한 상관 관계가 있다). 수익성과 이익성장 간 올바른 균형을 설정함으로써 주주 이익을 극대화하려는 시도 대신에, 어떤 경영자들은 새로운 사업체를 구입함으로써 좀 더 큰 회사로의 성장과 장기적인 수익성을 거래할지도 모른다. 예를 들어, 1970년대 중반에 물 재활용 및 쓰레기 관리 회사인 Compagnie Generale des Eaux사는 프랑스의 지방자치단체에서 거의 독점으로 운영하고 있었는데, 주주를 위한 강력하고 안정적인 현금흐름을 창출하고 있었다. 그러나 1980년대와 1990년대에 최고경영자인 가이 데주앙(Guy DeJouany)과 승계자인 장 마리 메시앙(Jean-Marie Messier)에 의해서 계속된 부채조달을 통한 인수들은 회사를 "비방디(Vivendi)"라 명명된 세계에서 가장 큰 방송 및 통신제국 중 하나로 변신시켰다. 그 후 2000년대에 기술, 방송, 통신의 거품이 꺼지기 시작함에 따라 비방디 제국은 부채 부담의 무게를 감당하지 못하고 무너졌다. 장 마리 메시앙은 프랑스와 미국 법원에 의해서 조사받았고, 주주호도, 기금횡령, 회사의 불안정한 지위를 악화시킨 혐의로 고소되었다. 그는 벌금을 선고받았고, 강제로 사임되었다.[19]

[그림 11.2]는 회사의 수익에 있어서 성장률에 반하는 장기적인 수익성을 도시한 것

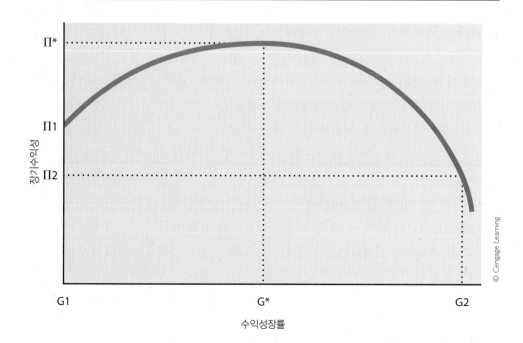

그림 11.2 수익성과 수익성장률 간 상쇄관계

© Cengage Learning

(세로축) 장기수익성 — Π*, Π1, Π2
(가로축) 수익성장률 — G1, G*, G2

이다. 성장하지 않는 기업은 이익을 창출할 수 있는 일부 기회를 놓치는 경향이 있다.[20] G^*라는 중간의 수익성장률은 π^*의 수익을 창출하여 회사에게 장기적인 수익성을 극대화 하도록 만들어 준다. 그래서 [그림 11.2]에서 G1의 성장률은 수익성을 극대화하는 것과 일치하지 않는다($\pi1<\pi^*$). 그러나 마찬가지로 G2의 초과 성장을 획득하는 것은 회사가 알 지 못하는 영역에서의 다각화를 요구한다. 결과적으로 수익성을 희생함으로써만이 달성 될 수 있다; 즉, G^*를 지나서 성장률을 좀 더 높이기 위하여 요구되는 투자는 적절한 수익 률을 창출하지 못한다. 그리고 회사의 수익성은 감소한다. 그러나 G2는 최고경영자의 권 력, 지위, 수입을 증가시킬 것이기 때문에 제국을 형성하는 최고경영자에 의해서 선호되 는 성장률이다. 이 성장률에서 수익성은 단지 $\pi2$와 같다. $\pi^*>\pi2$이기 때문에, 이 비율로 성장하는 기업은 확실하게 장기적인 수익성 또는 주주의 부를 극대화하지 못한다.

대리인문제들의 확대는 자기이익을 추구하는 최고경영진과 기업지배구조 메커니 즘의 실패로 인한 연속된 스캔들이 기업 세상을 휩쓸었던 2000년대 초기에 강조되었 다. 2003년의 조사에 따르면 홀링거(Hollinger)사의 최고영자인 콘래드 블랙(Conrad Black)이 가족과 친구들에게 회사기금으로 4억 달러가 넘는 금액을 전용하기 위하여 "터널링(tunneling)"을 활용하였다(좀 더 자세한 내용은 [전략 실행 사례 11.2]를 참 조). 2001년과 2004년 사이에 또한 회계 스캔들은 많은 대기업에서 밝혀졌는데, 이 런 기업들로는 엔론(Enron), 월드컴(WorldCom), 타이코(Tyco), 컴퓨터 어쏘시에이츠 (Computer Associates), 헬스사우스(HealthSouth), 아델피아 커뮤니케이션스(Adelphia Communications), 다이너지(Dynegy), 로열 더치 셸(Royal Dutch Shell), 그리고 주요 이 탈리안 음식제조 기업인 파말렛(Parmalat) 등이 포함된다. 엔론(Enron)사에서는 부채 270억 달러가 주주들, 종업원들, 특별한 파트너십이 있는 규제자들에게 대차대조표에서 삭제되어 숨겨졌다. 파말렛(Parmalat)사에서는 회사의 대차대조표를 유지하는 자산항목 에서 전혀 존재하지 않는 자산을 기록하여 80억 달러를 120억 달러로 위조했다. 로열 더 치 셸(Royal Dutch Shell)사의 사례에서는 경영자들이 알면서도 회사의 오일보유량의 가 치를 1/5만큼 과장했는데, 이러한 양은 전혀 존재하지 않은 오일 40억 배럴을 추가한 것 이다. 이를 통하여 회사는 실제보다 훨씬 가치가 있어 보이는 효과를 얻었다. 다른 회사 들에서는 수입이 체계적으로 과장되었는데, 대부분은 수억 달러를 기록했지만 타이코 (Tyco)사와 월드캠(WorldCam)사에서는 심지어 수십억 달러만큼 과장했는데, 월드캠의 경우에는 2001년에 30억 달러만큼 비용을 과소하여 제시했다. 모든 사례에서 이러한 행 동의 가장 큰 유인은 실제보다 주주에게 기업의 좀 더 높은 가치를 나타내기 위한 노력이 며, 이를 통하여 경영진이 더 높은 임금을 보장받고자 한 것이라고 보인다.[21]

대리인문제가 경영진과 주주간 관계에서 국한되지 않는다는 것을 기억하는 것은 중 요하다. 최고경영자와 부하 간 관계, 그 부하와 그 밑 부하 간의 관계도 문제가 될 수 있다.

부하들은 임금을 상승시키고, 고용 안정성을 높이고, 공정한 비율보다 회사 자원을 더 많이 얻기 위하여 단위의 실제 성과를 왜곡하도록 정보의 통제권을 활용할지도 모른다.

대리인문제를 마주했을 때 주인들에게 제기되는 도전은 (1) 대리인들의 행동을 구체적으로 형성하여 주인들에 의해서 설정된 목표와 일치하는 방향으로 대리인들이 행동하도록 만들고, (2) 대리인들과 주인들 간 정보비대칭성을 감소시키며, (3) 주인들의 목표와 일치하지 않는 방식으로 행동하고 주인들을 호도하는 대리인들을 제거하는 메커니즘을 개발하는 것이다. 주인들은 다양한 지배 메커니즘들을 통하여 이러한 도전들을 해결하려고 노력한다.

전략 실행 사례 11.2

홀링거 인터내셔널에서의 회사자금 사적이용

© iStockPhoto.com/Tom Nulens

1999년부터 2003년까지 홀링거 인터내셔널(Hollinger Internation Inc)사의 최고경영자인 콘래드 블랙(Conrad Black)과 운영담당책임자인 데이빗 래들러(David Radler)는 자신들, 가족, 다른 기업 내부 관계자들을 위하여 회사의 현금 및 자산들을 불법적으로 전용하였다. 홀링거 인터내셔널사는 시카고 썬 타임즈(Chicago Sun-Times), 런던의 데일리 텔레크래프(Daily Telegraph), 토론토의 내셔널 패스트(National Past), 이스라엘의 예루살렘 패스트(Jerusalem Past) 등과 같은 세계 전역의 신문사를 소유한 세계적인 출판제국이다. 증권거래위원회 집행 분과의 이사인 스테판 커틀러(Stephen Cutler)에 따르면, "블랙과 래들러는 공공회사의 통제권을 남용했고, 회사를 개인의 비밀 금고처럼 다루었다. 주주들의 이익을 보호하기 위하여 책임을 수행하는 대신에, 피고들은 연속적인 사기와 허위진술을 통하여 주주들을 속이고 이익을 빼앗았다." "터넬링(tunneling)"으로 알려진 관행을 통하여 블랙과 래들러는 연속으로 회사자금 사적이용을 통한 거래에 몰두하였다. 예를 들어, 블랙과 래들러 자신들이 사적으로 소유한 회사들에게 홀링거사 신문사들의 일부를 시장가격아래로 판매하거나 때로는 1달러의 가치로 판매하는 등의 행동을 하였다. 그들은 또한 직접적으로 "비경쟁 지불"을 가장하여 기업 외부로 자금을 나르기도 하였다. 또한 이들은 휴가 동안 남태평양으로 회사의 전용제트기를 활용하여 날아가고, 파크 어배뉴(Park Avenue)에 위치한 사치스러운 뉴욕 아파트에서 살기 위해, 또한 블랙의 아내를 위하여 호화스러운 62000달러의 생일 파티를 개최하는 데 기업 기금을 사용하는 등 기업의 자원들을 사적으로 활용하였다. 블랙의 부정 수단으로 축재한 수입은 4억 달러 이상으로 추정되며, 이러한 스캔들로 인해서 주주가치가 20억 달러의 손실을 입었다. 블랙은 애초에는 6년 반의 징역형을 선고받았지만, 결국 오로지 42개월만 복역하였다.

자료: S. Taub, "SEC Charges Hollinger, Two Executives," *CFO*, November 16, 2004; U.S. Department of Justice, "Former Hollinger Chairman Conrad Black and Three Other Executives Indicted in U.S.–Canada Corporate Fraud Schemes," indictment released November 17, 2005; "Ex-Media Mogul Black Convicted of Fraud," *Associated Press*, July 13, 2007; and A. Stern, "Ex-Media Mogul Conrad Black Sent Back to Prison," *Reuters*, June 24, 2011.

지배구조 메커니즘들

지배구조 메커니즘(Governance Mechanisms)들은 주인들이 주인들과 대리인들 간 인센티브를 일치시키고 대리인들을 감시하며 통제하는 데 활용하는 기제들이다. 지배구조 메커니즘들의 목적은 대리인문제의 범위와 빈도를 감소시키는 것이다: 즉, 주인의 최선의 이익과 일치하는 방식으로 대리인이 활동하는 것을 보장하는 것을 돕는다. 이번 절의 주요초점은 주인인 주주와 대리인인 최고경영진의 이해 관계를 일치시키는 지배구조 메커니즘들에 있다. 그러나 지배구조 메커니즘들이 또한 경영진과 사업단위 관리자들의 이해 관계를 일치시키는 데에도 존재한다는 것과 이와 같은 관계가 유사하게 조직 내 위계에 존재한다는 것을 잊지 않아야 한다.

여기서는 주주와 경영진의 이해 관계를 일치시키는 데 있어서 네 가지의 주요한 지배구조 메커니즘 형태들을 제시한다: 이사회, 주식 기반 보상, 재무제표, 인수억제. 이번 절은 최고경영진과 그 아래 경영자들의 이해 관계를 일치시키는 회사 내의 지배구조 메커니즘에 대한 논의로 끝을 맺는다.

이사회

이사회(The Board of Directors)는 기업지배구조 시스템의 중심이다. 이사회 구성원들은 주주에 의해서 직접적으로 선출되고, 기업법 하에서 이사회 구성원들은 회사에서 주주들의 이익을 대변한다. 그러므로 이사회는 회사의 활동에 합법적으로 책임질 수 있다. 회사 내 의사결정의 정점에 있는 이사회의 직위는 기업의 전략적 결정을 감시하고, 전략적 결정이 주주의 이익과 일치하도록 보장할 수 있도록 만든다. 만일 기업전략이 최선의 주주 이익과 관련되지 않는다고 믿는다면, 이사회는 이사회에서 경영진 지명에 반대하는 투표를 하거나 자신들의 후보자를 진출시키는 것 같은 제제를 가할 수 있다. 게다가 이사회는 가장 중요한 최고경영자를 포함하여 기업의 모든 종업원들을 고용하고, 해고하며, 보상하는 합법적인 권한을 갖는다.[22] 이사회는 또한 회사의 재무 상태의 현실을 나타내는 재무제표를 감사하는 책임을 갖고 있다. 그리하여 이사회는 주주와 경영자 간 정보비대칭성을 감소시키기 위하여, 그리고 주주를 대신하여 경영진의 활동을 감시하고 통제하기 위하여 존재한다.

전형적인 이사회는 사내 이사들과 사외 이사들의 혼합으로 구성된다. 사내 이사(Insider directors)들은 최고경영자와 같은 회사의 책임 종업원들이다. 사내 이사들은 회사의 활동들에 대하여 귀중한 정보를 가지고 있기 때문에 이사회에 필요하다. 그러한 정보 없이는 이사회가 감시 기능을 적절하게 수행하기 어렵다. 그러나 내부자들은 회사의 정규직 종업원들이기 때문에, 사내 이사들의 이해 관계는 경영진의 이해 관계와 일치하는

사내 이사
최고경영자와 같은 회사의 책임 종업원들

경향이 있다. 그렇기 때문에, 감시와 평가절차에 객관성을 담보하기 위하여 사외 이사들이 필요해진다. 사외 이사(Outsider directors)들은 회사의 정규직 종업원이 아니다. 많은 사외 이사들은 여러 회사들의 이사회에 직위를 갖고 있는 전문적인 정규직 이사들이다. 유능한 전문적 사외 이사들로서 평판을 유지할 필요성은 사외 이사들에게 자신들의 과업을 가능한 객관적이고 효과적으로 수행할 유인을 제공한다.[23]

많은 이사회들이 배정된 기능을 훌륭하게 수행하는 것은 의심의 여지가 없다. 예를 들어, 회사가 크리스티(Christie)사와 가격조작을 해왔다는 것을 소더비(Sotherby)사의 이사회가 발견했을 때, 이사회 구성원들은 회사의 최고경영자와 회장 모두를 축출하기 위해서 빠르게 움직였다([전략 실행 사례 11.1] 참조). 그러나 모든 이사회들이 자신들이 해야 하는 기능을 제대로 수행하지는 않는다. 현재는 파산한 에너지 회사인 엔론(Enron)사의 이사회는 회사의 재무 감사보고서를 승인했는데, 나중에 거대한 오류가 있었던 것이 발견되었다.

지배구조시스템에 대한 비평들은 이사회에서 사내 이사들이 종종 사외 이사들을 지배하는 것에 대한 것이다. 사내 이사들은 그들의 경영진 위계 내에서의 직위를 활용하여 이사회가 받는 특정한 회사의 고유 정보에 통제권을 실행한다. 결과적으로 사내 이사들은 호의적인 정보만을 이사회에 제공할 수 있다. 더욱이 사내 이사들은 회사의 운영에 대한 익숙한 지식을 가지고 있고, 이런 우월한 지식과 정보에 대한 통제권은 권력의 원천이기 때문에, 사내 이사들은 이사회 회의실의 의사결정에 영향을 미치는 데 있어서 사외 이사들보다 우월한 지위를 차지할 수 있다. 이렇게 되면 이사회는 주주의 이익을 보호하는 대신에 사내 이사들의 볼모이자 단순히 경영진 의사결정의 거수기 역할만 수행하게 된다.

일부 관찰자들은 많은 이사회들이 회사의 최고경영자에 의해서 지배되며, 최고경영자가 이사회 회장을 겸임할 때 특히 지배된다고 주장한다.[24] 이런 관점을 지지하는 결과로 사내 및 사외 이사들 모두 종종 최고경영자의 개인적인 지명자들이라는 것을 지적한다. 전형적인 사내 이사들은 회사의 위계상 최고경영자의 부하이고, 따라서 상사를 비난하지 않는 경향이 있다. 사외 이사들 역시 빈번히 최고경영자의 지명을 받은 사람들이기 때문에, 사외 이사들이 최고경영자를 객관적으로 평가하기를 기대하기는 어렵다. 그리하여 이사회의 충성도는 주주가 아닌 최고경영자를 향해서 편향될 수 있다. 게다가 이사회 회장을 겸직하는 최고경영자는 자신의 리더십에 대한 비난을 피하는 방식으로 이사회 토론 주제를 통제할 수 있다. 명백하게 주주들이 이사회 멤버를 원칙적으로 선출할 수 있지만 이사회 멤버들은 투표에서 과반수를 받지 못했다 하더라도 법적으로 사임이 요구되지는 않는다. 연금기금, 공공기금, 기타 대형투자가들을 대표하는 기관투자가 위원회(Council of Institutional Investors)는 2012년에 주주에 의해서 거부되었음에도 불구하

사외 이사
회사의 정규직 종업원이 아닌 이사들로, 절차들의 감시 및 평가에 객관성을 제공하기 위해 필요함

고 이사회에 남아 있는 "좀비 이사들(zombie directors)"의 목록을 출간했다. 이 목록은 보스턴 비어 컴퍼니(Boston Beer Company)사부터 로랄 스페이스(Loral Space)사까지, 그리고 커뮤니케이션(Communications)사부터 케이블비전(Cablevision)사까지 광범위한 회사들을 포함한다. 케이블비전사의 경우에는 2010년과 2012년 사이에 두 차례 투표에서 주주들에 의해서 동의를 얻지 못했지만 여전히 이사회에 남아 있는 세 명의 이사들이 목록에 등재되었다.[25]

기업 세계에 영향을 미친 2000년대 초반의 연속된 기업스캔들의 여파로 많은 기업의 이사회들은 단순히 최고경영진의 거수기 역할에서 벗어나서 기업지배구조에서 훨씬 더 적극적인 역할을 하기 시작했다는 확실한 징조가 있다. 부분적으로는 기업정보공개와 기업지배구조를 규제하는 엄격한 규정인 2002년에 제정된 미국의 살바네스-옥슬리법(Sarbanes-Oxley Act) 같은 새로운 법률에 의해서 촉진되어 왔다. 회사의 허위진술에 대해서 이사들에게 법적 책임을 부과하는 법정이 늘어나는 추세 또한 중요해졌다. 연금기금 같은 영향력 있는 기관투자가들도 그들의 영향력을 발휘하는 데 있어 적극적인데, 이사회에 좀 더 외부의 대표성을 반영시키고 이사회 회장과 최고경영자를 분리하여 회장의 경우 외부인이 맡게 하기 위해서 노력하고 있다. 부분적인 결과로 스탠다드 앤 푸어스(Standard & Poor's)의 500대 기업 중 43%가 2012년 11월 현재 이사회회장과 최고경영자를 분리하고 있는데, 10년 전에 비해서 25%가 상승한 비율이다.[26] 이사회회장과 최고경영자의 역할분리는 기업 내부인들, 특히 최고경영자가 이사회에 통제력을 발휘하는 능력을 제한한다. 이런 논의와 무관하게 이사회가 이론적으로 기능해야 하는 것만큼 작동하지 않고, 다른 메커니즘들이 주주들과 경영자들의 이익을 일치시키는 데 필요하다는 것은 분명하다.

주식 기반 보상(Stock-Based Compensation)

대리인이론에 따르면, 대리인문제의 범위를 감소시키는 최고의 방법 중 하나는 성과급 시스템을 통하여 대리인이 회사의 최선의 이익에 맞게 행동하도록 성과급을 설정하는 것이다. 주주와 최고경영자들의 경우에서, 주주들은 경영자들의 임금을 주식 가격의 성과와 연동함으로써 회사의 장기적인 수익성과 이익성장, 주식을 보유하여 얻는 이익을 극대화하는 전략을 최고경영자가 추구하도록 촉진할 수 있다.

경영자에게 주식구입선택권(stock options: 미래 어떤 시점, 일반적으로는 부여시점으로부터 10년 내에 정해진 행사 가격에 회사의 주식을 구매할 수 있는 권리를 부여하는 것)은 가장 보편적인 성과급 제도이다. 일반적으로 행사 가격은 옵션(선택권)이 애초에 부여될 때 주식이 거래되고 있는 가격이다. 이상적으로 주식구입선택권은 경영자들이 회사의 주식 가격을 증가시키는 전략들을 적용하도록 동기부여 시킨다. 또한 이를 통해

주식구입선택권
미래 어떤 시점, 일반적으로는 부여시점으로부터 10년 내에 정해진 행사가격에 회사의 주식을 구매할 수 있는 권리를 부여하는 것

서 경영자들은 자신들이 보유하고 있는 주식구입선택권의 가치를 증가시킬 것이다. 경영자들이 미리 결정된 성과목표를 달성한다면 경영자들에게 주식을 부여하는 것은 또 다른 주식 기반 성과급 체계가 된다.

여러 학문 연구에서 주식구입선택권(stock options)이나 주식 부여(stock grants) 같은 임원들에 대한 주식 기반 보상기제는 경영진과 주주의 이익을 일치시킬 수 있다고 제시된다. 예를 들어, 한 연구에서는 경영자들이 상당한 주주가 되면 주주의 이익을 고려하여 인수와 관련된 의사결정 효과를 고려하는 경향이 좀 더 높다는 것을 발견하였다.[27] 다른 연구에 따르면 상당한 주주인 경영자들은 수익성보다는 회사의 규모를 극대화할 수 있는 전략을 덜 추구하는 것으로 나타났다.[28] 좀 더 솔직하게 말하자면, 주식구입선택권을 행사하여 부유함을 얻는 기회가 빠르게 성장하는 회사에서 많은 종업원들이 경험하는 일 14시간 근무와 주 6일 근무의 주요한 원인이라는 명제를 주장하기는 어렵다.

그러나 주식구입선택권을 부여하는 제도는 논쟁거리를 양산하고 있다. 많은 최고경영자들이 몇 년 전에 부여받은 주식구입선택권을 행사하여 막대한 보너스를 종종 벌어가고 있다. 비평가들은 주식구입선택권이 경영자들에게 기업성과를 향상시키도록 동기부여 한다는 점을 부인하지는 않지만, 이런 옵션(선택권)이 종종 너무 관대하다고 주장한다. 주식구입선택권에 대한 우려의 특이한 원인은 심지어 회사가 상당한 마진(margin)에 의해서 주식 시장에서 기대만큼 성과를 내지 못했을 때조차 최고경영자가 주식구입선택권을 행사함으로써 많은 금액을 지급받는 데 실패하기 어려운 낮은 행사 가격으로 주식구입선택권이 부여된다는 것이다. 대리인문제의 심각한 예는 증권거래위원회(SEC)가 최고경영진에게 주식구입선택권이 부여된 많은 회사들을 조사하기 시작한 2005년과 2006년에 나타났는데, 단순히 옵션(선택권)이 부여된 날짜에 지정되었을 때보다 좀 더 많은 금액을 임원들이 벌 수 있도록 가격이 더 낮았던 시점으로 행사 가격을 소급적용한 사례들이 발견되었다.[29] 2006년 말까지 증권거래위원회는 스톡옵션 부여 날짜와 관련된 가능한 사기들에 대해서 거의 130개 기업들을 조사하였는데, 애플(Apple), 자빌 서킷(Jabil Circuit), 유나이티드 헬스케어(United Healthcare), 홈디포(Home Depot) 같은 주요한 기업들이 목록에 포함되었다.[30]

유명한 투자가인 워런 버핏(Warren Buffett)을 포함하여 주식구입선택권에 대한 다른 비평가들은 막대한 주식구입선택권의 부여가 회사 주식의 숫자를 현저히 증가시켜서 주주들의 자기자본을 약화시킨다고 주장하였다. 따라서 주식구입선택권이 이익에 반대되는 비용으로써 회사 계정에 제시되어야 한다고 주장하였다. 2005년까지 제정된 회계 법규 하에서는 임금이나 연봉과는 달리 주식구입선택권은 비용으로 처리되지 않았다. 그러나 이 규정은 2005년 이후 변경되었고, 결과적으로 많은 회사들은 주식구입선택권의 활용을 줄이기 시작했다. 예를 들어, 고성과를 낸 종업원들에게 장기간의 관대한 주식구입선택권을 부여해 온 마이크로소프트(Microsoft)사는 2005년에 주식구입선택권을 주식 부여로 대체하였다. 또한 최고경영진에게 회사의 많은 주식을 보유한 요구하는 것은 불리한 측면이 없는 것은 아니다. 자신이 운영하는 회사에 개인적인 부의 많은 비중을 보유한 경영자들은 다각화를 적게 추진하는 경향이 있다. 이것은 기업의 지나친 위험회피 행동이나 지나친 다각화를 초래할 수 있다.

재무제표와 감사인들(Financial Statements and Auditors)

미국에서 공개적으로 거래되는 회사들은 공인기업회계기준(GAAP)에 따라 준비된 분기 및 연례보고서를 증권거래위원회(SEC)에 제출하도록 되어 있다. 이런 요구의 목적은 주주의 대리인인 경영자들이 회사를 얼마나 효과적이고 효율적으로 운영하고 있는지에 대한 일관적이고, 상세하며, 정확한 정보를 제공하기 위한 것이다. 경영자들이 이런 재무정보를 부정확하게 제공하는 것을 방지하기 위하여 증권거래위원회(SEC)에서는 또한 회계계정을 독립적인 공인회계법인에게 감사받을 것을 요구한다. 유사한 규정이 대부분의 다른 선진국에도 존재한다. 이런 시스템이 의도한 대로 작동한다면 주주들은 재무제표에 포함된 정보가 회사의 상황을 정확하게 반영한다는 큰 믿음을 가질 수 있다. 많은 것들 가운데서 그런 정보는 주주들이 자신이 투자한 회사의 투하자본수익률(ROIC)을 계산하고, 경쟁자의 투하자본수익률(ROIC)과 비교할 수 있도록 해준다.

불행하게도 이 시스템은 미국에서 언제나 의도한 대로 작동하지는 않아왔다. 회사들의 절대 다수가 재무제표에 대한 적절한 정보를 제출함에도 불구하고, 그리고 대부분의 감사기관들이 정보가 정확한지를 올바로 평가함에도 불구하고, 소수의 회사들이 시스템을 악용하고, 부분적으로는 감사인들의 협력에 도움을 받기도 한다는 충분한 증거가 존재한다. 이러한 사례는 파산한 에너지거래기업 엔론(Enron)사에서 명백하게 찾아볼 수 있다. 엔론사에서는 재무담당임원(CFO)과 다른 관계자들이 공개적인 관심에서 엔론사 부채의 진실한 상태를 숨기는 재무제표 상에 나타나지 않는 파트너십을 창출하여 투자자들에게 회사의 진실한 재무 상태를 부정확하게 전달했다. 엔론사의 감사인인 아서 앤더슨(Arthur Anderson)사는 이러한 사기를 공모하였으며, 직접적으로 신탁자로서의 의무를 위반하였다. 아서 앤더슨사는 회사의 재무제표의 정확성에 의문을 가짐으로써 큰 이익이 되는 엔론사와의 컨설팅 계약을 위태롭게 하는 것을 원하지 않았다. 결국 상호 공모한 사기에 의한 피해자들은 투자결정을 하는 데 있어서 부정확한 정보에 의존하게 된 주주들이었다.

최근에 투자자들에게 회사의 재무 상태를 왜곡하여 제시하는 경영자들의 재무제표 사기의 많은 예들이 존재한다(예를 들어, 이번 장의 앞머리 사례에서 오토노미(Autnomy)사에 대하여 에이치피(HP)사가 했던 고소를 참조할 것). 이런 사기의 일반적인 목적은 회사의 이익 혹은 수익을 과장하여, 투자자들의 열광을 만들어 내고, 회사의 주식 가격을 더 높게 상승시킴으로써, 경영자들에게 주식구입선택권 부여를 통해 막대한 개인적인 이득을 획득할 기회를 만드는 것이다. 이런 경영자들의 이득은 분명히 잘못된 재무제표에 의해서 호도된 주주들을 희생시킨 것이다.

엔론사 같은 회사들에 의한 재무제표 사기는 감사받은 재무제표가 포함된 정보의 정확성에 대한 심각한 의구심을 발생시킨다. 이런 부분에 대한 대응으로 미국에서는 2002년에 1930년대 이후 처음으로 회계규칙 및 기업지배구조 절차들에 대한 가장 큰 점검을 대표하는 살바네스-옥슬리법(Sarbanes-Oxley Act)을 통과시켰다. 살바네스-옥슬리법(Sarbanes-Oxley Act)은 회계법인에 대해서 새로운 감독위원회를 설치하도록 규정하였고, 최고경영자들과 재무담당임원들에게 회사의 재무제표의 정확성을 보증할 것으로 요구하였으며, 감사하는 회계법인과 컨설팅을 제공하는 회계법인을 동일한 곳으로 고용하는 것을 제한하였다.

인수억제

기업지배구조 메커니즘들이 완벽하지 않기 때문에, 대리인문제가 어떤 회사들에서는 여전히 존재할 수 있다는 것은 명백하다. 그러나 주주들은 언제든 보유한 주식을 팔수 있다는 점에서 여전히 일정하게 잔존권력을 가지고 있다. 주주들이 많은 주식을 판매한다면, 회사의 주식 가격은 떨어질 것이다. 주식 가격이 충분히 많이 떨어지면, 회사는 보유한 자산의 실제 가치보다 주식 시장에서의 가치가 더 낮을 수도 있다. 이 지점에 이르면 회사는 매력적인 인수 대상기업이 될 수 있고, 경영진의 바람과는 반대로 다른 기업에 의해서 구매될 위협에 노출된다.

다른 회사에 의해서 인수되는 위협은 인수억제(takeover constraint)라고 알려져 있는데, 경영진이 주주의 이익보다 자신의 이익을 위해서 전략을 추구하고 경영 활동을 진행할 수 있는 정도를 제약시킨다. 경영자들이 주주의 이익을 신경 쓰지 않아서 회사가 인수당하게 되면, 최고경영진들은 일반적으로 독립성을 잃게 되고, 일자리마저 잃게 되는 경우가 많다. 따라서 인수 대상이 될 수 있다는 위협은 경영진의 활동을 억제할 수 있고, 대리인문제가 가장 나쁜 수준까지 가는 것을 제약할 수 있다.

1980년대와 1990년대 초반의 시기 동안 인수의 위협은 종종 기업사냥꾼들(corporate raiders)에 의해서 강조되었다. 기업사냥꾼들은 주주의 부를 극대화하는 것과 일치하지 않는 전략을 추구하는 방식이 나타난 회사들에 대해서 주식들 중 다수를 구입하는 개인 혹은 기업을 지칭한다. 기업사냥꾼들은 이런 기대만큼 성과를 내지 못하는 회사들이 다른 전략들을 추진한다면, 주주를 위한 좀 더 많은 부를 창출할 수 있을 것이라고 주장한다. 기업사냥꾼들은 사업체를 인수하여 좀 더 효율적으로 경영하기 위해서 회사의 주식을 구입하거나, 또는 주주 이익을 좀 더 극대화할 수 있는 사람으로 현재의 팀을 대체함

인수억제
다른 회사에 의해서
인수당하는 위협

으로써 최고경영진의 변화를 촉진하기 위하여 회사의 주식을 구입한다. 기업사냥꾼들은 이런 이타적인 이유뿐만 아니라 자신들의 이익에 의해서도 동기부여된다. 만일 인수 계약을 성공적으로 이끈다면, 기업사냥꾼들은 주주뿐만 아니라 자신들을 위하여 가치를 창출하는 전략을 추진할 수 있다. 심지어 인수 계약이 실패한다 할지라도, 인수를 방어해야 하는 기업이 자신들이 보유한 주식들을 큰 할증금을 붙여서 구매할 것이기 때문에 기업사냥꾼들은 여전히 수백만 달러를 벌 수 있다. 이것은 주식매점(greenmail)이라고 부르는 것으로, 기업사냥꾼들의 이익에 있어 이러한 원천으로 말미암아 혜택에 대하여 큰 논쟁과 토론을 불러일으킨다. 한편에서는 기업사냥꾼들에 의해서 발생하는 위협이 기업경영진이 회사를 좀 더 우수하게 경영하도록 만들어서 기업성과에 유익한 효과가 있다고 주장하는 반면, 다른 쪽에서는 그러한 증거가 없다고 주장한다.[31]

적대적 인수의 발생률이 1990년대 초 이후 유의하게 떨어져 왔다 할지라도, 이러한 현황이 인수억제라는 요인이 작동하지 않는다는 것을 의미하지는 않는다고 볼 수 있다. 실제로 적대적 인수를 실행하는 것을 좀 더 어렵게 만든 2000년대 초반의 독특한 환경들이 존재하였다. 1990년대 경기활황기는 많은 기업들에게 지나친 부채(미국이라는 기업은 대차대조표 상 기록적인 수준의 부채를 보유한 채 새로운 세기로 들어섰다), 재무적으로 인수를 실행할 능력의 제한(특히 특별히 돈이 많이 들어가는 적대적 인수)을 남겼다. 게다가 많은 회사들의 시장 평가 가치는 1990년대의 주식 시장 거품시기 동안 하부 기반 구조에 해로울 정도로 높아졌다. 그리고 기술사업 같은 주식 시장의 어떤 영역에서 실질적인 실패가 있은 후에도 기업의 평가 가치는 역사적인 규범과 비교할 때 여전히 높게 나타나서 적대적 인수를 어렵게 만들었고, 낮은 수익성을 기록한 회사도 비싸게 만들었다. 그러나 인수는 경기순환적으로 발생하는 경향이 있고, 일단 이러한 초과 평가 부분들이 주식 시장에서 도태되고 기업 대차대조표 밖으로 사라지면, 인수억제는 다시 중요해질 것으로 보인다. 인수억제가 지배구조 메커니즘들의 마지막 수단이고 다른 지배구조 메커니즘들이 실패했을 때만 발생한다는 것을 기억할 필요가 있다.

> **주식매점**
> 회사들이 기업전략을 주주들에게 혜택을 주도록 변경하거나, 또는 회사가 기업사냥꾼들의 주식을 되사기를 원할 때 할증금을 부과하도록 함으로써 부를 획득하는 방식

회사 내부의 지배구조 메커니즘

그리하여 지금까지 이번 장에서는 주주들과 경영진 사이에서 잠재적으로 존재하는 대리인문제를 감소시키기 위해 설계된 지배구조 메커니즘들에 초점을 두고 논의해 왔다. 대리인관계는 또한 회사 내부에서도 존재하며, 대리인문제는 경영진의 수준 간에도 발생할 수 있다. 이 절에서는 종업원들의 인센티브 및 행동과 상위 직급의 경영진의 인센티브 및 행동을 일치시키는 두 개의 보완적인 지배구조 메커니즘들인 전략적 통제시스템과 인센티브시스템을 활용함으로써 회사 내에서의 대리인문제를 감소시킬 수 있는 방안을 탐색한다.

전략적 통제시스템 전략적 통제시스템들은 경영진의 위계 수준 간 대리인문제의 범위를 감소시키기 위하여 회사 내에서 설치하는 주요한 지배구조 메커니즘들이다. 이런 시스템들은 회사가 장기적인 수익성을 극대화하는 데 필요한 전략들을 실행하고 있는지와 특히, 회사가 우월한 효율성, 품질, 혁신, 고객 반응성을 달성하고 있는지 등을 경영진이 평가하도록 해주는 공식적인 목표의 설정, 측정, 피드백시스템들이다.

전략적 통제시스템들의 목적은 (1) 성과가 측정될 수 있는 기준들 및 목표들을 설정하고, (2) 일상적인 기준에 기반을 두고 성과를 측정하고 감시하기 위한 시스템들을 창출하며, (3) 설정된 목표들과 실제 성과를 비교하고, (4) 결과를 평가하고, 필요한 경우 교정활동들을 수행하는 것이다. 지배구조 관점에서 전략적 통제시스템의 목적은 최고경영자들의 대리인으로서 낮은 수준의 관리자들이 최고경영자들의 목적인 법 및 윤리적 제약조건 하에서 주주들의 부를 극대화하는 것과 일치하는 방식으로 활동하는 것을 보장하기 위한 것이다.

조직 성과를 향상시키는 적절한 전략적 통제시스템들을 창출하는 절차를 통하여 경영자들에게 안내된 갈수록 영향력이 커지고 있는 모형은 균형성과표(balanced scorecard) 모형이다.[32] 균형성과표 모형에 따르면, 경영자들은 조직 성과를 측정하고 평가하기 위해 투하자본수익률(ROIC)같은 성과의 재무측정지표만을 전통적으로 강조해 왔다. 재무 정보가 매우 중요하지만, 그것만으로는 충분하지 않다. 경영자들이 조직 성과의 실제 상황을 획득하려 한다면, 조직이 경쟁우위의 네 가지 측면인 효율성, 품질, 혁신, 고객반응성 등을 얼마나 잘 달성하고 있는지를 나타내는 성과측정지표들로 재무정보를 보완할 필요가 있다. 왜냐하면 재무성과지표는 전략적 경영자들에게 단순히 이미 진행한 의사결정의 결과에 대해서만 알려주기 때문이다. 다른 측정치들은 경영자들에게 조직이 얼마나 미래 성과를 추진하는 데 있어서 적절하게 위치하고 있는지에 대한 정보를 알려줌으로써 전체적인 성과에 있어 균형을 이루게 만들어 준다.[33]

균형성과표의 실행 방식 중 한 가지가 [그림 11.3]에 제시되어 있다. 조직의 미션과 목적들에 기반을 두고, 전략적 경영자들은 다음과 같은 다양한 관점에 따라서 성과를 평가하는 기준들을 개발한다.

- *재무관점*: 예를 들어, 자기자본수익률, 현금유동성, 수익성장률 등
- *고객관점*: 예를 들어, 만족, 제품신뢰성, 정시 배송, 서비스수준 등
- *내부관점*: 예를 들어, 효율성, 적시성, 종업원만족 등
- *혁신 및 학습*: 예를 들어, 신제품 숫자, 정해진 기간 내에 신제품에서 창출된 수익률, 경쟁에 대응하여 신제품의 차기를 개발하는 데 걸린 시간, 연구 및 개발의 생산성(성공적인 제품을 생산하는 데 필요한 연구 및 개발의 지출 정도)

그림 11.3   균형성과표 접근법

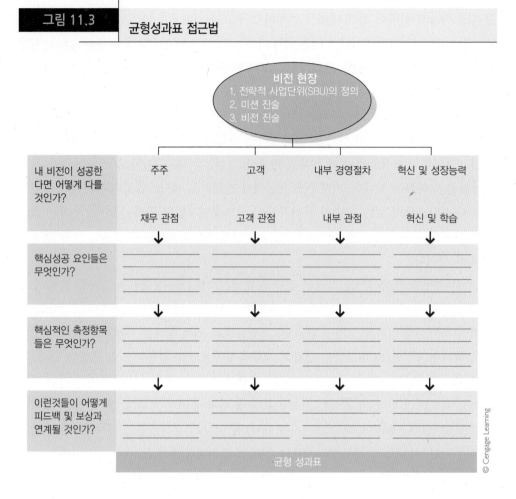

균형성과표 접근법의 개발자들인 케플란(Kaplan)과 노튼(Norton)은 다음과 같이 제언하였다. "비행기 조종실의 다이얼들과 지시부들처럼 균형성과표를 생각하라. 비행기를 항해시키고 날게 만드는 복잡한 과업을 수행하기 위하여 조종사들은 비행기의 많은 측면에 대한 상세한 정보를 필요로 한다. 즉 조종사들은 연료, 공기 속도, 기압, 학습, 도착지, 그리고 현재 상황과 미래 예측 환경을 요약한 다른 지표들에 대한 정보를 필요로 한다. 이런 상황에서 한 가지 도구에 대하여 의존하는 것은 치명적일 수 있다. 유사하게 오늘날 조직을 경영하는 데 있어서 큰 복잡성은 경영자들에게 여러 영역에서 성과를 동시에 살펴볼 수 있어야 한다는 것을 제시하고 있다."[34]

균형성과표에서 측정지표들의 전체적인 집합에 평가의 기반을 두면, 전략적 경영자들은 회사의 미션 및 목표들을 재평가하고, 문제들을 수정하는 교정 활동들을 수행하고, 대리인문제들을 제약하거나 조직의 전략 및 구조를 변화시킴으로써 새로운 기회를 활용하는 데 있어서 좋은 지위를 차지할 수 있는데, 이것이야말로 전략적 통제의 목적이다.

종업원 인센티브 통제시스템 혼자로는 주주들, 최고경영진, 그리고 조직의 나머지 관계자들 간 인센티브를 일치시키는 데 충분하지 않을 수 있다. 이런 인센티브의 일치를 돕기 위하여, 적극적인 인센티브시스템들은 장기적인 수익성을 극대화하는 데 핵심인, 목표를 향해서 일하는 종업원들을 동기부여 시키기 위하여 종종 설치된다. 이미 살펴본 것처럼, 종업원 지주제(ESOP)는 주식매입선택권이 부여되는 것처럼 적극적인 인센티브의 한 형태이다. 1990년대에 종업원 지주제(ESOP)와 주식소유권 부여는 많은 조직 내에서 하위수준까지 제공되게 되었다. 즉, 기업의 많은 수준의 종업원들이 이런 제도들을 부여받을 자격을 얻었다. 그러한 적극적 인센티브시스템들의 기저에 위치한 논리는 분명하다: 즉 주식 가격, 다른 의미로 종업원들의 부유함이 회사의 수익성에 의존하기 때문에, 종업원들은 회사의 수익성을 극대화하기 위하여 열심히 일할 것이다.

주식 기반 보상시스템에 덧붙여, 종업원들의 보상은 또한 우월한 효율성, 품질, 혁신, 고객 반응성의 달성에 연계되는 목표와 연결될 수 있다. 예를 들어, 제조업종 기업에서 종업원의 보너스 임금은 달성한다면 회사의 비용을 낮추고, 고객만족을 향상시키며, 수익성을 증가시킬 품질 및 생산성 목표를 달성하는 것과 연계할 수 있을 것이다. 유사하게 판매원의 보너스 임금은 판매 목표들을 초과하여 달성하는 것과 연계할 수 있고, 연구 및 개발직 종업원의 보너스 임금은 개발한 새로운 제품들의 성공에 따르게 된다.

윤리 및 전략

윤리(ethics)라는 개념은 직업의 구성원인 개인의 행동, 혹은 조직의 활동을 지배하는 옳고 그른 것에 대하여 수용된 원칙을 말한다. 경영윤리(business ethics)는 사업가들의 행동을 지배하는 옳고 그른 것에 대하여 수용된 원칙이다. 윤리적 의사결정들은 수용된 원칙들과 일치하는 반면, 비윤리적 의사결정들은 수용된 원칙들을 위반하는 것이다. 윤리는 이렇게 들리는 만큼 명확하지 않다. 경영자들은 윤리적 딜레마(ethical dilemmas)들에 직면하게 될 수 있다. 즉, 옳고 그른 것에 대한 수용된 원칙이 정확하게 합의된 것이 없거나 선택할 수 있는 대안들 모두 윤리적으로 수용될 만하지 않을 수도 있다.

우리의 사회에서 많은 옳고 그른 것에 대하여 수용된 원칙들은 보편적으로 인정되는 것뿐만 아니라 법률에 성문화되어 있다. 기업경영 영역에서는 제품책임을 지배하는 법률들(불법행위 법률들), 계약 및 계약 남용에 대한 법률들(계약 법률), 지적 재산권의 보호에 대한 법률들(지적재산보호 법률), 경쟁 행위에 대한 법률들(반독점 법률), 보안의

윤리
직업의 구성원인 개인의 행동, 혹은 조직의 활동을 지배하는 옳고 그른 것에 대하여 수용된 원칙

경영윤리
사업가들의 행동을 지배하는 옳고 그른 것에 대하여 수용된 원칙

윤리적 딜레마
옳고 그른것에 대한 수용된 원칙이 정확하게 합의된 것이 없거나 선택할 수 있는 대안들 모두 윤리적으로 수용될만하지 않은 상황

판매에 대한 법률들(보안 법률) 등이 있다. 이런 법률들을 위반하는 것은 비윤리적일 뿐만 아니라, 불법이다.

이 책에서는 기업경영자들의 뛰어난 목표란 장기적인 수익성과 기업의 이익성장을 극대화하고, 그것에 의하여 주주의 이익을 향상시키는 전략을 추구하는 것이라고 주장한다. 물론, 전략들은 사업에서의 행동을 지배하는 법률들과 일관성이 있어야 한다. 즉, 경영자들은 기업의 장기적인 수익성을 극대화하는 한편 합법적으로 활동해야만 한다. 불행하게도 우리가 이미 이번 장에서 살펴본 것처럼, 경영자들은 법률을 위반한다. 게다가 경영자들은 법률에서의 모호성과 회색지대를 이용할 수 있다. 그러나 윤리적으로 행동하는 것이 법률의 경계 내에서 머무르는 것을 넘어서서 행동하는 것이라는 것을 깨닫는 것이 중요하다. 이번 장의 마무리 사례에서 골드만 삭스(Goldman Sachs)사가 실패의 위험을 증가시키도록 고의적으로 구조화한 채권을 어떻게 투자자들에게 판매했고, 고객에게 알리지 않았는가를 논의한다. 이 활동의 합법성이 불명확하다고 할지라도(골드만은 벌금은 지불했지만, 범죄사실을 인정하지는 않았다), 윤리적 행동의 경계에 위치한다고 할 수 있다.

[전략 실행 사례 11.3]에서 살펴볼 것처럼, 또 다른 예로는 나이키(Nike)사가 선진국의 고객들을 위해 개발 도상국에서 스니커즈화를 만드는 데에 있어서 "노동착취(sweatshop labor)"를 한 것에 대해 논의한다. 나이키사와 하청업체가 나쁜 업무조건에서 낮은 임금으로 장시간 근무하는 노동자들을 활용한 것이 어떤 법률도 위반하지 않았다 하더라도, 많은 사람들은 서구의 기준에서 보자면 명백하게 근로자 집단을 부당하게 착취하는 것이 틀림없는 하청업체를 활용한 것은 비윤리적이라고 생각한다. 이 절에서는 경영자들이 전략을 개발할 때 직면할 수 있는 윤리적 이슈들을 심층적으로 살펴보고, 다음으로 경영자들이 합법적일 뿐만 아니라 윤리적이기도 한 전략적 의사결정을 보장할 수 있도록 어떻게 해야 하는지 살펴본다.

© iStockPhoto.com/Tom Nulens

전략 실행 사례 11.3

나이키사의 노동착취 공장에 대한 논쟁

나이키(Nike)사는 많은 방식에서 전형적인 세계기업이다. 전 오레곤(Oregon) 주립대학교의 육상스타인 필 나이트(Phil Knight)에 의해서 설립된 나이키는 오늘날 세계적으로 140개 국가에 영업점을 가진 운동 신발 및 운동복 분야의 가장 큰 기업 중 하나이다. 나이키가 제조업체만은 아니다. 오히려 나이키는 거의 550,000명의 종업원을 고용하고 있는 세계 여기저기 흩어져 있는 하청업체가 소유한 600개 공장들의 세계적인 네트워크에게 제조를 위한 제품들과 계약들을 설계하고 판매한다. 이런 거대기업은 설립자인 필 나이트를 미국에서 가장 부자 중 한명으로 만들어주었다. 나이키의 마케팅 표어인 "Just do it"은 "쌩 하는 소리가 나는(swoosh)" 로고나 타이거우즈(Tiger Woods)같은 인기인 후원자를 통한 상표

노출만큼 인기 있는 문화로 인식되게 되었다.

오랫동안 나이키사에게는 회사의 제품들이 다수가 아이들인 근로자들이 극악의 조건에서 생계 수준보다 못한 임금을 받으며 힘들게 일하는 "노동착취 공장(sweatshops)"에서 만들어진 것이라는 반복적이고 지속적인 고소가 따라다닌다. 나이키사의 명예를 훼손하는 사람들이 주장하는 것에 따르면 나이키의 부는 세계의 가난한 사람들을 배경으로 쌓아올린 것이다. 많은 비평가들이 나이키의 상징을 세계화 악마의 징표로 표현한다. 즉, 세계의 가난한 사람들을 이용하여 값비싼 신발과 옷을 선진국의 애지중지한 소비자들에게 제공하는 부유한 서양 기업이라는 것이다. 나이키의 "나이키타운(niketown)" 가게들은 반세계화 시위자들의 표준적인 목표가 되었다. 세계의 환경, 정치, 사회정의를 촉진하기 위하여 노력하는 인권조직인 샌프란시스코에 기반을 둔 글로벌 익스체인지(Global Exchange) 등 여러 비정부 조직들은 나이키를 반복적인 비난과 시위의 대상으로 삼았다. 댄 래더(Dan Rather)가 진행하는 씨비에스(CBS)의 48시간 같은 뉴스조직들도 나이키에 납품하는 외국 공장들의 작업 조건에 대하여 폭로하였다. 나이키가 좋은 후원 프로그램 계약을 제공한 여러 미국의 주요대학 학생들도 나이키의 노동착취를 예로 들면서 후원 프로그램 계약에 대해 항의하였다.

전형적인 의혹은 1996년에 씨비에스(CBS)의 48시간 뉴스 프로그램에 상세하게 보도되었다. 보도는 유독성 물질을 가진 열악한 작업 조건에서 시간 당 0.20달러를 받으면서 주당 6일을 근무하는 베트남의 하청업체의 젊은 여성근로자에 대해서 묘사하였다. 보도는 또한 베트남에서 생계임금은 적어도 하루에 3달러로, 이 공장에서는 상당한 초과근무 없이는 성취될 수 없는 소득이라고 제시하였다. 나이키는 어떤 법률도 위반하지 않았고, 나이키의 하청업체들도 법률을 위반하지는 않았다. 그러나 뉴스보도와 기타 비평가들은 나이키사가 기본적으로 패션 액세서리를 제작하는 데 있어서 "노동착취"를 활용하여 윤리적인 부분에서 의구심을 불러일으킨다고 제시하였다. 이런 활동들은 합법적이고, 회사의 수익성을 증대시키는 것을 도왔을 수 있다. 그러나 서구의 기준에 따르면 명백하게 근로자들을 착취하는 하청업체를 활용하는 것이 윤

리적인가? 나이키사의 비평가들은 그렇지 않다고 생각하며, 회사는 자신들이 시위와 소비자 보이콧 물결의 초점이 되었음을 알게 되었다.

1997년 11월에 불난 집에 부채질을 하듯 글로벌 익스체인지(Global Exchange)는 나이키의 하청업체가 소유한 베트남공장에 대하여 나이키사가 언스트 앤 영(Ernst & Young)에 의뢰한 기밀 감사보고서를 확보했고 폭로했다. 이 베트남공장은 9,200명의 근로자들이 일을 하고, 한 달에 400,000만 개의 신발을 만든다. 언스트 앤 영사의 보고서는 이 공장에서 일하고 있는 25세 미만이고, 하루에 10 시간 반씩 일하며, 주당 6일을 일하면서 심각한 더위와 소음, 더러운 공기에 노출되어 있으며, 주당 10달러가 조금 넘는 금액을 받는 수천 명의 젊은 여성들의 우울한 현실을 묘사하였다. 보고서는 또한 피부병과 호흡기병을 가진 근로자들이 화학품에서 자유로운 부서로 전근이 안 된다는 것을 발견하였다. 또한 위험한 화학품을 다루는 절반 이상의 근로자들은 보호 마스크와 장갑을 끼지 않고 일하고 있었다. 보고서는 공장의 일부에서는 근로자들이 지역의 합법적인 기준을 177배나 초과하여 발암물질에 노출되어 있고, 종업원들 중 77%는 호흡기 질환으로 고생하고 있다고 제시하였다.

나이키사의 하청업체 활용을 둘러싼 이런 폭로는 회사의 정책을 재검토하도록 만들었다. 나이키사의 하청업체 정책이 비윤리적으로 인식된다는 것을 깨달았기 때문에, 나이키사의 경영자들은 많은 조치들을 단행하였다. 나이키사 하청업체들의 행동 규정을 설정하였고, 독립적인 외부 감사인들이 모든 하청업체를 매년 감시하는 시스템을 도입하였다. 나이키사의 행동 규정은 신발 공장의 모든 종업원들이 적어도 18세 이상이 되도록 규정하였고, 잠재적으로 유해물질에 대한 노출이 미국근로자들을 위해 미국 직업안전 및 건강 관리 위원회(Occupational Safety and Health Administration)에 의해 설정된 노출허용 제한을 초과하지 않도록 요구하였다. 요약하면, 나이키는 법의 요구 조건을 넘어서서 윤리적으로 요구되는 행동을 하는 것으로 결론지었다. 이러한 것은 옳고 그른 것의 수용된 도덕적 원칙을 고수하는 규칙의 설정 및 강제를 요구한다.

자료: "Boycott Nike," CBS News *48 Hours*, October 17, 1996; D. Jones, "Critics Tie Sweatshop Sneakers to 'Air Jordan,'" *USA Today*, June 6, 1996, p. 1B; "Global Exchange Special Report: Nike Just Don't Do It," www.globalexchange.org/education/publications/newsltr6.97p2.html#nike; S. Greenhouse, "Nike Shoeplant in Vietnam Is Called Unsafe for Workers," *New York Times*, November 8, 1997; and V. Dobnik, "Chinese Workers Abused Making Nikes, Reeboks," *Seattle Times*, September 21, 1997, p. A4.

전략에서 윤리적 이슈들

전략적 경영자들이 직면하는 윤리적 이슈들은 많은 주제들을 포함한다. 그러나 대부분은 기업의 목적 간, 혹은 경영자 개인들의 목적 간, 그리고 주주들, 고객들, 종업원들, 공급자들, 경쟁자들, 지역사회들, 일반 대중을 포함한 중요한 이해관계자들의 기본적인 권리들 간에 잠재적인 갈등에 기인한다. 이해관계자들은 존중받아야 하는 기본 권리를 갖고 있고, 이런 권리들을 침해하는 것은 비윤리적이다.

주주들은 자신들의 투자에 대하여 적시에 정확한 정보를 제공받을 권리를 갖고 있고, 그런 권리를 침해받는 것은 비윤리적이다. 고객들은 제품이 얼마나 자신들에게 해로울 수 있는지에 대한 정보를 가질 권리를 포함하여 그들이 구매하는 제품들 및 서비스들에 대하여 완전한 정보를 제공받을 권리를 가지고 있고, 그러한 정보에 대한 접근을 제한하는 것은 비윤리적이다. 종업원들은 안전한 근무조건, 수행하는 업무에 대한 공정한 보상, 경영자에 의해서 공정한 대우를 받을 권리를 가진다. 공급자들은 존중받는 계약을 기대할 권리와 회사가 공급자와의 계약을 기회주의적으로 재작성하는 데 공급자와 자사 간의 권력 불균형을 활용하지 않을 권리를 갖는다. 경쟁자들은 기업이 경쟁의 규칙을 지킬 것이고, 반독점법의 기본 원칙을 위반하지 않을 것이라는 기대를 할 권리를 갖는다. 정부의 정치적인 대리인을 포함한 지역사회들과 일반 대중은 기업이 사회가 기업에 갖는 기본적인 기대들을 위반하지 않을 것이라는 기대를 할 권리를 갖는다. 이런 기대들에 대한 위반의 예로는 유해한 오염물질을 환경에 투기하는 것과 정부 계약으로 수행하는 작업에 과다 청구하는 것 등이다.

경영윤리에 대해 이해관계자 관점을 적용하는 사람들은 이해관계자들의 기본적인 권리들을 인정하고 존중하는 윤리적인 방식으로 행동하는 것이 경영자들의 계몽된 이기심이라고 종종 주장하였다. 왜냐하면 그렇게 행동하는 것이 이해관계자의 후원을 보장하고, 궁극적으로 기업과 경영자들에게 혜택을 주기 때문이다. 다른 사람들은 윤리에 대한 이런 도구적인 접근을 넘어서는 측면을 주장하는데, 많은 경우에 윤리적으로 행동하는 것은 단순히 옳은 것을 하는 것이라는 것이다. 이들의 주장은 사업체들이 높은 지위로 태어난 사람(귀족)의 책임을 고려하여 자신들의 성공을 가능하게 해준 사회에 무언가를 돌려주기 위해 명예롭고 호혜적인 행동들을 하는 것을 일컫는 프랑스 격언인 "노블리스 오블리제(noblesse oblige)"를 인식할 필요성이 있다고 주장한다. 경영 환경에서는 선의의 행동이 성공한 기업의 도덕적 책임인 것으로 이해될 수 있다.

비윤리적 행동은 경영자들이 하나 혹은 그 이상의 이해관계자 집단들의 기본적인 권리 위에 개인의 목적 혹은 기업의 목적의 달성을 놓는 것을 결정할 때 기업 환경에서 종종 발생한다(다른 말로 비윤리적 행동은 대리인문제로부터 발생한다). 그러한 행동의 가장 흔한 예들은 회사자금의 사적이용(self-dealing), 정보조작, 반경쟁 행동, 기업이 배태된 가치사슬(공급자, 보완재 제공자, 유통업자를 포함)에서 다른 행위자들에 대한 기회주의적인 착취, 기준 이하의 근무조건의 유지, 환경악화, 뇌물 등과 관련된다.

　　회사자금의 사적이용(Self-dealing)은 우리가 이미 이번 장의 여러 사례들에서 논의했던 것처럼(홀링거사(Hollinger)의 콘래드 블랙(Conrad Black)), 경영자들이 회사의 자금을 자신의 금고로 옮길 수 있는 방법을 발견했을 때 발생한다. 정보조작(Information manipulation)은 이번 장의 앞머리 사례에서 다룬 에이치피(HP)사가 오토노미(Autonomy)사를 고소한 것과 같이, 경영자들이 기업의 재무 상황 또는 경쟁지위를 향상시키기 위하여 정보를 왜곡하거나 숨기는 데 기업 자료에 대한 자신들의 통제권을 이용할 때 발생한다. 우리가 앞에서 살펴본 것처럼, 많은 회계 스캔들은 재무 정보에 대한 고의적인 조작과 관련된다. 정보조작은 또한 비재무적 자료와 관련해서도 발생할 수 있다. 예로 담배회사들이 흡연과 건강 문제를 연계한 내부 연구결과를 감추어서 고객들이 흡연의 위험에 대한 정확한 정보를 얻을 권리를 침해했던 것이 있다. 이 증거가 밝혀졌을 때, 변호사들은 담배회사들을 상대로 집단소송을 제기하였고, 고의적으로 흡연자들에게 해로움을 끼쳤다고 주장하였다. 담배회사들은 고객들에게 심각하게 해로운 제품을 알면서도 판매촉진함으로써 불법행위 법률을 위반하였다. 1999년에, 담배회사들은 담배와 관련된 질병들에 대하여 건강보호비용을 회수하고자 하는 주정부들에 의하여 제기된 소송에 합의하였는데, 주정부들에게 전체적으로 2천 6백억 달러를 지급하였다.

　　반경쟁 행동(Anticompetitive behavior)은 일반적으로 독점적 지위를 활용하여 실제 경쟁자들 혹은 잠재적인 경쟁자들에게 해를 끼침으로서 결과적으로 기업의 장기적인 전망을 강화하려는 목적의 활동들을 포함한다. 예를 들어, 1990년대에 법무부는 마이크로소프트사(Microsoft)가 운영체제에 있어서의 독점적 지위를 활용하여 PC제조업체들에게 마이크로소프트사의 웹 브라우저인 Internet Explorer를 윈도우 운영체제와 함께 공짜로 제공하고, 컴퓨터 바탕화면에 Internet Explorer의 로고를 두드러지게 표시하도록 강제하였다고 제시하였다. 소문에 의하면 마이크로소프트사는 PC제조업체들에게 이런 것을 하지 않으면 윈도우를 그들에게 공급하지 않을 것이라고 협박했다. PC제조업체들은 컴퓨터를 판매하기 위해서는 윈도우가 필요했기 때문에, 이러한 협박은 강력한 위협이었다. 반독점법하에서 불법인 "끼워팔기(tie-in sales)"의 좋은 예인 이런 마이크로소프트사 행동의 목적은 경쟁력 있는 브라우저 제작사인 네스케이프(Nescape)사를 문 닫게 만드는 것이었다. 법원은 이 사례에서 마이크로소프트사가 자신들의 독점적 권력을 남용했다고 선고했고, 2001년 법원 명령이 내려짐에 따라 마이크로소프트사는 이러한 끼워팔기 관행을 강제적으로 중지해야 했다.

　　법률 준수와는 별개로, 마이크로소프트사의 경영자들이 연계된 이러한 활동들은 적

회사자금의 사적이용
예를 들어, 예년에 언론사에서 그랬던 것처럼 회사기금을 경영자가 개인적인 소비를 위해 사용하는 것

정보조작
경영자들이 기업의 재무상황 또는 경쟁지위를 향상시키기 위하여 정보를 왜곡하거나 숨기는데 기업자료에 대한 자신들의 통제권을 이용하는 상황

반경쟁 행동
일반적으로 독점적 지위를 활용하여 실제 경쟁자들 혹은 잠재적인 경쟁자들에게 해를 끼침으로써 결과적으로 기업의 장기적인 전망을 강화하려는 목적의 활동들

어도 세 가지 측면에서 비윤리적이다. 첫째, 소비자의 선택을 불공정하게 제한함으로써 컴퓨터 이용자들의 권리를 침해하였다. 둘째, 산업 가치사슬에서 하방 참가자들의 권리를 침해하였는데, 이 사례에서는 PC제조업자들에게 설계에 있어서 특별한 제품을 통합하도록 강제한 것이다. 셋째, 자유롭고 공정한 경쟁을 하는 경쟁자들의 권리를 침해했다.

기업이 배태된 가치사슬에서 다른 행위자들에 대한 기회주의적 착취(Opportunistic exploitation)는 비윤리적 행동의 또 다른 예이다. 이런 종류의 착취는 기업의 경영자들이 종종 자신들의 권력을 활용하여 계약의 수정을 강요하는 등, 자기 기업이 보다 유리한 방식으로 공급자들, 구매자들, 또는 보완재 제공자들과의 계약의 조건들을 일방적으로 재작성하려 할 때 일반적으로 발생한다. 예를 들어, 1990년 말에 보잉(Boeing)사는 티타늄 메탈 코퍼레이션(Titanium Metals Corporation)사와 10년 동안 연간 티타늄 일정량을 구매하는 계약을 20억 달러에 맺었다. 2000년 티타늄 메탈사가 계약을 실행하기 위하여 생산 가용 능력을 확장하는 데 1억 달러를 투자한 후, 보잉사는 계약을 재협상하자고 요구하였고, 더 낮은 가격과 최소 구입 조건의 폐지를 요구하였다. 티타늄의 주요한 구입업체로서 보잉사의 경영자들은 아마도 이런 계약을 수정할 만한 권력을 보잉사가 가지고 있고, 티타늄사의 가용 능력 확장 투자는 티타늄사가 계약 협상에서 승리할 가망성이 없다는 것을 의미한다고 생각했을 것이다. 티타늄사는 즉시 보잉사를 계약 위반으로 고소하였다. 이러한 분쟁은 법원에서 해결되었는데, 수정된 협약하에서 보잉사는 티타늄 메탈사에 금전적인 피해에 대해 보상하는 것에 동의하였고(6000만 달러 범위라고 보도되었다), 티타늄을 구입하는 데 있어서 수정된 계약을 맺었다.[35] 이런 활동은 법률 위반과 무관하게, 공정하고 공개된 방식으로 구매자가 사업 활동을 할 것이라고 기대하는 공급자의 권리를 침해했기 때문에 비윤리적인 것이다.

기준 이하의 근무조건(Substandard working condition)은 경영자들이 생산비용을 감소시키기 위하여 근무조건에 과소 투자하거나 시장 임금률 이하로 종업원들에게 임금을 지급할 때 발생한다. 그러한 행동의 가장 심한 사례는 기업이 미국 같은 선진국에서는 제정되어 있는 작업장 규정이 결핍한 국가들에서 시설을 운영할 때 발생한다. 앞서 언급하였던 나이키(Nike)사의 예는 이 범주에 포함된다. 다른 예로 오하이오 아트 컴퍼니(Ohio Art Company)사가 인기 있는 Etch A Sketch 장난감의 생산시설을 오하이오에서 대부분 10대인 종업원들이 법적 최저임금인 시간당 0.33달러보다 낮은 시간당 0.24달러를 받으며 장시간 근로를 하고 있는 중국 선전 특별구에 위치한 공급자에게로 옮겼다고 신문이 보도했을 때 윤리적인 폭풍에 직면한 것이 있다. 더욱이 신문보도에 따르면 생산시설 가동이 아침 7시 30분에 시작되고 점심 시간과 저녁 시간에만 잠시 쉴 뿐 밤 10시까지 지속되며, 토요일과 일요일도 정규 근로일로 간주되어서, 결국 선전시에서 설정한 표준 주당 40 시간 근로보다 매우 높은 하루 12 시간, 주 7일 또는 주당 84 시간을 종업원이 일하고

기회주의적 착취
자기 기업에 보다 유리한 방식으로 공급자들, 고객들, 또는 보완재 제공자들과의 계약 조건들을 일방적으로 재작성하려고 때때로 경영자들이 사용하는 비윤리적인 행동

기준 이하의 근무조건
경영자들이 생산비용을 감소시키기 위하여 근무 조건에 과소 투자하거나 상장임금률 이하로 종업원들에게 임금을 지급할 때 발생함

있었다. 이와 같은 근로 조건은 지역의 법률에 의해서 정해진(강제가 잘 되지는 않는) 중국 종업원의 권리를 명백하게 침해한 것이다. 오하이오 아트 컴퍼니사가 그러한 공급자를 활용한 것이 윤리적인가? 많은 사람들은 그렇지 않다고 할 것이다.[36]

환경악화(Environmental degradation)는 회사의 활동들이 오염이나 환경적인 위해의 다른 형태들을 직접적으로 혹은 간접적으로 초래할 때 발생한다. 환경악화는 유해한 화학물의 오염이 없는 깨끗한 공기와 물, 토지와 적절하게 관리된 숲 같은 것들에 대해 기대하는 지역사회와 일반 대중의 권리를 침해할 수 있다.

마지막으로 뇌물(corruption)은 기업 환경에서 경영자들이 큰 이익이 되는 사업 계약 기회를 얻기 위하여 뇌물을 지급할 때 발생할 수 있다. 예를 들어, 할리버튼(Halliburton)사는 나이지리아의 천연가스 공장을 건설하는 큰 계약을 따내기 위하여 뇌물로 거의 1억 8천만 달러를 지불한 콘소시엄의 일부였다.[37] 유사하게 2006년에서 2009년 사이에 지멘스(Siemens)사는 판매 계약을 유지하려고 뇌물로 수억 달러를 지불한 범죄를 저지른 것으로 밝혀졌다. 지멘스사는 궁극적으로 무거운 벌금을 지불해야 했고, 5천 1백만 달러를 뇌물로 받은 중국 경영진 중 하나는 중국 법원에 의해서 사형을 선고받았다.[38] 뇌물은 명백하게 비윤리적이다. 왜냐하면 뇌물로 인해 계약에 입찰할 때 공정한 경쟁의 장에 대한 경쟁자의 권리, 정부 관료들이 관련될 때 시민들이 정부 관료들은 뇌물이 아닌 지역사회 혹은 국가의 이익을 위해서 활동할 것이라고 기대하는 권리 등을 포함한 많은 권리들이 침해받기 때문이다.

비윤리적 행동의 근원들

왜 어떤 경영자들은 비윤리적으로 행동하는가? 경영자들이 옳고 그른 것의 수용된 원칙들을 침해하고, 하나 이상의 이해관계자 집단들의 권리를 유린하며, 법률을 위반하는 활동들을 하도록 무엇이 유인하는가? 이 질문에 대한 단순한 답은 없지만, 몇 가지 일반화 가능한 요인들을 제시할 수 있다.[39] 첫째, 경영윤리가 개인들의 행동을 지배하는 옳고 그른 것에 대한 일반적으로 수용된 원칙인 개인윤리(personal ethics)와 다르지 않다는 것을 인식하는 것은 중요하다. 개인으로서 우리는 거짓말하고 속이는 것은 잘못이고, 정직과 명예로움을 가지고 행동하는 것, 그리고 올바르고 진실하다고 믿는 것을 지키는 것은 옳은 것이라고 배운다. 행동을 이끄는 개인윤리의 기준들은 부모, 학교, 종교, 방송매체를 포함한 다양한 원천들로부터 나타난다. 개인윤리의 기준들은 개인들이 사업가로 행동하는 방식에 강력한 영향을 미칠 것이다. 개인적인 윤리에 큰 가치를 두는 개인은 사업 환경에서 비윤리적 방식으로 덜 행동할 것이다. 특히 사내 자금을 전용하는 것을 덜 할 것이고, 정직한 행동을 할 가능성이 높다.

둘째, 사업환경하에서 비윤리적 행동에 대한 많은 연구들은 사업가가 주로 다음의 질

환경악화
회사의 활동들이 오염이나 환경적인 위해의 다른 형태들을 직·간접적으로 초래할 때 발생함

뇌물
기업환경에서 경영자들이 큰 이익이 되는 사업계약 기회를 얻기 위하여 뇌물을 지급할 때 발생함

개인윤리
개인들의 행동을 지배하는 옳고 그른것에 대한 일반적으로 수용된 원칙

문을 제기하는 것에 실패하기 때문에, 때때로 자신이 비윤리적으로 행동하고 있다는 것을 인식하지 못한다고 결론짓는다: 이 결정 또는 활동이 윤리적인가? 대신에 사업가들은 사업 의사결정이라고 그들이 인정하는 것에 대하여, 이런 의사결정이 중요한 윤리적 딜레마를 겪을 수 있다는 것을 망각한 채 직접적인 사업계산법을 적용한다.[40] 여기서 잘못된 점은 사업 의사결정에 윤리적인 고려사항을 통합하지 않는 절차에 있다. 이러한 것은 나이키(Nike)사 사례에서 경영자들이 애초 하청계약을 맺은 것에서 찾아볼 수 있다([전략 실행 사례 11.3]). 그러한 결정들은 아마도 훌륭한 경제적 논리에 기반을 두고 이루어졌을 것이다. 하청업체들은 아마도 비용, 납품, 제품품질 같은 사업 변수들에 기반을 두고 선택되었을 것이고, 책임 경영진은 단순히 다음 질문을 하지 않았을 뿐이다: "이 하청업체가 근로자들을 어떻게 대우하는가?" 경영자들이 이 질문에 대해서 심사숙고했다 하더라도, 아마도 그러한 사항이 하청업체의 문제이지, 나이키사의 문제가 아니라고 생각했을 것이다.

불행하게도 어떤 사업체에서는 분위기(climate)가 사업 의사결정의 윤리적 결과들을 생각하도록 촉진하지 않는다. 이러한 분위기는 사업체에서 비윤리적 행동의 세 번째 원인을 초래한다: 즉, 경영윤리의 중요성을 강조하지 않고 순전히 경제적 논리에 의해서 모든 의사결정이 고려되는 조직문화이다. 개인들은 자신들 사업장에서의 의사결정들이 개인적인 삶을 지배하는 윤리적 원칙과 동일하게 이루어지지 않는다거나, 자신이 기업의 대리인으로 단순히 활동하므로 기업 내부 의사결정은 진정으로 자신에게 속하지 않는다고 믿을 수 있다. 관련된 네 번째 비윤리적 행동의 원인은 최고경영진이 비현실적이고 원칙을 무시해야만 달성 가능하며, 비윤리적인 방식으로 활동해야 하는 성과목표를 달성하도록 압박하는 것일 수 있다. 그리하여 성과 수행에 대한 압박은 개인들이 하지 말았어야 하는 방식으로 행동하도록 만든다.

조직문화는 사회가 비윤리적으로 판단하는 행동을 "정당화"시킬 수 있다. 특히 비용에 관계없이 단기적인 경제적 성과를 극대화하는 것과 같은 비현실적인 성과목표에 초점이 있을 때 이러한 비윤리적 행동이 혼재되어 나타난다. 그러한 환경에서는 경영자들이 자신의 개인적인 윤리를 어기고, 비윤리적인 행동에 관련할 만큼의 평균보다 매우 큰 수익성이 존재한다. 동일한 형태로 조직문화는 그 반대로 할 수 있고, 윤리적 행동의 필요성을 강화시킬 수 있다. 예를 들어, 리크레이셔널 이큅먼트사(Recreational Equipment Inc.)는 환경유지 가능성, 개인에 대한 존중, 신뢰 가능성 등에 가치를 두는 강력한 문화를 가졌다. 기업은 환경 관리보고서(environmental stewardship report)를 매년 발간하고 있고, 모든 근로자들에게 건강검진 혜택(파트타임 근로자들을 포함), 개인의 부담을 요구하지 않는 퇴직 준비 제도, 지역사회에 공헌하거나 개인적인 야외 도전을 즐기기 위하여 복장을 구매하는 종업원들에 대한 보상 등을 제공하는 정책들을 통해 이러한 신념 체계를 뒷받침하고 있다. 회사는 포춘지(Fortune) 선정 2013년 "미국을 위해 일하는 최고의 100개 회사들" 중 17위에 선정되었고, 1998년 이래로 매년 순위에 이름을 올리고 있다. 이러한 예는 5번째 비윤리적 행동의 원인을 도출하는 데 비윤리적 리더십이다. 리더들은 조직의 문화를 설정하는 것을 돕고, 다른 종업원들이 따르는 예제를 제공한다. 회사의 다른 종업원들은 회사의 리더가 하는 대로 따라한다. 그리고 그러한 리더가 만일 윤리적인 방식으로 행동하지 않는다면, 종업원들도 윤리적으로 행동하지 않을 것이다. 이런 리더십은 리더가 어떤 문제에 대하여 말하는 것을 의미하는 것이 아니라 행동하는 것을 의미하는 것이다. 이런 리더십의 좋은 사례는 실패한 에너지 회사인 엔론(Enron)사의 전 최고경영자 켄 레이(Ken Lay)에서 찾아볼 수 있다. 공식 발표에서는 지속적으로 엔론사의 윤리적 규정에 대하여 언급한 반면에, 레이는 동시에 윤리적으로 의심되는 행동을 수행하였다. 많은 것들 가운데서, 레이는 에너지거래 체계를 손상시키는 행동을 함으로써 부풀려진 이득을 획득한 부하들을 처벌하는데 실패했다. 그러한 행동은 엔론사 종업원들에게 매우 명확한 메시지를 전달해 주었는데, 이익만 부풀릴 수 있다면 비윤리적 행동은 묵인될 것이라는 것이었다.

윤리적으로 행동하기

경영자들이 윤리적 고려사항들을 심사숙고하도록 보장하는 최선의 방법은 무엇인가? 많은 경우에 가장 귀찮은 윤리적 문제들의 다수는 매우 현실적인 딜레마와 관련되고, 경영활동의 확실하고 정확한 방향을 제시하지 않기 때문에, 이 질문에 대한 손쉬운 답변은 없다. 그럼에도 불구하고, 경영자들은 기본적인 윤리적 원칙들을 고수하고, 의사결정을 할 때 윤리적인 이슈들을 일상적으로 고려하는 것을 보장하는 적어도 일곱 가지 관행들을 수행할 수 있고, 수행해야 한다. 경영자들은 (1) 개인윤리의식을 잘 갖춘 사람들을 선발하고 승진시키는 것을 지원할 수 있고, (2) 윤리적 행동에 높은 가치를 두는 조직문화를 형성할 수 있으며, (3) 회사의 리더들이 윤리적 행동에 대한 미사여구를 제공할 뿐만 아니라 미사여구와 일관된 방식으로 행동하도록 보장할 수 있고, (4) 의사결정 과정에 의사결정의 윤리적 차원을 고려할 것을 요구하는 사람들을 포함시킬 수 있으며, (5) 윤리 담당관들(ethical officers)을 활용하고, (6) 강력한 지배구조 과정들을 설치할 수 있고, (7) 도덕적인 용기를 가지고 활동할 수 있다.

고용 및 승진 사업체들이 강력한 개인윤리의식을 지니고 비윤리적이거나 불법적인 행동을 하지 않은 사람을 고용하려고 노력하고 있다는 것은 분명해 보인다. 유사하게 당신도 일반적으로 수용되는 윤리 기준을 만족시키지 못하는 행동을 하는 사람을 사업체가 고용하거나 승진시키지는 않을 것이라고 확고하게 기대할 것이다. 그러나 이런 것을 실행하는 것은 실제적으로는 매우 어렵다. 어떤 사람이 나쁜 윤리의식을 가졌는지 어떻게 알 수 있는가? 현대 사회에서 어떤 사람이 개인윤리의식이 부족하다면 그는 사람들의 신뢰를 얻기 위하여 그 사실을 숨길 것이다.

회사들이 나쁜 개인윤리의식을 가진 사람들, 특히 공공대중의 시각에 이러한 나쁜 윤리의식을 숨길 유인을 가진 사람들을 고용하지 않는 것을 보장하기 위해서는 어떻게 해야 할까? 회사들은 예비 종업원들에게 윤리적인 성향을 분별하기 위한 심리 테스트를 실시할 수 있다. 그리고 추천서를 요구하거나, 예비 종업원과 일한 사람들과의 대화 등의 수단으로 어떤 사람의 평판을 검증할 수도 있다. 후자의 접근은 확실히 보편적으로 행해지며, 고용 과정에 영향을 미친다. 나쁜 윤리의식을 나타내는 사람들을 승진시키는 것은 조직문화가 윤리적 행동에 중요한 가치를 두고, 리더가 윤리적으로 행동하는 회사에서는 일어날 수가 없다.

조직문화 및 리더십 윤리적 행동을 촉진하기 위하여, 회사들은 윤리적 행동에 높은 가치를 두는 조직문화를 형성해야 한다. 세 가지의 활동들이 특히 중요하다. 첫째, 회사들은 윤리적 행동을 강력하게 강조하는 가치들을 명시적으로 표현해야 한다. 현대의 많은 회사들은 윤리 강령(code of ethics)을 작성하여 이러한 것을 진행하고 있다. 윤리 강령은 회사가 고집하는 윤리적 우선순위에 대한 공식적인 진술이다. 사실 뉴욕 증권거래소 및 나스닥 상장 서비스는 상장기업들에게 윤리적 위험을 확인할 수 있고, 윤리적 이슈들을 인식하고 다루는 데 있어서 가이드라인을 제공하며, 비윤리적 행동을 보고하는 메커니즘을 제공하고, 다양한 위반에 대항하는 즉각적인 활동을 보장하는 절차를 제시하는 윤리 강령을 의무적으로 설치하도록 요구하고 있다.[41] 기업들은 또한 때때로 윤리적 진술을 회사의 가치 또는 미션을 표현하는 문서에 통합하기도 한다. 예를 들어, 음식 및 소비 제품 업종의 대형회사인 유니에버(Uniever)사의 윤리 강령은 다음 내용을 포함한다. "우리는 강요되고, 강제적이거나, 미성년 노동의 어떤 형태도 하지 않을 것이다."와 "종업원들은 뇌물 혹은 뇌물로 해석될 수 있는 어떤 종류의 선물이나 금전을 결코 제공하거나 받지 않을 것이다. 뇌물에 대한 어떤 요구나 제안은 즉각적으로 거절될 것이고, 경영진에 보고될 것이다." 유니에버사의 원칙들은 조직 내 경영자들과 종업원들에게 매우 명확한 메시지를 보내는 것이다. 미국의 비영리 기관인 윤리 자원 센터(Ethics Resource Center)에서 수행한 전국 사업체 윤리 조사(National Business Ethics Survey) 자료에 따르면 강력하고 잘 실행된 윤리 프로그램을 가진 기업들은 윤리적인 위법 행위를 한 사례가 유의하게 적은 것으로 나타났다.[42]

윤리 강령 또는 다른 문서 형태로 가치를 표현하는 것과 함께, 회사의 리더들이 윤리적 행동의 중요성을 반복적으로 강조함으로써 그러한 강령 및 문서에 활기를 불어넣고

> 윤리 강령
> 회사가 고수하는 윤리적 우선 순위에 대한 공식적인 진술

의미를 부여한 후, 먼저 윤리적으로 행동하는 것도 중요하다. 이러한 것은 경영윤리의 중요성을 강조하는 데 모든 관련 기회를 활용한다는 것이고, 핵심적인 회사의 의사결정이 훌륭하게 경제적일 뿐만 아니라 윤리적이라는 것을 보장한다는 것을 의미한다. 많은 회사들이 이 부분에서 좀 더 높은 단계로 나아갔고, 회계감사법인으로 독립적인 기업들을 고용했으며, 회사가 윤리 강령과 일치하는 방식으로 행동하고 있다는 것을 보장하고 있다. 예를 들어, 나이키(Nike)사는 하청업체들이 나이키의 행동 방식을 고수하고 있는지 보장하기 위하여 독립적인 감사인들을 최근 들어 고용했다.

마지막으로 윤리적 행동에 높은 가치를 두는 조직문화를 형성하는 것은 윤리적 행동을 한 사람들을 보상하고 그렇지 않은 사람을 처벌하는 승진시스템을 포함한 인센티브와 보상시스템을 요구한다.

의사결정 절차들 조직에서 올바른 조직문화를 형성하는 것에 덧붙여, 사업가들은 체계적인 방식으로 의사결정의 윤리적 함의점들을 생각할 수 있어야 한다. 이걸 수행하기 위하여, 사업가들은 도덕적 나침반과, 개인적인 옳음과 정의를 결정하는 신념들이 필요하다. 어떤 윤리 전문가들은 의사결정이 윤리적인가를 결정하는 데 활용할 수 있는 직접적으로 실용적인 가이드, 또는 윤리적 알고리즘을 제안해왔다. 사업가들이 다음 질문들 각각에 대해서 "예"라고 대답할 수 있다면 의사결정이 윤리적으로 수용 가능한 것이다.

1. 나의 의사결정이 조직 환경에서 전형적으로 적용하는 수용된 가치들 또는 기준들 이내에 위치하는가?(윤리 강령에 표현되거나 기타 기업의 문서에 표현된 것처럼)
2. 나는 의사결정을 신문 혹은 텔레비전에 보도하여 의사결정에 의해서 영향 받는 모든 이해관계자들에게 기꺼이 알릴 수 있는가?
3. 가족들, 친구들, 심지어 다른 회사의 경영자들처럼 내가 중요한 개인적인 관계를 맺고 있는 사람들이 이 의사결정을 승인하겠는가?

윤리 담당관들 회사가 윤리적인 방법으로 행동하는 것은 보장하기 위하여 현대의 많은 기업들은 윤리 담당관들(Ethics Officers)을 가지고 있다. 이런 윤리 담당관들은 종업원들을 윤리적으로 의식하도록 훈련시키는 것, 윤리적 고려사항들이 회사의 의사결정 과정에 포함되도록 하는 것, 종업원들이 회사의 윤리 강령을 지키는 것 등을 보장하는 책임을 진다. 많은 회사들에서, 윤리 담당관들은 종업원들에 대한 비밀스러운 조사들을 진행하고, 종업원들이나 다른 사람들로부터의 불만 사항을 조사하며, 발견 사항을 보고하고, 변화 제언을 제공하는 책임을 지닌 내부 옴부즈맨(ombudsperson) 역할을 한다.

약 600억 달러의 세계적인 수익을 올리는 대형 항공우주업회사인 유나이티드 테크놀로지스(United Technologies)사는 1990년 이후로 공식적인 윤리 강령을 설정해왔다.

집중 분석: 월마트

월마트의 윤리헌장

© iStockPhoto.com/caracterdesign

월마트(Wal-Mart)는 희롱과 공정한 경쟁을 위한 비차별, 내부거래, 뇌물, 자금세탁을 아우르는 광범위한 이슈들을 포함하는 14개국 언어로 되어 있는 35쪽짜리 "윤리헌장(Statement of Ethics)"을 가지고 있다. 윤리헌장은 다음의 지시 원칙들로 짜여 있다.

- 언제나 정직하게 활동할 것
- 정직을 우선시하고, 다른 사람에게 정직하게 일할 것을 기대할 것
- 언제나 법률을 따를 것
- 정직하고 공정할 것
- 모든 정보를 조작이나 허위진술 없이 정직하게 알리고 보고할 것
- 회사에서의 직위 외의 업무, 활동들, 관계들은 어떤 종류의 이해 관계 충돌에서도 자유로워야 할 것
- 다양성을 존중하고, 촉진하며, 어떤 사람을 절대 차별하지 말 것
- 윤리헌장에 문의 사항이 있거나 윤리적 문제에 직면하였다면 직속 상사나 세계 윤리 담당부서(Global Ethics Office)에 문의할 것
- 윤리헌장의 위반이 의심되는 경우에 즉각적으로 보고할 것
- 윤리위반의 가능성에 대한 감사의 개인적인 특성을 고려하여 협력하고 유지할 것

- 윤리감사에 연루되었을 때, 모든 정보를 정직하게 알리고 보고할 것. 개인적인 의견, 편견, 판단 없이 알고 있는 모든 사실을 제시할 것

윤리헌장은 월마트 종업원들이 할 수 없는 것을 상세하게 알려주고, 질의와 응답란을 통하여 유용한 예들을 제공한다.

"질문: 저와 함께 거래하는 한 공급자가 저에게 액면가만 받고 월드컵 티켓 2장을 제공하겠다고 합니다. 제가 이 티켓들을 사도될까요?

답변: 당신은 제안을 거절해야 합니다. 당신이 티켓들의 액면가를 지불한다 할지라도, 티켓의 시장 가치를 반드시 반영하는 것은 아닐 수 있습니다. 어떤 사람들은 당신에게 티켓들을 재판매하라고 요구할 것이고, 당신이 그 티켓들을 판매한다면 이익을 볼 수 있습니다. 또한, 월드컵 같은 남들이 가기를 열망하는 행사에 참가하는 능력을 받는 것은 특권을 주는 선물이라고 볼 수 있습니다."

월마트는 월마트의 윤리 정책들을 개발하고, 윤리적인 문화를 촉진하며, 잘못된 행동에 대한 익명의 보고 시스템을 제공하는 세계 윤리부서(Global Ethics Office)를 가지고 있다. 월마트는 또한 종업원들이 손쉽게 연락을 취할 수 있는 지역에서 조직된 윤리위원회와 종업원들이 의문 사항이 있을 때 전화할 수 있는 윤리 전화 상담 서비스를 가지고 있다.

자료: Data retrieved from http://ethics.walmartstores.com/statementofethics on April 26, 2013.

현재 회사 내에는 450명의 "회사 관행 담당관들"(즉, 윤리 담당관들의 회사 명칭)이 있는데, 그들은 윤리 강령을 종업원들이 준수하는 것을 보장하는 책임을 진다. 유나이티드 테크놀로지스사는 또한 1986년에 옴부즈맨 프로그램을 설치하였는데, 윤리적 이슈들에 대하여 종업원들을 익명으로 조사할 수 있는 권한을 부여하였다.[43]

강력한 기업지배구조 강력한 기업지배구조 절차들은 경영자들이 윤리 규범을 준수하고, 특히 최고경영진이 회사자금 전용이나 정보조작에 관여하지 않도록 보장하는 데 필요하다. 강력한 기업지배구조 절차들은 최고경영자에게 회사자금 전용에 대한 책임을

기꺼이 부과할 수 있고, 경영자들이 제공한 정보를 확인할 수 있는 독립적인 이사회를 요구한다. 타이코(Tyco)사, 월드컴(WorldCom)사, 엔론(Enron)사 같은 회사들이 강력한 이사회를 가졌더라면, 회계 스캔들을 겪지 않거나, 최고경영자가 회사의 기금을 개인적인 금고처럼 접근할 수 없었을 것이다.

강력한 지배구조를 위한 다섯 개의 초석들이 있다. 첫 번째는 기업의 관리 책임이 없고, 최고경영자에게 책임을 물을 수 있으며, 중요한 내부인과의 사업적인 연계 관계를 가지고 있지 않은 다수의 사외 이사들로 구성된 이사회이다. 사외 이사들은 높은 정직성을 가지고 있어야 하고, 개인적 명성이 독립적으로 이사회에서 활동하는 능력에 달려 있는 사람들이어야 한다. 두 번째 초석은 최고경영자와 이사회 회장이 다른 사람들로 선출되고, 회장이 사외 이사 출신인 이사회이다. 최고경영자가 동시에 이사회 회장일 때, 최고경영자는 회의 주제를 통제할 수 있고 그것에 의하여 최고경영자 개인적인 주제로 나아갈 수 있거나, 현재 기업 정책들에 대한 비판을 제약할 수 있다. 세 번째 초석은 완전히 사외 이사들로 구성된 이사회의 보상위원회이다. 주식매입선택권의 부여와 기타 복리후생을 포함한 최고경영자들의 임금 수준을 정하는 곳이 보상위원회이다. 회사자금 전용의 범위는 보상위원회가 경영자들과 독립적이 되는 것을 보장함으로써 감소된다. 네 번째, 기업의 재무제표를 검토하는 이사회의 감사위원회도 사외 이사들로 구성되어야 한다. 그럼으로써 기업의 재무제표에 대하여 활발하게 독립적인 의문들을 제기할 수 있다. 마지막으로 이사회는 정말로 독립적이고 이익 충돌이 없는 사외 감사인들을 활용해야 한다. 최근의 많은 회계 스캔들의 사례들에서는 이것이 이루어지지 않았는데, 이런 사례들에서는 사외 감사인들이 동시에 기업의 컨설턴트였고, 따라서 막대한 컨설팅 계약을 위험에 빠뜨릴 위험하고 어려운 질문을 경영진에게 하지 않는 경향이 있었다.

도덕적 용기 때때로 경영자들과 기타 관계자들에게 도덕적 용기가 필요하다는 것을 인식하는 것은 중요하다. 도덕적 용기(moral courage)는 경영자들에게 수익성이 있지만 비윤리적인 의사결정에서 멀어지게 만들어주고, 종업원들에게 비윤리적으로 행동할 것을 강요하는 상사들에게 싫다고 말할 수 있는 힘을 부여하며, 종업원들에게 회사의 지속적인 비윤리적 행동에 대하여 방송매체로 가서 내부 고발할 수 있는 정직성을 제공한다. 도덕적 용기는 쉽게 오지 않는다: 즉, 비윤리적 기업 행동에 대하여 내부 고발하였기 때문에 해고된 사람들에 대한 잘 알려진 사례들이 있다.

회사들은 상사에게 싫다고 말하거나 비윤리적 활동들에 대하여 불만을 제기하는 형태로 도덕적 용기를 발휘한 종업원들에게 보복하지 않겠다는 약속을 함으로써 종업원들의 도덕적 용기를 강화할 수 있다. 예를 들어, 유니레버(Unilever)사의 윤리 강령은 다음을 포함한다.

"윤리 강령에 대한 어떠한 위반이라도 사무국에서 정한 절차들에 따라서 보고되어야 한다. 유니레버사의 이사회는 이런 원칙들, 기타 의무적인 정책들과 강령들을 준수함으로써 초래된 어떠한 사업 손실에 대해서도 경영진을 비난하지 않을 것이다. 유니레버사의 이사회는 종업원들과 최고경영진들이 이런 원칙들의 어떤 위반이나 위반의 의심이 가는 것에 대해서 관심을 기울일 것을 기대한다. 규정은 종업원들이 비밀리에 보고할 수 있도록 만들어질 것이고, 어떤 종업원도 그런 것을 한 결과로써 고통 받지 않을 것이다."

이런 명문화는 종업원들에게 도덕적 용기를 낼 수 있는 "허가"를 준다. 회사들은 또한 종업원들이 기업 윤리 담당관에게 익명으로 불만 사항을 등록할 수 있도록 윤리 상담 직통전화를 설치할 수 있다.

최종의견 여기서 논의된 단계들은 경영자들이 사업 의사결정을 할 때, 윤리적 함의점들을 완전히 인식하고 기본적인 윤리 규정들을 위반하지 않도록 도와줄 수 있다. 동시에 모든 윤리적 딜레마들이 명확하고 분명한 해결책을 갖지는 않는다. 그들이 왜 딜레마이겠는가? 결국은 회사가 하지 말아야 할 것이 있고, 회사가 해야 할 것이 있다. 그러나 또한 경영자들이 진정으로 딜레마를 겪게 만드는 활동들도 있다. 이런 딜레마 경우에서 보상은 경영자들이 복잡하고 혼란스러운 상황을 이해하고, 가능한 균형 있는 의사결정을 하는 능력에 달려 있다.

윤리적 딜레마

© iStockPhoto.com/P_Wei

당신은 저비용 노동력을 활용할 수 있는 외국 경쟁자들과 경쟁하는데 어려움을 가진 미국에 본사를 둔 섬유회사에서 일하고 있다. 당신의 공장 근로자들에게는 시간당 14달러와 복리후생을 지급하고 있는 반면, 유사한 베트남의 직물공장에서는 종업원들에게 시간당 약 0.5달러를 지급하고 있으며, 베트남의 공장은 당신의 회사에서는 비용을 들여서 지키고 있는 안전 및 환경 규정을 지키지 않고 있다. 운송비용까지 고려한 후에도, 베트남의 공장은 여전히 확실한 비용우위를 가진다. 당신 회사 최고경영자는 공장을 폐쇄하고, 종업원들을 정리해고 하며, 생산시설을 노동 비용과 규정준수 비용이 훨씬, 훨씬 낮은 중남미나 남동 아시아로 옮길 시기가 되었다고 말한다. 미국 공장은 작은 지역사회에 위치한 유일한 대형 고용주이다. 종업원들의 다수는 직장생활 전부를 공장에서 일해 왔다. 공장은 가까스로 수익을 내고 있다.

주주들을 고려할 때 올바른 활동은 무엇인가? 활동 중 가장 윤리적인 것은 무엇인가? 이 상황에서 갈등이 있는가?

요약 *Summary of Chapter*

1. 이해관계자들은 회사, 회사가 수행하는 것, 회사가 얼마나 잘 수행하는 가 등에 이해 관계, 요구사항, 지분을 가진 개인들이나 집단들이다.

2. 이해관계자들은 회사와 교환 관계를 갖는다. 이해관계자들은 조직에 중요한 자원이나 기여 사항을 제공하고, 교환으로 자신들의 이해 관계가 만족될 것을 기대한다 (보상에 의해서).

3. 회사는 모든 이해관계자들의 요구사항들을 언제나 만족시킬 수는 없다. 다양한 집단들의 목적들은 충돌할 수 있다. 회사에 가장 중요한 이해관계자들을 확인하고 가장 중요한 이해관계자들의 요구사항들을 만족시키는 전략들을 추구하는 데 가장 큰 우선순위를 둬야 한다.

4. 회사의 주주들은 회사의 합법적인 소유자들로서 위험 부담자본의 제공자들이고, 회사가 사업체를 운영하는 것을 가능케 해주는 자본의 주요한 원천이다. 그렇기 때문에, 주주들은 이해관계자 집단들 가운데서도 독특한 역할을 갖는다.

5. 장기적인 수익성과 이익성장을 극대화하는 것은 주주의 이익을 극대화하는 길이고, 또한 다른 여러 주요한 이해관계자 집단들의 요구사항들을 만족시키는 것과 일치하는 것이다.

6. 수익성을 극대화하는 전략들을 추구할 때, 회사는 법률에 의해서 정해진 제약 내에서, 사회적인 기대들과 일치하는 방식으로 수행할 의무를 갖는다.

7. 대리인관계는 한쪽 당사자가 의사결정권한이나 자원에 대한 통제권을 다른 쪽에게 위임할 때마다 발생한다.

8. 대리인문제의 핵심은 주인들과 대리인들의 이해 관계가 언제나 같지 않고, 일부 대리인들은 주인들을 희생하여 자신들의 이익들을 극대화하는데 정보비대칭성을 이용할 수 있다.

9. 수많은 지배구조 메커니즘들은 주주들과 경영자들 간 대리인문제를 제한하는 데 활용된다. 이런 것들에는 이사회, 주식 기반 보상 제도, 재무제표 및 감사인들, 인수 위협 등이 포함된다.

10. 윤리는 한 사람, 직원 구성원들의 행동, 또는 조직의 활동들을 지배하는 옳고 그른 것에 대한 수용된 원칙들을 말한다. 경영윤리는 사업가의 행동을 지배하는 옳고 그른 것에 대한 수용된 원칙이고, 윤리적 전략은 이러한 수용된 원칙들을 위반하지 않는 것이다.

11. 비윤리적 행동은 개인적 윤리의 부족에 기인한다; 윤리적 이슈들이 위태롭다는 것을 인식하지 못함; 전략적 의사결정 및 운영 의사결정에 윤리적 이슈를 통합하는 것의 실패; 역 기능적 문화; 리더가 윤리적 방식으로 활동하는데 있어서 실패함 등이다.

12. 윤리적 이슈들이 사업 의사결정들에 있어서 중요하게 고려되는 것을 보장하기 위하여, 경영자들은 (a) 잘 형성된 개인윤리의식을 지닌 사람을 고용하고 승진시키는 것을 지원해야 하고, (b) 윤리적 행동에 높은 가치를 부여하는 조직문화를 형성해야 하며, (c) 회사 내에서 리더들이 윤리적 행동의 이상을 말로 표현할 뿐만 아니라 이상과 일치하는 방식으로 행동하는 것을 보장해야 하고, (d) 사업 의사결정에서 윤리적 딜레마를 고려할 것을 요구하는 사람들을 의사결정 과정들에 포함시켜야 하며, (e) 윤리 담당관을 활용하고, (f) 강력한 기업지배구조 절차들을 설치하고, (g) 도덕적으로 용기를 내며 다른 사람들도 용기를 낼 수 있도록 촉진해야 한다.

토론 과제

1. 지난 십 년 동안 미국에서 대리인문제가 얼마나 빈번하게 발생하였는가? 1990년대 말 동안 인터넷 회사들(닷컴 회사들)의 기업 공개가 유행이었다. 이런 유행은 매우 높은 가치 평가에 의해서 지지되었는데, 때로는 전혀 수익이나 이익이 없는 인터넷 창업기업들도 해당되었다. 이런 유행은 나스닥 주식 시장이 거의 80%의 가치를 잃고 붕괴되었던 2001년에 갑작스럽게 끝났다. 이런 유행으로부터 누가 가장 혜택을 보았다고 생각하는

가? 투자자들(주주)? 경영자들? 투자 은행들?

2. 왜 투하자본수익률(ROIC)을 극대화하는 것이 주주의 이익을 극대화하는 것과 일치하는가?

3. 주주의 희생을 바탕으로 경영자들이 자신의 이익을 추구할 가능성을 감소시키는 전략적 의사결정 과정들을 회사가 어떻게 형성할 수 있는가?

4. 공기업에서 회사의 최고경영자가 동시에 이사회 회장이 되도록 허용되어야 하는가?(현재의 법률에 따르면 허용될 수 있음) 이것에 따라 어떤 문제가 발생할 수 있는가?

5. 훨씬 낮은 노동 비용을 가진 개발 도상국의 제조업자들에게 생산을 외주하는 것이 본국의 기업에서 장기 종업원들의 해고와 연결될 때 윤리적으로 방어될 수 있는 것은 어떤 조건 하에서인가?

6. 노동 인력의 부족에 직면한 기업이 기업의 요구를 만족시키기 위하여 불법적인 이민자들을 고용하는 것은 윤리적인가?

마무리 사례 *Closing Case*

골드만 삭스사는 사기죄를 범했는가?

2000년대 중반에 미국의 주택 가격이 급증했던 시기에 헤지펀드(hedge fund) 경영자인 존 폴슨(John Paulson)이 골드만 삭스(Goldman Sachs)사에 입사했을 때, 폴슨은 주택 가격들이 너무 많이 올랐다고 믿었다. 그가 느낀 것처럼 주택에 대한 투기거품이 있었다. 폴슨의 시각에서는 그러한 거품이 은행들에서 빌려 주는 값싼 금전에 의해서 촉진되어 왔다. 은행들은 사람들에게 처음 1년에서 3년 동안 매우 낮은 이자율인 변동금리 주택담보대출(adjustable-rate mortgages)로 집들을 구입하라고 부추겼다. 그러나 대출한 사람들 중 많은 사람들은 3년 이후에 더 높아지기 시작한 월 이자들을 감당하지 못할 가능성이 높았다. 폴슨은 주택소유자들 중 많은 사람들이 대출금을 갚지 못해 채무불이행을 시작할 것이라고 생각했다. 그러한 채무불이행이 발생할 때, 주택 시장은 투매 가격으로 넘쳐나게 될 것이고, 주택 가격은 급락할 것이었다. 폴슨은 이런 상황에서 돈을 벌 방법을 발견하기를 원했다.

골드만 삭스사는 폴슨이 원하는 것을 수행할 수 있는 투자 수단을 고안했다. 2000년대 초기동안 주택담보대출의 고안자들은 수천 개의 개인 담보대출을 담보부채채권(CDO: collateralized debt obligations)으로 알려진 채권으로 쏟아 부었다. 이런 활동들의 근저에 있는 생각은 단순했다. 담보대출대금의 공동기금은 채권자들의 수익을 창출한다는 것이었다. 사람들이 담보대출대금을 계속 지불하는 한, 담보부채채권들은 훌륭한 이득을 창출할 것이고, 담보부채채권의 가격은 안정적이 될 것이다. 이런 채권들 중 다수는 무디스사(Moody's)와 스탠다드 앤 푸어스사(Standard & Poor's) 등 두 개의 주요 신용평가 회사들로부터 안정적인 투자들이라는 제언과 함께 호의적인 평가를 받았다.

그 시기에 기관투자가들은 담보부채채권들을 무차별적으로 구입하고 있었다. 그러나 폴슨은 매우 다른 시각을 가지고 있었다. 그는 신용평가 회사들이 틀렸고, 많은 담보부채채권들은 투자자들이 생각하는 것보다 훨씬 위험하다고 믿었다. 폴슨은 사람들이 담보대출금을 갚지 못해 채무불이행을 시작할 때 이런 담보부채채권의 가격도 급락할 것이라고 믿었다.

골드만 삭스사는 담보부채채권들을 수집하고 있는 기관투자가들에게 채권들을 판매하기로 결정하였다. 이런 채권들은 합성(synthetic) 담보부채채권들로 불린다. 골드만 삭스사는 폴슨에게 매우 위험하다고 생각되는 담보부채채권들을 파악하고, 이런 담보부채채권들을 합성 담보부채채권들로 집단화하도록 요구하였다. 다음으로 골드만 삭스사는 이런 매우 동질적인 채권들을 골드만 삭스사의 오래된 고객들인 기관 투자자들에게 판매하였다. 골드만 삭스사는 폴슨이 집단화된 담보부채채권들의 수집하는 것을 도왔다는 것과 기본적으로 담보부채채권들이 신용평가 회사들이 생각하는 것보다 훨씬 위험하다는 것을 투자자들에게 말하지 않았다. 다음으로 폴슨은 이런 합성 담보부채채권들을 판매하는 단기적인 직위를 가졌다. 공매도(Short selling)는 투자자가 자산의 가격이 시간이 지남에 따라 떨어지면 돈을 벌게 될 수 있는 기법이다. 폴슨은 기관들에게 이런 합성 담보부채채권들을 적극적으로 판매하는 반면, 골드만 삭스사만 아는 사실로 합성 담보부채채권들에 반하여 효과적으로 돈을 투자하는 중이었다.

그 후, 곧 폴슨이 옳았던 걸로 입증되었다. 사람들은 주택 담보금 지불에 있어서 채무불이행을 하기 시작했고, 주택들의 가격이 떨어졌고, 담보부채채권들과 골드만 삭스가 창출한 합성 담보부채채권들의 가치들은 급락하였다. 폴슨은 이 사건에서 2007년에 혼자서 37억 달러에 추정되는 돈을 벌었다. 골드만 삭스사 역시 자신들이 팔았던 바로 그 채권들에 반하는 투자를 함으로써 10억 달러가 넘는 돈을 벌었다.

미국 증권거래위원회(SEC)는 곧장 거래들을 조사하기 시작했다. 증권거래위원회에 있는 일부 구성원들은 골드만 삭스사가 폴슨이 담보부채채권들을 선별하였던 것을 투자자들에게 알리지 않은 것에 대해서 알면서

도 사기를 범한 것이라고 믿었다. 증권거래위원회의 주장은 내부적인 골드만사의 이메일에 의해서 힘을 얻게 되었다. 그중 하나는 최고경영진이 판매하고 있는 합성 담보부채채권을 "형편없는 계약"으로 묘사한 것이었다. 다른 메일은 한 동료가 "일부 크고 오래된 레몬에서 레몬에이드"를 만든 계약에 대해서 찬사를 보낸 것이다.

2010년 4월에 증권거래위원회는 골드만 삭스사에 공식적으로 민사사기의 책임이 있다고 하면서, 회사가 합성 담보부채채권들의 위험과 가치에 대하여 알면서도 투자자들을 호도하였고, 기본적인 담보부채채권을 선택하는데 있어서 존 폴슨의 관여를 알리지 않았다고 제시하였다. 골드만사는 격렬하게 반론을 제기하였다. 먼저 골드만 삭스사 같은 투자전문가는 수탁의무를 지지 않으며 보증을 제공하지 않고, 주식 가치를 평가하는 것은 고객들에게 달려 있다고 주장하였다. 그러나 수많은 부정적인 평판에 직면한 후, 골드만 삭스사는 재판 중인 사례와 합의하고 5억 5천만 달러의 벌금을 지불하는 것을 선택하였다. 그렇게 함으로써, 골드만 삭스는 법적으로는 범죄를 짓지 않았다는 인정받았으나, 폴슨의 역할을 공개하지 않는 "실수"를 범했고, 미래를 위한 기준을 만들겠다고 발표하였다.

사례 토의 문제

1. 골드만 삭스사는 폴슨이 합성 담보부채채권들을 창출했다는 것을 투자자들에게 말하지 않고 그런 채권들에 반하는 투자를 함으로써 법률을 위반하였는가? 골드만 삭스사가 담보부채채권들을 판매한 것이 비윤리적이었는가?

2. 골드만 삭스사가 담보부채채권들을 판매함으로써 수십억 달러를 벌지 않았다면 1번 질문에 대한 답이 달라지는가? 폴슨의 예측이 틀렸다면, 그리고 담보부채채권들이 가치가 상승했다면 1번 질문에 대한 답이 달라지는가?

3. 대안들이 투자의 품질 또는 위험에서 다양하다면, 골드만 삭스 같은 기업은 그러한 대안들 모두를 고객들에게 제시하려고 노력하는 수탁 의무를 져야 하는가?

4. 골드만 삭스사 같은 회사의 경영자들이 회사의 계정을 이용하는 것을 허용하는 것은 비윤리적인가(예를 들어, 외부 고객의 이익 대신 회사의 이익을 위해 투자하는 것)? 그렇지 않다면, 고객을 위한 거래와 기업을 위한 거래 간에 발생하는 이익 충돌을 방지하기 위하여 어떻게 보상 정책들을 설계해야 하는가?

핵심 용어 *Key Terms*

참고문헌 *Notes*

1 E. Freeman, *Strategic Management: A Stakeholder Approach* (Boston: Pitman Press, 1984).

2 C. W. L. Hill and T. M. Jones, "Stakeholder-Agency Theory," *Journal of Management Studies* 29 (1992): 131–154; and J. G. March and H. A. Simon, *Organizations* (New York: Wiley, 1958).

3 Hill and Jones, "Stakeholder-Agency Theory"; and C. Eesley and M. J. Lenox, "Firm Responses to Secondary Stakeholder Action," *Strategic Management Journal* 27 (2006): 13–24.

4 I. C. Macmillan and P. E. Jones, *Strategy Formulation: Power and Politics* (St. Paul: West, 1986).

5 Tom Copeland, Tim Koller, and Jack Murrin, *Valuation: Measuring and Managing the Value of Companies* (New York: Wiley, 1996).

6 R. S. Kaplan and D. P. Norton, *Strategy Maps* (Boston: Harvard Business School Press, 2004).

7 J. S. Harrison, D. A. Bosse, and R. A. Phillips, "Managing for Stakeholders, Stakeholder Utility Functions, and Competitive Advantage," *Strategic Management Journal* 31 (2010): 58–74.

8 A. L. Velocci, D. A. Fulghum, and R. Wall, "Damage

Control," *Aviation Week*, December 1, 2003, pp. 26–27.

9 M. C. Jensen and W. H. Meckling, "Theory of the Firm: Managerial Behavior, Agency Costs and Ownership Structure," *Journal of Financial Economics* 3 (1976): 305–360; and E. F. Fama, "Agency Problems and the Theory of the Firm," *Journal of Political Economy* 88 (1980): 375–390.

10 Hill and Jones, "Stakeholder-Agency Theory."

11 For example, see R. Marris, *The Economic Theory of Managerial Capitalism* (London: Macmillan, 1964); and J. K. Galbraith, *The New Industrial State* (Boston: Houghton Mifflin, 1970).

12 Fama, "Agency Problems and the Theory of the Firm."

13 A. Rappaport, "New Thinking on How to Link Executive Pay with Performance," *Harvard Business Review*, March–April 1999, pp. 91–105.

14 AFL-CIO's Executive PayWatch Database, www.aflcio.org/Corporate-Watch/CEO-Pay-and-You.

15 For academic studies that look at the determinants of CEO pay, see M. C. Jensen and K. J. Murphy, "Performance Pay and Top Management Incentives," *Journal of Political Economy* 98 (1990): 225–264;

Charles W. L. Hill and Phillip Phan, "CEO Tenure as a Determinant of CEO Pay," *Academy of Management Journal* 34 (1991): 707–717; H. L. Tosi and L. R. Gomez-Mejia, "CEO Compensation Monitoring and Firm Performance," *Academy of Management Journal* 37 (1994): 1002–1016; and Joseph F. Porac, James B. Wade, and Timothy G. Pollock, "Industry Categories and the Politics of the Comparable Firm in CEO Compensation," *Administrative Science Quarterly* 44 (1999): 112–144.

16 J. Silver-Greenberg and A. Leondis, "CBS Overpaid Moonvest $28 Million, Says Study of CEO Pay," *Bloomberg News*, May 6, 2010.

17 " 'Pay for Performance' No Longer a Punchline," *Wall Street Journal*, March 20, 2013.

18 For research on this issue, see Peter J. Lane, A. A. Cannella, and M. H. Lubatkin, "Agency Problems as Antecedents to Unrelated Mergers and Diversification: Amihud and Lev Reconsidered," *Strategic Management Journal* 19 (1998): 555–578.

19 M. Saltmarsh and E. Pfanner, "French Court Convicts Executives in Vivendi Case," *New York Times*, January 21, 2011.

20 E. T. Penrose, *The Theory of the Growth of the Firm* (London: Macmillan, 1958).

21 G. Edmondson and L. Cohn, "How Parmalat Went Sour," *Business Week*, January 12, 2004, pp. 46–50; and "Another Enron? Royal Dutch Shell," *Economist*, March 13, 2004, p. 71.

22 O. E. Williamson, *The Economic Institutions of Capitalism* (New York: Free Press, 1985).

23 Fama, "Agency Problems and the Theory of the Firm."

24 S. Finkelstein and R. D'Aveni, "CEO Duality as a Double Edged Sword," *Academy of Management Journal* 37 (1994): 1079–1108; B. Ram Baliga and R. C. Moyer, "CEO Duality and Firm Performance," *Strategic Management Journal* 17 (1996): 41–53; M. L. Mace, *Directors: Myth and Reality* (Cambridge: Harvard University Press, 1971); and S. C. Vance, *Corporate Leadership: Boards of Directors and Strategy* (New York: McGraw-Hill, 1983).

25 J. B. Stewart, "When Shareholder Democracy Is a Sham," *New York Times*, April 12, 2013.

26 "Goldman Union Deal Lets Blankfein Keep Dual Roles," Reuters, April 11, 2013.

27 W. G. Lewellen, C. Eoderer, and A. Rosenfeld, "Merger Decisions and Executive Stock Ownership in Acquiring Firms," *Journal of Accounting and Economics* 7 (1985): 209–231.

28 C. W. L. Hill and S. A. Snell, "External Control, Corporate Strategy, and Firm Performance," *Strategic Management Journal* 9 (1988): 577–590.

29 The phenomenon of back dating stock options was uncovered by academic research, and then picked up by the SEC. See Erik Lie, "On the Timing of CEO Stock Option Awards," *Management Science* 51 (2005): 802–812.

30 G. Colvin, "A Study in CEO Greed," *Fortune*, June 12, 2006, pp. 53–55.

31 J. P. Walsh and R. D. Kosnik, "Corporate Raiders and Their Disciplinary Role in the Market for Corporate Control," *Academy of Management Journal* 36 (1993): 671–700.

32 R. S. Kaplan and D. P. Norton, "The Balanced Scorecard – Measures That Drive Performance," *Harvard Business Review*, January–February 1992, pp. 71–79; and Kaplan and Norton, *Strategy Maps* (Boston: Harvard Business School Press, 2004).

33 R. S. Kaplan and D. P. Norton, "Using the Balanced Scorecard as a Strategic Management System," *Harvard Business Review*, January– February 1996, pp. 75–85; and Kaplan and Norton, *Strategy Maps*.

34 Kaplan and Norton, "The Balanced Scorecard," p. 72.

35 "Timet, Boeing Settle Lawsuit," *Metal Center News* 41 (June 2001): 38–39.

36 Joseph Kahn, "Ruse in Toyland: Chinese Workers Hidden Woe," *New York Times*, December 7, 2003, pp. A1, A8.

37 N. King, "Halliburton Tells the Pentagon Workers Took Iraq Deal Kickbacks," *Wall Street Journal*, 2004, p. A1; "Whistleblowers Say Company Routinely Overcharged," *Reuters*, February 12, 2004; and R. Gold and J. R. Wilke, "Data Sought in Halliburton Inquiry," *Wall Street Journal*, 2004, p. A6.

38 L. Jieqi and Z. Hejuan, "Siemens Bribery Scandal Ends in Death Sentence," *Caixin Online*, June 30, 2011.

39 Saul W. Gellerman, "Why Good Managers Make Bad Ethical Choices," *Ethics in Practice: Managing the Moral Corporation*, ed. Kenneth R. Andrews (Harvard Business School Press, 1989).

40 Ibid.

41 S. Hopkins, "How Effective Are Ethics Codes and Programs?" *Financial Executive*, March 2013.

42 Can be found on Unilever's website, www.unilever.com/ company/ ourprinciples/.

43 www.utc.com/governance/ ethics.

12

단일 산업에서 경쟁하는 기업들의 전략 실행

이 장의 학습 목표는 다음과 같다.

- 관리자들이 조직을 설계할 때 조직구조, 통제시스템, 그리고 조직문화를 어떻게 적절히 고려하는지를 이해한다.
- 효과적인 조직 설계가 왜 기업의 제품 차별화를 가능하게 하고, 원가를 절감시키며, 경쟁우위를 달성하게 하는지를 설명한다.
- 경영자들이 왜 수직적 조직구조 보다는 수평적 조직구조를 유지하는 것이 중요한지, 그리고 권한을 집권화 혹은 분권화 하는데 있어서 어떤 요인들을 고려하는지를 설명한다.
- 기능구조의 장점이 무엇인지, 그리고 왜, 언제 기능구조가 필요한지를 설명한다.
- 사업수준의 전략 실행을 위해 경영자들이 채택하는 더 복잡한 조직구조의 형태들을 구별하여 논의한다.

첫머리 사례 *Opening Case*

Imaginechina/Corbis

애플에서의 조직

애플(Apple)은 차별적인 디자인과 사용자 편의성을 바탕으로 혁신적인 신제품이나 개선된 제품들을 연속적으로 생산할 수 있는 전설적인 능력을 가지고 있다. 애플에서의 제품 혁신은 지금까지 일상적 과업 수행의 본질이었을 뿐만 아니라, 미래에도 지속될 전략의 근간이다. 애플에서의 혁신은 1979년 애플 II와 함께 시작되었다. 그래픽 사용이 가능한 최초의 퍼스널 컴퓨터 매킨토시(Macintosh), 마우스(mouse), 모니터(monitor) 화면의 아이콘(icon) 등이 1984년 이후 연속 출시되었다. 설립자였던 전임 CEO의 뒤를 이어 1997년 스티브 잡스가 애플로 다시 돌아왔다. 이후 애플은 아이팟(iPod), 이이튠즈(iTunes), 맥 에어북(Mac Airbook), 아이폰(iPhone), 애플 앱 소토어(Apple App store), 그리고 아이패드(iPad) 등 선도적인 혁신 제품들을 시장에 쏟아냈다. 혁신적인 제품들을 지속적으로 생산하거나 기존의 제품들을 개선해 나가는 애플의 능력은 크게 보아 애플의 조직구조, 통제 및 조직문화 등에 기인한다고 할 수 있다.

비슷한 규모의 다른 기업들과는 달리, 애플은 기능구조를 가지고 있다. 현재의 CEO 팀 쿡(Tim Cook)에게 직접 보고하는 사람은 선임 운영 부사장, 인터넷 소프트웨어 및 서비스 부사장, 산업 설계 부사장, 소프트웨어 엔지니어링 부사장, 하드웨어 엔지니어링 부사장, 글로벌 마케팅 부사장, CFO, 그리고 일반 임원들이다. 이들은 매주 월요일 아침에 만나 회사의 전략, 운영 상태, 그리고 제품 개발상황 등을 점검한다.

산업 설계부서는 신제품개발, 신제품의 외관과 촉감의 결정, 그리고 원재료의 선택 등에 대해 일차적인 책임을 진다. 산업 설계부서의 핵심 역할은 특이성이다 – 대부분의 기업들에서는 엔지니어들이 먼저 제품을 개발하고, 이어 산업 설계부서가 제품을 설계한다. 그러나 애플의 경우 산업 설계부서가 수행하는 핵심 역할은 '세상을 바꾸는 아름다운 제품을 설계하라'는 회사의 미션에 부응하는 것이다. 산업 설계부서는 모든 신제품의 특성과 기능을 개발함에 있어서 하드웨어 및 소프트웨어 엔지니어들과 밀접한 관계를 가지고 과업을 수행한다. 나아가 산업 설계부서는 신제품의 시장 출시 일정에 제조공정이 보조를 맞출 수 있도록 하기 위해 운영부서와 유기적인 관계를 가질 뿐만 아니라, 신제품의 출시전략을 수립함에 있어서는 글로벌 마케팅부서와 긴밀히 협력한다.

이처럼 애플에서는 기능부서 간의 긴밀한 협력을 통해 제품이 개발된다. 이와 같은 애플에서의 기능부서 간 협력은 집권화된 명령 체계와 통제 구조, 최고 경영층의 기능부서 간의 협력 활동 강조, 그리고 산업 설계부서의 적극적인 조정 역할 등을 통해 실행에 옮겨진다. 오랜 CEO 재임 기간 동안 스티브 잡스(Steve Jobs)는 제품개발 과정에서 개개인들이 수행해야 할 책임 과업의 내용을 명료하게 지시할 뿐만 아니라, 만약 자신들의 책임 과업을 성공적으로 수행하지 못할 경우, 이에 상응하는 문책을 분명하게 하는 경영자로 잘 알려져 있다. 스티브 잡스의 경영스타일은 집념이

강하면서도 엄격한 편이다 – 스티브 잡스가 요구하는 과업 수준에 도달하지 못해 해고된 종업원에 관한 사례가 매우 많다.

비록 스티브 잡스가 2011년에 세상을 떠났지만, 애플에서 책임에 대한 강조는 계속되고 있다. 모든 과업에 대해 '직접적으로 책임을 지는 종업원'이 누구인지를 분명히 한다. 모든 과업에 대해 직접적으로 책임을 지는 종업원의 이름은 회의자료에 명시되며, 따라서 모든 종업원들이 해당 과업에 대한 책임자가 누구인지를 잘 알게 된다. 애플에서의 회의자료에는 구체적인 과업 활동들이 기술되고, 각 과업 활동에 대한 책임자가 누구인지를 명시한다. 이와 같은 철두철미한 통제 과정을 바탕으로 애플은 조직위계에 있는 모든 구성원들에게 분명한 책임을 지게 한다.

애플의 조직문화의 주요 특징은 회사가 수행하고 있는 대부분의 일을 비밀로 하는 것(비밀주의)이다. 회사 외부로의 정보유출을 철저히 차단할 뿐만 아니라, 기업 내부의 정보 흐름 역시 통제한다. 그 결과 많은 종업원들은 회사의 신제품개발 노력들을 잘 알지 못할 뿐만 아니라, 다른 부서의 종업원들이 무슨 일을 하는지도 잘 모른다. 신제품개발팀이 일하고 있는 건물에 대한 타 부서 종업원들의 접근은 엄격히 통제되며, 오직 신제품개발 팀원만이 해당 건물을 드나들 수 있다. 이런 비밀주의를 유지하기 위해 감시용 카메라가 작업장 곳곳에 설치되어 있다. 회사가 하고 있는 일을 내부나 외부에 흘리는 것은 해고의 사유가 된다. 애플이 이런 문화를 강조하는 것은 신제품이 시장에 출시될 때까지 비밀을 유지하기 위해서다. 애플이 신제품에 관한 정보를 통제하는 이유는 경쟁기업이 애플의 신제품에 대응할 수 있는 시간을 주지 않음은 물론, 실제 제품도 아닌 개발 과정에 있는 제품에 대해 언론이 비판하는 것을 피하기 위함이다.

자료: J. Tyrangiel, "Tim Cook's Freshman Year: The Apple CEO Speaks," *Bloomberg Businessweek*, December 6, 2012; A. Lashinsky, "The Secrets Apple Keeps," CNNMoney, January 10, 2012; and B, Stone, "Apple's Obsession with Secrecy Grows Stronger," *New York Times*, June 23, 2009.

개관

애플의 사례에서 보았듯이, 조직구조와 문화는 기업의 성과에 직접적인 영향을 미칠 수 있다. 애플의 기능 조직, 기능부서들 사이의 긴밀한 조정, 산업 설계부서에 부여된 타 기능부서들에 대한 강력한 영향력, 모든 개인들에 대한 명료한 역할책임의 전통, 그리고 신제품이 시장에 출시될 때까지 비밀을 유지하는 문화 등이 '세상을 깜짝 놀라게 하고 변화시킬 수 있는 혁신적인 신제품생산'이라는 회사의 목표달성에 이바지하였다. 다시 말해, 애플의 조직구조와 문화가 제품 혁신에 기반한 애플의 차별화전략을 성공적으로 수행하게 하였다.

본 장에서는 수립된 전략을 실행에 옮김에 있어서 경영자들이 조직구조와 문화를 어떻게 활용하여 경쟁우위와 우수한 성과를 달성할 수 있는지를 알아본다. 아무리 잘 수립된 전략이라 하더라도 성공적인 실행이 뒷받침되어야 수익성을 높일 수 있다. 그러나 조직구조와 문화를 통해 전략을 실행에 옮기는 것은 어려울 뿐만 아니라 도전적인 일이며, 특히 끊임없이 지속되어야 하는 일이다. 경영자들은 회사의 가치사슬 활동에 맞게 조직구조를 설계하는 것이 매우 어려운 일임에도 불구하고, 변화하는 경쟁 환경 속에서 현재의 조직구조가 미래에도 여전히 효율적이고 효과적으로 작용할 수 있을 것으로 기대한다. 이는 경영자들이 최적의 전략을 선택하는 일이 매우 어려운데도 불구하고, 선택한 전략이 미래에도 여전히 효과적일 것이라고 생각하는 것과 마찬가지이다.

본 장에서는 주요 조직 설계 요인이 무엇인지, 회사가 수립한 전략의 실행에 적합한 조직구조를 설계함에 있어서 이들 조직 설계 요인들이 어떻게 고려되고 있는지에 대해 논의한다. 또한 본장에서는 전략경영자들이 조직구조, 통제시스템, 그리고 조직문화를 어떻게 활용하여 특유의 역량을 창출·구축하는 기능전략을 실행하게 하는지도 살펴본다. 나아가 산업수준에서 단일 산업에서 경영 활동을 하고 있는 경영자들이 고려해야 할 전략 실행이슈에 대해서도 알아본다. 다음 장에서는 여러 산업과 국가에 걸쳐서 경영 활동을 하는 다각화된 기업의 경영전략, 즉 기업 및 글로벌전략의 실행이슈에 대해 공부한다. 이 장과 다음 장을 공부하게 되면 독자들은 기업의 수익이 왜 경영자들의 조직 설계 능력, 통제시스템 구축 역량, 그리고 조직문화 창조 및 확산 능력에 기인하는지를 이해할 수 있게 된다.

> **조직 설계**
> 비즈니스모델의 성공적 이행을 위해 기업이 조직구조, 통제시스템, 그리고 조직문화를 어떻게 창출, 활용, 연계시킬 것인가를 결정하는 과정

조직 설계를 통한 전략 실행

전략 실행을 위한 중요한 조직화 요인 가운데 하나는 조직 설계(organizational design)의 활

조직구조
종업원들을 구체적인 가치창출 과업과 역할에 배치시킬 뿐만 아니라, 경쟁우위를 구축하는 독보적 역량인 효율성, 품질, 혁신 및 고객 대응성을 향상시키기 위해 과업과 역할들이 효과적으로 실행될 수 있도록 해줌

통제시스템
경영자들에게 종업원들을 위한 인센티브뿐만 아니라 회사의 운영 방식에 대한 피드백도 제공해줌

조직문화
조직의 모든 구성원들이 공유하고 있는 특정의 가치, 규범, 신념 및 태도로써, 조직구성원들 사이의 상호작용은 물론 조직외부의 이해관계자들과의 관계 방식에도 영향을 미친다. 조직문화는 기업의 행위 양식으로써 조직구성원들의 과업 수행 방식에도 영향을 미침

용이다. 다시 말해, 비즈니스모델의 성공적 이행을 위해 기업이 조직구조, 통제시스템, 그리고 조직문화를 어떻게 창출, 활용, 연계시킬 것인가를 결정하는 과정이 중요하다. 조직구조(Organizational structure)는 종업원들을 구체적인 가치창출 과업과 역할에 배치시킬 뿐만 아니라, 경쟁우위를 구축하는 독보적 역량인 효율성, 품질, 혁신 및 고객 대응성을 향상시키기 위해 과업과 역할들이 효과적으로 실행될 수 있도록 해준다. 조직구조의 목적은 모든 수준(기업수준, 사업수준, 기능부서 수준)에서, 그리고 회사의 모든 기능부서와 사업단위에 걸쳐서, 종업원들의 역할행동들을 조정하고 통합함으로써 회사가 수립한 전략이 잘 실행될 수 있도록 해주는 것이다.

사실 조직구조 그 자체는 종업원들이 회사를 위해 헌신하려는 동기를 부여하지는 않는다. 따라서 통제시스템이 필요하다. 통제시스템(control system)의 목적은 경영자들에게 다음 두 가지를 제공해 주는 것이다. 하나는 종업원들이 효율성, 품질, 혁신, 그리고 고객 대응성 향상을 위해 헌신하도록 인센티브를 제공하는 것이며, 다른 하나는 조직과 조직구성원들이 경쟁우위를 어떻게 잘 구축·활용하여 경영자들이 회사의 비즈니스모델을 지속적으로 강화시켜 나갈 수 있을 것인가에 대한 구체적인 피드백이다. 조직구조는 기업 조직에 골격을 제공하고, 통제시스템은 경영자들이 기업의 활동들을 규제하고 통제하게 할 수 있는 근육, 체력, 신경, 그리고 감각을 기업 조직에 제공해 준다.

조직 설계의 세 번째 구성요소인 조직문화(Organizational culture)는 조직의 모든 구성원들이 공유하고 있는 특정의 가치, 규범, 신념 및 태도로써, 조직구성원들 사이의 상호작용은 물론 조직외부의 이해관계자들과의 관계 방식에도 영향을 미친다.[1] 조직문화는 기업의 행위 양식으로써 조직구성원들의 과업 수행 방식에도 영향을 미친다. 경영자들은 회사가 어떤 신념과 가치를 개발할 것인가에 직접적으로 영향을 미칠 수 있다는 점에서, 조직 목표달성을 위한 조직구성원들의 과업 수행 행동에 결정적인 영향력을 행사한다.[2]

[그림 12.1]은 이 장에서 논의할 내용들을 요약하고 있다. 조직구조, 통제시스템 및 조직문화는 경쟁우위 달성을 위한 조직구성원들의 역할행동을 조정하고 동기를 부여하는 수단이다. 조직구성원들이 의사결정을 하는 데 있어서 왜 시간이 많이 소요되는지를 알고 싶거나, 영업부서와 제조부서가 왜 협력적 행동을 하지 않는지를 확인하고 싶거나, 아니면 제품 혁신이 왜 더디게 일어나는지를 확인하고자 한다면, 경영자들은 회사의 조직구조, 통제시스템, 그리고 조직문화에 스며들어 있는 가치와 규범이 조직구성원들의 동기와 행동에 영향을 미친다는 것을 이해할 필요가 있다. 조직구조, 통제시스템 및 조직문화는 조직구성원들의 행동, 가치, 태도를 형성하게 할 뿐만 아니라, 기업의 비즈니스모델과 전략의 실행에도 중요한 영향을 미친다.[3] 따라서 조직구성원들의 역할행동에 변화를 주고자 한다면, 경영자들은 회사의 조직구조, 통제시스템 및 조직문화를 바꾸면 된다.

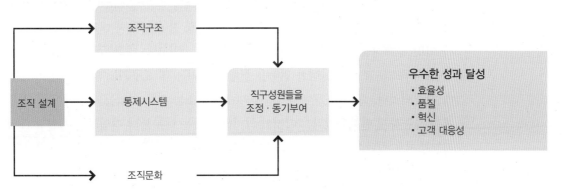

그림 12.1 조직 설계를 통한 전략 실행

조직을 효과적으로 설계할 경우 기업은 경쟁우위를 달성함은 물론 수익성도 크게 향상시킬 수 있다.

조직구조의 구성요소

회사의 비즈니스모델과 전략을 수립하고 나면, 경영자들은 무엇보다도 먼저 회사의 조직구조를 설계해야 한다. 조직구성원들의 가치창출 활동이 의미를 가지기 위해서는 개별 구성원들을 특정 과업에 할당하고, 개인들이 타인 혹은 타 부서와 유기적으로 협력하게 하는 조직구조가 뒷받침되어야 한다.[4] 경영자들은 다음 세 가지의 기본적인 선택을 해야 한다.

1. 개인, 기능부서, 그리고 사업부에 과업을 어떻게 체계적으로 분류하여 수립한 전략을 효과적으로 실행하고 독보적 역량을 창출하게 할 것인가?
2. 권한과 책임을 기능부서 및 사업부에 얼마만큼 부여할 것인가?
3. 점점 더 복잡해져 가는 조직구조에서 기능부서와 사업부 사이의 협력과 통합을 어떻게 강화할 것인가?

본서에서는 먼저 기본적인 이슈들을 논의한 다음, 상이한 전략수준에서 적절한 조직구조를 어떻게 선택할 것인지를 살펴본다.

개인, 기능부서 그리고 사업부에 과업을 체계적으로 집단화하는 일

조직이 해야 할 역할이란 조직이 선택한 전략에 의해 결정된다는, 즉 조직이 전략을 선택하고 나면 이에 적합한 조직구조를 구축해야 한다는 것이 보편적 관점이다. 가장 먼저 이런 주장을 펼친 연구자는 하버드 대학의 알프레드 챈들러(Alfred D. Chandler) 교수였다.[5] 20세기 초반 듀퐁(DuPont)이나 지엠(GM)과 같은 미국의 대기업들이 성장을 하면서 어떤 문제점들을 겪게 되는지를 연구하면서, 챈들러는 다음 두 가지 결론을 얻었다: ① 조직구조는 조직이 선택한 전략을 실행에 옮기는 데 요구되는 과업의 범위와 폭에 의해 결정되었다. 그리고 ② 미국기업들의 조직구조는 해당 기업들의 전략이 바뀜에 따라 예측 가능하게 변화되었다.[6] 이것이 의미하는 바는 대부분의 기업들이 개인과 과업들을 기능부서로 집단화하고, 이어 기능부서의 업무들을 사업부로 집단화한다는 것이다.[7]

앞서 살펴보았듯이, 기능부서란 함께 동일한 유형의 과업을 수행하거나 비슷한 지위를 갖는 개인들의 집합체이다.[8] 예를 들어, 자동차 판매회사에서 영업사원들은 영업부서에 소속된다. 자동차 판매회사가 자동차를 판매하고 지속적으로 운영하는 데에는 영업부서 외에도 자동차 수리부서, 자동차 부품부서, 그리고 회계부서 등이 있을 수 있다.

조직이 점점 더 성장하면서 다양한 제품들을 생산함에 따라 개인, 기능부서, 그리고 사업부들은 더 많은 양의 업무를 수행할 뿐만 아니라, 업무 조정과 협력의 필요성도 함께 크게 증가한다. 이런 상황에서는 체계적인 업무 조정과 협력이 어려워질 뿐만 아니라, 개인 및 부서 간 의사소통 역시 원활하게 이루어지지 않게 됨으로써 관료제 조직의 비효율인 고비용 문제가 제기된다. 관료제 조직의 고비용은 기업이 부가가치를 창출하기 위해 기능부서들의 업무를 감시하고 관리하는 데 따르는 시간과 비용이 많이 들기 때문에 발생한다.[10] 기업이 복잡한 전략을 실행할 경우 관료제 조직에서 왜 비용이 많이 발생하는지에 대해서는 이 장의 후미에서 살펴본다.

결국 경영자들이 과업을 기능부서에 먼저 집단화하고, 이어 기능부서의 일들을 사업부로 집단화하여 관료제 조직의 비용을 줄이는 것이 중요하다. 사업부는 회사가 제품이나 서비스를 더 효율적으로 생산하고 유통시킬 수 있도록 기능부서들에 업무를 집단화하는 역할을 한다. 조직구조를 구축함에 있어서, 경영자들은 조직의 목표를 효율적으로 달성하기 위해 기능부서와 사업부(혹은 계열사)에 업무를 어떻게 집단화할 것인가에 대한 의사결정을 해야 한다.

최고경영층은 조직의 다양한 활동들을 집단화하기 위해 여러 가지 종류의 조직구조를 선택할 수 있다. 어떤 구조를 선택할 것인가의 문제는 회사의 비즈니스모델과 전략을 성공적으로 실행에 옮기는 데 가장 적절한 구조가 무엇인가에 달려 있다.

권한과 책임을 부여하는 일

조직이 성장하면서 다양한 제품과 서비스를 생산하게 됨에 따라 기능부서와 사업부의 수가 증가하게 된다. 종업원들 사이의 업무조정과 협력도 크게 증가한다. 관료제 조직의 비용을 줄이고, 개인, 기능부서 및 사업부의 활동들을 효과적으로 조정하기 위해 경영자들은 분명한 명령위계를 구축해야 한다. 이런 명령위계(hierarchy of authority)를 통해 CEO, 중간 관리자, 일선 관리자, 그리고 제품이나 서비스를 직접 생산하는 하위 종업원에 이르는 지휘체계가 만들어진다.[11] 모든 위계 수준에 있는 경영자들은 하나 이상의 종업원들을 감시한다. 통제의 범위(span of control)란 한 관리자에게 직접적으로 보고하는 하위 종업원의 수를 의미한다. 경영자들이 자신들의 권한과 책임의 범위가 어디까지인지를 정확히 알게 된다면, 관리적 비효율성을 야기하는 정보왜곡 문제를 최소할 수 있으며, 업무의 조정과 협력 역시 잘 이루어짐으로써 관료제 조직의 비용도 줄일 수 있게 된다. 예컨대, 경영자들이 다른 경영자들의 업무 영역을 침범하는 위험을 줄일 수 있을 뿐만 아니라, 이런 침범에서 나타나게 되는 소모적인 갈등 역시 피할 수 있게 된다.

위계 조직과 수평 조직　기업들은 독보적 역량구축에 요구되는 전략과 기능부서의 과업을 고려하여 조직의 위계 계층의 수를 선택한다.[12] 조직의 규모나 복잡성이 증가(종업원, 기능부서 및 사업부의 수가 증가)함에 따라, 조직의 권한 위계는 길어지게 되며, 결과적으로 조직구조는 위계 계층이 많은 위계 조직이 된다. 위계 조직은 회사의 규모에 비해 상대적으로 많은 위계 계층을 가지고 있다. 반면, 수평 조직은 상대적으로 적은 위계 계층을 가지고 있다([그림 12. 2] 참조). 위계 계층이 많아짐에 따라 조직구조의 유연성이 떨어지고, 따라서 경쟁 환경에서 환경변화에 대한 경영자들의 대응이 무뎌지게 된다. 결국 경영자들은 이런 문제의 원인이 무엇인지를 이해해야 하며, 나아가 그 원인을 제거하기 위해 회사의 조직구조를 어떻게 변화시켜야 할지를 알아야 한다.

　　첫째, 의사소통의 문제가 발생한다. 조직이 많은 위계 계층을 가지고 있을 경우 의사결정을 하거나 최고 경영층의 명령이 일선 경영자에 이르는 데 많은 시간이 소요될 수 있다. 나아가 최고경영층의 의사결정이 실무자들에 의해 얼마나 잘 시행되고 있는지를 아는 데에도 많은 시간이 걸릴 수 있다. 일선 경영자들의 일거수 일투족을 확인하고자 하는 최고경영층은 일선 경영자들이 자신들의 명령을 잘 따르고 있는지를 알고 싶어 할 뿐만 아니라, 일선 경영자에게 문서화된 확인서도 받고자 할 것이다. 자신들의 업무에 대해 엄격한 책임이 따른다는 것을 아는 일선 경영자들은, 자신들의 행위로부터 책임을 회피할 수 있는 방법이 무엇인지를 찾는 데 많은 시간을 할애하게 된다. 심지어 일선 경영자들은 그들이 어떤 행위를 해야 할 것인가에 대해 그 책임을 최고경영층에 전가하려고 노력할 수도 있다.

명령위계
CEO, 중간 관리자, 일선 관리자, 그리고 제품이나 서비스를 직접 생산하는 하위 종업원에 이름

통제의 범위
한 관리자에게 직접적으로 보고하는 하위 종업원의 수

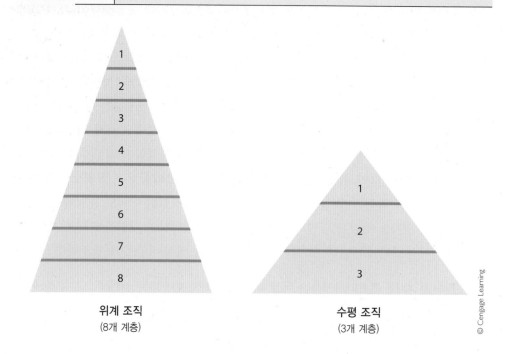

그림 12.2 위계 조직과 수평 조직

위계 조직
(8개 계층)

수평 조직
(3개 계층)

© Cengage Learning

위계가 많은 수직 조직에서 의사소통으로 인해 나타날 수 있는 두 번째 문제는 조직 구성원들이 위계의 위아래로 의사를 전달할 때 지시와 명령을 왜곡하는 것이다. 이런 왜곡은 상이한 위계에 있는 경영자들로 하여금 조직에서 일어나는 현상들을 자신들의 관점에서 해석하게 하는 원인이 된다. 상이한 위계에 있는 경영자들이 그들 자신의 협소한 기능부서의 관점에서 메시지를 해석할 경우, 메시지의 우발적 왜곡이 발생한다. 낮은 위계에 있는 하위경영자들이 그들 자신의 개인적 이익 증대를 목적으로 정보를 해석하려고 할 경우 의도적 왜곡이 발생한다.

수직 조직에서 나타날 수 있는 세 번째 문제는 조직이 값비싼 경영자들을 불필요하게 너무 많이 고용한다는 것이다. 경영자들에게 지급되는 보상(봉급, 복지 후생, 사무실, 비서 등)은 조직에 큰 비용 부담을 요구한다. 아이비엠(IBM), 포드(Ford), 그리고 구글(Google) 등과 같은 대기업들은 경영자들에게 매년 수십억 달러의 연봉을 지급한다. 최근의 경기침체로 인해, 수백만의 중간 및 하위 경영자들이 비용절감을 위한 회사의 구조조정으로 인해 정리해고 되었다.

명령사슬의 최소화 조직구조가 수직적일 때 나타날 수 있는 문제, 그리고 상위 경영자들을 지나치게 많이 고용하는 문제를 해결하기 위해 최고경영층은 자신들이 적정 규모의 최고경영자, 중간경영자 및 하위경영자를 고용하고 있는지를 확인하고자 할 뿐만 아니라, 경영자의 규모를 줄이기 위해 조직의 위계 계층을 재구조화 할 수 있는지를 알고 싶어 한다. 최고경영층은 기본적인 조직화 원리를 따른다: 명령사슬의 최소화 원칙 (principle of the minimum chain of command) 이 원칙은 회사가 조직의 자원을 효율적으로, 그리고 효과적으로 활용하는 데 요구되는 권한 계층의 수를 최소화한다는 의미이다.

효과적인 경영자들은 조직의 위계 계층의 수를 줄일 수 있을지를 알아보기 위해 조직 구조상의 위계를 꼼꼼히 점검하고 있다. 예컨대 최고경영자들은, 그들 조직의 위계 계층 하나를 없애고 없어진 계층의 종업원들에게는 임파워먼트를 부여하는 동시에 없앤 위계 계층의 바로 상위 경영자에게 경영 책임을 부여는 등의 시도를 지속적으로 하고 있다. 경영자들의 이런 관행은 해외의 글로벌 저원가 기업들과 경쟁하면서 비용절감을 위한 방안들을 모색하면서 점점 더 일상화되고 있다. 앨런 머랠리(Alan Mulally)와 같은 유명한 경영자들은 종업원들에게 임파워먼트는 강화하고 조직의 위계 계층은 최소한으로만 유지하고 있다. 이는 종업원들이 자신들의 과업을 수행함에 있어서 자율성을 느껴야 더 효과적인 역할 수행 방법을 스스로 모색하게 된다는 논리에 따른 것이다.

기업의 위계 계층이 너무 많고 명령사슬이 너무 길게 되면, 전략경영자들은 위계에 대한 통제력을 잃게 되며, 결과적으로는 자신들의 전략을 통제할 수 없게 된다. 이런 전략 실패는 수직구조가 종업원과 기능부서의 동기를 저하시키거나 협력적 노력을 방해하기 때문에 발생하며, 결과적으로는 관료제 조직의 비용증가로 이어진다. [전략 실행 사례 12.1]은 월트 디즈니(Walt Disney)에서 어떻게 이런 일이 일어났는지에 대해 살펴본다.

집권화와 분권화의 선택 수직구조의 단점을 보완하고 관료제 조직의 고비용 문제를 해결할 수 있는 좋은 방법 가운데 하나는 분권화이다. 분권화는 조직의 상위 위계에 있는 경영자와 하위 위계에 있는 경영자 모두에게 의사결정권한을 부여해 주는 것이다. 회사의 상위 위계에 있는 경영자들에게 대부분의 중요 의사결정권한이 주어질 때 집권화가 발생한다. 분권화된 조직에서는 의사결정권한이 회사의 하위 계층에 있는 종업원, 기능부서, 그리고 사업부에 위양된다. 의사결정권한을 하위 위계로 내려 주게 되면 회사의 상위 계층 경영자들에게 정보가 보고될 때, 혹은 하위 계층의 종업원들에게 업무 지시가 내려갈 때 나타날 수 있는 의사소통 및 조정의 문제점들를 해소할 수 있게 되어 관료제 조직에서 발생할 수 있는 높은 관리비용을 절감할 수 있게 된다. 분권화는 다음 세 가지의 주요 이점을 가지고 있다.

첫째, 최고경영층이 업무적 의사결정에 대한 책임을 중간 및 하위 경영자들에게 위양하게 되면, 그렇지 않았을 경우 자신들이 져야 할 정보과부하 문제를 해소할 수 있을 뿐

> **명령사슬의 최소화 원칙**
> 회사가 조직의 자원을 효율적으로, 그리고 효과적으로 활용하는 데 요구되는 권한 계층의 수를 최소화한다는 원칙

전략 실행 사례 12.1

월트 디즈니의 조직을 수평조직으로 만든 밥 아이거

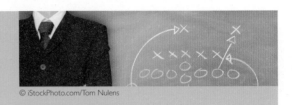

© iStockPhoto.com/Tom Nulens

디즈니의 CEO 마이클 아이스너(Michael Eisner) 아래에서 COO였던 밥 아이거(Bob Iger)가 문제투성이 월트디즈니(Walt Disney)사에 대한 경영권을 갖게 되자, 회사 운영에 문제가 되고 있는 부분을 당장 고치기로 마음먹었다. 수년 동안 디즈니사는 느린 의사결정 때문에 골치를 앓아 왔으며, 여러 전문가들은 디즈니사가 새로운 전략을 실행에 옮기는 데 많은 실수를 해오고 있다고 주장하였다. 디즈니 매장들은 적자를 보고 있었으며, 디즈니의 인터넷 상품으로 큰 히트(hits)를 치지 못하고 있을 뿐만 아니라, 디즈니의 테마 파크조차도 옛 영광을 잃어 가고 있었다.

아이거는 디즈니의 성과 하락의 주요 원인 가운데 하나가 너무 수직적이고 관료적인 조직구조라고 믿었으며, 이에 더하여 디즈니의 최고 경영층이 혁신적인 전략이 발 디딜 수 없도록 자원을 할당해 오는 것도 큰 문제라고 생각했다. 회사의 저성과 구조를 고성과 구조로 바꾸기 위해, 아이거가 맨 먼저 결정한 것은 디즈니 본사에 있는 전략기획본부를 없애는 것이었다. 전략기획본부에는 디즈니의 여러 사업부들(테마파크,

영화, 게임 등)이 제안한 새로운 아이디어와 혁신안들을 실행에 옮기는데 여러 계층의 경영자들이 책임을 지는 구조를 가지고 있었으며, 어느 아이디어를 CEO에게 보고할 것인가를 결정하는 데 있어서도 여러 계층의 경영자들이 관여하고 있었다. 아이거는 전략기획본부가 아래로부터의 좋은 아이디어 보고가 상층부에 의해 쉽게 묵살되고 마는 관료제 조직구조의 문제를 야기하는 요충지로 보았다. 아이거는 전략기획본부를 없애고, 여기에 소속되어 있던 경영자들을 디즈니의 다른 사업부들에 재배치하였다.

디즈니의 조직 위계에서 불필요했던 전략기획본부를 없애자 마자 수 많은 좋은 아이디어들이 사업부에게서 쏟아져 나오기 시작하였다. 전략기획 관료가 아닌 성과 향상을 위한 혁신적인 새로운 방법을 모색하는 CEO 및 최고 경영층과 함께 일하고 있음을 알게 된 일선 경영자들은 적극적으로 개선 및 혁신안을 제안하게 되고, 그 결과 회사의 혁신 활동이 왕성하게 일어났다.

자료: www.waltdisney.com

만 아니라, 이로 인해 얻게 된 시간적 여유를 회사의 경쟁력을 강화하는 데 활용할 수 있게 된다. 둘째, 하위 경영자들에게 전략 실행에 대한 책임을 지우게 되면, 자연스럽게 이들의 동기를 부여할 뿐만 아니라, 업무에 대한 의무감도 함께 지울 수 있게 된다. 결과적으로 분권화는, 하위 경영자들에게 일상적 의사결정에 대한 권한을 위양해 주기 때문에, 조직의 유연성을 높여줄 뿐만 아니라, 관료제 조직의 고비용 문제도 해결할 수 있게 해준다. 세 번째 이점은 하위 종업원들이 중요 의사결정에 대한 권한을 적절히 가지게 되면 스스로 책임감을 가지고 업무를 수행하게 되므로, 하위 종업원들의 업무수행에 대한 지시와 감독을 위한 상위경영자의 수가 줄어들게 된다.

만약 분권화가 긍정적인 면만 가지고 있다면, 왜 모든 조직들이 의사결정권한을 분권

화 하여, 수직구조의 문제를 해결하려 하지 않는가? 집권화 역시 장점을 가지고 있기 때문이다. 집권화된 의사결정은 회사의 전략 실행에 요구되는 다양한 조직적 활동들을 손쉽게 조정할 수 있게 해준다. 첫머리 사례 애플의 집권화된 의사결정이 적절한 본보기가 될 수 있다. 애플은 제품개발 의사결정권한을 집권화하여 산업 설계부서, 하드웨어 및 소프트웨어 엔지니어링 부서, 운영부서 및 마케팅부서 사이의 긴밀한 조정과 협력을 만들어 낸다. 만약 모든 의사결정 계층에 있는 경영자들이 의사결정권한을 가지게 된다면, 회사 전체적인 기획은 불가능할 것이며, 결과적으로 회사는 의사결정 전반에 대한 통제력을 상실하게 된다.

나아가 집권화된 의사결정은 회사 전반적인 목표들에 부합할 수 있음을 의미한다. 예를 들어, 회사의 지점 경영자가 회사의 통제로부터 자유롭게 의사결정을 할 경우, 메릴린치(Merrill Lynch)는 정보시스템을 강화하여 본사의 경영자들이 지점 경영자들에 대한 통제권을 갖게 해줌으로써 집권화하였다. 이와 유사하게 애플에서 제품개발에 대한 집권화는 회사의 전략 실행에 큰 도움이 되었다. 나아가 회사에 위기가 왔을 경우 집권화는 강력한 리더십의 행사를 가능하게 해준다. 여기서 강력한 리더는 신속한 의사결정을 가능하게 해줄 뿐만 아니라, 구성원들로 하여금 일치단결된 반응행동을 하게 한다. 1997년 스티브 잡스가 애플에 다시 돌아 왔을 때, 그는 재빨리 회사 운영전반에 대한 변화를 이루었다. 잡스는 의사결정권한을 집권화 함으로써 신속하게 의사결정을 할 수 있었을 뿐만 아니라, 파산 지경에 이른 애플을 효과적으로 재건시킬 수 있었다.

특정 전략 실행에 적합한 집권화 정도를 어떻게 선택할 것인가에 대해서는 뒤에 논의한다. [전략 실행 사례 12.2]는 의사결정권한을 집권화 혹은 분권화함으로써 이점을 얻고 있는 회사에 대해 논의한다.

전략 실행 사례 12.2

유니온 퍼시픽과 야후에서의 집권화와 분권화

© iStockPhoto.com/Tom Nulens

미국에서 가장 규모가 큰 철도화물 운수회사 가운데 하나인 유니온 퍼시픽(Union Pacific, UP)사는 2000년대 초 경제적 붐으로 인해 철도화물 물량이 기록적으로 증가하였던 때에 위기를 맞이하였다. 이때 철도 화물운송은 이전과는 상상할 수 없었을 정도로 지체되고 있었다. 유니온 퍼시픽사의 고객들은 이런 문제에 대해 회사에 격분하였고, 운송 지체로 인해 회사가 고객들에게 지불해야 할 운송 지체 벌금이 수천만 달러에 달하였다. 이에 유니온 퍼시픽사의 최고경영층은 의사결정을 집권화하기로 하였으며, 또한 운영 비용절감을 위해 업무도 표준화하기로 하였다. 모든 일정과 일상적 계획들이 회사 본부에 의해 시행되었으며, 그 결과 효율성이 크게 향상되었다. 지역의 지점 경영자들이 주로 하는 일은 화물이 해당 지역을 통과할 때 운송의 흐름을 원활히 하는 것이었다.

효율성 제고와 고객들에 대한 유연한 대응 모두의 필요성이 높아지게 되자 유니온 퍼시픽사는 전반적인 재조직화를 선언하였다. 지역의 지점 경영자들에게 일상적인 운영 의사 결정권한을 내려 주었다. 지점 경영자들은 일부 비용이 수반되더라도 고객의 요구에 유연하게 대응하기 위해 일정과 일상적 계획들을 조정할 수 있게 되었다. 유니온 퍼시픽사의 목표는 업무 절차를 단순화하고 손쉽게 업무를 처리할 수 있게 함으로써, 과거의 탁월한 성과 수준으로 회사를 되돌려 놓는 것이었다. 분권화를 결정함에 있어서, 유니온 퍼시픽사는 이미 분권화를 결정한 경쟁기업보다 한발 늦게 뒤따라가고 있었다. 유니온 퍼시픽사의 경영자들은 지속적으로 의사결정권한을 실무 부서에 위양함으로써, 고객에 대한 유연한 대응력을 강화함은 물론, 탁월한 운영 성과와 종업원 개개인의 책임성도 함께 높일 수 있었다. 그 결과 회사의 성과는 지속적으로 개선되었고, 2011년에 이르러 급기야 최고의 철도화물 운수회사로 자리잡게 되었다.

야후(Yahoo!)는 사뭇 다른 분권화 요구에 직면하였다. 2009년 설립자인 제리 왕(Jerry Wang)의 반대로 야후에 대한 마이크로소프트(Microsoft)사의 인수가 실패로 돌아간 후, 회사의 주가가 급격히 하락하였다. 인수에 반대하고 있다는 것에 대해 상당한 비판에 직면한 왕은 CEO를 사퇴하였고, 이 자리에 온라인 회사 경영에 있어서 오랜 동안 성공의 역사를 써왔던 캐롤 바츠(Carol Bartz)가 들어섰다. 바츠는 야후의 비용구조를 줄이기 위한 방법을 모색하기 위해 재빨리 움직였고, 야후의 강력한 온라인 브랜드 정체성을 유지하기 위해 회사의 운영을 단순화하였다. 구글(Google), 페이스북(Facebook), 그리고 트위터(Twitter) 등과 같은 온라인 기업

들이 크게 성장해 오면서 산업 내 경쟁이 치열해지면서 야후의 인기도 크게 위협받게 되었다.

바츠는 야후를 재구조화하는 가장 좋은 방법이 집권화하는 것이라고 판단하였다. 야후의 모든 사업부들에 대한 통제력을 강화하고 운영 비용을 절감하기 위해, 바츠는 제품개발이나 마케팅 활동과 같은 야후의 사업부 경영자들에게 주어져 있던 권한을 회사 본부로 갖다 놓음으로써 의사결정권한을 집권화하였다. 예를 들어, 회사의 모든 출판 및 광고 기능들이 회사 본부로 옮겨져 하나의 임원에 의해 통제되도록 하였다. 야후의 유러피언(European), 에이시언(Asian), 그리고 새롭게 부각되고 있는 시장의 지사들이 집권화되어 새로운 임원에 의해 통제받게 되었다. 바츠의 목표는 어떻게 하는 것이 회사의 자원들을 더 효율적으로 활용할 수 있을지에 대한 해답을 찾는 것이었다. 바츠는 의사결정권한을 집권화하는 한편, 야후의 모든 기능부서의 종업원들에게서 '당신이 CEO라면 무슨 일을 하겠습니까?' 등의 질문에 대한 의견을 수렴하기 위해 타운홀 미팅(town hall meeting)을 확산시켜 나갔다. 바츠는 과거 야후가 가졌던 산업 내 지배적 지위를 다시 회복하기 위해 의사결정권한을 집권화하는 한편, 조직 위계의 모든 계층에 적합한 종업원들의 배치를 모색하기도 하였다.

그럼에도 불구하고 2011년 현재 야후는 여전히 산업 내에서 불안한 지위에 있다. 야후는 미래 검색 기술인 빙(Bing)의 활용을 위해 마이크로소프트와 검색 협정에 사인하였다. 바츠는 비용을 절감하고 전략적 인수를 위한 재원 마련을 위해 야후의 비핵심 사업 자산을 매각하는 데 초점을 두고 있다. 그러나 야후는 아직도 구글이나 페이스북처럼 풍부한 자원을 가진 인테넷 기업들과 치열한 경쟁을 벌이고 있으며, 2011년 9월에 바츠는 야후에게 해고되었다. 알려지고 있는 바에 따르면 2011년 10월 마이크로소프트와 구글 모두 200억불의 돈을 들여 야후에 대한 인수 경쟁을 벌이고 있다.

자료: www.up.com and www.yahoo.com 2011.

통합 및 통합 메커니즘

개인, 기능부서, 그리고 사업부들 사이에 위계권위를 통한 조정이 많이 일어난다. 그러나 조직구조가 복잡해지면 위계권위에 의한 조정은 불가능하게 되며, 따라서 최고경영층

은 기능부서와 사업부들 사이의 의사소통과 조정을 강화하기 위해 다양한 통합 메커니즘 (integrating mechanisms)의 사용을 고민하게 된다. 조직구조가 복잡해질수록 조직구조가 효율적으로 운영될 수 있도록 하기 위한 개인, 기능부서, 그리고 사업부들 사이의 조정의 필요성은 증가한다. 여기서는 세 가지 종류의 통합 메커니즘에 대해 살펴본다. 이들 통합 메커니즘들은 개인, 기능부서, 그리고 사업부들 사이에 아이디어와 활동들의 소통 과정에서 발생하는 정보왜곡의 문제를 해소하기 위해 활용된다.

직접적 통제 상이한 기능부서나 사업부의 경영자들이 상호 관련된 문제를 해결하기 위해 함께 일하게 되면 이들 경영자들 사이의 직접적인 접촉 상황이 발생한다. 그러나 여러 가지 이슈에 따라 접촉 상황이 만들어지기도 한다. 상이한 기능부서의 경영자들은 조직의 목표달성에 대한 각기 다른 관점을 가질 수 있다. 그러나 만약 기능부서 경영자들이 모두 동일한 영향력을 가지게 된다면, 무엇을 할 것인가에 대해 기능부서 경영자들에게 이야기 할 수 있는 사람은 CEO뿐이다. 만약 기능부서 경영자들이 합의에 이르지 못하게 되면, CEO의 권위 외에 기능부서 경영자들 사이의 갈등 문제를 해결할 수 있는 어떤 메커니즘도 없다. 사실, 성과를 제대로 내지 못하는 조직구조의 징후 가운데 하나는 최고경영층에 문제해결을 요청하는 이슈의 빈도이다.[13] 일상적인 갈등을 해결할 필요성 및 정보소통에서 야기되는 문제들은 관료제 조직의 비용 문제를 유발한다.[14] 이와 같은 갈등을 줄이고 정보소통의 문제를 해결하기 위해 최고경영층은 기능부서들 및 사업부들 사이의 조정을 강화하기 위해 더 복잡한 통합 메커니즘을 사용한다.

연결 역할 경영자들은 연결 역할을 통해 기능부서들 및 사업부들 사이의 조정을 강화할 수 있다. 두 기능부서 사이의 접촉 빈도가 높아질 때, 효과적인 조정 방법 가운데 하나는 각각의 기능부서나 사업부에 있는 한 사람의 경영자에게 타 기능부서 혹은 사업부와의 조정에 대한 책임을 부여하는 것이다. 여기서 조정에 대한 책임을 맡은 경영자들은 매일, 매주, 매월, 아니면 주요 이슈나 정보소통의 문제가 발생할 경우 만날 수 있다. 조정에 대한 책임은 연결 역할을 하는 사람에게 있으며, 통상 비공식적인 관계를 형성하면서 기능부서들 사이의 긴장을 완화하는 역할을 한다. 나아가 연결 역할은 조직 전체에 걸쳐 정보가 소통될 수 있는 하나의 방식이기도 하다. 이러한 연결 역할은 조직의 규모가 커서 종업원들이 자신들이 소속된 기능부서나 사업부 이외의 기능부서나 사업부에서 근무하는 종업원들을 잘 알지 못할수록 중요해진다.

팀 둘 이상의 기능부서나 사업부가 많은 공통적인 문제를 공유하게 되면, 직접적인 접촉과 연결 역할로써는 효과적인 조정이 어렵게 된다. 이러한 경우 팀(team)과 같은 더 복잡한 통합 메커니즘이 적합하다. 각각의 기능부서나 사업부에서 차출된 경영자들이 상호

> **통합 메커니즘**
> 기능부서와 사업부들 사이의 의사소통과 조정을 강화하기 위한 방법

> **팀**
> 각각의 기능부서나 사업부에서 차출된 경영자들이 상호 관련된 문제를 해결할 목적으로 만난 집단

관련된 문제를 해결할 목적으로 만나 팀을 형성하게 된다. 팀 구성원들은 회의에서 논의된 이슈 및 해결책들을 해당 부서나 사업부에 보고할 책임이 있다. 최근 팀은 모든 조직 수준에서 활발히 활용되고 있다.

전략통제 시스템

경영자들이 조직의 전략을 선택하게 되면, 이제는 회사의 비즈니스모델을 추구하고 가치창출과 수익성 제고를 위해 회사의 자원을 가장 효과적으로 활용할 수 있는 조직구조를 설계한다. 이어 경영자들은 선택한 전략과 조직구조가 의도한 대로 효과를 내고 있는지, 전략과 조직구조가 개선될 수 있는지, 만약 전략과 조직구조가 효과를 내고 있지 못하다면 어떻게 바뀌어야 될 것인지를 감시하고 평가할 수 있는 전략통제 시스템(strategic control systems)을 구축한다.

전략통제는 조직과 조직구성원들이 현재 얼마나 효과적으로 역할을 수행하고 있는지를 감시함은 물론, 현재 보유하고 있는 자원들을 회사가 얼마나 효율적으로 활용하고 있는지를 평가하는 것이기도 하다. 또한 전략통제는 종업원들에게 동기를 부여하고 유지하기 위해 어떤 인센티브 제도를 만들 것인지에도 직접적인 관심을 가지며, 또한 전략통제는 미래 조직에서 일어날 수 있는 중요한 문제들에 초점을 둠으로써, 조직구성원들이 협력적으로 업무를 수행하여 향후 나타날 수 있는 조직의 문제를 스스로 효과적으로 해결할 수 있도록 한다.[15] 전략통제의 중요성을 이해함에 있어서, 전략통제가 경쟁우위의 네 가지 구성요소인 효율성, 품질, 혁신 및 소비자 반응성 강화를 위한 경영자들의 노력에 어떤 도움을 주는지를 생각해 보자.

> **전략통제 시스템**
> 회사의 비즈니스모델이 잘 운영되고 있는지를 감시하고 평가하는 메커니즘

1. *통제와 효율성* 조직의 자원이 얼마나 효율적으로 활용되고 있는지를 알기 위해서는 경영자들이 한 단위의 산출물을 생산하는 데 있어서 얼마만큼의 자원(원재료나 인적자원 등)이 투입되고 있는지를 정확히 측정할 수 있어야 한다. 또한 경영자들은 그들이 생산하는 산출물(제품이나 서비스)의 단위도 정확히 측정할 수 있어야 한다. 통제시스템은 제품이나 서비스가 얼마나 효율적으로 생산되고 있는지를 경영자들이 쉽게 알 수 있도록 하는 측정척도를 가지고 있다. 나아가 만약 경영자들이 제품이나 서비스를 더 효율적으로 생산할 수 있는 새로운 방법을 찾기 위한 실험을 할 경우, 이런 척도들은 경영자들에게 새로운 방법의 성공 여부를 알려주기도 한다. 통제시스템이 없다면, 경영자들은 조직이 얼마나 잘 운영되고 있는지를 알 수 없을 뿐만 아니라, 미래 경쟁 환경에서 조직을 어떻게 운영해야 할 것

인가에 대해서도 해답을 찾을 수 없게 된다.[16]

2. *통제와 품질* 최근 제품이나 서비스의 품질 경쟁이 날로 치열해지고 있다. 예를 들어, 자동차 산업에서, 각 가격범위 내에서 자동차들은 사양, 설계 및 신뢰성을 두고 뜨거운 각축전을 벌이고 있다. 고객들이 포드 500(Ford 500), 지엠 임팔라(GM Impala), 크라이슬러 300(Chrysler 300), 토요타 캠리(Toyota Camry), 혹은 혼다 어코드(Honda Accord) 가운데 어떤 자동차를 구매할 것인지는 전적으로 자동차의 품질에 달려 있다. 전략적 통제는 경영자들에게 품질에 대한 피드백을 주기 때문에 경영자들이 제품이나 서비스의 품질을 결정함에 있어서 매우 중요한 기능을 한다. 만약 경영자들이 소비자들의 불만 정도와 수리를 위해 회사로 되돌아오는 자동차의 빈도를 지속적으로 측정한다면, 이들은 어느 정도의 품질수준을 달성해야 할 것인지에 대한 정확한 판단을 할 수 있게 된다.

3. *통제와 혁신* 전략통제는 조직의 혁신 수준을 높이는 데 도움을 줄 수 있다. 3M이나 구글에서처럼 종업원들에게 임파워먼트를 부여하여 그들이 창의적인 구성원이 되게 하고, 종업원들에게 자율성을 제공하여 그들이 실험적 행동이나 위험을 감수하는 의사결정을 자유롭게 할 수 있는 조직적 여건을 경영자들이 만들어 줄 때, 성공적 혁신이 가능하다. 위험감수 행동을 유발할 수 있는 적절한 수준의 통제시스템을 구축하는 일은 경영자들에게는 중요한 도전이다. 이 장의 후미에 논의하겠지만, 이와 관련해서는 조직문화가 매우 중요하다.

4. *통제와 고객 대응성* 마지막으로 종업원들이 고객들과 함께 그들의 업무를 얼마나 잘 수행하는지를 평가할 수 있는 통제시스템을 만들 수 있다면, 전략경영자들은 회사를 고객의 요구에 더 잘 다가갈 수 있는 조직으로 만들 수 있다. 종업원들의 행동을 감시하게 되면, 종업원들이 어떤 기술을 더 습득해야 하는지를 알려 주거나 아니면, 종업원들이 그들의 업무를 더 효율적으로 수행할 수 있는 절차를 가르쳐줌으로써, 경영자들은 종업원들이 어떻게 하면 그들의 성과 수준을 높일 수 있을 것인가에 대한 방안을 제시해 줄 수 있게 된다. 종업원들은 그들의 행동이 감시되고 있다는 것을 알게 되면, 그들은 조직에 더 도움이 되는 행동을 할 뿐만 아니라, 고객들의 요구에 일치하는 행동을 하게 될 것이다.

전략통제 시스템은 전략경영자들이 회사가 효율성, 품질, 혁신, 그리고 고객 대응성 등에 있어서 탁월한 성과를 내고 있는지, 그리고 수립한 전략이 제대로 실행되고 있는지를 평가할 수 있게 해주는 공식적인 목표 설정, 측정 및 피드백시스템이다. 효과적인 통제시스템은 다음 세 가지의 특성을 갖추고 있어야 한다. 먼저, 통제시스템은 경영자들이 기대하지 못한 사건의 발생에도 능동적으로 대응할 수 있도록 유연성을 갖춰야 한다. 둘

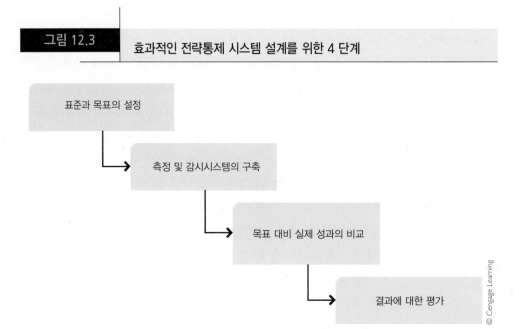

그림 12.3   효과적인 전략통제 시스템 설계를 위한 4 단계

표준과 목표의 설정

측정 및 감시시스템의 구축

목표 대비 실제 성과의 비교

결과에 대한 평가

© Cengage Learning

째, 통제시스템은 정확한 정보를 제공하여 조직의 성과목표달성 상태를 정확히 파악할 수 있도록 해줘야 한다. 마지막으로 통제시스템은, 이미 지나간 정보에 의한 의사결정은 조직에 실패를 가져다 줄 수 있으므로, 경영자들에게 시의적절하게 정보를 제공해 줘야 한다.[17] [그림 12.3]에 나타나 있는 바와 같이, 효과적인 전략통제 시스템을 설계하기 위해서는 4 단계 과정이 요구된다. 표준과 목표의 설정, 측정 및 감시시스템의 구축, 목표와 성과의 비교, 그리고 결과에 대한 평가.

전략통제의 수준

전략통제 시스템은 회사에서 네 가지 수준에서 성과를 측정하기 위해 개발된다: 기업수준, 사업부 수준, 기능부서 수준, 개인 수준. 모든 수준에서 경영자들은 기업성과, 사업부 성과, 그리고 기능부서의 성과를 평가할 수 있는 적절한 측정척도를 개발해야 한다. 11장에서 논의한 균형성과 관리(balanced scorecard) 접근처럼, 측정척도들은 효율성, 품질, 혁신 및 고객 대응성에서 독보적 역량 개발이라는 목표와 밀접히 관련되어야 한다. 각각의 수준에서 사용되는 표준들이 다른 수준들의 그것들과 문제를 일으키지 않도록 해야 한다. 예를 들어, 사업부의 성과 향상 노력이 기업수준의 성과와 상충되지 않아야 한다. 나아가 각 수준에서의 통제는 하위수준에 있는 경영자가 자신들의 통제시스템을 설계함에 있어서 지침을 제공해 줄 수 있어야 한다. [그림 12.4]는 이런 관계를 설명하고 있다.

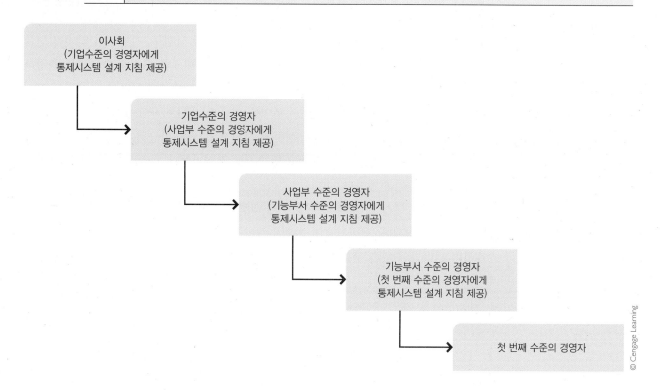

| 그림 12.4 | 조직통제의 수준 |

© Cengage Learning

전략통제 시스템의 유형

11장에서는 경영자들이 장기적 수익성을 극대화할 수 있는 전략을 추구하도록 하는 다른 종류의 전략통제와 함께, 투하자본수익률(return on invested capital)의 사용을 보완할 수 있는 방법의 하나로 균형성과 관리 접근에 대해 알아보았다. 이 장에서는 균형성과 관리 외에 세 가지의 통제시스템 유형에 대해 알아본다. 대인통제, 산출통제, 그리고 행동통제가 그것이다.

대인통제 대인통제(Personal control)는 회사의 목표를 달성함에 있어서 대인적 상호작용을 통해 종업원들의 행동에 영향력을 행사하는 것이다. 가장 전형적인 대인통제는 상위 경영자에 의한 직접적인 감시감독이다. 대인통제는 부하들이 현재의 과업 상황을 이해함에 있어서 직면하게 되는 문제점이나 새로운 이슈에 대해 경영자들이 부하들에게 질문을 할 수 있기 때문에 유용하다. 또한 대인통제는 경영자들이 부하들에게 효과적인 방법으로 과업을 수행하게 할 수 있도록 지시하거나, 향후 문제가 될 수 있는 어떤 정보도 숨길 수 없도록 할 수 있기 때문에 효과적이다. 또한 대인통제는 종업원들이 팀으로 과업

> **대인통제**
> 회사의 목표를 달성함에 있어서 대인적 상호작용을 통해 종업원들의 행동에 영향력을 행사하는 것

을 수행할 경우 동료집단에서 나타날 수 있다. 특히 집단 수준에서 대인통제는 집단에 많은 학습 기회가 있음을 의미할 뿐만 아니라, 역량을 개발하고 무임승차 혹은 게으름 피우는 행위를 없앨 수 있음을 의미하기도 한다.[18]

산출통제 산출통제(Output control)는 전략경영자들이 각 사업부, 기능부서 및 종업원들을 위한 적절한 성과목표를 설정함은 물론, 이들 목표에 비교한 실질적인 성과를 측정하는 시스템이다.[19] 많은 경우 회사의 보상시스템은 이와 같은 성과목표와 연계되어 있어서, 산출통제는 조직구성원들에게 동기부여를 위한 인센티브 구조를 제공하기도 한다. 목표는 회사의 전략이 경쟁우위를 달성하고 장기적 성공을 가능하게 해주는 독보적 역량을 구축하게 하는데 얼마나 기여하고 있는지를 경영자들에게 알려 준다. 목표는 조직위계의 모든 수준에 존재한다.

효율성, 품질, 혁신 및 고객 대응성 등에 대한 사업부의 성과목표에는 기업수준 경영자의 기대가 반영된다. 일반적으로 기업수준의 경영자는 사업부 경영자들이 미래에 더 효과적인 전략과 구조를 구축할 수 있도록 하기 위해 사업부의 목표를 도전적으로 설정하게 한다.

기능부서 및 개인 수준에서의 산출통제는 사업부 수준에서의 통제의 연속이다. 사업부 경영자들은 사업부의 목표가 달성될 수 있도록 기능부서 경영자들의 목표를 설정한다. 사업부 수준에서처럼, 기능부서의 목표는 회사에 경쟁우위를 제공해 주는 본원적 역량(generic competencies)이 개발될 수 있도록 설정되며, 기능부서의 성과는 기능부서가 본원적 역량을 얼마나 잘 개발했는가에 의해 평가된다. 예를 들어, 판매부서에서 효율성(판매 비용), 품질(반품의 수), 고객 대응성(고객의 욕구에 반응하는 데 소요된 시간) 등에 관련된 목표는 모든 기능부서의 목표로도 설정될 수 있다.

마지막으로 기능부서 경영자들은 기능부서가 목표를 달성할 수 있도록 개별 종업원들의 목표를 설정한다. 예를 들어, 판매사원의 경우 기능부서의 목표와 관련하여 자신이 달성해야 할 구체적인 성과목표를 부여받게 된다. 기능부서와 개별 종업원들은 자신들의 목표달성 여부에 의해 평가받는다. 보상은 일반적으로 목표달성에 의해 결정된다. 목표가 달성되고 있다는 것은 회사의 전략이 목표달성에 긍정적으로 기여하고 있음을 의미하는 것이다.

산출통제를 부적절하게 사용하게 되면 사업부들 사이에 갈등을 유발할 수 있다. 투하자본수익률(return on invested capital)과 같은 것을 사업부에 일률적으로 산출 목표로 정할 경우, 사업부 경영자들이 기업수준의 투하자본수익률은 고려하지 않고 자신들 사업부의 투하자본수익률만 극대화하려는 노력을 기울이는 부정적인 결과가 나타날 수 있다. 나아가 산출 목표달성을 위해 사업부는 자신들 사업부의 성과가 유리하게 평가될 수

산출통제
전략경영자들이 각 사업부, 기능부서 및 종업원들을 위한 적절한 성과목표를 설정함은 물론, 이들 목표에 비교한 실질적인 성과를 측정하는 시스템

있도록 하기 위해 성과수치를 왜곡하거나 전략적으로 조작하려 할 것이다. 이럴 경우 관료제 조직에서 나타날 수 있는 비용증가가 초래된다.

행동통제 행동통제(Behavior control)는 사업부, 기능부서 및 개별 종업원들의 활동이나 행동을 규정하기 위한 포괄적인 규율과 절차 체계를 통해 나타나는 통제이다. 행동통제의 의도는 목표를 구체화하는 것이 아니라, 목표달성을 위한 방법이나 수단을 표준화하는 것이다. 규율은 행동을 표준화하며 예측 가능한 결과를 만들어 준다. 만약 종업원들이 규율을 따르게 되면, 행동이 일어나고, 계속해서 동일한 방식으로 의사결정이 이루어진다. 그 결과 모든 통제시스템의 목적이라 할 수 있는 예측 가능성과 정확성이 얻어진다. 가장 일반적인 종류의 행동통제는 운영 예산, 표준화, 그리고 규율 및 절차이다.

각 수준에 있는 경영자들이 달성해야 할 목표를 부여받게 되면, 이들은 경영자들과 종업원들이 해당 목표를 달성하는 데 필요한 운영 예산을 수립한다. 운영 예산(operating budget)은 경영자들이 조직의 목표를 가장 효율적으로 달성할 수 있도록 하기 위해 조직의 자원을 활용하기 위한 계획이다. 운영 예산의 일반적인 예는 특정 수준에 있는 경영자가 하위수준에 있는 경영자에게 일정 금액의 예산을 할당하여 제품이나 서비스의 생산에 사용하도록 해준다. 일단 예산이 결정되면, 하위수준에 있는 경영자는 결정된 예산을 부서의 업무 활동들에 어떻게 할당할 것인지를 결정해야 한다. 이후 경영자들은 해당 예산 수준을 유지하면서 얼마나 효과적으로 사용했는지의 여부에 의해 평가받는다. 예를 들어, GE의 세탁기 사업부 경영자는 새로운 세탁기 생산라인을 개발하여 판매하는 데 5천만불의 예산을 할당받았다고 하자. 여기서 세탁기 사업부 경영자는 최고의 수익성을 달성하기 위해 총 예산에서 연구개발(R&D), 엔지니어링, 영업 등에 각각 얼마씩을 할당할 것인지를 결정해야 한다. 일반적으로 대기업의 경우 개별 사업부를 독립 이익센터로 취급하며, 기업수준의 경영자는 기업 전체 수익에 대한 성과 기여도를 바탕으로 개별 사업부의 성과를 평가한다. 이 부분에 대해서는 다음 장에서 상세히 논의한다.

표준화(Standardization)는 기업 조직이 의사결정 방식을 구체화하여 종업원들의 행동이 예측가능 할 수 있도록 하는 정도이다.[20] 실제로, 조직이 표준화를 할 수 있는 방법은 세 가지이다. 투입물, 변환 활동, 산출물이 그것이다.

경영자들은 표준화를 할 때 이미 만들어 놓은 기준, 혹은 어떤 투입요소가 변환 과정으로 유입되어야 할 것인지에 관한 표준에 기초하여 투입물을 점검한다. 예컨대, 만약 종업원들이 투입요소라면 종업원을 표준화하는 하나의 방법은 투입될 종업원들이 어떤 자격요건과 숙련 수준을 가지고 있어야 하는지를 구체화해놓고, 해당 자격 요건과 숙련 수준을 지닌 종업원만을 선발하는 것이다. 만약 투입요소가 원재료나 부품이라면 동일한 방법을 적용하면 된다. 일본기업들은 제조 단계에서 제품과 관련된 문제점들을 최소화

행동통제
사업부, 기능부서 및 개별 종업원들의 활동이나 행동을 규정하기 위한 포괄적인 규율과 절차 체계

운영 예산
경영자들이 조직의 목표를 가장 효율적으로 달성할 수 있도록 하기 위해 조직의 자원을 활용하기 위한 계획

표준화
기업 조직이 의사결정 방식을 구체화하여 종업원들의 행동이 예측가능 할 수 있도록 하는 정도

하기 위해 부품 구매에 있어서 고품질과 정확성을 요구하는 것으로 유명하다. 적시납품 (JIT) 시스템 역시 투입요소의 표준화를 가능하게 하고 있다.

변환 활동을 표준화하는 것의 목표는 과업 활동을 프로그램화 하여 과업 활동들이 연속적으로 동일한 방식으로 수행될 수 있도록 하는 것이다. 최종 목표는 예측 가능성이다. 규율과 절차와 같은 행동통제는 기업이 변환 활동을 표준화 할 수 있는 주요 수단 가운데 하나이다. 맥도날드(McDonald)와 버거킹(Burger King)과 같은 패스트 푸드 레스토랑들은 레스토랑 운영의 모든 부분들을 표준화한다; 그 결과 일관된 패스트 푸드 제품이 만들어진다.

산출물을 표준화하는 것의 목표는 최종제품이나 서비스의 성과특성들이 어떻게 되어야 하는지를 구체화하는 것이다 - 제품이나 서비스가 갖춰야 할 치수나 허용오차 등. 제품이 표준화되어 있음을 확실하게 하기 위해, 기업들은 품질통제를 실시할 뿐만 아니라, 다양한 기준들을 적용하여 표준화를 측정한다. 여러 기준들 가운데 하나는 고객들로부터 환불되는 제품의 수, 혹은 고객의 불만빈도이다. 생산라인에서 무작위로 제품을 추출하는 것은 생산되고 있는 제품들이 성과특성들을 충족하고 있는지를 알 수 있게 해준다.

다른 종류의 통제와 마찬가지로 행동통제의 사용은, 조직이 전략적 문제들을 회피하려 한다면 반드시 관리되어야 할 함정이 뒤따를 수 있다. 최고경영층은 행동통제의 유용성을 꾸준히 점검하고 평가해야 한다. 규율은 개인들의 행동을 제한하고 표준화된 예측가능한 행동을 이끌어 낸다. 그러나 규율은 만들어지기는 쉬워도 없애기는 쉽지 않아, 조직이 오래될수록 규율의 수는 증가하는 경향이 있다. 새로운 개발이 또 다른 규율을 만들어 내지만, 오래된 규율은 잘 없어지지 않는다. 이럴 경우 조직은 과도한 관료화의 문제에 봉착하게 된다. 관료화된 조직에서 조직이나 개인들은 유연성을 잃게 되며, 변화하는 환경에 대한 반응 속도가 느려진다. 이와 같은 비유연성은 조직의 혁신 속도를 늦추고 고객 대응성을 감소시킴으로써 기업의 경쟁우위에 부정적인 영향을 미칠 수 있다.

전략보상시스템

조직은 보상시스템을 조직의 통제시스템에 연계시킴으로써 종업원들의 행동을 통제하려 한다.[21] 회사의 전략(예를 들어, 저원가 혹은 차별화)에 기반하여, 전략경영자들은 어떤 행동이 높은 보상을 받아야 하는지를 결정해야 한다. 그 다음 전략경영자들은 통제시스템을 구축하여 종업원들의 행동을 측정하고, 나아가 보상 구조와 종업원 행동을 연계시킨다. 성과와 보상을 어떻게 연계시킬 것인가를 결정하는 것은 매우 중요한 전략적 의사결정이다. 그 이유는 성과와 보상 사이의 연계 구조가 조직 내 경영자들과 종업원들의 행동양식에 영향을 미치는 인센티브 구조를 결정하기 때문이다. 11장에서 지적하였듯이, 최고경영자들은 회사의 장기적 성과와 연결되는 스톡옵션 보상을 받을 경우, 주주들의 이해 관계에 부응하는 행동을 하고자 한다. GM 같은 기업은 경영자들이 회사의 주식을 구매할 것을 요구한다. 경영자들이 주주가 되었을 때, 경영자들은 회사의 단기적인 목표보다는 장기적인 목표를 달성하려는 행동에 더 집중하게 된다. 이와 유사하게 판매사원의 보상체계를 설계함에 있어서, 경영자들은 이들을 봉급 하나만을 가지고 동기부여시킬 것인지, 아니면 판매사원들의 판매 성과에 기반한 봉급에 보너스를 추가하는 방식으로 동기부여시킬 것인지를 결정해야 한다. 명품 판매점인 니만 마커스(Neiman Marcus)는 종업원들에게 봉급만 지급한다. 그 이유는 니만 마커스가 종업원들에게 판매량보다는 품격 높은 고객 서비스를 강조하고 있기 때문이다. 따라서 니만 마커스에는 판매량에 연계된 인센티브가 없다. 다른 한편, 자동차 판매사원을 위한 임금체계는 판매량을 강조하도록 설계되는 경향이 많다. 자동차 판매사원의 경우 자동차 판매 대수와 판매금액에 연계된 보너스가 일반적이다.

조직문화

성공적 전략 실행을 위한 세 번째 요소는 조직 내 구성원과 집단이 공유하고 있는 규범과 가치 체계인 조직문화를 관리하는 것이다.[22] 조직 가치는 조직구성원들이 어떤 목표를 추구해야 하는지, 그리고 이런 목표를 달성하기 위해 조직구성원들이 어떤 행동 규범을 가져야 하는지에 관한 신념과 아이디어이다. 마이크로소프트(Microsoft)의 설립자 빌 게이츠(Bill Gates)는 자신이 만든 마이크로소프트의 조직 가치로 유명하다: 기업가정신, 지배구조, 창의성, 정직, 양심, 그리고 개방적 의사소통. 기업가정신과 소유 구조를 강조함으로써, 빌 게이츠는 마이크로소프트의 종업원들이 마이크로소프트가 하나의 거대한 관료 조직이 아니라, 구성원들에 의해 운영되는 작은 조직들의 집합체라는 느낌을 갖도록 하였다. 빌 게이츠는 기업관료가 아니라 기업가로서 행동할 수 있도록 하기 위해 하위 경영자들에 대한 권한위양과 이들의 위험감수 행동을 크게 장려하였다.[23]

조직 가치는 조직 규범, 가이드라인, 혹은 조직 기대를 개발하게 한다. 조직 규범, 가이드라인 및 조직 기대는 특정 상황에서 종업원들에게 요구되는 적절한 행동을 규정하며, 조직구성원들 사이의 관계 행동을 통제하기도 한다. 마이크로소프트에서 소프트웨어 프로그래머의 행동 규범에는 제품 선적을 위한 연장 근무, 복장 지침, 인스턴트 식품의 소비, 그리고 쉐어포인트(SharePoint)와 같은 회사의 최신 의사소통 제품을 사용하여 다른 종업원들과 의사소통 하는 것 등이 포함되어 있다.

조직문화는 전략경영자들이 조직에서 개발되는 가치와 규범에 영향력을 미칠 수 있다는 점에서 일종의 통제 기능을 한다. 여기서 가치와 규범은 적절한 행동과 부적절한 행동을 구분해 주며, 조직구성원들의 행위 양식을 형성하게 하기도 하고, 여기에 영향을 미치기도 한다.[24] 빌 게이츠와 같은 전략경영자들은 회사의 종업원들이 자신들의 역할행동을 어떻게 해야 할 것인지를 분명하게 해주는 조직 가치를 만드는 데 심혈을 기울였다; 쓰리엠(3M)과 구글(Google)에서 강조되는 조직 가치는 혁신과 창의성이다. 쓰리엠과 구글은 종업원들이 혁신적이고 기업가적이어야 함과 동시에, 상당한 실패의 가능성이 있더라도 실험적 행동을 해야 한다는 규범을 만들어 지속적으로 강조해 오고 있다.

다른 경영자들은 종업원들에게 보수적으로 행동해야 한다는 조직 규범을 만들기도 한다. 그리하여 종업원들이 중요한 의사결정을 하기에 앞서 상사와 상담할 것을 요구할 뿐만 아니라, 자신들의 행동을 문서로 기록하여 일어난 일에 대해 책임을 지도록 하기도 한다. 상당히 신중한 행동이 요구되는 석유화학회사, 금융기관, 보험회사 등에 있는 경영자들은 보수적인 의사결정을 강조할 것이다.[25] 예를 들어 은행이나 투자신탁회사에서 투자자들의 투자금액에 손실을 입힐 수 있는 위험 때문에 조심스런 의사결정이 요구된다. 결국 상이한 조직의 경영자들은 각자 자신들의 조직이 선택한 전략과 구조에 어울리는 조직 가치와 규범을 개발하고 정착시키려는 노력을 한다.

조직사회화는 조직구성원들이 조직의 문화를 어떻게 학습하는지를 기술하는데 사용되는 개념이다. 사회화를 통해 조직구성원들은 조직문화의 규범과 가치를 내면화하고 학습하며, 그 결과 조직구성원들은 조직의 일원이 된다.[26] 문화를 통한 통제는 매우 강력하여 일단 조직문화의 가치가 종업원들에게 내면화되기만 하면, 조직문화의 가치는 개별 종업원들의 가치의 일부분이 되고, 이때 개별 종업원들은 자신들의 가치는 생각하지도 않은 채 조직 가치를 따르게 된다.[27] 조직문화의 가치와 규범은 종종 조직구성원들 사이에 이야기, 신화, 그리고 언어를 통해 이식된다.

문화와 전략적 리더십

전략적 리더십은 조직문화를 형성하는 데 도움을 주는 회사의 설립자나 최고경영자에 의해 제공된다. 조직의 설립자는 조직문화를 결정함에 있어서 특히 중요하다. 왜냐하면 조직에 대한 설립자의 가치와 경영스타일이 조직문화에 강력한 영향을 미치기 때문이다. 자신이 설립한 회사에 대한 월트 디즈니(Walt Disney)의 보수화 영향력은, 그가 죽은 뒤에도 지속되었다. 과거 경영자들은 '월트 디즈니는 이것을 좋아하지 않을거야'를 두려워하여 새로운 엔터테인먼트의 도입을 꺼려 하였다. 이런 분위기는 디즈니사의 운명을 바꾼 CEO 마이클 아이스너(Michael Eisner) 아래에서 새로운 경영자 팀이 구성되고서야 사라지게 되었다.

설립자의 리더십 스타일은 회사의 경영자들에게 이전된다. 회사가 성장함에 따라 회사는 기존 경영자들이 가지고 있는 가치와 동일한 가치를 가진 신입사원들을 선호하게 된다. 나아가 조직구성원들은 그들의 가치를 공유하는 신입사원들만 선발한다. 결과적으로 회사의 문화는 점점 특이하게 되고, 구성원들은 점점 더 비슷해진다. 이와 같은 공유 가치와 공통 문화는 조직구성원들 사이에 통합을 활발하게 하고 조정을 용이하게 한다. 예를 들어, 조직구성원들이 동일한 신념과 가치를 공유할 때 조직에서 전형적으로 나타나게 되는 공통언어는 경영자들 사이의 협력을 증진시킨다. 이와 유사하게, 공유된 규범과 가치가 행동을 통제하고 종업원들을 동기부여시키는 경우, 규율과 절차, 그리고 직접적인 감시감독은 덜 중요하다. 조직구성원들이 조직문화의 규범과 가치를 받아들이게 되면, 이들은 조직과 일체감을 느끼고, 조직의 성공을 위한 노력을 더 강화하게 된다. 아래 사례에서는 월마트(Walmart)의 설립자 샘 월튼(Sam Walton)이 강력한 문화를 구축하는 방법이 소개된다.

전략적 리더십은 또한 경영자들이 조직구조를 설계하는 방식을 통해 조직문화에 영향을 미친다 - 즉, 경영자들이 권한을 위양하고 과업을 배분하는 방식을 통해 조직문화에 영향을 준다. 따라서 조직이 조직구조를 설계하는 방식은 조직에서 만들어지는 문화 규범과 가치에 영향을 미친다. 경영자들은 자신들의 전략을 실행에 옮기고자 할 경우 조직구조 설계 방식이 조직문화에 영향을 미친다는 사실을 잘 알아야 한다. 예컨대, 마이클 델(Michael Dell)은 회사의 조직구조를 가능한 한 수평구조가 되도록 하였다. 그는 하위 경영자들과 종업원들이 고객 관계를 체계적으로 관리하는 데 대한 책임을 부여하기 위해 하위 경영자들과 종업원들에게 권한을 위양하였다. 결과적으로 마이클 델은 델(Dell) 사에 고객 서비스 문화를 정착시켰으며, 종업원들은 최고의 고객 서비스를 제공하려는 노력을 기울이고 있다.

강하고 적응적인 기업문화의 특성

기업의 경영 환경이 안정적인 때는 매우 드물다. 기업 조직의 생존을 위해 경영자들은 기업조직이 환경변화에 잘 적응할 수 있도록 해야 한다. 경영자들이 환경변화에 기업 조직을 적응시키지 못하게 되면, 기업 조직은 소비자들에게서 외면 받게 되어 생존을 확신할 수 없게 된다.

경영자들은 적응 문화를 개발하려는 노력을 기울일 수 있다. 적응문화(adaptive culture)는 혁신적일 뿐만 아니라, 중간 및 하위 경영자들의 독창적인 행동을 유인하고 보상해 준다.[28] 적응 문화를 지닌 조직의 경영자들은 조직의 전략과 구조에 변화를 시도하여 변화하는 외부 경영 환경에 조직을 적응시킨다. 적응적 문화를 지닌 조직은 변화하는 경영 환경에서 생존할 가능성이 높으며, 무력한 문화를 가진 조직보다 더 높은 성과를 달성할 수 있다.

많은 연구자들이 강하고 적응적인 기업문화의 공통적인 특성이 무엇인지를 밝히기

> **적응문화**
> 혁신적일 뿐만 아니라, 중간 및 하위 경영자들의 독창적인 행동을 유인하고 보상해주는 문화

집중 분석: 월마트

샘 월튼이 월마트의 문화를 어떻게 구축하였는가?

© iStockPhoto.com/caracterdesign

아칸소(Arkansas)주의 벤턴빌(Bentonville)에 본사를 두고 있는 월마트(Walmart)는 세계에서 가장 큰 유통기업이다. 2012년 월마트는 4,400억불이 넘는 매출을 기록하였다. 월마트 성공의 핵심은 설립자 샘 월튼(Sam Walton)이 만든 조직문화이다. 월튼은 회사의 모든 경영자들과 종업원들이 직무를 수행함에 있어서 실질적인 접근을 하기를 원했을 뿐만 아니라, 고객만족이라는 회사의 주목표에 헌신하도록 하였다. 종업원들을 동기부여하기 위해 월튼은 동료들에게 자신들의 성과와 회사의 성과를 지속적으로 피드백해 주는 문화를 구축하였다.

사업에 그의 동료를 참여시키고, 동료들이 고객들에게 질 높은 서비스를 제공하는 직무 행동을 수행하도록 하기 위해 월튼은 월마트에 강력한 문화적 가치와 규범이 뿌리내리도록 하였다. 동료들이 따라야 하는 규범 가운데 하나는 열 걸음 지침(10-foot attitude)이다. 월튼에 의하면 이 규범은 '고객이 열 발자국 내에 오면 종업원들은 고객을 두 눈으로 바라보고, 고객에게 인사를 하며, 그리고 고객에게 무엇을 도와드릴까요? 라고 질문을 하도록 하는 것'이다. 일몰 지침(sundown rule)은 '종업원들이 고객의 요구에 대해 해지기 전에 답하도록 하라'는 것이다. 모든 월마트 매장에는 월마트 응원(W를 주세요, A를 주세요 등)을 하고 있다.

월튼이 만든 강력한 고객 지향 가치는 월마트 동료들이 고객에 대해 얼마나 많은 관심을 가지고 있는지를 표현하는 월마트 종업원들의 이야기 속에 잘 나타나고 있다. 월마트 종업원들의 이야기에는 다음과 같은 내용들이 있다. 자동차에 치일 뻔한 어린 아이를 구하기 위해 목숨을 걸고 자동차 앞으로 뛰어든 여직원 쉐일라(Sheila)에 관한 이야기, 그리고 매장에서 심근경색을 일으킨 고객을 위해 심폐소생술을 시도한 여직원 필리스(Phyllis)에 관한 이야기, 고객의 어린 아들의 생일 소원을 들어주기 위해 자기 아들에게 주기로 했던 장난감 파워 랜저(Power Ranger)를 포기한 여직원 아네트(Annette)에 관한 이야기. 강력한 월마트 문화는 회사가 설정한 엄격한 산출물 및 재무적 목표를 종업원들이 달성하도록 통제하고 동기를 부여하는 데 도움을 준다.

월마트에서 주목할 만한 조직문화 구축 방법은 월마트의 성공을 축하하기 위해 매년 열리는 월마트의 사치스러운 행사인 주주 참여 행사를 통하는 것이다. 월마트는 매년 최고의 성과를 내는 수천명의 종업원들을 유명한 가수, 록밴드, 그리고 코미디언들이 출연하는 연례 축하행사가 열리는 아칸소주의 본사에 불러 모은다. 월마트는 이와 같은 비싼 축하행사가 종업원들의 가치창출 노력에 대한 하나의 보상이며, 나아가 이런 이벤트 행사는 월마트의 고성과 가치와 문화를 강화하고 있다고 생각한다. 행사의 모든 진행 과정을 월마트 전 매장에 생중계함으로써 전체 종업원들이 회사의 성공을 함께 축하할 수 있게 된다.

월튼이 죽은 후, 200만이 넘는 종업원을 가진 월마트에 대한 국민들의 관심이 월마트 조직문화의 '감춰진 측면(hidden side)'을 드러나게 하였다. 비판론자들의 주장에 의하면, 소수의 월마트 종업원만이 합당한 수준의 보건혜택 및 부가적 이익을 받을 뿐, 회사는 대부분의 종업원들에게는 최저임금을 조금 상회하는 수준의 보상만을 하고 있다는 것이다. 나아가 이들은 월마트의 종업원들이 회사의 이런 정책에 대해 문제를 제기하지 않는 이유는 월마트 경영자들이 다음과 같이 강요하고 있기 때문이라고 주장하고 있다. 월마트가 저가격을 유지할 수 있는 유일한 방법은 종업원들의 보상과 부가적 이익을 최소화 하는 것뿐이다. 월마트는 이런 이슈, 일반국민들의 의문, 그리고 법적인 소송 등에 대해 입장을 밝히라는 압력을 받고 있다. 월마트는 차별대우를 받아 온 종업원들의 요구를 충족시키기 위해 수십억 달러의 벌금을 지불했을 뿐만 아니라, 많은 다른 종업원들에게도 개선된 보건혜택을 제공하라는 압력을 받고 있다.

자료: www.walmart.com.

위한 노력을 지속해 오고 있으며, 나아가 약하거나 무력한 문화에서는 나타나지 않지만 적응 문화에서 주로 나타나는 특정의 가치 체계가 있는지를 알아보기 위한 노력도 함께 기울이고 있다. 초기의 연구이지만 여전히 상당한 영향력을 가지고 있는 연구 가운데 하나는 피터스와 와터만(T. J. Peters and R. H. Waterman)의 성공 기업의 가치 및 규범 특성과 조직문화에 관한 연구이다.[29] 이들의 주장에 의하면 적응적 조직은 세 가지의 공통적인 가치를 가지고 있다. 첫째, 성공적인 기업은 행동지향적 경향(bias for action)을 촉진시키는 가치를 가지고 있다. 이 가치는 종업원들의 자율성과 기업가정신을 강조하며, 종업원들에게는 성공가능성이 적은 신제품개발과 같은 위험감수 행동을 할 수 있도록 해준다. 경영자들은 회사의 일상적인 운영에 깊이 관여하며, 상아탑과 분리된 전략적 의사결정은 하지 않는다. 종업원들은 가치지향적인 접근을 한다.

두 번째의 가치는 조직미션의 본질에 기인한다. 기업은 지금까지 가장 잘 해 오던 방식을 고수해야 하며, 회사의 미션에 부응하는 비즈니스모델을 개발해야 한다. 기업들이 다른 사업 영역에 뛰어들 경우 손쉽게 수익성을 향상시킬 수 있을 것으로 착각하는 경향성을 가지기 때문에, 많은 기업들은 자신들의 전문성을 벗어난 사업 영역으로 활동 영역을 확산시키려 한다. 경영자들은 회사의 비즈니스모델을 강화할 수 있는 가치를 개발해야 한다. 또한 기업은 경쟁지위를 개선하기 위한 방안의 하나로 고객과 밀접한 관계를 유지해야 한다. 결국 회사의 제품이나 서비스를 사용하는 사람들이 회사의 성과에 대해 가장 많이 알지 않겠는가? 고객지향적 가치를 강조함으로써, 조직은 고객들의 욕구를 정확히 파악할 수 있을 뿐만 아니라, 고객들이 바라는 제품이나 서비스를 설계할 수 있는 능력도 개발할 수 있게 된다. 이와 같은 경영 가치들은 맥도날드(McDonald's), 월마트(Walmart), 그리고 토요타(Toyota) 등과 같은 회사에서 강하게 나타나고 있으며, 이들 기업들은 자사의 미션에 대해 확신을 가지고 있을 뿐만 아니라, 자사의 미션을 지속적으로 유지하려는 노력도 기울인다.

세 번째의 가치는 조직의 운영방식을 결정한다. 기업은 종업원들이 최선의 노력을 기울일 수 있도록 조직을 설계해야 한다. 이 가치에 내재되어 있는 것은 다음과 같은 신념이다: 생산성은 사람을 통해 달성되며, 종업원을 존중하는 것이 회사의 생산적 행동 분위기를 창출함에 있어서 가장 중요한 수단이다. 기업가정신과 종업원 존중에 대한 강조는 종업원들에게 자율성과 성취동기를 제공해줄 수 있는 구조를 설계하게 한다. 이런 상황에서는 단순 구조와 소규모의 스태프가 가장 잘 어울리므로, 조직은 직무수행에 요구되는 적정 수의 경영자와 위계 계층을 가지도록 설계되어야 한다. 또한 이 조직은 종업원들의 참여가 보장될 수 있을 만큼 분권화되어야 함과 동시에, 경영자들의 영향력에 의해 회사의 전략적 미션이 추구되고 문화적 가치가 뒤따를 수 있도록 집권화되어야 한다.

요약하면, 지금까지 논의한 세 가지 가치는 조직문화의 중심에 있으며, 경영자들은 전략적 리더십을 통해 이런 가치들을 확산시키고 유지해야 한다. 강한 적응문화를 지속하고, 독보적 역량을 개발하게 하고, 종업원들에게 회사의 경쟁우위 구축 행동을 유인하는 전략통제 시스템을 경영자들이 구축함으로써 전략은 계속적으로 실행에 옮겨진다. 마지막으로 조직구조는 거래 난맥상을 줄이고 회사의 우월한 성과 달성에 종업원들이 기여할 수 있도록 과업 및 역할 구조를 설계함으로써 실행 과정에 기여한다.

기능부서 수준에서의 독보적 역량구축

여기서는 기업의 비즈니스모델 실행을 위한 구체적인 조직구조, 통제시스템 및 문화의 구축에 대해 알아본다. 첫 번째의 전략수준은 기능수준이다. 왜냐하면, 3장과 4장에서 살펴본 것처럼, 회사의 비즈니스모델은 기능전략을 통해 실행에 옮겨진다. 기능부서 경영자들은 기업으로 하여금 특정의 비즈니스모델을 추구하도록 해주는 독보적 역량을 개발하려고 한다.[30] 어떤 구조를 구축하는 것이 구성원들과 과업을 체계적으로 분류하여 역량을 구축하게 할 것인가? 대부분의 기업에 있어서 해답은 기능에 따라 집단을 구성하고 기능구조를 구축하는 것이다.

기능구조: 기능별 분류

최종제품을 소비자에게 배달 요청을 함에 있어서 두 개의 관련된 가치사슬 관리의 문제가 발생한다. 첫째, 수행되어야 할 가치사슬 활동의 범위가 확장된다. 이때 기업은 이런 활동들을 효과적으로 수행하는 데 요구되는 전문성이 부족하다는 것을 즉시 알게 된다. 예를 들어, 신생 회사의 경우 활동들을 효과적으로 수행하는 데 요구되는 전문성이 부족하다. 매출이 늘어나면서 전문화된 과업들을 통제하기 위한 공인회계사, 생산 관리자, 혹은 마케팅전문가의 서비스가 필요하게 된다. 둘째, 업무과잉에 빠지지 않고서는 한 사람이 하나 이상의 가치사슬 활동을 성공적으로 수행할 수 없게 된다. 예를 들어, 한꺼번에 많은 가치사슬 활동들을 동시에 수행해 왔던 신생 기업의 설립자는 이제 더 이상 그런 식으로는 제품을 생산하거나 판매할 수 없다는 것을 깨닫게 된다. 대부분의 신생 기업 설립자들이 이런 사실을 깨닫고는, 다양한 가치사슬 활동들을 가장 효율적으로 수행하기 위해 종업원들을 어떻게 집단화해야 할 것인가를 결정해야 한다. 대부분의 경우 기능구조를 선택하게 된다.

기능구조(Functional structures)는 공통의 전문성과 경험을 가진 종업원들의 경우 동일한 자원을 사용하게 된다는 점에서 공통의 전문성과 경험에 기반하여 종업원들을 집단화한다.[31] 예를 들어, 엔지니어들은 동일한 과업을 수행하고 동일한 기술이나 장비를 사

기능구조
공통의 전문성과 경험에 기반하여 종업원들을 집단화

그림 12.5 기능구조

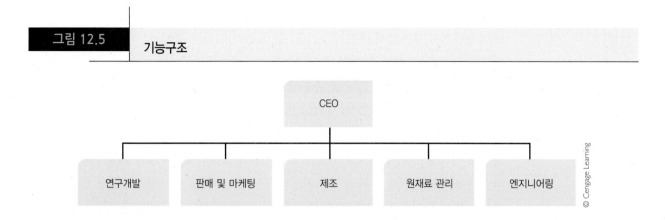

© Cengage Learning

용하게 되므로 같은 기능부서로 집단화된다. [그림 12.5]는 전형적인 기능구조의 모습이다. 각각의 사각형은 상이한 기능적 전문성을 나타낸다 - 연구개발, 판매 및 마케팅, 제조 등 - 그리고 각각의 기능부서는 각기 전문화된 과업을 수행한다.[32]

　기능구조는 여러 가지의 장점을 가지고 있다. 첫째, 비슷한 과업을 수행하는 종업원들이 함께 집단화되면, 이들은 상호학습을 할 수 있을 뿐만 아니라, 자신들의 과업 수행에 있어서 더 높은 전문성과 생산성을 달성할 수 있게 된다. 이는 각 기능에서 능력과 역량의 창출을 가능하게 해준다. 둘째, 기능부서의 모든 종업원들이 자신들의 과업을 효과적으로 수행하고 주어진 책임을 완수하도록 상호 감시할 수 있게 해준다. 그 결과 제조원가를 줄이고 생산 유연성을 향상시킴으로써 작업 수행 과정이 더 효율적이게 된다. 기능구조의 세 번째 장점은 기능구조가 경영자들에게 조직 활동에 대한 통제력을 강화시켜 준다는 점이다. 이미 지적하였듯이, 조직내 위계 계층의 수가 많아지면 여러 문제점들이 발생할 수 있다. 종업원들이 전문성에 따라 상이한 기능부서로 집단화되면, 기능부서마다 개별 위계가 만들어지게 되고, 결과적으로는 회사가 수직적 위계 구조가 되는 것을 피할 수 있게 해준다. 예를 들면 각 전문성에 따라 위계는 하나만 존재한다. 제조, 회계 및 재무 등 각각의 집단들이 상이한 조직 과업에 따라 전문화되고 분리되어 관리될 경우, 비즈니스 관리가 훨씬 용이해진다.

전략통제의 역할

전략통제란 조직구성원들에게 목표를 부여하고, 이들이 목표를 달성하기 위해 헌신적인 노력을 기울일 수 있도록 하는 시스템을 설계하는 것이다. 즉, 모든 경영자들과 종업원들에게 야심찬 목표를 설정하고, 이들이 기대 이상의 목표달성 성과를 이루기 위해 최선의 노력을 기울일 수 있도록 하는 성과 평가 척도를 개발하는 것이다. 기능구조는 경영자들과 종업원들이 상호 감시하고 운영 과정에 있어서 지속적인 개선을 가능하게 하므로, 전락통제 시스템 구축에 도움이 된다. 또한 기능구조는 경영자들이 부하들과 대면 관계 속에서 일하면서 부하들에 대한 멘토가 될 수 있으며, 나아가 경영자들이 부하들의 숙련 개발에 도움을 줄 수 있게 되므로 조직 학습을 촉진한다.

기능으로 집단화하는 것은 산출통제를 용이하게 해준다. 기능부서 구성원들의 헌신적 노력을 유인하려는 각 기능부서의 필요에 적합하게 측정 기준이 개발될 수 있다. 각 기능부서는 자신들이 회사 전체의 성과에 얼마나 기여하고 있는지, 그리고 판매 비용절감이나 이익향상에 어떤 역할을 하고 있는지를 잘 안다. 경영자들은 기능부서들이 명령사슬의 최소화 원칙을 따르고 있는지, 그리고 여러 계층의 중간경영자들을 필요로 하는지를 면밀히 확인할 수 있게 된다. 중간경영자를 활용하는 대신 기능부서들은 목표에 의한 경영을 도입할 수도 있다. 목표에 의한 경영(management by objectives)에서는 종업원들이 자신들의 목표를 설정하며, 경영자들은 종업원들이 목표달성 노력을 기울임에 있어서 뭔가 잘못된 점이 발견될 경우에만 개입하는 예외 관리만 한다. 목표에 의한 경영이 통제를 강화한다는 점을 가정하면, 기능구조는 성과와 보상이 밀접히 연계되고, 경영자들이 종업원들의 성과기여도를 정확히 평가할 수 있게 함으로써 효과적인 전략보상시스템의 구축을 가능하게 한다.

> **목표에 의한 경영**
> 종업원들이 자신들의 목표를 설정하며, 경영자들은 종업원들이 목표달성 노력을 기울임에 있어서 뭔가 잘못된 점이 발견될 경우에만 개입하는 시스템

기능부서에서의 문화 개발

기능구조는 경영자들이 강하고 응집력 있는 문화를 형성하는 데 가장 용이하다. 앞서 우리는 샘 월튼(Sam Walton)이 월마트(Walmart)의 가치와 규범을 만들기 위해 얼마나 노력했는지 알아본 바 있다. 조직구조, 전략통제 및 조직문화가 독보적 역량구축에 어떻게 기여하는지를 이해하기 위해서는, 이것들이 아래 세 가지 기능부서의 운영에 어떤 영향을 미치는지에 대해 생각해 보자. 생산, 연구개발 및 판매 등이다.

생산 생산부서의 기능전략은 주로 효율성과 품질향상에 초점을 둔다. 기업은 비용절감과 비용구조를 낮추는 방법을 경영자들이 효과적으로 학습할 수 있는 조직 환경을 만들어야 한다. 오늘날 많은 기업들은 4장에서 살펴본 전사적 품질 경영(Total Quality Management: TQM)과 유연생산시스템(Flexible Manufacturing System: FMS)를 통해 강력한 제조 역량을 구축하고 있는 토요타(Toyota) 및 혼다(Honda)와 같은 일본기업들을 추종하고 있다.

TQM을 통해 생산 효율성과 품질향상을 이루기 위해서는 의사결정 과정에 모든 종업원들이 참여할 수 있도록 해야 한다. 이는 생상공정 개선에 대한 종업원들의 동기부여를 위해서는 의사결정권한을 위양하여 분권화해야 한다는 것을 의미한다. TQM에서는 작업팀이 만들어지고, 팀 구성원인 종업원들은 작업 과정의 개선에 대한 책임과 권한을

동시에 가진다. 경영자들은 코치 및 조력자로서의 역할을 하며, 팀 구성원들은 감독의 책임을 공동으로 진다. 작업팀은 팀 구성원들의 학습과 통제에 대한 책임을 가지며, 나아가 팀 구성원들의 역할분담도 해야 한다. 작업팀은 강한 규범과 가치를 개발하기도 하며, 작업 집단의 문화는 중요한 통제 수단이 되기도 한다. 이런 종류의 통제는 새로운 분권화된 팀 접근과 어울린다. 품질분임조는 품질 문제와 작업절차에 관한 정보와 제안을 교환하기 위해 만들어진다. 종업원들에 대한 동기부여와 TQM에서 발생한 부가 가치를 종업원들과 공유할 목적으로 보너스 시스템 혹은 종업원지주 제도가 빈번히 활용된다.

그럼에도 불구하고, 경험곡선을 빠르게 우하향 하기 위해 대부분의 기업들은 작업 활동에 대해 면밀한 통제를 하며, 제조공정을 표준화하는 행동 및 산출통제를 한다. 예를 들어, 인적자원의 투입은 채용 및 숙련된 종업원의 훈련을 통해 표준화된다. 작업 과정은 컴퓨터에 의해 프로그램화 된다. 그리고 품질통제는 산출물이 일관되게 만들어지게 한다. 이 외에도 경영자들은 비용과 품질을 지속적으로 감시하기 위해 운영 예산과 같은 산출통제를 활용한다. 산출통제를 전사적으로 도입하고 효율성과 효과성을 지속적으로 측정함으로써 작업팀이 기능부서의 목표를 달성하기 위해 노력을 기울이게 한다. 표준화를 강화하기 위한 새롭고 개선된 작업 규율과 절차를 도입함으로써 효율성과 품질이 향상된다. 목표는 조직구조 및 전략통제와 TQM 접근 사이의 적합성을 발견함으로써 제조로 하여금 우월한 품질과 효율성을 달성하게 하는 독보적 역량을 개발하는 것이다.

연구개발 연구개발 부서의 기능전략은 고객의 욕구를 충족시킬 수 있는 제품을 만들 수 있도록 혁신, 품질 및 우수성에 있어서 독보적 역량을 개발하는 것이다. 결과적으로 연구개발 부서의 구조, 통제 및 문화는 고품질의 제품을 재빠르게 시장에 출시할 수 있도록 연구자와 엔지니어 사이의 조정을 제공할 수 있어야 한다. 나아가 이런 시스템은 연구개발 인력의 동기를 부여하여 혁신적 제품이 개발되도록 해야 한다.

실제 대부분의 연구개발 부서는 수평적이고 분권화된 조직구조를 가지고 있어서, 부서의 구성원들에게 실험적 행동에 대한 자유와 자율성을 제공함으로써 혁신적 종업원이 되도록 하고 있다. 연구자와 엔지니어는 팀으로 분류되는 데, 그 이유는 이들의 성과가 장기적 관점에서 평가될 수 있기 때문이다(프로젝트가 완성되는 데에는 통상 몇 년의 시간이 걸린다). 따라서 경영자에 의한 감시감독과 행동통제는 경영자들의 시간과 노력을 낭비하는 것이다.[33] 경영자들은 과업 활동의 조정을 위해 경영자들과 권위의 위계를 사용하기보다는 팀 스스로 정보소통의 문제를 해결하게 함으로써 관료제 비용의 원인이 되는 정보왜곡 문제를 방지한다. 전략경영자들은 문제해결과 성과 향상을 위해 연구자들과 함께 일함으로써 연구자들의 능력을 이용한다. 소규모 팀에서도 전문가의 가치와 규범은 조정을 촉진시킨다. 혁신 문화는 종종 노키아(Nokia), 인텔(Intel), 그리고 마이크로소프트(Microsoft)에서처럼 종업원들의 행동을 통제하기도 한다. 이들 기업에서는 연구개발팀에게 활력을 불어넣는 첫 번째 요인이 경쟁이다. 혁신 문화 창출과 신속한 제품 개발을 위해 인텔은 연구개발 부서에 팀 구조를 도입하였다. 인텔은 많은 작업팀을 가지고 있는데, 이들 팀은 차세대 칩(chip) 개발을 위해 밀접한 관계를 가지고 과업을 수행한다. 만약 인텔에서 실수가 생기게 되면, 여러 팀들의 혁신 인력이 신속히 모여 멀티미디어 칩(multimedia chip)과 같은 고객의 요구에 부응할 수 있는 최신의 칩을 함께 만들어 낸다. 동시에 최고 수준의 기술을 유지하기 위해 인텔은 팀 간에 건전한 경쟁구조를 만들어 연구자들과 엔지니어들이 최고의 신제품 혁신가가 되도록 한다. 그 결과 인텔은 미래 기술에 대한 통제력을 가질 수 있게 되었다.[34]

　　팀이 효과적으로 일할 수 있도록 자극하기 위해서는 보상 체계가 팀 및 회사의 성과와 연계되어야 한다. 만약 연구자들이 개별적으로 아니면 팀에서, 신제품으로 인해 벌어들인 회사의 수익을 공유하지 못하게 되면, 이들은 팀을 위해 헌신적으로 기여할 동기를 가지지 않을 것이다. 핵심 인재의 이직을 막고 이들에게 동기를 불어넣기 위해 머크(Merck), 인텔(Intel), 그리고 마이크로소프트(Microsoft)와 같은 회사들은 연구자들에게 스톡옵션(stock option), 주식(stock) 및 이와 유사한 보상을 함으로써, 개인 성과, 팀 성과, 그리고 회사의 성과를 연계시키고 있다.

판매　판매원은 고객과 직접 접촉을 하며 일을 한다. 판매원들이 회사 외부에서 고객을 대하는 일을 할 경우 직접적인 감시가 어렵게 된다. 이들의 행동을 감시하고 고객 대응성을 향상시키기 위한 효과적인 방법은 섬세한 산출 및 행동통제를 실시하는 것이다. 구체적인 판매 목표 혹은 고객 대응성 증가 목표 등과 같은 산출통제는 판매경영자가 쉽게 만들어 감시할 수 있다. 이런 통제는 보너스 보상시스템과 연계되어 판매사원들의 동기를 부여시킬 수 있다. 고객과의 상호작용 내용을 상세하게 기술하여 보고하게 하는 행동통제는 행동을 표준화하고 판매원의 성과를 쉽게 확인할 수 있게 해준다.[35]

　　사실 판매원들의 활동들을 감시할 필요가 있는 경영자는 소수이다. 그리고 판매 관리자와 지역별 판매경영자는 산출 및 행동통제를 도입함으로써 대규모 판매인력을 감시할 수 있게 된다. 그러나, 판매원들이 의약품이나 고급의류와 같은 복잡한 제품을 취급할 경우, 특허안전이나 고급의 고객 서비스의 중요성에 관한 공유 가치와 규범을 개발하는 것이 매우 중요하다. 경영자들은 이런 규범을 만들기 위해 종업원들을 훈련시키고 교육하는 데 상당한 시간을 소비한다.

　　회계, 재무, 엔지니어링 및 인적자원관리와 같은 다른 기능부서에도 이와 유사한 관점에서의 접근이 필요하다. 효율성, 품질, 혁신 및 고객 대응성 등에 있어서 우월한 성과를 달성할 수 있는 능력을 개발하기 위해, 경영자들은 조직구조, 전략통제 시스템 및 조직무화의 조합을 통해 기능전략을 실행에 옮겨야 한다. 또한 전략경영자들은 종업원들의 동기를 부여하고, 이들의 이익과 회사의 이익을 연계시킬 수 있는 인센티브시스템을 개발해야 한다.

기능구조와 관료제적 비용

전략이 아무리 복잡해지더라도 대부분의 조직들은 기능 조직의 많은 장점들 때문에 이를 유지하려 한다. 그러나 상이한 기능부서들이 함께 과업을 수행할 때마다, 의사소통과 측정의 문제를 야기하는 정보왜곡 때문에 관료제적 비용이 필수불가결하게 발생할 수밖에 없다. 이런 문제들은 주로 최종제품을 소비자들에게 유통시키는 데 요구되는 기능부서들 사이의 업무이관으로 인해 발생한다.[36] 이런 문제들을 해결하는 데 뒤따르는 관료제적 비용을 절감하기 위해 경영자들은 정보왜곡의 범위를 줄일 수 있는 새로운 조직구조를 도입하려고 한다. 일반적으로 기업들은 차별적인 방법으로 자신의 비즈니스모델과 전략에 맞게 활동들을 집단화한다. 이러한 복잡한 구조에 대해서는 본장의 후반부에서 논의한다. 우선 여기서는 정보왜곡이 나타날 수 있는 다섯 개 영역에 대해 살펴본다. 의사소통, 측정, 고객, 장소, 그리고 전략이다.

의사소통 문제 조직 내 기능부서가 많아지게 되면 기능부서들은 서로서로 더 멀어질 수 있으며, 그 결과 기능부서들 사이에 의사소통하는 일과 각 기능부서의 활동들을 조정하는 일이 점점 더 어려워지게 된다. 이러한 의사소통의 문제는 목표지향의 차이에서 비롯된다 - 다양한 기능부서들은 기업이 직면하고 있는 전략이슈에 대해 각기 상이한 관점을 갖는다. 예를 들어, 상이한 역량을 추구하게 되면 각기 다른 시간이나 목표지향성을 가질 수 있다.[37] 제조와 같은 기능부서들은 단기적인 관점을 가지고 제조원가절감과 같은 단기적 목표달성에 초점을 맞춘다. 그러나 연구개발과 같은 기능부서들은 장기적 관점을 갖는다. 연구개발 부서의 제품개발 목표가 달성되기 위해서는 몇 년의 시간이 소요된다. 이러한 요소들은 기업이 직면하고 있는 전략적 이슈에 대해 각 기능부서가 상이한 관점을 갖게 하는 원인이 된다. 예컨대, 제조부서는 기업의 전략적 이슈를 원가절감의 요구로 이해하는 반면, 판매부서는 고객 대응성 증가의 요구로, 그리고 연구개발 부서는 신제품개발의 요구로 이해한다. 이와 같은 기능부서들 사이의 의사소통 및 조정의 문제는 관료제 조직의 비용을 증가시킨다.

측정 문제 기업이 새로운 역량을 개발하여 신 시장에 진출을 하게 되면 제품의 범위가 넓어지게 된다. 이럴 경우 기업은 제품이나 제품 군이 기업의 전체 수익성에 어떤 기여를 했는지 측정에 어려움을 겪게 된다. 이에 기업은 수익성 없는 제품을 생산할 수도 있고, 자원할당에 대한 잘못된 결정을 할 수도 있다. 이는 기업의 측정 체계가 단순하여 제 기능을 수행하지 못하고 있음을 뜻한다.

고객 문제 기업 조직이 생산하는 제품과 서비스의 범위가 증가하고 품질이 좋아지게 되면, 과거보다 더 많고 다양한 고객들이 기업의 제품과 서비스에 매력을 가지게 된다. 더 많은 고객집단의 요구를 충족시키고 다양한 고객들의 요구에 맞는 제품을 제공하게 되면, 기능부서들 사이의 업무이관의 문제가 증가하게 된다. 이렇게 되면 제품 범위의 증가에 맞게 가치사슬 기능의 활동들을 조정하는 일이 점점 더 어려워지게 된다. 또한 제조, 마케팅, 그리고 판매 등과 같은 기능부서들은 제품을 차별화할 수 있는 기회가 거의 없어지게 될 뿐만 아니라, 고객들의 욕구충족을 통한 고객 가치의 창출도 어려워지게 된다. 대신, 이들 기능부서들은 모든 범위의 제품들을 서비스하는 데 책임을 지게 된다. 결국 고객들의 요구를 확인하고 이를 충족시킬 수 있는 능력은 기능 조직구조에서는 부족하게 된다.

장소 문제 특정 장소나 지역에 있는 것 역시 조정 및 통제를 방해할 수 있다. 동북지역에서 성장하고 있는 기업이 자사의 제품을 상이한 지역들로 확장하여 판매하기 시작한다고 가정해 보자. 기능구조는 상이한 지역에 있는 고객들의 다양한 욕구와 선호를 경영자들이 충족시킬 유연성을 제공해 줄 수 없게 된다.

전략적 문제 이런 모든 요인들의 결합된 효과로 인해 경영자들이 의사소통과 조정 문제를 해결하는 데 몰두함으로써 빈번히 간과되었던 장기적인 전략적 고려를 하게한다. 결과적으로 기업은 방향성을 잃게 되고, 새로운 전략적 기회를 활용하지 못하게 된다. 궁극적으로 관료제 조직의 비용이 증가하게 된다.

하나 이상의 이런 문제들을 경험한다는 것은 곧 관료제적 비용이 증가하고 있음을 보여주는 것이다. 이럴 경우, 경영자들은 관료제적 비용의 절감, 새로운 독보적 역량구축, 그리고 기업의 비즈니스모델 강화를 위해 조직의 구조, 전략통제 시스템, 그리고 조직문화를 바꾸고 새롭게 조정해야 한다. 이런 문제들은 조직의 성장에 어울리는 조직구조가 만들어져야 하며, 나아가 경영자들이 기업의 경쟁 전략에 적합한 더 복잡한 조직구조를 개발할 필요성이 있음을 암시하는 것이다. 그러나 아웃소싱을 통해 이와 같은 문제들을 줄이는 것도 하나의 대안이 될 수 있다.

아웃소싱

더 복잡하고 폭넓은 조직구조를 도입하기보다는 9장에서 논의하였던 아웃소싱에 눈돌리는 기업들이 늘어나고 있다. 나아가 특정 기능적 과업의 경우 다른 기업과 계약을 통해 수행하려는 기업도 증가하고 있다. 기업이 독보적 역량을 가지고 있는 활동을 아웃소싱하는 것은 자신의 경쟁우위를 낮출 수 있기 때문에 적절하지 못한 선택이다. 그러나 기업이 전문화를 통해 경쟁우위를 달성할 목적으로 특정의 가치사슬 활동을 아웃소싱하거나 다른 기업과 계약하는 것은 적절한 선택이 될 수도 있다.

이와 같이 기업의 제조라인이 복잡해짐에 따라 나타나는 의사소통과 측정의 문제를 해결하는 하나의 방법은 기업의 기능적 가치사슬 활동의 수를 줄이는 것이다. 이럴 경우 기업은 자신의 경쟁우위의 핵심이 되는 역량에 초점을 둘 수 있게 되며, 관료제적 비용도 줄일 수 있게 된다. 오늘날 기업의 마케팅, 연금 및 의료보험, 원재료 관리, 그리고 정보시스템 등과 관련된 활동들은 이들 활동을 전문화한 기업들로의 아웃소싱이 크게 증가하고 있다. 글로벌 네트워크 구축과 같은 아웃소싱에 대한 상세한 내용은 13장에서 다시 논의한다.

단일 산업에서의 전략 실행

기업이 경쟁우위를 개발할 수 있도록 조직 설계 역량을 구축하는 일은 기능부서 수준에서 시작된다. 그러나 기업의 비즈니스모델을 성공적으로 추구하기 위해, 경영자들은 기업의 가치사슬 기능들에서 역량을 연계하고 결합하는 조직구조, 전략통제 시스템, 그리고 조직문화의 적절한 조합을 찾음으로써, 기업의 제품 차별화 능력을 제고하고 비용구조를 줄일 수 있도록 해야 한다. 그러므로 기능부서와 사업부들 사이의 조정과 통합이 매우 중요하다. 조직을 설계함에 있어서 경영자들은 두 가지의 중요한 이슈들을 고려해야 한다. [그림 12.6]에 설명되어 있는 것처럼 하나는 이익방정식의 수익 부분이고, 다른 하나는 비용 부분이다.

첫째, 효과적인 조직 설계는 개인과 집단이 차별성 제고, 더 많은 고객 가치창출, 그리고 프리미엄 가격부과 기회의 제고 등을 가능하게 하는 사업수준의 전략선택 방식을 개선한다. 예를 들어, 조직구조와 조직문화를 관리하는 능력이 우수한 기업은 더 빨리, 더 효과적으로 자신들의 독보적 역량을 결합하거나, 사업부들 사이에 역량을 체계적으로 공유하게 함으로써 새롭고 개선된 차별화 제품을 만들 수 있게 된다.

둘째, 효과적인 조직 설계는 기능부서들 사이의 제품이관 혹은 제조와 마케팅 부서 사이의 협력 부족으로 인해 발생하는 의사소통 및 측정 문제와 관련되는 관료제적 비용을 줄인다. 조직 설계나 전략통제 시스템이 잘못 구축되거나, 혹은 관료제적 조직문화가 형성된다면(예를 들어, 너무 집권화되거나, 기능부서들 사이의 협력을 저해하는 지나치게 경쟁적인 인센티브체계, 종업원들의 사고와 행동에 전혀 영향력을 미치지 못하는 가치와 규범 등) 조직구성원들의 동기부여, 의사소통, 측정 및 조정 등에 있어서 문제가 발

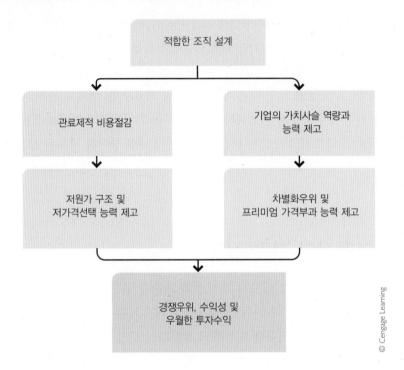

그림 12.6   조직 설계가 수익성을 증가시키는 방법

적합한 조직 설계

관료제적 비용절감

기업의 가치사슬 역량과
능력 제고

저원가 구조 및
저가격선택 능력 제고

차별화우위 및
프리미엄 가격부과 능력 제고

경쟁우위, 수익성 및
우월한 투자수익

© Cengage Learning

생하여 관료제적 비용증가를 초래할 수 있다.

효과적인 조직 설계는 관료제적 비용을 절감할 수 있는 더 복잡한 구조로의 진전을 의미한다. 더 복잡한 조직구조는 경험 많은 높은 연봉을 받는 경영자들을 필요로 하기 때문에 운영 비용이 많이 든다. 더 비싼 정보기술시스템이 필요할 수도 있다. 또한 추가적인 사무실과 건물이 필요할 수도 있다. 그러나 이런 것들은 단순히 사업수행의 비용이며, 기업은 새로운 구조로 인해 발생하는 이러한 추가적인 비용을 기꺼이 부담해야 할 것이다. 왜냐하면 새로운 구조가 성공적 제품 차별화를 통해 수익 증가를 가져다주거나, 혹은 규모의 경제나 운영적 범위의 경제를 달성하게 함으로써 기업의 전반적 비용구조를 낮출 수 있게 해주기 때문이다.

아래에서는 저원가 전략이나 제품 차별화 전략을 추구함에 있어서 나타날 수 있는 전략 실행 및 조직 설계 이슈에 대해 알아본다. 이어 기업의 다섯 가지 비즈니스모델 실행에 관련된 여러 조직구조 유형에 대해 논의한다. 다섯 가지 비즈니스모델은 폭넓은 제품 범위의 관리, 고객 대응성 증가, 국가를 넘어서는 비즈니스 활동, 좁은 제품라인에 초점이다.

저원가 전략의 실행

저원가 전략을 추구하고 있는 기업의 목표는 산업 내 최저원가 제조기업이 되는 것이다. 이를 위해서는 연구개발, 판매 및 마케팅 등 조직 내 모든 기능부서들이 원가절감 노력에 동참해야 한다.[38] 만약 기업이 저원가 전략을 추구하고 있다면, 이 기업의 연구개발 노력은 아마도 성공보장이 없는 값비싼 제품 혁신보다는 제품 및 공정 개발에 초점을 두게 될 것이다. 다시 말해서 이 기업은 제품 특성을 개선하거나 생산원가를 줄일 수 있는 역량을 강조한다. 나아가 이 기업은 값비싼 차별화된 세분시장에 목표를 두는 특이한 제품보다는 대량시장에 목표를 두는 표준화된 제품을 제공함으로써 판매 및 마케팅 비용을 절감하려고 한다.[39]

저원가 전략의 실행을 위해 기업은 원가 구조를 낮추면서도 고객 충성심은 유지할 수 있는 조직구조, 전략통제 시스템 및 조직문화의 결합을 선택한다. 현실적으로 의사소통 및 측정의 문제를 줄일 수 있는 통합메커니즘만 잘 선택된다면, 기능구조가 가장 적합한 대안으로 제시되고 있다. 예를 들어, TQM 프로그램은 기능구조가 다 기능 팀과 함께 설계될 때 효과적으로 실행될 수 있다. 그 이유는 팀 구성원들이 비용구조를 줄이거나 품질을 표준화하고 향상시킬 수 있는 운영 규율과 절차를 개선할 수 있는 방법을 탐색할 수 있기 때문이다.[40]

또한 저원가 전략은 경영자들이 지속적으로 자신들의 조직구조와 전략통제 시스템을 점검하게 함으로써 재구조화를 통한 효과적인 조직 운영을 도모하게 한다. 예컨대, 경영자들은 운영을 표준화하고 비용을 줄이기 위해 IT의 도입에 능동적이어야 한다. 비용을 더 줄이기 위해 저원가 기업들은 가장 저렴하고 손쉬운 통제 방법을 선택한다: 산출통제. 저원가 기업은 각 기능부서에 대해 산출통제를 도입함으로써 기능부서의 성과를 세밀히 점검하고 평가한다. 예를 들어 제조부서에 대해 기업은 제조, 원가 및 품질 목표에 기반한 예산을 철저히 강조하고 통제한다. 연구개발부서의 경우 비용절감에 대한 기여도가 강조되므로, 연구개발팀은 공정 기술 개선에 초점을 둔다.[41] 저원가 기업들은 고성과를 격려하기 위해 관대한 인센티브 및 보너스 계획을 통해 종업원들을 보상한다. 저원가 기업들의 문화는 월마트(Walmart), 맥도널드(McDonald's) 및 델(Dell) 처럼 수지타산을 강조하는 가치에 바탕하고 있다.

제품 차별화전략의 실행

효과적인 전략 실행은 기업의 부가 가치 및 제품 차별화 능력을 개선하게 할 수 있다. 고객의 관점에서 자사의 제품을 특이하게 만들기 위해 차별화된 기업들은 자신들의 차별화 경쟁우위의 기반에 어울리는 조직구조, 전략통제 시스템 및 조직문화를 설계해야 한다.[42] 특히, 차별화 기업들은 자신들의 독보적 역량, 차별화된 품질 및 자사의 고객집단에 어울리도록 조직구조를 설계해야 한다. 일반적으로 차별화전략을 추구함에 있어서 기업들은 상이한 고객집단의 욕구를 충족시킬 수 있도록 처음에는 폭넓은 범위의 제품을 생산하기 시작한다. 이러한 요인들이 활동의 표준화를 더 어렵게 하고, 기능부서들 사이의 업무이관을 관리하는 데 관련된 관료제적 비용증가를 초래한다. 통합은 훨씬 더 중요한 문제가 된다. 의사소통, 측정, 장소 및 전략적 문제들이 점점 더 많이 나타난다. 나아가 기능부서 경영자의 수가 늘어난다.

이러한 문제점들에 대응하기 위해 경영자들은 IT의 활용과 같은 더 섬세한 통제시스템을 개발하고, 기능부서의 차별적 지향성과 관련된 문제를 해결할 수 있는 문화적 규범과 가치를 개발하는 데 초점을 두며, 나아가 기능부서 간 통합 목표를 강조한다. 조직구조에 일치하는 통제시스템은 기업의 독보적 역량과 어울려야 한다. 성공적 차별화를 위해서는 다양한 기능부서들이 동일한 지향성을 가져야 한다. 사실 기능부서들 사이의 협력이 기능부서 간 통합에 필수적이다. 그러나 기능부서들이 함께 일하게 되면, 산출통제의 사용이 매우 어려워진다. 일반적으로 종업원들이 협력적으로 노력하게 되면, 상이한 기능부서에 있는 개인들의 성과를 측정하는 일은 매우 힘들어진다. 결과적으로 차별화 기업들은 행동통제와 공유 규범 및 가치에 더 의존하게 된다.

이는 차별화 전략을 추구하는 기업들이 왜 저원가 전략을 추구하는 기업들과 상이한 문화를 가지는가를 설명해 준다. 많은 경우 인적자원들(과학자, 디자이너, 혹은 마케팅 종업원 등)이 차별화의 기반이 되므로, 차별화 기업들은 수지타산에 대한 압력보다는 인적자원의 특이성을 강조하는 전문가 기질에 기반한 문화를 가지고 있다.[43] 휴렛패커드(HP), 모토롤라(Motorola) 및 코카콜라(Coca-Cola) 등은 모두 특이한 역량을 강조하며, 전문가 문화의 전형적인 기업이 되고 있다.

실제로 차별화 전략과 저원가 전략을 동시에 실행해야 하는 경영자들이 직면하고 있는 전략 실행 의사결정은, 전략경영자들이 새롭고 더 복잡한 조직구조를 선택하는 것과 함께 다루어져야 한다. 기업의 비즈니스모델과 전략이 진화해 감에 따라, 전략경영자들은 가치사슬 활동들을 더 잘 조정하기 위해 자신들의 기능구조 위에 사업부 활동들을 더 복잡하게 분류하기 시작한다. 제품차별화와 저원가 지위를 동시에 달성할 수 있는 능력을 가진 기업의 경우 이런 조직구조를 반드시 고려해야 한다. 이런 기업들은 해당 산업에서 가장 높은 수익을 올리는 기업들이며, 조직 설계에 있어서 차별화와 원가우위의 주요 기반([그림 12.6] 참고)이 반드시 고려되어야 한다. 그러나 비즈니스모델이 무엇이든 간에 구조가 복잡해질수록 단순한 기능구조보다 운영 비용이 많이 든다. 그러나 경영자들은 새로운 조직구조가 기능부서의 역량을 더 잘 활용하게 해주고, 수익성을 높이며, 나아가 전반적인 비용구조를 낮추는 한, 이런 추가적인 비용을 부담하려 할 것이다.

제품구조: 폭넓은 제품라인의 실행

많은 상이한 세분시장을 공략하기 위해 다양한 종류의 제품을 생산함으로 인해 발생하는 통제 문제를 해결하기 위해 대부분의 기업들은 제품구조를 도입한다. 제품구조는 성장하고 있는 제품라인을 의사소통, 측정 및 기타의 문제들 때문에 발생하는 관료제적 비용을 줄이기 위해 더 작은 수의 라인으로 나눈다.

제품구조(product structure)를 선택한 기업은 먼저 자신의 전체 제품라인을 제품군이나 제품 범주로 나눈다([그림 12.7] 참고). 각 제품군은 특정 고객집단의 욕구를 충족시키는 데 초점을 두며, 자체 경영자팀에 의해 관리된다. 둘째, 비용구조를 최대한 낮추기 위해 기초 연구개발, 마케팅, 자재 및 재무 등과 같은 가치사슬 지원 기능들은 조직의 상층부에 집중되며, 상이한 각 제품군들은 자신들의 서비스를 공유한다. 이제 각 지원 기능은 하나의 특정 제품군의 요구에 부응하려는 제품지향 기능전문가팀으로 나뉘어진다. 이러한 조정을 통해 각 팀은 전문성을 강화하게 되며, 해당 제품군의 요구를 관리함에 있어서 전문가 집단이 된다. 모든 연구개발팀이 다른 기능부서들과 동일한 집중된 상층부 기능에 소속되므로, 연구개발팀은 모든 지식과 정보를 서로서로 공유할 수 있고, 시간이 지나면서 자신들의 역량을 구축할 수 있게 된다.

전략통제 시스템은 각 제품군 별 성과 기여를 측정하기 위해 개발될 수 있다. 개별 제품군의 성과는 측정과 평가가 용이하며, 따라서 기업 본부에 있는 경영자는 필요한 경

> **제품구조**
> 자신의 전체 제품라인을 제품군이나 제품 범주로 나누는 구조

그림 12.7 **노키아(Nokia)의 제품구조**

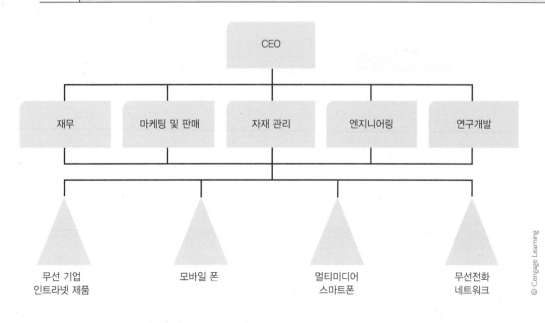

© Cengage Learning

우 신속히 개입할 수 있다. 또한 비록 최고경영층이 인센티브시스템의 주요 부분인 기업성과에 기반하여 보상을 결정할 수 있다 하더라도, 전략 보상시스템은 각 제품군의 성과에 더 밀접히 연계될 수 있다. 이렇게 함으로써 상이한 제품군들이 아이디어와 지식을 서로 공유할 수 있도록 하며, 결과적으로 기업문화의 개발도 촉진시킨다. 이런 기업문화의 개발은 제품군의 문화도 싹트게 한다. 일반적으로 제품구조는 만능 조리용구(food processor) 기업, 가구제조 기업, 인적 및 건강제품 기업, 그리고 노키아(Nokia)와 같은 대형 전자기업 등에서 도입되고 있다.

시장구조: 고객집단에 대한 대응성 증가

특이하고 중요한 고객이나 각기 다른 고객집단의 요구충족 능력에 의존하는 산업에서의 경쟁우위의 기반에 대해 생각해 보라. 전략 실행을 위한 최선의 방법이 무엇이겠는가? 많은 기업들은 개념적으로는 제품구조와 유사한 시장구조를 개발한다. 제품구조는 제품군에 초점을 두지만, 시장구조(market structure)는 고객집단에 초점을 둔다.

고객 대응성 증가에 기반한 전략을 추구하고 있는 기업에 있어서는 각기 다른 고객집단의 특성과 요구를 식별하는 것이 중요하다. 이어 종업원들과 기능부서들은 세분된 고객이나 시장에 의해 분류된다. 경영자에 따라서는 각 고객집단이 원하는 제품개발에 대한 책임을 질 수도 있고, 특정 고객집단의 요구에 맞는 제품을 맞추는데 책임을 질 수도 있다. 다시 말해서 우월한 고객 대응성을 위해 기업은 고객 중심의 구조를 설계함으로써 시장구조를 도입한다. 전형적인 시장구조의 모습은 [그림 12.8]에 잘 나타나 있다.

시장구조는 고객군 경영자와 종업원을 특정 고객군 가까이에 배치한다. 여기서 경영자와 종업원들은 고객들에게서 세부적인 지식과 느낌을 받을 수 있으며, 이를 지원 기

> **시장구조**
> 개념적으로 제품구조와 유사하지만, 제품구조가 제품에 초점을 두는 반면, 시장구조는 고객집단에 초점을 둠

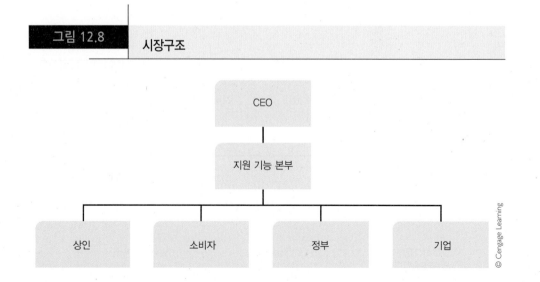

그림 12.8   **시장구조**

능 본부에 전달한다. 예를 들어, 고객의 제품 선호도 변화에 관한 정보가 신속히 연구개발 및 제품설계 부서에 전달될 경우, 기업은 고객들에게 지속적으로 개선된 제품을 공급함으로써 경쟁우위를 유지할 수 있게 된다. 포춘(Fortune) 500 기업이나 소규모기업처럼 잘 식별되는 고객집단을 가진 기업의 경우 시장구조가 매우 중요하다.

지역적 구조: 지역에 의한 확장

지역적 성장을 위해 내부 개발이나 수평적 통합, 혹은 인수합병을 통해 특정 지역, 지방 혹은 국가의 경계를 넘어 사업 범위를 확장하려는 기업을 생각해 보라. 이러한 경쟁접근을 추구하는 기업은 지역 구조(geographic structure)를 구축하게 되는데, 이 구조는 지역이 조직 활동을 분류하는 기준이 된다([그림 12.9] 참고). 여기서 기업은 제조운영 부서를 나누고 제조공장을 국가별 지역들에 설립한다. 이렇게 함으로써 기업은 지역고객들의 요구에 대응할 수 있게 되며, 수송 비용을 줄일 수 있게 된다. 점포 체인이나 은행 같은 서비스 조직이 한 지역을 넘어 확장해 나가는 것처럼, 각기 다른 지역에 있는 고객들의 요구를 더 잘 충족시키기 위해 기업은 판매 및 마케팅 활동을 지역별로 조직화하려고 한다.

> **지역 구조**
> 지역이 조직 활동을 분류하는 기준

| 그림 12.9 | 지역적 구조 |

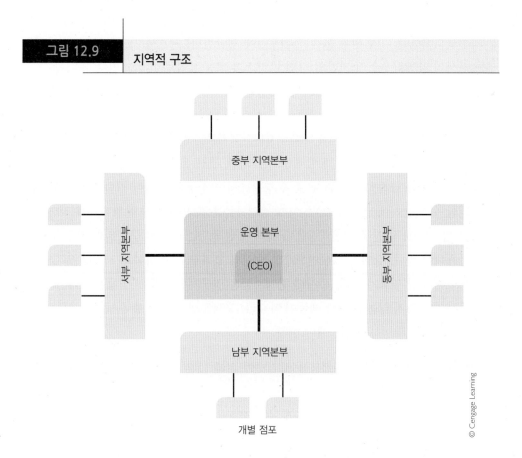

개별 점포

© Cengage Learning

제품구조에서 각 제품별 위계가 만들어지듯이, 지역적 구조는 각 지역별로 위계가 만들어지기 때문에 기능구조보다 조정과 통제가 더 용이하다. 페덱스(FedEx) 같은 기업은 자산의 목표달성(다음 날 배달)을 위해 지역적 구조를 필요로 하였다. 니먼 마커스(Neiman Marcus), 달라즈 백화점(Dallard's Department Store) 및 월마트(Walmart) 같은 대규모 상품판매기업들은 국가별 체인을 구축하면서 지역적 구조를 도입하였다. 지역적 구조는 지역에 따른 상이한 의류 요구(남쪽 지역에서의 여름 의류(sun wear), 중서지역에서의 다운 코트(down coat))에 부응하는데 적합하다. 나아가, 정보시스템, 구매, 유통 및 마케팅기능이 집권화되어 있기 때문에, 기업들은 자신들의 관리 기술을 모든 지역에 적용할 수 있게 된다. 지역적 구조를 도입하게 되면 기업은 구매, 유통 및 판매에 있어서 규모의 경제를 달성할 수 있을 뿐만 아니라, 비용구조를 낮출 수 있게 되며, 동시에 지역별 고객들의 요구를 효과적으로 충족시킬 수 있게 된다. 최고의 서비스를 제공하고 비용을 줄이기 위해 지역적 구조에서 시장구조로 바꾼 기업의 사례가 [전략 실행 사례 12.3]에서 논의된다.

니먼 마커스(Neiman Marcus)는 국가별 체인 점포를 관리하기 위해 [그림 12.9]에 나타나 있는 것처럼 지역적 구조를 개발하였다. 각 지역에서는 지역별 고객들의 요구에 대응하기 위해 서부, 동부, 중부, 남부 등 지역별 고객 팀을 구성하였다. 이어 지역별 고객팀은 자신들의 정보를 기업본부 고객 전담부서에 전달한다. 여기서 기업본부 고객 전담부서는 자사의 차별화우위의 기반인 니먼 마커스의 고품질 표준이 국가별로 유지될 수 있도록 하기 위해 지역별 고객팀의 요구를 조정한다.

매트릭스(matrix) 및 제품 팀 구조: 하이텍 환경에서의 경쟁

기술 변화가 빠르고 산업의 경계가 흐려지게 되면, 관료제적 비용을 유발하는 의사소통 및 측정의 문제가 급속히 확대된다. 종종 경쟁에서의 성공은 기업이 기술과 자원을 재빨리 동원할 수 있는가에 달려 있으며, 이때 경영자들은 복잡한 전략 실행이슈에 직면하게 된다. 기업이 독보적 연구개발 역량을 구축하기 위해서는 반드시 구성원과 자원들을 새롭게 분류해야 한다. 경영자들은 연구개발 중심의 조직구조, 전략통제 시스템 및 조직문화를 구축해야 할 필요가 있다. 동시에 경영자들은 연구개발 활동의 실행을 통해, 고객들이 구매하려고 하지 않는 값비싼 제품이 아니라, 고객들의 요구를 충족시킬 수 있는 저비용 신제품개발을 확실하게 보장해야 한다.

매트릭스 구조
상이한 제품개발을 극대화하기 위해 종업원들을 제품과 기능 모두에 집단화 하는 구조

매트릭스 구조 이와 같은 문제들을 해결하기 위해 많은 기업들이 매트릭스 조직구조를 도입한다.[44] 매트릭스 구조(matrix structure)에서, 가치사슬 활동들은 두 가지로 분류된다([그림 12.10] 참고). 먼저 기능에 따라 수직적으로 활동들이 분류되어 엔지니어링, 판

전략 실행 사례 12.3

지역적 구조에서 시장구조로 바꾼 HISD

© iStockPhoto.com/Tom Nulens

모든 조직에서처럼 학군(school district)과 같은 주(州)나 시(市) 정부기관 역시 시간이 지나면서 성장하게 되면 지나치게 위계적이고 관료적인 조직으로 바뀌어가며, 결과적으로는 비 효과적이고 비효율적인 조직구조를 가지게 된다. 이런 전형적인 예가 HISD(Houston Independent School District)에서 나타났는데, 지난 수십 년 동안에 걸친 시(市)의 폭발적 성장으로 인해 백만 명의 학생들이 HISD로 오게 되었다. 휴스턴(Houston)이 사방으로 수마일 확장하여 미국에서 네 번째로 큰 도시가 됨에 따라, 후임 HISD 교육감은 모든 수업 기능들을 조정하고 통제하여 초중고의 학업 성취도를 높이기 위해 지역적 구조를 도입하였다. 궁극적으로 HISD는 다섯 개의 학군을 만들게 되었다. 시간이 지남에 따라 각 학군은 자체의 기능적 활동들을 더욱 철저히 통제하려 하였고, 급기야는 HISD의 행정 관리의 중심이 되었다. 그 결과 의사결정이 느려지고, 학군 사이에 갈등이 나타나기 시작하였으며, 학군 관리자들이 점점 더 무능해졌을 뿐만 아니라, 결국에는 학생들의 성적이 곤두박질치기 시작하였다.

2010년이 되어 새로운 HISD 교육감이 부임하였는데, 그는 HISD를 시장구조로 재조직화하기로 결정하였다. HISD의 새로운 조직구조는 이제 고객(학생)의 요구에 따라 분류된다. 그리고 세 명의 최고 관리자 각각이 휴스턴의 모든 초중고를 관리한다. 이제 과거의 다섯 개 지역 관리자의 요구가 아닌, 세 부류의 학생들의 요구를 충족하는 데 초점이 주어지게 되었다. 이러한 재구조화로 인해 270개 이상의 자리가 없어졌으며, 연간 8백만불 이상을 절약할 수 있었으며, 향후 더 많은 비용절감이 기대되고 있다.

중복 기능을 줄이고 비용을 절감하기 위해, 교사 전문성 개발을 포함한 많은 주요 지원 기능들이 HISD의 본부로 다시 이관되었다. 나아가 학교 발전과 같은 새로운 지원 기능이 만들어졌으며, 학교 발전 경영자들은 학교 간 정보와 아이디어 공유에 책임을 지게 되고, 다양한 측면에서 학교의 성과를 평가하여 서비스 개선 및 학생 교육 성과 향상을 도모하고 있다. HISD 관리자는 지역적 구조를 없앰으로 인해, 학교가 모범 사례의 공유와 협력을 조장하고, 궁극적으로는 학생들의 교육과 시험성적이 지속적으로 개선될 것으로 기대하고 있다.

자료: By 2011, major cost savings had been achieved, but a huge budget deficit forced the HISD to close 12 middle and elementary schools and relocate students to new facilities in which class sizes would be higher. The result is a streamlined, integrated divisional structure that HISD hopes will increase performance—student scores—in the years ahead, but at a lower cost.

매 및 마케팅, 그리고 연구개발과 같은 기능부서로 과업이 분류된다. 다음으로 이러한 수직적 기능 분류 위에, 제품이나 프로젝트에 의한 분류에 기반한 수평적 기능이 포개진다. 제품이나 프로젝트에 의한 분류에서 개인들과 자원은 진행 중인 제품개발 요구를 충족시키기 위해 분류된다. 결과적으로 나타나는 프로젝트와 기능 사이의 보고 관계 네트워크는 관심의 초점인 R&D를 위해 설계된다.

매트릭스 조직구조는 수평적이고 분권화되어 있으며, 매트릭스 내의 종업원들은 두 명의 부서장 하에 있게 된다. 여기서 기능부서장은 기능적 업무의 장이 되고, 제품이나 프로젝트 부서장은 개별 프로젝트의 관리에 책임을 진다. 프로젝트팀 종업원들은 여러

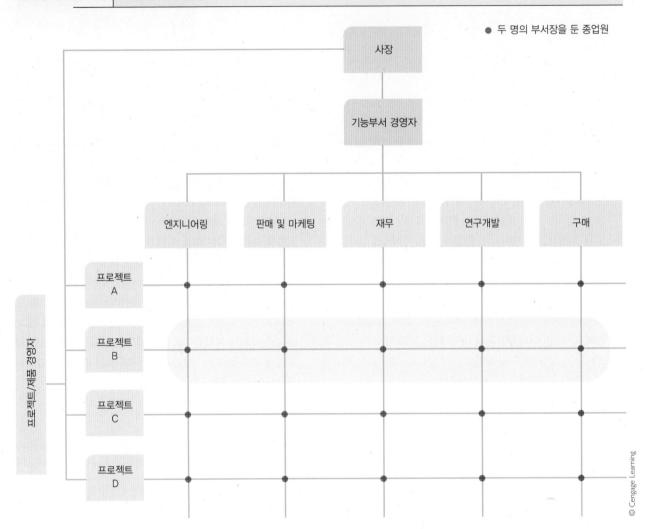

그림 12.10 매트릭스 조직구조

● 두 명의 부서장을 둔 종업원

기능부서 소속의 전문가들과 함께 일을 하며 프로젝트 문제에 대해 프로젝트 부서장에게 보고하고, 기능적 업무와 관련된 문제에 대해서는 기능부서장에게 보고한다. 프로젝트 팀에서 일하는 모든 종업원들은 두 명의 부서장을 둔 종업원(two-boss employees)으로 지칭되며, 기능과 프로젝트 사이의 조정과 의사소통을 관리하는 데 책임을 진다.

매트릭스 조직구조의 설계는 기능부서 간 통합을 가능하게 하므로 혁신을 촉진할 뿐만 아니라, 제품개발의 속도도 빠르게 한다. 팀과 같은 통합 메커니즘이 기능부서 간 지식이전을 용이하게 하고, 주로 연구개발 중심으로 팀이 구축된다. 판매, 마케팅 및 제조

두 명의 부서장을 둔 종업원
기능과 프로젝트 사이의 조정과 의사소통을 관리하는 데 책임을 짐

의 목표는 연구개발 목표와 맞물려 있으며, 마케팅부서는 기술적 가능성에 초점을 둔 광고 프로그램을 개발하며, 판매원들은 신제품의 특성을 얼마나 잘 이해하고 있는가 및 잠재고객들에게 신제품들을 얼마나 잘 소개할 수 있는가에 의해 평가된다.

매트릭스 조직구조는 티알더블유(TRW)와 휴스(Hughes) 등과 같이 하이텍 항공우주 및 전자산업에 있는 기업들에 의해 먼저 개발되었다. 이런 기업들은 불확실하고 경쟁적인 산업환경에서 신제품을 신속히 개발하고 있었으며, 제품개발의 속도가 매우 중요한 고려사항이었다. 이들 기업들은 이런 필요에 부응할 수 있는 조직구조가 필요하였으나, 기능구조는 유연성이 너무 낮아 신제품개발에 요구되는 복잡한 역할 및 과업의 상호작용을 가능하게 할 수 없었다. 나아가 이들 기업에 있는 종업원들은 우수한 전문 인력이어서, 자율적이고 유연한 작업 조건이 갖추어질 때 최고의 성과를 낼 수 있다. 매트릭스 조직구조는 이런 조건을 제공해 준다.

매트릭스 조직구조는 감독자에 의한 최소한의 직접적 위계통제를 필요로 한다. 팀 구성원들이 자신들의 행동을 통제하며, 프로젝트팀에 참여함으로써 다른 팀구성원들을 감시할 수 있게 되며, 상호 학습 역시 가능하다. 나아가 프로젝트가 다른 단계로 발전해감에 따라, 다양한 기능부서들로부터 각기 다른 전문가들이 필요해진다. 예를 들어, 처음 단계에서는 연구개발 전문가의 서비스가 필요하다. 그 다음 단계에서는 비용을 줄이고 마케팅 계획을 수립하기 위해 엔지니어와 마케팅전문가가 필요하다. 필요로 하는 전문가들이 바뀜에 따라 팀구성원들은 자신들의 서비스를 필요로 하는 다른 프로젝트로 옮겨갈 수 있다. 따라서 매트릭스 조직구조는 프로젝트가 계속해서 시작되고 종료되므로 종업원들이 가진 숙련을 최대한 활용할 수 있게 해준다. 매트릭스 조직구조는 종업원들에게 자율성을 제공해 줌으로써 동기를 부여할 뿐만 아니라, 최고경영층에게는 운영적 이슈에 대해서는 관여하지 않아도 되므로 전략적 이슈에만 집중할 수 있도록 해준다. 이와 같은 이유로 인해 매트릭스 조직구조는 경쟁 환경에 신속히 대응하는 데 요구되는 유연성을 제공해 줄 수 있는 우수한 도구이다.

전략적 통제와 조직문화와 관련하여, 매트릭스 조직구조가 효과적으로 설계될 경우 혁신 및 제품 우수성에 기반한 규범과 가치를 개발하는 것이 중요하다.[45] 종업원들이 각 매트릭스를 지속적으로 돌아가면서 일한다는 것은 새로운 팀 관계를 구축하고 해당 프로젝트를 이행하는데 시간과 비용이 수반된다는 것을 의미한다. 프로젝트와 기능부서 경영자 사이에 균형을 맞춘 두 명의 부서장 역할을 두는 것은 종업원들 사이의 협력에 문제가 발생할 수 있을 뿐만 아니라, 기능부서 간 및 기능부서와 프로젝트 간에 갈등이 유발될 수 있어서 효과적으로 관리되어야 함을 의미한다. 나아가 제품 팀을 바꾸는 일, 두 명의 부서장으로 인해 발생하는 모호성, 그리고 팀의 과업을 감시하고 평가하는 데 따르는 어려움 등으로 인해 과업 활동에 대한 조정의 문제가 증가한다. 통일된 규범과 가치를 지닌 강하고 응집력 있는 문화가 이런 문제들을 완화시킬 수 있다. 또한 집단 및 조직 수준의 보상 체계에 기반하는 전략보상시스템이 이런 문제들을 해결하는 데 도움이 될 수 있다.

제품 팀 구조   최근 들어 조직구조에 있어서 혁신적인 대안으로 떠오르는 것이 제품 팀 구조이다. 제품 팀 구조의 장점은 매트릭스 조직구조와 유사하다. 그러나 종업원들이 영구적인 다 기능 팀에 조직화되는 것 때문에 제품 팀 구조가 적용이 쉽고 비용이 적게 든다([그림 12.11] 참고). 매트릭스 구조에서처럼 제품 팀 구조(product-team structure)에서는 제품이나 프로젝트라인에 따라 과업이 할당된다. 그러나 매트릭스 구조에서처럼 각기 다른 프로젝트에 일시적으로 할당되는 것이 아니라, 기능적 전문가들은 하나의 특정 제품 범위(고급 승용차 혹은 컴퓨터 워크스테이션)를 개발하는 데 초점을 두는 영구적인 다 기능 팀의 일원이 된다. 결과적으로 기능부서 간 업무이관을 조정하는 것과 관련된 문제점은 매트릭스 조직구조에서보다 훨씬 적다. 왜냐하면 매트릭스 조직구조에서는 과업 및 보고 관계가 빠르게 바뀌기 때문이다. 나아가 다 기능 팀은 제품개발 과정 초기에 구성되므로 예상되는 어려움들이 초기에 해결될 수 있다. 모든 기능부서가 시작부터 투입되면, 설계 비용과 이에 뒤따르는 제조원가가 줄어들 수 있다. 나아가 분권화될 경우 팀 의사결정이 신속히 이루어질 수 있기 때문에, 다기능 팀의 활용은 혁신을 가속화하고 고객 대응성을 증가시킬 수 있다.

> **제품 팀 구조**
> 제품이나 프로젝트라인에 따라 과업이 할당되는 구조

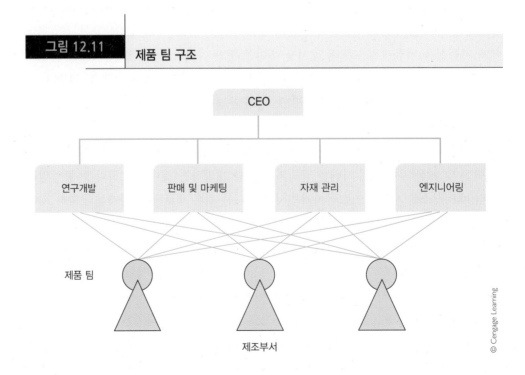

그림 12.11   제품 팀 구조

© Cengage Learning

제품 팀 구조는 제품별로 과업을 분류하며, 각 제품 집단은 제품이 시장에 출시되는 데 필요한 모든 지원 서비스를 가지고 있는 다 기능 제품 팀에 의해 관리된다. 제품구조에서는 지원 기능이 집권화 되어 있다는 점에서 제품 팀 구조와 다르다. 제품 팀의 역할은 기업의 차별화 이점을 보호하고 향상시키는 것이며, 동시에 제조부서와 협력하여 원가를 낮추는 것이다.

좁은 제품라인에 초점

5장에서 논의하였듯이, 초점전략을 구사하는 기업은 고객이나 지역에 기반하여 한 두 개의 세분시장에 목표를 두고 좁은 제품 범위를 개발하는 데 집중한다. 결과적으로 산출물의 양이 적어 규모의 경제를 달성할 수 없게 되므로, 초점전략을 추구하는 기업은 저원가나 차별화 전략을 구사하는 기업에 비해 더 높은 비용구조를 가지는 경향이 있다. 이런 이유로 초점전략을 구사하는 기업은 비용통제를 해야 한다. 다른 한편, 초점전략을 구사하는 기업들이 생산하는 제품의 일부 속성이 이들 기업들에게 독보적 역량을 가져다주기도 한다: 고객들에게 최고의 맞춤형 서비스를 제공해 줄 수 있는 능력. 이와 같은 두 가지 모두의 이유 때문에, 초점전략을 구사하는 기업이 도입한 조직구조와 전략통제 시스템은 운영에 있어서 비용이 적게 들어야 하며, 독보적 역량 개발이 가능하도록 충분한 유연성을 가지고 있어야 한다.

초점전략을 추구하는 기업들은 이와 같은 요구를 충족시키기 위해 기능구조를 도입한다. 하나 혹은 적은 수의 세분시장을 위해 좁은 범위의 제품을 생산하여 판매하는 활동들을 관리하기 위해서는 기능구조가 적합하다. 동시에 초점전략을 구사하는 기업은 작고 전문화된 기업들이기 때문에 기능부서 간 업무이관의 문제가 쉽게 해결될 수 있다. 초점전략을 구사하는 기업이 독보적 역량 개발에 요구되는 강하고 적응적인 문화를 가지고 있다면, 기능구조는 통합에도 큰 도움을 줄 수 있다.[46] 나아가 초점전략을 구사하는 기업의 경쟁우위는 일반적으로 고객화된 서비스에 기반한다. 때문에 기능구조의 유연성은 기업으로 하여금 소비자 요구에 재빨리 대응할 수 있게 해줄 뿐만 아니라, 소비자의 요구에 맞게 제품을 신속히 변경할 수 있게 해준다.

구조조정: 리스트럭처링과 리엔지니어링

성과를 개선하기 위해 단일 사업 기업은 리스트럭처링과 리엔지니어링을 종종 도입한다. 기업을 리스트럭처링(Restructuring)하는 것은 두 단계 과정이다: (1) 권한 위계를 효율화하고 위계 단계의 수를 줄여 최소화하는 일, 그리고 (2) 종업원의 수를 줄여 운영 비용

> **리스트럭처링**
> 운영비 절감을 위해 위계단계의 수를 최소화하고 종업원의 수를 줄이는 과정

을 절감하는 일. 리스트럭처링과 다운사이징은 여러 가지 이유로 필요하다.[47] 과거에는 전혀 예상하지 못했던 사업 환경변화가 종종 일어난다; 급격한 기술 변화는 기업의 기존 제품을 쓸모없는 제품으로 만든다. 기업이 제공하는 제품이나 서비스를 고객들이 더 이상 원하지 않기 때문에, 종종 기업들은 잉여 능력을 가지고 있다; 아마도 기업이 제공하는 제품이나 서비스가 진부하게 되었거나, 가격대비 효용이 적었을 수 있다. 종종 기업들은 위계가 많은 조직구조를 가지고 있어서 유연성이 떨어질 뿐만 아니라, 관료제적 비용이 너무 높아 다운사이징을 선택한다. 때때로 기업들은 자신들이 경쟁우위를 구축하고 개선함에 있어서 강력한 지위를 가지고 있고, 경쟁기업에 비해 우월한 지위를 점하고 있는 경우에도 리스트럭처링을 한다.

그러나 종종 기업들은 자신들의 비즈니스 활동들을 감시하고 통제하지 못하기 때문에, 그리고 시간의 흐름에 따른 환경변화에 어울리는 전략을 수립하고 조직구조를 구축하지 못했기 때문에, 다운사이징과 종업원 해고의 압력에 직면한다. 작업 활동의 조직화를 위한 새로운 모델의 개발과 같은 경영 기법의 선진화나 IT의 발전이 전략경영자들에게 자신들의 전략을 더 효과적인 방법으로 실행할 수 있는 기회를 제공해 준다.

기업들은 비용, 품질, 서비스 및 속도와 같은 주요 성과에 있어서 획기적인 개선을 위해 비즈니스 과정을 근본적으로 다시 생각하고 재설계하게 하는 리엔지니어링(reengineering)을 효과적으로 활용하고 있다.[48] 리엔지니어링 개념이 제시하듯이, 리엔지니어링을 사용하는 전략경영자들은 자신들의 가치사슬 활동들을 어떻게 재조직화 할 것인가를 완전하게 다시 생각해야 한다. 전략경영자들은 기능부서의 운영방식에 초점을 두기보다는, 자신들의 비즈니스 과정에 관심의 초점을 둬야 한다.

비즈니스 과정은 제품과 서비스를 고객에게 신속히 전달하는 데 있어서 매우 중요한 활동 혹은 최고의 품질이나 저원가를 조장하는 활동이다(IT, 자재 관리 혹은 제품개발 등). 비즈니스 과정은 어느 한 기능부서의 책임은 아니며, 여러 기능부서가 함께 수행하는 일이다. 리엔지니어링이 기능부서가 아닌 비즈니스 과정에 초점을 두고 있으므로, 리엔지니어링을 도입하는 기업들은 비즈니스 활동들을 조직화하기 위한 상이한 접근을 시도해야 한다. 리엔지니어링을 도입하는 기업은 현재의 과업 배분, 역할 및 작업 활동들을 적절히 무시해야 한다. 리엔지니어링 과정은 (제품이나 서비스가 아닌) 고객과 함께 시작되며, 다음과 같은 질문을 던진다. 고객들에게 최고의 품질과 최저의 가격으로 제품이나 서비스를 제공하기 위해, 현재 우리가 수행하고 있는 작업 방식(우리 회사의 비즈니스 과정)을 어떻게 재조직화 할 수 있을까?

많은 경우, 경영자들에게 이런 질문을 하게 되면, 경영자들은 자신들의 가치사슬 활동들을 더 효과적으로 조직화 할 수 있는 방법이 있음을 깨닫는다. 예를 들어, 제품과 서비스를 제공하기 위해 순차적으로 작업을 하는 열 개의 각기 다른 기능들을 포함하고 있

리엔지니어링
비용, 품질, 서비스 및 속도와 같은 주요 성과에 있어서 획기적인 개선을 위해 비즈니스 과정을 근본적으로 다시 생각하고 재설계하게 하는 과정

는 비즈니스 과정이라 하더라도, 아주 적은 비용으로 한 사람 혹은 소수의 사람에 의해 수행될 수 있다. 비용절감과 품질향상을 위해 비즈니스 과정이 리엔지니어링되면, 많은 경우 개별 직무들이 점점 더 복잡해지고, 개인들은 다 기능 팀으로 분류된다.

예를 들어, 홀마크 카드(Hallmark Cards)는 자사의 카드 설계 과정을 매우 성공적으로 리엔지니어링하였다. 리엔지니어링 이전에는 예술가, 작가, 그리고 편집자들이 각기 다른 기능부서에서 작업을 하여 모든 종류의 카드를 만들었다. 리엔지니어링 이후, 이들 예술가, 작가, 그리고 편집자들은 다 기능 팀에 함께 소속되었으며, 그 결과 각각의 다 기능 팀이 생일, 크리스마스 혹은 어머니의 날(Mother's Day)과 같은 특이한 종류의 카드를 만들고 있다. 그 결과 새로운 카드를 생산하여 시장에 출시하는 데 일 년이 소요되던 것이 수개월로 단축되었고, 홀마크의 성과는 크게 향상되었다.

4장에서 논의한 리엔지니어링과 TQM은 매우 밀접히 관련되어 있을 뿐만 아니라, 상호 보완적이다. 리엔지니어링을 통해 제품을 최종 고객에게 신속히 전달하기 위해 가치사슬 활동들에 변화가 일어나고 나면, 이제 TQM에 역할이 주어진다. TQM은 어떻게 하면 새로운 공정을 지속적으로 개선할 수 있을 것인가에 초점을 두며, 나아가 과업과 역할 관계를 더 효과적으로 관리할 수 있는 방법이 무엇인지를 모색한다. 성공적인 조직들은 리엔지니어링과 TQM 모두를 동시에 검토하며, 나아가 효율성, 품질 및 고객 대응성 향상 목표를 충족시키기 위한 새롭고 더 나은 공정을 지속적으로 탐색한다. 결국 기업들은 자신들의 비전을 지속적으로 개선해 나간다.

리엔지니어링의 또 다른 사례는 아이비엠(IBM)의 자회사인 아이비엠 크레딧(IBM Credit)에서 일어났던 변화 프로그램이다. 리엔지니어링 이전에는 고객들의 융자요청이 코네티컷(Conneticut) 주의 올드 그리니치(Old Greenwich)에 있는 사업부 본부에 도착하게 되면, 다섯 개의 상이한 기능부서의 활동에 따라 5단계의 승인 절차가 필요하였다. 첫째, IBM 판매사원이 신용부서에 신청을 하면, 신용부서에서는 신청을 접수받고 잠재고객에 대한 상세한 내용들을 기록한다. 둘째, 이 정보가 신용확인 부서로 전달되고, 여기서 신용을 점검한다. 셋째, 신용이 확인되면, 신청서는 계약부서로 넘어간다. 이 부서에서는 계약서를 쓴다. 넷째, 계약부서에서 계약서가 융자부서로 넘어가게 되고, 이 부서에서는 이자율 및 대출 기간 등 실제적인 융자 세부 사항들이 결정된다. 마지막으로, 모든 정보가 송달부서에 모아지고, 판매부서에 전해진다. 여기서는 이를 고객에게 전달한다.

이러한 일련의 기능부서간 활동들이 완성되는 데 보통 7일 정도 소요되었다. 그리고 판매부서는 늘 앞선 단계에서 업무를 처리하는 기능부서들의 업무지연 때문에 고객들의 불만이 높아가고 있다고 불평하였다. 또한 잠재고객은 융자를 포기하고, 경쟁기업으로 눈을 돌리려는 의사를 가지게 되었다. 결국 업무지연이 이 회사의 고객과의 거래 불확실성의 주요 원인이었다.

두 명의 IBM 융자부서 최고경영자가 융자승인 과정을 체계적으로 검토하면서 변화가 시작되었다. 이 두 경영자들은 융자 신청을 처리하는 데 있어서 각기 다른 부서의 전문가들이 융자를 승인하는 데 소요되는 시간이 불과 90분 밖에 되지 않는다는 것을 확인하였다. 7일의 승인 과정은 부서들 사이의 정보 및 업무이관에서 지연이 생기기 때문이었다. 또한, 이 두 경영자들은 각 기능부서에서 일어나는 활동들이 복잡하지 않다는 것을 알게 되었다; 각 부서들은 작업절차를 안내하는 자체 컴퓨터 시스템을 가지고 있었으며, 각 부서에서 수행하는 업무들 역시 일상적인 것들이었다.

이제 IBM 경영자들은 융자승인 과정을 리엔지니어링하여, 업무수행 정보를 담고 있는 컴퓨터 시스템을 잘 활용하면 한 종업원이 5가지 융자 처리 업무를 체계적으로 손쉽게 처리할 수 있다는 것을 알게 되었다. 그 결과 리엔지니어링이 도입된 이후 업무 처리 시간은 7일이 아닌 네 시간에 불과하였다. 판매부서에서는 당일 업무 처리 결과를 고객에게 전달해줄 수 있었으며, 고객과의 거래와 관련된 모든 불확실성이 완전히 제거되었다.

리엔지니어링 컨설턴트 햄머(Hammer)와 챔피(Champy)의 지적에 의하면, 이와 같은 획기적인 성과 향상은 총체적인 과정에 대한 근본적인 변화 때문이다. 리엔지니어링을 통해 성공적인 변화를 이루기 위해서는 경영자들이 가장 기본적인 업무 성과 수준을 결정하고, 각 작업 과정의 단계를 확인하여, 고객들에게 제품과 서비스를 제공하는 데 요구되는 활동들을 더 효과적으로 조정하고 통합할 수 있는 방법을 모색해야 한다. 본 사례에서처럼, 새로운 IT의 도입은 리엔지니어링의 통합적 측면이다. 또한 IT는 많은 고급정보를 제공해 주기 때문에 조직의 위계 구조를 재구조화하는 데에도 도움이 된다. 오늘 날 IT는 전략 실행 과정의 통합적 영역이다.

윤리적 딜레마

© iStockPhoto.com/P_Wei

낮은 성과를 나타내고 있는 기업이 수백 명의 중간경영자들을 해고하기로 결정했다고 가정해 보라. 해고 결정을 하는 최고경영층은 높은 성과를 내는 부하보다는 자신들이 좋아하는 부하들은 해고하지 않으려고 하거나, 혹은 비록 최고의 성과를 내는 부하라 하더라도 높은 연봉을 받는 부하들은 해고하려고 할 것이다. 조직구조와 문화가 기업의 모든 이해관계자들에게 영향을 미친다는 점을 고려해 볼 때, 여러분들은 평등, 공정성, 그리고 정의에 관한 어떤 윤리적 원칙들을 사용하여 조직 위계를 재설계하겠는가? 기업의 과거 성공에 대한 자신들의 기여를 강조하는 것이라 하더라도, 일부 종업원들은 기업의 일부 이해관계자들이 기업에 대해 가지고 있는 강한 주장만큼, 자신들도 그런 수준의 주장을 할 수 있다고 느끼고 있음을 명심하라.

여러분들은 이것이 윤리적 주장이라고 생각하는가? 종업원들의 이런 주장을 당신은 조직 설계에 어떻게 반영하겠는가?

요약 *Summary of Chapter*

1. 기업의 비즈니스모델과 전략의 성공적 실행은 조직 설계에 달려 있다 – 조직구조, 전략통제 시스템 및 조직문화 사이의 적절한 조합을 선택하는 과정. 기업은 우월한 성과 달성을 위해 조직 설계 과정을 관찰하고 점검해야 한다.

2. 효과적인 조직 설계는 두 가지 방식으로 기업의 수익성을 향상시킨다. 첫째, 효과적인 조직 설계는 관료제적 비용을 줄이고, 비용구조를 낮추는데 도움을 준다. 둘째, 효과적인 조직 설계는 기업의 가치창출 능력을 향상시켜 우월한 효율성, 품질 및 혁신성, 그리고 고객 대응성을 달성하게 할 뿐만 아니라, 차별화의 이점도 얻게 해준다.

3. 조직구조설계에 있어서 주요 이슈는 과업, 기능 및 부서를 어떻게 분류 하는가, 권한과 책임을 어떻게 할당할 것인가(수직구조로 할 것인가 수평구조로 할 것인가, 집권적 구조로 할 것인가 분권적 구조로 할 것인가), 그리고 기능부서들 사이의 협력증진을 위해 통합메커니즘(직접적 통제, 연결역할 및 팀 등)을 어떻게 활용할 것인가 등이다.

4. 전략적 통제는 조직구조가 의도한 대로 운영될 수 있도록 하는 데 요구되는 감시 및 인센티브시스템을 제공해 줄 뿐만 아니라, 기업 내 모든 계층에 경영층의 영향력이 미칠 수 있도록 해준다. 전략통제 시스템의 주요 종류로는 인적통제, 산출통제 및 행동통제가 있다. IT는 산출 및 행동통제를 지원할 수 있으며, 보상시스템은 모든 통제시스템과 연계된다.

5. 조직문화는 종업원들에게 활력을 불어넣고 동기를 부여함은 물론, 그들의 행동을 통제하는 데 도움을 주는 가치, 규범, 신념 및 태도의 집합체이다. 문화는 특정의 행위 양식이며, 기업의 설립자와 최고경영자가 어떤 종류의 가치를 조직에 싹트게 할 것인가에 영향을 미친다.

6. 기능부서 수준에서, 각 기능부서들은 자신들의 목표달성을 위해 각기 다른 조직구조와 통제시스템의 결합을 요구한다.

7. 기업의 비즈니스모델을 성공적으로 실행에 옮기기 위해 조직구조, 전략통제 시스템 및 조직문화는 모든 기능부서들 사이의 관계를 증진시킬 수 있도록 결합되어야 하며, 그 결과 기업의 독보적 역량이 구축될 수 있도록 해야 한다.

8. 저원가와 차별화 전략 각각은 기업의 경쟁우위의 기반인 비즈니스모델을 강화하는 조직구조 및 전략통제 시스템을 필요로 한다. 경영자들은 차별화 압력과 저비용 압력 사이의 균형을 이룰 수 있는 조직 설계를 활용해야 한다.

9. 다른 전문화된 조직구조의 형태로는 제품구조, 시장구조, 지역적 구조, 매트릭스 조직구조, 그리고 제품 팀 구조 등이 있다. 이들 각 구조는 전문화된 용도가 있으며, 기업의 전략 내용에 따라 적절히 활용된다.

10. 리스트럭처링과 리엔지니어링은 기업의 비즈니스모델을 더 효과적으로 실행하는 데 사용할 수 있는 두 가지 방법이다.

토론 과제

1. 조직구조, 전략통제 시스템 및 조직문화 사이의 관계는 어떠해야 하는가? 언제, 그리고 어떤 조건하에서 이들 사이에 불일치가 나타나는지에 관한 예를 제시해 보시오.

2. 어떤 조직구조가 당신의 현재 (a) 비즈니스 스쿨 및 (b) 대학의 운영을 기술하는 데 가장 잘 어울리는가? 왜 그 구조가 적절한가? 다른 구조가 더 적절하지 않은가?

3. 어떤 경우에 기업이 매트릭스 조직구조를 선택하는가?

매트릭스 조직구조를 관리하는 데 따르는 문제점은 무엇인가? 어떤 상황에서 제품 팀 구조가 선호되는가?

4. 본 장에서 논의된 모든 조직구조 각각에 대해 가장 어울리는 통제시스템이 무엇인지 말해 보시오.

5. 어떤 종류의 조직구조, 전략통제 시스템 및 조직문화가 (a) 소규모 제조기업, (b) 체인 점포, (c) 하이텍 기업, 그리고 (d) 대형 회계전문기업에서 나타나고 있는가?

포드사의 조직구조와 문화를 바꾼 앨런 머랠리

2006년 130만불의 손실을 입은 후, 과거 5년 동안 포드(Ford's) 자동차 회사의 CEO였던 윌리엄 포드 3세(William Ford Ⅲ)는 자신은 회사의 수익 구조를 전환시킬 적임자가 아니라고 판단했다. 사실 윌리엄 포드 3세와 포드사에 있는 다른 최고경영자들이 그들 자신들만의 기업왕국을 건설하여 지배하려고 노력했기 때문에, 그리고 포드사의 실수가 수년에 걸쳐 발생해 왔다고 인정하는 사람이 아무도 없기 때문에, 윌리엄 포드 3세가 포드사의 경영 문제의 한 부분이라는 것은 분명하였다. 그 결과 기업 전체의 수익이 곤두박질쳤다. 나아가 회사의 미래도 불분명해졌다. 자사의 운영 기조를 바꾸기 위해서는 외부의 인사가 필요하다고 결정하고, 포드사는 보잉(Boeing)사에 있던 앨런 머랠리를 새로운 CEO로 영입하였다.

앨런에 온 후 앨런 머랠리(Alan Mulally)는 자신의 새로운 경영자들과 함께 수백 개의 임원회의에 참석하였다. 한 회의에서 그는, 자동차 부서의 성과에 대한 앨런 머랠리의 질문에 대해 전혀 해답을 갖고 있지 않은 해당 부서장이 자신의 무지를 변명하기 위해 한참 동안 쓸데없는 이야기를 하는 것을 보고는 혼돈에 빠지게 되었다. 앨런 머랠리는 그의 부사장인 마크 필즈(Mark Fields)에게 "저 부서장 왜 저렇게 이야기하는 거야?"라고 물었다. 마크 필즈는 이렇게 설명했다. 아마 당신도 포드사에서 언제 바보가 될지 아무로 모릅니다. 나아가 마크 필즈는 머랠리에게 이런 이야기도 해주었다. 마크 필즈 자신이 포드사에 중간경영자로 와서, 부서 운영에 관한 정보를 얻기 위해 자신의 상사에게 점심을 같이 먹고 요청을 하니, 상사 왈 "당신 포드사에서 서열이 어떻게 되는지 아세요?" "부하가 감히 상사에게 점심 먹자고 요청해서는 안된다는 것을 당신은 모르세요?"

앨런 머랠리는 지난 수년 동안 포드사가 자신들의 세력은 보호하되 급감하고 있는 자동차 판매량에 대해서는 어떤 직접적인 책임도 회피하려는 경영자들로 구성된 수직적 위계 구조를 구축해 왔음을 발견하였다. 왜 자동차 판매량이 줄어들고 있는지를 질문했을 때, 부서 경영자들은 설계가 잘못되었거나 품질이 나쁘다는 것을 인정하지 않았다. 대신 이들은 세부적인 사실들을 숨기기에 급급했다. 부서 경영자들은 두꺼운 노트북과 자료집을 가지고 회의에 참석하였으며, 값비싼 장비와 노동력을 이용하여 왜 포드사의 특정 자동차 모델이 잘 팔리지 않는지, 그리고 왜 포드사가 손해를 보고 자동차를 판매해야 하는지를 설명하였다. 앨런 머랠리는 포드사의 최고경영층이 왜 전체를 보지 못하고 내부만 보고 잘못된 사고 방식을 가지고 있는지에 대해 의아해 했다. 어떻게 하면 다양한 자동차 소비자들의 요구에 맞는 제품을 신속하게, 그리고 저렴하게 개발하는 데 적합한 조직구조와 문화를 포드사에 구축할 수 있을지를 고민하였다.

먼저 앨런 머랠리는 포드사의 조직구조를 바꿔야 할 것으로 판단하였다. 나아가 포드사의 위계적 수직구조를 재조직화해야 한다고 결론내렸다. 앨런 머랠리는 포드사의 조직을 수평적이게 하고, 의사결정권한을 상층부에 다시 위치시킴으로써(재집권화), 모든 부서의 최고경영자들이 자신에게 보고하도록 하였다. 그러나 동시에, 앨런 머랠리는 포드사가 비용구조를 줄일 수 있는 방법을 모색하면서 직면하고 있는 상당한 가치사슬 문제들을 관리함에 있어서 팀워크와 여러 기능부서 간 협력적 접근을 강조하였다. 앨런 머랠리는 최고경영층 위계 계층에서 두 개를 제거하였으며, 회사의 수익성 제고를 위해 각각의 최고경영자들이 해야 할 역할들을 분명히 하였다. 여기에는 경영자들의 이기적인 행동보다는 회사 전체를 위한 노력을 유인하려는 목적이 깔려 있었다.

앨런 머랠리는 또한 포드사의 조직구조만을 바꾸는 것만으로는 포드사의 운영 기조를 바꾸는 데 불충분하다고 생각하였다. 포드사의 또 다른 중요한 조직적 문제는, 오랜 시간 동안에 개발되어 협력과 팀워크에 방해가 되고 있는 포드 문화에 스며들어 있는 가치와 규범이었다. 이러한 가치와 규범은 비밀과 모호성을 촉진시켰다. 이들은 지위서열을 강조하여 경영자들이 자신들의 정보를 보호받을 수 있도록 하였다 – 각기 다른 기능부서에 있는 경영자들이 자신의 위치와 일을 유지할 수 있는 가장 좋은 방법이 정보를 공유하기보다는 자신들에게 가둬두는 것이었다. 상사가 부하에게 점심 먹으러 가자고 하는 유일한 이유가 자신들의 지위와 정보를 보호하기 위함인가!

앨런 머랠리가 무엇을 하였을까? 그는 포드사의 모든 기능부서장들이 포드 자동차의 상세 비용구조를 공유하도록 부서 경영자들에게 직접적인 지시를 내렸다. 나아가 그는 포드사의 모든 사업부들이 직면하고 있는 문제점들을 개방적으로 공유하고 토론하기 위해 (월간 회의가 아닌) 모든 사업부 최고경영자들로 하여금 주간 회의에 참석할 것을 요구하였다. 앨런 머랠리는 또한 각 경영자들이 부하들을 주간회의에 데리고 나오게 하여, 회사의 모든 경영자들이 숨겨져 왔던 포드사의 문제점들을 알 수 있도록 하였다.

앨런 머랠리의 기본적 목표는 경영자들이 회사 전체의 이익보다는 개인적인 이익에 초점을 두는 포드 문화의 역 기능적 가치와 규범을 파괴하는 것이었다. 그의

목표는 종업원들로 하여금 실수를 인정하게 하고, 모델 설계와 비용에 관한 모든 정보를 공유하게 하며, 제품개발 속도를 높이고 비용을 줄일 수 있는 방법을 모색하게 만드는 포드사의 새로운 가치와 규범을 개발하는 것이었다. 그는 또한 포드사의 문화에 협력의 규범이 개발되어 포드사의 새로운 조직구조가 효과적으로 운영되고 회사의 성과가 개선되기를 원하였다.

2011년에 이르러서는 포드사의 조직구조와 문화를 변화시키려던 앨런 머랠리의 노력에서 분명한 가시적인 성과가 나타났다. 2010년 봄이 되어 포드사는 흑자를 보고하였고, 이에 대한 대가로 앨런 머랠리는 연봉과 보너스로 천 칠백만불 이상을 받았으며, 2011년에는 자동차 판매에서 기록적인 수익을 보고하였다. 2011년이 되어 앨런 머랠리는 포드사 최고경영자의 은퇴 연령인 65세가 되었으나, 윌리엄 포드 3세(William Ford III)는 포드사의 실적을 발표하는 언론 컨퍼런스에서 다음과 같은 농담을 하였다: 나는 앨런 머랠리가 2025년에 새롭게 변모된 포드사에 대한 책임을 지기를 희망한다.

자료: www.ford.com; D. Kiley, "The new Heat on Ford," June 4, 2007, www.businessweek.com; and B. Koenig, "Ford Reorganizes Executives Under New Chief Mulally," December 14, 2006, www.bloomberg.com.

사례 토의 문제

1. 앨런 머랠리가 포드사에 오기 전, 조직구조와 문화가 어떻게 해서 성과를 하락하게 하였는가?
2. 앨런 머랠리가 처음으로 한 일 가운데 하나는 포드의 조직구조를 수평적으로 하고, 구성원들에게 책임을 분명하게 지우는 것이었다. 이런 것이 어떻게 해서 포드사의 성과 개선에 기여하였다고 생각하는가?
3. 포드사의 성과를 개선함에 있어서 조직구조만 바꾸는 것만으로는 왜 충분하지 않은가?
4. 앨런 머랠리가 포드사의 조직문화를 바꾸기 위해 어떤 노력을 하였는가? 이런 문화 변화가 포드사의 수익에 어떻게 영향을 미쳤는가?

핵심 용어 *Key Terms*

조직 설계(Organizational design) 477

조직구조(Organizational structure) 478

통제시스템(Control system) 478

조직문화(Organizational culture) 478

명령위계(Hierarchy of authority) 481

통제의 범위(Span of control) 481

명령사슬의 최소화 원칙(Principle of the minimum chain of command) 483

통합 메커니즘(Integrating mechanisms) 487

팀(Team) 487

전략통제 시스템(Strategic control systems) 488

대인통제(Personal control) 491

산출통제(Output control) 492

행동통제(Behavior control) 493

운영 예산(Operating budget) 493

표준화(Standardization) 493

적응문화(Adaptive culture) 497

기능구조(Functional structure) 500

목표에 의한 경영(Management by objectives) 502

제품구조(Product structure) 511

시장구조(Market structure) 512

지역 구조(Geographic structure) 513

매트릭스 구조(Matrix structure) 514

두 명의 부서장을 둔 종업원(Two-boss employees) 516

제품 팀 구조(Product-team structure) 518

리스트럭처링(Restructuring) 519

리엔지니어링(Reengineering) 520

참고문헌 *Notes*

1 L. Smircich, "Concepts of Culture and Organizational Analysis," *Administrative Science Quarterly* 28 (1983): 339–358.

2 G. R. Jones and J. M. George, "The Experience and Evolution of Trust: Implications for Cooperation and Teamwork," *Academy of Management Review* 3 (1998): 531–546.

3 Ibid.

4 J. R. Galbraith, *Designing Complex Organizations* (Reading: Addison-Wesley, 1973).

5 A. D. Chandler, 5 (Cambridge: MIT Press, 1962).

6 The discussion draws heavily on Chandler, *Strategy and Structure,* and B. R. Scott, *Stages of Corporate Development* (Cambridge: Intercollegiate Clearing House, Harvard Business School, 1971).

7 R. L. Daft, *Organizational Theory and Design*, 3rd ed. (St. Paul: West, 1986), p. 215.

8 J. Child, *Organization 9: A Guide for Managers and Administrators* (New York: Harper & Row, 1977), pp. 52–70.

9 G. R. Jones and J. Butler, "Costs, Revenues, and Business Level Strategy," *Academy of Management Review* 13 (1988): 202–213; and G. R. Jones and C. W. L. Hill, "Transaction Cost Analysis of Strategy-Structure Choice," *Strategic Management Journal* 9 (1988): 159–172.

10 G. R. Jones, *Organizational Theory, Design, and Change: Text and Cases* (Englewood Cliffs: Pearson, 2011).

11 Blau, P. M., "A Formal Theory of Differentiation in Organizations," *American Sociological Review* 35 (1970): 684–695.

12 G. R. Jones, "Organization-Client Transactions and Organizational Governance Structures," *Academy of Management Journal* 30 (1987): 197–218.

13 P. R. Lawrence and J. Lorsch, *Organization and Environment*(Boston: Division of Research, Harvard Business School, 1967), pp. 50–55.

14 Galbraith, *Designing Complex Organizations*, Chapter 1; and J. R. Galbraith and R. K. Kazanjian, *Strategy Implementation: Structure System and Process,* 2nd ed. (St. Paul: West, 1986), Chapter 7.

15 R. Simmons, "Strategic Orientation and Top anagement

Attention to Control Systems," *Strategic Management Journal* 12 (1991): 49–62.

16 R. Simmons, "How New Top Managers Use Control Systems as Levers of Strategic Renewal," *Strategic Management Journal* 15 (1994): 169–189.

17 W. G. Ouchi, "The Transmission of Control Through Organizational Hierarchy," *Academy of Management Journal* 21 (1978): 173–192; and W. H. Newman, *Constructive Control* (Englewood Cliffs: Prentice-Hall, 1975).

18 E. Flamholtz, "Organizational Control Systems as a Managerial Tool," *California Management Review,* Winter 1979, pp. 50–58.

19 O. E. Williamson, *Markets and Hierarchies: Analysis and Antitrust Implications* (New York: Free Press, 1975); and W. G. Ouchi, "Markets, Bureaucracies, and Clans," *Administrative Science Quarterly* 25 (1980): 129–141.

20 H. Mintzberg, *The Structuring of Organizations* (Englewood Cliffs: Prentice-Hall, 1979), pp. 5–9.

21 E. E. Lawler III, *Motivation in Work Organizations* (Monterey: Brooks/Cole, 1973); and Galbraith and Kazanjian, *Strategy Implementation,* Chapter 6.

22 Smircich, "Concepts of Culture and Organizational Analysis."

23 www.microsoft.com, 2011.

24 Ouchi, "Markets, Bureaucracies, and Clans," 130.

25 Jones, *Organizational Theory, Design, and Change.*

26 J. Van Maanen and E. H. Schein, "Towards a Theory of Organizational Socialization," in B. M. Staw (ed.), *Research in Organizational Behavior 1* (Greenwich: JAI Press, 1979), pp. 209–264.

27 G. R. Jones, "Socialization Tactics, Self-Efficacy, and Newcomers' Adjustments to Organizations," *Academy of Management Journal* 29 (1986): 262–279.

28 J. P. Kotter and J. L. Heskett, "Corporate Culture and Performance," *Sloan Management Review* 33:3 (1992): 91–92.

29 T. J. Peters and R. H. Waterman, *In Search of Excellence: Lessons from America's Best-Run Companies* (New York: Harper & Row, 1982).

30 G. Hamel and C. K. Prahalad, "Strategic Intent," *Harvard Business Review,* May–June 1989, p. 64.

31 Galbraith and Kazanjian, *Strategy Implementation;* Child, *Organization;* and R. Duncan, "What Is the Right Organization Structure?" *Organizational Dynamics,*

Winter 1979, pp. 59–80.

32 J. Pettet, "Walmart Yesterday and Today," *Discount Merchandiser,* December 1995, pp. 66–67; M. Reid, "Stores of Value," *Economist,* March 4, 1995, ss5–ss7; M. Troy, "The Culture Remains the Constant," *Discount Store News,* June 8, 1998, pp. 95–98; and www.walmart.com.

33 W. G. Ouchi, "The Relationship Between Organizational Structure and Organizational Control," *Administrative Science Quarterly* 22 (1977): 95–113.

34 R. Bunderi, "Intel Researchers Aim to Think Big While Staying Close to Development," *Research-Technology Management,* March–April 1998, pp. 3–4.

35 K. M. Eisenhardt, "Control: Organizational and Economic Approaches," *Management Science* 16 (1985): 134–148.

36 Williamson, *Markets and Hierarchies.*

37 P. R. Lawrence and J. W. Lorsch, *Organization and Environment* (Boston: Graduate School of Business Administration, Harvard University, 1967).

38 M. E. Porter, *Competitive Strategy: Techniques for Analyzing Industries and Competitors* (New York: Free Press, 1980); and D. Miller, "Configurations of Strategy and Structure," *Strategic Management Journal* 7 (1986): 233–249.

39 D. Miller and P. H. Freisen, *Organizations: A Quantum View* (Englewood Cliffs: Prentice-Hall, 1984).

40 J. Woodward, *Industrial Organization: Theory and Practice* (London: Oxford University Press, 1965); and Lawrence and Lorsch, *Organization and Environment.*

41 R. E. White, "Generic Business Strategies, Organizational Context and Performance: An Empirical Investigation," *Strategic Management Journal* 7 (1986): 217–231.

42 G. Rivlin, "He Naps. He Sings. And He Isn't Michael Dell," *New York Times,* September 11, 2005, p. 31.

43 Porter, *Competitive Strategy;* and Miller, "Configurations of Strategy and Structure."

44 S. M. Davis and R. R. Lawrence, *Matrix* (Reading: Addison-Wesley, 1977); and J. R. Galbraith, "Matrix Organization Designs: How to Combine Functional and Project Forms," *Business Horizons* 14 (1971): 29–40.

45 Duncan, "What Is the Right Organizational Structure?"; and Davis and Lawrence, *Matrix.*

46 D. Miller, "Configurations of Strategy and Structure," in R. E. Miles and C. C. Snow (eds.), *Organizational*

Strategy, Structure, and Process (New York: McGraw-Hill, 1978).

47 G. D. Bruton, J. K. Keels, and C. L. Shook, "Downsizing the Firm: Answering the Strategic Questions," *Academy of Management Executive*, May 1996, pp. 38–45.

48 M. Hammer and J. Champy, *Reengineering the Corporation* (New York: HarperCollins, 1993).

13

여러 산업 및 국가에서 경쟁하는 기업들의 전략 실행

첫머리 사례 *Opening Case*

© iStockPhoto.com/shaunl

구글의 재조직화

2011년 4월 구글(Google)의 두 설립자 가운데 한 사람인 래리 페이지(Larry Page)가 회사의 CEO가 되었다. 페이지는 2001년 에릭 슈밋(Eric Schmidt)이 구글의 CEO가 되기 이전 구글의 설립 연도인 1998년부터 2001년까지 구글의 CEO로 재직한 바 있다. 10년 후, 슈밋이 퇴임을 하고 페이지가 그 뒤를 이어받았다. 페이지가 실행한 혁신 방안 가운데 하나는 구글을 사업단위로 재조직화하는 것이었다.

슈밋이 있을 때 구글은 두 개의 핵심 조직을 가지고 있었다. 엔지니어링 부문과 조나단 로센버그(Jonathan Rosenberg)의 리더십 아래에 있는 제품 관리 부문. 엔지니어링 부문은 구글 제품의 창안, 제조 및 유지에 대한 책임을 지고 있었고, 제품 관리 부문은 구글이 만든 제품을 판매하는 데(주로 광고 서비스) 책임을 지고 있었다. 그런데, 이 조직구조에서 두 개, 즉 유튜브(YouTube)와 안드로이드(Android) 사업부는 예외로 하였다. 그리하여 이 두 사업부는 상당한 자율성을 가지고 운영되고 있었다. 이 두 사업부는 구글이 만든 많은 다른 신제품들보다 더 성공적인 결과를 창출하였다.

그간 구글의 조직구조에 대한 긍정적 평가는 구글이 혁신에 유리한 팀에 바탕을 둔 수평구조라는 것이었다. 사실 구글의 상향식 신제품개발 과정을 다룬 많은 연구 논문들이 쏟아져 나왔었다. 회사는 엔지니어들이 자신들이 선택한 제품에 근무 시간의 20%를 할애하도록 장려하였다. 엔지니어들은 제품아이디어를 구체화하기 위한 팀을 자율적으로 만들었으며, 페이지와 구글의 공동 창업자 세르게이 브린(Sergey Brin) 앞에서 발

학습 목표

이 장의 학습 목표는 다음과 같다.

- 각기 다른 기업전략을 추구하는 기업들이 왜 각각 상이한 조직구조, 전략통제 및 조직문화의 조합을 필요로 하는지를 설명한다.
- 사업부 조직구조의 장단점을 기술한다.
- 각기 다른 글로벌 확장전략을 추구하는 기업들이 자신들의 전략 실행을 위해 왜 각각 상이한 글로벌 조직구조와 통제시스템을 선택하는지를 설명한다.
- 새로운 산업에 진출하는 데 사용되는 세 가지의 기본적인 방법(내부의 새로운 벤처링, 합작투자, 합병)에 관련된 전략 실행 문제에 대해 논의한다.

표하여 긍정적인 평가를 받을 경우, 만든 제품을 시장에 출시하기 위한 자금지원도 받을 수 있었다. 이러한 과정을 통해 만들어진 구글의 제품에는 구글 뉴스(Google News), 구글 어스(Google Earth), 그리고 구글 앱스(Google Apps) 등이 있다.

그러나 2011년이 되자 기존 조직구조의 한계점들이 노출되기 시작하였다. 개발된 제품에 대한 책임소재가 불분명하였다. 핵심 엔지니어들이 다른 프로젝트 팀으로 자리를 옮기게 되었고, 경우에 따라서는 프로젝트가 수년 동안 완성되지 않고 예비 단계에 머무르고 있었다. 어느 누구도 이 제품을 가지고 독립 사업으로 발전시키는 책임을 지지 않고 있었다. 많은 엔지니어들은 신제품으로 인정받는 과정이 관료적 형식주의적 절차에 빠져 있다고 불만을 드러내었다. 이 과정이 너무 느렸다. 창업 초기 구글의 규모가 작았을 때에는 적절하였던 조직구조가 이제 더 이상 효과적으로 운영되지 않고 있었다. 또한, 비록 구글의 주요 수익이 검색 기반 광고수입에 의존하고 있다 하더라도, 구글의 조직구조는 구글이 여러 사업부들을 가진 거대 기업으로 성장하였다는 사실을 전혀 반영하지 않고 있었다. 구글이 많은 제품들을 출시하고 있음에도 불구하고 검색 기반 광고수입에 상당 부분 의존하고 있다는 것은 그 자체로 하나의 문제점으로 간주될 수 있었다. 그러나 아직도 구글은 회사 수익의 대부분을 검색기반 광고에 의존하고 있었다.

이 문제에 대한 페이지의 해답은 구글을 여러 개의 핵심 제품군 혹은 사업단위로 재조직화하는 것이었다. 검색, 광고, 유튜브(YouTube), 모바일(Mibile: Android), 크롬(Chrome), 소셜(Social: Google + and Blogger), 그리고 커머스(Commerce: Google Apps) 등. 페이지에게 직접 보고하는 선임 부회장이 각 사업부들을 이끌었다. 각 사업부의 경영자들은 자신들의 사업부의 운명에 대해 전적인 책임을 가지도록 하였다. 이제는 신제품을 개발하여 출시하는 데 그 어떤 내부 임원에게서도 승인 절차가 필요하지 않았다. 일단 제품이 출시되면 엔지니어와 경영자들은 다음 일로 뛰어 넘어갈 수 없고, 지메일(Gmail)처럼 중요한 제품을 수년 동안 완성되지 않는 예비품으로 남겨둘 수도 없다. "이제 여러분들은 어떤 것을 유통시키는 데 대한 책임뿐만 아니라, 그것을 수정 혹은 변경 및 해결하는 데에도 책임을 져야 한다"고 구글 대변인은 말하고 있다.

자료: Miguel Helft, "The Future According to Google's Larry Page," *CNNMoney*, January 3, 2013; Liz Gannes, "GoogleQuake: The Larry Page Reorg Promotes Top Lieutenants to SVP," *All Things Digital*, April 7, 2011; Jessica Guynn, "Google CEO Larry Page Completes Major Reorganization of Internet Search Giant," *Los Angeles Times*, April 7, 2011.

개관

첫머리 사례에서 살펴본 것처럼, 2011년 구글은 성과 개선을 위해 조직구조를 재조직화하였다. 비록 구글이 지난 몇 년 동안 눈부신 재무성과를 이루었지만, 많은 신제품 사업들이 큰 성과를 내지 못하고 있었다. 이 문제를 해결하기 위해 CEO 래리 페이지(Larry Page)는 구글에 사업부 조직구조를 도입하였다. 그리하여 모든 사업부들이 자신들의 사업부 운영에 전적인 책임을 지도록 하였으며, 나아가 성과에 대한 책임도 함께 부여하였다. 기업이 성장하여 많은 신제품들을 출시하게 되면서 조직을 어떻게 하면 가장 잘 관리할 수 있을 것인가를 고민했던 기업들은 구글 외에도 많았다. 기업이 성장하여 다각화 되어감에 따라, 기능구조에서 사업부 조직구조로 바꾼 기업들은 여럿 있다. 단일 사업을 관리하는 데 적합하였던 조직구조로써는 다각화된 기업을 관리하는 데에는 부적절하다는 것이 판명되었다. 구글은 현재 거의 다각화 기업이 되었다. 사실 구글은 재조직화 함으로써 여러 사업부들에서 상당한 성과 개선을 기대하고 있다.

본 장에서는 기업이 새로운 사업 영역(신산업)에 뛰어들거나 글로벌화를 통해 새로운 국가로 진출하게 될 때 직면하게 되는 전략 실행의 문제를 다룬다. 즉, 효과적인 전략 실행을 위해 조직구조를 어떻게 설계할 것인가, 그리고 기업의 전략을 강화하고 수익성을 제고하기 위해 조직구조, 전략통제 시스템 및 조직문화를 어떻게 조합할 것인가를 논의한다.

기업이 여러 사업, 산업 혹은 국가로 진입하려는 결정을 하게 되면, 새로운 문제들에 직면하게 된다. 어떤 문제들은 12장에서 다루었던 문제들의 연장선에 있고, 또 다른 어떤 문제들은 기업이 신사업, 신산업 혹은 해외 시장에 진출하기로 결정함으로써 발생하는 문제들이다. 이제 경영자들은 자신들의 기업전략을 성공적으로 실행에 옮기기 위해 조직을 어떻게 설계할 것인가에 대한 결정을 해야 한다. 이 장을 공부하게 되면, 여러분들은 글로벌 다각화 기업들이 직면하고 있는 많은 복잡한 이슈들을 파악할 수 있을 것이며, 나아가 왜 효과적인 전략 실행이 경쟁우위와 우월한 성과 달성에 필수적인 부분인지를 이해하게 될 것이다.

기업전략과 사업부 조직구조

10장과 11장에서 논의하였듯이, 기업들은 수직통합이나 다각화와 같은 기업수준의 전략들을 통해 성과 제고와 경쟁적 지위 향상을 도모한다. 그러나 기업이 새로운 산업에 진입하게 되면, 각기 상이한 산업에서 사업 활동을 하던 사업부들을 함께 묶어서 관리하게 됨으로써 발생하게 되는 관료제적 비용증가와 같은 실행 문제가 나타나게 된다. 기업이 자신의 독보적 역량을 상이한 산업에 진출해 있는 사업부들에게 이전, 공유 및 레버리지(지레작용) 함으로써 차별화와 저원가우위를 얻고자 할 경우 관료제적 비용은 특히 높아진다. 예를 들어 관련다각화 전략을 추구하는 기업의 경우, 수익성 향상을 위해 각기 상이한 산업 영역이나 국가에 진출해 있는 사업부들이 가지고 있는 가치사슬 기능 사이의 업무이관을 관리하는 데 많은 문제점과 비용이 발생한다. 이런 비용을 줄이기 위해 경영자들은 효과적인 기업수준의 전략 실행 방법들을 모색하게 된다.

기업이 새로운 산업에 진출하여 상이한 종류의 제품들을 생산하게 되면, 12장에서 논의하였던 기능구조나 제품구조와 같은 조직구조로는 해결하기 어려운 문제들이 많다. 이러한 조직구조로는 기업수준의 전략을 효과적으로 실행하는 데 요구되는 경영자, 기능부서 및 사업부 사이의 협력을 제대로 이끌어 내지 못하게 된다. 따라서 측정, 고객, 장소 혹은 전략 등에 관련되어 있는 것과 같은 관료제적 비용을 유발하는 통제 문제가 부각된다.

이런 문제들을 경험한다는 것은 기업이 현재의 규모에 어울리지 않는 조직구조를 가지고 있음을 나타내는 것이다. 이제 경영자들은 기업수준의 전략을 성공적으로 실행하게 해주는 새로운 조직구조를 개발하는 데 추가적인 자원들을 투자해야 한다. 규모가 크고 복잡한 기업들에게 있어서 관료제적 비용을 줄이고 이와 같은 문제들을 해결할 수 있는 방법은 사업부 조직구조를 설계하고, 산업 간 통제시스템을 구축하며, 글로벌 기업문화를 만드는 것이다.

사업부 구조(multidivisional structure)는 기업이 새로운 산업에 진입하게 되면 필수적으로 나타날 수 밖에 없는 조정과 협력 및 통제의 문제를 해결하게 해줄 뿐만 아니라, 기업의 성장과 다각화도 가능하게 해주는 기능구조나 제품구조에 비해 두 가지의 장점을 가지고 있다. 첫째, 경영자는 기업이 진입해 있는 각 산업 영역 내에서 수행되고 있는 모든 사업 활동들을 해당 산업별 하나의 사업부로 분류한다. 각 산업별 사업부는 해당 산업의 비즈니스모델을 추구하는 데 요구되는 모든 가치사슬 기능들을 가지고 있으며, 따라서 독립사업부(self-contained division)로 지칭되고 있다. 예를 들어, 지이(GE)는 여덟 개의 각기 다른 산업 영역에 진출해 있으며, 여덟 개 사업부 각각은 자신 사업부의 경쟁우위 달성에 필요한 모든 가치창출 기능들을 가지고 있다.

둘째, 기업본부 스태프는 사업부 활동들을 감시하고, 각 사업부에 대해 재무적 통제를 한다.[1] 이 부서는 사업부 경영자들의 활동을 감독하는 기업수준(corporate level)의 경영자들로 구성된다. 그래서 사업부 조직구조에서 조직의 위계 계층은 제품 조직이나 기능 조직에 비해 더 높다. 새롭게 만들어진 기업경영층의 주요 기능은 사업부들 사이의 업무이관을 통제하는 데 따르는 비용절감 방법을 모색하는 것을 비롯하여, 기업의 전반적인 비용구조를 낮출 수 있는 전략통제 시스템을 개발하는 것이다. 이와 같은 기업경영자로 인한 추가적 비용은 이들이 소요 비용 이상으로 사업부 운영 비용을 줄이거나 사업부가 생산하고 있는 제품 차별화 능력을 제고시켜 기업의 전반적인 수익성을 향상시킬 경우, 정당화 될 수 있다.

사업부 조직구조에서 각 사업부들의 일상적 운영은 사업부 경영자들의 책임이다. 즉, 사업부 경영자들은 운영상의 책임을 가지고 있다. 최고경영층과 최고경영층을 지원하는 스태프들로 구성된 기업본부 스태프(corporate headquarters staff)는 기업의 장기적 성장전략을 점검하고 사업부 간 프로젝트로 인해 창출되는 가치를 향상시키기 위한 가이드라인을 제공하는 데 책임이 있다. 즉, 이들 경영자들은 전략적 책임을 가지고 있다. 집권적인 기업경영층으로 구성된 기업본부 스태프와 산업별 사업부로 구성되는 이와 같은 조직구조는 새로운 산업이나 국가에서 경쟁하는 데 요구되는 추가적인 협력과 통제를 제

사업부 구조
성장과 다각화를 가능하게 함과 동시에 조정 및 통제의 문제를 줄일 수 있는 복잡한 조직구조

독립사업부
비즈니스모델을 추구하는 데 요구되는 모든 가치사슬 기능들을 가지고 있는 독립된 사업부

기업본부 스태프
최고경영층을 지원하는 스태프들로 구성되어 있으며, 기업의 장기적 성장전략을 점검하고 사업부 간 프로젝트로 인해 창출되는 가치를 향상시키기 위한 가이드라인을 제공하는 데 책임을 짐

공해 주게 된다.

[그림 13.1]은 듀퐁(DuPont)과 같은 대규모 화학회사에서 종종 발견되는 전형적인 사업부 조직구조이다. 비록 이 기업이 적어도 스무 개나 되는 사업부들을 가지고 있으나, 단지 세 개 사업부(오일, 제약 및 플라스틱 사업부)만 조직구조에 나타나 있다. 각 사업부는 자신들의 전략을 추구하는 데 요구되는 가치사슬 기능들을 가지고 있다.[2] 기업본부 경영자들은 각 사업부를 독립된 이익센터로 취급하며, 각 사업부들의 개별 성과를 점검하고 평가하는 데 투하자본수익률(ROIC)과 같은 수익성 척도가 사용된다. 이와 같은 산출통제의 사용은 기업경영자들로 하여금 고성과 사업부와 저성과 사업부를 손쉽게 구분할 수 있도록 해주며, 필요한 경우 적절한 조치를 취할 수 있게 해준다.

각 사업부들이 독립적으로 운영되기 때문에, 개별 사업부에 대해 책임을 지고 있는 사업부 경영자들은 자신들의 비즈니스모델과 전략을 가장 효과적으로 실행하는 데 적합한 조직구조(예를 들어, 제품, 매트릭스, 혹은 시장구조), 전략통제 시스템 및 조직문화를 선택할 수 있다. [그림 13.1]은 이를 잘 설명해 주고 있다. 이 그림에 의하면 오일사업부의 경영자는 저원가 전략을 추구하기 위해 운영 비용이 가장 적게 드는 기능구조를 선택하였다. 제약사업부는 개별 제품개발팀이 신속하게 신제품을 개발하는 데 자신들의 역량을 집중하도록 하기 위해 제품 팀 구조를 도입하였다. 그리고 플라스틱 사업부의 경영

그림 13.1   **사업부 조직구조**

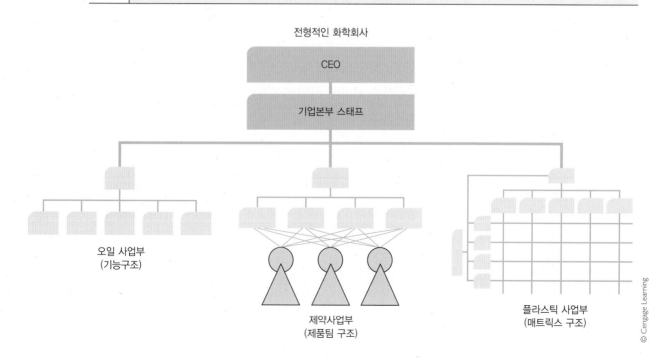

전형적인 화학회사

CEO

기업본부 스태프

오일 사업부
(기능구조)

제약사업부
(제품팀 구조)

플라스틱 사업부
(매트릭스 구조)

© Cengage Learning

자는 팀과 기능부서들 사이의 협력을 촉진하고, 플라스틱 제품의 지속적 혁신을 위해 매트릭스 구조를 선택하였다. 이 두 사업부는 혁신에 있어서의 독보적 역량에 기반한 차별화 전략을 추구하고 있다.

사업부 조직구조 도입으로 유명한 CEO는 지엠(GM)의 첫 번째 CEO인 알프레드 슬로언(Alfred Sloan)이다. 슬로언은 지엠의 경우 분권화가 가지고 있는 장점을 살리면서 동시에 협력을 위한 원칙을 만들어야 함에 주목하면서, 1921년에 이미 사업부 조직구조를 도입하였다. 슬로언은 지엠의 각기 다른 자동차 상품들을 독립사업부로 분리하여 자체에서 관리 기능(판매, 생산, 엔지니어링, 재무 등)을 수행하도록 하였다. 각 사업부들은 이익센터로 취급받았으며, 자신들의 투하자본수익률에 의해 평가되었다. 슬로언은 분권화의 장점에 대해서는 분명히 했다. 분권화는 개별 사업부의 성과 평가를 훨씬 용이하게 해준다. 또한 슬로언은 다음과 같은 것들을 확인하였다. (1) 분권화는 개별 사업부들이 자율적으로 운영되도록 함으로써, 사업부 구성원들은 자신들의 책임을 스스로 생각하게 함으로써, 그리고 기업의 최종 성과에 대한 자신들의 역할을 유도함으로써 조직의 사기를 높여준다. (2) 분권화는 실제적인 효율성 측정을 정확하게 반영하는 통계를 개발한다. (3) 분권화는 기업으로 하여금 기업 전체 관점에서 가장 큰 이익이 기대되는 곳으로 추가적인 자본투자가 이루어질 수 있도록 해준다.[3]

슬로언은 사업부들 사이의 제품 교환은 제품의 제조 비용과 협정이익률에 기반한 이전가격시스템(transfer-pricing system)에 의해 설정되어야 한다고 보았다. 그는 내부 공급자가 비효율적이게 되어 비용구조가 높아가게 되는 위험을 인식하였다. 나아가 슬로언은 구성부품에 대한 공정한 가격결정을 위해 지엠은 경쟁기업들의 운영 과정을 연구해야 한다고 하였다. 그는 이러한 계획을 실행에 옮기기 위해 집권화된 기업본부 경영 스태프를 만들었다. 기업본부 스태프의 일차적인 역할은 사업부 성과를 평가하고 기업 전체를 위한 전략을 계획하는 것이다. 사업부 경영자들은 모든 경쟁적인 제품에 관련된 의사결정에 대해 책임을 진다.

사업부 조직구조의 장점

기업과 사업부 수준 모두에서 효과적으로 관리될 경우, 사업부 조직구조는 여러 가지 전략적 장점들을 제공해 준다. 사업부 조직구조의 장점들은 기업으로 하여금 기업수준의 전략을 더 효과적으로 실행할 수 있게 함으로써 기업의 수익성을 크게 신장시킬 수 있다.

기업의 재무적 통제 강화 사업부 조직구조에서는 개별 사업부들의 수익성이 분명하게 확인될 수 있다.[4] 각 사업부들이 이익센터(profit center)이므로 ROIC와 같은 이익- 능력 기준에 따라 개별 사업부에 대한 재무적 통제가 실시된다. 기업경영자들은 개별 사업

> **이익센터**
> 독립사업부가 재무적 성과와 목표달성에 책임을 지는 경우 이익센터로 취급됨

부에 대해 성과목표를 설정하고, 정해진 기간에 따라 사업부들의 성과를 평가하며, 만약 사업부 성과가 떨어질 경우 선택적으로 개입한다. 나아가 기업경영자들은 기업 재무 자원의 투자를 통해 가장 큰 장기적 ROIC를 가져다주는 사업부를 확인하는 데 이 정보를 활용한다. 결과적으로 기업경영자들은 기업의 자본을 경쟁력 있는 사업부에 투자하게 된다. 이는 기업 전체의 관점에서 가장 높은 수익성이 기대되는 곳에 기업의 자본을 투자하게 하는 것이다. 기업본부에 있는 경영자들은 기본적으로 기업의 자본을 최고의 성과를 내는 사업부에 투자하게 함으로써 내부 투자자로 활동한다.

전략적 통제 강화 사업부 조직구조는 사업부 경영자들이 자신들 사업부의 비즈니스모델과 전략을 개발하는 데 책임을 지도록 한다; 이는 기업경영자들로 하여금 자신들의 책임인 기업전략을 개발하는 데 집중할 수 있게 해준다. 사업부 조직구조는 폭넓고 장기적인 전략적 이슈를 개발하고, 산업 경계의 급속한 변화와 같은 경쟁 환경의 변화에 협력적으로 대응하는 데 필요한 시간을 기업경영자들에게 준다. 사업부들이 기능적 성과를 개선하는 데 필요한 주요 정보를 수집하고 처리하기 위해 기업본부에 경영자 팀이 만들어질 수 있다. 또한 기업본부 경영자들은 어떤 산업에 진입하는 것이 기업의 미래 수익성을 가장 향상시킬 수 있을 것인가를 분석하는 등, 기업 전체의 성과를 개선할 수 있는 장기적 전략을 수립하고 시나리오를 계획한다. 이제 기업경영자들은 어떤 산업에 진입을 하고, 어떤 산업에서 퇴출을 할 것인지를 결정할 수 있다.

수익성 있는 장기적 성장 사업부 조직구조에서 기업경영자들과 사업부 경영자들 사이의 책임 구분은 기업으로 하여금 의사소통 문제와 정보과부하와 같은 조직적인 문제를 해결하게 해준다. 사업부 경영자들은 자신들 사업부의 수익성 향상을 위해 노력한다. 기업본부의 경영자 팀은 현재의 사업구조를 확장하거나 다각화할 수 있는 기회를 탐색하는 데 집중함으로써 기업 전체의 수익은 향상된다. 기업본부의 경영자들이 모든 사업부들의 성과를 평가하기 위해 표준화된 동일한 회계 및 재무적 산출통제를 실시하기 때문에, 의사소통 문제 역시 감소된다. 또한 행동통제의 관점에서 기업경영자들은 문제가 발생할 때에만 관여하는 예외에 의한 경영 정책을 실행할 수 있다.

더 강력한 내부 효율성의 추구 단일 사업 기업이 지속적으로 성장하면서 모든 기능부서의 활동들이 상호의존적이게 되어, 최고경영층은 각 기능부서의 활동이 기업의 전체 수익성에 각각 어떻게 기여했는지를 정확하게 평가하는 데 어려움을 겪게 된다. 이는 최고경영층으로 하여금 자신들의 기업이 같은 산업 내에 있는 다른 기업들에 비해 얼마나 잘 운영되고 있는지를 평가하는 데 있어서도 어려움을 겪게 된다는 것을 의미한다. 나아가 최고경영자들은 문제의 구체적인 원인이 무엇인지를 확인하는 데 있어서도 확신을 갖지 못한다. 그 결과, 한 기업 내에 상당한 정도의 조직 여유 자원(organizational slack: 기능 자원의 비생산적 사용)이 밝혀지지 않을 수 있다. 예를 들어, 재무부서의 장은 해당 부서의 업무를 효율적으로 처리하는 이상으로 인력을 선발하고 불필요하게 높은 직급을 부여할 수도 있다. 그러나 사업부 조직구조에서 기업경영자들은 각 사업부의 비용, 매출, 그리고 수익성을 사업부별로 비교할 수 있게 된다. 따라서 기업본부는 관료제적 비용을 초래하는 사업부 경영자들의 비효율성을 더 정확히 평가할 수 있는 위치에 있게 된다. 이제 사업부 경영자들은 자신들의 저조한 성과에 대해 어떤 변명도 할 수 없게 된다.

사업부 조직구조를 실행함에 있어서의 문제점

그간 많은 연구자들이 대기업의 경우 사업부 조직구조를 도입하는 것이 기능구조를 가지고 있는 것보다 우월한 성과를 낼 수 있다고 주장해 왔으나, 사업부 조직구조 역시 단점들을 가지고 있다.[5] 우수한 경영자일 경우 이런 단점들을 제거할 수 있으나, 사업부 조직구조 자체에 내재되어 있는 근본적인 문제점들이 있다. 기업경영자들은 이런 문제점들을 해결할 수 있는 방법들을 지속적으로 모색해야 한다.

사업부–기업본부 사이의 적절한 권한 관계 설정 기업본부와 사업부 사이의 권한 관계가 적절히 설정되어야 한다. 사업부 조직구조는 경영위계에서 새로운 위계 수준을 하나 도입한다. 기업수준이 그것이다. 기업경영자들은 기업 전체의 장기적 수익성 향상을 위해 사업부 경영자들에게 얼마나 많은 권한과 통제력을 위양해야 할 것인가, 그리고 얼마나 많은 권한을 기업본부 경영자들이 가지고 있어야 하는가의 문제에 직면한다. 지엠(GM)에 사업부 조직구조를 도입하게 되면서 슬로언(Sloan) 역시 이런 문제에 봉착했다.[6] 슬로언은 기업경영자들이 너무 많은 권력과 권한을 가지게 될 경우, 사업부 경영자들은 경쟁 환경변화에 자신들의 비즈니스모델을 능동적으로 적응시킬 수 있는 최소한의 자율성도 가지지 못할 수 있음을 발견하였다. 기업경영자들에게서 승인을 얻는 시간만큼 의사결정이 늦어지게 된다. 다른 한편, 사업부 경영자들에게 너무 많은 권한을 위양하게 되면, 이들은 기업 전체의 수익성 향상을 위한 전략을 추구하기보다 자신들의 사업부의 수익성을 향상시킬 수 있는 전략을 선호하게 된다. [전략 실행 사례 13.1]은 이 문제를 다루고 있다. 여기서 CEO 안드레아 정(Andrea Jung)은 이러한 문제를 해결하기 위해 해외 사업부 경영자들에게 주어져 있던 운영 자율성을 미국에 있는 기업본부 경영자들에게 재집권화하였다.

이 사례가 제시하듯이, 사업부 조직구조를 관리함에 있어서 가장 중요한 이슈는 얼마나 많은 권한이 기업본부에 집권화되어야 하는가, 그리고 얼마나 많은 권한이 각기 다른 산업이나 국가에 있는 사업부 경영자들에게 내려져야 하는가이다. 기업경영자들은 이와 관련된 의사결정으로 인해 자사의 기업전략이 어떤 영향을 받게 되는지를 사려 깊게 따져 봐야 한다. 모든 기업은 각기 다르기 때문에 이에 대한 해답이 쉬운 것은 아니다. 나아가, 환경변화가 일어나거나 기업이 자신들의 전략을 수정할 경우, 집권화와 분권화의 적절한 균형 역시 변화한다.

엄격한 재무적 통제로 인한 단기 편향성 기업경영자들이 각 사업부들에 대해 너무 높은 투하자본수익률(ROIC)을 설정하여, 각 사업부들의 개별 수익성만 지나치게 강조하는 상황을 가정해보라. 이제 사업부 경영자들은 정보왜곡(information distortion)에 착수하게 된다. 즉, 이들은 사업부의 성과하락을 숨기기 위해 기업경영자들에게 사실을 조작하기 시작한다. 또한 이들은 장기적 수익성보다는 단기적 수익성 향상에 도움이 되는 전략을 구사하기 시작한다. 예를 들어, 사업부 경영자들은 단기적 ROIC를 높이는 데 도움이 되는 연구개발, 제품개발 및 마케팅 등에 대한 투자를 삭감함으로써 자신들의 ROIC가 좋은 것처럼 보이게 한다. 그러나 장기적으로 보아 기업의 혁신적인 제품개발에 필수적인 연구개발에 대한 투자를 줄이는 것은 기업의 장기적 수익성을 하락시킨다. 그러므로 기업경영자들은 단기적 목표와 장기적 목표 모두가 잘 달성될 수 있도록 사업부 경영자들과의 상호작용을 적절히 관리해야 한다. 결론적으로 너무 엄격한 재무적 통제는 문제의 발단이 될 수 있다. 11장에서 논의한 균형성과접근(balanced scorecaed approach)이 이 문제의 해결에 도움이 될 수 있다.

> **정보왜곡**
> 사업부 경영자들이 사업부의 성과하락을 숨기기 위해 기업경영자들에게 사실을 조작하는 것

자원을 위한 경쟁 사업부 조직구조를 관리하는 데 따르는 세 번째 이슈는 사업부들이 희소자원을 위해 서로 경쟁하게 됨으로써 나타나는 문제이다. 이럴 경우 기업이 가지고 있는 독보적 역량이 사업부들 사이에 이전, 공유 및 레버리지될 수 없게 된다. 예를 들어, 매년 기업본부가 자신들의 사업부들에게 할당하는 자금은 고정되어 있는 데, 기업 내에서 높은 ROIC를 달성하는 사업부가 성과에 비례하여 더 많은 자금을 받는다고 생각해 보라. 여기서 더 많은 자금을 할당받은 사업부 경영자는 자신의 사업부를 위해 더 많은 자금을 투자할 수 있게 되므로, 다음 해 기업의 성과는 향상될 수 있다. 이렇게 되면 강한 사업부는 더욱 강하게 성장하게 된다. 결과적으로 자원을 위한 사업부간 경쟁은 격화되는 한편, 협력은 줄어들게 된다. 사업부 경영자들 사이에 이런 대화들이 일상화될 수 있다: "당신 사업부 혹시 신기술이 필요하세요? 혹 필요하시면 20억불은 주셔야 팔 수 있습니다." 사업부들 사이에 이전가격에 대한 경쟁이 높아지게 되면, 기업전략으로 인한 수익 잠재력이 상실된다.

> **이전가격조정**
> 한 사업부에서 개발된 자원이나 기술이 다른 사업부에 이전 혹은 판매될 때 공정하고 적절한 가격을 매기는 일

이전가격조정 사업부들 사이의 경쟁은 이전가격조정(transfer pricing)에 대한 갈등을 유발할 수 있다. 즉, 사업부들 사이에 경쟁이 치열하게 전개되면, 한 사업부에서 개발한 자

전략 실행 사례 13.1

아본에서의 조직변화

© iStockPhoto.com/Tom Nulens

십년 간의 고수익성장 후, 2,000년대 중반에 이르러 아본 (Avon)은 국내 시장과 개발 중이던 해외 시장 모두에서 매출 감소를 경험하기 시작했다. 전 세계적으로 흩어져 있는 사업부의 경영진을 만나는데 몇 달을 보낸 후 아본의 CEO인 안드레아 정(Andrea Jung)은 아본이 집권화와 분권화 사이에서 균형을 잃었다고 판단하였다. 해외의 경영자들은 각 나라에서 사업부 운영에 대한 완전한 통제 권한을 가지고 있었으며, 그 결과 회사 전체의 실적이 하락하게 되었다. 분명 아본의 운영 비용은 통제 불능이었고, 그것은 저원가와 차별화 모두의 장점을 손상케 하였다. 폴란드부터 멕시코까지 아본의 국가 수준 경영자들은 자율적으로 그들의 공장을 가동시키고, 제품개발 결정을 내렸으며, 광고 캠페인도 지휘하였다. 이들 경영자들의 이런 결정들은 때때로 형편없는 마케팅 지식에 기반하였으며, 자신들의 목표가 가능한 한 빨리 매출을 증대시키는 것이었기 때문에 운영 비용은 관심조차 가지지 않았다.

조직의 하위 위계에 있는 경영자들에게 지나치게 분권화가 이뤄지면, 이들 경영자들은 자신들이 경영하고 있는 국가의 사업부를 '제국'으로 만들기 위해 경영자들을 더 많이 모집한다. 아본에서 그 결과는 글로벌 위계서열의 확장이었다 – 십 년 사이 위계 계층이 7단계에서 15단계로 늘어났고, 세계적으로 수만 명의 경영자들이 추가적으로 채용되었다. 아본의 수익이 가파르게 상승하고 있었으므로, 안드레아 정과 최고 경영자들은 아본의 조직구조가 어떤 방식으로 점점 커져가는지, 그리고 그것이 어떻게 아본의 경쟁우위를 앗아가는지에 충분한 관심을 기울이지 않았다.

안드레아 정이 이 문제를 인지하였을 때, 그녀는 수천 명의 경영자들의 해고와 조직 위계 재구조화의 필요성에 직면하였다. 그녀는 의사결정을 효율화하고 비용을 줄이기 위해 국가 수준 경영자들의 권한을 빼앗아 지역 본부와 본사의 경영자들에게 넘겨 주는 프로그램에 착수했다. 그녀는 7단계의 경영층을 줄이고, 전 세계 114개 시장의 아본 글로벌 경영자들의 25%를 해고했다. 그 다음에, 그녀는 본사의 전문 경영자 팀을 이용하여 왜 비용이 그렇게 빨리 증가했는지, 그

리고 그것을 통제하기 위해서는 무엇을 해야 하는지 찾아내기 위해 국가별 아본의 기능적 활동 전반에 대하여 세부적인 조사에 착수하였다. 이러한 높은 비용의 한 가지 원인은 나라별 마케팅 노력의 중복이었다. 한 팀은 멕시코에서 자신의 제국을 확장시키고자 하는 국가 수준 경영자의 야망이 무려 13,000가지의 제품개발을 이끌었다는 것을 발견했다. 이러한 제품개발은 제품개발 비용을 급증시켰을 뿐만 아니라, 멕시코의 아본 영업 담당자가 어떻게 13,000가지 제품 간의 차이를 외우고, 그 차이를 소비자에게 쉽게 설명할 방법을 찾는가에 대한 중대한 마케팅 문제를 초래하였다.

아본의 새로운 구조는 주요 신제품개발 전반을 본사로 집권화시키는 데 초점을 맞추었다. 아본은 일 년에 천 가지가 넘는 신제품을 개발하지만, 미래에는 국가별 경영자들의 조언을 참고하여 각국의 필요에 따라 소비자들의 욕구에 맞는 제품을 만들고, 연구개발은 미국에서만 수행할 계획이다. 이와 비슷하게, 미래의 목표는 평균적인 '글로벌' 소비자를 겨냥할 뿐만 아니라 세계 어느 나라에서나 쉽게 정의될 수 있는 마케팅 캠페인을 개발하는 것이다. 예를 들면, 그 나라에 맞는 적절한 언어를 사용하거나 상품을 광고하는 모델의 국적을 바꾸는 것이다. 또 다른 계획들은 글로벌 마케팅에 쓰이는 비용을 증가시키고, 더 많은 소비자들을 끌어들이기 위해 개발 도상국의 아본 영업 담당자를 늘리도록 하는 것이다. 2011년에 아본은 중국에서만 400,000명의 영업 담당자를 추가 모집하였다.

지금 국가 수준 경영자들은 아본의 영업 담당자 관리와 마케팅 비용이 최대의 효과를 내고 있는지에 대해 책임을 지고 있다. 하지만 그들은 이제 지역본부나 본사 경영자들의 동의 없이 주요 제품개발이나 새로운 제조 시설의 구축, 혹은 새로운 경영자 고용 등에 대한 어떠한 권한도 가지고 있지 않다. 아본에서 통제의 균형은 바뀌었고, 현재 안드레아 정과 모든 경영자들은 한 국가가 아닌, 회사 전체의 이익을 증진시키기 위해 비용을 낮추거나 차별화우위를 향상시킬 수 있는 마케팅 의사결정에 집중하고 있다.

자료: www.avon.com.

원이나 기술이 이를 필요로 하는 다른 사업부에 이전되거나 판매될 때, 이에 대한 적정한 혹은 경쟁적 가격설정에 대한 갈등이 발생하게 된다. 9장에서 논의한 것처럼, 관료제적 비용은 수직통합이나 관련다각화와 같은 기업전략의 이점을 얻기 위해 사업부들 사이의 업무이관을 관리하면서 발생하는 문제이다. 모든 공급 사업부들이 자신들의 수익성을 극대화할 목적으로 자신들의 자원이나 제품에 대한 이전가격을 가능한 한 가장 높게 설정하려고 하기 때문에, 사업부들 사이의 자원 이전가격 설정은 관료제적 비용의 주요 근원이 된다. 구매하는 사업부는 공급하는 사업부가 자신들에게 높은 가격을 매김으로써 자신들의 수익성을 약화시키려 한다고 생각한다. 그 결과 사업부들 사이의 협력과 조정보다는 경쟁이 나타나게 된다. 이런 경쟁은 기업문화를 파괴적이게 하고 기업을 전쟁터로 만든다. 만일 해소되지 않으면 전략의 효익은 달성되지 않을 것이다. 그러므로 기업경영자들은 이런 문제에 민감해야 하며, 사업부 조직구조가 잘 운영될 수 있도록 인센티브 및 통제시스템을 구축함에 있어서 사업부들과 긴밀하게 협력해야 한다. 사실 이전가격을 관리하는 것은 기업경영자의 가장 중요한 과업 가운데 하나이다.

기능 자원의 중복 각 사업부는 자신들의 가치사슬 기능들을 가지고 있기 때문에, 기능 자원이 사업부들 사이에 중복될 수 있다. 따라서 사업부 조직구조는 운영에 따르는 비용이 많다. 연구개발과 마케팅은 특히 값비싼 기능 활동이다. 자신들의 비용구조를 줄이기 위해 일부 기업들은 연구개발과 마케팅에 관련된 대부분의 기능들을 기업본부의 활동에 포함시킨다. 그리하여 기업본부가 각 사업부들에게 연구개발과 마케팅 서비스를 해준다. 분리된 전문적 기능으로 인해 각 사업부들이 차별화 이점을 살릴 수 있다면, 기능 자원들의 중복에 따르는 비용은 큰 문제가 되지 않을 수도 있다. 기업경영자들은 기능의 중복이 재무적으로 정당화될 수 있는지를 판단해야 한다. 나아가 기업경영자들은 기업의 비용구조를 줄이고 장기적 수익성 향상을 위해 기능 활동들을 기업본부에 집중시킬 것인가, 아니면 아웃소싱할 것인가에 대해 신중한 판단을 해야 한다.

요약하면 사업부 조직구조의 이점은 이것의 실행에 따르는 문제점과 반드시 균형을 이뤄야 한다. 그러나 사업부 조직구조의 복잡성을 잘 아는 전문성 있는 기업(사업부) 경영자들은 이런 문제들에 잘 대응할 수 있을 뿐만 아니라, 효과적으로 관리도 할 수 있을 것이다. 사실 이 장의 후미에 논의하겠지만, 정보기술의 진보로 인해 전략 실행이 훨씬 용이해지고 있다.

조직구조, 통제시스템, 조직문화 및 기업수준의 전략

기업경영자들이 사업부 조직구조를 선택하게 되면, 이들은 이 구조를 효율적으로 운영하기 위해 어떤 통합 메커니즘과 통제시스템을 구축해야 할 것인지를 결정해야 한다. 이런 결정은 기업이 관련다각화, 비관련다각화, 혹은 수직통합 가운데 어떤 기업전략을 추구하느냐에 달려 있다.

9장에서 논의하였듯이, 많은 차별화 및 저원가우위는 수직통합으로부터 나온다. 예를 들어, 기업은 제조원가를 줄이고 풀질을 향상시키기 위해 인접 산업에서 사업 활동을 하고 있는 사업부들 사이의 자원 이전을 조정할 수 있다.[7] 이는 최종 철강제품의 품질을 손쉽게 통제하면서, 강괴에 다시 열을 가하는 데 소요되는 비용을 줄이기 위해 압연기를 강철용광로 다음에 위치시키는 것과 같은 의미이다.

관련다각화의 주요 장점은 사업부들이 유통 및 판매 네트워크를 공유하는 것처럼, 사업부들 사이에 기능적 역량을 이전, 공유 및 레버리지 함으로써 전반적인 비용구조를 줄이거나 제품 차별화를 달성한다는 것이다. 나아가 수직통합과 관련다각화 전략을 통해 기업들은 사업부들 사이의 독보적 역량의 교환에서도 이점을 얻을 수 있다. 이와 같은 이점들을 얻기 위해 경영자들은 여러 사업부들의 활동들을 조정하여야 하며, 조직구조와 통제시스템은 사업부들 사이의 업무이관을 관리할 수 있도록 체계적으로 설계되어야 한다.

예를 들면, 비관련다각화 전략은 기업 재무나 조직 설계에 있어서 전반적인 전략경영 능력을 활용하는 데 기반하고 있다. 신속한 제품개발, 저성과 기업의 재구조화, 그리고 효과적인 재무적 통제시스템의 구축 등을 가능하게 하는 기업가적 행동을 뒷받침하는 조직문화를 창조할 수 있는 기업경영자의 능력은 실질적인 수익성 증가를 가져다줄 수 있다. 그러나 비관련다각화 전략에서는 사업부들 사이의 교환은 거의 없다. 각 사업부들은 분리되어 서로 독립적으로 운영된다. 조정되어야 하는 유일한 교환은 사업부들과 기업본부 사이의 교환이다. 그러므로 조직구조와 통제시스템은 각 사업부들이 독립적으로 운영될 수 있도록 설계되어야 하며, 나아가 기업본부의 경영자들이 사업부의 성과를 손쉽게 감시할 뿐만 아니라, 필요한 경우 사업부에 대한 기업본부의 개입의 여지도 남겨 둬야 한다.

조직구조와 통제메커니즘의 선택은 사업부 조직구조를 사용하는 기업이 사업부들 사이의 상호작용과 업무이관을 얼마나 통제하려고 하느냐에 달려 있다. 사업부들 사이의 상호 의존성이 높을수록 - 즉, 사업부들이 서로 서로의 기술, 자원 및 능력에 많이 의존할수록 - 특정 기업수준의 전략에서 잠재적 이익을 얻는 것과 관련된 관료제적 비용은 더욱 증가한다.[8] [표 13.1]은 비관련다각화, 수직통합, 관련다각화 등 세 가지의 기업전략에 관련된 관료제적 비용을 줄이기 위해 기업들이 어떤 조직구조와 통제메커니즘을 도입해야 할 것인가를 보여주고 있다.[9] 이하에서부터 이들 세 가지 전략에 대해 자세하게 논의한다.

| 표 13.1 | 기업전략, 구조 및 통제 | | | | |

기업전략	적합한 구조	통합의 필요성	통제유형		
			재무적 통제	행동통제	조직문화
비관련다각화	사업부 조직구조	낮음 (사업부 간 교환이 없음)	많이 사용 (예: ROIC)	조금 사용 (예: 예산)	거의 사용 않음
수직통합	사업부 조직구조	중간 (사업부 간 자원 이전을 계획)	많이 사용 (예: ROIC, 이전가격)	많이 사용 (예: 표준화, 예산)	조금 사용 (예: 공유 규범과 가치)
관련다각화	사업부 조직구조	높음 (통합을 통한 사업부 간 시너지 달성)	거의 사용 않음	많이 사용 (예: 규율, 예산)	많이 사용 (예: 규범, 가치, 공통언어)

비관련다각화 사업부들 사이에 어떤 교환이나 연계도 없기 때문에, 비관련다각화는 관리하는 데 가장 쉽고 비용이 적게 든다. 비관련다각화는 관료제적 비용이 가장 낮게 드는 전략이다. 조직구조와 통제시스템의 주요 이점은 비관련다각화 전략이 기업경영자들로 하여금 사업부 성과를 정확하게 평가할 수 있도록 해준다는 것이다. 따라서 기업들은 사업부 조직구조를 사용하며, 각 사업부들은 ROIC와 같은 산출통제에 의해 평가받는다. 또한 기업은 기업경영자들이 사업부들에게서 정보를 신속히 확보하고, 여러 측면에서 사업부들의 성과를 비교할 수 있도록 하기 위해 정보기술 기반 시스템을 사용한다. 유나이티드 테크놀로지(UTC), 타이코(Tyco) 및 텍스트론(Textron)은 자신들의 조직구조를 관리하고, 사업부 성과를 당일 점검하기 위해 세밀한 재무통제 시스템을 사용하는 것으로 유명하다.

사업부들은 자신들의 ROIC만 달성하게 되면 상당한 자율성을 가진다. 만약, ROIC를 달성하지 못하게 되면 기업본부의 경영자들이 문제해결에 도움을 주기 위해 사업부의 운영에 개입하게 된다. 문제가 나타나게 되면 기업본부의 경영자들은 이것을 자세히 들여다보고, 원인이 무엇인지에 따라 경영자를 교체하거나 추가적인 자본을 할당해 주는 등 적절한 행동을 취한다. 만약 사업부의 성과 개선 가능성이 없다고 판단되면, 기업본부의 경영자들은 해당 사업부를 매각하려는 결정을 내릴 수도 있다. 사업부 조직구조는 비관련다각화 기업들에게 사업 환경의 변화에 따라 매매가능한 투자 포트폴리오로 자신들의 사업 영역을 운영할 수 있도록 해준다. 각기 다른 사업부들에 있는 경영자들은 통상 서로 서로 잘 알지 못한다. 심지어 기업 포트폴리오에서 어떤 다른 기업이 새로이 나타났는지를 모르기도 한다. 그러므로 기업수준의 문화는 의미가 없다.

기업의 관리를 위해 재무적 통제를 사용한다는 것은 사업부들 사이에 어떤 통합도 필요하지 않다는 것을 의미한다. 이는 비관련다각화 기업들에서 왜 관료제적 비용이 낮은지에 대한 해답을 주는 것이다. 기업경영자들이 직면하는 가장 큰 문제는 포트폴리오 전체 수익성을 극대화하기 위해 사업부들 사이에 자본할당 의사결정을 하는 것과, 사업부들이 ROIC 목표를 달성하고 있는지를 점검하는 것이다.

한때 미국에서 가장 큰 종이제품 도매상 가운데 하나였던 앨코 스탠더드(Alco Standard)는 어떻게 하면 비관련다각화 전략을 성공적으로 실행에 옮길 것인가에 대한 본보기를 제공한다. 이 기업의 본부 경영층은 50개나 되는 모든 사업부의 경영자들에게 권한과 통제권이 완전하게 위양되어야 한다고 생각하였다. 각 사업부는, 기업 전체 수준에서 구매와 마케팅을 했을 경우 얻을 수 있는 이익을 얻지 못할 수 있음에도 불구하고, 스스로 제조 및 구매 의사결정을 하였다. 기업경영자들은 사업부 경영자들이 기업가적 경영을 통해 얻을 수 있는 이익이 사업부들 사이의 활동을 조정하여 얻는 이익보다 크다고 판단하였기 때문에, 이와 같은 비개입 정책을 지속적으로 추구하였다. 앨코는 분권화된 운영시스템이 대기업에게는 소규모기업처럼 운영되게 할 뿐만 아니라, 기업의 관료화와 변화저항의 문제를 해결해 줄 수 있다고 확신하고 있었다.

수직통합 수직통합은 한 사업부에서 다른 사업부로 순차적인 자원 흐름이 조정되어야 하기 때문에, 비관련다각화보다는 관리비용이 더 많이 드는 전략이다. 사업부 조직구조는 수직통합 기업이 사업부들 사이의 자원 이전에서 이익을 얻는 데 필요한 집권화된 통제력을 제공해 주기 때문에, 사업부들 사이에 조정으로 인해 발생하는 관료제적 비용을 줄여 준다. 기업경영자들은 사업부들 사이의 자원 이전 문제를 해결할 수 있는 효과적인 재무적 목표 및 산출통제 방법을 구상해야 한다. 예를 들어, 기업경영자들은 이전가격문제를 해결해야 한다. 나아가 적절한 규율과 절차가 만들어져 사업부 간 자원교환의 문제가 해결될 수 있도록 해야 한다. 복잡한 자원교환은 사업부들 사이에 갈등을 유발할 수 있으며, 기업경영자는 반드시 이런 문제가 발생하지 않도록 노력해야 한다.

기업경영자와 사업부 경영자 사이의 권한 배분 방식은 수직통합 기업에서는 조심스럽게 다뤄야 한다. 사업부 수준의 운영이슈에 대해 기업본부 경영자가 관여하는 것은, 사업부 경영자들이 무력감 때문에 아무 성과도 달성하지 못한다는 느낌을 갖게 할 위험이 있다. 이런 기업들은 수직통합 전략을 성공적으로 실행하려는 의지를 가지고 있다면, 기업본부로 집권화된 통제와 사업부 수준으로의 분권화된 통제 사이의 적절한 균형을 달성하도록 노력해야 한다.

사업부들 사이에도 이해 관계가 있으므로, 사업부 경영자들은 일정관리 및 자원 이전

의사결정에는 참여할 필요가 있다. 예를 들어, 화학회사에서 플라스틱 사업부는 오일 사업부의 활동에 중요한 이해 관계를 가지게 된다. 그 이유는 플라스틱 사업부의 경우 오일 사업부에게서 받는 제품의 품질이 플라스틱 제품의 품질을 결정하기 때문이다. 사업부 경영자들이 정보와 기술을 자유롭게 교환하고 이전하도록 유도하는 사업부들 사이의 통합메커니즘이 개발되어야 한다.[10] 사업부들 사이의 의사소통을 증진시키기 위해 기업경영자들은 소위 통합역할(integrating roles)로 불리는 기업경영자들과 사업부 경영자들로 구성되는 팀을 만들어야 한다. 이 팀에서 역할을 경험한 기업경영자가 둘 이상의 사업부들 사이의 복잡한 이전을 관리하는 데 책임을 가지도록 한다. 사업부들을 조정하는 통합역할의 활용은 하이텍 및 화학산업에서 가장 일반적으로 발견된다.

> **통합역할**
> 사업부들 사이의 의사소통을 증진시키기 위해 일하는 경영자들

　따라서, 수직통합전략은 기업 통제와 사업부 통제의 조화를 통해 관리된다. 그 결과 수직통합전략을 관리하는 데 따르는 관료제적 비용을 줄이기 위해 사용되는 조직구조 및 전략통제 시스템은 비관련다각화의 조직구조 및 전략통제 시스템에 비해 훨씬 복잡하고, 실행하는 데 있어서도 많은 어려움이 뒤따른다. 그러나 수직통합에서 나타날 수 있는 이점을 실현하기 위해서는 이 전략을 실행에 옮기는 데 따르는 추가적인 비용이 발생할 수밖에 없다.

관련다각화　관련다각화 전략의 실행을 통해 얻을 수 있는 이점은 사업부들 사이에 연구개발 지식, 산업 정보, 고객 기반 등을 이전, 공유 및 레버리지함으로써 발생한다. 이런 기업들에서 높은 수준의 사업부 간 자원 공유와 기능적 역량의 교환은 기업경영자들로 하여금 개별 사업부들의 성과 평가를 어렵게 한다.[11] 따라서 관료제적 비용이 커진다. 사업부 조직구조는 필요할 경우 추가적인 조정과 통제를 가능하게 해주기 때문에 관료제적 비용을 줄여준다. 그러나 만약 관련다각화 기업이 자신의 능력을 효율적이고 효과적으로 활용하여 잠재적 이익을 얻으려 한다면, 사업부 수준에서 더 복잡한 통합 및 통제메커니즘을 도입함으로써 사업부 조직구조가 제대로 운영되도록 해야 한다.

　먼저 사업부들이 자원을 공유하므로 개별 사업부들의 성과를 정확히 측정하는 것이 어렵기 때문에 산출통제의 사용은 불가능하다. 따라서 기업은 사업부의 목표만 전적으로 강조하기보다는 사업부들 사이의 협력을 유도할 수 있는 기업문화를 개발할 필요가 있다. 둘째, 기업경영자들은 세밀한 통합 장치를 개발하여 사업부들 사이의 조정이 손쉽게 이뤄질 수 있도록 해야 한다. 기업 및 사업부 경영자들의 통합역할과 통합 팀은 필수적이다. 그 이유는 이런 팀들이 경영자들이 만나고, 정보를 교환하고, 기업목표에 대한 공통의 비전을 개발하게 하는 토론의 장을 제공해주기 때문이다. 사업부 조직구조를 가지고 있는 조직이 사업부들 사이의 자원과 기술의 공유로 인한 이익을 얻으려 할 경우, 협력에 대한 적절한 인센티브와 보상체계를 갖춰야 한다.[12]

비관련다각화에서는 사업부들이 자율적으로 운영되고, 따라서 기업은 개별 사업부들의 성과에 기반하여 경영자들을 보상해 줄 수 있다. 그러나 관련다각화의 경우 사업부에 대한 보상이 매우 어렵다. 그 이유는 사업부들이 상당한 정도의 공유 활동에 참여하고 있기 때문이며, 또한 기업경영자들은 각기 다른 사업부들이 받는 보상에 있어서 형평성을 이뤄야 하기 때문이다. 결국 중요한 것은 특정 전략을 실행하는 데 따르는 관료제적 비용을 줄이는 동시에, 해당 전략의 추구를 통한 이익을 극대화할 수 있도록 조직구조와 전략통제 시스템을 잘 설계해야 한다는 것이다.

국제화 전략의 실행

기업이 해외 시장으로 진출하여 다국적 기업으로 성장하면, 상이한 국가와 지역에 걸쳐 있는 사업부들의 활동들을 어떻게 가장 잘 조직화할 수 있을 것인가에 대한 문제에 직면하게 된다. 여기서는 다국적 기업들이 자신들의 글로벌전략을 실행하기 위해 도입할 수 있는 조직화 방안에 대해 알아본다. 상이한 조직구조 형태에 대한 논의에 앞서, 기업들이 자신들의 제품을 해외 시장에 내다 팔고 해외에 생산 설비를 구축하게 되면서 선택할 수 있는 네 가지 전략 유형을 알아보는 것이 중요하다.

1. *현지화 전략(localization strategy)*은 지역적 반응을 중시하며, 여기서 기업은 지역 시장의 요구에 부응하는 제품을 만들어 해당 지역고객의 욕구를 충족시키는 해외 사업부들에게 분권화된 통제를 실시한다.
2. *국제화전략(international strategy)*에서는 제품개발은 자국의 본사에서 이루어지고, 나머지 가치창출 기능들은 해당 진출국가의 사업부로 분권화된다.
3. *글로벌 표준화전략(global standardization strategy)*은 비용절감을 중시하며, 따라서 모든 중요한 가치창출 기능들은 비용을 가장 많이 절감할 수 있는 글로벌 지역 어디로 분권화한다.
4. *초국적전략(transnational strategy)*은 지역적 반응성과 비용절감 모두를 강조한다. 일부의 기능들은 집권화되고, 다른 기능들은 고객 반응성과 비용절감이라는 목적 달성에 가장 적합한 위치에 분권화된다.

국제사업부 구조

기업이 처음으로 해외로 진출하게 되면, 자신들의 모든 해외진출 관련 활동들을 국제사업부(international division)로 통합한다. 이는 단일 사업을 하는 기업의 경우이고, 다각화된 기업의 경우 사업부 조직구조를 활용한다. 기업의 국내 조직구조와는 상관없이, 국제 사업부는 지역적으로 조직화되는 경향이 있다. [그림 13.2]는 국내에 생산사업부를 가진 기업의 **국제사업부 구조**(international division)의 예를 보여주고 있다.

많은 제조기업들은 자국에서 생산한 제품들을 판매하기 위해 해외 지사에 수출을 함으로써 국제적으로 확장한다. 따라서 [그림 13.2]에서 설명한 기업의 경우, 국가 1과 2에 있는 지사는 생산사업부 A, B, C에서 만든 제품을 판매한다. 그러나 해당 제품을 각 국가에서 제조하는 것도 가능하며, 이럴 경우 생산 설비가 국가별로 구축되어야 한다. 여기서 본국에 기능구조를 가지고 있는 기업의 경우, 진출한 해외 각 국가에 본국과 동일한 기능구조를 구축하면 된다. 나아가 본국에 사업부 구조를 가지고 있는 기업의 경우, 진출한 해외 각 국가에 본국과 동일한 사업부 구조를 구축하면 된다.

국제사업부 구조는 광범위하게 사용되고 있다. 한 연구에 의하면 기업의 활동 영역을 국제적으로 확장한 기업의 60% 정도가 최초에는 국제사업부 구조를 도입하는 것으로 보고되고 있다. 국제사업부 구조를 적용한 가장 적절한 사례 가운데 하나는 월마트(Walmart)이다. 월마트는 1993년 자신의 국제적 확장을 체계적으로 관리하기 위해 국제사업부 구조를 개발하였다(월마트의 국제사업부는 주요 사례로 언급되고 있다). 국제사업부 구조는 폭넓게 사용되고 있음에도 불구하고 몇 가지 문제점들을 가지고 있다. 이 구조가 가지고 있는 이중 구조가 본국과 해외 사업부 사이의 갈등과 조정의 문제를 발생시키게 된다. 국제사업부 구조의 전형적인 문제점은 조직 내에서 해외 사업부 본부가 국내의 기능부서(기능구조를 가진 기업의 경우)나 사업부(사업부 구조를 가진 기업의 경우)의 본부만큼 영향력이 없다는 것이다. 오히려 국제사업부의 본부는 모든 국가의 의견을 기업본부에 대변할

> **국제사업부 구조**
> 해외로 진출한 기업이 만든 사업부로써 모든 국제 활동들을 하나의 사업부에 통합함

그림 13.2   **국제사업부 구조**

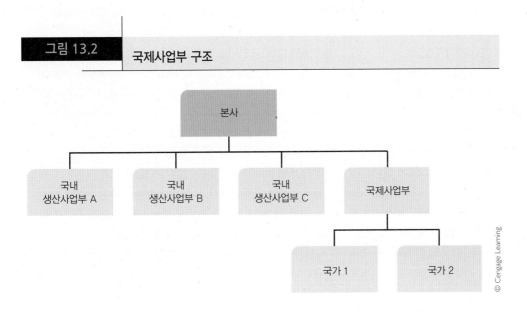

© Cengage Learning

수 있다. 이는 해외 사업부 경영자들의 지위를 한 단계 끌어내리게 하는 것이며, 결과적으로는 기업의 국제적 확장 및 다국적 조직으로의 성장전략과 불일치하게 된다.

또 다른 문제는 국내 사업 활동과 해외 사업 활동이 구조적 위계에서 동떨어져 있는 관계로 서로 협력적 노력을 기울이지 않는다는 것이다. 이런 문제점으로 인해 세계적인 수준에서의 신제품 도입, 국내 및 해외 사업 활동 간의 핵심 역량의 이전, 그리고 생산 효율성 향상을 위한 글로벌 통합 생산 등이 불가능해질 수 있다.

이와 같은 문제점들로 인해 국제적 확장을 전략을 추구하는 많은 기업들은 국제사업부 구조를 도입하지 않고, 아래에서 소개할 세계적 구조 가운데 하나를 선택한다. 하나는 국내 제품사업부를 가진 다각화 기업들이 선택하는 세계 제품사업부 구조이고, 다른 하나는 국내 기능구조를 가진 비다각화 기업이 선택하는 세계 지역구조이다.

집중 분석: 월마트

월마트의 국제사업부

© iStockPhoto.com/caracterdesign

1990년대 초반 월마트(Wal-Mart)가 국제적으로 사업 영역을 넓힐 때, 그들은 국제사업 과정을 감독하기 위해 국제사업부를 설립하였다. 국제사업부는 아칸소(Arkansas) 주의 벤턴빌(Bentonville)에 본사를 두고 있다. 오늘날 월마트의 국제사업부는 총 매출 1,090억불 이상을 달성하는 27개국의 사업운영을 감독하고 있다. 알려진 바에 의하면 국제사업부는 세 개의 부서로 나뉘어져 있고 – 유럽, 아시아 그리고 미국 – 각 나라의 사업부 CEO는 국제사업부의 CEO에게 보고하고, 국제사업부의 CEO는 차례로 월마트의 CEO에게 보고한다.

처음에 국제사업부의 최고경영자들은 각국의 판매 전략과 사업부 운영에 대하여 엄격하게 집권화된 통제를 가했다. 이유는 간단했다. 월마트의 경영자들은 미국에서 회사에 큰 도움이 되었던 창고보관, 판매 및 사업부 운영방식을 그대로 따르기를 바랐다. 그들은 어쩌면 순진하게도 판매 전략과 사업부 운영에 대한 집권화된 통제를 실현하면 그렇게 될 것이라고 믿었다.

국제사업부의 매출이 200억불에 육박하던 1990년대 후반, 월마트의 경영자들은 이러한 집권화된 통제가 그들에게 도움이 되지 않는다고 판단하였다. 각국의 경영자들은 전략과 사업부 운영을 수정하기 전에 벤턴빌에 있는 본사의 상관에게 허락을 받아야만 했고, 그러한 과정은 의사결정을 느리게 만들었다. 집권화는 또한 본사 경영자들을 정보 과부하 상태로 만들었고, 잘못된 의사결정의 원인이 되기도 하였다. 월마트는 본사의 경영자들이 멕시코 매장의 배치나, 아르헨티나의 판매전략 혹은 영국의 보상 정책을 결정하는데 있어서 자신들이 최고의 적격자가 아니라는 것을 분명하게 알게 되었다. 지역적 상황에 맞는 판매전략과 사업부 운영시스템 구축의 필요성으로 인해 대대적인 분권화가 요구되었다.

월마트에서의 정책 변화를 초래한 획기적 사건은 1999년 월마트가 영국의 ASDA 슈퍼마켓 체인을 인수한 것이다. ASDA 인수는 월마트의 국제사업부에 140억불의 가치를 더해 주었다. 월마트는 ASDA에 대한 모든 중요한 의사결정을 벤턴빌에 있는 본사의 경영자들에게 맡기는 것이 적절치 못하다는 것을 실감하였다. 이에 따라 몇 달 후, 국제사업부의 CEO 존 멘저(John Menzer)는 국제사업부 운영을 담당하던 본사 직원의 수를 절반으로 줄였다. 각국의 리더들은 특히 판매와 사업부 운영 분야에서 대단한 책임을 지게 되었다. CEO 존 멘저의 말을 직접 인용하자면, "우리는 독립해야만 하는 시점에 있습니다. 한 곳에서 모든 세계를 운영하는 것은 불가능합니다. 각국이 스스로 사업부를 경영해야만 합니다. 이런 변화는 각국의 경영자들에게 그들이 더 이상 본사의 허가를 받기 위해 기다릴 필요가 없다는 강력한 메시지를 보내는 것입니다."

비록 월마트가 국제사업부에 의사결정권한을 분권화하였다 할지라도, 월마트는 여전히 국제적인 제품 조달에 대한 적절한 방법이 무엇이어야 하는지를 모색하기 위해 노력하고 있다. 이상적으로 월마트는 제품 조달을 본사로 집중시켜 막대한 구매력을 이용하여 공급자와의 협상에서 가격을 낮추려고 한다. 반면 월마트 매장의 제품믹스가 지역 시장에 적합하게 제공되어야 한다는 현실적인 문제로 실현이 쉽지 않다. 현재, 제품 조달에 대한 상당 부분의 책임은 국가나 지역 수준에 머물러 있다. 하지만 월마트는 글로벌 제품 조달 전략을 수립함으로써 글로벌 수준에서 주요 공급자들과 협상할 뿐만 아니라, 전 세계에 있는 매장에 신제품을 도입하고자 한다.

판매와 사업부 운영에 대한 의사결정이 분권화됨에 따라 국제사업부는 모범 경영 사례를 찾아내어 그것을 국가별 사업부들에 이전시켜 주는 새로운 역할을 점점 더 맡게 되었다. 예를 들어, 국제사업부는 지식경영 시스템을 도입하여, 아르헨티나에 있는 매장에서 제품의 디자인, 판매자료, 그리고 제품의 판매 및 촉진 방법을 일본과 같은 다른 나라에 있는 매장과 신속히 의사소통 할 수 있게 하였다. 또한 국제사업부는 모범 경영 사례가 국가적 경계를 넘어 잘 이식될 수 있도록 하기 위해 서로 다른 국가에 있는 매장 간에 인적 교류도 시작하였다. 마침내, 국제사업부는 월마트가 미국 중심의 사고방식에서 탈피하게 하는 선도적 부서로써의 위치에 있을 뿐만 아니라, 해외의 매장들에서 실행에 옮겨지고 있는 좋은 아이디어들이 월마트 본사의 운영 효율성과 효과성을 향상시키는 데에도 활용되게 하는 중심적인 역할을 하고 있다.

자료: M. Troy, "Wal-Mart Braces for International Growth with Personnel Moves," *DSN Retailing Today*, February 9, 2004, pp. 5–7; "Division Heads Let Numbers Do the Talking," *DSN Retailing Today*, June 21, 2004, pp. 26–28; and "The Division That Defines the Future," *DSN Retailing Today*, June, 2001, pp. 4–7.

세계 지역구조

세계 지역구조는 낮은 수준의 다각화 기업 및 현지화 전략([그림 13.3] 참고)을 추구하면서 기능구조를 가진 국내 기업들이 선호하는 구조이다. 세계 지역구조(worldwide area structure)에서 세계는 지리적 영역으로 나누어진다. 지리적 영역은 시장이 충분히 큰 경우 한 국가가 될 수도 있고, 여러 국가에 걸쳐 있을 수도 있다. 각 지역은 독립되어 자율적으로 가치창출 활동을 수행한다(예를 들어, 스스로 생산, 마케팅, 연구개발, 인적자원 및

세계 지역구조
세계는 지리적 영역으로 나누어진다. 지리적 영역은 시장이 충분히 큰 경우 한 국가가 될 수도 있고, 여러 국가에 걸쳐 있을 수도 있음. 각 지역은 독립되어 자율적으로 가치창출 활동을 수행(예를 들어, 스스로 생산, 마케팅, 연구개발, 인적자원 및 재무 기능들을 수행). 사업부 운영 및 전략적 의사결정권한은 각 지역에 분권화되어 있으며, 지역본부는 전반적인 전략방향 설정과 재무적 의사결정권한을 가짐

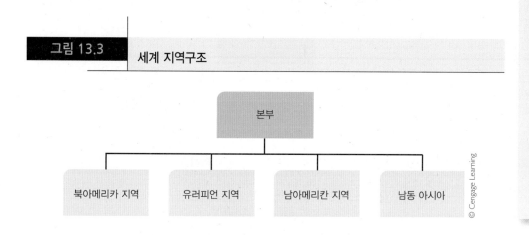

그림 13.3   세계 지역구조

- 본부
  - 북아메리카 지역
  - 유러피언 지역
  - 남아메리칸 지역
  - 남동 아시아

© Cengage Learning

재무 기능들을 수행). 사업부 운영 및 전략적 의사결정권한은 각 지역에 분권화되어 있으며, 지역본부는 전반적인 전략방향 설정과 재무적 의사결정권한을 가진다.

세계 지역구조는 기업들이 현지화 전략을 추구하는 목적인 지역적 대응성을 촉진시킨다. 의사결정에 대한 책임이 분권화되어 있기 때문에, 각 지역은 지역의 고객의 요구에 부응하는 제품의 제공, 마케팅 전략 및 비즈니스 전략을 실행에 옮길 수 있게 된다. 그러나, 세계 지역구조는 기업 조직이 지나치게 자율적으로 운영되는 지역 조직들을 만들게 된다. 그리하여 지역들 사이에 독보적 역량과 기술의 이전을 불가능하게 하며, 운영 효율성도 실현하지 못하게 한다. 다시 말해서 세계 지역구조는 현지화 전략과는 어울리지만, 글로벌 표준화로 인한 이익을 얻는 데에는 불리하다. 지역적 대응성보다 비용절감이나 경쟁우위 달성을 위한 독보적 역량의 이전이 더 중요할 경우, 세계 지역구조를 가진 기업들은 난관에 봉착하게 된다.

세계 제품사업부 구조

세계 제품사업부 구조(worldwide product divisional structure)는 국내에 제품사업부 구조를 도입하고 있는 다각화된 기업들이 선호하는 구조이다. 국내 제품사업부와 마찬가지로, 각 사업부는 스스로의 가치창출 활동에 대해 전적으로 책임을 지는 독립적이면서 자율적으로 운영된다. 본부는 기업의 전반적인 전략 개발과 재무적 통제에 대한 책임을 가진다([그림 13.4] 참고).

세계 제품사업부 구조의 핵심은 각 제품사업부의 가치창출 활동이 지역별로 각기 상이한 활동을 하도록 지휘하는 데 책임을 지는 사업부 경영층에 의해 조정되어야 한다는

세계 제품사업부 구조
국내에 제품사업부 구조를 도입하고 있는 다각화된 기업들이 선호하는 구조로써, 국내 제품사업부와 마찬가지로, 각 사업부는 스스로의 가치창출 활동에 대해 전적으로 책임을 지는 독립적이면서 자율적으로 운영됨. 본부는 기업의 전반적인 전략 개발과 재무적 통제에 대한 책임을 가짐

그림 13.4 **세계 제품사업부 구조**

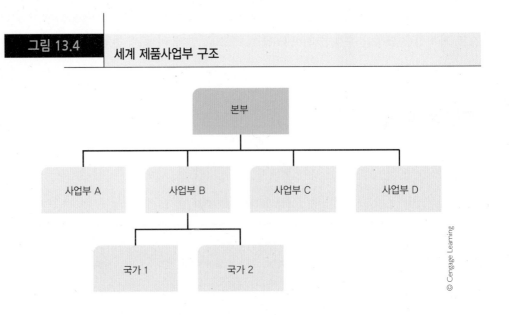

것이다. 따라서 세계 제품사업부 구조는 국제사업부와 세계 지역구조에서 나타나는 조정의 문제를 해결하는 데 도움이 된다. 이 구조는 글로벌 수준에서 입지경제를 실현하고 규모의 경제를 달성하는데 적합한 지역으로 가치창출 활동을 통합하게 해준다. 또한 이 구조는 세계적 수준에서 사업부들 사이의 역량의 이전을 용이하게 해줄 뿐만 아니라, 전 세계에 있는 사업부들이 동시에 신제품을 도입할 수 있게 해준다. 따라서 세계 제품사업부 구조는 글로벌 표준화 전략 및 국제 전략과 어울린다. 이 구조의 가장 중요한 문제점은 지역 혹은 해외 경영자들의 영향력이 적어진다는 것이다. 그 결과 지역적 대응성이 약해져 성과하락에 직면할 수도 있다.

글로벌 매트릭스 구조

세계 지역구조와 세계 제품사업부 구조 모두 장점과 단점을 가지고 있다. 세계 지역구조는 지역적 대응성을 강화할 수 있으나 입지 및 규모의 경제, 나아가 지역 간 핵심 역량의 내부적 이전을 어렵게 한다. 세계 제품사업부 구조는 입지 및 규모의 경제를 가능하게 할 뿐만 아니라, 제품사업부 내부적인 기술과 역량의 이전을 용이하게 해준다. 그러나 이 구조는 지역적 대응성을 약화시킨다. 다른 모든 것들이 동일하다면, 기업이 현지화 전략을 추구하는 경우 세계 지역구조가 더 적합하고, 기업이 글로벌 표준화 전략이나 국제화 전략을 추구하는 경우에는 세계 제품사업부 구조가 더 적절하다. 그러나 8장에서 논의한 것처럼, 다른 모든 것들은 동일하지 않다. 바틀릿(Bartlett)과 고샬(Ghoshal)이 지적한 대로, 어떤 산업에서 기업이 생존하기 위해서는 초국적 전략을 구사해야 한다. 즉, 기업들은 지역 및 규모의 경제, 그리고 지역적 대응성을 실현하는 동시에, 국가적 경계를 넘어 기술과 역량의 내부적 이전(세계적 학습)도 이루어야 한다.

일부의 기업들은 매트릭스 구조를 도입함으로써 초국적 전략의 갈등적 요구에 대처해오고 있다. 전통적인 글로벌 매트릭스 구조(global matrix structure)에서는 제품사업부와 지리적 지역이라는 두 차원에 따라 수평적 차별화가 이루어진다([그림 13.5] 참고). 이 구조가 가지고 있는 핵심적 특징은 특정 제품에 관련된 운영적 의사결정에 대한 책임을 제품사업부와 다양한 지역이 공유해야 한다는 것이다. 따라서 제품사업부 A가 생산하는 제품에 대한 지역 1의 제품 제안, 마케팅 전략 및 사업전략은 제품사업부 A와 지역 1 경영자들 사이의 협력에 의해 결정된다. 이와 같은 이중적 의사결정 책임은 다국적 기업들로 하여금 자신들의 특수한 목적들을 동시에 달성할 수 있게 해준다. 전통적 매트릭스 구조에서는 제품사업부와 지역적 지역에게 조직 내 동일한 지위를 부여함으로써 이중적 책임을 강화한다. 따라서 개별 경영자들은 두 개의 위계(제품사업부 위계와 지역 위계)에 속할 뿐만 아니라, 두 명의 상사(제품사업부 상사와 지역 상사)를 가지게 된다.

글로벌 매트릭스 구조가 원래의 의도대로 잘 운영되지 않을 수 있다. 실제에 있어서

글로벌 매트릭스 구조 제품사업부와 지리적 지역이라는 두 차원에 따라 수평적 차별화가 이루어지는 조직구조

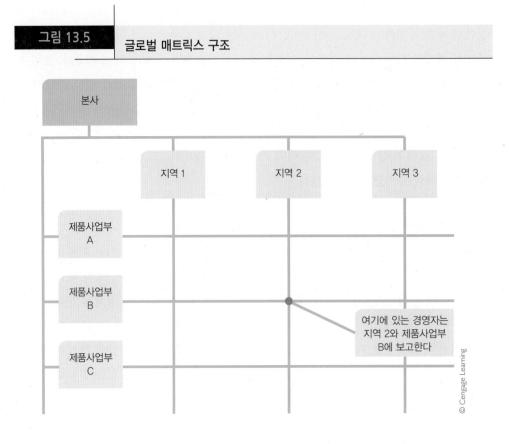

그림 13.5 글로벌 매트릭스 구조

본사

지역 1   지역 2   지역 3

제품사업부 A

제품사업부 B

제품사업부 C

여기에 있는 경영자는 지역 2와 제품사업부 B에 보고한다

© Cengage Learning

글로벌 매트릭스 구조는 종종 서로 잘 어울리지 않고 어색할 뿐만 아니라, 관료화되기도 한다. 이 구조는 너무 많은 회의를 필요로 하기 때문에 현실적으로 제대로 운영되기 어렵다. 지역과 제품사업부 모두에게 의견을 구하는 과정 때문에 의사결정이 신속하게 이루어지지 않으며, 조직적 유연성이 떨어져 시장의 변화에 능동적으로 대응하지 못하거나 혁신에 장애가 되기도 한다. 이중 위계 구조는 지역과 제품사업부 사이에 갈등과 지속적인 권력싸움이 일어나게 할 수 있다. 설상가상으로 이 구조에서는 특정 관리자에게 책임을 부과하기 어려운 것으로 밝혀지고 있다. 모든 중요한 의사결정들이 제품사업부와 지역 사이의 협상에 의해 이루어지게 되면, 만약 어떤 일이 잘못되면 한쪽은 다른 쪽을 항상 비난할 수도 있다. 한 글로벌 매트릭스 구조의 경영자는 실패한 제품출시를 두고 저자에게 이렇게 이야기한 바 있다: "우리는 제품사업부 경영자들의 의견을 수용하지 않고 우리방식대로 일해 왔으며, 그런 방식으로 일을 처리하는 것은 결코 일어날 수 없는 일이다."(제품사업부에 있는 경영자도 동일한 이야기를 해주었다). 이와 같은 상호 간의 손가락질의 결과는 책임소재를 절충하게 하고 갈등을 유발하게 하며, 본부로 하여금 조직에 대한 통제력을 상실하게 한다(매트릭스 구조와 관련된 문제점은 [전략 실행 사례

13.2]를 참고).

이와 같은 문제점들 때문에 초국적 전략을 추구하는 많은 기업들은 엄격한 위계가 아닌 전사적인 경영지식 네트워크 및 공유 문화와 비전에 기반하고 있는 "유연한" 매트릭스 구조의 구축을 시도하고 있다. 이런 기업들에서는 비공식 구조가 공식 구조보다 더 중요한 역할을 한다.

© iStockPhoto.com/Tom Nulens

전략 실행 사례 13.2

다우 케미컬의 매트릭스 구조

세계 화학산업에서는 소수의 주요 기업들이 치열한 경쟁을 벌이고 있다. 국가 간의 자유로운 화학제품 이동장벽은 1980년대 크게 사라졌다. 대량 화학제품의 상품적 특성과 함께, 장벽의 부재는 심화된 장기적 가격경쟁으로 몰아넣었다. 이러한 경쟁 환경에서 승리하는 기업은 가장 낮은 원가를 가지는 기업이다. 다우 케미컬(Dow Chemical)은 오랫동안 가격을 주도하는 중심에 서 있었다.

수년 동안, 다우 케미컬의 경영자들은 자사 경쟁력의 원인이 "매트릭스" 조직에 있다고 주장하였다. 다우 케미컬의 조직 매트릭스는 세 가지의 상호작용적 요소를 가지고 있었다. 기능 (예를 들어 연구개발, 제조, 마케팅), 사업 (예를 들어, 에틸렌, 플라스틱, 제약), 그리고 지리적 위치(예를 들어, 스페인, 독일, 브라질)가 그것이다. 경영자의 직위 명칭은 세 가지 요소를 모두 포함하였다 – 예를 들어, 스페인의 플라스틱 마케팅 경영자 – 그리고 대부분의 경영자들은 최소 두 명의 상관에게 보고하였다. 스페인의 플라스틱 마케팅 경영자는 아마 전 세계 플라스틱 비즈니스 총 책임자와 스페인 운영 총 책임자 모두에게 보고를 한다. 다우 케미컬의 매트릭스의 강점은 다우 케미컬의 운영이 지역 시장의 요구와 회사의 목표 모두에 즉각 대응할 수 있게 해준다는 점이다. 결국 스페인 플라스틱 사업부는 다우 케미컬의 글로벌 플라스틱 제품의 원가를 최소화하는 책임을 맡을 뿐만 아니라, 스페인 시장에서 어떻게 하면 플라스틱 제품을 가장 잘 판매할 수 있을 것인가에 대해 책임을 진다.

다우 케미컬이 이 매트릭스 조직을 도입했을 때, 결과는 기대보다 조금 못 미쳤다. 다중 보고체제는 혼란과 갈등을 야기했다. 다수의 경영자들이 통제 불가능한 관료제에 빠져 있었다. 중첩되는 책임들은 세력싸움과 책임의 부재를 초래하였다. 지역 경영자들은 어떤 생산시설을 어디에 지어야 하는지에 대하여 사업부 경영자들과 의견을 달리 하였다. 요컨대 구조가 제 기능을 못하였다. 그러나 다우 케미컬은 매트릭스 구조를 버리기보다는 좀 더 유연하게 적용될 수 있는지를 지켜보기로 결정하였다.

매트릭스 구조를 유지하기 위한 다우 케미컬의 결정은 제약 산업에 뛰어드는 시도를 통해 촉발되었다. 다우 케미컬은 제약산업이 대량 화학제품사업과 다르다는 것을 깨달았다. 대량 화학제품사업에서 대부분의 수익은 규모의 경제를 이루는 것에서 왔다. 이는 지역이나 글로벌 시장에 기여할 수 있는 주요 거점에 거대한 생산시설을 설립하도록 하였다. 하지만 제약 산업에서 의약품에 대한 규제와 시장의 요구사항은 나라마다 너무 달라서 규모의 경제를 통해 생산비를 절감하는 것보다 지역적 요구에 대응하는 것이 더욱 중요하였다. 고도의 지역적 대응성이 필수적이다. 다우 케미컬은 자신의 제약사업부가 화학사업부의 운영과 동일한 방식으로 경영된다면 절대 성장할 수 없다는 것을 깨달았다.

따라서 다우 케미컬은 매트릭스 구조를 버리기보다, 매트릭스 구조를 좀 더 유연하게 운영하여, 각기 상이한 사업부들의 상황에 맞게 잘 적용되도록 하였다. 본사의 최고경영자팀이 각 사업부 유형에 알맞게 우선순위를 설정하도록 하였다. 각 사업부들이 무엇이 더 중요한지 우선순위를 설정한 후, 매트릭스의 세 요소 - 기능, 사업, 그리고 지리적 위치 - 가운데 하나를 각 사업부가 우선적으로 고려하도록 하였다. 어떠한 요소가 우선적으로 고려되어야 하는지에 대한 것은 의사결정의 유형과 회사가 경쟁하는 시장이나 장소에 따라 각자 달랐다. 이러한 매트릭스 구조의 유연성은 모든 종업원들이 매트릭스 구조에서 무슨 일이 일어나는지 이해할 것을 요구한다. 보기에 혼란스러울지 몰라도 몇 년이 지나 다우 케미컬은 이러한 유연한 시스템이 잘 작동되었고, 매우 성공적이었다고 주장하고 있다.

반면 1990년대 중반, 다우 케미컬은 성과가 불만족스러웠던 제약사업을 처분하고, 화학 산업으로 사업을 재편하였다. 기업전략의 변화를 반영하여, 1995년에 다우 케미컬은 매트릭스 구조를 버리고 글로벌사업부에 기반한 조직구조를 구축하였다. 다우 케미컬은 매트릭스 구조가 너무 복잡할 뿐만 아니라, 화학산업에서 경쟁우위가 저원가에 기반할 수 밖에 없

었던 1990년대의 치열한 경쟁 환경 속에서, 이 구조를 운영하는 것이 많은 비용을 수반하기 때문에 매트릭스 조직에서 글로벌 사업부로 조직구조를 바꾸었다. 다우 케미컬의 CEO가 1999년의 인터뷰에서 말한 것을 빌리자면 "우리는 팀워크에 의존하는 조직구조를 가지고 있어서 어느 한 개인이 책임지는 구조는 아니었습니다. 우리는 일이 잘될 때 누구에게 보상해야 하는지 알지 못했고, 일이 형편없이 될 때 누구를 탓해야 할지 몰랐습니다. 그래서 우리는 글로벌사업부 구조를 만들었고, 경영위계 계층의 단계들을 축소하였습니다. 원래 나와 최저 수준의 종업원 사이에 11단계의 경영위계 계층이 존재했습니다만 현재는 5단계 뿐입니다." 요컨대, 다우 케미컬은 매트릭스 구조가 글로벌 산업 속에서 원가경쟁을 하는 회사의 상황에는 적절하지 않는 구조라는 것을 깨달았고, 결국 운영 비용을 줄이기 위해 매트릭스 구조를 폐기하였다.

자료: "Dow Draws Its Matrix Again, and Again, and Again," *The Economist*, August 5, 1989, pp. 55–56; "Dow Goes for Global Structure," *Chemical Marketing Reporter*, December 11, 1995, pp. 4–5; and R. M. Hodgetts, "Dow Chemical CEO William Stavropoulos on Structure and Decision Making," *Academy of Management Executive*, November 1999, pp. 29–35.

진입유형과 실행

10장에서 논의한 것처럼 오늘날 많은 조직들은 자신들의 비즈니스모델과 전략을 바꾸고 있으며, 가치창출을 위해 자신들의 자원과 능력을 더 잘 활용할 수 있는 방법을 찾아 특정 산업에 진입과 퇴출을 한다. 이하에서는 기업들이 신산업에 진입하기 위해 내부 뉴 벤처링, 합작투자 혹은 인수합병을 할 때 나타날 수 있는 실행이슈들을 다룬다.

내부 뉴 벤처링

10장에서는 기업들이 내부 뉴 벤처링을 통해 신산업에 어떻게 진입하는가를 살펴보았다. 여기서 기업들은 신산업에서 효율적으로 경쟁하는 데 요구되는 일련의 가치사슬 활동들을 창출하기 위해 자신들의 능력을 이전 및 레버리지한다. 경영자들이 어떤 조직적 환경을 만들어 주면, 종업원들이 자신들의 기능적 역량들을 신산업에 적극적으로 적용하려고 할 것인가? 특히 뉴 벤처 과정의 성공을 위해 조직구조, 전략통제 시스템 및 조직문화를 어떻게 구축할 것인가?

기업경영자들은 내부 뉴 벤처링 과정을 사내 기업가(intrapreneurs)가 뉴 벤처를 개척해 나가는 기업가정신의 한 형태로 다루어야 한다. 이것은 신제품개발에 요구되는 창의성을 촉진하고 뉴 벤처 경영자들에게 실질적인 자율성을 줄 수 있도록 조직구조, 전략통제 및 조직문화가 구축되어야 한다는 것을 의미한다. 동시에 기업경영자들은 신 시장 혹은 신산업에 대한 자신들의 투자가 수익성을 달성할 수 있을 것인지를 확신하고자 한다. 왜냐하면 신산업과 자신 기업의 핵심산업 사이에 공통성이 있기 때문에, 핵심 역량의 이전이나 레버리지를 통한 잠재적 이익이 실현될 수 있다.[13)]

3M은 뉴 벤처링 과정을 촉진하고 제품 혁신을 유도하는 데 적합한 직무 환경을 조성하기 위해 조직구조, 전략통제 및 조직문화를 매우 적절히 조화시킨 대표적인 기업이다. 3M의 목표는 적어도 매년 매출 성장의 30%가 최근 5년 이내에 개발된 신제품에서 나오는 것이다. 이와 같은 도전적인 목표를 달성하기 위해 3M은 자사의 종업원들에게 실험과 위험감수를 장려할 수 있는 세밀한 통제 및 인센티브시스템을 설계하였다.

내부 뉴 벤처링에 관한 또 다른 접근은 신제품개발을 촉진할 수 있는 가장 좋은 방법이 전체 조직에서 뉴 벤처 부서를 분리시키는 것이라는 것을 믿고 있는 경영자들에 의해 지지되고 있다. 뉴 벤처 경영자들에게 실험과 위험감수 기회를 제공해 주기 위해 기업은 신제품을 개발할 수 있는 자율성과 독립성을 지닌 뉴 벤처 부서(new-venture division)를 설립한다. 만약 뉴 벤처 경영자들이 회사의 기존 구조 내에서 일을 하게 되면, 이들은 창의적인 신제품 아이디어를 창안하는 데 요구되는 자율성을 가지지 못할 것이다. 그러나 독립적인 새로운 부서에 있는 뉴 벤처 경영자들은 시장에서 성공을 거둘 수 있는 신제품을 창안하고 비즈니스모델을 개발하기 때문에 외부 기업가로서 활동할 수 있게 된다.

뉴 벤서 부서나 사업부는 자체의 기업가정신을 강화할 수 있도록 전략적 통제를 실시한다. 엄격한 산출통제는 단기적인 사고를 조장하고 위험감수 행동을 억제하기 때문에 적절하지 않다. 대신 스톡옵션이 기업가정신을 위한 문화 조성을 위해 자주 사용된다. 또 다른 이슈는 기업경영자들을 어떻게 다루느냐이다. 뉴 벤처링을 위한 선제적 연구개발 비용은 높으나 성공여부는 불투명하다. 수백만 불을 지출하고 나서야, 기업경영자들은 종종 뉴 벤처 사업부가 얼마나 성공적일 것인가에 관심을 가진다. 그 결과 기업경영자들은 뉴 벤처 경영자들에게 확실한 책임감을 부여하기 위해 긴축 예산을 포함한 엄격한 산출통제를 도입하려 한다. 그러나 이런 시도는 종종 기업가정신 문화의 조성을 방해한다. [14)] 기업경영자들은 뉴 벤처 경영자들의 자율성을 제한하기 위해 산출 및 행동통제를 실시하는 것이 중요하다고 믿기도 한다. 그렇지 않으면 뉴 벤처 경영자들이 경박한 아이디어에 자원을 낭비하고 값비싼 실수를 저지르게 된다고 생각한다.

최근 3M의 내부적 접근이 외부 뉴 벤처 부서보다 우월하다는 증거들이 나타나고 있다. 많은 뉴 벤처 사업부들이 성공적인 신제품 도입에 실패하는 것으로 보고되고 있다.

사내 기업가
사내 기업가로서 뉴 벤처 프로젝트나 사업부를 개척하고 이끄는 경영자

뉴 벤처 부서
뉴 벤처 경영자들에게 실험과 위험감수 기회를 제공해 주기 위해 자율성과 독립성을 지닌 부서

설사 그렇지 않다 하더라도, 뉴 벤처 사업부들은 궁극적으로는 다른 사업부처럼 운영되기 시작하고, 이렇게 될 경우 기업 내 가치사슬 활동의 중복 때문에 기업 전체의 비용구조가 증가한다. 또 다른 이슈는 뉴 벤처 사업부의 연구자들이 성공적인 비즈니스모델 개발에 요구되는 공식적인 훈련이 부족하다는 것이다. 오늘날 많은 의사들이 자신들이 병원 경영자가 되었을 때 직면하게 될 갖가지 전략적 이슈들을 이해하기 위해 MBA 학위를 취득하는 것처럼, 뉴 벤처 사업부의 연구자들도 전략적으로 사고해야 할 필요가 있다. 이들에게 전략적 사고가 부족하다면, 많은 일들이 실패로 귀결될 것이다.

합작투자

합작투자는 수익성을 향상하고 성장성을 강화할 목적으로 새로운 시장과 산업에 진입하기 위해 대기업들이 사용할 수 있는 두 번째의 방법이다.[15] 합작투자는 신제품을 성공적으로 시장에 출시하기 위해 신제품이나 새로운 비즈니스모델을 개발할 목적으로 두 기업이 자원과 역량을 끌어와서 새로운 사업부를 만드는 것에 동의함으로써 시작된다. 이들 기업들은 개선된 제품개발을 위해 자신들의 기술과 마케팅 역량을 다른 기업과 협력적으로 공유함으로써 새로운 산업에서 추가적인 가치와 이익을 실현할 수 있을 것이라고 믿는다. 두 기업은 함께 소유하는 새로 만들어진 사업부를 관리하기 위해 검증된 성공 경험을 가지고 있는 유능한 경영자들을 넘겨준다. 경우에 따라 두 기업은 50:50의 소유지분을 가지지만, 어떤 경우에는 한 기업이 51% 이상의 지분을 요구하기도 한다. 이런 상황에서는 합작투자를 어떻게 조직화하고 통제할 것인가가 중요한 이슈가 된다.

권한과 책임을 배분하는 것이 기업들이 결정해야 하는 첫 번째의 주요 실행이슈이다. 두 기업 모두가 합작투자의 과정을 감시할 수 있어야 합작투자 활동으로 인한 학습을 할 수 있으며, 나아가 합작투자에 대한 투자자로부터의 이익도 실현할 수 있게 된다. 일부 기업들이 51%의 소유를 주장하는 이유는, 그렇게 되어야만 자신들이 뉴 벤처에 대한 권한과 통제를 할 수 있기 때문이다. 이후에도 문제점들은 나타날 수 있다. 만약 뉴 벤처가 성과를 내지 못하면 어떻게 할 것인가? 한 파트너가 속았다는 느낌을 받아 합작투자에 참여한 두 기업 사이에 갈등이 일어나면 어떻게 해결하는가? 등의 문제점들이 나타날 수 있다. 예를 들어 미래에 어떤 일이 일어날지는 아무도 모르며, 나아가 많은 경우 한 파트너 기업이 합작투자에서 개발한 신제품의 효익을 더 많이 얻는다.[16] 여기서 다른 파트너 기업이 보상을 요구하게 되면 갈등이 유발된다. 8장에서 논의하였듯이, 전략적 제휴에 참여하면서 어떤 기업은 자신의 핵심 기술이나 역량에 대한 통제권을 상실할 위험을 안기도 한다. 한 모기업은 이런 일이 일어나고 있다고 믿을 수 있으며, 나아가 다른 기업에 의해 위협을 받고 있다고 느낄 수도 있다. 또한 합작투자는 다음 두 가지 이유로 위험한 전략적 선택이다. 하나는 한 파트너가 신기술을 혼자만 가져가기로 결정하여 신기술 개발 과정에 자신만 독립적으로 참여하기 때문이며, 다른 하나는 파트너 기업이 경쟁 기업에 의해 인수될 수 있기 때문이다. 예를 들어, 컴팩(Compaq)은 공동 제품개발을 촉진하기 위해 자신의 특허권적 기술인 서버 기술을 컴퓨터 저장 산업에 있는 기업과 공유하였다. 그 후 컴팩(Compaq)은 기술을 공유하게 해준 기업이 선 마이크로시스템즈(Sun Microsystems)에 인수되면서, 그런 선택이 전혀 도움이 되지 않았다는 것을 확인하였다. 결과적으로 선 마이크로 시스템즈(Sun Microsystems)는 컴팩(Compaq)의 기술을 그저 얻게 되었다.

실행이슈는 합작투자의 목적이 기술을 공유하고 개발하는 것이냐, 제품과 브랜드를 유통하고 신 시장에 진출하는 것이냐, 혹은 고객에 대한 접근을 공유하는 것이냐의 여부에 크게 의존한다. 때때로 기업들은 새로운 기업의 모양을 갖추지 않고, 협력을 통해 공동의 이익을 실현하고자 할 수도 있다. 예를 들어, 네슬레(Nestle)와 코카콜라(Coca-Cola)는 Beverage Partners Worldwide로 일컬어지는 10년간의 합작투자를 발표하였다. Beverage Partners Worldwide를 통해 코카콜라(Coca-Cola)는 네슬레(Nestle)의 Nestea iced tea, Nescafe 및 다른 여러 제품들을 전 세계에 유통 · 판매한다.[17] 이와 유사하게 스타벅스(Starbucks)의 Frappuccino는 펩시(Pepsi)에 의해 유통된다. 이런 종류의 합작투자에서 두 기업은 각기 상이한 역량을 함께 공유하고 끌어들여, 독립적으로 존재할 경우 기대할 수 없는 가치를 실현함으로써, 이익을 얻을 수 있다. 이와 같은 사례에서는 소유 구조와 통제의 이슈는 훨씬 덜 중요하다.

일단 소유 구조 문제가 해결되면, 한 기업은 CEO를 임명하게 되며 이제부터는 임명된 CEO 책임 아래 모기업에서 파견 받은 경영자들로 응집력 있는 최고경영자 팀을 구성한다. 최고경영자 팀이 하는 일은 성공적인 비즈니스모델을 개발하는 것이다. 나아가 최고 경영자 팀은 모기업에서 받은 자원과 기술을 가장 잘 활용할 수 있는, 기능구조나 제품 팀 구조와 같은, 조직구조를 설계해야 한다. 사람과 기능을 효과적으로 통합할 수 있는 조직 설계를 선택해야 제한된 자원을 가장 잘 활용하게 해주므로, 조직구조를 설계하는 일이 무엇보다 중요하다. 각기 상이한 문화를 가진 기업에서 일해 왔던 경영자들을 통합할 수 있는 새로운 문화를 개발하는 일 역시 조직구조의 설계만큼 중요하다.

실행이슈를 관리하는 일은 매우 어렵고, 값 비싸고, 시간도 많이 걸린다. 여기에는 위험도 많이 따르고, 미래 불확실성이 크기 때문에 많은 기업들은 어느 한 기업을 인수해서 자신들의 사업부에 통합하는 것이 훨씬 낫다고 판단하기도 한다. 네슬레(Nestle)와 코카콜라(Coca-Cola)의 관계처럼, 위험이 적고 미래 예측이 쉬워 관료제적 비용을 줄일 수 있다면, 결과적으로 새로운 하위 사업부를 만들 필요가 없는 전략적 제휴는 두 기업 사이의 보완적 자원과 기술의 이전을 손쉽게 관리할 수 있게 해준다.

인수합병

인수합병(M&A)은 기업들이 새로운 산업이나 국가에 진입하기 위해 사용할 수 있는 세 번째의 방법이다.[18] 많은 인수들이 실패하기 때문에, 새로운 인수에 적합한 조직구조, 전략통제 및 조직문화의 구축이 매우 중요하다. 인수가 성공하지 못하는 중요한 이유 가운데 하나는, 많은 기업들이 새로운 기업을 자신들의 현재 사업부에 합병 혹은 통합하는 데 관련된 어려움들을 예상하지 못한다는 점이다.[19]

조직구조 수준에서 인수 기업과 피인수 기업 모두의 경영자들은 두 기업의 역량을 가장 잘 활용할 수 있도록 하기 위해, 권한과 책임을 서로 어떻게 나눌 것인가의 문제에 직면하게 된다. 휴렛패커드(HP)와 컴팩(Compaq) 사이의 대대적 합병은 이런 문제를 잘 설명해준다. 합병 이전 두 기업의 최고경영자팀은 원가 및 차별화우위가 어떻게 달성될 수 있을 것인가를 결정하기 위해, 두 기업의 활동 범위를 분석하고 가치사슬 활동을 확인하는 데 상당한 시간을 소비하였다. 이런 분석을 바탕으로 이들은 두 기업의 모든 사업부들을 네 개의 주요 제품군으로 통합하였다.

특정 제품군과 사업부를 누가 맡아 통제할 것인가, 그리고 사업부들이 누구에게 보고하게 할 것인가를 결정하는 문제를 생각해 보라. 두 기업 사이에 내분이 일어나 통합의 효익을 실현하지 못할 가능성을 없애기 위해, 휴렛패커드(HP)와 컴팩(Compaq)의 CEO들은 사업부들을 합병하는 과정은 원활하였으며, 자원의 통제와 책임에 대한 싸움은 해결되었다는 것을 언론에 발표함에 있어서 매우 신중한 태도를 견지하였다. 합병을 잘못 관리할 때 나타날 수 있는 하나의 문제점은 자신들이 인사에서 불이익을 받아오고 있다고 느끼는 숙련된 경영자들이 회사를 떠나는 것이며, 만약 많은 경영자들이 회사를 떠나게 되면 이들 경영자들이 가지고 있는 숙련의 손실이 합병을 통해 얻은 이익보다 더 클 수도 있다. 이것이 바로 구글(Google)이 왜 인수한 기업의 소프트웨어 전문가들에게 구글(Google)이 현재 수행하고 있는 제품개발 과정에 중요한 역할을 맡겼는지, 그리고 왜 강력한 협력적 가치의 개발을 장려하면서 자신의 혁신적인 조직문화는 유지하려 하였는지를 설명해 준다.

경영자들이 분명한 권한 관계를 설정하고 나면, 이제 비용을 줄이고 역량을 레버리지하고 공유하기 위해 합병된 두 기업의 운영을 어떻게 조정하고 합리화할 것인가를 결정해야 한다. 휴렛패커드(HP)와 같은 대기업의 경우 이에 대한 해답은 사업부 조직구조를 선택하는 것이다. 그러나 중요한 통제 문제는 여전히 해결되어야 한다. 일반적으로 인수된 기업의 제품과 시장이 유사하거나 관련성이 높을수록, 그들의 사업부들을 통합하는 일이 그만큼 쉬워진다. 만약 인수하는 기업이 효율적인 통제시스템을 가지고 있다면, 기업 내 활동들을 감시하고 측정하는 방식을 표준화하기 위해 인수 기업의 통제시스템을 피인수 기업에 적용할 수도 있다. 그렇지 않으면, 경영자들은 자신들의 사업부들을 통합하기 위해 두 기업의 통제시스템과 문화의 장점들만 모아 결합하거나, 새로운 IT 시스템을 도입해야 한다.

그러나 만약 경영자들이 비관련 인수를 하여 피인수 기업의 새로운 사업을 관리하기 위해 자신들이 잘 모르는 산업에 있었던 기업을 간섭하려 들거나, 부적절한 조직구조와 통제시스템을 적용할 경우, 중요한 전략 실행의 문제가 발생한다. 예를 들어, 만약 경영자들이 비관련 기업을 관련 기업과 통합하려 하거나, 부적절한 통제시스템을 사업부 수준에 적용하려 하거나, 아니면 사업수준의 전략에 간섭하려 한다면, 관료제적 비용이 급등하여 기업성과가 크게 하락할 수 있다. 이와 같은 실수가 나타나기 때문에 관련 인수가 비관련 인수보다 더 성공적일 때가 많다.[20]

관련다각화의 경우에도 각 기업의 비즈니스 과정은 각기 다를 수 있으며, 자신들의 컴퓨터시스템 역시 상반될 수 있다. 합병된 기업은 비즈니스 과정을 표준화하고 자원이전 비용을 줄이기 위해 산출 및 행동통제를 어떻게 사용해야 할 것인가의 문제에 직면하게 된다. 예를 들어 네슬레(Nestle)가 에스에이피(SAP)의 ERP 소프트웨어를 설치한 후, 경영자들은 미국에 있는 각기 다른 네슬레의 150개 사업부들이 동일한 공급자들로부터 바닐라(vanilla)를 사들이고 있음을 발견하였다. 그러나 사업부들은 구매정보를 서로 공유하고 있지 않았으며, 바닐라 공급자들은 개별적으로 네슬레 사업부들과 거래를 하고 있었으며, 네슬레의 각 사업부에 자신들이 할 수 있는 최대한의 요금을 청구하려고 하였다. 네슬레의 각 사업부들은 동일한 구매물건에 대해 각각 상이한 가격을 지불하고 있었으며, 상이한 구매 코드를 사용하고 있었다.[21] 미국 본부에 있는 경영자들은 에스에이피의 ERP 소프트웨어가 이런 정보를 제공해 주기 전까지는 구매 불일치를 밝혀낼 방법을 알고 있지 못하였다.

마지막으로 밀접히 관련된 산업에 있는 기업을 인수할 경우에도 경영자들은 모든 기업은 나름의 독특한 규범, 가치 및 문화를 가지고 있음을 깨달아야 한다. 합병된 기업의 운영을 효과적으로 통합하기 위해서는 이와 같은 특이성이 이해되어야 한다. 사실 이런 특이성에 대한 이해는 다른 나라에 있는 기업을 합병할 경우 특히 중요하다. 시간이 지나면서 최고경영자들은 기업의 문화를 바꾸고 내부 업무수행 과정을 개선할 수 있다. 그러나 이는 매우 어려운 실행 과업이다.

요약하면, 기업경영자들의 조직 설계 능력이 인수나 합병의 성공에 매우 중요하다. 역량을 레버리지하기 위해 사업부들을 연계시키고 통합하게 할 수 있는 기업경영자들의 능력이 새롭게 합병된 기업의 성과를 결정한다.[22] 인수합병의 경로는 위험으로 가득 차 있다. 이런 이유로 일부 기업들은 내부 뉴 벤처링이 가장 안전한 경로라고 주장하고 있으며, 조직 내부에서 성장시키는 것이 가장 좋은 방법이라고 생각하고 있다. 그러나 산업의 경계가 희미해지고 새로운 글로벌 경쟁자들이 등장함에 따라, 기업들은 홀로 이런 환경 변화에 대처할 시간이나 자원을 가지고 있지 않다. 새로운 산업이나 국가에 어떻게 진입할 것인가를 선택하는 것은 완전한 전략적 분석을 필요로 하는 복잡한 실행이슈이다.

윤리적 딜레마

© iStockPhoto.com/P_Wei

비윤리적이고 불법적인 행동은 글로벌 비즈니스에서 만연하고 있다. 예를 들어, 뇌물수수가 일부 국가에서는 수용되는 일이라 하더라도, 다국적 기업들은 해외에 있는 경영자들이 정부 관료들에게 뇌물을 주는 행위를 범죄적인 것으로 취급하고 있다. 미국을 비롯한 많은 국가들은 뇌물수수행위를 금지하는 법과 엄격한 처벌조항을 가지고 있다. 뇌물수수 이 외에도 많은 미국 기업들은 지속적으로 비윤리적인 해외의 노동착취 행위를 고발하고 있으며, 근로자들에 대한 제조기업들의 비인간적 대우에도 감시의 눈초리를 보내고 있다.

경영자로서 당신 회사의 비윤리적이고 불법적인 행동을 막기 위한 구조를 개선하라는 요청을 받는다면, 당신은 어떤 종류의 통제시스템을 사용하겠는가? 이런 행동의 가능성을 줄일 수 있는 글로벌 조직문화를 어떻게 개발하겠는가? 이런 문제를 줄이기 위한 집권화와 분권화의 균형을 결정하는 가장 좋은 방법은 무엇인가?

요약 *Summary of Chapter*

1. 기업은 기업전략이 성공적으로 실행에 옮겨질 수 있도록 하기 위해 구조, 통제시스템 및 문화를 적절히 조화시키는 조직 설계를 활용한다.

2. 기업이 성장하고 다각화됨에 따라, 사업부 구조를 구축한다. 이 구조가 기능구조나 제품구조보다 운영에 있어서 더 많은 비용이 들지만, 기능구조에서 나타날 수 있는 관료제적 비용을 줄여 줄 뿐만 아니라, 기업의 가치창출 활동을 더 효과적으로 관리할 수 있게 해준다.

3. 시간이 흐르면서 기업들은 자신들의 기업전략을 바꾼다. 이때 기업은 반드시 자신들의 조직구조를 변화시켜야 한다. 왜냐하면, 전략이 다르면 이것을 실행하는 방법도 달라지기 때문이다. 특히, 비관련다각화에서 수직

통합, 그리고 관련다각화로의 전략 변화는 여러 사업전략들을 관리하는 데 따르는 관료제적 비용을 증가시킨다. 각 전략들이 이와 같은 관료제적 비용을 줄이기 위해서는 각기 상이한 구조, 통제 및 문화의 조합을 선택해야 한다.

4. 국제적으로 확장하려는 기업들은 기본적으로 국제사업부를 통해 국제화를 시도한다. 성숙 단계에 있는 다국적 기업들은 세 가지의 조직구조 형태를 선택할 수 있다: 세계 지역구조, 세계 제품사업부 구조, 그리고 글로벌 매트릭스 구조. 현지화 전략을 구사하는 기업은 세계 지역구조를 선호하는 경향이 있으며, 이와 다른 전략을 구사하는 기업들은 세계 제품사업부 구조를 선택

한다. 나머지 일부 기업들은 글로벌 매트릭스 구조를 구축하고 있으나, 성과는 아직 분명하지 않고 기업마다 다르게 나타나고 있다.

5. 내부 뉴 벤처링을 장려하기 위해 기업들은 뉴 벤처 경영자들에게 신제품개발에 필요한 자율성을 제공해 주는 내부 벤처 과정을 설계해야 한다. 이와 유사하게 다른 기업과 합작투자를 할 경우 경영자들은 새로운 사업부서와 통제시스템을 신중하게 설계해야 합작투자의 성공가능성을 극대화할 수 있다.

6. 인수합병의 수익성은 기업들이 인수합병을 관리하기 위해 선택하는 조직구조와 통제시스템에 의해 결정될 뿐만 아니라, 인수합병을 기존의 사업운영 구조에 어떻게 통합하는가에 의해서도 결정된다.

토론 과제

1. 기업들이 언제 기능구조에서 사업부 구조로 바꾸는가?
2. 만약 관련다각화 기업이 비관련 사업부를 사들일 경우, 인수된 기업을 관리하기 위해 조직구조와 통제 메커니즘을 어떻게 바꿔야 할까?
3. 어떤 경우에 기업들이 글로벌 표준화 전략에서 초국적 전략으로 바꾸는가? 그렇게 할 경우 어떤 새로운 실행 문제가 나타나는가?
4. 규모가 크고 성숙 단계에 있는 기업에서 기업가정신을 장려하기 위해서는 어떤 조직구조와 통제시스템을 설계해야 할까요?
5. 인수를 통해 관련다각화 전략을 실행에 옮기는 데 관련되는 문제점들은 무엇인가?

마무리 사례 *Closing Case*

유니레버에서의 조직변화

유니레버(Unilever)는 식품, 세제, 개인 생활용품 산업 분야에서 광범위한 제품을 제공하는 세계적으로 가장 오래된 다국적 기업 가운데 하나이다. 유니레버는 500만불 이상의 연간수익을 창출하고, 거의 모든 나라에 다양한 종류의 자사 브랜드 제품을 판매하고 있다. 자사 수익의 약 25%를 점유하고 있는 세제류에는 세계 50개국 이상에서 판매되고 있는 유명한 Omo가 있다. 개인 생활용품 제품은 매출의 15% 정도를 차지하고 있는데, 여기에는 Calvin Klein 향수, Pepsodent 칫솔, Faberge 샴푸, 그리고 Vaseline 스킨로션 등이 있다. 식료품은 매출의 약 60%를 차지하고 있는 데, 여기에는 마가린 (대부분의 나라에서 마가린에 대한 유니레버의 시장점 유율은 70% 이상이다), 차, 아이스크림, 냉동식품, 제과 제빵 등이 있다.

역사적으로 유니레버는 분권화를 기반으로 조직구조를 구축해 왔다. 주요 국가의 사업부들은 해당 시장의 생산, 마케팅, 영업 및 분배에 책임을 져야 했다. 예를 들어, 유니레버는 1990년대 초기에 서유럽에서 각기 다른 국가를 담당하는 사업부를 17개나 가지고 있었다. 각 사업부는 이익센터였었고, 따라서 자신들의 성과에 책임을 져야 했다. 이러한 분권화가 이 회사의 강점의 기반인 것처럼 비춰졌다. 이러한 구조는 지역의 경영자들에게 제품공급과 마케팅 전략을 지역적 기호와 선호에 맞도록 자율적으로 결정할 수 있도록 하였다. 지역화를 촉진시키기 위해 유니레버는 지역 조직을 운영할 지역 경영자들을 모집하였다. 미국의 자회사(Lever Brothers)는 미국인에 의해 운영되고, 인도의 자회사는 인도인에 의해 운영되는 그런 시스템이다.

1990년대 중반 분권화는 빠르게 변화하는 경쟁 환경과 서서히 부적합하게 되었다. 스위스 기업인 네슬레

(Nestle), 미국의 P&G 등 유니레버의 글로벌 경쟁자들은 다양한 측면에서 유니레버를 압도하기 시작했다 – 글로벌 브랜드들을 만드는 것, 소수의 선택된 지역에 제조를 통합함으로써 비용구조를 감소시킨 것, 여러 국가의 시장에서 동시적으로 제품을 출시하는 것. 유니레버의 분권화는 글로벌 브랜드나 지역적 브랜드를 만드는 데에 걸림돌이 되었다. 이는 또한 제조 분야에서 규모의 경제의 부족과 고비용구조를 야기하였다. 유니레버는 또한 신제품 시장에서 경쟁기업들에 비해 뒤쳐지고 있다는 것을 알게 되었다. 예를 들어, 유럽에서 네슬레와 P&G는 범 유럽 제품을 출시하는 데 신속한 결정을 할 수 있지만, 만약 유니레버가 이런 결정을 한다면 17개의 유럽의 자회사를 설득하는 데만 해도 4–5년이 걸리게 될 것이다.

1990년대 후반 유니레버는 대대적인 변화를 시작했다. 유니레버는 지역적 사업 집단을 기반으로 하는 새로운 구조를 도입하였다. 사업부들이 모여 집단이 되었고, 각 사업부는 특정 제품에 집중하고 있었다. 즉, 유럽 사업 집단 내에서 한 사업부는 세제류, 다른 사업부는 아이스크림과 냉동 식품류에 집중하는 것과 같은 방식으로 사업부에 일이 분담되었다. 이러한 집단과 사업부는 자신들이 담당하고 있는 지역의 국가별 사업부의 운영 비용을 줄이고, 신제품의 개발과 도입 속도를 가속화하기 위해 협력하였다.

예를 들어, Lever Europe은 유니레버의 세제류 사업 운영을 통합하기 위해 설립되었다. 17개의 자회사는 Lever Europe에게 직접 보고하였다. 새롭게 만들어진 조직적 영향력을 이용하여, Lever Europe은 비용을 줄이고, 신제품을 도입하기 위해 몇몇 핵심적인 지역에 유럽의 세제류의 생산을 통합시켰다. 이 새로운 접근에 내포된 의미는 가격흥정이었다. 17개의 유럽 사업부들은 통일된 범 유럽 전략의 개발과 실행에 도움을 주기 위해 자신들의 전통 시장에서의 자율성을 포기하였다. 유니레버의 유럽 비누제조 공장의 숫자는 열 개에서 두 개로

감소하였고, 일부 신제품은 오직 한 공장에서만 제조되었다. 제품 크기와 포장이 조화되면서 구매 비용을 줄이고 통일된 범 유럽 광고를 도입할 수 있었다. 이러한 단계를 거치면서, 유니레버는 유럽 세제류 사업부 운영에서만 연간 4억불을 절약하였다.

하지만 2000년대 초반, 유니레버는 여전히 그들의 경쟁자에 비해 뒤쳐지고 있음을 발견하였고, 새로운 재조직 과정에 착수하였다. 이번 재조직의 목표는 유니레버가 국제적, 지역적인 범위에서 판매하는 브랜드의 숫자를 1,600개에서 400개 정도로 줄이는 것이었다. 새로운 조직화를 뒷받침하기 위해 유니레버는 제조 공장의 숫자를 380개에서 280개 정도로 줄였다. 또한 유니레버는 두 가지 글로벌 제품사업부를 기반으로 새로운 조직을 설립하였다 – 식품사업부와 가정 및 개인 생활용품 사업부. 각각의 사업부에는 주어진 지역에서 식품이나 개인 생활용품의 개발, 제조 및 마케팅에 집중하고 있는 많은 지역 사업 집단이 있었다. 예를 들어, 로테르담(Rotterdam)에 본사를 두고 있는 유니레버 Bestfoods Europe은 서유럽과 동유럽에서 식품브랜드를 판매하는데 집중하였고, 유니레버 Home and Personal Care Europe은 동일 지역에서 가정 및 개인 생활용품에 집중하였다. 이와 비슷한 구조가 북아메리카, 라틴 아메리카, 그리고 아시아에서도 찾아볼 수 있다. 뉴저지에 본사를 두고 있는 Bestfoods North America는 유니레버의 Bestfoods Europe과 유사한 기능과 역할을 수행하고 있으나, 지역 시장의 역사가 다름으로 인해 여기에서 유니레버가 판매하고 있는 많은 식품브랜드는 유럽에서 판매되는 식품브랜드와는 차이가 있다.

자료: H. Connon, "Unilever's Got the Nineties Licked," *The Guardian*, May 24, 1998, p. 5; "Unilever: The Networked Organization," *Harvard Business Review*, November–December 1996, p. 138; C. Christensen and J. Zobel, "Unilever's Butter Beater: Innovation for Global Diversity," Harvard Business School Case No. 9–698–017, March 1998; M. Mayer, A. Smith, and R. Whittington, "Restructuring Roulette," *Financial Times*, November 8, 2002, p. 8; and www.unilever.com

사례 토의 문제

1. 1960년대와 1970년대에 유니레버가 왜 분권화된 조직구조를 구축하였는가? 1980년대에 들면서 이 구조가 왜 유니레버에게 문제를 야기하였는가?

2. 1990년대 중반 유니레버가 새롭게 도입한 조직구조는? 이 구조가 왜 유니레버의 문제를 해결할 수 없었다고 생각하는가?

3. 2000년대에 유니레버는 글로벌 제품 사업부 구조로 조직을 바꾸었다. 이와 같은 조직구조 변화의 기본적인 논리가 무엇이라고 생각하는가? 세제 및 식품사업 영역에서의 경쟁 환경을 고려할 때, 이런 구조가 적절하다고 생각하는가?

핵심 용어 *Key Terms*

사업부 구조(Multidivisional structure) 532
독립사업부(Self-contained division) 532
기업본부 스태프(Corporate headquarters staff) 532
이익센터(Profit center) 534
조직 여유 자원(Organizational slack) 536

정보왜곡(Information distortion) 537
이전가격조정(Transfer pricing) 537
통합역할(Integrating roles) 543
국제사업부 구조(International division) 545
세계 지역구조(Worldwide area structure) 547
세계 제품사업부 구조(Worldwide

product divisional structure) 548
글로벌 매트릭스 구조(Global matrix structure) 549
사내 기업가(Intrapreneurs) 553
뉴 벤처 부서(New-venture division) 553

참고문헌 *Notes*

1 A. D. Chandler, *Strategy and Structure* (Cambridge: MIT Press, 1962); O. E. Williamson, *Markets and Hierarchies* (New York: Free Press, 1975); and L. Wrigley, "Divisional Autonomy and Diversification" (Ph.D. Diss., Harvard Business School, 1970).

2 R. P. Rumelt, *Strategy, Structure, and Economic Performance* (Boston: Division of Research, Harvard Business School, 1974); B. R. Scott, *Stages of Corporate Development* (Cambridge: Intercollegiate Clearing House, Harvard Business School, 1971); and Williamson, *Markets and Hierarchies*.

3 A. P. Sloan, *My Years at General Motors* (Garden City: Doubleday, 1946); A. Taylor III, "Can GM Remodel Itself?" *Fortune*, January 13, 1992, pp. 26–34; W. Hampton and J. Norman, "General Motors: What Went Wrong?" *Business Week*, March 16, 1987, pp. 102–110; and www.gm.com (2002). The quotations are on pages 46 and 50 in Sloan, *My Years at General Motors*.

4 The discussion draws on each of the sources cited in endnotes 18–25 and on G. R. Jones and C. W. L. Hill, "Transaction Cost Analysis of Strategy-Structure Choice," *Strategic Management Journal* 9 (1988): 159–172.

5 H. O. Armour and D. J. Teece, "Organizational Structure and Economic Performance: A Test of the Multidivisional Hypothesis," *Bell Journal of Economics* 9

(1978): 106–122.

6 Sloan, *My Years at General Motors.*

7 Jones and Hill, "Transaction Cost Analysis of Strategy-Structure Choice."

8 Ibid.

9 R. A. D'Aveni and D. J. Ravenscraft, "Economies of Integration Versus Bureaucracy Costs: Does Vertical Integration Improve Performance?" *Academy of Management Journal* 5 (1994): 1167–1206.

10 P. R. Lawrence and J. Lorsch, *Organization and Environment* (Boston: Division of Research, Harvard Business School, 1967); J. R. Galbraith, *Designing Complex Organizations* (Reading: Addison-Wesley, 1973); and M. Porter, *Competitive Advantage: Creating and Sustaining Superior Performance* (New York: Free Press, 1985).

11 P. R. Nayyar, "Performance Effects of Information Asymmetry and Economies of Scope in Diversified Service Firm," *Academy of Management Journal* 36 (1993): 28–57.

12 L. R. Gomez-Mejia, "Structure and Process of Diversification, Compensation Strategy, and Performance," *Strategic Management Journal* 13 (1992): 381–397.

13 R. A. Burgelman, "Managing the New Venture Division: Research Findings and the Implications for Strategic Management," *Strategic Management Journal* 6 (1985): 39–54.

14 Burgelman, "Managing the New Venture Division."

15 R. A. Burgelman, "Corporate Entrepreneurship and Strategic Management: Insights from a Process Study," *Management Science* 29 (1983): 1349–1364.

16 G. R. Jones, "Towards a Positive Interpretation of Transaction Cost Theory: The Central Role of Entrepreneurship and Trust," in M. Hitt, R. E. Freeman, and J. S. Harrison (eds.), *Handbook of Strategic Management* (London: Blackwell, 2001), pp. 208–228.

17 www.nestle.com and www.cocacola.com.

18 M. S. Salter and W. A. Weinhold, *Diversification Through Acquisition* (New York: Free Press, 1979).

19 F. T. Paine and D. J. Power, "Merger Strategy: An Examination of Drucker's Five Rules for Successful Acquisitions," *Strategic Management Journal* 5 (1984): 99–110.

20 H. Singh and C. A. Montgomery, "Corporate Acquisitions and Economic Performance" (unpublished manuscript, 1984).

21 B. Worthen, "Nestlé's ERP Odyssey," *CIO*, 2002, 1–5.

22 G. D. Bruton, B. M. Oviatt, and M. A. White, "Performance of Acquisitions of Distressed Firms," *Academy of Management Journal* 4 (1994): 972–989

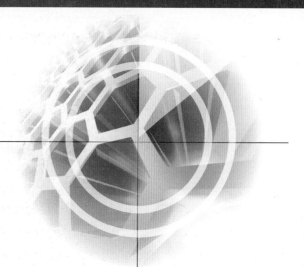

사례연구 분석

사례연구 분석하기 및 사례연구 분석 작성하기

사례연구 분석이란 무엇인가?

사례연구 분석(case study analysis)은 전략경영 강좌의 필수적인 한 부분이다. 사례연구의 목적은 학생들에게 실제로 조직이 직면하는 전략경영 관련 문제들에 대한 경험을 제공하기 위한 것이다. 하나의 사례연구에서는 수많은 시기에 걸쳐서 사업체 혹은 산업에서 발생한 것들 중 한 가지 사건에 대한 서술을 제공한다. 사례연구는 경쟁환경의 변화 같은 경영진이 다루어야 했던 사건들을 연대순으로 기록하고, 일반적으로 사업수준전략 혹은 기업수준전략의 변화와 관련되는 경영진의 대응을 제시한다. 본 교과서에서 사례들은 경영진이 직면해야했던 광범위한 이슈들과 문제들을 포함한다. 어떤 사례들은 변화하는 상황조건들 하에서 경쟁하기 위하여 올바른 사업수준전략을 발견하는 것에 대한 것이다. 어떤 사례들은 인수에 의한 성장을 택했지만 성장의 이면에 있는 근본적인 이유에 대해서는 간과한 회사들과, 이런 회사에서 인수에 의한 성장이 미래 수익성에 어떻게 영향을 미치는지에 대한 것이다. 각 사례는 각 사례에서 다루는 조직이 다르기 때문에 다양하다. 그러나 모든 사례들에서 하부에 존재하는 공통된 사항은 사업에서 직면하는 문제들을 해결하기 위해 전략경영 기법들을 활용한다는 것이다.

사례들은 여러 가지 이유들을 통하여 전략경영 강좌가 소중하다는 것을 입증한다. 첫째, 사례들은 당신(학생)에게 아마도 직접적으로 경험할 기회가 없었을 조직 관련 문제들에 대한 경험을 제공한다. 상대적으로 짧은 시간동안, 당신은 여러 다양한 회사들이 직면한 문제들을 인식하고 분석할 수 있는 기회와 어떻게 경영진들이 그러한 문제들에 대처하려고 노력하는지를 이해할 수 있는 기회를 가질 것이다.

둘째, 사례들은 전략경영의 이론 및 내용을 예시한다. 전략경영의 이론 및 내용의 의미와 함의는 사례연구들에 적용될 때 좀 더 명확해진다. 이론 및 개념들은 연구된 회사들에서 무슨 일이 벌어지고 있는지를 규명하는 것을 돕고, 특정 회사들이 직면한 문제들을 해결하기 위하여 적용한 해결책들을 당신이 평가할 수 있도록 해준다. 결과적으로, 당신이 사례를 분석하면 마치 개념적인 도구들의 집합을 가진 탐정처럼 어떤 일이 발생했고, 무엇 또는 누가 책임이 있는지를 밝혀내며, 다음으로 해결책을 제공하는 증거들을 정리한다. 최고경영진들은 현실세계에서 문제해결능력들을 검증하는 스릴을 즐긴다. 올바른 답이 무엇인가를 아는 사람이 없다는 것을 기억하는 것은 중요하다. 경영진들이 할 수 있는 모든 것은 최선의 추측을 하는 것이다. 사실, 경영진들은 전략적 문제들을 해결함에 있어서 단지 절반의 시간만이라도 자신들의 추측이 맞았다면 행복하다고 반복적으로 말하곤 한다. 전략경영은 불확실한 게임이다. 그리고 어떻게 이론이 어떻게 실행될 수 있는지를 살펴보기 위해 사례들을 활용하는 것은 진단조사(diagnostic investigation)에 있어서 당신의 기술을 향상시키는 한 가지 방법이다.

셋째, 사례연구들은 당신에게 수업에 참여할 기회와 다른 사람들에게 당신의 아이디어들을 제시하는 경험을 얻을 수 있는 기회를 제공한다. 교수는 때로 사례에서 어떤 일이 벌어지고 있는지를 파악하기 위해 학생들을 그룹이 되도록 요구할 수 있다. 그리고 수업에서의 토론을 통하여 학생들 스스로 사례문제의 이슈와 해결책들을 파악할 수 있다. 그러한 상황에서, 당신은 당신의 관점과 결론들을 정리해야 할 것이고 수업에 그러한 관점과 결론들을 발표할 수 있다. 당신의 수업 동료들은 당신과 다르게 이슈들을 분석했을지도 모른다. 그리고 당신의 결론들을 자신들이 받아들이기 전에 당신과 핵심적인 사안에 대하여 논쟁할 것이기 때문에, 토론을 준비해야 한다. 토론의 이런 형태는 의사결정의 변증법적 접근법의 예이다. 이것은 실제 사업세계에서 어떻게 의사결정이 이루어지는지를 나타낸다.

교수들은 또한 개인에게 혹은 보다 일반적으로는 그룹에게 수업 반 전체 앞에서 사례를 분석하도록 지목할지도 모른다. 개인 혹은 그룹은 아마도 수업에서 지정 사례에 대하여 30~40분 정도의 발표를 맡을 것이다. 이 발표는 제시된 이슈들, 회사가 직면한 문제들, 문제들을 해결하기 위한 권고사항들을 포함해야 한다. 다음으로 토론이 수업에서 공개적으로 진행될 것이고, 당신은 당신의 아이디어들을 방어해야 할 것이다. 그러한 토론과 발표를 통하여, 당신은 어떻게 당신의 아이디어를 타인들에게 효과적으로 전달할 수 있는지를 경험할 것이다. 경영자들의 많은 시간이 이런 종류의 상황에 소요된다는 것을 명심하라: 아이디어를 제시하고, 무슨 일이 벌어지고 있는지에 대한 자신만의 관점을 가진 다른 경영자들과 토론을 벌인다. 그리하여, 당신은 수업에서 실제적인 전략경영의 과정을 경험할 것이고, 이러한 경험은 당신의 미래 경력에 큰 도움이 될 것이다.

당신이 사례연구들을 그룹으로 분석한다면, 당신은 또한 팀으로써 작업하는 과정에 대하여 배울 것이다. 사람들이 그룹으로 작업할 때, 사례분석을 위한 시간을 짜고 책임을 할당하는 데 있어서 종종 어려움을 겪는다. 언제나 자신의 책임을 회피하는 구성원들과 자신의 아이디어를 지나치게 확신하여 그룹의 분석을 지배하려고 노력하는 구성원들이 언제나 존재한다. 그러나 전략경영의 대부분은 그룹들에서 발생하며, 이러한 문제들을 지금 배운다면 가장 좋은 것이다.

사례연구를 분석하기

사례연구의 목적은 당신이 특정 회사가 직면하고 있는 이슈들을 분석할 때, 전략경영의 개념들을 적용할 수 있게 하는 것이다. 따라서 사례연구를 분석하기 위하여, 당신은 회사가 직면하고 있는 이슈들을 면밀하게 검토해야 한다. 당신은 자주 사례를 여러 차례 읽게 될 것이다. 일단 회사에게 일어나고 있는 것의 전체적인 그림을 파악하기 위해서, 다음으로 특정 문제를 규명하고 파악하기 위해서 여러 차례 읽게 될 것이다.

일반적으로 사례연구의 상세한 분석은 여덟 개 영역들을 포함한다:

1. 시간의 경과에 따른 회사의 역사, 발전, 성장
2. 회사의 내부 강점들 및 약점들의 파악
3. 회사를 둘러싼 외부환경의 특성
4. SWOT 분석
5. 회사가 추구하고 있는 기업수준전략의 종류
6. 회사의 사업수준전략의 특성
7. 회사의 구조 및 통제시스템, 그리고 이들이 회사의 전략과 얼마나 적합한가
8. 권고사항들

사례를 분석하기 위하여, 당신은 이런 영역들 각각에 강좌에서 배운 개념들을 적용해야 한다. 당신이 사례분석을 더욱 잘하도록 돕기 위하여, 우리는 다음에서 여덟 가지 영역들 각각에 대해서 사례자료들을 분석하는 데 필요한 단계들의 요약을 제공한다.

1. *회사의 역사, 발전, 성장을 분석하기.* 회사의 과거 전략 및 구조가 어떻게 현재의 전략 및 구조에 영향을 미치는가를 조사하는 편리한 방법은 역사적으로 발생한 중요한 사건들- 즉, 오늘날까지 회사의 발전에 가장 특별하거나 가장 중요한 사건들을 도시하는 것이다. 사건들 중 일부는 회사의 설립, 회사의 초기 제품들, 회사가 어떻게 새로운 제품시장에 대한 결정을 내렸는가, 회사가 어떻게 기능적 역량들을 개발하고 선택했는가와 관련된다.

2. *회사의 내부 강점 및 약점들을 파악하기.* 일단 회사의 역사적인 프로필이 완성되면, 당신은 SWOT분석을 시작할 수 있다. 역사적으로 나타났던 것에 따라 회사의 강점들 및 약점에 대한 설명을 개발하기 위하여 도시했던 모든 사건들을 활용하라. 회사의 가치창출 기능들 각각을 검토하고, 회사가 현재 강점을 가진 기능들과 약점을 가진 기능들을 파악하라. 일부 회사들은 마케팅에서 약점이 있을지도 모른다; 어떤 회사들은 연구개발에서 강점이 있을지도 모른다. 이런 강점 및 약점들

의 목록들을 만들어라. [표 1]에 제시된 SWOT 체크리스트는 이런 목록들을 만들 수 있는 예들을 제공한다.

| 표 1 | SWOT 체크리스트 |

잠재적인 내부강점들	잠재적인 내부약점들
많은 제품라인들?	구식의 좁은 제품라인들?
광범위한 시장범위?	제조비용의 상승?
제조역량?	연구개발 혁신들의 감소?
훌륭한 마케팅 기술들?	부족한 마케팅 계획?
훌륭한 원재료 관리시스템?	부족한 원재료 관리시스템?
연구개발 기술들 및 리더십?	고객의 신용 감소?
정보시스템역량들?	부족한 인적자원들?
인적자원역량들?	부족한 정보시스템들?
상표명(brand name) 명성?	상표명자본(brand name capital)의 손실?
포트폴리오관리 기술들?	방향을 잃은 성장?
비용우위 또는 차별화우위?	나쁜 포트폴리오관리?
신사업 경영 전문지식?	기업방향성의 훼손?
적절한 경영스타일?	부문 간 내분?
적절한 조직구조?	기업통제의 손실?
적절한 통제시스템?	부적절한 조직구조 및 통제시스템?
전략변화를 관리하는 능력?	
잘 개발된 기업전략?	큰 갈등 및 정치활동들?
훌륭한 재무관리?	부족한 재무관리?
기타?	기타?

표 1	SWOT 체크리스트 (계속)

잠재적인 환경기회들	잠재적인 환경위협들
핵심사업(들)의 확장?	핵심사업(들)에 대한 공격
새로운 시장 세그먼트의 활용?	국내경쟁 심화?
제품범위 확장?	외국경쟁 심화?
비용우위 또는 차별화우위의 확대?	고객기호의 변화?
새로운 성장사업들로 다각화?	진입장벽의 붕괴?
외국시장들로 확장?	새롭거나 대체적인 제품들의 출현?
새로운 영역에 연구개발 기술들을 적용?	산업 내에 경쟁자의 증가?
새로운 관련 사업들로 진입?	산업경쟁의 새로운 형태들?
전방 수직적통합?	인수에 대한 잠재적 위협?
후방 수직적통합?	기업사냥꾼의 존재?
기업 포트폴리오의 확장?	지역적 경쟁의 증가?
진입장벽의 극복?	인구통계적 요인들의 변화들?
경쟁자들 간 경쟁 감소	경제적 요인들의 변화들?
새로운 인수들이 좀 더 수익성이 있는가?	경제침체
새로운 영역에서 상표명자본의 적용?	인건비 증가?
빠른 시장성장의 모색?	좀 더 느린 시장성장?
기타?	기타?

3. *외부환경을 분석하기.* 환경기회 및 위협들을 파악하기 위하여, 회사가 직면한 환경을 분석하는데 산업 및 거시경제에 대한 모든 개념들을 적용하라. 산업수준에서 특히 중요한 것은 포터(Porter)의 산업분석모형(Five Forces Model)을 수정한 경쟁분석모형(Competitive Forces Model)과 수명주기모형(life-cycle model)의 단계이다. 거시경제에서 어떤 요인들이 특정회사에 두드러지게 영향을 미칠 것인가가 나타날 것이다. 교대로 각 요인들(예를 들어, 인구통계요인들)이 회사와 연관되는지 살펴보는 데 활용하라.

이 분석이 완결되면, 당신은 회사의 환경에 대한 분석과 기회 및 위협들의 목록을 함께 창출할 것이다. SWOT 체크리스트 표는 또한 당신이 탐색할 수 있는 일부의 보편적 환경기회 및 위협들을 목록화한 것이지만, 당신이 창출한 목록은 당신의 회사에 특정한 것일 것이다.

4. *SWOT 분석 평가하기.* 회사의 내부강점 및 약점들뿐만 아니라 외부기회와 위협들을 파악함으로써, 당신의 발견이 의미하는 것을 검토하라. 당신은 기회 및 위협들과 강점 및 약점들 간 균형을 유지할 필요가 있다. 회사는 전체적으로 강력한 경쟁적 지위에 있는가? 현재의 사업수준전략 및 기업수준전략을 수익성 있게 지속적으로 추구할 수 있는가? 회사가 약점을 강점으로, 위협을 기회로 바꾸기 위하여 무엇을 할 수 있는가? 이 변화를 달성하기 위하여 새로운 기능전략, 사업전략, 또는 기업전략들을 개발할 수 있는가? *SWOT 분석을 단순하게 창출한 후 제쳐 놓지 말라.* SWOT분석이 회사의 조건에 대한 충분한 요약 설명을 제공하기 때문에, 훌륭한 SWOT분석은 이후 모든 분석들에 있어서 중요하다.

5. *기업수준의 전략분석.* 기업수준의 전략을 분석하기 위해 여러분들은 먼저 기업의 미션과 목표를 확인해야 한다. 때때로 미션과 목표는 사례에 명시적으로 기술된다; 그렇지 않은 경우 여러분들은 이런 저런 정보를 바탕으로 미션과 목표를 추론해야 한다. 회사의 기업전략을 확인하기 위해 수집해야 할 정보에는 회사의 비즈니스 노선, 사업부와 인수의 특성 등이 있다. 기업의 사업부들 사이의 관계를 분석하는 일이 매우 중요하다. 사업부들이 자원을 거래하는가, 아니면 교환하는가? 사업부들 사이의 시너지로부터 이익을 얻고 있는가? 기업이 단순히 투자 포트폴리오만 구성하고 있는가? 이런 분석은 기업이 추구하고 있는 전략(관련다각화, 비관련다각화, 아니면 이 둘의 결합)을 확인하는 데 도움을 줄 뿐만 아니라, 기업이 하나의 핵심사업만 수행하고 있는지를 알게 해준다. 이제 SWOT 분석을 통해 이 전략의 장점들을 논의하라. 현재의 경영환경에서 기업이 선택한 전략은 적절한가? 기업전략의 변화가 기업에게 새로운 기회를 얻거나 약점을 강점으로 전환시키도록 하는가? 예를 들어, 기업이 현재의 핵심 사업영역에서 새로운 사업영역으로 다각화해야 하는가?

다른 이슈들 역시 고려되어야 한다. 회사의 기업전략이 시간이 흐르면서 어떻게, 그리고 왜 바뀌었는가? 어떤 변화가 있게 된 주된 이유는 무엇인가? 기업의 상황을 파악하기 위해 기업의 사업영역이나 제품들을 분석하고, 어떤 사업영역이나 제품이 기업의 경쟁우위에 기여하는지, 아니면 기여하지 못하는지를 확인하는 것이 매우 중요하다. 역사가 쌓이면서 기업이 포트폴리오를 어떻게 구축해 왔는지를 분석하는 일 역시 중요하다. 새로운 사업부를 인수했는가, 아니면 내부적 벤처를 통해 직접 설립했는가? 이 모든 요인들이 기업에 대한 단서들을 제공해 주며, 기업의 미래 성과 개선을 위한 방안들을 알게 해준다.

6. *사업수준의 전략분석.* 여러분들이 회사의 기업수준의 전략을 알고, SWOT 분석을 실시했다면, 그 다음 단계는 회사의 사업수준의 전략을 확인하는 것이다. 만약 기업이 단일 사업 기업이라면, 이 기업의 사업수준 전략은 이 기업의 기업수준 전략과 동일하다. 만약 기업이 많은 사업영역에 진출해 있다면, 각 사업부들은 자체의 사업전략을 가지고 있다. 여러분들은 기업의 본원적 경쟁전략(저원가, 차별화 혹은 초점)을 확인할 필요가 있으며, 아울러 상대적 경쟁지위와 성장단계를 고려하여 투자전략을 파악해야 한다. 또한 기업은 각기 상이한 사업수준전략을 활용하여 상이한 제품을 시장에 내놓을 수 있다. 예를 들어, 기업은 저원가 제품과 차별화 제품을 시장에 내놓을 수 있다. 기업의 사업수준전략을 확실하게 이해하기 위해서는 기업이 어떻게 경쟁하고 있는지를 파악해야 한다.

우월한 효율성, 품질, 혁신 및 고객반응성을 통해 경쟁우위를 구축하고, 기업의 사업수준의 전략을 효과적으로 실행에 옮기기 위해 기업이 추구하고 있는 기능전략을 확인하는 것 역시 매우 중요하다. SWOT 분석은 여러분들에게 기업의 기능적 역량에 관한 정보를 제공해준다. 여러분들이 기업이 어떻게 운영되고 있는지를 상세히 알아보기 위해서는 기업의 생산, 마케팅, 혹은 연구개발 전략을 조사해야 한다. 예를 들어, 저원가 전략이나 차별화 전략을 성공적으로 구사하기 위해서는 각기 다른 능력이 필요하다. 기업이 해당 전략에 적합한 능력을 개발하였는가? 그렇다면, 이 능력을 그 이상으로 어떻게 활용할 것인가? 저원가 전략과 차별화 전략을 동시에 추구할 수 있을까?

포터(Porter)의 모델에서 산업분석은 환경위협을 발견하게 해주므로 여기서 SWOT 분석은 매우 중요하다. 기업이 환경위협을 잘 다룰 수 있을까? 환경위협에 대처하기 위해 사업수준의 전략을 어떻게 변화시켜야 할까? 기업의 사업수준 전략의 잠재력을 평가하기 위해 여러분들은 문제의 본질을 확인하게 해주는 완벽한 SWOT 분석을 먼저 실시해야 한다.

여러분들이 SWOT 분석을 마쳤다면, 기업의 운영전반을 잘 파악할 수 있을 뿐만 아니라, 기업이 추구하고 있는 전략의 잠재력도 확인할 수 있게 된다. 이제 여러분들은 기업의 미래 행동 패턴에 대해 조언을 줄 수 있게 된다. 그러나 여러분들은 먼저 전략 실행 문제를 고민해야 한다.

7. *구조와 통제시스템 분석.* 이 분석의 목적은 기업이 자신의 전략을 실행에 옮기기 위해 어떤 조직구조와 통제시스템을 활용하고 있는지를 확인하고, 이런 조직구조와 통제시스템이 이 기업에 적절한 것인지를 평가하기 위함이다. 기업전략이나

사업전략이 다르면 구조도 달라져야 한다. 여러분들은 기업의 전략과 구조 사이의 적합성을 평가해야 한다. 예를 들어, 기업이 적절한 수준의 수직적 차별화(예: 적절한 수의 위계계층을 가지고 있는가? 아니면 분권화된 통제를 잘 실행하고 있는가?) 혹은 수평적 차별화(예: 제품구조를 사용해야 될 때 기능구조를 도입하고 있는가?)를 하고 있는가? 나아가 기업은 사업운영의 관리를 위해 적절한 통합 및 통제시스템을 구비하고 있는가? 경영자들이 적절하게 보상받고 있는가? 보상시스템이 사업부들 사이의 협력을 장려하도록 되어 있는가? 이 모든 것들이 고려되어야 할 이슈들이다.

어떤 경우에는 이들 이슈에 관한 정보가 거의 없기도 하고, 또 어떤 경우에는 매우 많기도 하다. 각 사례를 분석함에 있어서 여러분들은 가장 두드러진 이슈들을 분석해야 한다. 예를 들어, 조직갈등, 권력 및 정치가 어떤 기업에 있어서는 중요한 이슈가 되기도 한다. 왜 이런 영역에서 문제들이 발생하였는지를 분석해야 한다. 전략수립을 잘못해서 이런 문제가 발생하였는지, 아니면 전략 실행이 잘못되어 발생하였는지를 파악해야 한다.

조직변화는 많은 사례에 있어서 중요한 이슈이다. 왜냐하면, 기업들이 전략적 문제를 해결하기 위해 자신들의 전략이나 구조를 바꾸려고 하기 때문이다. 따라서 분석의 한 부분으로써 여러분들은 기업이 자신의 목표를 달성하기 위해 사용할 수 있는 행동계획을 제안해야 한다. 예를 들어, 기업이 차별화 전략에서 초점전략으로 사업수준의 전략을 수정함에 있어서 반드시 따라야 할 논리적 단계나 순서를 제시해야 한다.

8. *의견 제시.* 여러분들이 제안하는 의견의 질은 여러분들이 준비한 완벽한 사례분석의 직접적 결과이다. 의견 제시는 기업이 직면하고 있는 전략적 문제를 해결하는 동시에 기업의 미래 수익성을 증가시키는 것과 관련되어야 한다. 여러분들의 의견 제시는 여러분들의 분석과 일맥상통해야 한다; 앞과 뒤 사이에 논리적 일관성이 있어야 한다. 예를 들어, 여러분들의 의견 제시는 사업성과 개선을 위해 기능, 사업 및 기업전략의 변화에 초점을 두거나, 조직구조와 통제시스템의 개선에 논의를 집중해야 한다. 의견 제시는 사례에 따라 다를 수 있으며, 따라서 구체적으로 여기서 논의하기에는 한계가 있다. 의견 제시에는 연구개발 투자 증가, 특정 사업영역의 퇴출, 비관련다각화에서 관련다각화로의 변화, 태스크포스나 팀을 활용하여 사업부들 사이의 통합의 수준 제고, 혹은 새로운 사업수준 전략 실행을 위한 상이한 조직구조 선택 등이 포함될 수 있다. 여러분들의 의견 제시는 상호 일관되어야 하며, 구체적인 행동계획의 형태로 작성되어야 한다. 행동계획은 기업의 전략변화를 위한 행동단계별 일정계획을 포함할 뿐만 아니라, 기업수준에서의 변화

가 어떻게 해서 사업수준에서의 변화와 기능수준에서의 변화로 연결되어야 하는 지를 기술하는 것도 포함한다.

이와 같은 모든 과정을 따르게 되면 여러분들은 완전한 사례분석을 하게 되며, 그 결과 수업시간 토론과정에 참여할 수 있으며, 여기에서 여러분들의 의견을 개진할 수도 있다. 여러분들의 사례에서 논의된 특정의 이슈에 여러분들의 분석을 맞추어야 한다는 사실을 기억하라. 경우에 따라 여러분들이 고려하고 있는 상황과 관련이 없을 경우, 사례분석에서 단계 하나를 완전히 생략할 수도 있다. 여러분들은 해당 사례가 무엇을 다루고자 하는 것인지를 잘 파악해야 하며, 본서가 제시하는 사례분석틀을 무작정 적용해서는 안 된다. 여기서 제시하는 사례분석 틀은 하나의 지침에 불과하다.

사례연구 분석보고서의 작성

종종 여러분들이 수강하는 수업의 필수조건의 하나로써 사례분석 보고서를 작성해야 할 때가 있다. 이는 개인보고서가 될 수도 있고 그룹보고서가 될 수도 있다. 어떤 것이든 간에 사례분석 보고서를 작성하기 위해서는 따라야 할 지침이 있다. 우리가 이들 지침들을 논의하기에 앞서, 그리고 여러분들이 이런 지침들을 사용하기 전에 분명히 해야 할 것은, 이들 지침들이 여러분들의 교수가 여러분들에게 요구하는 사례보고서 작성 방향과 다르지 않다는 것이다.

여러분들이 작성하는 사례보고서의 구조가 매우 중요하다. 여러분들이 바로 앞부분에서 논의한 사례분석 단계를 따른다면, 여러분들은 이미 좋은 사례보고서 작성구조를 가지고 있는 셈이다. 먼저, 모든 보고서는 사례기업의 소개에서부터 시작된다. 사례소개 부분에 기업이 어떤 일을 하고 있는지, 어떤 역사적 경로를 밟아 왔는지, 어떤 문제를 안고 있는지, 그리고 여러분들이 이 사례를 작성함에 있어서 이 기업의 이슈들에 어떻게 접근하려고 하는지 등을 간략히 기술해야 한다. 이를 작성할 때에는 다음의 예에서처럼 순서에 입각해서 작성해야 한다. "첫째, 우리는 이 기업의 환경에 대해 논의한다… 셋째, 우리는 X사의 사업수준 전략에 대해 논의한다… 마지막으로, 우리는 X사의 사업방향의 전환을 제안한다."

사례 작성의 두 번째는 전략적 분석을 하는 부분으로써 SWOT 분석을 실시하고, 기업의 사업전략과 기업전략을 분석하고 논의하며, 나아가 기업의 조직구조와 통제시스템을 분석한다. 여기서 여러분들은 많은 표제와 부제를 사용해야 한다. 예를 들면, 여러분들이 사용하는 중요한 개념적 도구는 절을 나누어라. 그렇게 하면 여러분들은 경쟁력 모형을 환경분석에 관한 하나의 부제로 따로 만들 수 있을 것이다. 또한 여러분들이 기업의 기업전략을 분석할 때에는 포트폴리오 기법을 또 다른 하나의 부제로 나눌 수도 있다. 사례에서 구체적 이슈의 중요성에 따라 표제와 부제로 나누어야 한다.

사례 작성의 세 번째 부분에서는 여러분들의 해결책과 제안사항을 제시해야 한다. 종합적인 관점에서 적성되어야 하며, 해결책과 제안들은 앞에서 분석한 내용들과 일관되어야 하며, 특히 제안사항은 해결책과의 적합성뿐만 아니라, 논리적 연계성도 가지고 있어야 한다. 제안사항 부분은 강조하여 잘 제시해야 하는데, 그 이유는 여러분들의 교수들이 제안사항의 질을 보고 여러분들이 얼마나 많은 노력을 했는지를 평가하기 때문이다.

이런 순서를 따르게 되면 아주 훌륭한 사례분석 보고서의 구조를 가지게 된다. 경우에 따라 사례가 전혀 문제점이 없는 우수기업에 관한 것일 수도 있다. 이런 경우 제안사항을 작성하는 것이 쉽지 않다. 이때 여러분들은 여기서 논의한 사례분석 보고서의 구조를 통해 이 기업이 왜 잘 운영되고 있는지에 초점을 둘 수 있다. 아래에는 좋은 사례분석 보고서 작성을 위한 세부적인 지침들이 기술되고 있다.

1. 사례기업에 관한 사실적 정보들을 요약 부분에서 반복하지 말아라. 교수는 사례를 이미 읽었으므로 기업의 사실적 정보를 이미 알고 있다. 대신 여러분들은 여러분들의 주장을 제시하고, 논쟁거리에 대해 여러분들의 주장을 강화하는 논리를 제시하거나 특징적인 부분을 강조하라. 기업에 대한 간략한 소개나 기술하는 수준을 뛰어 넘어 분석적인 자세를 취해야 한다.

2. 여러분들의 토론에서 표제와 부제는 서로 논리적으로 연결되어야 한다. 즉, 사전에 분석한 내용이 논리적으로 귀결되어 최종 결론에 도달하도록 해야 한다. 이는 집단보고서의 경우 특히 중요한 데, 그 이유는 집단보고서 작성에 참여하고 있는 집단구성원의 경우 보고서 작성을 나누어서 하자고 제안하면서 이런 주장을 하기도 하기 때문이다. "나는 서론을 작성할 테니, 자네는 중간부분을 작성하고, 나머지 한명은 결론을 작성하면 되잖아." 보고서가 이렇게 작성될 경우 앞뒤가 서로 맞지 않는 보고서가 되기 쉽다. 물 흐르듯 논리의 전개가 되지 않게 되며, 담당교수는 실질적인 집단작업을 통해 보고서가 작성되었다고 믿지 않는다.

3. 문법적 오류나 오탈자를 피하라. 이럴 경우 여러분들의 보고서가 깔끔하지 않게 된다.

4. 어떤 경우에는 유명한 기업을 다루는 사례가 1998년 혹은 1999년에 끝나기도 한다. 그 이유는 사례작성 이후의 어떤 정보도 얻지 못했기 때문이다. 가능하다면, 1999년 이후 이 기업에서 일어난 정보들을 탐색하라.

많은 도서관들이 광범위한 웹(web) 기반 전자 데이터베이스 검색시설을 보유하고 있다. 이런 전자 데이터베이스 검색시설들은 다음과 같은 출처들을 제공해 주고 있다: *ABI/Inform, The Wall Street Journal Index, the F&S Index,* 그리고 *Nexis-Lexis Database.* 이런 것들은 최근 몇 년 이내에 여러분들이 선택한 기업에 관한 비즈니스 언론 보도기사들을 확인할 수 있게 해준다. 많은 비전자자료기반 (nonelectronic data sources) 역시 매우 유용하다. 예를 들어, *F&S Predicasts*는 국내 및 국제 비즈니스 언론에 보도된 주요 기업들에 관한 연간 기사 리스트를 발행한다. *S&P Industry Surveys*는 기본적인 산업데이터를 방대하게 제공해주고 있고, *Value Line Ratings and Reports*는 기업의 재무 상태와 미래 전망에 관한 요약자료를 제공해주고 있다. 또한 여러분들은 기업에 관한 모든 재무정보를 수집하려고 할 수도 있다. 이때는 *Edgar Database*와 같은 웹(web) 기반 전자 데이터베이스를 통해 재무정보에 대한 접근이 가능하다. *Edgar Database*는 공개 상장기업들이 증권거래위원회(Securities and Exchange Commission)에 제출해야 하는 모든 재무정보들을 보관하고 있다(SEC; 미국의 상장기업이 미국 증권거래위원회에 제출해야 하는 기업실적 레포트인 10-K는 SEC의 *Edgar Database*를 통해 접근할 수 있다). 상장기업에 대한 대부분의 SEC 보고서는 현재 야후(http://finance.yahoo.com/)와 같은 인터넷 기반 재무사이트를 통해 접근가능하다.

5. 때때로 교수들은 여러분들의 사례분석에 도움을 주기 위해 각 사례에 대한 질문을 하기도 한다. 이런 것들을 사례분석 보고서 작성을 위한 지침으로 활용하라. 교수들의 질문들은 토론에서 논의되어야 할 중요한 이슈들을 명확하게 해준다.

만약 여러분들이 여기에서 제시한 지침들을 잘 따른다면, 완전한 사례분석 보고서를 작성할 수 있을 뿐만 아니라, 좋은 평가도 받게 될 것이다.

사례분석 보고서에서 재무분석의 역할

사례를 분석하고 사례분석 보고서를 작성하는 데 있어서 매우 중요한 부분 가운데 하나는 재무정보의 역할과 활용이다. 기업의 재무 상태를 세밀하게 분석하게 되면 사례분석의 질을 크게 향상시킨다. 결국, 재무자료는 기업의 전략과 구조의 구체적인 결과를 나타내주는 것이다. 비록 재무제표를 분석하는 것이 매우 복잡하지만, 기업의 재무 상태에 대한 전반적인 현황이 비율분석을 통해 확인될 수 있다. 재무성과 비율은 대차대조표와 손익계산서를 통해 계산될 수 있다. 재무성과 비율은 5개 하위비율로 나눠진다: 자본금 이익률(profit ratios), 유동성 비율(liquidity ratios), 활동성 비율(activity ratios), 레버리지 비율(leverage ratios), 그리고 주주 수익율(shareholder-return ratios). 이러한 비율들은 산업 평균이나 기업의 이전년도의 성과와 비교되어야 한다. 그러나 분명히 해야 할 것은 평균 으로부터의 일탈이 항상 나쁜 것이 아니라는 점이다; 이는 단지 더 깊이 있는 조사를 필요로 할 뿐이다. 예를 들어, 신생기업들은 성숙기업에 비해 다른 가격으로 자산을 구매하기도 하며, 자본구조도 성숙기업과는 다를 수 있다. 비율분석 이외에 기업의 현금흐름 (cash flow) 상태도 매우 중요하므로 반드시 평가해야 한다. 현금흐름은 기업이 얼마만큼의 현금을 실제적으로 보유하고 있는지를 보여준다.

자본금 이익률(Profit Ratios)

자본금 이익률은 기업의 자원활용의 효율성을 나타내준다. 기업이 효율적일수록, 기업의 수익성도 그만큼 증가하게 된다. 자본금 이익률은 기업이 경쟁기업에 비해 얼마나 효율적으로 운영되고 있는지를 확인하기 위해 산업 내 경쟁기업들과 비교하는 데 유용하다. 나아가 시간이 지남에 따라 자본금 이익률에 변화가 있다는 것은, 기업의 성과가 향상되고 있는지 아니면 하락하고 있는지를 말해 주는 것이다.

많은 각기 상이한 자본금 이익률 지표들이 활용되고 있는 데, 각 지표들은 기업의 각기 상이한 성과측면을 측정하고 있다. 가장 일반적으로 사용되고 있는 자본금 이익률 지표들은 다음과 같다.

투하자본수익률(Return on Invested Capital: ROIC). 이 비율은 기업이 자본투자를 통해 벌어들인 이익을 나타내 준다. 이는 다음과 같은 수식으로 계산된다.

$$투하자본수익률 = \frac{순이익}{투하자본}$$

순이익(net profit)은 기업의 총수입에서 총비용을 뺀 값이다. 총비용은 제품판매비, 영업 및 관리비, 연구개발비, 그리고 기타 비용으로 구성된다. 순이익은 많은 재무분석에서 세전이익을 선호하고 있지만, 세전 및 세후 모두에 계산될 수 있다. 투하자본은 기업의 운영에 투하된 금액이다 - 토지, 공장, 설비, 재고 및 기타 자산 등으로 구성된다. 투하자본은 두 가지 출처로부터 나온다: 이자부 부채(interest-bearing debt) 및 주주들의 주식(shareholders' equity). 이자부 부채는 기업이 은행 및 기업의 채권을 구매한 사람들로부터 빌린 돈이다. 주주들의 주식은 주식을 공개적으로 판매하여 모은 돈에다, 기업이 이전 연도에 보유하여 현재 투자 가능한 돈을 더한 금액이다. 투하자본 이익률은 투자 가능한 자본 사용의 효과성을 나타내준다. 따라서 기업이 창출하는 가치를 가장 잘 나타내주는 지표로 인식되고 있다. 기업의 투하자본수익률은 구성요소로 분해될 수 있음을 기억하라.

총자산 이익률(Return on Total Assets: ROA). 이 비율은 자산의 사용으로 벌어들인 이익으로 계산된다. 다음과 같이 측정된다.

$$\text{총자산 이익률} = \frac{\text{순이익}}{\text{총자산}}$$

주주자본 이익률(Return on Stockholers' Equity: ROE). 이 비율은 투자자들이 기업에 대해 투자하여 벌어들인 이익의 비율을 의미한다. 다음과 같이 측정된다.

$$\text{주주자본 이익률} = \frac{\text{순이익}}{\text{주주들의 주식}}$$

만약 기업이 어떤 부채도 가지고 있지 않다면, 이는 투하자본수익률과 같게 된다.

유동성 비율(Liquidity Ratios)

기업의 유동성은 단기 채무에 대한 기업의 대응능력을 나타낸다. 현금으로 용이하게 전환될 수 있는 자산은 유동성이 있는 것으로 평가된다. 유동자산은 현금, 판매 가능한 주식, 수취계정 등을 일컫는다. 일반적으로 두 개의 유동성 비율이 많이 사용되고 있다.

유동비율(Current Ratio). 유동비율은 단기 채권자들의 청구에 즉시 현금화 가능한 자산으로 대응할 수 있는 정도를 나타낸다. 대부분의 기업들은 적어도 1의 비율을 가지고 있는데, 그 이유는 기업이 이와 같은 채권자들의 청구에 대응하지 못할 경우 파산에 이르기 때문이다. 다음과 같이 측정된다.

$$\text{유동비율} = \frac{\text{유동자산}}{\text{유동부채}}$$

당좌비율(Quick Ratio). 당좌비율은 어떤 재고도 팔지 않고 기업이 단기 채무자들의 청구에 지불할 수 있는 능력을 나타낸다. 실제에 있어서 재고의 판매가 어렵기 때문에 이 비율은 매우 가치 있는 지표이다. 다음과 같이 측정된다.

$$\text{당좌비율} = \frac{\text{유동자산 - 재고}}{\text{유동부채}}$$

활동성 비율(Activity Ratios)

활동성 비율은 기업이 자사의 자산을 얼마나 효과적으로 관리하고 있는지를 나타낸다. 두 개의 비율이 유용하게 사용되고 있다.

재고자산 회전율(Inventory Turnover). 이는 재고자산이 팔리는 시간을 측정해준다. 즉 생산한 상품이나 구입한 상품이 팔리는 데 며칠이 걸리는가를 표시한다. 이 비율은 기업이 얼마만큼의 과잉재고를 가지고 있는지를 판단하는 데 도움을 준다. 다음과 같이 측정된다.

$$재고자산\ 회전율 = \frac{매출원가}{재고자산}$$

매출원가는 재고 품목의 비용이므로 매출보다는 더 우월한 회전율 지표이다. 재고자산은 대차대조표에 나타난다. 기업에 따라 평균재고, 기초 재고액, 그리고 기말재고 등을 사용하기도 하나, 대체로 대차대조표 작성 당시의 재고자산을 사용한다.

매출회전일수(Days Sales Outstanding: DSO) 혹은 **평균회수기간(Average Collection Period)**. 이 비율은 기업이 판매 후 현금을 받기 위해 기다려야 하는 평균시간을 의미한다. 이는 기업의 신용매출, 대금청구 및 회수절차가 얼마나 효과적인가를 나타내 준다. 다음과 같이 계산된다.

$$매출회전일수 = \frac{미수\ 채권}{총매출/360}$$

미수 채권은 일일 평균판매로 나누어진다. 360일을 사용하는 것은 대부분의 재무분석에서 표준적으로 사용하는 일수이다.

레버리지 비율(Leverage Ratios)

만약 기업이 재산보다 부채를 더 많이 사용하고 있다면, 매우 레버리지된 기업이라고 한다. 부채와 재산 간의 균형을 자본구조라고 한다. 적정의 자본구조는 개별 기업에 의해 결정된다. 부채는 채권자들이 적은 위험을 가지고 있기 때문에 비용이 적다. 채권자들은 자신들이 이자와 원금을 얻는다는 것을 알고 있다. 그러나 기업이 이자와 원금을 갚을 만큼 충분한 이익을 발생시키지 못할 경우 파산에 이를 수 있기 때문에, 이런 기업들에게 있어서는 부채가 위험할 수 있다. 일반적으로 세 가지의 레버리지 비율이 사용된다.

자산 대비 부채비율(Debt to Asset Ratio). 자산 대비 부채비율은 빌린 돈이 기업의 투자에 사용되고 있는 정도를 나타내는 가장 직접적인 지표이다. 다음과 같이 계산된다.

$$자산\ 대비\ 부채비율 = \frac{총부채}{총자산}$$

총부채는 기업의 현재 부채와 장기 부채의 합이며, 총자산은 고정자산과 유동자산의 합이다.

채무 대비 자기자본비율(Debt to Equity Ratio). 이 비율은 기업의 자본구조에서 부채와 재산 사이의 균형을 나타낸다. 레버리지 지표로는 가장 광범위하게 사용되어 오고 있다. 다음과 같이 계산된다.

$$채무\ 대비\ 자기자본비율 = \frac{총부채}{총\ 자기자본}$$

이자보상 비율(Times-Covered Ratio). 이 비율은 기업의 총이익이 기업의 연간 이자 지불을 감당하는 정도를 나타낸다. 만약 이 비율이 1보다 낮으면, 기업은 이자비용을 지불할 수 없다는 것이며, 기술적으로는 파산하게 된다. 다음과 같이 계산된다.

$$이자보상\ 비율 = \frac{이자\ 및\ 세전\ 이익}{총\ 이자비용}$$

주주 이익률(Shareholder-return Ratios)

주주 이익률은 주주들이 기업의 주식을 소유함으로써 얻은 이익을 나타낸다. 주주 부의 극대화 목표를 가정하면, 주주들에게 충분한 이익률을 제공하는 것은 대부분 기업들의 일차적인 목적이다. 이익률에서처럼 이 비율은 기업의 주주 이익률을 유사한 기업과 비교하는 데 용이하게 사용될 수 있으며, 기업이 이해관계자들의 요구를 얼마나 잘 충족시키고 있는지의 지표가 되기도 한다. 네 가지의 비율이 일반적으로 활용되고 있다.

총 주주이익률(Total Shareholder Returns). 이는 주주들이 최초 투자 시점인 t시점에 특정 기업에 투자를 하여 $t + 1$ 시점에 벌어들인 이익을 나타내 준다. 총 주주이익은 배당금과 주가 상승 모두를 포함한다. 다음과 같이 계산된다.

$$총\ 주주이익률 = \frac{주가(t + 1) - 주가(t) + 연간\ 배당총액}{주가(t)}$$

만약 주주가 t 시점에 2불을 투자하여 $t + 1$ 시점에 그 가치가 3불이라면, 그리고 연간 배당금(t시점과 $t + 1$ 시점 기간 사이의 배당금)이 0.2불이라면, 총 주주이익은 0.6이 된다((3 - 2 + 0.2)/2 = 0.6). 이는 t시점에 2불을 투자하여 60%의 이익률을 얻었음을 의미한다.

주가 수익률(Price-Earning ratio). 이 비율은 현재 주가 대비 1주당 순이익 비율로써, 다음과 같이 계산된다.

$$주가 수익률 = \frac{주당 주가}{주당 수익}$$

시장 대 장부가치 비율(Market-to-Book Value). 이는 기업의 미래 기대 성장전망을 나타내주며, 다음과 같이 계산된다.

$$시장 대 장부가치 비율 = \frac{주당 주가}{주당 수익}$$

배당수익(Dividend Yield). 이는 주주들이 배당으로 받은 수익을 나타낸다. 다음과 같이 계산된다.

$$배당수익 = \frac{주당 배당액}{주당 주가}$$

주당 주가는 해당 연도의 1월 1일을 기준으로 할 수도 있으며, 이럴 경우 배당수익은 그 해의 투하자본수익률과 같은 의미를 지닌다. 따라서 그 해의 평균주가를 사용하기도 한다. 기업은 벌어들인 수익에서 얼마만큼을 주주들에게 돌려줄 것인지, 그리고 미래를 위해 얼마만큼을 재투자를 해야 할지를 결정해야 한다. 엄청난 성장전망을 가진 기업은 성숙기업보다 낮은 배당을 해야 할 것이다. 그 이유는 기업이 성장하지 않을 경우 주주들이 다른 기업에 투자할 것이기 때문이다. 배당과 재투자 사이의 적절한 비율은 개별 기업에 따라 다르지만, 이 비율을 결정하는 것은 투자자들이 다른 곳에 투자하는 것보다 해당 기업이 더 큰 수익을 낼 수 있느냐이다.

현금흐름(Cash Flow)

현금흐름은 들어온 현금에서 나간 현금을 뺀 것이다. 순 현금흐름은 기업의 현금흐름 상태를 보고 확인할 수 있다. 현금흐름은 기업의 자금조달 요구를 반영하므로 중요하다. 매우 긍정적인 현금흐름은 기업으로 하여금 은행이나 투자자로부터 돈을 빌리지 않고도 미래 투자자금을 확보하게 해준다. 긍정적인 현금흐름을 가지게 되면 이자나 배당금 지불을 피할 수 있으므로 기업에게는 매우 바람직한 현상이다. 약하거나 부정적인 현금흐름은 기업이 미래 투자를 위해 외부로부터 돈을 빌려야 함을 의미한다. 일반적으로 크게 성장하고 있는 산업에 있는 기업은 약한 현금흐름 상태를 갖게 되며(왜냐하면 지속적인 투자가 동반되어야 하므로), 반면에 성숙산업에 있는 성공적인 기업들은 강력한 긍정적 현금흐름 상태를 가지게 된다.

기업이 내부적으로 발생시킨 현금흐름은 이자, 세금 및 배당금을 지불한 이후의 이익에서 감가상각을 더해서 계산된다. 만약 이 수치가 신규투자금액에 미치지 못할 경우, 기업은 투자금액을 빌릴 수밖에 없다. 만약 이 수치가 신규투자금액을 넘어서게 되면, 기업은 이 잉여금액을 가지고 자신의 유동성 강화에 활용할 수도 있고, 부채를 앞당겨 상환하는 데 사용할 수도 있다.

결론

사례를 평가함에 있어서 체계성이 매우 중요하다. 기업의 운영 및 재무상의 강점과 약점, 그리고 환경기회와 위협을 확인하는 것에서부터 시작하여 사례를 논리적으로 분석하라. 여러분들은 사례기업에 대한 SWOT 분석을 완벽하게 한 후에야 사례기업의 전략의 가치를 평가해야 한다. 기업의 현재의 전략이 SWOT 분석 결과와 어울리는지를 자신에게 질문해 보라. 만약 어울리지 않는다면, 어떤 변화가 필요한가? 여러분들이 어떤 제안을 해야 할까? 무엇보다도, 어떤 전략적 제안이든지 여러분들이 수행한 SWOT 분석과 연결시켜라. 여러분들이 제안하는 전략이 기업이 환경기회를 활용하고, 약점을 보완하고, 환경위협에 대처하는 데 어떤 장점을 가져다주는지를 분명하게 밝혀야 한다. 나아가, 여러분들이 제안한 것들이 실행에 옮겨지기 위해 어떤 조건이 갖춰져야 하는지에 대해서도 반드시 언급하라.

주

1. Tom Copeland, Tim Koller, and Jack Murrin, *Valuation: Measuring and amanaging the Value of Companies* (New York: Wiley, 1996).

용어설명

JIT재고시스템 제조공장에 도착하는 부품들을 생산공정에 적시에 투입할 수 있도록 일정계획을 수립하여 재고유지 비용을 절약하거나 또는 소매점에서 재고가 거의 소진되었을 때 상품을 보충함으로써 재고유지 비용을 줄일 수 있도록 설계된 시스템

SWOT 분석 강점, 약점, 기회 및 위협을 비교

가격 선도 한 기업이 산업의 수익성을 극대화시키는 가격전략 결정의 책임을 떠맡는 것

가격 신호 기업이 제품 가격의 인상이나 할인을 통해 자신의 의도를 다른 기업에게 전달함으로써 산업 내 제품 가격에 영향을 미치는 과정이며, 또 다른 기업들이 자신의 제품 가격을 설정해 가는 방식에도 일정한 영향을 미치는 과정

가상기업 경쟁우위가 되는 핵심 가치창출 기능들만 스스로 수행하고, 나머지는 대부분 아웃소싱으로 공급받는 전략을 추구하는 기업

가용성 오류 결과를 쉽게 상상할 수 있는 정도에 따라 그 결과의 확률을 추정하려는 성향의 오류

가치 기업의 미션을 달성하기 위하여 종업원이 어떻게 행동하고 어떻게 사업을 수행해야 하는지 기술한 것

가치사슬 기업은 투입물을 고객 가치가 있는 산출물로 변환하기 위한 연쇄적인 활동

가치혁신 혁신을 통해 한 산업 내 효율성곡선이 더 바깥 방향으로 이동됨으로써, 이전보다 더 낮은 원가와 더욱 탁월한 차별화를 통해 예전에 가능하리라 생각했던 것보다 더 큰 가치를 제공해 가는 것

개인윤리 개인들의 행동을 지배하는 옳고 그른것에 대한 일반적으로 수용된 원칙

경영윤리 사업가들의 행동을 지배하는 옳고 그른 것에 대하여 수용된 원칙

경쟁우위 기업의 수익성이 산업 내 평균수익성보다 클 때 경쟁자에 대해 갖는 우위

경험곡선 비용구조를 체계적으로 낮추고 그 결과로 인해 제품 수명주기에 걸쳐 나타나는 단위 원가의 감소

고객 대응시간 제품이 전달되는 데 소요되는 시간 또는 서비스가 제공되는 데 소요되는 시간

고객이탈률 매년 경쟁사로 이탈하는 고객의 비율

고정비 산출물의 수량에 관계없이 제품을 생산할 때 발생하는 비용

공공 영역 정부나 혹은 산업 내 기업 연합체에 의해 주도된 표준이 존재하여, 어떤 기업이든 자사의 제품에 자유롭게 반영하고 활용해 갈 수 있는 표준화된 기술과 지식

공급사슬관리 공급업체에게서 생산공정에 이르기까지 재고유지를 최소화하고 재고회전율을 극대화하기 위해 투입요소와 부품의 흐름을 관리하는 기능

공통성 사업이 보다 효과적이고 효율적으로 수행되게 하고 고객에게 보다 많은 가치를 창출하는 어떤 종류의 기술이나 역량의 두 개 이상의 사업단위에 의해 공유되는 상황

관련다각화 가치사슬 기능들 간 공통성 또는 연계를 통해 기업의 기존 사업체와 관련된 새로운 사업체를 설립하는 것을 목표로 하는 기업수준 전략

관리능력 자원을 조정할 수 있는 기량과 생산적인 활용

관리비용 기업이 역량을 이전하고, 공유하고, 레버리징하면서 사업부들 간 사업부와 본사 간 발생하는 거래 어려움들을 해결하는 것과 관련된 비용

교차판매 이것은 회사가 고객들에게 판매할 수 있는 제품라인 혹은 제품 범주들을 추가로 획득하기 위하여 고객과의 기존 관계를 활용하는 것. 이런 식으로 회사는 차별화를 증진시킬 수 있다. 왜냐하면 교차 판매는 토탈 솔루션 (total solution)을 제공해 주고 고객의 모든 특정 욕구를 충족시켜 줄 수 있기 때문임

교체비용 기존기업에서 공급받던 제품을 신규진입기업의 제품으로 교체할 경우 고객이 감수해야 하는 비용

구조조정 기업의 핵심 사업에 집중하고 독보적 역량들을 재구축하기 위하여 사업체를 제조직하고 철수하는 과정

국제사업부 구조 해외로 진출한 기업이 만든 사업부로써 모든 국제 활동들을 하나의 사업부에 통합함

규모의 경제 대량생산으로 산출량의 규모가 증가하여 단위 원가가 감소하는 것

규모의 비경제 대규모의 산출량과 관련된 단위 원가가 증가

글로벌 매트릭스 구조 제품사업부와 지리적 지역이라는 두 차원에 따라 수평적 차별화가 이루어지는 조직구조

글로벌 표준화 전략 저원가를 글로벌 규모로 추구하는 전략에 기반한 비즈니스모델

글로벌전략적 제휴 현재 혹은 잠재적 경쟁자들인 서로 다른 국적의 회사들 간의 협력적 계약

기능경영자 특정 기능을 관리하는 즉 회계, 마케팅, 연구개발, 정보기술 혹은 물류 등과 같은 기능의 과업, 활동, 운영을 책임지는 경영자

기능구조 공통의 전문성과 경험에 기반하여 종업원들을 집단화

기능전략 기업운영의 효과성을 향상시키고 탁월한 효율성, 품질, 혁신, 고객 대응성을 획득할 수 있는 능력을 높이는 데 목적을 두는 전략

기술 패러다임의 전환 산업의 구조에 혁명적 변화를 가져오고, 경쟁의 본질에 급격한 변화를 야기하며, 산업 내 기업들로 하여금 생존을 위해 새로운 전략을 채택해 가도록 요구하게 되는 새로운 기술들의 변환

기술 표준 제품이나 혹은 그 부품을 생산하고자 할 때, 제품생산자들이 반드시 적용하고 준수해야 하는 기술적 명세나 내용

기업본부 스태프 최고경영층을 지원하는 스태프들로 구성되어 있으며, 기업의 장기적 성장전략을 점검하고 사업부 간 프로젝트로 인해 창출되는 가치를 향상시키기 위한 가이드라인을 제공하는 데 책임을 짐

기업인수 한 회사가 다른 회사를 구매하기 하기 위해 주식, 부채와 같은 자본 자원을 사용할 때 발생

기준 이하의 근무조건 경영자들이 생산비용을 감소시키기 위하여 근무 조건에 과소투자하거나 상장임금률 이하로 종업원들에게 임금을 지급할 때 발생함

기회 기업이 더 많은 이익을 얻기 위하여 전략을 수립하고 이를 실행하는 데 이용할 수 있는 기업이 속한 산업환경의 요소와 여건

기회주의 종종 음흉한 계략을 통해 자신만의 이득을 추구하는 것

기회주의적 착취 자기 기업에 보다 유리한 방식으로 공급자들, 고객들, 또는 보완재 제공자들과의 계약 조건들을 일방적으로 재작성하려고 때때로 경영자들이 사용하는 비윤리적인 행동

내부 이해관계자 주주와 최고경영진, 다른 관리자, 이사회 구성원을 포함한 종업원들

내부자본시장 기업의 본부들이 사업단위들의 성과를 평가하고 사업단위 간 자금을 할당하는 기업수준전략 수익성이 있지만 사업 내에서 부족한 투자기회들을 가진 사업단위들에서 창출된 현금은 현금이 필요하고 장기적인 수익성에 대한 강력한 전망을 지닌 다른 사업단위에 활용됨

네트워크 효과 한 산업의 제품 수요를 결정하는 주요 요인으로써, 그 제품과 보완 관계에 있는 제품들의 연결망

뇌물 기업환경에서 경영자들이 큰 이익이 되는 사업계약 기회를 얻기 위하여 뇌물을 지급할 때 발생함

뉴 벤처 부서 뉴 벤처 경영자들에게 실험과 위험감수 기회를 제공해 주기 위해 자율성과 독립성을 지닌 부서

다각화 새로운 산업들의 고객들에게 새로운 제품을 팔기 위하여 기업의 핵심산업 또는 기존산업과 구분되는 새로운 산업에 진입하는 과정

다각화된 기업 두 가지 이상의 다른, 혹은 구분되는 산업들에서 제품을 만들고 판매하는 회사

다국적 기업 두 개 이상의 국가 시장에서사업을 하는 기업

담보물 잡기 각각의 파트너가 거래에서 자신의 몫을 유지할 수 있는 것을 보증하기 위해 귀중한 자원을 교환하는 방법을 의미

대량고객화 낮은 비용과 제품 고객화를 통한 차별화라는 양립할 수 없는 두 가지 목적을 일치시킬 수 있도록 유연생산기술을 이용

대량시장 상당히 많은 수의 고객들이 진입한 시장

대인통제 회사의 목표를 달성함에 있어서 대인적 상호작용을 통해 종업원들의 행동에 영향력을 행사하는 것

대표성 오류 소규모 표본으로, 심지어 하나의 사건을 가지고 일반화시키려는 경향에 의한 오류

독립사업부 비즈니스모델을 추구하는 데 요구되는 모든 가치사슬 기능들을 가지고 있는 독립된 사업부

독보적 역량 경쟁자와 차별화된 제품을 제공할 수 있거나, 또는 경쟁자에 비해 확실하게 더 낮은 비용을 달성할 수 있는 기업특유의 강점

두 명의 부서장을 둔 종업원 기능과 프로젝트 사이의 조정과 의사소통을 관리하는 데 책임을 짐

리더십 전략 기업이 쇠퇴산업에서 지배적 행위자가 되기 위해 개발하는 전략

리스트럭처링 운영비 절감을 위해 위계단계의 수를 최소화하고 종업원의 수를 줄이는 과정

리엔지니어링 비용, 품질, 서비스 및 속도와 같은 주요 성과에 있어서 획기적인 개선을 위해 비즈니스 과정을 근본적으로 다시 생각하고 재설계하게 하는 과정

마케팅전략 시장세분화, 가격결정, 판매촉진, 광고, 제품설계, 유통 등과 관련하여 기업이 취하고 있는 위치

매트릭스 구조 상이한 제품개발을 극대화하기 위해 종업원들을 제품과 기능 모두에 집단화 하는 구조

면도기 및 면도날 전략 제품의 수요 촉진을 위해 해당 제품 가격은 낮게 책정하는 대신, 그 제품에 대한 보완재의 가격은 높게 책정하는 가격정책

명령사슬의 최소화 원칙 회사가 조직의 자원을 효율적으로, 그리고 효과적으로 활용하는 데 요구되는 권한 계층의 수를 최소화한다는 원칙

명령위계 CEO, 중간 관리자, 일선 관리자, 그리고 제품이나 서비스를 직접 생산하는 하위 종업원에 이름

모방장벽 모방장벽은 경쟁자가 회사의 독보적 역량을 모방하기 어렵게 만드는 요인

모험자본 주주가 자신의 투자원금을 돌려받거나 혹은 고수익을 결코 보장받을 수 없는 자기자본을 말함

목표에 의한 경영 종업원들이 자신들의 목표를 설정하며, 경영자들은 종업원들이 목표달성 노력을 기울임에 있어서 뭔가 잘못된 점이 발견될 경우에만 개입하는 시스템

몰입상승 이미 특정 프로젝트에 상당한 자원을 사용한 의사결정자가 그 프로젝트가 실패라는 사실을 피드백 받았음에도 불구하고 자원투입을 확대할 때 일어나는 인지적 오류

무형자원 브랜드명, 회사의 명성, 종업원들이 경험을 통해 취득한 지식, 회사의 지적재산권(특허권·저작권·상표권) 등과 같은 무형의 자산을 의미

미션 기업의 목적, 혹은 기업이 무엇을 하려고 노력하는지 언급하는 것

바깥에서 살펴보기 과거에 성공하거나 혹은 실패한 전략적 계획을 찾아서 현재의 프로젝트에 도움이 될 것인지 결정하는 것

반경쟁 행동 일반적으로 독점적 지위를 활용하여 실제 경쟁자들 혹은 잠재적인 경쟁자들에게 해를 끼침으로써 결과적으로 기업의 장기적인 전망을 강화하려는 목적의 활동들

반대 질의법 그럴듯하지만 절차상에서 서로 대립하는 계획(정)과 상반된 계획(반)을 만들 것

방향전환전략 다각화된 회사의 경영자들이 다른 산업들에서 제대로 운영되지 못하여 실적이 저조한 회사들을 파악하고 인수한 후 구조조정하여 성과를 개선함으로써 전체 기업의 수익을 제고하는 것

범위의 경제 다각화된 기업의 한 가지 이상의 사업단위들이 숙련된 인력, 장비, 생산시설, 유통채널, 광고캠페인 등과 같은 값비싼 자원 또는 능력을 보다 효과적으로 공유하고 활용할 수 있기 때문에 비용절감이나 차별화 시너지를 실현할 수 있을 때 발생함

병행외주정책 기업들이 동일한 부품을 공급받기 위해 적어도 둘 이상의 공급자들과 장기계약을 맺어 어떤 기회주의 문제를 예방하는 정책을 의미

복수사업부 기업 여러 가지 사업에서 경쟁하기 때문에, 각각의 사업을 관리할 독자적인 사업부를 만들어서 운영하는 기업

본원적인 사업수준전략 경쟁자와의 관계에서 평균 이상의 이윤을 창출할 수 있도록, 기업에게 특정 형태의 경쟁적 지위와 경쟁우위를 가져다 주는 전략

부분 통합 기업이 투입물의 일부는 자체 제작하는 한편(수직적 통합), 일부를 외부에서 구입(시장거래)하는 것을 의미. 예를 들어, 기업은 제한된 양의 반도체를 자체 생산하는 한편, 시장에서 반도체칩을 구매할 수 있음. 이렇게 함으로써 공급자의 홀드업 위협을 예방할 수 있으며(기업이 외부 공급자들에게 투입물 구매에 매달리지 않아도 되기 때문), 해당 투입물을 공급 하는 외부 공급자의 원가와 품질을 더 잘 평가할 수 있음

브랜드 충성도 기존기업의 제품에 대한 소비자의 선호도

비가격경쟁 잠재적 진입자를 억제하고 또 산업 내 경쟁관계를

관리하기 위해 제품의 차별화 전략을 활용하는 것

비관련다각화 일반적 조직역량들을 활용하여 회사의 사업부 모두의 성과를 증대하기 위한 다중비즈니스모델에 기반을 둔 기업 수준 전략

비전 기업이 소망하는 성과와 바라는 미래 상태를 표현한 것

비즈니스모델 기업이 경쟁우위를 가질 수 있도록 여러 전략을 어떻게 하면 조화롭게 상호작용하도록 만들 것인가 하는 구상

사내 기업가 사내 기업가로서 뉴 벤처 프로젝트나 사업부를 개척하고 이끄는 경영자

사내 이사 최고경영자와 같은 회사의 책임 종업원들

사내벤처 새로운 종류의 제품들을 혁신하기 위해 신 산업에서 신규 사업단위를 만들고 자원을 이전시키는 과정

사업단위 특정 시장에 제품이나 서비스를 공급하는 독자적으로 운영되는 사업부

사업부 구조 성장과 다각화를 가능하게 함과 동시에 조정 및 통제의 문제를 줄일 수 있는 복잡한 조직구조

사업수준전략 사업부가 추구하는 전반적인 경쟁 테마(혹은 주제)를 의미. 즉 기업이 특정 시장에서 경쟁우위를 획득하기 위해 자신을 포지셔닝(positioning)시키는 방식은 물론, 상이한 여러 산업 세팅에서 활용될 수 있는 다양한 포지셔닝(positioning) 전략들을 의미

사외 이사 회사의 정규직 종업원이 아닌 이사들로, 절차들의 감시 및 평가에 객관성을 제공하기 위해 필요함

사전적 가설 오류 강한 사전적 믿음을 가진 의사결정자는 비록 자신의 믿음이 틀렸다는 증거가 있어도 자신의 사전적 믿음을 기초로 의사결정하는 경향이 있으며, 이때 발생하는 인지적 오류

산업 상호 대체할 수 있는 제품이나 서비스를 공급하는 기업 집단

산출통제 전략경영자들이 각 사업부, 기능부서 및 종업원들을 위한 적절한 성과목표를 설정함은 물론, 이들 목표에 비교한 실질적인 성과를 측정하는 시스템

세계 제품사업부 구조 국내에 제품사업부 구조를 도입하고 있는 다각화된 기업들이 선호하는 구조로서, 국내 제품사업부와 마찬가지로, 각 사업부는 스스로의 가치창출 활동에 대해 전적으로 책임을 지 는 독립적이면서 자율적으로 운영됨. 본부는 기업의 전반적인 전략 개발과 재무적 통제에 대한 책임을 가짐

세계 지역구조 세계는 지리적 영역으로 나누어진다. 지리적 영역은 시장이 충분히 큰 경우 한 국가가 될 수도 있고, 여러 국가에 걸쳐 있을 수도 있음. 각 지역은 독립되어 자율적으로 가치창출 활동을 수행(예를 들어, 스스로 생산, 마케팅, 연구개 발, 인적자원 및 재무 기능들을 수행). 사업부 운영 및 전략적 의사결정권한은 각 지역에 분권화되어 있으며, 지역본부는 전반적인 전략방향 설정과 재무적 의사결정권한을 가짐

세분화 전략 기업이 상이한 시장세분화를 고려하지 않고, 일반 고객들을 대상으로 표준화된 제품을 생산

수익성 기업에 투자된 자본으로 창출된 이익

수직적 통합 회사 제품 투입요소를 생산하는 후방산업으로 운영을 확장하거나(후방통합), 회사 제품을 사용, 유통, 판매하는 전방산업으로 운영을 확장하는 것을 의미

수직적 해체 기업이 수익성을 증가시키기 위해 자사의 가치사슬 상에 자사의 핵심산업에 인접한 후방 혹은 전방 산업들에서 퇴출하기로 결정하는 것을 의미

수평적 통합 운영의 규모와 범위를 크게 하여 얻는 경쟁적우위를 성취하기 위해 산업 경쟁자들을 인수하거나 합병하는 과정

수확 전략 기업이 비용구조를 낮추고 또 기 시행한 투자로부터 최대의 이윤을 추출하기 위해 사업에 투자한 자산을 감소시키는 전략

시나리오 계획수립 미래에 대한 가정적 시나리오에 기초하여 계획을 수립하는 것

시장개발 기존 제품의 판매를 증진하기 위해 기업이 새로운 세분시장을 탐색하는 것

시장구조 개념적으로 제품구조와 유사하지만, 제품구조가 제품에 초점을 두는 반면, 시장구조는 고객집단에 초점을 둠

시장세분화 혁신을 통해 한 산업 내 효율성곡선이 더 바깥 방향으로 이동됨으로써, 이전보다 더 낮은 원가와 더욱 탁월한 차별화를 통해 예전에 가능하리라 생각했던 것보다 더 큰 가치를 제공해 가는 것

신뢰할 만한 헌신 회사들 간의 장기적 관계 개발을 지원하는 믿을 만한 약속 혹은 서약

악마의 주장 의사결정그룹 구성원 중 한 명은 제안이 받아들여지지 못하도록 모든 이유를 들어 강조하면서 악마의 대변인처럼 행동하는 기법

업종 상호 밀접한 관계를 가진 산업들의 그룹

역량들을 레버리지 한 산업의 사업단위에서 개발된 독보적 역량을 확보하고, 다른 산업의 새로운 사업단위를 창출하는 데 활용하는 과정

역량을 이전하는 것 한 산업의 사업단위에 의해서 개발된 독보적 역량을 획득하고, 다른 산업에서 운영하고 있는 사업단위에 이식하는 과정

외부 이해관계자 회사에 어떤 요구사항을 지닌 모든 다른 개인 및 집단들

운영 예산 경영자들이 조직의 목표를 가장 효율적으로 달성할 수 있도록 하기 위해 조직의 자원을 활용하기 위한 계획

위험부담자본 회사가 실패하고 파산하면 회될 수 없는 자본

위협 기업의 비스니스 모습과 수익성에 악영향을 미치거나 위험에 빠뜨리게 하는 외부환경의 요소

유사 통합 공급사슬에서 후방 혹은 전방통합을 하여 운영들을 완전히 자체적으로 수행하는 대신 공급자 혹은 구매자가 정상적으로 수행하고 있는 활동들의 일부에 투자하여 이들과 장기 관계를 구축하는 것을 의미

유연생산기술 복합 설비의 셋업타임을 줄이고, 개선된 일정계획으로 개별 기계들의 활용도를 높이고, 생산공정상의 모든 단계에서 품질 관리를 향상시킬 수 있도록 설계된 일련의 기술들

유추에 의한 추리 복잡한 문제 상황을 이해하기 위하여 문제 상황을 단순하게 유추하는 것

유형자원 토지, 건물, 제조공장, 설비, 재고, 화폐 등과 같은 물질적인 실물자산

윤리 강령 회사가 고수하는 윤리적 우선 순위에 대한 공식적인 진술

윤리 직업의 구성원인 개인의 행동, 혹은 조직의 활동을 지배하는 옳고 그른 것에 대하여 수용된 원칙

윤리적 딜레마 옳고 그른것에 대한 수용된 원칙이 정확하게 합의된 것이 없거나 선택할 수 있는 대안들 모두 윤리적으로 수용될만하지 않은 상황

이익센터 독립사업부가 재무적 성과 목표달성에 책임을 지는 경우 이익센터로 취급됨

이익증가율 특정기간의 순이익증가

이전가격 회사의 한 부서가 자신들의 투입물을 활용하여 제품을 만들어야 하는 다른 부서에게, 해당 투입물에 대해 청구하는 가격을 의미

이전가격조정 한 사업부에서 개발된 자원이나 기술이 다른 사업부에 이전 혹은 판매될 때 공정하고 적절한 가격을 매기는 일

이해관계자 회사, 회사가 수행한 것, 회사가 수행한 성과에 있어서 이해관계, 요구사항, 지분을 지닌 개인 및 집단들

인수억제 다른 회사에 의해서 인수당하는 위협

인지적 오류 인간이 의사결정을 할 때 정보를 처리하는 과정에서 발생하는 계통오차

일반적 조직 역량 개별적이거나 독립적으로 운영되는 회사에서보다 더 높은 수준으로 회사 내 사업단위들이 수행되도록 돕는 최고경영자들의 기술로부터 나타난 역량들

입지경제 어떤 가치창출 활동이 최적의 입지에서 수행될 때 얻게 되는 경제적 혜택

자원 기업의 자산

자율관리팀 구성원들이 자신의 활동을 조정하고, 자신의 고용, 훈련, 작업, 보상을 결정하는 팀

잠재경쟁자 산업 내에서 현재는 경쟁하고 있지 않지만 그들의 선택 여하에 따라서 경쟁할 수 있는 역량을 가지고 있는 기업

적응문화 혁신적일 뿐만 아니라, 중간 및 하위 경영자들의 독창적인 행동을 유인하고 보상해주는 문화

전략 실행 전략을 행동으로 옮기는 것

전략 경영자가 기업의 성과를 증가시키기 위하여 행하는 일련의 활동

전략수립 조직의 외부환경과 내부환경을 분석한 후 전략을 선정하는 것

전략적 리더십 전략결정과정을 효과적으로 관리해서 기업이 경쟁우위를 창출할 수 있도록 하는 것

전략적 몰입 잠재적 진입자의 비용구조보다 우위에 있는 기존 기업들이, 단기적으로 이윤을 극대화할 수 있는 수준보다는 낮지만, 잠재 진입자의 원가 구조보다 더 낮은 가격을 책정하여 이들로 하여금 시장에 진입하려는 유인을 갖지 못하도록 가격을 설정하는 것

전략적 아웃소싱 회사의 가치사슬 활동들 혹은 기능들 중의 하나 이상을 독립 된 전문 기업들이 수행하도록 하는 결정을 의미. 독립된 전문기업들은 성과를 높이기 위해 그들의 모든 지식과 기술을 단지 한 가지 종류의 활동에만 집중함

전략적 제휴 둘 이상의 회사들이 각자 모두에게 혜택을 제공하는 신제품 혹은 신공정을 공동으로 개발하기로 장기계약을 맺는 것을 의미

전략통제 시스템 회사의 비즈니스모델이 잘 운영되고 있는지를 감시하고 평가하는 메커니즘

전반적인 저원가 전략 기업이 저원가에 기반하여, 가격을 낮추고도 지속적인 이윤을 창출하는 것

전반적인 차별화 전략 기업이 상이한 여러 세분화된 시장을 인식하고, 각기 다른 세분화된 시장에 서로 다른 제품을 제공함으로써 자신의 제품을 차별화시키는 것

절대원가우위 산업 내의 기존기업이 누리고 있는 원가우위로써 신규진입자는 대항하기 어려운 원가우위

정보비대칭성 대리인이 주인보다 경영하고 있는 자원들에 대해서 더 많은 정보를 가지고 있는 상황

정보왜곡 사업부 경영자들이 사업부의 성과하락을 숨기기 위해 기업경영자들에게 사실을 조작하는 것

정보조작 경영자들이 기업의 재무상황 또는 경쟁지위를 향상시키기 위하여 정보를 왜곡하거나 숨기는데 기업자료에 대한 자신들의 통제권을 이용하는 상황

제품 묶음판매 고객들이 단일 결합 가격으로 여러 종류의 제품들을 한꺼번에 구매할 수 있는 기회를 제공하는 것. 이것은 회사의 제품라인의 가치를 증가시키며, 그 이유는 고객들이 종종 한 번에 여러 종류의 제품들을 구매할 때 가격할인을 받을 수 있고, 고객들이 오직 한 회사와 그 회사의 대리 판매원들과 거래하는 것이 익숙하기 때문임

제품 팀 구조 제품이나 프로젝트라인에 따라 과업이 할당되는 구조

제품개발 기존 제품을 대체하기 위해 신제품을 개발하거나 제품을 개선하는 것

제품구조 자신의 전체 제품라인을 제품군이나 제품 범주로 나누는 구조

제품증식 전략 경쟁자들의 시장진입을 억제하기 위해, "틈새시장을 채우거나" 혹은 모든 세분시장의 고객니즈를 충족시키고자 하는 전략

제품혁신 새로운 제품을 개발하거나 기존 제품보다 탁월한 속성을 갖고 있는 제품개발

조직 설계 비즈니스모델의 성공적 이행을 위해 기업이 조직구조, 통제시스템, 그리고 조직문화를 어떻게 창출, 활용, 연계시킬 것인가를 결정하는 과정

조직 여유 자원 기업본부 경영자들이 사업부 관리자들의 활동들을 체계적으로 모니터링하여 밝혀낸 기능 자원의 비생산적 사용 자원

조직구조 종업원들을 구체적인 가치창출 과업과 역할에 배치시킬 뿐만 아니라, 경쟁우위를 구축하는 독보적 역량인 효율성, 품질, 혁신 및 고객 대응성을 향상시키기 위해 과업과 역할들이 효과적으로 실행될 수 있도록 해줌

조직문화 조직의 모든 구성원들이 공유하고 있는 특정의 가치, 규범, 신념 및 태도로써, 조직구성원들 사이의 상호작용은 물론 조직외부의 이해관계자들과의 관계 방식에도 영향을 미친다. 조직문화는 기업의 행위 양식으로써 조직구성원들의 과업 수행 방식에도 영향을 미침

조직설계기술 종업원들이 보다 상위의 목표를 달성하도록 동기부여하고 조직화하는 구조, 문화, 통제시스템 등을 만드는 경영자의 능력

종업원 생산성 종업원 1인당 생산된 산출량

종합적 품질경영 제품의 신뢰성을 향상시켜서 제품이 설계된 대로 고장없이 시종일관 제기능을 수행하도록 만드는 것

주식구입선택권 미래 어떤 시점, 일반적으로는 부여시점으로부터 10년 내에 정해진 행사가격에 회사의 주식을 구매할 수 있는 권리를 부여하는 것

주식매점 회사들이 기업전략을 주주들에게 혜택을 주도록 변경하거나, 또는 회사가 기업사냥꾼들의 주식을 되사기를 원할 때 할증금을 부과하도록 함으로써 부를 획득하는 방식

주주가치 주주가 기업의 주식을 구매함으로 인해 얻게 되는 대가

주활동 제품의 설계·발명·납품, 제품 마케팅, 고객지원과 애프터서비스 등을 포함

지배적인 디자인 제품의 공통된 구성 혹은 디자인 특징들

지속적 경쟁우위 여러 해에 걸쳐서 산업 내 평균 이상의 수익성을 유지할 수 있게 만드는 기업의 전략

지역 구조 지역이 조직 활동을 분류하는 기준

지원활동 주활동이 이루어지도록 투입요소를 제공하는 것

직업적 소비 최고경영자들이 회사의 기금을 주주들의 수익을

향상시키기 위하여 투자하는 대신, 자신의 지위를 강화하는 겉멋스러움(호화로운 사무실, 전용 제트기 등)을 획득하는 데 사용하는 것을 묘사하기 위해 경제학자들이 활용한 개념

집중화 전략 기업이 한정된 소수의 세분시장이나 혹은 단 하나의 세분시장만을 대상으로 제품을 제공하기로 결정하는 것

집중화된 저원가 전략 기업이 특정한 한 세분시장이나 틈새시장을 목표로 하여, 그 틈새시장에서 저원가 주자가 되려고 노력하는 것

집중화된 차별화 전략 기업이 특정한 한 세분시장이나 틈새시장을 목표로 하여, 제품의 기능과 특성의 추가를 통해 그 특정 세분시장 고객들의 니즈에 맞춤화된 제품을 제공하는 것

철수 전략 기업들이 사업 자산을 다른 기업에게 매각함으로써 산업에서 철수하기로 결정하는 전략

체인화 정보기술을 통해 상호 연결된 구매 및 물류 네트워크를 구축하여, 마치 하나의 대기업처럼 기능하게 됨으로써 원가우위의 이점을 누릴 수 있도록 디자인된 전략

초국가 전략 저원가를 달성하는 한편 동시에 지리적 시장별로 제품 공급을 차별화하고, 글로벌 사업 운영 네트워크 내의 서로 다른 지사들 간에 지식과 기술의 이동을 촉진시키는 비즈니스모델

총괄경영자 기업의 전반적인 성과에 대하여 책임을 지거나 혹은 독자적으로 운영되는 중요한 사업부나 조직의 전반적인 성과를 책임지는 경영자

최초진입자 불이익 시장에 제품을 처음으로 출시하여 최초진입 기업이 되는 것과 연관된 여러 가지 불이익

최초진입자 특정 제품 카테고리나 혹은 제품 특성을 시장에 처음 도입, 제공함으로써, 시장에서 해당 제품 판매를 선도해 가는 기업

킬러 애플리케이션 소비자들에게 상당히 인기가 있어서, 이들로 하여금 새로운 포맷이나 기술을 적극 수용하도록 유인함으로써, 결과적으로 경쟁 포맷에 대한 수요를 잠재우는 역할을 하는 응용 프로그램이나 혹은 제품 및 기술의 응용 측면들

통제력 환상 사건을 내 마음대로 통제할 수 있다는 개인의 능력을 과대평가하는 경향의 오류

통제시스템 경영자들에게 종업원들을 위한 인센티브뿐만 아니라 회사의 운영 방식에 대한 피드백도 제공해줌

통제의 범위 한 관리자에게 직접적으로 보고하는 하위 종업원의 수

통합 메커니즘 기능부서와 사업부들 사이의 의사소통과 조정을 강화하기 위한 방법

통합역할 사업부들 사이의 의사소통을 증진시키기 위해 일하는 경영자들

틈새 전략 기업이 수익성을 유지하기 위해 산업 전체보다 쇠퇴가 느리게 진행되는 특정 수요지에 초점을 맞추는 전략

팀 각각의 기능부서나 사업부에서 차출된 경영자들이 상호 관련된 문제를 해결할 목적으로 만난 집단

파편화된 산업 많은 수의 중소규모기업들로 구성된 산업

포맷 전쟁 차별화의 원천을 통제하는 것은 물론, 그러한 차별화가 고객을 위해 창출하는 가치를 선점하고자 하는 싸움

포지셔닝전략 4개의 주요 마케팅차원(즉, 가격, 유통, 판촉 및 광고, 제품특징)에 기초하여 제품에 대해 기업이 채택하는 특유의 선택 영역

표준화 전략 기업이 다수의 세분시장이나 혹은 시장 전체를 대상으로, 각 세분시장마다 상이한 제품을 생산하여 제공하기로 결정하는 것

표준화 기업 조직이 의사결정 방식을 구체화하여 종업원들의 행동이 예측가능 할 수 있도록 하는 정도

프랜차이즈화 프랜차이저(franchi-sor)가 프랜차이지(franchisee)에게 해당 기업의 이름과 명성, 그리고 비즈니스모델의 사용권을 대여해주고, 그 반대급부로 프랜차이즈 수수료나 또는 수익의 일정비율을 돌려받는 전략

프로세스 혁신 제품생산을 위해 새로운 생산공정을 개발하거나 제품을 고객에게 전달하는 새로운 프로세스의 개발

학습효과 실행을 통한 학습으로부터 비롯되는 비용절감

한계가격설정 전략 잠재적 진입자의 비용구조보다 우위에 있는 기존기업들이, 단기적으로 이윤을 극대화할 수 있는 수준보다는 낮지만, 잠재 진입자의 원가 구조보다 더 낮은 가격을 책정하여 이들로 하여금 시장에 진입하려는 유인을 갖지 못하도록 가격을 설정하는 것

합병 사업 혹은 산업에서 우월한 경쟁을 하기 위해, 두 회사가 그들의 자원과 운영을 병합하여 새로운 회사를 설립하여 협정

행동통제 사업부, 기능부서 및 개별 종업원들의 활동이나 행동을 규정하기 위한 포괄적인 규율과 절차 체계

현지화 전략   기업의 상품과 서비스를 고객화하여 수익성을 증가시키는 데 초점을 두고, 제품이 서로 다른 국가 시장의 기호와 선호를 충족시키도록 하는 전략

홀드업   이 위험은 어떤 회사가 거래 파트너의 욕구를 더욱 잘 충족시키기 위해 비싼 특수자산에 투자를 한 후 그 거래 파트너에게 이용당하는 것을 의미

환경악화   회사의 활동들이 오염이나 환경적인 위해의 다른 형태들을 직·간접적으로 초래할 때 발생함

회사자금의 사적이용   예를 들어, 예년에 엔론사에서 그랬던 것처럼 회사기금을 경영자가 개인적인 소비를 위해 사용하는 것

흡수능력   새로운 지식을 확인하고, 가치 부여하고, 받아들이고, 활용하는 능력

찾아보기